D1723319

# Herausgeber

*Univ.-Prof. Dr. Jörn Littkemann*

Jörn Littkemann ist Universitätsprofessor für Betriebswirtschaftslehre, insbesondere Unternehmensrechnung und Controlling an der FernUniversität in Hagen. Davor war er als Wissenschaftlicher Assistent und anschließend als Akademischer Rat am Lehrstuhl für Betriebswirtschaftslehre, insbesondere Organisation, Personal und Innovation an der Westfälischen Wilhems-Universität in Münster tätig. Nach einer Ausbildung zum Fachangestellten in steuer- und wirtschaftsberatenden Berufen und dem Studium der Betriebswirtschaftslehre an der Christian-Albrechts-Universität zu Kiel promovierte er zum Dr. sc. pol. mit der Arbeit „Rechnungswesen und Innovationsmanagement". Anschließend erfolgte die Habilitation im Fach Betriebswirtschaftslehre mit der Schrift „Organisation des Beteiligungscontrolling".

Prof. Dr. Littkemann ist Autor einer Vielzahl von Büchern und Aufsätzen in in- und ausländischen Fachzeitschriften. Die Schwerpunkte seiner Forschung konzentrieren sich auf folgende Gebiete: Gestaltung von Controllinginstrumenten und -systemen, Beteiligungs- und Konzerncontrolling, Projekt- und Innovationscontrolling, Sportmanagement und -controlling sowie ausgewählte Aspekte zur Organisation und Unternehmensführung. Ferner ist er Partner des digitalen Bildungsunternehmens APP Academic Product Partner GmbH in Soest, Mitglied des Aufsichtsrats der Volksbank Münsterland Nord eG in Münster sowie als Gutachter u. a. für die Studienstiftung des deutschen Volkes, für die Einführung von Bachelor-/Masterstudiengängen an deutschen Hochschulen, für mehrere namhafte Fachzeitschriften und für die Unternehmenspraxis tätig. In der universitären Weiterbildung engagiert er sich vor allem bei den Hagener Instituten für Managementstudien (HIMS) und für wirtschaftswissenschaftliche Forschung und Weiterbildung (IWW).

Korrespondenzanschrift:

Prof. Dr. Jörn Littkemann
FernUniversität in Hagen
Lehrstuhl für Betriebswirtschaftslehre,
insbes. Unternehmensrechnung und Controlling
Universitätsstraße 41 (Geb. 7)
D-58097 Hagen

Fon: +49-2331-987-4753
Fax: +49-2331-987-4865

E-Mail: joern.littkemann@fernuni-hagen.de
Homepage: www.fernuni-hagen.de/controlling

**Sonia Schwarzer**

## Die Aufsichtsratstätigkeit in deutschen Genossenschaftsbanken:

Eine empirische Analyse unter besonderer Berücksichtigung der Motivation und Zufriedenheit

Unternehmensrechnung und Controlling, Band 18
Herausgegeben von Univ.-Prof. Dr. Jörn Littkemann

## Buchreihe

In der vorliegenden Buchreihe werden die zentralen Forschungsergebnisse (vor allem Promotionen und Habilitationen) des Lehrstuhls für Betriebswirtschaftslehre, insbesondere Unternehmensrechnung und Controlling an der FernUniversität in Hagen veröffentlicht. Dabei sind die Forschungsprojekte oftmals empirisch ausgerichtet. Im Vordergrund steht die theoriegeleitete Hypothesenprüfung praxisrelevanter Forschungsfragen in den – zumeist großzahligen – Erhebungen. Zudem wird in den Forschungsarbeiten Wert auf die Berücksichtigung wissenschaftlich bedeutender Publikationen und die Anwendung anspruchsvoller statistischer Verfahren gelegt. Daneben werden Einzelprojekte ggf. in Kooperation mit der Unternehmenspraxis durchgeführt. Ziel ist dabei, problemorientierte Controllingkonzepte zu entwickeln und entsprechende Controllinginstrumente in die Praxis zu transferieren. Die Ergebnisse der Forschungsarbeiten werden überdies laufend auf wissenschaftlichen Konferenzen bzw. Fachtagungen vorgestellt und darüber hinaus in den regelmäßig erscheinenden Tätigkeitsberichten des Lehrstuhls dokumentiert.

**Sonia Schwarzer**

**Die Aufsichtsratstätigkeit in deutschen Genossen-
schaftsbanken:**

Eine empirische Analyse unter besonderer Berücksichtigung der Motivation und Zufriedenheit

**Bibliografische Information der Deutschen Nationalbibliothek**

Die Deutsche Nationalbibliothek verzeichnet diese Publikation in der Deutschen Nationalbibliografie; detaillierte bibliografische Daten sind im Internet über http://dnb.d-nb.de abrufbar.

**Schwarzer, Sonia:**

Die Aufsichtsratstätigkeit in deutschen Genossenschaftsbanken: Eine empirische Analyse unter besonderer Berücksichtigung der Motivation und Zufriedenheit / Sonia Schwarzer. –

Norderstedt: Books on Demand, 2021

(Unternehmensrechnung und Controlling, Bd. 18)

Zugl.: Hagen, Univ. Diss., 2021-09-23

ISBN-13: 978-3-7543-5165-9

# Geleitwort

Frau Schwarzer untersucht in ihrer Dissertationsschrift die Aufsichtsratstätigkeit in deutschen Genossenschaftsbanken. Dabei legt sie den Schwerpunkt auf die empirische Überprüfung von Motivation und Zufriedenheit der Aufsichtsratsmitglieder in genossenschaftlichen Kreditinstituten.

Ausgangspunkt ihrer Überlegungen sind die im Zeitablauf speziell im Bankensektor immer stärker gestiegenen Anforderungen an Aufsichtsräte und die damit einhergehende Professionalisierung von Aufsichtsräten. Während demzufolge die Erwartungshaltung des Gesetzgebers und der Bankenaufsicht an Aufsichtsräte groß ist, zeichnen sich die Genossenschaftsbanken durch ehrenamtliches Engagement ihrer Mitglieder aus, was ebenfalls auf Aufsichtsräte zutrifft. Vor dem Hintergrund dieses sich eventuell aufzeichnenden Spannungsfeldes stellt sich die Frage nach der Motivation und Zufriedenheit von Aufsichtsräten in genossenschaftlichen Kreditinstituten, um zum einen auch in Zukunft den hohen Erwartungen an deren Tätigkeit gerecht zu werden und zum anderen weiterhin qualifizierte sowie engagierte Mitglieder dafür zu finden.

Zur Beantwortung ihrer Forschungsfragen wählt die Verfasserin einen empirischen Ansatz und platziert ihre Schrift damit in den Bereich der erklärenden, am real existierenden Erkenntnisobjekt eines Unternehmens ausgerichteten Betriebswirtschaftslehre. Die Arbeit ist schwerpunktmäßig in die Teildisziplin der Unternehmensführung einzuordnen, wobei – wie für die Unternehmensführung als fächerübergreifende Querschnittsdisziplin typisch – an vielen Stellen auf Ansätze, Theorien und Methoden aus anderen betriebswirtschaftlichen Fachgebieten zurückgegriffen wird. So befasst sich Frau Schwarzer im Rahmen der Darlegung der theoretischen Grundlagen ihrer Arbeit mit verschiedenen Ansätzen und Theorien des Genossenschaftswesens im Allgemeinen und von Genossenschaftsbanken im Speziellen, der Aufsichtsratstätigkeit sowie personalwirtschaftlichen Erkenntnissen zur Arbeitsmotivation und -zufriedenheit. Bei der Aufstellung ihres empirischen Untersuchungsmodells bedient sie sich der Anreiz-Beitrags-Theorie, des Motivationsmodells von Porter/Lawler und des Zürcher Modells zur Arbeitszufriedenheit. Letztendlich verortet sich Frau Schwarzer durch die Wahl ihres Untersuchungsobjekts genossenschaftlicher Kreditinstitute auch in der Bank- und Finanzwirtschaft.

Grundlage der empirischen Untersuchung sind die Befragung von 189 Aufsichtsräten aus unterschiedlichen Genossenschaftsbanken sowie die Analyse von insgesamt 3.071 Geschäftsberichte aller genossenschaftlicher Kreditinstitute im dreijährigen Betrachtungszeitraum. Im Gesamtergebnis arbeitet Frau Schwarzer heraus, dass Vergleichsprozesse eine elementare Rolle bei dem Entstehen von Motivation und Zufriedenheit spielen. Während die extrinsische Motivation nur gering ausgeprägt ist und kein Einfluss auf die Zufriedenheit nachgewiesen werden konnte, sind genossenschaftliche Aufsichtsräte in hohem Maße intrinsisch motiviert und zufrieden mit ihrer Tätigkeit. Verbesserungspotenzial besteht in Bezug auf eine angemessene Vorbereitung auf die Aufsichtsratstätigkeit, ergebnisoffene Diskussionen im Gremium, die Ausweitung der Kenntnisse hinsichtlich der Verfahren und Kriterien zur Risikovermeidung sowie den ausreichenden zeitlichen Einsatz. Obwohl die rechtliche Regulierung zwar den Rahmen einer erfolgreichen Aufsichtsratstätigkeit bildet, liegt der entscheidende Faktor vielmehr in der Ausgestaltung und in der Kultur der Gremientätigkeit. Die Wirksamkeit der Aufsichtsratstätigkeit hängt neben dem persönlichen Können, also insbesondere den Fähigkeiten und Fachkenntnissen, maßgeblich von dem persönlichen Wollen, also dem Engagement bzw. der Motivation der Mandatsträger ab.

Zusammenfassend lässt sich festhalten, dass Frau Schwarzer eine ausgezeichnete Forschungsarbeit vorlegt, die durch folgende Punkte gekennzeichnet ist:

- Sie betritt weitgehend Neuland in dem verhaltenswissenschaftlichen Forschungsbereich der Motivation und Arbeitszufriedenheit von Aufsichtsräten in Genossenschaftsbanken und leistet hier sowohl in theoretischer als auch in methodischer Hinsicht einen wertvollen Beitrag.

- Aus wissenschaftlicher Sicht liegt der Erkenntnisgewinn der Arbeit vor allem in der Anwendung von multivariaten Kausalanalysen im genossenschaftlich geprägten Forschungsbereich.

- Für die Praxis dürften insbesondere die aus den Befunden abgeleiteten, konkreten Gestaltungsempfehlungen zur Aufsichtsratstätigkeit in genossenschaftlichen Kreditinstituten von großem Interesse sein.

Die Fakultät für Wirtschaftswissenschaft an der FernUniversität in Hagen hat diese Arbeit im Jahr 2021 als Dissertation angenommen.

Hagen, im September 2021                                        *Jörn Littkemann*

# Vorwort

Die Idee zur vorliegenden Arbeit entstand im Rahmen meiner Tätigkeit als wissenschaftliche Mitarbeiterin am Lehrstuhl für Betriebswirtschaftslehre, insbesondere Unternehmensrechnung und Controlling an der FernUniversität in Hagen. Sie wurde dort von der Fakultät für Wirtschaftswissenschaft als Dissertation angenommen.

An dieser Stelle möchte ich mich bei denen bedanken, die durch ihre Unterstützung wesentlich zum Gelingen meines Promotionsvorhabens beigetragen haben. Zu besonderem Dank bin ich hierbei meinem akademischen Lehrer, Herrn UNIV.-PROF. DR. JÖRN LITTKEMANN, für die wissenschaftliche Betreuung der Arbeit verpflichtet. Er hat es mir ermöglicht, mich mit diesem spannenden Thema auseinanderzusetzen. Dabei hat er mir einerseits stets die notwendigen wissenschaftlichen und organisatorischen Freiräume gelassen, andererseits durch konstruktive Ratschläge und Denkanstöße bedeutend zum erfolgreichen Abschluss meiner Promotion beigetragen.

Ebenfalls bedanke ich mich bei Herrn UNIV.-PROF. DR. RAINER BAULE für die freundliche Übernahme des Korreferats sowie die konstruktive Kritik und Diskussion in der Sache. Herrn UNIV.-PROF. DR. THOMAS HERING danke ich für die Übernahme der Pflichten des Drittprüfers.

Herzlich bedanken möchte ich mich auch bei meinen ehemaligen Kolleginnen und Kollegen am Lehrstuhl. Herrn DR. KLAUS DERFUß, Herrn CHRISTIAN GEYER, M.Sc., Herrn DR. THOMAS HAHN, Herrn STEFAN HÖPPE, M.Sc., Herrn DR. MICHAEL HOLTRUP, Herrn MICHAEL KERSTING, M.A., Frau CAROLINE KISCHELEWSKI, M.Sc., Herrn PROF. DR. STEPHAN KÖRNER, Frau Dipl.-Ök. SARAH MAÏZI, Herrn SEBASTIAN MASUCH, M.Sc., Frau JANINA MATERN, M.Sc., Herrn Dipl.-Ök. MARCEL NABER, Herrn DR. FLORIAN OLDENBURG-TIETJEN, Herrn MATTHIAS PFISTER, M.Sc., Herrn PROF. DR. PHILIPP REINBACHER sowie Frau SHAEREH SHALCHI, M.Sc. danke ich für zahlreiche fachliche Diskussionen, Denkanstöße, tägliche Motivation und die freundschaftliche Arbeitsatmosphäre.

Auch bedanke ich mich bei Herrn OKAN BAYRAMOGLU, Herrn PHILIP BÖHM, M.Sc., Herrn CHRISTOPHER HEISE, M.Sc., Frau MAIKE KLINK, B.A., Herrn HOLGER KNOCHE, M.Sc., Herrn ALEXANDER KUHN, B.Sc. und Frau NADINE VEER, LL.B. für die gewissenhafte Literaturrecherche sowie für alle sonstigen vorbereitenden Tätigkeiten. Dieser Dank gilt ebenfalls allen ehemaligen studentischen Hilfskräften des Lehrstuhls. Für vielfache organisatorische Hilfestellung danke ich nicht zuletzt herzlich der Sekretärin des Lehrstuhls, Frau SIGRID REHBEIN.

Den aktuellen und ehemaligen externen Doktoranden des Lehrstuhls möchte ich ebenso danken, insbesondere für die interessanten Diskussionen, die sich im Rahmen der Doktorandenseminare regelmäßig ergaben.

Für die Durchsicht der Arbeit und die wertvollen Hinweise während der gesamten Lehrstuhlzeit bedanke ich mich herzlich bei PROF. DR. STEPHAN KÖRNER sowie SHAEREH SHALCHI.

Die größte Dankbarkeit gilt meiner Familie. Meine Eltern BIRGIT und PROF. DR. ULF G. BAXMANN haben mich bei meinem schulischen und akademischen Werdegang immerwährend unterstützt und es mir somit erst ermöglicht, diese Arbeit zu schreiben. Auch meine Geschwister JESSICA BAXMANN und ROBIN BAXMANN haben mir stets mit liebem Zuspruch und moralischer Unterstützung zur Seite gestanden. Ein besonderer Dank gilt jedoch meinem Mann TORBEN sowie meinem Sohn JONAS, die mit Entbehrungen, Verständnis, Geduld, Rückhalt und Zuspruch bedeutend zum Gelingen dieser Arbeit beigetragen und für den notwendigen Ausgleich gesorgt haben. Meiner Familie widme ich diese Arbeit.

Lüneburg, im September 2021 *Sonia Schwarzer*

# Inhaltsübersicht

Herausgeber .................................................................................. III

Geleitwort..................................................................................... VII

Vorwort........................................................................................IX

Inhaltsübersicht ............................................................................XI

Inhaltsverzeichnis.........................................................................XIII

Abbildungsverzeichnis.................................................................. XXIII

Tabellenverzeichnis ..................................................................... XXV

Abkürzungsverzeichnis.................................................................XXXV

A   Einleitung ..............................................................................1

B   Begriffliche und theoretische Grundlagen ............................... 14

C   Empirisches Design der Untersuchung.................................... 218

D   Darstellung und Diskussion der empirischen Befunde ............. 276

E   Schlussbetrachtung ............................................................... 417

Anhang.......................................................................................457

Literaturverzeichnis .................................................................... 527

Entscheidungsverzeichnis........................................................... 628

Verzeichnis der Gesetze und Verordnungen ................................ 629

Verzeichnis der regulatorischen und institutionellen Regelungen ........... 632

Buchreihe Unternehmensrechnung und Controlling....................... 633

# Inhaltsverzeichnis

Herausgeber ......................................................................................... III

Geleitwort............................................................................................ VII

Vorwort................................................................................................ IX

Inhaltsübersicht ................................................................................... XI

Inhaltsverzeichnis .............................................................................. XIII

Abbildungsverzeichnis ...................................................................... XXIII

Tabellenverzeichnis ........................................................................... XXV

Abkürzungsverzeichnis .................................................................... XXXV

A  Einleitung ......................................................................................... 1

   1  Ausgangslage und Problemstellung............................................... 1

   2  Zielsetzung der Arbeit .................................................................. 6

   3  Gang der Untersuchung ................................................................ 9

B  Begriffliche und theoretische Grundlagen ................................... 14

   1  Charakterisierung von Genossenschaftsbanken........................... 14

      1.1  Vorbemerkung .................................................................... 14

      1.2  Grundlagen des Genossenschaftswesens........................... 14

         1.2.1  Genossenschaftliche Prinzipien............................. 14

            1.2.1.1  Darstellung der genossenschaftlichen Prinzipien................................................. 14

            1.2.1.2  Umsetzung der genossenschaftlichen Prinzipien in der Praxis ......................... 16

         1.2.2  Besonderheiten der genossenschaftlichen Organisationsstruktur............................................. 20

      1.3  Genossenschaftliche Kreditinstitute ................................... 25

1.3.1  Eigenschaften genossenschaftlicher Kreditinstitute............25

1.3.2  Einordnung von Genossenschaftsbanken in das
deutsche Bankensystem......................................................32

1.4  Kreditgenossenschaftliche Governance-Strukturen.......................34

1.4.1  Grundlagen der genossenschaftlichen Governance...........34

1.4.2  Unternehmerisches Überwachungssystem ........................35

1.4.3  Genossenschaftliche Managementrisiken ..........................40

1.5  Zusammenfassung der Charakterisierung von
Genossenschaftsbanken ...............................................................43

2  Grundlagen der Aufsichtsratstätigkeit ....................................................46

2.1  Vorbemerkung ...............................................................................46

2.2  Charakterisierung der Aufsichtsratssysteme..................................46

2.3  Grundlagen der kreditgenossenschaftlichen
Aufsichtsratstätigkeit......................................................................48

2.3.1  Überblick über die regulatorischen Grundlagen...................48

2.3.2  Konstitutive Rechte und Pflichten .......................................55

2.3.2.1  Überblick über die konstitutiven Rechte und
Pflichten................................................................55

2.3.2.2  Ausgewählte Pflichten und Rechte ......................65

2.3.3  Strukturelle und organisationale Regelungen .....................91

2.3.3.1  Überblick über die strukturellen und
organisationalen Regelungen ...............................91

2.3.3.2  Ausgewählte strukturelle und organisationale
Regelungen ..........................................................94

2.3.4  Persönliche und fachliche Anforderungen ........................100

2.3.4.1  Überblick über die persönlichen und
fachlichen Anforderungen...................................100

2.3.4.2  Ausgewählte persönliche und fachliche
Anforderungen....................................................106

2.4  Das Rollenverständnis von Aufsichtsräten...............................116

2.5  Zusammenfassung der Grundlagen der Aufsichtsratstätigkeit......121

3  Theoretische Erklärungsansätze zur Motivation und Zufriedenheit........124

3.1    Vorbemerkung ......................................................................... 124

3.2    Corporate-Governance-relevante Verhaltensannahmen der
       Prinzipal-Agenten- und der Stewardship-Theorie ........................ 124

3.3    Einordnung in die verhaltenswissenschaftliche Forschung ........... 128

3.4    Grundlagen der Motivations- und Zufriedenheitsforschung .......... 129

       3.4.1    Begriffliche Abgrenzungen aus der Motivations- und
                Zufriedenheitsforschung ................................................. 129

                3.4.1.1    Motive, Bedürfnisse und Anreize ....................... 129

                3.4.1.2    Motivation ......................................................... 134

                3.4.1.3    Zufriedenheit .................................................... 138

       3.4.2    Arbeitsmotivation und Arbeitszufriedenheit ..................... 140

                3.4.2.1    Vorbemerkung .................................................. 140

                3.4.2.2    Entwicklung der Arbeitsmotivations- und
                           Arbeitszufriedenheitsforschung .......................... 141

                3.4.2.3    Ausgewählte theoretische Ansätze zur
                           Arbeitsmotivation und Arbeitszufriedenheit.......... 142

                           3.4.2.3.1    Vorbemerkung................................. 142

                           3.4.2.3.2    Anreiz-Beitrags-Theorie von
                                        MARCH/SIMON.................................... 143

                           3.4.2.3.3    Soziologischer Theorieansatz von
                                        BOURDIEU........................................... 146

                           3.4.2.3.4    Inhaltstheorien.................................. 148

                           3.4.2.3.5    Prozesstheorien ............................... 156

                           3.4.2.3.6    Zürcher Modell der
                                        Arbeitszufriedenheit von
                                        Bruggemann...................................... 164

                           3.4.2.3.7    LAWLERS Modell der
                                        Arbeitszufriedenheit .......................... 165

                3.4.2.4    Abgeleitete Begrifflichkeiten im Kontext der
                           Aufsichtsratstätigkeit......................................... 167

                           3.4.2.4.1    Arbeitsmotivation............................... 167

                           3.4.2.4.2    Arbeitszufriedenheit .......................... 168

                           3.4.2.4.3    Antezedenzien und
                                        Konsequenzen der

Arbeitsmotivation und
Arbeitszufriedenheit .......................... 173

3.4.2.4.4  Differenzierung von
Arbeitsmotivation und
Arbeitszufriedenheit .......................... 179

3.4.3  Motivationstheoretische Überlegungen der
Ehrenamtsforschung........................................ 182

3.5  Partizipationsdeterminanten von Genossenschaftsmitgliedern ..... 185

3.5.1  Charakterisierung von Mitgliedertypen ........................... 185

3.5.2  Motivationstheoretische Erklärungsansätze in der
Genossenschaftsforschung ............................................. 188

3.5.3  Kritische Würdigung des Partizipationsverhaltens............ 192

3.6  Zusammenfassung der Einordnung in den theoretischen
Kontext................................................................................... 194

4  Stand der empirischen Forschung ......................................................... 198

C  Empirisches Design der Untersuchung.................................................. 218

1  Vorbemerkung .................................................................................. 218

2  Herleitung eines Bezugsrahmens ..................................................... 219

3  Auswertung des Fragebogens .......................................................... 222

3.1  Hypothesen- und Modellbildung.............................................. 222

3.2  Konzeptualisierung der Konstrukte ......................................... 225

3.3  Operationalisierung der Konstrukte......................................... 226

3.3.1  Grundlagen der Operationalisierung................................. 226

3.3.2  Durchführung der Operationalisierung.............................. 229

3.3.2.1  Operationalisierung der Motivation ..................... 229

3.3.2.2  Operationalisierung der Zufriedenheit................. 232

3.3.2.3  Operationalisierung der
Aufgabenwahrnehmung...................................... 237

3.4  Auswahl und Charakterisierung des Analyseverfahrens............... 239

3.4.1  Auswahl des Analyseverfahrens....................................... 239

3.4.2  Grundlagen der Strukturgleichungsmodellierung.............. 240

3.4.3   Gütekriterien und Methoden zur Evaluation empirischer Daten................................................ 242

    3.4.3.1   Vorgelagerte Prüfung des Datensatzes .............. 242

    3.4.3.2   Vorgehensweise der Evaluation eines formativen Messmodells.................................... 243

    3.4.3.3   Vorgehensweise der Evaluation eines Strukturmodells................................................ 247

3.5   Erhebung und Überprüfung der Daten......................................... 250

    3.5.1   Methodik der Datenerhebung ......................................... 250

        3.5.1.1   Definition der Grundgesamtheit .......................... 250

        3.5.1.2   Festlegung der Befragungsform ......................... 251

        3.5.1.3   Konzeption des Fragebogens............................. 253

    3.5.2   Durchführung der Datenerhebung ................................. 257

        3.5.2.1   Durchführung des Pretests ................................. 257

        3.5.2.2   Durchführung der Hauptuntersuchung................ 258

    3.5.3   Überprüfung des Datensatzes ........................................ 260

        3.5.3.1   Qualitätsprüfung und Datenbereinigung ............. 260

        3.5.3.2   Non-Response Bias............................................ 260

        3.5.3.3   Umgang mit fehlenden Werten ........................... 261

        3.5.3.4   Strukturgleichungsrelevante Datenüberprüfungen............................................ 262

4   Auswertung der Geschäftsberichte ....................................................... 264

4.1   Methodik der Datenerhebung.......................................................... 264

4.2   Durchführung der Datenerhebung .................................................. 265

4.3   Überprüfung des Datensatzes ........................................................ 266

5   Charakterisierung der Datenbasis und Repräsentativitätsabgleich........ 267

6   Zusammenfassung des empirischen Designs ...................................... 272

**D   Darstellung und Diskussion der empirischen Befunde ........................ 276**

1   Analyse des Fragebogens ..................................................................... 276

1.1   Vorbemerkung ................................................................................. 276

1.2   Deskriptive Befunde .................................................................. 277

    1.2.1   Motivation ..................................................................... 277

    1.2.2   Zufriedenheit ................................................................ 286

    1.2.3   Aufgabenwahrnehmung ................................................ 295

    1.2.4   Weitere persönliche und aufgabenbezogene
          Merkmale ...................................................................... 300

         1.2.4.1   Struktur der weiteren persönlichen und
                  aufgabenbezogenen Merkmale ......................... 300

         1.2.4.2   Bankspezifische Merkmale ............................... 301

         1.2.4.3   Gremienspezifische Merkmale .......................... 303

         1.2.4.4   Aufsichtsratsindividuelle Merkmale .................... 304

1.3   Kausalanalytische Befunde ........................................................ 317

    1.3.1   Evaluation der Messmodelle ........................................... 317

         1.3.1.1   Evaluation der Motivation ................................. 317

         1.3.1.2   Evaluation der Zufriedenheit ............................. 319

         1.3.1.3   Evaluation der Aufgabenwahrnehmung .............. 321

    1.3.2   Evaluation des Strukturmodells ...................................... 324

    1.3.3   Modellmodifikationen ..................................................... 332

2   Analyse der Geschäftsberichte ............................................................ 338

  2.1   Vorbemerkung .......................................................................... 338

  2.2   Deskriptive bankspezifische Befunde ......................................... 340

    2.2.1   Bilanzsummenvergleiche ................................................ 340

    2.2.2   Entwicklung der Mitarbeiteranzahl ................................... 341

    2.2.3   Entwicklung der Mitgliederanzahl .................................... 343

    2.2.4   Dividendenvergleiche ..................................................... 344

  2.3   Deskriptive gremienspezifische Befunde .................................... 345

    2.3.1   Gremiengrößenvergleich ................................................ 345

    2.3.2   Inhalte des Berichts des Aufsichtsrats ............................. 346

    2.3.3   Vergütungsverteilung ..................................................... 348

  2.4   Deskriptive aufsichtsratsindividuelle Befunde ............................. 351

    2.4.1   Geschlechterdiversität ................................................... 351

2.4.2   Arbeitnehmerbeteiligung.................................................... 354

2.4.3   Position im Gremium ...................................................... 355

2.4.4   Beruf und Ausbildungsgrad ............................................ 356

2.4.5   Zugehörigkeitsdauer und Fluktuation............................... 362

3   Zusammenfassung und Diskussion der Befunde.................................. 366

3.1   Zusammenfassung und Diskussion der
aufsichtsratsindividuellen Befunde............................................. 366

3.1.1   Motivation ...................................................................... 366

3.1.2   Zufriedenheit................................................................. 370

3.1.3   Aufgabenwahrnehmung................................................. 377

3.1.4   Zusammenhang zwischen Motivation und
Zufriedenheit unter Berücksichtigung der
Aufgabenwahrnehmung................................................. 382

3.1.5   Wahrnehmung als Ehrenamt............................................ 384

3.1.6   (Geschlechter)Diversität ................................................ 386

3.1.7   Alter der Aufsichtsräte .................................................... 391

3.1.8   Zugehörigkeitsdauer....................................................... 393

3.1.9   Fluktuation im Gremium................................................... 394

3.1.10  Beruf und Ausbildungsgrad ............................................ 395

3.1.11  Eigenschaften der Aufsichtsratsvorsitzenden................... 400

3.1.12  Ausschusszugehörigkeit ................................................ 401

3.1.13  Weitere Aufsichtsratsmandate......................................... 402

3.2   Zusammenfassung und Diskussion der gremienspezifischen
Befunde.................................................................................. 403

3.2.1   Inhalte des Berichts des Aufsichtsrats ............................. 403

3.2.2   Gremiengröße ............................................................... 405

3.2.3   Vergütung ..................................................................... 407

4   Kritische Würdigung der Befunde ....................................................... 412

E   Schlussbetrachtung ................................................................................ 417

1   Vorbemerkung .................................................................................. 417

2   Zusammenfassung der zentralen Ergebnisse....................................... 418

2.1   Status quo der Struktur kreditgenossenschaftlicher Aufsichtsratsgremien (FZ$_1$) .......................................................... 418

2.2   Aggregierte Befunde zur Selbstbeurteilung von kreditgenossenschaftlichen Aufsichtsräten (FZ$_2$) ....................... 420

2.3   Motive zur Wahrnehmung eines kreditgenossenschaftlichen Aufsichtsratsmandats (FZ$_3$)................................................. 423

2.4   Ursachen einer zufriedenstellenden Aufsichtsratstätigkeit in Kreditgenossenschaften (FZ$_4$) ..................................... 425

2.5   Zusammenhang zwischen der Motivation und der Zufriedenheit (FZ$_5$)........................................................ 426

3   Limitationen und weiterer Forschungsbedarf ................................ 427

4   Implikationen................................................................ 431

4.1   Implikationen für die Forschung ...................................... 431

4.2   Implikationen für die Praxis ......................................... 433

4.2.1   Implikationen in Bezug auf die aufsichtsrätlichen Rechte und Pflichten.......................................... 433

4.2.2   Implikationen in Bezug auf strukturelle und organisationale Faktoren ................................... 442

4.2.3   Implikationen in Bezug auf aufsichtsratsindividuelle Faktoren ............................................... 449

4.2.4   Zusammenfassung der Implikationen für die Praxis ......... 452

5   Fazit........................................................................ 455

Anhang.......................................................................... 457

Literaturverzeichnis ........................................................... 527

Entscheidungsverzeichnis ....................................................... 628

Verzeichnis der Gesetze und Verordnungen ....................................... 629

Verzeichnis der regulatorischen und institutionellen Regelungen ............ 632

Buchreihe Unternehmensrechnung und Controlling................................. 633

# Abbildungsverzeichnis

Abb. 1: Visualisierung der Forschungslücke ................................................ 6

Abb. 2: Zielsetzung der Arbeit ......................................................................... 9

Abb. 3: Gang der Untersuchung ................................................................... 12

Abb. 4: Betrachtungsebenen der Untersuchung ....................................... 13

Abb. 5: Aufbau der genossenschaftlichen Verbandsorganisation in Deutschland (Stand: 2019) ............................................................... 20

Abb. 6: Genossenschaftliche Organstruktur ............................................. 21

Abb. 7: Die Struktur des genossenschaftlichen Finanzverbunds ............... 27

Abb. 8: Entwicklung der Anzahl und kumulierten Bilanzsumme der Genossenschaftsbanken ................................................................. 29

Abb. 9: Verteilung der Bilanzsummen der Genossenschaftsbanken zum 31.12.2019 .............................................................................. 29

Abb. 10: Vergleich der größten deutschen Banken (Basis: Bilanzsumme zum 31.12.2019) ............................................................................ 33

Abb. 11: Überwachungsinstanzen einer Genossenschaftsbank ............... 35

Abb. 12: Systematisierung der Governancerisiken ..................................... 41

Abb. 13: Hierarchischer Aufbau der kreditgenossenschaftlichen Regelungen für Aufsichtsräte ....................................................... 49

Abb. 14: Informationsversorgung des Aufsichtsrats .................................. 69

Abb. 15: Ablaufschema einer Selbstevaluierung des Aufsichtsrats .............. 88

Abb. 16: Komponenten der Sorgfaltspflicht und Verantwortung ................. 105

Abb. 17: Geforderte Fähigkeiten an Aufsichtsräte .................................... 112

Abb. 18: Motive und Anreize als Determinanten der Motivation ............... 131

Abb. 19: Confirmation-Disconfirmation-Paradigma .................................. 139

Abb. 20: Anreiz-Beitrags-Theorie ............................................................... 144

Abb. 21: Job Characteristics Model ........................................................... 154

Abb. 22: Vergleichende Gegenüberstellung von vier Motivationstheorien ... 156

Abb. 23: VIE-Modell von VROOM ................................................................ 157

Abb. 24: Motivationsmodell von PORTER/LAWLER .................................... 160

Abb. 25: Zürcher Modell der Arbeitszufriedenheit von BRUGGEMANN .......... 164

Abb. 26: LAWLERS Modell der Arbeitszufriedenheit .................................. 166

Abb. 27: Ansätze zur Bestimmung der Arbeitszufriedenheit ..................... 169

Abb. 28: Zusammenhang von Zufriedenheit und Commitment .................. 176

Abb. 29: Einfacher Zusammenhang von Motivation und Zufriedenheit ........ 180

Abb. 30: Komplexerer Zusammenhang von Arbeitsmotivation und Arbeitszufriedenheit ..................................................................... 181

Abb. 31:    Aufbau des empirischen Designs zur Adressierung von $FZ_2$-$FZ_5$.. 218

Abb. 32:    Theoretischer Bezugsrahmen...................................................... 221

Abb. 33:    Pfadmodell.................................................................................. 224

Abb. 34:    Ablauf der Operationalisierung ................................................. 227

Abb. 35:    Formative versus reflektive Messmodelle................................... 228

Abb. 36:    Komponenten eines Strukturgleichungsmodells........................... 240

Abb. 37:    Vorgehen zur Evaluation formativer Messmodelle ...................... 243

Abb. 38:    Vorgehen zur Evaluation eines Strukturmodells mit formativen
            endogenen Konstrukten ................................................................ 247

Abb. 39:    Methoden der empirischen Sozialforschung................................ 251

Abb. 40:    Multiples Mediatormodell ............................................................ 328

Abb. 41:    Ablauf einer Mediatoranalyse ..................................................... 329

Abb. 42:    Evaluiertes Strukturmodell.......................................................... 331

Abb. 43:    Veranschaulichung der Wirkungsbeziehungen der
            Kontextvariablen........................................................................... 332

Abb. 44:    Evaluiertes Strukturmodell unter Berücksichtigung von
            Kontextvariablen........................................................................... 337

Abb. 45:    Verteilung der Bilanzsummen der 996 Kreditinstitute aus dem
            Jahr 2014 ..................................................................................... 340

Abb. 46:    Zusammenhang zwischen Gremiengröße und Vergütung ........... 351

# Tabellenverzeichnis

Tab. 1: Zusammenfassung der Charakterisierung von Genossenschaftsbanken – Teil I ................................... 43

Tab. 2: Zusammenfassung der Charakterisierung von Genossenschaftsbanken – Teil II .................................. 44

Tab. 3: Zusammenfassung der Charakterisierung von Genossenschaftsbanken – Teil III ................................. 45

Tab. 4: Konstitutive Rechte und Pflichten kreditgenossenschaftlicher Aufsichtsräte – Teil I ................................ 56

Tab. 5: Konstitutive Rechte und Pflichten kreditgenossenschaftlicher Aufsichtsräte – Teil II ............................... 57

Tab. 6: Konstitutive Rechte und Pflichten kreditgenossenschaftlicher Aufsichtsräte – Teil III .............................. 58

Tab. 7: Konstitutive Rechte und Pflichten kreditgenossenschaftlicher Aufsichtsräte – Teil IV .............................. 59

Tab. 8: Konstitutive Rechte und Pflichten kreditgenossenschaftlicher Aufsichtsräte – Teil V ............................... 60

Tab. 9: Konstitutive Rechte und Pflichten kreditgenossenschaftlicher Aufsichtsräte – Teil VI .............................. 61

Tab. 10: Konstitutive Rechte und Pflichten kreditgenossenschaftlicher Aufsichtsräte – Teil VII ............................. 62

Tab. 11: Konstitutive Rechte und Pflichten kreditgenossenschaftlicher Aufsichtsräte – Teil VIII ............................ 63

Tab. 12: Konstitutive Rechte und Pflichten kreditgenossenschaftlicher Aufsichtsräte – Teil IX ............................. 64

Tab. 13: Konstitutive Rechte und Pflichten kreditgenossenschaftlicher Aufsichtsräte – Teil X .............................. 65

Tab. 14: Mögliche Ausschüsse der verschiedenen Regelungsquellen ......... 80

Tab. 15: Mögliche Kriterien einer Selbstevaluierung – Teil I ....................... 86

Tab. 16: Mögliche Kriterien einer Selbstevaluierung – Teil II ...................... 87

Tab. 17: Strukturelle und organisationale Regelungen des kreditgenossenschaftlichen Aufsichtsrats – Teil I ........................... 92

Tab. 18: Strukturelle und organisationale Regelungen des kreditgenossenschaftlichen Aufsichtsrats – Teil II .......................... 93

Tab. 19: Strukturelle und organisationale Regelungen des kreditgenossenschaftlichen Aufsichtsrats – Teil III ......................... 94

Tab. 20: Persönliche und fachliche Anforderungen an kreditgenossenschaftliche Aufsichtsräte – Teil I .......................... 102

Tab. 21: Persönliche und fachliche Anforderungen an kreditgenossenschaftliche Aufsichtsräte – Teil II ......................... 103

Tab. 22:    Persönliche und fachliche Anforderungen an
kreditgenossenschaftliche Aufsichtsräte – Teil III .......................... 104

Tab. 23:    Zusammenfassung der Grundlagen der Aufsichtsratstätigkeit –
Teil I .......................................................................................... 121

Tab. 24:    Zusammenfassung der Grundlagen der Aufsichtsratstätigkeit –
Teil II ......................................................................................... 122

Tab. 25:    Zusammenfassung der Grundlagen der Aufsichtsratstätigkeit –
Teil III ........................................................................................ 123

Tab. 26:    Vergleich der Prinzipal-Agenten- und der Stewardship-Theorie .... 127

Tab. 27:    Klassifizierungen von Bedürfnissen bzw. Motiven ........................ 132

Tab. 28:    Definitionen der Motivation ........................................................ 134

Tab. 29:    Definitionen der Arbeitszufriedenheit – Teil I ............................... 171

Tab. 30:    Definitionen der Arbeitszufriedenheit – Teil II .............................. 172

Tab. 31:    Genossenschaftliches Anreiz-Beitrags-System aus Sicht der
Mitglieder ................................................................................... 190

Tab. 32:    Zusammenfassung der Einordnung in den theoretischen
Kontext – Teil I ........................................................................... 194

Tab. 33:    Zusammenfassung der Einordnung in den theoretischen
Kontext – Teil II .......................................................................... 195

Tab. 34:    Zusammenfassung der Einordnung in den theoretischen
Kontext – Teil III ......................................................................... 196

Tab. 35:    Zusammenfassung der Einordnung in den theoretischen
Kontext – Teil IV ........................................................................ 197

Tab. 36:    Stand der empirischen Forschung – Teil I ................................... 199

Tab. 37:    Stand der empirischen Forschung – Teil II .................................. 200

Tab. 38:    Stand der empirischen Forschung – Teil III ................................. 201

Tab. 39:    Stand der empirischen Forschung – Teil IV ................................. 202

Tab. 40:    Stand der empirischen Forschung – Teil V .................................. 203

Tab. 41:    Stand der empirischen Forschung – Teil VI ................................. 204

Tab. 42:    Stand der empirischen Forschung – Teil VII ................................ 205

Tab. 43:    Stand der empirischen Forschung – Teil VIII ............................... 206

Tab. 44:    Stand der empirischen Forschung – Teil IX ................................. 207

Tab. 45:    Stand der empirischen Forschung – Teil X .................................. 208

Tab. 46:    Ausgewählte verhaltenswissenschaftliche empirische Forschung. 216

Tab. 47:    Definitionen der Konstrukte ....................................................... 225

Tab. 48:    Für genossenschaftliche Aufsichtsräte relevante Teilaspekte der
Konstrukte .................................................................................. 226

Tab. 49:    Indikatoren der extrinsischen Motivation .................................... 231

Tab. 50:    Indikatoren der intrinsischen Motivation ..................................... 232

Tab. 51:     Indikatoren der Zufriedenheit – Teil I ........................................... 234

Tab. 52:     Indikatoren der Zufriedenheit – Teil II .......................................... 235

Tab. 53:     Indikatoren der Zufriedenheit – Teil III ......................................... 236

Tab. 54:     Indikatoren des Rollenverständnisses ......................................... 238

Tab. 55:     Ausgewählte Unterschiede der Strukturgleichungsansätze .......... 239

Tab. 56:     Kriterien zur Evaluation formativer Messmodelle ......................... 247

Tab. 57:     Beurteilung von $R^2$-Werten ......................................................... 249

Tab. 58:     Kriterien zur Evaluation eines Strukturmodells mit formativen
             endogenen Konstrukten .............................................................. 250

Tab. 59:     Auswahl der Daten der Geschäftsberichtsanalyse ...................... 265

Tab. 60:     Repräsentativitätsabgleich der bankspezifischen Kriterien ........... 268

Tab. 61:     Repräsentativitätsabgleich der gremienspezifischen Kriterien ...... 269

Tab. 62:     Repräsentativitätsabgleich der aufsichtsratsindividuellen Kriterien 271

Tab. 63:     Zusammenfassung des empirischen Designs – Teil I ................... 272

Tab. 64:     Zusammenfassung des empirischen Designs – Teil II .................. 273

Tab. 65:     Zusammenfassung des empirischen Designs – Teil III ................. 274

Tab. 66:     Zusammenfassung des empirischen Designs – Teil IV ................. 275

Tab. 67:     Zusammenfassung der Evaluationskriterien ................................ 275

Tab. 68:     Struktur für Gruppenvergleiche ................................................... 277

Tab. 69:     Deskriptive Statistik zur extrinsischen Motivation – Teil I ............. 279

Tab. 70:     Deskriptive Statistik zur extrinsischen Motivation – Teil II ............ 280

Tab. 71:     Gruppenvergleich zu Indikator Nr. 11 .......................................... 281

Tab. 72:     Deskriptive Statistik zur extrinsischen Motivation – Reihenfolge
             von Teilaspekten ........................................................................ 282

Tab. 73:     Deskriptive Statistik zur intrinsischen Motivation – Teil I ............. 283

Tab. 74:     Deskriptive Statistik zur intrinsischen Motivation – Teil II ............ 284

Tab. 75:     Gruppenvergleich zu Indikator Nr. 28 .......................................... 285

Tab. 76:     Gruppenvergleich zu Indikator Nr. 22 .......................................... 286

Tab. 77:     Deskriptive Statistik zur Zufriedenheit – Teil I .............................. 288

Tab. 78:     Deskriptive Statistik zur Zufriedenheit – Teil II ............................. 289

Tab. 79:     Deskriptive Statistik zur Zufriedenheit – Teil III ............................ 290

Tab. 80:     Deskriptive Statistik zur Zufriedenheit – Teil IV ........................... 291

Tab. 81:     Deskriptive Statistik zur Zufriedenheit – Teil V ............................ 292

Tab. 82:     Deskriptive Statistik zur Zufriedenheit – Teil VI ........................... 293

Tab. 83:     Gruppenvergleich zu Indikator Nr. 38 .......................................... 294

Tab. 84:     Deskriptive Statistik zur Beurteilung der Gremiengröße ............... 295

Tab. 85:     Deskriptive Statistik zum Hierarchieverständnis ........................... 296

Tab. 86:    Deskriptive Statistik zum Rollenverständnis – Teil I ..................... 298

Tab. 87:    Deskriptive Statistik zum Rollenverständnis – Teil II .................... 299

Tab. 88:    Deskriptive Statistik zur Reihenfolge des Rollenverständnisses.... 300

Tab. 89:    Deskriptive Statistik zur Bilanzsumme............................................ 302

Tab. 90:    Deskriptive Statistik zur Anzahl ordentlicher Sitzungen................ 303

Tab. 91:    Deskriptive Statistik zur Vergütung in Abhängigkeit der Position... 303

Tab. 92:    Deskriptive Statistik zur Wahrnehmung des Mandats als
Ehrenamt........................................................................................... 304

Tab. 93:    Deskriptive Statistik zum Persönlichkeitstypen............................. 305

Tab. 94:    Deskriptive Statistik zum Alter der Aufsichtsräte .......................... 306

Tab. 95:    Deskriptive Statistik zum Ausbildungsgrad.................................... 308

Tab. 96:    Deskriptive Statistik zu den Berufen – Teil I ................................. 310

Tab. 97:    Deskriptive Statistik zu den Berufen – Teil II ................................ 311

Tab. 98:    Deskriptive Statistik zu weiteren Aufsichtsratsmandaten.............. 312

Tab. 99:    Deskriptive Statistik zur Zugehörigkeitsdauer............................... 314

Tab. 100:   Deskriptive Statistik zur Ausschusszugehörigkeit......................... 316

Tab. 101:   Evaluation des Messmodells zur extrinsischen Motivation ........... 317

Tab. 102:   Evaluation des Messmodells zur intrinsischen Motivation ............ 318

Tab. 103:   Evaluation des Messmodells zur Zufriedenheit ............................. 320

Tab. 104:   Faktorenanalyse zur Aufgabenwahrnehmung ............................... 322

Tab. 105:   Evaluation der Messmodelle zu den Konstrukten der
Aufgabenwahrnehmung ................................................................... 323

Tab. 106:   Prüfung der Kollinearität der Treiberkonstrukte ............................ 324

Tab. 107:   Evaluation des Strukturmodells ...................................................... 325

Tab. 108:   Unterschiede der Pfadkoeffizienten zwischen intrinsischer und
extrinsischer Motivation ................................................................... 327

Tab. 109:   Pfadunterschiede auf das Konstrukt der Zufriedenheit................. 328

Tab. 110:   Ergebnisse der Mediatoranalyse .................................................... 330

Tab. 111:   Bankspezifische Kontextvariable .................................................... 333

Tab. 112:   Gremienspezifische Kontextvariablen ............................................ 333

Tab. 113:   Aufsichtsratsindividuelle Kontextvariablen – Teil I........................ 335

Tab. 114:   Aufsichtsratsindividuelle Kontextvariablen – Teil II....................... 336

Tab. 115:   Aufbau der Geschäftsberichtsanalyse ............................................ 339

Tab. 116:   Bilanzsummen im Zeitvergleich ...................................................... 341

Tab. 117:   Mitarbeitercluster anhand der Bilanzsummencluster im
Zeitvergleich ..................................................................................... 341

Tab. 118:   Verteilung der Vorstände anhand der Bilanzsummencluster......... 342

Tab. 119: Entwicklung der Mitgliederanzahl und Geschäftsguthaben .......... 343

Tab. 120: Jahresüberschuss und Ausschüttung der Dividende anhand der Bilanzsummencluster im Zeitvergleich ....................................... 344

Tab. 121: Gremiengrößencluster im Zeitvergleich ................................... 345

Tab. 122: Gremiengröße anhand der Bilanzsummencluster im Zeitvergleich 346

Tab. 123: Prüfungsverbände mit dazugehörigen Kreditinstituten (Stand: 2014) ................................................................................. 348

Tab. 124: Vergütungsverteilung anhand der Bilanzsummencluster im Zeitvergleich ....................................................................... 349

Tab. 125: Vergütungsausprägungen der Kreditinstitute im Zeitvergleich ....... 350

Tab. 126: Vergütungscluster der Kreditinstitute im Zeitvergleich ................. 350

Tab. 127: Durchschnittliche Vergütung pro Frau im Zeitvergleich ................ 350

Tab. 128: Durchschnittliche Vergütung pro Mann im Zeitvergleich ............... 351

Tab. 129: Geschlechterverteilung im Zeitvergleich ................................... 352

Tab. 130: Frauenbeteiligung im Aufsichtsrat ........................................... 353

Tab. 131: Diversität des Geschlechts .................................................... 353

Tab. 132: Arbeitnehmerbeteiligung im Aufsichtsrat anhand von Mitarbeiterclustern ............................................................... 354

Tab. 133: Arbeitnehmerbeteiligung im Aufsichtsrat anhand von Bilanzsummenclustern ............................................................ 355

Tab. 134: Position im Gremium anhand von Bilanzsummenclustern ............ 356

Tab. 135: Verteilung der Berufe ........................................................... 357

Tab. 136: Top-3-Berufe der männlichen und weiblichen Aufsichtsratsmitglieder ............................................................ 357

Tab. 137: Anzahl der Selbstständigen und Rentner/Pensionäre ................. 358

Tab. 138: Verteilung der Berufe der Vorsitzenden .................................... 358

Tab. 139: Verteilung der Top-5-Berufe anhand der Bilanzsummencluster .... 359

Tab. 140: Diversität der Berufe ............................................................ 360

Tab. 141: Ausbildungsgrad aller Aufsichtsräte ....................................... 360

Tab. 142: Ausbildungsgrad der Aufsichtsratsvorsitzenden ........................ 361

Tab. 143: Angenommener Finanzsachverstand ...................................... 362

Tab. 144: Fluktuation im Aufsichtsratsgremium im Zeitvergleich ................. 362

Tab. 145: Fluktuation im Aufsichtsratsgremium im Zeitvergleich anhand der Bilanzsummencluster ............................................................ 363

Tab. 146: Ausscheidungsgründe aus dem Aufsichtsratsgremium ............... 363

Tab. 147: Zugehörigkeitsdauer anhand der Bilanzsummencluster .............. 364

Tab. 148: Diversität der Zugehörigkeitsdauer ......................................... 365

Tab. 149:    Zugehörigkeitsdauern der Vorsitzenden, Frauen und Arbeitnehmervertreter................................................................ 365

Tab. 150:    Zusammenfassung der Befunde zur Motivation .......................... 366

Tab. 151:    Zusammenfassung der Befunde zur Zufriedenheit....................... 370

Tab. 152:    Vergleichende Darstellung mit den Ergebnissen von SAUTTER...... 373

Tab. 153:    Zusammenfassung der Befunde zur Aufgabenwahrnehmung....... 377

Tab. 154:    Zusammenfassung der Befunde zum Zusammenhang zwischen Motivation und Zufriedenheit .......................................................... 382

Tab. 155:    Zusammenfassung der Befunde zum Zusammenhang zwischen Motivation und Zufriedenheit – Kontextvariablen...................... 383

Tab. 156:    Zusammenfassung der Befunde zur Wahrnehmung als Ehrenamt 384

Tab. 157:    Zusammenfassung der Befunde zur Geschlechterdiversität ......... 386

Tab. 158:    Durchschnittsbetrachtung der HHI.............................................. 389

Tab. 159:    Zusammenfassung der Befunde zum Alter der Aufsichtsräte........ 391

Tab. 160:    Zusammenfassung der Befunde zur Zugehörigkeitsdauer ........... 393

Tab. 161:    Zusammenfassung der Befunde zur Fluktuation im Gremium....... 394

Tab. 162:    Zusammenfassung der Befunde zum Beruf und Ausbildungsgrad 395

Tab. 163:    Zusammenfassung der Befunde zu den Eigenschaften der Aufsichtsratsvorsitzenden............................................................. 400

Tab. 164:    Zusammenfassung der Befunde zur Ausschusszugehörigkeit ...... 401

Tab. 165:    Zusammenfassung der Befunde zu weiteren Aufsichtsratsmandaten ................................................................. 402

Tab. 166:    Zusammenfassung der Befunde zum Bericht des Aufsichtsrats.... 403

Tab. 167:    Zusammenfassung der Befunde zur Größe des Gremiums ......... 405

Tab. 168:    Zusammenfassung der Befunde zur Vergütung .......................... 407

Tab. 169:    Zusammenfassung von $FZ_1$............................................................ 418

Tab. 170:    Zusammenfassung von $FZ_2$............................................................ 420

Tab. 171:    Zusammenfassung von $FZ_3$............................................................ 423

Tab. 172:    Zusammenfassung von $FZ_4$............................................................ 425

Tab. 173:    Zusammenfassung von $FZ_5$............................................................ 426

Tab. 174:    Erfolgskritische Faktoren bei der Selbstbeurteilung.................... 437

Tab. 175:    Vorschläge zur Berichterstattung des Aufsichtsrats ................... 441

Tab. 176:    Zusammenfassung der Implikationen in Bezug auf die aufsichtsrätlichen Rechte und Pflichten.................................... 453

Tab. 177:    Zusammenfassung der Implikationen in Bezug auf strukturelle und organisationale Faktoren ...................................................... 454

Tab. 178:    Zusammenfassung der Implikationen in Bezug auf aufsichtsratsindividuelle Faktoren................................................. 454

Tab. 179:   Betrachtete Genossenschaftsbanken – Teil I ............................... 458

Tab. 180:   Betrachtete Genossenschaftsbanken – Teil II .............................. 459

Tab. 181:   Betrachtete Genossenschaftsbanken – Teil III ............................. 460

Tab. 182:   Betrachtete Genossenschaftsbanken – Teil IV ............................ 461

Tab. 183:   Betrachtete Genossenschaftsbanken – Teil V ............................. 462

Tab. 184:   Betrachtete Genossenschaftsbanken – Teil VI ............................ 463

Tab. 185:   Betrachtete Genossenschaftsbanken – Teil VII ........................... 464

Tab. 186:   Betrachtete Genossenschaftsbanken – Teil VIII .......................... 465

Tab. 187:   Betrachtete Genossenschaftsbanken – Teil IV ............................ 466

Tab. 188:   Betrachtete Genossenschaftsbanken – Teil X .............................. 467

Tab. 189:   Betrachtete Genossenschaftsbanken – Teil XI ............................. 468

Tab. 190:   Betrachtete Genossenschaftsbanken – Teil XII ............................ 469

Tab. 191:   Betrachtete Genossenschaftsbanken – Teil XIII ........................... 470

Tab. 192:   Betrachtete Genossenschaftsbanken – Teil XIV ........................... 471

Tab. 193:   Betrachtete Genossenschaftsbanken – Teil XV ........................... 472

Tab. 194:   Betrachtete Genossenschaftsbanken – Teil XVI .......................... 473

Tab. 195:   Betrachtete Genossenschaftsbanken – Teil XVII ......................... 474

Tab. 196:   Betrachtete Genossenschaftsbanken – Teil XVIII ........................ 475

Tab. 197:   Betrachtete Genossenschaftsbanken – Teil XIX .......................... 476

Tab. 198:   Betrachtete Genossenschaftsbanken – Teil XX ........................... 477

Tab. 199:   Betrachtete Genossenschaftsbanken – Teil XXI .......................... 478

Tab. 200:   Betrachtete Genossenschaftsbanken – Teil XXII ......................... 479

Tab. 201:   Betrachtete Genossenschaftsbanken – Teil XXIII ........................ 480

Tab. 202:   Betrachtete Genossenschaftsbanken – Teil XXIV ....................... 481

Tab. 203:   Betrachtete Genossenschaftsbanken – Teil XXV ........................ 482

Tab. 204:   Auswahl an Antezedenzien und Konsequenzen sowie Korrelaten der Arbeitsmotivation und Arbeitszufriedenheit – Teil I ................. 483

Tab. 205:   Auswahl an Antezedenzien und Konsequenzen sowie Korrelaten der Arbeitsmotivation und Arbeitszufriedenheit – Teil II ................ 484

Tab. 206:   Auswahl an Antezedenzien und Konsequenzen sowie Korrelaten der Arbeitsmotivation und Arbeitszufriedenheit – Teil III ............... 485

Tab. 207:   Auswahl an Antezedenzien und Konsequenzen sowie Korrelaten der Arbeitsmotivation und Arbeitszufriedenheit – Teil IV .............. 486

Tab. 208:   Auswahl an Antezedenzien und Konsequenzen sowie Korrelaten der Arbeitsmotivation und Arbeitszufriedenheit – Teil V .............. 487

Tab. 209:   Auswahl an Antezedenzien und Konsequenzen sowie Korrelaten der Arbeitsmotivation und Arbeitszufriedenheit – Teil VI .............. 488

Tab. 210:   Auswahl an Antezedenzien und Konsequenzen sowie Korrelaten der Arbeitsmotivation und Arbeitszufriedenheit – Teil VII ............. 489

Tab. 211:   Auswahl an Antezedenzien und Konsequenzen sowie Korrelaten der Arbeitsmotivation und Arbeitszufriedenheit – Teil VIII ............. 490

Tab. 212:   Auswahl an Antezedenzien und Konsequenzen sowie Korrelaten der Arbeitsmotivation und Arbeitszufriedenheit – Teil IX ............... 491

Tab. 213:   Auswahl an Antezedenzien und Konsequenzen sowie Korrelaten der Arbeitsmotivation und Arbeitszufriedenheit – Teil X ................ 492

Tab. 214:   Auswahl an Antezedenzien und Konsequenzen sowie Korrelaten der Arbeitsmotivation und Arbeitszufriedenheit – Teil XI ............... 493

Tab. 215:   Kolmogorov-Smirnov-Test (Motivation) ..................................... 508

Tab. 216:   Kolmogorov-Smirnov-Test (Zufriedenheit)................................. 509

Tab. 217:   Kolmogorov-Smirnov-Test (Aufgabenwahrnehmung)................... 510

Tab. 218:   Ergebnisse der konfirmatorischen Tetrad-Analyse (extrinsische Motivation) – Teil I ........................................................................ 511

Tab. 219:   Ergebnisse der konfirmatorischen Tetrad-Analyse (extrinsische Motivation) – Teil II ....................................................................... 512

Tab. 220:   Ergebnisse der konfirmatorischen Tetrad-Analyse (extrinsische Motivation) – Teil III ...................................................................... 513

Tab. 221:   Ergebnisse der konfirmatorischen Tetrad-Analyse (intrinsische Motivation) – Teil I ........................................................................ 514

Tab. 222:   Ergebnisse der konfirmatorischen Tetrad-Analyse (intrinsische Motivation) – Teil II ....................................................................... 515

Tab. 223:   Ergebnisse der konfirmatorischen Tetrad-Analyse (intrinsische Motivation) – Teil III ...................................................................... 516

Tab. 224:   Ergebnisse der konfirmatorischen Tetrad-Analyse (Aufgabenwahrnehmung) ............................................................... 517

Tab. 225:   Ergebnisse der Multikollinearitätsprüfung ..................................... 518

Tab. 226:   Ergebnisse der Verteilungsanalyse (Motivation und Aufgabenwahrnehmung) ............................................................... 519

Tab. 227:   Ergebnisse der Verteilungsanalyse (Zufriedenheit) ...................... 520

Tab. 228:   Evaluation des Messmodells zur extrinsischen Motivation (modifiziertes Strukturmodell) ....................................................... 521

Tab. 229:   Evaluation des Messmodells zur intrinsischen Motivation (modifiziertes Strukturmodell) ....................................................... 521

Tab. 230:   Evaluation des Messmodells zur Zufriedenheit (modifiziertes Strukturmodell) .......................................................................... 522

Tab. 231:   Evaluation der Messmodelle zu den Konstrukten der Aufgabenwahrnehmung ............................................................... 523

Tab. 232:   Evaluation des modifizierten Strukturmodells – Teil I ................... 524

Tab. 233:    Evaluation des modifizierten Strukturmodells – Teil II ................... 525

# Abkürzungsverzeichnis

| | |
|---|---|
| a. d. | an der/an dem |
| a. M. | am Main |
| ABB | Arbeitsbeschreibungs-Bogen |
| Abb. | Abbildung |
| ABl. | Amtsblatt |
| Abs. | Absatz |
| abs. | absolut |
| AdAR | Arbeitskreis deutscher Aufsichtsrat e. V. |
| ADHGB | Allgemeines Deutsches Handelsgesetzbuch |
| AG | Aktiengesellschaft |
| AGG | Allgemeines Gleichbehandlungsgesetz |
| AktG | Aktiengesetz |
| Allg. | Allgemein |
| α | Signifikanzniveau |
| AN | Arbeitnehmer |
| AN-Vertr. | Arbeitnehmervertreter |
| apoBank | Deutsche Apotheker- und Ärztebank |
| AR | Aufsichtsrat |
| ARD | Arbeitsgemeinschaft der öffentlich-rechtlichen Rundfunkanstalten der Bundesrepublik Deutschland |
| AReG | Gesetz zur Umsetzung der prüfungsbezogenen Regelungen der Richtlinie 2014/56/EU sowie zur Ausführung der entsprechenden Vorgaben der Verordnung (EU) Nr. 537/2014 im Hinblick auf die Abschlussprüfung bei Unternehmen von öffentlichem Interesse (Abschlussprüfungsreformgesetz) |
| ArMiD | Aufsichtsräte Mittelstand in Deutschland e. V. |
| Art. | Artikel |
| ASA | Attraction-Selection-Attrition |
| AT | Allgemeiner Teil |
| AuA | Auslegungs- und Anwendungshinweise zum Geldwäschegesetz |
| Aufl. | Auflage |
| AW | Aufgabenwahrnehmung |
| b. Hl. | beim Heiligen |
| BaFin | Bundesanstalt für Finanzdienstleistungsaufsicht |
| BAK | Bundesaufsichtsamt für das Kreditwesen |
| BCa | Bias-korrigierte und accelerated Bootstrapping |
| BCBS | Basel Committee on Banking Supervision |
| BFH | Bundesfinanzhof |

| | |
|---|---|
| BGB | Bürgerliches Gesetzbuch |
| BGBl. | Bundesgesetzblatt |
| BGH | Bundesgerichtshof |
| BNotO | Bundesnotarordnung |
| BSH | Bausparkasse Schwäbisch Hall |
| BStBl. | Bundessteuerblatt |
| BT | Besonderer Teil |
| BVerfG | Bundesverfassungsgericht |
| BVerwG | Bundesverwaltungsgericht |
| BVR | Bundesverband der Deutschen Volksbanken und Raiffeisen- banken e. V. |
| BVR-ISG | BVR Institutssicherung GmbH |
| BWL | Betriebswirtschaftslehre |
| bzgl. | bezüglich |
| bzw. | beziehungsweise |
| ca. | circa |
| CEO | Chief Executive Officer |
| CGKG | Corporate Governance-Kodex für Genossenschaften |
| COBIT | Control Objectives for Information and Related Technology |
| COSO | Committee of Sponsoring Organizations of the Treadway Commission |
| CRD | Capital Requirements Directive |
| CRR | Capital Requirements Regulation |
| CSR | Corporate Social Responsibility |
| CSR-RUG | Gesetz zur Stärkung der nichtfinanziellen Berichterstattung der Unternehmen in ihren Lage- und Konzernlageberichten (Corporate Social Responsibility-Richtlinie-Umsetzungsgesetz) |
| D&O | Directors-and-Officers |
| DAX | Deutscher Aktienindex |
| DCGK | Deutscher Corporate Governance Kodex |
| DG HYP | Deutsche Genossenschafts-Hypothekenbank AG |
| DGRV | Deutscher Genossenschafts- und Raiffeisenverband e. V. |
| DIN | Deutsches Institut für Normung e. V. |
| DL | Dienstleistung |
| DrittelbG | Gesetz über die Drittelbeteiligung der Arbeitnehmer im Aufsichts- rat (Drittelbeteiligungsgesetz) |
| DRV | Deutscher Raiffeisenverband e. V. |
| DSGV | Deutscher Sparkassen- und Giroverband e. V. |
| DZ BANK AG | Deutsche Zentral-Genossenschaftsbank AG |
| DZ HYP AG | Deutsche Zentral-Hypothekenbank AG |

| | |
|---|---|
| e. V. | eingetragener Verein |
| EBA | European Banking Authority/Europäische Bankenaufsichts- behörde |
| eG/e. G. | eingetragene Genossenschaft |
| EinSiG | Einlagensicherungsgesetz |
| ERG | Existence Relatedness Growth |
| et al. | et alia/et aliae/ et alii |
| etc. | et cetera |
| EU | Europäische Union |
| EUR | Euro |
| EZB | Europäische Zentralbank |
| f. | folgende |
| $f^2$ | Effektstärke |
| FEA | Financial Experts Association e. V. |
| ff. | fortfolgende |
| FidAR e. V. | Frauen in die Aufsichtsräte e. V. |
| FIFA | Fédération Internationale de Football Association/Internationaler Verband des Association Football |
| FZ | Forschungsziel |
| G20 | Gruppe der Zwanzig |
| GAD | Gesellschaft für automatische Datenverarbeitung |
| γ | Pfadkoeffizient |
| GdW | Bundesverband der deutschen Wohnungs- und Immobilienunter- nehmen e. V. |
| GenG | Gesetz betreffend die Erwerbs- und Wirtschaftsgenossenschaften (Genossenschaftsgesetz) |
| Geno | Genossenschaft |
| Genobank | Genossenschaftsbank |
| GmbH | Gesellschaft mit beschränkter Haftung |
| GRI | Global Reporting Initiative |
| H + G Bank | Handels- und Gewerbebank |
| HCM | Hierarchical Component Models |
| Helaba | Hessische Landesbank |
| HGB | Handelsgesetzbuch |
| HHI | Herfindahl-Hirschman-Index |
| HHI* | normierter Herfindahl-Hirschman-Index |
| Hrsg. | Herausgeber |
| hrsg. | herausgegeben |
| http | Hypertext Transfer Protocol |
| i. Südl. | im Südlichen |

| | |
|---|---|
| i. S. d. | im Sinne des |
| i. V. m. | in Verbindung mit |
| IDW | Institut der Wirtschaftsprüfer in Deutschland e. V. |
| IKS | Internes Kontrollsystem |
| inkl. | inklusive |
| InstitutsVergV | Verordnung über die aufsichtsrechtlichen Anforderungen an Vergütungssysteme von Instituten (Institutsvergütungsverordnung) |
| IT | Informationstechnologie |
| IWF | Internationaler Währungsfonds |
| JDI | Job Description Index |
| JDS | Job Diagnostic Survey |
| Jg. | Jahrgang |
| JSS | Job Satisfaction Survey |
| K | Kriterium/Kriterien |
| KAGB | Kapitalanlagegesetzbuch |
| KfW | Kreditanstalt für Wiederaufbau |
| KG | Kommanditgesellschaft |
| KI | Kreditinstitut |
| KMO | Kaiser-Meyer-Olkin Measure of Sampling Adequacy |
| KWG | Gesetz über das Kreditwesen (Kreditwesengesetz) |
| L | Legislatio |
| MaComp | Mindestanforderungen an die Compliance-Funktion und weitere Verhaltens-, Organisations- und Transparenzpflichten |
| MaRisk | Mindestanforderungen an das Risikomanagement |
| MAWS | Motivation of Work Scale |
| Max. | Maximum |
| MDAX | Mid-Cap-Deutscher Aktienindex |
| Med. | Median |
| MG | Mitglied/Mitglieder |
| MG-Vertr. | Mitgliedervertreter |
| MiFiD | Markets in Financial Instruments Directive |
| MiFiD-OV | Markets in Financial Instruments Directive-Organisationsverordnung |
| Min. | Minimum |
| mind. | mindestens |
| Mio. | Million/Millionen |
| MitbestG | Gesetz über die Mitbestimmung der Arbeitnehmer (Mitbestimmungsgesetz) |
| Mod. | Modus |
| Mrd. | Milliarde/Milliarden |

| | |
|---|---|
| MünchenerHyp | Münchener Hypothekenbank eG |
| MW | Mittelwert |
| N | Anzahl der Elemente in der Grundgesamtheit |
| n | Anzahl der Elemente in der Stichprobe |
| Nemax | Neuer Markt Aktien-Index |
| NEO-FFI | Neurotizismus-Extraversion-Offenheit-Fünf-Faktoren-Inventar |
| Nr. | Nummer/Nummern |
| o. ä. | oder ähnlich |
| o. V. | ohne Verfasser |
| OECD | Organisation for Economic Co-operation and Development/Organisation für wirtschaftliche Zusammenarbeit und Entwicklung |
| OLG | Oberlandesgericht |
| OV | Organisationsverordnung |
| p. a. | per annum |
| PDF | Portable Document Format |
| PLS | Partial Least Squares |
| P-O-Fit | Personen-Organisations-Fit |
| PRF | Personality Research Form |
| PS | Prüfungsstandard/Prüfungsstandards |
| PSD | Post-Spar- und Darlehensverein |
| r | Korrelationskoeffizient von BRAVAIS-PEARSON |
| R+V | Raiffeisen- und Volksbanken Versicherung AG |
| $R^2$ | Bestimmtheitsmaß |
| RGBl. | Reichsgesetzblatt |
| Rn. | Randnummer/Randnummern |
| RSA | Rechtmehring, Soyen, Albaching |
| S. | Seite/Seiten |
| SAG | Gesetz zur Sanierung und Abwicklung von Instituten und Finanzgruppen (Sanierungs- und Abwicklungsgesetz) |
| SAZ | Skala zur Messung der Arbeitszufriedenheit |
| SCE | Societas Cooperativa Europaea/Europäische Genossenschaft |
| SDAX | Small-Cap-Deutscher Aktienindex |
| σ | Standardabweichung |
| sog. | sogenannte/sogenannten |
| SPEC | Specification |
| SPSS | Statistical Package for the Social Sciences |
| SRS | Sustainability Reporting Standard |
| SSM | Single Supervisory Mechanism/Einheitlicher europäischer Aufsichtsmechanismus |
| St. | Sankt |

| | |
|---|---|
| STDV | Standardabweichung |
| StGB | Strafgesetzbuch |
| Tab. | Tabelle |
| TecDAX | Index der 30 größten Technologieunternehmen des Prime Standard |
| TEUR | Tausend Euro |
| Tz. | Textziffer |
| u. a. | und andere/unter anderem |
| UmwG | Umwandlungsgesetz |
| USA | United States of America/Vereinigte Staaten von Amerika |
| usw. | und so weiter |
| v. a. | vor allem |
| Vertr. | Vertreter |
| VFI | Volunteer Functions Inventory |
| vgl. | vergleiche/Vergleiche |
| VIE-Theorie | Valenz-Instrumentalitäts-Erwartungs-Theorie |
| VIF | Variance Inflation Factor |
| VO | Verordnung |
| VPN | Virtual Private Network |
| VR | Volks- und Raiffeisenbanken |
| vs. | versus |
| WGZ Bank AG | Westdeutsche Genossenschafts-Zentralbank AG |
| WM | Weltmeisterschaft |
| WoB | Women-on-Board |
| WpHG | Gesetz über den Wertpapierhandel (Wertpapierhandelsgesetz) |
| www | world wide web |
| z. B. | zum Beispiel |
| z. T. | zum Teil |
| ZDF | Zweites Deutsches Fernsehen |
| ZdK | Zentralverband deutscher Konsumgenossenschaften e. V. |

# A Einleitung

## 1 Ausgangslage und Problemstellung

Die Tätigkeit von Aufsichtsräten[1] steht seit vielen Jahren im Fokus wissenschaftlicher Auseinandersetzungen und rückt insbesondere in Krisenzeiten in den Mittelpunkt des öffentlichen sowie regulatorischen Interesses.[2] Mangelnde Funktionsfähigkeit sowie attestierte Kompetenzdefizite und der dadurch hervorgerufene Wunsch nach einer wirksameren Beratungs- und Überwachungstätigkeit einhergehend mit einer steigenden Professionalisierung sind unterdies wiederkehrende Sachverhalte.[3] Die Kritik ist somit keine ausschließliche Erscheinung der Gegenwart. Bereits 1993 titelte SCHEFFLER „Der Aufsichtsrat – nützlich oder überflüssig?"[4]. Die EUROPÄISCHE KOMMISSION sieht in den folgenden aufsichtsratsbezogenen Faktoren maßgebliche Ursachen der letzten Finanzkrise: zu geringe Investitionen an Zeit und Ressourcen, fehlende Sachkenntnis und unzureichendes Durchsetzungsvermögen gegenüber Vorständen, um deren Geschäftsführung zu hinterfragen, und mangelnde Fähigkeiten bzw. Willen, um ein angemessenes Risikomanagement zu gewährleisten.[5]

Eine Branche, die der staatlichen Aufsicht und zudem besonderen bzw. strengen rechtlichen Regelungen unterliegt, ist diejenige der Banken.[6] Aufgrund der „wechselseitigen Abhängigkeit innerhalb des Finanzsystems"[7] kann die Insolvenz eines Instituts den Konkurs weiterer Banken verursachen.[8] Einerseits ist die wirksame Überwachung somit eminent wichtig für die Stabilität und Funktionsfähigkeit der gesamten Kreditwirtschaft.[9] Andererseits ist vor allem aufgrund des Niedrigzinsumfelds und meist sinkender ordentlicher Erträge sowohl die adäquate Kontrolle

---

[1]  Um die einfache Lesbarkeit des Textes zu gewährleisten, wird in dieser Arbeit durchgängig das generische Maskulinum verwendet. Dieses impliziert ausdrücklich auch die weibliche Form. Darüber hinaus wird analog zum gängigen Sprachgebrauch der Begriff des *Aufsichtsrats* je nach Sachlage sowohl für das gesamte Gremium als auch für den einzelnen Mandatsträger verwendet (vgl. HAKELMACHER (2016), S. 179).

[2]  Vgl. THEISEN/PROBST (2016), S. 2; TOMKOS/PIETRALLA (2016), S. 138; LANG/WEIDMÜLLER (2019), § 36 Rn. 2; RUHWEDEL/EPSTEIN (2003), S. 161; DUTZI (2005), S. VII; CESCHINSKI/BEHRMANN/SASSEN (2018), S. 28; HARTMANN (2003), S. 1. Die durch Unternehmens- und Bilanzkrisen hervorgerufene Auseinandersetzung mit der Aufsichtsratstätigkeit stand bereits in den neunziger Jahren im Fokus des Gesetzgebers und der Öffentlichkeit (vgl. unter anderem MORNER ET AL. (2012); SCHEFFLER (1993), S. 63). Zur durch Krisen hervorgerufenen Kritik an der Aufsichtsratstätigkeit siehe beispielsweise BÜSCHEMANN (2016); EISERT/ZERFAß/WELP (2015); ALTMEPPEN (2004).

[3]  Vgl. beispielhaft RUHWEDEL/EPSTEIN (2003), S. 161; GÖTZL (2013), S. 131; JÜNGER (2013), S. 1; ULRICH (2010), S. 388; PROBST/THEISEN (2015), S. 154; RUBNER/FISCHER (2015), S. 782; STRUWE (2008), S. 83 ff.

[4]  SCHEFFLER (1993), S. 63.

[5]  Vgl. EUROPÄISCHE KOMMISSION (2010a), S. 7.

[6]  Vgl. BAETGE/BUSCH/CAUERS (2016), S. 1118; KARABASZ (2015), S. 57; WITTMANN (2007), S. 2579. BAETGE/BUSCH/CAUERS sind in Bezug auf Banken, Versicherungen und Finanzdienstleister der Ansicht, dass „Regelungen bzw. Handreichungen von auch nur annähernd vergleichbarem Detaillierungsgrad [...] für Unternehmen außerhalb dieser Branchen nicht zu finden [sind]." (BAETGE/BUSCH/CAUERS (2016), S. 1118).

[7]  EUROPÄISCHE KOMMISSION (2010a), S. 4.

[8]  Vgl. EUROPÄISCHE KOMMISSION (2010a), S. 4; HÖLSCHER/ALTENHAIN (2013), S. VII.

[9]  Vgl. RÖSELER (2017), S. 687.

der Geschäftsleitung als auch die Funktion als Beratungsorgan nicht zuletzt für einzelne Banken von entscheidender Relevanz.[10]

Zur Verbesserung der Qualität der Aufsichtsratstätigkeit und der Widerstandsfähigkeit der Unternehmen wurden zahlreiche regulatorische Standards bzw. Gesetze verabschiedet, weshalb die Mandatswahrnehmung zunehmend durch rechtliche Rahmenbedingungen bestimmt wird.[11] Im Mittelpunkt der vielfältigen Reformbestrebungen stehen konkretisierte personelle und strukturelle Anforderungen an die Zusammensetzung sowie erweiterte Spektren an Aufgaben und Rechten.[12] Trotz umfangreicher Reformen ist die Kritik an den Aufsichtsräten bis heute nicht verstummt und die Diskrepanz zwischen theoretischem Aufgabenprofil und faktischer Ausgestaltung zumindest scheinbar weiterhin existent.[13] Aufgrund dessen werden stets neue bankaufsichtsrechtliche sowie gesellschaftsrechtliche Anforderungen und Empfehlungen des europäischen bzw. nationalen Gesetzgebers an die Gremien formuliert.[14]

Die strengeren Anforderungen an die Qualifikation und Zusammensetzung von Aufsichtsräten wurden insbesondere zum 01.01.2014 durch § 25d des Kreditwesengesetzes (KWG) normiert.[15] Mit der Aufnahme von Kriterien wie Zuverlässigkeit und dem Erfordernis notwendiger Sachkunde zur Wahrnehmung der Kontrollfunktion sowie der Beurteilung und Überwachung der Geschäfte in das KWG, verdeutlicht die Aufsicht explizit, welche Bedeutung sie ihnen zumisst. Zu diesen Regelungen zählt beispielsweise die Pflicht, dass Aufsichtsräte ihrer Tätigkeit genügend Zeit widmen, die Geschäftsleitung in Bezug auf die Einhaltung bankaufsichtsrechtlicher Regelungen überwachen und mindestens einmal jährlich eine eigene Selbstbeurteilung vornehmen.[16] Die Geschäftstätigkeit von Kreditinstituten ist sowohl betriebs- und volkswirtschaftlich als auch juristisch geprägt, weswegen Aufsichtsratsmitglieder zumindest über Grundkenntnisse in diesen Bereichen verfügen sollten. Zudem sollten sie mit dem Geschäftsmodell bzw. damit einhergehend auch mit Maßnahmen und Strategien des Risikomanagements vertraut sein.[17] Eine Überprüfung der Sachkunde erscheint sinnvoll, da Aufsichtsräte ihre Funktion gegenüber den meist gut ausgebildeten, die Branche kennenden Vorständen nur ebenbürtig und konstruktiv kritisch ausüben können, sofern sie selbst ausreichend qualifiziert sind.[18] Die BUNDESANSTALT FÜR FINANZDIENSTLEISTUNGSAUFSICHT (BAFIN) hat das Recht, Aufsichtsräte aufgrund mangelnder Eignung abzulehnen, Schulungen zu verordnen oder Mitglieder aus den Gremien abberufen zu lassen.[19]

---

[10]    Vgl. FISCHHUBER/PREEN (2012), S. 399; FRÖHLICH (2017), S. 9.
[11]    Vgl. THELEN-PISCHKE/SAWAHN (2018), S. 116; WALTHER/MORNER (2014), S. 38.
[12]    Vgl. CESCHINSKI/BEHRMANN/SASSEN (2018), S. 28; EZB (2018), S. 3.
[13]    Vgl. ULRICH (2010), S. 388.
[14]    Vgl. REICHLE (2019b), S. 39; THELEN-PISCHKE/SAWAHN (2018), S. 116; ULRICH (2010), S. 388; DUTZI (2005), S. 5 f.; GLENK (2016), S. 434.
[15]    Vgl. THELEN-PISCHKE/SAWAHN (2015), S. 168.
[16]    Vgl. § 25d Abs. 6 KWG.
[17]    Vgl. HÖLSCHER/ALTENHAIN (2013), S. VII.
[18]    Vgl. HIRSCH/SANDT (2005), S. 192; GÖTZL (2013), S. 131.
[19]    Vgl. KRÖNER/OSMAN (2018), S. 31.

Die zahlenmäßig größte Bankengruppe im deutschen Finanzsystem stellen die Genossenschaftsbanken dar.[20] Aufgrund ihrer regionalen Verankerung und soliden Geschäftspolitik gelten sie als krisenstabil.[21] Aus ursprünglich eher kleinen Instituten sind unter anderem fusionsbedingt teils große, bedeutende Wirtschaftseinheiten geworden.[22] Während für Aufsichtsräte früher die Kenntnis der örtlichen Gegebenheiten im Geschäftsgebiet oftmals als Sachverstand ausreichte, wurden die Bankdienstleistungen im Verlauf der Zeit differenzierter sowie zumeist risikoreicher und die gesetzliche Regulierung komplexer.[23] Aufgrund dessen stiegen die zeitliche Belastung und die Anforderungen unter Berücksichtigung des Proportionalitätsprinzips auch für genossenschaftliche Aufsichtsräte.[24] Der Proportionalitätsgedanke findet im Rahmen der Regulatorik insofern Berücksichtigung, als dass die BAFIN Erfordernisse wie die ausreichende Sachkunde im Kontext des Umfangs und der Komplexität der betriebenen Geschäfte bewertet. Obwohl Kreditgenossenschaften zweifelsohne nicht im Zentrum der vergangenen Finanzkrise standen, gelten für ihre Aufsichtsräte dem Grunde nach jedoch die gleichen Anforderungen wie für andere kreditwirtschaftliche Aufsichtsräte.[25] Eine aktive Wahrnehmung des Mandats und eine immer stärkere Einbindung in Geschäftsprozesse einhergehend mit der damit verbundenen Verantwortung führen auch bei kleineren Instituten unumgänglich zu einer deutlich steigenden Arbeitsbelastung des Aufsichtsrats.[26] Die Mandatsträger der VOLKSBANK GÖPPINGEN schreiben im Geschäftsbericht 2013, dass sich die Aufsichtsratsaufgaben „einer Regionalbank vor dem Hintergrund der zunehmenden Regelungsdichte der aufsichtsrechtlichen Vorschriften als immer größere Herausforderung"[27] erweisen. Trotz des Proportionalitätsgedankens stellt sich somit die Frage, ob sich das Amt des Aufsichtsrats, das bei Genossenschaftsbanken regelmäßig als Ehrenamt von meist lokal ansässigen Unternehmern wahrgenommen wird, in der bisherigen Ausgestaltung fortführen lässt.[28]

Die Aufsichtsratstätigkeit unterliegt einem Wandel, der sich unter anderem darin zeigt, dass die Gremien früher als Abnickrunden wahrgenommen wurden und sich die Kontrolle auf zurückliegende Sachverhalte beschränkte.[29] Neben dieser ursprünglichen ex post-Kontrolle zählt mittlerweile auch die ex ante-Überwachung zum Aufgabenprofil eines Aufsichtsrats.[30] Zum Wandel des Selbstverständnisses der Mandatsträger zählt zudem die Einbindung in strategische Entscheidungen sowie die Funktion als Beratungsorgan.[31] Insgesamt besteht eine Forderung nach

---

[20] Vgl. DEUTSCHE BUNDESBANK (2020), S. 24*.
[21] Vgl. GÖTZL/ABERGER (2011), S. 34; ATZLER/OSMAN (2017a), S. 32; KEẞLER (2014), S. 103.
[22] Vgl. BVR (2020a); BVR (2020b); TALOS (1984), S. 21; MÜLLER (2017), S. 27; FRANKENBERGER/GSCHREY/BAUER (2020), S. 1.
[23] Vgl. FRANKENBERGER/GSCHREY/BAUER (2020), S. 8; TALOS (1984), S. 21; BÖHM/FRONEBERG/SCHIERECK (2012), S. 140.
[24] Vgl. SCHRÖDER (2016), S. 98; LÜCKE/STAMMER (2014), S. 22.
[25] Vgl. GÖTZL (2013), S. 131; HÖLSCHER/DÄHNE (2015), S. 68.
[26] Vgl. HÖLSCHER/DÄHNE (2015), S. 68.
[27] VOLKSBANK GÖPPINGEN EG (2014), S. 58.
[28] Vgl. GÖTZL/ABERGER (2011), S. 11.
[29] Vgl. KARABASZ (2015), S. 56; HÖLSCHER/ALTENHAIN (2013), S. V; HARTMANN (2003), S. 1.
[30] Vgl. HARTMANN (2003), S. 1.
[31] Vgl. WERDER (2017), S. 977; PREEN/PACHER (2014), S. 66.

bzw. Tendenz zur Professionalisierung der Aufsichtsratsarbeit.[32] Die Erwartungshaltung des Gesetzgebers und der Bankenaufsicht an die Aufsichtsräte ist groß.[33]
Obwohl viele Gremien ihrer Aufgabenerfüllung adäquat nachkommen, lässt sich
dennoch nicht bezweifeln, dass Teile der hervorgebrachten Kritikpunkte ernst zu
nehmen sind.[34] Trotz der Krisenbeständigkeit wird auch die Qualität der genossenschaftlichen Unternehmensführung seit einiger Zeit kritisch hinterfragt.[35] Aufgrund
des Umstands, dass den hauptamtlichen, professionellen Vorständen mitunter
fachfremde Aufsichtsräte gegenüberstehen, deren berufliche Kompetenzen entfernt vom Bankgeschäft angesiedelt sind, werden Zweifel an der Funktionsfähigkeit
geäußert.[36] Infolge dieser fachlichen Voraussetzungen zweifelt beispielsweise
TRITSCHLER an der ausreichenden Erfüllung der zugewiesenen Aufgaben.[37] Auch
begründet durch verschiedene Prüfungsmechanismen[38], denen Genossenschaftsbanken unterliegen, stellt sich die Frage nach der Wirksamkeit sowie Notwendigkeit eines stellenweise gering qualifizierten genossenschaftlichen Aufsichtsratsgremiums.

Zusammengefasst sind die Ansprüche und Anforderungen an Aufsichtsräte stetig
gestiegen und die zu beaufsichtigenden und beratenden Banken komplexer geworden.[39] Es ist ein Wandel vom reinen Kontrolleur zu einem Gremium mit einem
größerem Aufgabenumfang in Form stärkerer strategischer Einbindung festzustellen. Zudem unterliegen Aufsichtsräte bei Pflichtverstößen einem gesetzlichen Haftungsrisiko.[40] Unter Berücksichtigung der Tatsache, dass genossenschaftliche Aufsichtsratsmitglieder ihr Mandat in der Regel nebenberuflich und ehrenamtlich wahrnehmen, stellt sich vor dem beschriebenen Hintergrund die Frage nach den Gründen für die Mandatswahrnehmung und somit nach der Motivation der Aufsichtsratsmitglieder in Genossenschaftsbanken. Das Können in Form von Sachkunde
muss durch die Voraussetzung des Wollens komplementiert werden.[41] Für die genossenschaftliche Praxis ist dies insofern relevant, als dass die Institute vor der
Herausforderung stehen, die Gremien mit geeigneten Kandidaten zu besetzen.

Motivation im Allgemeinen ist nicht nur für die Psychologie, sondern auch für die
Betriebswirtschaftslehre von Relevanz, da sie sich auf individueller Ebene beispielsweise auf die Anstrengungen und Zielerreichung im Arbeitskontext auswirkt.[42] In Bezug auf Aufsichtsräte stehen als Anreize zumeist monetäre Vergü-
tungsinstrumente und somit eine finanziell ausgerichtete Motivation im Fokus der

---

32   Vgl. THEISEN (2015b), S. 27; PAPENFUß/WERNER-SCHMOLLING/WOLFF (2016), S. 105; HALW (2019),
     S. 36; RUBNER/FISCHER (2015), S. 782; WERDER (2017), S. 977; ZIEGER (2007), S. 32.
33   Vgl. ECKHARDT (2017), S. 76.
34   Vgl. GÖTZ (1995), S. 344.
35   Vgl. ZIEGER (2007), S. 32; HILKENBACH (2004), S. 45; BÖHM/FRONEBERG/SCHIERECK (2012), S. 140 f.;
     CORNFORTH (2004), S. 11 ff.
36   Vgl. HILKENBACH (2004), S. 45; THEURL (2013), S. 219.
37   Vgl. TRITSCHLER (2013), S. 17.
38   Auf die verschiedenen Prüfungsmechanismen und Überwachungsinstanzen wird in Kapitel B1.4 ex-
     plizit eingegangen.
39   Vgl. TOMKOS/PIETRALLA (2016), S. 138.
40   Vgl. GRUNDEI/ZAUMSEIL (2012), S. 17.
41   Vgl. HIRSCH/SANDT (2005), S. 184.
42   Vgl. MAYER (2009), S. 225; SCHEFFLER (2005), S. 1. Die Summe der individuellen Motivationsausprä-
     gungen (als kollektive Gruppenmotivation bezeichnet) ist teilursächlich für die Entwicklung einzelner
     Volkswirtschaften (vgl. SCHEFFLER (2005), S. 1; MCCLELLAND (1965a), S. 389 ff.).

Diskussionen.[43] Um eine dauerhafte Mandatswahrnehmung zu fördern, ist zudem die Betrachtung der Zufriedenheit der Aufsichtsräte von Interesse, wobei sich die ökonomische Zufriedenheitsforschung vorwiegend auf die theoretischen Grundlagen der Motivation bezieht.[44]

Insgesamt wird die Wirksamkeit der Aufsichtsratstätigkeit nicht nur in der Praxis, sondern auch in der Forschung vielfältig diskutiert.[45] Da Aufsichtsräte als schwierig zu untersuchen gelten, beschränken sich die Untersuchungen in der Regel auf die Auswertungen öffentlich verfügbarer Daten wie beispielsweise Geschäftsberichte.[46] Das Aufsichtsratsgremium wird als *„Black Box"*[47] tituliert, dessen Prozesse und Verhalten es zu untersuchen gilt.[48] MAYER stellt in Anlehnung an COMELLI/ROSENSTIEL/NERDINGER fest, dass das Konstrukt der Motivation „eine grundlegende Verhaltensdeterminante mit wachsender Bedeutung darstellt, der eine besondere Aufmerksamkeit geschenkt werden sollte"[49]. Insbesondere verhaltenswissenschaftliche Aufsichtsratsforschung scheint notwendig, um zu verstehen, weshalb Personen sich zur Annahme eines solchen Mandats entscheiden und es verantwortungsbewusst aufrechterhalten.[50] Dies gilt speziell für ehrenamtlich ausgeübte Aufsichtsratstätigkeiten, bei denen Anreize wie Prestige, Reputation oder ein Zugang zu exklusiven Personennetzwerken als Motive denkbar erscheinen.[51] Im Fokus der deutschen aufsichtsratsbezogenen Forschung stehen vielmehr jedoch die Gremien börsennotierter Aktiengesellschaften (AGs), die teilweise mit hauptberuflichen Mandatsträgern besetzt sind und deren Vergütungshöhe signifikant von der genossenschaftlicher Aufsichtsräte abweicht.[52]

Während Forschungsbeiträge zur Motivation von Aufsichtsräten börsennotierter AGs und zur Motivation von Genossenschaftsmitgliedern[53] existieren, besteht eine Forschungslücke, was die Motivation und Zufriedenheit genossenschaftlicher Aufsichtsräte angeht (vgl. Abb. 1). Auch die Zusammensetzung dieser Gremien wurde bislang nur stichprobenartig untersucht.[54]

---

[43] Vgl. JÜNGER (2013), S. 1.
[44] Da sich die beiden Konstrukte der Arbeitszufriedenheit und Arbeitsmotivation beeinflussen, werden sie häufig parallel betrachtet (vgl. FURNHAM/ERACLEOUS/CHAMORRO-PREMUZIC (2009), S. 765 f.; ROSENSTIEL/MOLT/RÜTTINGER (2005), S. 289; SCHMEIßER (2013), S. 47).
[45] Vgl. CESCHINSKI/BEHRMANN/SASSEN (2018), S. 28. Einen Überblick über ausgewählte empirische Forschungsbeiträge zu deutschen Aufsichtsräten liefern SCHULTEN (2013), S. 57 und DUTZI (2005), S. 109 ff. Für weitere Forschungsbeiträge siehe Kapitel B4.
[46] Vgl. LEBLANC/GILLIES (2005), S. 1; MORNER ET AL. (2012), S. 98.
[47] HUSE (2007), S. 300.
[48] Vgl. FORBES/MILLIKEN (1999), S. 502; HUSE (2007), S. 300; MORNER ET AL. (2012), S. 98.
[49] MAYER (2009), S. 227.
[50] Vgl. INGLIS/CLEAVE (2006), S. 83; JÜNGER (2013), S. V; SCHOLZ (2006), S. 6 f.
[51] Vgl. JÜNGER (2013), S. 3; INGLIS/CLEAVE (2006), S. 99.
[52] Vgl. HARTMANN (2003), S. 2. In Bezug auf die Bankenbranche beschränken sich veröffentlichte Untersuchungen zur Zusammensetzung, dem beruflichen Hintergrund der Mandatsträger und deren Vergütungen beispielsweise der BaFin auf große Kreditinstitute, weswegen Sparkassen und Genossenschaftsbanken nicht einbezogen werden (vgl. KONSCHALLA (2013), S. 15).
[53] Die Eigentümer von Genossenschaftsbanken werden als Genossenschaftsmitglieder bezeichnet (vgl. Kapitel B1.2.2).
[54] Vgl. KONSCHALLA (2013), S. 15 ff.

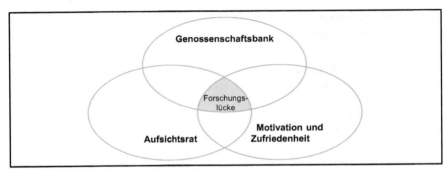

Abb. 1:   Visualisierung der Forschungslücke[55]

Die vorliegende Arbeit soll einen Beitrag zur Reduzierung dieser Forschungslücke leisten. Daran anknüpfend werden im folgenden Kapitel konkrete Forschungsziele für den weiteren Verlauf der Untersuchung hergeleitet.

## 2   Zielsetzung der Arbeit

Das übergeordnete Ziel dieser Arbeit, die Aufsichtsratstätigkeit in deutschen Genossenschaftsbanken zu analysieren, wird mithilfe von fünf Forschungszielen konkretisiert, aus denen jeweils ein spezifischer Nutzen für die kreditgenossenschaftliche Praxis resultiert.

Die Relevanz des ersten Forschungsziels ergibt sich sowohl aus normativer als auch aus empirischer Sicht. Die Bankenaufsicht misst strukturellen Aspekten wie der Zusammensetzung der Aufsichtsratsgremien eine besondere Bedeutung bei der Stärkung der Überwachungsqualität bei.[56] Die Konkretisierungsbemühungen der Normengeber wirken sich dabei entscheidend auf die Organisationsautonomie der Unternehmen aus.[57] Empirisch werden die Gremien hauptsächlich börsennotierter AGs diesbezüglich insbesondere unter dem Aspekt der Diversität untersucht.[58] Obwohl die Zusammensetzung als wesentlicher Einflussfaktor für den Erfolg eines Gremiums angesehen wird,[59] wurden genossenschaftliche Aufsichtsräte trotz ihrer hohen Bedeutung und Anzahl bislang keiner systematischen Strukturanalyse unterzogen. Es stellt sich die Frage, ob die gegenwärtige strukturelle Ausgestaltung zu einer zweckmäßigen Ausübung des Mandats beiträgt.[60] Zudem erscheint eine Betrachtung der derzeitigen Struktur genossenschaftlicher Aufsichtsgremien sinnvoll, um die diesbezüglichen regulatorischen Anforderungen im kreditgenossenschaftlichen Kontext einordnen zu können. Die Analyse des Status quo der Struktur sämtlicher kreditgenossenschaftlicher Aufsichtsratsgremien bildet das *erste Forschungsziel (FZ₁)* dieser Arbeit, weshalb die empirische Untersuchung als Vollerhebung konzipiert wird. Für die bankbetriebliche Praxis besteht dadurch die

---

55   Quelle: Eigene Darstellung in Anlehnung an KREITMEIER (2001), S. 3.
56   Vgl. EBA (2017); VELTE/EULERICH/UUM (2014), S. 582.
57   Vgl. VELTE/EULERICH/UUM (2014), S. 582.
58   Einen Überblick über internationale Forschungsbeiträge zum Einfluss der Geschlechtervielfalt im Aufsichtsrat liefern VELTE/EULERICH/UUM (2014), S. 582 ff.
59   Vgl. BARTH (2013), S. 9; LUTTER (1995b), S. 302.
60   Vgl. RUHWEDEL/EPSTEIN (2003), S. 161.

Möglichkeit, die eigene bankindividuelle Gremienzusammensetzung sowie weitere Aspekte wie die Gremiengröße, die Vergütung oder die Fluktuationsquote abzugleichen.

Zur Bewertung der Wirksamkeit und Optimierung der Aufsichtsratstätigkeit sind die Gremien dazu verpflichtet, mindestens einmal jährlich eine Selbstbeurteilung durchzuführen.[61] Hierzu sollen unter anderem die Zusammensetzung, Größe und Leistung des Aufsichtsrats bewertet werden. Ein konkreter Kriterienkatalog wird jedoch weder durch das KWG noch vom Deutschen Corporate Governance Kodex (DCGK) zur Verfügung gestellt. In der Praxis stehen neben der strukturellen Zusammensetzung regelmäßig auch die Diskussions- und Entscheidungskultur sowie die Informationsversorgung im Fokus der Evaluierung. Eine ernsthaft durchgeführte Selbstbeurteilung ist nicht zuletzt deshalb von Relevanz, da hierdurch Fehlentscheidungen reduziert bzw. Fehlentwicklungen rechtzeitig erkannt werden können. Darüber hinaus kann eine derartige systematische Beurteilung und anschließende Umsetzung der Handlungsempfehlungen dabei helfen, die Motivation der Akteure zu erhöhen.[62] Neben der Überprüfungsmöglichkeit, ob der Aufsichtsrat den vielfältigen Anforderungen gerecht wird, gelten die Verbesserung der Kollegialität und der internen Kommunikation als weitere potenzielle Nebenerfolge.[63] Die teilweise als Effizienzprüfung[64] bezeichnete Selbstbeurteilung ist bereits seit langem Gegenstand der wissenschaftlichen Diskussion.[65] Hierbei stehen jedoch zumeist strukturelle Merkmale des Aufsichtsrats und insbesondere größere, meist als AG firmierende Unternehmen im Fokus.[66] Insgesamt besteht die Forderung, die Analyse struktureller Faktoren durch mehr verhaltenswissenschaftliche Komponenten bei der externen Beurteilung der Aufsichtsratstätigkeit zu ergänzen.[67] Da die Ergebnisse der Selbstbeurteilungen in der Regel nicht veröffentlicht werden, ist es von Interesse, wie wirksam sich kreditgenossenschaftliche Aufsichtsräte selbst einschätzen. In der Ableitung von aggregierten Kenntnissen zur Selbstbeurteilung kreditgenossenschaftlicher Aufsichtsgremien liegt das *zweite Forschungsziel (FZ2)* der Arbeit. Für einzelne Institute besteht in der Folge zum einen die Möglichkeit, ihre bisherigen, intern ermittelten Ergebnisse mit den hier vorliegenden abzugleichen, weshalb die Ergebnisse als Vergleichsmaßstab fungieren können. Zum anderen dienen die hier aufgezeigten Kriterien als Anregung für die Aufnahme in die eigene Selbstbeurteilung.

---

[61]  Vgl. § 25d Abs. 11 KWG.
[62]  Vgl. SICK (2011), S. 7; WERDER/GRUNDEI (2009), S. 632.
[63]  Vgl. FISCHHUBER/PREEN (2012), S. 399.
[64]  Die im KWG verankerte Selbstevaluierung entspricht der vormals als Effizienzprüfung, mittlerweile als Selbstbeurteilung titulierten Empfehlung des DCGK bzw. CGKG (vgl. Kapitel B2.3.2.2).
[65]  Vgl. ROTH (2004), S. 1; LUTTER (1995b), S. 287; BERNHARDT (1995), S. 310 ff.; HOPT (1998), S. 228 ff.
[66]  Vgl. UNGERN-STERNBERG (2002), S. 65.
[67]  Vgl. INGLIS/CLEAVE (2006), S. 99; DEBUS (2010), S. 146; CARCELLO/HERMANSON/YE (2011), S. 24 f. Hierzu schreiben CARCELLO/HERMANSON/YE: „[...] perhaps the most promising area of future governance research [...] [is] the further exploration of what actions, behaviors, processes, and personality traits contribute to board and audit committee effectiveness (or quality). This type of research, given the lack of publicly available data, by necessity relies on field studies and/or surveys." (CARCELLO/HERMANSON/YE (2011), S. 24 f.).

Dadurch, dass genossenschaftliche Aufsichtsratsmitglieder ihr Mandat in der Regel nebenberuflich und ehrenamtlich wahrnehmen, umfangreiche Aufgaben erfüllen sowie zahlreichen Anforderungen genügen müssen und bei Pflichtverletzungen einem Haftungsrisiko unterliegen, stellt sich die Frage nach den Gründen für die Mandatswahrnehmung und somit nach der Motivation der Aufsichtsratsmitglieder in Genossenschaftsbanken. Konkret geht es um die Beweggründe, sich an einem Organ der Genossenschaft zu beteiligen, dort zu verbleiben und Beiträge für das Unternehmen zu leisten.[68] Bei bisherigen aufsichtsratsbezogenen Untersuchungen wurde der Fokus zumeist auf den Anreiz der Vergütung gelegt. Von Interesse ist daher, welche Rolle der viel thematisierte Vergütungsanreiz spielt, inwiefern Aufsichtsräte durch nicht-monetäre Anreize motiviert werden und wie weitere theoretisch denkbare Motivationsanreize für Aufsichtsräte lauten.[69] Um eine theoretische Perspektivenerweiterung zu erreichen, erscheint es sinnvoll, nicht ausschließlich auf die Annahmen der Prinzipal-Agenten-Theorie[70] abzustellen, sondern weitere theoretische Ansätze hinzuziehen.[71] Das *dritte Forschungsziel (FZ3)* besteht somit in der Analyse der Gründe, weshalb Personen ein kreditgenossenschaftliches Aufsichtsratsmandat wahrnehmen. Für die Bankpraxis ergibt sich hieraus die Möglichkeit, gezielt auf die Motive der Aufsichtsräte einzugehen, die Anreizsysteme motivationsfördernd zu gestalten und somit einen Beitrag zur Motivationssteigerung der Aufsichtsräte zu leisten, sodass potenzielle Mandatsträger Interesse an einer Aufsichtsratskandidatur entwickeln und ihrer Aufgabe anschließend bestmöglich nachkommen.

Aufgrund der gestiegenen regulatorischen Anforderungen stehen Genossenschaftsbanken vor der Herausforderung, die Aufsichtsratsgremien mit geeigneten Kandidaten zu besetzen, die zudem bereit sind, dieses im Vergleich zu Konzernen des DEUTSCHEN AKTIENINDEX (DAX) gering vergütete Amt auszuüben. Das zumeist als Ehrenamt wahrgenommene Mandat unterscheidet sich daher deutlich von dem in anderen privatwirtschaftlichen Unternehmen, weswegen anzunehmen ist, dass die Zufriedenheit durch besondere Merkmale bestimmt wird. Zufriedene Aufsichtsräte, die eine dauerhafte Mandatsausübung anstreben und ihren Aufgaben adäquat nachkommen, liegen aufgrund dessen im Interesse der Genossenschaftsinstitute. Zufriedenheit gilt als unternehmerischer Erfolgsfaktor, dem ein zunehmend höherer Stellenwert im Rahmen des strategischen Managements zugemessen wird.[72] Für die Banken ist es daher von Relevanz, wie zufrieden Aufsichtsräte sowohl insgesamt als auch mit einzelnen Determinanten der Tätigkeit sind, worin Ansatzpunkte zur Steigerung der aufsichtsratsbezogenen Zufriedenheit liegen bzw. welche konkreten Faktoren die Zufriedenheit ehrenamtlicher Aufsichtsräte beeinflussen. Eine zufriedenheitsfördernde Gestaltung der Rahmenbedingungen der aufsichtsrätlichen Tätigkeit dient als Basis für eine in der Regel gewünschte dauerhafte Aufrechterhaltung des Mandats. Im besten Fall leisten die Aufsichtsräte mit ihrer Arbeit sowohl einen Beitrag für das Kreditinstitut als auch einen Beitrag für

---

[68]  Vgl. BLOME-DREES (2011), S. 19; ZERCHE/SCHMALE/BLOME-DREES (1998), S. 156.
[69]  Vgl. JÜNGER (2013), S. 8.
[70]  Vgl. Kapitel B3.2.
[71]  Vgl. JÜNGER (2013), S. 4.
[72]  Vgl. UNGERN-STERNBERG (2002), S. 64 f.

ihre eigene Zufriedenheit. Das *vierte Forschungsziel (FZ₄)* betrifft daher die Analyse der Ursachen, die zu einer zufriedenstellenden Aufsichtsratstätigkeit in Kreditgenossenschaften beitragen. Die Ergebnisse hieraus sind für die Praxis insofern relevant, als dass die Institute Kenntnisse ableiten können, wie Aufsichtsräte zu einer dauerhaften Mandatswahrnehmung bewogen werden können.

Als Kombination des dritten und vierten Ziels betrifft das *fünfte Forschungsziel (FZ₅)* die Untersuchung des Zusammenhangs zwischen der Motivation und der Zufriedenheit, wobei dieses Ziel für die Forschung und Praxis als gleichermaßen relevant zu bewerten ist. Die Beziehung zwischen (Arbeits-)Motivation und (Arbeits-)Zufriedenheit gilt als historisch bekannter, jedoch aktueller Forschungsbedarf.[73]

Zur Verfolgung des ersten Forschungsziels kann auf öffentlich zugängliche Daten in Form von Geschäftsberichten zurückgegriffen werden. Die Adressierung der weiteren Forschungsziele erfordert die Durchführung einer Primärdatenerhebung. Abb. 2 fasst die Forschungsziele der Arbeit und die daraus abgeleitete Relevanz für die bankbetriebliche Praxis zusammen.

| Forschungsziele | | Praxisrelevanz |
|---|---|---|
| 1 | Analyse des Status quo der Struktur kreditgenossenschaftlicher Aufsichtsratsgremien. | Abgleich der bankindividuellen Zusammensetzung, Fluktuationsquote, Vergütung, Gremiengröße etc. |
| 2 | Ableitung von aggregierten Kenntnissen zur Selbstbeurteilung von kreditgenossenschaftlichen Aufsichtsräten. | Abgleichsmöglichkeit mit eigener Selbstbeurteilung. |
| 3 | Analyse der Gründe, weshalb Personen ein kreditgenossenschaftliches Aufsichtsratsmandat wahrnehmen. | Identifizierung von Möglichkeiten, um auf die Motive der Aufsichtsräte einzugehen. |
| 4 | Analyse der Ursachen, die zu einer zufriedenstellenden Aufsichtsratstätigkeit in Kreditgenossenschaften beitragen. | Ableitung von Kenntnissen, wie Aufsichtsräte zu einer dauerhaften Mandatswahrnehmung bewogen werden können. |
| 5 | Untersuchung des Zusammenhangs zwischen der Motivation und der Zufriedenheit. | |

Abb. 2:    Zielsetzung der Arbeit[74]

# 3    Gang der Untersuchung

Für die Verfolgung der dargelegten Ziele dieser Arbeit bietet sich die folgende methodische Vorgehensweise an. Im zweiten Kapitel (Kapitel B) werden zentrale Begriffe erörtert und abgegrenzt sowie theoretische Grundlagen gelegt. Hierbei wird zunächst auf *Genossenschaftsbanken* als Untersuchungsobjekt eingegangen, indem insbesondere eine Einordnung in das deutsche Bankensystem erfolgt und das

---

[73] Vgl. FISCHER/FISCHER (2005), S. 5 ff.; BÜTTNER (2013), S. 377 f.; CLARK/OSWALD/WARR (1996), S. 57 ff.; HULIN/SMITH (1965), S. 209 ff.
[74] Quelle: Eigene Darstellung.

Überwachungssystem, in das Genossenschaftsbanken eingebunden sind, erläutert wird (Kapitel B1). Anschließend wird die *Aufsichtsratstätigkeit* samt Aufgabenspektrum sowie struktureller und persönlicher Anforderungen kreditgenossenschaftsspezifisch dargestellt und zusätzlich auf die Aufgabenwahrnehmung, welche durch das Rollenverständnis geprägt wird, eingegangen (Kapitel B2). Verhaltenswissenschaftliche Aufsichtsratsforschung lässt sich im Rahmen verschiedener betriebswirtschaftlicher Theorien verorten, weswegen zu Beginn des Kapitels B3 auf die Verhaltensannahmen der Prinzipal-Agenten- sowie der Stewardship-Theorie eingegangen wird. Dem verhaltenswissenschaftlichen Bereich der Betriebswirtschaftslehre sind die eng miteinander verbundenen Forschungsansätze zur *Arbeitsmotivation und -zufriedenheit* zuzuordnen. Nach der Abgrenzung und Einordnung der diesbezüglich wesentlichen Begrifflichkeiten werden ausgewählte zentrale Arbeitsmotivations- sowie Arbeitszufriedenheitstheorien vorgestellt und auf diesen Theorien basierende Antezedenzien sowie Konsequenzen der Arbeitsmotivation und Arbeitszufriedenheit herausgearbeitet. Hierauf aufbauend werden Partizipationsdeterminanten von Genossenschaftsmitgliedern thematisiert und motivationstheoretische Erklärungsansätze in der Genossenschaftsforschung herangezogen. Die Darstellung des Stands der empirischen Forschung ist Gegenstand von Kapitel B4.

Unter Rückgriff auf die bisher dargestellten Grundlagen wird zu Beginn von Kapitel C ein Bezugsrahmen hergeleitet, der die Grundlage für die nachfolgende empirische Untersuchung, die durch dieses Kapitel eingeleitet wird, bildet (vgl. Kapitel C2). Die Untersuchung basiert auf zwei Datenquellen, welche zunächst getrennt voneinander dargestellt werden: einem Fragebogen (Kapitel C3) und Geschäftsberichten (Kapitel C4). Im Rahmen von Kapitel C3 werden basierend auf der genannten aufsichtsratsspezifischen Auswahl der Antezedenzien und Konsequenzen und ausgehend von der Hypothesen- und Modellbildung (Kapitel C3.1) die Konstrukte *Motivation, Zufriedenheit* und *Aufgabenwahrnehmung* konzeptualisiert (Kapitel C3.2) sowie operationalisiert (Kapitel C3.3). Im Anschluss wird ein geeignetes Analyseverfahren ausgewählt (Kapitel C3.4) und die Datenerhebung und -überprüfung (Kapitel C3.5) erläutert. Die Methodik (Kapitel C4.1) und Durchführung (Kapitel C4.2) der auf den Geschäftsberichten basierenden Datenerhebung sowie die Überprüfung dieses Datensatzes (Kapitel C4.3) sind Gegenstand von Kapitel C4. Im Rahmen der Charakterisierung beider Datenquellen in Kapitel C5 wird überdies ein Repräsentativitätsabgleich vorgenommen.

Die Darstellung und Diskussion der empirischen Befunde erfolgen einhergehend mit der Adressierung der Forschungsziele in Kapitel D. Im Rahmen der Fragebogenanalyse (Kapitel D1) wird zunächst auf die deskriptiven (Kapitel D1.2) und anschließend auf die kausalanalytischen Befunde (Kapitel D1.3) eingegangen. Die deskriptive Analyse der Geschäftsberichte (Kapitel D2) erfolgt anhand der Unterteilung in bankspezifische (Kapitel D2.2), gremienspezifische (Kapitel D2.3) sowie aufsichtsratsindividuelle Befunde (Kapitel D2.4). Eine datenquellenübergreifende Zusammenfassung und Diskussion der Befunde erfolgt in Kapitel D3, bevor anschließend eine kritische Würdigung der Befunde vorgenommen wird (Kapitel D4).

Im abschließenden Kapitel E werden zunächst die zentralen Ergebnisse anhand der Forschungsziele zusammengefasst (E1). Kapitel E3 beinhaltet Limitationen der vorliegenden Untersuchung und zeigt weiteren Forschungsbedarf auf. Aus der vorliegenden Untersuchung abgeleitete Implikationen für die Forschung und insbesondere für die kreditgenossenschaftliche Praxis sind Gegenstand von Kapitel E4. Die Arbeit schließt mit einem Fazit in Kapitel E5.

Der dargestellte Aufbau der Arbeit sowie die Zuordnung der Forschungsziele zu den Kapiteln werden durch Abb. 3 veranschaulicht.

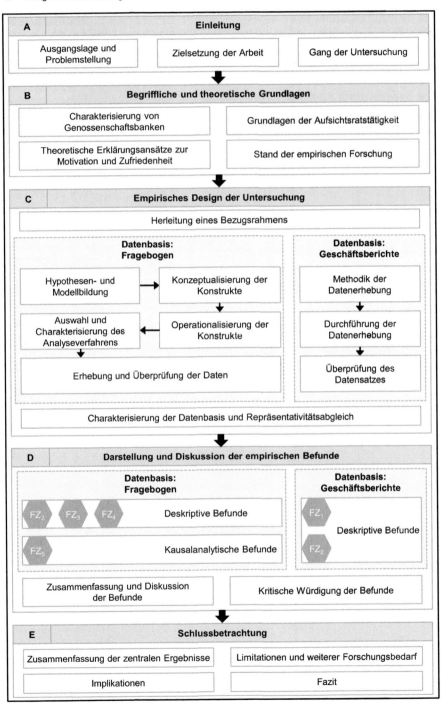

Abb. 3:   Gang der Untersuchung[75]

Die verhaltenswissenschaftlichen Grundlagen eines Aufsichtsrats lassen sich mithilfe dreier Betrachtungsebenen analysieren: das Verhalten von Individuen, das Verhalten von Gruppen und das Verhalten von Organisationen.[76] Im Rahmen dieser Arbeit stellen die Genossenschaftsbanken die Organisationen, das Aufsichtsratsgremium die Gruppe und das einzelne Aufsichtsratsmitglied das Individuum dar (vgl. Abb. 4). Dieser Struktur wird im Verlauf der Arbeit an den jeweils möglichen Stellen gefolgt. Beispielsweise sind die auf den Geschäftsberichten basierenden deskriptiven Befunde (Kapitel D2) in diese drei Ebenen untergliedert.

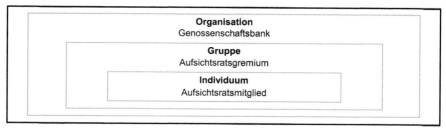

Abb. 4:    Betrachtungsebenen der Untersuchung[77]

---

[76]    Vgl. STAEHLE/CONRAD/SYDOW (1999), S. 161.
[77]    Quelle: Eigene Darstellung.

# B  Begriffliche und theoretische Grundlagen

## 1    Charakterisierung von Genossenschaftsbanken

### 1.1    Vorbemerkung

Im Rahmen dieses Kapitels werden Kreditgenossenschaften als ein wesentlicher Teil des Untersuchungsobjekts der Arbeit fokussiert. Um eine Abgrenzung zu anderen Rechtsformen vorzunehmen, widmet sich dieses Kapitel zunächst den genossenschaftlichen Prinzipien (Kapitel B1.2.1) und den Besonderheiten der genossenschaftlichen Organisationsstruktur (Kapitel B1.2.2). Darauf aufbauend werden Kreditgenossenschaften als besondere Gruppe der Genossenschaften detaillierter betrachtet (Kapitel B1.3.1) und in das deutsche Bankensystem eingeordnet (Kapitel B1.3.2). Zur Verdeutlichung der Relevanz eines Aufsichtsrats bei Kreditgenossenschaften und der Überleitung zum folgenden Kapitel dienend, wird abschließend auf kreditgenossenschaftliche Governance-Strukturen einschließlich der Überwachungsinstanzen einer Genossenschaftsbank eingegangen (Kapitel B1.4).

### 1.2    Grundlagen des Genossenschaftswesens

### 1.2.1    Genossenschaftliche Prinzipien

### 1.2.1.1    Darstellung der genossenschaftlichen Prinzipien

Um die Aufsichtsratstätigkeit und die daraus resultierenden Herausforderungen besser einordnen zu können, wird im Folgenden zunächst auf die einer Genossenschaft zugrunde liegenden Prinzipien eingegangen. Eine Genossenschaft ist ein „Zusammenschluss von mindestens drei gleichberechtigten Mitgliedern, die gleiche wirtschaftliche Interessen gemeinsam erreichen und fördern möchten."[78] Die genossenschaftlichen Ideale des *Selbsthilfegrundsatzes*, der *Selbstverantwortung* und der *Selbstverwaltung* stellen gemeinsam mit dem *Identitäts-*, dem *Demokratie-* und dem *Förderungsprinzip* die charakteristischen Merkmale einer Genossenschaft dar.[79]

Durch die Legaldefinition des § 1 Genossenschaftsgesetz (GenG) werden Genossenschaften wie folgt definiert: „Gesellschaften von nicht geschlossener Mitgliederzahl, deren Zweck darauf gerichtet ist, den Erwerb oder die Wirtschaft ihrer Mitglieder oder deren soziale oder kulturelle Belange durch gemeinschaftlichen Geschäftsbetrieb zu fördern".[80]

Das oberste Ziel von Genossenschaften und somit auch von Kreditgenossenschaften liegt daher in der *Förderung* der Mitglieder in solidarischer *Selbsthilfe* und nicht

---

[78]    BVR (2011), S. 3.
[79]    Vgl. ZIEGER (2007), S. 24; TALOS (1984), S. 15.
[80]    § 1 GenG. Genossenschaften stellen eine eigenständige Gesellschaftsform dar, die zwischen einer Kapital- und einer Personengesellschaft anzuordnen ist (vgl. BAUMGÄRTLER (2000), S. 16).

vorrangig in der Gewinnmaximierung.[81] Zur Sicherung einer langfristigen Förderfähigkeit stellt die Sicherstellung geordneter wirtschaftlicher Verhältnisse jedoch eine relevante Nebenbedingung dar.[82] Es soll somit nur der Anteil der Gewinne den Mitgliedern zugutekommen, der nicht für Investitionen zur Sicherstellung des langfristigen Förderpotenzials benötigt wird.[83] Die Relevanz des Förderauftrags wird darüber hinaus durch § 81 Abs. 1 GenG verdeutlicht, da, sofern der Zweck der Genossenschaft nicht auf die Förderung der Mitglieder ausgerichtet ist, sogar eine Auflösung der Genossenschaft beantragt werden kann.[84] Invers formuliert wird konstatiert, dass es ohne eine Mitgliederförderung keinen Sinn einer genossenschaftlichen Tätigkeit gibt.[85] Eine Förderung kann grundsätzlich über die Erhöhung der Einnahmen oder die Reduzierung der Ausgaben der Mitglieder wie beispielsweise über die Bereitstellung günstiger Kredite zustande kommen, wobei die Bereitstellung eines Kredites an sich noch keine Förderung darstellt.[86]

Dividendengenossenschaften, die die Förderung der Mitglieder ausschließlich auf eine Beteiligung am Gewinn der Gesellschaft beschränken, sind nicht zugelassen.[87] Neben einer ideellen oder wirtschaftlichen Förderleistung stellt die Ausschüttung einer Dividende als Erfolgsbeteiligung somit nur einen möglichen, zusätzlichen Bestandteil der Mitgliederförderung dar.[88] In der vom BUNDESVERBAND DER DEUTSCHEN VOLKSBANKEN UND RAIFFEISENBANKEN (BVR) herausgegebenen Mustersatzung wird als Zweck der Genossenschaft die „wirtschaftliche Förderung und Betreuung der Mitglieder"[89] genannt.

Mitglieder einer Genossenschaft sind zugleich Gesellschafter und Kunde des Unternehmens, was als genossenschaftliches *Identitätsprinzip* bezeichnet wird.[90] Die Zulässigkeit von Geschäften mit Nichtmitgliedern muss in der Satzung explizit geregelt werden (§ 8 Abs. 1 Nr. 5 GenG) und kann mit einer besseren Auslastung des Geschäftsbetriebs, was wiederum den Mitgliedern zugutekommt, begründet werden.[91]

---

[81]  Vgl. THEURL/KRING (2002), S. 12; SASSEN (2011), S. 15. Im Gegensatz zu Kapitalgesellschaften steht daher nicht die Steigerung eines Shareholder Value, sondern die naturale Förderung der Mitglieder im Fokus (vgl. KEßLER/KÜHNBERGER (2008), S. 145 f.).

[82]  Vgl. SASSEN (2011), S. 123.

[83]  Vgl. THEURL (2002), S. 79.

[84]  Vgl. § 81 Abs. 1 GenG.

[85]  Vgl. BLOME-DREES (2006), S. 17; LIPFERT (1986), S. 20 ff.

[86]  Vgl. LAMPRECHT/DONSCHEN (2006), S. 7 ff.; LANG/WEIDMÜLLER (2019), § 1 Rn. 29. Zu den Möglichkeiten und Grenzen der Mitgliederförderung siehe VOLK/VOLK (1989). Exemplarisch zu Fördermöglichkeiten und Mitgliederförderung siehe FRANKENBERGER/GSCHREY/BAUER (2020), S. 224 ff.; TSCHÖPEL (2013).

[87]  Vgl. KEßLER (2014), S. 96; LAMPRECHT/DONSCHEN (2006), S. 8; LANG/WEIDMÜLLER (2019), § 1 Rn. 29; BEUTHIEN/WOLFF/SCHÖPFLIN (2018), § 1 Rn. 8.

[88]  Vgl. KEßLER (2014), S. 96.

[89]  § 2 Abs. 1 Mustersatzung zitiert nach FRANKENBERGER/GSCHREY/BAUER (2020), S. 300.

[90]  Vgl. ZIEGER (2007), S. 24. Seit der Genossenschaftsnovelle im Jahr 2006 ist es – sofern die Satzung dies zulässt – möglich, investierende Mitglieder, die lediglich Kapital zur Verfügung stellen und keine Förderleistung in Anspruch nehmen, in die Genossenschaft aufzunehmen (vgl. BEUTHIEN (2009), S. 893; SASSEN (2011), S. 27; LAMPRECHT/DONSCHEN (2006), S. 10; KOBER (2010), S. 43; RINGLE (2003), S. 165 f.). Davor gab es bereits den Begriff des *fördernden Mitglieds*, welcher ebenfalls eine rein formale Mitgliedschaft darstellte (vgl. GROßFELD (1988), S. 267). Gemäß § 8 Abs. 2 Satz 2 GenG müssen jedoch geeignete Maßnahmen getroffen werden, damit die investierenden Mitglieder die anderen Mitglieder nicht überstimmen können.

[91]  Vgl. KEßLER (2014), S. 97.

Das Ziel der *Selbstverwaltung* bzw. Selbstorganschaft liegt in der Beteiligung der Mitglieder an der Verwaltung der Genossenschaft in der Form, dass Leitungs- und Überwachungsorgane ausschließlich durch Mitglieder zu besetzen sind.[92] Hierdurch soll eine Interessenidentität zwischen den Organvertretern und den Mitgliedern sichergestellt und verhindert werden, dass mitgliederfremde oder eigene Interessen verfolgt werden.[93]

Durch das Prinzip der *Selbstverantwortung* wird konstatiert, dass die Mitglieder selbst für den (Miss-)Erfolg der Genossenschaft verantwortlich sind und solidarisch für Verbindlichkeiten der Genossenschaft in Höhe des jeweils eingezahlten Geschäftsguthabens und einer etwaigen Nachschusspflicht haften.[94] Anteile an Genossenschaften sind nicht handelbar und haben aufgrund dessen auch keinen Kurswert.[95] Durch die Satzung werden die Höhe und die maximal mögliche Anzahl von Geschäftsanteilen, mit denen sich ein Mitglied an der Gesellschaft beteiligen kann, bestimmt (§ 7 Nr. 1 GenG). Die geleisteten Einlagen werden auch als Geschäftsguthaben bezeichnet.[96]

Das *Demokratieprinzip* stellt ein entscheidendes Abgrenzungskriterium gegenüber anderen Gesellschaftsformen dar.[97] Unabhängig von der Höhe der Beteiligung an der Genossenschaft steht jedem Mitglied beim Entscheidungs- und Willensbildungsprozess jeweils eine Stimme zu (Kopfstimmrecht bzw. One-man-one-vote-Prinzip).[98] Mit diesem Prinzip wird zudem die direkte Demokratie innerhalb der Genossenschaft und damit einhergehend die Relevanz der Generalversammlung[99] als grundsätzlich höchste Entscheidungsinstanz betont.[100]

### 1.2.1.2    Umsetzung der genossenschaftlichen Prinzipien in der Praxis

Diese genossenschaftlichen Prinzipien stellen das Grundgerüst einer Genossenschaft dar. Es ist jedoch fraglich, ob sie in der heutigen bankbetrieblichen Praxis in der Form konsequent umgesetzt werden.[101]

---

[92]    Vgl. § 9 Abs. 2 Satz 2 GenG; THEURL/KRING (2002), S. 12 f.; CGKG (2015), S. 3.
[93]    Vgl. KEßLER (2014), S. 98; BEUTHIEN (2009), S. 35.
[94]    Vgl. § 105 GenG; § 22a GenG.
[95]    Vgl. BEUTHIEN (2009), S. 892.
[96]    Vgl. SASSEN (2011), S. 24.
[97]    Vgl. SASSEN (2011), S. 123; GERIKE (2001), S. 44; MÜNKNER (1988), S. 58.
[98]    Vgl. § 43 Abs. 3 GenG; ZIEGER (2007), S. 24.
[99]    Innerhalb einer einzelnen Genossenschaft bilden alle Mitglieder zusammen die Generalversammlung, auch Mitgliederversammlung genannt, welche das oberste Willensbildungsorgan darstellt und der gemäß § 16 Abs. 1 GenG die Satzungshoheit obliegt. Ab einer Mitgliederanzahl von 1.500 Personen kann die Generalversammlung beschließen, dass eine Vertreterversammlung implementiert wird, die die Generalversammlung entweder ergänzt oder vollständig ersetzt (vgl. Kapitel B1.2.2).
[100]    Vgl. THEURL/KRING (2002), S. 13; TALOS (1984), S. 15.
[101]    Für eine Bestandsanalyse der Umsetzungsintensität der genossenschaftlichen Prinzipien siehe WALTHER/REICHEL (2019).

SASSEN bescheinigt modernen Gesellschaften „managerdominierte Genossenschaften mit einer ausgehöhlten Mitgliederdemokratie"[102] und einen zur Identitätskrise mündenden Identitätsverlust der Mitglieder.[103] Zum einen wird bei Kreditgenossenschaften die Mehrzahl der Geschäfte mit Nichtmitgliedern abgeschlossen[104] und zum anderen ist fraglich, ob ein Unterschied zwischen den Leistungen für bzw. der Förderung von Nichtmitgliedern und Mitgliedern zu erkennen ist.[105] Darüber hinaus ist hervorzuheben, dass nur rund 60 % aller genossenschaftlichen Kunden Mitglieder ihrer Bank sind.[106] Vor allem in Großstädten ist eine Distanz zwischen den Mitgliedern und der Genossenschaftsbank zu beobachten.[107] Identitätsstiftend könnte eine tatsächliche Förderung der Mitglieder sein, wobei die Zahlung einer Dividende von manchen Genossenschaften trotz möglicher negativer Folgen bei einer Missachtung des Förderzwecks bereits als ausreichende Förderung der Mitglieder angesehen wird.[108] Aufgrund der fehlenden rechtlichen Konkretisierung des Förderauftrags, stellt dieser einen unbestimmten Rechtsbegriff dar.[109] Darüber hinaus ist die Absicht zur Förderung der Mitglieder ausreichend zur Erfüllung des Förderzwecks. Der tatsächliche Eintritt eines Fördererfolgs ist somit nicht zwingend erforderlich.[110]

Während Genossenschaften und ihr Förderauftrag speziell im landwirtschaftlichen Bereich lange wichtig bzw. existenznotwendig waren, um beispielsweise bessere Absatz- oder Beschaffungskonditionen zu erhalten oder betriebliche Funktionen effizienter ausüben zu können, nimmt die Bindung aufgrund der geringer werdenden Relevanz dieser Faktoren und der Austauschbarkeit mit Wettbewerbern auch im Bereich der Genossenschaftsbanken stetig ab. Bereits 1988 beobachtete GROßFELD, dass bei Genossenschaften immer häufiger von Kunden als von Mitgliedern und vom Markterfolg statt vom Fördererfolg die Rede ist. Zudem ließen sich keine entscheidenden Unterschiede zwischen einer anonymen AG und genossenschaftlichen Unternehmen feststellen, außer, dass Mitglieder ihre Anteile nicht mit dem Ziel des Kursgewinns erwerben können.[111] „Der Erfolg [ließ] die Genossenschaften stetig wachsen […]; dadurch entwuchsen sie vielfach der gefühlsmäßigen Verbundenheit mit den Mitgliedern."[112] Die Frage, ob die Rechtsform einer Genossenschaft noch notwendig oder zeitgemäß ist, stellte sich bereits damals und es gibt sie auch heute.

Auch bei dem Prinzip der Selbstverwaltung wird die „Kluft zwischen normativem Idealbild und der gelebten Wirklichkeit marktorientierter Genossenschaften"[113] deutlich, da insbesondere Vorstandsmitglieder selten direkt aus den Reihen der Mitglieder gewonnen werden. Der Erwerb einer Mitgliedschaft stellt dann lediglich

---

[102]  SASSEN (2011), S. 177.
[103]  Vgl. SASSEN (2011), S. 177; GROSSKOPF (1990), S. 376.
[104]  Vgl. WEINKAUF (2007), S. 1206 ff.; SASSEN (2011), S. 178; GROSSKOPF (1990), S. 376.
[105]  Vgl. SASSEN (2011), S. 178.
[106]  Vgl. BVR (2020a); BVR (2021).
[107]  Vgl. GROßFELD (1988), S. 270.
[108]  Vgl. SASSEN (2011), S. 179 f.
[109]  Vgl. LEFFSON (1980), S. 70; LAMPRECHT/DONSCHEN (2006), S. 9.
[110]  Vgl. LAMPRECHT/DONSCHEN (2006), S. 8; BEUTHIEN/WOLFF/SCHÖPFLIN (2018), § 1 Rn. 18.
[111]  Vgl. GROßFELD (1988), S. 264; BLOME-DREES (2011), S. 50 f.
[112]  GROßFELD (1988), S. 265.
[113]  KEßLER (2014), S. 98.

eine obligatorische Auflage zur Erlangung eines Geschäftsleiterpostens dar.[114] Insbesondere bei Kreditgenossenschaften und den Professionalitätserfordernissen wie beispielsweise der erforderlichen Geschäftsleiterbefugnis nach § 25c Abs. 1 KWG ist eine Rekrutierung eines Vorstandsmitglieds aus dem Mitgliederkreis als realitätsfremd einzustufen.[115]

Die legitimierende Basis der Unternehmenspolitik, der Demokratiegrad, kann in den Genossenschaften sehr unterschiedlich ausgestaltet sein. Während in Gesellschaften mit wenigen Mitgliedern eher eine direkte Demokratie zu beobachten ist, herrscht in Genossenschaften mit einer großen Anzahl von Mitgliedern eine repräsentative Demokratie vor, in der Entscheidungen von repräsentativ besetzten Organen getroffen werden.[116] Die Probleme einer direkten demokratischen Struktur liegen vor allem in der nicht praktikablen Handhabung eines „zu häufigen Abhaltens von Generalversammlungen"[117], insbesondere unter Berücksichtigung der steigenden Mitgliederzahlen und der Dringlichkeit mancher Entscheidungen. Zudem müssen Mitglieder die Tragweite ihrer Entscheidungen beurteilen können, was sowohl Sach- als auch Betriebskenntnisse und bei Investitionsentscheidungen beispielsweise auch das Bewusstsein über die vorhandenen Risiken voraussetzt.[118] Dadurch, dass Entscheidungen häufig unter Zeitdruck zu fällen sind und eine Fachkenntnis erfordern, wird die Möglichkeit der Mitglieder umfassend an den Willensbildungs- und Entscheidungsprozessen teilzuhaben, eingeschränkt.[119]

Eine repräsentative Struktur, in der Mitglieder Interessenvertreter wählen, weist jedoch auch einige Schwächen auf. Die Wahl solcher Repräsentanten stellt für die nicht in die Vertreterversammlung gewählten Mitglieder häufig die einzige Option der Mitbestimmung dar.[120] Eine weitere Möglichkeit zur Partizipation an der Willensbildung besteht nicht.[121] Die oben genannte ausgehöhlte Mitgliederdemokratie lässt sich auch an der geringen Wahlbeteiligung bei der Vertreterwahl, die zum Teil bei unter 1 % liegt und bei der die Mitarbeiter der Bank für einen Großteil der abgegebenen Stimmen verantwortlich sind, beobachten. Die geringe Wahlbeteiligung ist zum einen auf mangelndes Interesse bei den Mitgliedern, aber auch auf eine ausbaufähige Kommunikation im Vorfeld und während der Vertreterwahlen zurückzuführen. Zudem ist der Einfluss des Vorstands und auch des Aufsichtsrats bei der Wahl bzw. Aufstellung von Wahllisten nicht zu unterschätzen.[122]

Mit einer Entwicklung weg von der direkten Demokratie hin zu einer Delegation an Organe mit fachkundigeren Personen erhoffen sich Unternehmen eine Steigerung der Sachqualität der Entscheidungen und eine Senkung der Entscheidungskosten.[123] Der Wandel der Genossenschaften in Bezug auf die Betriebsgröße, die Zahl

---

[114]    Vgl. KEßLER (2014), S. 98.
[115]    Vgl. ZIEGER (2007), S. 158.
[116]    Vgl. GERIKE (2001), S. 45; JÄGER (1985), S. 21.
[117]    TALOS (1984), S. 15.
[118]    Vgl. TALOS (1984), S. 15 f.
[119]    Vgl. TALOS (1984), S. 27.
[120]    Vgl. GERIKE (2001), S. 64.
[121]    Vgl. SASSEN (2011), S. 267.
[122]    Vgl. GROßFELD (1988), S. 271; GERIKE (2001), S. 117; MÜNKNER (1990), S. 121 ff.
[123]    Vgl. GERIKE (2001), S. 46; ESCHENBURG (1972), S. 133.

der Mitglieder und den Konkurrenzdruck geht somit mit einer Veränderung der genossenschaftlichen Mitbestimmung und praktischen Auswirkungen auf die Mitbestimmungs- und Entscheidungsstruktur sowie einem größeren Handlungsspielraum für die Geschäftsführung einher. Die Aufwertung der Geschäftsführung erfolgt gleichlaufend mit einer Reduktion des Stellenwerts der Mitglieder.[124] Bereits 1972 war ESCHENBURG der Meinung, dass es vernünftig sei, sich „im Spannungsfeld zwischen einer qualifizierten Leitung und direkter Demokratie, gegen die Demokratie und für die Leitungsqualität zu entscheiden"[125].

Genossenschaften laufen hierbei jedoch Gefahr, dass sich die Anteilseigner in einen großen Anteil beherrschter, passiver und eine kleine Gruppe leitender, aktiver Mitglieder aufteilen. Abhängig vom Demokratiegrad ist ein anderes Ausmaß an Überwachung seitens der Mitglieder als Ausgleich eines möglichen Führungsverlusts erforderlich.[126] Ein Verzicht auf Elemente direkter Demokratie verstärkt die Notwendigkeit einer wirksamen demokratischen Kontrolle.[127] Je mehr sich die Mitglieder von der Geschäftsführung distanzieren und je geringer die Möglichkeit bzw. Bereitschaft ist, sich in Entscheidungsprozesse einzubringen, desto größer wird die Relevanz von Aufsichtsorganen wie beispielsweise dem Aufsichtsrat oder den Prüfungsverbänden.[128]

---

[124]   Vgl. TALOS (1984), S. 15 ff.
[125]   ESCHENBURG (1972), S. 139.
[126]   Vgl. GERIKE (2001), S. 46; PAULSEN (1977), S. 32.
[127]   Vgl. SASSEN (2011), S. 124.
[128]   Vgl. JÄGER (1991), S. 174 ff.; GERIKE (2001), S. 46 f.

## 1.2.2   Besonderheiten der genossenschaftlichen Organisationsstruktur

Der Aufbau der genossenschaftlichen Verbandsorganisation in Deutschland wird mithilfe von Abb. 5 verdeutlicht.

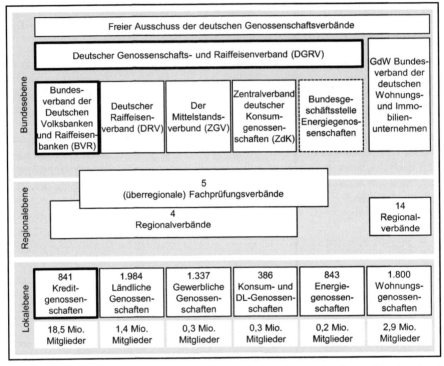

Abb. 5:   Aufbau der genossenschaftlichen Verbandsorganisation in Deutschland (Stand: 2019)[129]

Auf lokaler Ebene können sechs Gruppen von Genossenschaften unterschieden werden: Kreditgenossenschaften, ländliche Genossenschaften, gewerbliche Genossenschaften, Konsum- und Dienstleistungsgenossenschaften, Energiegenossenschaften sowie Wohnungsgenossenschaften. Diese sechs unterschiedlichen Genossenschaftsarten mit insgesamt 23,6 Mio. Mitgliedern per 31.12.2019 sind auf regionaler Ebene zu 18 Regionalverbänden und fünf Fachprüfungsverbänden zusammengeschlossen. Auf der Bundesebene weist zunächst jede Genossenschaftsart einen eigenen Bundesverband auf, der wiederum mit den anderen Bundesverbänden – mit Ausnahme des VERBANDS DER WOHNUNGSGENOSSENSCHAFTEN (GDW) – im DEUTSCHEN GENOSSENSCHAFTS- UND RAIFFEISENVERBAND (DGRV) vereinigt ist. Der DGRV vertritt die Genossenschaften in Bezug auf wirtschafts-, rechts-,

---

[129]   Quelle: Eigene Darstellung in Anlehnung an UNGERN-STERNBERG (2002), S. 19; DGRV (2021); BVR (2020a). Die BUNDESGESCHÄFTSSTELLE ENERGIE zählt offiziell nicht zu den Bundesverbänden des DGRV, ist jedoch auf Bundesebene aktiv.

bildungs- und steuerpolitische Aspekte und ist bei bundesweiten bzw. auch fach-übergreifenden Themen aktiv.[130] Der DGRV und der GDW bilden auf oberster Ebene den FREIEN AUSSCHUSS DER DEUTSCHEN GENOSSENSCHAFTSVERBÄNDE, der dem Erfahrungsaustausch zwischen den Verbänden dienen soll und eine lose Vereinigung ohne Satzung o. ä. darstellt.[131] Die Kreditgenossenschaften stellen mit 18,5 Mio. Mitgliedern per 31.12.2019 die Genossenschaftsart mit den meisten Anteilseignern dar. Sie werden in der Öffentlichkeit häufig als *die* Genossenschaften angesehen, weshalb positive oder negative Berichte über diese Banken die Reputation des gesamten Genossenschaftswesens beeinflussen können.[132] Im weiteren Verlauf der Arbeit werden die Begriffe Genossenschaft, eingetragene Genossenschaft (eG), Genossenschaftsbank und Kreditgenossenschaft, sofern nicht ausdrücklich anderweitig gekennzeichnet, synonym verwendet. Darüber hinaus wird keine Differenzierung zwischen Kreditinstitut, Institut und Bank vorgenommen.

Innerhalb einer einzelnen Genossenschaft bilden alle Mitglieder zusammen die *Generalversammlung,* auch Mitgliederversammlung genannt, welche das oberste Willensbildungsorgan darstellt und der gemäß § 16 Abs. 1 GenG die Satzungshoheit obliegt (vgl. Abb. 6).[133]

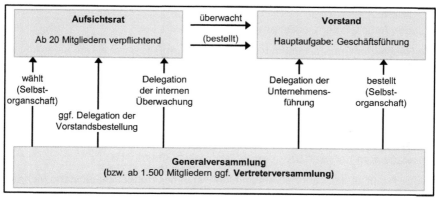

Abb. 6:    Genossenschaftliche Organstruktur[134]

Ab einer Mitgliederanzahl von 1.500 Personen kann die Generalversammlung beschließen, dass eine *Vertreterversammlung* implementiert wird, die die Generalversammlung entweder ergänzt oder vollständig ersetzt.[135] Dies hat den Vorteil, dass die Mitglieder nicht alle turnusmäßig zusammenkommen müssen. Sie können

---

[130]  Vgl. HILKENBACH (2004), S. 71.
[131]  Vgl. SASSEN (2011), S. 41; UNGERN-STERNBERG (2002), S. 18.
[132]  Vgl. GROßFELD (1988), S. 270.
[133]  Vgl. SASSEN (2011), S. 26.
[134]  Quelle: Eigene Darstellung in Anlehnung an SASSEN (2011), S. 26.
[135]  Vgl. § 43a Abs. 1 GenG; GERIKE (2001), S. 64. Mit dem Begriff *Mitgliederversammlung* sind im Folgenden beide Versammlungsformen (Vertreter- und/oder Generalversammlung) bzw. die jeweils in der Genossenschaft vorhandene Versammlungsform gemeint. „Bei den 236 bayerischen Kreditgenossenschaften z. B. war Ende 2018 bei mehr als der Hälfte (60 Prozent) die Vertreterversammlung eingeführt, bundesweit dürfte dieser Anteil noch etwas höher liegen." (FRANKENBERGER/GSCHREY/BAUER (2020), S. 230).

stattdessen in der Regel alle vier Jahre Vertreter wählen, die ihre Interessen adäquat vertreten sollen.[136] Die Vertreterversammlung sollte bezüglich ihrer Zusammensetzung repräsentativ bleiben und die Mitgliederstruktur entsprechend abbilden.[137] Jedes Mitglied hat das Recht, an der Wahl zur Vertreterversammlung teilzunehmen oder sich auch selbst für das Vertreteramt zu bewerben, sofern das Mitglied selbst nicht dem Vorstand oder dem Aufsichtsrat angehört.[138]

Die Generalversammlung kann die Rechte und Pflichten sowohl des Vorstands als auch des Aufsichtsrats erweitern, limitieren oder sie ihm entziehen.[139] Wesentliche Aufgaben der General- bzw. Vertreterversammlung sind:

- die Feststellung des Jahresabschlusses,[140]
- die Entlastung des Vorstands und des Aufsichtsrats,[141]
- das Beschließen über die Verwendung des Jahresüberschusses oder Deckung des Jahresfehlbetrags,[142]
- die Wahl der Mitgliedervertreter des Aufsichtsrats,[143]
- die Änderung der Satzung,[144]
- das Treffen grundsätzlicher Entscheidungen, die das Bestehen und die Fortentwicklung der Genossenschaft betreffen (beispielsweise bei einer Fusion)[145] sowie
- das Auflösen der Genossenschaft.[146]

Die Rechte der Generalversammlung sind somit umfassender als die einer AG, bei der die Aktionäre im Rahmen der Hauptversammlung beispielsweise nur über die Verwendung des Bilanzgewinns entscheiden (§ 174 Abs. 1 Aktiengesetz (AktG)) und im Vorfeld nicht das Recht haben, den Jahresabschluss festzustellen. Darüber hinaus kann die Hauptversammlung einer AG Unternehmensentscheidungen nur treffen, sofern die Geschäftsführung dies wünscht, während die Generalversammlung zunächst für alles zuständig ist, was nicht im Rahmen der Satzung oder des Gesetzes dem Vorstand bzw. dem Aufsichtsrat zugeordnet ist.[147]

Für Beschlüsse der Vertreterversammlung ist in der Regel eine einfache Mehrheit erforderlich.[148] In der Satzung kann darüber hinaus geregelt sein, wann eine Mehrheit von drei Vierteln notwendig ist,[149] was insbesondere bei grundlegenden Beschlüssen wie beispielsweise bei Fusionen sinnvoll ist.[150]

---

[136]  Vgl. BVR (2011), S. 3.
[137]  Vgl. GERIKE (2001), S. 63; SCHMITZ-HERSCHEIDT (1981), S. 319.
[138]  Vgl. § 11 Mustersatzung zitiert nach FRANKENBERGER/GSCHREY/BAUER (2020), S. 305.
[139]  Vgl. TSCHÖPEL (2010), S. 9.
[140]  Vgl. § 48 Abs. 1 GenG.
[141]  Vgl. § 48 Abs. 1 GenG.
[142]  Vgl. § 48 Abs. 1 GenG.
[143]  Vgl. § 36 Abs. 1 GenG. Etwaige Arbeitnehmervertreter des Aufsichtsrats werden von den Arbeitnehmern gewählt.
[144]  Vgl. § 16 Abs. 1 GenG.
[145]  Vgl. GERIKE (2001), S. 53; § 30 Mustersatzung zitiert nach FRANKENBERGER/GSCHREY/BAUER (2020), S. 317; § 81 Abs. 1 Umwandlungsgesetz (UmwG).
[146]  Vgl. § 78 Abs. 1 GenG.
[147]  Vgl. BEUTHIEN (2009), S. 34.
[148]  Vgl. § 43 Abs. 2 GenG.
[149]  Vgl. § 31 Abs. 2 Mustersatzung zitiert nach FRANKENBERGER/GSCHREY/BAUER (2020), S. 318.
[150]  Vgl. BEUTHIEN (2009), S. 34.

Der bei mehr als 20 Mitgliedern aus mindestens zwei Geschäftsleitern bestehende *Vorstand* leitet die Genossenschaft in eigener Verantwortung und vertritt sie im Außenverhältnis vor Dritten.[151] Gemäß der vom BVR herausgegebenen Mustersatzung muss ein Vorstandsmitglied ordentlich und gewissenhaft sein (§ 34 Abs. 1 GenG) und die Geschäfte entsprechend der genossenschaftlichen Zielsetzung führen. Darüber hinaus ist er beispielsweise dazu verpflichtet, für ein ordnungsgemäßes Rechnungswesen zu sorgen und im Einvernehmen mit dem Aufsichtsrat eine Geschäftsordnung zu erstellen.[152] Die Mitglieder des Vorstands, deren fachliche Eignung regelmäßig durch die BaFin überprüft wird, müssen vielfältige betriebswirtschaftliche sowie bankenrechtliche Anforderungen erfüllen.[153] Während der Vorstand einer AG nur aus wichtigen Gründen wie beispielsweise einer groben Pflichtverletzung abberufen werden kann, ist die Bestellung eines Vorstands einer Genossenschaft auch ohne weitere Gründe widerruflich (§ 24 Abs. 3 GenG), was erneut die Abhängigkeit der Geschäftsführung von den Mitgliedern verdeutlicht. Sofern ein Vorstand die notwendige Sorgfalt vermissen lässt, in dem er beispielsweise zu spekulative Geschäfte eingeht, ist er gegenüber der Genossenschaft persönlich zum Schadensersatz verpflichtet (§ 34 Abs. 2 GenG). Vorstandsmitglieder einer Genossenschaft können ihr Amt auch nebenberuflich bzw. ehrenamtlich ausüben und gemäß § 24 Abs. 3 GenG unbesoldet sein.[154] Bei Kredit- und Finanzdienstleitungsinstituten besteht gemäß § 33 Abs. 1 Nr. 5 KWG jedoch die Besonderheit, dass mindestens zwei Geschäftsleiter haupt- oder nebenberuflich, also nicht nur ehrenamtlich, für das Institut tätig sein müssen, da anderenfalls die Erlaubnis für den Geschäftsbetrieb versagt wird.

Neben der General- bzw. Vertreterversammlung und dem Vorstand stellt der *Aufsichtsrat* das dritte Organ einer Genossenschaft dar.[155] Der Aufsichtsrat fungiert als verlängerter Arm der Generalversammlung und stellvertretend für die Mitglieder als Überwachungsorgan des Vorstands. Gemäß § 36 Abs. 1 GenG wird er von der General- bzw. Vertreterversammlung gewählt und besteht aus mindestens drei Mitgliedern. Mit der Genossenschaftsgesetznovelle im Jahr 1973 wurden die Zuständigkeiten und Verantwortlichkeiten der genossenschaftlichen Organe voneinander abgegrenzt und die Implementierung eines Aufsichtsrats als drittes Organ verpflichtend eingeführt.[156] Sofern die Genossenschaft weniger als 20 Mitglieder aufweist und die Anforderungen des Drittelbeteiligungsgesetzes (DrittelbG) und des Mitbestimmungsgesetzes (MitbestG) nicht greifen, kann jedoch auf einen Aufsichtsrat verzichtet werden.[157] Die Aufgaben werden in einem solchen Fall direkt

---

[151]   Vgl. BVR (2011), S. 4; § 24 Abs. 1 GenG; § 24 Abs. 2 GenG; § 27 Abs. 1 GenG.
[152]   Vgl. § 16 Mustersatzung zitiert nach FRANKENBERGER/GSCHREY/BAUER (2020), S. 307.
[153]   Vgl. TSCHÖPEL (2010), S. 9; PEEMÖLLER (2005), S. 38.
[154]   Vgl. BEUTHIEN (2009), S. 35 f.
[155]   Vgl. § 9 Abs. 1 GenG. Neben diesen drei gesetzlich vorgeschriebenen Organen steht es den Genossenschaften frei, weitere sogenannte Fakultativorgane wie beispielsweise Beiräte, Ausschüsse oder Bezirksversammlungen einzurichten. Diesen Organen dürfen jedoch keine Rechte bzw. Pflichten übertragen werden, die gesetzlich den Pflichtorganen zugeordnet sind (vgl. § 27 Abs. 2 GenG; KÖRNER (2019), S. 26; GERIKE (2001), S. 117 f.; BAUMGÄRTLER (2000), S. 29; LANG/WEIDMÜLLER (2019), § 9 Rn. 11).
[156]   Vgl. THEURL (2013), S. 216.
[157]   Vgl. § 9 Abs. 1 GenG; Kapitel B2.3.3. Das DrittelbG gilt für Genossenschaften mit in der Regel mehr als 500 Arbeitnehmern. Das MitbestG gilt für Genossenschaften mit in der Regel mehr als 2.000 Arbeitnehmern.

von der Generalversammlung wahrgenommen.[158] Keine der Kreditgenossenschaften stellt eine solche Kleinstgenossenschaft dar, weshalb die Einrichtung eines Aufsichtsrats verpflichtend ist.[159] Auf die konkreten Aufgaben des Aufsichtsrats und die Anforderungen an die Struktur des Gremiums wird in Kapitel B2 eingegangen.

Eine weitere, bereits angedeutete Besonderheit der genossenschaftlichen Organisationsstruktur, die auch im Hinblick auf motivationale Aspekte relevant ist, liegt in der Bedeutung des *Ehrenamts* bei der Besetzung von Vorstands- und Aufsichtsratspositionen. Das Ehrenamt kann als wesentliches Strukturmerkmal einer Genossenschaft angesehen werden.[160] Bei der Zusammensetzung des Vorstands von Kreditgenossenschaften wird unterschieden zwischen hauptamtlichen, nebenamtlichen und ehrenamtlichen Vorstandsmitgliedern:

- Hauptamtliche Geschäftsleiter gehen dieser Beschäftigung im Hauptberuf nach und sind ausschließlich oder überwiegend sowie in der Regel entgeltlich für die Genossenschaft tätig.[161]
- Nebenamtliche Vorstände sind ebenfalls meist entgeltlich tätig, gehen jedoch einer anderen Tätigkeit hauptberuflich nach.[162]
- Der Begriff des Ehrenamts ist weder im KWG noch im GenG definiert. Gemäß der BaFin ist von einem Ehrenamt auszugehen, wenn (1) keine dienstvertragliche Beziehung besteht, (2) keine Vergütung gezahlt wird und (3) keine tatsächliche Einbindung in die Leitung der Kreditgenossenschaft besteht.[163] Anstelle einer Vergütung besteht jedoch die Möglichkeit der Zahlung einer Aufwandsentschädigung.[164]

Wie bereits erläutert, muss der Vorstand aus mindestens zwei Personen, die der Geschäftsleitungstätigkeit haupt- oder nebenberuflich nachgehen, bestehen.[165] Es ist dabei wichtig, hervorzuheben, dass es nicht auf die (Höhe der) Bezahlung ankommt[166] und eine unentgeltliche nebenamtliche Tätigkeit nicht mit einem Ehrenamt gleichgesetzt wird.[167] Die Zielsetzung dieser Regelung ist die Gewährleistung des Vier-Augen-Prinzips und damit einhergehend die Sicherstellung der Weiterführung der Geschäfte im Vertretungsfall sowie die gegenseitige Überwachung. Der nebenamtliche muss einem hauptamtlichen Vorstand rechtlich gleichgestellt und in die Leitungstätigkeit der Genossenschaft eingebunden sein.[168]

Sowohl nebenamtliche als auch ehrenamtliche Vorstände müssen die gleichen Anforderungen wie hauptamtliche erfüllen und genauso über die erforderliche Zuverlässigkeit als auch über die geforderte fachliche Eignung verfügen (§ 33 Abs. 1 Nr. 4b KWG). Die Ausprägung der Vergütung ist wiederum nicht gleichbedeutend mit

---

[158]  Vgl. § 9 Abs. 1 GenG.
[159]  Vgl. THEURL (2013), S. 217.
[160]  Vgl. GERIKE (2001), S. 67; GROSSFELD (1986), S. 252.
[161]  Vgl. BLOMEYER (1988), S. 166.
[162]  Vgl. BLOMEYER (1988), S. 166.
[163]  Vgl. LANG/WEIDMÜLLER (2019), § 9 Rn. 4.
[164]  Vgl. GERIKE (2001), S. 66; BLOMEYER (1988), S. 165 f.; BACHER (1993), S. 131.
[165]  Vgl. § 33 Abs. 1 Nr. 5 KWG.
[166]  Vgl. § 24 Abs. 3 KWG.
[167]  Vgl. BLOMEYER (1988), S. 165 ff.; BUNDESVERWALTUNGSGERICHT (BVerwG), Urteil vom 01.12.1987.
[168]  Vgl. BLOMEYER (1988), S. 167 ff.

der Einstufung der Qualifizierung oder der Geeignetheit des Vorstands.[169] Die hohen Anforderungen an die Qualifikation der Geschäftsleiter und der stetige Konkurrenzdruck innerhalb der Banken erfordern eine Qualifikation und ständige Präsenz der Vorstände, die in der Regel jedoch durch Ehrenamtliche nicht mehr zu bewältigen sind.[170]

Die Einbindung von nebenamtlichen und ehrenamtlichen Vorständen ist vor allem für kleine Genossenschaftsbanken relevant, die sie sich zwei vollbezahlte Geschäftsleiter gegebenenfalls nicht leisten können. Umgesetzt wird dies beispielsweise durch Mischmodelle, in dem die hauptamtlichen Vorstandsmitglieder für die betriebswirtschaftliche Geschäftsführung zuständig sind, während sich die ehrenamtlichen Vorstände um förderwirtschaftliche Aufgaben kümmern.[171]

Die genannten Ausführungen gelten analog bei der Besetzung von Aufsichtsräten, wobei diesbezüglich keine gesetzlichen Mindestvorgaben für die Anzahl von haupt- oder nebenamtlichen Aufsichtsräten bestehen. Der oben genannten Unterscheidung folgend, sind Aufsichtsräte von Genossenschaftsbanken nebenamtlich oder ehrenamtlich tätig. Während die Wahrnehmung der kreditgenossenschaftlichen Aufsichtsratstätigkeit meist der eines Ehrenamts entspricht, urteilte der BUNDESFINANZHOF (BFH) in 2009, dass die Tätigkeit im Aufsichtsrat einer Volksbank keine ehrenamtliche Tätigkeit darstellt.[172]

## 1.3 Genossenschaftliche Kreditinstitute

### 1.3.1 Eigenschaften genossenschaftlicher Kreditinstitute

Auf Basis der Begriffsbestimmung in § 1 KWG, wonach „Unternehmen, die Bankgeschäfte gewerbsmäßig oder in einem Umfang betreiben, der einen in kaufmännischer Weise eingerichteten Geschäftsbetrieb erfordert,"[173] sind Kreditgenossenschaften als Kreditinstitute im Sinne des KWG anzusehen. Gemäß § 2 der Mustersatzung des BVR ist der Gegenstand einer Genossenschaftsbank die Durchführung von banküblichen und ergänzenden Geschäften, zu denen insbesondere die „Pflege des Spargedankens, vor allem durch Annahme von Spareinlagen; [...] die Gewährung von Krediten aller Art; [...] die Durchführung des Zahlungsverkehrs; [...] der Erwerb und die Veräußerung sowie die Verwahrung [...] von Wertpapieren; [...] sowie die Vermittlung oder der Verkauf von Bausparverträgen, Versicherungen

---

[169] Vgl. LANG/WEIDMÜLLER (2019), § 9 Rn. 3; BLOMEYER (1988), S. 174.
[170] Vgl. GERIKE (2001); HOFFMANN (1992), S. 189.
[171] Vgl. ZIEGER (2007), S. 158; BLOMEYER (1988), S. 174.
[172] Als Begründung wird angeführt, dass sich das „Bild der Genossenschaftsbanken [...] aber im Laufe der Zeit verändert [hat]. Heute seien sie als reine Marktgenossenschaften für ihre Mitglieder nur ein Partner unter mehreren möglichen. Sie ständen in einem Wettbewerb mit anderen Kreditinstituten und unterlägen den gleichen, kostenintensiven bankaufsichtsrechtlichen Bestimmungen wie alle anderen Institute. Neben das reine Mitgliedergeschäft sei in zunehmendem Maße auch das Kreditgeschäft für Nichtmitglieder der Genossenschaften getreten. Deshalb handle es sich auch bei den Volksbanken um Erwerbsgesellschaften." (BFH, Urteil vom 20.08.2009). Obwohl Volksbanken genossenschaftlich strukturierte Unternehmen im Sinne des § 1 GenG sind, gelten Aufsichtsräte mit ihrer Tätigkeit für eine reine Erwerbsgesellschaft als nicht ehrenamtlich tätig (vgl. BFH, Urteil vom 20.08.2009).
[173] § 1 KWG.

und Reisen"[174] zählen, wobei sie hierbei die Unterstützung der genossenschaftlichen Finanzgruppe in Anspruch nehmen kann.

Zu Beginn ihrer Entwicklung waren Raiffeisenbanken die Hausbanken der Landwirte und Volksbanken die Banken der kleinen Gewerbetreibenden. Bereits früh
konnten sie jedoch aufgrund ihrer Verbundpartner im genossenschaftlichen Finanzverbund zu Universalbanken insbesondere für Privatkunden und mittelständische Firmenkunden einschließlich des ländlichen Mittelstands werden.[175] Die Basis des Finanzverbunds bilden die 841 Primärgenossenschaften, die sich unter anderem aus 749 Volks- und Raiffeisenbanken, 11 Sparda-Banken und 14 Post-
Spar- und Darlehensverein (PSD)-Banken zusammensetzen (vgl. Abb. 7).[176] Darüber hinaus gehören die DEUTSCHE ZENTRAL-GENOSSENSCHAFTSBANK (DZ BANK)
AG als Zentralbank unter anderem zur Deckung des Liquiditätsbedarfs und zur Abwicklung des Geldausgleichs der einzelnen Genossenschaften sowie verschiedene Verbundunternehmen, wie die BAUSPARKASSE SCHWÄBISCH HALL (BSH) oder
die Fondsgesellschaft UNION INVESTMENT, und weitere Sonderinstitute zum genossenschaftlichen Verbund (FINANZGRUPPE).[177] Diese Unternehmen, deren Anteilseigner bzw. Aktionäre die Genossenschaften sind, stehen den Primärbanken er-
gänzend und unterstützend zur Seite, wobei letztere autonom entscheiden können,
in welchen Geschäftsbereichen sie auf Leistungen des Finanzverbunds zurückgreifen möchten.[178]

---

[174]   § 2 Mustersatzung zitiert nach FRANKENBERGER/GSCHREY/BAUER (2020), S. 300 f.
[175]   Vgl. MACKSCHEIDT/SCHMALE (2010), S. 17; BADER/BAUMÜLLER (2014), S. 216.
[176]   Vgl. BVR (2020b).
[177]   Vgl. THEURL/KRING (2002), S. 14 ff.
[178]   Vgl. EIM (2004), S. 48; THEURL/KRING (2002), S. 14; WIEDEMANN (1992), S. 15.

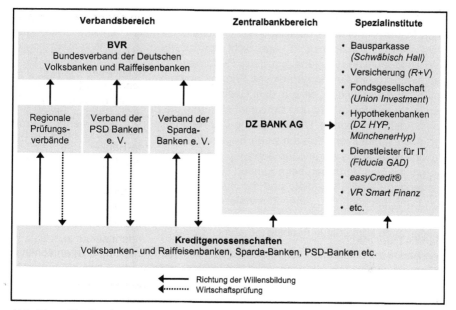

Abb. 7:    Die Struktur des genossenschaftlichen Finanzverbunds[179]

Auch untereinander stellen die Volks- und Raiffeisenbanken rechtlich selbstständige Unternehmen dar, die eigenverantwortlich handeln.[180] Die Zusammenarbeit im Verbund ist durch die Merkmale Subsidiarität, Dezentralität und Regionalität gekennzeichnet.[181]

Das Merkmal der *Subsidiarität* zielt auf die Aufgabenverteilung ab. Sofern ein Institut bestimmte Aufgaben oder Funktionen nicht mehr effizient erfüllen kann, werden diese von den zentralen Einheiten der FINANZGRUPPE übernommen.[182]

Die *Dezentralität* bezieht sich auf das autonome Handeln und das eigenständige Bearbeiten der jeweiligen Marktgebiete. Aufgrund der Zugehörigkeit zur FINANZGRUPPE können Vorteile eines kleineren Instituts und der lokalen Verbundenheit mit den Größenvorteilen des Verbunds kombiniert werden.[183]

Mit dem *Regionalprinzip* wird zum Ausdruck gebracht, dass sich die Institute bei ihren Geschäftsaktivitäten auf die Region ihres Geschäftsgebiets konzentrieren und angrenzende Kreditgenossenschaften nicht behindern sollen.[184] Eine innergenossenschaftliche Konkurrenz mit möglichen Doppelpräsenzen vor Ort soll mit diesem Prinzip, das rechtlich nicht verankert ist, vermieden werden.[185] Einige genos-

---

[179]  Quelle: Eigene Darstellung in Anlehnung an THEURL/KRING (2002), S. 15; EIM (2004), S. 26.
[180]  Vgl. EIM (2004), S. 28.
[181]  Vgl. THEURL/KRING (2002), S. 13.
[182]  Vgl. BADER/BAUMÜLLER (2014), S. 216; THEURL/KRING (2002), S. 13.
[183]  Vgl. THEURL/KRING (2002), S. 13.
[184]  Vgl. MACKSCHEIDT/SCHMALE (2010), S. 17; HEIGL (2000), S. 18; THEURL/KRING (2002), S. 13; BADER/ BAUMÜLLER (2014), S. 216; BÖHNKE (2010), S. 110.
[185]  Vgl. MACKSCHEIDT/SCHMALE (2010), S. 17; HEIGL (2000), S. 18; THEURL/KRING (2002), S. 13.

senschaftliche Institute wie beispielsweise die DEUTSCHE APOTHEKER- UND ÄRZTE-
BANK (APOBANK) weisen überregionale Geschäftsaktivitäten auf und unterliegen
nicht dem Regionalprinzip.[186] Aus Sicht des INTERNATIONALEN WÄHRUNGSFONDS
(IWF) schwächt das Regionalprinzip die Performance und die Ertragskraft der Banken, weshalb ein Aufbrechen dieses Prinzips empfohlen wird.[187] In der Praxis ist
es üblich, dass Kunden, die aus dem Geschäftsgebiet der jeweiligen Bank wegzie-
hen, nicht gekündigt wird und sie digital weiterhin die Bankdienstleistungen in Anspruch nehmen können. Die Einhaltung des Regionalprinzips wird weder kontrolliert noch sanktioniert.[188] Auch wenn Regionalität nicht mehr gleichbedeutend mit
Provinzialität ist, da es gutgeheißen wird, wenn Unternehmen sich regional engagieren und dies Vertrauen beim Kunden schafft, führen die durch Fusionen größer
werdenden Geschäftsgebiete und die Nutzung des Internets bei der Abwicklung
von Bankgeschäften zu einer Zunahme des Wettbewerbs zwischen Genossenschaftsbanken.[189] Neben den kooperativen Elementen innerhalb des Netzwerks
spielen auch kompetitive Aspekte zunehmend eine Rolle.[190]

Wie Abb. 8 zu entnehmen ist, ist die Anzahl von Kreditgenossenschaften kontinuierlich gesunken. Die Ursache ist jedoch fusionsbedingt und nicht auf eine Ab-
nahme der Bedeutung genossenschaftlicher Finanzinstitute zurückzuführen, was
durch die gleichzeitige Ausweitung sowohl der kumulierten als auch der durchschnittlichen Bilanzsumme pro Institut zu erkennen ist.[191] Die zum 31.12.2019
durchschnittliche Bilanzsumme von 1,1 Mrd. EUR wird durch die horizontale Linie
in Abb. 9 nebst der Bilanzsummen der einzelnen Banken veranschaulicht. Insgesamt weisen 580 Institute (69 %) eine Bilanzsumme auf, die unterhalb dieses
Durchschnittswerts liegt. Dass es den Volks- und Raiffeisenbanken in dem betrachteten Zeitraum gelungen ist, das Vertrauen in das Geschäftsmodell auszubauen,
wird auch durch die Zunahme der Mitgliederanzahl von 16,7 Mio. in 2010 auf
18,5 Mio. zum Jahresende 2019 verdeutlicht.

---

[186]  Vgl. BÖHM/FRONEBERG/SCHIERECK (2012), S. 140; MACKSCHEIDT/SCHMALE (2010), S. 17.
[187]  Vgl. EIM (2004), S. 23 ff.; INTERNATIONAL MONETARY FUND (2003), S. 21.
[188]  Vgl. O. V. (2017), S. 519.
[189]  Vgl. GROS (2009), S. 100.
[190]  Vgl. MACKSCHEIDT/SCHMALE (2010), S. 14 ff.
[191]  Vgl. SASSEN (2011), S. 2.

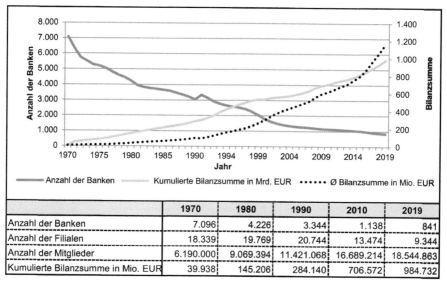

| | 1970 | 1980 | 1990 | 2010 | 2019 |
|---|---|---|---|---|---|
| Anzahl der Banken | 7.096 | 4.226 | 3.344 | 1.138 | 841 |
| Anzahl der Filialen | 18.339 | 19.769 | 20.744 | 13.474 | 9.344 |
| Anzahl der Mitglieder | 6.190.000 | 9.069.394 | 11.421.068 | 16.689.214 | 18.544.863 |
| Kumulierte Bilanzsumme in Mio. EUR | 39.938 | 145.206 | 284.140 | 706.572 | 984.732 |

Abb. 8:   Entwicklung der Anzahl und kumulierten Bilanzsumme der Genossenschaftsbanken[192]

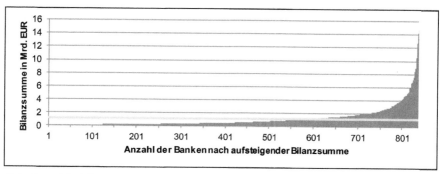

Abb. 9:   Verteilung der Bilanzsummen der Genossenschaftsbanken zum
31.12.2019[193]

Als Folge der Entwicklung der vergangenen Jahre konnten eine zunehmende Heterogenität bei der Institutsgröße, der Ertragskraft, des Marktumfelds, veränderte
Geschäftsschwerpunkte in Bezug auf angestrebte Preis- bzw. Qualitätsführer-
schaften sowie eine Abwendung vom Regionalprinzip identifiziert werden.[194] Damit
einhergehend haben die Professionalität des Managements zu- und die Mitglieder-

---

[192]   Quelle: Eigene Darstellung in Anlehnung an BVR (2020a); BVR (2020c).
[193]   Quelle: Eigene Darstellung in Anlehnung an BVR (2020b). Da die APOBANK mit einer Bilanzsumme
von 49,8 Mrd. EUR deutlich von den Bilanzsummen der übrigen Genossenschaften abweicht, wurde
sie in Abb. 9 nicht mit berücksichtigt.
[194]   Vgl. MACKSCHEIDT/SCHMALE (2010), S. 14; THEURL/KRING (2002), S. 5. Einen Überblick über die empirischen Ergebnisse zum Fusionserfolg deutscher Genossenschaftsbanken gibt SPANDAU (2010),
S. 25.

partizipation, die einen elementaren Bestandteil der Managementkontrolle darstellt, abgenommen.[195] Hinzu kommt, dass den Führungskräften, die die Strategie grundlegend beeinflussen, oft nur ein geringes genossenschaftliches Bewusstsein attestiert wird und genossenschaftliche Strukturmerkmale keine Orientierungspunkte darstellen, mit denen sich Institute im Wettbewerb profilieren können. Es haben Angleichungsprozesse an die erwerbswirtschaftlich orientierte Konkurrenz stattgefunden, bei denen genossenschaftsspezifische Merkmale in den Hintergrund geraten und die Institute trotz ihrer wirtschaftlichen Erfolge an Profil verlieren.[196]

Wie bereits dargestellt, sind Genossenschaftsbanken dem regionalen Wirtschaftsumfeld sowie insbesondere den Mitgliedern und den Kunden verpflichtet.[197] Ein flächendeckendes Filialnetz und die damit einhergehende Kundennähe sind Bestandteile der Geschäftsstrategie.[198] Die Kerngeschäftsfelder beziehen sich auf das klassische Bankgeschäft, also das Einlagen- und Kreditgeschäft, für (mittelständische) Privat- und Firmenkunden, wobei die Ertragslage bei dieser Geschäftsstruktur stark vom Zinsergebnis abhängt.[199] Als strategisches Ziel wird in der Regel eine Qualitätsführerschaft ausgegeben,[200] wenngleich manche Institute auch zu einer Preisführerschaft tendieren[201] und bei Genossenschaftsbanken teilweise auch allgemein hinterfragt wird, worin die eigentliche Kernkompetenz besteht.[202]

Als Alleinstellungsmerkmal kann die Mitgliedschaft identifiziert werden, die im Idealfall zu einer Identifikation mit der Genossenschaft führt.[203] Untersuchungen belegen jedoch beispielsweise, dass die Mitgliederorientierung von Kreditgenossenschaften mit zunehmender Institutsgröße abnimmt[204] und, dass ein Großteil der Kunden (81 %) noch nie auf eine Mitgliedschaft angesprochen wurde.[205] Hinzu kommt die Gefahr der Überalterung. Bei einer Auswertung der Altersstruktur bayrischer Volks- und Raiffeisenbanken wurde herausgefunden, dass Mitglieder im Durchschnitt älter als der Durchschnitt der Bevölkerung sind. Ca. 50 % der Mitglieder bayerischer Kreditgenossenschaften sind über 50 Jahre alt (im Vergleich zu 37 % in der Bevölkerung).[206] Zur Pflege der Mitgliederstruktur und Weichenstellung für die Zukunft hat der BVR sechs Säulen der Mitgliedschaft identifiziert, zu denen neben der Gewinnbeteiligung und explizit für Mitglieder angebotenen Dienstleistungen auch die Mitgestaltung in Form der Beteiligung an einem repräsentativen Aufsichtsrat zählt.[207]

---

[195]   Vgl. LAMPRECHT/DONSCHEN (2006), S. 6.
[196]   Vgl. BLOME-DREES (2011), S. 50 f.
[197]   Vgl. GROS (2009), S. 104; GÖTZL/ABERGER (2011), S. 5.
[198]   Vgl. EIM (2004), S. 45.
[199]   Vgl. MEHRING (2015), S. 949; BADER/BAUMÜLLER (2014), S. 216; FRÖHLICH (2011), S. 72.
[200]   Vgl. MACKSCHEIDT/SCHMALE (2010); SASSEN (2011), S. 250; HANRATH/WEBER (2008), S. 256.
[201]   Vgl. MACKSCHEIDT/SCHMALE (2010), S. 14. Einen Überblick über die empirischen Ergebnisse zum Fusionserfolg deutscher Genossenschaftsbanken gibt SPANDAU (2010), S. 25.
[202]   Vgl. LAMPRECHT/DONSCHEN (2006), S. 6.
[203]   Vgl. PATERA/ZACHERL (1984), S. 103; EIM (2004), S. 45.
[204]   Vgl. ZIEGER (2007), S. 149; GORTON/SCHMID (1999), S. 119 ff.
[205]   Vgl. BVR (2006), S. 5; ZIEGER (2007), S. 149.
[206]   Vgl. GROS (2009), S. 105.
[207]   Vgl. HANRATH/WEBER (2008), S. 256.

Kreditgenossenschaften wird regelmäßig sowohl ein wirtschaftlich nachhaltiges bzw. tragfähiges Geschäftsmodell als auch eine gute Bewältigung von gesellschaftlichem und wirtschaftlichem Wandel sowie von Krisen zugesprochen. Durch die Vermeidung spekulativer Geschäfte gelang es Genossenschaftsbanken, nach der Finanzkrise Marktanteile hinzuzugewinnen. Die Stabilität dieser Banken, die auf das genossenschaftliche Werteverständnis, die regionale Orientierung sowie die Eigentümerstruktur zurückzuführen ist und die darüber hinaus zu einer wirtschaftlichen und sozialen Stabilität vor Ort beiträgt, wird auch in einer im Vergleich zu anderen Rechtsformen niedrigeren Insolvenzquote zum Ausdruck gebracht.[208]

Bezüglich der Rechtsform bei Genossenschaftsbanken gibt es darüber hinaus die Besonderheit, dass einige Institute als Kreditgenossenschaft bezeichnet werden und teilweise den Genossenschaftsverbänden angehören, obwohl sie weder die Rechtsform einer eG noch die einer Europäischen Genossenschaft (SCE)[209] aufweisen. Hintergrund hierfür ist die Unterscheidung von Genossenschaften im wirtschaftlichen und im rechtlichen Sinne. Die formelle bzw. rechtliche Zuordnung bezieht sich auf Unternehmen, die im Genossenschaftsregister eingetragen sind und die Merkmale des § 1 GenG erfüllen. Im materiellen bzw. wirtschaftlichen Sinne zählen auch jene Institute, die genossenschaftliche Zielsetzungen verfolgen, zu den Genossenschaftsbanken.[210] Beispielsweise firmiert die EVENORD-BANK EG-KG als Kommanditgesellschaft (KG) und verfügt nur indirekt über die UNTERNEHMENS-GRUPPE EVENORD über einen Aufsichtsrat.[211] Sie wird aufgrund der daraus resultierenden Besonderheiten in der empirischen Untersuchung nicht weiter berücksichtigt. Darüber hinaus erfolgt eine Eingrenzung der Genossenschaftsbanken auf die

---

[208]  Vgl. ATMACA (2014), S. 49; MEHRING (2015), S. 949; GROS (2009), S. 99 ff. Gleichwohl ist in Bezug auf die im Vergleich zu anderen Rechtsformen niedrigeren Insolvenzquote zu berücksichtigen, dass instabile bzw. gefährdete Genossenschaftsbanken Insolvenzen zuweilen durch Fusionen vermeiden.

[209]  Neben der Rechtsform einer eingetragenen Genossenschaft (eG) können Genossenschaften seit 2006 auch als Europäische Genossenschaft (SCE) firmieren. Eine SCE bietet sich als Rechtsform an, sofern zwei Gründungsmitglieder aus unterschiedlichen Staaten der Europäischen Union (EU) grenzüberschreitend als Genossenschaft tätig sein wollen (vgl. SPANIER (2008), S. 288). Bezüglich der Prüfung einer SCE sind die Regelungen des jeweiligen Mitgliedsstaats anzuwenden, in dem sich die SCE befindet (Art. 70 f. Verordnung (EG) NR. 1435/2003 des Rates (SCE-VO)). Da in Deutschland strenge Prüfungskriterien gelten, wird es in der Regel nicht als Sitzland gewählt, weshalb der SCE eine geringe Praxisrelevanz beigemessen wird (vgl. HEß (2009), S. 296; SASSEN (2011), S. 114).

[210]  Vgl. HILKENBACH (2004), S. 3; KOHTE (1991), S. 906.

[211]  Obwohl Genossenschaften ein anderes Leitbild als AGs aufweisen, nähern sich manche Institute seit einigen Jahrzehnten punktuell der Rechtsform einer AG an oder vollziehen diesen Wechsel komplett hin zu einer atypischen Gestaltungsvariante der AG. Genossenschaftsbanken wie beispielsweise die GLADBACHER BANK AG VON 1922 firmierten zunächst als eG und vollzogen dann einen Wechsel hin zu einer AG. Auch wenn diese Institute bezüglich der Rechtsform klar eine AG darstellen, so weisen sie dennoch genossenschaftliche Merkmale wie den Förderzweck oder das Identitätsprinzip auf. Statt der Herausgabe von Mitgliederanteilen werden beispielsweise vinkulierte Namensaktien verwendet. Die Banken können ihre Verbandsmitgliedschaft behalten, was den Vorteil hat, dass sie freiwillige Betreuungsprüfungen vornehmen lassen und weiterhin die Beratungsleistungen des Verbands in Anspruch nehmen können. Als Gründe für einen Rechtsformwechsel werden angeführt, dass größere Genossenschaften eine stabile, vom Wechsel der Mitglieder unabhängige Eigenkapitalbasis favorisieren oder auch, dass Manager das Image einer eG abwerfen möchten (vgl. STEDING (2004), S. 282 ff.; BAUMGÄRTLER (2000), S. 16). Andererseits sind auch Rechtsformwechsel von einer AG zurück zu einer eG zu beobachten. Als Vorteil wird angeführt, dass bei einer eG im Gegensatz zu einer AG die Förderung der Mitglieder durch Bonusprogramme gestattet ist (vgl. ATZLER (2016)).

Primärinstitute. Nicht berücksichtigt werden Spezialinstitute wie die Kirchenbanken, da sie andere Strukturen aufweisen, oder die APOBANK, die mit einer Bilanzsumme von 49,8 Mrd. EUR eine andere Größenklasse aufweist.[212]

## 1.3.2    Einordnung von Genossenschaftsbanken in das deutsche Bankensystem

Das deutsche Universalbankensystem lässt sich in drei Säulen unterteilen. Neben dem genossenschaftlichen Sektor stellen die privaten Kreditbanken und die öffentlich-rechtlichen Institute die weiteren Säulen dar.[213] Zu den größten Unterscheidungsmerkmalen zählen die Rechtsform, die Größe beispielsweise in Form der Bilanzsumme und das Geschäftsmodell bzw. die Zielsetzung.[214]

Die Banken des *privaten Kreditgewerbes*, zu denen unter anderem die DEUTSCHE BANK oder die COMMERZBANK zählen, firmieren in der Regel als AG und bieten ihre Dienstleistungen bundesweit bzw. auch international an.[215] Mit dem Filialnetz werden eher (größere) Städte und weniger ländliche Regionen abgedeckt. Auch wenn in den vergangenen Jahren unterschiedliche strategische Ausrichtungen bezüglich des Privatkundengeschäfts zu beobachten waren, wies zumindest die Fokussierung auf die international tätige Kundschaft eine Konstanz auf. Den Großbanken werden besondere Kompetenzen in den Bereichen des Wertpapier- oder Auslandsgeschäfts und auch bei der Begleitung komplexer Finanzierungen bzw. Börsengänge zugesprochen.[216] Das übergeordnete Ziel liegt in der Verfolgung der Eigentümerinteressen und der Maximierung des Bilanzgewinns bzw. Steigerung des Unternehmenswerts.[217]

Die den *öffentlich-rechtlichen Instituten* zugehörigen Sparkassen verfolgen ein ähnliches Geschäftsmodell wie die Genossenschaftsbanken. Der Schwerpunkt ihrer Geschäftstätigkeit liegt in ihrem regionalen Umfeld und bezieht sich auf das Anbieten klassischer Bankdienstleistungen für Privatkunden sowie kleine und mittlere Unternehmen. Die dadurch resultierende Kenntnis über regionale Begebenheiten und die Einbindung vor Ort bzw. die lokale Verbundenheit sind strategische Vorteile gegenüber den Großbanken. Darüber hinaus können die Sparkassen bei Bedarf auf die Expertise und die Finanzprodukte der Landesbanken, deren Miteigentümer sie in der Regel sind, und die weiteren Unternehmen der Sparkassen-Finanzgruppe zurückgreifen.[218] Die Sparkassen betreiben mit 17.000 Filialen das größte Geschäftsstellennetz Deutschlands. Per 31.12.2019 existierten 373 öffentlich-rechtliche sowie 6 freie Sparkassen.[219] Zusammengefasst ist die Geschäftspolitik durch die Merkmale *öffentlicher Auftrag, Gemeinnützigkeit, Regionalprinzip*

---

[212]    Die vollständige Liste der betrachteten Genossenschaftsbanken ist in Anhang 1 abgebildet.
[213]    Vgl. GÖTZL/ABERGER (2011), S. 15; BÖHM/FRONEBERG/SCHIERECK (2012), S. 139.
[214]    Vgl. LAMPRECHT/DONSCHEN (2006), S. 9; GÖTZL/ABERGER (2011), S. 15.
[215]    Vgl. LAMPRECHT/DONSCHEN (2006), S. 9.
[216]    Vgl. GUBITZ (2013), S. 273.
[217]    Vgl. LEUSCHNER (2005), S. 5; LAMPRECHT/DONSCHEN (2006), S. 9.
[218]    Vgl. GUBITZ (2013), S. 283; EIM (2004), S. 22.
[219]    Vgl. DSGV (2020a).

und *Verbundorientierung* gekennzeichnet.[220] Eine Konsequenz aus dem öffentlichen Auftrag ist beispielsweise die Gewährleistung eines flächendeckenden Zugangs zu Bankdienstleistungen.[221]

Im Gegensatz zu den beiden Zielsetzungen der Sparkassen und Großbanken haben Genossenschaftsbanken den Auftrag, die Interessen der Mitglieder zu fördern. Die Mitgliedschaft und damit einhergehend der Förderauftrag sind die Alleinstellungs- bzw. wesentlichen Unterscheidungsmerkmale zu den anderen beiden Sektoren.[222] Obwohl dieser Unterscheid in der Praxis, wie bereits thematisiert, nicht immer ersichtlich ist,[223] haben sich Genossenschaftsbanken zu „einer Macht in der deutschen Finanzbranche"[224] entwickelt.

Seit der Fusion mit der WESTDEUTSCHEN GENOSSENSCHAFTS-ZENTRALBANK (WGZ BANK) AG stellt die DZ BANK GRUPPE die zweitgrößte deutsche Bankengruppe dar (vgl. Abb. 10). Die regelmäßig guten Ergebnisse der DZ BANK AG stärken den genossenschaftlichen Sektor insgesamt und tragen zur sehr guten Kreditwürdigkeit bei.[225] Risikoreiche Geschäfte wie bei privaten Großbanken werden selten eingegangen und das Prinzip der gegenseitigen Absicherung trägt zur weiteren Risikominderung bei.[226] Abgesehen von der mit dem Sonderstatus einer Förderbank versehenen sowie mit dem Staat verbundenen KFW-BANK weist der genossenschaftliche Finanzverbund das beste Rating deutscher Banken auf.

| Nr. | Institut | Bankensektor/ -gruppe | Bilanzsumme in Mio. EUR | Rating | | |
|---|---|---|---|---|---|---|
| | | | | S&P | Moody's | Fitch |
| 1. | Deutsche Bank AG | Privat | 1.297.674 | BBB+ | A3 | BBB |
| 2. | DZ BANK Gruppe | Genossenschaft | 559.379 | AA- | Aa1 | AA- |
| 3. | KfW Bankengruppe | Privat | 506.022 | AAA | Aaa | AAA |
| 4. | Commerzbank AG | Privat | 463.636 | BBB+ | A1 | BBB |
| 5. | UniCredit Bank AG (HVB) | Privat | 303.598 | BBB+ | A2 | BBB+ |
| | Zum Vergleich: Finanzverbünde | | | | | |
| Σ | Genossenschaftsbanken | Genossenschaft | 984.732 | AA- | Aa1 | AA- |
| Σ | Sparkassen | Sparkasse | 1.300.541 | -- | Aa2 | A+ |
| Ø | Genossenschaftsbanken | Genossenschaft | 1.171 | AA- | Aa1 | AA- |
| Ø | Sparkassen | Sparkasse | 3.432 | -- | Aa2 | A+ |

Abb. 10:   Vergleich der größten deutschen Banken (Basis: Bilanzsumme zum 31.12.2019)[227]

---

[220] Vgl. BÖHM/FRONEBERG/SCHIERECK (2012), S. 139; LAMPRECHT/DONSCHEN (2006), S. 9; EIM (2004), S. 16.

[221] Vgl. BÖHM/FRONEBERG/SCHIERECK (2012), S. 139; GEIGER/BÜSCHGEN (1992).

[222] Vgl. GROS (2009), S. 104; LAMPRECHT/DONSCHEN (2006), S. 9.

[223] Vgl. LAMPRECHT/DONSCHEN (2006), S. 9; Kapitel B1.2.1.2.

[224] ATZLER/OSMAN (2017a), S. 32.

[225] Vgl. ATZLER/OSMAN (2017a), S. 32.

[226] Vgl. BADER/BAUMÜLLER (2014), S. 216. Die gegenseitige Absicherung war auch während der Finanzkrise ersichtlich, als die DZ BANK in eine wirtschaftliche Schieflage geriet und die Primärinstitute die DZ BANK stützten, ohne staatliche Hilfe in Anspruch zu nehmen (vgl. MAISCH (2017), S. 23).

[227] Quelle: Eigene Darstellung in Anlehnung an DZ BANK AG (2020), S. 31; KFW (2020), S. 19; DEUTSCHE BANK AG (2020), S. 4; BVR (2020a), S. 1; COMMERZBANK AG (2020), S. 2; UNICREDIT BANK AG (2020), S. 1 f.; DSGV (2020c), S. 5 ff.; DSGV (2020b), S. 0; DZ BANK AG (2020), S. 83; DEUTSCHE BANK AG (2020), S. 37.

Bei einer aggregierten Bilanzsumme in Höhe von 985 Mrd. EUR beträgt die durchschnittliche Bilanzsumme pro Volks- und Raiffeisenbank 1,2 Mrd. EUR.[228] Zum Vergleich: Die DEUTSCHE BANK AG wies per 31.12.2019 eine Bilanzsumme in Höhe von 1.298 Mrd. EUR aus.[229] Mit rund 140.000 Mitarbeitern beschäftigen die Genossenschaftsbanken jedoch mehr Mitarbeiter als die DEUTSCHE BANK AG und die COMMERZBANK AG weltweit zusammen.[230] Die Anzahl der Mitglieder bei Genossenschaftsbanken übersteigt die Anzahl der Aktionäre in Deutschland um nahezu das doppelte (18,5 Mio. Mitglieder versus 9,7 Mio. Aktionäre).[231]

Während und nach der im Jahr 2008 begonnenen Finanzkrise, aufgrund derer kein Institut des genossenschaftlichen Finanzverbunds staatliche Hilfe benötigte, mussten die Genossenschaftsbanken deutlich weniger Wertberichtigungen vornehmen als andere Kreditinstitute und konnten sogar einen Zulauf an Mitgliedern und Kundeneinlagen verzeichnen.[232]

## 1.4   Kreditgenossenschaftliche Governance-Strukturen

### 1.4.1   Grundlagen der genossenschaftlichen Governance

Die Basis für eine gute und verantwortungsvolle Unternehmensführung stellen gesetzliche Normen und Kodizes dar, nach denen sich die betroffenen Organe richten müssen bzw. an denen sie sich orientieren können. Zudem werden diese Regelungen für die Stakeholdergruppen und die Öffentlichkeit transparent dargestellt.[233]

Der vielfältig ausgelegte Begriff der *Corporate Governance* bezieht sich in der Regel auf die (effiziente) Zusammenarbeit, die Aufgaben- und Kompetenzverteilung, Unternehmenssteuerungsprozesse, Kontrollmechanismen und Berichterstattungen zwischen verschiedenen Gruppen inner- und außerhalb des Unternehmens.[234] Zu diesen Gruppen zählen in Genossenschaften beispielsweise der Vorstand und der Aufsichtsrat sowie die Kunden, Mitarbeiter und Mitglieder, wobei der Fokus auf der obersten Leitungs- und Kontrollebene liegt.[235] Die institutionelle bzw. organisatorische Ausgestaltung dieses rechtlichen und faktischen Ordnungsrahmens wird bei Genossenschaften auch als *Cooperative Governance* bezeichnet.[236]

---

[228]   Vgl. BVR (2020b).
[229]   Vgl. DEUTSCHE BANK AG (2020), S. 4.
[230]   Vgl. BVR (2020c); DEUTSCHE BANK AG (2020), S. 4; COMMERZBANK AG (2020), S. 2.
[231]   Vgl. BVR (2020a); CÜNNEN (2020).
[232]   Vgl. ATZLER/OSMAN (2017a), S. 32; GÖTZL/ABERGER (2011), S. 16; ATMACA (2014), S. 50.
[233]   Vgl. ZIEGER (2007), S. 10.
[234]   Vgl. THEURL (2002), S. 56; ZIEGER (2007), S. 10. Für einen Überblick über verschiedene *Corporate Governance*-Definitionen und -Abgrenzungen siehe ZIEGER (2007), S. 10 f.; LEUSCHNER (2005), S. 6. Ein Überblick über die Entwicklung der betriebswirtschaftlichen Corporate Governance-Forschung im deutschsprachigen Raum ist bei EULERICH ET AL. (2014) zu finden. Für ein Grundverständnis der Corporate Governance siehe LITTKEMANN/DERFUß (2009), S. 63 ff. Zu den Besonderheiten der Corporate Governance in Banken siehe beispielsweise PAETZMANN (2014); STECK/MEEGEN (2014). Die regulatorischen Grundlagen zur Corporate Governance werden bei WELGE/EULERICH (2014), S. 113 ff. erörtert.
[235]   Vgl. ZIEGER (2007), S. 12 ff.; KEßLER (2002), S. 12.
[236]   Vgl. THEURL/KRING (2002), S. 6; ZIEGER (2007), S. 10; SASSEN (2011), S. 427; MENDEN/RÖTZEL (2006), S. 10.

Die Arbeit des Aufsichtsrats basiert auf diversen für die Governance relevanten bankaufsichts- und gesellschaftsrechtlichen Regelungen (Kapitel B2.3). Zudem ist der Aufsichtsrat selbst Teil des unternehmerischen Überwachungssystems (Kapitel B1.4.2) und diversen Managementrisiken (Kapitel B1.4.3) ausgesetzt.

## 1.4.2 Unternehmerisches Überwachungssystem

Die Aufgaben und die Verantwortung des genossenschaftlichen Aufsichtsrats sind in das im Folgenden dargestellte unternehmerische Überwachungssystem eingegliedert, wobei sich dieses System in einen internen und in einen externen Bereich einteilen lässt (vgl. Abb. 11). Die interne Überwachung besteht aus dem internen Kontrollsystem sowie der Internen Revision. Hinzu kommt der Aufsichtsrat, der sich aus Mitgliedern und gegebenenfalls Mitarbeitern der Genossenschaftsbank zusammensetzt und somit weder ausschließlich dem internen noch dem externen System zuzurechnen ist. Die BaFin bzw. die DEUTSCHE BUNDESBANK, bei Bedarf beauftragte Wirtschaftsprüfungsgesellschaften[237] und die dem DGRV angehörenden regionalen Prüfungsverbände stellen das externe Überwachungssystem dar. Letztere nehmen eine besondere Rolle in diesem System ein, weshalb im Rahmen dieses Kapitels ausführlicher auf die Aufgaben und die Funktion der Genossenschaftsverbände eingegangen wird.

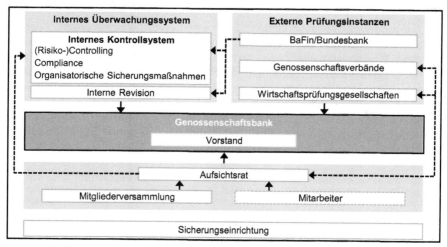

Abb. 11:   Überwachungsinstanzen einer Genossenschaftsbank[238]

---

[237] Die Beziehungen von Genossenschaftsbanken zu Wirtschaftsprüfungsgesellschaften sind in der Regel nur punktuell. Teilweise stehen sie Genossenschaften beratend zur Seite, teilweise werden Mitarbeiter der Wirtschaftsprüfungsgesellschaften von der BUNDESBANK im Rahmen von Prüfungen gemäß § 44 KWG als Prüfer eingesetzt (vgl. SASSEN (2011), S. 35).

[238] Quelle: Eigene Darstellung in Anlehnung an SASSEN (2011), S. 43; GEIERSBACH (2011), S. 166; HOLZERL/MAKOWSKI (1997), S. 688. Gewerkschaften, Wirtschaftsprüferkammern, Ratingagenturen usw. finden aufgrund ihrer für diese Thematik nachrangigen Bedeutung hier keine Berücksichtigung.

Gemäß § 25a Abs. 1 Nr. 3 KWG bilden das interne Kontrollsystem (IKS) sowie die Interne Revision das interne Überwachungssystem.[239] Zu erstem zählen *organisatorische Sicherungsmaßnahmen* wie aufbau- und ablauforganisatorische Regelungen sowie Prozesse zur Identifizierung, Beurteilung, Steuerung, Überwachung und Kommunikation der Risiken.[240] Eine prozessabhängige Unterstützung der Geschäftsführung bei der Planung, Steuerung und Kontrolle der Geschäftstätigkeiten erfolgt durch das *Controlling.*[241] Es fungiert als wesentlicher Informationslieferant und wird wie die Interne Revision regelmäßig von der BAFIN bzw. BUNDESBANK überprüft. Die ebenfalls zum internen Überwachungssystem zählende *Interne Revision* agiert prozessunabhängig und prüft Tätigkeiten bzw. Prozesse in der Genossenschaft.[242] Sie hat unter anderem die Aufgabe, sowohl das Risikocontrolling als auch die Compliance-Funktion zu prüfen.[243]

Den *Mitgliedern* obliegen gesetzlich definierte Kontroll- und Mitwirkungsrechte, bei denen sie jedoch durch den Aufsichtsrat und den jeweiligen Prüfungsverband unterstützt werden.[244] Wesentliche Aufgaben des *Aufsichtsrats* liegen in der Überwachung des Vorstands sowie in dem Vertreten der Mitgliederinteressen gegenüber dem Vorstand. Der Aufsichtsrat hat das Recht, Informationen beim Leiter des Risikocontrollings sowie der Internen Revision einzuholen.[245] Der Aufsichtsrat agiert prozessunabhängig und unterliegt keiner direkten Beaufsichtigung durch die BAFIN.[246]

Die *BAFIN* bzw. *BUNDESBANK* zählen zu den externen Prüfungsinstanzen.[247] Beide Instanzen übernehmen die Aufgabe der Finanzaufsicht und sind dafür verantwortlich, die Funktionsfähigkeit und Stabilität des Finanzsystems zu sichern.[248] § 7 KWG regelt die Zusammenarbeit zwischen der BAFIN und der BUNDESBANK. Die BAFIN agiert als zuständige Verwaltungsbehörde, während die BUNDESBANK für die laufende Überwachung zuständig ist.[249] Zur laufenden Überwachung zählen die Auswertungen von Prüfungsberichten (§ 26 KWG) und Jahresabschlussunterlagen sowie die Durchführung von bankgeschäftlichen Prüfungen gemäß § 44 KWG

---

239  Zum IKS siehe GEIERSBACH (2011), S. 124; SCHEWE/LITTKEMANN/BECKEMEIER (1999), S. 1483 ff.; ZIEGER (2007), S. 75; THEISEN (2007), S. 11 ff.; EBA (2017), S. 36. Die zum internen Überwachungssystem gehörenden Instanzen gelten als wesentliche Grundlage im Modell der drei Verteidigungslinien (Three Lines of Defense). Als erste Verteidigungslinie wird die (Selbst-)Kontrolle der operativen Geschäftsbereiche angesehen. Prozessbegleitende Kontrollen durch nicht-operative Unternehmenseinheiten wie durch die Compliance-Funktion oder das Risikocontrolling zählen zur zweiten Verteidigungslinie. Die Interne Revision fungiert als dritte Verteidigungslinie (vgl. WIESEMANN (2014), S. 22; LOB (2014), S. 776).
240  Vgl. § 25a Abs. 1 Nr. 3 KWG.
241  Vgl. LITTKEMANN/DERFUß (2009), S. 62; LITTKEMANN/DERFUß (2004), S. 695.
242  Vgl. SASSEN (2011), S. 55.
243  Vgl. WIESEMANN (2014), S. 22. Zu den Aufgaben der Internen Revision siehe auch FRITZEL (2013).
244  Vgl. TSCHÖPEL (2010), S. 7 ff.
245  Vgl. § 25d Abs. 8 KWG.
246  Vgl. TSCHÖPEL (2010), S. 9 f.
247  Zur Zusammenarbeit zwischen BUNDESBANK und BAFIN siehe BAFIN (2018c). Durch die EU-Verordnung zum einheitlichen Aufsichtsmechanismus (Verordnung (EU) Nr. 1024/2013 des Rates (SSM-VO) wurde geregelt, dass bestimmte Institute anstelle von den nationalen Aufsichtsbehörden wie der BAFIN direkt von der EZB beaufsichtigt werden. Genossenschaftsbanken sind zur Aufsicht jedoch ausschließlich der BAFIN unterstellt (vgl. Kapitel B2.3.1).
248  Vgl. § 6 Abs. 2 KWG.
249  Vgl. § 6 Abs. 1 KWG; § 7 Abs. 1 KWG.

zur Beurteilung der Risikosteuerungsverfahren und der Eigenkapital- bzw. Liquiditätsausstattung.[250] Die abschließende Beurteilung sowie Einordnung der Prüfungsfeststellungen wird wiederum von der BAFIN vorgenommen.[251] Die Intensität der Beaufsichtigung hängt von der Art und dem Umfang der getätigten Geschäfte ab (Grundsatz der doppelten Proportionalität).[252]

Die *Genossenschaftsverbände* spielen insbesondere auch im Vergleich zu anderen Rechtsformen eine besondere Rolle im unternehmerischen Überwachungssystem. Schwierigkeiten und Misserfolge nach der Gründung der ersten Genossenschaften führten zu einer seit dem Jahr 1934 geltenden und in § 54 GenG verankerten Pflichtmitgliedschaft in einem genossenschaftlichen Prüfungsverband zum Schutz der Mitglieder bzw. Gläubiger, wobei der Verband gemäß § 55 GenG auch gleichzeitig als Prüfer der Genossenschaft fungiert.[253] Ohne den Nachweis der Mitgliedschaft bei einem Genossenschaftsverband erfolgt keine Eintragung in das Genossenschaftsregister.[254]

Das BUNDESVERFASSUNGSGERICHT (BVERFG) hat im Jahr 2001 die Verfassungsmäßigkeit der Pflichtmitgliedschaft bestätigt und den genossenschaftlichen Prüfungsverbänden ein effektives Prüfungssystem attestiert. Als Begründung wurden die „engmaschige Kontrolle"[255] und der damit einhergehende Beitrag zur „Stabilität des gesamten Wirtschaftssystems"[256] angeführt. Das Gericht weist in dem Beschluss auf strukturelle Defizite bei Genossenschaften hin, aufgrund derer engmaschige Sicherungsmechanismen in Form der Pflichtmitgliedschaft in einem Prüfungsverband notwendig sind. Zum einen wird darauf hingewiesen, dass der Grundsatz der Selbstorganschaft zu einer mangelnden Qualifikation des Vorstands bzw. des Aufsichtsrats führen kann. Zum anderen werden eine Haftungsschwäche und die fehlende Kapitalmarktkontrolle aufgrund der mangelnden Handelbarkeit der Geschäftsanteile angeführt.[257] Letztere bezieht sich darauf, dass auch ineffizient wirtschaftende Genossenschaften keine direkten kapitalwirksamen Konsequenzen durch die Anteilseigner bzw. Übernahmen befürchten müssen.[258]

Die Pflichtmitgliedschaft hat im Vergleich zu anderen Rechtsformen auch die Folge, dass eine freie Wahl des Abschlussprüfers nicht möglich ist.[259] Dadurch, dass genossenschaftliche Prüfungsverbände keine Gewinnerzielungsabsicht verfolgen, hat dies den Vorteil, dass sie im Vergleich zu Wirtschaftsprüfungsgesellschaften nicht in die Gefahr finanzieller Abhängigkeiten oder Interessenkonflikte kommen können.[260]

---

[250]  Vgl. Richtlinie zur Durchführung und Qualitätssicherung der laufenden Überwachung der Kredit- und Finanzdienstleistungsinstitute durch die Deutsche Bundesbank (Aufsichtsrichtlinie); BAFIN (2019a).
[251]  Vgl. Art. 3 Aufsichtsrichtlinie; SASSEN (2011), S. 86.
[252]  Vgl. GEIERSBACH (2011), S. 125.
[253]  Vgl. BACKENKÖHLER (2002), S. 145.
[254]  Vgl. BEUTHIEN (2009), S. 892; SASSEN (2011), S. 33.
[255]  BVERFG, Verfassungsbeschwerde vom 19.01.2001, Rn. 28.
[256]  BVERFG, Verfassungsbeschwerde vom 19.01.2001, Rn. 28.
[257]  Vgl. BVERFG, Verfassungsbeschwerde vom 19.01.2001, Rn. 32.
[258]  Vgl. BADER/BAUMÜLLER (2014), S. 218; BÖHM/FRONEBERG/SCHIERECK (2012), S. 140; SASSEN (2011), S. 201.
[259]  Vgl. KEßLER (2014), S. 102; SASSEN (2011), S. 126; LEUSCHNER (2005), S. 5.
[260]  Vgl. SASSEN (2011), S. 35.

Eine weitere Besonderheit liegt in der Doppelnatur der genossenschaftlichen Prüfungsverbände.[261] Neben der Hauptaufgabe als Prüfungsverband fungiert er zusätzlich als Interessenverband – beispielsweise gegenüber dem Gesetzgeber oder Behörden – und bietet den Genossenschaften sowohl Schulungs- als auch Beratungsdienstleistungen an.[262] Auch wenn die Fachbereiche strikt getrennt sind, wird das gleichzeitige Angebot von Beratungs- und Prüfungsleistungen kontrovers diskutiert. Beispielsweise kann die notwendige Objektivität bei der Prüfung leiden, sofern der Verband im Rahmen der Beratung Entscheidungen beeinflusst, deren Konsequenzen er später zu prüfen hat.[263] Trotz solcher Überlegungen hat sich das aus materieller und formeller Prüfung zusammengesetzte Pflichtprüfungsmodell jedoch bewährt und gilt als „umfassendster und intensivster Prüfungstyp"[264].[265] Neue Herausforderungen für die Verbände ergeben sich unter anderem daraus, dass Strukturveränderungen bei den Genossenschaften in Bezug auf größere Bilanzsummen, komplexere Geschäftsumfelder oder konzernartige Gesellschaften auch andere Leistungen der Verbände erfordern.[266] Zudem gibt es Tendenzen zu risikoorientierten Prüfungen mit Präventivcharakter, bei denen der Fokus nicht ausschließlich auf der nachträglichen Beseitigung festgestellter Mängel, sondern auf der Analyse und Herausarbeitung vorbeugender Maßnahmen liegt.[267] Aufgrund der Tatsache, dass die Verbandsprüfer neben der eigentlichen Prüfung auch Hilfestellungen zur Vermeidung bzw. Behebung festgestellter Mängel geben, wird die genossenschaftliche Prüfung auch als Betreuungsprüfung bezeichnet.[268]

Laut § 340k Abs. 1 Handelsgesetzbuch (HGB) müssen der Jahresabschluss und der Lagebericht bei Kreditinstituten jährlich geprüft werden. In § 53 Abs. 1 GenG ist zudem geregelt, dass die Verbandsprüfung die wirtschaftlichen Verhältnisse und die Ordnungsmäßigkeit der Geschäftsführung feststellen soll. Da somit nicht nur der Jahresabschluss, sondern sämtliche Bereiche der Genossenschaft im Fokus der Prüfung stehen, überschreitet sie inhaltlich den Umfang einer handelsrechtlichen Abschlussprüfung.[269] Hinter der formellen Prüfung (Prüfung der Recht-

---

[261]  Vgl. GERIKE (2001), S. 123; SASSEN (2011), S. 36 f.; § 63b Abs. 4 GenG.

[262]  Vgl. GERIKE (2001), S. 123 f.; BACKENKÖHLER (2002), S. 146; SASSEN (2011), S. 36 f.; THEURL/
KRING (2002), S. 17 f.; UNGERN-STERNBERG (2002), S. 2. Die Schulungs- und Beratungsdienstleistungen beziehen sich hauptsächlich auf steuerliche, rechtliche oder betriebswirtschaftliche und geschäftspolitische Themen, wobei die Genossenschaften selbst entscheiden können, welche dieser zusätzlichen Leistungen sie in Anspruch nehmen (vgl. BACKENKÖHLER (2002), S. 146; SASSEN (2011), S. 36; UNGERN-STERNBERG (2002), S. 11. Bezüglich weiterer fakultativer Verbandsleistungen vgl. auch UNGERN-STERNBERG (2002), S. 11. Für die Genossenschaftsverbände haben sich die fakultativen Verbandsleistungen zu einer wichtigen zweiten Säule entwickelt, mit der sie allerdings auch in Konkurrenz zu Wirtschaftsprüfungsgesellschaften stehen, die ihre Beratungsangebote bei Genossenschaftsbanken ebenfalls stark ausgeweitet haben (vgl. LAMBERT (2001), S. 1053; UNGERN-STERNBERG (2002), S. 2 ff.).

[263]  Vgl. GERIKE (2001), S. 124 ff.

[264]  GRAUMANN (1998), S. 8.

[265]  Vgl. GERIKE (2001), S. 127; ZIEGER (2007), S. 35.

[266]  Vgl. BACKENKÖHLER (2002), S. 147.

[267]  Vgl. LAMBERT (2001), S. 1053.

[268]  Vgl. SASSEN (2011), S. 48; UNGERN-STERNBERG (2002), S. 10; ESSER/HILLEBRAND/WALTER (2006), S. 34; GRAUMANN (1998), S. 8.

[269]  Vgl. BADER/BAUMÜLLER (2014), S. 219; OHLMEYER (1979), S. 953; GRAUMANN (1998), S. 8; GERIKE (2001), S. 123; KEßLER (2014), S. 102. Die handelsrechtliche Jahresabschlussprüfung ist in §§ 316 und 317 HGB geregelt.

mäßigkeit bzw. Einhaltung bestehender Vorschriften) steckt die Intention des Gläu-bigerschutzes, während mit der materiellen Prüfung (Prüfung der Zweckmäßigkeit bezüglich der genossenschaftlichen Zielsetzung) insbesondere die Genossen-schaftsmitglieder als Träger der Genossenschaft geschützt werden sollen.[270] Ne-ben dieser Pflichtprüfung können darüber hinaus noch genossenschaftliche Son-derprüfungen und außerordentliche Prüfungen vorgenommen werden.[271] Zu den Prüfungsfeldern zählen „die Übereinstimmung der Geschäftsführung mit Gesetz und Satzung, die Besetzung der Organe, die Kompetenzverteilung, das interne Kontrollsystem, die Organisation von Zweigstellen, die Erfüllung des genossen-schaftlichen Förderauftrags und der Erfolg der Geschäftsleitung sowie der gesamte vom Vorstand zu vertretende betriebswirtschaftliche Zustand der Genossen-schaft"[272]. Konkrete Prüfungsinhalte bzw. -schwerpunkte können dem Verband seit 2007 auch direkt von der BaFin vorgegeben werden.[273] Die Governance-Strukturen und insbesondere die Tätigkeit des Aufsichtsrats waren im Jahr 2010 Bestandteil dieses erweiterten Prüfungsumfangs. Die Ausgestaltung der Überwachungs- und Kontrollfunktion des Aufsichtsrats musste vom Genossenschaftsverband ebenso wie potenzielle Interessenkonflikte von Aufsichtsratsmitgliedern in Bezug auf Ver-bindungen mit Kreditnehmern der Bank dargestellt und bewertet werden.[274]

Im Rahmen der Prüfungsschlusssitzung informiert der Verband den Vorstand und den Aufsichtsrat über die (voraussichtlichen) Prüfungsergebnisse, woraufhin diese die Möglichkeit zur Stellungnahme haben und aufgetretene Missverständnisse ausgeräumt werden können, bevor das Ergebnis den Mitgliedern mitgeteilt wird.[275] Bei Feststellungen wie beispielsweise einer Überschuldung oder deliktischen Handlungen des Vorstands informiert der Prüfer unverzüglich den Aufsichtsrats-vorsitzenden, der weitere Schritte einleitet.[276] Während der Prüfungsauftrag des Abschlussprüfers bei einer AG im Rahmen der Bilanzsitzung des Aufsichtsrats en-det, stehen den genossenschaftlichen Prüfungsverbänden weitere Prüfungsverfol-gerechte zu.[277] Hierzu gehören beispielsweise das Teilnahmerecht an der Gene-ralversammlung sowie ein Antragsrecht auf das Verlesen des Prüfungsberichts in der Versammlung.[278] Sofern der Prüfungsverband den Eindruck gewinnt, dass die Mitglieder unzureichend über das Ergebnis der Prüfung informiert werden oder die Beschlussfassung über den Prüfungsbericht unnötig verzögert wird, darf er eine

---

[270]  Vgl. Jäger (1985), S. 23; Dülfer (1980), S. 47 f.; Leitner (1998), S. 23 ff.; Zacherl (1980), S. 225 f.; Ungern-Sternberg (2002), S. 10; Gerike (2001), S. 123; Beuthien (2009), S. 892.
[271]  Vgl. Ungern-Sternberg (2002), S. 10.
[272]  Zieger (2007), S. 35. Bezüglich der Prüfung des Förderauftrags siehe auch Lamprecht/ Donschen (2006), S. 29; Rohlfing/Ziranka (1972), S. 196; Pauli (1980), S. 307; Beuthien (2009), S. 892; Theurl/Kring (2002), S. 17.
[273]  Vgl. § 30 KWG.
[274]  Vgl. Pöhlmann/Fandrich/Bloehs (2012), § 53 Rn. 31.
[275]  Vgl. Gerike (2001), S. 124; Nr. 7.2.2 CGKG (2015); Sassen (2011), S. 76; § 57 Abs. 4 GenG.
[276]  Vgl. Sassen (2011), S. 76; Donschen (2008), S. 216; Peemöller/Finsterer/Weller (1999), S. 349.
[277]  Vgl. Zieger (2007), S. 35; Keßler (2014), S. 103; Gerike (2001), S. 125.
[278]  Vgl. § 59 GenG.

außerordentliche Generalversammlung einberufen, bei der eine vom Verband bestimmte, unbefangene Person den Vorsitz übernimmt.[279] Diese Rechte sollen gewährleisten, dass die Mitglieder umfänglich über das Ergebnis der Prüfung informiert werden.[280]

Die Ausführungen verdeutlichen, dass der Aufsichtsrat in ein umfangreiches Überwachungssystem integriert ist und er bei seiner Tätigkeit sowohl auf interne als auch auf externe Unterstützung bzw. Informationen zugreifen kann.[281]

Über die umfangreichen Überwachungsmaßnahmen hinausgehend haben die beim BVR angesiedelte SICHERUNGSEINRICHTUNG sowie die BVR INSTITUTSSICHE-RUNG GESELLSCHAFT MIT BESCHRÄNKTER HAFTUNG (BVR-ISG) die Aufgabe, „drohende oder bestehende wirtschaftliche Schwierigkeiten bei den […] angeschlossenen Instituten abzuwenden oder zu beheben (Institutsschutz)"[282] und einen umfassenden Schutz der Kundeneinlagen zu gewährleisten.[283] Hierzu ergreift die SICHE-RUNGSEINRICHTUNG präventive Maßnahmen zur Abwendung von Fehlentwicklungen und führt gegebenenfalls Sanierungsmaßnahmen durch. Aufgrund dieser Maßnahmen musste noch keine angeschlossene Genossenschaftsbank Insolvenz anmelden und keine Kunden Verluste ihrer Einlagen erleiden.

## 1.4.3    Genossenschaftliche Managementrisiken

Wenngleich Genossenschaftsbanken, wie oben dargestellt, regelmäßig eine Krisenresistenz bescheinigt wird[284] und Schieflagen genossenschaftlicher Institute selten Bestandteil der öffentlichen Berichterstattung sind, so sind genossenschaftliche Institute nicht frei von Krisen. Als Hauptursache wurden dabei bereits mehrfach Managementfehler identifiziert, wobei zum genossenschaftlichen Management in der Regel hauptsächlich der Vorstand und der Aufsichtsrat, aber auch die General- bzw. Vertreterversammlung gezählt werden.[285]

Bei Managementrisiken ist zum einen zu konstatieren, dass es sich wie z. B. bei Reputationsverlusten um schwer quantifizierbare Schäden handelt und sie sich zum anderen häufig erst in der Zukunft als Opportunitätskosten für entgangene Gewinne bemerkbar machen.[286]

Die risikobehafteten Ausprägungen eines Managementsystems lassen sich als Managementrisiken oder auch als Governancerisiken bezeichnen.[287] Das diesbezügliche Risikomanagement wird im genossenschaftlichen Bereich daher als Cooperative Risk Governance[288] tituliert. Governancerisiken können, wie in Abb. 12 dargestellt, systematisiert werden.

---

[279]    Vgl. BEUTHIEN (2009), S. 892; SASSEN (2011), S. 76; § 60 GenG.
[280]    Vgl. ZIEGER (2007), S. 35.
[281]    Vgl. Kapitel B2.3.2.
[282]    BVR (2019), § 1.
[283]    Zur Sicherungseinrichtung siehe auch BENNA/FISCHER (2013).
[284]    Vgl. TSCHÖPEL (2010), S. I.
[285]    Vgl. KÜBLER (1975), S. 163 f.; ZIEGER (2007), S. 3 ff.; WAGNER (2005), S. 369.
[286]    Vgl. ZIEGER (2007), S. 81.
[287]    Vgl. LÜCK (2000), S. 1473 ff.; WOHLMANNSTETTER (2009).
[288]    Zur weiterführenden Erläuterung siehe ZIEGER (2008).

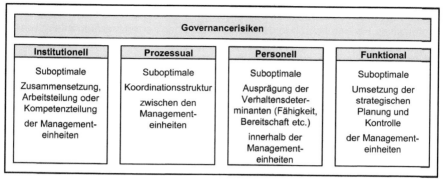

Abb. 12:    Systematisierung der Governancerisiken[289]

*Institutionelle Governancerisiken* werden durch eine „suboptimale Zusammenset-zung, Arbeitsteilung oder Kompetenzverteilung der Managementeinheiten"[290] ver-ursacht. Hinsichtlich der Generalversammlung konnte bezüglich der Zusammen-setzung nachgewiesen werden, dass die Beteiligung an der Generalversammlung mit zunehmender Mitgliederzahl sinkt und daraus passive, formale Mitgliedschaf-ten resultieren.[291] Die subjektiv wahrgenommene Einflussmöglichkeit sinkt mit ei-ner steigenden Mitgliederanzahl, was zu geringeren Kontrollanreizen führt.[292] Be-züglich des Aufsichtsrats wird zum einen das Selbstverwaltungsprinzip als hinder-lich bei der Anwerbung fachkundiger Personen gesehen. Zum anderen wird der ehrenamtliche Aufsichtsrat häufig als unzureichend qualifiziertes Gremium ange-sehen, dessen Überwachungsfunktion weder durch Zustimmungsvorbehalte noch durch Weisungsbefugnisse als wirksam eingeschätzt wird. Der Vorstand ist mit um-fassenden Kompetenzen ausgestattet, mit der eigenverantwortlichen Leitung be-traut und in der Regel hauptamtlich tätig. Da er von den Weisungen sonstiger Or-gane weitestgehend unabhängig ist, wird ihm eine gewisse Machtkonzentration unterstellt.[293]

*Prozessuale Governancerisiken* lassen sich auf eine „suboptimale Koordinations-struktur zwischen den Managementeinheiten"[294] zurückführen. Zwischen Vorstand und Aufsichtsrat wird häufig auf eine unzureichende Berichterstattung hingewiesen und auch die Abberufung von bzw. die Prozessführung gegen Vorstandsmitglieder gestaltet sich formal als sehr aufwändig. Zwischen dem Aufsichtsrat bzw. Vorstand und der Mitgliederversammlung besteht die Gefahr, dass die Feststellung des Jah-resabschlusses und die Entlastung des Vorstands bzw. Aufsichtsrats durch die Mit-glieder faktisch Ritualcharakter haben und die seitens des Gesetzgebers vorgese-henen demokratischen Kompetenzen somit dezimiert werden. Darüber hinaus sind Informationen bezüglich der Zusammensetzung der Vorstandsvergütung oder über die Arbeit des Aufsichtsrats beispielsweise hinsichtlich behandelter Themen oder

---

[289]    Quelle: Eigene Darstellung in Anlehnung an ZIEGER (2008), S. 295; ZIEGER (2007), S. 70.
[290]    ZIEGER (2008), S. 295.
[291]    Vgl. BAUMGÄRTLER (2000), S. 237 ff.; ZIEGER (2007), S. 129; RÖHM/SCHIRRA (1976), S. 238.
[292]    Vgl. HART (1995), S. 681; GROSSMAN/HART (1988), S. 177; ZIEGER (2007), S. 129.
[293]    Vgl. ZIEGER (2007), S. 101 ff.
[294]    ZIEGER (2007), S. 69.

die Häufigkeit der Sitzungsteilnahme für die Mitglieder nur schwer verfügbar.[295] Prozessuale Risiken zwischen der General- und der Vertreterversammlung bestehen zudem in der Form, dass das Listenwahlverfahren zur Vertreterversammlung[296] das Demokratieprinzip gefährdet und das Handeln der Vertreter nicht transparent gegenüber den Mitgliedern ist.[297]

*Personelle Governancerisiken* resultieren aus einem inadäquaten Qualifikationsprofil (Nicht-Fähigkeit) oder Motivationsprofil (Nicht-Bereitschaft) bzw. dem nicht adäquaten Verhalten innerhalb der Managementeinheiten. Beispielsweise kann der Aufsichtsrat aufgrund einer unzureichenden betriebswirtschaftlichen Qualifikation oder einer wegen begrenzter zeitlicher Ressourcen ausgelösten Nicht-Bereitschaft in seiner Funktion im Vergleich zum Vorstand eingeschränkt sein.[298] Motivation wird unter anderem durch Anreizsysteme, die beispielsweise auf Vergütungen oder Haftungsklauseln basieren, beeinflusst.[299] So können bei Aufsichtsräten niedrige, leistungsunabhängige Vergütungen sowie Versicherungen gegen fahrlässige Funktionsvernachlässigungen ohne Selbstbehalt den Anreiz der Kontrolle reduzieren.[300] Durch den Abschluss sogenannter Directors-and-Officers (D&O)-Versicherungen können Haftungsansprüche von nicht vorsätzlich begangenen Sorgfaltspflichtverletzungen der Organmitglieder auf Versicherungen übertragen werden.[301] Darüber hinaus sind Genossenschaftsbanken an die SICHERUNGSEINRICHTUNG des Finanzverbunds angeschlossen. Aufgrund solcher Auslagerungen sind die Risiken eines Missmanagements nicht mehr persönlich von den Entscheidungsträgern zu tragen. Strafbare Handlungen, die zu einer vorsätzlichen Schädigung des Kreditinstituts führen, stellen den Extremfall personeller Governancerisiken dar.[302]

*Funktionale Governancerisiken* entstehen durch eine „suboptimale Umsetzung der strategischen Planung und Kontrolle"[303] der Managementeinheiten. Bei der Festlegung einer Geschäftsstrategie sind sämtliche Phasen des Entwicklungsprozesses (z. B. Zielplanung, Implementierung, Kontrolle) mit Risiken behaftet. Diese bestehen beispielsweise in der Form, dass der Vorstand die getroffenen Entscheidungen nicht durchsetzen kann, Fehleinschätzungen vorliegen oder Kurskorrekturen gar nicht oder zu spät vorgenommen werden. Zu den funktionalen Governancerisiken gehören darüber hinaus auch technische Managementrisiken, die sich durch eine Falsch- oder Nichtanwendung beispielsweise von strategischen Planungs- bzw. Kontrollinstrumenten und -systemen ergeben.[304]

---

295    Vgl. ZIEGER (2008), S. 296; ZIEGER (2007), S. 227.
296    Bei diesem Verfahren wird eine Liste mit Vertretern von dem Wahlausschuss, der sich in der Regel aus dem Vorstand, dem Aufsichtsrat und Mitgliedern zusammensetzt, erarbeitet und anschließend den Mitgliedern zur Abstimmung vorgelegt (vgl. ZIEGER (2007), S. 101).
297    Vgl. ZIEGER (2008), S. 296; ZIEGER (2007), S. 227.
298    Vgl. HIEBL ET AL. (2018), S. 5 f.; ZIEGER (2008), S. 295; ZIEGER (2007), S. 69 ff.
299    Zur theoretischen Fundierung verschiedener Motivationstheorien siehe Kapitel B3.
300    Vgl. ZIEGER (2008), S. 296.
301    Vgl. ZIEGER (2007), S. 100. Zur Haftung von Aufsichtsräten siehe auch Kapitel B2.3.2.
302    Vgl. ZIEGER (2007), S. 70 ff.; DÜLFER/KRAMER (1991), S. 101.
303    ZIEGER (2008), S. 295.
304    Vgl. MIKUS (1999), S. 87; ZIEGER (2007), S. 70 f.

Die Kenntnis über die Existenz solcher Managementrisiken kann dabei helfen, die Akteure zu sensibilisieren bzw. ein Bewusstsein diesbezüglich zu schaffen und mit entsprechendem Handeln langfristig zu einer Optimierung der Risiko-Ertrags-Lage beizutragen.[305]

## 1.5   Zusammenfassung der Charakterisierung von Genossenschaftsbanken

Die wesentlichen Aspekte des vorangegangenen Kapitels sind in der folgenden Übersicht tabellarisch zusammengefasst (vgl. Tab. 1-Tab. 3).

| Grundlagen des Genossenschaftswesens (Kapitel 1.2) |
| --- |
| **Genossenschaftliche Prinzipien** |
| Zu den charakteristischen Merkmalen einer Genossenschaft zählen<br><br>• die Selbsthilfe, Selbstverantwortung und Selbstverwaltung sowie das<br>• Identitäts-, Demokratie- und Förderungsprinzip. |
| In der Praxis<br><br>• führt die geringere Relevanz der Mitgliederförderung zur Austauschbarkeit mit Wettbewerbern,<br>• werden Vorstandsmitglieder selten direkt aus der Mitgliedschaft gewonnen,<br>• ist ein Wandel der Genossenschaften z. B. bezüglich der Betriebsgröße zu beobachten, was zu Veränderungen der Mitbestimmung und größerem Handlungsspielraum der Geschäftsführung führt, und es<br>• existieren verminderte Möglichkeiten bzw. eine geringe Bereitschaft der Mitglieder sich in Entscheidungsprozesse einzubringen.<br><br>Insgesamt besteht eine hohe Notwendigkeit einer wirksamen, demokratischen Kontrolle durch den Aufsichtsrat und Prüfungsverband. |
| **Besonderheiten der genossenschaftlichen Organisationsstruktur** |
| • Die genossenschaftliche Verbandsorganisation besteht aus drei Ebenen mit dem DGRV als Bundesverband.<br>• Die Generalversammlung, der Aufsichtsrat und der Vorstand stellen die drei Organe einer Genossenschaft dar.<br>• Bei Vorstands- und Aufsichtsratsmitgliedern wird zwischen haupt-, neben- und ehrenamtlich tätigen Personen unterschieden. |

Tab. 1:   Zusammenfassung der Charakterisierung von Genossenschaftsbanken – Teil I[306]

---

[305]   Vgl. Zieger (2007), S. 3.
[306]   Quelle: Eigene Darstellung.

## Genossenschaftliche Kreditinstitute (Kapitel 1.3)

### Eigenschaften genossenschaftlicher Kreditinstitute

- Genossenschaftsbanken sind Teil des genossenschaftlichen Finanzverbunds.
- Die Zusammenarbeit im Verbund ist durch Solidarität, Subsidiarität und das Regional-prinzip gekennzeichnet.
- Das Kerngeschäftsfeld bezieht sich auf das klassische Bankgeschäft für (mittelständi-sche) Privat- und Firmenkunden.
- Kreditgenossenschaften wird ein nachhaltiges bzw. krisenstabiles Geschäftsmodell zugesprochen.
- Die Anzahl der Institute ist fusionsbedingt gesunken. Die Anzahl der Mitglieder und die Höhe der kumulierten Bilanzsumme wurden kontinuierlich gesteigert.
- Es ist eine zunehmende Heterogenität innerhalb der Primärbanken zu beobachten.

### Einordnung von Genossenschaftsbanken in das deutsche Bankensystem

- Zu den drei Säulen der Geschäftsbanken zählen: Privatbanken, Sparkassen und Ge-nossenschaftsbanken.
- Als Unterscheidungsmerkmale der Geschäftsbanken dienen die Rechtsform, das Ge-schäftsmodell und die Größe.
- Der genossenschaftliche Finanzverbund weist (neben der KFW) das beste Rating deutscher Banken auf.
- Der genossenschaftliche Finanzverbund benötigte während und nach der Finanzkrise keine staatliche Hilfe und konnte Marktanteile ausbauen.

## Kreditgenossenschaftliche Governance-Strukturen (Kapitel 1.4)

### Grundlagen der genossenschaftlichen Governance

Normen und Kodizes stellen die Basis für eine gute und verantwortungsvolle Unterneh-mensführung (Corporate Governance) dar.

### Unternehmerisches Überwachungssystem

- Der Aufsichtsrat ist Teil des unternehmerischen Überwachungssystems.
- Das Überwachungssystem gliedert sich in ein internes und ein externes System. Zum internen zählen das interne Kontrollsystem und die Interne Revision, zum externen die BAFIN bzw. BUNDESBANK, die Genossenschaftsverbände und Wirtschaftsprüfungsge-sellschaften.
- Die genossenschaftlichen Prüfungsverbände nehmen eine besondere Rolle ein, da die genossenschaftliche Prüfung als umfassendster und intensivster Prüfungstyp gilt. Da die Mitgliedschaft im Verband verpflichtend ist, ist eine freie Wahl des Abschlussprü-fers nicht möglich. Eine Besonderheit liegt in der Doppelnatur der Prüfungsverbände. Neben verpflichtenden Prüfungen zählen auch Beratungsleistungen zum Angebot.

Tab. 2:    Zusammenfassung der Charakterisierung von Genossenschaftsban-ken – Teil II[307]

---

[307]    Quelle: Eigene Darstellung.

| Genossenschaftliche Managementrisiken |
|---|
| ▪ Managementfehler gelten als wesentliche Ursache genossenschaftlicher Schieflagen. |
| ▪ Governancerisiken können in institutionelle, prozessuale, personelle und funktionale Risiken unterteilt werden. |

Tab. 3:    Zusammenfassung der Charakterisierung von Genossenschaftsbanken – Teil III[308]

Zusammenfassend kann festgestellt werden, dass das genossenschaftliche Geschäftsmodell mit seinen besonderen Governancestrukturen und der Einbettung in den Finanzverbund krisenresistent und wirtschaftlich tragfähig ist.[309] Die lange als provinziell geltende Bankengruppe steht jedoch vor der Schwierigkeit, dass die genossenschaftlichen Prinzipien vor allem bei größeren Kreditgenossenschaften schon heute nicht mehr konsequent umgesetzt werden und auch das Regionalprinzip zunehmend aufweicht.[310] Die Wiederbelebung der Mitgliedschaft (auch als Marketinginstrument) setzt eine Überzeugung der Vorstands- und Aufsichtsratsmitglieder als verantwortliche Akteure voraus.[311]

Eine Funktion der Genossenschaftslehre stellt das Thematisieren von Bereichen dar, die von Managern im Genossenschaftswesen als (noch) nicht problematisch angesehen werden.[312] BLOOME-DREES identifiziert in diesem Zusammenhang die Bereiche Mitgliederförderung, Probleme der Gewaltenteilung, Ämterkumulation und Kontrolldefizite.[313] Bereits in den 90er Jahren wurde festgestellt, dass sich das Problem höherer Monitoringkosten und geringerer Kontrollanreize für die Mitglieder verstärkt, je größer bzw. komplexer die Genossenschaft ist und, dass teilweise keine mitgliederseitigen Kontrollhandlungen vorgenommen werden bzw. die Geschäftsführung nur durch gesetzliche Regelungen in der eigenen Nutzenmaximierung begrenzt wird.[314] Auf der einen Seite steht somit der Vorstand, der die Leitungsfunktion erfüllt und hauptamtlich aktiv ist. Auf der anderen Seite befinden sich die Mitglieder, denen zumindest im Durchschnitt ein geringes bankbetriebliches bzw. betriebswirtschaftliches Wissen unterstellt wird und die auch aufgrund der hohen Informationskosten geringe Anreize zur Erfüllung der Kontroll- sowie Mitbestimmungsfunktion haben. Bei dem Abbau der Informationsasymmetrien helfen die Verbände im Zuge der genossenschaftlichen Pflichtprüfung und der ehrenamtlich aktive Aufsichtsrat, dem in Teilen jedoch ebenfalls ein begrenztes ökonomisches Wissen attestiert wird.[315]

Die Zusammenarbeit mit dem Verband stellt insbesondere aufgrund der aus der Jahresabschlussprüfung gewonnenen Erkenntnisse und der vom Verband ange-

---

[308]  Quelle: Eigene Darstellung.
[309]  Vgl. TSCHÖPEL (2010), S. I.
[310]  Vgl. ATZLER/OSMAN (2017b), S. 4; ATZLER (2017), S. 29.
[311]  Vgl. GROS (2009), S. 104.
[312]  Vgl. BOETTCHER (1979), S. 80.
[313]  Vgl. BLOME-DREES (2006), S. 11.
[314]  Vgl. RASMUSEN (1988), S. 395 ff.; COOK (1995), S. 1157.
[315]  Vgl. TSCHÖPEL (2010), S. 11.

botenen Dienstleistungen eine wesentliche Unterstützung für die Arbeit des Aufsichtsrats dar. Die Grundlagen der Aufsichtsratstätigkeit sind Bestandteil des anschließenden Kapitels.

# 2    Grundlagen der Aufsichtsratstätigkeit

## 2.1    Vorbemerkung

Um die Aufsichtsratstätigkeit kreditgenossenschaftlicher Aufsichtsräte von anderen Aufsichtsratssystemen abgrenzen und mögliche Veränderungen identifizieren zu können, wird im Rahmen von Kapitel B2.2 zunächst auf zwei grundlegende Systemvarianten eingegangen. Kapitel B2.3.1 dient der Darstellung des Aufbaus regulatorischer Regelungen, bevor in den anschließenden Kapiteln B2.3.2, B2.3.3 sowie B2.3.4 auf konkrete Anforderungen sowie Rechte und Pflichten eingegangen wird. Die daraus resultierenden Rollenverständnisse sind Gegenstand von Kapitel B2.4.

Die vollumfängliche Darstellung der Anforderungen, Rechte und Pflichten ist notwendig, um sämtliche Forschungsziele adressieren zu können. So dienen die Anforderungen beispielsweise als Grundlage zur Analyse des Status quo der kreditgenossenschaftlichen Aufsichtsratstätigkeit (FZ$_1$) sowie zur Ableitung von aggregierten Kenntnissen zur Selbstbeurteilung (FZ$_2$). Darüber hinaus ist anzunehmen, dass sich die Anforderungen auch auf die Motivation sowie die Zufriedenheit kreditgenossenschaftlicher Aufsichtsräte auswirken können.

## 2.2    Charakterisierung der Aufsichtsratssysteme

In Bezug auf Aufsichtsratssysteme lassen sich zwei grundlegende Varianten unterscheiden: das *monistische* und das *dualistische* System.[316] Ersteres ist international und insbesondere im angelsächsischen Bereich weit verbreitet.[317] Es zeichnet sich dadurch aus, dass die Geschäftsführung und Überwachung durch dasselbe Organ, das Board of Directors, ausgeführt werden.[318] Das Gremium setzt sich in der Regel aus geschäftsführenden Mitgliedern, auch Executive oder Inside Directors genannt, sowie nichtgeschäftsführenden Mitgliedern, als Non-Executive Directors oder Outside Directors bezeichnet, zusammen.[319] Die Hauptverantwortung für das Unternehmen obliegt dem Chief Executive Officer (CEO), der häufig in Personalunion auch als oberster Non-Executive Director (Chairman of the Board) fungiert und somit eine stark dominierende Stellung einnimmt.[320] Dieses

---

[316]   Das monistische System wird auch als One-Tier-System oder Boardmodell bezeichnet, das dualistische System auch als Two-Tier-System oder Trennungsmodell (vgl. exemplarisch WERDER (2017), S. 978; POTTHOFF (1996), S. 253; LUTTER (1995a), S. 6). Für eine weitergehende Differenzierung dieser beiden Systeme siehe POTTHOFF (1996); BÖCKLI (2009); ZIPPERLING (2012); KUCK (2006), S. 17 ff.; VELTE (2012), S. 866; HARTMANN (2003), S. 14 ff.

[317]   Vgl. SCHEFFLER (1993), S. 64; BARTH (2013), S. 25.

[318]   Vgl. WERDER (2017), S. 978.

[319]   Vgl. SCHEFFLER (1993), S. 64; ADAMS/HERMALIN/WEISBACH (2010), S. 59 ff.

[320]   Vgl. JÜNGER (2013), S. 16 f.; SCHEFFLER (1993), S. 64; HARTMANN (2003), S. 15 ff. Eine derartige personelle Vereinigung ist in den Vereinigten Staaten von Amerika (USA) immer noch üblich, wohingegen sich in Großbritannien eine Trennung der beiden Ämter durchgesetzt hat (vgl. BÖCKLI (2009), S. 263).

eingliedrige System der Unternehmensführung hat einerseits den Vorteil, dass die externen, nichtgeschäftsführenden Mitglieder auch aufgrund der hohen Anzahl von Sitzungen intensiv in das Unternehmen eingebunden sind. Andererseits birgt es aufgrund mangelnder Distanz und Neutralität die Gefahr einer unwirksamen Überwachung.[321]

Im *dualistischen System* liegt eine institutionelle Trennung der Leitungs- und Kontrollaufgabe vor.[322] Das deutsche Gesellschaftsrecht sieht für Kapitalgesellschaften diese klare Trennung vor.[323] Während der Vorstand das Unternehmen in eigener Verantwortung leitet,[324] ist der Aufsichtsrat traditionell als unabhängiges Überwachungsorgan konzipiert,[325] wobei seine Aufgaben zunehmend über die Kontroll- und Überwachungsfunktion hinausgehen.[326] Eine gleichzeitige Mitgliedschaft in beiden Organen ist untersagt. Als Besonderheit dieses Systems gilt die Möglichkeit der direkten bzw. indirekten Beteiligung von Arbeitnehmern im Aufsichtsgremium, weshalb die Gremien tendenziell größer als im monistischen System ausfallen.[327] Anders als der CEO ist der Vorstandsvorsitzende den weiteren Vorstandsmitgliedern hierarchisch nicht übergeordnet. Eine Stärke des dualistischen Systems liegt in der klaren Gewaltenteilung. Die abgegrenzten Verantwortungsbereiche ermöglichen eine neutrale und unabhängige Überwachung des Vorstands.[328] Als wesentliches Defizit gilt die asymmetrische Informationsverteilung zwischen Vorstand und Aufsichtsrat.[329] Da der Aufsichtsrat nicht aktiv in die Geschäftsführung eingebunden und auf Informationen des Vorstands angewiesen ist, besteht das Risiko einer eingeschränkten bzw. unvollständigen Überwachung.[330]

Trotz der erheblichen Unterschiede ist insgesamt eine beidseitige Annäherung der zwei Systeme zu beobachten.[331] Die Aufsichtsräte des dualistischen Systems übernehmen zunehmend strategische Aufgaben, sind stärker in das Unternehmen eingebunden und entsprechen somit vermehrt den nichtgeschäftsführenden Boardmitgliedern.[332] Gleichzeitig werden die Gremien des monistischen Systems verstärkt mit Non-Executive Directors besetzt, um eine größere Distanz bzw. Überwachung zu gewährleisten. Aus dem Board of Directors bildet sich in der Praxis

---

[321] Vgl. HARTMANN (2003), S. 19; SCHEFFLER (1993), S. 64.
[322] Vgl. WERDER (2017), S. 978; JÜNGER (2013), S. 11; SEGLER/WALD/WEIBLER (2007), S. 413 f. Das dualistische System ist neben Deutschland in Ländern wie beispielsweise Österreich, den Niederlanden sowie einigen osteuropäischen Staaten vorzufinden (vgl. LUTTER (1995a), S. 11 ff.).
[323] Vgl. MÜLLER (2017), S. 26. Bei der Gründung einer SCE besteht darüber hinaus auch in Deutschland die Möglichkeit, sich zwischen dem dualistischen und dem monistischen System zu entscheiden (vgl. TSCHÖPEL (2010), S. 11).
[324] Vgl. § 76 Abs. 1 AktG; § 27 Abs. 1 GenG.
[325] Vgl. § 111 Abs. 1 AktG; § 38 Abs. 1 GenG. Die gesetzliche Verankerung des Aufsichtsrats als verpflichtendes Gesellschaftsorgan für AGs und Kommanditgesellschaften auf Aktien erfolgte erstmals 1870 durch die erste Aktienrechtsnovelle des Allgemeinen Deutschen Handelsgesetzbuchs (ADHGB). Wenngleich ein Aufsichtsrat für Genossenschaften lediglich fakultativ vorgesehen war, waren Aufsichtsräte zu dem Zeitpunkt auch ohne rechtliche Verpflichtung bereits üblich (vgl. EBERT (2010), S. 101). Zur historischen Entwicklung des deutschen Aufsichtsratsmodells siehe AURICH (2006), S. 45 ff.; GRUNDEI/ZAUMSEIL (2012), S. 18 ff.; LUTTER (1995a).
[326] Vgl. MÜLLER (2017), S. 26; WERDER (2017), S. 978.
[327] Vgl. BARTH (2013), S. 24 f.; NEUBÜRGER (2003), S. 190 f.
[328] Vgl. HARTMANN (2003), S. 28.
[329] Vgl. VELTE (2012), S. 866.
[330] Vgl. HARTMANN (2003), S. 28.
[331] Vgl. LEUBE (2012), S. 218; BÖCKLI (2009).
[332] Vgl. JÜNGER (2013), S. 16; HARTMANN (2003), S. 27 ff.

oftmals ein Management-Team, das mit sämtlichen Executive Directors besetzt und analog zum Vorstand des dualistischen Systems hauptsächlich mit der Geschäftsführung des Unternehmens betraut ist. Zusätzlich werden im monistischen System Ausschüsse in Form von Audit Committees gegründet und hauptsächlich mit nichtgeschäftsführenden Boardmitgliedern besetzt, um eine wirksame Kontrolle der Geschäftsführung sicherzustellen.[333]

Bezugnehmend auf Kapitel B1.2.2 ist die Organstruktur der Genossenschaften dem dualistischen System zuzuordnen. Die gesetzlichen Regelungen, auf denen die Aufsichtsratstätigkeit des dualistischen Systems fußt, sind Gegenstand des folgenden Kapitels.

## 2.3    Grundlagen der kreditgenossenschaftlichen Aufsichtsratstätigkeit

### 2.3.1    Überblick über die regulatorischen Grundlagen

Bevor in den nachfolgenden Kapiteln auf konkrete Pflichten, Rechte und Anforderungen kreditgenossenschaftlicher Aufsichtsräte eingegangen wird, wird zunächst ein Überblick über die zugrunde liegenden Rechtsquellen und Regelungen gegeben. Zu diesem Zweck wird auf den derzeitigen Status quo eingegangen und von einer Darstellung der historischen Entwicklung abgesehen.[334] Neben verpflichtenden Vorgaben, wie Gesetzen und Merkblättern der Bankenaufsicht, die die Gesetze konkretisieren, existieren zahlreiche freiwillige Standards mit teilweise inhaltlichen Überschneidungen.[335] Mithilfe von Abb. 13 wird der hierarchische Aufbau dieser Regelungen verdeutlicht.

---

[333]  Vgl. SCHEFFLER (1993), S. 64; POTTHOFF (1996), S. 259.
[334]  Beispielsweise fanden das Abschlussprüfungsreformgesetz (AReG), das Corporate Social Responsibility-Richtlinie-Umsetzungsgesetz (CSR-RUG) und die Markets in Financial Instruments Directive (MiFID II) mit aufsichtsratsrelevanten Regelungen Eingang in das GenG bzw. KWG. Zu den Auswirkungen des AReG auf die Tätigkeiten von Aufsichtsräten siehe FROMHOLZER/HAUSER (2016); VELTE (2015); MEYER/MATTHEUS (2016); NONNENMACHER/WEMMER/WERDER (2016); VELTE/STAWINOGA (2016); VELTE (2016); BUHLEIER/NIEHUES/SPLINTER (2016); MÜLLER (2017), S. 26 f. Einen Überblick über die den Aufsichtsrat von AGs betreffenden gesetzlichen Änderungen seit 1999 (bis 2009) gibt LUTTER (2009).
[335]  Vgl. THEURL (2013), S. 220.

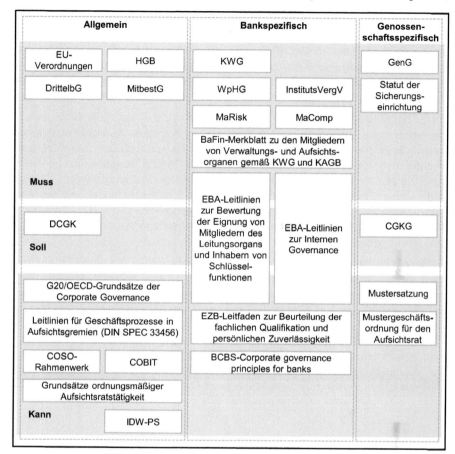

| Allgemein | | Bankspezifisch | | Genossen-schaftsspezifisch |
|---|---|---|---|---|
| EU-Verordnungen | HGB | KWG | | GenG |
| DrittelbG | MitbestG | WpHG | InstitutsVergV | Statut der Sicherungs-einrichtung |
| | | MaRisk | MaComp | |
| | | BaFin-Merkblatt zu den Mitgliedern von Verwaltungs- und Aufsichts-organen gemäß KWG und KAGB | | |
| **Muss** | | | | |
| DCGK | | EBA-Leitlinien zur Bewertung der Eignung von Mitgliedern des Leitungsorgans und Inhabern von Schlüssel-funktionen | EBA-Leitlinien zur Internen Governance | CGKG |
| **Soll** | | | | |
| G20/OECD-Grundsätze der Corporate Governance | | | | Mustersatzung |
| Leitlinien für Geschäftsprozesse in Aufsichtsgremien (DIN SPEC 33456) | | EZB-Leitfaden zur Beurteilung der fachlichen Qualifikation und persönlichen Zuverlässigkeit | | Mustergeschäfts-ordnung für den Aufsichtsrat |
| COSO-Rahmenwerk | COBIT | BCBS-Corporate governance principles for banks | | |
| Grundsätze ordnungsmäßiger Aufsichtsratstätigkeit | | | | |
| **Kann** | IDW-PS | | | |

Abb. 13: Hierarchischer Aufbau der kreditgenossenschaftlichen Regelungen für Aufsichtsräte[336]

Einige der nachfolgenden Regelungen gelten explizit für kapitalmarktorientierte Kreditinstitute oder Capital Requirements Regulation (CRR)-Institute von erheblicher Bedeutung. Zu *kapitalmarktorientierten Gesellschaften* zählen solche, die einen organisierten Markt durch selbst ausgegebene Wertpapiere in Anspruch nehmen.[337] Als Wertpapiere zählen Aktien, Genussscheine oder Schuldtitel wie Inhaberschuldverschreibungen, wobei einige Genossenschaften insbesondere Letztgenannte emittiert haben.[338] Als *CRR-Kreditinstitut* zählt ein Unternehmen, „dessen Tätigkeit darin besteht, Einlagen oder andere rückzahlbare Gelder des Publikums entgegenzunehmen und Kredite für eigene Rechnung zu gewähren"[339], was

---

[336] Quelle: Eigene Darstellung. Für einen Vergleich zwischen den Anforderungen an Banken und Nicht-banken siehe HOPT (2019).
[337] Vgl. § 264d HGB. Die Definition eines organisierten Markts erfolgt in § 2 Abs. 11 WpHG.
[338] Vgl. § 2 Abs. 1 WpHG.
[339] § 1 Abs. 3d KWG i. V. m. Art. 4 Abs. 1 Verordnung (EU) Nr. 575/2013 des Europäischen Parlaments und des Rates (Capital Requirements Regulation (CRR)).

auf Genossenschaftsbanken in der Regel zutrifft. Im Sinne des KWG ist ein *CRR-Institut von erheblicher Bedeutung*, wenn die Bilanzsumme im Durchschnitt der letzten Stichtage über 15 Mrd. EUR lag,[340] wobei beispielsweise Institute, die gemäß des Sanierungs- und Abwicklungsgesetzes (SAG) als potenziell systemgefährdend gelten, stets als CRR-Institute von erheblicher Bedeutung eingestuft werden.[341] Von den Volks- und Raiffeisenbanken zählt derzeit kein Institut zu den CRR-Instituten von erheblicher Bedeutung.[342]

Die wesentliche Grundlage der kreditgenossenschaftlichen Aufsichtsratstätigkeit stellen die im *KWG*[343] und *GenG*[344] enthaltenen Regelungen dar. Das KWG verpflichtet die Institute, über eine ordnungsgemäße Geschäftsorganisation zu verfügen.[345] § 25d KWG gilt als zentrale Vorschrift der Überwachungstätigkeit.[346] Weitere zwingend einzuhaltende Regelungen stellen *EU-Verordnungen* wie die Markets in Financial Instruments Directive II-Organisationsverordnung (MiFID II-OV)[347] dar, die für Aufsichtsräte unmittelbar und ohne Umsetzung in das jeweilige nationale Recht gelten.

Die Pflicht zur Beachtung des *Handelsgesetzbuchs (HGB)*[348] ergibt sich aus der Kaufmannseigenschaft von Genossenschaften (§ 17 Abs. 2 GenG). Abhängig von der Mitarbeiterzahl der Genossenschaftsbank finden darüber hinaus Gesetze wie das *DrittelbG*[349] oder das *MitbestG*[350], die den Anteil der Arbeitnehmervertreter im Aufsichtsrat regeln, Anwendung.[351] Zusätzlich müssen Spezialgesetze wie das *Wertpapierhandelsgesetz (WpHG)*[352] berücksichtigt werden. Die *Institutsvergütungsverordnung (InstitutsVergV)*[353] ist von den Aufsichtsräten bei der Bemessung der Vorstandsvergütung zu beachten.[354] CRR-Kreditinstitute, die Mitglieder des BVR sowie der SICHERUNGSEINRICHTUNG sind, müssen gleichzeitig dem BVR-ISG-

---

[340]   Vgl. § 25d Abs. 3 Satz 8 KWG. Die jeweiligen Stichtage beziehen sich auf die letzten drei abgeschlossenen Geschäftsjahre.

[341]   Vgl. § 25d Abs. 3 Satz 8 KWG i. V. m. § 20 Abs. 1 SAG; FRANKENBERGER/GSCHREY/BAUER (2020), S. 32. Darüber hinaus zählen Institute, die aufgrund der EU-Verordnung zum einheitlichen Aufsichtsmechanismus (SSM-VO) direkt von der EZB beaufsichtigt werden, sowie Finanzhandelsinstitute gemäß § 25f Abs. 1 KWG stets zu den Instituten von erheblicher Bedeutung.

[342]   Vgl. BAFIN (2019b), S. 173; BAFIN (2020), S. 63.

[343]   Vgl. KWG.

[344]   Vgl. GenG.

[345]   Vgl. § 25a KWG.

[346]   Vgl. MÜLLER (2017), S. 26. § 25d KWG wurde im Zuge der Eigenkapitalrichtlinie (Capital Requirements Directive (CRD) IV) eingeführt und gilt seit dem 01.01.2014 als Teil der europäischen Harmonisierung aufsichtsrechtlicher Vorschriften (vgl. STERNBERG (2017), S. 30; RÖSELER (2017), S. 687). Aufgrund der Ähnlichkeiten des AktG und des GenG wenden Gerichte wie beispielsweise der BUNDESGERICHTSHOF (BGH) in Zweifelsfällen des GenG das AktG an (vgl. KEßLER (2011).

[347]   Vgl. MiFID II. Zur weitergehenden Erläuterung der MiFID II in Bezug auf Aufsichtsräte siehe REICHLE (2019b).

[348]   Vgl. HGB.

[349]   Vgl. DrittelbG.

[350]   Vgl. MitbestG.

[351]   Bei Vorschriften des GenG, die dem DrittelbG widersprechen, ist das DrittelbG anzuwenden (vgl. LANG/WEIDMÜLLER (2019), § 36 Rn. 93).

[352]   Vgl. WpHG.

[353]   Vgl. Verordnung über die aufsichtsrechtlichen Anforderungen an Vergütungssysteme von Instituten (Institutsvergütungsverordnung (InstitutsVergV)).

[354]   Vgl. THEURL (2013), S. 220.

SICHERUNGSSYSTEM angehören und das *Statut der SICHERUNGSEINRICHTUNG* befolgen.[355] In dem Statut werden unter anderem die Sorgfaltspflichten der Organe näher beschrieben.[356]

Die *Mindestanforderungen an das Risikomanagement (MaRisk)*[357] konkretisieren die besonderen organisatorischen Pflichten des § 25a KWG und die damit einhergehende Zusammenarbeit zwischen Vorständen und Aufsichtsräten sowie Informations- und Berichtspflichten zwischen diesen Organen.[358] Zudem finden die *Mindestanforderungen an die Compliance-Funktion und weitere Verhaltens-, Organisations- und Transparenzpflichten (MaComp)*[359] als Konkretisierung des WpHG bei der Aufsichtsratstätigkeit Anwendung. Beide Mindestanforderungen gelten als norminterpretierende Verwaltungsvorschriften und müssen somit zwingend angewendet werden.[360]

Das von der BAFIN veröffentlichte *Merkblatt zu den Mitgliedern von Verwaltungs- und Aufsichtsorganen gemäß KWG und Kapitalanlagegesetzbuch (KAGB)*[361] enthält Erläuterungen zu den aufsichtlichen Anforderungen an die Mitglieder von Aufsichtsräten und den damit verbundenen Anzeigepflichten.[362] Es gilt als norminterpretierende Verwaltungsvorschrift.[363]

Neben Merkblättern der deutschen Bankenaufsicht werden auch von der europäischen Bankenaufsichtsbehörde, der EUROPEAN BANKING AUTHORITY (EBA), Leitlinien herausgegeben, wobei insbesondere die *Leitlinien zur Internen Governance*[364] und die *Leitlinien zur Bewertung der Eignung von Mitgliedern des Leitungsorgans und Inhabern von Schlüsselfunktionen*[365] die Arbeit von Aufsichtsräten betreffen. Speziell hervorgehoben wird die Verantwortlichkeit der Aufsichtsräte für eine „robuste interne Unternehmenssteuerung mit einer tragfähigen Risikostrategie und einem soliden Risikomanagement"[366]. Die ursprünglich 2011 bzw. 2012 veröffentlichten Versionen der Leitlinien wurden bereits national umgesetzt und insbesondere im KWG verankert.[367] Die 2017 bzw. 2018 veröffentlichten Aktuali-

---

[355] Vgl. BVR (2019). „Mit Inkrafttreten des Einlagensicherungsgesetzes (EinSiG) am 1. Juli 2015 trat neben der Sicherungseinrichtung des BVR Institutssicherung GmbH (BVR-ISG), die die gesetzlichen Pflichten des EinSiG erfüllt (sogenanntes Duales System); sie wurde von der BAFIN als Einlagensicherungssystem i.S.d. § 43 EinSiG anerkannt." (LANG/WEIDMÜLLER (2019), § 38 Rn. 1).

[356] Vgl. BVR (2019), § 6.

[357] Vgl. MaRisk.

[358] Vgl. BAFIN (2018b), S. 46.

[359] Vgl. MaComp.

[360] Vgl. ROMEIKE (2013), S. 621.

[361] Vgl. BAFIN (2018b). Das Merkblatt ist eine aktualisierte Fassung des erstmalig 2012 veröffentlichten *Merkblatts zur Kontrolle der Mitglieder von Verwaltungs- und Aufsichtsorganen gemäß KWG und VAG* (vgl. BAFIN (2012)). Nachdem die Überprüfung der fachlichen Eignung und Zuverlässigkeit von Vorständen bereits in das Aufgabenspektrum der BAFIN fiel, hat der Gesetzgeber der BAFIN erst 2009 die Aufsicht über die Kontrollorgane der Unternehmen übertragen (vgl. REDENZ ET AL. (2013), S. 19).

[362] Vgl. BAFIN (2018b), S. 1.

[363] Vgl. DIE DEUTSCHE KREDITWIRTSCHAFT (2015), S. 2.

[364] Vgl. EBA (2017). Diese Leitlinie konkretisiert dem Modell der drei Verteidigungslinien (Three Lines of Defense) entsprechend vor allem die Funktionen des Risikomanagements, der Compliance und der Internen Revision (vgl. THELEN-PISCHKE/SAWAHN (2017), S. 121; Fußnote 239).

[365] Vgl. EBA/ESMA (2018).

[366] THELEN-PISCHKE/SAWAHN (2018), S. 120 ff.

[367] Vgl. BAFIN (2018b), S. 1; EBA (2011); EBA (2012).

sierungen konkretisieren die Vorgaben zur Governance aus der Eigenkapitalrichtlinie (Capital Requirements Directive (CRD) IV).[368] Verpflichtend sind sie daher nur
für Institute anzuwenden, die direkt von der EUROPÄISCHEN ZENTRALBANK (EZB) beaufsichtigt werden, was bei Genossenschaftsbanken regelmäßig nicht der Fall
ist.[369]

Die EZB hat mit dem *Leitfaden zur Beurteilung der fachlichen Qualifikation und
persönlichen Zuverlässigkeit*[370] ein eigenes Rahmenwerk herausgegeben, das inhaltlich jedoch den EBA-Leitlinien entspricht. Gegenstand des Leitfadens ist die
Erläuterung, welche Richtlinien, Praktiken und Verfahren die EZB bei der Beurteilung der Eignung von Mitgliedern der Leitungsorgane anwendet. Der Leitfaden richtet sich an alle unter der direkten Aufsicht der EZB stehenden Institute. Er beinhaltet keine neuen Anforderungen oder Regeln und stellt kein rechtsverbindliches Dokument dar.[371] In Grundsatz vier dieses Dokuments geht die EZB explizit auf die
angestrebte Berücksichtigung der Verhältnismäßigkeit bei der Beurteilung der
fachlichen Qualifikation und persönlichen Zuverlässigkeit der Aufsichtsräte ein, in
Folge derer die Größe des Unternehmens sowie die Art, der Umfang und die Komplexität der Geschäfte bei der zu besetzenden Position berücksichtigt werden sollen. Die EZB verdeutlicht in dem Zuge jedoch auch, dass die Eignungsstandards
nicht gesenkt werden, sondern dass vielmehr eine individuelle Analyse und auf-
sichtliches Ermessen zum Trage kommen.[372] Inhaltlich entsprechen die regulatorischen Anforderungen aus den EBA- bzw. EZB-Verlautbarungen weitestgehend
den nationalen gesetzlichen Vorschriften und den Kodizes. In ihrer Detailtiefe gehen sie jedoch deutlich über die nationalen Anforderungen hinaus.[373]

Mithilfe des *Deutschen Corporate Governance Kodex (DCGK)*[374] werden wesent-
liche Regelungen des Aktiengesetzes (AktG) und nationale sowie internationale
Standards zur guten Unternehmensführung zusammengefasst und konkretisiert.[375]
Er wurde zuletzt im Jahr 2020 aktualisiert, beinhaltet Grundsätze, Empfehlungen
und Anregungen und richtet sich vornehmlich an börsennotierte Gesellschaften.[376]
Diese müssen aufgrund des Comply-or-Explain-Prinzips jährlich im Rahmen des
Jahresabschlusses erklären, ob den Empfehlungen des Kodex entsprochen wurde

---

[368]   Vgl. THELEN-PISCHKE/SAWAHN (2018), S. 120 ff.
[369]   Vgl. RÖSELER (2017), S. 687. In Folge des Single Supervisory Mechanism (SSM) werden bedeutende
deutsche Kreditinstitute und Institutsgruppen seit 2014 von der EZB beaufsichtigt. Die weniger bedeutenden Institute stehen weiterhin unter der Aufsicht der BAFIN (vgl. RÖSELER (2017), S. 687).
[370]   Vgl. EZB (2018).
[371]   Vgl. EZB (2018), S. 3 ff.
[372]   Vgl. EZB (2018), S. 10.
[373]   Vgl. HERB (2018), S. 58.
[374]   Vgl. DCGK (2020).
[375]   Vgl. MAHLERT (2017), S. 153. Der DCGK (2020) wurde am 16.12.2019 beschlossen und am
20.03.2020 im Bundesanzeiger veröffentlicht. Für einen zeitlichen Vergleich der Veränderungen des
DCGK speziell hinsichtlich der Anforderungen an die Zusammensetzung sowie die Vergütung des
Aufsichtsrats siehe REINBACHER/SHALCHI/FELBER (2015).
[376]   Für weitere Erläuterungen zum DCGK (2020) vgl. WERDER (2019); SCHUMM (2019). Anders als beim
DCGK (2017) wird nun beispielsweise auf eine Empfehlung zur Amtsdauer von Aufsichtsratsmitgliedern verzichtet (vgl. Nr. 5.1.2 DCGK (2017)). Der DCGK (2017) weist mit Zustimmungswerten von
über 90 % in allen untersuchten Bereichen eine hohe Akzeptanz bei im DAX sowie MID-CAP-DAX
(MDAX) gelisteten Unternehmen auf (vgl. BEYENBACH/MARC STEFFEN/WOLFF (2017), S. 103). Empirisch zur Akzeptanz des DCGK (2012) vgl. KOHL/RAPP/WOLFF (2013). Kritisch zum DCGK (2014) vgl.
THEISEN (2014).

und begründen, warum Empfehlungen gegebenenfalls nicht angewendet wurden (§ 161 AktG).[377] Über die Empfehlungen hinausgehende Anregungen des Kodex müssen bei Nichtbeachtung nicht begründet werden.[378] Gemäß der BAFIN wird auch nicht börsennotierten Gesellschaften empfohlen, den Kodex anzuwenden.[379] Empfehlungen des Kodex gelten allerdings nur insofern, als dass gesetzliche Besonderheiten, wie es beispielsweise bei Banken oder Versicherungen der Fall sein kann, der Anwendung nicht entgegenstehen.[380]

Eine dem § 161 AktG vergleichbare, verpflichtende Regelung existiert für Genossenschaften nicht.[381] In Anlehnung an den damals gültigen DCGK hat der DGRV den *Corporate Governance Kodex für Genossenschaften (CGKG)*[382] zuletzt im Jahr 2015 aktualisiert und die rechtsformspezifischen Besonderheiten von Genossenschaften berücksichtigt.[383] Letzteres zeigt sich beispielsweise in der Form, dass der Förderauftrag bereits in der Präambel erwähnt und seine Bedeutung in das Zentrum genossenschaftlichen Handelns gestellt wird.[384] Der CGKG richtet sich hauptsächlich an kapitalmarktorientierte Genossenschaften.[385]

Das Prinzip der freiwilligen Anwendung wird damit begründet, dass es in den gesetzlichen Anforderungen für Genossenschaften auch vor der Implementierung des DCGK bereits zahlreiche verpflichtende Regelungen gab und mit der Mustersatzung sowie den Mustergeschäftsordnungen weitere Elemente zur Etablierung einer verantwortungsvollen Unternehmensführung zur Verfügung gestellt werden.[386] Mithilfe dieser Statuten werden bereits 90 % der Regelungen des DCGK abgedeckt.[387] Der CGKG dient somit vornehmlich als übersichtliche Zusammenfassung der Governance relevanten Bestimmungen.[388]

Dokumente, deren Anwendung auf Freiwilligkeit basiert, die jedoch von den meisten Genossenschaften übernommen werden, sind die vom BVR herausgegebene *Mustersatzung*[389] sowie *Mustergeschäftsordnung*[390] *für den Aufsichtsrat.*[391] Die

---

[377] Für börsennotierte Gesellschaften haben die Kodexempfehlungen somit „quasi Gesetzescharakter" (GEHRKE/SCHICHOLD (2013), S. 158), wobei der Kodex anfechtungsrechtlich nicht überbewertet werden darf (vgl. BGH, Urteil vom 09.10.2018; SCHUMM (2019), S. 751).
[378] Vgl. GEHRKE/SCHICHOLD (2013), S. 158.
[379] Vgl. KONSCHALLA (2013), S. 16.
[380] Vgl. DCGK (2020), S. 3.
[381] Vgl. FRANKENBERGER/GSCHREY/BAUER (2020), S. 108.
[382] Vgl. CGKG (2015).
[383] „Der Kodex wird in der Regel einmal jährlich vor dem Hintergrund nationaler und internationaler Entwicklungen überprüft und bei Bedarf angepasst" (CGKG (2015), S. 3).
[384] Vgl. SASSEN (2011), S. 427.
[385] Vgl. CGKG (2015), S. 2.
[386] Vgl. CGKG (2015), S. 2; LEUSCHNER (2005), S. 8.
[387] Vgl. LEUSCHNER (2005), S. 6 f.
[388] Vgl. FRANKENBERGER/GSCHREY/BAUER (2020), S. 109 f.; MÜLLER (2017), S. 26.
[389] Vgl. FRANKENBERGER/GSCHREY/BAUER (2020), S. 300 ff.
[390] Vgl. FRANKENBERGER/GSCHREY/BAUER (2020), S. 336 ff.
[391] Vgl. LEUSCHNER (2005), S. 15; THEURL (2013), S. 221.

Geschäftsordnung gilt als wesentliches Instrument der Selbstorganisation der Aufsichtsratstätigkeit mittels derer gesetzliche Spielräume gefüllt werden.[392] Die konkrete Ausgestaltung der Geschäftsordnung bestimmt der Aufsichtsrat selbst. Eine Zustimmung der Generalversammlung ist nicht erforderlich.[393]

Die von der ORGANISATION FÜR WIRTSCHAFTLICHE ZUSAMMENARBEIT UND ENTWICKLUNG (OECD) in Zusammenarbeit mit der GRUPPE DER ZWANZIG (G20) herausgegebenen *Grundsätze der Corporate Governance*[394] enthalten empfehlenswerte Praktiken und Orientierungshilfen, die so definiert sind, dass sie länderspezifisch angepasst werden können.[395] Sie sind die Basis für die bankspezifischen *Corporate governance principles for banks*[396] des BASEL COMMITTEE ON BANKING SUPERVISION (BCBS), die ebenfalls als Empfehlung zu verstehen sind und im Wesentlichen den für deutsche Banken verpflichtenden Regelungen entsprechen.[397]

International anerkannte Rahmenwerke wie das des *COMMITTEE OF SPONSORING ORGANIZATIONS OF THE TREADWAY COMMISSION (COSO)* oder das *CONTROL OBJECTIVES FOR INFORMATION AND RELATED TECHNOLOGY (COBIT)* fokussieren und spezifizieren einzelne Aspekte der Aufsichtsratstätigkeit wie beispielsweise interne Kontroll- und Risikomanagementsysteme.[398] Teilweise an das COSO-Rahmenwerk angelehnt veröffentlicht das *INSTITUT DER WIRTSCHAFTSPRÜFER IN DEUTSCHLAND E.V. (IDW) regelmäßig Prüfungsstandards (PS)*, die auch die Aufsichtsratstätigkeit betreffen. Die Prüfungsstandards sollen Lücken der Rechtsnormen schließen und Handlungsempfehlungen geben.[399]

Darüber hinaus existieren beispielsweise von dem DEUTSCHEN INSTITUT FÜR NORMUNG E. V. (DIN) *Leitlinien für Geschäftsprozesse in Aufsichtsgremien (DIN Specification (SPEC) 33456)*[400]. In diesem Dokument ist die Aufsichtsratstätigkeit in acht Prozesse gegliedert, deren Dokumentation als Orientierungsrahmen und Leitfaden dienen und in der Geschäftsordnung des Aufsichtsrats verankert werden soll. Die Dokumentation enthält jeweils Komponenten wie Ablaufdiagramme, Checklisten, Verantwortlichkeiten und Best-Practice-Beispiele.[401] Speziell an die Arbeitnehmervertreter im Aufsichtsrat richten sich die *Grundsätze ordnungsmäßiger Aufsichtsratstätigkeit*.[402]

Im Folgenden stehen insbesondere die verpflichtenden Regelungen sowie die Musterdokumente des BVR und aufgrund ihrer weiten Verbreitung die Kodizes im

---

[392]  Vgl. SICK/KÖSTLER (2012), S. 5.
[393]  Vgl. LANG/WEIDMÜLLER (2019), § 38 Rn. 31.
[394]  Vgl. G20/OECD (2015).
[395]  Vgl. G20/OECD (2015); OECD (2004), S. 4.
[396]  Vgl. BASEL COMMITTEE ON BANKING SUPERVISION (BCBS) (2015).
[397]  Vgl. BASEL COMMITTEE ON BANKING SUPERVISION (BCBS) (2015), S. 3. Der „Basler Ausschuss für Bankenaufsicht (Basel Committee on Banking Supervision – BCBS) wurde 1974 von den Zentralbanken und Bankaufsichtsbehörden der G10-Staaten gegründet" (BAFIN (2016)).
[398]  Vgl. GEHRKE/SCHICHOLD (2013), S. 159.
[399]  Beispielsweise beziehen sich IDW PS 202, IDW PS 255 und IDW PS 470 auf die Zusammenarbeit zwischen dem Aufsichtsrat und dem Abschlussprüfer. IDW PS 981, IDW PS 982 und IDW PS 983 enthalten Verlautbarungen zur Prüfung des Risikomanagements, des internen Kontrollsystems und der Internen Revision durch den Aufsichtsrat (vgl. HÜLSBERG/BAUER (2017), S. 1113 ff.).
[400]  Vgl. DIN DEUTSCHES INSTITUT FÜR NORMUNG E. V. (2015).
[401]  Vgl. GEHRKE/SCHICHOLD (2013), S. 159.
[402]  Vgl. HANS-BÖCKLER-STIFTUNG (2011), S. 5.

Fokus der Darstellungen. Die Inhalte des DCGK werden nur mit angeführt, sofern diese auf Genossenschaften übertragbar sind. Teilweise gehen die Regelungen des DCGK über die genossenschaftlichen Anforderungen hinaus und können im Sinne eines *Best Practice* interpretiert werden.

## 2.3.2   Konstitutive Rechte und Pflichten

### 2.3.2.1   Überblick über die konstitutiven Rechte und Pflichten

Die Aufgaben bzw. Pflichten und Rechte genossenschaftlicher Aufsichtsratsmitglieder leiten sich im Wesentlichen aus dem KWG, dem GenG sowie den Kodizes ab und werden zunächst überblicksartig in Tab. 4-Tab. 13 dargestellt. Im Rahmen der anschließenden Erläuterung werden die Aufgabe der Selbstevaluierung sowie die Informationsversorgung aufgrund ihrer Relevanz für die empirische Untersuchung detaillierter dargestellt.

| Konstitutive Rechte und Pflichten | | | | |
|---|---|---|---|---|
| **Regelung** | **Regelungsquelle** | **Allg.** | **Kredit-institut** | **eG** |
| **Übergeordnete Pflichten** | | | | |
| Der AR hat den Vorstand bei dessen Geschäftsführung zu überwachen. | § 38 Abs. 1 GenG | | | x |
| Beratung und Überwachung des Vorstands. Einbindung in Entscheidungen von grundlegender Bedeutung. | Nr. 5.1.1 CGKG | | | x |
| Überwachung und Beratung des Vorstands bei der Geschäftsführung. | Grundsatz 6 DCGK | x | | |
| Gesamtverantwortung: AR-Gremium trägt Verantwortung für die Überwachung der Geschäftsführung des Vorstands und die Schaffung der dafür notwendigen Arbeitsorganisation. Übernahme von Aufgaben durch einzelne AR oder Ausschüsse befreit die weiteren Mitglieder nicht von Gesamtverantwortung. | § 5 Mustergeschäftsordnung AR | | | x |
| Förderauftrag: Dem Förderauftrag gem. § 1 GenG verpflichtet. Enge Zusammenarbeit mit Vorstand zum Wohle der Genossenschaft und der Mitglieder. | Nr. 3.1 CGKG | | | x |
| Interessenverfolgung: Jedes Mitglied ist dem Interesse der Genossenschaft und ihrer Mitglieder verpflichtet. Persönliche Interessen dürfen bei Entscheidungen nicht verfolgt werden. | Nr. 5.5.1 CGKG | | | x |
| Unternehmensinteresse: AR ist dem Unternehmensinteresse verpflichtet. | Grundsatz 10 DCGK | x | | |
| **Inhalte der Überwachung** | | | | |
| Der AR hat den Jahresabschluss, den Lagebericht und den Vorschlag zur Verwendung des Jahresüberschusses oder zur Deckung des Jahresfehlbetrags zu prüfen. | § 38 Abs. 1 GenG | | | x |
| Prüfung des Jahresabschlusses, des Lageberichts und der Vorschläge des Vorstands zur Verwendung eines Jahresüberschusses oder zur Deckung eines Jahresfehlbetrags. | § 2 Abs. 3 Mustergeschäftsordnung AR, § 22 Abs. 3 Mustersatzung | | | x |
| AR muss Vorstand bzgl. bankaufsichtsrechtlicher Regelungen überwachen. Hierzu zählen auch: Überwachung der Strategie, Risiken und Vergütungssysteme. | § 25d Abs. 6 KWG | | x | |
| Überwachung des Vorstands bzgl. Einhaltung der bankaufsichtsrechtlichen Regelungen. | § 2 Abs. 1 Mustergeschäftsordnung AR | | | x |
| Überwachung der Geschäftsführung: auch bzgl. Einhaltung der Bestimmungen des Statuts der Sicherungseinrichtung des BVR inkl. der Verfahrensregeln. | § 22 Abs. 1 Mustersatzung, § 2 Abs. 1 Mustergeschäftsordnung AR | | | x |
| Der AR hat auch den gesonderten nichtfinanziellen Bericht (§ 289b HGB) zu prüfen, sofern er erstellt wurde (Erklärung zur Unternehmensführung). | § 38 Abs. 1b GenG | | | x |
| Aufgaben:<br>- Erörterung der Geschäfts- und Risikostrategien sowie Überwachung von deren Umsetzung,<br>- Überwachung der Übereinstimmung der Konditionen im Kundengeschäft mit Geschäftsmodell und Risikostruktur des Instituts,<br>- Überwachung der Ausgestaltung der Vergütungssysteme sowie der Überprüfung der durch das Vergütungssystem gesetzten Anreize im Hinblick auf die Risiko-, Kapital- und Liquiditätsstruktur des Instituts,<br>- Überwachung des Rechnungslegungsprozesses,<br>- Überwachung der Wirksamkeit des Risikomanagementsystems des Instituts einschließlich des internen Kontrollsystems und der Internen Revision,<br>- Überwachung der Durchführung der Abschlussprüfungen und der Behebung der dabei festgestellten Mängel sowie<br>- Überprüfung der Grundsätze des Vorstands für die Bestellung von Personen der oberen Leitungsebene. | § 2 Abs. 2 Mustergeschäftsordnung AR | | | x |

Tab. 4:    Konstitutive Rechte und Pflichten kreditgenossenschaftlicher Aufsichtsräte – Teil I[403]

---

[403]    Quelle: Eigene Darstellung. Das Wort *Aufsichtsrat* wird in dieser und den nachfolgenden Tabellen mit *AR* abgekürzt.

| Konstitutive Rechte und Pflichten | | | | |
|---|---|---|---|---|
| Regelung | Regelungsquelle | Allg. | Kredit-institut | eG |
| **Strategische Aufgaben** | | | | |
| Zusammenwirken mit Vorstand: Die Strategien sowie ggf. erforderliche Anpassungen der Strategien sind dem AR des Instituts zur Kenntnis zu geben und mit diesem zu erörtern. Die Erörterung erstreckt sich auch auf die Ursachenanalyse nach AT 4.2 Tz. 4 MaRisk im Falle von Zielabweichungen. | AT 4.2 Tz. 5 MaRisk | | x | |
| Zusammenwirken mit Vorstand: Abstimmung der strategischen Ausrichtung und Erörterung des Stands der Strategieumsetzung in regelmäßigen Abständen. | Nr. 3.2 CGKG | | | x |
| **Personalkompetenz des AR** | | | | |
| Der Vorstand wird vom AR bestellt und abberufen. Der AR ist für den Abschluss, die Änderung und die Beendigung von Dienstverträgen mit Vorstandsmitgliedern sowie für den Abschluss von Aufhebungsvereinbarungen zuständig. | § 18 Abs. 2 Mustersatzung | | | x |
| Der AR bestellt und entlässt Vorstandsmitglieder (unter Berücksichtigung von Vielfaltsaspekten, einer angemessenen Berücksichtigung von Frauen und einer langfristigen Nachfolgeplanung). | Nr. 5.1.2 CGKG | | | x |
| Der AR bestellt und entlässt Vorstandsmitglieder. | Grundsatz 6 DCGK | x | | |
| Besetzung des Vorstands: AR entscheidet über - die Anzahl der Vorstandsmitglieder, - die erforderlichen Qualifikationen sowie über - die Besetzung der einzelnen Positionen durch geeignete Persönlichkeiten. Der AR legt für den Anteil von Frauen im Vorstand Zielgrößen fest. | Grundsatz 9 DCGK | x | | |
| Besetzung des Vorstands: Besondere Berücksichtigung von Diversität und einer langfristigen Nachfolgeplanung. | B.1 DCGK, B.2 DCGK | x | | |
| Vorstandsvergütung: Der AR beschließt klares/verständliches System zur Vorstandsvergütung und bestimmt auf dessen Basis die konkrete Vergütung. Vergütung hat zur Förderung der Geschäftsstrategie und zur langfristigen Entwicklung der Gesellschaft beizutragen. | Grundsatz 23 DCGK | x | | |
| Vorstandsvergütung: Der AR ist für die angemessene Ausgestaltung der Vergütungssysteme der Vorstände nach Maßgabe des § 25a Abs. 1 Nr. 6 i. V. m. Abs. 5 KWG und dieser Verordnung verantwortlich. | § 3 Abs. 2 InstitutsVergV | | x | |
| Vorläufige Amtsenthebung von Vorstandsmitgliedern: Der AR ist befugt, Vorstandsmitglieder bis zur Einberufung der Generalversammlung vorläufig von Geschäften zu entheben. | § 40 GenG | | | x |
| **Aufgaben des AR-Vorsitzenden** | | | | |
| - Einberufung und Leitung von AR-Sitzungen sowie von gemeinsamen Sitzungen von Vorstand und AR, - Abschluss, Änderung und Kündigung von Dienstverträgen von Vorstandsmitgliedern als Vertreter des AR im Namen der Bank, - Unterrichtung des AR von Mitteilungen des Vorstands, die außerhalb von AR-Sitzungen erfolgt sind sowie - Unterrichtung der Mitglieder des AR von dem Beginn einer Prüfung gemäß § 53 GenG. | § 10 Abs. 1 Mustergeschäftsordnung AR | | | x |
| - Koordination der AR-Arbeit, - Leitung der Sitzungen, - Vertretung des Gremiums nach außen, - regelmäßiger Kontakt zum Vorstand(ssprecher) v. a. bzgl. der Strategie, der Planung, der Geschäftsentwicklung, der Risikolage, des Risikomanagements und der Compliance und - Einberufung außerordentlicher AR-Sitzungen bei Bedarf. | Nr. 5.2 CGKG | | | x |
| Koordiniert die AR-Arbeit und vertritt das Gremium nach außen. | Grundsatz 7 DCGK | x | | |

Tab. 5: Konstitutive Rechte und Pflichten kreditgenossenschaftlicher Aufsichtsräte – Teil II[404]

---

[404] Quelle: Eigene Darstellung.

| Konstitutive Rechte und Pflichten | | | | |
|---|---|---|---|---|
| Regelung | Regelungsquelle | Allg. | Kredit-institut | eG |
| Regelmäßiger Kontakt zum Vorstand(ssprecher) v. a. bzgl. der Strategie, der Geschäftsentwicklung, der Risikolage, des Risiko-managements und der Compliance. | D.6 DCGK | x | | |
| **Zusammenarbeit mit dem Vorstand** | | | | |
| Gemeinsam mit Vorstand: Abstimmung über u. a.<br>- den Erwerb/Bebauung/Belastung/Veräußerung von Grundstücken,<br>- Übernahme/Aufgabe von Beteiligungen,<br>- die Verwendung der Ergebnisrücklagen,<br>- die Errichtung/Schließung von Zweigstellen,<br>- die Erteilung von Prokura,<br>- die Festsetzungen von Pauschalerstattungen der Auslagen an den AR,<br>- Abschlüsse von Verträgen mit wiederkehrenden Verpflichtungen in erheblichem Umfang wie Dienst- oder Mietverträge sowie<br>- die Anschaffung/Veräußerung von beweglichen Sachen in Höhe eines festzulegenden Werts. | § 23 Abs. 1 Muster-satzung | | | x |
| Gute Unternehmensführung setzt offene Diskussion und Wahrung der Vertraulichkeit zwischen Vorstand und AR voraus. | Grundsatz 13 DCGK | x | | |
| **Aufgaben der Ausschüsse** | | | | |
| Risikoausschuss (bzw. alternativ Gesamt-AR):<br>- Beratung des Plenums bzgl. der aktuellen/künftigen Gesamtrisiko-bereitschaft und -strategie,<br>- Überwachung der Umsetzung der Gesamtrisikobereitschaft und -strategie,<br>- Überwachung der Konditionen im Kundengeschäft bzgl. Überein-stimmung mit dem Geschäftsmodell und Risikostruktur,<br>- Überprüfung, ob die durch das Vergütungssystem gesetzten Anreize die Risiko-, Kapital- und Liquiditätsstruktur berücksichtigen,<br>- Erlaubnis, Informationen unmittelbar beim Leiter der Internen Revision bzw. Risikocontrolling einzuholen (parallel muss der Vorstand hierüber unterrichtet werden),<br>- Erlaubnis, Rat externer Sachverständiger einzuholen sowie<br>- Bestimmung von Art, Umfang, Format und Häufigkeit von Informatio-nen, die der Vorstand zum Thema Strategie und Risiko vorlegen muss. | § 25d Abs. 8 KWG | | x | |
| Prüfungsausschuss (bzw. alternativ Gesamt-AR):<br>- Überwachung des Rechnungslegungsprozesses,<br>- Überwachung der Wirksamkeit des Risikomanagementsystems (v. a. des internen Kontrollsystems und der Internen Revision),<br>- Durchführung der Abschlussprüfungen (v.a. bzgl. (der Unabhängigkeit und Leistungen) des Abschlussprüfers),<br>- zügige Behebung der vom Prüfer festgestellten Mängel,<br>- Erarbeitung von Vorschlägen für die Bestellung eines Abschluss-prüfers und der Höhe seiner Vergütung sowie<br>- Erlaubnis, Informationen unmittelbar beim Leiter der Internen Revision bzw. Risikocontrolling einzuholen (parallel muss der Vorstand hierüber unterrichtet werden). | § 25d Abs. 9 KWG | | x | |
| Prüfungsausschuss: AR kann Prüfungsausschuss einrichten. Aufgaben des Ausschusses:<br>- Überwachung des Rechnungslegungsprozesses sowie der Wirksam-keit des internen Kontrollsystems, des Risikomanagementsystems und des internen Revisionssystems sowie der Abschlussprüfung sowie<br>- bei Bedarf: Unterbreitung von Empfehlungen zur Gewährleistung der Integrität des Rechnungslegungsprozesses. | § 38 Abs. 1a GenG | | | x |
| Prüfungsausschuss soll regelmäßig eine Beurteilung der Qualität der Abschlussprüfung vornehmen. | D.11 DCGK | x | | |

Tab. 6:　Konstitutive Rechte und Pflichten kreditgenossenschaftlicher Aufsichts-räte – Teil III[405]

---

[405]　Quelle: Eigene Darstellung.

| Konstitutive Rechte und Pflichten | | | | |
|---|---|---|---|---|
| Regelung | Regelungsquelle | Allg. | Kredit-institut | eG |
| Prüfungsausschuss mit folgenden Aufgaben: Überwachung<br>- des Rechnungslegungsprozesses,<br>- der Wirksamkeit des internen Kontrollsystems,<br>- des Risikomanagementsystems,<br>- des internen Revisionssystems,<br>- der Abschlussprüfung sowie<br>- der Compliance.<br>Die Rechnungslegung umfasst insb. den Konzernabschluss und den Konzernlagebericht (einschließlich CSR-Berichterstattung), unterjährige Finanzinformationen und den Einzelabschluss nach HGB. | D.3 DCGK | x | | |
| Empfohlen wird: Prüfungsausschuss mit insb. folgenden Aufgaben: Überwachung<br>- des Rechnungslegungsprozesses,<br>- der Wirksamkeit des internen Kontrollsystems,<br>- des Risikomanagements,<br>- des internen Revisionssystems sowie<br>- der Compliance. | Nr. 5.3.2 CGKG | | | x |
| Vergütungskontrollausschuss (bzw. alternativ Gesamt-AR):<br>- Überwachung der angemessenen Ausgestaltung der Vergütungssysteme (insb. der Mitarbeiter, die wesentlichen Einfluss auf das Gesamtrisikoprofil des Instituts haben) und die diesbezüglichen Auswirkungen auf das Risiko-, Kapital- und Liquiditätsmanagement,<br>- Vorbereitung von Beschlüssen bzgl. der Vergütung des Vorstands unter besonderer Berücksichtigung der Auswirkungen auf das Risikomanagement und den langfristigen Interessen der Anteilseigner sowie<br>- Überwachung der Einbeziehung interner Kontrollbereiche bei der Ausgestaltung der Vergütungssysteme. | § 25d Abs. 12 KWG | | x | |
| Vergütungskontrollausschuss: Aufgaben gemäß § 25d Abs. 12 KWG sowie die folgenden:<br>- u. a. Festlegung angemessener Vergütungsparameter,<br>- regelmäßige, mind. jährliche Überprüfung, ob die beschlossenen Festlegungen noch angemessen sind,<br>- Überwachung der angemessenen Ausgestaltung der Vergütungssysteme der Mitarbeitenden,<br>- Bewertung der Auswirkungen der Vergütungssysteme auf die Risiko-, Kapital- und Liquiditätssituation des Instituts oder der Gruppe und<br>- Sicherstellung, dass die Vergütungssysteme im Einklang mit den Anforderungen gemäß § 4 (Ausrichtung an der Strategie des Instituts) stehen. | § 15 InstitutsVergV | | x | |
| Nominierungsausschuss (bzw. alternativ Gesamt-AR):<br>- Ermittlung von Bewerbern für die Besetzung des Vorstands,<br>- Vorbereitung von Wahlvorschlägen für die Wahl von AR-Mitgliedern,<br>- diesbezügliche Berücksichtigung der Ausgewogenheit und Unterschiedlichkeit der Kenntnisse, Fähigkeiten und Erfahrungen,<br>- Entwurf einer Stellenbeschreibung mit Bewerberprofil und mit der Aufgabe verbundenen Zeitaufwand,<br>- Erarbeitung einer Zielsetzung und Strategie zur Förderung der Vertretung des unterrepräsentierten Geschlechts im Gremium,<br>- Durchführung einer Selbstevaluierung (des Vorstands und des AR),<br>- Überprüfung des Vorstands bzgl. der Bestellung von Personen der oberen Leitungsebene sowie<br>- Erlaubnis, zur Aufgabenwahrnehmung auf alle Ressourcen zuzugreifen. Dies schließt finanzielle Mittel zur Konsultation externer Berater ein. | § 25d Abs. 11 KWG | | x | |
| Nominierungsausschuss: benennt dem AR geeignete Kandidaten für dessen Vorschläge an die Hauptversammlung zur Wahl von AR-Mitgliedern. | D.5 DCGK | x | | |

Tab. 7:    Konstitutive Rechte und Pflichten kreditgenossenschaftlicher Aufsichtsräte – Teil IV[406]

---

[406]   Quelle: Eigene Darstellung.

| Konstitutive Rechte und Pflichten | | | | |
|---|---|---|---|---|
| Regelung | Regelungsquelle | Allg. | Kredit-institut | eG |
| **Selbstevaluierung** (Teilaufgabe des Nominierungsausschusses) | | | | |
| AR führt regelmäßig, mind. einmal jährlich, eine Bewertung<br>- der Struktur, Größe, Zusammensetzung und Leistung des Vorstands<br>  und des AR sowie<br>- der Kenntnisse, Fähigkeiten und Erfahrung sowohl der einzelnen<br>  Vorstände und AR-Mitglieder als auch des jeweiligen Organs in seiner<br>  Gesamtheit durch. | § 25d Abs. 11 KWG | | | |
| Der AR soll regelmäßig die Effizienz seiner Tätigkeit überprüfen. | Nr. 5.6 CGKG | | | x |
| Regelmäßige Beurteilung, wie wirksam der AR insgesamt und die Ausschüsse ihre Aufgaben erfüllen. | D.13 DCGK | x | | |
| **Informationsversorgung** | | | | |
| **Informationen an den AR** | | | | |
| AR kann jederzeit vom Vorstand Auskünfte über alle Angelegenheiten der Genossenschaft verlangen. | § 38 Abs. 1a GenG | | | x |
| Recht auf jederzeite Berichterstattung vom Vorstand und Einblick in Dokumente. | § 22 Abs. 1 Muster-satzung,<br>§ 2 Abs. 1 Muster-geschäftsordnung AR | | | x |
| Ausschüsse und Beauftragte haben das Recht, alle notwendigen Auskünfte/Nachweise vom Vorstand zu verlangen. | § 4 Abs. 4 Muster-geschäftsordnung AR | | | x |
| Der Vorstand muss den AR vierteljährlich bzw. bei Bedarf unverzüglich über die Geschäftsentwicklung (v. a. bzgl. Kreditrisiken), die Unter-nehmensplanung und die Einhaltung der genossenschaftlichen Grund-sätze unterrichten. | § 17 Mustersatzung | | | x |
| Informations- und Berichtspflicht des Vorstands: AR muss angemessene Informationsweitergabe sicherstellen. Regelmäßge, zeitnahe und um-fassende Information über alle relevanten Fragen der Strategie, der Planung, der Geschäftsentwicklung, der Risikolage, des Risikomanage-ments und der Compliance sowie die Einhaltung der genossenschaft-lichen Grundsätze. Vorstand muss auch auf Abweichungen des Geschäftsverlaufs von den aufgestellten Plänen und Zielen unter Angabe von Gründen eingehen. | Nr. 3.4 CGKG | | | x |
| Die Information des AR ist Aufgabe des Vorstands. AR muss jedoch angemessene Information sicherstellen. Regelmäßge, zeitnahe, umfassende Information über alle für das Unternehmen relevanten Fragen, insbesondere der Strategie, der Planung, der Geschäftsentwick-lung, der Risikolage, des Risikomanagements und der Compliance. Er geht auf Abweichungen des Geschäftsverlaufs von den aufgestellten Plänen und vereinbarten Zielen unter Angabe von Gründen ein. Der AR kann jederzeit zusätzliche Informationen vom Vorstand verlangen. | Grundsatz 15 DCGK | x | | |
| Der Jahresabschluss und der Lagebericht sind unverzüglich nach ihrer Aufstellung dem AR und mit dessen Bemerkungen der Generalver-sammlung vorzulegen. | § 33 Abs. 1 GenG | | | x |
| Der Vorstand muss innerhalb von drei Monaten nach Ende des Geschäftsjahres den Jahresabschluss und den gesetzlichen Lagebericht aufstellen und beides unverzüglich dem AR vorlegen. | § 16 Abs. 2h Muster-satzung,<br>§ 42 Abs. 2 Muster-satzung | | | x |
| Information über Risikosituation: Der Vorstand hat den AR mind. vierteljährlich über die Risikosituation in angemessener Weise schriftlich zu informieren. | AT 4.3.2 Tz. 3 MaRisk | | x | |

Tab. 8:    Konstitutive Rechte und Pflichten kreditgenossenschaftlicher Aufsichtsräte – Teil V[407]

---

[407]    Quelle: Eigene Darstellung.

| Konstitutive Rechte und Pflichten | | | | |
|---|---|---|---|---|
| Regelung | Regelungsquelle | Allg. | Kredit-institut | eG |
| Anforderungen an die Risikoberichte: Der Vorstand hat den AR mind. vierteljährlich über die Risikosituation in angemessener Weise schriftlich zu informieren. Die Berichterstattung ist in nachvollziehbarer, aussagefähiger Art und Weise zu verfassen und hat neben der Darstellung auch eine Beurteilung der Risikosituation zu enthalten. Auf besondere Risiken für die Geschäftsentwicklung und dafür geplante Maßnahmen des Vorstands ist gesondert einzugehen. Für den AR unter Risikogesichtspunkten wesentliche Informationen sind vom Vorstand unverzüglich weiterzuleiten. Hierfür hat der Vorstand gemeinsam mit dem AR ein geeignetes Verfahren festzulegen. | BT 3.1 Tz. 5 MaRisk | | x | |
| Information über Wechsel der Risikocontrollingleitung: Wechselt die Leitung der Risikocontrolling-Funktion, ist der AR rechtzeitig vorab unter Angabe der Gründe für den Wechsel zu informieren. | AT 4.4.1 Tz. 6 MaRisk | | x | |
| Information über Wechsel des Compliance-Beauftragten: Wechselt die Position des Compliance-Beauftragten, ist der AR rechtzeitig vorab unter Angabe der Gründe für den Wechsel zu informieren. | AT 4.4.2 Tz. 8 MaRisk | | x | |
| Information über Wechsel der Leitung der Internen Revision: Wechselt die Leitung der Internen Revision, ist der AR rechtzeitig vorab unter Angabe der Gründe für den Wechsel zu informieren. | AT 4.4.3 Tz. 6 MaRisk | | x | |
| Informationen der Internen Revision: Die Interne Revision muss in angemessenen Abständen, mind. aber vierteljährlich, an den Vorstand und den AR berichten. | § 25c Abs. 4a Nr. 3g KWG | | x | |
| Informationen der Internen Revision: Die Interne Revision hat zeitnah einen Quartalsbericht über die von ihr seit dem Stichtag des letzten Quartalsberichts durchgeführten Prüfungen zu verfassen und zeitnah dem Vorstand und dem AR vorzulegen. Der Quartalsbericht muss über die wesentlichen oder höher eingestuften Mängel, die beschlossenen Maßnahmen sowie den Status dieser Maßnahmen informieren. Es ist ferner darzulegen, ob und inwieweit die Vorgaben des Prüfungsplans eingehalten wurden. Die Interne Revision hat außerdem über die im Jahresablauf festgestellten schwerwiegenden sowie über die noch nicht behobenen wesentlichen Mängel in inhaltlich prägnanter Form an den Vorstand und den AR zu berichten (Jahresbericht). Die aufgedeckten schwerwiegenden Mängel, die beschlossenen Maßnahmen sowie der Status dieser Maßnahmen sind dabei besonders hervorzuheben. Über besonders schwerwiegende Mängel hat die Interne Revision unverzüglich zu berichten. Berichterstattung an den AR: Die Berichterstattung an den AR kann auch über den Vorstand erfolgen, sofern dadurch keine nennenswerte Verzögerung der Information des AR verbunden und der Inhalt der Berichterstattung an Vorstand und AR deckungsgleich ist. | BT 2.4 Tz. 4 MaRisk | | x | |
| Informationen der Internen Revision: Ergeben sich im Rahmen der Prüfungen schwerwiegende Feststellungen gegen Vorstandsmitglieder, so ist dem Vorstand unverzüglich Bericht zu erstatten. Dieser hat unverzüglich den AR-Vorsitzenden sowie die Aufsichtsinstitutionen (Bundesanstalt für Finanzdienstleistungsaufsicht, Deutsche Bundesbank) zu informieren. Kommt der Vorstand seiner Berichtspflicht nicht nach oder beschließt er keine sachgerechten Maßnahmen, so hat die Interne Revision den AR-Vorsitzenden zu unterrichten. | BT 2.4 Tz. 5 MaRisk | | x | |
| Vergütungssystembericht: Der Vorstand ist für die angemessene Ausgestaltung der Vergütungssysteme der Mitarbeiter, die keine Vorstände sind, verantwortlich. Mind. jährlicher Bericht an den AR. | § 3 Abs. 1 InstitutsVergV | | x | |

Tab. 9:   Konstitutive Rechte und Pflichten kreditgenossenschaftlicher Aufsichtsräte – Teil VI[408]

---

[408]  Quelle: Eigene Darstellung.

| Konstitutive Rechte und Pflichten | | | | |
|---|---|---|---|---|
| **Regelung** | **Regelungsquelle** | **Allg.** | **Kredit-institut** | **eG** |
| Compliance-Bericht: Die Übermittlung der Compliance-Berichte erfolgt über den Vorstand. Regelmäßige Berichte enthalten Beschreibung der Umsetzung und Wirksamkeit des gesamten Kontrollwesens hinsichtlich Wertpapierdienstleistungen sowie eine Zusammenfassung der identifizierten Risiken und der durchgeführten bzw. durchzuführenden Maßnahmen zur Behebung bzw. Beseitigung von Defiziten und Mängeln sowie zur Risikoreduzierung. Die Berichte müssen in angemessenen Zeitabständen, zumindest einmal jährlich erstellt werden. Über die Angabe in den regelmäßigen Berichten hinaus, hat der Compliance-Beauftragte dem Vorstand erhebliche Feststellungen, wie etwa schwerwiegende Verstöße gegen die Vorschriften des WpHG, unverzüglich mittels eines anlassbezogenen Ad-hoc-Berichts mitzuteilen. Der Bericht hat einen Vorschlag hinsichtlich zu ergreifender Abhilfemaßnahmen zu enthalten. | BT 1.2.2 Tz. 1, 2 und 3 MaComp | | x | |
| Compliance-Bericht: Mind. jährlicher sowie anlassbezogener Bericht an den Vorstand. Im Bericht ist auf die Angemessenheit und Wirksamkeit der Regelungen zur Einhaltung der wesentlichen rechtlichen Regelungen und Vorgaben einzugehen. Ferner hat der Bericht auch Angaben zu möglichen Defiziten sowie zu Maßnahmen zu deren Behebung zu enthalten. Die Berichte sind an den AR weiterzuleiten. | AT 4.4.2 Tz. 7 MaRisk | | x | |
| Geldwäschebeauftragter hat dem Vorstand periodisch, mind. einmal jährlich, einen Bericht über seine Tätigkeit, insbesondere über die Risikosituation des Unternehmens und die erfolgten und beabsichtigten Maßnahmen zur Umsetzung der geldwäscherechtlichen Pflichten, zu übermitteln. Weitere Ad-hoc-Berichte sind beim Vorliegen eines besonderen Anlasses zu erstellen. Übermittlung der Berichte an den AR erfolgt über den Vorstand. | BaFin Auslegungen S. 19 (Auslegungs- und Anwendungshinweise zum Geldwäschegesetz (AuA)) | | x | |
| **Informationen an den AR-Vorsitzenden** | | | | |
| AR-Vorsitzender wird vom Vorstandssprecher unverzüglich über wesentliche, die Genossenschaft betreffende Ereignisse informiert. | Nr. 5.2 CGKG | | | x |
| AR-Vorsitzender wird vom Vorstandssprecher unverzüglich über wesentliche, die Genossenschaft betreffende Ereignisse informiert. | Grundsatz 16 DCGK | x | | |
| Der AR-Vorsitzende ist vom Verband über Beginn der Prüfung zu informieren. | § 57 Abs. 2 GenG | | | x |
| Der Verband hat den Prüfungsbericht zu unterzeichnen und dem Vorstand der Genossenschaft sowie AR-Vorsitzenden vorzulegen. | § 58 Abs. 3 GenG | | | |
| **Informationen von Ausschüssen an den AR** | | | | |
| Risikoausschuss (bzw. alternativ Gesamt-AR): - Erlaubnis, Informationen unmittelbar beim Leiter der Internen Revision bzw. Risikocontrolling einzuholen (parallel muss der Vorstand hierüber unterrichtet werden), - Erlaubnis, Rat externer Sachverständiger einzuholen sowie - Bestimmung der Art, des Umfangs, des Formats und der Häufigkeit von Informationen, die der Vorstand zum Thema Strategie und Risiko vorlegen muss. | § 25d Abs. 8 KWG | | x | |
| Prüfungsausschuss (bzw. alternativ Gesamt-AR): Erlaubnis, Informationen unmittelbar beim Leiter der Internen Revision bzw. Risikocontrolling einzuholen. Parallel muss der Vorstand hierüber unterrichtet werden. | § 25d Abs. 9 KWG | | x | |
| Prüfungsausschuss/Informationen vom Leiter der Internen Revision: Es ist sicherzustellen, dass der Vorsitzende des AR bzw. des Prüfungsausschusses unter Einbeziehung des Vorstands direkt bei dem Leiter der Internen Revision Auskünfte einholen kann. | AT 4.4.3 Tz. 2 MaRisk | | x | |

Tab. 10:   Konstitutive Rechte und Pflichten kreditgenossenschaftlicher Aufsichtsräte – Teil VII[409]

| Konstitutive Rechte und Pflichten | | | | |
|---|---|---|---|---|
| Regelung | Regelungsquelle | Allg. | Kredit-institut | eG |
| Prüfungsausschuss/Abschlussprüfer: Der AR oder Prüfungsausschuss soll mit dem Abschlussprüfer vereinbaren, dass dieser ihn unverzüglich über alle für seine Aufgaben wesentlichen Feststellungen und Vorkommnisse unterrichtet, die bei der Durchführung der Abschlussprüfung zu seiner Kenntnis gelangen. | D.9 DCGK | x | | |
| Prüfungsausschuss: Der AR oder Prüfungsausschuss soll mit dem Abschlussprüfer vereinbaren, dass dieser ihn informiert und im Prüfungsbericht vermerkt, wenn er bei Durchführung der Abschlussprüfung Tatsachen feststellt, die eine Unrichtigkeit der vom Vorstand und AR abgegebenen Erklärung zum Kodex ergeben. | D.10 DCGK | x | | |
| Nominierungsausschuss (bzw. alternativ Gesamt-AR): Erlaubnis, zur Aufgabenwahrnehmung auf alle Ressourcen zuzugreifen. Dies schließt finanzielle Mittel zur Konsultation externer Berater ein. | § 25d Abs. 11 KWG | | x | |
| Vergütungskontrollausschuss (bzw. alternativ Gesamt-AR) Erlaubnis, Auskünfte unmittelbar beim Leiter der Internen Revision bzw. bei den für die Ausgestaltung der Vergütungssysteme zuständigen Organisationseinheiten einzuholen. Parallel muss der Vorstand hierüber unterrichtet werden. Ausschuss soll mit dem Risikoausschuss zusammenarbeiten und soll sich intern beispielsweise durch das Risikocontrolling und extern von Personen beraten lassen, die unabhängig vom Vorstand sind. | § 25d Abs. 12 KWG | | x | |
| **Informationsversorgung bzgl. der gesetzlichen Prüfung** | | | | |
| Der Verband hat den Prüfungsbericht zu unterzeichnen und dem Vorstand der Genossenschaft sowie dem AR-Vorsitzenden vorzulegen. | § 58 Abs. 3 GenG | | | x |
| Jedes AR-Mitglied hat den Inhalt des Prüfungsberichts zur Kenntnis zu nehmen. | § 58 Abs. 3 GenG , § 8 Abs. 2 Mustergeschäftsordnung AR, § 22 Abs. 3 Mustersatzung | | | x |
| **Informationen des AR an Andere** | | | | |
| Zusammenarbeit mit dem Vorstand: Unterrichtung des Vorstands über alle Angelegenheiten, die für die Geschäftsführung der Bank von wesentlicher Bedeutung sein können. | § 7 Mustergeschäftsordnung AR | | | x |
| In Generalversammlung: Der AR hat sich in der Generalversammlung, die über den Jahresabschluss beschließt, über wesentliche Feststellungen oder Beanstandungen des Prüfungsberichts zu erklären. | § 59 Abs. 2 GenG, § 8 Abs. 3 Mustergeschäftsordnung AR | | | x |
| Genossenschaftliche Pflichtprüfung: Unverzügliche Beratung mit dem Vorstand nach Eingang des Prüfungsberichts über das Ergebnis der Prüfung. AR hat sich in Generalversammlung über wesentliche Feststellungen und Beanstandungen zu erklären. | Nr. 7.2.3 CGKG | | | x |
| Berichterstattung gegenüber der Generalversammlung: Über das Ergebnis seiner Prüfungen hat der AR der Generalversammlung vor der Feststellung des Jahresabschlusses zu berichten. | § 38 Abs. 1 GenG, § 22 Abs. 3 Mustersatzung, | | | x |
| Berichterstattung gegenüber der Generalversammlung: Über das Ergebnis seiner Prüfungen hat sich der AR zu äußern und der Generalversammlung vor Feststellung des Jahresabschlusses Bericht zu erstatten. | § 2 Abs. 3 Mustergeschäftsordnung AR | | | x |

Tab. 11: Konstitutive Rechte und Pflichten kreditgenossenschaftlicher Aufsichtsräte – Teil VIII[410]

---

[410] Quelle: Eigene Darstellung.

| Konstitutive Rechte und Pflichten | | | | |
|---|---|---|---|---|
| Regelung | Regelungsquelle | Allg. | Kredit-institut | eG |
| AR-Bericht: Der Jahresabschluss, der Lagebericht sowie der Bericht des AR sollen mind. eine Woche vor der Versammlung in dem Geschäftsraum der Genossenschaft oder an einer anderen (durch den Vorstand bekannt zu machenden) geeigneten Stelle zur Einsichtnahme der Mitglieder ausgelegt, auf der Internetseite der Genossenschaft zugänglich gemacht oder ihnen sonst zur Kenntnis gebracht werden. | § 48 Abs. 3 GenG, § 42 Abs. 3 Mustersatzung | | | x |
| AR-Bericht: Anwesenheit/Teilnahme der AR an Sitzungen soll vermerkt werden. | D.8 DCGK | x | | |
| Corporate Governance Bericht: Jährliche Berichterstattung über die Corporate Governance der Genossenschaft im Geschäftsbericht (AR und Vorstand sollen berichten). | Nr. 3.9 CGKG | | | x |
| **Rechte und Pflichten bzgl. der Abschlussprüfung** | | | | |
| Verpflichtende Teilnahme an Schlussbesprechung des voraussichtlichen Ergebnisses der gesetzlichen Prüfung. | § 22 Abs. 4 Mustersatzung | | | x |
| Vorstand und AR nehmen in gemeinsamer Sitzung den Bericht des Prüfers über das voraussichtliche Ergebnis der Prüfung entgegen. | § 8 Abs. 1 Mustergeschäftsordnung AR | | | x |
| AR-Mitglieder können auf ihr Verlangen oder auf Verlangen des Prüfers zur Prüfung hinzugezogen werden. | Nr. 7.2.2 CGKG | | | x |
| Abschlussprüfer unterstützt AR bei Überwachung der Geschäftsführung (v. a. bei der Prüfung der Rechnungslegung und der Überwachung der rechnungslegungsbezogenen Kontroll- und Risikomanagementsysteme). | Grundsatz 17 DCGK | x | | |
| Über das Ergebnis der Prüfung haben Vorstand und AR der Genossenschaft in gemeinsamer Sitzung unverzüglich nach Eingang des Prüfungsberichts zu beraten. | § 58 Abs. 4 GenG | | | x |
| **Weitere Aufgaben** | | | | |
| Der AR hat eine Generalversammlung einzuberufen, wenn dies im Interesse der eG erforderlich ist. | § 38 Abs. 2 GenG | | | x |
| Die Generalversammlung wird durch den Vorstand/AR einberufen. Der AR ist zur Einberufung verpflichtet, wenn hierfür ein gesetzlicher oder satzungsmäßiger Grund vorliegt oder wenn dies im Interesse der Genossenschaft erforderlich ist, namentlich auf Verlangen des Prüfungsverbands. | § 28 Abs. 1 Mustersatzung | | | x |
| Vertretungsbefugnis: AR vertritt die Genossenschaft gegenüber Vorstandsmitgliedern gerichtlich und außergerichtlich. | § 39 Abs. 1 GenG, § 22 Abs. 8 Mustersatzung | | | x |
| **Organkredite** | | | | |
| Organkredite bedürfen der Zustimmung des AR. | § 15 KWG | | x | |
| Kredite an Vorstandsmitglieder bedürfen einer AR-Genehmigung. | § 39 Abs. 2 GenG | | | x |
| Die Gewährung von Krediten der Genossenschaft und ihrer Tochtergesellschaften an Vorstands- oder AR-Mitglieder sowie an ihre Angehörigen bedarf der vorherigen Zustimmung der übrigen Vorstandsmitglieder und des AR. | Nr. 3.8 CGKG | | | x |
| **Mitwirkungsrechte** | | | | |
| Zustimmung bei Krediten, die eine festzulegende Höhe überschreiten. | § 3 Abs. 1 Mustergeschäftsordnung AR, § 3 Abs. 3 Mustergeschäftsordnung AR | | | x |
| AR wird in Entscheidungen von grundlegender Bedeutung für das Unternehmen eingebunden (Zustimmungsvorbehalte). | Grundsatz 6 DCGK | x | | |
| Mitwirkungsrechte bei Geschäften von grundlegender Bedeutung wie zum Beispiel Maßnahmen, die die Vermögens-, Finanz- oder Ertragslage der Genossenschaft grundlegend verändern, werden empfohlen. | Nr. 3.3 CGKG | | | x |

Tab. 12:   Konstitutive Rechte und Pflichten kreditgenossenschaftlicher Aufsichts-räte – Teil IX[411]

---

| Konstitutive Rechte und Pflichten | | | | |
|---|---|---|---|---|
| Regelung | Regelungsquelle | Allg. | Kredit-institut | eG |
| **Haftung** | | | | |
| Sorgfaltspflicht und Verantwortlichkeit: Anwendung der Sorgfalt eines ordentlichen und gewissenhaften AR. Eine Pflichtverletzung liegt nicht vor, wenn das Vorstandsmitglied bei einer unternehmerischen Entscheidung vernünftigerweise annehmen durfte, auf Grundlage angemessener Informationen zum Wohle der Genossenschaft zu handeln. Über vertrauliche Angaben und Geheimnisse der Genossenschaft, namentlich Betriebs- oder Geschäftsgeheimnisse, die ihnen durch die Tätigkeit im Vorstand bekannt geworden sind, haben sie Stillschweigen zu bewahren. | § 41 GenG i. V. m. § 34 GenG | | | x |
| Bei Pflichtverletzungen sind AR-Mitglieder als Gesamtschuldner gemäß § 41 GenG zum Schadensersatz verpflichtet. | § 5 Abs. 2 Muster-geschäftsordnung AR | | | x |
| Bei schuldhafter Verletzung der Regeln bzw. der Sorgfalt eines ordentlichen und gewissenhaften AR-Mitglieds haften AR gegenüber der Genossenschaft auf Schadensersatz. Bei unternehmerischen Entscheidungen liegt keine Pflichtverletzung vor, wenn das Mitglied von Vorstand oder AR vernünftigerweise annehmen durfte, auf der Grundlage angemessener Information zum Wohle der Genossenschaft zu handeln (Business Judgment Rule). | Nr. 3.7 CGKG | | | x |

Tab. 13:  Konstitutive Rechte und Pflichten kreditgenossenschaftlicher Aufsichtsräte – Teil X[412]

## 2.3.2.2 Ausgewählte Pflichten und Rechte

Im Folgenden werden die

- zustimmungspflichtigen Geschäfte,
- die Informationsrechte und -pflichten,
- der Umfang der Überwachung,
- die Inhalte der Überwachung,
- die Abgabe einer nichtfinanziellen Erklärung,
- die Überwachung der Strategie,
- die Ausgestaltung der Beratung,

- die Personalkompetenz,
- spezielle Rechte und Pflichten des Aufsichtsratsvorsitzenden,
- die Aufgaben der Ausschüsse,
- die Aufgabe der Selbstbeurteilung,
- die Haftung sowie
- die Dokumentationspflichten

detaillierter erläutert.

### Zustimmungspflichtige Geschäfte

Durch die Festlegung eines Katalogs zustimmungspflichtiger Geschäfte können dem Aufsichtsrat weitere, über die gesetzlichen Vorgaben hinausgehende Aufgaben erteilt werden. Bei derartigen Geschäften verfügt der Aufsichtsrat über ein Vetorecht für bedeutsame Geschäfte, bei denen eine ex post-Kontrolle nicht ausreichend wäre.[413] Sie können institutsindividuell in der Satzung verankert werden,

---

[412]  Quelle: Eigene Darstellung.
[413]  Vgl. BECKMANN (2009a), S. 26 f. Sofern der Vorstand ein zustimmungspflichtiges Geschäft ohne die Zustimmung des Aufsichtsrats vornimmt, ist dieses im Außenverhältnis dennoch wirksam, da die in der Satzung geregelten Mitwirkungsrechte keine rechtliche Wirkung gegenüber Dritten entfalten (vgl. LANG/WEIDMÜLLER (2019), § 38 Rn. 36). Eine Ausnahme stellen in § 15 KWG geregelte Organkredite dar (vgl. LANG/WEIDMÜLLER (2019), § 38 Rn. 37; FRANKENBERGER/GSCHREY/BAUER (2020), S. 169; § 27 Abs. 2 GenG). Ausführlich zu zustimmungspflichtigen Geschäften siehe VETTER (2016), S. 119 ff.

sind jedoch so zu bestimmen, dass die Eigenverantwortlichkeit des Vorstands ge-
währleistet bleibt.[414] Es ist nicht zulässig, dem Aufsichtsrat ein generelles Ein-
spruchsrecht zuzustehen.[415]

### Informationsrechte und -pflichten

Der Aufsichtsrat hat den Vorstand bei dessen Geschäftsführung zu *überwachen*
und sich aufgrund dessen über sämtliche Angelegenheiten der Genossenschaft zu
unterrichten.[416]

Zur Wahrnehmung seiner Überwachungstätigkeit stehen dem Aufsichtsrat in der
Regel drei Quellen zur Verfügung:[417]

1.  durch den Vorstand bereitgestellte Informationen

    - aufgrund der Aufforderung des Aufsichtsrats oder[418]
    - in Form regelmäßiger Berichte,

2.  durch Einsichtnahme in die Unterlagen des Instituts[419] wie beispielsweise

    - sämtliche fortlaufenden Aufzeichnungen, die im Rahmen des Geschäfts-
      betriebs entstehen (unter anderem Vorstandsprotokolle und Jahresab-
      schlüsse),[420] und
    - sämtliche den Geschäftsbetrieb der Genossenschaft betreffende Schrift-
      stücke (unter anderem Kreditunterlagen, Organisationspläne, Verträge,
      Dokumentationen des Kompetenzsystems sowie interne und externe Prü-
      fungsberichte)[421] sowie

---

[414] Vgl. § 23 Mustersatzung zitiert nach FRANKENBERGER/GSCHREY/BAUER (2020), S. 311 f. Hierzu zählen
beispielsweise die Errichtung von Zweigstellen sowie der Erwerb, die Bebauung und die Veräußerung
von Grundstücken. § 38 Abs. 3 GenG regelt, dass weitere Aufgaben des Aufsichtsrats durch die Satzung bestimmt werden. Die Geschäftsordnung hat keinen Satzungscharakter und kann dem Aufsichtsrat keine weiteren Aufgaben zur Entscheidung übertragen (vgl. LANG/WEIDMÜLLER (2019), § 38
Rn. 31). Sofern dem Aufsichtsrat weitere Mitwirkungsrechte durch seine Geschäftsordnung zustehen,
wie beispielsweise die Mitwirkungen bei der Kreditgewährung, handelt es sich hierbei um eine Konkretisierung der zustimmungspflichtigen Geschäfte und nicht um eine weitere Aufgabe gemäß
§ 38 Abs. 3 GenG (vgl. LANG/WEIDMÜLLER (2019), § 38 Rn. 31).

[415] Vgl. LANG/WEIDMÜLLER (2019), § 38 Rn. 30. Eine Anpassung der Zustimmungsvorbehalte bedarf bei
Genossenschaften einer Satzungsänderung, die einen qualifizierten Beschluss der Generalversammlung sowie eine Eintragung in das Genossenschaftsregister bedingt. Im Gegensatz dazu kann eine
Änderung des Umfangs der zustimmungspflichtigen Geschäfte bei AGs auch direkt durch den Aufsichtsrat bestimmt werden. Die Entscheidungsbefugnis des Vorstands einer AG unterliegt somit weitergehenden Beschränkungen als der einer Genossenschaft (vgl. KEßLER (2014), S. 99; § 111 Abs. 4
Satz 2 AktG; § 27 Abs. 1 Satz 2 GenG; § 16 Abs. 4 GenG).

[416] Vgl. § 38 Abs. 1 GenG, LANG/WEIDMÜLLER (2019), § 38 Rn. 1.

[417] Vgl. LANG/WEIDMÜLLER (2019), § 38 Rn. 3 ff.; FRANKENBERGER/GSCHREY/BAUER (2020), S. 113. Die
über die durch den Vorstand bereitgestellten Informationen hinausgehenden eigenen Prüfungshandlungen werden als aktive Überwachung bezeichnet (vgl. LANG/WEIDMÜLLER (2019), § 41 Rn. 17).

[418] Der Vorstand kann die Auskunft an den Aufsichtsrat grundsätzlich nur verweigern, sofern das Aus-
kunftsverlangen nicht der sachgerechten Wahrnehmung der Aufsichtsratstätigkeit dient, sondern eine
missbräuchliche Verwendung, wie beispielsweise die Weitergabe von Informationen an Wettbewerber
oder die Nutzung der Informationen zur Befriedigung persönlicher Bedürfnisse, eindeutig unterstellt
werden kann (vgl. LANG/WEIDMÜLLER (2019), § 38 Rn. 8).

[419] Vgl. § 38 Abs. 1 GenG.

[420] Vgl. LANG/WEIDMÜLLER (2019), § 38 Rn. 12 f.

[421] Vgl. LANG/WEIDMÜLLER (2019), § 38 Rn. 11. Insbesondere aus den Prüfungsberichten wie beispielsweise denen der Internen Revision, des Compliance-Beauftragten, des Geldwäschebeauftragten oder
des Prüfungsverbands ergeben sich durch festgestellte Mängel Erkenntnisse für die Überwachungstätigkeit (vgl. LANG/WEIDMÜLLER (2019), § 38 Rn. 12).

### 3.   durch Bestandsprüfungen vor Ort.

Im Hinblick auf die Bestandsprüfungen vor Ort ist der Aufsichtsrat zwar befugt, den Bestand von Kassen und von Wertpapieren zu untersuchen, jedoch hat dieses Recht bei größeren Genossenschaften, insbesondere solchen mit einer Internen Revision, keine hohe praktische Relevanz mehr.[422] Im Einvernehmen mit dem Vorstand kann der Aufsichtsrat die Interne Revision beauftragen, bestimmte Prüfungen für den Aufsichtsrat vorzunehmen.[423] Mitwirkungen bei einer Inventur erfolgen höchstens stichprobenartig.[424]

Das Aufsichtsratsmitglied muss auf Basis der bereitgestellten Informationen in der Lage sein, sich ein eigenes Urteil zu bilden. Es darf sich nicht bedenkenlos auf Bewertungen des Vorstands, des Prüfungsverbands oder anderer Aufsichtsratsmitglieder verlassen. Die dem Aufsichtsrat zur Verfügung gestellten Informationen sind kritisch in Bezug auf Plausibilität, Vollständigkeit und Widersprüche zu prüfen. Bei Zweifeln oder besonderen Risikogeschäften wie Großkrediten, größeren Beteiligungen oder Fällen, in denen der Vorstand in der Vergangenheit unzuverlässig gehandelt hat, ist eine vertiefte Prüfung gegebenenfalls einhergehend mit einer höheren Sitzungshäufigkeit des Aufsichtsrats vorzunehmen.[425]

Kontrollmaßnahmen sind grundsätzlich gegenüber dem Vorstand und unter Umständen auch gegenüber einzelnen Vorstandsmitgliedern zulässig. Zu Aufsichtshandlungen gegenüber Mitarbeitern ist der Aufsichtsrat nicht berechtigt. Er kann lediglich kontrollieren, ob die Zuweisung von Aufgaben und Kompetenzen an Mitarbeiter zweckmäßig organisiert ist und der Vorstand seiner Personalführungsaufgabe nachkommt.[426]

Intern sind gesetzlich Informationswege zum Vorstand, zur Internen Revision, zum Risikocontrolling sowie zu den Compliance- und Geldwäschebeauftragten vorgesehen.[427] Externe Informationen erhält der Aufsichtsrat durch bei Bedarf hinzugezogene Sachverständige und insbesondere den (Abschluss-)Prüfer.

---

[422]   Vgl. LANG/WEIDMÜLLER (2019), § 38 Rn. 17 f. Zur Durchführung einer Inventur durch den Aufsichtsrat siehe LANG/WEIDMÜLLER (2019), § 38 Rn. 18a ff.

[423]   Vgl. LANG/WEIDMÜLLER (2019), § 38 Rn. 18; STERNBERG (2017), S. 31; FRANKENBERGER/GSCHREY/BAUER (2020), S. 148. Das Recht zum Durchführen von Bestandsprüfungen soll dem Aufsichtsrat eine umfassende Überwachung ermöglichen und hatte lange eine Existenzberechtigung. Es ist allgemein anerkannt, dass die direkte Einsichtnahme in Unterlagen und Bestände kein gängiges Verfahren der Unternehmenskontrolle mehr darstellt. Insbesondere die Prüfung einzelner Kreditengagements anhand der Akten sollte vom Aufsichtsrat weder erwartet noch verlangt werden (vgl. FRANKENBERGER/GSCHREY/BAUER (2020), S. 147). Da vielen Aufsichtsräten die Detailkenntnisse fehlen, würden sie sich angreifbar machen, sofern Sachverhalte der Bank geprüft und für einwandfrei befunden werden (vgl. STERNBERG (2017), S. 32).

[424]   Vgl. LANG/WEIDMÜLLER (2019), § 41 Rn. 19.

[425]   Vgl. LANG/WEIDMÜLLER (2019), § 38 Rn. 2.

[426]   Vgl. LANG/WEIDMÜLLER (2019), § 41 Rn. 25. Auch eine Überwachung der dem Vorstand unmittelbar nachgeordneten Organigrammebenen ist nicht zulässig (vgl. PAUTHNER/GHASSEMI-TABAR (2017), S. 21). Zur Zulässigkeit von Mitarbeiterbefragungen durch den Aufsichtsrat siehe FUHRMANN (2017).

[427]   Zur Informationsversorgung des Aufsichtsrats siehe OETKER (2009); SEIBT (2009); STÖHR (2012); RUHWEDEL (2012); LEYENS (2012); RUHWEDEL (2002), S. 160 ff.; LUTTER (1984); MÄDER (2006); THEISEN (2007); KÖSTLER/MÜLLER/SICK (2013), S. 243 ff.; BECKMANN (2009a). Empirisch zur Sonder- und Anforderungsberichterstattung an Aufsichtsrat siehe FISCHER/BECKMANN (2008). Zur Informationsversorgung durch den Geldwäschebeauftragten siehe BAFIN (2018a), S. 19. Zur Zusammenarbeit zwischen der Internen Revision und dem Aufsichtsrat siehe KURSATZ/GEBERT (2014); BOECKER/ZWIRNER (2013).

Die gesetzlich geregelte sowie in den Kodizes und Musterdokumenten vorgesehene Informationsversorgung des Aufsichtsrats wird mithilfe von Abb. 14 veranschaulicht. Vom Aufsichtsrat abgehende Pfeile stellen dabei keine Bringschuld des Gremiums, sondern vorgesehene Auskunftsanfragewege dar.

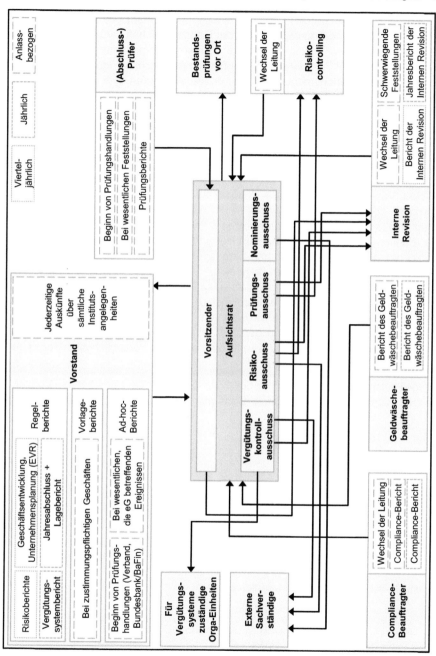

Abb. 14: Informationsversorgung des Aufsichtsrats[428]

---

[428] Quelle: Eigene Darstellung.

Neben dem Plenum können auch einzelne Aufsichtsratsmitglieder jederzeit Auskünfte über sämtliche Angelegenheiten der Genossenschaft verlangen. Diese werden jedoch nicht dem einzelnen Mitglied, sondern dem gesamten Aufsichtsrat zur Verfügung gestellt.[429] Innerhalb des Aufsichtsrats hat das Plenum ein uneingeschränktes Informationsrecht gegenüber den Ausschüssen.[430] Sofern Ausschüsse Auskunft bei einzelnen Funktionsträgern bzw. Abteilungen ersuchen, muss in der Regel der Vorstand darüber unterrichtet werden.[431]

Eine zentrale Rolle bei der Informationsversorgung des Aufsichtsrats nimmt der *Vorstand* ein.[432] Für eine ausreichende Informationsversorgung sind dabei sowohl der Vorstand als auch der Aufsichtsrat selbst in der Verantwortung.[433] Mangels konkreter Vorgaben existieren in der Praxis insbesondere in Bezug auf die periodischen Vorstandsberichte große Unterschiede.[434] Die Inhalte und teilweise auch Turnusse können institutsindividuell in der Satzung festgelegt werden.[435] Angelehnt an das AktG nennen beide Kodizes Schwerpunktbereiche wie die Strategie, die Planung oder die Geschäftsentwicklung.[436] In der kreditgenossenschaftlichen Praxis hat sich ein Berichtsschema herausgebildet, das häufig periodische Informationen zu folgenden Punkten beinhaltet:[437] unterjährige Entwicklungen von Bilanz- und GuV-Positionen wie beispielsweise Entwicklungen der Kundeneinlagen, der Verbindlichkeiten gegenüber Kreditinstituten, der Ertragslage oder der Eigenkapitalausstattung.[438] Vierteljährlich wird vom Vorstand auch über die Risikotragfähigkeit nebst Limit-Auslastung berichtet.[439] In Bezug auf den Jahresabschluss und Lagebericht ist der Vorstand verpflichtet, diesen unverzüglich nach der Erstellung dem Aufsichtsrat vorzulegen.[440]

Einige Berichte, wie beispielsweise der *Compliance*-Bericht sind über den Vorstand an den Aufsichtsrat weiterzuleiten. Dass planmäßig nicht nur jährliche, sondern

---

[429]   Vgl. § 38 Abs. 1 GenG.
[430]   Vgl. LANG/WEIDMÜLLER (2019), § 38 Rn. 52.
[431]   Vgl. § 25d Abs. 8 KWG; § 25d Abs. 9 KWG; § 25d Abs. 12 KWG.
[432]   Zum Informationsaustausch zwischen Aufsichtsrat und Vorstand siehe SCHOPPEN ET AL. (2014); ROTH (2004).
[433]   Vgl. SASSEN (2011), S. 431.
[434]   Ein detaillierter Berichtskatalog zur Konkretisierung der Bringschuld für den Vorstand, wie er in § 90 AktG geregelt ist, existiert für Genossenschaften nicht direkt. Es ist umstritten, ob die im AktG geregelte normative Informationsordnung analog für Genossenschaften anzuwenden ist (vgl. BEUT-HIEN/WOLFF/SCHÖPFLIN (2018), § 38 Rn. 5; HILKENBACH (2004), S. 81).
[435]   Vgl. FRANKENBERGER/GSCHREY/BAUER (2020), S. 122.
[436]   Vgl. Nr. 3.4 CGKG; Grundsatz 15 DCGK (2020). Zu den Herausforderungen bei der Beurteilung der Geschäftsstrategie siehe ALTENHAIN (2013b).
[437]   Vgl. FRANKENBERGER/GSCHREY/BAUER (2020), S. 122 f. Die turnusmäßige Berichterstattung schließt darüber hinaus die Geschäftsentwicklung etwaiger Tochtergesellschaften mit ein (vgl. FRANKENBER-GER/GSCHREY/BAUER (2020), S. 123). Zu weiteren Inhalten der einzelnen Berichte siehe GÖTZL (2013), S. 147.
[438]   Vgl. FRANKENBERGER/GSCHREY/BAUER (2020), S. 122 f. Zur konkreten Ausgestaltung der Berichte zur geschäftlichen Entwicklung und der Unternehmensplanung siehe LANG/WEIDMÜLLER (2019), § 38 Rn. 6.
[439]   Vgl. LANG/WEIDMÜLLER (2019), § 38 Rn. 5. Exemplarisch zum Risikobericht siehe REICHLE (2019a), S. 124 ff.
[440]   Vgl. § 33 Abs. 1 GenG.

auch Ad-hoc-Compliance-Berichte zu erstellen sind, ist sowohl in den MaRisk als auch den MaComp geregelt.[441]

Die Informationsversorgung durch den *Abschlussprüfer* ist ebenfalls von besonderer Bedeutung für den Aufsichtsrat, da sie unternehmens- und insbesondere vorstandsunabhängig ist.

Hinsichtlich der *formalen Anforderungen* ist in den MaRisk festgehalten, dass der Risikobericht in nachvollziehbarer, aussagefähiger Art und Weise zu verfassen ist und neben der Darstellung auch eine Beurteilung der Risikosituation zu enthalten hat.[442] Im CGKG ist zur Informationsweitergabe geschrieben, dass diese regelmäßig, zeitnah und umfassend erfolgen soll.[443] Empfohlen wird zudem, dass die regelmäßigen Berichte in Textform erfolgen sollten.[444]

Neben der dargestellten Informationsversorgung des Aufsichtsrats ist das Gremium auch selbst in der *Pflicht, Informationen weiterzugeben* bzw. zu berichten. Beispielsweise muss der Aufsichtsrat direkt den Vorstand informieren, sofern er selbst Mängel feststellt.[445] Darüber hinaus hat sich der Aufsichtsrat in der Generalversammlung, die über den Jahresabschluss beschließt, über wesentliche Feststellungen oder Beanstandungen des Prüfungsberichts zu erklären.[446]

Vor der Feststellung des Jahresabschlusses hat der Aufsichtsrat die Generalversammlung über seine Prüfung des Jahresabschlusses, des Lageberichts und der Vorschläge des Vorstands über die Gewinn- oder Verlustverteilung zu informieren.[447] Grundsätzlich sollte der *Bericht des Aufsichtsrats* auch Informationen über die Sitzungshäufigkeit des Gremiums sowie den Gegenstand und die Methoden seiner Prüfungsmaßnahmen enthalten.[448] Eine umfassende, begründete sowie wertende Berichterstattung ist insbesondere bei wegweisenden Vorstandsentscheidungen, wie beispielsweise Fusionsüberlegungen, oder bei wirtschaftlichen Schwierigkeiten des Instituts angebracht.[449] In der Praxis sind hingegen formelhafte Kurzberichte gängig, in denen konstatiert wird, dass der Aufsichtsrat den Jahresabschluss und den Lagebericht geprüft und für ordnungsgemäß befunden hat und dem Vorschlag zur Gewinnverwendung bzw. Verlustdeckung gefolgt wird.[450]

---

[441] Vgl. Besonderer Teil (BT) 1.2.2 Tz. 6 MaComp. Zu den Aufgaben des Aufsichtsrats im Rahmen interner Compliance-Untersuchungen siehe PAUTHNER/GHASSEMI-TABAR (2017).

[442] Vgl. BT 3.1 Tz. 5 MaRisk.

[443] Vgl. Nr. 3.4 CGKG.

[444] Vgl. KEßLER (2005), S. 13. Die Berichte sollten den Grundsätzen einer gewissenhaften und getreuen Rechenschaft entsprechen. Hierzu zählen das Gebot der Wahrheit, Vollständigkeit und Wesentlichkeit, das Gebot der zeitgerechten Berichtszustellung, das Gebot der intersubjektiven Nachprüfbarkeit, das Gebot der Klarheit und Übersichtlichkeit sowie das Gebot der Stetigkeit (vgl. DIEDERICHS/KIßLER (2008), S. 107). Zu weiteren formalen und inhaltlichen Anforderungen an die Berichterstattung siehe WELGE/EULERICH (2014), S. 309 ff.

[445] Vgl. LANG/WEIDMÜLLER (2019), § 38 Rn. 10.

[446] Vgl. § 59 Abs. 2 GenG.

[447] Vgl. LANG/WEIDMÜLLER (2019), § 38 Rn. 26; § 2 Abs. 3 Mustergeschäftsordnung des Aufsichtsrats zitiert nach FRANKENBERGER/GSCHREY/BAUER (2020), S. 337.

[448] Vgl. LANG/WEIDMÜLLER (2019), § 38 Rn. 26; BEUTHIEN/WOLFF/SCHÖPFLIN (2018), § 38 Rn. 5. Zum Bericht des Aufsichtsrats bei AGs siehe HENNKE (2015).

[449] Vgl. BEUTHIEN/WOLFF/SCHÖPFLIN (2018), § 38 Rn. 5; LANG/WEIDMÜLLER (2019), § 38 Rn. 26.

[450] Vgl. LANG/WEIDMÜLLER (2019), § 38 Rn. 26.

## Umfang der Überwachung

Der Aufsichtsrat muss Überwachungsmaßnahmen in dem Umfang durchführen, dass sichergestellt ist, dass die Geschäfte der Genossenschaft „ordnungsgemäß in Übereinstimmung mit den gesetzlichen und satzungsmäßigen Bestimmungen sowie nach anerkannten betriebswirtschaftlichen und branchenspezifischen Regeln geführt werden"[451]. Dem Aufsichtsrat ist es gestattet, Überwachungsschwerpunkte zu setzen, da nicht sämtliche Handlungen des Vorstands überwacht werden können. Der Schwerpunkt liegt meist auf den wichtigsten Geschäftsvorgängen wie beispielsweise Kreditprüfungen oder dem Risikomanagement.[452] Die konkreten Einzelheiten und der Umfang der Überwachungsmaßnahmen sind institutsindividuell festzulegen.[453] Da eine Totalkontrolle sämtlicher Vorstandsaktivitäten in der Praxis weder realisierbar noch sinnvoll ist,[454] wird eine systematische Stichprobenkontrolle als zulässig angesehen.[455]

## Inhalte der Überwachung

Zwingend vorgeschrieben ist die Prüfung

- des Jahresabschlusses,
- des Lageberichts und
- des Vorschlags zur Verwendung des Jahresüberschusses oder zur Deckung des Jahresfehlbetrags.[456]

Zu weiteren Prüfungen ist der Aufsichtsrat zwar berechtigt, jedoch nicht verpflichtet.[457] Die Überwachungstätigkeit erstreckt sich auf

- die Erfüllung der gesetzlichen und satzungsmäßigen Aufgaben, einschließlich der Erfüllung des Förderauftrags,[458]
- die Einhaltung der Geschäftsordnung,
- die Organisation der eG,[459]
- grundsätzliche unternehmerische Entscheidungen wie beispielsweise die allgemeine Geschäftspolitik, Unternehmensplanungen sowie die Finanz-, Investitions- oder Personalpolitik,[460]
- die laufende Geschäftsführung,[461]

---

[451]  LANG/WEIDMÜLLER (2019), § 38 Rn. 2.
[452]  Vgl. OLG DÜSSELDORF, Urteil vom 06.11.2014; LANG/WEIDMÜLLER (2019), § 41 Rn. 16.
[453]  Vgl. LANG/WEIDMÜLLER (2019), § 41 Rn. 19. Bei kleinen Genossenschaftsbanken führt die möglicherweise fehlende Börsengeschäftserfahrung des Vorstands zu einer besonderen Aufmerksamkeit des Aufsichtsrats bzw. zu einem Hinzuziehen eines externen Sachverständigen (vgl. LANG/WEIDMÜLLER (2019), § 41 Rn. 19).
[454]  Vgl. LANG/WEIDMÜLLER (2019), § 41 Rn. 23; WELGE/EULERICH (2014), S. 240.
[455]  Vgl. LANG/WEIDMÜLLER (2019), § 41 Rn. 19.
[456]  Vgl. § 38 Abs. 1 GenG.
[457]  Vgl. FRANKENBERGER/GSCHREY/BAUER (2020), S. 135.
[458]  Vgl. HÖHN (1981), S. 88 f.; LANG/WEIDMÜLLER (2019), § 38 Rn. 1; FRANKENBERGER/GSCHREY/BAUER (2020), S. 112. Zur Überprüfung des Förderauftrags siehe BEUTHIEN/HANRATH (2008).
[459]  Vgl. LANG/WEIDMÜLLER (2019), § 38 Rn. 1. Hierzu zählt, ob der Vorstand über „geeignete Regelungen zur Steuerung, Überwachung und Kontrolle der Risiken unter Einhaltung der gesetzlichen Bestimmungen sowie über angemessene Regelungen verfügt, anhand deren sich die finanzielle Lage des Unternehmens mit hinreichender Genauigkeit bestimmen lässt." (LANG/WEIDMÜLLER (2019), § 38 Rn. 1).
[460]  Vgl. LANG/WEIDMÜLLER (2019), § 38 Rn. 1; HÖHN (1981), S. 88 f.
[461]  Vgl. LANG/WEIDMÜLLER (2019); HÖHN (1981), S. 88 f.; FRANKENBERGER/GSCHREY/BAUER (2020), S. 113.

- die Wahrnehmung von Führungsaufgaben durch den Vorstand,[462]
- die Finanz-, Ertrags- und Vermögenslage,[463]
- rechtliche und geschäftliche Beziehungen der Genossenschaft zu Tochtergesellschaften,[464]
- das Kreditgeschäft,[465]
- die Risikostruktur der Genossenschaft[466] sowie
- das interne Kontrollsystem.[467]

Auf die Überwachung des Jahresabschlusses und Lageberichts, des Vorstands, der Compliance- und Risikocontrolling-Funktion sowie der Internen Revision, des Risikomanagements wie auch des Förderauftrags wird im Folgenden ausführlicher eingegangen.

Überwachung des Jahresabschlusses und Lageberichts

§ 38 Abs. 1 GenG schreibt die Überwachung durch Prüfung des Jahresabschlusses, des Lageberichts und der Vorschläge des Vorstands über die Gewinn- oder Verlustverteilung durch den Aufsichtsrat vor.[468] Der (erweiterte) *Jahresabschluss*, bestehend aus der Bilanz, der Gewinn- und Verlustrechnung sowie dem Anhang,[469] ist im Hinblick auf

- seine rechnerische Richtigkeit,
- die Einhaltung gesetzlicher Vorschriften sowie satzungsmäßiger Bestimmungen und
- die Anwendung der Grundsätze ordnungsgemäßer Bilanzierung zu überprüfen.[470]

Weiterhin ist zu untersuchen, ob der Vorstand bilanzpolitische Ermessensspielräume am Unternehmensinteresse ausgerichtet hat. Mit der Feststellung des Jahresabschlusses übernimmt der Aufsichtsrat die Mitverantwortung für dessen Recht- und Zweckmäßigkeit.[471]

---

[462] Vgl. LANG/WEIDMÜLLER (2019), § 38 Rn. 1; HÖHN (1981), S. 88 f.; FRANKENBERGER/GSCHREY/BAUER (2020), S. 113.

[463] Vgl. LANG/WEIDMÜLLER (2019), § 38 Rn. 1; LUTTER/KRIEGER/VERSE (2020), Rn. 89.

[464] Vgl. LANG/WEIDMÜLLER (2019), § 38 Rn. 1.

[465] Vgl. LANG/WEIDMÜLLER (2019), § 38 Rn. 1.

[466] Vgl. LANG/WEIDMÜLLER (2019), § 38 Rn. 1.

[467] Vgl. LANG/WEIDMÜLLER (2019), § 38 Rn. 1. Die Ausgestaltung des internen Kontrollsystems wird durch § 25a Abs. 1 Nr. 3 KWG konkretisiert.

[468] Vgl. § 38 Abs. 1 GenG. Der Aufsichtsrat hat die Möglichkeit, diese Aufgabe an einen Ausschuss oder einzelne Aufsichtsratsmitglieder zu übertragen, wobei dem Gesamtaufsichtsrat über das Ergebnis der Prüfung berichtet werden muss. Ein beschließender Ausschuss ist in diesem Zusammenhang nicht zulässig, da sich der Gesamtaufsichtsrat ein Urteil bilden und den Prüfungsbericht förmlich beschließen muss. Der Prüfungsbericht ist vom Aufsichtsratsvorsitzenden zudem eigenhändig zu unterzeichnen (vgl. LANG/WEIDMÜLLER (2019), § 38 Rn. 21; BGH, Urteil vom 21.06.2010).

[469] Vgl. § 336 Abs. 1 HGB; § 242 Abs. 3 HGB; § 289 HGB. „Für den Jahresabschluss gelten die Vorschriften der §§ 242 ff. HGB, soweit die §§ 336 ff. HGB nicht Sonderbestimmungen für eG enthalten." (LANG/WEIDMÜLLER (2019), § 38 Rn. 21).

[470] Vgl. LANG/WEIDMÜLLER (2019), § 38 Rn. 21.

[471] Vgl. KIEHNE (2012), S. 164; TEBBEN (2011), S. 14 ff.

Die Prüfungspflicht des Aufsichtsrats umfasst darüber hinaus den *Lagebericht*.[472] Dieser ist dahingehend zu prüfen, ob sowohl die gesetzlich als auch satzungsmäßig geforderten Inhalte enthalten sind, die Inhalte zutreffen und der Bericht so formuliert ist, dass die Generalversammlung verständlich über die tatsächlichen Verhältnisse der Genossenschaft informiert wird.[473]

Bei der Prüfung der Vorschläge des Vorstands über die *Gewinn- oder Verlustverteilung* muss der Aufsichtsrat wiederum prüfen, ob gesetzliche und satzungsmäßige Regelungen eingehalten wurden und ob die Vorschläge sowohl zweckmäßig als auch angemessen sind.[474]

Da sowohl der Jahresabschluss als auch der Lagebericht und der Vorschlag über die Gewinn- oder Verlustverteilung in der Regel bereits durch den jeweiligen Prüfungsverband in Bezug auf seine Gesetz- und Ordnungsmäßigkeit geprüft und mit einem Bestätigungsvermerk versehen wurden, kann sich der Aufsichtsrat auf eine kritische Würdigung des Prüfungsberichts beschränken. Dies gilt nicht, sofern der Bericht des Prüfungsverbands Feststellungen aufzeigt, die weitergehende Untersuchungen erfordern. Insgesamt sollte der Aufsichtsrat die Erläuterungen des Vorstands mit den Erkenntnissen aus dem Prüfungsbericht und den eigenen Ergebnissen der laufenden Überwachungen abgleichen und plausibilisieren.[475]

Im Gegensatz zu AGs ist der *Abschlussprüfer* für Genossenschaften nicht frei wählbar.[476] Genossenschaften werden Im Rahmen der Pflichtprüfung durch den jeweils zuständigen Prüfungsverband geprüft.[477] Das GenG formuliert umfangreiche Anforderungen an die Prüfungsverbände und die -verfahren.[478] Die Prüfung des Verbands umfasst die Feststellung der wirtschaftlichen Verhältnisse und die Ordnungsmäßigkeit der Geschäftsführung. Hierzu sind die Einrichtungen, die Vermögenslage sowie die Geschäftsführung zu prüfen.[479] Abschlussprüfer geben ein Urteil darüber ab, ob der Abschluss des geprüften Unternehmens ein den tatsächlichen Verhältnissen entsprechendes Bild vermittelt.[480] Die Aufsichtsratsmitglieder

---

[472]    Die Vorschriften des § 289 HGB sind gemäß § 336 Abs. 2 HGB auf Genossenschaften entsprechend anzuwenden. „Danach hat der Lagebericht ein den tatsächlichen Verhältnissen entsprechendes Bild der eG zu vermitteln. Er soll auch eingehen auf Vorgänge von besonderer Bedeutung nach Schluss des Geschäftsjahres, die voraussichtliche Entwicklung der eG sowie den Bereich von Forschung und Entwicklung." (LANG/WEIDMÜLLER (2019), § 38 Rn. 22).

[473]    Vgl. LANG/WEIDMÜLLER (2019), § 38 Rn. 22.

[474]    Vgl. LANG/WEIDMÜLLER (2019), § 38 Rn. 23; SCHUBERT/STEDER (1973), § 38 Rn. 67.

[475]    Vgl. LANG/WEIDMÜLLER (2019), § 38 Rn. 24; SCHUBERT/STEDER (1973), § 38 Rn. 60.

[476]    Vgl. § 55 GenG. Aufgrund dessen muss der Aufsichtsrat einer Genossenschaft beispielsweise weder die Unabhängigkeit des Abschlussprüfers sicherstellen noch auf eine angemessene Vergütung achten. Die Beachtung von Unabhängigkeitsregeln erfolgt durch den Verband selbst und ist regelmäßig Bestandteil der dortigen Qualitätskontrollen (vgl. § 63e GenG; § 63f GenG; § 63g GenG; LEUSCHNER (2005), S. 17). Bei Befangenheitsbedenken kann der Verband einen anderen Prüfungsverband mit der Prüfung beauftragen (vgl. § 55 Abs. 3 GenG). Zur Zusammenarbeit zwischen Abschlussprüfern und dem Aufsichtsrat siehe QANDIL (2014); MATTHEUS (1999); PROBST (2012); WASSERMANN/ROHDE (2012).

[477]    Vgl. § 54 GenG; § 55 GenG. Die Pflichtprüfung erfolgt mindestens in jedem zweiten Geschäftsjahr bzw. jährlich bei Genossenschaften mit einer Bilanzsumme größer 2 Mio. EUR (vgl. § 53 Abs. 1 GenG). Zur genossenschaftlichen Pflichtprüfung siehe auch KEßLER/KÜHNBERGER (2008); BÖSCHE (2008); QUICK (2018).

[478]    Vgl. VÖLKER (2010), S. 22.

[479]    Vgl. § 53 Abs. 1 GenG.

[480]    Vgl. EUROPÄISCHE KOMMISSION (2010b), S. 3.

können auf ihr Verlangen oder das des Prüfers zur Prüfung hinzugezogen werden.[481]

Für den Aufsichtsrat hat die Verbandsprüfung den Vorteil, dass der Jahresabschluss inklusive Lagebericht und Ergebnisverwendungsvorschlag bereits in Bezug auf seine Recht- und Ordnungsmäßigkeit geprüft wurde.[482] Der Aufsichtsrat wird bei seiner Überwachungstätigkeit somit entscheidend durch die genossenschaftliche Pflichtprüfung unterstützt.[483] Bei Fragen zur Rechnungslegung oder Einschätzungen zu kritischen Themen die Genossenschaft betreffend kann bzw. sollte auf die Expertise des Prüfers zurückgegriffen werden.[484] Jedes Aufsichtsratsmitglied hat zudem das Recht und die Pflicht, den Prüfungsbericht des Verbands zur Kenntnis zu nehmen.[485]

Die Prüfung des Aufsichtsrats baut auf der des Verbandsprüfers auf, bleibt jedoch eigenständig[486] und entbindet den Aufsichtsrat nicht von seiner eigenen Prüfungspflicht.[487] Da die Überwachungsaufgabe eine dauerhafte Aufgabe darstellt, kann sich der Aufsichtsrat daher nicht ausschließlich auf die jährlich bzw. alle zwei Jahre stattfindenden Prüfungen des Prüfungsverbands verlassen.[488] Darüber hinaus sind weitergehende Prüfungen insbesondere bei relevanten Feststellungen des Verbandsprüfers angebracht. Die Prüfung des Aufsichtsrats geht zudem inhaltlich über die des Verbandsprüfers hinaus, da beispielsweise die Zweckmäßigkeit bilanzpolitischer Ermessensentscheidungen des Vorstands kein für das Testat der Prüfung relevanter Tatbestand ist.[489] Sofern in den Prüfungsberichten negative Feststellungen getroffen werden, ist der Aufsichtsrat in der Pflicht, die Beseitigung der dort genannten Mängel zu verfolgen.[490]

---

[481]   Vgl. § 57 Abs. 2 GenG. Bei Feststellungen, bei denen der Prüfer sofortige Maßnahmen des Aufsichtsrats für notwendig erachtet, ist unverzüglich der Aufsichtsratsvorsitzende zu informieren (vgl. § 57 Abs. 3 GenG). Hierzu zählen Unregelmäßigkeiten, besondere Risiken oder deliktische Handlungen des Vorstands.

[482]   Vgl. FRANKENBERGER/GSCHREY/BAUER (2020), S. 138.

[483]   Vgl. HILKENBACH (2004), S. 45.

[484]   Vgl. KÖSTLER/MÜLLER/SICK (2013), S. 393 ff.; SASSEN (2011), S. 67; BUHLEIER/KROWAS (2010), S. 1170.

[485]   Vgl. § 58 Abs. 3 GenG. „Über das Ergebnis der Prüfung haben Vorstand und Aufsichtsrat der Genossenschaft in gemeinsamer Sitzung unverzüglich nach Eingang des Prüfungsberichts zu beraten." (§ 58 Abs. 4 GenG).

[486]   Vgl. BUHLEIER/KROWAS (2010), S. 1170.

[487]   Vgl. TEBBEN (2011), S. 14 ff.

[488]   Vgl. LANG/WEIDMÜLLER (2019), § 38 Rn. 2.

[489]   Vgl. TEBBEN (2011), S. 14 ff.

[490]   Vgl. LANG/WEIDMÜLLER (2019), § 38 Rn. 12. Sofern der Vorstand der Beseitigung der Mängel nicht nachkommt, können nach der Möglichkeit zur Stellungnahme und persönlichen Gesprächen unter anderem die Generalversammlung einberufen oder der Prüfungsverband informiert werden (vgl. LANG/WEIDMÜLLER (2019), § 41 Rn. 46 ff.). Seit 2018 ist der Aufsichtsrat dazu verpflichtet, angemessene Maßnahmen zur Behebung von Mängeln im *Wertpapierdienstleistungsgeschäft* zu ergreifen. Die durch MiFID II verankerte Pflicht verlangt vom Aufsichtsrat, dass diesbezügliche „Grundsätze, Vorkehrungen und Verfahren zu bewerten, regelmäßig zu überprüfen sowie angemessene Maßnahmen zur Behebung etwaiger Mängel zu ergreifen" (REICHLE (2019b), S. 41) sind. Der Aufsichtsrat muss sich daher auch mit den Ergebnissen der WpHG-Prüfung auseinander setzen (vgl. REICHLE (2019b), S. 41).

## Überwachung des Vorstands

Die Überwachungsaufgabe erstreckt sich des Weiteren auf direkte Handlungen des Vorstands. Unter anderem ist der Aufsichtsrat dazu veranlasst, Kompetenzüberschreitungen gezielt zu prüfen[491] und sicherzustellen, dass der Vorstand die nach der Satzung erforderliche Zustimmung des Aufsichtsrats beispielsweise bei Kreditzusagen eingeholt hat.[492]

## Überwachung der Compliance- und Risikocontrolling-Funktion sowie der Internen Revision

Dem Aufsichtsrat obliegt es, die in den MaRisk enthaltenen Vorgaben zur Internen Revision sowie zur Compliance- und Risikocontrolling-Funktion zu überwachen. Die Personalien sind jeweils mit dem Aufsichtsrat abzustimmen und die jährlichen bzw. anlassbezogenen Berichte kritisch zu prüfen.[493]

## Überwachung des Risikomanagements

Innerhalb der Aufsichtsratsaufgaben nimmt die Überwachung des *Risikomanagements* eine hervorgehobene Stellung ein.[494] Bei Banken zählt das Übernehmen von Risiken zum Kerngeschäft und trägt zum Erwirtschaften von Erträgen bei.[495] Verglichen mit Unternehmen, die nicht in den Anwendungsbereich des KWG fallen, sind die Anforderungen an das Risikomanagement für Banken wesentlich strenger und detaillierter geregelt.[496] Als Grundlage der Überwachungstätigkeit dienen diesbezüglich insbesondere die MaRisk und bei Genossenschaftsbanken zudem Sorgfaltspflichten nach dem Statut der genossenschaftlichen SICHERUNGSEINRICHTUNG.[497] Die Geschäftsorganisation muss ein „angemessenes und wirksames Risikomanagement umfassen, auf dessen Basis ein Institut die Risikotragfähigkeit laufend sicherzustellen hat"[498]. Zu einem wirksamen Risikomanagement zählt zudem die Einrichtung eines IKS, welches Elemente wie die Festlegung einer Geschäfts- und damit konsistenten Risikostrategie, aufbau- und ablauforganisatorische Regelungen sowie Risikosteuerungs- und -controllingprozesse umfasst.[499] Die Geschäftsführung ist verantwortlich für die Identifizierung, Bewertung, Steuerung sowie Überwachung sämtlicher und insbesondere der wesentlichen Risiken.[500] Die Aufgabe des Aufsichtsrats besteht darin, zu prüfen, ob der Vorstand diesen Verantwortlichkeiten nachkommt und adäquate Maßnahmen getroffen hat,

---

[491]   Vgl. LANG/WEIDMÜLLER (2019), § 41 Rn. 19.
[492]   Vgl. LANG/WEIDMÜLLER (2019), § 41 Rn. 20.
[493]   Vgl. APFELBACHER/METZNER (2013), S. 786.
[494]   Vgl. HÖLSCHER/DÄHNE (2015), S. 69. Zur Überwachung des Risikomanagements durch den Aufsichtsrat siehe EULERICH/LOHMANN (2019); BELLAVITE-HÖVERMANN (2009); WIEDEMANN/MENK (2013).
[495]   Vgl. PETERSEN (2014), S. 25.
[496]   Vgl. BAETGE/BUSCH/CAUERS (2016), S. 1118 ff. Im Aktienrecht finden sich insbesondere in § 91 Abs. 2 AktG sowie in § 107 Abs. 3 AktG Vorgaben für das Risikomanagement. Darüber hinaus wird in § 289 Abs. 5 und § 315 Abs. 2 HGB auf das Risikomanagement in Bezug auf die Berichterstattung im Lagebericht Bezug genommen.
[497]   Vgl. PETERSEN (2014), S. 25.
[498]   § 25a Abs. 1 KWG.
[499]   Vgl. BAETGE/BUSCH/CAUERS (2016), S. 1118; LANG/WEIDMÜLLER (2019), § 38 Rn. 1; § 25a Abs. 1 KWG. Die genannten Elemente des Risikomanagements werden in den MaRisk konkretisiert (vgl. MaRisk).
[500]   Vgl. BAETGE/BUSCH/CAUERS (2016), S. 1118 ff. Zu den wesentlichen Risiken zählen Marktpreisrisiken, Adressrisiken, Liquiditätsrisiken sowie operationelle Risiken (vgl. Allgemeiner Teil (AT) 2.2 MaRisk).

um existenzgefährdende Risikokonzentrationen und Gesamtrisiken zu vermeiden.[501] Im Idealfall sollte der Aufsichtsrat während seiner laufenden sowie vorausschauenden Überwachung einschätzen können, ob Transaktionen die Risikotragfähigkeit und somit den Fortbestand der Bank gefährden.[502] Die Einbindung des Aufsichtsrats umfasst die Ausgestaltung des Limitsystems auf Gesamtbankebene. Die Festlegung von Limiten auf der Einzelrisikoebene zählt hingegen nicht mehr zum Überwachungsauftrag.[503]

Überwachung des Förderauftrags

Aufgrund der Tatsache, dass die Förderung der Genossenschaftsmitglieder zur Geschäftsführung des Vorstands zählt, besteht in der Überwachung des Vorstands hinsichtlich der Verfolgung des Förderauftrags eine weitere Aufgabe des Aufsichtsrats.[504] Der Aufsichtsrat hat dafür Rechnung zu tragen, dass der Vorstand mitgliederorientiert handelt und die Mitgliederförderung bei der Geschäftsführung beachtet wird.[505] Auch im Prüfungsbericht der Verbandsprüfung ist Stellung dazu zu nehmen, ob und auf welche Weise die Genossenschaft im Prüfungszeitraum einen zulässigen Förderzweck verfolgt hat.[506]

**Abgabe einer nichtfinanziellen Erklärung**

Große kapitalmarktorientierte Unternehmen mit mehr als 500 Arbeitnehmern sind in der Pflicht, den Lagebericht um eine nichtfinanzielle Erklärung zu erweitern.[507] Diese Erklärung enthält Ausführungen sowohl zum Geschäftsmodell als auch zu Umwelt-, Arbeitnehmer- und Sozialbelangen sowie zu Menschenrechten und zur Bekämpfung von Korruption und Bestechung.[508] Da der Abschlussprüfer lediglich

---

[501]  Vgl. PETERSEN (2014), S. 25; AT 4.2 MaRisk.
[502]  Vgl. WIEDEMANN (2013), S. 1034.
[503]  Vgl. WIEDEMANN (2013), S. 1034. Dies wird damit begründet, dass die Festlegung von Einzelrisikolimiten operativ auf nachgelagerter Ebene erfolgen kann und nicht strategisch vorgegeben werden muss (vgl. BELLAVITE-HÖVERMANN (2009), S. 25). Bei etwaigen Unsicherheiten sollte die Berechnung der Risikotragfähigkeit im Risikoausschuss gegebenenfalls unter Hinzuziehung externer Berater kritisch überprüft werden. Über den üblicherweise einjährigen Risikobetrachtungszeitraum hinausgehend sollte der Aufsichtsrat zudem in den Kapitalplanungsprozess eingebunden sein (vgl. APFELBACHER/METZNER (2013), S. 785).
[504]  Vgl. LAMPRECHT/DONSCHEN (2006), S. 27; HILKENBACH (2004), S. 45. Aus § 1 GenG wird abgeleitet, dass der Aufsichtsrat und Vorstand zum Wohle des Unternehmens eng zusammenarbeiten und dabei den Förderauftrag berücksichtigen müssen (vgl. LEUSCHNER (2005), S. 11; LANG/WEIDMÜLLER (2019), § 41 Rn. 33).
[505]  Vgl. HILKENBACH (2004), S. 17. Sofern Vorstandsmitglieder durch gesetzwidriges Verhalten das Gemeinwohl gefährden oder der Zweck der Genossenschaft nicht auf die Förderung der Mitglieder ausgerichtet ist, kann der Aufsichtsrat eine Abberufung der Vorstandsmitglieder einleiten (vgl. SASSEN (2011), S. 16).
[506]  Vgl. § 58 Abs. 1 GenG.
[507]  Vgl. § 289b HGB i. V. m. § 267 Abs. 3 HGB; § 264d HGB. Die nichtfinanzielle Erklärung musste erstmalig für das Geschäftsjahr 2017 erstellt werden. Die Pflicht wurde durch das CSR-RUG unter anderem im HGB verankert. Zum Aufsichtsrat in Verbindung mit CSR siehe RUTER/SAHR (2007); RUTER (2012); KIRSCH/HUTER (2017), S. 1018 ff.; KIRSCH (2017), S. 371. Zur Nachhaltigkeit im Bankrecht siehe KRIMPHOVE (2019). Zum Aufsichtsrat von Kreditinstituten i. V. m. mit CSR siehe KRIEGER (2011). Zu CSR i. V. m. Kreditinstituten siehe MUTZ (2011).
[508]  Vgl. § 289c HGB. Die genannten Komponenten werden von dem Gesetzgeber jeweils durch Beispiele konkretisiert (vgl. § 289c HGB). Der Umfang bestimmt sich nach dem im § 289c Abs. 3 HGB verankerten Wesentlichkeitsgrundsatz (vgl. KIRSCH/HUTER (2017), S. 1018).

überprüft, ob eine nichtfinanzielle Erklärung abgegeben wurde,[509] obliegt die inhaltliche Prüfung der Recht-, Ordnungs- und Zweckmäßigkeit dem Aufsichtsrat.[510] Anders als bei der Prüfung des Jahresabschlusses sieht das Gesetz diesbezüglich somit keine Unterstützung des Aufsichtsrats durch den Abschlussprüfer vor.[511]

### Überwachung der Strategie

Neben der Überprüfung der vorgenannten Bereiche liegt in dem kritischen Hinterfragen der *strategischen Positionierung* eine weitere wesentliche Aufgabe des Aufsichtsrats.[512] Der Vorstand ist dazu angehalten, die strategische Ausrichtung der Genossenschaft mit dem Aufsichtsrat abzustimmen und den Stand der Strategieumsetzung in regelmäßigen Abständen zu erörtern.[513] In den MaRisk ist geregelt, dass Strategien sowie möglicherweise erforderliche Anpassungen der Strategie dem Aufsichtsrat zur Kenntnis zu geben und mit ihm zu erörtern sind. Bei Zielabweichungen ist auf die Ursachen einzugehen.[514] „Die Bankenaufsicht erwartet vom Aufsichtsrat Impulse, die eine nachhaltige Stabilität der Bank gewährleisten. Dabei sind die erwarteten Wirkungszusammenhänge zwischen den Wachstums-, Ertrags- und Risikobegrenzungszielen offenzulegen und alternative Strategien und Maßnahmen zu bewerten."[515] Im Fokus stehen die Geschäfts- und Risikostrategie.[516] Diese können durch weitere Strategien wie eine Informationstechnologie (IT)-Strategie, Auslagerungsstrategie, Vergütungsstrategie oder Handelsstrategie ergänzt werden.[517] Sämtliche Strategien sind vom Aufsichtsrat kritisch zu analysieren und die zugrunde liegenden Annahmen und Szenarien zu überprüfen.[518]

### Ausgestaltung der Beratung

Eine weitere Hauptaufgabe des Aufsichtsrats liegt in der *Beratung* des Vorstands. Bereits 1991 urteilte der BGH, dass die Überwachungsaufgabe des Aufsichtsrats auch die Pflicht enthält, den Vorstand in übergeordneten Unternehmensführungsfragen zu beraten.[519] Hierzu zählen beispielsweise sämtliche Entscheidungen, die von grundlegender Bedeutung für die Genossenschaft sind, sowie die Erörterung von (Risiko-)Strategien.[520]

### Personalkompetenz des Aufsichtsrats

Dem Grundsatz genossenschaftlicher Selbstverwaltung entsprechend wird der Vorstand gemäß § 24 Abs. 2 GenG von der Generalversammlung gewählt und ab-

---

[509]  Vgl. § 317 Abs. 2 HGB.
[510]  Vgl. § 38 Abs. 1b GenG; RICHTER/MATTHEUS (2019), S. 2.
[511]  Vgl. KIRSCH/HUTER (2017), S. 1017 f.
[512]  Vgl. LABBÉ (2018), S. 17. Zur konkreten Ausgestaltung einer Strategieüberprüfung durch den Aufsichtsrat siehe HIRT (2013).
[513]  Vgl. Nr. 3.2 CGKG.
[514]  Vgl. AT 4.2 Tz. 5 MaRisk.
[515]  PETERSEN (2014), S. 24.
[516]  Vgl. § 2 Abs. 2 Mustergeschäftsordnung des Aufsichtsrats zitiert nach FRANKENBERGER/GSCHREY/BAUER (2020), S. 336.
[517]  Vgl. BOOS/FISCHER/SCHULTE-MATTLER (2016), § 25d KWG Rn. 77 f. Zur Notwendigkeit einer Digital Governance und einer damit einhergehenden IT-(Risiko-)Strategie siehe HÖLSCHER (2017).
[518]  Vgl. APFELBACHER/METZNER (2013), S. 784.
[519]  Vgl. BGH, Urteil vom 25.03.1991.
[520]  Vgl. HÖLSCHER/DÄHNE (2015), S. 70; AT 4.2 Tz. 4 MaRisk.

berufen. Diese Rechte werden über die Satzung jedoch regelmäßig dem Aufsichtsrat übertragen.[521] Gemäß der Mustersatzung ist der Aufsichtsrat für die Bestellung und Abberufung des Vorstands sowie den Abschluss, die Änderung und die Beendigung von Dienstverträgen mit Vorstandsmitgliedern wie auch den Abschluss von Aufhebungsvereinbarungen zuständig.[522] Der Aufsichtsrat ist gegenüber dem Vorstand jedoch nicht weisungsbefugt.[523]

**Spezielle Rechte und Pflichten des Aufsichtsratsvorsitzenden**

Bei der Aufgabenwahrnehmung des Aufsichtsrats nimmt der *Aufsichtsratsvorsitzende* eine Schlüsselrolle ein und stellt einen zentralen Erfolgsfaktor der Aufsichtsratsarbeit dar.[524] Er ist weder Vorgesetzter oder den weiteren Aufsichtsratsmitgliedern gegenüber weisungsbefugt noch darf er für den Aufsichtsrat entscheiden. Vielmehr fungiert er als Sprecher bzw. Repräsentant des Aufsichtsrats und als Ansprechpartner des Vorstands und Prüfungsverbands.[525] Als solcher wird ihm der Beginn von Prüfungen angezeigt, der Prüfungsbericht vorgelegt und er unterrichtet, wenn Feststellungen des Prüfungsverbands sofortige Maßnahmen des Aufsichtsrats notwendig erscheinen lassen.[526] Der Aufsichtsratsvorsitzende bereitet die Sitzungen vor, beruft sie ein und ist für die Tagesordnung bzw. den Sitzungsablauf verantwortlich.[527] Durch die zeitliche und inhaltliche Steuerung der Kommunikation und Weitergabe von Informationen hat er maßgeblichen Einfluss auf die Effizienz und Effektivität des Gesamtgremiums.[528] Die jeweiligen Satzungen der Institute können dem Vorsitzenden weitere Aufgaben zuweisen.[529]

**Aufgaben der Ausschüsse**

Zur Beratung und Unterstützung des Gremiums können bzw. müssen verschiedene Ausschüsse gebildet werden, die mit Aufsichtsratsmitgliedern zu besetzen sind.[530] Während die Bildung von Ausschüssen für CRR-Institute von erheblicher Bedeutung verpflichtend ist, sind die weiteren Institute in der Pflicht, anhand definierter Kriterien regelmäßig zu überprüfen, ob eine Notwendigkeit zur Ausschussbildung besteht.[531] Abhängig von der Größe des Instituts, der internen Organisation

---

[521] Vgl. Keßler (2005), S. 13; Keßler (2014), S. 98.
[522] Vgl. § 18 Abs. 2 Alternative B Mustersatzung zitiert nach Frankenberger/Gschrey/Bauer (2020), S. 309. Zur personellen Besetzung des Vorstands durch den Aufsichtsrat siehe exemplarisch Grün/Schmitz (2012). Zur Aufgabe der Vergütung des Vorstands siehe Heinemann (2012).
[523] Vgl. Lang/Weidmüller (2019), § 38 Rn. 1; Hilkenbach (2004), S. 16 f.
[524] Vgl. Arbeitskreis Externe und Interne Überwachung der Unternehmung der Schmalenbach-Gesellschaft für Betriebswirtschaft e.V. (2018), S. 2195; Hönsch/Fischer/Kaspar (2017), S. 126. Zu den besonderen Aufgaben des Aufsichtsratsvorsitzenden siehe auch Frankenberger/Gschrey/Bauer (2020), S. 217 ff. Zu den besonderen Anforderungen und Best Practices zur Führung des Aufsichtsrats durch den Aufsichtsratsvorsitzenden siehe Arbeitskreis Externe und Interne Überwachung der Unternehmung der Schmalenbach-Gesellschaft für Betriebswirtschaft e.V. (2018).
[525] Vgl. Lang/Weidmüller (2019), § 36 Rn. 54.
[526] Vgl. § 57 GenG; § 58 GenG.
[527] Vgl. Frankenberger/Gschrey/Bauer (2020), S. 217 f.
[528] Vgl. Arbeitskreis Externe und Interne Überwachung der Unternehmung der Schmalenbach-Gesellschaft für Betriebswirtschaft e.V. (2018), S. 2195.
[529] Vgl. Lang/Weidmüller (2019), § 36 Rn. 56.
[530] Vgl. Lang/Weidmüller (2019), § 36 Rn. 43.
[531] Vgl. Ruhwedel (2016b), S. 72. Die Einrichtung von Ausschüssen dient sowohl der Effektivitäts- als auch der Effizienzsteigerung der Aufsichtsratstätigkeit und gilt als „Standard einer funktionsfähigen Unternehmensüberwachung" (Ruhwedel (2016b), S. 72). Erforderlicher Sachverstand kann gebün-

und der Art, des Umfangs, der Komplexität sowie dem Risikogehalt der Geschäfte kann auf Ausschüsse verzichtet werden.[532] Sofern keine Ausschüsse gebildet werden, müssen die insbesondere im KWG genannten Aufgaben vom Plenum übernommen werden.[533] Die Gesamtverantwortung des Aufsichtsrats wird durch die (Nicht-)Bildung von Ausschüssen nicht tangiert.[534]

Im Hinblick auf die Aufgabendelegierung kann zwischen beschließenden und beratenden Ausschüssen differenziert werden.[535] Beschließende Ausschüsse haben Entscheidungskompetenz und nehmen Aufgaben anstelle des Gremiums wahr, wobei der Umfang der zu delegierenden Aufgaben durch den Plenarvorbehalt eingeschränkt wird.[536]

Die Ausschussmitglieder müssen jeweils über die zur Erfüllung der Ausschussaufgaben notwendigen Kenntnisse, Fähigkeiten und Erfahrungen verfügen. Um den fachlichen Austausch und die Zusammenarbeit sicherzustellen, muss jeweils ein Ausschussmitglied einem weiteren Ausschuss angehören.[537]

Die in § 25d KWG genannten Ausführungen zu Aufsichtsratsausschüssen übertreffen die Vorgaben des GenG deutlich.[538] Tab. 14 veranschaulicht die in den jeweiligen Regelungsquellen thematisierten Ausschüsse.

|  | KWG | GenG | DCGK | CGKG |
|---|---|---|---|---|
| **Risikoausschuss** | § 25d Abs. 8 | - | - | - |
| **Prüfungsausschuss** | § 25d Abs. 9 | § 38 Abs. 1 a | D.3 | Nr. 5 |
| **Nominierungsausschuss** | § 25d Abs. 11 | - | D.5 | - |
| **Vergütungskontrollausschuss** | § 25d Abs. 12 | - | - | - |
| **Kreditausschuss** | - | - | - | - |

Tab. 14:    Mögliche Ausschüsse der verschiedenen Regelungsquellen[539]

---

delt werden (vgl. KPMG (2006), S. 10). Die Entscheidung für bzw. gegen die Einrichtung von Ausschüssen muss angemessen dokumentiert werden (vgl. BAFIN (2018b), S. 48), weswegen die Institute einem Begründungszwang unterliegen, sofern sie lediglich einen Teil bzw. keinen der Ausschüsse einrichten wollen (vgl. RUHWEDEL (2016b), S. 72). Zu Selbsteinschätzungskriterien bezüglich der Ausschussbildung bei Genossenschaftsbanken in Anlehnung an die Empfehlungen genossenschaftlicher Verbände siehe LOHS (2015).

532  Vgl. § 25d Abs. 7 KWG. Ein Geschäftsmodell gilt als einfach bzw. risikoarm, sofern der geografische Schwerpunkt der Geschäftstätigkeit des Instituts in Deutschland und inhaltlich im Einlagen- und Kreditgeschäft (und somit nicht im Handelsgeschäft) liegt (vgl. FRANKENBERGER/GSCHREY/BAUER (2020), S. 95; LANG/WEIDMÜLLER (2019), § 38 Rn. 41). Ein Verzicht zur Einrichtung von Ausschüssen erscheint beispielsweise sinnvoll, wenn das Gremium lediglich aus drei oder sechs Mitgliedern besteht. Die Bildung von Ausschüssen kann daher nicht generell als Best Practice angesehen werden (vgl. HILKENBACH (2004), S. 88).

533  Vgl. BAFIN (2018b), S. 49.

534  Vgl. LOHS (2015), S. 215; HILKENBACH (2004), S. 87. Ein Teilnahmerecht von Aufsichtsratsmitgliedern, die nicht dem Ausschuss angehören, gib es hingegen nicht (vgl. LANG/WEIDMÜLLER (2019), § 38 Rn. 52).

535  Vgl. § 4 Abs. 2 Mustergeschäftsordnung des Aufsichtsrats zitiert nach FRANKENBERGER/GSCHREY/BAUER (2020), S. 339.

536  Vgl. KPMG (2006), S. 11; FRANKENBERGER/GSCHREY/BAUER (2020), S. 90 f.

537  Vgl. § 25d Abs. 7 KWG. Obwohl Ausschüsse separat voneinander eingerichtet werden müssen, scheint es für kleine Gremien mit einer Gremiengröße von bis zu neun Mitgliedern vertretbar, dass Ausschüsse personenidentisch besetzt werden (vgl. RUHWEDEL (2016b), S. 75).

538  Vgl. HÖLSCHER/DÄHNE (2015), S. 70.

539  Quelle: Eigene Darstellung. Gemäß § 25d Abs. 10 KWG können der Risiko- und der Prüfungsausschuss zusammengefasst werden. In den MaRisk wird lediglich der Prüfungsausschuss thematisiert,

## Prüfungsausschuss

Ein Ausschuss, der in sämtlichen Regelungsquellen (mit leicht abweichendem Aufgabenprofil) thematisiert wird, ist der *Prüfungsausschuss*.[540] Gemäß § 25d Abs. 9 KWG obliegt ihm die Überwachung des Rechnungslegungsprozesses und der Wirksamkeit des Risikomanagementsystems, einschließlich internem Kontrollsystem und Interner Revision. Darüber hinaus überwacht der Ausschuss die Durchführung von Abschlussprüfungen und die zügige Behebung der vom Prüfer festgestellten Mängel.[541] Konkret zählt hierzu die Prüfung des Jahresabschlusses, des Lageberichts sowie des Vorschlags zur Ergebnisverwendung.[542]

Grundsätzlich fällt auch die Erarbeitung von Vorschlägen für die Bestellung eines Abschlussprüfers nebst seiner Vergütung in den Aufgabenbereich des Ausschusses.[543] Aufgrund des gesetzlichen Prüfungsauftrags der Genossenschaftsverbände und des nicht vertraglichen, sondern gesetzlichen Vergütungsanspruchs obliegt diese Aufgabe bei Genossenschaften nicht dem Prüfungsausschuss.[544]

Gemäß des DCGK soll der Prüfungsausschuss regelmäßig eine Beurteilung der Qualität der Abschlussprüfung vornehmen.[545] Im DCGK und CGKG wird darüber hinaus die Überwachung der Compliance als weitere Aufgabe genannt. Ein Unterschied im Hinblick auf die beiden Kodizes besteht darin, dass die Einrichtung eines Prüfungsausschusses gemäß DCGK empfohlen und gemäß CGKG lediglich angeregt wird.[546]

Der Prüfungsausschuss ist bei der Überwachung der genannten Bereiche zu einer eigenen Urteilsbildung verpflichtet und darf sich nicht ausschließlich auf die Unterstützung des Abschlussprüfers beziehen.[547] Der Rückgriff auf externe Hilfe und weiterführende Informationen durch interne Abteilungen wie der Internen Revision

---

jedoch kein Ausschuss gefordert. In § 3 der Mustergeschäftsordnung des Aufsichtsrats wird auf etwaige Kreditausschüsse Bezug genommen (vgl. FRANKENBERGER/GSCHREY/BAUER (2020), S. 337 ff.).

[540] Eine vergleichende Analyse zum Tätigkeitsprofil des Prüfungsausschusses liefern FREIDANK/VELTE (2010). Für weitergehende Informationen zum Prüfungsausschuss siehe SCHLITTER/KÜHNBERGER (2019); MEYER/MATTHEUS (2016); NONNENMACHER/WEMMER/WERDER (2016); LOHS (2015); ZIESENIß/HEIDE (2015); ARBEITSKREIS EXTERNE UNTERNEHMENSRECHNUNG/ARBEITSKREIS EXTERNE UND INTERNE ÜBERWACHUNG DER UNTERNEHMUNG DER SCHMALENBACH-GESELLSCHAFT FÜR BETRIEBSWIRTSCHAFT E.V (2009); VELTE (2009); QUICK/HÖLLER/KOPRIVICA (2008); ALTMEPPEN (2004); SCHÄFER (2004); GESELL (2011); FREIDANK/MÜLLER-BURMEISTER (2014); WARNCKE (2008); EIBELSHÄUSER (2011); WARNCKE (2010); WICKE/KAHL (2013). Der Aufgabenbereich des Prüfungsausschusses wurde durch das AReG maßgeblich ausgeweitet. Zu den Auswirkungen des AReG auf den Aufsichtsrat siehe STRENGER (2016); SCHMIDT (2016).

[541] Vgl. § 25d Abs. 9 KWG.

[542] Vgl. LANG/WEIDMÜLLER (2019), § 38 Rn. 41 ff.

[543] Vgl. § 25d Abs. 9 KWG.

[544] Das KWG greift nicht in das Gesellschaftsrecht ein. Dies betrifft beispielsweise Aufgaben von Ausschüssen, die gemäß dem jeweils einschlägigen Gesellschaftsrecht nicht in den Zuständigkeitsbereich des Aufsichtsrats fallen (vgl. BAFIN (2018b), S. 48). Der gesetzliche Prüfungsauftrag ist in § 54 GenG, der Vergütungsanspruch in § 61 GenG geregelt.

[545] Vgl. D.11 DCGK (2020). Bei AGs hat der Prüfungsausschuss darzulegen, welchen Beitrag er zur Sicherstellung der Qualität der Abschlussprüfung geleistet hat (vgl. MEYER/MATTHEUS (2016), S. 695 ff.).

[546] Vgl. D.3 DCGK (2020); Nr. 5.3.2 CGKG.

[547] Vgl. MEYER/MATTHEUS (2016), S. 695 ff.

ist hingegen zulässig.[548] Externe Hilfe kann bei Genossenschaften durch die Prüfungsverbände in Anspruch genommen werden, indem diese die Aufgaben des Prüfungsausschusses so weit vorbereiten, dass der Ausschuss bzw. Aufsichtsrat in die Lage versetzt wird, zu entscheiden, ob bzw. welche Maßnahmen ergriffen werden.[549]

Zur Bündelung von Kompetenzen und einer schnelleren Erledigung der Aufgaben, kann es die in § 41 GenG verankerte Sorgfaltspflicht bei größeren Genossenschaften gebieten, einen Prüfungsausschuss einzurichten. Sofern ein solcher Ausschuss eingerichtet wurde, sind die weiteren Aufsichtsratsmitglieder regelmäßig über Vorgänge von wesentlicher Bedeutung und bei Bedarf auch über laufende Vorgänge zu informieren.[550]

Risikoausschuss

Der Risikoausschuss beschäftigt sich insbesondere mit der Gesamtrisikobereitschaft und -strategie. Er berät das Plenum diesbezüglich und überwacht die Umsetzung. Eine weitere Aufgabe umfasst die Überwachung der Konditionen im Kundengeschäft dahingehend, dass sie mit dem Geschäftsmodell und der Risikostruktur übereinstimmen.[551]

Nominierungsausschuss

Die Ermittlung geeigneter Kandidaten für den Aufsichtsrat gehört sowohl gemäß dem KWG als auch dem DCGK zum Aufgabenspektrum des *Nominierungsausschusses*.[552] Im KWG ist darüber hinaus geregelt, dass der Aufsichtsrat auch Bewerber für die Besetzung der Vorstandsposten ermittelt.[553] Sowohl bei der Besetzung des Vorstands als auch des Aufsichtsrats hat der Ausschuss eine Stellenbeschreibung mit Bewerberprofil und dem voraussichtlichen Zeitaufwand des Mandats zu formulieren. Die Ausgewogenheit und Unterschiedlichkeit der Kenntnisse, Fähigkeiten und Erfahrungen müssen berücksichtigt werden. Zur Förderung der Vertretung des unterrepräsentierten Geschlechts im Gremium ist eine Zielsetzung sowie eine Strategie zur Erreichung der Zielsetzung zu erarbeiten. Eine weitere wichtige, noch zu erläuternde Aufgabe des Nominierungsausschusses liegt in der Durchführung einer Evaluierung des Vorstands sowie der eigenen Aufsichtsratstätigkeit in Form einer Selbstbeurteilung.[554]

---

[548]  Vgl. GESELL (2011), S. 396. Zur Zusammenarbeit von Interner Revision und Prüfungsausschuss siehe WARNCKE (2008).

[549]  Vgl. LANG/WEIDMÜLLER (2019), § 38 Rn. 53.

[550]  Vgl. LANG/WEIDMÜLLER (2019), § 38 Rn. 41 ff.

[551]  Vgl. § 25d Abs. 8 KWG. Exemplarisch zum Risikoausschuss siehe REICHLE (2019a), S. 54 ff.

[552]  Vgl. § 25d Abs. 11 KWG; D.5 DCGK (2020). Für eine empirische Untersuchung der Auswahlprozesse im Aufsichtsrat und seiner Ausschüsse bei börsennotierten Unternehmen siehe BARTH (2013).

[553]  Bei Unternehmen, die nicht dem KWG unterliegen, wird teilweise zwischen einem Nominierungsausschuss, der sich mit der Aufsichtsratsbesetzung beschäftigt, und einem Personalausschuss bzw. Ausschuss für Vorstandsangelegenheiten, der sich vornehmlich mit der Vorstandsbestellung und -vergütung auseinandersetzt, differenziert. Der Personalausschuss wird bei SICK/KÖSTLER umfänglich thematisiert (vgl. SICK/KÖSTLER (2012), S. 28).

[554]  Vgl. § 25d Abs. 11 KWG.

## Vergütungskontrollausschuss

Elementare Aufgabe des *Vergütungskontrollausschusses* ist die Überwachung der angemessenen Ausgestaltung der Vergütungssysteme von Vorstandsmitgliedern und Mitarbeitern, die wesentlichen Einfluss auf das Gesamtrisikoprofil haben. Zudem müssen die Auswirkungen der Vergütungssysteme auf das Risiko-, Kapital- und Liquiditätsmanagement und die langfristigen Interessen der Anteilseigner bewertet werden.[555] Insgesamt ist für die Vergütung des Vorstands allein der Aufsichtsrat zuständig, wobei die Gesamtrisikobereitschaft und -strategie des Instituts eine wesentliche Rolle spielen.[556]

## Kreditausschuss

Neben dem Prüfungsausschuss stellt der *Kreditausschuss* die am häufigsten eingerichtete Ausschussform bei Kreditgenossenschaften dar.[557] Die Aufgaben des Kreditausschusses umfassen unter anderem die Auseinandersetzung mit Problem- und Intensivkrediten sowie die regelmäßige Überprüfung von Kapitaldienstfähigkeitsberechnungen bedeutender Engagements.[558] Zudem kann die Entscheidung über Kreditgenehmigungen ab einer festgelegten Kredithöhe zu den Aufgaben zählen. Insbesondere aufgrund dieses zustimmungspflichtigen Geschäfts wird der Kreditausschuss meist als beschließender Ausschuss eingerichtet.[559]

## Weitere Ausschüsse

Darüber hinaus können Ausschüsse wie Strategie- oder Investitionsausschüsse eingerichtet werden.[560] Für Genossenschaften wird beispielsweise auch ein Ausschuss zur Förderauftragserfüllung vorgeschlagen.[561]

Neben den genannten Aufgaben können den Ausschüssen weitere Aufgaben übertragen werden, wobei der Delegierung Grenzen gesetzt sind.[562] Beispielsweise sind die Wahl eines Aufsichtsratsvorsitzenden oder die vorläufige Amtsenthebung eines Vorstandsmitglieds vom gesamten Gremium vorzunehmen.[563]

### Aufgabe der Selbstbeurteilung

Eine weitere Aufgabe des Nominierungsausschusses von CRR-Instituten mit erheblicher Bedeutung, die jedoch auch dem gesamten Gremium übertragen werden

---

[555] Vgl. § 25d Abs. 12 KWG. Die Kontrolle und die Ausgestaltung der Vergütungssysteme des Vorstands durch den Aufsichtsrat sind zudem in § 3 InstitutsVergV geregelt.

[556] Vgl. BAETGE/BUSCH/CAUERS (2016), S. 1118 ff. Die Angemessenheit der Höhe der Vorstandsgehälter ist zudem Gegenstand der Verbandsprüfung (vgl. LANG/WEIDMÜLLER (2019), § 38 Rn. 42).

[557] Vgl. FRANKENBERGER/GSCHREY/BAUER (2020), S. 89.

[558] Vgl. GLENK (2014), S. 669.

[559] Vgl. LANG/WEIDMÜLLER (2019), § 38 Rn. 45.

[560] Zum Strategieausschuss vgl. exemplarisch MÜLLER-STEWENS/SCHIMMER (2008).

[561] Vgl. HILKENBACH (2004), S. 89.

[562] Vgl. § 4 Mustergeschäftsordnung des Aufsichtsrats zitiert nach FRANKENBERGER/GSCHREY/BAUER (2020), S. 339. Zu weiteren Aufgaben der Ausschüsse siehe FRANKENBERGER/GSCHREY/BAUER (2020), S. 91 ff.; EBA (2017), S. 14 ff.; BASEL COMMITTEE ON BANKING SUPERVISION (BCBS) (2015), S. 16 ff.

[563] Vgl. FRANKENBERGER/GSCHREY/BAUER (2020), S. 90 f.; § 107 Abs. 3 Satz 2 AktG. Die vorläufige Amtsenthebung eines Vorstandsmitglieds ist in § 40 GenG geregelt.

kann, liegt in der Durchführung einer *Selbstbeurteilung* sowie einer Evaluierung des Vorstands.[564] Regelmäßig, jedoch mindestens jährlich sollen

- die Struktur, Größe, Zusammensetzung und Leistung des Vorstands sowie des Aufsichtsrats[565] und
- die Kenntnisse, Fähigkeiten und Erfahrung sowohl der einzelnen Vorstands- und Aufsichtsratsmitglieder als auch des jeweiligen Organs in seiner Gesamtheit bewertet werden.[566]

Die im KWG verankerte Selbstevaluierung entspricht der vormals als Effizienzprüfung, mittlerweile als Selbstbeurteilung titulierten Empfehlung des DCGK bzw. CGKG.[567] Gemäß des DCGK soll der Aufsichtsrat in diesem Zusammenhang beurteilen, wie wirksam das Gremium bzw. die Ausschüsse ihre Aufgaben erfüllen.[568]

Das KWG sieht grundsätzlich vor, dass sowohl die Evaluation des Vorstands als auch des Aufsichtsrats durch den Nominierungsausschuss vorgenommen werden. Die Delegierung der Aufsichtsratsevaluation an den Ausschuss birgt jedoch das Risiko, dass die Wirksamkeit und Akzeptanz der Evaluierung bei den nicht eingebundenen Aufsichtsratsmitgliedern abnehmen.[569] Im Gegensatz zum KWG ist eine Übertragung der Aufgabe im DCGK nicht vorgesehen.

Die Selbstevaluierung gilt als wichtiges Regulativ zur Optimierung der Aufsichtsratsarbeit und trägt dazu bei, dass das Risiko von Fehlentscheidungen reduziert wird.[570] Zum einen sollte die Einhaltung der wesentlichen rechtlichen Anforderungen, also die Gesetzmäßigkeit, überprüft werden. Zum anderen steht die Überprüfung der Zweckmäßigkeit im Fokus.[571] Da die Gesetzmäßigkeit weitgehend unter-

---

[564]   Für weitergehende Informationen zur Selbstbeurteilung siehe exemplarisch JASCHINSKI (2016); PAPENFUß/WERNER-SCHMOLLING/WOLFF (2016); HÖNSCH/KASPAR (2014); SEIBT (2003); FISCHHUBER (2008); STRIEDER (2007); LENTFER (2008); EBA/ESMA (2018), S. 33 ff.; HÖLSCHER (2013); THEISEN (2013); DEBUS (2010). Inhalte einer Selbstevaluierung nebst Fragebogen werden beispielsweise bei SEIBT (2003), STRIEDER (2007), DEBUS (2010) und FISCHHUBER/PREEN (2012) dargestellt.

[565]   Vgl. § 25d Abs. 11 Nr. 3 KWG. Zur Bewertung des Vorstands durch den Aufsichtsrat siehe ZIECHNAUS (2016b), S. 71 f.; RUHWEDEL (2014), S. 79 ff.

[566]   Vgl. § 25d Abs. 11 Nr. 4 KWG. Konkrete Anforderungen an die Kenntnisse, Fähigkeiten und Erfahrung werden in Kapitel B2.3.4 erläutert. Da die Eignung der Vorstands- und Aufsichtsratsmitglieder bereits im Rahmen der erstmaligen Bestellung bei der BAFIN bewertet und dokumentiert wird, ist eine vollständige Neubewertung an dieser Stelle nicht erforderlich. Aufgrund neuer Anforderungen aus der Weiterentwicklung der Geschäftstätigkeit resultierend ist jedoch ein Abgleich mit der Fachkompetenz der Gremienmitglieder empfehlenswert (vgl. RUHWEDEL (2014), S. 79 ff.).

[567]   Vgl. D.13 DCGK (2020); Nr. 5.6 CGKG. Da sich der CGKG an den DCGK (2015) anlehnt, wird die Aufgabe dort weiterhin als Effizienzprüfung bezeichnet. Der Begriff der Effizienzprüfung wurde als unglückliche Bezeichnung empfunden (vgl. MATTHEUS (2019), S. 160), da Effizienz als „Vermeidung von Unwirtschaftlichkeiten in Kosten und Zeit bei der Zielerreichung" (LITTKEMANN/DERFUß (2009), S. 62) verstanden wird. Darüber hinaus wurde der Begriff als unpassend angesehen, da der Aufsichtsrat auch Effektivitätsanforderungen zu erfüllen hat. Beispielsweise sollte der Aufsichtsrat in der Lage sein, seine Aufgaben effektiv durchzuführen und als Gruppe effektiv zusammenzuarbeiten (vgl. KIM/CANNELLA (2008), S. 283; FORBES/MILLIKEN (1999); FINKELSTEIN/MOONEY (2003). Eine Evaluierung des Vorstands ist in den beiden Kodizes nicht vorgesehen.

[568]   Vgl. D.13 DCGK (2020).

[569]   Vgl. RUHWEDEL (2014), S. 79 ff.

[570]   Vgl. BERGER/KRAMARSCH/WOLFF (2017), S. 172.

[571]   Vgl. HÖNSCH/KASPAR (2014), S. 380 f. DEBUS differenziert die Complianceprüfung, die sich auf die Gesetzeskonformität des Gesamtaufsichtsrats sowie der Ausschüsse bezieht, und die Performanceprüfung, die die Erfolgswirkung des Gesamtaufsichtsrats sowie der Ausschüsse betrifft (vgl. DEBUS (2010), S. 147).

stellt werden kann, liegt der Schwerpunkt auf der Überprüfung der Zweckmäßigkeit,[572] wobei in der Regel die Ablauf- und Prozessorganisation der Aufsichtsratstätigkeit im Fokus steht.[573] Das übergeordnete Ziel liegt in der Verbesserung der Aufsichtsratstätigkeit.[574] Insbesondere gilt es herauszufinden, ob der Aufsichtsrat seine Tätigkeit wirksamer oder bei gleicher Wirksamkeit unter Einsatz geringerer Mittel ausgestalten könnte.[575] Im Rahmen einer Selbstevaluierung können Aufsichtsräte die in Tab. 15 und Tab. 16 genannten Bereiche beurteilen bzw. zu diesen Stellung nehmen, sodass in der Folge Soll-Ist-Analysen vorgenommen werden können.[576]

---

[572]   Vgl. HÖNSCH/KASPAR (2014), S. 380 f.
[573]   Vgl. SCHICHOLD/KAMPSCHULTE/ALBRECHT (2017), S. 8.
[574]   Vgl. FISCHHUBER/PREEN (2012), S. 405.
[575]   Vgl. HÖNSCH/KASPAR (2014), S. 381; SEIBT (2003), S. 2107 ff.
[576]   Vgl. FISCHHUBER/PREEN (2012), S. 405. Die in Tab. 15 und Tab. 16 genannten Kriterien stellen keine abschließende Auflistung dar. Sie umfassen jedoch die wesentlichen Bereiche einer Selbstevaluierung. Zudem wurde der Fokus auf Kriterien der Zweckmäßigkeit gelegt. Die strukturellen, organisationalen, persönlichen sowie fachlichen Anforderungen des Aufsichtsrats an die Gesetzmäßigkeit sind Bestandteile der beiden folgenden Kapitel (Kapitel B2.3.3 und Kapitel B2.3.4).

| Allgemein | Ausschüsse |
|---|---|
| 1 Existenz einer Geschäftsordnung zur Definition der Tätigkeiten und Aufgaben des AR | 34 Größe der Ausschüsse |
| 2 Sinnvolle und praktikable Geschäftsordnung | 35 Einrichtung von Ausschüssen |
| 3 Regelmäßige Überprüfung der Geschäftsordnung | 36 Ablauf der Besetzung von Ausschüssen |
| 4 Zufriedenheit mit der Arbeit des Gremiums im Allgemeinen | 37 Zusammensetzung von Ausschüssen |
| 5 Langfristige Überprüfungen von Entscheidungen | 38 Sachgerechte Aufteilung der Aufgaben zwischen Plenum und Ausschüssen |
| 6 Existenz eines Compliance-Beauftragten/-Ausschusses zur Sicherstellung der Einhaltung gesetzlicher Regelungen | 39 Kompetente Besetzung der Ausschüsse |
| | 40 Verbleib ausreichender Entscheidungsbefugnisse beim Plenum |
| 7 Beurteilung der Gremiengröße | **AR-Vorsitzender** |
| **Wahl** | 41 Branchenkompetenz des AR-Vorsitzenden |
| 8 Wahl erfolgt aufgrund objektiver/überprüfbarer Kriterien (fachliche Eignung, zeitliche Verfügbarkeit etc.) | 42 Verhältnis des AR-Vorsitzenden zum Vorstand(svorsitzenden) |
| 9 Existenz von Altersgrenzen | 43 Wahl des AR-Vorsitzenden nach überprüfbaren Kriterien (fachliche Eignung, zeitliche Verfügbarkeit etc.) |
| 10 Geschäftsbeziehungen stellen kein wichtiges Kriterium der Auswahl der AR-Mitglieder der Anteilseigner dar | **Vergütung** |
| 11 Berücksichtigung von Interessenkonflikten bei der Auswahl neuer AR | 44 Höhe der Vergütung |
| | 45 Vergütung ist dem Arbeits-/Aufwands-Verhältnis angemessen |
| **Sitzungen** | **Zusammensetzung** |
| 12 Ablauf von Gremiumssitzungen | 46 Vielfalt |
| 13 Anzahl ordentlicher Sitzungen | 47 Expertise im Allgemeinen |
| 14 Frequenz von Sitzungen | 48 Branchenexpertise |
| 15 Dauer von Sitzungen | 49 Fachliche Diversität im AR |
| 16 Teilnehmerquote/Effekte der Abwesenheit einzelner Mitglieder | 50 Demografische Diversität des AR |
| | 51 Berufliche Diversität |
| 17 (Ausreichende) Vorbereitung der AR-Mitglieder auf die Sitzungen | 52 Ausgewogene, auf das Unternehmen ausgerichtete Besetzung |
| **AR-Mitglieder** | 53 Abbildung der Mitgliederstruktur der Kredit- genossenschaft |
| 18 Die AR-Mitglieder werden der zeitlichen Intensität der Wahrnehmung des Mandats gerecht | **Interessenkonflikte** |
| 19 AR-Mitglieder sind gegenüber dem Vorstand unabhängig | 54 Existenz von Regeln zur Vermeidung und Behandlung von Interessenkonflikten |
| 20 AR-Mitglieder sind unabhängig von anderen Unternehmen | 55 Sicherstellung, dass AR-Mitglieder den AR- Vorsitzenden über bestehende/drohende Interessenkonflikte informieren |
| 21 Verhältnis zu AR-Kollegen | |
| 22 Ausreichende Nutzung der Kompetenz der Mitglieder | 56 Sicherstellung, dass das betreffende AR-Mitglied bei Interessenkonflikten nicht an der Diskussion und Abstimmung über den betreffenden Sachverhalt teilnimmt |
| 23 AR-Mitglieder haben angemessene Kenntnisse bzgl. der Verfahren und Kriterien zur Risikovermeidung | |
| **Zusammenarbeit/Kommunikation** | |
| 24 Zusammenarbeit mit den Abschlussprüfern | **Diskussions-/Entscheidungskultur** |
| 25 Zusammenarbeit innerhalb des Gremiums | 57 (Bewertung der) Qualität der Diskussion im AR |
| 26 Zusammenarbeit mit der Internen Revision | 58 Argumentationskultur innerhalb des AR |
| 27 Zusammenarbeit zwischen Mitgliedervertretern und Arbeitnehmervertretern | 59 Kritik und abweichende Positionen werden konstruktiv aufgenommen |
| **28 Zusammenarbeit mit dem Vorstand** | 60 Beteiligung der AR-Mitglieder an Diskussionen |
| 29 Der AR gibt dem Vorstand ein offenes und ehrliches Feedback hinsichtlich der Vorstandsarbeit | 61 Ergebnisorientierte Diskussionen |
| 30 Der Vorstand antwortet auf Fragen des AR umfassend und präzise | 62 Ergebnisoffene Diskussionen |
| | 63 Zielführende Diskussionen |
| 31 Der Vorstand steht ausreichend oft für mündliche Konsultationen zur Verfügung | 64 Bei Entscheidungsvorschlägen des Vorstands berät der AR auch über Alternativen |
| 32 Zusammenwirken von Vorstand und AR bei der Strategiefestlegung | 65 Unterschiedliche Perspektiven und Sichtweisen werden besprochen |
| 33 Offenheit bei gemeinsamen Sitzungen von Vorstand und AR | 66 AR-Mitglieder sind voneinander unabhängig |
| | 67 AR-Mitglieder sind nicht weisungsgebunden |

Tab. 15:    Mögliche Kriterien einer Selbstevaluierung – Teil I[577]

---

[577]    Quelle: Eigene Darstellung in Anlehnung an HÖNSCH/KASPAR (2014), S. 380 f.; ZIECHNAUS (2016b), S. 71; FISCHHUBER/PREEN (2012), S. 404 f.; FISCHHUBER (2008), S. 79; SMEND (2008), S. 121; RUHWE-DEL (2014), S. 79 ff. Inhaltliche Überschneidungen bestehen zwischen den Bereichen der Zusammen-arbeit/Kommunikation und Informationsmanagement/-versorgung. Kriterien des Risikomanagements

| Informationsmanagement/-versorgung | Inhaltsbezogen |
|---|---|
| **Allgemein** | **Zustimmungspflichtige Geschäfte** |
| 68 Aussagekräftige Informationen | 89 Beurteilung des in der Satzung und der Geschäfts- |
| 69 Verständliche Aufbereitung | ordnung festgelegten Katalogs zustimmungspflichtiger |
| 70 Wesentliche Informationen in schriftlicher Form | Geschäfte |
| 71 Rechtzeitige zur Zurverfügungstellung von Informa- | 90 Regelmäßige Überprüfung und Anpassung des |
| tionen | Katalogs zustimmungspflichtiger Geschäfte |
| 72 Informationen tragen zu ausreichender Sitzungs- | 91 Zufriedenheit mit Umfang der zustimmungspflichtigen |
| vorbereitung bei | Geschäfte |
| 73 Zeitnahe Informationen | **Geschäftspolitik** |
| 74 Genügend Zeit, um Informationen vor den Sitzungen zu | 92 Wahrnehmung der Kontrollfunktion |
| prüfen | 93 Wahrnehmung der Funktion als Frühwarnsystem |
| 75 Umfassender Einblick in die Geschäftstätigkeit der | 94 Effektive Beratung des Vorstands zu Unterneh- |
| Bank | mensstrategien |
| 76 Regelmäßige Information über relevante gesetzliche | 95 Prüfung von Jahresabschluss, Lagebericht und |
| Änderungen | Gewinnverwendungsvorschlag |
| 77 Umfassende Information über die Risikolage der Bank | 96 Einbindung in die Geschäftsplanung und -entwicklung |
| 78 Mindestens quartalsmäßig Bereitstellung standar- | 97 Überwachung der Abschlussprüfung |
| disierter schriftlicher Berichte über die wirtschaftliche | 98 Überwachung der Wirksamkeit des internen |
| Lage des Unternehmens | Kontrollsystems |
| 79 Jahresabschluss und Prüfungsberichte liegen | **Personalmanagement** |
| mindestens zwei Wochen vor der Beschlussfassung vor | 99 Bestellung und Abberufung der Vorstände |
| **Vorstand** | 100 Leistungsbeurteilung der Vorstände |
| 80 AR fordert aktiv Informationen vom Vorstand ein | 101 Festlegung von Höhe und Struktur der Vorstands- |
| | bezüge |
| 81 Informationsversorgung durch den Vorstand | 102 Gewährung von Krediten an Vorstände |
| 82 Informationsversorgung zwischen Vorstand und AR | **Risikomanagement** |
| 83 Der AR wird ausreichend durch den Vorstand informiert | 103 Information über die Risikolage durch den Vorstand |
| 84 Die Informationen des Vorstands werden dem AR | 104 Kommunikation des AR mit Geschäftsleitungs- |
| rechtzeitig vor den Sitzungen zur Verfügung gestellt | mitgliedern außerhalb des Vorstands (z. B. Leiter |
| **Im Gremium** | interne Revision, Rechts- oder Steuerabteilung) zur Ver- |
| 85 Informationsversorgung zwischen Ausschüssen und | meidung potentieller Risiken |
| Plenum | 105 Kenntnisse der AR-Mitglieder bzgl. der Verfahren und |
| 86 Gleichwertiger Informationsstand von Mitglieder- und | Kriterien zur Risikovermeidung |
| Arbeitnehmervertretern | 106 Kenntnisse der AR-Mitglieder hinsichtlich der typischen |
| 87 Informationsaustausch innerhalb des AR | bestandsgefährdenden Risiken |
| **AR-Vorsitzender** | 107 Informationslage der AR-Mitglieder bzgl. der geplanten |
| 88 Informationsversorgung zwischen AR-Vorsitzendem | Maßnahmen des Vorstands hinsichtlich der |
| und Plenum (rechtzeitig, regelmäßig und ausreichend) | Risikovermeidung |

Tab. 16:    Mögliche Kriterien einer Selbstevaluierung – Teil II[578]

Unklarheit besteht über konkrete Kriterien, mit denen die im KWG geforderte *Struktur* und *Leistung* des Aufsichtsrats bewertet werden können. Als mögliche Kriterien zur Bewertung der Struktur gelten die Rolle des Aufsichtsrats- sowie der Ausschussvorsitzenden, die Ausschussbildung und auch die Zusammenarbeit mit anderen Instanzen.[579] Da der Einfluss des Aufsichtsrats auf ein Unternehmen schwer zu bewerten ist, umfasst die Beurteilung der Leistung unter anderem Aspekte wie die inhaltliche und zeitliche Gewichtung der einzelnen Aufgaben, den Beitrag des Gremiums zur Strategiefindung und -umsetzung sowie die Intensität und Qualität der Diskussionen. Obwohl die Leistungsbeurteilung nicht auf individueller Ebene

---

sind auch bei dem Bereich Informationsmanagement/-versorgung sowie bei den AR-Mitgliedern zu finden.

[578] Quelle: Eigene Darstellung in Anlehnung an Hönsch/Kaspar (2014), S. 380 f.; Ziechnaus (2016b), S. 71; Fischhuber/Preen (2012), S. 404 f.; Fischhuber (2008), S. 79; Smend (2008), S. 121; Ruhwedel (2014), S. 79 ff. Inhaltliche Überschneidungen bestehen zwischen den Bereichen der Zusammenarbeit/Kommunikation und Informationsmanagement/-versorgung. Kriterien des Risikomanagements sind auch bei dem Bereich Informationsmanagement/-versorgung sowie bei den AR-Mitgliedern zu finden.

[579] Vgl. Hönsch/Kaspar (2014), S. 380 f.

erfolgt, hängt die Leistung des Gremiums entscheidend von den einzelnen Aufsichtsratsmitgliedern ab. Bei der Bewertung der Kenntnisse, Fähigkeiten und Erfahrung gemäß § 25d Abs. 11 Nr. 4 KWG muss insbesondere überprüft werden, ob das Aufsichtsratsmitglied weiterhin dem bei der Bestellung des Mitglieds erstellten Stellungsprofil entspricht.[580]

Beim Ablauf einer Selbstevaluierung werden in der Regel die in Abb. 15 genannten Schritte durchlaufen:

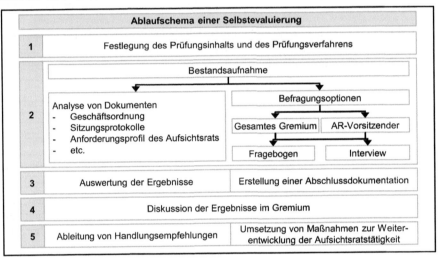

Abb. 15:    Ablaufschema einer Selbstevaluierung des Aufsichtsrats[581]

Die Wahl der Methode hat erheblichen Einfluss auf das Resultat der Prüfung. Bei einer Selbstbeurteilung durch den Aufsichtsratsvorsitzenden führt dieser Gespräche mit den Gremienmitgliedern bzw. gegebenenfalls Externen und zieht daraus ein Fazit. Das Ergebnis führt jedoch regelmäßig zu einer Bestätigung seiner Arbeit, da Kritikpunkte bei dieser Methode nur selten offen geäußert werden.[582] Um möglichst neutrale Einschätzungen zu erhalten und das Ansprechen von Defiziten und Kritikpunkten zu fördern, können sowohl bei der Befragung durch Interviews als auch bei der Auswertung von Fragebögen externe Berater eingebunden werden.[583] Je spezifischer ein Fragebogen oder Interview auf das Unternehmen ausgerichtet ist, desto höher ist in der Regel die Akzeptanz bei den Gremienmitgliedern und damit einhergehend auch die Aussagekraft der Ergebnisse.[584] Unternehmen, die

---

[580]    Vgl. HÖNSCH/KASPAR (2014), S. 380 f. Konkrete Anforderungen an die Kenntnisse, Fähigkeiten und Erfahrung werden in Kapitel B2.3.4 erläutert.

[581]    Quelle: Eigene Darstellung in Anlehnung an RUHWEDEL (2014), S. 79 ff.; STEFFEN/SICK/WOLFF (2013), S. 179; SICK (2011), S. 23. „Über Verfahren, Prüfungsgegenstand, Prüfungsinhalt und Ergebnisverwendung entscheidet das Gesamtgremium durch Beschluss mit einfacher Mehrheit der abgegebenen Stimmen." (FISCHHUBER/PREEN (2012), S. 404).

[582]    Vgl. SCHILLING (2007).

[583]    Vgl. SCHILLING (2007); SMEND (2008), S. 121. Zur externen Evaluierung siehe auch MAHLERT (2014), S. 106; FLEISCHER (2011).

[584]    Vgl. RUHWEDEL (2014), S. 79 ff.

dem AktG unterliegen, müssen in der Erklärung zur Unternehmensführung berichten, ob und wie die Selbstevaluierung durchgeführt wurde. Die Ergebnisse der Evaluierung gelten hingegen als vertraulich.[585]

## Haftung

*Verletzungen der Sorgfaltspflicht* können für Aufsichtsräte sowohl zu schuldrechtlichen als auch zu strafrechtlichen Konsequenzen führen.[586] „Aufsichtsratsmitglieder haften persönlich und gesamtschuldnerisch gegenüber der eG [und deren Gläubigern], wenn sie durch rechtswidriges, schuldhaftes Verhalten die eG schädigen."[587] Durch diese sogenannte Business Judgment Rule wird die *Haftung* der Aufsichtsräte somit auf schuldhaft rechtswidriges Verhalten beschränkt und die Mandatsträger werden, sofern keine Sorgfaltspflichtverletzung vorliegt, trotz zu Schäden führender Fehlentscheidungen haftungsfrei gestellt.[588]

Den Aufsichtsratsmitgliedern obliegt die Aufsichts- bzw. Kontrollverantwortung, weswegen die Sorgfaltspflicht und Haftung an dieser Verantwortung gemessen werden.[589] Arbeitnehmervertreter unterliegen derselben Sorgfaltspflicht wie Anteilseignervertreter.[590] Durch schuldhaft rechtswidriges Verhalten verletzte Aufsichtsratspflichten führen dazu, dass die Aufsichtsratsmitglieder als Gesamtschuldner zum Ersatz des daraus entstehenden Schadens verpflichtet sind.[591] Zur Entlastung müssen Entscheidungen in Protokollen angemessen dokumentiert werden.[592]

Eine (unzulässige) Sorgfaltspflichtverletzung ist von einer (zulässigen) unternehmerischen Ermessensentscheidung durch die folgenden fünf Aspekte zu unterscheiden:[593]

---

[585] Vgl. MATTHEUS (2019), S. 160.

[586] Vgl. LANG/WEIDMÜLLER (2019), § 41 Rn. 50 ff. Zur Sorgfaltspflicht und Verantwortlichkeit vgl. § 41 GenG i. V. m. § 34 GenG. Zur Konkretisierung der Sorgfaltspflicht und Verantwortlichkeit siehe Abb. 16.

[587] LANG/WEIDMÜLLER (2019), § 41 Rn. 1. Zur Haftung von Aufsichtsräten siehe auch STROHN (2019); RICHTER (2017); SCHWERDTFEGER (2016); MESCH (2015); GLENK/HOFMANN (2014); BINZ/SORG (2004); FLEISCHER (2004); HEGNON (2004); SCHMITTMANN (2012a); BAALEN/KRÜGER/MÖHLMANN-MAHLAU (2019); FREUND (2010); FISSENEWERT (2013); HABBE/KÖSTER (2011); MÖLLERS (2009); ZAUM-SEIL (2012); HAMBLOCH-GESINN (2012); FRANKENBERGER/GSCHREY/BAUER (2020), S. 247 ff.; DORALT/DORALT (2013); ALTENHAIN (2013a); LINNEBACHER/SITZENFREI (2004); KRIEGER/SCHNEIDER (2017). Speziell zur Organhaftung in der Genossenschaft siehe WEBER (2017).

[588] Die Regelung wurde 2005 in § 93 AktG verankert und gilt sinngemäß für sämtliche andere Rechtsformen (vgl. RICHTER (2017), S. 42). Sie wird auch als Geschäfts-Beurteilungs-Regel oder Unternehmensleitregel bezeichnet (vgl. LANG/WEIDMÜLLER (2019), § 41 Rn. 50b).

[589] Vgl. LANG/WEIDMÜLLER (2019), § 41 Rn. 50 ff.

[590] Vgl. LANG/WEIDMÜLLER (2019), § 41 Rn. 3.

[591] Vgl. § 41 GenG i. V. m. § 34 Abs. 2 GenG; LANG/WEIDMÜLLER (2019), § 41 Rn. 50. Ein Schadensersatzanspruch ist ausgeschlossen, sofern „der gleiche Schaden auch bei Beachtung aller Sorgfalt eingetreten wäre"(LANG/WEIDMÜLLER (2019), § 41 Rn. 50a). Insbesondere fahrlässige Pflichtverletzungen können durch D&O-Versicherungen abgesichert werden. Zu D&O-Versicherungen für Aufsichtsratsmitglieder siehe FISSENEWERT (2012).

[592] Bei kontroversen Diskussionen wird ein Wortprotokoll empfohlen, während bei einstimmigen Entscheidung meist ein Ergebnisprotokoll als ausreichend angesehen wird (vgl. LANG/WEIDMÜLLER (2019), § 41 Rn. 50b).

[593] Vgl. HARTMANN/ROMEIKE (2015), S. 227 ff.; LANG/WEIDMÜLLER (2019), § 41 Rn. 50b; LÖBBE/FISCH-BACH (2014), S. 717 ff.

1. „Liegt eine (strategische/bedeutende operative) Geschäftsentscheidung mit Ermessensspielraum vor (z. B. nicht Einhaltung von Compliance-Vorschriften, da kein Ermessensspielraum)?
2. Erfolgt diese Entscheidung zum Wohle der eG?
3. Geht der [...] [Aufsichtsrat bei zustimmungsbedürftigen Angelegenheiten] kein unverhältnismäßig hohes Risiko ein?
4. Erfolgt die Entscheidung auf der Basis ausreichender Informationen?
5. Besteht für das an der Entscheidung mitwirkende Organmitglied ein Interessenkonflikt? Andernfalls hat es sich der Stimme zu enthalten."[594]

Schuldrechtliche Konsequenzen ergeben sich exemplarisch bei

- nicht gerechtfertigter Gewinnausschüttung,
- Hinnahme einer ungewöhnlichen Verzögerung des Jahresabschlusses,
- unzureichender Prüfung des Jahresabschlusses und des Lageberichts,
- nicht unverzüglicher Prüfung von existenzgefährdenden Geschäften, sofern ein Hinweis diesbezüglich vorliegt,
- Verletzung der Berichtspflicht gegenüber der Generalversammlung,
- Vereinbarung einer unangemessenen Vorstandsvergütung,
- unterlassener Überprüfung der Zweckmäßigkeit und Wirtschaftlichkeit vor der Zustimmung zu einer Grundstücksveräußerung,
- Annahme von dem Aufsichtsratsmitglied nicht zustehenden Sonderkonditionen sowie
- unterlassener Offenlegung von Interessenkonflikten.[595]

Strafrechtlich relevant ist beispielsweise der Tatbestand der Untreue.[596]

**Dokumentation**

Sämtliche Entscheidungen bzw. Überwachungsmaßnahmen sind vom Aufsichtsrat angemessen zu *dokumentieren*. Insbesondere bei haftungsrelevanten Entscheidungen können dokumentierte Beschlüsse als Entlastung des Aufsichtsrats dienen.[597]

**Weitere Aufgaben**

Des Weiteren zählen die gerichtliche und außergerichtliche Vertretung der eG gegenüber Vorstandsmitgliedern, die Zustimmung zur Gewährung von Organkrediten sowie die Einberufung der Generalversammlung zu den gesetzlichen Aufgaben des Aufsichtsrats.[598] Sofern sich die Genossenschaftsbank in wirtschaftlichen

---

[594]  LANG/WEIDMÜLLER (2019), § 41 Rn. 50b. Ein Aufsichtsratsmitglied handelt auch dann nicht pflichtwidrig, wenn sich die Entscheidung im Nachhinein als nachteilig für die Genossenschaft erweist (vgl. LANG/WEIDMÜLLER (2019), § 41 Rn. 50b).
[595]  Vgl. LANG/WEIDMÜLLER (2019), § 41 Rn. 51.
[596]  Vgl. § 266 Strafgesetzbuch (StGB); GLENK/HOFMANN (2014), S. 1022.
[597]  Vgl. FISSENEWERT (2013), S. 219; ZIECHNAUS (2017), S. 24.
[598]  Vgl. § 39 Abs. 1 GenG; § 15 KWG; § 39 Abs. 2 GenG; § 38 Abs. 2 GenG. Zur Organisation und den Aufgaben des Aufsichtsrats bei der Durchführung einer General- bzw. Hauptversammlung siehe HÖRETH (2012); LOITZ (2014).

Schwierigkeiten befindet, obliegt dem Aufsichtsrat eine intensivere Überwachungspflicht.[599]

Die dargestellten Aufgaben verdeutlichen in der Regel lediglich das Mindestmaß zur Erfüllung der gesetzlichen Anforderungen. Durch die Satzung bzw. Geschäftsordnung des Aufsichtsrats können dem Gremium weitere Aufgaben übertragen werden. Der Aufsichtsrat kann zur Erfüllung seiner gesetzlichen und satzungsmäßigen Aufgaben auf die Hilfe externer Dritter zurückgreifen. Eine Übertragung von Aufgaben ist jedoch nicht möglich.[600]

### 2.3.3 Strukturelle und organisationale Regelungen

### 2.3.3.1 Überblick über die strukturellen und organisationalen Regelungen

Die Anforderungen an die Struktur und Organisation der kreditgenossenschaftlichen Aufsichtsräte werden mithilfe von Tab. 17, Tab. 18 und Tab. 19 zunächst überblicksartig veranschaulicht, bevor im Weiteren auf ausgewählte Anforderungen detaillierter eingegangen wird.

---

[599] Vgl. LANG/WEIDMÜLLER (2019), § 38 Rn. 1a ff.
[600] Vgl. LANG/WEIDMÜLLER (2019), § 38 Rn. 53.

| Strukturelle und organisationale Regelungen | | | | |
|---|---|---|---|---|
| **Anforderung** | **Regelungsquelle** | **Allg.** | **Kredit-institut** | **eG** |
| **Gremiengröße** | | | | |
| Mind. drei Personen. | § 36 Abs. 1 GenG, § 24 Abs. 1 Mustersatzung | | | x |
| Anzahl soll durch drei teilbar sein. | § 24 Abs. 1 Mustersatzung | | | x |
| Die Satzung kann nur eine durch drei teilbare Zahl von AR-Mitgliedern festsetzen.* | § 1 Abs. 5 DrittelbG | x | | |
| Verzicht auf AR: Die Generalversammlung kann die Rechte und Pflichten des AR wahrnehmen, sofern die Genossenschaft weniger als 20 Mitglieder hat und im GenG nichts anderes bestimmt ist. | § 9 Abs. 1 GenG | | | x |
| **Zusammensetzung** | | | | |
| **Allgemein** | | | | |
| AR soll konkrete Ziele für Zusammensetzung (v. a. bzgl. Diversität) benennen und Kompetenzprofil erarbeiten. | C.1 DCGK | x | | |
| AR müssen insgesamt über zur ordnungsgemäßen Aufgabenwahrnehmung erforderliche Kenntnisse, Fähigkeiten und fachliche Erfahrungen verfügen. Zusätzlich sind bei der Zusammensetzung - die Tätigkeit der Genossenschaft, - potenzielle Interessenkonflikte und - Vielfaltsaspekte (Diversity) zu berücksichtigen. | Nr. 5.4.1 CGKG | | | x |
| **Arbeitnehmerbeteiligung** | | | | |
| Der AR muss zu einem Drittel aus Arbeitnehmern bestehen.* | § 4 Abs. 1 DrittelbG | x | | |
| Der AR muss zur Häfte aus Arbeitnehmern bestehen: AR aus Unternehmen mit in der Regel nicht mehr als 10.000 Arbeitnehmern setzt sich zusammen aus je sechs AR-Mitgliedern der Anteilseigner und der Arbeitnehmer. Die Arbeitnehmervertreter bestehen aus zwei Gewerkschaftsvertretern und vier Arbeitnehmern.** | § 7 MitbestG | x | | |
| **Geschlecht** | | | | |
| AR-Gremien mit Arbeitnehmervertretern müssen Zielgrößen inkl. Fristen bzgl. Frauenanteil im AR und im Vorstand festlegen. Sofern der derzeitige Anteil unter 30 % liegt, darf die Zielgröße den derzeitigen Anteil nicht unterschreiten. | § 9 Abs. 4 GenG | | | x |
| Anteil an Frauen/Männern der Arbeitnehmervertreter soll zahlenmäßigem Verhältnis im Unternehmen entsprechen.* | § 4 Abs. 4 DrittelbG | x | | |
| Angemessene Beteiligung von Frauen soll vorgesehen werden. | Nr. 5.4.1 CGKG | x | | |
| **Alter** | | | | |
| Bei der Zusammensetzung soll auf eine festzulegende Altersgrenze geachtet werden. | Nr. 5.4.1 CGKG | | | x |
| **Unabhängigkeit** | | | | |
| Nach Gremieneinschätzung angemessene Anzahl unabhängiger Mitglieder (Abhängig = AR steht in persönlicher/geschäftlicher Beziehung zur Genossenschaft oder deren Organen, die einen wesentlichen/nicht nur vorübergehenden Interessenkonflikt begründen kann). | Nr. 5.4.2 CGKG | | | x |
| **Finanzexperte/Sachkunde** | | | | |
| Mind. ein Mitglied muss über Sachverstand bzgl. Rechnungslegung oder Abschlussprüfung verfügen.* | § 36 Abs. 4 GenG | | | x |
| **Investierende Mitglieder** | | | | |
| Die Zahl der investierenden Mitglieder im AR darf 1/4 der AR-Mitglieder nicht überschreiten. | § 8 Abs. 2 GenG | | | x |
| **Kollektive Eignung** | | | | |
| Gremium muss in Gesamtheit über notwendige Kenntnisse, Fähigkeiten und Erfahrungen verfügen. | § 25d Abs. 2 KWG | | x | |
| Gremium muss insgesamt über erforderliche Kenntnisse, Fähigkeiten und fachliche Erfahrungen verfügen. | Grundsatz 11 DCGK | x | | |

Tab. 17:   Strukturelle und organisationale Regelungen des kreditgenossenschaftlichen Aufsichtsrats – Teil I[601]

---

[601]   Quelle: Eigene Darstellung. *Das DrittelbG gilt für Genossenschaften mit in der Regel mehr als 500 Arbeitnehmern. **Das MitbestG gilt für Genossenschaften mit in der Regel mehr als 2.000 Arbeitnehmern.

| Strukturelle und organisatorische Regelungen | | | | |
|---|---|---|---|---|
| **Anforderung** | **Regelungsquelle** | **Allg.** | **Kredit-institut** | **eG** |
| **Vergütung** | | | | |
| Vergütung darf nicht von der Höhe des Geschäftsergebnisses abhängen. | § 36 Abs. 2 GenG, § 22 Abs. 7 Mustersatzung, Nr. 5.4.5 CGKG | | | x |
| Variable Vergütungsbestandteile sind nicht zulässig. | § 25d Abs. 5 KWG | | x | |
| Vergütung darf keine Interessenkonflikte bei der AR-Tätigkeit erzeugen. | § 25d Abs. 5 KWG | | x | |
| Eine Pauschalerstattung über die Auslagen beschließen Vorstand und AR gemeinsam. Darüber hinausgehende Vergütungen bedürfen der Beschlussfassung der Generalversammlung. | § 22 Abs. 7 Mustersatzung | | | x |
| Vergütung muss in angemessenem Verhältnis zu den Aufgaben und der Lage der Gesellschaft stehen. | Grundsatz 24 DCGK | x | | |
| Vergütung orientiert sich an der Verantwortung sowie dem Tätig-keitsumfang der AR-Mitglieder und der wirtschaftlichen Lage sowie dem Erfolg der Genossenschaft. | Nr. 5.4.5 CGKG | | | x |
| Höherer Aufwand der (stellvertretenden) Vorsitzenden des Gremiums bzw. der Ausschussmitglieder soll berücksichtigt werden. | G.17 DCGK, Nr. 5.4.5 CGKG | | x | x |
| **Organisation der Sitzungen** | | | | |
| Bestimmung eines (stellvertretenden) Vorsitzenden: Der AR wählt einen (stellvertretenden) Vorsitzenden. | § 25 Abs. 1 Mustersatzung | | | x |
| Geschäftsordnung: Der AR soll sich Geschäftsordnung geben und diese auf der Internetseite des Unternehmens veröffentlichen. | D.1 DCGK | x | | |
| Beschlussfähigkeit: ist gegeben, wenn mehr als die Hälfte der Mitglieder anwesend sind. Entscheidungen durch Mehrheits-beschluss. | § 25 Abs. 2 Mustersatzung | | | x |
| Protokolle: Beschlüsse/Feststellungen sind ordnungsgemäß zu protokollieren. | § 9 Mustergeschäfts-ordnung AR | | | x |
| Abwesenheit: Vermerk im Bericht des AR, sofern ein Mitglied an weniger als der Hälfte der Sitzungen teilgenommen hat. | Nr. 5.4.6 CGKG | | | x |
| **Sitzungshäufigkeit** | | | | |
| Mind. vierteljährlich. | § 25 Abs. 4 Mustersatzung | | | x |
| Der AR muss zwei Sitzungen im Kalenderhalbjahr abhalten.* | § 1 Abs. 5 DrittelbG | x | | |
| **Wahl des Aufsichtsrats** | | | | |
| Dauer des Mandats: Beginn und Ende nach drei Geschäftsjahren jeweils mit Schluss der Generalversammlung. Jährlich scheidet ein Drittel der AR-Mitglieder aus. Wiederwahl ist zulässig. | § 24 Abs. 3 Mustersatzung | | | x |
| Abwahl: Die Generalversammlung kann einen AR vorzeitig mit mind. 3/4 der Stimmen abwählen. | § 36 Abs. 3 GenG | | | x |
| Bereitzustellende Informationen: Dem Kandidatenvorschlag soll bei der Generalversammlung ein Lebenslauf beigefügt werden, der über relevante Kenntnisse, Fähigkeiten und fachliche Erfahrungen Auskunft gibt; dieser soll durch eine Übersicht über die wesentlichen Tätigkeiten neben dem AR-Mandat ergänzt und für alle AR-Mitglieder jährlich aktualisiert auf der Internetseite des Unternehmens veröffentlicht werden. | C.14 DCGK | | | x |

Tab. 18: Strukturelle und organisationale Regelungen des kreditgenossenschaft-lichen Aufsichtsrats – Teil II[602]

---

[602] Quelle: Eigene Darstellung. Investierende Mitglieder sind solche, die lediglich Kapital zur Verfügung stellen und keine Förderleistung in Anspruch nehmen (vgl. Kapitel B1.2.1.1).
*Das DrittelbG gilt für Genossenschaften mit in der Regel mehr als 500 Arbeitnehmern. **Das Mit-bestG gilt für Genossenschaften mit in der Regel mehr als 2.000 Arbeitnehmern.

| Strukturelle und organisationale Regelungen | | | | |
|---|---|---|---|---|
| Anforderung | Regelungsquelle | Allg. | Kredit-institut | eG |
| **Bildung von Ausschüssen** | | | | |
| **Allgemein** | | | | |
| Bildung von Ausschüssen abhängig von Institutsgröße und Risikoausgestaltung der Geschäfte mit geeigneten AR-Mitgliedern und einem Vorsitzenden. | § 25d Abs. 7 KWG | | x | |
| Abhängig von spezifischen Gegebenheiten sollten Ausschüsse gebildet werden. Ausschussbildung dient der Effizienzsteigerung und der Behandlung komplexer Sachverhalte. | Nr. 5.3.1 CGKG | | | x |
| Mindestens ein Ausschussmitglied muss jeweils einem weiteren Ausschuss angehören. | § 25d Abs. 7 KWG | | x | |
| Kleinere Institute können einen zusammengefassten Risiko- und Prüfungsausschuss einrichten. | § 25d Abs. 10 KWG | | x | |
| **Nominierungsausschuss** | | | | |
| Nominierungsausschuss: ist nur mit Mitgliedervertretern zu besetzen. | D.5 DCGK | x | | |
| **Vergütungskontrollausschuss** | | | | |
| Vorstände dürfen nicht an Sitzungen des Vergütungskontrollaus-schusses teilnehmen, bei denen über ihre Vergütung beraten wird. | § 25d Abs. 12 KWG | | x | |
| Mindestens ein Mitglied des Vergütungskontrollausschusses muss über ausreichend Sachverstand und Berufserfahrung im Bereich Risikomanagement und Risikocontrolling verfügen, insbesondere im Hinblick auf Mechanismen zur Ausrichtung der Vergütungssysteme an der Gesamtrisikobereitschaft und -strategie und an der Eigenmittelausstattung des Unternehmens. | § 25d Abs. 12 KWG | | x | |
| Sofern Arbeitnehmer im AR vertreten sind, muss mind. einer derjenigen dem Vergütungskontrollausschuss angehören. | § 25d Abs. 12 KWG | | x | |
| **Prüfungsausschuss** | | | | |
| Der Vorsitzende des Prüfungsausschusses soll über besondere Kenntnisse und Erfahrungen in der Anwendung von Rechnungs-legungsgrundsätzen und internen Kontrollverfahren verfügen sowie mit der Abschlussprüfung vertraut und unabhängig sein. | D.4 DCGK | x | | |
| Richtet der Aufsichtsrat einer kapitalmarktorientierten eG einen Prüfungsausschuss ein, muss jedoch mindestens ein Mitglied des Prüfungsausschusses die Voraussetzungen des § 36 Abs. 4 erfüllen. | | | | |
| **AR-Vorsitzender** | | | | |
| AR-Vorsitzender: sollte<br>- Ausschussvorsitzender des Nominierungsausschusses und<br>- nicht Vorsitzender des Prüfungsausschusses sein. | Nr. 5.2 CGKG | | | x |
| AR-Vorsitzender soll nicht den Vorsitz im Prüfungsausschuss innehaben. | D.4 DCGK | x | | |

Tab. 19:   Strukturelle und organisationale Regelungen des kreditgenossenschaft-lichen Aufsichtsrats – Teil III[603]

## 2.3.3.2   Ausgewählte strukturelle und organisationale Regelungen

Auf die Gremiengröße, die Zusammensetzung, die Vergütung, das Kompetenzpro-fil, die Organisation von Sitzungen, wahlbezogene Regelungen sowie die Einrich-tung und Besetzung von Ausschüssen wird im Folgenden ausführlicher eingegan-gen.

---

[603]   Quelle: Eigene Darstellung. Investierende Mitglieder sind solche, die lediglich Kapital zur Verfügung stellen und keine Förderleistung in Anspruch nehmen (vgl. Kapitel B1.2.1.1).
*Das DrittelbG gilt für Genossenschaften mit in der Regel mehr als 500 Arbeitnehmern. **Das Mit-bestG gilt für Genossenschaften mit in der Regel mehr als 2.000 Arbeitnehmern.

**Gremiengröße**

Zur *Größe des Gremiums* ist für Genossenschaften lediglich vorgeschrieben, dass der Aufsichtsrat aus mindestens drei Mitgliedern besteht.[604] In der Satzung können zudem eine maximale oder auch eine konkrete Anzahl festgelegt werden. Die Anzahl der Aufsichtsratsmitglieder sollte jedoch in einem angemessenen Verhältnis zur Größe und Struktur des Instituts stehen.[605] Gemäß der Mustersatzung sollte die Anzahl stets durch drei teilbar sein.[606] Mit dieser Regelung wird angestrebt, dass jeweils ein Drittel der Aufsichtsräte zum Ende der Wahlperiode ausscheidet.[607] Genossenschaften mit mehr als 500 Arbeitnehmern sind gemäß dem DrittelbG dazu verpflichtet, ein Drittel der Mandate mit *Arbeitnehmervertretern* zu besetzen, weswegen hier folglich zwingend eine durch drei teilbare Zahl vorgeschrieben ist.[608] Die EZB kritisiert regelmäßig die zu hohe Mitgliederanzahl einiger Gremien.[609] Als Hauptkritikpunkte werden die eingeschränkte Diskussionsfähigkeit in großen Gruppen sowie die mangelnde Effizienz bei Entscheidungsfindungen angeführt. Die zur Organisation eines Instituts gehörende Gremiengröße ist Bestandteil der Kulturprüfung der EZB, in deren extremer Folge dem Institut eine höhere Mindestkapitalquote auferlegt werden kann.[610]

**Zusammensetzung**

In Bezug auf *Diversitätsaspekte* beschränkt sich das GenG auf die Repräsentation von *Frauen* im Aufsichtsgremium, wobei die dort genannte Regelung nur für Genossenschaften gilt, die der Mitbestimmung unterliegen. Es soll eine Zielgröße für den Frauenanteil festgelegt werden, die, sofern der derzeitige Anteil unter 30 % liegt, den bereits erreichten Anteil nicht unterschreiten darf.[611] Im CGKG wird darüber hinaus darauf verwiesen, dass der Aspekt der Vielfalt berücksichtigt werden

---

[604] Vgl. § 36 Abs. 1 GenG. Bei einer Unterschreitung dieser gesetzlichen Mindestzahl wären Beschlüsse des Aufsichtsrats nichtig und der Aufsichtsrat insgesamt handlungs- und beschlussunfähig (vgl. BEUTHIEN/WOLFF/SCHÖPFLIN (2018), § 36 Rn. 1; LANG/WEIDMÜLLER (2019), § 36 Rn. 9).

[605] Vgl. HÖLSCHER/DÄHNE (2014), S. 278; THEURL (2013), S. 223.

[606] Vgl. § 24 Abs. 1 Mustersatzung zitiert nach FRANKENBERGER/GSCHREY/BAUER (2020), S. 312. Darüber hinaus ist es beispielsweise zulässig, dass die Anzahl der Gremienmitglieder vom jeweiligen Mitgliederbestand abhängt (vgl. SCHUBERT/STEDER (2020), § 36 Rn. 3).

[607] Vgl. FRANKENBERGER/GSCHREY/BAUER (2020), S. 6.

[608] Vgl. § 1 Abs. 5 DrittelbG. Arbeitnehmervertreter werden nicht von der Generalversammlung, sondern von den Arbeitnehmern gewählt. Zu diesen zählen grundsätzlich sämtliche Arbeiter und Angestellte, jedoch keine Vorstandsmitglieder oder Leiharbeitnehmer. Leitende Angestellte zählen gemäß § 3 Abs. 1 MitbestG zu den Arbeitnehmern, gemäß § 3 Abs. 1 DrittelbG jedoch nicht zu dieser Gruppe. Unterliegt eine Genossenschaft dem MitbestG, da sie mehr als 2.000 Arbeitnehmer beschäftigt, so besteht das Aufsichtsratsgremium aus mindestens 12 Mitgliedern, die jeweils hälftig von den Arbeitnehmern und den Anteilseignern gestellt werden (vgl. § 7 Abs. 1 MitbestG). Arbeitnehmervertreter müssen kein Mitglied der Genossenschaft sein (vgl. § 6 Abs. 3 MitbestG i. V. m. § 9 Abs. 2 GenG). Zur Arbeitnehmerbeteiligung im Aufsichtsrat siehe THEISEN (2016); THANNISCH (2016); HEUSINGER/PERINA (2007); DILGER/FRICK/SPECKBACHER (1999); EULERICH/LOHMANN (2019); JANSEN (2013); ARBEITSKREIS EXTERNE UND INTERNE ÜBERWACHUNG DER UNTERNEHMUNG DER SCHMALENBACH-GESELLSCHAFT FÜR BETRIEBSWIRTSCHAFT E.V. (2007); BERMIG/FRICK (2011); GAHLEN (2012); KÖSTLER/MÜLLER/SICK (2013). Zu den positiven und negativen Effekten der Arbeitnehmerbeteiligung im Aufsichtsrat siehe zudem WERDER (2017), S. 978 f.

[609] Obwohl die HESSISCHE LANDESBANK (HELABA) im Rahmen der vergangenen Finanzkrise als krisenstabil galt, wurde das Aufsichtsgremium mit 36 Mitgliedern als zu groß bewertet (vgl. KRÖNER/OSMAN/KERSTING (2018), S. 30).

[610] Vgl. KRÖNER/OSMAN/KERSTING (2018), S. 30 f.

[611] Vgl. § 9 Abs. 4 GenG. Es ist zulässig, die Zielgröße in Höhe des derzeitigen Anteils festzulegen, weshalb bei einem aktuellen Anteil von 0 % auch eine Zielgröße in dieser Höhe möglich ist (vgl.

soll und im DCGK wird eine konkrete Zielbenennung für die Zusammensetzung insbesondere in Bezug auf die Diversität gefordert.[612] Beispielsweise trägt das Beachten einer diversen Altersstruktur zur Gewährleistung der Kontinuität in Folge von altersbedingtem Ausscheiden bei.[613] Neben dem Alter und Geschlecht nennt das HGB den Bildungs- und Berufshintergrund als weitere Diversitätsaspekte.[614] Bei der Besetzung der Organe sollte darüber hinaus auch auf die Berücksichtigung diverser Persönlichkeitstypen geachtet werden.[615]

Eine weitere Anforderung an die Zusammensetzung besteht darin, dass mindestens ein *Finanzexperte* im Gremium vorhanden sein muss, was bedeutet, dass mindestens ein Aufsichtsratsmitglied über Sachverstand auf den Gebieten der Rechnungslegung oder Abschlussprüfung verfügen muss.[616]

## Vergütung

Die ehrenamtliche Aufsichtsratstätigkeit beinhaltet zahlreiche Verpflichtungen, die mit einer angemessenen *Vergütung* honoriert werden sollten. Gesetzlich geregelt ist lediglich, dass die Vergütung nicht von der Höhe des Geschäftsergebnisses abhängen darf,[617] da dies der Orientierung am Förderauftrag widersprechen würde.[618] Variable Vergütungskomponenten sind aufgrund dessen nicht zulässig. Zudem darf die Ausgestaltung der Vergütungssysteme keine Interessenkonflikte bei den Aufsichtsräten erzeugen.[619] Der Mustersatzung ist zu entnehmen, dass

---

HERB (2015), S. 969). Sofern die festgelegte Zielgröße unterschritten wird, muss dazu im Lagebericht Stellung genommen werden. Direkte Sanktionen sind nicht vorgesehen. Sofern die Zielgröße im Zuge einer Aufsichtsratswahl unterschritten wird, ist die Wahl dennoch wirksam, es muss lediglich transparent über diesen Umstand berichtet werden (vgl. LANG/WEIDMÜLLER (2019), § 9 Rn. 19a).

[612]   Vgl. Nr. 5.4.1 CGKG; C.1 DCGK (2020).

[613]   Vgl. § 289f Abs. 2 Nr. 6 HGB; LANG/WEIDMÜLLER (2019), § 36 Rn. 15a.

[614]   Vgl. § 289f Abs. 2 Nr. 6 HGB.

[615]   Vgl. LANG/WEIDMÜLLER (2019), § 41 Rn. 18.

[616]   Vgl. § 36 Abs. 4 GenG. Eine detailliertere Erläuterung des Finanzexperten erfolgt im nachfolgenden Kapitel B2.3.4.

[617]   Vgl. § 36 Abs. 2 GenG; § 25d Abs. 5 KWG. Zulässig ist jedoch eine nachträgliche Zahlung nach Maßgabe des erzielten Geschäftsgewinns, sofern diese außerplanmäßig erfolgt (vgl. BULTMANN (2010), S. 30). Bis zu der Neufassung im Mai 2012 wurde im DCGK für börsennotierte Unternehmen ausdrücklich eine variable Vergütung des Aufsichtsrats empfohlen, weswegen Abweichungen von dieser Empfehlung in der Entsprechenserklärung zum DCGK angeführt und begründet werden mussten (vgl. Nr. 4.2.3 DCGK (2010)). Der Wegfall dieser Empfehlung hat zu einem Transformationsprozess der Aufsichtsratsvergütung hin zu einer Festvergütung geführt (vgl. PREEN/PACHER/BANNAS (2014), S. 1633 ff.). Zur Vergütung und Vergütungskomponenten des Aufsichtsrats siehe EVERS (2009); HÖNSCH/KASPAR (2012); DOETSCH (2013); VELTE/WEBER (2019), S. 220; HELM (2004), S. 34 ff.; HARTMANN (2003), S. 35 ff. Speziell zur variablen Vergütung von Aufsichtsräten siehe FALLGATTER (2003); FALLGATTER (2004); ROLLER (2000); LENTFER (2005), S. 567 ff.; ZEIN (2009), S. 149 ff.; VELTHUIS (2018); METZNER/RAPP/WOLFF (2012); AURENZ/WITTIG (2009). Für empirische Untersuchungen zur Vergütung von Aufsichtsräten siehe exemplarisch o. V. (2016); VELTE/WEBER (2019); THEISEN (2012). Zur Überprüfung des Zusammenhangs von Eigenschaften, Aufgaben und Vergütung von Aufsichtsräten deutscher Unternehmen siehe ARNEGGER/HOFMANN (2014); ARNEGGER ET AL. (2010). Weiterführende Ausführungen zur Vergütung genossenschaftlicher Aufsichtsräte sind bei FRANKENBERGER/GSCHREY/BAUER (2020), S. 259 ff.; LANG/WEIDMÜLLER (2019), § 36 Rn. 34 ff. zu finden.

[618]   Vgl. SASSEN (2011), S. 438.

[619]   Vgl. § 25d Abs. 5 KWG.

- Auslagen ersetzt werden dürfen,[620]
- eine Pauschalerstattung dieser Auslagen durch Vorstand und Aufsichtsrat beschlossen werden darf und
- darüber hinausgehende Vergütungen einer Beschlussfassung der Generalversammlung bedürfen bzw. in der Satzung festgelegt sein müssen.[621]

Pauschalerstattungen in Form von Sitzungsgeldern sind möglich, sollten jedoch 100 bis 150 EUR pro Sitzung nicht überschreiten.[622] Die über die Auslagenerstattungen hinausgehenden Vergütungen sollen in einem „angemessenen Verhältnis zu den Aufgaben der Aufsichtsratsmitglieder und zur Lage der Gesellschaft stehen"[623], wobei die Größe des Instituts, der Umfang der Tätigkeit sowie die Sitzungshäufigkeit als Angemessenheitskriterien dienen können.[624] Differenzierungen innerhalb des Gremiums sind zulässig und können abgeleitet von der Arbeitsbelastung auf Basis der Funktionen vorgenommen werden. In Genossenschaften erhält der Aufsichtsratsvorsitzende häufig das Doppelte und sein Stellvertreter das 1,5-fache der Vergütung der ordentlichen Mitglieder.[625] Die Generalversammlung kann entweder dem gesamten Gremium ein Budget, auch als Obergrenze bezeichnet, oder dem einzelnen Aufsichtsratsmitglied einen festen Betrag zuweisen. Die Obergrenze bezieht sich in der Regel auf die Bilanzsumme und liegt üblicherweise zwischen 0,06 ‰ bei sehr großen und 0,2 ‰ bei kleineren Instituten.[626] Aufsichtsräte werden nur so lange vergütet, wie sie ihre Aufgaben wahrnehmen. Abfindungen oder eine Fortführung der laufenden Vergütung erfolgen bei einem vorzeitigen Wechsel nicht.[627] Monetäre Vorteile für Aufsichtsräte in Form von Sonderkonditionen ausschließlich aufgrund ihres Amts sind nicht zulässig.[628] Die Gesamtbezüge des Aufsichtsrats sind im Jahresabschluss anzugeben, wobei hiervon abgesehen

---

[620]   Als Auslagen zählen beispielsweise nachgewiesene Fahrt-, Übernachtungs- oder Verpflegungskosten und Verdienstausfälle, sofern sie in einem konkreten Bezug zur Aufsichtsratstätigkeit stehen (vgl. FRANKENBERGER/GSCHREY/BAUER (2020), S. 259; LANG/WEIDMÜLLER (2019), § 36 Rn. 40).

[621]   Vgl. § 22 Abs. 7 Mustersatzung zitiert nach FRANKENBERGER/GSCHREY/BAUER (2020), S. 311. Pauschalerstattungen dürfen lediglich in Höhe der üblicherweise entstandenen Auslagen gewährt werden, da sie andernfalls eine Vergütung darstellen, die von der Generalversammlung zu beschließen wäre (vgl. ZIECHNAUS (2015), S. 76). Um Abhängigkeiten des Aufsichtsrats vom Vorstand zu vermeiden, darf der Vorstand keine Vergütungen mit dem Aufsichtsrat vereinbaren. Die vom Vorstand abschließbare D&O-Versicherung für Aufsichtsratsmitglieder zählt nicht als Vergütung (vgl. LANG/WEIDMÜLLER (2019), § 36 Rn. 34).

[622]   Vgl. FRANKENBERGER/GSCHREY/BAUER (2020), S. 259.

[623]   § 113 Abs. 1 Satz 3 AktG. § 113 Abs. 1 Satz 3 AktG kann hier analog angewendet werden (vgl. FRANKENBERGER/GSCHREY/BAUER (2020), S. 260; LANG/WEIDMÜLLER (2019), § 36 Rn. 37).

[624]   Vgl. FRANKENBERGER/GSCHREY/BAUER (2020), S. 260.

[625]   Vgl. FRANKENBERGER/GSCHREY/BAUER (2020), S. 260; HELM (2004), S. 39 f. Bei börsennotierten Unternehmen wird für Aufsichtsratsvorsitzende teilweise auch das drei- bis fünffache des Normalvergütung als angemessen angesehen (vgl. KRAMARSCH (2018), S. 11; HELM (2004), S. 40). Unter Einhaltung des Gleichbehandlungsgrundsatzes dürfen Differenzierungen lediglich auf Basis sachlicher Kriterien und nicht aufgrund des Amtsdauer, des Geschlechts etc. vorgenommen werden (vgl. ZIECHNAUS (2015), S. 77; LANG/WEIDMÜLLER (2019), § 36 Rn. 38).

[626]   Vgl. ZIECHNAUS (2015), S. 76 f.

[627]   Vgl. PELTZER (2005), S. 2.

[628]   Vgl. FRANKENBERGER/GSCHREY/BAUER (2020), S. 260 f. „Die Bankenaufsicht hat zu dieser Thematik mit BAK-Schreiben vom 21. September 1984 (Az. IV 42.23.8-2598) an eine Kreditgenossenschaft Stellung genommen. Nach Auffassung des BAK (heute BAFIN) stellen aufgrund der Zugehörigkeit zum Aufsichtsorgan gewährte Sonderkonditionen einen geldwerten Vorteil dar, der geeignet ist, den Empfänger bei der Wahrnehmung seiner Aufsichtspflichten gegenüber der Geschäftsleitung befangen zu machen und ihn in der Freiheit seiner Entscheidungen, die er im Interesse der Genossenschaft gegenüber dem Vorstand trifft oder zu treffen hat, zu beeinträchtigen." (zitiert nach FRANKENBERGER/GSCHREY/BAUER (2020), S. 260 f.).

werden kann, sofern anhand dieser Angaben die Möglichkeit besteht, auf die Vergütung eines einzelnen Mitglieds zu schließen.[629]

## Kompetenzprofil

Neben fachlichen Anforderungen, die sich auf das einzelne Aufsichtsratsmitglied beziehen, existieren auch solche, die dem Gremium als Kollektiv gestellt werden. Es muss sichergestellt sein, dass das Gremium in seiner Gesamtheit die Aufgaben ordnungsgemäß wahrnimmt und über die notwendigen Qualifikationen verfügt.[630] Es wird empfohlen, ein sogenanntes *Kompetenzprofil* zu erstellen.[631] Aus diesem geht hervor, welche Kompetenzen der Aufsichtsrat in seiner Gesamtheit im Hinblick auf seine Tätigkeit als notwendig erachtet. Im Rahmen von Selbstevaluierungen kann darauf basierend ein Abgleich vorgenommen und möglicher Handlungsbedarf abgeleitet werden. Neben notwendigen persönlichen, fachlichen und praktischen Kompetenzen werden teilweise auch strukturbezogene Zielsetzungen hinsichtlich der Zugehörigkeitsdauer, des Alters oder Geschlechts in ein weiter gefasstes Kompetenzprofil aufgenommen.[632] Zudem sollten Funktionen wie die des Aufsichtsratsvorsitzenden, Finanzexperten oder Prüfungsausschussvorsitzenden differenziert im Kompetenzprofil berücksichtigt werden. Im Idealfall erfüllt jedes Aufsichtsratsmitglied sämtliche Anforderungen vollständig, in der Praxis ist bei der Gesamtbeurteilung jedoch vor allem der Kompetenzmix ausschlaggebend.[633] Da sich die Anforderungen aufgrund neuer gesetzlicher Vorgaben oder Veränderungen im Unternehmen ändern und auch Selbstevaluierungen Defizite bei der Aufsichtsratstätigkeit zum Vorschein bringen können, wird empfohlen, das Kompetenzprofil mindestens jährlich zu überprüfen.[634]

---

[629]  Vgl. § 340a Abs. 1 HGB i. V. m. § 285 Nr. 9 HGB; § 286 Abs. 4 HGB. Zur Offenlegung von Organvergütungen siehe SCHMOTZ/CRASSELT (2015).

[630]  Vgl. EBA/ESMA (2018), S. 22; EZB (2018), S. 26. In den *Leitlinien zur Bewertung der Eignung von Mitgliedern des Leitungsorgans und Inhabern von Schlüsselfunktionen* wird auf die kollektive Kompetenz in Bezug auf die folgenden Bereiche verwiesen: „a. das Geschäft des Instituts und die damit verbundenen Hauptrisiken; b. jedes der wesentlichen Tätigkeitsfelder des Instituts; c. relevante Bereiche der sektoralen/finanziellen Kompetenzen, einschließlich Finanz- und Kapitalmärkte, Solvenz und Modelle; d. Rechnungslegung und -berichtswesen; e. Risikomanagement, Compliance und interne Revision; f. Informationstechnik und -sicherheit; g. lokale, regionale und globale Märkte, soweit anwendbar; h. das rechtliche und regulatorische Umfeld; i. Führungsfähigkeiten und -erfahrung; j. die Fähigkeit der strategischen Planung; k. das Management von (inter)nationalen Gruppen und Risiken im Zusammenhang mit Gruppenstrukturen, soweit zutreffend." (EBA/ESMA (2018), S. 22).

[631]  Vgl. C. 1 DCGK (2020). Zu Beispielen für Kompetenzprofile siehe ADAR/ARMID/FEA (2017), S. 3; WERDER (2009), S. 341; SCHICHOLD/KAMPSCHULTE/ALBRECHT (2017), S. 8.

[632]  Vgl. BARTZ/WERDER (2017), S. 771 ff.; SCHICHOLD/KAMPSCHULTE/ALBRECHT (2017), S. 8. Auch die IT-Kompetenz beispielsweise in Bezug auf Cyberrisiken spielt zunehmend eine Rolle (vgl. HORNBERG/ZEUCHNER (2017), S. 280).

[633]  Vgl. SCHICHOLD/KAMPSCHULTE/ALBRECHT (2017), S. 8; WERDER (2009), S. 339.

[634]  Vgl. MAHLERT (2019), S. 17. Im Zuge einer empirischen Untersuchung im Jahr 2018, bei der sämtliche börsennotierte Gesellschaften mit Sitz in Deutschland befragt wurden (n = 88) und eine Dokumentenanalyse durchgeführt wurde, wurde jedoch deutlich, dass die Empfehlung des DCGK zur Erstellung eines Kompetenzprofils lediglich von rund 79 % der DAX-Unternehmen und 61 % der MDAX-Unternehmen akzeptiert wird (vgl. WERDER/DANILOV (2018)).

## Organisation von Sitzungen

Im Gegensatz zum AktG ist die *Sitzungshäufigkeit* im GenG nicht geregelt.[635] Sofern eine Genossenschaft dem DrittelbG unterliegt, muss der Aufsichtsrat jedoch mindestens zwei Sitzungen im Kalenderhalbjahr abhalten.[636]

Zu der Organisation von Sitzungen ist darüber hinaus zu konstatieren, dass jedes Aufsichtsratsmitglied bei Abstimmungen gleichberechtigt und nicht weisungsgebunden ist.[637] Zudem können Aufsichtsratsbeschlüsse, die an formellen oder inhaltlichen Mängeln leiden, nichtig sein.[638]

## Wahlbezogene Regelungen

Ebenfalls im Gegensatz zum AktG enthält das GenG keine Regelungen zur *Amtszeit* der Aufsichtsratsmitglieder.[639] Diese ist bankindividuell in der Satzung zu regeln, wobei die Mustersatzung einen Zeitraum von maximal drei Jahren benennt. Zudem ist vorgesehen, dass jährlich ein Drittel der Mitglieder ausscheidet und Wiederwahlen zulässig sind.[640] Die Drittel-Regelung soll sowohl dem Bedürfnis nach Kontinuität und der Aufrechterhaltung an Erfahrungen als auch einem notwendigen Wechsel und dem Einbringen neuer Ideen Rechnung tragen.[641]

Auch wenn das GenG die Wahl eines *Vorsitzenden* nicht explizit vorschreibt,[642] wird aufgrund der Regelungen wie beispielsweise denen zum Prüfungsverfahren in § 57 GenG davon ausgegangen, dass ein Vorsitzender zu wählen ist.[643] Jedes Aufsichtsratsmitglied ist grundsätzlich zum Vorsitzenden wählbar, die Wählbarkeit kann durch die Satzung jedoch auf bestimmte Berufsgruppen oder Qualifikationen beschränkt werden.[644] Auch bei Genossenschaften, die dem DrittelbG oder dem MitbestG unterliegen, ist der Vorsitzende in der Regel ein Vertreter der Anteilseigner.[645]

---

[635] Vgl. § 110 Abs. 3 AktG. Hierin ist geregelt, dass der Aufsichtsrat zwei Sitzungen im Kalenderhalbjahr abhalten muss.

[636] Vgl. § 1 Abs. 1 Nr. 5 DrittelbG.

[637] Vgl. LANG/WEIDMÜLLER (2019), § 36 Rn. 60.

[638] Vgl. OLG MÜNCHEN, Urteil vom 12.01.2017. Das OLG München bestätigt hiermit die Rechtsprechung des BGH (BGH, Urteil vom 17.05.1993; BGH, Urteil vom 10.10.2005).

[639] Gemäß § 102 AktG beträgt die Amtszeit der Aufsichtsratsmitglieder maximal vier Jahre. Dieser Paragraf kann bei genossenschaftlichen Anteilseignervertretern nicht analog angewendet werden (vgl. LANG/WEIDMÜLLER (2019), § 36 Rn. 42). Bei Genossenschaften, die dem MitbestG unterliegen, gilt für Arbeitnehmervertreter eine Höchstdauer von vier Jahren (§ 6 Abs. 2 MitbestG i. V. m. § 102 Abs. 1 AktG).

[640] Vgl. § 24 Abs. 3 Mustersatzung zitiert nach FRANKENBERGER/GSCHREY/BAUER (2020), S. 313. Bei einem vorzeitigen Ausscheiden von Aufsichtsratsmitgliedern erfolgen Ersatzwahlen grundsätzlich nur für die Dauer der Restlaufzeit (vgl. LANG/WEIDMÜLLER (2019), § 36 Rn. 44).

[641] Vgl. LANG/WEIDMÜLLER (2019), § 36 Rn. 78.

[642] Vgl. § 25a Abs. 1 GenG.

[643] Vgl. HÖLSCHER/DÄHNE (2014), S. 278; THEURL (2013), S. 223. Als Ehrenvorsitzende des Aufsichtsrats betitelte Personen besitzen kein Stimmrecht und sind keine Mitglieder des Gremiums (vgl. LANG/WEIDMÜLLER (2019), § 36 Rn. 49). Zur Ehrenmitgliedschaft siehe zudem LANG/WEIDMÜLLER (2019), § 36 Rn. 14.

[644] Vgl. LANG/WEIDMÜLLER (2019), § 36 Rn. 51.

[645] Vgl. CGKG (2015), S. 3.

**Einrichtung und Besetzung von Ausschüssen**

Wie in Kapitel B2.3.2 erläutert, können bzw. müssen zur Beratung und Unterstützung des Gremiums verschiedene Ausschüsse gebildet werden,[646] die mit Aufsichtsratsmitgliedern zu besetzen sind.[647] Nicht-CRR-Institute sind in der Pflicht, anhand definierter Kriterien regelmäßig zu überprüfen, ob eine Notwendigkeit zur Ausschussbildung besteht.[648] Abhängig von der Größe des Instituts, der internen Organisation und der Art, des Umfangs, der Komplexität sowie dem Risikogehalt der Geschäfte kann auf Ausschüsse verzichtet werden.[649] Im Hinblick auf die strukturellen und organisationalen Anforderungen ist ferner zu beachten, dass beispielsweise der Aufsichtsratsvorsitzende nicht gleichzeitig Risikoausschussvorsitzender sein darf. Anderenfalls bestünde die Gefahr, dass die Risiken nicht unabhängig bzw. ausreichend transparent überwacht werden würden.[650]

## 2.3.4   Persönliche und fachliche Anforderungen

### 2.3.4.1   Überblick über die persönlichen und fachlichen Anforderungen

Die persönlichen und fachlichen Anforderungen an genossenschaftliche Aufsichtsratsmitglieder leiten sich im Wesentlichen aus dem KWG, dem GenG sowie den Kodizes ab und werden zunächst überblicksartig in Tab. 20, Tab. 21 und Tab. 22 dargestellt. Die Auslegung dieser Regelungen erfolgt im Anschluss insbesondere unter Bezugnahme auf Gesetzeskommentare und Verlautbarungen der BaFin.

Das persönliche und fachliche Anforderungsprofil umfasst eine Reihe von Komponenten. Übergeordnete Anforderungen sind die, dass das Aufsichtsratsmitglied

---

[646]  Vgl. § 25d Abs. 7 KWG. Aus § 38 Abs. 4 GenG ergibt sich, dass Aufgaben des Aufsichtsrats nicht an externe Personen übertragen werden dürfen, woraus folgt, dass Ausschüsse zwingend mit Aufsichtsratsmitgliedern zu besetzen sind. Aus sachlichen Gründen kann jedoch festgelegt werden, dass bestimmten Ausschüssen ausschließlich Mitglieder- oder Arbeitnehmervertreter angehören (vgl. LANG/WEIDMÜLLER (2019), § 38 Rn. 43). Zur Mindestmitgliederzahl bei Ausschüssen siehe LANG/WEIDMÜLLER (2019), § 38 Rn. 48. Zur Besetzung von Ausschüssen siehe CESCHINSKI/BEHRMANN/SASSEN (2018).

[647]  Vgl. LANG/WEIDMÜLLER (2019), § 38 Rn. 43.

[648]  Vgl. RUHWEDEL (2016b), S. 72. Die Einrichtung von Ausschüssen dient sowohl der Effektivitäts- als auch der Effizienzsteigerung der Aufsichtsratstätigkeit und gilt als „Standard einer funktionsfähigen Unternehmensüberwachung" (RUHWEDEL (2016b), S. 72). Erforderlicher Sachverstand kann gebündelt werden (vgl. KPMG (2006), S. 10). Die Entscheidung für bzw. gegen die Einrichtung von Ausschüssen muss angemessen dokumentiert werden (vgl. BaFin (2018b), S. 48), weswegen die Institute einem Begründungszwang unterliegen, sofern sie lediglich einen Teil bzw. keinen der Ausschüsse einrichten wollen (vgl. RUHWEDEL (2016b), S. 72). Zu Selbsteinschätzungskriterien bezüglich der Ausschussbildung bei Genossenschaftsbanken in Anlehnung an die Empfehlungen genossenschaftlicher Verbände siehe LOHS (2015).

[649]  Vgl. § 25d Abs. 7 KWG. Ein Geschäftsmodell gilt als einfach bzw. risikoarm, sofern der geografische Schwerpunkt der Geschäftstätigkeit des Instituts in Deutschland und inhaltlich im Einlagen- und Kreditgeschäft (und somit nicht im Handelsgeschäft) liegt (vgl. FRANKENBERGER/GSCHREY/BAUER (2020), S. 95; LANG/WEIDMÜLLER (2019), § 38 Rn. 41). Ein Verzicht zur Einrichtung von Ausschüssen erscheint beispielsweise sinnvoll, wenn das Gremium lediglich aus drei oder sechs Mitgliedern besteht. Die Bildung von Ausschüssen kann daher nicht generell als Best Practice angesehen werden (vgl. HILKENBACH (2004), S. 88).

[650]  Vgl. LANG/WEIDMÜLLER (2019), § 36 Rn. 54.

eine natürliche Person und Mitglied der Genossenschaft sein muss.[651] Aufsichtsratsmitglieder haben die Sorgfalt eines ordentlichen und gewissenhaften Geschäftsleiters einer Genossenschaft anzuwenden.[652] Um den Überblick der nachfolgenden Ausführungen zu erleichtern, sind die Zusammenhänge der Anforderungen, die die Sorgfaltspflicht und Verantwortung betreffen, in Abb. 16 veranschaulicht.[653]

---

[651] Vgl. § 9 Abs. 2 GenG.

[652] Vgl. § 41 GenG i. V. m. § 34 Abs. 1 GenG. Zu den darüber hinaus bestehenden besonderen Anforderungen und Best Practices hinsichtlich der Führungsrolle eines Aufsichtsratsvorsitzenden siehe ARBEITSKREIS EXTERNE UND INTERNE ÜBERWACHUNG DER UNTERNEHMUNG DER SCHMALENBACH-GESELLSCHAFT FÜR BETRIEBSWIRTSCHAFT E.V. (2018).

[653] Darüber hinaus sind ethische und berufliche Standards für Aufsichtsräte Bestandteil der Leitlinien zur internen Governance der EBA (vgl. EBA (2017), S. 28 f.). Ausführlich zu den persönlichen Anforderungen von Aufsichtsräten in Kreditinstituten siehe BINDER (2018).

| Persönliche und fachliche Anforderungen | | | | |
|---|---|---|---|---|
| Anforderung | Regelungsquelle | Allg. | Kredit-institut | eG |
| **Übergeordnete Anforderungen** | | | | |
| AR müssen natürliche Personen sein. | § 9 Abs. 2 GenG | | | x |
| AR-Mitglieder müssen Mitglieder der Genossenschaft sein. | § 9 Abs. 2 GenG | | | x |
| Arbeitnehmervertreter brauchen keine Mitglieder der Genossenschaft sein (§ 9 Abs. 2 GenG wird aufgehoben) - bei Instituten, die dem MitbestG unterliegen. | § 6 Abs. 3 MitbestG | x | | |
| Sorgfaltspflicht und Verantwortlichkeit: Ordentliche und gewissenhafte Amtsausübung. | § 41 GenG i. V. m. § 34 GenG, § 22 Abs. 6 Muster-satzung, § 6 Abs. 1 Muster-geschäftsordnung AR | | | x |
| Einhaltung der Verschwiegenheitspflicht. | § 41 GenG i. V. m. § 34 GenG, § 22 Abs. 6 Muster-satzung, § 6 Abs. 1 Muster-geschäftsordnung AR | | | x |
| **Sachkunde** | | | | |
| **Allgemein** | | | | |
| Erforderliche Sachkunde besitzen. Umfang und Komplexität der Geschäfte werden bei der Überprüfung der Sachkunde berücksichtigt. | § 25d Abs. 1 KWG | | x | |
| **Spezielle Sachkunde** | | | | |
| Sektorvertrautheit: Gremienmitglieder müssen sich mit dem Sektor der Genossenschaft auskennen.* | § 36 Abs. 4 GenG | | | x |
| Finanzexperte: Mind. ein Mitglied muss über Sachverstand bzgl. Rechnungslegung oder Abschlussprüfung verfügen.* | § 36 Abs. 4 GenG | | | x |
| Der Vorsitzende des Prüfungsausschusses muss über Sachverstand auf den Gebieten Rechnungslegung und Abschlussprüfung verfügen.** | § 25d Abs. 9 KWG | | x | |
| Der Vorsitzende des Prüfungsausschusses soll über besondere Kenntnisse und Erfahrungen in der Anwendung von Rechnungslegungs-grundsätzen und internen Kontrollverfahren verfügen sowie mit der Abschlussprüfung vertraut und unabhängig sein. | D.4 DCGK | x | | |
| Mind. ein Mitglied des Vergütungskontrollausschusses muss über ausreichend Sachverstand und Erfahrung im Bereich Risikomanage-ment v. a. bzgl. der Ausrichtung von Vergütungssystemen an der Gesamtrisikobereitschaft sowie -strategie und der Eigenmittelaus-stattung verfügen.** | § 25d Abs. 12 KWG | | x | |
| **Fort-/Weiterbildung** | | | | |
| Institute müssen den AR die Einführung in das Amt erleichtern und Fortbildungen zur Aufrechterhaltung der Sachkunde ermöglichen. | § 25d Abs. 4 KWG | | x | |
| Regelmäßige Wahrnehmung von Fortbildungen. | § 6 Abs. 1 Muster-geschäftsordnung AR | | | x |
| AR nehmen Aus-/Fortbildungsmaßnahmen eigenverantwortlich wahr und sollen diesbzgl. angemessen von der Genossenschaft unterstützt werden. | Nr. 5.4.4 CGKG | | | x |
| AR-Mitglieder nehmen Aus-/Fortbildung eigenverantwortlich wahr. | Grundsatz 18 DCGK | x | | |
| Gesellschaft soll AR-Mitglieder bei Amtseinführung sowie Aus-/Fort-bildung unterstützen und über durchgeführte Maßnahmen im Bericht des AR informieren. | D.12 DCGK | x | | |

Tab. 20:    Persönliche und fachliche Anforderungen an kreditgenossenschaftliche Aufsichtsräte – Teil I[654]

---

[654]    Quelle: Eigene Darstellung. *Gilt für Genossenschaften, die kapitalmarktorientiert im Sinne des § 264d HGB oder die CRR-Kreditinstitut im Sinne des § 1 Abs. 3d KWG sind. **Gilt für CRR-Institute von erheblicher Bedeutung.

| Persönliche und fachliche Anforderungen | | | | |
|---|---|---|---|---|
| Anforderung | Regelungsquelle | Allg. | Kredit-institut | eG |
| **Ausreichend Zeit** | | | | |
| **Allgemein** | | | | |
| Den Aufgaben ausreichend Zeit widmen. | § 25d Abs. 1 KWG, § 6 Abs. 1 Muster-geschäftsordnung AR | | x | x |
| Zur Wahrnehmung des Mandats muss ausreichend Zeit zur Verfügung stehen. | Nr. 5.4.4 CGKG, Grundsatz 12 DCGK | x | | x |
| **Weitere AR-Mandate** | | | | |
| AR eines CRR-Instituts mit erheblicher Bedeutung darf nicht mehr als vier AR-Mandate wahrnehmen. | § 25d Abs. 3 KWG | | x | |
| AR eines Instituts (das kein CRR-Institut mit erheblicher Bedeutung ist) darf nicht mehr als fünf AR-Mandate (in Unternehmen, die unter der Aufsicht der BaFin stehen) wahrnehmen. | § 25d Abs. 3a KWG | | x | |
| AR-Mitglieder (die keinem Vorstand einer börsennotierten Gesellschaft angehören) sollen nicht mehr als fünf weitere Mandate bei konzern-externen börsennotierten Gesellschaften oder vergleichbare Funktionen wahrnehmen, wobei ein AR-Vorsitz doppelt zählt. | C.4 DCGK | x | | |
| AR-Mitglieder (die einem Vorstand einer börsennotierten Gesellschaft angehören) sollen nicht mehr als zwei weitere Mandate bei konzern-externen börsennotierten Gesellschaften oder vergleichbare Funktionen und keinen AR-Vorsitz wahrnehmen. | C.5 DCGK | x | | |
| **Zuverlässigkeit** | | | | |
| AR muss zuverlässig sein. | § 25d Abs. 1 KWG | | x | |
| **Vermeidung von Interessenkonflikten** | | | | |
| Vermeidung persönlicher Interessenkonflikte. | § 6 Abs. 1 Muster-geschäftsordnung AR | | | x |
| - Interessenkonflikte sind dem Gremium gegenüber offenzulegen. - Wesentliche/nicht nur vorübergehende Interessenkonflikte führen zur Beendigung des Mandats. - Berater- und sonstige Dienstleistungs- und Werkverträge eines AR bedürfen der Zustimmung des Gremiums. | Nr. 5.5.2 CGKG, Nr. 5.5.3 CGKG, Nr. 5.5.4 CGKG | | | x |
| AR sind dem Unternehmensinteresse verpflichtet und dürfen bei ihren Entscheidungen weder persönliche Interessen verfolgen noch Geschäftschancen für sich nutzen, die dem Unternehmen zustehen. | Grundsatz 19 DCGK | x | | |
| Jedes AR-Mitglied soll Interessenkonflikte unverzüglich dem AR-Vorsitzenden offenlegen. Der AR soll in seinem Bericht an die Haupt-versammlung über aufgetretene Interessenkonflikte und deren Behandlung informieren. Wesentliche und nicht nur vorübergehende Interessenkonflikte in der Person eines AR-Mitglieds sollen zur Beendigung des Mandats führen. | E.1 DCGK | x | | |
| **Unabhängigkeit** | | | | |
| AR-Mitglied steht in keiner persönlichen/geschäftlichen Beziehung zur Gesellschaft oder dem Vorstand, die einen wesentlichen/nicht nur vorübergehenden Interessenkonflikt begründen kann. Hierzu zählt bspw. auch, dass ein naher Familienangehöriger Vorstandsmitglied ist oder dem AR seit mehr als 12 Jahren angehört. Mehr als die Hälfte der Anteilseignervertreter soll unabhängig von der Gesellschaft und vom Vorstand sein. | C.7 DCGK | x | | |

Tab. 21:   Persönliche und fachliche Anforderungen an kreditgenossenschaftliche Aufsichtsräte – Teil II[655]

---

[655]   Quelle: Eigene Darstellung.

| Persönliche und fachliche Anforderungen | | | | |
|---|---|---|---|---|
| Anforderung | Regelungsquelle | Allg. | Kredit-institut | eG |
| **Unvereinbarkeit von Ämtern** | | | | |
| AR-Mitglied darf nicht gleichzeitig (stellvertretendes) Vorstandsmitglied, Prokurist oder Handlungsbevollmächtiger desselben Instituts sein. | § 37 Abs. 1 GenG, § 24 Abs. 7 Mustersatzung | | | x |
| AR eines CRR-Instituts mit erheblicher Bedeutung darf u. a. - nicht gleichzeitig Vorstand desselben Instituts sein, - nicht gleichzeitig Geschäftsleiter eines Unternehmens und zugleich in mehr als zwei Aufsichtsgremien vertreten sein und - nicht mehr als vier AR-Mandate wahrnehmen. | § 25d Abs. 3 KWG | | x | |
| AR eines Instituts (das kein CRR-Institut mit erheblicher Bedeutung ist) darf u. a. - nicht gleichzeitig Vorstand desselben Instituts sein und - nicht mehr als fünf AR-Mandate (in Unternehmen, die unter der Aufsicht der BaFin stehen) wahrnehmen. | § 25d Abs. 3a KWG | | x | |
| Ehemalige Vorstandsmitglieder: Dem AR sollten keine ehemaligen hauptamtlichen Vorstandsmitglieder angehören. | Nr. 5.4.2 CGKG | | | x |
| Ehemalige Vorstandsmitglieder: Dem AR sollen nicht mehr als zwei ehemalige Mitglieder des Vorstands angehören. | C.11 DCGK | x | | |
| Beziehung zu Wettbewerbern: AR-Mitglieder sollen keine Organfunktion/ Beratungsaufgaben bei wesentlichen Wettbewerbern ausüben und nicht in persönlicher Beziehungen zu diesen stehen. | C.12 DCGK | x | | |
| Beziehung zu Wettbewerbern: AR-Mitglieder sollen keine Organfunktion/ Beratungsaufgaben bei wesentlichen Wettbewerbern ausüben. | Nr. 5.4.2 CGKG | | | x |
| **Anforderungen an bestimmte Personen des Gremiums** | | | | |
| Anforderungen an den Prüfungsausschussvorsitzenden: - besondere Kenntnisse/Erfahrungen in der Anwendung von Rechnungs-legungsgrundsätzen und internen Kontrollverfahren, - unabhängig sowie - kein ehemaliges Vorstandsmitglied der Genossenschaft, dessen Bestellung vor weniger als zwei Jahren endete. | Nr. 5.3.2 CGKG | | | x |
| Anforderungen an den Prüfungsausschussvorsitzenden: - besondere Kenntnisse/Erfahrungen in der Anwendung von Rechnungs-legungsgrundsätzen und internen Kontrollverfahren, - unabhängig, - mit der Abschlussprüfung vertraut und - sollte nicht AR-Vorsitzender sein. | D.4 DCGK | x | | |
| **Alter und Zugehörigkeitsdauer** | | | | |
| Personen, die ein festzulegendes Lebensjahr vollendet haben, können nicht gewählt werden. | § 24 Abs. 6 Mustersatzung | | | x |
| Altersgrenze soll festgelegt und bei der AR-Zusammensetzung berücksichtigt werden. | Nr. 5.4.1 CGKG | | | x |
| Altersgrenze soll festgelegt und in der Erklärung zur Unternehmens-führung angegeben werden. | C.2 DCGK | x | | |
| Altersgrenze soll festgelegt werden. | C.2 DCGK | x | | |
| Zugehörigkeitsdauer soll offengelegt werden. | C.3 DCGK | x | | |
| AR muss unbeschränkt geschäftsfähig sein (d. h. das 18. Lebensjahr vollendet haben). | § 100 Abs. 1 AktG, § 43 Abs. 4 GenG i. V. m. § 2 BGB | x | | |

Tab. 22: Persönliche und fachliche Anforderungen an kreditgenossenschaftliche Aufsichtsräte – Teil III[656]

---

[656] Quelle: Eigene Darstellung.

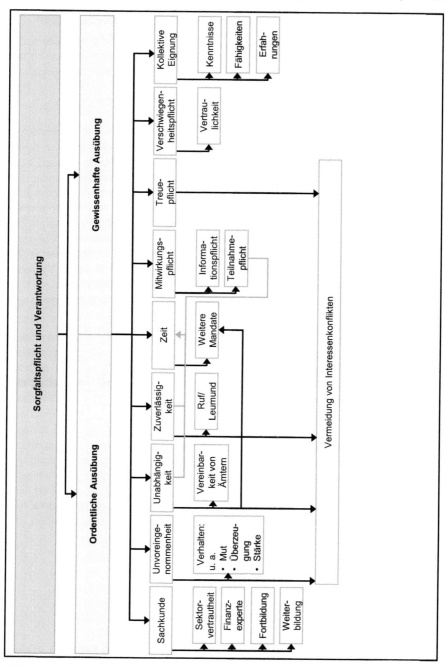

Abb. 16: Komponenten der Sorgfaltspflicht und Verantwortung[657]

---

## 2.3.4.2    Ausgewählte persönliche und fachliche Anforderungen

Im Folgenden werden die Anforderungen an die Sachkunde, den Zeitaufwand, die Zuverlässigkeit, die Unabhängigkeit, die Unvoreingenommenheit, weitere Fähigkeiten, das Verhalten, altersbezogene Begrenzungen sowie die Zugehörigkeitsdauer detaillierter dargestellt.

**Sachkunde**

Gemäß § 25d KWG müssen Aufsichtsräte zur Wahrnehmung der Kontrollfunktion sowie zur Beurteilung und Überwachung der Geschäfte die erforderliche *Sachkunde* aufweisen. Diese Anforderung wird von der BAFIN darüber definiert bzw. konkretisiert, dass das Aufsichtsratsmitglied fachlich in der Lage sein muss, die Vorstandsmitglieder „angemessen zu kontrollieren, zu überwachen und die Entwicklung des Instituts [...] aktiv zu begleiten"[658] sowie die von dem „Unternehmen getätigten Geschäfte zu verstehen und deren Risiken beurteilen zu können"[659]. Darüber hinaus muss das Mitglied mit den für das Unternehmen wesentlichen gesetzlichen Regelungen vertraut sein.[660] Eine anderweitige bzw. weitergehende Definition erfolgt nicht. Sachkunde stellt zudem keine absolute Größe dar.[661] Vielmehr wird der Anspruch an die Sachkunde einzelfallabhängig, abgeleitet von dem Umfang und der Komplexität der vom Institut betriebenen Geschäfte festgelegt und beurteilt.[662]

Abgeleitet aus der persönlichen Pflicht, den Jahresabschluss persönlich zu prüfen, sollten Aufsichtsräte über Kenntnisse der Bilanzierung und des Prüfungswesens verfügen.[663] Aufgrund der betriebs- und volkswirtschaftlich sowie juristisch geprägten Geschäftstätigkeit sollten Aufsichtsräte von Kreditinstituten diesbezügliche Grundkenntnisse besitzen.[664] Darüber hinaus wird auch Wissen über die Prinzipien der Banksteuerung als sinnvoll erachtet.[665] Aufsichtsräte müssen die Geschäfte der Genossenschaft „regelmäßig ohne fremde Hilfe [...] verstehen und sachgerecht beurteilen"[666] können. Zudem ist neben der Kenntnis über aktuelle gesetzliche Regelungen auch das Auseinandersetzen mit den Inhalten der Satzung und Geschäftsordnung notwendig.[667] Neu in den Aufsichtsrat gewählte Personen müssen sich mithilfe vergangener Protokolle über die bisherige Tätigkeit des Gremiums informieren.[668] Es wird angenommen, dass Aufsichtsräte zur vollständigen Einarbeitung bis zu zwei Jahre benötigen.[669] Von Ausschussmitgliedern können um-

---

[658]   BAFIN (2018b), S. 20.
[659]   BAFIN (2018b), S. 20.
[660]   Vgl. BAFIN (2018b), S. 20.
[661]   Vgl. HÖLSCHER/DÄHNE (2015), S. 72.
[662]   Vgl. BAFIN (2018b), S. 20.
[663]   Vgl. LANG/WEIDMÜLLER (2019), § 41 Rn. 12.
[664]   Vgl. HÖLSCHER/ALTENHAIN (2013), S. VII; BEUTHIEN/WOLFF/SCHÖPFLIN (2018), § 41 Rn. 12; FRANKEN-BERGER/GSCHREY/BAUER (2020), S. 237 f.
[665]   Vgl. KREMERS (2013), S. 748.
[666]   LANG/WEIDMÜLLER (2019), § 36 Rn. 15a.
[667]   Vgl. LANG/WEIDMÜLLER (2019), § 41 Rn. 41; BEUTHIEN/WOLFF/SCHÖPFLIN (2018), § 41 Rn. 10.
[668]   Vgl. OLG DÜSSELDORF, Urteil vom 06.11.2014; DÜSSEL/NELIßEN (2017), S. 37.
[669]   Vgl. TÜNGLER (2014), S. 117.

fangreichere Sachkunde sowie weitergehende Informationspflichten gefordert werden. Beispielsweise sollten Mitglieder des Kreditausschusses mit gängigen Kreditarten, den damit verbundenen Risiken sowie dem Kreditprozess vertraut sein.[670]

In Bezug auf die Sachkunde regelt das GenG für kapitalmarktorientierte Genossenschaften[671] bzw. CRR-Kreditinstitute[672] darüber hinaus, dass sich die Gremienmitglieder mit dem Sektor, in dem die Genossenschaft tätig ist, auskennen müssen.[673] Diese sogenannte *Sektorvertrautheit* muss ebenfalls nicht zwingend bereits zum Amtsantritt vorliegen.[674]

Eine weitere fachliche Anforderung besteht darin, dass mindestens ein Aufsichtsratsmitglied über Sachverstand auf den Gebieten der Rechnungslegung oder Abschlussprüfung verfügen muss.[675] Gemäß § 25d Abs. 9 KWG muss der Vorsitzende des Prüfungsausschusses ebenfalls über derartigen Sachverstand verfügen, weswegen ihm meist die Funktion eines solchen *Finanzexperten* zugeteilt wird.[676] Mit diesen Anforderungen erfolgt eine Erhöhung der Risikokompetenz. Zudem werden aus der Rechnungslegung bzw. Abschlussprüfung resultierende Risiken reduziert.[677] Dem Beschluss des OBERLANDESGERICHTS (OLG) MÜNCHEN zufolge muss der Finanzexperte beruflich mit der Rechnungslegung und/oder Abschlussprüfung befasst sein bzw. gewesen sein. Zudem muss das Aufsichtsratsmitglied auf Augenhöhe mit dem Vorstand und Abschlussprüfer sprechen und gegebene Informationen kritisch hinterfragen können.[678] Die Entscheidung gilt als umstritten, da keine schwerpunktmäßige Tätigkeit auf diesen Gebieten vorliegen muss. Als mögliche Berufe werden die des Steuerberaters, Wirtschaftsprüfers oder Finanzvorstands bzw. als Qualifikation auch eine langjährige Mitgliedschaft im Prüfungsausschuss genannt.[679]

Die beruflichen Kompetenzen genossenschaftlicher Aufsichtsräte sind teilweise weit entfernt von den Details des Bankgeschäfts.[680] Bei Personengruppen mit Tätigkeiten in derselben Branche, mit langjährigen wirtschaftlichen oder rechtlichen Berufserfahrungen in der öffentlichen Verwaltung oder in politischen Mandaten sowie bei bestimmten Kaufleuten unterstellt die BAFIN grundsätzlich eine ausreichende Sachkunde.[681] Bei fehlender Sachkunde besteht ein Haftungsrisiko für das

---

[670] Vgl. LANG/WEIDMÜLLER (2019), § 41 Rn. 10.
[671] Vgl. § 264d HGB.
[672] Vgl. § 1 Abs. 3d KWG.
[673] Vgl. § 36 Abs. 4 GenG. Zur kritischen Einschätzung und zum Umgang mit der geforderten Sektorvertrautheit gemäß § 100 Abs. 5 AktG bzw. analog § 36 Abs. 4 GenG siehe MUTTER (2018), S. 12.
[674] Vgl. MUTTER (2018), S. 12.
[675] Vgl. § 36 Abs. 4 GenG. Eine Nichteinhaltung kann zu einer Verschlechterung des Kreditrankings bzw. zu verteuerten Finanzierungen für das Institut führen (vgl. HOFMANN (2014), S. 107). Diese Anforderung gilt nicht ausschließlich für Genossenschaftsbanken, sondern gemäß § 100 Abs. 5 AktG beispielsweise auch für kapitalmarktorientierte AGs.
[676] Vgl. MEYER/MATTHEUS (2016), S. 695 ff. Hinsichtlich der Anforderung an einen Finanzexperten im Aufsichtsrat siehe exemplarisch KERSTING (2013); THOMAS (2016), S. 48.
[677] Vgl. VÖLKER (2010), S. 25.
[678] Vgl. OLG MÜNCHEN, Beschluss vom 28.04.2010. Zur Auslegung des Urteils siehe WOLLMERT/ORTH (2011), S. 176; DRYGALA (2010).
[679] Vgl. WOLLMERT/ORTH (2011), S. 176; DRYGALA (2010), S. 105.
[680] Vgl. THEURL (2013), S. 219.
[681] Vgl. HÖLSCHER/DÄHNE (2015), S. 72; BAFIN (2018b), S. 21; BÖHM/FRONEBERG/SCHIERECK (2012), S. 143. An diese Person werden jedoch keine geringeren Anforderungen gestellt, es wird ihnen ledig-

einzelne Aufsichtsratsmitglied und aufgrund der Gesamtverantwortung auch für das gesamte Gremium.[682] Die BaFin setzt voraus, dass Aufsichtsräte eigene Mängel bei der Sachkunde erkennen und eigenverantwortlich durch Fort- bzw. Weiterbildungen beheben.[683]

Sofern die erforderliche Sachkunde zum Amtsantritt nicht vorliegt, soll sich das Aufsichtsratsmitglied diese innerhalb von sechs Monaten durch *Fortbildungen* aneignen. Derartige Fortbildungen sollten insbesondere die grundlegenden wirtschaftlichen bzw. rechtlichen Geschäftsabläufe vergleichbarer Unternehmen, das Risikomanagement, Grundzüge der Bilanzierung sowie des Aufsichtsrechts und die Funktionen sowie die Verantwortung eines Aufsichtsrats umfassen.[684] Der Umfang an Fortbildungen ist aufgrund unterschiedlicher Vorbildungen wiederum einzelfallabhängig.[685] Die Einführung in das Amt soll den Aufsichtsräten durch das Institut mithilfe angemessener personeller sowie finanzieller Ressourcen erleichtert werden.[686]

Gemäß § 25d Abs. 4 KWG ist die erforderliche Sachkunde nicht nur einmalig nachzuweisen, sondern durch *Weiterbildungen* während der gesamten Mandatsausübung aufrechtzuerhalten. Entscheidungen im Gremium müssen auf Basis aktueller Informationsstände in Bezug auf beispielsweise Rechtsvorschriften oder Finanzproduktinnovationen getroffen werden.[687] Zu diesem Zweck sind die Institute wiederum verpflichtet, den Aufsichtsräten Fortbildungen zu ermöglichen und ihnen hierfür angemessene personelle und finanzielle Ressourcen bereitzustellen.[688]

Erleichterungen bestehen in der Form, dass Aufsichtsräte – anders als Vorstandsmitglieder – gemäß der BaFin nicht über Spezialkenntnisse verfügen müssen und somit grundsätzlich geringere Anforderungen an die Aufsichtsräte gestellt werden.[689] Es müssen weder Erfahrungen eines Bankkaufmanns noch eines Unternehmers vorliegen.[690] Wie im vorherigen Kapitel B2.3.3 erläutert, wird zwischen einer Individualqualifikation und dem Kompetenzprofil des gesamten Gremiums unterschieden.[691] Aufgrund dessen muss nicht zwingend jedes einzelne Mitglied,

---

lich der Nachweis der Sachkunde erleichtert (vgl. Röseler (2017), S. 687 f.). Bei Arbeitnehmervertretern, die in die wirtschaftlichen bzw. rechtlichen Geschäftsabläufe eingebunden sind, wird ebenfalls eine ausreichende Sachkunde angenommen (vgl. BaFin (2018b), S. 21). Unter anderem wurde Grundschullehrern und Software-Architekten die Sachkunde seitens der BaFin zunächst nicht zugesprochen. Durch Fortbildungen konnte sie jedoch nachträglich erworben werden (vgl. Frankenberger/Gschrey/Bauer (2020), S. 28).

682  Vgl. Düssel/Nelißen (2017), S. 35; Lang/Weidmüller (2019), § 41 Rn. 41. Zur mangelnden Sachkenntnis in Aufsichtsräten siehe außerdem Barton/Wiseman (2015).

683  Vgl. BaFin (2018b), S. 20. Das eigenverantwortliche Ergreifen von Fort- und Weiterbildungsmaßnahmen ist auch Bestandteil des Kodizes (vgl. Nr. 5.4.4 CGKG; Grundsatz 18 DCGK (2020)). Die BaFin differenziert zwischen Fortbildung und Weiterbildung, während in den Kodizes allerdings von Aus- und Fortbildung die Rede ist.

684  Vgl. Hölscher/Dähne (2015), S. 73; BaFin (2018b), S. 22.

685  Vgl. Lang/Weidmüller (2019), § 36 Rn. 15a.

686  Vgl. § 25d Abs. 4 KWG.

687  Vgl. BaFin (2018b), S. 22. Zum Erwerb und zur Aufrechterhaltung der Sachkunde bei Aufsichtsräten siehe auch Ziechnaus (2016a).

688  Vgl. § 25d Abs. 4 KWG.

689  Vgl. BaFin (2018b), S. 20; Hölscher/Dähne (2015), S. 72; Rosendahl (2014), S. 28.

690  Vgl. Lang/Weidmüller (2019), § 36 Rn. 15a.

691  Vgl. Werder (2009).

sondern vielmehr das Gremium als Kollektiv über die notwendigen Kenntnisse, Fähigkeiten und Erfahrungen verfügen.[692] Bemängelt wird, dass Aufsichtsräte über finanztechnisches Vorwissen lediglich in dem Ausmaß verfügen müssen, dass sie zur Mitwirkung an Entscheidungen des Gremiums befähigt sind und, dass das Qualifikationsprofil daher nicht anspruchsvoll ist.[693]

## Zeitaufwand

Aufsichtsratsmitglieder müssen der Wahrnehmung ihrer Aufgaben ausreichend Zeit widmen.[694] Da dies vom Gesetzgeber als nicht selbstverständlich angesehen wurde, erfolgte 2013 eine gesetzliche Verankerung dieser Anforderung.[695] Dass der Erörterung von Strategien, Risiken und Vergütungssystemen für Geschäftsleiter und Mitarbeiter ausreichend Zeit gewidmet werden muss, wird dabei besonders hervorgehoben.[696] Welcher Zeitaufwand als ausreichend angesehen wird, ist einzelfallabhängig. Die Beurteilung der Bankenaufsicht erfolgt auf Basis quantitativer Berechnungen sowie qualitativer Einschätzungen,[697] weshalb sämtliche haupt- und nebenamtliche Tätigkeiten, aber beispielsweise auch der Erfahrungsschatz sowie die Vorbildung des Aufsichtsratsmitglieds, berücksichtigt werden.[698] Wenn ein Aufsichtsratsmitglied überwiegend nicht an den Sitzungen teilnimmt oder sich nicht gewissenhaft auf Sitzungen vorbereitet, gilt diese Anforderung als verletzt, sodass die BaFin verschiedene Maßnahmen einleiten kann.[699] Gemäß dem DCGK sollen Unternehmen potenzielle Kandidaten bereits im Vorfeld auf den Zeitaufwand und Schwierigkeiten bezüglich der Vereinbarkeit mit dem eigenen beruflichen Umfeld hinweisen sowie überprüfen, ob die Kandidaten den erwarteten Zeitaufwand bewältigen können.[700]

Im Zusammenhang mit der zeitlichen Verfügbarkeit sind auch die Beschränkungen für *zusätzliche Geschäftsleiter und Aufsichtsratsmandate* zu sehen.[701] Um die zeitliche Verfügbarkeit sowie die Vereinbarkeit von Ämtern zu gewährleisten, existieren verschiedene Regelungen im GenG und KWG sowie im DCGK. Abhängig davon, ob die Bank ein CRR-Institut mit erheblicher Bedeutung ist, das Aufsichtsratsmitglied gleichzeitig Geschäftsleiter eines Unternehmens ist oder in einem anderen Gremium als Aufsichtsratsvorsitzender fungiert, darf das Mitglied zwischen zwei und fünf *weitere Mandate* annehmen.[702]

---

[692]   Vgl. § 25d Abs. 2 KWG.
[693]   Vgl. APFELBACHER/METZNER (2013), S. 775 f.; LANG/WEIDMÜLLER (2019), § 36 Rn. 15a.
[694]   Vgl. § 25d Abs. 1 KWG.
[695]   Vgl. ROSENDAHL (2014), S. 28.
[696]   Vgl. § 25d. Abs. 6 KWG. Zu den Strategien zählen die Geschäfts- und Risikostrategie sowie die diese ergänzenden Handels-, Vergütungs-, Auslagerungs- und IT-Strategien (vgl. BOOS/FISCHER/SCHULTE-MATTLER (2016), § 25d KWG Rn. 78).
[697]   Vgl. EZB (2018), S. 21 ff.
[698]   Vgl. LANG/WEIDMÜLLER (2019), § 36 Rn. 15a; BAFIN (2018b), S. 25; HÖLSCHER/DÄHNE (2015), S. 72.
[699]   Vgl. BAFIN (2018b), S. 26.
[700]   Vgl. SCHRÖDER (2016), S. 98.
[701]   Vgl. ROSENDAHL (2014), S. 28.
[702]   Vgl. § 25d Abs. 3 KWG; Kapitel B2.3.4. Zur Höchstmandatszahl siehe auch MADER (2014); LACK-HOFF (2014); BAFIN (2018b), S. 26 ff. Die Ansammlung von Aufsichtsratsmandaten wird als *Overboarding* bezeichnet (vgl. SCHUMM (2019), S. 746). Die Zählweise der Unternehmen differiert zwischen dem KWG, dem DCGK und dem AktG, da beispielsweise auf inländische Handelsgesellschaften mit einem Pflichtaufsichtsrat (AktG) oder auf konzernexterne börsennotierte, gegebenenfalls ausländische Gesellschaften (DCGK) Bezug genommen wird. Das KWG sieht engere Grenzen vor, da nicht

**Zuverlässigkeit**

Eine gesetzliche Anforderung, die auch in den beiden Kodizes aufgegriffen wird, ist die der *Zuverlässigkeit*.[703] „Unzuverlässigkeit ist anzunehmen, wenn persönliche Umstände nach der allgemeinen Lebenserfahrung die Annahme rechtfertigen, dass diese die sorgfältige und ordnungsgemäße Tätigkeit als Mitglied eines Organs beeinträchtigen können"[704], wobei sowohl das persönliche als auch das geschäftliche Verhalten berücksichtigt werden.[705] Da sie zunächst bei jedem Aufsichtsratsmitglied unterstellt wird, braucht sie der BaFin gegenüber nicht positiv nachgewiesen zu werden.[706] Die Zuverlässigkeit kann jedoch angezweifelt werden, wenn das Aufsichtsratsmitglied falsche Angaben gegenüber der BaFin macht, und sie liegt nicht vor, wenn dem Mitglied Vermögensdelikte wie beispielsweise Geldwäsche, Untreue oder Betrug nachgewiesen wurden.[707] Auch bei einer Neigung zu riskanten Geschäften oder angenommener mangelnder Bereitschaft, für das Mandat das notwendige Engagement und Zeit aufzubringen, sollten Institute von potenziellen Kandidaten aufgrund der Nichterfüllung dieser Anforderung Abstand nehmen.[708]

Ein weiteres Kriterium für Unzuverlässigkeit wird in dem Eingehen von *Interessenkonflikten* gesehen.[709] Interessenkonflikte liegen dann vor, wenn wirtschaftliche Abhängigkeiten bestehen bzw. wenn persönliche Umstände oder die wirtschaftliche Tätigkeit der Aufsichtsratsmitglieder dazu geeignet sind, die Unabhängigkeit des Mitglieds zu beeinträchtigen. „Weder das Aufsichtsratsmitglied noch das Unternehmen dürfen von der Interessenslage des anderen abhängig sein."[710] Derartige Konflikte resultieren beispielsweise aus Angehörigkeitsverhältnissen oder existieren, sofern die Kredite eines Unternehmens, bei dem das Aufsichtsratsmitglied tätig bzw. an dem es beteiligt ist, ausfallgefährdet sind.[711] Zudem kann ein Interessenkonflikt durch den politischen Einfluss eines Mitglieds, beispielsweise eines Bürgermeisters, ausgelöst werden.[712] Interessenkonflikte sollen mindestens dem Aufsichtsratsvorsitzenden frühzeitig offengelegt und dokumentiert werden. Bei einem dauerhaften Interessenkonflikt ist das Mandat niederzulegen.

Die Anforderung der Zuverlässigkeit lässt sich über die Anforderungen in Bezug auf die Vermeidung von Interessenkonflikten und die Investition von Zeit konkretisieren.

---

zwischen börsennotierten bzw. nicht-börsennotierten sowie inländischen bzw. ausländischen Unternehmen unterschieden wird (vgl. MERZ (2017), S. 4; HÖLSCHER/DÄHNE (2014), S. 280). Mehrere Mandate, die bei derselben Institutsgruppe bzw. demselben institutsbezogenen Sicherungssystem bestehen oder bei Unternehmen vorliegen, bei denen das Institut eine bedeutende Beteiligung hat, werden als ein Mandat gezählt. Hierdurch werden die Besonderheiten der kreditgenossenschaftlichen sowie der öffentlich-rechtlichen Finanzgruppe berücksichtigt (vgl. RÖSELER (2017), S. 688 f.).

[703]  Vgl. § 25d Abs. 1 KWG; Nr. 5.4.4 CGKG; Grundsatz 12 DCGK (2020).
[704]  RÖSELER (2017), S. 688.
[705]  Vgl. RÖSELER (2017), S. 688.
[706]  Vgl. BaFin (2018b), S. 23.
[707]  Vgl. HÖLSCHER/DÄHNE (2015), S. 72. Weitere Gründe, die eine mangelnde Zuverlässigkeit erkennen lassen, werden bei FRANKENBERGER/GSCHREY/BAUER (2020), S. 25 f. angeführt.
[708]  Vgl. LANG/WEIDMÜLLER (2019), § 36 Rn. 15a.
[709]  Vgl. BaFin (2018b), S. 23 f.
[710]  HARTMANN (2003), S. 29 f.
[711]  Vgl. BaFin (2018b), S. 24. Für weitere Erläuterungen und Beispiele für Interessenkonflikte siehe EZB (2018), S. 17 ff.
[712]  Vgl. RÖSELER (2017), S. 688.

**Unabhängigkeit**

Interessenkonflikte spielen auch bei dem Kriterium der Unabhängigkeit eine entscheidende Rolle. *Unabhängigkeit* setzt voraus, dass keine Interessenkonflikte bestehen.[713] Das Urteilsvermögen darf nicht durch geschäftliche, familiäre oder sonstige Beziehungen zur Genossenschaft oder ihrer Vorstandsmitglieder beeinflusst werden.[714]

In Bezug auf die *Vereinbarkeit von Ämtern* darf ein Aufsichtsratsmitglied in Übereinstimmung des KWG und GenG nicht gleichzeitig Vorstandsmitglied desselben Instituts sein.[715] Gemäß § 37 Abs. 1 GenG dürfen darüber hinaus auch Prokuristen, Handlungsbevollmächtigte sowie stellvertretende Vorstandsmitglieder nicht als Aufsichtsräte fungieren. Die Anzahl ehemaliger Vorstandsmitglieder ist ebenfalls reglementiert, weshalb maximal zwei ehemalige Vorstandsmitglieder im Aufsichtsgremium tätig sein dürfen.[716]

Darüber hinaus sollen sie keine Organfunktionen bzw. Beratungsaufgaben bei wesentlichen Wettbewerbern ausüben und nicht in persönlichen Beziehungen zu diesen stehen.[717]

Die Anforderungen an die zu investierende Zeit sowie die Anzahl weiterer Mandate beeinflussen ebenfalls das Kriterium der Unabhängigkeit.[718]

**Unvoreingenommenheit**

Von der Unabhängigkeit zu differenzieren ist die Unvoreingenommenheit. Letztere gilt als Verhaltensmuster, das sich vor allem bei Diskussionen und Entscheidungsfindungen des Gremiums zeigt und Eigenschaften wie Mut, Stärke und Überzeugung umfasst.[719] Das kritische Hinterfragen von vorgeschlagenen Entscheidungen des Aufsichtsgremiums und des Vorstands sowie „die Fähigkeiten, sich nicht dem Gruppendenken zu unterwerfen"[720] zählen ebenfalls hierzu.[721] Aufgrund der erforderlichen Verhaltensfähigkeiten, können Mitglieder zwar unabhängig aber nicht unvoreingenommen sein. Darüber hinaus gilt das Vermeiden von Interessenkonflikten ebenfalls als Teilaspekt der Unvoreingenommenheit.[722]

---

[713] Vgl. REDENIUS-HÖVERMANN/SCHMIDT (2019); GOH ET AL. (2016); LEESEN (2012); HUTZSCHENREUTER/METTEN/WEIGAND (2012); EBA/ESMA (2018), S. 25 ff.

[714] Vgl. LANG/WEIDMÜLLER (2019), § 36 Rn. 15.

[715] Vgl. § 25d Abs. 3 KWG; § 25d Abs. 3a KWG; § 37 Abs. 1 GenG.

[716] Vgl. § 25d Abs. 3 KWG; § 25d Abs. 3a KWG. Sollte ein ehemaliges Vorstandsmitglied dennoch in den Aufsichtsrat gewählt werden, so ist die Wahl wirksam, da sie lediglich eine aufsichtsrechtliche Bestimmung darstellt. Die BAFIN hätte in der Folge jedoch die Möglichkeit, die Reduzierung der ehemaligen Vorstandsmitglieder zu verlangen (vgl. LANG/WEIDMÜLLER (2019), § 36 Rn. 15e). Aufgrund des Verbots von Überkreuzverflechtungen dürfen Vorstandsmitglieder zweier AGs nicht Bestandteil des jeweils anderen Aufsichtsrats sein (§ 100 Abs. 2 AktG).

[717] Vgl. Nr. 5.4.2 CGKG; C.12 DCGK (2020).

[718] Vgl. EZB (2018), S. 12.

[719] Vgl. EBA/ESMA (2018), S. 25 f.

[720] EBA/ESMA (2018), S. 26.

[721] Vgl. EBA/ESMA (2018), S. 26.

[722] Vgl. EBA/ESMA (2018), S. 25 ff.

**Fähigkeiten**

Zur Konkretisierung der geforderten und zu bewertenden *Fähigkeiten*, als Bestandteil der *kollektiven Eignung*, hat die EBA eine nicht abschließende Liste von relevanten Fähigkeiten in ihre Leitlinien aufgenommen (vgl. Abb. 17).

Abb. 17:    Geforderte Fähigkeiten an Aufsichtsräte[723]

Zum *äußeren Bewusstsein* führt die EBA beispielsweise weiter aus, dass das Aufsichtsratsmitglied Entwicklungen, Machtzentren und Haltungen im Unternehmen überwacht und über sämtliche für das Unternehmen relevante Entwicklungen informiert ist. Die *Überzeugungskraft* äußert sich gemäß der EBA darin, dass das Mitglied die Ansichten Anderer durch den Einsatz natürlicher Autorität und Fingerspitzengefühl beeinflussen kann.[724] Es ist „eine starke Persönlichkeit und in der Lage, eine feste Haltung zu behaupten"[725]. Mit dem *Vorsitz in Besprechungen* ist gemeint, dass das Aufsichtsratsmitglied in der Lage sein sollte, „den Vorsitz in Besprechungen wirksam und effizient innezuhaben und eine offene Atmosphäre zu schaffen, die jeden dazu ermutigt, sich gleichberechtigt zu beteiligen"[726].

**Verhaltensbezogene Anforderungen**

Zu weiteren Sorgfaltspflichten der Aufsichtsratsmitglieder zählen die Verschwiegenheitspflicht, die Treuepflicht, Teilnahmepflichten, Mitwirkungspflichten und damit einhergehend auch Informationspflichten.[727]

*Verschwiegenheitspflicht*

Die von den Aufsichtsräten einzuhaltende Verschwiegenheitspflicht umfasst Betriebsgeheimnisse, vertrauliche Mitteilungen sowie sämtliche Angaben zu Kunden und Mitgliedern und betrifft auch den Inhalt, Verlauf und die Ergebnisse der Aufsichtsratssitzungen.[728]

---

[723]    Quelle: Eigene Darstellung in Anlehnung an EBA/ESMA (2018), S. 53 f.
[724]    Vgl. EBA/ESMA (2018), S. 54.
[725]    EBA/ESMA (2018), S. 54.
[726]    EBA/ESMA (2018), S. 54.
[727]    Vgl. LANG/WEIDMÜLLER (2019), § 41 Rn. 5 ff.
[728]    Vgl. BEUTHIEN/WOLFF/SCHÖPFLIN (2018), § 41 Rn. 16; LANG/WEIDMÜLLER (2019), § 41 Rn. 36; FRANKENBERGER/GSCHREY/BAUER (2020), S. 241 f. Aufsichtsräte müssen die Einhaltung dieser Pflicht durch die Unterzeichnung der Verpflichtungserklärung zur Wahrung des Bankgeheimnisses versichern (vgl. FRANKENBERGER/GSCHREY/BAUER (2020), S. 242). Zwischen dem Aufsichtsrat und dem Vorstand besteht in der Regel keine Verschwiegenheitsverpflichtung. Zudem wird den Überwachungspflichten

## Treuepflicht

Als Ausprägung der Sorgfaltspflicht ergibt sich des Weiteren die Treuepflicht. Hierzu zählt das Bestreben des Mitglieds, die Genossenschaft vor Schaden zu bewahren und im genossenschaftlichen Interesse zu handeln. Das Mandat darf nicht zur Verfolgung persönlicher Interessen genutzt werden. Arbeitnehmervertretern ist es gestattet, die Interessen der Belegschaft in den Aufsichtsrat einzubringen.[729]

Aus der Treuepflicht ergibt sich ferner, dass Aufsichtsräte keine bevorzugte Behandlung gegenüber anderen Mitgliedern wahrnehmen und ihnen keine lediglich durch das Mandat entstehenden Sonderkonditionen gewährt werden dürfen.[730] Darüber hinaus folgt aus dieser Pflicht, dass Interessenkonflikte offenzulegen und in solch einem Fall von Beratungen bzw. Abstimmungen im Gremium abzusehen ist.[731]

## Mitwirkungspflichten

Aufsichtsratsmitglieder haben sich auf Sitzungen sorgfältig vorzubereiten und zu einer sachgerechten Meinungsbildung und Entscheidungsfindung beizutragen. Sachgerecht bedeutet, dass ein Aufsichtsratsmitglied eine Entscheidung nach seiner Überzeugung in Übereinstimmung mit gesetzlichen oder satzungsmäßigen Regelungen und unter Berücksichtigung der Interessen der Genossenschaft bzw. Mitglieder trifft.[732] Stimmenthaltungen sind lediglich bei Interessenkonflikten gerechtfertigt.[733] Zur Mitwirkungspflicht zählt außerdem die in § 25d Abs. 1 KWG verankerte Regelung, dass Aufsichtsratsmitglieder ihren Aufgaben ausreichend Zeit widmen müssen.[734]

Als Teil der Mitwirkungspflicht bedingt die *Informationspflicht*, dass sich jedes Aufsichtsratsmitglied bezüglich der Angelegenheiten der Genossenschaft so weit zu informieren hat, dass es eine eigene sachgerechte Entscheidung treffen kann.[735]

## Teilnahmepflichten

Aus der Teilnahmepflicht ergibt sich, dass eine wiederholte Nichtteilnahme an den Aufsichtsratssitzungen eine Pflichtverletzung darstellt, die zu einer Verweigerung der Entlastung durch die Generalversammlung führen kann. Aufsichtsratssitzungen haben in der Regel Vorrang vor privaten Terminen.[736]

---

eine höhere Relevanz zugesprochen als der Verschwiegenheitspflicht. Der Vorstand hat den Aufsichtsrat den geschäftlichen Bereich betreffend uneingeschränkt zu informieren (vgl. LANG/WEIDMÜLLER (2019), § 41 Rn. 36).

[729] Vgl. LANG/WEIDMÜLLER (2019), § 41 Rn. 9 ff.
[730] Vgl. BEUTHIEN/WOLFF/SCHÖPFLIN (2018), § 41 Rn. 8; LANG/WEIDMÜLLER (2019), § 41 Rn. 34; FRANKENBERGER/GSCHREY/BAUER (2020), S. 239 f.
[731] Vgl. FRANKENBERGER/GSCHREY/BAUER (2020), S. 240.
[732] Vgl. FRANKENBERGER/GSCHREY/BAUER (2020), S. 238 f. Zu den Mitwirkungspflichten der Arbeitnehmervertreter siehe LÖWISCH (2017).
[733] Vgl. LANG/WEIDMÜLLER (2019), § 41 Rn. 9.
[734] Vgl. FRANKENBERGER/GSCHREY/BAUER (2020), S. 238.
[735] Vgl. THEISEN (2019b), S. 12; FRANKENBERGER/GSCHREY/BAUER (2020), S. 239.
[736] Vgl. LANG/WEIDMÜLLER (2019), § 41 Rn. 8; GLENK (2014), S. 668.

### Altersbezogene Begrenzungen und Zugehörigkeitsdauer

Durch die Satzung können sowohl *Mindest-* als auch *Höchstalter* festgelegt werden. Der DCGK empfiehlt das Definieren einer Altersgrenze, die Mustersatzung eine Altershöchstgrenze, ohne jedoch ein konkretes Alter vorzugeben.[737] Konkret kann zum einen bestimmt werden, bis zu welchem Alter Personen in den Aufsichtsrat gewählt werden sollen, zum anderen kann auch reglementiert werden, mit welchem Alter Aufsichtsratsmitglieder aus dem Gremium ausscheiden müssen.[738] In Bezug auf hauptamtliche Vorstandsmitglieder soll die Altersgrenze gemäß des CGKG das gesetzliche Renteneintrittsalter nicht überschreiten.[739] Dem DCGK zufolge soll die Altersgrenze zudem bei der Erklärung zur Unternehmensführung[740] mit angegeben werden.[741] Die Altersgrenzen der dem DCGK verpflichteten Unternehmen liegen in der Regel zwischen 70 und 75 Jahren. Die Extremwerte befinden sich bei 65 und 80 Jahren, wobei ca. 20 % der Gesellschaften keine Angabe zu einer altersmäßigen Begrenzung machen.[742] In Genossenschaften wird häufig eine Regelung, nach der die Mitglieder zum Zeitpunkt der Wahl das in der Regel 65. Lebensjahr noch nicht vollendet haben dürfen, angewendet. Derartige Begrenzungen sollen einer Überalterung der Aufsichtsorgane vorbeugen[743] und die Wahl unabhängigerer, innovativer junger Mandatsträger fördern.[744] Als negative Folge wird zumeist der Verzicht auf die Kenntnisse und Erfahrungen älterer Mitglieder genannt.[745] Da ausschließlich Personen, die unbeschränkt geschäftsfähig sind, die persönlichen Voraussetzungen eines Aufsichtsrats erfüllen, gilt die Vollendung des 18. Lebensjahres zum Zeitpunkt des Amtsantritts als niedrigstes Mindestalter.[746]

Um eine stetige personelle Erneuerung der Gremien zu fördern,[747] wurde im vorherigen DCGK die Festlegung einer Grenze hinsichtlich einer *Zugehörigkeitsdauer* gefordert.[748] Im aktuellen DCGK wird lediglich empfohlen, dass die Zugehörigkeitsdauer der Aufsichtsräte offengelegt wird.[749] Genossenschaftliche Regelungen und Empfehlungen hierzu bestehen nicht.

---

[737] Vgl. § 24 Abs. 6 Mustersatzung zitiert nach FRANKENBERGER/GSCHREY/BAUER (2020), S. 313; C.2 DCGK (2020). Altersgrenzen verstoßen nicht gegen das Allgemeine Gleichbehandlungsgesetz (AGG) (vgl. FRANKENBERGER/GSCHREY/BAUER (2020), S. 16).

[738] Vgl. LANG/WEIDMÜLLER (2019), § 36 Rn. 45; LEHNER (2016), S. 100.

[739] Vgl. Nr. 5.1.2 CGKG.

[740] Vgl. § 289f HGB.

[741] Vgl. C.2 DCGK (2020).

[742] Vgl. THEISEN (2019a), S. 76.

[743] Vgl. FRANKENBERGER/GSCHREY/BAUER (2020), S. 15 f.

[744] Vgl. THEISEN (2019a), S. 76.

[745] Vgl. THEISEN (2019a), S. 76; LANG/WEIDMÜLLER (2019), § 36 Rn. 45.

[746] Vgl. § 43 Abs. 4 GenG i. V. m. § 2 Bürgerliches Gesetzbuch (BGB); LANG/WEIDMÜLLER (2019), § 36 Rn. 15; HERGERT/KEWES (2010), S. 55. Mit dem Verlust der unbeschränkten Geschäftsfähigkeit endet auch das Aufsichtsratsmandat (vgl. LANG/WEIDMÜLLER (2019), § 36 Rn. 18; BEUTHIEN/WOLFF/SCHÖPFLIN (2018), § 36 Rn. 21; BEUTHIEN/WOLFF/SCHÖPFLIN (2018), § 36 Rn. 18; BEUTHIEN/WOLFF/SCHÖPFLIN (2018), § 36 Rn. 46).

[747] Vgl. RUHWEDEL (2017), S. 173.

[748] Vgl. Nr. 5.4.1 DCGK (2017). Zu den Vor- und Nachteilen einer begrenzten Zugehörigkeitsdauer siehe RUHWEDEL (2017).

[749] Vgl. C.3 DCGK (2020).

## Synthese

Zum Aufgabenspektrum der Aufsichtsratstätigkeit zählt die Überwachung des Kreditgeschäfts. Aufgrund dessen werden besondere Anforderungen an die persönliche Integrität und geordnete Vermögensverhältnisse der Aufsichtsratsmitglieder gestellt. Unter anderem sollten sie ihren Kreditverpflichtungen vertragsgemäß nachkommen.[750] Darüber hinaus unterliegen Aufsichtsratsmitglieder mit beruflich erworbenen Spezialkenntnissen, wie beispielsweise Rechtsanwälte, einem erhöhten Sorgfaltsmaßstab.[751] Auch wenn für Steuerberater, Wirtschaftsprüfer sowie Rechtsanwälte keine standesrechtlichen Vorbehalte für die Aufsichtsratstätigkeit existieren, kann es die Sorgfaltspflicht gebieten, dass sie sich bei Interessenkonflikten bei der Beratung und Beschlussfassung zurückhalten.[752]

Die Satzungen der Institute können weitere, sachlich gerechtfertigte Anforderungen an die Aufsichtsräte beinhalten. Beispielsweise wäre eine bestimmte Dauer der Mitgliedschaft bei der Genossenschaftsbank legitim.[753]

Insgesamt ist festzuhalten, dass keine Person verpflichtet ist, ein Aufsichtsratsmandat anzunehmen. Bei einer Entscheidung für ein derartiges Amt muss es ordentlich sowie sorgfältig ausgeübt werden. Insbesondere stellen Zeitmangel und Unerfahrenheit keine zu entschuldigenden Gründe für eine inadäquate Amtswahrnehmung dar.[754] Aufgrund von Tatsachen, die darauf schließen lassen, dass ein Aufsichtsratsmitglied insbesondere nicht die erforderliche Sachkunde besitzt, unzuverlässig ist, der Wahrnehmung der Aufgaben nicht ausreichend Zeit widmet oder gegen die Vorschriften zur Unvereinbarkeit bzw. Höchstzahl von Mandaten verstößt, kann die BaFin eine Abberufung des Aufsichtsratsmitglieds verlangen und ihr die Tätigkeitsausübung untersagen.[755]

Im DCGK ist vorgesehen, dass bei Wahlvorschlägen an die Hauptversammlung jedem Kandidatenvorschlag ein *Lebenslauf* beizufügen ist, der über „relevante Kenntnisse, Fähigkeiten und fachliche Erfahrungen Auskunft gibt"[756] und durch eine Übersicht über die wesentlichen Tätigkeiten neben dem Aufsichtsratsmandat ergänzt wird. Sowohl der Lebenslauf als auch die Übersicht sollen jährlich aktualisiert und über die Internetseite des Unternehmens bereitgestellt werden.[757]

Die Erfüllung vieler der genannten persönlichen sowie fachlichen Anforderungen muss der BaFin im Zuge der *Bestellungsanzeige* nachgewiesen werden.[758] Bei

---

[750] Vgl. LANG/WEIDMÜLLER (2019), § 36 Rn. 15.
[751] Vgl. FLEISCHER (2012).
[752] Vgl. LANG/WEIDMÜLLER (2019), § 36 Rn. 16. Nebentätigkeiten von Notaren bedürfen der Genehmigung der Aufsichtsbehörde, dürfen jedoch nicht versagt werden (vgl. LANG/WEIDMÜLLER (2019), § 36 Rn. 16 und § 8 Abs. 3 S. 1 Nr. 2 Bundesnotarordnung (BNotO)). Zu Notaren im Aufsichtsrat siehe BVERFG, Beschluss vom 23.09.2002.
[753] Vgl. LANG/WEIDMÜLLER (2019), § 36 Rn. 17.
[754] Vgl. LANG/WEIDMÜLLER (2019), § 41 Rn. 10; LUTTER/KRIEGER/VERSE (2020), Rn. 1279.
[755] Vgl. § 36 Abs. 3 KWG; BaFin (2018b), S. 50.
[756] C.14 DCGK (2020).
[757] Vgl. C.14 DCGK (2020). Für weitere Ausführungen siehe BARTZ/WERDER (2017), S. 772 ff.
[758] Erforderliche beizufügende Unterlagen sind 1. Lebenslauf, 2. Nachweise über Fortbildungen, 3. Angaben zur Zuverlässigkeit der Mitglieder von Verwaltungs- und Aufsichtsorganen, 4. Führungszeugnis zur Vorlage bei einer Behörde, 5. Europäisches Führungszeugnis zur Vorlage bei einer Behörde oder entsprechende Unterlagen aus dem Ausland, 6. Auszug aus dem Gewerbezentralregister, 7. Über-

persönlich oder sachlich unqualifizierten Aufsichtsräten hat die BAFIN gemäß § 36 Abs. 3 KWG das Recht, eine Abberufung zu fordern oder ein Tätigkeitsverbot auszusprechen. Um einem Abberufungsverfahren zuvorzukommen, haben die In- stitute durch einen Rücktritt, das Ruhenlassen eines Aufsichtsmandats oder den Verzicht auf eine Wiederwahl bzw. über Mitwirkungsverzichte oder das Ausschei- den aus dem Kreditausschuss jedoch die Möglichkeit, Gefahren zu minimieren.[759]

Das Einhalten der persönlichen und fachlichen Anforderungen ist auch im Hinblick auf die Zugehörigkeit zur SICHERUNGSEINRICHTUNG relevant.[760] Zu den Sorgfalts- pflichten der Institute zählt nach dem Statut der SICHERUNGSEINRICHTUNG auch, dass die Institute für ihre Geschäfte die erforderlichen „personellen, sachlichen, und organisatorischen Voraussetzungen schaffen, um die in den Geschäften lie- genden Risiken bewältigen zu können"[761]. Sofern der BVR oder der Prüfungsver- band den Eindruck gewinnt, dass die genannte Sorgfaltspflicht nicht eingehalten wird, hat er das Recht und die Pflicht, den Vorstand, Aufsichtsrat und/oder die Ge- neralversammlung auf mögliche Auswirkungen wie beispielsweise den Ausschluss aus der SICHERUNGSEINRICHTUNG hinzuweisen und eine Änderung der Geschäfts- politik zu bewirken.[762]

## 2.4    Das Rollenverständnis von Aufsichtsräten

In der Regel abgeleitet aus den vorgenannten Aufgaben lassen sich verschiedene Aufsichtsratstypen bzw. Rollenverständnisse unterscheiden.[763] Klassischerweise stehen die *Kontrolle*, die *Beratung* sowie die *Personalkompetenz* und nachrangig die Aufgaben als *Interessenvertreter* im Mittelpunkt der Betrachtungen.[764]

Aus der Trennung von Eigentum und Geschäftsführung ergibt sich die als traditio- nell bezeichnete Rolle des *Kontrolleurs*.[765] Insgesamt wird die Überwachung viel- fach als die wohl wichtigste, primäre oder auch unabdingbare Aufgabe beschrie- ben.[766] Sowohl im AktG als auch im GenG bezieht sich der erste Absatz der die Aufsichtsratsaufgaben betreffenden Regelungen darauf, dass der Aufsichtsrat die

---

sicht zu weiteren Mandaten als Geschäftsleiter und in Verwaltungs- und Aufsichtsorganen und 8. An- gaben zur zeitlichen Verfügbarkeit (vgl. BAFIN (2018b), S. 9). Für weitere Konkretisierungen diesbe- züglich siehe BAFIN (2018b), S. 9 ff.; FRANKENBERGER/GSCHREY/BAUER (2020), S. 47 ff.

[759]    Vgl. GLENK (2014), S. 669 f.; ZIECHNAUS (2012), S. 30.

[760]    Zur SICHERUNGSEINRICHTUNG siehe Kapitel B1.4.2.

[761]    BVR (2019), § 6 Abs. 1 Nr. 2.

[762]    Vgl. BVR (2019), §§ 12 f.; BVR (2019), § 33.

[763]    Vgl. SCHOLZ (2006), S. 117 f. Der Begriff *Rolle* bezieht sich auf die inhaltliche Beschreibung der Auf- sichtsratstätigkeit. Zu rollentheoretischen Überlegungen in Bezug auf Aufsichtsräte siehe KREIT- MEIER (2001), S. 83 ff.; SEELE (2007), S. 83 ff. Zur Rollendifferenzierung in Gruppen siehe WEIB- LER (2016), S. 75 ff.; MARGERISON/MCCANN (1985). Zur besonderen Rolle des Aufsichtsratsvorsitzen- den siehe HÖNSCH/FISCHER/KASPAR (2017); BEZEMER ET AL. (2012); DEGENHART (2016). Das Rollen- verständnis hängt wesentlich von der wirtschaftlichen Situation des Unternehmens ab. Zur Rolle des Aufsichtsrats in Krisensituationen siehe PROBST/THEISEN (2016); THEISEN/PROBST (2016); SCHEFF- LER (2014); SCHMIDT (2014); HENZE (2013); KALSS/OELKERS (2006); PROBST/THEISEN (2015); POLLEY/ KRONER (2012); SCHMITTMANN (2012b); RULAND (2013).

[764]    Die Relevanz des Rollenverständnisses wird auch darüber verdeutlicht, dass Auswirkungen der Rolle auf die Unternehmensperformance nachgewiesen werden konnten (vgl. KRAUSE (2017)).

[765]    Vgl. HARDT/PONSCHAB (2014), S. 85; PRIGGE (2012), S. 77; WELGE/EULERICH (2014), S. 92.

[766]    Vgl. ZIECHNAUS (2012), S. 28; SCHEFFLER (1993), S. 65; FRANKENBERGER/GSCHREY/BAUER (2020), S. 112; BECKMANN (2009a), S. 22; PRIGGE (2012), S. 77; HÖLSCHER/DÄHNE (2015), S. 68.

Geschäftsführung zu überwachen hat.[767] Die Begriffe der *Überwachung* und *Aufsicht* werden teilweise als Synonym für Kontrolle und teilweise als zusammenfassende Bezeichnung der ex post zu vollziehenden Kontrolle bzw. Prüfung sowie der ex ante stattfindenden Beratung verwendet.[768] Im Folgenden bezieht sich der Begriff der Überwachung sowohl auf vergangenheits- als auch auf zukunftsorientierte Aufgabenbereiche, Kontrolle und Prüfung hingegen ausschließlich auf die vergangenheitsorientierte Aufsicht.[769]

SÄCKER bezeichnet die ex ante stattfindende Überwachung in Form der strategischen *Beratung* sogar als einzig wirksame Überwachung.[770] In diesem Zusammenhang gebräuchliche Begriffe sind die des wohlwollend kritischen Sparringspartners oder Businesscoaches sowie der antizipativen bzw. präventiven Überwachung.[771] Der Informationsaustausch und die Berichterstattung des Vorstands über die Geschäftspolitik gelten als Voraussetzung für eine zukunftsgerichtete Beratung durch den Aufsichtsrat.[772] Das Widerspruchsrecht bei zustimmungspflichten Geschäften zählt als wesentliche Funktion eines mitunternehmerischen Aufsichtsrats.[773] Um die Erwartungen an die Rolle zu erfüllen, sollte sich die Auseinandersetzung mit strategischen Entscheidungen nicht nur auf passive Plausibilitätsprüfungen beschränken, sondern sich auch auf das aktive Einbringen und Diskutieren möglicher Strategievarianten beziehen.[774] Obwohl die Beratung im Gesetz nicht ausdrücklich als Aufgabe des Aufsichtsrats erwähnt wird,[775] verweist der BGH bereits in seinem Grundsatzurteil aus dem Jahre 1991 auf die laufende Beratung und die in die Zukunft gerichtete Kontrolle des deutschen Aufsichtsrats.[776] Darüber hinaus kann die Beratungsfunktion explizit aus dem DCGK abgeleitet werden, da dort unter ande-

---

[767]  Vgl. § 38 Abs. 1 GenG; § 111 Abs. 1 GenG.

[768]  Beispielsweise sehen KALSS/OELKERS als Differenzierung zur Geschäftsführungsaufgabe des Vorstands in der Überwachung ausschließlich den Kontrollauftrag, während HÖLSCHER/DÄHNE den Überwachungsbegriff explizit vergangenheits- sowie zukunftsbezogen interpretieren (vgl. KALSS/OELKERS (2006), S. 6; HÖLSCHER/DÄHNE (2015), S. 68). Die Beratungsfunktion wird auch als präventive Überwachung bezeichnet (vgl. VELTE (2012), S. 866; HUTZSCHENREUTER/METTEN/WEIGAND (2012), S. 720). Für SASSEN geht die Beratung über die Überwachungsfunktion hinaus (vgl. SASSEN (2011), S. 438). In Anlehnung an POTTHOFF/TRESCHER teilt HELM die Überwachungsbestandteile in die Beratung, die prüfende Überwachung im Sinne der Kontrolle und die gestaltende Überwachung, die sich beispielsweise auf zustimmungspflichtige Geschäfte bezieht, ein (vgl. HELM (2004), S. 25 ff.; POTTHOFF/TRESCHER (2003)). TEBBEN unterscheidet wiederum die gestaltende von der begleitenden Überwachung (vgl. TEBBEN (2011), S. 14 ff.). Die EBA untergliedert die Aufsichtsfunktion in die Überwachung und Auseinandersetzung mit der Strategie (vgl. EBA (2012), S. 12). Auch für WERDER geht die Aufsichtstätigkeit über die reine Kontrollfunktion hinaus (vgl. WERDER (2017), S. 978). Zu weiteren Definitionen und Abgrenzungen von *Überwachung* siehe WELGE/EULERICH (2014), S. 230 f. Für eine Differenzierung der Begriffe *Prüfung* und *Kontrolle* siehe SCHEWE/LITTKEMANN/BECKEMEIER (1999), S. 1484.

[769]  Der Kontrollbegriff bezieht sich meist auf Handlungen, die einen Soll-Ist-Vergleich zum Ziel haben, während Prüfungen in der Regel der „Feststellung der formalen Ordnungsmäßigkeit abgeschlossener Vorgänge und der Einhaltung von Richtlinien" (BECKMANN (2009a), S. 23) dienen.

[770]  Vgl. SÄCKER (2004), S. 182; ALBACH (1997), S. 32 ff.

[771]  Vgl. PESTER/ARLT (2016), S. 19; HELM (2004), S. 28; HARDT/PONSCHAB (2014), S. 85; BECKMANN (2009a), S. 22.

[772]  Vgl. SASSEN (2011), S. 438; WIEDEMANN/MENK (2013), S. 95.

[773]  Vgl. HUTZSCHENREUTER/METTEN/WEIGAND (2012), S. 720.

[774]  Vgl. GLEIßNER (2009), S. 39.

[775]  Vgl. VETTER (2016), S. 114.

[776]  Vgl. BGH, Urteil vom 25.03.1991.

rem eine Abstimmung zwischen Vorstand und Aufsichtsrat im Hinblick auf die Strategie gefordert wird.[777] Wenngleich aufgrund der Trennung zwischen Geschäftsführung und Überwachung Unklarheit bezüglich der Reichweite der präventiven Überwachung herrscht,[778] wird die Beratung als wesentliche Funktion eines Aufsichtsrats deklariert.[779]

In Bezug auf die *Personalkompetenz* wird konstatiert, dass die Besetzung von Vorstandspositionen „zu den wichtigsten Aufgaben"[780] gehört. Zudem werden die Bestellung, Abberufung sowie die Vertragsgestaltung von Vorstandsmitgliedern als „zweifellos wichtigste Pflicht"[781] bezeichnet. Die Relevanz der Personalkompetenz ergibt sich aus den langfristigen Konsequenzen, die Personalentscheidungen in Bezug auf die Ausführung und Qualität der Geschäftsführung mit sich bringen.[782] Dies gilt jedoch nur insofern, als dass diese Aufgaben tatsächlich vom Aufsichtsrat wahrgenommen werden und insbesondere das Auswählen neuer Vorstandsmitglieder nicht dem amtierenden Vorstand überlassen wird.[783]

Eine weitere Funktion, die der Aufsichtsrat im deutschen dualistischen System ausübt, ist die der *Interessenvertretung*.[784] Hierzu zählen die Interessen, die sowohl über die Arbeitnehmervertreter als auch die Anteilseignervertreter in den Gremien berücksichtigt werden.[785] Während sich die gesetzlichen Vorgaben zum Aufgabenspektrum von Aufsichtsräten bei AGs und Genossenschaften stark ähneln, weisen letztere mit der Förderung der Mitglieder als einzige Unternehmensform einen gesetzlich verankerten Auftrag auf.[786] FRANKENBERGER/GSCHREY/BAUER sehen den Aufsichtsrat daher als „Ansprechpartner für das hauptamtliche Management und für die Mitglieder gleichermaßen. Er hat darauf zu achten, dass das Management die Mitgliederförderung und -orientierung als Grundauftrag jeder Genossenschaft nicht aus den Augen verliert, dass andererseits aber auch die Genossenschaft als eine auf Dauer angelegte Unternehmung erfolgreich arbeiten kann, dass sie lebens-, leistungs- und konkurrenzfähig bleibt."[787] Im CGKG ist festgehalten, dass sowohl der Vorstand als auch der Aufsichtsrat dem Förderauftrag verpflichtet sind und zum Wohle der Genossenschaft und der Mitglieder eng zusammenarbeiten.[788]

Obwohl Aufsichtsräte aufgrund der gesetzlichen Verankerung sowohl kontrollierende als auch beratende Aufgaben zu erfüllen haben, unterliegt das Rollenverständnis einem (populär-)wissenschaftlichen Diskurs, bei dem Uneinigkeit darüber

---

[777]    Vgl. Grundsatz 15 DCGK (2020).

[778]    Vgl. VELTE (2012), S. 866.

[779]    Zur strategischen Rolle von Aufsichtsräten siehe exemplarisch KREITMEIER (2001); MCNULTY/PETTIGREW (1999).

[780]    SCHICHOLD/KAMPSCHULTE/ALBRECHT (2017), S. 8. Auch BERNHARDT und GÖTZ vertreten diese Auffassung (vgl. GÖTZ (1995), S. 344; BERNHARDT (1995), S. 318; SIHLER (2001)). Auch in Befragungen von Aufsichtsräten sowie speziell von Aufsichtsratsvorsitzenden rangieren die Bestellung und Abberufung des Vorstands an vorderster Stelle (vgl. HÖNSCH/FISCHER/KASPAR (2017), S. 127; BLEICHER (1987), S. 13).

[781]    WITT (2009), S. 314.

[782]    Vgl. FRANKENBERGER/GSCHREY/BAUER (2020), S. 174; EBERT/ZEIN (2007), S. 106.

[783]    Vgl. GÖTZ (1995), S. 344.

[784]    Vgl. HUTZSCHENREUTER/METTEN/WEIGAND (2012), S. 717.

[785]    Vgl. WITT (2009), S. 307; HUTZSCHENREUTER/METTEN/WEIGAND (2012), S. 720.

[786]    Vgl. FRANKENBERGER/GSCHREY/BAUER (2020), S. 221; § 1 GenG; Nr. 5.5.1 CGKG.

[787]    FRANKENBERGER/GSCHREY/BAUER (2020), S. 2.

[788]    Vgl. Nr. 3.1 CGKG.

besteht, welche Rolle schwerpunktmäßig wahrgenommen wird bzw. werden sollte.[789] Die Relevanz der Personalkompetenz in Bezug auf Vorstandsangelegenheiten, der Beratung und der Kontrolle wird in unterschiedlicher Reihenfolge bewertet.[790] Bereits 2002 wird die damalige Divergenz zwischen selbst attestierter und tatsächlich ausgeübter Rolle durch die Ergebnisse einer Studie von RUHWEDEL verdeutlicht. Während sich 87 % der damals befragten Aufsichtsräte als strategische Berater des Vorstands verstanden, hielten 35 % der Gremien jedoch lediglich vier Sitzungen pro Jahr ab, um die vorgelegten Quartalsergebnisse zur Kenntnis zu nehmen.[791] 2004 bescheinigten sich Aufsichtsratsvorsitzende börsennotierter Unternehmen einen abgeschlossenen Rollenwechsel „vom Kontrolleur hin zum aktiven Beteiligten in den strategischen Managementprozessen"[792] – auch wenn für die Hälfte der Befragten zentrale Aufsichtsratsaufgaben weiterhin im Verantwortungsbereich des Vorstands verbleiben.[793] 2012 ist beispielsweise HOHENEMSER der Ansicht, dass ein Wandel des klassischen Rollenverständnisses erst eingeleitet wurde.[794] Eine zeitliche Einordnung des vielfach thematisierten und etwaig vollzogenen Wandels der Aufsichtsratstätigkeit gestaltet sich daher als schwierig.[795] Zudem wird das Rollenverständnis unter anderem durch die Unternehmensgröße, die Branche und die Persönlichkeitsstruktur der Mandatsträger beeinflusst.[796]

---

[789]  Folgende exemplarische Aussagen verdeutlichen die Kontroverse: „Die Reduzierung der Rolle von Aufsichtsgremien auf die Kontrollfunktion wird dem tatsächlichen Tätigkeitsspektrum von Aufsichtsgremien nicht gerecht." (KREITMEIER (2001), S. 9). „Und in der niemals endenden Diskussion über die richtige Balance zwischen Aufsicht und Rat schlägt das Pendel gegenwärtig in Richtung Beaufsichtigung aus." (LABBÉ/WIEDEMANN (2009), S. 127). „Danach obliegt dem Vorstand die Leitung und dem Aufsichtsrat die Überwachung. Insbesondere bei den hier interessierenden Strategieentscheidungen unterliegt der Vorstand demnach nicht Weisungen des Aufsichtsrats." (GRUNDEI/GRAUMANN (2012), S. 282). Der Aufsichtsrat ist „zwar nicht verantwortlich für die operative Führung der Gesellschaft, aber er ist eben auch deutlich mehr als nur Kontrolleur. Sonst bräuchte man ihn auch nicht, sondern könnte gut allein mit Wirtschaftsprüfern oder staatlich bestellten Notaren als Kontrolleuren arbeiten." (KAYSER/KRAMARSCH (2011), S. 66).

[790]  Obwohl der Überwachungsbegriff nicht immer eindeutig definiert wird, werden die Personalkompetenz und Überwachung mitunter als gleichrangig angesehen (vgl. VELTE (2017a), S. 221; MÄDER (2008), S. 360; LABBÉ (2018), S. 17). Zur Reihenfolge primär Überwachung und sekundär Vorstandsberatung vgl. ROLFES (2013), S. 113. Zur Personalkompetenz und Beratung als Hauptfunktion und der Überwachung als nachrangiger Aufgabe vgl. HÖNSCH/FISCHER/KASPAR (2017), S. 127. Zur gleichwertigen Relevanz der Beratungs- und Überwachungsfunktion vgl. ZIECHNAUS (2017), S. 22; SCHOLZ (2006), S. 39 f. Zur gleichrangigen Einordnung der Personalkompetenz und Kontrolle vgl. SCHEFFLER (2014), S. 2859. Zur Reihenfolge primär Personalkompetenz und nachrangig Kontrolle und Beratung vgl. MAHLERT (2013), S. 7.

[791]  Vgl. RUHWEDEL/EPSTEIN (2003), S. 162; RUESS/ENGESER (2002), S. 78. Bei der Untersuchung wurden Aufsichtsratsvorsitzende der zum 31.10.2001 im DAX, MDAX und NEUEN MARKT AKTIEN-INDEX (Nemax 50) gelisteten Unternehmen befragt (n = 48).

[792]  RUHWEDEL/EPSTEIN (2004), S. 3. Im Rahmen der Studie wurden Aufsichtsratsvorsitzende von im DAX, im MDAX und im Index der 30 größten Technologieunternehmen des Prime Standards (TECDAX) notierten Gesellschaften befragt.

[793]  Vgl. RUHWEDEL/EPSTEIN (2004), S. 3. 2011 gaben 85 % der Aufsichtsräte aus zwölf Ländern an, direkt an der Strategieplanung beteiligt zu sein. In Deutschland stimmten dem sogar 94 % der befragten Aufsichtsräte zu (vgl. o. V. (2011), S. 180).

[794]  Vgl. HOHENEMSER (2012), S. 161.

[795]  Der Wandel der Aufsichtsratstätigkeit wird beispielsweise bei WERDER (2017), S. 977, BÖRSIG (2006), S. 4 f., HARTMANN (2003), S. 109, SCHOLZ (2006), S. 39 f. und HÖLSCHER/DÄHNE (2015), S. 68 thematisiert.

[796]  Vgl. DEBUS (2010), S. 75; GERUM (1991); BLEICHER/LEBERL/PAUL (1989); JÜRGENS/LIPPERT/GAETH (2008).

Aufsichtsratstypologien werden sowohl auf Basis verhaltenswissenschaftlicher als auch strukturorientierter Forschungsansätze aufgestellt.[797] Ein verbreiteter, strukturorientierter Ansatz ist der von GERUM, bei dem der Kontrollaufsichtsrat, Repräsentationsaufsichtsrat, Leitungsaufsichtsrat sowie der unternehmenspolitische Aufsichtsrat unterschieden werden.[798] Das gegenüber dem Vorstand stärkste Gremium ist der Leitungsaufsichtsrat, dem eine Vielzahl zustimmungspflichtiger Geschäfte obliegt und der den Vorstand sowohl ex ante als auch ex post überwacht, wodurch die Autonomie des Vorstands beschränkt wird. Beim Kontrollaufsichtsrat reduziert sich die Überwachungsfunktion auf die ex post-Kontrolle. Der Repräsentations- bzw. Beratungsaufsichtsrat ist ausschließlich beratend tätig und nicht in Entscheidungen eingebunden. Im Gegensatz dazu wird der unternehmenspolitische Aufsichtsrat über zustimmungspflichtige Geschäfte an der Unternehmenspolitik beteiligt und fungiert als überwachender Berater.[799]

ROLFES nimmt in Bezug auf das AktG und den DCGK eine Differenzierung anhand der Kontaktfelder des Aufsichtsrats zum Vorstand vor und unterscheidet die Felder der Überwachung, Beratung und Personalverantwortlichkeit.[800]

HUSE fasst die Aufsichtsratsaufgaben zu den folgenden sechs Kategorien zusammen: (1) Verhaltenssteuerung, (2) Ausgabensteuerung, (3) strategische Kontrolle, (4) Berater und Ratgeber, (5) Netzwerken und Lobbying sowie (6) strategische Beteiligung und Mitwirkung.[801]

In Bezug auf das monistische System finden die drei Rollenverständnisse abgeleitet aus den Funktionen des Aufsichtsrats eine breite Unterstützung. Hierzu zählen die Kontrolle (control task), die Dienstleistung (service task), welche sich auf die beratenden Aufgaben bezieht, und das Versorgen mit betriebsexternen Ressourcen und Informationen (resource dependence task).[802]

Festzuhalten bleibt, dass die Aufgaben des Kontrolleurs, Beraters und Personalverantwortlichen für den Vorstand als die wichtigsten bezeichnet werden und auch als Grundlage der Aufsichtsratstypologien der Forschung dienen. Rollenverständnisse sind insofern relevant für die Untersuchung der Aufsichtsratstätigkeit, als dass die daraus hervorgehenden schwerpunktmäßig wahrgenommenen Aufgaben zu Interessen- bzw. Rollenkonflikten führen können.[803] Das hier definierte Rollenverständnis ist nicht sozial begründet, sondern vielmehr aus den Aufgaben von Aufsichtsräten bzw. den gesetzlichen Anforderungen abgeleitet.[804] Der vorliegenden Arbeit sollen im Weiteren die Rollen des *Kontrolleurs*, des *strategischen Beraters*, des *Personalverantwortlichen für den Vorstand* sowie des *Mitgliedervertreters*

---

[797]   Zusammenstellungen verschiedener Aufsichtsratstypologien liefern beispielsweise BRÜHL (2009), S. 108 und DEBUS (2010), S. 75.
[798]   Vgl. GERUM (1991). Der Ansatz wird unter anderem von DEBUS (2010), HARTMANN (2003) und SCHULTEN (2013) angewendet bzw. weiterentwickelt.
[799]   Vgl. GERUM (1991); HARTMANN (2003), S. 26 f.
[800]   Vgl. ROLFES (2013), S. 118.
[801]   Vgl. HUSE (2005), S. 69 ff.
[802]   Vgl.   KIM/CANNELLA (2008),   S. 285;   WELGE/EULERICH (2014),   S. 92;   ZAHRA/PEARCE (1989); ZALD (1969); PFEFFER (1972); PFEFFER (1973).
[803]   Vgl. HUTZSCHENREUTER/METTEN/WEIGAND (2012), S. 717; SEELE (2007), S. 186 f.; Kapitel D3.1.3.
[804]   Vgl. Fußnote 763.

zugrunde liegen. Als spezifizierte Form eines Interessenvertreters soll mit letzterem dem genossenschaftlichen Förderauftrag Rechnung getragen werden. Zudem soll untersucht werden, ob sich die Aufsichtsräte lediglich in der Rolle als *gesetzliche Notwendigkeit ohne Einfluss* auf die Geschäftstätigkeit verstehen. Das *Rollenverständnis* bildet gemeinsam mit dem *Hierarchieverständnis* die definierenden Komponenten der *Aufgabenwahrnehmung*.[805]

┌─ **Definition** ──────────────────────────────────────────────

Die *Aufgabenwahrnehmung* wird definiert durch das Rollen- sowie das Hierarchieverständnis der Aufsichtsräte und wirkt sich auf die Überwachungstätigkeit sowie die Zusammenarbeit mit anderen Aufsichtsratsmitgliedern und Instanzen aus.

## 2.5   Zusammenfassung der Grundlagen der Aufsichtsratstätigkeit

Mithilfe von Tab. 23-Tab. 25 werden die wesentlichen Aspekte der Grundlagen der Aufsichtsratstätigkeit zusammengefasst.

| Charakterisierung der Aufsichtsratssysteme (Kapitel 2.2) |
| --- |
| ▪ Abhängig von der Gewaltenzuordnung lassen sich Aufsichtsratssysteme dem monistischen oder dualistischen System zuordnen. |
| ▪ Beim *monistischen System* werden die Geschäftsführung und die Überwachung durch dasselbe Organ ausgeübt. Es ist im angelsächsischen Bereich stark verbreitet. |
| ▪ Im *dualistischen System* liegt eine Gewaltenteilung und somit eine institutionelle Trennung der Leitungs- und Überwachungsaufgabe vor. Als wesentliches Defizit gilt die asymmetrische Informationsverteilung zwischen Vorstand und Aufsichtsrat. |
| ▪ Die Organstruktur der Genossenschaftsbanken ist dem dualistischen System zuzuordnen. |

Tab. 23:   Zusammenfassung der Grundlagen der Aufsichtsratstätigkeit – Teil I[806]

---

[805] Das Hierarchieverständnis bezieht sich auf die wahrgenommene Stellung des Aufsichtsrats gegenüber dem Vorstand (übergeordnet, untergeordnet oder auf gleicher Ebene) (vgl. Kapitel C3.3.2.3). SCHULTEN bezieht die Aufgabenwahrnehmung auf „die Schwerpunkte, die die Aufsichtsräte bei ihrer Tätigkeit setzen" (SCHULTEN (2013), S. 90), was dem Rollenverständnis der vorliegenden Arbeit entspricht.

[806] Quelle: Eigene Darstellung.

| Grundlagen der kreditgenossenschaftlichen Aufsichtsratstätigkeit (Kapitel 2.3) |
|---|
| **Überblick über die regulatorischen Grundlagen** |
| • Die Anforderungen an genossenschaftliche Aufsichtsräte leiten sich aus Muss-, Soll- und Kann-Regelungen ab, die teilweise speziell für Banken bzw. Genossenschaften gelten. <br><br> • Das *KWG* und *GenG* bilden die wesentliche verpflichtende Grundlage. <br><br> • Als empfehlende Regelungsquellen sind insbesondere die beiden *Kodizes* (DCGK und CGKG) sowie die *Musterdokumente* des BVR (Mustersatzung und Mustergeschäfts- ordnung für den Aufsichtsrat) hervorzuheben. |
| **Konstitutive Rechte und Pflichten** |
| Die Pflichten und Rechte genossenschaftlicher Aufsichtsräte lassen sich unterteilen in <br><br> • *übergeordnete Pflichten* wie die grundsätzliche Überwachung des Vorstands unter Berücksichtigung des Förderauftrags, <br><br> • konkrete *Inhalte der Überwachung* wie die Prüfung des Jahresabschlusses oder die Einhaltung bankaufsichtsrechtlicher Regelungen seitens des Vorstands, <br><br> • *strategische Aufgaben* wie die mit dem Vorstand gemeinsam vorzunehmende Er- örterung der Strategien einschließlich Abweichungs- und Ursachenanalysen, <br><br> • die *Personalkompetenz* des Aufsichtsrats, welche unter anderem die Besetzung des Vorstands und deren Vergütung betrifft, <br><br> • *Aufgaben des Aufsichtsratsvorsitzenden* wie die Einberufung und Leitung von Sitzungen, <br><br> • die *Zusammenarbeit mit dem Vorstand*, <br><br> • *Aufgaben der Ausschüsse* (des Risikoausschusses, des Prüfungsausschusses, des Vergütungskontrollausschusses sowie des Nominierungsausschusses), <br><br> • *Informationsversorgung* des Aufsichtsrats sowie des Aufsichtsrats an Andere, <br><br> • *Rechte und Pflichten in Bezug auf die Abschlussprüfung,* <br><br> • *weitere Aufgaben*, die unter anderem Organkredite und Mitwirkungsrechte betreffen sowie <br><br> • *haftungs*relevante Regelungen. <br><br> Eine hervorzuhebende Aufgabe des Nominierungsausschusses ist die *Selbstevaluierung*. Im Rahmen derer muss der Aufsichtsrat mindestens jährlich eine Bewertung unter anderem der eigenen Struktur, Größe, Zusammensetzung sowie Leistung vornehmen. |
| **Strukturelle und organisationale Regelungen** |
| Die strukturellen und organisationalen Regelungen beziehen sich auf <br><br> • die *Gremiengröße*, <br><br> • die *Zusammensetzung* in Bezug auf die Arbeitnehmerbeteiligung, das Geschlecht, das Alter, die Unabhängigkeit, investierende Mitglieder sowie den Finanzexperten, <br><br> • die *Vergütung*, <br><br> • die *Organisation der Sitzungen* inklusive der Sitzungshäufigkeit sowie <br><br> • die Wahl der *Aufsichtsratsmitglieder*. |

Tab. 24: Zusammenfassung der Grundlagen der Aufsichtsratstätigkeit – Teil II[807]

---

[807] Quelle: Eigene Darstellung.

| Persönliche und fachliche Anforderungen |
|---|
| Die persönlichen und fachlichen Anforderungen umfassen |
| • *übergeordnete Anforderungen* wie die Mitgliedschaft in der Genossenschaft und die Einhaltung der Sorgfaltspflicht, |
| • Anforderungen an die *Sachkunde* (im Allgemeinen, spezielle Sachkunde wie die Sektorvertrautheit und die Aufrechterhaltung der Sachkunde durch Fort-/Weiterbildungen), |
| • Regelungen der zu *investierenden Zeit* nebst Annahme weiterer Aufsichtsratsmandate, |
| • Regelungen zur *Zuverlässigkeit*. |
| • Regelungen zur *Unabhängigkeit* einschließlich der Unvereinbarkeit von Ämtern, |
| • Anforderungen an *bestimmte Personen des Gremiums* wie den Prüfungsausschussvorsitzenden sowie |
| • Anforderungen an das *Alter* und die *Zugehörigkeitsdauer*. |
| **Das Rollenverständnis von Aufsichtsräten (Kapitel 2.4)** |
| Abgeleitet aus den Aufgaben von Aufsichtsräten und in der Literatur verwendeten Typologien von Aufsichtsräten stehen im Folgenden die Rollen |
| • des *Kontrolleurs*, |
| • des *strategischen Beraters*, |
| • des *Personalverantwortlichen für den Vorstand* sowie |
| • des *Mitgliedervertreters* im Fokus. |
| • Nachrangig wird untersucht, ob sich die Aufsichtsräte lediglich in der Rolle als *gesetzliche Notwendigkeit ohne Einfluss auf die Geschäftstätigkeit* verstehen. |
| Das *Rollenverständnis* bildet gemeinsam mit dem *Hierarchieverständnis* die definierenden Komponenten der *Aufgabenwahrnehmung*. |

Tab. 25:  Zusammenfassung der Grundlagen der Aufsichtsratstätigkeit – Teil III[808]

Im Bankaufsichtsrecht existieren zahlreiche detaillierte und strenge Anforderungen, die sich sowohl auf die Ebene des Aufsichtsratsmitglieds als Individuum, die strukturelle gremieninterne Ebene als auch auf die gremienexterne Ebene, die beispielsweise die Überwachung des Vorstands betrifft, beziehen.[809] Die vorstehenden Ausführungen verdeutlichen das Ausmaß an Aufgaben und Anforderungen, dem die ehrenamtlichen, genossenschaftlichen Aufsichtsräte nachkommen müssen. Darüber hinaus ist ein grundlegendes Verständnis für die Aufsichtsratstätigkeit in Genossenschaftsbanken notwendig, um die Besonderheiten, die es zu berücksichtigen gilt, einordnen zu können.

Neben der ex post vorzunehmenden Überwachung über Kontroll- und Prüfungshandlungen obliegt dem Aufsichtsrat eine ex ante bzw. vorausschauende Überwachung über die (strategische) Beratung des Vorstands sowie über die laufende Überwachung in Bezug auf zustimmungspflichtige Geschäfte. Sämtliche der genannten Aufgaben erfordern hinreichenden Sachverstand. Zudem enthalten die Regelungen zahlreiche Verhaltensnormen und konkretisierte Verhaltensregeln.[810]

---

[808]  Quelle: Eigene Darstellung.
[809]  Vgl. BAETGE/BUSCH/CAUERS (2016), S. 1118.
[810]  Vgl. MÜLLER (2017), S. 26.

Sofern Aufsichtsräte ihrer Tätigkeit gewissenhaft nachkommen möchten, ist zudem der zeitliche Aufwand nicht zu unterschätzen. Insgesamt stellt sich daher die Frage, weshalb die Mandatsträger diese als Ehrenamt wahrgenommene Tätigkeit annehmen und zuweilen auch mehrere Jahre bzw. Jahrzehnte betreiben. Die zur Untersuchung dieser Fragestellung notwendigen Grundlagen sind Bestandteil des folgenden Kapitels.

# 3    Theoretische Erklärungsansätze zur Motivation und Zufriedenheit

## 3.1    Vorbemerkung

Die Ausführungen dieses Kapitels widmen sich der Einordnung des Untersuchungsgegenstands in den theoretischen Kontext. Hierzu zählen zunächst die Betrachtung von Verhaltensannahmen grundlegender ökonomischer Theorien (Kapitel B3.2) sowie die Einordnung in die verhaltenswissenschaftliche Forschung (Kapitel B3.3). Im Anschluss werden die Grundlagen der Motivations- und Zufriedenheitsforschung erläutert (Kapitel B3.4), wobei der Fokus stets auf kreditgenossenschaftliche Aufsichtsräte gelegt wird. Im Verlauf der weiteren Untersuchung erfolgt ein regelmäßiger Rückgriff auf die hier erörterten theoretischen Erklärungsansätze sowie Begriffsdefinitionen.

Nach der bereits erfolgten Charakterisierung der Genossenschaftsbanken in Kapitel B1 wird in Kapitel B3.5 auf die genossenschaftliche Forschung bzw. Genossenschaftslehre Bezug genommen. Indem Partizipationsdeterminanten von Genossenschaftsmitgliedern erörtert werden, wird bereits eine Verbindung zwischen Genossenschaften sowie der Motivations- und Zufriedenheitsforschung hergestellt.

Da weder die Erkenntnisse der klassischen Aufsichtsratsforschung[811] noch der traditionellen Ehrenamtsforschung direkt auf die Motivation und Zufriedenheit genossenschaftlicher Aufsichtsräte übertragen werden können, ist die Erläuterung verschiedener theoretischer Erklärungsansätze notwendig. Auf diese Weise können sowohl potenzielle Motive der Aufsichtsräte abgeleitet als auch zugrunde liegende Prozesse des Verhaltens betrachtet werden.

## 3.2    Corporate-Governance-relevante    Verhaltensannahmen    der Prinzipal-Agenten- und der Stewardship-Theorie

Bei der Betrachtung der Aufsichtsratsforschung und der dort zugrunde gelegten Theorien fällt auf, dass bei einer Vielzahl der Quellen auf die *Prinzipal-Agenten-Theorie*[812] zurückgegriffen wird.[813] Dies ist unter anderem darauf zurückzuführen,

---

[811]    Vgl. Kapitel B3.2.

[812]    Die Prinzipal-Agenten-Theorie ist auf JENSEN/MECKLING (1976) zurückzuführen.

[813]    Vgl. EES/GABRIELSSON/HUSE (2009), S. 307; DAVIS/SCHOORMAN/DONALDSON (1997), S. 20; OSTERLOH/WEIBEL (2006), S. 197; WELGE/EULERICH (2014), S. 24; GERUM (2007), S. 20; JENSEN/MECKLING (1976); FAMA/JENSEN (1983). Einen Überblick über theoretische Grundlagen zur Corporate Governance liefern WELGE/EULERICH (2014), S. 9 ff. Empirische Untersuchungen zu Corporate-Governance-Theorien sind bei GERUM (2007), S. 20 ff. zu finden. Weitere der Corporate Governance zugrunde liegenden Theorien werden bei GERUM (2007), S. 8 ff.; DEBUS (2010), S. 23 ff. diskutiert. Die

dass diese gut geeignet ist, um Folgen von Interessenkonflikten beispielsweise zwischen Anteilseignern oder Aufsichtsräten auf der einen Seite und Managern bzw. der Geschäftsführung auf der anderen Seite darzustellen.[814] Zudem lassen sich mit ihr viele Untersuchungsfragen, die mit der in Deutschland dominierenden Trennung von Unternehmensleitung und -überwachung zusammenhängen, analysieren.[815]

EES/GABRIELSSON/HUSE sind der Ansicht, dass Aufsichtsräte in der Praxis weniger mit Interessenkonflikten, dafür aber mehr mit dem Lösen von Koordinierungsproblemen und der Komplexitätsbewältigung, die mit dem Treffen strategischer Entscheidungen einhergeht, beschäftigt sind.[816] Um Prozesse im Aufsichtsratsgremium besser zu verstehen und eine effektivere Corporate Governance zu erreichen, besteht der Wunsch nach verstärkter verhaltenswissenschaftlicher Aufsichtsratsforschung.[817] Neben der häufig auf die reine (Organisation der) Aufsichtsratätigkeit bzw. der Einhaltung der gesetzlichen Anforderungen abzielenden Forschung ist es daher auch wichtig, den Verhaltensaspekt von Aufsichtsräten zu berücksichtigen. Obwohl sowohl in der Ökonomie als auch in der Sozialpsychologie versucht wird, menschliches Verhalten zu erklären, haben sich verschiedene Verhaltensmodelle entwickelt und in den jeweiligen Bereichen etabliert. Ein dominantes Modell, das auch der Prinzipal-Agenten-Theorie zugrunde liegt, ist der *Homo oeconomicus*.[818] Annahmen dieses Menschenbilds sind, dass er ausnahmslos rationale Entscheidungen trifft, er seinen persönlichen Nutzen maximieren möchte, somit nach striktem Eigennutz handelt und er keine sozialen Präferenzen sowie Emotionen kennt. Demnach wird der eigene Nutzen auch nicht in Bezug auf andere Menschen bewertet und psychologische Faktoren werden ausgeblendet.[819]

Der Erklärungsansatz des Homo oeconomicus stellt für viele wissenschaftliche Bereiche eine geeignete Modellwelt dar. Die gesamte Motivation eines Menschen auf Eigennutz abzustellen, würde die Komplexität menschlichen Verhaltens und von Organisationen jedoch vernachlässigen, weshalb für eine realistischere Darstellung weitere Theorien benötigt werden.[820] Einen soziologisch und psychologisch geprägten Erklärungsansatz zur Organisation der Unternehmensverwaltung stellt die *Stewardship-Theorie* dar.[821]

---

Aufsichtsratätigkeit kann darüber hinaus auch in Bezugnahme auf ressourcenbasierte Ansätze verfolgt werden. Im Fokus stehen hierbei die Beziehungen des Aufsichtsrats zur Unternehmensumwelt. Da Motive der Aufsichtsräte hierbei keine Rolle spielen, wird im Folgenden nicht weiter auf diese Ansätze eingegangen. Zur Aufsichtsratätigkeit in Verbindung mit ressourcenbasierten Ansätzen siehe DUTZI (2005), S. 168 ff.; SCHOLZ (2006), S. 37 f.

[814]   Vgl. DAVIS/SCHOORMAN/DONALDSON (1997), S. 42.
[815]   Vgl. VELTE (2010), S. 286 f.
[816]   Vgl. EES/GABRIELSSON/HUSE (2009), S. 308; MCNULTY/PETTIGREW (1999).
[817]   Vgl. FORBES/MILLIKEN (1999); MCNULTY/PETTIGREW (1999); WESTPHAL (1999); HUSE (2005); EES/GABRIELSSON/HUSE (2009), S. 307; DAVIS/SCHOORMAN/DONALDSON (1997), S. 20; HUSE ET AL. (2011); LEBLANC/SCHWARTZ (2007).
[818]   Vgl. FREY/BENZ (2001), S. 2.
[819]   Vgl. FREY/BENZ (2001), S. 2; OSTERLOH (2008), S. 4.
[820]   Vgl. JENSEN/MECKLING (1994); BERNARD (2006), S. VII; DAVIS/SCHOORMAN/DONALDSON (1997), S. 20 ff.; FEHR/FISCHBACHER (2002), C1.
[821]   Vgl. DAVIS/SCHOORMAN/DONALDSON (1997), S. 24; DONALDSON (1990), S. 377; VELTE (2010), S. 285; DONALDSON/DAVIS (1991), S. 51 ff.

Als Stewards werden die Mitglieder des Managements bezeichnet. Diese handeln im besten Interesse der Anteilseigner, weshalb finanzielle bzw. eigennützige Motive in den Hintergrund treten.[822] Stattdessen stehen unter anderem die Übernahme von Verantwortung sowie die positive Entwicklung des Unternehmens im Fokus.[823] Das Unternehmensmanagement ist hauptsächlich beratend und insgesamt langfristig ausgerichtet.[824] Im Gegensatz zur Prinzipal-Agenten-Theorie wird den Mitgliedern des Managements kein rein opportunistisches Verhalten unterstellt.[825] Die Berücksichtigung persönlicher Motive der Stewards fließen insofern in die theoretischen Annahmen ein, als dass eine primäre Verfolgung von Unternehmensinteressen und ein Verhalten im Sinne des Kollektivs letztlich auch dem Steward selbst zugutekommt und seine materielle Vergütung höher ausfällt, als wenn er eigennützig gehandelt hätte. Vielmehr streben sie jedoch nach Ansehen, Unabhängigkeit und Wertschätzung.[826] Grundsätzlich trifft die Stewardship-Theorie auf Manager zu, die dem Menschenbild des nach *Selbstverwirklichung strebenden Menschen* entsprechen,[827] durch sich selbst motiviert sind und sich durch eine hohe Verbundenheit, auch als Commitment bezeichnet, bzw. eine hohe Identifikation mit dem Unternehmen auszeichnen.[828]

Relevante Unterschiede zwischen der Prinzipal-Agenten- und der Stewardship-Theorie sind in Tab. 26 zusammengefasst:

---

[822]  Vgl. VELTE (2010), S. 285 f.; DAVIS/SCHOORMAN/DONALDSON (1997), S. 24; DONALDSON/DAVIS (1991).
[823]  Vgl. DAVIS/SCHOORMAN/DONALDSON (1997), S. 24.
[824]  Vgl. VELTE (2010), S. 286.
[825]  Vgl. BRÜHL (2009), S. 48.
[826]  Vgl. DAVIS/SCHOORMAN/DONALDSON (1997), S. 24 ff.; EIBELSHÄUSER (2011), S. 22.
[827]  Vgl. Kapitel B3.4.2.2.
[828]  Vgl. DAVIS/SCHOORMAN/DONALDSON (1997), S. 43. Zu Formen der Motivation vgl. Kapitel B3.4.1.2.

| Kriterium | Prinzipal-Agenten-Theorie | Stewardship-Theorie |
|---|---|---|
| Menschenbild | Homo oeconomicus | Nach Selbstverwirklichung strebender Mensch |
| Motive des Managements | Überwiegend finanziell | Überwiegend nicht-finanziell |
| Zeithorizont | Kurzfristig | Langfristig |
| Management-philosophie | Kontrollorientiert; abgrenzend | Beratungsorientiert; integrierend |
| Form der Zusammenarbeit | Individualismus | Kollektivgedanke (Teamorientierung) |
| Ausgestaltung der Corporate Governance | Institutionelle Überwachungs-maßnahmen (z. B. Aufsichtsrat) im Vordergrund | Vertrauensbildende Maßnahmen gegenüber den Stakeholdern im Vordergrund |
| Machtausübung | Institutionalisiert (offizielle Legitimation, basiert auf normativen Vorgaben) | Personalisiert (Expertise, Charakter, soziale Integrationsfähigkeit) |
| Hauptziel der Manager | Primär Erhöhung des persön-lichen Einkommens, aber auch Minimierung des Arbeitsleids | Unternehmensentwicklung, Erhöhung von Reputation, Vertrauen, Verantwortung und des Engagements |
| Identifikation mit dem Unternehmen | Niedrig | Hoch |

Tab. 26:   Vergleich der Prinzipal-Agenten- und der Stewardship-Theorie[829]

Kritisch anzumerken ist, dass bei der Stewardship-Theorie im Gegensatz zur Prin-zipal-Agenten-Theorie keine Interessenkonflikte bzw. Informationsasymmetrien zwischen Managern und Anteilseignern unterstellt werden.[830] Da der Vorstand ge-mäß den Zielen der Anteilseigner handelt, wäre grundsätzlich kein Überwachungs-organ notwendig. Vielmehr wird angenommen, dass die Installation eines Auf-sichtsrats ein Misstrauensverhältnis entstehen lässt, das zu Motivationsverlusten beim Vorstand führt.[831]

Je nach Risikoneigung, unterstelltem Managerverhalten bzw. damit einhergehen-der Überwachung des Managements und untersuchter Thematik ist abzuwägen, ob eher auf die Annahmen der Prinzipal-Agenten- oder der Stewardship-Theorie abgestellt wird.[832] In Bezug auf die Corporate-Governance-Forschung stellen beide Theorien daher legitime Ansätze dar.[833] Darüber hinaus haben sich in der betrieb-lichen Praxis Mischformen der beiden Theorien etabliert. In Bezug auf das deut-sche Dualsystem bedeutet dies, dass der Aufsichtsrat eine Kontrollfunktion im Sinne der Prinzipal-Agenten-Theorie, aber auch eine Beratungsfunktion im Sinne

---

[829]   Quelle: Eigene Darstellung in Anlehnung an DAVIS/SCHOORMAN/DONALDSON (1997), S. 37; VE-LTE (2010), S. 287.

[830]   Vgl. DONALDSON (1990), S. 377.

[831]   Vgl. VELTE (2010), S. 287; DUTZI (2005), S. 153.

[832]   Vgl. DAVIS/SCHOORMAN/DONALDSON (1997), S. 26.

[833]   Vgl. DONALDSON (1990), S. 377; DAVIS/SCHOORMAN/DONALDSON (1997), S. 26; WELGE/EULER-ICH (2014), S. 25 f. Eine Klassifikation möglicher Rollen von Aufsichtsgremien anhand der Prinzipal-Agenten-Theorie, der Stewardship-Theorie, des Ressourcenabhängigkeitsansatzes sowie der Stake-holder-Theorie findet sich bei KREITMEIER (2001), S. 45. Eine Aufsichtsratstypologie in Verbindung mit der Stewardship-Theorie ist bei HUSE (2005) zu finden (vgl. auch Kapitel B2.4). Für weitere theoreti-sche Ansätze zur Erklärung von Aufsichtsratsfunktionen siehe DUTZI (2005), S. 134.

der Stewardship-Theorie einnimmt.[834] Die beiden Theorien können somit auch als komplementäre und nicht zwingend als konkurrierende Theorien verstanden werden.[835] Diesem kombinierten Ansatz wird im weiteren Verlauf der Arbeit gefolgt.

## 3.3   Einordnung in die verhaltenswissenschaftliche Forschung

Das Verhalten und die Beweggründe des Handelns der in einem Unternehmen tätigen Personen stellen für die Unternehmensführung relevante Aspekte dar, um beispielsweise leistungssteigernde Maßnahmen zu ergreifen oder Mitarbeiter an das Unternehmen zu binden.[836]

Obwohl Aufsichtsräte im dualistischen System bzw. bei Genossenschaften keine Mitarbeiter im engeren Sinn darstellen, wird im Folgenden auf die Theorien der *Arbeitsmotivation* und *Arbeitszufriedenheit* abgestellt, da anzunehmen ist, dass viele Determinanten von *Arbeit* und viele Motive diesbezüglich auch auf die Tätigkeit von Aufsichtsräten in Genossenschaftsbanken zutreffen. Die Forschungsansätze zur Arbeitsmotivation sowie zur Arbeitszufriedenheit sind eng miteinander verbunden[837] und lassen sich hauptsächlich in der Organisationspsychologie und in verschiedenen Bereichen der Wirtschaftswissenschaft verorten.[838]

Zur Erklärung von konkretem Verhalten der Aufsichtsräte könnte dabei einerseits auf Verhaltensmodelle der Psychologie abgestellt werden, wobei FREY/BENZ konstatieren, dass es dort eine große Anzahl partieller Theorien gibt, die mitunter stark isoliert nebeneinander stehen.[839]

Andererseits hat das klassische, ökonomische Verhaltensmodell den Vorteil, dass es „einheitlich und allgemeingültig ist und klare Voraussagen erlaubt"[840]. Das theoretische Konstrukt des Homo oeconomicus ist in der ökonomischen Theorie vorherrschend und hat anderen Sozialwissenschaften neue Sichtweisen aufgezeigt.[841] Im Rahmen dieses Ansatzes wird jedoch fast ausschließlich auf extrinsische Anreize abgestellt.[842]

Nobelpreisträger SIMON kritisierte die traditionelle Ökonomik und kam zu dem Schluss, dass der in mathematischen Modellen vorherrschende rationale ökonomische Mensch nicht existiert.[843] Soziale Präferenzen und Normen wie beispielsweise Fairness spielen eine große Rolle beim Verhalten von Menschen und sind

---

[834]   Vgl. VELTE (2010), S. 291.
[835]   Vgl. EES/GABRIELSSON/HUSE (2009), S. 310.
[836]   Vgl. HOLTBRÜGGE (2018), S. 13; MAYER (2009), S. 229; RHEINBERG/VOLLMEYER (2019); ROSENSTIEL (2015), S. 80 ff.
[837]   Vgl. SIEMUND (2013), S. 97; SAUTTER (2007), S. 14.
[838]   Vgl. SAUTTER (2007), S. 10; JACQUEMIN (2010), S. 1.
[839]   Vgl. FREY/BENZ (2001), S. 10.
[840]   FREY/BENZ (2001), S. 10.
[841]   Vgl. OSTERLOH (2008), S. 12; BLOME-DREES (2011), S. 83; FREY/OSTERLOH (2002), S. 23.
[842]   Vgl. FREY/OSTERLOH (1997), S. 309. Auf Anreize wird ausführlich in Kapitel B3.4.1.1 eingegangen. Extrinsische Motivation wird im Rahmen von Kapitel B3.4.1.2 definiert.
[843]   Vgl. SIMON (1978), S. 1 ff.

wichtig für das Management von Organisationen.[844] Zudem wird durch das Menschenbild des ökonomischen Ansatzes nur ungenügend erfasst, dass Menschen etwas aus sich heraus tun.[845]

Mithilfe der *psychologischen Ökonomik*,[846] die der modernen Ökonomie zugeordnet werden kann und die eine Kombination aus Ökonomik und Psychologie darstellt, lässt sich die traditionelle ökonomische Perspektive auf eine realistischere Grundlage stellen. Hierbei erfolgt ein systematischer Blick in menschliche Kognitionen und Motivationen sowie eine Analyse systematischer Abweichungen menschlichen Handelns von der Standardökonomik, wobei dieselben Methoden wie in der Standardökonomik verwendet werden. Hierzu zählen mathematische Formalisierungen von Annahmen, logische Analysen der Konsequenzen dieser Annahmen sowie empirische Tests, bei denen auch Teile der Realität ausgeblendet werden.[847] Seit Beginn des 20. Jahrhunderts entwickelte Menschenbilder[848] führen dazu, dass die psychologisch orientierte Ökonomie zunehmend an Bedeutung gewinnt und auch im Rahmen der traditionellen Ökonomie beachtet wird.[849]

Die vorliegende Arbeit kann daher im verhaltenswissenschaftlichen Bereich der Betriebswirtschaftslehre bzw. konkret der Unternehmensführung verortet werden.[850]

## 3.4    Grundlagen der Motivations- und Zufriedenheitsforschung

### 3.4.1    Begriffliche Abgrenzungen aus der Motivations- und Zufriedenheitsforschung

#### 3.4.1.1    Motive, Bedürfnisse und Anreize

Bevor auf einzelne Motivationstheorien eingegangen wird, werden zunächst elementare Begriffe, die diesen Theorien zugrunde liegen, erläutert.

*Bedürfnisse* können als ein „an einem Individuum oder an einer Gruppe von Individuen wahrgenommener und sozial anerkannter physischer, psychischer, ökonomischer oder sozialer Mangel umschrieben werden"[851]. Dieses tatsächliche oder auch nur subjektiv empfundene Mangelgefühl fungiert als individueller, interner Reiz, der einen Menschen in Handlungsbereitschaft setzt.[852] Auch wenn es viele

---

[844]  Vgl. MALINA/SELTO (2015), S. 28; FREY/BENZ (2001), S. 3.
[845]  Vgl. Kapitel B3.4.2.2; FREY/BENZ (2001), S. 3. Zur intrinsischen Motivation siehe Kapitel B3.4.1.2.
[846]  Die psychologische Ökonomik, der sich auch die Stewardship-Theorie zuordnen lässt, wird auch als psychologisch orientierte Ökonomie bzw. Behavioral Economics bezeichnet. Dass die Untersuchung von menschlichem Verhalten Einzug in die ökonomische Forschung erhalten hat, lässt sich auch an den Forschungsbereichen des Behavioral Accountings, Behavioral Controllings, Behavioral Finance, Behavioral Operations Research etc. erkennen (vgl. OSTERLOH (2008), S. 3 ff.).
[847]  Vgl. OSTERLOH/WEIBEL (2006), S. 197; OSTERLOH (2008), S. 1 ff.
[848]  Vgl. Kapitel B3.4.2.2.
[849]  Vgl. FREY/BENZ (2001), S. 25.
[850]  Zur Gliederung der Betriebswirtschaftslehre (BWL) siehe auch WÖHE/DÖRING/BRÖSEL (2020), S. 43 f. Zur verhaltenswissenschaftlich geprägten BWL siehe WÖHE/DÖRING/BRÖSEL (2020), S. 5 f.; WÖHE/DÖRING/BRÖSEL (2020), S. 18 f.
[851]  AMANN (1984), S. 53.
[852]  Vgl. STAEHLE/CONRAD/SYDOW (1999), S. 166 f.; MAYER (2009), S. 228.

Beispiele für Einteilungen oder Rangordnungen gibt,[853] sind solche stets in einem gewissen Maße beliebig bzw. die Bedürfnisse auf Grundformen wie „Am-Leben-Bleiben"[854] oder „die Wahrung eines seelisch-organischen Gleichgewichts"[855] zurückzuführen.[856]

Ein Begriff, der häufig synonym zu *Bedürfnis* verwendet und in manchen Motivationstheorien nicht differenziert betrachtet wird, stellt das *Motiv* dar, welches als den Bedürfnissen nachgelagert betrachtet werden kann[857]. Der Wunsch nach Bedürfnisbefriedigung wird zum *Motiv*, das ein Individuum – unter Berücksichtigung situationsbezogener Determinanten – zum Handeln veranlasst.[858] Solche Situationsmerkmale werden als *Anreize* bezeichnet.[859] Obwohl eine Abgrenzung von Motiven und Bedürfnissen sinnvoll erscheint, werden die Begriffe im Folgenden synonym verwendet, um eine Irritation aufgrund der in den jeweiligen Untersuchungen bzw. Theorien verwendeten Begrifflichkeiten zu vermeiden bzw. die dort genannten Begriffe verwenden zu können.

Bevor sich eine Person für ein Verhalten bzw. für Handeln entscheidet, wird das Motiv durch einen passenden *Anreiz* angeregt.[860] Ein Anreiz fungiert als Stimulus, der einen Impuls auslöst und bei einem Individuum bestehende Motive aktiviert. Mit einem Anreiz wird die Möglichkeit einer Bedürfnisbefriedigung assoziiert, was den Motivationsprozess initialisiert.[861]

Erst die Wechselwirkung bzw. das Zusammenspiel beider Determinanten führt somit zum *Verhalten* (vgl. Abb. 18).[862] Einerseits kann ein Motiv daher nur verhaltenswirksam werden, wenn es durch situative Anreize angeregt wird. Andererseits können jedoch auch Anreize nur in dem Maße verhaltenswirksam werden, wie sie auf entsprechende Motive des Individuums treffen. Anreize wirken daher stets individuell und somit nicht auf alle Menschen gleich. Das Ziel besteht darin, eine Bedürfnisbefriedigung in Form beispielsweise positiver Emotionen bzw. Gefühle des Stolzes, der Zufriedenheit oder der Stärke zu erleben.[863]

---

[853]  Vgl. exemplarisch Kapitel B3.4.2.3.4.
[854]  AMANN (1984), S. 52.
[855]  AMANN (1984), S. 52.
[856]  Vgl. AMANN (1984), S. 52.
[857]  Hinsichtlich der Begriffsabgrenzung von *Motiven* und *Bedürfnissen* siehe exemplarisch STAEHLE/CONRAD/SYDOW (1999), S. 166; HOLTBRÜGGE (2018), S. 13. HOLTBRÜGGE ist der Ansicht, dass diese Begriffe Synonyme darstellen, wohingegen beispielsweise STAEHLE/CONRAD/SYDOW und MAYER die Meinung vertreten, dass Motive den Bedürfnissen nachgelagert sind (vgl. HOLTBRÜGGE (2018), S. 13; STAEHLE/CONRAD/SYDOW (1999), S. 166; MAYER (2009), S. 228).
[858]  Vgl. DRUMM (2005), S. 462.
[859]  Vgl. NERDINGER/BLICKLE/SCHAPER (2019), S. 464; STAEHLE/CONRAD/SYDOW (1999), S. 166.
[860]  Vgl. STAEHLE/CONRAD/SYDOW (1999), S. 166.
[861]  Vgl. DRUMM (2005), S. 462.
[862]  Nach früheren Diskussionen, ob menschliches Verhalten stärker durch personale oder situationsbezogene Faktoren beeinflusst wird, wird mittlerweile davon ausgegangen, dass erst das Zusammenwirkungen beider Determinanten Verhalten bewirkt (vgl. BERNARD (2006), S. 111; MAYER (2009), S. 227; WERKMANN (2014), S. 23; NERDINGER/BLICKLE/SCHAPER (2019), S. 464; STAEHLE/CONRAD/SYDOW (1999), S. 163).
[863]  Vgl. BRANDSTÄTTER ET AL. (2013), S. 26.

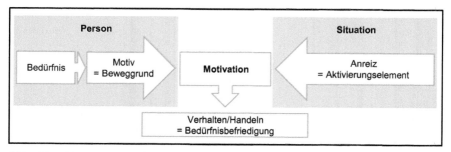

Abb. 18:    Motive und Anreize als Determinanten der Motivation[864]

Auch wenn sich das Verhalten letztlich wie oben genannt auf Grundbedürfnisse („Am-Leben-Bleiben"[865]) zurückführen lässt, so gibt es viele Ansätze, mit denen versucht wird, insbesondere die Motive bzw. Bedürfnisse zu konkretisieren bzw. zu differenzieren. Eine Auswahl verschiedener Ansätze ist in Tab. 27 dargestellt, wobei einander entsprechende Bedürfnisse durch horizontale Linien ersichtlich sind.

---

[864]  Quelle: Eigene Darstellung in Anlehnung an WEIBLER (2016), S. 173; MAYER (2009), S. 230; STAEHLE/ CONRAD/SYDOW (1999), S. 167; BERNARD (2006), S. 105. Als personale Determinante wird hier in Bezug auf die Motivation insbesondere das *persönliche Wollen* (abgeleitet aus den Bedürfnissen, Motiven, Instinkten sowie Werten) verstanden. In Bezug auf das Verhalten spielt darüber hinaus auch das *persönliche Können* (abgeleitet aus den Fähigkeiten, Kenntnissen und Erfahrungen) eine Rolle (vgl. COMELLI/ROSENSTIEL/NERDINGER (2014), S. 2 ff.)

[865]  AMANN (1984), S. 52.

| MASLOW: Bedürfnispyramide | MURRAY: Katalog von psychogenen Bedürfnissen | REISS: 16 Lebensmotive | STUMPF ET AL.: Deutscher PRF | SCHMALT/ LANGENS | HOGAN: Metamotive | McCLELLAND: Theorie der gelernten Bedürfnisse | BOURDIEU: Soziologischer Theorieansatz | HARSANYI |
|---|---|---|---|---|---|---|---|---|
| Wertschätzungsbedürfnisse | Leistung | | Leistung | Leistung | | Leistung | | |
| | Kontrolle | Macht | Dominanz | Macht | Status, Macht und Kontrolle über Ressourcen | Macht | | |
| | Beeindrucken | Status | Bedürfnis nach Beachtung | | | | Symbolisches Kapital | |
| | | Ehre | | | | | | Soziale Anerkennung |
| | Bewunderung | Anerkennung | Soziale Anerkennung | | Akzeptanz und Anerkennung | | Soziales Kapital | |
| Soziale Bedürfnisse | Affiliation | Beziehungen | Geselligkeit | Anschluss | | Soziale Bedürfnisse | | |
| | Zuneigung | | Anlehnungsbedürfnis | | | | | |
| | | Familie | | | | | | |
| Selbstverwirklichungsbedürfnisse | Wissbegierde | Neugier | Allgemeine Interessiertheit | Neugier | | | Kulturelles Kapital | |
| | Aggression | Rache | Aggressivität | Aggression | | | | |
| | Sexualität | Eros | | Sexualität | | | | |
| Physiologische Bedürfnisse | | Essen | | Hunger | | | | |
| | Ordnung | Ordnung | Ordnung | | Vorhersagbarkeit und Ordnung | | | |
| | Autonomie | Unabhängigkeit | | | | | | |
| Sicherheitsbedürfnisse | Rückzug | | Risikomeidung | | | | | |
| | Helfen, Fürsorge | | Hilfsbereitschaft | | | | | |
| | Spieltrieb | | Spielerische Grundhaltung | | | | | |
| | Weitere: Schmerzvermeidung Misserfolgsvermeidung Unterwerfung Widerstand Verteidigung Gefühlsbetonung | Weitere: Idealismus (Emotionale) Ruhe Sparen Körperliche Aktivität | Weitere: Ausdauer Impulsivität | Weitere: Angst | | | Ökonomisches Kapital | Ökonomischer Gewinn |

Tab. 27:    Klassifizierungen von Bedürfnissen bzw. Motiven[866]

Neben den physiologischen Bedürfnissen werden als Basismotive meist Leistung, Macht und Affiliation genannt.[867] Wichtig ist dabei jedoch auch, dass eine Person gleichzeitig mehrere Motive für ein Ziel wie beispielsweise eine gute Arbeitserfüllung haben kann.[868]

Bei den Anreizen kann zwischen materiellen und immateriellen unterschieden werden. Erstere können beispielsweise der Bezug von Einkommen oder die Nutzung eines Dienstwagens sein. Letztere können als persönliche Gelegenheiten (z. B. Auszeichnungen), angenehme physische Umstände (z. B. gute Arbeitsbedingungen) oder ideelle Werte (z. B. persönliche Ideale oder soziales Dürfen) vorliegen.[869]

Einige Begriffe, wie beispielsweise Anerkennung und Auszeichnungen, werden teilweise sowohl als Motiv (im Sinne eines Bedürfnisses nach Anerkennung) als auch als Anreiz (bezugnehmend auf die Situation, durch die die Möglichkeit einer Anerkennung in Aussicht gestellt wird) bezeichnet. Da auch das Amt des Aufsichtsrats als Auszeichnung verstanden werden kann, wird auf diesen Anreiz detaillierter eingegangen. Menschen streben nach Auszeichnungen, da sie sich von anderen (sozial) unterscheiden möchten und die Anerkennung zur Bildung des Selbstbewusstseins notwendig ist. Bei Auszeichnungen ist zum einen die Reputation der Institution, die eine Auszeichnung verleiht, und zum anderen die Reputation der Personen, die die Auszeichnung bereits erhalten haben, von Relevanz, da diese auf das eigene Ansehen abfärbt. Darüber hinaus kann auch der Ruf der Institution durch die Personen, die die Auszeichnung bekommen haben, beeinflusst werden.[870] Auszeichnungen können unter anderem in Form von Titeln, Medaillen oder Ehrungen vorkommen und sind in Unternehmen beispielsweise durch die Betitelung sogenannter CXOs[871] allgegenwärtig.[872]

Arbeitsmotive wie der Wunsch nach Macht oder Einfluss können durch den Anreiz in Form von Mitsprachemöglichkeiten zur Motivation und zum Verhalten anregen. Weitere Motive wie die Wünsche nach Geld oder Geltung können durch Anreize in Form von Statussymbolen oder Vergütung stimuliert und in der Folge verhaltenswirksam werden.[873]

---

[866] Quelle: Eigene Darstellung in Anlehnung an MASLOW (1970); PATERA/ZACHERL (1984), S. 113; MURRAY (1938); STUMPF ET AL. (1985), S. 44 ff.; SCHMALT/LANGENS (2009), S. 6 ff.; MCCLELLAND (1987); HOGAN/RYBICKI/BORMAN (1998); BOURDIEU (1983); HARSANYI (1969); REISS (2004). Bei Klassifizierungen wie den hier genannten sollte stets auch die Validität überprüft werden. Beispielsweise wird die Validität des Ansatzes von REISS regelmäßig in Frage gestellt. Die Reiss-Profile sind zwar bekannt und verbreitet, werden jedoch auch als *Management-Esoterik* mit niedrigem Informationsgehalt bezeichnet (vgl. PELZ (2014)).

[867] Vgl. WEINERT (2004), S. 187; SCHEFFLER (2005); KUHL (2001).

[868] Vgl. KUNZ (2015), S. 29.

[869] Vgl. ESCHENBURG (1988), S. 253; SIEMUND (2013), S. 105.

[870] Vgl. FREY (2005), S. 9 ff.; FREY/NECKERMANN (2006), S. 272 ff.

[871] Das X stellt dabei einen Platzhalter für beispielsweise das E in CEO (Chief Executive Officer) dar.

[872] Vgl. FREY/NECKERMANN (2006), S. 271 f.

[873] Vgl. COMELLI/ROSENSTIEL/NERDINGER (2014), S. 11.

## 3.4.1.2   Motivation

*Motivation* wird als Verhaltensdeterminante mit zunehmender Bedeutung angesehen[874] und in der Betriebswirtschaftslehre meist aus der Perspektive des Managements betrachtet, da sie den Hauptansatzpunkt für leistungssteigernde Maßnahmen darstellt.[875] Hinsichtlich des Motivations-Begriffs existieren zahlreiche Definitionen und Beschreibungen. Da dieser Begriff zudem einen Platz in der Alltagssprache gefunden hat, ist es umso schwieriger, eine präzise Definitionen zu finden.[876] Eine Auswahl an Definitionen ist in Tab. 28 ersichtlich.

| Autor(en) | Motivation ist … |
|---|---|
| ALBS | „[…] die Summe der Beweggründe, die das menschliche Handeln in Bezug auf den Inhalt, die Richtung und die Intensität hin beeinflussen."[877] |
| ERTL/LUTTENBERGER/PAECHTER | „[…] die Anstrengungs- oder Leistungsbereitschaft einer Person – also inwieweit eine Person geneigt ist, Mühen auf sich zu nehmen, um ein gewisses Ziel […] zu erreichen."[878] |
| KULBE | der „Prozess […] von der Wahrnehmung eines Bedürfnisses […] bis zu dessen Befriedigung […]."[879] |
| MERTEL | „[…] ein hypothetisches Konstrukt, wobei die Richtung, Stärke und zeitliche Dauer des menschlichen Verhaltens ebenso betrachtet werden, wie die Auslösung, Antriebskraft, Steuerung und Beendigung eines Verhaltens."[880] |
| NERDINGER/BLICKLE/SCHAPER | „[…] das Produkt aus individuellen Merkmalen von Menschen, ihren Motiven, und den Merkmalen einer aktuell wirksamen Situation, in der Anreize auf die Motive einwirken und sie aktivieren."[881] |
| RUDOLPH | „[…] die Gesamtheit der Prozesse, die zielgerichtetes Verhalten auslösen und aufrechterhalten […]."[882] |
| WILDE ET AL. | „[…] ein hypothetisches Konstrukt, das menschlichem Verhalten Richtung, Ausdauer und Intensität verleiht."[883] |

Tab. 28:   Definitionen der Motivation[884]

---

[874]   Vgl. COMELLI/ROSENSTIEL/NERDINGER (2014), S. 4.
[875]   Vgl. STAEHLE/CONRAD/SYDOW (1999), S. 218; HOLTBRÜGGE (2018), S. 13; MAYER (2009), S. 229.
[876]   Vgl. WEIBLER (2016), S. 170; MAYER (2009), S. 229; WIEDMANN (2006), S. 11; ROSENSTIEL (2003), S. 7.
[877]   ALBS (2005), S. 15.
[878]   ERTL/LUTTENBERGER/PAECHTER (2014), S. 422.
[879]   KULBE (2017), S. 103.
[880]   MERTEL (2006), S. 9.
[881]   NERDINGER/BLICKLE/SCHAPER (2019), S. 465.
[882]   RUDOLPH (2013), S. 14.
[883]   WILDE ET AL. (2009), S. 32.
[884]   Quelle: Eigene Darstellung.

Vielen Definitionen gemein ist der Aspekt, dass Motivation die Voraussetzung für zielorientiertes Handeln und Verhalten von Menschen darstellt.[885] Dabei gilt es insbesondere die Beweggründe und Handlungsursachen, die Motivation auslösen, zu erforschen.[886] Wie oben beschrieben, lassen sich als Determinanten sowohl personelle als auch situationelle Faktoren ausmachen.

Im Rahmen von Motivationstheorien erfolgt häufig eine Differenzierung zwischen *intrinsischer* und *extrinsischer* Motivation, wobei der zentrale Unterschied meist in der Anreiz- bzw. Belohnungsart zu finden ist.

*Intrinsische Motivation* liegt vor, wenn „Individuen eine Aktivität um ihrer selbst willen unternehmen, aus Gründen, welche im Innern einer Person liegen"[887].[888] Hinsichtlich einer genaueren Beschreibung lassen sich drei Ansätze unterscheiden:[889]

1.   Tätigkeitszentrierter Ansatz

Bei diesem auf RHEINBERG basierendem Ansatz ist der Anreiz entscheidend. Liegt er auf dem Gegenstand der Tätigkeit, wird Interesse geweckt, wodurch intrinsische Motivation ausgelöst wird.[890] Es kann wiederum eine Differenzierung in drei Elemente erfolgen:

- Das Erleben eines *Flows*: Die Tätigkeit selbst bereitet Vergnügen und führt zu einem Flow.[891]
- Das Einhalten von Normen: Hierzu gehören ethische Normen wie Gewaltfreiheit und Gleichberechtigung sowie Fairness und Teamgeist. Beispielsweise wird angenommen, dass eine als unfair wahrgenommene Vergütung zu weniger Motivation bzw. Leistung führt.[892]
- Das Erreichen selbstgesteckter Ziele.[893]

2.   Bedürfnis nach Selbstbestimmung und Kompetenz

Gemäß DECI kann die Tätigkeit selbst keine Belohnung sein. Stattdessen erfolgt die Belohnung durch das Gefühl von Kompetenz und Selbstbestimmung.[894] Intrinsisch motiviertes Verhalten entsteht, wenn das Individuum freiwillig bzw. autonom handelt und keine weitere Belohnung erwartet.[895]

---

[885]   Vgl. HOLTBRÜGGE (2018), S. 13; MAYER (2009), S. 227; HECKHAUSEN/HECKHAUSEN (2018), S. 4.
[886]   Vgl. STAEHLE/CONRAD/SYDOW (1999), S. 219.
[887]   FREY/BENZ (2001), S. 19 in Bezug auf DECHARMS (1968); DECI (1971), S. 105 ff.
[888]   Die moderne Interpretation des Begriffes ist auf DECI (1975) sowie DECHARMS (1968) zurückzuführen. Zu weiterführenden Erläuterungen zur intrinsischen Motivation siehe auch DECI/FLASTE (1995), S. 44.
[889]   Vgl. RHEINBERG/ENGESER (2018), S. 425 ff.
[890]   Vgl. RHEINBERG/VOLLMEYER (2019), S. 167 ff.
[891]   Der Begriff des *Flows* ist auf CSIKSZENTMIHALYI zurückzuführen (vgl. CSIKSZENTMIHALYI (1975); CSIKSZENTMIHALYI/RATHUNDE (1933)). Er ging der Frage nach, weshalb Individuen (ausdauernd) einer Tätigkeit nachgehen, ohne dass sie eine konventionelle Belohnung erwarten. Im Zustand des Flows gehen sie in ihrer Tätigkeit völlig auf und vergessen alles Weitere um sich herum (vgl. MAYER (2009), S. 244).
[892]   Vgl. FREY/OSTERLOH (2002), S. 24. Die Einhaltung von Normen um ihrer selbst willen wird auch als *Moral* bezeichnet (vgl. OSTERLOH/FREY (1999), S. 6 f.; CALDER/STAW (1975), S. 599; DECI (1975), S. 105).
[893]   Vgl. OSTERLOH/FREY (1999), S. 7; MARCH (1994), S. 66; MARCH (1999), S. 377.
[894]   Vgl. DECI (1975), S. 100 f.
[895]   Vgl. FREY/JEGEN (2001), S. 591.

3.   Übereinstimmung von Mittel und Zweck

Hiernach liegt intrinsische Motivation vor, wenn „die Handlung und ihre angestrebten Ergebnisfolgen thematisch zum selben Inhaltsbereich [...] gehören"[896].

Den meisten Definitionsansätzen gemein ist der Aspekt, dass der Anreiz direkt im
Vollzug der Tätigkeit liegt und die Handlung selbst mit Adjektiven wie *spannend*,
*herausfordernd* oder *spaßbringend* in Verbindung gebracht wird.[897] Die Aktivität
bzw. das Ziel dienen der unmittelbaren Bedürfnisbefriedigung.[898] Intrinsische Motivation wirkt zudem langfristiger als extrinsische und stellt daher einen nachhaltigen Motivator z. B. für die Karrierewahl dar.[899]

Auch wenn intrinsische Motivation ein etabliertes Konstrukt darstellt,[900] wird der
Begriff gleichzeitig als „wissenschaftlich etwas problematisch"[901] angesehen. Im
Rahmen der unterschiedlichen Erklärungsversuche ist mit dem von *innen* kommen-
den mal „die Tätigkeit selbst, mal die Thematik der Handlung, mal der (Interes-
sen-)Gegenstand und mal die Person bzw. ihr Selbst"[902] gemeint.[903]

Hinsichtlich der Definition *extrinsischer Motivation* herrscht in der Literatur eher Einigkeit.[904] Sie beruht auf äußeren, nicht in der Tätigkeit liegenden Anreizen[905], wobei der Anreiz in den beabsichtigten Ergebnisfolgen liegt.[906] Diese können Belohnungen materieller (wie beispielsweise Geld) oder immaterieller (wie beispielsweise Anerkennung) Art, aber auch die Vermeidung von Strafen sein.[907] Die Anreize sind somit „Mittel zum Zweck der Bedürfnisbefriedigung"[908], wie beispielsweise Geld, um sich etwas kaufen zu können.[909]

Das Zusammenwirken der beiden Motivationsarten war schon häufiger Untersuchungsgegenstand empirischer Studien in Bezug auf diverse Länder und unterschiedliche Zeiträume.[910] Einerseits wurde herausgefunden, dass von außen kom-

---

[896]   RHEINBERG/ENGESER (2018), S. 429.
[897]   Vgl. RHEINBERG (2009), S. 258 f.; SCHIEFELE/KÖLLER/SCHAFFNER (2018), S. 309; HOHMANN (2015),
       S. 111. Der Aspekt des *Spaßes* wird von DECI/RYAN (1985) nicht thematisiert, was von LINDEN-
       BERG (2001) kritisiert wird.
[898]   Vgl. FREY/OSTERLOH (2002), S. 24.
[899]   Vgl. ERTL/LUTTENBERGER/PAECHTER (2014), S. 422.
[900]   Vgl. BERNARD (2006), S. 142.
[901]   RHEINBERG (2008), S. 153.
[902]   RHEINBERG (2008), S. 153.
[903]   Bezüglich einer kritischen Auseinandersetzung zur Erklärung der intrinsischen Motivation gemäß
       DECI/RYAN (1985) siehe LINDENBERG (2001).
[904]   Vgl. RHEINBERG/ENGESER (2018), S. 425 ff.
[905]   Zu Anreizen siehe Kapitel B3.4.1.1.
[906]   Vgl. FREY/BENZ (2001), S. 19; SIEMUND (2013), S. 104; HOHMANN (2015), S. 111; RHEINBERG (2009),
       S. 258 f.
[907]   Vgl. FREY/BENZ (2001), S. 19; LOURENCO (2016), S. 279; HOLTBRÜGGE (2018), S. 14; HOHMANN (2015),
       S. 111; MAYER (2009), S. 229.
[908]   FREY/OSTERLOH (1997), S. 308.
[909]   Vgl. FREY/OSTERLOH (2002), S. 24.
[910]   Vgl. FREY/JEGEN (2001), S. 606 f. Eine Übersicht der empirischen Untersuchungen bezüglich des Zu-
       sammenspiels von intrinsischer und extrinsischer Motivation ist unter anderem bei SIEGER/
       GRAUMANN (2004) und BERNARD (2006), S. 153 zu finden.

mende Eingriffe die intrinsische Motivation reduzieren (sogenannter *Verdrängungseffekt* bzw. *crowding out*).[911] Beispielsweise wird angeführt, dass die (erwartete) Bezahlung intrinsisch motivierter Ehrenamtlicher dazu führen kann, dass sie ihre freiwillige Arbeit abbrechen.[912] Andererseits gibt es jedoch auch Belege, dass sich intrinsische und extrinsische Motivation verstärken (sogenannter *Verstärkungseffekt* bzw. *crowding in*) oder keine Wirkung aufeinander haben.[913] Auch durch Effekte wie beispielsweise Gewöhnung kann sich der Wert der intrinsischen Motivation reduzieren.[914]

Im Zuge der *Selbstbestimmungstheorie* bzw. konkret der *Cognitive Evaluation Theory*[915] postulieren DECI/RYAN, dass Belohnung einerseits als Indikator von Kompetenz und andererseits als Kontrolle des Verhaltens wahrgenommen werden kann. Bei ersterem wird das Kompetenzbedürfnis beeinflusst, was sich positiv auf die intrinsische Motivation auswirkt. Letzteres führt zu negativen Effekten auf das Autonomiebedürfnis und somit zu einer Reduzierung der intrinsischen Motivation. Ihrer Meinung nach symbolisieren intrinsische und extrinsische Motivation nicht zwingend Gegensätze.[916]

Aufgrund der Unstimmigkeiten in der Literatur ist weder eine additive Verknüpfung noch eine gegenseitige Verdrängung widerspruchsfrei anzunehmen. Kritisch ist zudem anzumerken, dass die Abgrenzung dieser beiden Motivationskomponenten kontrovers diskutiert wird, je nach Autor anders erfolgt und daher nur eine unscharfe Trennung vorliegt.[917] Darüber hinaus sind sie empirisch nicht eindeutig trennbar bzw. schwierig zu operationalisieren.[918] Zum einen kann die Ausübung einer Tätigkeit je nach Interessen und Fähigkeiten für eine Person intrinsisch und für eine andere Person extrinsisch motiviert sein, zum anderen lässt sich für jede intrinsisch motivierte Handlung auch ein extrinsisches Motiv finden. Beispielsweise können bei der Absolvierung eines Marathons intrinsische Motive wie Vergnügen bzw. das Gefühl der Herausforderung oder extrinsische Motive wie Anerkennung unterstellt werden.[919] Ferner kann sich die Ursache der Motivation während einer Tätigkeit verändern. So kann die Tätigkeit beispielsweise aufgrund extrinsischer Faktoren begonnen und wegen intrinsischer Faktoren fortgeführt werden.[920] Dar-

---

[911] Vgl. DECI/RYAN (2000), S. 233; DECI (1971), S. 114; FREY (1997a), S. 5; HOLTBRÜGGE (2018), S. 26.

[912] Vgl. FREY (1997b), S. 7; FREY/BENZ (2001), S. 19. Zu den Auswirkungen von Belohnungen auf die intrinsische Motivation siehe auch RYAN/MIMS/KOESTNER (1983) sowie die Metaanalyse bei DECI/KOESTNER/RYAN (1999).

[913] FREY, PORTER/LAWLER und VROOM gehen von einer additiven Verknüpfung aus (vgl. FREY (1997a), S. 114; PORTER/LAWLER (1968); VROOM (1964)).

[914] Vgl. DRUMM (2005), S. 491.

[915] Die *Cognitive Evaluation Theory* ist eine Subtheorie der Selbstbestimmungstheorie (vgl. DECI/RYAN (1985); DECI/RYAN (2008); GAGNÉ/DECI (2005)). Zur weiterführenden Erläuterung dieser und der weiteren Subtheorien siehe BONUS (2009).

[916] Vgl. DECI/KOESTNER/RYAN (1999), S. 628; BERNARD (2006), S. 145.

[917] Vgl. FREY/OSTERLOH (2002), S. 25; FREY (1997a), S. 21; RHEINBERG/ENGESER (2018), S. 425 ff.; BERNARD (2006), S. 141.

[918] Vgl. FREY/OSTERLOH (2002), S. 25. RHEINBERG/ENGESER bezeichnen die Suche nach intrinsischer Motivation als „Jagd nach einem Phantom" (RHEINBERG/ENGESER (2018), S. 425).

[919] Vgl. FREY/OSTERLOH (2002), S. 25; FREY (1997a), S. 21; FREY/JEGEN (2001), S. 591; FREY/OSTERLOH (1997), S. 310.

[920] Vgl. RHEINBERG/ENGESER (2018), S. 426.

über hinaus gibt es Ökonomen, die zwar davon ausgehen, dass intrinsische Motivation existiert, sie aufgrund der schwierigen Messbarkeit und Analyse jedoch nicht weiter thematisieren.[921] RHEINBERG und SCOT plädieren dafür, die Differenzierung nicht zu verwenden und stattdessen die gemeinten Sachverhalte präzise(r) anzusprechen.[922]

Da anzunehmen ist, dass die grundlegenden Unterschiede zwischen intrinsischer und extrinsischer Motivation relevant für die genossenschaftliche Aufsichtsratstätigkeit sind, wird im Folgenden einer restriktiven Differenzierung gefolgt, wonach die Trennung anhand der Zuordnung zwischen Handlung und Ergebnis erfolgt.[923] „Intrinsisch motiviert sind nur solche Aktivitäten, die allein um des Tätigkeitsvollzugs wegen ausgeführt werden. Alle Aktivitäten, die auf den Anreiz von Zielen oder Ereignissen gerichtet sind, sind damit extrinsisch."[924]

Abschließend bietet sich als Synthese verschiedener Begriffsbestimmungen die folgende Motivationsdefinition für die vorliegende Untersuchung an:

---
**Definition**

*Motivation* ist der Prozess von der Wahrnehmung eines Bedürfnisses bis zu dessen Erfüllung und somit die Voraussetzung für zielorientiertes Handeln und Verhalten. Aktivitäten, die um ihrer selbst willen ausgeführt werden, gelten als *intrinsisch*, Aktivitäten, bei denen der Anreiz auf den beabsichtigten Ergebnisfolgen liegt, als *extrinsisch* motiviert.

---

### 3.4.1.3    Zufriedenheit

Zufriedenheit kann als positiver seelischer Zustand bzw. als ausgeglichenes, emotionales Empfinden angesehen werden.[925]

Bei der Modellierung des *Zufriedenheits*konstrukts hat sich Anfang der 1980er Jahre das *Confirmation-Disconfirmation-Paradigma* von OLIVER durchgesetzt, welches ursprünglich ein anerkanntes Konzept insbesondere für die Kundenzufriedenheit darstellte, aber erfolgreich auf andere Zufriedenheitsbereiche übertragen werden konnte.[926]

Zufriedenheit ist eine Emotion[927] und das positive „Resultat eines komplexen psychischen Vergleichs- bzw. Bewertungsprozesses"[928], in dem die wahrgenommene Situation (Ist-Komponente) mit den Erwartungen, die vor dem Eintritt in die Situation existierten (Soll-Komponente), verglichen wird (vgl. Abb. 19).[929] (Un-)Zufrie-

---

[921]  Vgl. OSTERLOH/FREY (1999), S. 6; WILLIAMSON (1985), S. 64.
[922]  Vgl. RHEINBERG (2008), S. 152 f.; SCOTT (1976), S. 117 ff.
[923]  Vgl. RHEINBERG (2008), S. 149.
[924]  RHEINBERG (2008), S. 149.
[925]  Vgl. WERKMANN (2014), S. 23; WUNDERER/KÜPERS (2003), S. 93.
[926]  Vgl. UNGERN-STERNBERG (2002), S. 39 f.
[927]  Vgl. BRANDSTÄTTER ET AL. (2013), S. 26.
[928]  UNGERN-STERNBERG (2002), S. 37.
[929]  Vgl. KAAS/RUNOW (1984), S. 452; UNGERN-STERNBERG (2002), S. 37; LINGENFELDER/SCHNEIDER (1991), S. 29; HOMBURG/STOCK-HOMBURG (2016), S. 19 ff.

denheit stellt somit das Ergebnis einer „ex-post-Beurteilung, die situationsgebunden und mit einer konkreten Erfahrung bzw. Transaktion verknüpft ist"[930], dar. Der Vergleichsprozess wird kontinuierlich wiederholt, weshalb das Gefühl von Zufriedenheit keinen konstanten Zustand darstellt, sondern ständig veränderbar ist.[931]

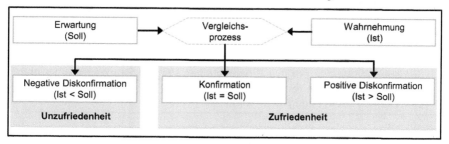

Abb. 19:    Confirmation-Disconfirmation-Paradigma[932]

Zufriedenheit entsteht durch das Entsprechen bzw. Übertreffen der Erwartungen. Eine Übereinstimmung von *Soll* und *Ist* wird als stabilisierende Zufriedenheit bezeichnet, die mit einer Beibehaltung des Erwartungsniveaus einhergeht.[933]

Eine positive Diskonfirmation, also eine positive Nicht-Bestätigung der Erwartungen, liegt vor, wenn das Zufriedenheitsniveau über dem Konfirmationsniveau liegt.[934] Dieses wird auch als progressive Zufriedenheit bezeichnet und hat eine Erhöhung des Erwartungsniveaus zur Folge.[935]

Zu hohe Erwartungen bzw. zu geringe Ist-Leistungen lösen eine negative Diskonfirmation (bzw. negative Nicht-Bestätigung der Erwartungen) aus und führen zu Unzufriedenheit, die gegebenenfalls eine Senkung des Erwartungsniveaus zur Folge hat.[936]

Hinsichtlich des Kurvenverlaufs einer Zufriedenheitsfunktion in Abhängigkeit von erwarteten und wahrgenommenen Faktoren existieren unterschiedliche Annahmen. Sofern sowohl negative als auch positive bestätigte Erwartungen den gleichen Einfluss auf die Zufriedenheitshöhe ausüben, entspräche dies einer linearen Funktion. Wird jedoch angenommen, dass negativ bestätigte Erwartungen die empfundene Zufriedenheit stärker beeinflussen, so würde die Funktion degressiv verlaufen. Bei letzterem könnte zudem unterstellt werden, dass stärkere Erwartungsübertreffungen die Zufriedenheitshöhe nicht unbegrenzt steigen lassen und somit ein Sättigungsniveau existiert.[937]

---

930    BOSLAU (2009), S. 17.
931    Vgl. BERTHEL/BECKER (2017), S. 112 ff.; WERKMANN (2014), S. 23.
932    Quelle: Eigene Darstellung in Anlehnung an UNGERN-STERNBERG (2002), S. 39; BOSLAU (2009), S. 18; HOMBURG/STOCK-HOMBURG (2016), S. 17 ff.
933    Vgl. UNGERN-STERNBERG (2002), S. 47.
934    Vgl. BOSLAU (2009), S. 18; HOMBURG/STOCK-HOMBURG (2016), S. 17 ff.; CHURCHILL/SURPRENANT (1982), S. 492.
935    Vgl. UNGERN-STERNBERG (2002), S. 47.
936    Vgl. KAAS/RUNOW (1984), S. 453; UNGERN-STERNBERG (2002), S. 39 ff.
937    Vgl. UNGERN-STERNBERG (2002), S. 44; HOMBURG/STOCK-HOMBURG (2016), S. 27 ff.

Die Messung bzw. Bestimmung von Zufriedenheit stellt sich insofern schwierig dar, als dass sie „als ein Konstrukt angesehen werden muss, das auf einzelnen Zufriedenheitsgrößen mit verschiedenen Facetten basiert"[938].

Im Folgenden sollen *Zufriedenheit* und *Unzufriedenheit* als entgegengesetzte Faktoren desselben Konstrukts verstanden werden, weshalb *Zufriedenheit* als Oberbegriff verwendet wird.[939]

---
**Definition**

*Zufriedenheit* ist das positive Ergebnis eines Vergleichsprozesses, bei dem die wahrgenommene Situation (Ist) mit den im Vorfeld existierenden Erwartungen (Soll) abgeglichen wird.

---

## 3.4.2    Arbeitsmotivation und Arbeitszufriedenheit

### 3.4.2.1    Vorbemerkung

In Abhängigkeit vom Umweltkontext werden verschiedene Motivationsarten unterschieden.[940] Im weiteren Verlauf der vorliegenden Arbeit wird die Motivations- und Zufriedenheitsthematik daher auf einen arbeitsbezogenen bzw. organisationalen Kontext eingegrenzt. Nach der allgemeinen Erläuterung von Motiven im vorangestellten Kapitel werden nun für das Arbeitsverhalten ausschlaggebende Motive in den Vordergrund gestellt, wodurch die Situation der Aufsichtsräte spezifischer analysiert werden kann.

Arbeitsmotivation und Arbeitszufriedenheit lassen sich aus unterschiedlichen Blickwinkeln betrachten, weshalb im Folgenden Ansätze aus verschiedenen Richtungen dargestellt werden. Der Fokus liegt jedoch auf den Theorien bzw. Aspekten, die

- für den organisationalen Kontext entwickelt wurden,
- auf den organisationalen Kontext anwendbar sind,
- sich bestenfalls sowohl mit der Motivation als auch Zufriedenheit beschäftigen oder
- zum Verständnis der besonderen Situation von genossenschaftlichen Aufsichtsräten beitragen.[941]

Hierzu wird zunächst auf die Entwicklung der diesbezüglichen Forschung eingegangen, bevor im Anschluss ausgewählte Theorien dargestellt werden.

---

[938]  WERKMANN (2014), S. 23.
[939]  Zur Bipolarität des Kontinuums mit Zufriedenheit bzw. Unzufriedenheit als Endpolen vgl. LEAVITT (1977), S. 133.
[940]  Vgl. MAYER (2009), S. 230. Neben der Arbeit als Umweltkontext liegt ein Schwerpunkt der Forschung auf der Lebensmotivation bzw. -zufriedenheit.
[941]  Vgl. SIEMUND (2013), S. 105.

## 3.4.2.2   Entwicklung der Arbeitsmotivations- und Arbeitszufriedenheitsforschung

Als Ursprung der personalbezogenen Motivationsforschung lässt sich das *Scientific Management* von TAYLOR, auch *Taylorismus* oder *Theorie der wissenschaftlichen Betriebsführung* genannt, anführen, bei dem Arbeitsprozesse erstmalig systematisch analysiert wurden.[942] Zur Steigerung der Effektivität wurde jedem Arbeiter ein Teilarbeitsschritt zugewiesen, den dieser in ständigen Wiederholungen ausführen musste. Im Bereich der Arbeitsmotivations- und Arbeitszufriedenheitsforschung dominierte zu Beginn des letzten Jahrhunderts die Vorstellung des *Homo oeconomicus*, einem rational handelnden Individuum, das ausschließlich nach maximaler materieller Vergütung strebt.[943] Die aus der repetitiven Arbeit resultierende Monotonie und die daraus folgende Demotivation wurden ausgeblendet.[944]

Dieses Menschenbild wurde in Teilen durch den Human-Relations-Ansatz in Folge der Hawthorne-Studien in den 1930er Jahren abgelöst.[945] Durch verschiedene Testreihen in den Hawthorne-Werken einer amerikanischen Firma wurde herausgefunden, dass die Produktivität stärker durch das Gruppengefühl der Mitarbeiter als durch monetäre Anreize oder veränderte Arbeitsbedingungen beeinflusst wird.[946] Der sogenannte *soziale Mensch* wird demnach durch zwischenmenschliche Interaktionen, also soziale Komponenten, zur Arbeit motiviert.[947] Seit dieser Zeit steht zudem die Arbeitszufriedenheit im Forschungsfokus verschiedener Wissenschaften.[948]

Als Reaktion auf hohe Fluktuationsraten und Streiks trat in den 1950er Jahren der Human-Resources-Ansatz mit dem *nach Selbstverwirklichung strebenden Menschen* in den Fokus.[949] Neben dem Wunsch nach einer angemessenen Bezahlung und zwischenmenschlichen Beziehungen zeichnet sich dieses Menschenbild insbesondere durch das Gefühl, einen nützlichen Beitrag leisten zu wollen, und Handlungsautonomie aus.[950] Beispielsweise lassen sich die bereits dargestellte Stewardship-Theorie sowie die noch zu erläuternden Motivationstheorien von Maslow und Herzberg dieser Phase zuordnen.[951]

Im weiteren Verlauf wurde erkannt, dass die Motive eines Menschen nicht unabhängig voneinander sind und – neben den bereits genannten – zahlreiche weitere

---

[942]   Vgl. HOLTBRÜGGE (2018), S. 9.

[943]   Vgl. ROSENSTIEL (2007); HOLTBRÜGGE (2018), S. 9; SAUTTER (2007), S. 15.

[944]   Vgl. KAUFFELD/SAUER (2014), S. 16 ff. Das tayloristische System führte zu einem Kontrollparadoxon: Da die Leistung kontrolliert wurde, führte dies bei den Mitarbeitern zu einer geringeren Arbeitszufriedenheit, was in geringerer Leistung mündete, wodurch sie in der Folge wiederum stärker kontrolliert wurden (vgl. FROST/OSTERLOH (2002), S. 171).

[945]   Vgl. MAYO (1945); MAYO (1966); ROETHLISBERGER/DICKSON (1964); KANNING/STAUFENBIEL (2012), S. 215; SAUTTER (2007), S. 15. Zu weiteren Erläuterungen bezüglich der Hawthorne-Studien siehe beispielsweise WEINERT (2004), S. 248.

[946]   Vgl. ZAHN ET AL. (2009), S. 201; ULICH (2011), S. 41.

[947]   Vgl. SAUTTER (2007), S. 15. Als Kritik wird hierbei angeführt, dass die positiven Effekte nur kurzfristig bzw. nur in der Zeit auftraten, in der den Mitarbeitern die Aufmerksamkeit der Forscher zuteilwurde (vgl. ROSENSTIEL/NERDINGER (2011), S. 116).

[948]   Vgl. BÜTTNER (2010b), S. 2.

[949]   Vgl. ZAHN ET AL. (2009), S. 201.

[950]   Vgl. KAUFFELD/SAUER (2014), S. 21 f.; SAUTTER (2007), S. 15; MILES (1965), S. 149 ff.

[951]   Vgl. Kapitel B3.2; Kapitel B3.4.2.3.4.

Bedürfnisse abhängig von der Person und Situation existieren, die sich im Zeitablauf auch ändern können. Der Ansatz dieses *komplexen Menschen* soll als Grundlage für die empirische Untersuchung dienen.[952]

Zusammengefasst besteht gleichermaßen das Interesse daran, herauszufinden, warum Menschen Energie in Arbeit investieren, welche Bedingungen die Motivation beeinflussen oder auch, warum nicht alle Menschen gleichermaßen motiviert sind.[953]

### 3.4.2.3   Ausgewählte theoretische Ansätze zur Arbeitsmotivation und Arbeitszufriedenheit

### 3.4.2.3.1   Vorbemerkung

Mithilfe von *Motivationstheorien* sollen „das Zustandekommen und die Wirkungen des theoretischen Konstrukts Motivation auf menschliches Verhalten schlüssig"[954] erklärt werden. Ein gängiges Ziel dabei ist es, Motive, Anreize etc. zu ordnen.[955] Als Basis wird angenommen, dass „Motivation durch die Existenz von Bedürfnissen sowie durch wahrgenommene Möglichkeiten zur Bedürfnisbefriedigung ausgelöst und gesteuert wird"[956]. Die meisten Motivationstheorien lassen sich entweder den *Inhalts-* oder den *Prozesstheorien* zuordnen.[957]

Eine Theorie, die teilweise als Motivationstheorie eingeordnet wird, teilweise unter anderem jedoch auch als verhaltenswissenschaftliche Entscheidungstheorie, die zu den klassischen organisationstheoretischen Ansätzen zu zählen ist, bezeichnet oder als ökonomische Theorie eingeordnet wird, ist die *Anreiz-Beitrags-Theorie*.[958] Da die Motivation zur ehrenamtlichen Aufsichtsratsarbeit mit dieser Theorie plausibel veranschaulicht werden kann und sie eine wesentliche theoretische Grundlage für die weitere Untersuchung darstellt, wird sie im Folgenden ausführlicher thematisiert (vgl. Kapitel B3.4.2.3.2).

---

[952]   Vgl. SAUTTER (2007), S. 15; KAUFFELD/SAUER (2014), S. 23 f.
[953]   Vgl. WEINERT (2004), S. 188.
[954]   DRUMM (2005), S. 471.
[955]   Vgl. STAEHLE/CONRAD/SYDOW (1999), S. 169; BERNARD (2006), S. 106.
[956]   DRUMM (2005), S. 471.
[957]   Vgl. DRUMM (2005), S. 471; CAMPBELL ET AL. (1970). Anzumerken ist jedoch, dass Inhaltstheorien auch prozessuale Komponenten enthalten und Prozesstheorien auf inhaltliche Annahmen zurückgreifen (vgl. DRUMM (2005), S. 471). Darüber hinaus existieren Theorien, die sich nicht bzw. nicht eindeutig als solche klassifizieren lassen. Auch die Selbstbestimmungstheorie von DECI/RYAN und die Flow-Theorie von CSIKSZENTMIHALYI können den gemischten Theorien zugeordnet werden (vgl. MAYER (2009), S. 241). Hinsichtlich ausführlicher Beschreibungen und kritischer Würdigungen der Motivationstheorien siehe unter anderem WIEDMANN (2006), S. 21 ff.
[958]   Beispielsweise wird die Anreiz-Beitrags-Theorie von BARNARD als Motivationstheorie bzw. von KLAUS/SCHNEIDER konkret als formale Prozesstheorie eingestuft, während WEINERT sie als Entscheidungstheorie sieht (vgl. auch HACK (2011), S. 57; KLAUS/SCHNEIDER (2008), S. 179). Von ZIMMERMANN wird sie als verhaltenswissenschaftliche Entscheidungstheorie eingeordnet (vgl. ZIMMERMANN (2019), S. 56). Darüber hinaus wird sie auch als Gleichgewichtstheorie (KNIEHL (1998)) oder (Aus-)Tauschtheorie (WÄCHTER (1991); STOCK-HOMBURG/GROß (2019), S. 54) betrachtet. Von SAUTTER wird sie als Bestandteil der Motivationstheorien als Verhaltenstheorie bezeichnet (SAUTTER (2007), S. 18), während KIRCHLER/MEIER-PESTI/HOFMANN sie als Vergleichstheorie einordnen (vgl. KIRCHLER/MEIER-PESTI/HOFMANN (2011), S. 118).

Trotz einer langen Forschungstradition gibt es auch im Hinblick auf Arbeitsmotivation bzw. Arbeitszufriedenheit keine geschlossene Theorie. Da beide Konstrukte auf gleichen bzw. ähnlichen Faktoren basieren, werden zu ihren Erklärungen dieselben Theorien herangezogen.[959] Bedingt durch die vielen Motive bzw. Motivkombinationen ist der komplexe Forschungsgegenstand daher eine der Hauptursachen, weshalb teilweise auch eine Verknüpfung von Theorien sinnvoll erscheinen kann.[960] Arbeitsmotivations- und arbeitszufriedenheitsbetreffende Theorien lassen sich wie folgt klassifizieren:[961]

1. Allgemeine Motivationstheorien, die auf Arbeitsaspekte übertragen werden können, wie beispielsweise die Bedürfnishierarchie von MASLOW.
2. Arbeitsmotivationstheorien, bei denen Arbeitszufriedenheit eine Teilkomponente darstellt. Hierzu gehören beispielsweise die Zwei-Faktoren-Theorie von HERZBERG sowie das Motivationsmodell von PORTER/LAWLER.
3. Arbeitszufriedenheitstheorien, die jedoch auf motivationale Theorien zurückzuführen sind. Als Beispiel kann das Zürcher Modell der Arbeitszufriedenheit von BRUGGEMANN angeführt werden.

Da die einzelnen Theorien das Konstrukt Motivation jedoch nicht umfassend erklären können, wird jeweils nur auf Teilaspekte eingegangen, was den Umgang mit den Theorien erschwert.[962] Motivationstheorien sind häufig historisch gewachsen, betrachten eben nur Teilaspekte, wurden (deswegen) weiterentwickelt oder auf spezifische Situationen und Bereiche angepasst.[963] Aufgrund der daraus entstandenen Vielzahl ist es nicht möglich, alle Theorien vorzustellen. Im Folgenden wird der Fokus auf grundlegende Theorien sowie Theorien, die sich am besten auf genossenschaftliche Aufsichtsräte übertragen lassen, gelegt. Die Theorien werden mit ihren Kernaussagen und zentralen Aspekten vorgestellt, um einen zielgerichteten Einblick in die Arbeitsmotivations- und -zufriedenheitsmodelle zu ermöglichen. Hieraus gilt es daher zunächst, die für die vorliegende Problemstellung bzw. die herausgearbeiteten Forschungsziele am besten geeigneten Theorien bzw. zugrunde liegenden Komponenten auszuwählen.

### 3.4.2.3.2  Anreiz-Beitrags-Theorie von MARCH/SIMON

Eine der wichtigsten Theorien in Bezug auf das (Entscheidungs-)Verhalten von Individuen in Unternehmen stellt die auf BARNARD[964] basierende und 1958 von MARCH/SIMON weiterentwickelte Anreiz-Beitrags-Theorie dar, die ursprünglich als

---

[959]  Vgl. SIEMUND (2013), S. 105.
[960]  Vgl. BERNARD (2006), S. 105; MERTEL (2006), S. 69.
[961]  Vgl. SIX/KLEINBECK (1989), S. 379 ff. Darüber hinaus gelten die Valenz-Instrumentalitäts-Erwartungs-Theorie (VIE-Theorie) von VROOM sowie die Equity-Theorie von ADAMS auch als Arbeitszufriedenheitstheorien (vgl. SEMMER/UDRIS (2007), S. 169). Die Theorien lassen sich zudem in bedürfniszentrierte und arbeitszentrierte Theorien einteilen. Bei ersteren geht es darum, dass Bedürfnisse am Arbeitsplatz befriedigt werden können (wie bei den Theorien von MASLOW, ALDERFER und MCCLELLAND). Letztere sind eher anwendungsorientierte Theorien hinsichtlich der Beeinflussung des Arbeitsverhaltens (wie bei HERZBERG und HACKMAN/OLDHAM) (vgl. WEINERT (2004), S. 190). Die genannten Theorien werden in den folgenden Kapiteln detaillierter vorgestellt.
[962]  Vgl. MERTEL (2006), S. 69.
[963]  Vgl. SIEMUND (2013), S. 110.
[964]  Vgl. BARNARD (1938).

Theorie des organisationalen Gleichgewichts bezeichnet wurde.[965] Es geht um die Frage, welche Determinanten Individuen dazu bringen, bestimmte Aufgaben für Unternehmen zu übernehmen und Beiträge zur Erfüllung von Unternehmenszielen zu leisten.[966] Als Individuen verstehen MARCH/SIMON alle Stakeholder, die Beiträge in Form von Arbeitskraft, finanziellen Mitteln, Dienstleistungen etc. leisten.[967] Wie in Abb. 20 ersichtlich, wird im Folgenden jedoch ausschließlich auf die auf Aufsichtsräte übertragbare Mitarbeitersicht sowie die Unternehmensperspektive eingegangen.

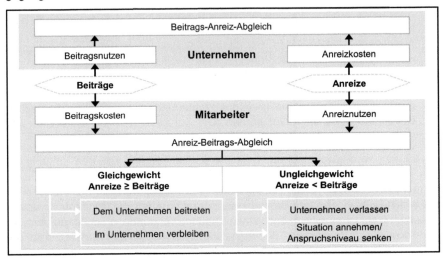

Abb. 20:    Anreiz-Beitrags-Theorie[968]

Der Grundgedanke liegt darin, dass versucht wird, eine Gleichgewichtssituation zwischen den Individuen und dem Unternehmen herzustellen, um das Überleben der Organisation zu sichern. Das Unternehmen setzt dabei das Kapital, das es aus den Beiträgen der Mitarbeiter generiert, ein, um den Mitarbeitern angemessene Anreize zu gewähren und somit weiterhin Beiträge zu erhalten. Um Anreize setzen zu können, sind Unternehmen daher auf die Beiträge der Mitarbeiter angewiesen.[969]

Neben dem angestrebten Gleichgewicht zwischen Mitarbeitern und Unternehmen ist auch der individuelle Gleichgewichtszustand ein wesentlicher Bestandteil der Überlegungen. Mitarbeiter erhalten also Anreize von dem Unternehmen und leisten andererseits Beiträge.[970] Als Anreize kommen sowohl materielle als auch immate-

[965]  Vgl.  MARCH/SIMON (1958);  MARCH/SIMON (1976),  S. 81 ff.;  SAUTTER (2007),  S. 18 f.;  WERK-MANN (2014), S. 27.
[966]  Vgl. WERKMANN (2014), S. 27.
[967]  Vgl. SAUTTER (2007), S. 20. Hinsichtlich weiterer materieller sowie immaterieller Beiträge siehe BER-THEL/BECKER (2017), S. 54.
[968]  Quelle: Eigene Darstellung in Anlehnung an KOSSBIEL. H. (1993), S. 91; WERKMANN (2014), S. 28.
[969]  Vgl. MARCH/SIMON (1976), S. 81 f.; SAUTTER (2007), S. 20.
[970]  Vgl. MARCH/SIMON (1976), S. 81 f.

rielle Aspekte, wie Einkommen, Perspektiven zur Selbstverwirklichung, Prestige o-
der Sicherheitsfaktoren in Frage.[971] Anreize können daher zum einen extrinsischer
Natur sein und direkte Gegenleistungen für erbrachte Beiträge darstellen. Zum anderen können sie intrinsischen Charakter aufweisen und innerhalb der Leistungen
selbst liegen. Konkret ergeben sich letztere aus individuellen Erfolgs- bzw. Misser-
folgserlebnissen. Im Rahmen von ehrenamtlichen Tätigkeiten kann die Höhe des
intrinsischen Anreizes dabei unter Umständen so hoch sein, dass auf einen extrinsischen Wert verzichtet wird.

Darüber hinaus ist, wie in Kapitel B3.4.1.1 beschrieben, zu berücksichtigen, dass
Anreize stets individuell und somit nicht auf alle Mitarbeiter gleich wirken. Die Motive der verschiedenen Individuen erfordern daher unterschiedliche Anreize. Jedes
Individuum strebt danach, für seine Beiträge eine angemessene Gegenleistung zu
erhalten.[972] Was als angemessene Gegenleistung empfunden wird, hängt vom eigenen, nicht objektiv messbaren Anspruchsniveau ab. Auf der Grundlage der bewerteten bzw. wahrgenommenen Situation wird eine Entscheidung über das weitere Verhalten getroffen.[973]

Das Entstehen von Arbeitszufriedenheit erklären MARCH/SIMON durch die Größe
der Differenz zwischen Anreizen und Beiträgen.[974] Ist der (langfristige) Saldo dieses individuellen Anreiz-Beitrags-Kalküls positiv, sodass die gebotenen Anreize
größer als die zu leistenden Beiträge sind, oder besteht zumindest ein Gleichgewicht, herrscht Zufriedenheit und der Mitarbeiter tritt dem Unternehmen bei bzw.
gehört ihm weiterhin an.[975] Bei einem negativen Saldo, also einem Ungleichgewicht
und einer daraus resultierenden wahrgenommenen Unzufriedenheit, erfolgt eine
Suche nach Alternativen. Eine Alternative besteht beispielsweise in der Form, dass
der Mitarbeiter das Unternehmen verlässt.[976] Anderenfalls kann er die Situation
auch annehmen und das Anspruchsniveau senken. Bei dem stetigen Vergleich
zwischen zu leistenden Beiträgen und Anreizen folgt das Individuum dem Oppor-
tunitätskostenprinzip.[977] Neben Wechselkosten bewertet es somit auch den Wert
der verfügbaren Alternativen, die es aufgibt, um den entsprechenden Beitrag leisten zu können.[978]

In Bezug auf das Anspruchsniveau ist zu berücksichtigen, dass sich dieses im Zeitablauf bzw. mit fast jeder erbrachten Leistung ändert, da Mitarbeiter an Aufgaben
wachsen, infolgedessen sich das Anspruchsniveau erhöht oder bei Misserfolgen
sinkt.[979] Bei einer Bewertung der subjektiven Nutzengröße spielt zudem die Bindung an das Unternehmen eine Rolle, da die Bereitschaft, nach Alternativen zu
suchen, bei längerer Unternehmenszugehörigkeit abnimmt.[980]

---

[971]   Vgl. STAEHLE/CONRAD/SYDOW (1999), S. 432. Hinsichtlich weiterer materieller sowie immaterieller An-
        reize siehe BERTHEL/BECKER (2017), S. 54.
[972]   Vgl. KLAUS/SCHNEIDER (2008), S. 179.
[973]   Vgl. SAUTTER (2007), S. 18.
[974]   Vgl. MARCH/SIMON (1976), S. 81 ff.
[975]   Vgl. RINGLE (1992), S. 12.
[976]   Vgl. MARCH/SIMON (1976), S. 83.
[977]   Vgl. STAEHLE/CONRAD/SYDOW (1999), S. 433; MARCH/SIMON (1976), S. 81 ff.
[978]   Vgl. MARCH/SIMON (1976), S. 82 ff.
[979]   Vgl. STAEHLE/CONRAD/SYDOW (1999), S. 434; WERKMANN (2014), S. 27.
[980]   Vgl. MATIASKE (1999); SAUTTER (2007), S. 21.

Loyalität kann zudem dazu führen, dass ein Mitarbeiter, der zwar unzufrieden ist, aber eine Verbesserung erwartet, zunächst im Unternehmen verbleibt. Weitere Gründe, weshalb ein Verbleib im Unternehmen nicht zwingend Zufriedenheit signalisiert, sind beispielsweise, dass ein Verbleib auch darauf zurückzuführen sein könnte, dass zu dem aktuellen Zeitpunkt keine besseren Alternativen existieren, die Austrittskosten zu bedeutsam sind und ein Austritt daher unattraktiv wäre oder auch, dass der Verbleib im Unternehmen keine bewusste Entscheidung ist und der Entscheidungsprozess nur noch nicht begonnen hat.[981]

Kritisch anzumerken ist, dass die Anreiz-Beitrags-Theorie, ähnlich wie andere Modelle bzw. Theorien, eine Vereinfachung der Realität darstellt und die Komplexität bzw. Veränderlichkeit individueller Motivstrukturen hierüber nur schwer abgebildet werden können.[982] Eine Operationalisierung des subjektiven Nutzens bzw. eine Bestimmung des Gleichgewichts ist nicht möglich.[983] Die Theorie ist daher eher konzeptionell als empirisch geprägt.[984] Die konkrete Messung der Arbeits(un)zufriedenheit ist lediglich über den Wunsch des Ausscheidens aus dem Unternehmen zu erfassen.[985] Um die Komplexität von Entscheidungen adäquater abbilden zu können, müssten weitere persönlichkeits- sowie situationsbezogene Faktoren mit einbezogen werden.[986]

Trotz der aufgezeigten Kritikpunkte stellt die Anreiz-Beitrags-Theorie eine wichtige Grundlage zur Erklärung der Motivation und Zufriedenheit von Aufsichtsräten in Genossenschaftsbanken im Rahmen dieser Untersuchung dar. Mithilfe der empirischen Untersuchung soll erörtert werden, welche konkreten Anreize für Aufsichtsräte bestehen, um sich in einer Genossenschaftsbank zu engagieren.

### 3.4.2.3.3   Soziologischer Theorieansatz von BOURDIEU

BOURDIEU geht in seinem soziologischen Theorieansatz davon aus, dass Menschen drei Arten von Kapital innehaben: soziales, kulturelles und ökonomisches Kapital:

- *Ökonomisches Kapital* ist „direkt in Geld konvertierbar und eignet sich besonders zur Institutionalisierung in der Form des Eigentumsrechts"[987].

- *Kulturelles Kapital* kann sich eine Person durch persönlichen Zeiteinsatz für beispielsweise den Erwerb von Bildung aneignen. Es existiert in Form schulischer Titel und ist genau wie soziales Kapital in ökonomisches Kapital konvertierbar.[988]

- *Soziales Kapital* beruht auf sozialen Verpflichtungen, Beziehungen bzw. der Zugehörigkeit zu einer Gruppe, wie einer Familie oder Partei. Objektivierbar wird dieses Kapital in Form von Adelstiteln. Die Höhe des sozialen Kapitals

---

[981]   Vgl. ESCHENBURG (1988), S. 262.
[982]   Vgl. NICK (1975), S. 45; WERKMANN (2014), S. 29.
[983]   Vgl. STAEHLE/CONRAD/SYDOW (1999), S. 434; AMANN (1984), S. 33; FLIEß (2006), S. 386.
[984]   Vgl. AMANN (1984), S. 33.
[985]   Vgl. SAUTTER (2007), S. 21.
[986]   Vgl. HACK (2011), S. 67.
[987]   BOURDIEU (1983), S. 185.
[988]   Vgl. BOURDIEU (1983), S. 185 f.

hängt von der Größe des eigenen Beziehungsnetzwerks ab sowie von allen drei Kapitalarten der Personen, die sich in diesem Netzwerk befinden. Durch Investitionen in dieses Netzwerk wie das Schaffen und Erhalten von Beziehungen erhoffen sich Personen früher oder später (un-)bewusst einen unmittelbaren Nutzen. Dies können mit den Beziehungen verbundene Gefälligkeiten in Form materieller Profite aber auch symbolische Profite sein.[989] Soziales Kapital wird insbesondere durch die Mitgliedschaft in exklusiven Clubs gefördert, da diese die Plattform bieten, um Beziehungen zu pflegen.[990] Aus der Sicht von BOURDIEU stellt ein Aufsichtsratsgremium solch ein Netzwerk dar.

Neben den drei genannten bestimmt BOURDIEU gesondert das *symbolische Kapital*, welches aus den anderen Kapitalarten als Prestige bzw. gesellschaftliche Anerkennung resultiert und einer Person damit direkte Vorteile verschafft.[991]

Das Streben nach einem Anstieg des eigenen ökonomischen, kulturellen oder auch sozialen Kapitals kann als Motivation verstanden werden.[992] Kritiker merken jedoch an, dass letztlich alle Kapitalformen auf ökonomisches Kapital reduzierbar sind.[993]

KIM/CANNELLA übertragen den Ansatz des *sozialen Kapitals* auf Aufsichtsräte und differenzieren dabei *internes* und *externes soziales Kapital*, wobei sie sowohl die individuelle Aufsichtsrats- als auch die aggregierte Gremien-Ebene betrachten. Ihrer Ansicht nach resultiert soziales Kapital aus den persönlichen Verbindungen und potenziellen Ressourcen der Aufsichtsratsmitglieder. Es bezieht sich zum einen auf soziale Netzwerke, zum anderen aber auch auf die damit verbundenen Inhalte wie Vertrauen, Respekt und Verpflichtungen sowie die Resultate der sozialen Verbindungen wie Informationen, Einfluss und Solidarität. Insbesondere durch die Verpflichtungen zu einer etwaigen beispielsweise ethnischen Gruppe ist es erschwert, ein Netzwerk außerhalb dieser Gruppe aufzubauen, weshalb soziales Kapital zu mehr Kosten als Nutzen führen kann.[994]

*Internes soziales Kapital* bezieht sich auf die zwischenmenschlichen Verbindungen bzw. Verflechtungen innerhalb des Unternehmens, hauptsächlich zu weiteren Aufsichtsräten. Eine gute Verbindung untereinander steigert das Vertrauen und beschleunigt bzw. vereinfacht den Austausch wertvoller Informationen und Wissen. Es wird angenommen, dass sich hohes internes soziales Kapital innerhalb des Gremiums aufgrund des stärkeren Gruppenzusammenhalts und besserer Zusammenarbeit positiv auf die Leistung und Wirksamkeit des Aufsichtsrats auswirkt.[995]

---

[989]   Vgl. BOURDIEU (1983), S. 185 ff.
[990]   Vgl. STRICKER (2006), S. 62.
[991]   Vgl. BOURDIEU (1983), S. 187 ff.
[992]   Vgl. JÜNGER (2013), S. 45. Der soziologische Theorieansatz von BOURDIEU stellt zwar keine Motivationstheorie im engeren Sinn dar, lässt sich jedoch aufgrund der zugrunde liegenden Anreize auf die Motivation von Aufsichtsräten übertragen.
[993]   Vgl. BOURDIEU (1983), S. 196.
[994]   Vgl. KIM/CANNELLA (2008), S. 282 ff. Für weitere Beiträge, die die aktuelle Forschung zum sozialen Kapital entscheidend beeinflusst haben, siehe COLEMANN (1988); PUTNAM (1993). Zu den Kosten und Nachteilen siehe PORTES (1998).
[995]   Vgl. KIM/CANNELLA (2008), S. 284 ff.; FORBES/MILLIKEN (1999); FINKELSTEIN/MOONEY (2003).

Mit *externem sozialen Kapital* sind Verbindungen zu Personen, anderen Unternehmen und Institutionen außerhalb des Unternehmens gemeint. Die Höhe des externen Kapitals leitet sich auch von dem Prestige und der Vielfältigkeit der Kontakte ab. Für Unternehmen hat dies zum einen den Vorteil, dass Aufsichtsräte mit entsprechendem Netzwerk in Form von Lobbyarbeit indirekten Einfluss auf die Unternehmensentwicklung haben können. Zum anderen können Unternehmen das externe Kapital nutzen, um das Aufsichtsratsmitglied als Werbeträger einzubinden oder um Informationen in ihrem Interesse beispielsweise in weiteren Netzwerken des Aufsichtsratsmitglieds zu verbreiten. Aufsichtsräte fungieren daher als wichtige Schnittstellen nach außen, weshalb auch bei externem sozialen Kapital angenommen wird, dass es sich positiv auf die wirksame Überwachung durch das Gremium auswirkt.[996]

Die Höhe des sozialen Kapitals ist sowohl bei der Wahl von Aufsichtsratsmitgliedern als auch im Hinblick auf die Aufsichtsratseffektivität von besonderer Bedeutung. Neben ihrer Kontrollaufgabe fungieren Aufsichtsräte gemäß der Stewardship-Theorie auch als Berater und Ratgeber des Managements und bringen Kenntnisse aus dem betrieblichen, externen Umfeld ein. Im amerikanischen Aufsichtsratssystem beeinflusst internes Kapital eine Aufsichtsratswahl insofern, als dass aktuelle Aufsichtsräte einen internen Kandidaten favorisieren, da sie bereits eine Bindung zu ihm aufgebaut haben. Auch wenn Aufsichtsräte mit einem hohen externen Kapital als distanzierter zur Organisation und deren Mitgliedern wahrgenommen werden, könnten diese das Unternehmen jedoch mit potenziell wertvolleren Informationen von außerhalb des Unternehmens versorgen und somit einen positiven Beitrag zur Unternehmensperformance leisten.[997]

Die Bedeutung des sozialen Kapitals wird beeinflusst durch Kontextfaktoren wie das Unternehmensalter oder die Unternehmensperformance.[998] Insbesondere junge Unternehmen benötigen externe Kontakte, weswegen extern vernetzte Aufsichtsräte einen wichtigen Beitrag leisten können. Auch bei einer schlechten Unternehmensperformance sind Aufsichtsratskandidaten mit hohem externen sozialen Kapital von besonderer Relevanz, da sich beispielsweise dadurch ein Wechsel in der Unternehmensführung somit einfacher anstoßen und umsetzen lässt. Bei einer guten Performance könnten sich jedoch Kandidaten mit guten internen Vernetzungen als effektiver erweisen.[999]

### 3.4.2.3.4   Inhaltstheorien

*Inhaltstheorien* richten den Fokus auf Faktoren innerhalb einer Person[1000] und thematisieren konkrete Bedürfnisse, Motive bzw. Anreize, die Verhalten auslösen und aufrechterhalten können.[1001] Als Beispiele lassen sich folgende Theorien anführen,

---

[996]   Vgl. KIM/CANNELLA (2008), S. 284 ff.
[997]   Vgl. KIM/CANNELLA (2008), S. 284 f.
[998]   Weitere Kontextfaktoren werden bei KIM/CANNELLA (2008), S. 287 ff. erläutert.
[999]   Vgl. DATTA/GUTHRIE (1994); KIM/CANNELLA (2008), S. 288 f.; SCHWARTZ/MENON (1985).
[1000]  Vgl. WEINERT (2004), S. 190.
[1001]  Vgl. NERDINGER/BLICKLE/SCHAPER (2019), S. 476; MAYER (2009), S. 230.

wobei auch in Bezug auf das Verhalten in Organisationen insbesondere die ersten vier genannten als Klassiker bezeichnet werden:[1002]

- *Bedürfnishierarchie* von MASLOW[1003]

  MASLOW teilt die von ihm analysierten Bedürfnisse in fünf Kategorien ein und bringt sie in eine hierarchische Ordnung:

  1. *Physiologische Bedürfnisse*: Allgemein kann Hunger als Beispiel genannt werden. In Bezug zur Arbeit ist es unter anderem das Ziel, Einkommen zu erzielen, damit elementare Lebensbedürfnisse gedeckt werden können.[1004]
  2. *Sicherheitsbedürfnisse*: Hierzu zählen Antriebe zum Schutz vor Gefahren und in Bezug auf die Arbeitssituation beispielsweise langfristige Arbeitsverträge.[1005]
  3. *Soziale Bedürfnisse*: Als Beispiel kann der Wunsch nach Interaktion mit anderen Menschen inner- und außerhalb des Arbeitsplatzes angeführt werden.[1006]
  4. *Wertschätzungsbedürfnisse*: In Bezug zur Arbeit lassen sich hier die Anerkennung insbesondere durch Führungskräfte, aber auch die Höhe des Entgelts und Statussymbole wie ein Dienstwagen anführen.[1007]
  5. *Selbstverwirklichungsbedürfnisse*: Eigenverantwortlich und selbstständig arbeiten zu können, sind arbeitsbezogene Beispiele für dieses Bedürfnis.[1008]

Die vier erst genannten stellen Defizitbedürfnisse dar, die im Gegensatz zu dem letztgenannten Wachstumsbedürfnis befriedigt werden können.[1009] Durch unbefriedigte Bedürfnisse wird ein Spannungszustand erzeugt, der zur Handlung motiviert.[1010] Grundlegende Bedürfnisse müssen zunächst weitestgehend[1011] erfüllt sein, bevor diejenigen der nächsthöheren Ebene als existent

---

[1002] Vgl. GAGNÉ/DECI (2005), S. 343; MERTEL (2006), S. 13; WEINERT (2004), S. 190.
[1003] Vgl. MASLOW (1943); MASLOW (1970), S. 53 f.; MCDERMID (1960), S. 93 ff.
[1004] Vgl. MASLOW (1943), S. 372 ff.; HOLTBRÜGGE (2018), S. 15; DRUMM (2005), S. 472.
[1005] Vgl. MASLOW (1943), S. 376 ff.; DRUMM (2005), S. 472; PATERA/ZACHERL (1984), S. 113; COMELLI/ROSENSTIEL/NERDINGER (2014), S. 15.
[1006] Vgl. MASLOW (1943), S. 380 f.; HOLTBRÜGGE (2018), S. 16.
[1007] Vgl. MASLOW (1943), S. 381 f.; HOLTBRÜGGE (2018), S. 16.
[1008] Vgl. MASLOW (1943), S. 382 f.; COMELLI/ROSENSTIEL/NERDINGER (2014), S. 15.
[1009] Vgl. HOLTBRÜGGE (2018), S. 16.
[1010] Vgl. BERNARD (2006), S. 117.
[1011] Es wird angenommen, dass physiologische Bedürfnisse bei einer durchschnittlichen Person zu rund 85 %, Sicherheitsbedürfnisse zu rund 70 %, soziale Bedürfnisse zu rund 50 %, Wertschätzungsbedürfnisse zu rund 40 % und Selbstverwirklichungsbedürfnisse zu rund 10 % erfüllt sind, um als befriedigt zu gelten (vgl. MASLOW (1970), S. 54).

wahrgenommen werden.[1012] Auch wenn die Theorie aufgrund ihrer Plausibilität und Überschaubarkeit weit verbreitet ist,[1013] so ist sie empirisch nicht bewiesen.[1014] Problematisch ist zudem, dass die Kategorien nicht überschneidungsfrei sind und die Hierarchie der Bedürfnisse abhängig von der Kultur, der Berufsgruppe etc. ist.[1015]

- *ERG-Theorie* von ALDERFER[1016]

Mit dem Ziel MASLOWS Bedürfnisse stärker am organisationalen Kontext auszurichten,[1017] kürzte ALDERFER die Bedürfnisse auf drei Klassen:[1018]

1. *Existenzbedürfnisse*: Hierzu zählen physiologische Grundbedürfnisse sowie das Verlangen nach monetären und nicht monetären Belohnungen.
2. *Beziehungsbedürfnisse*: Zu diesen Bedürfnissen gehören unter anderem das Streben nach Wertschätzung und Zuneigung.
3. *Wachstumsbedürfnisse*: Unabhängigkeit, Selbstständigkeit und Selbstverwirklichung sind Beispiele für Bedürfnisse dieser Klasse.

Zudem postulierte er vier Prinzipien: Wie bei MASLOW wird ein nicht befriedigtes Bedürfnis dominant (Frustrationshypothese) und nach einer Bedürfnisbefriedigung das nächst höhere aktiviert (Befriedigungs-Progressions-Hypothese).[1019] Im Gegensatz zu MASLOW wird bei der Nichtbefriedigung eines Bedürfnisses jedoch ein niedrigeres Bedürfnis dominant (Frustrations-Regressions-Hypothese) und Frustrationen können sowohl zur Reifung einer Person führen als auch höhere Bedürfnisse aktivieren (Frustrations-Progressions-Hypothese). Die Bedürfnisbefriedigung stellt keinen abgeschlossenen Prozess dar, sodass auch befriedigte Bedürfnisse aktivierend wirken. Im Gegensatz zu MASLOW müssen also auch nicht erst niedrige Bedürfnisse befriedigt sein, bevor die nächsthöheren Motivkraft erlangen.[1020] Die bezüglich MASLOWS Bedürfnishierarchie genannten Kritikpunkte gelten auch hier.[1021]

- *Zwei-Faktoren-Theorie* von HERZBERG[1022]

Abgeleitet aus der sogenannten Pittsburgh-Studie identifizierten HERZBERG ET AL. zwei Faktoren, die Arbeits(un)zufriedenheit beeinflussen:

1. *Motivatoren*: Diese Faktoren beeinflussen die Arbeitszufriedenheit und beziehen sich auf den Arbeitsinhalt, weshalb sie auch Kontentfaktoren bzw. intrinsische Faktoren genannt werden.[1023] Konkret zählen hierzu

---

[1012] Vgl. DRUMM (2005), S. 472; BAUMGÄRTLER (2000), S. 86.
[1013] Vgl. WEIBLER (2016), S. 177; MAYER (2009), S. 232; NERDINGER (1995), S. 37.
[1014] Vgl. STAEHLE/CONRAD/SYDOW (1999), S. 222; DRUMM (2005), S. 473; CAMPBELL ET AL. (1970), S. 354.
[1015] Vgl. DRUMM (2005), S. 473; WEIBLER (2016), S. 177; WEINERT (2004), S. 191 f. Hinsichtlich weiterer Kritikpunkte siehe zusammenfassend GEBERT/ROSENSTIEL (2002); WUNDERER/GRUNWALD (1980).
[1016] Vgl. ALDERFER (1969); ALDERFER (1972). ERG ist die Abkürzung für die englischen Bezeichnungen der Begriffe Existence, Relatedness und Growth.
[1017] Vgl. BERNARD (2006), S. 120.
[1018] Vgl. ALDERFER (1969), S. 145 ff.
[1019] Vgl. MERTEL (2006), S. 16; MAYER (2009), S. 233.
[1020] Vgl. BERNARD (2006), S. 120; MERTEL (2006), S. 16; MAYER (2009), S. 233.
[1021] Vgl. DRUMM (2005), S. 474 f.
[1022] Vgl. HERZBERG/MAUSNER/SNYDERMAN (1959); HERZBERG (1966).
[1023] Vgl. SAUTTER (2007), S. 16; BERNARD (2006), S. 122; KAUFFELD/SCHERMULY (2014), S. 196.

Aufstiegsmöglichkeiten, Verantwortung oder auch Anerkennung und Arbeitserfolge.[1024] Diese Motivatoren sind relevant für das Entstehen von Zufriedenheit und damit einhergehend für die Motivation zur Leistung.[1025] Wenn die Bedürfnisse nicht erfüllt werden, entsteht keine Unzufriedenheit, aber auch keine Motivation.[1026]

2. *Hygienefaktoren:* Diese Faktoren wirken auf die Arbeitsunzufriedenheit und können diese verhindern. Arbeitsbedingungen, zwischenmenschliche Beziehungen am Arbeitsplatz und auch die Unternehmenspolitik können als Beispiele genannt werden.[1027] Die Faktoren beziehen sich auf die Arbeitsumgebung, weshalb sie auch extrinsische Faktoren bzw. Kontextfaktoren genannt werden.[1028] Ihre Nichterfüllung führt zu Unzufriedenheit, wohingegen ihre Erfüllung keine Zufriedenheit erzeugt.[1029]

Für HERZBERG sind Arbeitszufriedenheit und Arbeitsunzufriedenheit zwei unabhängige Komponenten, weshalb das Gegenteil von Zufriedenheit nicht Unzufriedenheit, sondern das Fehlen von Zufriedenheit ist.[1030] HERZBERGS Theorie gilt als eine der bedeutendsten Untersuchungen zur Entstehung von Arbeitsmotivation und -zufriedenheit und wird regelmäßig für weitere Untersuchungen herangezogen.[1031] Dennoch wurde die Theorie durch verschiedene empirische Studien widerlegt, insbesondere da Faktoren – wie beispielsweise Geld – als Motivatoren, aber auch Hygiene-Faktoren fungieren und je nach Situation unterschiedlich wirken können.[1032] Zudem wird kritisiert, dass HERZBERGS dichotome Einteilung lediglich darauf zurückzuführen ist, dass Menschen für negativ erlebte Situationen rückblickend eher externe Faktoren verantwortlich machen und den Grund für positive Erlebnisse bei sich selbst suchen.[1033]

- *Theorie der gelernten Bedürfnisse* von MCCLELLAND[1034]

Ausgehend von den von MURRAY herausgearbeiteten Bedürfnissen (vgl. Abb. 18 in Kapitel B3.4.1.1), postulierte MCCLELLAND, dass alle menschlichen

---

[1024] Vgl. FURNHAM/ERACLEOUS/CHAMORRO-PREMUZIC (2009), S. 766; DRUMM (2005), S. 476; HOLTBRÜGGE (2018), S. 17; SAUTTER (2007), S. 16.
[1025] Vgl. MERTEL (2006), S. 18; BRUGGEMANN/GROSKURTH/ULICH (1975); SAUTTER (2007), S. 17.
[1026] Vgl. BERNARD (2006), S. 122; SAUTTER (2007), S. 17.
[1027] Vgl. FURNHAM/ERACLEOUS/CHAMORRO-PREMUZIC (2009), S. 766; SAUTTER (2007), S. 17; HOLTBRÜGGE (2018), S. 17; BERNARD (2006), S. 122; KAUFFELD/SCHERMULY (2014), S. 196.
[1028] Vgl. BERNARD (2006), S. 122.
[1029] Vgl. FURNHAM/ERACLEOUS/CHAMORRO-PREMUZIC (2009), S. 766; SAUTTER (2007), S. 17.
[1030] Vgl. TIETJEN/MYERS (1998), S. 227; FURNHAM/ERACLEOUS/CHAMORRO-PREMUZIC (2009), S. 766; BERNARD (2006), S. 122.
[1031] Vgl. BÜTTNER (2010b), S. 4; BORGATTA/FORD/BOHRNSTEDT (1973); ATCHINSON/LEFFERTS (1972); BÜTTNER (2013), S. 368.
[1032] Vgl. SAUTTER (2007), S. 17; BERNARD (2006), S. 123; BRUGGEMANN/GROSKURTH/ULICH (1975); DRUMM (2005), S. 476; NERDINGER/BLICKLE/SCHAPER (2019), S. 468. HERZBERGS Ergebnisse waren in der Regel nur replizierbar, wenn die gleiche Methode (Methode der kritischen Ereignisse) angewendet wurde (vgl. MAYER (2009), S. 234; SCHREYÖGG/KOCH (2020), S. 452). Hinsichtlich weiterer Kritikpunkte siehe BÜTTNER (2013), S. 368; TIETJEN/MYERS (1998), S. 227 f.; BÜTTNER (2010a); LOCKE (1976).
[1033] Vgl. LOCKE (1976), S. 1315; MERTEL (2006), S. 19.
[1034] Vgl. MCCLELLAND ET AL. (1953); MCCLELLAND (1985).

Bedürfnisse und Motive[1035] erst durch Sozialisation erlernt werden und die folgenden drei von besonderer Dominanz für das kurz- und langfristige Verhalten von Menschen sind:[1036]

1. *Leistungsbedürfnisse*: Personen, bei denen dieses Motiv ausgeprägt ist, bevorzugen Situationen, in denen sie Erfolg durch den Einsatz ihrer eigenen Fähigkeiten erfahren können.[1037] Relevant ist hierbei die „Auseinandersetzung mit dem eigenen Gütemaßstab"[1038]. Leistungsmotivation und Erfolgserleben hängen somit weniger vom Ergebnis, sondern vielmehr vom gesetzten Anspruchsniveau ab.[1039] Das Erfolgserleben äußert sich im Stolz, etwas „persönlich Anspruchsvolles"[1040] ohne externe Hilfe oder Glück geschafft zu haben und dem anschließenden Zufriedenheitsgefühl.[1041]

2. *Machtbedürfnisse*: Das Verhalten und die Einstellungen anderer Personen beeinflussen zu wollen, zählt zu diesen Bedürfnissen.[1042]

3. *Zugehörigkeitsbedürfnisse*: Hierzu gehören das Streben nach sozialen Bindungen, Anschluss, Harmonie und Kooperationen.[1043]

Aufbauend auf diesen Überlegungen und der Ansicht, dass Leistungsbedürfnisse Priorität haben, entwickelten MCCLELLAND und ATKINSON die *Leistungsmotivationstheorie*.[1044] Arbeitsverhalten basiert auf der Stärke der (Leistungs-)Motivation, der Attraktivität des Anreizes und der subjektiv angenommenen Erfolgswahrscheinlichkeit, dass das Verhalten zum Erreichen des Anreizes führt.[1045] Je größer die Erfolgswahrscheinlichkeit, desto geringer ist jedoch der Anreiz.[1046] Die Forderung von LEWIN, dass Verhalten stets im Zusammenspiel von Person und Situation betrachtet werden muss, wird im Rahmen dieser Überlegungen berücksichtigt.[1047] Bei der Ergründung, weshalb einige Menschen leistungsmotivierter sind als andere, wie die Leistungsmotivierteren an das Unternehmen gebunden werden können und unter welchen Bedingungen sich Leistungsmotivation steigern lässt, fanden sie unter anderem heraus, dass erfolgsorientierte eher intrinsisch motiviert sind und monetäre Vergütungen lediglich als Indikator für die Leistung ansehen. Solche Mitarbeiter vertrauen auf die eigenen Fähigkeiten, gehen dabei kalkulierte Risiken ein und bevorzugen mittelschwere Aufgaben. Erfolgsorientierte bevorzugen Arbeitssi-

---

[1035] MCCLELLAND verwendet Motive und Bedürfnisse als synonyme Begriffe.

[1036] Vgl. MAYER (2009), S. 235; LOOSER (2011), S. 40; WEINERT (2004), S. 197. Später ergänzte MCCLELLAND noch die *Vermeidungsbedürfnisse*, zu denen er jedoch keine Aussagen über das Verhalten in Organisationen tätigte (vgl. DRUMM (2005), S. 479).

[1037] Vgl. MAYER (2009), S. 235; MCCLELLAND (1985), S. 223 ff.

[1038] RHEINBERG (2008), S. 60.

[1039] Vgl. RHEINBERG (2008), S. 71.

[1040] RHEINBERG (2008), S. 60.

[1041] Vgl. WEINERT (2004), S. 195; RHEINBERG (2008), S. 60 f.

[1042] Vgl. MCCLELLAND (1985), S. 268 ff.

[1043] Vgl. MAYER (2009), S. 237; MCCLELLAND (1985), S. 333 ff.

[1044] Vgl. MCCLELLAND ET AL. (1953); MCCLELLAND (1965b), S. 321.

[1045] Vgl. MERTEL (2006), S. 20 f.

[1046] Vgl. RHEINBERG (2008), S. 71; ATKINSON (1957), S. 359 ff.

[1047] Vgl. LEWIN (1926), S. 294 ff.

tuationen, in denen sie autonom arbeiten und entscheiden können, sie häufiges bzw. unmittelbares Feedback erhalten und sich beruflich sowie persönlich weiterentwickeln können.[1048]

Inhaltliche Lücken der Theorie bestehen vor allem in der Form, dass keine Aussagen darüber erfolgen, ob bzw. wie sich die drei Motive gegenseitig beeinflussen oder gegebenenfalls auch beschränken. Die Theorie eignet sich insbesondere für die Auswahl und den Einsatz von Führungskräften sowie als Sensibilisierung der Führungskräfte, um ihre unterschiedlich geprägten Mitarbeiter zu motivieren.[1049]

- *Job Characteristics Model* von HACKMAN/OLDHAM[1050]

Zwei entscheidende Forschungsansätze zur Ergründung von Arbeitszufriedenheit sind die *Zwei-Faktoren-Theorie* von HERZBERG sowie das *Job Characteristics Model* von HACKMAN/OLDHAM.[1051] Mithilfe des *Job Characteristics Models*, das die Zwei-Faktoren-Theorie HERZBERGS konkretisiert, analysieren HACKMAN/OLDMAN motivationsfördernde Determinanten der Arbeitssituation sowie deren Auswirkungen auf das Erleben bzw. Verhalten der Mitarbeiter.[1052] Sie untersuchen, wie sich Motivation durch Arbeitsgestaltung bzw. -strukturierung steigern lässt und nehmen an, dass bestimmte Aufgabenmerkmale zu psychologischen Erlebniszuständen führen, die sich dann wiederum auf die Arbeit auswirken (vgl. Abb. 21).[1053]

---

[1048] Vgl. MERTEL (2006), S. 50 ff.
[1049] Vgl. DRUMM (2005), S. 480; WEINERT (2004), S. 197.
[1050] Vgl. HACKMAN/OLDHAM (1975); HACKMAN/OLDHAM (1980).
[1051] Vgl. NERDINGER/BLICKLE/SCHAPER (2019), S. 467.
[1052] Vgl. KAUFFELD/SCHERMULY (2014), S. 203. Das Modell wird teilweise auch *Modell der Arbeitscharakteristika* genannt (vgl. WEINERT (2004), S. 200).
[1053] Vgl. NERDINGER/BLICKLE/SCHAPER (2019), S. 470; BERNARD (2006), S. 136.

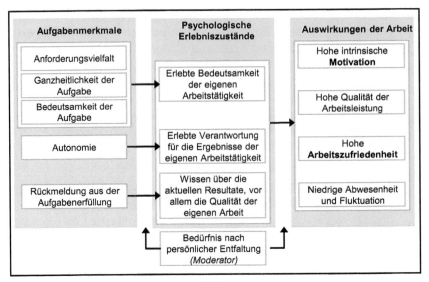

Abb. 21:    Job Characteristics Model[1054]

Damit die dargestellten Auswirkungen wie beispielsweise eine hohe Motivation bzw. Arbeitszufriedenheit eintreten, müssen Mitarbeiter ihre Arbeit als bedeutsam wahrnehmen und ein Verantwortungsgefühl für bzw. Wissen um die Ergebnisse der eigenen Arbeit haben.[1055] Diese zuletzt genannten Erlebniszustände fungieren als Mediatoren zwischen den Merkmalen und den Auswirkungen der Arbeit.[1056] Als Merkmale werden die folgenden fünf Kerndimensionen der Arbeit genannt:[1057]

- *Anforderungsvielfalt*: Die Arbeit sollte möglichst viele unterschiedliche Fähigkeiten und Fertigkeiten erfordern.
- *Ganzheitlichkeit der Aufgabe*: Um sich mit der Aufgabe identifizieren zu können, sollte die Arbeit nicht nur reduzierte Teilaufgaben, sondern vollständige Dienstleistungen bzw. ein ganzes Produkt umfassen.
- *Bedeutsamkeit der Aufgabe*: Dieses Merkmal bezieht sich auf die Höhe des Einflusses bzw. der Auswirkungen auf das Leben und die Arbeit externer Personen, Kollegen, Abteilungen etc.
- *Autonomie*: Hiermit ist die Unabhängigkeit beispielsweise bei der Einteilung der Arbeit oder der Wahl der Vorgehensweise gemeint. Durch ein dadurch gestärktes Selbstwertgefühl wird die Bereitschaft zur Verantwortungsübernahme erhöht.

---

[1054] Quelle: Eigene Darstellung in Anlehnung an HACKMAN/OLDHAM (1980); NERDINGER/BLICKLE/SCHAPER (2019), S. 470; HENNECKE/BRANDSTÄTTER (2016), S. 91.
[1055] Vgl. KAUFFELD/SCHERMULY (2014), S. 203. Die Arbeitszufriedenheit sowie die intrinsische Motivation werden von NERDINGER/BLICKLE/SCHAPER als die wichtigsten Auswirkungen bezeichnet (vgl. NERDINGER/BLICKLE/SCHAPER (2019), S. 469).
[1056] Vgl. BERNARD (2006), S. 138.
[1057] Vgl. NERDINGER/BLICKLE/SCHAPER (2019), S. 470; GAGNÉ/DECI (2005), S. 342; KAUFFELD/SCHERMULY (2014), S. 203 f.; WEINERT (2004), S. 200.

- *Rückmeldung aus der Aufgabenerfüllung*: Dieses Merkmal beschreibt das Ausmaß, in dem der Mitarbeiter durch die Tätigkeitsausführung eine direkte Rückmeldung erhält, um beispielsweise selbstständig Fehlentwicklungen zu korrigieren.

Darüber hinaus sind die Wirkungen auch von der Person, konkretisiert durch das *Bedürfnis nach persönlicher Entfaltung* – was dem Wachstumsbedürfnis bei Maslow entspricht[1058] –, abhängig. Bei Personen mit einem hohen Entfaltungsbedürfnis wird ein enger Zusammenhang zwischen den Aufgabenmerkmalen, also den im Modell gezeigten Arbeitsgestaltungsmaßnahmen, und den Auswirkungen auf die Motivation angenommen.[1059]

Im Rahmen des Modells werden zur Erklärung von Motivation insbesondere situationsbezogene Aspekte der Arbeitsgestaltung betrachtet, wobei auffällt, dass monetäre Anreize nicht als motivationsrelevant erachtet werden. Zudem entspricht die intrinsische Motivation der Definition von DECI.[1060]

Parallel zum *Job Characteristics Model* wurde der *Job Diagnostic Survey* entwickelt, mit dessen Hilfe das Modell operationalisiert sowie empirisch untersucht werden kann und in der Folge Hinweise zur motivationsfördernden Arbeitsgestaltung abgeleitet werden können.[1061] Der Fragebogen umfasst eine siebenstufige Skala (von *sehr ungenau* bis *sehr genau*) und beinhaltet beispielsweise Aussagen wie „Die Tätigkeit erfordert komplexe, sehr spezielle Fachkenntnisse"[1062], um die Anforderungsvielfalt zu ermitteln.

Die zentralen Aussagen des Modells konnten mittlerweile eindeutig belegt werden.[1063] Der Nachweis für die vermittelnde Wirkung der psychologischen Erlebniszustände sowie die postulierte Kausalrichtung wurde hingegen noch nicht eindeutig erbracht.[1064]

Die in Kapitel B3.2 thematisierte Stewardship-Theorie basiert auf den Annahmen von MASLOW, ALDERFER, MCCLELLAND bzw. insbesondere HACKMAN/OLDHAM. Auch bei der Stewardship-Theorie spielt (intrinsische) Arbeitsmotivation eine Rolle und kann zu einer höheren Arbeitszufriedenheit führen.[1065]

Dass sich die Motive der einzelnen Theorien teilweise entsprechen, kann mit folgender vergleichenden Gegenüberstellung veranschaulicht werden (vgl. Abb. 22).

---

[1058] Vgl. BERNARD (2006), S. 138.

[1059] Vgl. NERDINGER/BLICKLE/SCHAPER (2019), S. 470; BERNARD (2006), S. 138.

[1060] Vgl. HACKMAN/OLDHAM (1975); BERNARD (2006), S. 163; HACKMAN/LAWLER (1971), S. 259 ff.; HACKMAN/OLDHAM (1976), S. 250 ff. Zu neueren, umfassenderen Ansätzen, die auf diesem Modell basieren, siehe SAAVEDRA/KWUN (2000).

[1061] Vgl. HACKMAN/OLDHAM (1975); NERDINGER/BLICKLE/SCHAPER (2019), S. 470; KAUFFELD/SCHERMULY (2014), S. 204; SCHMIDT/KLEINBECK (1999). Das Ergebnis des Fragebogens ist das sogenannte Motivationspotenzial der Arbeit. Dieses „bezeichnet die latente Stärke der Motivation, die eine Tätigkeit auslösen kann. Sie wird berechnet aus dem gewichteten Produkt der Merkmale Anforderungsvielfalt, Ganzheitlichkeit und Bedeutsamkeit und der anschließenden Addition der Merkmale Autonomie und Rückmeldung." (NERDINGER/BLICKLE/SCHAPER (2019), S. 470).

[1062] NERDINGER/BLICKLE/SCHAPER (2019), S. 470.

[1063] Vgl. JUDGE ET AL. (2001); NERDINGER/BLICKLE/SCHAPER (2019), S. 470; JUDGE/KAMMEYER-MUELLER (2012).

[1064] Vgl. NERDINGER/BLICKLE/SCHAPER (2019), S. 470.

[1065] Vgl. DAVIS/SCHOORMAN/DONALDSON (1997), S. 28.

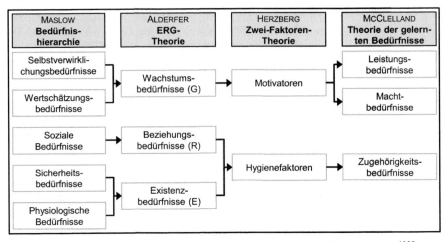

Abb. 22:    Vergleichende Gegenüberstellung von vier Motivationstheorien[1066]

Da Inhaltstheorien zwar Sachverhalte thematisieren, die Menschen motivieren bzw. die einem Verhalten zugrunde liegen, jedoch nicht erklären, welche kognitiven Prozesse stattfinden, die einen Menschen zum Handeln motivieren, haben sie nur eine begrenzte Erklärungskraft.[1067] Auch wenn insbesondere für die vier gegenübergestellten Theorien keine eindeutigen empirischen Beweise vorliegen, so sind sie in der personalwirtschaftlichen Praxis dennoch verbreitet.[1068] Mithilfe der durch Inhaltstheorien formulierten Motive, lassen sich beispielweise Kenntnisse hinsichtlich der Arbeitsmotivation ableiten.[1069] Durch diese Theorien wird die Entstehung von Arbeitszufriedenheit und Arbeitsmotivation eng mit überindividuellen Merkmalen der Tätigkeit bzw. der Bedürfniserfüllung verknüpft, weswegen einzelne Individuen eher nicht im Fokus stehen.[1070] Es ist anzunehmen, dass die dargelegten Theorien dazu beitragen, Erkenntnisse über die Motivation und Zufriedenheit von Aufsichtsräten zu gewinnen.

### 3.4.2.3.5    Prozesstheorien

Im Unterschied zu Inhaltstheorien spezifizieren *Prozesstheorien* keine Motive, sondern beschreiben Motivationsabläufe.[1071] Konkret geht es darum, „wie Motivation formal und losgelöst von Bedürfnisinhalten entsteht und wie Motivation auf das Verhalten wirkt"[1072]. Kognitive Prozesse werden berücksichtigt und der Mensch wird somit nicht mehr nur als passives Wesen betrachtet, dessen Verhalten auf die Stimulanz von Motiven und Anreizen zurückzuführen ist. Basierend auf Erwartun-

---

[1066]    Quelle: Eigene Darstellung in Anlehnung an HELLRIEGEL/SLOCUM/WOODMAN (1986), S. 187.
[1067]    Vgl. HOLTBRÜGGE (2018), S. 24; SAUTTER (2007), S. 16; MAYER (2009), S. 237.
[1068]    Vgl. DRUMM (2005), S. 471.
[1069]    Vgl. MAYER (2009), S. 236 f.; NERDINGER (1995), S. 72.
[1070]    Vgl. SIEMUND (2013), S. 112 ff.
[1071]    Vgl. SAUTTER (2007), S. 17; MERTEL (2006), S. 23.
[1072]    DRUMM (2005), S. 471.

gen hinsichtlich des Ziels werden Entscheidungen bewusst getroffen und zielorientiert gehandelt.[1073] Zudem steht das Zusammenwirken der Faktoren, die Motivation induzieren, im Fokus.[1074] Zu den Prozesstheorien gehören im Wesentlichen:[1075]

- *Valenz-Instrumentalitäts-Erwartungs-Theorie* (VIE-Theorie) von VROOM[1076]

  VROOM postulierte, dass Verhalten bzw. Motivation nicht nur von der Valenz und der Erwartung abhängen, sondern es auch auf die Ergebnisse der Handlungsfolgen ankommt.[1077] Dieser Prozess, der zunächst nur auf der kognitiven Ebene durchgespielt wird, bevor er bei positivem Empfinden in einer Motivation zur Handlung mündet, ist in Abb. 23 ersichtlich.

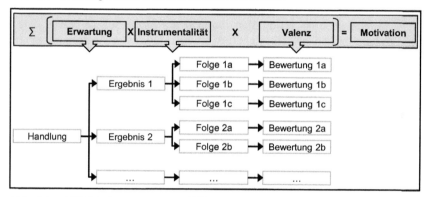

Abb. 23:    VIE-Modell von VROOM[1078]

Das Handeln wird durch die *erwartete* Bedürfnisbefriedigung beeinflusst. Konkret geht er davon aus, dass (Arbeits-)Motivation das Produkt der folgenden Variablen ist:[1079]

1. *Valenz*: Hiermit ist die subjektiv empfundene Attraktivität eines Ergebnisses gemeint.[1080] Ist die Valenz positiv, wird das Ergebnis wie z. B. eine Beförderung angestrebt. Ist die Valenz negativ, wird versucht, das Ergebnis wie z. B. eine Gehaltskürzung zu vermeiden. Bei einer Valenz von Null ist die Person indifferent.[1081] Die Valenz bzw. die Wertigkeit verschiedener Bedürfnisse ist personen-, situations- und auch lebensphasenabhängig.[1082]

---

[1073] Vgl. STAEHLE/CONRAD/SYDOW (1999), S. 231.
[1074] Vgl. HOLTBRÜGGE (2018), S. 14.
[1075] Vgl. WEINERT (2004), S. 190.
[1076] Vgl. VROOM (1964), S. 17 ff.
[1077] Vgl. NERDINGER/BLICKLE/SCHAPER (2019), S. 476.
[1078] Quelle: Eigene Darstellung in Anlehnung an VROOM (1964), S. 32; HENNECKE/BRANDSTÄTTER (2016), S. 100; MERTEL (2006), S. 24; SEMMER/MEIER (2019), S. 483.
[1079] Vgl. HOLTBRÜGGE (2018), S. 22.
[1080] Vgl. VROOM (1964), S. 15 ff.; MAYER (2009), S. 237.
[1081] Vgl. BERNARD (2006), S. 124; MAYER (2009), S. 238; WEINERT (2004), S. 205.
[1082] Vgl. HOLTBRÜGGE (2018), S. 21.

2. *Instrumentalität*: Mithilfe dieser Variable wird die Wahrscheinlichkeit ausgedrückt, mit derer ein (Handlungs-)Ergebnis zu einer Folge führt. Sie entspricht der Bewertung möglicher Folgen des Handlungsergebnisses.[1083]

3. *Erwartung*: Diese Komponente beschreibt die subjektive Wahrscheinlichkeitseinschätzung, dass eine Handlung zu einem bestimmten Ergebnis führt.[1084]

Im Sinne eines *Homo oeconomicus* wählt ein Individuum die Handlungsalternative aus, die ihm insgesamt den größten Nutzen verspricht. Da die genannten Variablen multiplikativ verknüpft sind, entsteht folglich keine Arbeitsmotivation, wenn einer dieser Faktoren nicht gegeben ist.[1085]

Die Motivation ist am größten, wenn eine Person beispielsweise eine hohe Wahrscheinlichkeit darin sieht (Erwartung), dass seine Anstrengungen (Handlung) zu einer hohen Arbeitsleistung (Ergebnis) führen und er gleichzeitig annimmt (Instrumentalität), dass eine hohe Arbeitsleistung in einer Beförderung (Folge) resultiert. Das Erreichen dieses persönlichen Ziels bzw. die damit verbundene Bedürfnisbefriedigung muss als attraktiv empfunden werden (hohe Valenz).[1086]

In Bezug auf die Anfangsmotivation genossenschaftlicher Aufsichtsräte könnte es sein, dass die Kandidatur (Handlung) mit einer hohen Wahrscheinlichkeit (Erwartung) mit der Wahl zum Aufsichtsrat (Ergebnis) verknüpft ist. Darüber hinaus wird eine Annahme getroffen, ob die Aufgaben eines Aufsichtsrats zu bewältigen sind (Erwartung). Folgen könnten der höhere Einfluss auf die Genossenschaftsbank, ein höheres Ansehen, aber auch Opportunitätskosten wie die investierte Freizeit sein. Je nach erwarteter Wahrscheinlichkeit der Folgen (Instrumentalität) und der Attraktivität bzw. Wichtigkeit der Folgen (Valenz), wird eine Aufsichtsratskandidatur angestrebt.[1087]

Da die in dieser Arbeit untersuchten Personen bereits zum Aufsichtsrat gewählt wurden, wurde die Wertigkeit des Aufsichtsratsamts als hoch bzw. als Alternative mit der höchsten Valenz eingeschätzt. Zudem fühlen sich die Aufsichtsräte in der Lage, die an sie gestellten Aufgaben zu bewältigen. Das Ergebnis ist bei allen untersuchten Aufsichtsräten somit identisch, Unterschiede sind jedoch in den Motiven, also den Bewertungen der Valenz anzunehmen.[1088]

Grenzen dieser Theorie bestehen insbesondere in der unterstellten angestrebten Nutzenmaximierung aller Individuen und der Tatsache, dass Mitarbeitern häufig keine Handlungsalternativen zur Verfügung stehen, zwischen denen sie

---

[1083] Vgl. HOLTBRÜGGE (2018), S. 21; MAYER (2009), S. 238; BERNARD (2006), S. 124; WERKMANN (2014), S. 30.

[1084] Vgl. VROOM (1964), S. 20 f.; MAYER (2009), S. 238; WERKMANN (2014), S. 30.

[1085] Vgl. HOLTBRÜGGE (2018), S. 20 ff.; KAUFFELD/SCHERMULY (2014), S. 206; MAYER (2009), S. 237.

[1086] Vgl. KAUFFELD/SCHERMULY (2014), S. 206.

[1087] Vgl. WERKMANN (2014), S. 32; NERDINGER/BLICKLE/SCHAPER (2019), S. 477.

[1088] Vgl. WERKMANN (2014), S. 32.

entscheiden könnten.[1089] Für rationales Verhalten beansprucht die Theorie jedoch eine allgemeine Geltung und die Grundannahmen konnten in verschiedenen empirischen Studien bestätigt werden. Positiv hervorzuheben ist außerdem, dass auch sowohl individuelle Präferenzen als auch situative Aspekte berücksichtigt werden.[1090]

- *Zieltheorie* von LOCKE[1091]

Im Rahmen dieser Theorie wird angenommen, dass das Setzen von Zielen zu einer höheren Anstrengungsbereitschaft und folglich zu einer besseren Leistung führt.[1092] Die Zielsetzung unterliegt jedoch einigen Anforderungen, wobei der Fokus insbesondere auf der *Zielschwierigkeit* und der *Zielspezifität* liegt. Konkret werden die Thesen aufgestellt, dass nur herausfordernde Ziele zu einer besseren Leistung führen und, dass spezifische, präzise Ziele zu einer höheren Leistung führen als allgemein bzw. vage formulierte.[1093] Durch das Setzen von Zielen wird ein Spannungszustand erzeugt, der den Menschen zum Handeln motiviert.[1094] Gerade in Bezug zur Arbeitsmotivation lassen sich hieraus konkrete Handlungsmaßnahmen für Führungskräfte ableiten. Mitarbeiter müssen sich beispielsweise mit den Zielen identifizieren können und sie akzeptieren.[1095] Arbeitszufriedenheit ist der positive Zustand, der aus einer Zielerreichung resultiert, wobei dieser auch von der Differenz zwischen der angestrebten und der tatsächlichen Leistung abhängt.[1096] Diese Theorie stellt zwar eine essenzielle (Arbeits-)Motivationstheorie dar, ist im Kontext von Aufsichtsräten aufgrund der geringen Relevanz individueller Autonomie und Zielsetzungen sowie von Feedback durch Vorgesetzte jedoch als nachrangig einzuordnen.

- *Motivationsmodell* von PORTER/LAWLER[1097]

Wie in Abb. 24 ersichtlich, stellen PORTER/LAWLER einen Zusammenhang zwischen *Motivation, Leistung* und *Zufriedenheit* her und fassen die bisher dargestellten Motivationstheorien in einem Zirkulationsmodell zusammen.[1098]

---

[1089] Vgl. MERTEL (2006), S. 25; DRUMM (2005), S. 483; HOLTBRÜGGE (2018), S. 23. Zu weiteren kritischen Aspekten siehe HOLTBRÜGGE (2018), S. 23.

[1090] Vgl. DRUMM (2005), S. 483; MAYER (2009), S. 237 ff.; HOLTBRÜGGE (2018), S. 21; NEUBERGER (1974), S. 91 f.

[1091] Vgl. LOCKE (1969); LOCKE (1976); LOCKE/LATHAM/SMITH (1990).

[1092] Vgl. MERTEL (2006), S. 25; KAUFFELD/SCHERMULY (2014), S. 207.

[1093] Vgl. GAGNÉ/DECI (2005), S. 341; KAUFFELD/SCHERMULY (2014), S. 207; NERDINGER/BLICKLE/SCHAPER (2019), S. 478; MERTEL (2006), S. 26.

[1094] Vgl. BERNARD (2006), S. 130.

[1095] Vgl. KAUFFELD/SCHERMULY (2014), S. 208; BERNARD (2006), S. 130.

[1096] Vgl. MERTEL (2006), S. 26.

[1097] Vgl. PORTER/LAWLER (1968), S. 15 ff.; PORTER/LAWLER (1968), S. 159 ff.

[1098] Vgl. HOLTBRÜGGE (2018), S. 23; MAYER (2009), S. 239; WEINERT (2004), S. 208.

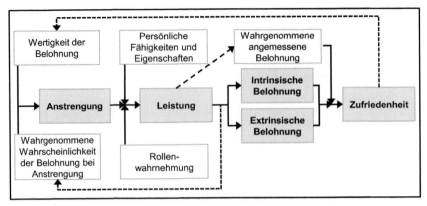

Abb. 24: Motivationsmodell von PORTER/LAWLER[1099]

Während das Hauptaugenmerk bei VROOM auf der Arbeitsmotivation liegt, wird hieran zwar angeknüpft, der Fokus jedoch breiter auch auf Aspekte der Arbeitszufriedenheit und Leistung gelegt. Im Zentrum des Modells stehen die folgenden vier Faktoren:

1. *Anstrengung*: Diese steht zu Beginn des Motivationsprozesses und bezeichnet die Bemühungen eines Mitarbeiters bzw. die Energie, die er aufbringt, um eine Aufgabe zu erfüllen.[1100]
2. *Leistung*: Das von dem Unternehmen messbare Ergebnis der Anstrengung bzw. die tatsächlich erbrachte Arbeitsleistung wird als Leistung oder auch Produktivität bezeichnet. Da sie unter anderem vom Rollenverständnis und von Kompetenzen abhängt, ist sie jedoch nicht mit der Anstrengung gleichzusetzen.[1101]
3. *Belohnungen*: Als Folge des Leistungsverhaltens kann eine Belohnung intrinsisch (z. B. durch ein Erfolgserlebnis) oder extrinsisch (z. B. durch Vergütung) erfolgen. Eine intrinsische Belohnung wird nur dann empfunden, wenn der Mitarbeiter der Ansicht ist, eine schwierige Aufgabe bewältigt zu haben; eine extrinsische Belohnung nur, sofern die Führungskraft die Leistung bemerkt und adäquat bewertet.[1102]
4. *Zufriedenheit*: Sofern die tatsächlichen den erwarteten und als angemessen bzw. gerecht empfundenen Belohnungen mindestens entsprechen, stellt Zufriedenheit das Ergebnis des Motivationsprozesses dar und treibt zu neuen Leistungen an.[1103] Im Gegensatz zur Human-Relations-Bewegung, bei der angenommen wurde, dass eine Leistungssteigerung auf hoher Zufriedenheit basiert, wird hier angenommen, dass Zufriedenheit das

---

[1099] Quelle: Eigene Darstellung in Anlehnung an PORTER/LAWLER (1968), S. 165.
[1100] Vgl. DRUMM (2005), S. 484; BERNARD (2006), S. 127; HOLTBRÜGGE (2018), S. 23.
[1101] Vgl. HOLTBRÜGGE (2018), S. 23; BERNARD (2006), S. 128; WEINERT (2004), S. 209.
[1102] Vgl. PORTER/LAWLER (1968), S. 22 ff.; HOLTBRÜGGE (2018), S. 23; BERNARD (2006), S. 128; MAYER (2009), S. 239; WEINERT (2004), S. 209.
[1103] Vgl. PORTER/LAWLER (1968), S. 28 ff.; WEINERT (2004), S. 209 f.; MAYER (2009), S. 240; HOLTBRÜGGE (2018), S. 24. Dieser Faktor entspricht den Grundsätzen der Anreiz-Beitrags- sowie der Equity-Theorie.

Ergebnis und nicht die Voraussetzung für Leistung ist. Vielmehr kann eine Leistungssteigerung und die dadurch implizierte Bedürfnisbefriedigung aufgrund von Belohnungen zu einer hohen Zufriedenheit führen. Dieser Zusammenhang konnte durch zahlreiche Studien bestätigt werden.[1104]

Die Zusammenwirkung der dargestellten vier Faktoren wird durch folgende fünf Komponenten beeinflusst: die *Wertigkeit der Belohnung*, die *wahrgenommene Wahrscheinlichkeit der Belohnung bei Anstrengung*, die *persönlichen Fähigkeiten und Eigenschaften* (als (Nicht-)Eignung zur Leistung), die *wahrgenommene angemessene Belohnung* (als Erwartung einer gerechten Belohnung) sowie die *Rollenwahrnehmung*.[1105] Letztere bezieht sich darauf, was ein Mitarbeiter als erfolgreiche Arbeitsausführung versteht und wie er seine Bemühungen folglich ausrichtet. „Eine inadäquate Rollenwahrnehmung kann zu falschen bzw. nicht benötigten Arbeitsergebnissen führen."[1106]

Die Grundidee des Modells ist, dass „bestimmte Belohnungen anhand der durch sie ausgelösten Befriedigung bewertet werden"[1107]. Der Anreiz sich anzustrengen, also motiviert zu sein, hängt von der Attraktivität und Eintrittswahrscheinlichkeit der Belohnung ab.[1108] Je nach Persönlichkeit und Fähigkeiten wird die Motivation entweder verstärkt oder begrenzt.[1109] Beispielsweise ist die Leistung eines Mitarbeiters aufgrund eines unpräzisen Rollenverständnisses und mangelnder Fachkenntnisse trotz starker Bemühungen nur als gering einzuschätzen.[1110] Leistung wird daher nicht nur durch die Anstrengung, sondern eben auch durch die Rollenwahrnehmung und persönliche Fertigkeiten beeinflusst. Zudem wird im Modell angenommen, dass intrinsische und extrinsische Belohnungen additiv sind.[1111] Der Pfeil zwischen der Beziehung von Leistung und Belohnung zu der Belohnungswahrscheinlichkeit impliziert einen Lernprozess in der Form, dass stärkere Anstrengung zu einer höheren Belohnung führt und vice versa. Durch diese Rückkopplung werden die Belohnungserwartungen des Mitarbeiters beeinflusst.[1112]

Positiv ist anzumerken, dass viele Wirkungsfaktoren berücksichtigt werden, weshalb es eins der komplexesten Motivationsmodelle darstellt.[1113] Obwohl es weit verbreitet ist,[1114] ist die praktische Bedeutung aufgrund der Komplexität jedoch als gering einzuschätzen.[1115] Für Führungskräfte können Handlungsempfehlungen in der Form abgeleitet werden, dass eine in Aussicht gestellte

---

[1104] Vgl. HOLTBRÜGGE (2018), S. 12 ff.; WEINERT (2004), S. 210 f.
[1105] Vgl. WEINERT (2004), S. 209.
[1106] WEINERT (2004), S. 209.
[1107] DRUMM (2005), S. 484.
[1108] Vgl. PORTER/LAWLER (1968), S. 16 ff.; DRUMM (2005), S. 484; MAYER (2009), S. 239.
[1109] Vgl. WEINERT (2004), S. 209.
[1110] Vgl. PORTER/LAWLER (1968), S. 22 ff.; MAYER (2009), S. 239.
[1111] Vgl. DECI (1975), S. 224; GAGNÉ/DECI (2005), S. 331. Dass die additive Annahme kontrovers diskutiert wird, ist Kapitel B3.4.1.2 zu entnehmen.
[1112] Vgl. DRUMM (2005), S. 485 f.
[1113] Vgl. HOLTBRÜGGE (2018), S. 24.
[1114] Einige Studien belegen zudem die Richtigkeit der Annahmen der wesentlichen Aspekte des Motivationsmodells von PORTER/LAWLER (vgl. LOCKE/LATHAM/SMITH (1990); BLAU (1993); PODSAKOFF/WILLIAMS (1986); THOMPSON/CHAIKEN/HAZLEWOOD (1993)).
[1115] Vgl. HOLTBRÜGGE (2018), S. 24.

Belohnung zum Mitarbeiter passen und das Ziel für den Mitarbeiter mit seinen Kompetenzen erreichbar sein muss. In Bezug auf Rollenerwartungen wird lediglich angeführt, dass diese die Motivation beeinflussen, jedoch nicht weiter erläutert, wie dies konkret erfolgt.[1116] Ein weiterer zu kritisierender Punkt ist der, dass der Aspekt der Situation nicht ausreichend berücksichtigt wurde. Beispielsweise müssen Mitarbeiter erst bestimmte Informationen oder Ausstattungen vorfinden, um ihre Leistung erbringen zu können.[1117]

In Bezug auf die vorliegende Arbeit ist das Motivationsmodell von PORTER/LAWLER von Relevanz, da das Modell sowohl (Arbeits-)Motivation als auch (Arbeits-)Zufriedenheit berücksichtigt und zusätzlich auf Rollenwahrnehmungen eingegangen wird. In Bezug auf genossenschaftliche Aufsichtsräte ist jedoch anzunehmen, dass die Leistungskomponente eine untergeordnete Rolle spielt.

- *Equity-Theorie* von ADAMS[1118]

Aufbauend auf der *Theorie der kognitiven Dissonanz* von FESTINGER[1119] und der *Anreiz-Beitrags-Theorie*, die um einen sozialen Vergleich erweitert wird, postulierte ADAMS die *Equity-Theorie*. Hiernach vergleicht jedes Individuum sein Anreiz/Beitrags-Verhältnis bzw. Input/Output-Verhältnis mit einer Referenzperson. Bei einem gefühlten Ungleichgewicht entsteht ein Spannungszustand, der als Motivation zu interpretieren ist und der die Person zum Handeln veranlasst.[1120]

Die Theorie ist stark auf den arbeitsorganisationalen Kontext bezogen, weshalb als *Input* Faktoren wie Wissen, Ausbildung, Arbeitsanstrengung, aber auch Alter und Geschlecht zählen.[1121] Zum *Output* gehören beispielsweise Vergütung und Lob.[1122]

Möglichkeiten zur *Reduzierung des Ungleichgewichts* existieren als verhaltenswirksame Strategien (unter anderem Reduzierung bzw. Steigerung des Inputs, Forderung nach einem höheren Output oder Wechsel des Unternehmens) sowie als kognitive Strategien (unter anderem Wechsel der Referenzperson oder Neubewertung des Inputs bzw. Outputs).[1123] Das Individuum wählt hieraus die einfachste Möglichkeit bzw. die mit dem größten Nutzen.[1124]

Als *Referenzpersonen* fungieren konkrete Personen oder auch Gruppen.[1125] Häufig werden dabei gleichgeschlechtliche Personen herangezogen. Zudem

---

[1116] Vgl. DRUMM (2005), S. 486 f.
[1117] Vgl. MAYER (2009), S. 240; WEINERT (2004), S. 201.
[1118] Vgl. ADAMS (1963); ADAMS (1972).
[1119] Vgl. ADAMS (1963), S. 424. Gemäß Festinger versuchen Individuen, durch „Verhaltens- und Handlungsweisen wahrgenommene Unausgeglichenheiten (Dissonanzen) abzubauen und ein Gleichgewicht herzustellen." (MAYER (2009), S. 240).
[1120] Vgl. WEINERT (2004), S. 213; DRUMM (2005), S. 481; ADAMS (1963), S. 422 ff.; HOLTBRÜGGE (2018), S. 19.
[1121] Vgl. WEICK (1966), S. 417; ADAMS (1963), S. 428; MAYER (2009), S. 240.
[1122] Vgl. KAUFFELD/SCHERMULY (2014), S. 207; MERTEL (2006), S. 28.
[1123] Vgl. ADAMS (1963), S. 428 f.; HOLTBRÜGGE (2018), S. 19.
[1124] Vgl. DRUMM (2005), S. 481.
[1125] Vgl. WEICK (1966), S. 416.

spielen die Länge der Betriebszugehörigkeit (Referenzpersonen weisen meist eine längere Zugehörigkeit auf), die Organisationsebene sowie der Ausbildungsgrad (je höher das Individuum in der Organisationshierarchie angesiedelt bzw. je höher der Ausbildungsgrad ist, desto eher wird es sich eine Referenzperson außerhalb des Unternehmens suchen) eine Rolle.[1126]

Gemäß ADAMS existiert keine objektive Leistungsgerechtigkeit.[1127] Da das Gerechtigkeitsgefühl von der gewählten Referenzperson abhängt, ist es stets relativ. Im Gegensatz zu den anderen Prozesstheorien hängt die Arbeitsmotivation folglich nicht nur vom Individuum selbst oder von den Anreizen des Unternehmens ab, sondern auch von dem Vergleich mit einer weiteren Person oder Gruppe.[1128] Die Motivationshöhe wird stark von der Wahrnehmungsfähigkeit des Individuums beeinflusst, da es zum einen eine geeignete Referenzperson aussuchen muss und zum anderen Kenntnisse bezüglich deren Input/Output-Verhältnis haben muss bzw. Annahmen diesbezüglich trifft.[1129]

Die Theorie konnte unter Laborbedingungen durch ADAMS selbst, aber auch durch weitere experimentelle Untersuchungen bestätigt werden.[1130] Als Kritikpunkte werden insbesondere angeführt, dass ein rationales Verhalten unterstellt wird und unklar ist, wie Referenzpersonen ausgewählt bzw. wie verschiedene (Gegen-)Leistungen bewertet werden.[1131] Zudem konnte die Theorie eher für Situationen, in denen ein Ungleichgewicht in Form einer Unterbezahlung als in Form einer Überbezahlung vorliegt, nachgewiesen werden.[1132]

Für die Praxis resultieren Empfehlungen in der Form, dass Unternehmen Ungerechtigkeitsgefühle vermeiden können, indem sie auf den jeweiligen Hierarchiestufen keine Unterschiede in der Bezahlung, Ausstattung etc. machen bzw. die Vergütung transparent, fair und regelgebunden erfolgt.[1133]

Auch im Hinblick auf Prozesstheorien ist anzumerken, dass sich die Theorien jeweils nur mit einem Ausschnitt des Handlungsablaufs einer Person befassen.[1134] Zudem werden Variablen bzw. Konstrukte meist nur oberflächlich spezifiziert, was die Operationalisierung erschwert.[1135]

---

[1126] Vgl. WEINERT (2004), S. 212.
[1127] Vgl. WEIBEL/ROTA (2002), S. 200.
[1128] Vgl. HOLTBRÜGGE (2018), S. 20.
[1129] Vgl. DRUMM (2005), S. 481.
[1130] Vgl. STAEHLE/CONRAD/SYDOW (1999), S. 240; DRUMM (2005), S. 481; HOLTBRÜGGE (2018), S. 20.
[1131] Vgl. KAUFFELD/SCHERMULY (2014), S. 207; DRUMM (2005), S. 481.
[1132] Vgl. KAUFFELD/SCHERMULY (2014), S. 207; CAMPBELL/PRITCHARD (1976); PRITCHARD/DUNNETTE/GORGENSON (1972). Zu weiteren Ausführungen zur Equity-Theorie siehe WEICK (1966).
[1133] Vgl. WEIBLER (2017), S. 177; HOLTBRÜGGE (2018), S. 20. Neben der von ADAMS thematisierten *sozialen Gerechtigkeit* spielen auch die *prozessuale* sowie die *interaktionale Gerechtigkeit* eine Rolle. Zur prozessualen Gerechtigkeit siehe THIBAUT/WALKER (1975); LEVENTHAL (1980). Zur interaktionalen Gerechtigkeit siehe KAUFFELD/SCHERMULY (2014), S. 207.
[1134] Vgl. STAEHLE/CONRAD/SYDOW (1999), S. 244.
[1135] Vgl. ROSENSTIEL (1975), S. 173.

### 3.4.2.3.6    Zürcher Modell der Arbeitszufriedenheit von Bruggemann

Da Arbeitszufriedenheit nicht nur durch die Befriedigung von Bedürfnissen, sondern beispielsweise auch als Folge der Senkung der eigenen Ansprüche resultieren kann, sollte bei der Interpretation von Arbeitszufriedenheit auch deren Entstehung berücksichtigt werden.[1136] Aus diesem Grund differenzieren BRUGGEMANN/ GROSKURTH/ULICH verschiedene Formen der Zufriedenheit (vgl. Abb. 25).[1137]

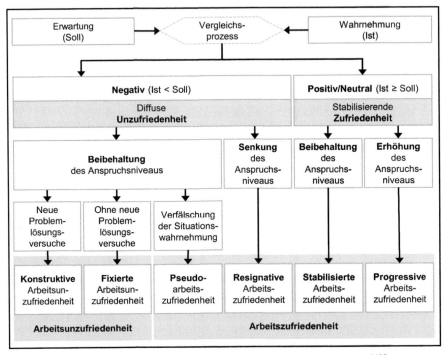

Abb. 25:    Zürcher Modell der Arbeitszufriedenheit von BRUGGEMANN[1138]

In Anlehnung an das Confirmation-Disconfirmation-Paradigma (vgl. Kapitel B3.4.1.3) erfolgt ein Soll-Ist-Vergleich zwischen den Bedürfnissen und Erwartungen (Soll) mit den tatsächlichen Merkmalen der Arbeitssituation (Ist).[1139] BRUGGE-MANN geht davon aus, dass das Entstehen und der Umgang von Arbeits(un)zufriedenheit nicht statisch, sondern dynamisch ist und Arbeits(un)zufriedenheit verschiedene Qualitäten haben kann.[1140] Ausgehend von situationsbezogenen oder persönlichen Veränderungen basiert der Arbeits(un)zufriedenheitsgrad auf individuellen Verarbeitungsprozessen.[1141]

---

[1136]    Vgl. BAUMGARTNER/UDRIS (2006), S. 112 f.; BRUGGEMANN (1974), S. 282.
[1137]    Vgl. BRUGGEMANN/GROSKURTH/ULICH (1975), S. 132 ff.
[1138]    Quelle: Eigene Darstellung in Anlehnung an BRUGGEMANN/GROSKURTH/ULICH (1975), S. 135.
[1139]    Vgl. BAUMGARTNER/UDRIS (2006), S. 113; KAUFFELD/SCHERMULY (2014), S. 197 f.
[1140]    Vgl. KAUFFELD/SCHERMULY (2014), S. 197; MERTEL (2006).
[1141]    Vgl. MERTEL (2006), S. 29; BRUGGEMANN/GROSKURTH/ULICH (1975), S. 132 ff.

Je nach Vergleichsergebnis, Entwicklungen des Anspruchsniveaus und dem Umgang mit der Situation werden vier verschiedene Formen der Arbeitszufriedenheit und zwei Formen der Arbeitsunzufriedenheit unterschieden, wobei die Pseudoarbeitszufriedenheit nur in der Theorie existiert.[1142]

Basierend auf einem positiven Vergleichsergebnis ergibt sich eine stabilisierende Zufriedenheit, die bei einer Beibehaltung des Anspruchsniveaus in einer *stabilisierten Arbeitszufriedenheit* mündet. Bei dieser Form existiert in der Praxis kein Handlungsbedarf, wobei angemerkt wird, dass Zufriedenheit träge macht und daher innovationsfeindlich ist. Neue Verantwortlichkeiten und Arbeitsinhalte können dem entgegenwirken. Die *resignative Arbeitszufriedenheit* stellt einen instabilen Zustand dar, der in Unzufriedenheit übergehen und zu Leistungsreduzierungen bzw. Absentismus führen kann. Bei *progressiv zufriedenen* Mitarbeitern besteht das Risiko, dass sie sich beruflich weiterentwickeln möchten und das Unternehmen wechseln, sofern ein Aufstieg in der bisherigen Organisation nicht möglich ist.[1143]

Gegenüber früheren Betrachtungen stellt das Zürcher Modell einen Fortschritt dar, da Arbeitszufriedenheit als Prozess betrachtet wird.[1144] Dies verkörperte eine neue Sichtweise, die viel Forschung auslöste.[1145] So konnte neben der allgemeinen Zufriedenheit Resignation als zweiter Faktor empirisch nachgewiesen werden und so bei der Aufklärung widersprüchlicher Forschungsergebnisse helfen. Während beispielsweise viele Arbeitnehmer angeben, ziemlich zufrieden mit ihrer Arbeitssituation zu sein, würden sie ihren Beruf bei einer erneuten Wahl nicht noch einmal ergreifen wollen.[1146]

Als Kritikpunkt wird in erster Linie die Problematik der Klassifikation angeführt, da die Arbeitszufriedenheitseinteilungen empirisch nicht nachweisbar waren. Darüber hinaus wird kritisiert, dass die Bedingungen für Veränderungen des Anspruchsniveaus und die Operationalisierung des Modells nicht ausreichend geklärt sind.[1147]

### 3.4.2.3.7   LAWLERS Modell der Arbeitszufriedenheit

Ein Modell, das die unterschiedlichen Facetten der Arbeit stärker als bei HERZBERG berücksichtigt, Einflüsse der *Equity-Theorie* aufweist und eine Weiterentwicklung des Motivationsmodells von PORTER/LAWLER (vgl. Kapitel B3.4.2.3.5) darstellt, ist das *Modell der Arbeitszufriedenheit* von LAWLER (vgl. Abb. 26).[1148]

---

[1142] Vgl. BAUMGARTNER/UDRIS (2006), S. 115.
[1143] Vgl. MERTEL (2006), S. 64 f.
[1144] Vgl. MERTEL (2006), S. 30.
[1145] Vgl. BAUMGARTNER/UDRIS (2006), S. 116. Für eine Übersicht zur empirischen Replikation der Arbeitszufriedenheitsformen siehe BAUMGARTNER/UDRIS (2006), S. 117 ff.
[1146] Vgl. KAUFFELD/SCHERMULY (2014), S. 198; MERTEL (2006), S. 30; SEMMER/UDRIS (2007), S. 170.
[1147] Vgl. MERTEL (2006), S. 30; NEUBERGER/ALLERBECK (1978), S. 164 ff. Hinsichtlich weiterer Kritikpunkte siehe BAUMGARTNER/UDRIS (2006), S. 116 f.
[1148] Vgl. LAWLER (1973), S. 75.

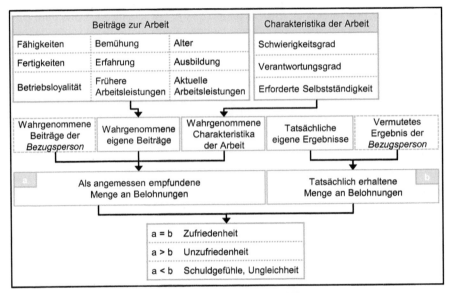

Abb. 26:    LAWLERS Modell der Arbeitszufriedenheit[1149]

Die Ursache der Entstehung von Arbeitszufriedenheit liegt auch hier in einem Abgleich – in diesem Fall zwischen der als angemessen empfundenen und tatsächlich erhaltenen Menge an Belohnungen. Anders als beispielsweise im Motivationsmodell von PORTER/LAWLER tritt Zufriedenheit nur ein, wenn sich diese beiden Größen genau entsprechen. Wie bei der *Equity-Theorie* fließen die wahrgenommenen Beiträge und vermuteten Ergebnisse einer Bezugsperson in den Vergleichsprozess mit ein. Ist die tatsächlich erhaltene Menge an Belohnungen größer als die der Bezugsperson (unter Berücksichtigung der jeweiligen Beiträge), so treten Schuldgefühle auf. Als Belohnungen werden sowohl finanzielle als auch immaterielle Formen wie Lob, Anerkennung etc. angesehen.[1150]

Die als angemessen empfundene Belohnung wird darüber hinaus sowohl von den eigenen Beiträgen zur Arbeit als auch den Charakteristika der Arbeit beeinflusst. Letztere liegen in der Form von Schwierigkeitsgraden der Aufgabe, der Hierarchieebene bzw. dem Verantwortungsgrad und der erforderten Selbstständigkeit vor. Zu den Beiträgen zählen Faktoren wie Fertig- und Fähigkeiten aber auch der Ausbildungsgrad und Betriebsloyalität.[1151]

---

[1149] Quelle: Eigene Darstellung in Anlehnung an LAWLER (1973), S. 75; WEINERT (2004), S. 254; LAWLER (1977), S. 112.
[1150] Vgl. LAWLER (1977), S. 113; WEINERT (2004), S. 254 f.
[1151] Vgl. LAWLER (1977), S. 113; WEINERT (2004), S. 254 f.

## 3.4.2.4    Abgeleitete Begrifflichkeiten im Kontext der Aufsichtsratstätigkeit

### 3.4.2.4.1    Arbeitsmotivation

Arbeitsmotivation wird im Folgenden als „Bereitschaft von Mitarbeitern, ihre Fähigkeiten und Fertigkeiten beim Arbeitshandeln, d. h. im Dienst produktiver Arbeit zielgerichtet, engagiert und ausdauernd einzusetzen und die Lösung von Arbeitsaufgaben mit Engagement und auch gegen Widerstände zu verfolgen"[1152], verstanden.

Arbeitsmotivation ist insofern relevant für Unternehmen, als dass motivierte Mitarbeiter beispielsweise zuverlässiger sind und eine höhere Eigeninitiative aufweisen.[1153] Bei der Frage, weshalb sich Mitarbeiter oder daraus abgeleitet genossenschaftliche Aufsichtsräte den oben genannten Aufgaben ehrenamtlich stellen, lassen sich drei Bezugsebenen der Motivation differenzieren:[1154]

1. *Eintrittsmotivation*: der anfängliche Beweggrund, in eine Organisation einzutreten, eine Tätigkeit aufzunehmen oder sich der Wahl zum Aufsichtsrat zu stellen,
2. *Bleibemotivation*: der Beweggrund, in einer Organisation zu bleiben sowie
3. *Arbeitsmotivation*: der Beweggrund, sich bei der Arbeit in der Organisation entsprechend zu engagieren.

Abgeleitet aus der *Theorie der gelernten Bedürfnisse* von MCCLELLAND[1155] lassen sich drei Typen von Mitarbeitern unterschieden, bei denen in Bezug auf ihre Arbeitsmotivation entweder das *Bindungs-*, das *Leistungs-* oder das *Machtmotiv* dominant ist. Personen, bei denen letzteres Motiv ausgeprägt ist, suchen aktiv nach Führungsverantwortung und verfolgen die Durchsetzung eigener Werte und Ideen, was häufig auch über den Nutzen für die Gesamtorganisation gestellt wird. Teilweise zeigen Machtmotivierte ihr ausgeprägtes Motiv nicht direkt nach außen, da es als egoistisch oder selbstzentriert wahrgenommen werden könnte. Insgesamt stellen solche Personen für Unternehmen, die Eigenständigkeit befürworten, eine wertvolle Ressource dar. Mitarbeiter mit einem ausgeprägten *Bindungsmotiv* bewerten andere Menschen stark nach Sympathie bzw. Antipathie und nehmen Arbeitssituationen hauptsächlich in Bezug auf Beziehungen, Anschluss oder Distanz wahr. Bindungsmotivierte verwenden viel Energie für ihr dominantes Motiv, sodass ihnen die Energie für Leistungs- bzw. Machtaspekte nicht mehr zur Verfügung steht.[1156] *Leistungsmotivierte* Personen schätzen eine klare Struktur, arbeiten lösungsorientiert und sind an regelmäßigem Feedback interessiert. Sie treffen Entscheidungen nicht aufgrund von Sympathie, sondern vielmehr aufgrund von Effizienz und Rationalität, weswegen sie von anderen teilweise als kalt und berechnend

---

[1152] SIEMUND (2013), S. 105.
[1153] Vgl. HACKMAN/OLDHAM (1980); SIEMUND (2013), S. 106.
[1154] Vgl. KLAUS/SCHNEIDER (2008), S. 177; SIEMUND (2013), S. 105 f.
[1155] Vgl. Kapitel B3.4.2.3.4.
[1156] Vgl. SCHEFFLER (2005), S. 99 ff.

wahrgenommen werden. Das Leistungsmotiv führt in der Regel zu einem langfristigen Aufbau von Expertenwissen, weswegen derartig geprägte Mitarbeiter eine entscheidende Rolle in Unternehmen einnehmen. Da sie sich jedoch leicht in eine Expertenrolle drängen lassen, steigen sie in der Unternehmenshierarchie meist nicht weit auf; ein Aspekt, der Leistungsmotivierten jedoch nicht ungelegen kommt, da sie sich so stärker auf Inhalte als auf Machtaspekte fokussieren können.[1157]

Im Hinblick auf intrinsisch oder extrinsisch motivierte Mitarbeiter unterscheidet FREY fünf Idealtypen. Bei *extrinsisch* Motivierten, die also insbesondere auf von außen gesetzte Anreize reagieren, existieren *Einkommensmaximierer* sowie *Statusorientierte*. Bei ersteren liegt das Hauptziel in dem Verdienen von Einkommen, wodurch Konsumbedürfnisse befriedigt werden können. Statusorientierte verfolgen den Aufstieg in eine möglichst hohe (organisatorische) Position bzw. Titel und Auszeichnungen als Hauptziel. Da sie auch eine symbolische Anerkennung zu schätzen wissen, sind sie weniger materialistisch als die Einkommensmaximierer ausgerichtet. Sie orientieren ihr Verhalten an einer Referenzgruppe und sind sehr kompetitiv. *Intrinsisch* Motivierte werden von FREY in *Loyale, Formalisten* und *Selbstbestimmte* eingeteilt. Loyale weisen eine hohe Identifikation mit den Unternehmenszielen auf, was häufig bei langjährigen Mitarbeitern der Fall ist. Formalisten verfolgen das Ziel, Abläufe korrekt einzuhalten und haben die entsprechenden Verfahren internalisiert, was auf einige Juristen, Techniker oder Ärzte zutrifft. Das Hauptziel der Selbstbestimmten liegt in der Verfolgung der eigenen Ideologie.[1158] Bei intrinsisch Motivierten wird aufgrund ihrer Neugierde und Kreativität eine höhere Lernfähigkeit angenommen. Trotz ihrer höheren Zufriedenheit sind sie jedoch nicht unbedingt produktiver, da sie Freiräume zur Verfolgung eigener Ziele ausnutzen könnten.[1159] FREY weist darauf hin, dass Menschen meist mehrere Ziele verfolgen, das Bewusstsein über diese Idealtypen jedoch dabei hilft, Arbeitsmotivation zu erzeugen bzw. aufrechterhalten zu können.[1160]

Aus ökonomischer Sicht sind Mitarbeiter mit einer hohen intrinsischen Motivation wünschenswert, da Belohnungen nicht (nur) in materieller Form erfolgen müssen. Auch wenn intrinsische Arbeitsmotivation länger als extrinsische wirkt, kann auch sie durch Gewöhnung im Zeitablauf abnehmen, weshalb sie kontinuierlich beispielsweise durch Weiterentwicklungsmöglichkeiten oder eine gute soziale Bindung zur Führungskraft gepflegt werden muss.[1161]

### 3.4.2.4.2   Arbeitszufriedenheit

Wie bereits erwähnt, sind die Theorien zur Arbeitszufriedenheit eng mit den Motivationstheorien verknüpft. Bei den *Inhaltstheorien* stehen zentrale Motive bzw. Arbeitsmerkmale im Fokus, sodass Aussagen über Aspekte getätigt werden, die Mitarbeiter zufriedenstellen. Beispielsweise dient die Beteiligung an Entscheidungen

---

[1157] Vgl. SCHEFFLER (2005), S. 100 f.; WEINERT (2004), S. 195; JUNG (2016), S. 371.
[1158] Vgl. FREY (2002), S. 92 ff.
[1159] Vgl. FREY (1997a), S. 95 f.
[1160] Vgl. FREY (2002), S. 91.
[1161] Vgl. DRUMM (2005), S. 491. Arbeitsmotivation kann darüber hinaus durch situative Faktoren wie beispielsweise das Alter, die Karrierephase, das Geschlecht, die Qualifikation oder die Arbeitsmarktlage beeinflusst werden (vgl. HOLTBRÜGGE (2018), S. 16).

oder Autonomie am Arbeitsplatz zum einen als Erklärung zur Entstehung von Motivation zum anderen aber auch zur Entstehung von Arbeitszufriedenheit. Bei den
*Prozesstheorien* liegt der Schwerpunkt auf dem tatsächlichen Verhalten und der
Verbindung zwischen Bewertungen und Ergebnissen. Hier werden Aussagen darüber getätigt, inwiefern die Erfüllung der in den Inhaltstheorien genannten Aspekte
zu Arbeitszufriedenheit führt. Die Theoriearten ergänzen sich daher und stehen
nicht in Konkurrenz zueinander.[1162]

Neben den unterschiedlichen theoretischen Herangehensweisen kann Arbeitszufriedenheit, je nach Forschungsziel, im Rahmen weiterer Ansätze untersucht werden (vgl. Abb. 27).[1163]

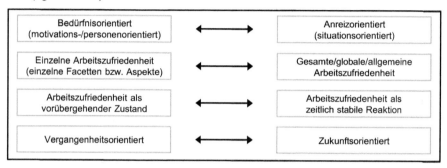

Abb. 27:   Ansätze zur Bestimmung der Arbeitszufriedenheit[1164]

Eine Analyse bzw. Aufteilung der Facetten wird mit der Komplexität sowie Viel-
schichtigkeit der Arbeitszufriedenheit begründet. Obwohl Arbeitszufriedenheit als
vorübergehender oder zeitlich stabiler Zustand untersucht werden kann, wird sie
meist als eine über einen längeren Zeitraum andauernde relativ konstante Wertung
angesehen.[1165] Die Höhe der Arbeitszufriedenheit gilt darüber hinaus als über verschiedene Arbeitsverhältnisse hinweg stabil, weshalb individuellen Faktoren eine
hohe Bedeutung beigemessen wird.[1166] Hinsichtlich der Determinanten wird bei
*anreiz- bzw. situationsorientierten Ansätzen* davon ausgegangen, dass alle Personen gleiche Bedürfnisse haben und Unterschiede der Arbeitszufriedenheit daher
ausschließlich auf situative Faktoren wie Arbeitsinhalte oder -komplexität zurückzuführen sind. Wie bei der Zwei-Faktoren-Theorie von HERZBERG besteht ein orga-
nisatorisches Forschungsinteresse an externen Faktoren wie Arbeitsinhalten oder
auch Organisationsstrukturen.[1167] Im Gegensatz hierzu liegt das Forschungsinteresse bei den *bedürfnisorientierten* bzw. *dispositionellen* Ansätzen im humanisti-

---

[1162] Vgl. JACQUEMIN (2010), S. 16 ff.; SEMMER/MEIER (2019), S. 479. Motivationstheorien wie beispielsweise die von PORTER/LAWLER oder VROOM heben den emotionalen Aspekt der Arbeitszufriedenheit
hervor (vgl. WEINERT (2004), S. 247). Zu weiteren Theorien, die sich mit Arbeitszufriedenheit in Verbindung mit Emotionen beschäftigen, siehe WEGGE/DICK (2006), S. 17 ff.
[1163] Vgl. WIRTH (2008), S. 10.
[1164] Quelle: Eigene Darstellung in Anlehnung an WIRTH (2008), S. 10; GEBERT/ROSENSTIEL (2002), S. 80.
[1165] Vgl. SCHMEIßER (2013), S. 48; KAUFFELD/SCHERMULY (2014), S. 194.
[1166] Vgl. SIEMUND (2013), S. 107; WEINERT (2004), S. 273; KAUFFELD/SCHERMULY (2014), S. 199; DOR-
MANN/ZAPF (2001).
[1167] Vgl. WIRTH (2008), S. 21.

schen Bereich bzw. in der Analyse interindividueller Unterschiede, da davon aus-gegangen wird, dass Unterschiede bezüglich der Arbeitszufriedenheit aus Persön-lichkeitsfaktoren resultieren.[1168] Während empirisch meist einer dieser beiden An-sätze vorzufinden ist, wird theoretisch auch eine *interaktionistische bzw. hybride* Sichtweise diskutiert.[1169] Hier wird angenommen, dass die Höhe der Arbeitszufrie-denheit auf die Interaktion von Personen- und Situationsfaktoren zurückzuführen ist. Basierend auf einem *Person-Job-Fit-Ansatz* wird davon ausgegangen, dass eine maximale Arbeitszufriedenheit durch eine hohe Passung von Merkmalen der Arbeitssituation und Persönlichkeitsmerkmalen erreicht wird.[1170]

Arbeitszufriedenheit gilt als eines der bedeutendsten Konstrukte in der Arbeits- und Organisationspsychologie. Das hohe Forschungsinteresse liegt insbesondere in den positiven Konsequenzen der Arbeitszufriedenheit begründet. Zum einen ist sie für die Organisationen unter anderem in Verbindung mit Arbeitsleistung betriebs-wirtschaftlich bedeutsam, zum anderen ist beispielsweise ein stärkeres Wohlbefin-den auf der individuellen Mitarbeiterebene wünschenswert.[1171] Im Rahmen der viel-zähligen und vielfältigen Forschung wird das Konstrukt mal als moderierende Größe, mal als abhängige und/oder unabhängige Variable oder auch als Evaluati-onskriterium verwendet.[1172]

In der Literatur wird Arbeitszufriedenheit vielfältig definiert, was durch die Auswahl an Definitionen in Tab. 29 und Tab. 30 ersichtlich wird.

---

[1168] Vgl. WIRTH (2008), S. 21. Zum Einfluss der Persönlichkeit siehe Kapitel B3.4.2.4.3.

[1169] Vgl. ABELE/COHRS/DETTE (2006), S. 206 ff.

[1170] Vgl. JOYCE/SLOCUM/GLINOW (1982); WIRTH (2008), S. 22. Die Passung der Organisations- und Per-sönlichkeitsmerkmale wird auch als Person-Organisation-Fit (P-O-Fit) bezeichnet. Es wird analysiert, welche diesbezüglichen Merkmale zueinander passen bzw. wie sich ein (Nicht-)Zusammenpassen auf andere Faktoren wie beispielsweise die Arbeitszufriedenheit auswirkt (vgl. WEINERT (2004), S. 160). Ein Beispiel für einen solchen Erklärungsansatz stellt das Attraction-Selection-Attrition-Modell (ASA-Modell) von SCHNEIDER dar. Hierbei wird der Frage nachgegangen, weshalb sich die Mitglieder von Organisationen häufig in ihren Persönlichkeiten ähneln. SCHNEIDERS Ansicht nach werden die künftigen Mitglieder durch die Werte bzw. das Image der Organisation angezogen. Sie bewerben sich explizit bei den Organisationen, die zu ihren Wertorientierungen passen. Aus diesem homogenen Be-werberpool wählen Unternehmen wiederum die Personen aus, die idealerweise zum einen fachlich geeignet sind, zum anderen aber auch zur Kultur des Unternehmens passen. Personen, die sich in der Folge als passend herausstellen, verbleiben im Unternehmen; Personen, bei denen dies nicht der Fall ist, werden von der Kultur ‚zermürbt‘ und verlassen die Organisation (vgl. NERDINGER/BLICKLE/SCHAPER (2019), S. 82 f.; WIRTH (2008), S. 43). Infolgedessen verbleiben Personen mit ähnlichen Per-sönlichkeiten und Wertorientierungen im Unternehmen, sodass die kollektiven Charakteristika der Mit-arbeiter das Unternehmen weiter prägen (vgl. NERDINGER/BLICKLE/SCHAPER (2019), S. 83; ESCH ET AL. (2008), S. 238). Zur Integration von Individuum und Organisation siehe darüber hinaus DEEG/WEIBLER (2008).

[1171] Vgl. SIEMUND (2013), S. 108; WIRTH (2008), S. 4. Zu weiteren Auswirkungen der Arbeitszufriedenheit siehe B3.4.2.4.3.

[1172] Vgl. BÜSSING ET AL. (2006), S. 136; NERDINGER/BLICKLE/SCHAPER (2019), S. 465.

| Autor(en) | Arbeitszufriedenheit ist definiert als... |
|---|---|
| BERTHEL/ BECKER | „[...] emotionaler Zustand, der eintritt, wenn die Konsequenzen (Belohnungen) eines bestimmten, motivierten Verhaltens den gehegten Erwartungen entsprechen oder sie übertreffen."[1173] |
| BROWN/BERRIEN/RUSSEL | „[...] angenehmes Gefühl oder ein angenehmer psychologischer Zustand einer Person bezüglich ihrer Arbeitssituation."[1174] |
| HOPPOCK | „[...] a combination of psychological, physiological and environmental circumstances that cause a person to say: I am satisfied with my job."[1175] |
| JACQUEMIN | Konstrukt, bei dem es sich „um die Einstellung(en) einer Person zu ihrer Arbeit und ihrem Arbeitsplatz handelt, die diese bewusst und unbewusst durch eine Vielzahl von Erfahrungen während der Arbeit und aufgrund der aus ihrem Arbeitseinsatz resultierenden Ergebnissen entwickelt."[1176] |
| KAUFFELD/ SCHERMULY | „[...] das, was Menschen in Bezug auf ihre Arbeit und deren Facetten denken und fühlen. Es ist das Ausmaß, in dem Menschen ihre Arbeit mögen (Zufriedenheit) oder nicht mögen (Unzufriedenheit)."[1177] |
| LOCKE | „[...] a pleasurable or positive emotional state resulting from the appraisal of one's job or job experiences. "[1178] |
| NEUBERGER/ ALLERBECK | „[...] kognitiv-evaluative[...] Einstellung zur Arbeitssituation."[1179] |
| ROBBINS/JUDGE | „[...] positive feeling about a job, resulting from an evaluation of its characteristics."[1180] |
| SAUTTER | „[...] Einstellung zur Arbeitssituation, die aus einem Vergleich zwischen Anspruch an die Arbeit (Soll-Wert) und wahrgenommener Realität der Arbeitssituation (Ist-Wert) resultiert."[1181] |
| THIERRY/KOOPMAN-IWEMA | „[...] das Ausmaß des Wohlbefindens, das bei der Arbeit oder in der Arbeitssituation erfahren wird."[1182] |
| WEINERT | „Positive Gefühle und Einstellungen eines Beschäftigten gegenüber seiner Arbeit."[1183] |

Tab. 29:   Definitionen der Arbeitszufriedenheit – Teil I[1184]

---

[1173] BERTHEL/BECKER (2017), S. 112.
[1174] BROWN/BERRIEN/RUSSEL (1966), S. 395.
[1175] HOPPOCK (1935), S. 47.
[1176] JACQUEMIN (2010), S. 16.
[1177] KAUFFELD/SCHERMULY (2014), S. 194.
[1178] LOCKE (1976), S. 1300.
[1179] NEUBERGER/ALLERBECK (1978), S. 15.
[1180] ROBBINS/JUDGE (2015), S. 102.
[1181] SAUTTER (2007), S. 58.
[1182] THIERRY/KOOPMAN-IWEMAN (1984), S. 154.
[1183] WEINERT (2004), S. 245.
[1184] Quelle: Eigene Darstellung. Hinsichtlich weiterer Definitionen von Arbeitszufriedenheit und einer diesbezüglichen Klassifizierung siehe FISCHER (1989), S. 23.

| Autor(en) | Arbeitszufriedenheit ist definiert als… |
|---|---|
| WEINERT | „[…] die Reaktionen und Empfindungen des Mitarbeiters in der Organisation gegenüber seiner Arbeitssituation […].“[1185] |
| WEISS | „[…] positive (or negative) evaluative judgement one makes about one's job or job situation.“[1186] |
| YUKL/WEXLEY | „[…] die Zusammenfassung einer Anzahl mäßig korrelierter Teileinstellungen […].“[1187] |

Tab. 30:    Definitionen der Arbeitszufriedenheit – Teil II[1188]

Eine Gemeinsamkeit der genannten Definitionen liegt darin, dass sich Arbeitszufriedenheit auf die Einstellungen eines Mitarbeiters hinsichtlich seiner gesamten Arbeit(ssituation) oder einzelner diesbezüglicher Facetten bezieht.[1189]

Die Arbeitszufriedenheitsforschung ist einigen Kritikpunkten ausgesetzt. So werden persönliche Faktoren häufig vernachlässigt und nur aus Unternehmersicht wünschenswerte Aspekte erfasst. Aufgrund der zahlreichen theoretischen Ansätze und Modelle existieren nur geringe gemeinsame Schlussfolgerungen und wenige replizierbare Ergebnisse. Es besteht die Problematik eines Middle-class-bias, da insbesondere höhere Berufsschichten an Untersuchungen teilnehmen, wodurch in der Folge keine generalisierbaren Ergebnisse vorliegen. Zudem existieren bei der Untersuchung von Arbeitszufriedenheit viele intervenierende bzw. moderierende Variablen, bei denen angenommen wird, dass sie mit der Persönlichkeit zusammenhängende Faktoren sind, was eine isolierte Betrachtung erschwert.[1190] Wie bei anderen Befragungen ist auch im organisationalen Kontext eine sozial erwünschte Beantwortung von Zufriedenheitsfragen nicht auszuschließen.[1191] Hier besteht zudem die Besonderheit, dass Erfolge im Arbeitsleben meist auf das eigene Handeln zurückgeführt werden, während für Misserfolge die Umstände oder andere Personen verantwortlich gemacht werden. Die Wahrnehmung der Arbeitssituation kann dadurch entscheidend beeinflusst werden.[1192] Auch wenn die Kritik nachvollziehbar ist, konnten durch die divergenten Untersuchungsanordnungen zum einen einzelne schlüssige Ergebnisse erzielt und zum anderen viele Einblicke in das Entstehen, die Entwicklung und die Zusammenhänge von Arbeitszufriedenheit geliefert werden.[1193]

---

[1185] WEINERT (2004), S. 245.
[1186] WEISS (2002), S. 175.
[1187] YUKL/WEXLEY (1971), S. 153.
[1188] Quelle: Eigene Darstellung.
[1189] Vgl. JACQUEMIN (2010), S. 13; WIRTH (2008), S. 9.
[1190] Vgl. SAUTTER (2007), S. 28 f.; MATIASKE (1999); BRUGGEMANN (1974).
[1191] Vgl. JONKISZ/MOOSBRUGGER/BRANDT (2012), S. 59 f.; SAUTTER (2007), S. 29.
[1192] Vgl. WEINERT (2004), S. 116.
[1193] Vgl. SAUTTER (2007), S. 30.

### 3.4.2.4.3   Antezedenzien und Konsequenzen der Arbeitsmotivation und Arbeitszufriedenheit

Sowohl Arbeitsmotivation als auch Arbeitszufriedenheit sind multiattributive Konstrukte, die sich aus verschiedenen Teilmotivationen bzw. Teilzufriedenheiten zusammensetzen.[1194] Insbesondere im Hinblick auf die Arbeitszufriedenheit stellt sich die Arbeitssituation als vielschichtig dar, weshalb es zu unterschiedlichen Zufriedenheitsgraden bezüglich der verschiedenen arbeitsbezogenen Aspekte kommen kann.[1195]

Die in Anhang 2 abgebildeten Tabellen dienen zum einen als Zusammenfassung der bisher diskutierten Aspekte, zum anderen zeigen sie weitere Antezedenzien, Konsequenzen sowie Korrelate der Arbeitsmotivation und der Arbeitszufriedenheit auf. Die aufgelisteten Faktoren können zudem als intervenierende Variablen in Form von Moderatoren oder Mediatoren wirken. Die Faktoren wurden dabei so wie in ihren zugrunde liegenden Quellen benannt, weshalb es zu inhaltlichen Überschneidungen kommen kann. Die Auflistung ist nicht abschließend und erhebt keinen Anspruch auf Vollständigkeit. Vielmehr soll dadurch ein erweiterter Überblick über die zahlreichen Faktoren gegeben werden, die in theoretischen Überlegungen sowie empirischen Untersuchungen eine Rolle spielen. Es sei darauf hingewiesen, dass den Untersuchungen teilweise unterschiedliche Theorien zugrunde liegen, was die Vergleichbarkeit der Ergebnisse und Determinanten erschwert.[1196] Durch Anhang 2 wird die Mehrdimensionalität sowohl der Arbeitsmotivation als auch der Arbeitszufriedenheit verdeutlicht.

Aufgrund ihrer Relevanz für die weiteren Ausführungen wird auf die Aspekte *Vergütung*, *Commitment* sowie *Persönlichkeit* detaillierter eingegangen:

**Vergütung**

Hinsichtlich des Einflusses monetärer Anreize bzw. der *Vergütung* auf die (Arbeits-) Motivation kommen die Vertreter der einzelnen Motivationstheorien sowie die Forscher empirischer Untersuchungen zu unterschiedlichen Erkenntnissen.[1197] Monetären Anreizen ist eine Sonderstellung zuzusprechen, da sie genutzt werden können, um (vermeintlich) zweitrangige bzw. weitere Bedürfnisse zu befriedigen.[1198] Im Rahmen von MASLOWS Bedürfnishierarchie dient Geld zur Bedürfnisbefriedigung der unteren Hierarchieebenen (beispielsweise zur Befriedigung physiologischer Bedürfnisse wie Essen oder von Sicherheitsbedürfnissen wie einer sicheren Wohnung), weshalb von einer positiven Wirkung auf die Motivation ausgegangen werden kann.[1199] Bei HERZBERG fungiert Lohn als Hygienefaktor, dem teilweise jedoch auch Motivator-Eigenschaften zugesprochen werden. Finanzielle Vergütungen haben darüber hinaus eine symbolische Wirkung, was insbesondere bei hohen

---

[1194] Vgl. EGAN/YANG/BARTLETT (2004), S. 283; JACQUEMIN (2010), S. 16.
[1195] Vgl. SAUTTER (2007), S. 13; FISCHER (1989); HERZBERG/MAUSNER/SNYDERMAN (1959); BRUGGEMANN/ GROSKURTH/ULICH (1975).
[1196] Vgl. SAUTTER (2007), S. 21.
[1197] Vgl. BERNARD (2006), S. 164; Kapitel B3.4.1.2.
[1198] Vgl. KLAUS/SCHNEIDER (2008), S. 198; WEINERT (2004), S. 47.
[1199] Vgl. BERNARD (2006), S. 162.

Einkommen festzustellen ist.[1200] Teilweise wird angenommen, dass Geld allein kein Motiv sein kann, jedoch als Gradmesser fungiert.[1201] Außerdem wird es als Maß für erbrachte Leistungen angesehen.[1202] Bei der Frage nach den Grundfunktionen von Arbeit messen Arbeitnehmer dem Einkommen eine überragende Bedeutung zu.[1203] Trotz dieser wesentlichen Rolle kann die Arbeitszufriedenheit jedoch nicht von der Lohnzufriedenheit abgeleitet werden. Zwischen Arbeitszufriedenheit und der Höhe der Vergütung besteht nur ein geringer Zusammenhang. Wie gerecht bzw. fair die Vergütung empfunden wird, wirkt sich stärker auf die Arbeitszufriedenheit aus.[1204] Die Bewertung von Vergütungen sowie ihre Bedeutung als Arbeitsanreiz sind daher interindividuell sehr unterschiedlich.[1205]

## Commitment

Arbeitszufriedenheit kann sowohl in einem engeren als auch in einem weiteren Sinne betrachtet werden. Bei ersterem werden ausschließlich Arbeitsinhalte als Antezedenzien betrachtet, bei zweiterem steht auch die Einstellung gegenüber Umgebungsvariablen im Fokus, was als *Commitment* bezeichnet wird.[1206] Dieser Aspekt wird teilweise jedoch als Ursache und teilweise als Wirkung von Arbeitszufriedenheit untersucht bzw. angesehen bzw. teilweise der Arbeitszufriedenheit übergeordnet.[1207] Aufgrund der starken Verflechtungen zur Arbeitszufriedenheit und zur ehrenamtsbezogenen Motivationsforschung sowie der Relevanz des Zugehörigkeitsgefühls genossenschaftlicher Mitglieder wird er im Folgenden ausführlicher thematisiert.[1208]

Der Begriff des Commitments umfasst, wie stark sich Mitarbeiter dem Unternehmen gegenüber verbunden fühlen,[1209] wobei die Einstellungen des Mitarbeiters gegenüber der gesamten Organisation einbezogen werden. Da der Fokus bei der Arbeitszufriedenheit lediglich auf der Arbeitssituation bzw. einzelnen diesbezüglichen Facetten liegt, stellt dies ein wichtiges Unterscheidungsmerkmal dar. Ein Mitarbeiter mit einem hohen Commitment muss daher nicht zwangsläufig auch eine hohe Zufriedenheit aufweisen.[1210]

Hinsichtlich des Commitments kann zwischen einer ökonomischen und einer sozialen Beziehung differenziert werden. Ersteres bezieht sich auf den Austausch von Leistungen gegen eine Vergütung, letzteres auf das Verpflichtungsgefühl gegenüber der Organisation. Ein starkes Verbundenheitsgefühl mit dem Unternehmen bewirkt, dass Mitarbeiter nicht nur an einer reinen Nutzenmaximierung, sondern an

---

[1200] Vgl. KLAUS/SCHNEIDER (2008), S. 198.
[1201] Vgl. BERGERMANN ET AL. (2017), S. 22.
[1202] Vgl. WEINERT (2004), S. 47.
[1203] Vgl. ROSENSTIEL (2007), S. 162; SIEMUND (2013), S. 124.
[1204] Vgl. NERDINGER/BLICKLE/SCHAPER (2019), S. 471.
[1205] Vgl. LAWLER (1971); WEINERT (2004), S. 272.
[1206] Vgl. SAUTTER (2007), S. 29 f. Die Begriffe Bindung, Loyalität und Commitment werden in diesem Zusammenhang synonym verwendet (vgl. ALI/KRISHNAN/AZIM (1997); UNGERN-STERNBERG (2002), S. 50 ff.).
[1207] Vgl. SAUTTER (2007), S. 30; FELFE/SIX (2006), S. 37.
[1208] Vgl. HANISCH (2019), S. 26; FELFE/SIX (2006), S. 37; RINGLE (2002); ÖSTERBERG/NILSSON (2009), S. 181 ff.
[1209] Vgl. FELFE/SIX (2006), S. 37; MERTEL (2006), S. 36.
[1210] Vgl. WEINERT (2004), S. 247; FELFE/SIX (2006), S. 37.

einer langfristigen Austauschbeziehung interessiert sind.[1211] Darüber hinaus kann eine Differenzierung in affektives (gewollte bzw. emotionale Bindung), fortsetzungsbezogenes (Bindung, die aufgrund der zu hohen Kosten beim möglichen Verlassen der Organisation aufrechterhalten wird) sowie normatives (moralisch-ethische bzw. durch wahrgenommene Verpflichtung vorhandene Bindung) Commitment erfolgen.[1212]

Das über das Commitment hinausgehende Gefühl der Einheit zwischen Mitarbeiter und Unternehmen wird als *Identifikation* bezeichnet. Im Gegensatz zum austauschbasierten Commitment ist ein (materieller) Austausch bei der Identifikation nicht notwendig. Beide Gefühle werden als recht stabil angesehen.[1213] Organisationale Identifikation gilt als motivationaler „Mechanismus zur Aufwertung des eigenen Selbstwertes"[1214]. Eine stärkere Identifikation geht mit einer höheren Arbeitsmotivation, positiveren Einstellungen und einer stärkeren Unterstützung des Unternehmens einher. Zudem wird angenommen, dass stärker identifizierte Mitarbeiter eher mit den Zielen und Werten einer Organisation übereinstimmen und somit zufriedener sind.[1215]

Eine hohe Zufriedenheit wird zwar nicht als Garant, aber meist als Grundvoraussetzung für die Entstehung bzw. Entwicklung von Loyalität und Commitment und somit als Basis für eine langfristige Bindung und Engagement in einer Organisation angesehen. Der nicht unerheblich positive Zusammenhang wird durch viele empirische Untersuchungen belegt.[1216] Im Rahmen von Metaanalysen wurden Korrelationen zwischen Arbeitszufriedenheit und Commitment von $r = 0,65$[1217] und zwischen Arbeitszufriedenheit und Identifikation von $r = 0,47$[1218] ermittelt. Auch wenn letzterer Zusammenhang je nach betrachteter Berufsgruppe zwischen $r = 0,34$ (Behörden bzw. Non-Profit-Bereich) und $r = 0,52$ (Dienstleistungssektor) schwankt, waren die Korrelationen in allen Berufsgruppen hochsignifikant.[1219] Unklar ist jedoch, ob zwischen Zufriedenheit und Commitment ein linearer oder sattelförmiger

---

[1211]  Vgl. SAUTTER (2007), S. 30.
[1212]  Vgl. MEYER/ALLEN (1991), S. 61 ff.; WOO/CHELLADURAI (2012), S. 7; WEGGE/DICK (2006), S. 29.
[1213]  Vgl. WEGGE/DICK (2006), S. 30.
[1214]  WEGGE/DICK (2006), S. 31.
[1215]  Vgl. WEGGE/DICK (2006), S. 31.
[1216]  Vgl. ISEKE ET AL. (2019), S. 48; UNGERN-STERNBERG (2002), S. 50 f.; GIERING (2000), S. 101; MEFFERT ET AL. (2019), S. 112 f.
[1217]  Vgl. MEYER ET AL. (2002), S. 32 f.
[1218]  Vgl. RIKETTA (2005), S. 358 ff.
[1219]  Vgl. RIKETTA (2005), S. 358 ff.; WEGGE/DICK (2006), S. 31. Einen Überblick über weitere Studien zum Zusammenhang von Arbeitszufriedenheit und Commitment liefert JACQUEMIN (2010), S. 86.

Zusammenhang besteht.[1220] Eine nichtlineare Funktion, die sie als sattelförmig umschreiben, konnten MÜLLER/RIESENBECK empirisch nachweisen.[1221] In dem Bereich, in dem die Erwartungen erfüllt sind, der Ist-Zustand also dem Soll-Zustand entspricht, wird von einer Indifferenzzone ausgegangen. In dieser Zone wirken sich Veränderungen der Zufriedenheit nicht auf das Commitment aus. In den Bereichen außerhalb der Indifferenzzone werden jedoch überproportionale Abnahmen bzw. Anstiege der Bindung angenommen (vgl. Abb. 28).[1222]

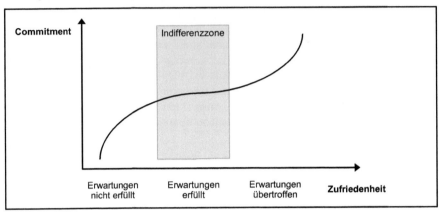

Abb. 28:   Zusammenhang von Zufriedenheit und Commitment[1223]

Im Rahmen dieser Arbeit wird Arbeitszufriedenheit dem weiten Verständnis nach verwendet, weshalb die Aspekte des Commitments mit eingeschlossen werden. Ergänzt um spezifische Besonderheiten lassen sich die Erkenntnisse auch auf den Zusammenhang zwischen Zufriedenheit und Bindung bei genossenschaftlichen Aufsichtsräten übertragen. Werden die Erwartungen der Aufsichtsräte häufiger übertroffen, führt dies zu einer stabileren bzw. intensiveren Bindung, die sich durch höheres Engagement beobachten lässt. Zudem sind zufriedene Genossenschafts- bzw. Aufsichtsratsmitglieder eher zu einer ehrenamtlichen Tätigkeit bereit.[1224]

---

[1220] Vgl. UNGERN-STERNBERG (2002), S. 51 f. Neben den Studien mit Bezug zur Arbeitszufriedenheit ist auch der Einfluss von Arbeitsmotivation auf organisationales Commitment Gegenstand zahlreicher Untersuchungen (vgl. WOO/CHELLADURAI (2012), S. 9; EBY ET AL. (1999); GAGNÉ/DECI (2005), S. 337 ff.; BUCHANAN (1974); STEERS (1977)). Empirische Studien zeigen auch hier einen positiven Zusammenhang (vgl. WOO/CHELLADURAI (2012), S. 9). Im Zuge einer Metastudie zeigen EBY ET AL., dass intrinsische Motivation einen stärkeren Einfluss auf Commitment als auf die Gesamtarbeitszufriedenheit ausübt (vgl. EBY ET AL. (1999), S. 477). Neben den Beziehungen zur Arbeitsmotivation und Arbeitszufriedenheit korreliert Commitment unter anderem positiv mit der Arbeitsleistung (vgl. WOO/CHELLADURAI (2012), S. 7; RANDALL (1990)) und negativ mit Absentismus (vgl. EBY ET AL. (1999), S. 463). Eine Langzeitstudie von RUSBULT/FARELL belegt, dass sich Commitment besser zur Prognose des Wechselwillens eignet als das Konstrukt der Arbeitszufriedenheit (vgl. RUSBULT/FARELL (1983)).
[1221] Vgl.  UNGERN-STERNBERG (2002),   S. 52;   MÜLLER/RIESENBECK (1991), S. 69;   HOMBURG/RUDOLPH (1995), S. 49.
[1222] Vgl. UNGERN-STERNBERG (2002), S. 52.
[1223] Quelle: Eigene Darstellung in Anlehnung an MÜLLER/RIESENBECK (1991), S. 69; UNGERN-STERNBERG (2002), S. 52; HOMBURG/RUDOLPH (1995), S. 49.
[1224] Vgl. UNGERN-STERNBERG (2002), S. 52 ff.

## Persönlichkeit

Ein Aspekt, der das Verhalten von Individuen beeinflusst, ist die Persönlichkeit.[1225] Obwohl dieser Ausdruck einen verhaltenswissenschaftlichen Grundbegriff darstellt und vor allem in der organisationspsychologischen Forschung weite Anwendung findet, wird er kontrovers diskutiert bzw. vielfältig definiert.[1226] Mit *Persönlichkeit* können alle „Variablen, die individuelle Unterschiede beschreiben"[1227], bezeichnet werden. Es ist ein „Gesamtsystem von (relativ) zeitstabilen, individuellen Merkmalen"[1228], das die Grundlage der Eigenarten, des Verhaltens und des Charakters eines Menschen darstellt.[1229] Zudem wird mit Persönlichkeit, die durch genetische, kulturelle sowie soziale Faktoren beeinflusst wird, die „Art und Weise, wie Menschen handeln und denken"[1230], reflektiert.[1231] Aus externer Sicht kann sie als Reputation einer Person in Form der Bewertung von Persönlichkeitseigenschaften angesehen werden, aus eigener Sicht entspricht sie der angestrebten Identität.[1232] Trotz „vergleichbarer Fähigkeiten, gleichem Wissen und ähnlichen situativen Bedingungen"[1233] zeigen Menschen unterschiedliche Leistungen, was insbesondere in Bezug auf die Arbeitsmotivation bzw. die am Arbeitsplatz gezeigten Reaktions- und Verhaltensweisen eine Rolle spielt.[1234]

Die Tatsache, dass der Persönlichkeitsbegriff kontrovers diskutiert wird, ist unter anderem darauf zurückzuführen, dass sich in der Managementpraxis vor allem leicht verständliche Theorien durchgesetzt haben und anspruchsvolle (psychoanalytische) Theorien wie beispielsweise das Strukturmodell von FREUD dort nicht verbreitet sind.[1235] Zudem werden häufig Modelle herangezogen, die außerhalb des wissenschaftlichen Kontexts entwickelt wurden. Persönlichkeitstests, für die vielfältige Rezensionen vorliegen (wie der unten genannte Neurotizismus-Extraversion-Offenheit-Fünf-Faktoren-Inventar (NEO-FFI)), werden hingegen selten verwendet.[1236]

Da Persönlichkeitsvariablen mit unterschiedlichen Merkmalen der Arbeitsleistung korrelieren, nutzen Unternehmen Persönlichkeitstypologien, um Vorhersagen in Bezug auf die Arbeitszufriedenheit oder eben die Arbeitsleistung zu treffen.[1237] So hängt beispielsweise die selbst berichtete Fröhlichkeit signifikant positiv mit der Arbeitszufriedenheit zusammen.[1238] Personen mit einer Vorliebe für sich wiederholende Tätigkeiten weisen eine hohe Arbeitszufriedenheit auf, während solche mit

---

[1225] Vgl. STAEHLE/CONRAD/SYDOW (1999), S. X.
[1226] Vgl. STAEHLE/CONRAD/SYDOW (1999), S. 182; KERSTING (2006), S. 245. Bereits 1937 zählte ALLPORT mehr als 50 verschiedene Persönlichkeits-Definitionen (vgl. ALLPORT (1937), S. 48).
[1227] WIRTH (2008), S. 45.
[1228] LOOSER (2011), S. 38. Zur Stabilität und Messung von Persönlichkeitsmerkmalen vgl. WIEDMANN (2006).
[1229] Vgl. MAI/BÜTTGEN/SCHWARZINGER (2017), S. 122.
[1230] WEINERT (2004), S. 131.
[1231] Vgl. WEINERT (2004), S. 131.
[1232] Vgl. NERDINGER/BLICKLE/SCHAPER (2019), S. 475. Zur weitergehenden Erläuterung des Identitätsbegriffs siehe beispielsweise NERDINGER/BLICKLE/SCHAPER (2019), S. 475.
[1233] WIEDMANN (2006), S. 73.
[1234] Vgl. FURNHAM/ERACLEOUS/CHAMORRO-PREMUZIC (2009), S. 765; WIRTH (2008), S. 5.
[1235] Vgl. STAEHLE/CONRAD/SYDOW (1999), S. 183; FREUD (2000).
[1236] Vgl. KERSTING (2006), S. 245.
[1237] Vgl. WEINERT (2004), S. 131 f.; WIRTH (2008), S. 5.
[1238] Vgl. WIRTH (2008), S. 45; DIENER ET AL. (2002), S. 229 ff.

einer impulsiven bzw. kreativen Persönlichkeit zu einer niedrigen Arbeitszufriedenheit tendieren.[1239]

Ein in der Wissenschaft weit verbreiteter und international anerkannter Ansatz stellt das *Fünf-Faktoren-Modell*, auch Big-5-Modell genannt, dar.[1240] Die Basis bilden die fünf Dimensionen *Neurotizismus, Extraversion, Offenheit für Erfahrungen, Verträglichkeit* sowie *Gewissenhaftigkeit*,[1241] die mithilfe eines Fragebogens wie NEO-FFI gemessen werden.[1242]

Die *Personality Research Form (PRF)* ist ein theoretischer Ansatz, der sich durch eine hohe interne Konsistenz und Retest-Reliabilität auszeichnet.[1243] Er wurde von Jackson entwickelt und ist auf die Persönlichkeitstheorie von Murray zurückzuführen.[1244] In dem nach der klassischen Testtheorie konstruierten und in der deutschen Fassung gekürzten Fragebogen werden 14 Persönlichkeitsstrukturen wie beispielsweise Dominanzstreben, Risikomeidung, allgemeine Interessiertheit oder Geselligkeit berücksichtigt.[1245] In Bezug auf die Leistungsbeurteilung von Managern konnten signifikante Korrelationen mit den Dimensionen Dominanzstreben, soziale Anerkennung sowie Ausdauer nachgewiesen werden.[1246]

Bei beiden Ansätzen ist kritisch anzumerken, dass die Anzahl der Faktoren umstritten ist und sich möglicherweise nicht alle relevanten Eigenschaften z. B. in Bezug auf Führungskräfte ausreichend abbilden lassen.[1247] Obwohl bereits zahlreiche Zusammenhänge zwischen Persönlichkeitsmerkmalen und Arbeitszufrieden-

---

[1239] Vgl. Gellatly et al. (1991), S. 221 ff.; Wirth (2008), S. 45. In einer weiteren Studie wurde der Zusammenhang zwischen Persönlichkeit – gemessen anhand der Big-5-Dimensionen und demografischer Variablen – und der Arbeitsmotivation bzw. Arbeitszufriedenheit analysiert. Hierbei konnten 9-15 % der Varianz der Arbeitsmotivation und 11-13 % der Varianz der Arbeitszufriedenheit durch die genannten Variablen erklärt werden (vgl. Furnham/Eracleous/Chamorro-Premuzic (2009), S. 765). In empirischen Untersuchungen fungiert die Persönlichkeitsvariable dabei auch als Moderator in der Beziehung zwischen den Charakteristika der Arbeit und Einstellungen bzw. dem Verhalten der Mitarbeiter (vgl. Weinert (2004), S. 134; Wiedmann (2006), S. 95).
[1240] Vgl. Wiedmann (2006), S. 80; Goldberg (1981), S. 141.
[1241] Vgl. Mai/Büttgen/Schwarzinger (2017), S. 133; Paetz (2016), S. 286; Goldberg (1990); Costa/McCrae/Holland (1984); McCrae/John (1992).
[1242] Vgl. Mai/Büttgen/Schwarzinger (2017), S. 138; Mai et al. (2015); Körner et al. (2008). In Bezug auf Persönlichkeitsausprägungen im Führungskräftekontext wurden im Rahmen von zwei Metaanalysen folgende übereinstimmende Ergebnisse festgestellt: Extraversion ist eine Eigenschaft, die bei Führungskräften stark ausgeprägt ist. Sie treten meist selbstsicher auf und sind in der Lage, Visionen nach außen zu tragen. Zudem konnte eine hohe Ausprägung der Gewissenhaftigkeit, was sich durch fokussiertes, organisiertes oder auch ausdauerndes Handeln äußert, nachgewiesen werden, während ein durch Angst und Sorge geprägter Neurotizismus nicht gegeben ist (vgl. Judge et al. (2002); Bono/Shen/Yoon (2014)). Extravertierte Personen weisen eine hohe intrinsische Motivation geprägt durch das Bedürfnis nach Anerkennung, positivem Feedback oder Auszeichnungen auf (vgl. Furnham/Eracleous/Chamorro-Premuzic (2009), S. 767). Im Hinblick auf die Arbeitszufriedenheit wurde nachgewiesen, dass Neurotizismus sowie Verträglichkeit negativ und Extraversion sowie Gewissenhaftigkeit positiv korrelieren. Bezüglich der Offenheit für Erfahrungen waren keine Beziehungen zur Arbeitszufriedenheit nachweisbar (vgl. Wirth (2008), S. 56 ff.). Eine ausführliche Darstellung der Zusammenhänge zwischen den einzelnen Big-5-Komponenten und der Arbeitszufriedenheit nebst empirischer Untersuchungsergebnisse ist bei Wirth (2008), S. 56 ff. ersichtlich.
[1243] Vgl. Wiedmann (2006), S. 88; Sarges/Wottawa (2005), S. 461.
[1244] Vgl. Kapitel B3.4.1.1; Jackson (1967); Stumpf et al. (1985).
[1245] Vgl. Wiedmann (2006), S. 84 ff.
[1246] Vgl. Lamont/Lundstrom (1977); Wiedmann (2006), S. 89.
[1247] Vgl. Mai/Büttgen/Schwarzinger (2017), S. 134; Wiedmann (2006), S. 84; Block (2001), S. 98 ff.

heit nachgewiesen wurden und dies die Relevanz im organisationalen Kontext unterstreicht,[1248] soll dieser Variable bzw. weiteren persönlichen Merkmalen wie der Intelligenz im weiteren Verlauf der Arbeit keine bedeutende Rolle zukommen. Dies ist zum einen in der komplexen Messbarkeit begründet, hängt zum anderen aber auch mit der Tatsache zusammen, dass die wissenschaftlich hergeleiteten, auf reguläre Arbeitsverhältnisse anwendbaren Persönlichkeitsinventare nicht direkt auf die Situation ehrenamtlicher Aufsichtsräte übertragbar sind. Da dieser Aspekt dennoch thematisiert werden soll und die charakterliche Selbsteinschätzung der Aufsichtsräte in Bezug auf ihre Aufgabenwahrnehmung von Interesse ist, wird im Rahmen der empirischen Untersuchung auf einzelne aus der PRF abgeleitete Eigenschaften abgestellt.[1249]

Auch wenn die meist korrelativen Studien keine eindeutigen Kausalitätsannahmen zulassen, bleibt festzuhalten, dass sich Arbeitsmotivation und Arbeitszufriedenheit sowohl auf individuelle als auch auf organisationsbezogene Aspekte auswirken.[1250] Durch die bisherigen Untersuchungen wurde deutlich, dass Arbeitszufriedenheit nicht nur auf Merkmale einer Person reduziert werden kann.[1251] Es besteht Einigkeit darüber, dass sowohl situative als auch personale Merkmale einzubeziehen sind.[1252] Bei den oben angeführten empirischen Untersuchungen ist zu berücksichtigen, dass sich die Mehrzahl auf westliche Länder und hier verstärkt auf die Vereinigten Staaten von Amerika (USA) bezieht und sie somit nicht ohne Vorbehalt auf andere Kulturen übertragbar sind.[1253] Zudem sei darauf hingewiesen, dass nicht alle Determinanten gleich auf Menschen wirken, was sich am Beispiel eines beruflichen Aufstiegs verdeutlichen lässt. Während viele Mitarbeiter beruflich vorankommen möchten und ein Aufstieg auch als Symbol für erbrachte Leistungen dient, ist er, anders als beispielsweise eine Vergütung, nicht für jeden Mitarbeiter erstrebenswert.[1254] Unter anderem abhängig von der Persönlichkeit wird ein Aufstieg mit positiven Faktoren wie einer besseren Vergütung, mehr Anerkennung etc. oder mit negativen Faktoren wie befürchteten Versetzungen, schwierigeren Aufgaben und mehr Verantwortung verbunden. Es sind daher nur Aussagen über die Mehrzahl der Mitarbeiter, jedoch keine Verallgemeinerungen möglich.[1255]

### 3.4.2.4.4   Differenzierung von Arbeitsmotivation und Arbeitszufriedenheit

Wie bereits ersichtlich wurde, handelt es sich bei der *Arbeitsmotivation* und der *Arbeitszufriedenheit* um eng miteinander verbundene Konstrukte, die jedoch nicht

---

[1248] Vgl. WIRTH (2008), S. 45.
[1249] Weitere Persönlichkeitsmodelle und Persönlichkeitstests werden bei SIMON (2006) erläutert. Neben den aus der PRF abgeleiteten Eigenschaften wurde in der vorliegenden Untersuchung zudem auf Attribute des Insights MDI abgestellt (vgl. FRIEß (2015), S. 35 ff.).
[1250] Vgl. BERNARD (2006), S. 157; WIRTH (2008), S. 19.
[1251] Vgl. SEMMER/UDRIS (2007), S. 172.
[1252] Vgl. WIRTH (2008), S. 5; JUDGE/LOCKE/DURHAM (1997).
[1253] Vgl. DECI ET AL. (2001), S. 930.
[1254] Vgl. BRAY/CAMPBELL/GRANT (1974); WEINERT (2004), S. 272; WEINERT (2004), S. 47 f.
[1255] Vgl. WEINERT (2004), S. 271; WEINERT (2004), S. 47; MERTEL (2006), S. 11.

identisch sind und daher differenziert betrachten werden sollten.[1256] Die Ähnlichkeit äußert sich beispielsweise darin, dass auf dieselben Theorien abgestellt wird bzw. Zufriedenheitstheorien ihren Ursprung in Motivationstheorien finden.[1257] Zudem werden die beiden Konstrukte durch teilweise gleiche Faktoren bedingt, weshalb es zu inhaltlichen Überschneidungen kommt.[1258]

Die Differenzierung lässt sich mithilfe des in Abb. 29 dargestellten Prozesses verdeutlichen,[1259] bei dem Zufriedenheit als das Resultat eines „Vergleichs des durch die Motivation angestrebten Zieles mit dem Ergebnis"[1260] verstanden wird.

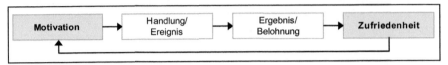

Abb. 29:    Einfacher Zusammenhang von Motivation und Zufriedenheit[1261]

Arbeitszufriedenheit ist das bzw. ein Ziel der Arbeitsmotivation, da die Erreichung der Bedürfnisbefriedigung motiviert und letztlich zufrieden stellt und das Bewusstsein über potenzielle Zufriedenheit schließlich zum Handeln führt.[1262]

Konkret bedeutet dies, dass *Arbeitsmotivation* eine prospektive Orientierung aufweist und somit maßgeblich beeinflusst, ob (Verhaltensauswahl) bzw. wie gut und engagiert (Verhaltensintensität) eine Person arbeitet.[1263] Arbeitsmotivation stellt die Voraussetzung für zielgerichtetes Handeln dar.[1264] Im Rahmen der Forschung wird versucht, insbesondere die Bedürfnisse und Motive, auf denen die Arbeitsmotivation basiert, zu ergründen.

*Arbeitszufriedenheit* ist hingegen eher retrospektiv ausgerichtet, da sie sich aus der Erreichung von Zielen bzw. als Konsequenz der Belohnung ergibt. Die Arbeitszufriedenheit bezieht sich stärker darauf, wie eine Person ihre Arbeit empfindet.[1265] Im Fokus der Forschung stehen spezifische Bedingungen aufgrund derer Zufriedenheit resultieren kann.[1266]

Eine detailliertere Darstellung des Zusammenhangs von Arbeitsmotivation und Arbeitszufriedenheit sowie deren Einflussfaktoren wird in Abb. 30 dargestellt.

---

[1256] Vgl. MERTEL (2006), S. 9; JACQUEMIN (2010), S. 11 ff.
[1257] Vgl. SIEMUND (2013), S. 97; JACQUEMIN (2010), S. 12.
[1258] Vgl. SIEMUND (2013), S. 110; FURNHAM/ERACLEOUS/CHAMORRO-PREMUZIC (2009), S. 765; JACQUEMIN (2010), S. 13.
[1259] Vgl. FISCHER (1989), S. 28.
[1260] FISCHER (1989), S. 28.
[1261] Quelle: Eigene Darstellung in Anlehnung an FISCHER (1989), S. 28.
[1262] Vgl. DECI (1975), S. 122; NERDINGER/BLICKLE/SCHAPER (2019), S. 464; JACQUEMIN (2010), S. 12; SEMMER/UDRIS (2007), S. 169.
[1263] Vgl. KAUFFELD/SCHERMULY (2014), S. 201; SAUTTER (2007), S. 14; JACQUEMIN (2010), S. 12.
[1264] Vgl. WEINERT (2004), S. 189.
[1265] Vgl. WEINERT (2004), S. 189; DECI (1975), S. 121; KAUFFELD/SCHERMULY (2014), S. 201.
[1266] Vgl. FISCHER (1989), S. 29.

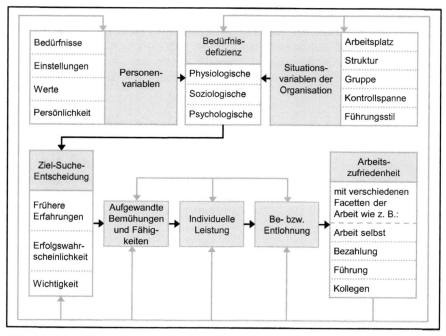

Abb. 30:   Komplexerer Zusammenhang von Arbeitsmotivation und Arbeitszufriedenheit[1267]

Die Höhe der Bedürfnisdefizienz hängt von persönlichen und situationsbezogenen Faktoren ab, die sich beide auch auf das Suchverhalten zum Erreichen des Arbeitsziels und die diesbezüglich aufgebrachte Verhaltensintensität auswirken. Aufgewandte Bemühungen und Fähigkeiten werden gemeinsam dargestellt, da selbst große Bemühungen zwecklos sind, sofern die entsprechenden Fähigkeiten fehlen. Aufgrund der Annahme, dass Motivation zielgerichtet ist, wird die Bedürfnisdefizienz reduziert, sobald ein angestrebtes Ziel erreicht ist.[1268] Zufriedenheit mit der Arbeit entsteht, wenn die Anreize der Arbeitssituation die Motive des Mitarbeiters befriedigen.[1269]

Im Hinblick auf die drei Bezugsebenen der Motivation genossenschaftlicher Aufsichtsräte (Eintritts-, Bleibe- und Arbeitsmotivation) spielt die Zufriedenheit mit der wahrgenommenen Aufsichtsratstätigkeit mit Ausnahme der Antizipationsphase, also der ersten Bezugsebene, eine wichtige Rolle, da davon ausgegangen werden kann, dass nur zufriedene Personen dem Aufsichtsgremium weiter angehören. Hinsichtlich der ersten Bezugsebene ist anzunehmen, dass die auf Basis früherer Arbeitsverhältnisse antizipierte Arbeitszufriedenheit dazu beiträgt, einem Aufsichtsgremium beizutreten.[1270]

---

[1267]   Quelle: Eigene Darstellung in Anlehnung an WEINERT (2004), S. 189.
[1268]   Vgl. WEINERT (2004), S. 189 f.
[1269]   Vgl. SAUTTER (2007), S. 14; ROSENSTIEL (2003), S. 101 ff.
[1270]   Vgl. SIEMUND (2013), S. 108.

Dass Arbeitsmotivation und Arbeitszufriedenheit nicht identisch sind, lässt sich auch dadurch verdeutlichen, dass Arbeitsverhältnisse trotz bestehender Unzufriedenheit gelegentlich aufrechterhalten werden. Gründe können beispielsweise in der Vermeidung von Arbeitslosigkeit, zu hoher Kosten eines Arbeitsplatzwechsels oder aktuell hoher extrinsischer Faktoren wie einer sehr guten Vergütung liegen.[1271]

### 3.4.3 Motivationstheoretische Überlegungen der Ehrenamtsforschung

Wie bei den Besonderheiten der Organisationsstruktur in Kapitel B1.2.2 hergeleitet, lässt sich die Tätigkeit genossenschaftlicher Aufsichtsräte als Ehrenamt einordnen. Um potenzielle Motive für das Engagement der Aufsichtsräte näher zu betrachten, sollen im Folgenden in der Ehrenamtsforschung diskutierte Aspekte thematisiert werden.

Ehrenamtliches Engagement kann sich grundsätzlich auf den sozialen, ökologischen, kulturellen bzw. bildungsbezogenen, pastoralen, politischen sowie sportlichen Bereich beziehen.[1272] Je nach Definition handelt es sich dabei um eine freiwillige, nicht auf eine Gewinnerzielung ausgerichtete, mit einem gewissen Grad an Organisiertheit verbundene bzw. organisatorisch angebundene, gemeinnützige, vom Alter unabhängige, regelmäßige Tätigkeit mit nebenberuflichem Charakter, die mit oder ohne besondere Qualifikationen ausgeübt werden kann.[1273] Ehrenamtlich Engagierte gehören in der Regel den mittleren oder gehobenen Gesellschaftsschichten an und partizipieren stark am gesellschaftlichen bzw. politischen Leben.[1274] Ehrenamtliche empfinden ihr Leben sinnvoller als andere Personen, wenngleich die Ursache bzw. Wirkung diesbezüglich nicht eindeutig geklärt ist. Sie sind meist höher gebildet, mittleren Alters, wirtschaftlich abgesichert bzw. in einem Beschäftigungsverhältnis stehend und männlich.[1275]

Gemäß SMITH existieren verschiedene Voraussetzungen, weshalb sich eine Person ehrenamtlich engagiert. Hierzu gehören unter anderem einstellungsbezogene (z. B. das Interesse an einer bestimmten Organisation), persönliche (z. B. beständige Eigenschaften wie emotionale Stabilität), situationsbezogene (z. B. in Folge einer direkten Ansprache, ob jemand der Organisation beitreten und sich engagieren möchte) sowie auf der sozialen Herkunft basierende Faktoren (wie Bildung oder Geschlecht).[1276] Freiwillig Engagierte entsprechen idealerweise einem Anforderungsprofil mit folgenden Eigenschaften:[1277]

---

[1271] Vgl. SIEMUND (2013), S. 108.
[1272] Vgl. SCHLAUGAT (2010), S. 37; CARITAS (2014).
[1273] Vgl. SAUTTER (2007), S. 41 f.; AGRICOLA (1997), S. 61; MOSCHNER (2002), S. 2; SCHLAUGAT (2010), S. 37 f.; CARITAS (2014); STRICKER (2006), S. 38; BEHER/LIEBIG/RAUSCHENBACH (2002), S. 146; WEBER (1956), S. 170.
[1274] Vgl. SAUTTER (2007), S. 46; AGRICOLA (1997); MOSCHNER (2002), S. 2.
[1275] Vgl. MOSCHNER (2002), S. 6; OFFE/FUCHS (2001), S. 447 ff.; STRICKER (2006), S. 12 ff.; MAGEN/AHARONI (1991). Bei der Einordnung dieser Feststellungen ist möglicherweise jedoch das Alter der Untersuchungen zu berücksichtigen.
[1276] Vgl. SMITH (1994); INGLIS/CLEAVE (2006), S. 84.
[1277] Vgl. SAUTTER (2007), S. 54 f.; HEINEMANN (1988).

- zeitliche Verfügbarkeit bzw. flexible Zeitgestaltung,
- fachliche Qualifikation,
- Persönlichkeitsmerkmale wie beispielsweise Kontaktfreudigkeit oder Überzeugungskraft,
- Vereinsbindung bzw. Zielkongruenz mit den Organisationszielen sowie
- Kontakte zu anderen wirtschaftlichen, gesellschaftlichen oder politischen Organisationen.

Bezüglich der Gründe, weshalb sich Menschen sozial engagieren, kommt eine Vielzahl verschiedener *Motive* in Betracht, wobei es meist kein primäres Motiv gibt.[1278] Zudem können sich sowohl Motive als auch persönliche Einstellungen im Zeitablauf ändern und nicht alle Motive sind den Ehrenamtlichen auch direkt bewusst. Gerade in der Antizipationsphase spielen inhaltliche Beweggründe eine Rolle. Die Annahme eines Ehrenamts hängt zu dem Zeitpunkt wesentlich davon ab, für wie wichtig bzw. interessant die Aufgabe wahrgenommen wird und inwiefern sich die Person mit den Zielvorstellungen der Organisation identifizieren kann. Im weiteren Verlauf des Engagements lässt sich eine Kombination aus altruistischen sowie egoistischen Gründen festmachen, wobei diese Differenzierung sogleich einen Ordnungsrahmen für die Einteilung der Motive darstellt. Da jede Handlung auch einen gewissen Selbstbezug aufweist, ist jedoch von einem absoluten Altruismus abzusehen und vielmehr ein relativer Altruismus bzw. Egoismus anzunehmen.[1279]

Altruistisch motivierte Personen empfinden eine Norm der sozialen Verantwortung und möchten sich nützlich machen für die Gesellschaft bzw. das Gemeinwohl.[1280] Zur Erfüllung eigener moralischer Standards[1281] stellen sie ihre Zeit und Fähigkeiten in den Dienst einer „guten Sache"[1282]. Sie handeln selbstlos bzw. uneigennützig und die Beruhigung des eigenen Gewissens, die eventuelle Dankbarkeit der Hilfeempfänger sowie das gute Gefühl sind wichtiger als finanzielle Entschädigungen.[1283]

Bei einer egoistischen Orientierung spielen Möglichkeiten zur Selbstfindung und Selbstverwirklichung eine entscheidende Rolle.[1284] Das Gefühl des Gebrauchtwerdens kräftigt das Selbstwertgefühl. Neben dem Bedürfnis sozialer Eingebundenheit sind auch die Pflege sozialer Kontakte und der Wunsch mit anderen zusammenzuarbeiten relevant.[1285] Die Motive Spaß, Prestige, Macht bzw. Einfluss und (öffentliche) Anerkennung auch in Form von Ehrungen sind ebenso Gründe für ein ehrenamtliches Engagement wie die Suche nach neuem Wissen in Form von

---

[1278] Vgl. CLARY/SNYDER (1999), S. 157. Zur Motivationsforschung von Ehrenamtlichen vor allem im Sportbereich vgl. WERKMANN (2014), S. 12 ff. Zu Studien zu ehrenamtlichen Aufsichtsräten und deren Motiven in amerikanischen Colleges und Kommunen vgl. INGLIS/CLEAVE (2006), S. 85.
[1279] Vgl. MOSCHNER (2002), S. 3 ff.; SMITH (1982).
[1280] Vgl. INGLIS/CLEAVE (2006), S. 85; MOSCHNER (2002), S. 5 ff.; BEHER ET AL. (2000), S. 7; BERKOWITZ/DANIELS (1964); ROSENBLADT (2000), S. 9.
[1281] Vgl. MOSCHNER (2002), S. 9; CLARY ET AL. (1998).
[1282] SAUTTER (2007), S. 49.
[1283] Vgl. MOSCHNER (2002), S. 4.
[1284] Vgl. MOSCHNER (2002), S. 7; INGLIS/CLEAVE (2006), S. 86; CLARY ET AL. (1998); SAUTTER (2007), S. 49; HEINEMANN (1988); BEHER ET AL. (2000).
[1285] Vgl. INGLIS/CLEAVE (2006), S. 86; MOSCHNER (2002), S. 6 f.; CLARY ET AL. (1998).

Sachwissen oder Selbsteinsicht und neuen Perspektiven.[1286] Die erworbenen Kompetenzen und Kontakte bzw. Netzwerke können dabei auch beruflich von Vorteil sein.[1287]

Da klassische Steuerungsinstrumente der Personalwirtschaft bei Ehrenamtlichen nicht direkt angewendet werden können, da sie nicht als Mitarbeiter im engeren Sinn gelten, dient die *Anreiz-Beitrags-Theorie* auch in der Ehrenamtsforschung als anerkannte theoretische Grundlage. Die Grundlage der *Beiträge* stellt zunächst der Wille, sich einbringen zu wollen, dar. Der Wille wird dabei sogar entscheidender als die fachliche Qualifikation eingestuft. Zu den Beiträgen zählen unter anderem der Zeitaufwand oder die Arbeitsleistung. Ehrenamtliche übernehmen häufig Sachkosten, die in direkter Verbindung mit der Tätigkeit stehen, wie beispielsweise Porto oder Fahrtkosten, und nutzen ihr beruflich gewonnenes Fachwissen für die ehrenamtliche Tätigkeit. Da die Arbeitsleistung ansonsten teurer über den Arbeitsmarkt bezogen werden müsste, tragen sie durch die Einbringung ihrer Ressourcen zur Kostenreduktion der Organisation bei. Neben den bereits erwähnten Motiven, die als *Anreize* genutzt werden können, lassen sich Personen durch weitere Faktoren zum Ehrenamt motivieren. Hierzu zählen eine hohe Autonomie in Bezug auf Entscheidungs- und Handlungsspielräume sowie persönliche Verantwortung, Möglichkeiten der Fortbildung und Weiterqualifizierung, klare Zuständigkeiten, in sich geschlossene Aufgaben mit überschaubarem Zeitaufwand, Aufstiege in der Ämterhierarchie, gute Kommunikationsstrukturen sowie Einflussnahme auch in der Form, dass eigene Vorstellungen und Ideen eingebracht werden und Berücksichtigung finden.[1288] Die Schaffung materieller Anreize wie Aufwandsentschädigungen, die Bevorzugung bei Angeboten, Sachgeschenke oder ein Versicherungsschutz haben eher eine symbolische Bedeutung und werden als Zeichen der Wertschätzung verstanden.[1289] Je besser die von den Organisationen angebotenen Möglichkeiten zu den Motiven der Ehrenamtlichen passen, desto zufriedener sind sie und desto länger engagieren sie sich.[1290]

In Bezug auf die positive Beeinflussung der *Zufriedenheit* von Ehrenamtlichen konnten in verschiedenen Studien Determinanten wie persönliche Kontakte, Teil der Gemeinschaft zu sein, Gemeinwohl, Prestige oder auch gute Arbeitsbedingungen identifiziert werden.[1291] Zusammengefasst lassen sich die soziale Interaktion sowie tätigkeitsbezogene Aspekte als bedeutend herausstellen.[1292] Bei freiwilligen Helfern sportlicher Großevents sind die Personen am zufriedensten, die das Gefühl haben, einen wertvollen Beitrag für das Event zu leisten, wobei insgesamt eine hohe Zufriedenheit solcher Helfer festgestellt werden kann.[1293] Zudem besteht eine

---

[1286] Vgl. MOSCHNER (2002), S. 7 ff.; INGLIS/CLEAVE (2006), S. 85; SAUTTER (2007), S. 49 ff.; BADELT (1999); STRICKER (2006), S. 30; ROSENBLADT (2000), S. 9; BEHER ET AL. (2000), S. 7.

[1287] Vgl. CLARY ET AL. (1998); SAUTTER (2007), S. 49; MOSCHNER (2002), S. 10; INGLIS/CLEAVE (2006), S. 86.

[1288] Vgl. SAUTTER (2007), S. 48 ff.; MOSCHNER (2002), S. 11; AGRICOLA (1997), S. 74; HEINEMANN (2004), S. 212; THIEL/MEIER (2009).

[1289] Vgl. SAUTTER (2007), S. 50 f.; HORCH (1987); THIEL/MEIER (2009).

[1290] Vgl. MOSCHNER (2002), S. 9.

[1291] Vgl. WERKMANN (2014), S. 20; KIM/CHELLADURAI/TRAIL (2007); LOVE ET AL. (2011).

[1292] Vgl. SAUTTER (2007), S. 129.

[1293] Vgl. KEMP (2002).

stark positive Korrelation zwischen der Motivation und der Zufriedenheit dieser Personen.[1294] Eine geringe Bedeutung wird Gratifikationen im Sinne monetärer Leistungen beigemessen.[1295]

Bei den *Nachteilen bzw. Problemen* ehrenamtlicher Arbeit ist zu konstatieren, dass die Zeit, die engagierte Personen einbringen können, begrenzt ist. Zusätzlich sind in vielen Bereichen eine Zunahme an Verantwortung sowie steigende Anforderungen in Bezug auf rechtliche und verwaltungsbezogene Aspekte zu beobachten, die zum einen eine verstärkte Bürokratisierung, zum anderen aber auch eine Einschränkung des Kandidatenkreises bedeuten. Die Professionalisierungstendenz auch beispielsweise bei Wohlfahrtsverbänden führt dazu, dass einige Bevölkerungsgruppen nicht mehr am freiwilligen Engagement teilnehmen können und, dass der Qualifizierungsdruck für Ehrenamtliche steigt bzw. das Expertenwissen häufig bei hauptberuflichen Mitarbeitern angesiedelt ist. Eine der Ursachen, weshalb die Anzahl Ehrenamtlicher bei Parteien, Kirchen oder gemeinnützigen Großorganisationen rückläufig ist, ist auf die ausgeprägten hierarchischen Strukturen sowie eine hohe Regelungsdichte und die damit einhergehende geringere Verwirklichung der individuellen Motive zurückzuführen.[1296]

## 3.5 Partizipationsdeterminanten von Genossenschaftsmitgliedern

### 3.5.1 Charakterisierung von Mitgliedertypen

Als Kern des genossenschaftlichen Handelns wird die Einbeziehung aller Mitglieder in die Willensbildung angesehen, weswegen die aktive Mitgliederpartizipation einen wesentlichen Faktor darstellt.[1297] Das Ziel des Kapitels B3.5 ist es, die Mitgliederpartizipation in Genossenschaftsbanken näher zu analysieren, um somit potenzielle genossenschaftsspezifische Motivationsaspekte der Mitglieder, zu denen auch die Aufsichtsräte gehören, aus der (Genossenschafts-)Theorie abzuleiten.

Ein wesentlicher Bestandteil der Genossenschaftslehre bzw. genossenschaftlichen Partizipationsforschung stellt die Charakterisierung bzw. Strukturierung von Mitgliedertypen dar.[1298]

In diesem Kontext wird häufig der auf DRAHEIM basierende *Homo cooperativus* referenziert. Mit diesem wird ein altruistisch orientierter Mitgliedertyp beschrieben, der entgegen zweckrationaler Überlegungen bei der Verfolgung eigener Interessen auch auf die der anderen achtet.[1299] DRAHEIM war sich bewusst, dass nicht alle

---

[1294] Vgl. WERKMANN (2014), S. 15; REESER ET AL. (2005).
[1295] Vgl. SAUTTER (2007), S. 120.
[1296] Vgl. STRICKER (2006), S. 30 f.; SAUTTER (2007), S. 56 f.; BEHER ET AL. (2000); AGRICOLA (1997); ANHEIER/TOEPLER (2002), S. 31.
[1297] Vgl. GERIKE (2001), S. 44.
[1298] Vgl. AMANN (1984), S. 33.
[1299] Vgl. BLOME-DREES (2011), S. 83; BADER/BAUMÜLLER (2014), S. 221.

Genossenschaftsmitglieder Musterknaben „wirtschaftlicher Einsicht und Soziabilität"[1300] sind. Stattdessen deutet dieses theoretische Konstrukt auf die vielschichtigen persönlichen Anreizstrukturen hin, die bei der Mitwirkung an einer Genossenschaft vorliegen können.[1301]

Die unterschiedlichen Anreize bzw. Erwartungen sind zum einen auf die verschiedenen *Rollen*, die Mitglieder einnehmen können, zurückzuführen. So können Mitglieder ausschließlich als Kapitalgeber fungieren, indem sie sich mit ihrem Kapital an der Finanzierung bzw. der Haftung beteiligen. Zudem können sie die Rolle eines Leistungsabnehmers einnehmen, indem sie als Kunde die angebotenen Produkte nachfragen. Darüber hinaus besteht die Möglichkeit, sich als Entscheidungsträger, beispielsweise durch eine aktive Beteiligung an der Willensbildung und Kontrolle der Genossenschaft, einzubringen. Insbesondere die letztgenannte Rolle ist je nach in der Bank eingenommener Position mit sozialen Verhaltenserwartungen verknüpft.[1302]

Zum anderen lassen sich bezüglich der Anreize und Erwartungen individuelle Mitgliedschaftstypen differenzieren. DRAHEIM unterscheidet in einem Typisierungsmodell, das als erster motivationstheoretischer Ansatz im Rahmen der genossenschaftlichen Partizipationsforschung gilt, vier Gruppen von Mitgliedern:[1303] den Führungskreis, die Gruppe der Geführten, die zentrifugalen Glieder und die Opposition.

- Der *Führungskreis* stellt die aktiv partizipierende Gruppe dar. Neben weitreichenden Kenntnissen und Fähigkeiten verfügen die Mitglieder dieser Gruppen über ein gesellschaftliches Ansehen und ein großes persönliches Engagement mit weitreichendem Einfluss auf die übrigen Gruppen. Diese Gruppe nimmt regelmäßig an Mitgliederversammlungen teil und bringt sich bei Bedarf durch konstruktive Kritik am genossenschaftlichen Prozess ein. Ein Beispiel für diese Gruppe stellen ehrenamtliche Aufsichtsräte dar.[1304]

- Genau wie der Führungskreis ist die *Gruppe der Geführten* dem Gemeinschaftstypen zuzuordnen.[1305] Sie sind der Genossenschaft gegenüber grundsätzlich positiv bzw. wohlwollend eingestellt und vertrauen auf das Handeln der Geschäftsführung. Das genossenschaftliche Engagement ist eher gering ausgeprägt, was sich z. B. in einer nur unregelmäßigen Teilnahme an Mitgliederversammlungen äußert, da diese als zu langweilig wahrgenommen werden.[1306] Die Verbundenheit beschränkt sich eher auf das Geschäftliche.[1307]

---

[1300] DRAHEIM (1952), S. 48.
[1301] Vgl. BADER/BAUMÜLLER (2014), S. 221; BLOME-DREES (2011), S. 83 ff.
[1302] Vgl. BLOME-DREES (2011), S. 19 f.; NEUBERGER (2002), S. 314.
[1303] Vgl. BAUMGÄRTLER (2000), S. 82.
[1304] Vgl. DRAHEIM (1952), S. 39 f.; BAUMGÄRTLER (2000), S. 79.
[1305] Vgl. DRAHEIM (1952), S. 78 f.
[1306] Vgl. DRAHEIM (1952), S. 41.
[1307] Vgl. BAUMGÄRTLER (2000), S. 80.

- Die verbleibenden zwei Gruppen sind als Kontrahententypen zu charakterisieren.[1308] Die *zentrifugalen Glieder* zeichnen sich durch eine zweckrationale Bindung bzw. eine ausschließlich ökonomisch motivierte Teilnahme am Willensbildungsprozess aus. Sofern sie an den Versammlungen teilnehmen, weisen sie eine geringe Kompromissbereitschaft auf und treten eher als Besserwisser bzw. Querulanten auf.[1309]

- Die *Opposition* stellt den aktiven Gegner des Führungskreises dar, wobei der Ursprung dieses Verhaltens meist in persönlichen Streitigkeiten außerhalb der Gruppe zu finden ist.[1310]

Ein anderer Ansatz, der konkreter auf die unterschiedlichen Motivationsstrukturen der Mitglieder abzielt, ist auf WEBER zurückzuführen.[1311] Hiernach lassen sich zweckrationale, wertrationale, traditionelle sowie affektuelle Mitglieder unterscheiden.

- Im Sinne eines Homo oeconomicus sind *zweckrationale Mitglieder* ausschließlich auf ihren eigenen Vorteil bedacht sowie ausschließlich extrinsisch motiviert.[1312] In Anlehnung an DRAHEIM sind sie dem Kontrahententypen zuzuordnen und sprechen sich nur mit anderen Mitgliedern ab, wenn es der Durchsetzung eigener Interessen hilft.[1313] Als Motive fungieren alle Anreize wirtschaftlicher Art. Eine aktive Partizipation an der genossenschaftlichen Organisation, beispielsweise durch eine Übernahme von Ämtern, muss der Erreichung der eigenen materiellen Ziele dienen.[1314]

- Unabhängig davon, ob ein materieller Erfolg erzielt wird, messen *wertrational bestimmte Mitglieder* dem genossenschaftlichen Handeln einen eigenen Wert bei. Auch wenn die Erlangung wirtschaftlicher Vorteile zumindest langfristig als relevant eingestuft wird, steht die soziale Dimension bzw. die persönliche Verbundenheit mit der Genossenschaft im Fokus des Handelns. Wertrationale Mitglieder streben nach einem Zugehörigkeitsgefühl sowie danach, von der Mitgliedergruppe akzeptiert und geschätzt zu werden. Sie entwickeln ein unmittelbares Interesse an aktiver Partizipation, weshalb echte Mitwirkungsmöglichkeiten als Anreize fungieren. Diese Art der Mitglieder ist ebenfalls dem Gemeinschaftstypen zuzuordnen und nimmt als Entscheidungsträger an der genossenschaftlichen Willensbildung teil.[1315]

- *Traditionell bestimmte Mitglieder* sind aufgrund langjähriger Gewohnheiten mit der Bank verbunden und würden auch in der Genossenschaft verbleiben, wenn sie keinen unmittelbaren Nutzen mehr daraus ziehen könnten bzw. erst austreten, wenn offensichtliche Gründe dafür sprechen.[1316]

---

[1308] Vgl. DRAHEIM (1952), S. 78 f.
[1309] Vgl. BAUMGÄRTLER (2000), S. 80; DRAHEIM (1952), S. 42.
[1310] Vgl. DRAHEIM (1952), S. 42 f.
[1311] Vgl. WEBER (1956), S. 17 f.; ZERCHE/SCHMALE/BLOME-DREES (1998), S. 162.
[1312] Vgl. BLOME-DREES (2011), S. 21; BOETTCHER (1980), S. 14.
[1313] Vgl. DRAHEIM (1952), S. 79.
[1314] Vgl. WEUSTER (1986), S. 220; BLOME-DREES (2011), S. 22.
[1315] Vgl. BLOME-DREES (2011), S. 22 f.; VIERHELLER (1983a), S. 68; VIERHELLER (1983b), S. 33.
[1316] Vgl. LOUIS (1979), S. 299.

- Bei *affektuell bestimmten Mitgliedern* ist das Handeln eher emotional begründet. Sie haben eine positive Einstellung gegenüber der Genossenschaft, würden aber nicht auf wirtschaftliche Vorteile verzichten. Das wichtigste Motiv für eine aktive Partizipation ist das Streben nach Wertschätzung und Anerkennung. Auch sie sind bei DRAHEIM dem Gemeinschaftstypen zuzuordnen. Aufgrund des Verbundenheitsgefühls bleiben sie der Genossenschaft selbst dann erhalten, wenn sie mit den Leistungen nicht mehr zufrieden sind. Sie stellen eine loyale Mitgliedergruppe dar, die erst nach einer längeren Zeit der Unzufriedenheit Konsequenzen ziehen würde. Da sie sich als einen aktiven, mitgestaltenden Bestandteil der Genossenschaft verstehen, sind die Anreize eher partizipativer Art. Zur Bedürfnisbefriedigung dieser meist intrinsisch motivierten Mitglieder tragen die Chance zum eigenverantwortlichen, langfristig orientierten Handeln, ein hoher Grad an Selbstständigkeit sowie die Möglichkeit zur Mitwirkung bei Entscheidungen bei.[1317]

Unabhängig vom Typisierungsmodell ist zu berücksichtigen, dass der Übergang zwischen den Typen fließend ist und insofern nur Tendenzaussagen, jedoch keine genauen Zuordnungen möglich sind.[1318] Wichtig ist jedoch, zu erkennen, dass genossenschaftliche Partizipation je nach Mitgliedertyp auf verschiedenen persönlichen Motiven beruht und die unterschiedlichen Einstellungen bzw. Verhaltensweisen auch bei der Gewinnung neuer Genossenschaftsmitglieder Berücksichtigung finden sollten.[1319]

### 3.5.2    Motivationstheoretische Erklärungsansätze in der Genossenschaftsforschung

Bei der Untersuchung ehrenamtlichen Engagements in Genossenschaftsbanken ist zum einen zu analysieren, aufgrund welcher persönlicher Faktoren sich Mitglieder persönlich engagieren und zum anderen ist zu ergründen, welche institutionellen Rahmenbedingungen das Engagement in Genossenschaften begünstigen.[1320] Zur Erklärung des Partizipationsverhaltens in Genossenschaften wurde insbesondere in den achtziger Jahren die *Anreiz-Beitrags-Theorie* herangezogen[1321] und darauf abgestellt, dass jedes einzelne Mitglied seinen Anreiz-Beitrags-Saldo ermitteln wird.[1322] Unter genossenschaftlichen Anreizen wird dabei „die Gesamtheit aller in den Beziehungen zu den Mitgliedern aktuell angebotenen oder in Aussicht gestellten wirtschaftlichen und außerwirtschaftlichen Vorteile verstanden"[1323]. Der Einsatz eines Mitglieds ist umso größer, je mehr es die Aktivitäten der Bank beeinflussen kann und je mehr es bei der Entscheidungsfindung berücksichtigt wird. Die Motivation für ein aktives Partizipationsverhalten hängt stark von dem individuellen

---

[1317]  Vgl. BLOME-DREES (2011), S. 22 ff.
[1318]  Vgl. BAUMGÄRTLER (2000), S. 82. Ein Überblick über Studien mit Einflussfaktoren auf die Mitgliederpartizipation ist bei BAUMGÄRTLER zu finden (vgl. BAUMGÄRTLER (2000), S. 151).
[1319]  Vgl. BLOME-DREES (2011), S. 24.
[1320]  Vgl. HANISCH (2019), S. 25 f.
[1321]  Vgl. RINGLE (1987); ESCHENBURG (1988); BOETTCHER (1980); WARTENBERG (1981); RINGLE (1989); DÜLFER (1984).
[1322]  Vgl. ESCHENBURG (1988), S. 258.
[1323]  BLOME-DREES (2011), S. 24.

(erwarteten) Nutzen ab.[1324] Es ist daher eine elementare Aufgabe des Vorstands, die Mitgliederrollen attraktiv zu gestalten und Anreize zu schaffen, die die Bedürfnisse der Mitglieder befriedigen.[1325] Eine hohe Zufriedenheit der Mitglieder, von denen die Aufsichtsräte eine Teilmenge darstellen, wirkt sich dabei positiv auf die Loyalität und Bindung aus.[1326] Eine ausgeprägte Identifikation mit der Genossenschaft fungiert als Motivationsfaktor und führt dazu, dass das Mitglied dazu bereit ist, einen aktiven Beitrag zur Zielerreichung zu leisten.[1327] Über eine Steuerung der Anreize besteht für den Vorstand außerdem (zumindest theoretisch) die Möglichkeit, langfristig eine Mitgliederstrukturpolitik in der Form zu betreiben, dass insbesondere die Personen Mitglied werden, deren Beiträge sich am ehesten zur Erreichung der Unternehmensziele eignen.[1328]

Das Nutzenkalkül eines Genossenschaftsmitglieds ist dabei höchst individuell. So können Mitgliederversammlungen von einigen als zeitaufwendige, kaum nutzenbringende Veranstaltungen bewertet werden, während sie bei anderen Mitgliedern durch die damit verbundenen Möglichkeiten der demokratischen Mitbestimmung zur Befriedigung persönlicher Bedürfnisse führt.[1329] Mitgliedern mit einem hohen Qualifikationsniveau wird attestiert, dass sie sich hauptsächlich aufgrund intrinsischer bzw. sozialer Motive aktiv engagieren und eine materielle Motivation aufgrund des eigenen Anspruchsniveaus nicht in Betracht kommt.[1330] Weitere potenzielle Anreize und Beiträge in Bezug auf Genossenschaftsmitglieder werden durch Tab. 31 veranschaulicht und strukturiert.

---

[1324] Vgl. GERIKE (2001), S. 44; GEBERT (1983), S. 177.
[1325] Vgl. RINGLE (1989), S. 9; BLOME-DREES (2011), S. 20.
[1326] Vgl. UNGERN-STERNBERG (2002), S. 4.
[1327] Vgl. BLOME-DREES (2011), S. 20 ff.; SCHREYÖGG (1992), S. 1494.
[1328] Zu weiteren Ausführungen zur Mitgliederstrukturpolitik vgl. ESCHENBURG (1988), S. 252 ff.
[1329] Vgl. BAUMGÄRTLER (2000), S. 100.
[1330] Vgl. TEBROKE (1998), S. 337.

| Anreize | | |
|---|---|---|
| **Materiell** | Überschussverwendung | Dividendenausschüttung zur Stärkung der Mitglieder in Abhängigkeit der Geschäftsanteilshöhe, Rücklagenzuweisung zur Stärkung der Förderungskraft der Bank |
| | Aufwandsentschädigung | Für Mitglieder in Selbstverwaltungspositionen wie z. B. Aufsichtsräte |
| | Marktzugang | Überwindung von Zugangsbarrieren durch Gründung/Offenhalten von Märkten |
| | Weitere finanzielle Vorteile | Mitgliederbezogene Kosten-/Leistungsvorteile bei Produkten oder Dienstleistungen |
| **Immateriell** | Befriedigung sozialer Bedürfnisse | Soziale Teilhabe, Gruppenzugehörigkeit |
| | Teilhabe an Selbstverwaltung und Kontrolle | Soziale Geltung, Macht durch Selbstverwaltungspositionen |
| | Teilhabe an Willensbildung | Einbringen der eigenen Meinung bzw. Interessen |
| | Ideelle Werte | Genossenschaftsidee, genossenschaftliches Handeln |
| **Beiträge** | | |
| **Materiell** | Beteiligungskapital | Eigenkapitalbeitrag durch Erwerb der Mitgliedschaft |
| | Haftung | Haftungsverpflichtungen, ggf. Nachschusspflicht |
| | Zeitaufwand | Mit Opportunitätskosten bewertete Zeit für den Arbeitsbeitrag (inkl. Informationsbeschaffung) in der Selbstverwaltung |
| | Anreisekosten | Bei Beteiligung an Versammlungen |
| | Leistungsbeziehungen | Aufrechterhaltung der Geschäftsbeziehung durch Nachfrage angebotener Produkte/Leistungen |
| **Immateriell** | Kompromissbereitschaft | Zur Überwindung von Interessendivergenzen bei Beteiligung an Versammlungen, Zurücknahme der eigenen Ansprüche (Solidarität) |
| | Arbeitsleistung | Für Mitglieder in Selbstverwaltungspositionen wie z. B. Aufsichtsräte |
| | Konstruktive Kritik | Einbringung von Verbesserungsvorschlägen trotz physischem, psychischem oder ökonomischem Aufwand |
| | Genossenschaftliche Treue | Loyalität, emotionale Bindung |
| | Werbung | Eintreten für die genossenschaftliche Idee gegenüber Dritten |

Tab. 31:   Genossenschaftliches Anreiz-Beitrags-System aus Sicht der Mitglieder[1331]

Die Mitwirkung in einem Aufsichtsrat bedeutet daher nicht nur Ehre, sondern beinhaltet auch Verpflichtungen wie beispielsweise Zeitaufwand, die Einbringung von Wissen und Erfahrung sowie die Übernahme von Verantwortung und gegebenenfalls Haftung.[1332]

Vor dem Hintergrund gering frequentierter Mitgliederversammlungen scheint eine Störung des Anreiz-Beitrags-Gleichgewichts zu existieren. Die gebotenen Partizipationsanreize werden von den Mitgliedern demnach geringer als die zu leistenden

---

[1331]  Quelle: Eigene Darstellung in Anlehnung an ESCHENBURG (1988), S. 256 f.; BAUMGÄRTLER (2000), S. 98 ff.; BERTHEL/BECKER (2017), S. 54; RINGLE (1987), S. 12 ff.; ZERCHE/SCHMALE/BLOME-DREES (1998), S. 43 ff.; RINGLE (1992), S. 12 f.
[1332]  Vgl. FRANKENBERGER/GSCHREY/BAUER (2020), S. 259 ff.

Beiträge angesehen.[1333] Die Vorbereitung und aktive Teilnahme an der Versammlung verursachen Kosten, die nach subjektivem Empfinden in keinem adäquaten Verhältnis zum individuellen Nutzen stehen.[1334] Darüber hinaus profitieren alle Mitglieder unabhängig von der Teilnahme an einer Mitgliederversammlung von einer identisch hohen Dividende, weshalb der Sinn einer solchen Versammlung nicht für alle Mitglieder ersichtlich ist.[1335] Während bei der Gründung der ersten Genossenschaften Leistungsbeziehungen ausschließlich mit Mitgliedern eingegangen wurden, können Nichtmitglieder bei den meisten Genossenschaften mittlerweile dieselben Produkte und Dienstleistungen zu denselben Konditionen nachfragen wie Mitglieder.[1336] Gerade in großen Genossenschaften ist ferner anzunehmen, dass das genossenschaftliche Prinzip bzw. die Selbstverwaltung nicht jedem Mitglied bekannt ist oder nicht als relevant erachtet wird.

Um die von den Mitgliedern wahrgenommenen Anreize sowie Beiträge zu ermitteln, bestünde die Möglichkeit einer Mitgliederbefragung. Aufgrund von Kosten- und Zeitgründen werden diese gerade bei großen Genossenschaften jedoch nicht regelmäßig durchgeführt.[1337] Um zumindest den gegenwärtigen Zustand einer ausgewählten Mitgliedergruppe zu ermitteln, kommt eine Befragung der Aufsichtsräte in Betracht.

Unzufriedenheit von Mitgliedern kann zum einen durch einen Austritt aus der Genossenschaft oder auch aufgrund direkter Beschwerden oder Kritik erfasst werden.[1338] Zum anderen ist es jedoch auch vorstellbar, dass ein Mitglied trotz eines negativen Anreiz-Beitrags-Saldos in der Genossenschaft verbleibt.[1339] Dies wird beispielsweise bei kleineren Genossenschaften mit einer starken sozio-emotionalen Bindung beobachtet.[1340] Darüber hinaus sind Konstellationen möglich, in denen Mitglieder mit einem positiven Anreiz-Beitrags-Saldo die Organisation verlassen bzw. nicht partizipieren.[1341]

Neben der Anreiz-Beitrags-Theorie kann auch die Bedürfnishierarchie von MASLOW zur Erklärung der Mitgliederpartizipation herangezogen werden.[1342] Davon ausgehend, dass die physiologischen Bedürfnisse der Genossenschaftsmitglieder als befriedigt anzunehmen sind, wird dabei jedoch eher auf die Bedürfnisse höherer Stufe abgestellt. Partizipation in Form von Mitbestimmung und Mitwirkung an genossenschaftlichen Entscheidungsprozessen kann zur Befriedigung von Wertschätzungs- und Selbstverwirklichungsbedürfnissen führen. In Bezug auf Mitgliederversammlungen kann die Teilnahme zum einen als Privileg aufgefasst werden. Zum anderen können Fähigkeitspotenziale durch eine aktive Beteiligung ausge-

---

[1333] Vgl. BAUMGÄRTLER (2000), S. 101.
[1334] Vgl. TEBROKE (1998), S. 337.
[1335] Vgl. BAUMGÄRTLER (2000), S. 102; ZIEGER (2007), S. 144.
[1336] Vgl. GROSSFELD (1988), S. 265.
[1337] Vgl. ESCHENBURG (1988), S. 261.
[1338] Vgl. ESCHENBURG (1988), S. 262.
[1339] Vgl. BAUMGÄRTLER (2000), S. 101.
[1340] Vgl. DÜLFER (1984), S. 158.
[1341] Vgl. BAUMGÄRTLER (2000), S. 102.
[1342] Vgl. PATERA/ZACHERL (1984), S. 113 ff.; DÜLFER (1984), S. 167 ff.

schöpft werden. Hiermit kann das Bedürfnis nach Ansehen, Prestige und Anerkennung bedient werden, was zur Selbstverwirklichung beiträgt bzw. ein gesteigertes
Selbstwertgefühl zur Folge hat.[1343]

### 3.5.3    Kritische Würdigung des Partizipationsverhaltens

Das Engagement eines Mitglieds hängt sowohl von der Partizipationsfähigkeit als
auch von der Partizipationsbereitschaft ab. Zu ersterem zählen Faktoren wie Be-
gabung, Können und Wissen, während bei letzterem die motivationalen Aspekte
relevant sind.[1344] Die Bereitschaft beruht dabei auch auf der durch Einkommen,
Bildung, Lebensstil oder Berufsposition geprägten sozialen Umgebung. Auch die
Verhaltenserwartungen des Umfelds (Familie, Freunde, Kollegen etc.) spielen eine
Rolle.[1345]

Darüber hinaus bedarf es der „eigenen Betroffenheit, des Sehens von Problemen,
der Verbalisierung von Bedürfnissen, der gemeinsamen Aktion im Sinne eines
Lernprozesses und der Erkennbarkeit von Nutzen und Kosten in diesem Prozess,
und zwar im ökonomischen, sozialen und psychischen Sinn"[1346]. Wenn die Bank
als bedeutend bzw. unentbehrlich wahrgenommen wird oder sich in einer Krisensituation befindet, liegt eine wesentlich höhere Partizipationsbereitschaft vor.[1347]

In der Praxis sind seit geraumer Zeit sowohl eine geringe Mitgliederpartizipation
als auch eine nachlassende Mitgliederorientierung insbesondere bei großen Kreditgenossenschaften zu beobachten.[1348] Bei einer Untersuchung von Tschöpel im
Jahr 2012, an der 2.371 Mitglieder von Genossenschaftsbanken teilnahmen, kam
heraus, dass nur ca. 20 % der Mitglieder ihre Mitbestimmungs- und Mitwirkungsrechte regelmäßig aktiv wahrnehmen. Rund 70 % schätzten die Wirksamkeit dieser Rechte als gering oder sehr gering ein.[1349]

Determinanten genossenschaftlichen Partizipationsverhaltens waren bereits häufiger Gegenstand empirischer Erhebungen.[1350] Als Einflussfaktoren, die sich positiv
auf die Partizipation auswirken, konnten dabei beispielsweise die Höhe der Geschäftsanteile, die Stellung der Bank im Geschäftsgebiet, das Informationsniveau
der Mitglieder sowie die Identifikation mit der Genossenschaft identifiziert werden.
Negativ korrelieren hingegen die Anzahl der Fusionen, die Einwohnerzahl des Geschäftsgebiets, die Anzahl der Mitglieder sowie die Bilanzsumme. Als Gründe für
eine geringe Partizipation wurden insbesondere Zeitmangel, Desinteresse sowie
ein geringer Wissensstand über die Mitbestimmungsmöglichkeiten angeführt.[1351]

---

[1343]  Vgl. ZERCHE/SCHMALE/BLOME-DREES (1998), S. 164 f.; BAUMGÄRTLER (2000), S. 87.
[1344]  Vgl. BAUMGÄRTLER (2000), S. 78.
[1345]  Vgl. AMANN (1984), S. 41 f.
[1346]  AMANN (1984), S. 50.
[1347]  Vgl. PATERA/ZACHERL (1984), S. 112.
[1348]  Vgl. TSCHÖPEL (2012), S. 16; ZIEGER (2007), S. 149; BAUMGÄRTLER (2000), S. 59; GORTON/
SCHMID (1999), S. 119 ff.
[1349]  Vgl. TSCHÖPEL (2012), S. 17.
[1350]  Einen Überblick über empirische Studien zu partizipativen Fragestellungen in Genossenschaften sowie eine Zusammenfassung der wichtigsten Einflussfaktoren liefert BAUMGÄRTLER (2000), S. 133 ff.
Zur Motivation und Förderung ehrenamtlichen Engagements in ländlichen Genossenschaften siehe
HANISCH (2019).
[1351]  Vgl. BAUMGÄRTLER (2000), S. 132 ff.; TSCHÖPEL (2010), S. 11.

Anstelle der Mitwirkung von gegebenenfalls zeitaufwändigen, schwierigen Auseinandersetzungen bei Mitgliederversammlungen wird eher auf die Expertise des Vorstands vertraut.[1352]

In einer empirischen Untersuchung von BAUMGÄRTLER, im Rahmen derer er Vorstände von Genossenschaftsbanken zur Mitgliederpartizipation befragte, wurden als Gründe für die Nichtteilnahme an Mitgliederversammlungen insbesondere das Desinteresse der Mitglieder an der Geschäftspolitik, Zeitmangel sowie gewöhnliche Tagesordnungen angenommen. Unzufriedenheit spielt bei den befragten Vorständen demnach keine Rolle. Bei der Auswahl von Vertretern sind ihrer Meinung nach das Ansehen, der Charakter und Ruf mit Abstand am wichtigsten, gefolgt von dem Beruf des Mitglieds. Alter, Geschlecht sowie das Ausmaß der Geschäftsbeziehungen sind weniger bedeutsam, wobei hier die Meinungen der Vorstände stärker differierten. Da bankspezifisches Wissen als noch weniger relevant erachtet wurde, ist anzunehmen, dass objektive Kriterien nicht im Fokus bei der (Aus-)Wahl der Vertreter stehen. Anstelle von Vertretern, die die Mitgliederstruktur repräsentativ abbilden, wird angenommen, dass eher Vertreter gewählt werden, die zu einer konfliktfreien Zusammenarbeit mit dem Vorstand beitragen. Diese Einschätzung ist auch bei der Wahl von Aufsichtsräten als relevant einzustufen, zumal in der Untersuchung auch nach der Widerspruchshäufigkeit des Aufsichtsrats gegen geschäftspolitische Vorstandsentscheidungen gefragt wurde. Obwohl der Aufsichtsrat als Kontrollorgan fungiert, haben 38 % der befragten Vorstände noch nie Widerspruch erfahren, 46 % nur selten und 17 % gelegentlich.[1353]

In diesem Zusammenhang wird meist auch auf ein dominantes Genossenschaftsmanagement, das in der fachlichen Qualifikation der Vorstände und dem Wachstums- bzw. Konzentrationsprozess begründet liegt, verwiesen.[1354] Obwohl die Managerdominanz unter dem Aspekt der genossenschaftlichen Existenzerhaltung als sinnvoll erachtet werden kann, stellt sie eine entscheidende Partizipationsbarriere dar, wobei sie sowohl Ursache als auch Folge der nachlassenden Mitgliederpartizipation sein kann.[1355] Fusionsbedingt steigende Mitgliedergruppen können zu einem nachlassenden Solidaritätsbewusstsein bzw. einer Entfremdung führen, wodurch der Handlungsspielraum des Vorstands weiter vergrößert wird.[1356]

Fusionsaktivitäten tragen zu einer Wahrnehmung von Genossenschaftsbanken als austauschbare, ohne klare Differenzierung zu anderen Bankengruppen agierende Institute bei. 81 % der Kunden von Genossenschaftsbanken wurden noch nie auf eine Mitgliedschaft angesprochen,[1357] was verdeutlicht, dass die Mitgliedschaft nur noch selten als Wettbewerbsfaktor genutzt wird. Es besteht die Gefahr, dass die wichtige Rolle der Mitglieder zwar in den Geschäftsberichten der Banken erwähnt, aber nicht weiter verfolgt wird.[1358]

---

[1352] Vgl. ZIEGER (2007), S. 144.
[1353] Vgl. BAUMGÄRTLER (2000), S. 195 ff.
[1354] Vgl. WITTE (1972), S. 42 f.
[1355] Vgl. BÖÖK (1992), S. 89; BAUMGÄRTLER (2000), S. 64.
[1356] Vgl. WITTE (1972), S. 36.
[1357] Vgl. BVR (2006), S. 5 zitiert nach ZIEGER (2007), S. 149.
[1358] Vgl. BAUMGÄRTLER (2000), S. 37 ff.

Eine weitere Determinante der Beteiligungsbereitschaft ist auf die Zufriedenheit bzw. Unzufriedenheit der Mitglieder zurückzuführen. Ein möglicher Grund für eine Mitgliederapathie liegt darin, dass die Mitglieder mit den Entscheidungen des Vorstands zufrieden sind und aufgrund dessen keinen Handlungsbedarf sehen. Sie könnte jedoch auch darauf basieren, dass sich ein unzufriedenes Mitglied bewusst nicht (mehr) an der Willensbildung beteiligt. Andererseits können unzufriedene Mitglieder auch mit einem verstärkten partizipativen Verhalten im Sinne eines Widerspruchs agieren.[1359]

Sich der Motivation bzw. den Beweggründen des Mitgliederhandelns bewusst zu sein, ist eine wichtige Voraussetzung für die Entwicklung bzw. Reaktivierung von Mitgliederstrategien und somit auch für die Rekrutierung potenzieller Aufsichtsräte.[1360]

## 3.6    Zusammenfassung der Einordnung in den theoretischen Kontext

Mithilfe von Tab. 32-Tab. 35 werden die wesentlichen Aspekte des vorangegangenen Kapitels zusammengefasst.

| Corporate-Governance-relevante Verhaltensannahmen der Prinzipal-Agenten- und der Stewardship-Theorie (Kapitel 3.2) |
|---|
| ▪ Als theoretische Grundlage der kontrollorientierten aufsichtsratsbezogenen Forschung dominiert die Prinzipal-Agenten-Theorie. |
| ▪ Als Basis für eine stärker verhaltenswissenschaftliche Aufsichtsratsforschung und dem Ziel einer effektiveren Corporate Governance eignet sich die Stewardship-Theorie. |
| ▪ Beide Theorien stellen legitime Ansätze in der Corporate-Governance-Forschung dar und können, so wie in der vorliegenden Arbeit, auch als sich ergänzende Theorien verstanden werden. |
| **Einordnung in die verhaltenswissenschaftliche Forschung (Kapitel 3.3)** |
| ▪ Durch die Einbeziehung verhaltenswissenschaftlicher Aspekte in die Betriebswirtschaftslehre werden traditionelle ökonomische Konstrukte, wie die des Homo oeconomicus, auf eine realistischere Grundlage gestellt. |
| ▪ Die vorliegende Arbeit kann im verhaltenswissenschaftlichen Bereich der Betriebswirtschaftslehre bzw. konkret der Unternehmensführung verortet werden. |

Tab. 32:    Zusammenfassung der Einordnung in den theoretischen Kontext – Teil I[1361]

---

[1359]  Vgl. BAUMGÄRTLER (2000), S. 90.
[1360]  Vgl. BLOME-DREES (2011), S. 19; AMANN (1984), S. 35.
[1361]  Quelle: Eigene Darstellung.

| Grundlagen der Motivations- und Zufriedenheitsforschung (Kapitel 3.4) |
|---|
| **Begriffliche Abgrenzungen aus der Motivations- und Zufriedenheitsforschung** |
| ▪ Ein *Bedürfnis* entspricht einem Mangelgefühl, das einen Menschen in Handlungsbereitschaft setzt. Der Wunsch zur Bedürfnisbefriedigung (*Motiv*) ist dem Bedürfnis grundsätzlich nachgelagert, wird jedoch vielfach und daher auch hier nicht differenziert betrachtet. Ein *Anreiz* ist ein Situationsmerkmal, mit dem die Möglichkeit einer Bedürfnisbefriedigung assoziiert wird, was den Motivationsprozess initialisiert. |
| ▪ *Motivation* ist der Prozess von der Wahrnehmung eines Bedürfnisses bis zu dessen Erfüllung und somit die Voraussetzung für zielorientiertes Handeln und Verhalten. Aktivitäten, die um ihrer selbst willen ausgeführt werden, gelten als intrinsisch, Aktivitäten, bei denen der Anreiz auf den beabsichtigten Ergebnisfolgen liegt, als extrinsisch motiviert. |
| ▪ *Zufriedenheit* ist das positive Ergebnis eines Vergleichsprozesses, bei dem die wahrgenommene Situation (Ist) mit den im Vorfeld existierenden Erwartungen (Soll) abgeglichen wird. |
| **Arbeitsmotivation und Arbeitszufriedenheit** |
| ▪ Die Motivations- und Zufriedenheitsthematik wird auf einen arbeitsbezogenen bzw. organisationalen Bereich eingegrenzt, da dieser am ehesten auf genossenschaftliche Aufsichtsräte übertragbar ist. |
| ▪ Beim Versuch herauszufinden, warum Menschen Energie in Arbeit investieren, welche Bedingungen die Motivation beeinflussen und warum nicht alle Menschen gleichermaßen motiviert sind, wurden im Zeitverlauf unterschiedliche Menschenbilder angenommen. Der Ansatz des *komplexen Menschen*, der sich durch zahlreiche individuelle sowie situationsabhängige Bedürfnisse auszeichnet, soll als Basis dieser Arbeit dienen. |
| ▪ Zur Untersuchung der Motivation und Zufriedenheit genossenschaftlicher Aufsichtsräte eignen sich allgemeine Motivationstheorien, die auf Arbeitssituationen übertragen werden, Arbeitsmotivationstheorien, bei denen Arbeitszufriedenheit eine Teilkomponente darstellt, sowie Arbeitszufriedenheitstheorien, die jedoch auf motivationale Theorien zurückzuführen sind. Vorgestellt wurden diesbezüglich grundlegende Theorien sowie solche, die sich auf die Situation genossenschaftlicher Aufsichtsräte übertragen lassen. |
| ▪ *Arbeitsmotivation* wird definiert als „Bereitschaft von Mitarbeitern, ihre Fähigkeiten und Fertigkeiten beim Arbeitshandeln, d. h. im Dienst produktiver Arbeit zielgerichtet, engagiert und ausdauernd einzusetzen und die Lösung von Arbeitsaufgaben mit Engagement und auch gegen Widerstände zu verfolgen"[1362]. Die Eintritts-, Bleibe- sowie Arbeitsmotivation stellen die drei Bezugsebenen der Arbeitsmotivation dar. |
| ▪ Die oben genannte Zufriedenheitsdefinition konkretisierend bezieht sich *Arbeitszufriedenheit* auf die Einstellungen eines Mitarbeiters hinsichtlich seiner gesamten Arbeit(ssituation) oder einzelner diesbezüglicher Facetten. |

Tab. 33:   Zusammenfassung der Einordnung in den theoretischen Kontext – Teil II[1363]

---

[1362] SIEMUND (2013), S. 105.
[1363] Quelle: Eigene Darstellung.

- Im Hinblick auf Arbeitsmotivation und -zufriedenheit existieren zahlreiche Antezeden-zien, Konsequenzen oder intervenierende Variablen, wobei häufig nicht eindeutig nach-gewiesen ist, in welcher dieser drei Formen ein Faktor auftritt.
- Trotz starker theoretischer Verflechtungen lassen sich Motivation und Zufriedenheit durch ihre prospektive bzw. retrospektive Orientierung differenzieren, sodass Zufrieden-heit als Resultat eines „Vergleichs des durch die Motivation angestrebten Zieles mit dem Ergebnis"[1364] zu betrachten ist.

**Motivationstheoretische Überlegungen der Ehrenamtsforschung**

- Ehrenamtliches Engagement wird unter anderem dadurch charakterisiert, dass es frei-willig sowie nebenberuflich ausgeübt wird und organisatorisch angebunden bzw. nicht auf eine Gewinnerzielung ausgerichtet ist.
- Ehrenämter werden sowohl aufgrund von altruistischen als auch egoistischen Motiven ausgeführt.
- Die Anreiz-Beitrags-Theorie gilt als anerkannte theoretische Grundlage der Ehren-amtsforschung.

**Partizipationsdeterminanten von Genossenschaftsmitgliedern (Kapitel 3.5)**

**Charakterisierung von Mitgliedertypen**

- Im Rahmen der genossenschaftlichen Partizipationsforschung werden verschiedene Mitgliedertypen betrachtet.
- Die divergenten Motivstrukturen dieser Mitgliedertypen sollten bei der Gewinnung neuer Genossenschaftsmitglieder bzw. bei der Gewinnung von Mitgliedern für genos-senschaftliche Ämter Berücksichtigung finden.

**Motivationstheoretische Erklärungsansätze in der Genossenschaftsforschung**

- Die Anreiz-Beitrags-Theorie dient der Erklärung des Partizipationsverhaltens in Ge-nossenschaften. Anreize und Beiträge können jeweils in materieller sowie in immate-rieller Form vorliegen. Gering frequentierte Mitgliederversammlungen deuten jedoch auf ein Anreiz-Beitrags-Ungleichgewicht hin.
- Bezugnehmend auf die Bedürfnishierarchie von MASLOW kann genossenschaftliche Partizipation zur Befriedigung von Wertschätzungs- und Selbstverwirklichungsbedürf-nissen beitragen.

**Kritische Würdigung des Partizipationsverhaltens**

- In der Praxis sind sowohl eine geringe Partizipation seitens der Mitglieder als auch eine nachlassende Mitgliederorientierung seitens der Genossenschaften zu beobach-ten.
- Bei den Mitgliedern ist dies unter anderem auf eine als gering eingeschätzte Wirksam-keit, Desinteresse und das fehlende Vertrauen auf die Vorstandsexpertise zurückzu-führen. Wenn die Bank als bedeutend bzw. unentbehrlich wahrgenommen wird oder sich in einer Krisensituation befindet, liegt eine höhere Partizipationsbereitschaft vor.

Tab. 34:    Zusammenfassung der Einordnung in den theoretischen Kontext – Teil III[1365]

---

[1364] FISCHER (1989), S. 28.
[1365] Quelle: Eigene Darstellung.

> - Die Managerdominanz stellt eine entscheidende Partizipationsbarriere dar. Fusionsbedingt steigende Mitgliedergruppen können zu einem nachlassenden Solidaritätsbewusstsein bzw. einer Entfremdung führen, wodurch der Handlungsspielraum des Vorstands weiter vergrößert wird.
> - Sich der Motivation bzw. den Beweggründen des Mitgliederhandelns bewusst zu sein, ist eine wichtige Voraussetzung für die Entwicklung bzw. Reaktivierung von Mitgliederstrategien und somit auch für die Rekrutierung potenzieller Aufsichtsräte.

Tab. 35:  Zusammenfassung der Einordnung in den theoretischen Kontext – Teil IV[1366]

Da weder die Erkenntnisse der klassischen, meist auf das monistische Aufsichtsratssystem bezogenen Aufsichtsratsforschung noch der traditionellen Ehrenamtsforschung direkt auf die Motivation und Zufriedenheit genossenschaftlicher Aufsichtsräte übertragen werden können, wurden im Rahmen des vorangegangenen Kapitels theoretisch denkbare Ansätze, die für die Annahme und Ausübung eines genossenschaftlichen Aufsichtsratsmandats – also vor der Wahl und während der Amtsausübung – eine relevante Rolle spielen, vorgestellt. Obwohl die Theorien jeweils nur ausgewählte Motivations- bzw. Zufriedenheitsaspekte erklären, fungieren sie dennoch als Verständnishilfe für den Motivations- und Zufriedenheitsprozess.[1367] Die dargestellten Inhaltstheorien dienen dabei insbesondere der Ableitung potenzieller Motive für die Aufsichtsräte im Rahmen der Operationalisierung, die Prozesstheorien zur Konzeption des Bezugsrahmens.[1368]

Die Motivation und Zufriedenheit von Aufsichtsräten deutscher Unternehmen stand bislang nur selten im Fokus der Forschung. Bei Genossenschaftsbanken ist es insbesondere wichtig, zu verstehen, aus welchen Beweggründen sich Mitglieder bzw. potenzielle Aufsichtsräte an einer Genossenschaft beteiligen, was sie motiviert, dort engagiert zu verbleiben.[1369] Es ist anzunehmen, dass sich rational-ökonomisch motivierte Mitglieder aufgrund von wirtschaftlichen Vorteilserwägungen engagieren, während sozial bzw. intrinsisch motivierte Mitglieder auf Anreize reagieren, die beispielsweise auf die Identifikation mit der Genossenschaft abzielen. Festzuhalten bleibt, dass es verschiedene, möglicherweise dominante Bedürfnisgruppen gibt, die für Genossenschaftsmitglieder relevant sind.[1370] Die vorliegende Arbeit soll einen Beitrag zur Aufdeckung der Motive und zum Entstehen der Zufriedenheit leisten, in dem die Arbeitsmotivation und Arbeitszufriedenheit sowie insbesondere ihre Antezedenzien untersucht werden. Der Forderung nach mehr verhaltenswissenschaftlicher Aufsichtsratsforschung wird damit Rechnung getragen.[1371]

---

[1366] Quelle: Eigene Darstellung.
[1367] Vgl. DRUMM (2005), S. 472.
[1368] Vgl. Kapitel C2. LAWLERS Modell der Arbeitszufriedenheit (vgl. Kapitel B3.4.2.3.7) sowie das Zürcher Modell der Arbeitszufriedenheit von BRUGGEMANN (vgl. Kapitel B3.4.2.3.6) zählen zwar nicht zu den klassischen Prozesstheorien der Motivation, können gleichwohl jedoch als Prozesstheorien bezeichnet werden (vgl. JACQUEMIN (2010), S. 18).
[1369] Vgl. BLOME-DREES (2011), S. 19.
[1370] Vgl. ZERCHE/SCHMALE/BLOME-DREES (1998), S. 172 ff.
[1371] Vgl. EES/GABRIELSSON/HUSE (2009), S. 307.

Der derzeitige Stand der empirischen Forschung ist Gegenstand des folgenden Kapitels.

# 4    Stand der empirischen Forschung

Bezugnehmend auf Abb. 1 und die drei zentralen Themenbereiche dieser Arbeit, Genossenschaftsbanken, Aufsichtsräte und die Motivation bzw. Zufriedenheit, wird im Folgenden der derzeitige Stand der empirischen Forschung dargestellt. Aufgrund seiner weiten Verbreitung steht insbesondere das monistische System im Fokus der internationalen Aufsichtsratsforschung.[1372] Im Zentrum der deutschen Corporate-Governance-Forschung stehen börsennotierte AGs.[1373] Da eine Erläuterung sämtlicher empirischer Untersuchungen beispielsweise zur (monistischen) Aufsichtsratstätigkeit oder zur Motivation aufgrund der hohen Quantität und der meist nur geringen Übertragbarkeit auf Genossenschaftsbanken nicht zweckmäßig erscheint, erfolgt eine Eingrenzung auf Forschungsbeiträge, die mindestens zwei der genannten Themenbereiche betrachten, mit einem Schwerpunkt auf dem dualistischen System.

In den folgenden Tabellen (Tab. 36-Tab. 45) beinhaltet der erste Themenbereich ausschließlich die Aufsichtsratstätigkeit. Im zweiten wird differenziert nach Genossenschaftsbanken, Banken sowie Genossenschaften. Der dritte Themenbereich umfasst die verhaltenswissenschaftlichen Komponenten der Motivation und Zufriedenheit sowie das Ehrenamt und die Aufgabenwahrnehmung. Die Studien werden in den nachfolgenden Tabellen chronologisch in absteigender Reihenfolge dargestellt und anschließend themenzusammenhängend vorgestellt.

---

[1372] Vgl. WERDER (2017), S. 978. Beispiele für empirische Untersuchungen des monistischen Systems: Zur Zusammensetzung monistischer Boards vgl. WELBOURNE/CYCYOTA/FERRANTE (2007); CERTO ET AL. (2006); HAMBRICK/MASON (1984); SIMONS/PELLED/SMITH (1999); RICHARD (2000). Zur Board-Effektivität und zu Board-Prozessen siehe PYE/PETTIGREW (2005). Einen Überblick über internationale Forschungsbeiträge zum Einfluss der Geschlechtervielfalt im Aufsichtsrat liefern VELTE/EULERICH/ UUM (2014), S. 582 ff. Gemäß EES/GABRIELSSON/HUSE (2009) lässt sich die Forschung zu Aufsichtsräten in sechs Untersuchungsstränge einteilen. Häufig wird bezugnehmend auf die Prinzipal-Agenten-Theorie zum Untersuchungsstrang *Zusammenarbeit und Konflikte* geforscht. Zudem konstatieren sie, dass das Verhalten von Aufsichtsräten ursprünglich fast ausschließlich aus sozialwissenschaftlicher Sicht betrachtet wurde und nun auch in die Corporate-Governance-Forschung Einzug findet (vgl. EES/ GABRIELSSON/HUSE (2009), S. 309 f.). Die Dominanz der empirischen Forschung aus Sicht der Prinzipal-Agenten-Theorie stellen auch DAILY/DALTON/CANNELLA (2003) fest.

[1373] Vgl. exemplarisch VETTER/WEBER (2012); BERMIG/FRICK (2011); ARNEGGER ET AL. (2010); RUHWEDEL/ EPSTEIN (2003); SPENCER STUART (2016); BLEICHER (1987). HIRSCH/SANDT (2005) untersuchen empirisch die Einschätzungen der Vorstandsvorsitzenden bezüglich des Beitrags des Aufsichtsrats für eine gute Unternehmensführung. Zur Unabhängigkeit deutscher DAX-Aufsichtsräte siehe HUTZSCHENREUTER/METTEN/WEIGAND (2012). Zur Gremiengröße DAX-, MDAX-, TecDAX- und sonstiger börsennotierter Gesellschaften siehe GERUM/DEBUS (2006). Zur strategischen Überwachung des Aufsichtsrats von DAX, MDAX und Small-Cap-DAX (SDAX)-Unternehmen siehe EULERICH/WELGE (2010b). Der Beitrag des Prüfungsausschusses zu einer effektiveren Unternehmensüberwachung in deutschen und österreichischen AGs wird von STELLER (2011) erörtert. Für eine empirische Untersuchung der Informationsversorgung des Aufsichtsrats siehe BECKMANN (2009a) sowie FISCHER/BECKMANN (2007). ENTORF ET AL. (2008) stellen Aufsichtsratsverflechtungen von DAX-Unternehmen mithilfe einer sozialen Netzwerkanalyse dar. Einen Überblick über ausgewählte empirische Forschungsbeiträge zum deutschen Aufsichtsrat liefern SCHULTEN (2013), S. 57 und DUTZI (2005), S. 109 ff.

| Autor(en) | Jahr | Titel | Stichprobe | Methodik | Untersuchungs-ziel | Relevante Befunde | Aufsichtsrat | Bank | Geno | Genobank | Motivation | Zufriedenheit | Ehrenamt | AW |
|---|---|---|---|---|---|---|---|---|---|---|---|---|---|---|
| KÖRNER ET AL. | 2013 | Supervisory Board Qualification of German Banks: Legal Standards and Survey Evidence | Deutsche Banken<br><br>N = 1.753 Banken mit 4.181 Aufsichtsräten<br><br>n = 413 Banken mit 1.134 Aufsichtsräten | Schriftliche Befragung | Analyse, ob und worin Kompetenzdefizite bei den Aufsichtsratsmitgliedern deutscher Banken bestehen. | • Zur Struktur:<br>○ Gremiengröße: Ø 11 Mitglieder, 9 bei Genossenschaftsbanken, 14 bei Sparkassen und 10 bei privaten Banken.<br>○ Alter: Ø 54,5, Genossenschaften 55, Sparkassen 54 und private Banken 53 Jahre.<br>○ Anteil Männer: Ø 89 %, Genossenschaften 91 %, Sparkassen 87 %, private Banken 89 %.<br>• Zum Verständnis des Geschäfts:<br>○ 64 % haben eine berufliche Ausbildung, 52 % ein Universitätsstudium abgeschlossen. 16 % haben ausschließlich eine Ausbildung absolviert.<br>○ Ausbildung oder ein Studium mit bankspezifischem Bezug bzw. ökonomischer oder juristischer Ausrichtung: rund 85 % Aufsichtsräte bei den privaten Banken, 55 % bei den öffentlichen-rechtlichen (bedingt durch die hohe Anzahl von Arbeitnehmervertretern) und lediglich 35 % der genossenschaftlichen Aufsichtsräte.<br>○ Ausbildungsstand in Gremien der Sparkassen, Genossenschaftsbanken und Privatbanken ist zwar relativ hoch, jedoch verfügen relativ wenige Kontrolleure, außer den Arbeitnehmervertretern, über branchenspezifische Fachkompetenz.<br>• Zur Beurteilung der Geschäftsstrategie und der Risikolage:<br>○ Direkte Berufserfahrung oder Kenntnisse durch andere Kontrolltätigkeiten im Finanzsektor: durchschnittlich nur rund 25 % (Private Banken 80 %, öffentlich-rechtliche Banken rund 36 % und Genossenschaftsbanken rund 7 %).<br>○ Finanzwirtschaftliche Expertise abhängig von Bankengruppe, Rechtsform, Größe der Bank, Geschäftstätigkeit (regional vs. überregional), Umfang der Handelsaktivitäten.<br>○ Je größer die Bank über desto mehr Branchenerfahrung verfügen die Aufsichtsräte (9 % bei kleinen, 37 % bei großen Banken).<br>• Zum Ergreifen von Maßnahmen gegenüber dem Management/Durchsetzungsstärke (abgeleitet von Führungspositionen in anderen Unternehmen, Parteien und Vereinen): Führungserfahrung: Ø 38 %, wobei 13 % eher kleine Unternehmen mit maximal 10 Mitarbeitern leiten bzw. geleitet haben. Genossenschafts- und private Banken weisen höchsten Anteil an Aufsichtsräten mit Führungserfahrung auf.<br>• AR-Vorsitzende haben häufiger Führungserfahrung.<br>• Weitere Mandate:<br>○ Ø 23 %, Genossenschaftsbanken 15 %, Sparkassen 29 %, private Banken 47 %.<br>○ Anteil zusätzlicher Mandate korreliert positiv mit der Größe der Bank. Kriterium signalisiert Sachkunde an den Markt für Aufsichtsratsmitglieder in Banken.<br>○ Aufsichtsratsvorsitzende übernehmen zweimal so häufig weitere Mandate. | ■ | ■ | ■ | ■ | | | | |

Tab. 36: Stand der empirischen Forschung – Teil I[1374]

---

[1374] Quelle: Eigene Darstellung. AW = Aufgabenwahrnehmung. Geno = Genossenschaft. Genobank = Genossenschaftsbank. ■ = schwerpunktmäßig betrachtet. □ = nicht schwerpunktmäßig betrachtet.

| Autor(en) | Jahr | Titel | Stichprobe | Methodik | Untersuchungsziel | Relevante Befunde | Aufsichtsrat | Bank | Geno | Genobank | Motivation | Zufriedenheit | Ehrenamt | AW |
|---|---|---|---|---|---|---|---|---|---|---|---|---|---|---|
| JÜNGER | 2013 | Die Motivation deutscher Aufsichtsräte: eine qualitativ-empirische Untersuchung bei Anteilseignervertretern | Aufsichtsratsmitglieder (Anteilseignervertreter) aus DAX- und MDAX-Unternehmen; n = 92 Aufsichtsräte aus 28 Unternehmen; Geschäftsberichte dieser Unternehmen aus den Jahren 2009 und 2010 | Mündliche Befragung und Dokumentenanalyse (Geschäftsberichte) | Analyse der Motivation von Aufsichtsräten unter besonderer Berücksichtigung der Vergütung mit einem verstärkt verhaltenswissenschaftlichen Fokus | • Anteilsvertreter deutscher DAX-30 und MDAX-Aufsichtsräte sind sowohl ex- als auch intrinsisch motiviert.<br>• Bedeutung der Vergütung wird oftmals überbewertet, wodurch ein Widerspruch zur Prinzipal-Agenten-Theorie besteht.<br>• Motive der Aufsichtsräte: Reputation, exklusives Beziehungsnetzwerk, soziale Anerkennung und das Erleben von Flow.<br>• Bezahlung sollte als fair empfunden werden.<br>• Wenngleich die Mehrheit der Aufsichtsräte in Anbetracht ihrer Qualifikation, Kompetenz und Erfahrung der Ansicht ist, zu schlecht bezahlt zu sein, hat die Vergütung keinen direkten Einfluss auf ihre Motivation.<br>• Der für das Verhalten von Aufsichtsräten deutlich entscheidendere Habitus „verbietet" Anteilseignervertretern vielmehr, der eigenen Vergütung einen zu großen Stellenwert einzuräumen.<br>• Aufsichtsräte verstehen sich als unabhängige Entscheidungselite, die frei von finanziellen Anreizen agiert, wollen jeden Anschein, sie seien eventuell finanziell motivierbar, vermeiden.<br>• Mehrheit der Anteilseignervertreter ist sich über konkrete Höhe und Ausgestaltung der eigenen Vergütung oftmals nicht bewusst.<br>• Obwohl kein unmittelbarer Zusammenhang zwischen monetärer Entlohnung und der Motivation von Aufsichtsräten zu bestehen scheint, ist die Bedeutung der Aufsichtsratsvergütung von symbolischer Natur und fungiert als Gradmesser der entgegengebrachten Wertschätzung.<br>• Aufsichtsräte sind v. a. an Mandaten bei Unternehmen mit hoher Reputation und hochkarätig besetzten Gremien interessiert, was der psychologischen Ökonomik und dem Konzepts des sozialen und symbolischen Kapitals entspricht. Reputation, Prestige und die Möglichkeit zum Aufbau eines exklusiven Beziehungsnetzwerks fungieren als Motivationsanreize.<br>• Je größer das individuelle soziale und symbolische Kapital, umso aussichtsreicher ist es, exklusive Aufsichtsratsmandate angeboten zu bekommen.<br>• Aufgrund ausgeprägter Qualifikation und Kompetenz können die Mandatsanforderungen meist erfüllt werden, weswegen die Tätigkeit meist hohe soziale Zufriedenheit erfahren durch die Tätigkeit meist hohe soziale Anerkennung, weswegen die intrinsische schwierig von der extrinsischen Motivation zu trennen ist.<br>• Neben nichtmonetären extrinsischen Anreizen darf der Einfluss intrinsischer Motivation auf das Verhalten von Aufsichtsräten nicht unterschätzt werden. | ■ | | □ | ■ | ■ | ■ | | |

Tab. 37:　Stand der empirischen Forschung – Teil II[1375]

---

[1375] Quelle: Eigene Darstellung. AW = Aufgabenwahrnehmung. Geno = Genossenschaft. Genobank = Genossenschaftsbank. ■ = schwerpunktmäßig betrachtet. □ = nicht schwerpunktmäßig betrachtet.

| Autor(en) | Jahr | Titel | Stichprobe | Methodik | Untersuchungsziel | Relevante Befunde | Aufsichtsrat | Bank | Geno | Genobank | Motivation | Zufriedenheit | Ehrenamt | AW |
|---|---|---|---|---|---|---|---|---|---|---|---|---|---|---|
| SCHULTEN | 2013 | Rollenverständnis und Vergütung des deutschen Aufsichtsrats | Unternehmen des DAX, MDAX, SDAX und TecDAX mit Sitz in Deutschland N = 160 n = 160 Geschäftsberichte aus den Jahren 2006 und 2007 | Dokumentenanalyse (Jahresabschlüsse, Datenbanken, Lebensläufe etc.) | Untersuchung des Rollenverständnisses deutscher Aufsichtsräte und Ableitung einer angemessenen Vergütung. | Zum Unterziel. Analyse des Zusammenhangs zwischen Aufsichtsratstätigkeit und Unternehmenserfolg im deutschen Corporate Governance-System": • Durchschnittliche Aufsichtsratsvergütung hat positiven Einfluss auf den Unternehmenserfolg. Vergütung kann als Signal an Aufsichtsräte wirken, was wiederum engagierte und ordnungsgemäße Arbeit in- und außerhalb des Gremiums nach sich zieht. • Stark beschäftigte Aufsichtsräte und Bankenvertreter haben negative Auswirkungen auf den Unternehmenserfolg. • Existenz eines Prüfungsausschusses hat negative Folgen für den Unternehmenserfolg. Mögliche Begründung: Intensive Kontrolle durch den Ausschuss limitiert das Unternehmensrisiko und engt den Spielraum des Vorstands ein. • Gremiengröße und Sitzungshäufigkeit wirken sich nicht signifikant auf den Unternehmenserfolg aus. | ■ | □ |  |  |  |  |  | ■ |
| SCHULTEN | 2013 | Rollenverständnis und Vergütung des deutschen Aufsichtsrats | Zum 01.09.2010 mandatierte Aufsichtsräte deutscher im Prime Standard gelisteter Unternehmen n = 94 Aufsichtsräte aus 66 Unternehmen *wird fortgesetzt* | Schriftliche Befragung | Untersuchung des Rollenverständnisses deutscher Aufsichtsräte und Ableitung einer angemessenen Vergütung. | Zum Unterziel. Klärung der Fragen, welches Rollenverständnis deutsche Aufsichtsräte von ihrer Funktion haben und wie sie der leistungsbezogenen Vergütung gegenüber eingestellt sind": • Zur Struktur: ○ Aufsichtsratsalter: Ø 59,9, min. 39, max. 80. ○ Weitere Mandate: Ø 1,8, 75 % haben weitere Mandate, 28 % haben mehr als zwei weitere. ○ Jahre im Aufsichtsrat: 12 % bzw. 11 % haben mehr als zehn bzw. 15 Jahre Berufserfahrung als Aufsichtsrat, 46 % haben sechs bis zehn Jahre Berufserfahrung. 75 % der Unternehmen verfügen über einen Branchenspezialisten (Gremienmitglied, das in der gleichen Branche tätig ist). Je größer das Gremium, desto mehr Branchenspezialisten. ○ Häufigkeit der Sitzungen: Ø 5 p. a., 48 % tagen vier Mal p. a. ○ Dauer der Sitzungen: Ø 5 Stunden. | ■ | □ |  |  |  |  |  | ■ |

Tab. 38: Stand der empirischen Forschung – Teil III[1376]

---

[1376] Quelle: Eigene Darstellung. AW = Aufgabenwahrnehmung. Geno = Genossenschaft. Genobank = Genossenschaftsbank. ■ = schwerpunktmäßig betrachtet. □ = nicht schwerpunktmäßig betrachtet.

| Autor(en) | Jahr | Titel | Stichprobe | Methodik | Untersuchungsziel | Relevante Befunde | Aufsichtsrat | Bank | Geno | Genobank | Motivation | Zufriedenheit | Ehrenamt | AW |
|---|---|---|---|---|---|---|---|---|---|---|---|---|---|---|
| *SCHULTEN* *(Fortsetzung)* | | | *Fortsetzung:* N = 2.321 Aufsichtsräte aus 313 Unternehmen (Aufsichtsräte mit Mehrfachmandaten wurden nur einmal adressiert, daher 2.117 angeschrieben) | | | • Wichtigste Aufsichtsratseigenschaften: Erfahrungen in der Unternehmensführung und Persönlichkeit. Soziale Kompetenzen als genauso wichtig empfunden wie Fachkompetenzen.<br>• Wichtigste Faktoren, die die Aufsichtsratstätigkeit beeinflussen: Berichterstattung des Vorstands gegenüber dem Aufsichtsrat, Informationstransparenz, Qualifikation des Aufsichtsrats.<br>• Funktionen des Aufsichtsrats nach Bedeutung: Kontrollfunktion (38 %), Beratungsfunktion (28 %), unternehmenspolitische Funktion (14 %), Leitungsfunktion (9 %) und Interessenwahrnehmung (9 %).<br>• Wichtigste Aufgaben des Aufsichtsrats: Bestellung des Vorstands und die Kontrolle der langfristigen Unternehmensplanung und -strategie (93 %).<br>• Einer Steigerung des Arbeitseinsatzes durch eine leistungsbezogene Vergütung stehen die Befragten ablehnend gegenüber.<br><br>Zum Unterziel "Ermittlung der Determinanten, die das Rollenverständnis und die Einstellung zur leistungsbezogenen Aufsichtsratsvergütung beeinflussen":<br>• Aufsichtsratseigenschaften abhängig von dem Index, ausgeübter Funktion, Berufserfahrung und Gremiengröße.<br>• Aufsichtsratsfunktion abhängig von Branche, Unternehmenserfolg, ausgeübter Funktion, Anzahl weiterer Mandate und Besetzung des Aufsichtsrats.<br>  o Aufsichtsräte von Unternehmen des verarbeitenden Gewerbes widmen sich stärker strategischen Themen, die von Dienstleistungsunternehmen stärker operativen Aspekten.<br>  o Unternehmen, in denen sich der Aufsichtsrat an operativen Aufgaben beteiligt, sind subjektiv erfolgreicher. Intersubjektiv lässt sich der Unternehmenserfolg mit Beraterrolle des Aufsichtsrats erklären.<br>  o Aufsichtsräte mit drei oder mehr Mandaten pflegen weniger enge Beziehung zum Vorstand, sind daher weniger stark in der Beraterrolle.<br>  o Bankenvertreter im Gremium üben stärker die Funktion der Interessenwahrnehmung aus.<br>• Aufgabenwahrnehmung abhängig von Börsenindex, Branche und Aufsichtsratsgröße.<br>  o Aufsichtsratstätigkeit in TecDAX-Unternehmen wird stärker beratend wahrgenommen.<br>  o Aufsichtsräte von Unternehmen aus dem verarbeitenden Gewerbe haben ein stärker kontrollierendes Rollenverständnis als ihre Kollegen aus den übrigen Branchen.<br>  o Kleine Gremien begleiten den Vorstand sehr eng und stellen Erfahrung und Netzwerke zur Verfügung. | ■ | □ | | | | | | ■ |

Tab. 39: Stand der empirischen Forschung – Teil IV[1377]

---

[1377] Quelle: Eigene Darstellung. AW = Aufgabenwahrnehmung. Geno = Genossenschaft. Genobank = Genossenschaftsbank. ■ = schwerpunktmäßig betrachtet. □ = nicht schwerpunktmäßig betrachtet.

| Autor(en) | Jahr | Titel | Stichprobe | Methodik | Untersuchungs-ziel | Relevante Befunde | Aufsichtsrat | Bank | Geno | Genobank | Motivation | Zufriedenheit | Ehrenamt | AW |
|---|---|---|---|---|---|---|---|---|---|---|---|---|---|---|
| BÖHM/ FRONE-BERG/ SCHIERECK | 2012 | Zum offensichtlich erkennbaren bankwirtschaftlichen Sachverstand in den Kontrollorganen deutscher Genossenschaftsbanken und Sparkassen | Genossenschaftsbanken und Sparkassen; n = 257 Genossenschaftsbanken und 209 Sparkassen (die davon jeweils größten 200 Institute wurden betrachtet). Geschäftsberichte aus den Jahren 2004 bis 2009 | Dokumentenanalyse (Geschäftsberichte) | Analyse des bankwirtschaftlichen Sachverstands bzw. Finanzexpertise im Aufsichtsrat von Genossenschaftsbanken und Sparkassen anhand von angegebenen Berufen im Geschäftsbericht | • Verwaltungsrat der Sparkassen ist durchschnittlich um 35 % größer als der Aufsichtsrat von Genossenschaftsbanken (17 im Vergleich 12 Mitgliedern), was auf die Vorgaben zur Arbeitnehmerbeteiligung bei Sparkassen zurückzuführen ist.<br>• Deutliche Unterschiede bei Differenzierung der Mandatsträger nach Erwerbstätigkeit: Genossenschaftsbanken weisen einen Anteil von ca. 40 % an Selbstständigen auf im Vergleich zu 13 % bei den Sparkassen.<br>• Bei beiden Bankengruppen existieren Institute, bei denen sich mehr als 50 % der Aufsichtsratsmitglieder im Ruhestand befinden.<br>• Bei den Genossenschaftsbanken wird jeweils der Hälfte der Selbstständigen und Unselbstständigen Finanzexpertise unterstellt.<br>• Geschäftsführer, geschäftsführende Gesellschafter und Gesellschafter sind in genossenschaftlichen Aufsichtsräten zu einem Drittel vorhanden, Wirtschaftsprüfer und Steuerberater zu durchschnittlich ca. 7 %.<br>• Anteil von Instituten mit Mitgliedern mit Finanzexpertise von mehr als 50 %: Sparkassen 78 %, Genossenschaftsbanken 48 %.<br>• Banken mit größerer Bilanzsumme verfügen nicht grundsätzlich über mehr Finanzexpertise als kleinere Banken. Ausnahmen: Genossenschaftsbanken der größten Kategorie haben Ø einen mehr als 10 Prozentpunkte größeren Anteil an Finanzexpertise als Banken der kleinsten Gruppe.<br>• Gremiengröße führt zu keiner Erhöhung der Finanzexpertise.<br>• Insgesamt recht hohes Maß an Finanzexpertise bei beiden Bankengruppen. Sparkassen mit Ø signifikant höherem Anteil an Mitgliedern mit Finanzexpertise. (Die Werte beziehen sich jeweils auf den Durchschnitt der Jahre 2004-2009.) | ■ | ■ | | ■ | | | | |
| GUER-RERO/ SEGUIN | 2012 | Motivational Drivers of Non-Executive Directors, Cooperation and Engagement in Board Roles | Nichtgeschäftsführende Aufsichtsräte kanadischer Finanzinstitute; N = 7.277; n = 691; (2.082 wurden angeschrieben) | Schriftliche Befragung | Untersuchung, inwiefern die Motive von nichtgeschäftsführenden Aufsichtsratsmitgliedern die Wahrnehmung ihrer Aufsichtsratstätigkeit beeinflussen | • Zur Struktur: Durchschnittsalter 48 Jahre, Durchschnittszugehörigkeitsdauer 9 Jahre, Geschlecht: 62 % Männer und 38 % Frauen.<br>• Pro-Unternehmensmotivation wirkt sich signifikant positiv sowohl auf Überwachungs- als auch auf Beratungsfunktion aus.<br>• Leistungsmotiv moderiert Beziehung zwischen Pro-Unternehmensmotivation und Überwachungsfunktion signifikant positiv.<br>• Bedürfnis nach sozialer Identität moderiert Beziehung zwischen Pro-Unternehmensmotivation und Zusammenarbeit zwischen Aufsichtsratsmitgliedern signifikant positiv.<br>• Streben nach persönlichen Vorteilen moderiert nur die Beziehung zwischen Pro-Unternehmensmotivation und Zusammenarbeit zwischen Aufsichtsratsmitgliedern signifikant. Die Beziehung zwischen Pro-Unternehmensmotivation und Zusammenarbeit zwischen Aufsichtsratsmitgliedern ist bei geringem Streben nach persönlichen Vorteilen stärker und vice versa. | ■ | | | | ■ | | | |

Tab. 40:    Stand der empirischen Forschung – Teil V[1378]

---

[1378] Quelle: Eigene Darstellung. AW = Aufgabenwahrnehmung. Geno = Genossenschaft. Genobank = Genossenschaftsbank. ■ = schwerpunktmäßig betrachtet. □ = nicht schwerpunktmäßig betrachtet.

| Autor(en) | Jahr | Titel | Stichprobe | Methodik | Untersuchungsziel | Relevante Befunde | Aufsichtsrat | Bank | Geno | Genobank | Motivation | Zufriedenheit | Ehrenamt | AW |
|---|---|---|---|---|---|---|---|---|---|---|---|---|---|---|
| HAU/THUM | 2008 | Wie (in-)kompetent sind die Aufsichtsräte deutscher Banken? | 429 Aufsichtsräte (Anteilseignervertreter) der 29 größten deutschen Banken | Dokumentenanalyse (Lebensläufe) | Untersuchung der Kontrollkompetenz von Aufsichtsräten in Banken | • Finanzmarkt- und Bankerfahrung von Aufsichtsratsmitgliedern v. a. in den öffentlich-rechtlichen Banken ist die Ausnahme und nicht die Regel.<br>• Bei allen untersuchten 14 Kriterien weisen die Aufsichtsräte der privaten Banken ein höheres Kompetenzniveau auf: Beispielsweise hat in privaten Banken mehr als ein 1/3 der Aufsichtsräte Erfahrungen im Finanzmarkt gesammelt, bei den öffentlich-rechtlichen Banken sind dies weniger als 10 %.<br>• Die Unterschiede bei allen Kriterien sind statistisch signifikant (einseitiger Fishertest).<br>• Insgesamt weisen die Aufsichtsräte der öffentlich-rechtlichen Banken deutlich weniger Fachkompetenz auf als die in privaten Banken. | ■ | ■ | | | | | ■ | |
| INGLIS/CLEVE | 2006 | A Scale to Assess Board Member Motivations in Nonprofit Organizations | Aufsichtsräte kanadischer Non-Profit-Organisationen n = 220 | Schriftliche Befragung | Analyse der Motivation von Aufsichtsräten in Non-Profit-Organisationen | • Motive ehrenamtlicher Aufsichtsräte in Non-Profit-Organisationen zu sechs Faktoren zusammenfassbar: Steigerung des Selbstwertgefühls, Hilfsbereitschaft der Gesellschaft gegenüber, Wissbegierde/Interessiertheit, Aufbau von Beziehungen, Einbringen von speziellen Beiträgen in die Gremienarbeit und Selbstheilungseffekte.<br>• Motive mit höchster Relevanz: bei Faktoren der Hilfsbereitschaft der Gesellschaft sowie Wissbegierde/Interessiertheit zu finden.<br>• Selbstheilungseffekte, wie beispielsweise sich weniger einsam zu fühlen, werden als nachrangig betrachtet.<br>• Anstelle von egoistischen Motiven konnten insbesondere altruistische Motive bei den ehrenamtlichen Aufsichtsräten nachgewiesen werden. | ■ | | | | ■ | ■ | | |
| SCHOLZ | 2006 | Determinanten von Aufsichtsratsarbeit und ihre Entwicklungen | Aufsichtsräte börsennotierter AGs (davon 2 Banken) n = 15 | Mündliche Befragung | Identifizierung von Faktoren, die die Aufsichtsratsarbeit einer AG determinieren. Generierung von Aussagen, welche Determinanten in der Gegenwart und Zukunft entscheidend für die Wahrnehmung der Aufsichtsratsaufgaben sind | • Das Einbringen in die Strategieentwicklung ist noch keine Selbstverständlichkeit für die Aufsichtsräte.<br>• Wichtige Determinanten der Aufsichtsratsarbeit:<br>  o Aufsichtsratsvorsitzender (und sein Verhältnis zum Vorstandsvorsitzenden),<br>  o umfassende, zielführende und rechtzeitige Informationsversorgung,<br>  o ausreichende zeitliche Verfügbarkeit,<br>  o Aufsichtsratsagenda, die heutigen Anforderungen an den Aufsichtsrat gerecht wird,<br>  o Selbstüberprüfung (Uneinigkeit existiert bzgl. der Art der Durchführung),<br>  o aktive Diskussionskultur und<br>  o eine im Verhältnis zur erwarteten Leistung angemessene Vergütung.<br>• Haftungsrisiken beeinflussen das Verhalten nicht. | □ | | | | | | | ■ |

Tab. 41:   Stand der empirischen Forschung – Teil VI[1379]

---

[1379] Quelle: Eigene Darstellung. AW = Aufgabenwahrnehmung. Geno = Genossenschaft. Genobank = Genossenschaftsbank. ■ = schwerpunktmäßig betrachtet. □ = nicht schwerpunktmäßig betrachtet.

| Autor(en) | Jahr | Titel | Stichprobe | Methodik | Untersuchungsziel | Relevante Befunde | Aufsichtsrat | Bank | Geno | Genobank | Motivation | Zufriedenheit | Ehrenamt | AW |
|---|---|---|---|---|---|---|---|---|---|---|---|---|---|---|
| HART-MANN | 2003 | Die Aufsichtsratsvergütung als Erfolgsfaktor im deutschen Corporate Governance-System | Vorstände von bis zum 31.07.2000 am Neuen Markt und im SMAX gelisteten deutschen AGs<br>N = 338<br>n = 127 | Schriftliche Befragung | 1. Untersuchung der Konstitution und Funktion des Aufsichtsrats sowie der Zusammensetzung und Struktur der Vergütungsart<br>2. Analyse der Auswirkungen der Vergütungsart auf den Unternehmenserfolg | • Zwischen Vorstand und Aufsichtsrat herrscht enger Kontakt und regelmäßiger Informationsaustausch.<br>• Strategie wird gemeinsam erarbeitet. Der Aufsichtsrat ist somit kein reines Kontrollorgan mehr, sondern fungiert zunehmend als Beraterorgan.<br>• Gremien sind heterogen zusammengesetzt und enthalten viele Branchenspezialisten. Ausschussbildung ist noch nicht weit verbreitet.<br>• Die Frage, ob erfolgsabhängige Aufsichtsratsvergütung Shareholder Value schafft, konnte nicht geklärt werden. Nur schwacher Zusammenhang zwischen Unternehmens- erfolg und Vergütungsart.<br>• Ausschließlich organisatorische Maßnahmen des Aufsichtsrats wirken sich nicht auf den Unternehmenserfolg aus.<br>• Aufsichtsräte stehen einer erfolgsabhängigen Vergütung positiv gegenüber. Anreize und Beiträge sollen in angemessenem Verhältnis zueinander stehen.<br>• Bei der Wahrnehmung eines Aufsichtsratsmandats spielen persönliche Gründe wie Macht, Prestige und Image sowie der Ausbau des eigenen Netzwerks und der eigenen Referenzen eine entscheidendere Rolle als finanzielle Anreizkomponenten. Bei Anreizsystemgestaltung sollten verschiedene Effizienzkriterien und v. a. intrinsische Motive berücksichtigt werden. | ■ | | | | ■ | | | ■ |
| UNGERN-STERN-BERG | 2002 | Mitgliederzufriedenheit in regionalen genossenschaftlichen Prüfungsverbänden | Mitglieder des Norddeutschen Genossenschaftsverbandes (Raiffeisen - Schulze-Delitzsch) e.V (NGV) mit der Rechtsform eG<br>N = 609<br>n = 251 | Schriftliche Befragung | Entwicklung und empirische Prüfung eines Konzepts zur Erklärung und Messung von Mitgliederzufriedenheit in regionalen genossenschaftlichen Prüfungsverbänden | • Gesamtmitgliederzufriedenheit mit dem NGV liegt bei Ø 72 % zufriedener Mitglieder.<br>• Mitgliederzufriedenheit ist unabhängig von der Größe der Genossenschaft und der Genossenschaftssparte.<br>• Von den vier herausgearbeiteten Dimensionen sind die Mitglieder mit dem Service und den Kerndienstleistungen überwiegend zufrieden, mit der Organisationseinbindung und dem Verbandsbeitrag hingegen weniger. | | | ■ | ■ | | ■ | | |

Tab. 42:  Stand der empirischen Forschung – Teil VII[1380]

---

[1380] Quelle: Eigene Darstellung. AW = Aufgabenwahrnehmung. Geno = Genossenschaft. Genobank = Genossenschaftsbank. ■ = schwerpunktmäßig betrachtet. □ = nicht schwerpunktmäßig betrachtet.

| Autor(en) | Jahr | Titel | Stichprobe | Methodik | Untersuchungs-ziel | Relevante Befunde | Aufsichtsrat | Bank | Geno | Genobank | Motivation | Zufriedenheit | Ehrenamt | AW |
|---|---|---|---|---|---|---|---|---|---|---|---|---|---|---|
| BAUM-GÄRTLER | 2000 | Neuere Ansätze zur Erklärung der Mitglieder-partizipation in Kreditgenos-senschaften – Eine empirische Analyse der Beteiligungs-faktoren | Vorstände ausgewählter Genossen-schaftsbanken n = 24 | Schriftl-iche Befragung und Beobacht-ung von General- bzw. Vertreterver-sammlungen | Untersuchung der Mitglieder-partizipation in Kreditgenos-senschaften mit General- bzw. Vertreterver-sammlung | • Große Kreditgenossenschaften sind von der Mitgliederpassivität besonders betroffen.<br>• Ø stellen die 41- bis 60-jährigen Mitglieder die stärkste Mitgliedergruppe.<br>• Aus Sicht der befragten Vorstände:<br>○ Mitglieder verfolgen mit Mitgliedschaft primär ökonomische Motive wie günstige Konditionen oder eine hohe Verzinsung ihrer Geschäftsanteile.<br>○ Trägerschaftliche Beziehungen bzw. die Bedeutung der Mitsprache- und Mitbe-stimmungsmöglichkeiten spielen lediglich untergeordnete Rolle.<br>○ Bereitschaft zur Übernahme ehrenamtlicher Funktionen hält Mehrzahl der Vorstände jedoch für hoch.<br>○ Nichtteilnahme an General- bzw. Vertreterversammlungen basiert auf Desinteresse der Mitglieder sowohl an Geschäftspolitik als auch an Mitsprache, Zeitmangel und gewöhnlichen Tagesordnungen.<br>○ Vorherrschendes Dividendeninteresse und mangelndes Fachwissen wirken partizipationsmindernd. Unzufriedenheit als Grund für eine Nichtteilnahme äußert keiner der Vorstände.<br>• Versorgung der Mitglieder mit partizipationsrelevanten Informationen verbesserungs-fähig. Die aktive Partizipation wird dadurch erschwert.<br>• Widersprüche gegen geschäftspolitische Entscheidungen erfahren die Vorstände weder von den Mitgliedern noch von den Vertretern.<br>• 38 % der befragten Vorstände geben an, nie Widerspruch von ihrem Aufsichtsrat zu erfahren, 46 % der Befragten wird dagegen nur selten widersprochen, 17 % gelegentlich. Werte verdeutlichen passive Haltung der Trägerschaft.<br>• Ergebnis der Zeitreihenanalyse: Teilnahme von Mitgliedern an General- und Vertreterversammlungen unterliegt einem negativen Trend (zugrunde gelegter Zeitraum: 1970–1996).<br>• Mitgliederzahl und Geschäftsgebiet wirken sich signifikant auf die Partizipation sowohl von General- als auch Vertreterversammlungen aus. Partizipation ist umso höher, je niedriger die Mitgliederzahl bzw. je ländlicher das Geschäftsgebiet ist. | □ | | | ■ | ■ | | | |

Tab. 43:  Stand der empirischen Forschung – Teil VIII[1381]

---

[1381] Quelle: Eigene Darstellung. AW = Aufgabenwahrnehmung. Geno = Genossenschaft. Genobank = Genossenschaftsbank. ■ = schwerpunktmäßig betrachtet. □ = nicht schwerpunktmäßig betrachtet.

| Autor(en) | Jahr | Titel | Stichprobe | Methodik | Untersuchungs-ziel | Relevante Befunde | Aufsichtsrat | Bank | Geno | Genobank | Motivation | Zufriedenheit | Ehrenamt | AW |
|---|---|---|---|---|---|---|---|---|---|---|---|---|---|---|
| INGLIS | 1994 | Exploring Volunteer Board Member and Executive Director Needs: Importance and Fulfilment | Geschäftsführende und ehrenamtliche Aufsichtsräte in kanadischen Amateursportorganisationen<br><br>n = 232 | Schriftliche Befragung | Analyse der Relevanz und des Erfüllungsgrads der Bedürfnisse ehrenamtlicher Aufsichtsräte | Unterschiede zwischen männlichen und weiblichen Aufsichtsräten:<br>• Signifikante Unterschiede: Beziehungs- und Wachstumsbedürfnis für Frauen wichtiger.<br>• Für Frauen sind Beziehungs- und Wachstumsbedürfnisse am wichtigsten (welche für Männer am unwichtigsten sind). Für Männer sind Mitwirkungs- und Anerkennungsbedürfnisse am wichtigsten.<br>• Befriedigung ist bei Männern bei Anerkennungs- und Mitwirkungsbedürfnissen am höchsten, bei Frauen Beziehungs- und Mitwirkungsbedürfnisse.<br>• Befriedigungsgrade sind bei Frauen insgesamt höher als bei Männern. Bei Frauen besteht ein größerer Unterschied zwischen der Wichtigkeit und den Erfüllungsgraden.<br>Unterschiede zwischen geschäftsführenden und ehrenamtlichen Aufsichtsräten:<br>• Bei Mitwirkungs- und Beziehungsbedürfnissen existieren keine signifikanten Unterschiede.<br>• Verantwortung, Anerkennung und Wachstum ist für die geschäftsführenden Aufsichtsräte signifikant wichtiger als für ehrenamtliche Aufsichtsräte.<br>• Geschäftsführende Aufsichtsräte haben signifikant höhere Befriedigung bzgl. Verantwortung. Weitere Bedürfnisse werden zwischen den Gruppen gleichermaßen befriedigt (keine signifikanten Unterschiede).<br>• Bedürfnisse ehrenamtlicher Aufsichtsräte sind grundsätzlich befriedigt, gilt für geschäftsführende Aufsichtsräte eher nicht.<br>Individuelle Bedürfnisse sind relevant und variieren zwischen den Geschlechtern und geschäftsführenden bzw. ehrenamtlichen Aufsichtsräten. | ■ | | | | ■ | ■ | ■ | ■ |

Tab. 44:    Stand der empirischen Forschung – Teil IX[1382]

---

[1382] Quelle: Eigene Darstellung. AW = Aufgabenwahrnehmung. Geno = Genossenschaft. Genobank = Genossenschaftsbank. ■ = schwerpunktmäßig betrachtet. □ = nicht schwerpunktmäßig betrachtet.

| Autor(en) | Jahr | Titel | Stichprobe | Methodik | Untersuchungsziel | Relevante Befunde | Aufsichtsrat | Bank | Geno | Genobank | Motivation | Zufriedenheit | Ehrenamt | AW |
|---|---|---|---|---|---|---|---|---|---|---|---|---|---|---|
| GERUM | 1991 | Aufsichtsratstypen – Ein Beitrag zur Theorie der Organisation der Unternehmensführung | Mitbestimmte AGs n = 71 | Dokumentenanalyse (Geschäftsberichte, Satzungen und Geschäftsordnungen des Aufsichtsrats) | Konstruktion und empirische Überprüfung einer Typologie der Vorstand-Aufsichtsrat-Beziehungen (Aufsichtsratstypen) | Siehe Text unten | ■ | | | | | | | ■ |
| BLEICHER | 1987 | Der Aufsichtsrat im Wandel: eine repräsentative Studie über Aufsichtsräte in bundesdeutschen AGs | Aufsichtsräte deutscher AGs n = 800 | Mündliche Befragung | Analyse der Praxis der deutschen Aufsichtsratsarbeit | Siehe Text unten | ■ | | | | | | | ■ |

**Relevante Befunde (GERUM 1991):**

- Der Konstruktion der Aufsichtsratstypen liegen die unternehmenspolitische Kompetenz (hoch vs. niedrig) und die personelle Zusammensetzung des Aufsichtsrats (Aktionärsdominanz vs. Nicht-Beteiligtendominanz) als Dimensionen zugrunde. Es werden vier Typen unterschieden:

| Personelle Zusammensetzung | Unternehmenspolitische Kompetenz | |
|---|---|---|
| | hoch | niedrig |
| Aktionärsdominanz | 1. Leitungsaufsichtsrat | 2. Kontrollaufsichtsrat |
| Nicht-Beteiligtendominanz | 4. Unternehmenspolitischer Aufsichtsrat | 3. Repräsentationsaufsichtsrat |

- Die Unternehmen der untersuchten Stichprobe ließen sich zu 13 % Typ 1, zu 23 % Typ 2, zu 27 % Typ 3 und zu 37 % Typ 4 zuordnen.

**Relevante Befunde (BLEICHER 1987):**

- Aufsichtsräte definieren sich über die Personalhoheit gegenüber dem Vorstand.
- Schwerpunkte der Aufsichtsratstätigkeit: Bestellung und Abberufung des Vorstands, die Zustimmung zu Investitionen und Jahresbudgets, die Kontrolle der strategischen Planung sowie das Überwinden von (wirtschaftlichen und personellen) Krisen.
- Jüngere Aufsichtsräte sind eher an einer strategischen Beratung interessiert.
- Geschäftsentwicklung wird eher ex post überwacht.
- Aufsichtsräte sehen sich bei Beurteilung einer strategischen Unternehmensplanung überfordert, was eine Beratung des Vorstands verhindert.
- Dualistisches System von 25 % abgelehnt. Grund: Aufsichtsräte fühlen sich „notorisch uninformiert".
- Aufsichtsräte treten Ø 3,8 Mal im Jahr zusammen und tagen meist 3,7 Stunden.
- Wichtigster Ansprechpartner ist der Vorstandsvorsitzende, wobei Aufsichtsratsvorsitzende deutlich mehr Kontakt mit Ersterem haben.

Tab. 45:   Stand der empirischen Forschung – Teil X[1383]

---

[1383] Quelle: Eigene Darstellung. AW = Aufgabenwahrnehmung. Geno = Genossenschaft. Genobank = Genossenschaftsbank. ■ = schwerpunktmäßig betrachtet. □ = nicht schwerpunktmäßig betrachtet.

**Sämtliche Themenbereiche adressierende Forschung**

Ein Forschungsbeitrag, der alle drei Themenbereiche umfasst, ist der von GUER-RERO/SEGUIN, in dem die nichtgeschäftsführenden Aufsichtsratsmitglieder (Non-Executive Directors) kanadischer Finanzinstitute untersucht werden. Der Fokus liegt in den Motiven, die ausschließlich dem eigenen und nicht dem Unternehmens-interesse zuzuordnen sind. Bei Non-Executives wird meist davon ausgegangen, dass sie das Interesse der Unternehmenseigner verfolgen und aus diesem Grund bzw. im Unternehmensinteresse die Geschäftsführung überwachen und beraten. GUERRERO/SEGUIN untersuchen, ob Aufsichtsräte zusätzlich persönliche Motive in Form des Bedürfnisses nach Leistung, des Bedürfnisses nach sozialer Identität oder des Strebens nach persönlichen Vorteilen verfolgen. Insbesondere beim letzt-genannten Motiv besteht das Risiko, dass die persönlichen Interessen mit denen des Unternehmens kollidieren.[1384] In ihrem Modell nehmen sie an, dass sich die sogenannte Pro-Unternehmensmotivation, die über das Ausmaß definiert wird, welchen Beitrag die Aufsichtsräte für das Unternehmen leisten wollen, wesentlich auf die Aufgabenwahrnehmung auswirkt. Die Aufgabenwahrnehmung betrifft die Überwachungstätigkeit, die Beratungstätigkeit sowie die Zusammenarbeit zwi-schen den Aufsichtsratsmitgliedern. Zusätzlich wird unterstellt, dass diese Bezie-hungen durch die drei genannten persönlichen Motive moderiert werden. Es kann unter anderem gezeigt werden, dass sich die Pro-Unternehmensmotivation signifi-kant positiv sowohl auf die Überwachungs- als auch auf die Beratungsfunktion aus-wirkt. Darüber hinaus moderiert das Leistungsmotiv die Beziehung zwischen Pro-Unternehmensmotivation und Überwachungsfunktion signifikant positiv.[1385]

**Forschung zu Aufsichtsräten und Genossenschaftsbanken**

Untersuchungen, die sich mit den Themenbereichen Aufsichtsräte und Banken bzw. Genossenschaftsbanken beschäftigen sind die von HAU/THUM, BÖHM/FRONE-BERG/SCHIERECK und KÖRNER ET AL.

HAU/THUM setzen sich mit der Kontrollkompetenz von Aufsichtsräten auseinander und legen ihren Schwerpunkt auf die größten Institute des deutschen Bankensek-tors. Mithilfe von 14 Kriterien, die sich sowohl auf die Finanz- und Managementex-pertise als auch den Bildungshintergrund beziehen, differenzieren sie die Kontroll-kompetenz von privaten und öffentlich-rechtlichen Banken. Sie gelangen zu dem Ergebnis, dass die Aufsichtsräte privater Institute eine statistisch signifikant höhere Finanz- und Management-Kompetenz aufweisen, als die der öffentlichen-rechtli-chen. Zudem kommen sie zu dem Schluss, dass die „Forderung nach zusätzlicher Bankenreglementierung […] weitgehend irrelevant [erscheint], solange die beste-henden Aufsichtsratsstrukturen einer hinreichenden Kontrollkompetenz entbeh-ren"[1386].

---

[1384] Vgl. GUERRERO/SEGUIN (2012), S. 61. Das Bedürfnis nach sozialer Identität bezieht sich auf die Mit-gliedschaft in ausgewählten Gruppen und das daraus abgeleitete Zugehörigkeits- und Stolzgefühl so-wie das erhöhte soziale Kapital (zu sozialem Kapital vgl. Kapitel B3.4.2.3.3).

[1385] Vgl. GUERRERO/SEGUIN (2012), S. 62 ff.

[1386] HAU/THUM (2008), S. 27.

BÖHM/FRONEBERG/SCHIERECK beschäftigen sich mit dem bankwirtschaftlichen Sachverstand im Aufsichtsrat von Genossenschaftsbanken und Sparkassen, wobei die in den Geschäftsberichten angegebenen Berufe als Basis sowohl für die Untersuchung der Gremienzusammensetzung als auch für die Ableitung des anzunehmenden bankwirtschaftlichen Sachverstands dienen.[1387] Die Dokumentenanalyse stützt sich auf die Geschäftsberichte der Jahre 2004 bis 2009. Unterteilt nach Selbstständigen, unselbstständig Beschäftigen, Personen im Ruhestand und Sonstigen wird bestimmten Berufen Finanzexpertise unterstellt. Bei Genossenschaftsbanken ist dies jeweils bei der Hälfte der Selbstständigen und Unselbstständigen der Fall. Insgesamt verfügen die Aufsichtsgremien der Sparkassen über einen durchschnittlich signifikant höheren Anteil an Aufsichtsräten mit Finanzexpertise. Die an der Bilanzsumme gemessene Größe der Bank führt zumindest bei Genossenschaftsbanken zu einer Erhöhung des Personenanteils mit bankwirtschaftlichem Sachverstand.[1388]

Die Qualifikation von Kontrollorganmitgliedern deutscher Banken ist Gegenstand der Untersuchung von KÖRNER ET AL. Differenziert nach den drei Säulen des deutschen Bankensystems analysieren sie das Verständnis des Geschäfts, die Beurteilung der Geschäftsstrategie und der Risikolage sowie das Ergreifen von Maßnahmen gegenüber dem Management. Sie kommen zu der Erkenntnis, dass der allgemeine Ausbildungsstand der Aufsichtsratsmitglieder zwar relativ hoch ist, jedoch wenige Anteilseignervertreter über branchenspezifische Fachkompetenz verfügen. Der Qualifikationsgrad ist zudem abhängig von der Rechtsform, der Größe sowie dem Geschäftsmodell. Den stärksten finanzwirtschaftlichen Hintergrund besitzen die Aufsichtsräte der privaten Banken, gefolgt von den öffentlich-rechtlichen Instituten und den Genossenschaftsbanken.[1389]

Auffallend bei diesen drei Beiträgen ist, dass jeweils die fachliche Kompetenz als Untersuchungsgegenstand dient. Den Aufsichtsräten der privaten Banken wird insgesamt eine höhere Finanzexpertise bescheinigt als denen der Genossenschaftsbanken oder öffentlich-rechtlichen Instituten. Neben Faktoren wie der Bankengruppe oder der Geschäftstätigkeit (regional vs. überregional) wirkt sich vor allem die Größe der Banken positiv auf die Fachkompetenz aus.

**Forschung zu Genossenschaft(sbank)en und Verhalten**

Mit den Themenbereichen Genossenschaften und verhaltenswissenschaftlichen Komponenten wie der Motivation und Zufriedenheit beschäftigen sich BAUMGÄRTLER und UNGERN-STERNBERG.

BAUMGÄRTLER konzentriert sich in seiner auf Kreditgenossenschaften beschränkten Untersuchung auf Faktoren, die die Mitgliederpartizipation beeinflussen. Ausgehend von motivationalen Erklärungsansätzen, mithilfe derer gezeigt werden

---

[1387] Vgl. BÖHM/FRONEBERG/SCHIERECK (2012), S. 143. Diese Vorgehensweise wurde bereits bei Studien im Zusammenhang mit dem amerikanischen Sarbanes-Oxley Act angewandt (vgl. HERMALIN/WEISBACH (2003); HAU/THUM (2008); GÜNER/MALMENDIER/TATE (2008).
[1388] Vgl. BÖHM/FRONEBERG/SCHIERECK (2012), S. 144 ff.
[1389] Vgl. KÖRNER ET AL. (2013), S. 13 ff.

konnte, dass Mitgliederpartizipation auf motivationalen Aspekten beruht und Mitglieder unter anderem aus Gründen der individuellen Wertschätzung und Selbstverwirklichung an Genossenschaften partizipieren, wurde eine schriftliche Befragung von kreditgenossenschaftlichen Vorständen durchgeführt. Mittels einer Regressionsanalyse werden strukturelle und ökonomische Beteiligungsfaktoren der Mitgliederpartizipation identifiziert. Somit wird ein Nachweis erbracht, dass Mitgliederpartizipation auch ökonomisch bestimmt ist. Zudem kann gezeigt werden, dass die Teilnahme der Mitglieder an General- bzw. Vertreterversammlungen einem negativen Trend unterliegt und dass die Partizipation umso höher ausfällt, je niedriger die Mitgliederanzahl bzw. je ländlicher das Geschäftsgebiet ist.[1390]

UNGERN-STERNBERG entwickelt in seiner Arbeit ein Mitgliederzufriedenheitskonzept für genossenschaftliche Prüfungsverbände, dem die Dimensionen leistungsmäßiger, trägerschaftlicher und finanzieller Interaktionsbereich mit den zugeordneten Faktoren Kerndienstleistungen, Service (unter anderem Kommunikation), Organisationseinbindung und Verbandsbeitrag zugrunde liegen.[1391] Zum einen wird gezeigt, dass die Mitgliederzufriedenheit unabhängig von der Größe oder Sparte der Genossenschaft ist. Zum anderen wird die erwartete Einflussrangfolge der Faktoren Kerndienstleistungen, Service, Verbandsbeitrag und Organisationseinbindung in der genannten Folge bestätigt.[1392]

Während die Mitgliederzufriedenheit bei den Prüfungsverbänden unabhängig von der Größe oder Sparte der Genossenschaft ist, wird die Motivation zur Mitgliederpartizipation von der Mitgliederanzahl, die mit der Größe der Bank einhergeht, und der städtischen bzw. ländlichen Ausgestaltung des Geschäftsgebiets beeinflusst.

**Forschung zu Aufsichtsräten und Verhalten**

Es konnten insgesamt acht relevante Beiträge identifiziert werden, die sich mit den verhaltenswissenschaftlichen Komponenten Zufriedenheit und Motivation von Aufsichtsräten befassen.

Bereits 1987 analysiert BLEICHER die Praxis der deutschen Aufsichtsratsarbeit anhand von AGs und attestiert den Gremien einen Wandel ihrer Rolle hin zu einem stärker strategisch agierenden Organ. Die befragten Aufsichtsräte sehen sich jedoch bei der Beurteilung einer strategischen Unternehmensplanung überfordert und zudem unterinformiert. Die Schwerpunkte der Aufsichtsratstätigkeit liegen in der Bestellung und Abberufung der Vorstände sowie der Zustimmung zu Investitionen und dem Jahresbudget.[1393]

Zur Klärung der Frage, wie die Organisation der Unternehmensführung zu gestalten ist, konstruiert GERUM eine Typologie der Vorstand-Aufsichtsrat-Beziehungen (Aufsichtsratstypen) und untersucht diese empirisch. Der gesamte Aufsichtsrat eines Unternehmens wird dabei abhängig von der personellen Zusammensetzung und der unternehmenspolitischen Kompetenz einem der folgenden Typen zuge-

---

[1390]   Vgl. BAUMGÄRTLER (2000), S. 277 ff.

[1391]   Vgl. UNGERN-STERNBERG (2002), S. 140.

[1392]   Vgl. UNGERN-STERNBERG (2002), S. 204 ff.

[1393]   Vgl. BLEICHER (1987), S. 13 ff.

ordnet: Leitungsaufsichtsrat, Kontrollaufsichtsrat, Repräsentations- bzw. Beratungsaufsichtsrat sowie unternehmenspolitischer Aufsichtsrat. Die unternehmenspolitische Kompetenz wird gemessen an der Existenz bzw. Ausgestaltung eines Katalogs zustimmungspflichtiger Geschäfte. Bei der personellen Zusammensetzung steht eine Differenzierung anhand des Aktienbesitzes im Fokus. Konkret werden unter anderem Aktionäre, Berater und Bankenvertreter dem Cluster der Aktionärsdominanz oder der Nicht-Beteiligtendominanz zugewiesen. Durch die empirische Untersuchung werden sämtliche vorher konstruierte Aufsichtsratstypen nachgewiesen, wobei der unternehmenspolitische Aufsichtsrat mit 37 % am stärksten in der Stichprobe vertreten ist. Die zentrale Funktion dieses Aufsichtsratstypen ist die Teilhabe an der Unternehmenspolitik und ihre Absicherung nach außen.[1394]

Ausgehend von den Motivations- bzw. Bedürfnistheorien von ALDERFER, McCLELLAND und MASLOW untersucht INGLIS fünf Bedürfnisse in Bezug auf ihre Wichtigkeit und ihre Erfüllungsgrade, also die Zufriedenheit, von ehrenamtlichen und geschäftsführenden Aufsichtsräten kanadischer Sportorganisationen. Zu den ausgewählten Bedürfnissen zählen das Wachstums-, das Verantwortungs-, das Mitwirkungs-, das Anerkennungs- sowie das Beziehungsbedürfnis. Nennenswert ist, dass die Aufsichtsräte sowohl danach befragt wurden, wie wichtig ihnen die verschiedenen Bedürfnisse sind, als auch, wie sehr diese Bedürfnisse für sie erfüllt werden. Die Ergebnisse werden differenziert nach Geschlechtern und nach ehrenamtlichen bzw. geschäftsführenden Aufsichtsräten dargestellt. Signifikante Unterschiede bei den Geschlechtern gibt es beispielsweise in Bezug auf das Wachstums- und das Beziehungsbedürfnis. Während diese für Frauen die wichtigsten Bedürfnisse in diesem Zusammenhang darstellen, werden sie von Männern als am wenigsten wichtig bewertet. In Bezug auf die beiden Aufsichtsratsgruppen ist zu konstatieren, dass das Verantwortungs-, das Anerkennungs- und das Wachstumsbedürfnis für die geschäftsführenden Aufsichtsräte signifikant wichtiger sind als für ehrenamtliche, letztere jedoch insgesamt zufriedener sind bzw. die Bedürfnisse stärker befriedigt werden.[1395]

Obwohl HARTMANN die Aufsichtsratsvergütung und deren Auswirkung auf den Unternehmenserfolg börsennotierter AGs in den Fokus stellt, untersucht sie darüber hinaus die Struktur und die Funktion der Aufsichtsgremien. Basierend auf der Erkenntnis, dass zwischen dem Vorstand und Aufsichtsrat ein enger Kontakt bzw. regelmäßiger Informationsaustausch vorliegt und die Strategie gemeinsam erarbeitet wird, schlussfolgert sie, dass der Aufsichtsrat kein ausschließliches Kontrollorgan mehr ist, sondern zunehmend als Beratergremium fungiert. Obwohl grundsätzlich eine positive Einstellung zur erfolgsabhängigen Vergütung von Aufsichtsräten zu erkennen ist, zeigen die Ergebnisse vor allem, dass das Verhältnis zwischen Anreizen und Beiträgen ausgeglichen sein sollte und zur Wahrnehmung des Mandats Motive wie Prestige und der Ausbau des eigenen Netzwerks eine entscheidendere Rolle einnehmen als finanzielle Anreizkomponenten. Intrinsische

---

[1394] Vgl. GERUM (1991), S. 719 ff.
[1395] Vgl. INGLIS (1994), S. 178 ff.

Motive sollten daher bei der Gestaltung eines Anreizsystems für Aufsichtsräte Berücksichtigung finden.[1396]

In seiner Untersuchung konzentriert sich SCHOLZ auf börsennotierte Unternehmen. Er identifiziert Determinanten der erfolgreichen Aufsichtsratsarbeit und gruppiert diese in die fünf Bereiche

1.  Aufgabenwahrnehmung (inklusive Rollenverständnis),
2.  strukturelle Einflüsse auf die Arbeit des Aufsichtsrats (wie beispielsweise die Bedeutung des Vorsitzenden, Anforderungen an die Zusammensetzung und Ausschüsse),
3.  Ausgestaltung der Aufsichtsrattätigkeit (einschließlich der Zusammenarbeit des Aufsichtsratsvorsitzenden mit dem Vorstand, des Sicherstellens einer ausreichenden Informationsversorgung, des Durchführens einer Selbstbeurteilung und des Sicherstellens zeitlicher Verfügbarkeit),
4.  Auswahl und Besetzung der Aufsichtsratsmitglieder (wie beispielsweise Anforderungen, Alter und Zugehörigkeitsdauer) sowie
5.  Verhalten (mitsamt der Herstellung eines konstruktiven Dialogs im Gremium, materieller und immaterieller Anreize sowie der Bedeutung von Werten und Ethik).[1397]

In Bezug auf das Verhalten stellt für über 50 % der Befragten die Vergütung ein wesentliches Motiv zur Annahme des Mandats dar. Die Frage nach der Angemessenheit der aktuellen Vergütung wird differenziert beantwortet. Einigkeit besteht darin, dass die Vergütung in einem angemessenen Verhältnis zur geforderten Leistung stehen sollte.[1398] Hinsichtlich des Rollenverständnisses betrachtet rund ein Drittel der Befragten die Kontrollfunktion als ausschließliche Aufgabe des Aufsichtsrats. Die Mehrheit empfindet die Personal- und Strategieentwicklungen als Kernaufgaben des Gremiums.[1399] Als wichtige Determinanten einer erfolgreichen Aufsichtsratsarbeit werden beispielsweise der Aufsichtsratsvorsitzende nebst seinem Verhältnis zum Vorstandsvorsitzenden sowie eine umfassende, zielführende und rechtzeitige Informationsversorgung angesehen.

Die Grundlage der Untersuchung von INGLIS/CLEAVE stellen 34 aus Motivationstheorien abgeleitete Ursachen dar, die zur Klärung der Motivation ehrenamtlicher Aufsichtsräte beitragen. Mithilfe einer Faktorenanalyse konnten diese 34 Ursachen zu den folgenden sechs Gruppen zusammengefasst werden: Steigerung des Selbstwertgefühls, Hilfsbereitschaft der Gesellschaft gegenüber, Wissbegierde/Interessiertheit, Aufbau von Beziehungen, Einbringen von speziellen Beiträgen in die Gremienarbeit sowie Selbstheilungseffekte.[1400] Die Motive mit der höchsten Relevanz sind bei den Faktoren Hilfsbereitschaft der Gesellschaft sowie Wissbegierde/Inte-

---

[1396]  Vgl. HARTMANN (2003), S. 109 ff.
[1397]  Vgl. SCHOLZ (2006), S. 194.
[1398]  Vgl. SCHOLZ (2006), S. 185.
[1399]  Vgl. SCHOLZ (2006), S. 141.
[1400]  Vgl. INGLIS/CLEAVE (2006), S. 91 ff.

ressiertheit zu finden. Selbstheilungseffekte werden als nachrangig betrachtet. Anstelle von egoistischen Motiven konnten insbesondere altruistische Motive bei den
ehrenamtlichen Aufsichtsräten nachgewiesen werden.[1401]

SCHULTEN gliedert seine Untersuchung in drei Abschnitte. Als erstes wird der Zusammenhang zwischen Aufsichtsratsmerkmalen und dem Unternehmenserfolg
analysiert. Als zweites stehen das Rollenverständnis und die Vergütung des Aufsichtsrats im Fokus. Zuletzt werden die Einflussfaktoren des Rollenverständnisses
und der Vergütung untersucht. Das Rollenverständnis setzt sich für ihn zusammen
aus Aufsichtsratseigenschaften, Aufsichtsratsfunktionen und der Aufgabenwahrnehmung. Zu letzterer zählen Schwerpunkte, die die Aufsichtsräte in ihrer Tätigkeit
setzen. Die Aufgabenwahrnehmung wird durch die Einstellung, die die Aufsichtsräte in Bezug auf die Bedeutung verschiedener Aufgaben haben, ermittelt. Bei den
Aufsichtsratsfunktionen nimmt er Bezug auf die Untersuchungen von HARTMANN[1402]
und GERUM[1403] und unterscheidet Kontrolle, Beratung, Leitung, Interessenwahrnehmung, unternehmenspolitische Funktionen und sonstige Funktionen.[1404] Die
befragten Aufsichtsräte börsennotierter Unternehmen verstehen sich zu rund 38 %
als kontrollierendes und zu rund 28 % als beratendes Organ. 90 % der Aufsichtsräte sehen in der Personalkompetenz eine elementare Aufgabe des Gremiums.
SCHULTEN schließt hieraus, dass sich die Aufsichtsräte als Teil einer beratenden,
prozessbegleitenden Kontrolle verstehen. Die Mitglieder der Gremien sollten insgesamt über Fähigkeiten verfügen, mit denen sie als gleichwertige Partner des
Vorstands agieren und wahrgenommen werden. Einer Steigerung des Arbeitsein-
satzes durch eine leistungsbezogene Vergütung stehen die Befragten ablehnend
gegenüber. Als wichtigste Faktoren, die die Aufsichtsratsarbeit beeinflussen, wurden in absteigender Reihenfolge die Berichterstattung des Vorstands gegenüber
dem Aufsichtsrat, die Informationstransparenz zwischen Aufsichtsrat und Vorstand
und die Qualifikation bzw. fachliches Know-how ermittelt.[1405]

Während viele Beiträge zur Corporate Governance auf die Prinzipal-Agenten-The-
orie Bezug nehmen und leicht zu erhebende Daten, wie beispielsweise Strukturda-
ten oder das Unternehmensergebnis, verwenden, erforscht JÜNGER die individuelle
Motivation von Aufsichtsräten mit einer verstärkt verhaltenswissenschaftlichen Perspektive auf Basis von Interviews mit Anteilseignervertretern des Aufsichtsrats.[1406]
Ein zentraler Befund seiner Arbeit ist, dass die Anteilseignervertreter deutscher
DAX und MDAX-Aufsichtsräte sowohl ex- als auch intrinsisch motiviert sind. Die
Motivation ist insbesondere auf Motive wie Reputation, exklusive Beziehungsnetz-
werke, soziale Anerkennung und das Erleben von Flow zurückzuführen. Die Man-
datsannahme ist mit der Hoffnung verknüpft, das eigene symbolische und soziale
Kapital[1407] auszubauen und in der Folge weitere bzw. prestigeträchtigere Mandats-
angebote zu erhalten. Die Vergütung spielt keine besondere Rolle und sollte jedoch

---

[1401] Vgl. INGLIS/CLEAVE (2006), S. 98.
[1402] Vgl. HARTMANN (2003).
[1403] Vgl. GERUM (1991).
[1404] Vgl. SCHULTEN (2013), S. 87 ff.
[1405] Vgl. SCHULTEN (2013), S. 85 f.
[1406] Vgl. JÜNGER (2013), S. 4.
[1407] Vgl. Kapitel B3.4.2.3.3.

zumindest als fair empfunden werden. Ihr wird Symbolcharakter zugesprochen. Die Vergütung wird von den Anteilseignervertretern als Gradmesser der entgegenge- brachten Wertschätzung angesehen, die in einem adäquaten Verhältnis zu Anteils- eignervertretern anderer Aufsichtsgremien stehen sollte.[1408]

In Bezug auf die Aufgabenwahrnehmung verdeutlichen die Untersuchungen, dass es verschiedene Rollenverständnisse der Aufsichtsratstätigkeit gibt und sich diese im Zeitverlauf gewandelt haben. Während früher ausschließlich die Kontrollfunktion im Fokus stand, verstehen sich die Aufsichtsräte zunehmend als beratende Kon- trolleure, wobei sich dies in der praktischen Umsetzung als schwierig gestaltet. Hinsichtlich der Motive ist zu konstatieren, dass die intrinsische Motivation eine nicht zu vernachlässigende Rolle spielt. Die Vergütung als Motiv der extrinsischen Motivation stellt zwar kein Hauptmotiv dar, sollte jedoch angemessen bzw. fair aus- gestaltet sein, was wiederum aufsichtsratsindividuell bewertet wird. Insgesamt sollte das Anreiz-Beitrags-Verhältnis ausgeglichen sein.

**Ausgewählte verhaltenswissenschaftliche Forschung**

Die beiden im Folgenden genannten Studien beziehen sich zwar ausschließlich auf den Themenbereich der Motivation bzw. Zufriedenheit, sie sollen jedoch aufgrund ihrer möglichen Übertragbarkeit auf genossenschaftliche Aufsichtsräte in diesem Kapitel berücksichtigt werden. Es erfolgt eine Konzentration auf die für diese Arbeit relevanten Befunde (vgl. Tab. 46).

---

[1408] Vgl. JÜNGER (2013), S. 127.

| Autor(en) | Jahr | Titel | Stichprobe | Methodik | Untersuchungsziel | Relevante Befunde | Aufsichtsrat | Bank | Geno | Genobank | Motivation | Zufriedenheit | Ehrenamt | AW |
|---|---|---|---|---|---|---|---|---|---|---|---|---|---|---|
| WERK-MANN | 2014 | Motivation, Zufriedenheit und Wertschätzung von Sport-Event-Volunteers | Volunteers der FIFA Frauen-WM $n_1$ = 999 bei erster Befragung $n_2$ = 1.097 bei zweiter Befragung $n_3$ = 573 bei beiden Befragungen | Schriftliche Befragung | Identifizierung von Faktoren, mithilfe derer Volunteers von Großsportveranstaltungen zufrieden gestellt und in ihrer wertschätzenden Einstellung bestärkt werden. | • Wichtigste erklärende Größen der Zufriedenheit: Spaß an der Tätigkeit, Abwechslungsreichtum und Zusammenarbeit. • Spaß an der Tätigkeit wird stark beeinflusst durch Ausbaumöglichkeit der eigenen Kenntnisse und Erfahrungen. • Je besser die Motive durch die Arbeits- und Rahmenbedingungen erfüllt werden, desto höher ist die Zufriedenheit. | | | | | ■ | ■ | ■ | ■ |
| SAUTTER | 2007 | Mitarbeiterzufriedenheit im Sportverein – Einflussfaktoren aus der Perspektive ehrenamtlicher Vereinsmitarbeiter | Ehrenamtliche Vereinsmitarbeiter des Badischen Sportbundes Nord n = 74 (200 zufällig ausgewählte Mitarbeiter wurden angeschrieben) | Schriftliche Befragung | Identifizierung der Faktoren, die die Zufriedenheit ehrenamtlicher Mitarbeiter in Sportvereinen beeinflussen | • Stärkste Einflussfaktoren auf die ehrenamtliche Vereinsarbeit: Sinn der Tätigkeit, Verbundenheit/Identifikation mit dem Verein, Tätigkeit/Aufgabe, Mitgliederkontakt und Vereinsklima. • Schwächste Einflussfaktoren auf die ehrenamtliche Vereinsarbeit: Unterstützung durch hauptberufliche Mitarbeiter, Vergütung/Entlohnung, Aufstiegs-/Karrierechancen, besondere Leistungen des Vereins sowie Auslagenerstattung. • Variablen können mittels Faktorenanalyse zu vier Faktoren zusammengefasst werden: Arbeitsklima, Tätigkeitsstruktur/-charakteristika, Arbeitsumfeld und Gratifikation. • Variablengruppe Arbeitsklima (Ø = 2,34) am bedeutsamsten für die Mitarbeiterzufriedenheit eingeschätzt, Variablengruppe Gratifikation (Ø = 3,89) am unbedeutendsten schwächsten. • Geschlecht, Haupttätigkeit und Vereinsgröße führen nicht zu signifikant unterschiedlichen Ergebnissen. • Mitarbeiterzufriedenheit in Sportvereinen wird v. a. durch Merkmale der sozialen Interaktion sowie tätigkeitsbezogene Aspekte beeinflusst. Zusätzlich gilt das Arbeitsumfeld als relevant. | | | | | | ■ | ■ | ■ |

Tab. 46: Ausgewählte verhaltenswissenschaftliche empirische Forschung[1409]

---

[1409] Quelle: Eigene Darstellung. AW = Aufgabenwahrnehmung. Geno = Genossenschaft. Genobank = Genossenschaftsbank. ■ = schwerpunktmäßig betrachtet. □ = nicht schwerpunktmäßig betrachtet.

Das Ziel der Arbeit von SAUTTER liegt in der Identifizierung von Faktoren, die die Zufriedenheit ehrenamtlicher Mitarbeiter in Sportvereinen beeinflussen. Als stärkste Einflussfaktoren werden der Sinn der Tätigkeit, die Verbundenheit bzw. Identifikation mit dem Verein und der Inhalt der Tätigkeit ermittelt. Vergütung und Aufstiegschancen zählen zu den schwächeren Determinanten der Zufriedenheit.[1410]

WERKMANN untersucht in ihrer Arbeit die Motivation und Zufriedenheit ehrenamtlicher Mitarbeiter bei Sportevents (Volunteers). Der Beitrag wird in den Stand der Forschung mit aufgenommen, da mit der Motivation und Zufriedenheit in Verbindung mit dem Ehrenamt drei wesentliche Komponenten thematisiert werden. Ein zentraler Befund WERKMANNS liegt in dem Nachweis, dass erfüllte Motive zu einer höheren Zufriedenheit führen, was dem dargestellten Zusammenhang in Kapitel B3.4.2.4.4 entspricht. Als wichtigste erklärende Größen auf die Zufriedenheit werden der Spaß an der Tätigkeit, Abwechslungsreichtum sowie die Zusammenarbeit ausgemacht.[1411]

Durch den dargestellten Stand der empirischen Forschung wird deutlich, dass die strukturelle Zusammensetzung kreditgenossenschaftlicher Aufsichtsräte bislang nicht umfänglich analysiert wurde. Gleiches gilt für die Untersuchung der Motivation und Zufriedenheit ehrenamtlicher Aufsichtsräte und speziell kreditgenossenschaftlicher Aufsichtsräte. Mithilfe der Verfolgung der Forschungsziele dieser Arbeit soll ein Beitrag zur Reduktion dieser Forschungslücken geleistet werden.

---

[1410]  Vgl. SAUTTER (2007), S. 76 ff.
[1411]  Vgl. WERKMANN (2014), S. 75 ff.

# C  Empirisches Design der Untersuchung

## 1    Vorbemerkung

Aufbauend auf den vorangegangenen Erläuterungen wird im Folgenden zunächst ein theoretischer Bezugsrahmen für die Arbeit hergeleitet. Die anschließende empirische Untersuchung basiert auf zwei Datenquellen (Geschäftsberichte und ein Fragebogen). Zur Adressierung der Forschungsziele $FZ_1$ und $FZ_2$ werden die Geschäftsberichte der Genossenschaftsbanken im Hinblick auf aufsichtsratsrelevante Daten ausgewertet.

Darüber hinaus liegen dem zweiten Forschungsziel ($FZ_2$) sowie den Forschungszielen $FZ_3$, $FZ_4$ und $FZ_5$ die hypothetischen Konstrukte der *Motivation, Zufriedenheit* und *Aufgabenwahrnehmung* zugrunde, welche sich einer direkten Beobachtbarkeit entziehen.[1412] Zur Adressierung dieser Forschungsziele wird daher folgende Vorgehensweise für das empirische Design gewählt (vgl. Abb. 31). Ausgehend von der Hypothesen- und Modellbildung sowie der Konzeptualisierung und Operationalisierung der Konstrukte *Motivation, Zufriedenheit* und *Aufgabenwahrnehmung* stellt sich die Frage nach der Auswahl eines geeigneten Analyseverfahrens. Die diesbezügliche Entscheidung spielt bei der anschließenden Wahl des Erhebungsinstruments und dessen Ausgestaltung eine wesentliche Rolle.

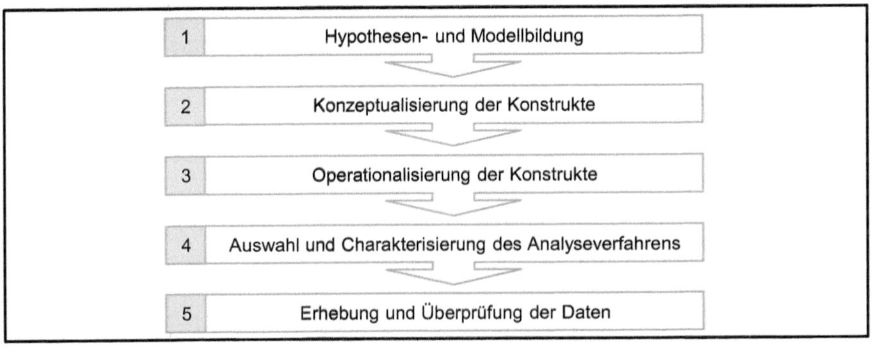

| | |
|---|---|
| 1 | Hypothesen- und Modellbildung |
| 2 | Konzeptualisierung der Konstrukte |
| 3 | Operationalisierung der Konstrukte |
| 4 | Auswahl und Charakterisierung des Analyseverfahrens |
| 5 | Erhebung und Überprüfung der Daten |

Abb. 31:    Aufbau des empirischen Designs zur Adressierung von $FZ_2$-$FZ_5$[1413]

Die Erhebung und Überprüfung der Daten ist bei beiden Datenquellen so aufgebaut, dass zunächst auf die Methodik der Datenerhebung eingegangen wird, bevor anschließend die Durchführung der Datenerhebung sowie die Überprüfung des Datensatzes erläutert werden.

---

[1412]  Vgl. WEIBER/MÜHLHAUS (2014), S. 86; WEIBLER (2016), S. 170.
[1413]  Quelle: Eigene Darstellung in Anlehnung an WEIBER/MÜHLHAUS (2014), S. 86; DÖRING/BORTZ (2016c), S. 223.

## 2   Herleitung eines Bezugsrahmens

Unter Rückgriff auf die thematisierten Grundlagen wird im Folgenden der konzeptionelle Rahmen für die vorliegende Untersuchung entwickelt. Es ist das übergeordnete Ziel dieser Arbeit, die Aufsichtsratstätigkeit in deutschen Genossenschaftsbanken zu analysieren. Neben der Untersuchung der Struktur der Gremien gilt es, Faktoren zu identifizieren, welche die Motivation und Zufriedenheit der Aufsichtsräte beeinflussen. Vorangehend wurden diesbezüglich verschiedene Theorien dargestellt. Da jeder dieser Ansätze jedoch nur einzelne Aspekte der mehrdimensionalen Konstrukte der Motivation und Zufriedenheit abdeckt, wird im Folgenden ein Modell entwickelt, in dem die einzelnen Elemente in den Kontext der kreditgenossenschaftlichen Aufsichtsratstätigkeit gestellt und miteinander in Verbindung gesetzt werden.

Wie bereits dargestellt, entsteht *Motivation* durch das Vorliegen bzw. Wechselspiel von *Motiven* und *Anreizen*. Bezugnehmend auf die *Anreiz-Beitrags-Theorie*, die auch zur Erklärung des Partizipationsverhaltens in Genossenschaftsbanken herangezogen wird,[1414] werden Motive und Anreize um zu leistende *Beiträge* ergänzt. Um in den Nutzen der Anreize zu kommen, müssen somit Beiträge geleistet werden. Analog zum *VIE-Modell* von VROOM[1415] finden die Vergleichsprozesse zunächst rein auf der kognitiven Ebene statt. Auf Basis früherer Erfahrungen und Annahmen vergleicht ein (potenzieller) Mandatsträger die Anreize mit den zu leistenden Beiträgen. Sofern höhere Beiträge als Anreize erwartet werden, wird die situative Komponente nicht erfüllt und keine Motivation ausgelöst. Bei einem positiven Ergebnis und kongruenten Motiven entsteht Motivation, die nur zu einer *Handlung* führt, sofern das Individuum davon ausgeht, dass hiermit auch das angestrebte Ziel erreicht wird.

Dem *Motivationsmodell* von PORTER/LAWLER[1416] folgend, führt die durch Motivation ausgelöste Handlung unter Berücksichtigung von *persönlichen Fähigkeiten und Eigenschaften* sowie der Rollenwahrnehmung, die im Rahmen der vorliegenden Arbeit gemeinsam mit dem Hierarchieverständnis die definierenden Komponenten der *Aufgabenwahrnehmung* darstellt, zu *Leistung* und anschließend zu *Belohnung*.

Ob die Belohnung Zufriedenheit auslöst, hängt gemäß dem *Confirmation-Disconfirmation-Paradigma* bzw. dem *Zürcher Modell der Arbeitszufriedenheit* von BRUGGEMANN[1417] von dem sodann stattfindenden Vergleichsprozess statt. Die erwartete Belohnung wird mit der tatsächlichen verglichen, bezugnehmend auf die *Equity-Theorie* von ADAMS auch unter Berücksichtigung des Vergleichs mit Bezugspersonen. Da die aufgezeigten Prozesse zunächst kognitiv ablaufen, hat die empfundene Fairness somit das Potenzial, die Richtungsweise des Handelns zu beeinflussen. Entspricht die Ist-Situation mindestens der Soll-Situation, wird *Zufriedenheit*, anderenfalls *Unzufriedenheit* ausgelöst.

---

[1414] Vgl. Kapitel B3.5.2.
[1415] Vgl. Kapitel B3.4.2.3.5.
[1416] Vgl. Kapitel B3.4.2.3.5.
[1417] Vgl. Kapitel B3.4.2.3.6.

Zufriedene Aufsichtsräte sehen sich darin bestätigt, dass ihre Motive befriedigt werden können, weshalb die Tätigkeit aufgenommen bzw. der Tätigkeit weiter nachgegangen wird. In Anlehnung an das *Zürcher Modell der Arbeitszufriedenheit* führen übertroffene Erwartungen zu einem höheren zukünftigen Erwartungsniveau (progressive Zufriedenheit). Sofern die Erwartungen der Ist-Situation entsprechen, trägt dies zu einer Stabilisierung des künftigen Erwartungsniveaus bei. Es ist jedoch zu berücksichtigen, dass eine zunächst stabilisierte Zufriedenheit keinen dauerhaften Zustand darstellen muss, da auch stabilisiert zufriedene Individuen in der Regel zu einem späteren Zeitpunkt nach einer Verbesserung des erreichten Zustands streben.[1418] Unzufriedenheit kann zu einer Senkung des Anspruchsniveaus führen oder zunächst auch in einer Beibehaltung des Anspruchsniveaus resultieren. Bei einer dauerhaften Unzufriedenheit bzw. der Erkenntnis, dass das Handeln nicht zu einem gewünschten Ergebnis führt, ist davon auszugehen, dass der Aufsichtsrat sein Engagement vorzeitig beendet oder sich nicht weiter in die Gremientätigkeit einbringt.

Somit wirkt sich die (Un-)Zufriedenheit der Aufsichtsräte auf die Aufgabenerfüllung bzw. Effektivität des Gremiums aus und beeinflusst zudem den künftigen Anreiz-Beitrags-Abgleich.[1419]

Im Individuum stattfindende Vergleichsprozesse stellen eine wesentliche Grundlage der erläuterten Theorien und Ansätze dar. Die aufgezeigten Zusammenhänge werden mithilfe von Abb. 32 veranschaulicht.

---

[1418]  Vgl. UNGERN-STERNBERG (2002), S. 45.

[1419]  Anders als bei beispielsweise WELGE/EULERICH (vgl. WELGE/EULERICH (2014), S. 92) ist in Bezug auf genossenschaftliche Aufsichtsräte nicht anzunehmen, dass sich die Aufsichtsratstätigkeit direkt auf den Erfolg eines Kreditinstituts auswirkt. Es ist davon auszugehen, dass der Erfolg einer Bank stärker durch andere Faktoren wie beispielsweise das Zinsniveau determiniert wird, weshalb der Zusammenhang der Aufsichtsratstätigkeit auf den Erfolg nicht isoliert betrachtet werden kann bzw. im Folgenden von einer derartigen Untersuchung abgesehen wird.

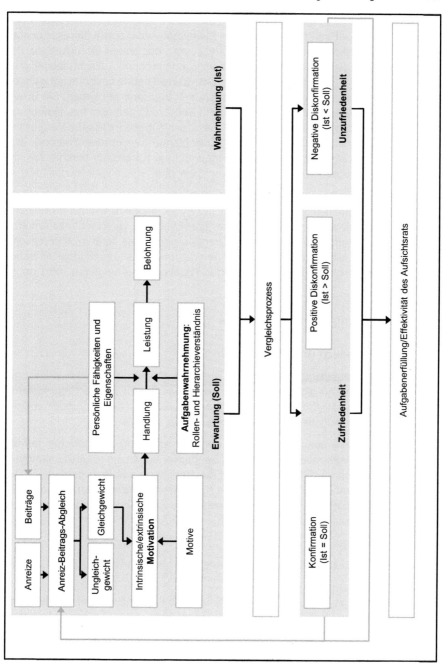

Abb. 32:    Theoretischer Bezugsrahmen[1420]

Wie in Kapitel B3.4.2.4.1 erläutert, lassen sich drei Bezugsebenen der Motivation unterscheiden: die Eintrittsmotivation, die Bleibemotivation sowie die Arbeitsmotivation. Mit Ausnahme der Antizipationsphase, also der ersten Bezugsebene der Motivation, spielt die Zufriedenheit mit der wahrgenommenen Aufsichtsratstätigkeit eine wichtige Rolle, da aufgrund der Anreiz-Beitrags-Theorie davon ausgegangen werden kann, dass nur zufriedene Aufsichtsräte in der Bank verbleiben. Die Erfahrungen, die das Aufsichtsratsmitglied bis zum Zeitpunkt t gemacht hat, fließen daher in den Erwartungsprozess von $t_{+1}$ ein. Es ist festzuhalten, dass die Vergleichsprozesse permanent andauern. Für als Aufsichtsräte fungierende Personen bedeutet dies, dass diese den Prozess im Rahmen ihrer Kandidatur durchlaufen haben und zu einem positiven Ergebnis gekommen sind.

Die Herleitung des Bezugsrahmens verdeutlicht, dass zur Untersuchung der Motivation und Zufriedenheit genossenschaftlicher Aufsichtsräte nicht auf eine einzelne Theorie abgestellt werden kann, sondern eine Synthese verschiedener Ansätze zielführend erscheint. Die angeführten Theorien dienen als leitende theoretische Position für die vorliegende Arbeit und tragen dazu bei, das Forschungsfeld zu begrenzen. Eine empirische Überprüfung der Theorien wird hingegen nicht angestrebt.

# 3   Auswertung des Fragebogens

## 3.1   Hypothesen- und Modellbildung

Auf Basis des vorgestellten, theoretisch sowie sachlogisch begründeten Bezugsrahmens, werden im Folgenden verschiedene Hypothesen für die Untersuchung abgeleitet. Die Hypothesen dienen als Ausgangspunkt für das Pfadmodell und bilden somit ein wesentliches Erkenntnisinteresse der Arbeit ab.

Wie bereits erörtert, handelt es sich bei der *Motivation* und der *Zufriedenheit* um eng miteinander verbundene Konstrukte, bei denen jedoch ein Kausalzusammenhang anzunehmen ist.[1421] Mit Bezug auf die Herleitung des Bezugsrahmens der vorliegenden Arbeit stellt Zufriedenheit die zu erklärende Variable dar. Aus der Darstellung der theoretischen Grundlagen sowie des Forschungsstands kann daher folgende Hypothese abgeleitet werden.

**Hypothese 1 (H₁):**

Motivation wirkt sich positiv auf die Zufriedenheit genossenschaftlicher Aufsichtsräte aus.

Da anzunehmen ist, dass das genossenschaftliche Aufsichtsratsamt als Ehrenamt wahrgenommen wird,[1422] ist davon auszugehen, dass die intrinsische Motivation der Mandatsträger die extrinsische übersteigt. Bezugnehmend auf die Formulierung der ersten Hypothese lässt sich folgende zweite Hypothese ableiten.

---

[1421]   Vgl. Kapitel B3.4.2.4.4.
[1422]   Vgl. Kapitel B3.5.

**Hypothese 2 (H₂):**

Intrinsische Motivation wirkt sich stärker als extrinsische Motivation auf die Zufriedenheit genossenschaftlicher Aufsichtsräte aus.

Die von den Hypothesen postulierten Effekte sind in dem folgenden Pfadmodell dargestellt und dienen als Basis für die nachfolgende Kausalanalyse (vgl. Abb. 33).[1423] Im Gegensatz zum theoretischen Bezugsrahmen werden die mögliche Rollen der Aufsichtsräte, die einen Teil der Aufgabenwahrnehmung darstellen, differenziert dargestellt.

---

[1423]  Vgl. WEIBER/MÜHLHAUS (2014), S. 86 f.

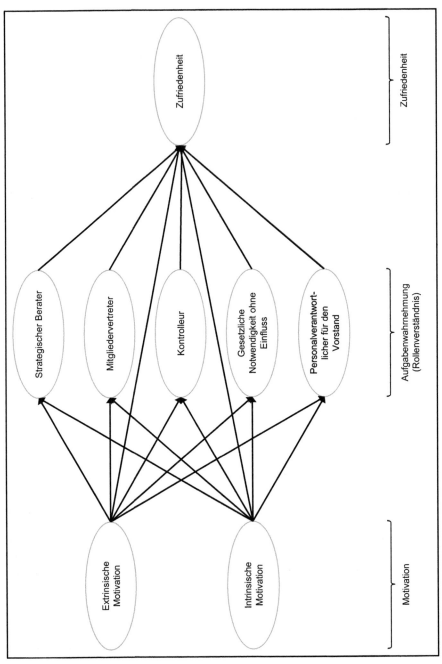

Abb. 33:    Pfadmodell[1424]

---

[1424] Quelle: Eigene Darstellung.

## 3.2    Konzeptualisierung der Konstrukte

Um das Hypothesensystem empirisch messbar zu machen, müssen die dort genannten hypothetischen Konstrukte *Motivation, Zufriedenheit* und *Aufgabenwahrnehmung* zunächst konzeptualisiert und anschließend operationalisiert werden. Das Ziel der Konzeptualisierung liegt in der Entwicklung eines umfassenden Verständnisses des Konstrukts und seiner Teilaspekte.[1425] Gemäß WEIBER/MÜHLHAUS umfasst die Konzeptualisierung „die möglichst konkrete Beschreibung eines Konstruktes und seiner Eigenschaften und mündet in der abschließenden Konstruktdefinition"[1426].[1427] Die Herleitung und Beschreibung der Konstrukte erfolgte im Rahmen von Kapitel B. Die abschließenden Konstruktdefinitionen sind in Tab. 47 abgebildet.

| Konstrukt | Definition |
|---|---|
| **Motivation** | Motivation ist der Prozess von der Wahrnehmung eines Bedürfnisses bis zu dessen Erfüllung und somit die Voraussetzung für zielorientiertes Handeln und Verhalten. Aktivitäten, die um ihrer selbst willen ausgeführt werden, gelten als intrinsisch, Aktivitäten, bei denen der Anreiz auf den beabsichtigten Ergebnisfolgen liegt, als extrinsisch motiviert. |
| **Zufriedenheit** | Zufriedenheit ist das positive Ergebnis eines Vergleichsprozesses, bei dem die wahrgenommene Situation (Ist) mit den im Vorfeld existierenden Erwartungen (Soll) abgeglichen wird. |
| **Aufgaben-wahrnehmung** | Aufgabenwahrnehmung wird definiert durch das Rollen- sowie das Hierarchieverständnis der Aufsichtsräte und wirkt sich auf die Überwachungstätigkeit sowie die Zusammenarbeit mit anderen Aufsichtsratsmitgliedern und Instanzen aus. |

Tab. 47:    Definitionen der Konstrukte[1428]

Eine weiterführende Konzeptualisierung kann mithilfe theoretischer Überlegungen aber auch auf Basis von Erfahrungen und Sachlogik vorgenommen werden.[1429] Während sich eindimensionale Konstrukte lediglich auf eine Komponente beziehen, setzen sich mehrdimensionale Konstrukte aus verschiedenen Teilaspekten zusammen.[1430] Im Rahmen der vorliegenden Arbeit stellen sowohl die *Motivation* als auch die *Zufriedenheit* und *Aufgabenwahrnehmung* komplexe, vielschichtige Konstrukte dar, die aus mehreren Dimensionen bzw. Teilaspekten bestehen.

Als Synthese der vorherigen Erläuterungen erfolgt in Bezug auf die Antezedenzien und Konsequenzen unter Berücksichtigung der Erkenntnisse aus Kapitel B2 eine Ableitung der für Aufsichtsräte essenziellen Teilaspekte der Motivation und Zufriedenheit. Die Teilaspekte des Rollenverständnisses basieren auf den Ausführungen

---

[1425]    Vgl. TÖPFER (2012), S. 286 f.; HOMBURG/GIERING (1996), S. 11 ff.; BORTH (2004), S. 74.
[1426]    WEIBER/MÜHLHAUS (2014), S. 96.
[1427]    Zur Konzeptualisierung hypothetischer Konstrukte siehe auch LUFT/SHIELDS (2003), S. 186 ff.
[1428]    Quelle: Eigene Darstellung.
[1429]    Vgl. CHIN/TODD (1995), S. 239 ff.; WEIBER/MÜHLHAUS (2014), S. 95.
[1430]    Vgl. WEIBER/MÜHLHAUS (2014), S. 99.

aus Kapitel B2.4. Um die Untersuchung einzugrenzen, wurden als besonders relevant erachtete Teilaspekte fokussiert (vgl. Tab. 48).[1431]

| Konstrukt | Teilaspekte | |
|---|---|---|
| | **Intrinsische Motivation** | **Extrinsische Motivation** |
| **Motivation** | Freude an Gestaltung | Anerkennung |
| | Herausforderung | Beziehungsnetzwerk |
| | Interesse | Ehrenamt/Gemeinwohl |
| | Kompetenzeinbringung | Monetäre Vorteile |
| | Freude allgemein | Affiliation |
| | Freude an Verantwortung | Beruflicher Nutzen |
| | Wissenserweiterung | Reputation |
| **Zufriedenheit** | Eigene AR-Arbeit | Informationsversorgung |
| | Erwartungserfüllung an AR-Mandat | Informationsstand |
| | Vergütung | Zufriedenheit mit AR-Kollegen |
| | Loyalität mit Bank | Organisation des Gremiums |
| | Kompetenz/Wissen | Beurteilung der Vorstandstätigkeit |
| | Investierte Zeit | Zusammenarbeit |
| | Diskussions-/Entscheidungskultur | |
| **Aufgaben-wahrnehmung** (Rollen-verständnis) | Strategischer Berater | |
| | Mitgliedervertreter | |
| | Kontrolleur | |
| | Personalverantwortlicher für den Vorstand | |
| | Gesetzliche Notwendigkeit ohne Einfluss | |

Tab. 48:  Für genossenschaftliche Aufsichtsräte relevante Teilaspekte der Konstrukte[1432]

## 3.3  Operationalisierung der Konstrukte

### 3.3.1  Grundlagen der Operationalisierung

Im Rahmen der Operationalisierung werden den bei der Konzeptualisierung thematisierten hypothetischen Konstrukten beobachtbare Sachverhalte (Indikatoren) zugewiesen.[1433] Da in diesem Zuge das theoretische Konzept und die Messung miteinander verknüpft werden, gilt die Entwicklung der Indikatoren als Kernstück

---

[1431] Während die Konsequenzen und Antezedenzien in Tab. 214 entsprechend ihrer zugrunde liegenden Quellen benannt werden, wurden unter den hier genannten Teilaspekten teilweise einzelne Antezedenzien zusammengefasst. Beispielsweise zählen zu dem Teilaspekt *Wissenserweiterung* Antezedenzien wie Neugierde, Weiterbildung sowie die Möglichkeit etwas Neues zu lernen. Die konkreten Ausgestaltungen dieser Teilaspekte werden im Rahmen der Operationalisierung im folgenden Kapitel erörtert. In der Literatur existieren zahlreiche Ansätze zur Kategorisierung der Antezedenzien und Konsequenzen (vgl. SIEMUND (2013), S. 120 ff.). Beispielsweise teilt LOCKE die Facetten der Arbeitszufriedenheit in vier Kategorien ein (Entlohnungssysteme, andere Personen, die Gestaltung der Arbeit und der organisatorische Kontext) (vgl. LOCKE (1976)). JACQUEMIN unterscheidet als Teildimensionen die Arbeitsorganisation, die Aufgabengestaltung und das Arbeitsfeld (vgl. JACQUEMIN (2010), S. 40), während WEINERT lediglich arbeits- und umweltbezogene Determinanten differenziert (vgl. WEINERT (2004), S. 47).

[1432] Quelle: Eigene Darstellung. Das Wort *Aufsichtsrat* wird in dieser und den nachfolgenden Tabellen mit *AR* abgekürzt.

[1433] Vgl. ANDERSON/GERBING (1982),  S. 453;  WEIBER/MÜHLHAUS (2014),  S. 41;  SCHNELL/HILL/ESSER (2018), S. 6.

der quantitativen Forschung.[1434] Dem Ablauf der Operationalisierung liegt die in Abb. 34 zu sehende Struktur zugrunde.

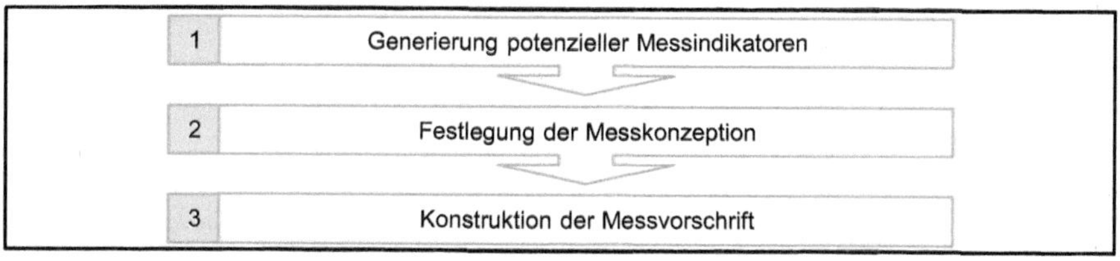

| 1 | Generierung potenzieller Messindikatoren |
|---|---|
| 2 | Festlegung der Messkonzeption |
| 3 | Konstruktion der Messvorschrift |

Abb. 34:   Ablauf der Operationalisierung[1435]

## Generierung potenzieller Messindikatoren (Schritt 1)

Zunächst erfolgt eine theoriegeleitete Sammlung bzw. *Generierung von Indikatoren* zur Abbildung des Konstrukts.[1436] In diesem Zusammenhang kann teilweise auf theoretisch fundierte bzw. empirisch erprobte Konzepte zurückgegriffen werden. Anderenfalls können auch Adaptionen aus anderen Theoriebereichen vorgenommen werden.[1437] Um die Vergleichbarkeit von Studien zu ermöglichen, ist hierbei jedoch zu berücksichtigen, dass ständige Neuentwicklungen von Fragebögen und Skalen zu vermeiden sind.[1438] Andererseits sollten Skalen nicht unreflektiert übernommen werden, weswegen bei einem Fehlen geeigneter Messansätze, neue Instrumente zu entwickeln sind.[1439]

Da die Motivation und Zufriedenheit genossenschaftlicher Aufsichtsräte empirisch bislang noch nicht untersucht wurden, kann auf keine diesbezügliche Operationalisierung zurückgegriffen werden. Aufgrund dessen werden die bei der Arbeitsmotivation und Arbeitszufriedenheit herausgearbeiteten, für genossenschaftliche Aufsichtsräte in Kreditinstituten als relevant eingeschätzten Aspekte herangezogen, sodass einer theoriebasierten Entwicklung entsprochen wird.[1440] Soweit möglich wird hierbei auf bestehende Skalen bzw. Fragebatterien zurückgegriffen.

---

[1434] Vgl. BURZAN (2019), S. 1421.
[1435] Quelle: Eigene Darstellung in Anlehnung an WEIBER/MÜHLHAUS (2014), S. 106.
[1436] Vgl. BLALOCK (1982), S. 263; WEIBER/MÜHLHAUS (2014), S. 107.
[1437] Vgl. WEIBER/MÜHLHAUS (2014), S. 107.
[1438] Vgl. HAIR ET AL. (2017a), S. 39.
[1439] Vgl. HOMBURG/KLARMANN (2006), S. 732; FASSOTT (2006), S. 67 ff.
[1440] Vgl. Anhang 2. Diese Vorgehensweise geht einher mit der Ansicht ROSSITERS, dass die Operationalisierung von Konstrukten auch kontextabhängig erfolgen kann bzw. sollte und somit nicht als gegeben anzusehen ist (vgl. HUBER ET AL. (2007), S. 39; ROSSITER (2002), S. 317 ff.).

## Festlegung der Messkonzeption (Schritt 2)

Im zweiten Schritt erfolgt die *Festlegung der Messkonzeption*. Theoretische Konstrukte bzw. latente Variablen lassen sich durch zwei Arten operationalisieren: mithilfe eines formativen oder eines reflektiven Messmodells.[1441] Zur Bestimmung dieser Spezifikationsart ist die Kausalität zwischen den Indikatoren und dem Konstrukt entscheidend (vgl. Abb. 35).[1442]

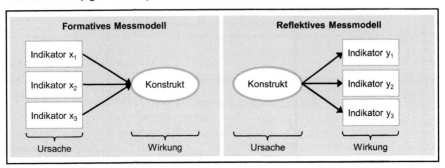

Abb. 35:    Formative versus reflektive Messmodelle[1443]

Bei *formativen* Messmodellen verursachen die Indikatoren das hypothetische Konstrukt, weswegen letzteres die Wirkung der Indikatoren bzw. die abhängige Variable darstellt.[1444] Jede Änderung eines Indikators bedingt eine Veränderung des Gesamtkonstrukts. Die Indikatoren müssen dabei nicht miteinander korrelieren bzw. sich gleichläufig verhalten. Die Elimination eines Indikators aufgrund statistischer Überlegungen geht bei formativen Messmodellen somit immer mit dem Verlust eines Konstruktaspekts einher.[1445] Bei formativen Messkonzeptionen muss zudem sichergestellt sein, dass alle Teilaspekte des Konstrukts erfasst werden.[1446] Die Zusammenfassung formativer Indikatoren in einem aggregierten Wert für das Konstrukt wird als *Index* bezeichnet.[1447] Eine solche Aggregation hat den Vorteil, dass mehrdimensionale Sachverhalte in einem einzigen Wert verdichtet sind, andererseits ist eine derartige Konzentration der Kritik ausgesetzt, dass lediglich ein

---

[1441] Vgl. EBERL (2004), S. 1; BOLLEN/LENNOX (1991), S. 305 f.; DIAMANTOPOULOS/RIEFLER (2008), S. 1184 ff.; DIAMANTOPOULOS/WINKLHOFER (2001), S. 269; LAW/WONG (1999), S. 144 ff.; BLALOCK (1972).

[1442] Da häufig Fehlspezifikationen vorliegen (vgl. JARVIS/MACKENZIE/PODSAKOFF (2003)), wurden weiterführende Entscheidungsregeln erarbeitet. Siehe hierzu EBERL (2004), S. 18; HILDEBRANDT/ TEMME (2006), S. 618 ff.; FASSOTT (2006); JARVIS/MACKENZIE/PODSAKOFF (2003); EBERL (2006). Gemäß HUBER ET AL. lassen sich die Kriterienkataloge jedoch auf die Frage der Kausalität zwischen Konstrukt und Indikator verdichten (vgl. HUBER ET AL. (2007), S. 19 f.; HERRMANN/HUBER/KRESSMANN (2006)). Eine methodische Möglichkeit zur Überprüfung der Messkonzeption besteht in der Durchführung einer konfirmatorischen Tetrad-Analyse (vgl. Kapitel C3.5.3.4).

[1443] Quelle: Eigene Darstellung.

[1444] Vgl. WEIBER/MÜHLHAUS (2014), S. 256; ALBERS/HILDEBRANDT (2006); CURTIS/JACKSON (1962), S. 195 ff.

[1445] Vgl. CHRISTOPHERSEN/GRAPE (2009), S. 106; ROSSITER (2002).

[1446] Vgl. WEIBER/MÜHLHAUS (2014), S. 261; DIAMANTOPOULOS/WINKLHOFER (2001).

[1447] Vgl. BÜHNER (2011), S. 34; DIAMANTOPOULOS/WINKLHOFER (2001), S. 269 ff.

synthetischer Wert ermittelt wird und Ausprägungen auf der Indikatorenebene nicht mehr ersichtlich sind.[1448]

Bei *reflektiven* Operationalisierungen wirkt sich das Konstrukt als Ursache auf die Indikatoren aus. Eine Veränderung des Konstrukts bewirkt somit eine Änderung aller Indikatoren.[1449]

Einhergehend mit der Determinierung der Spezifikationsart erfolgt die Festlegung der Anzahl der Indikatoren. Formative Messmodelle werden in der Regel durch mehrere Indikatoren (Multiple-Item-Messungen) gemessen, da sich das Konstrukt aus mehreren Teilaspekten formiert.[1450] Derartige Messungen finden insbesondere dann Anwendung, „wenn die Konstrukte mit einer hohen Präzision gemessen werden sollen, die Konstrukte moderat komplex sind"[1451]. Im Gegensatz dazu sind Messungen, bei denen lediglich ein Indikator verwendet wird (Single-Item-Messungen), dann zweckmäßig, wenn „die Konstrukte entweder konkret bzw. sehr komplex sind und nicht als solche im Untersuchungsfokus stehen"[1452]. Eine optimale Anzahl von Indikatoren bei Multiple-Item-Messungen existiert nicht. Beispielsweise empfiehlt BOLLEN drei bis vier Indikatoren für die Messung eines Konstrukts während CHURCHILL für die meisten Messungen die Anzahl von zehn als gering einschätzt.[1453]

**Konstruktion der Messvorschrift (Schritt 3)**

Der dritte Schritt beinhaltet die *Konstruktion der Messvorschrift*. Hierbei geht es um die Festlegung, wie die Einstellungen der Befragten zu den verschiedenen Indikatoren quantifiziert bzw. gemessen werden können.

Im Folgenden werden die Konstrukte *Motivation, Zufriedenheit* sowie *Aufgaben-wahrnehmung* anhand der dargelegten Struktur operationalisiert. Die Konstruktion der Messvorschrift (Schritt 3) erfolgt im Rahmen der Fragebogenkonzeption in Kapitel C3.5.1.3.

### 3.3.2   Durchführung der Operationalisierung

### 3.3.2.1   Operationalisierung der Motivation

Bei der Adressierung der Forschungsziele FZ$_3$ und FZ$_5$ stellt sich die zentrale Frage nach der Operationalisierung der Motivation. Mit der Darstellung der Antezedenzien und Konsequenzen in Tab. 214 wird bereits deutlich, dass es eine Vielzahl von Indikatoren gibt, die Motivation verursachen oder Folgen von ihr sind. Zur Ge-

---

[1448] Vgl. DÖRING/BORTZ (2016c), S. 277 f. Zur Indexbildung siehe auch ROSSITER (2002). Zur Kritik siehe DIAMANTOPOULOS (2005); FINN/KAYANDE (2005).
[1449] Vgl. CHRISTOPHERSEN/GRAPE (2009), S. 104.
[1450] Vgl. FUCHS/DIAMANTOPOULOS (2009), S. 199; WEIBER/MÜHLHAUS (2014), S. 111.
[1451] WEIBER/MÜHLHAUS (2014), S. 123.
[1452] WEIBER/MÜHLHAUS (2014), S. 123. Darüber hinaus basiert die Entscheidung zwischen Single- und Multiple-Item-Messungen auf praktischen Überlegungen (vgl. SARSTEDT/WILCZYNSKI (2009), S. 215 f.). Zur Messtheorie von Single-Items siehe auch FUCHS/DIAMANTOPOULOS (2009).
[1453] Vgl. WEIBER/MÜHLHAUS (2014), S. 112; BOLLEN (1989), S. 288 ff.; CHURCHILL (1979), S. 69.

nerierung potenzieller Messindikatoren erfolgte nach der Auswahl relevanter Teilaspekte eine Konkretisierung mithilfe der in der Literatur zur Arbeitsmotivation bzw. Motivation von Ehrenamtlichen und Aufsichtsräten etablierten Messinstrumente. Hierzu zählen die Motivation of Work Scale (MAWS) von GAGNÉ ET AL.[1454], der Job Diagnostic Survey (JDS) von HACKMAN/OLDHAM[1455] sowie das Volunteer Functions Inventory (VFI) von CLARY ET AL.[1456] Die Auswahl der Indikatoren ist zudem angelehnt an die empirischen Untersuchungen von WERKMANN (2014), SAUTTER (2007), BÜTTNER (2013), ESKILDSEN/KRISTENSEN/WESTLUND (2004), INGLIS (1994), INGLIS/CLEAVE (2006) sowie FURNHAM/ERACLEOUS/CHAMORRO-PREMUZIC (2009). Die Indikatoren wurden somit theoriebasiert entwickelt. Da die Untersuchungen bzw. Instrumente jedoch nicht direkt auf genossenschaftliche Aufsichtsräte übertragbar sind, wurden sie auf Basis der Ausführungen zu Genossenschaftsbanken (Kapitel B1) sowie zur Aufsichtsratstätigkeit (Kapitel B2) adaptiert bzw. modifiziert.

Hinsichtlich der Festlegung der Messkonzeption wären sowohl eine formative als auch eine reflektive Spezifizierung denkbar gewesen. Da insbesondere die Ursachen im Fokus dieser Untersuchung stehen, wurden sowohl die *intrinsische* als auch die *extrinsische Motivation* aufgrund dieser Kausalitätsannahme *formativ* operationalisiert. Veränderte Ausprägungen eines Indikators haben somit Veränderungen des Gesamtkonstrukts zur Folge. Aufgrund dieser Tatsache ist es besonders wichtig, alle relevanten Faktoren, die die Motivation von Aufsichtsräten in Genossenschaftsbanken verursachen, zu berücksichtigen.

Die Indikatoren der *extrinsischen Motivation* sind in Tab. 49, die der *intrinsischen Motivation* in Tab. 50 aufgelistet. Erstere wird anhand von 17, letztere mithilfe von 16 Indikatoren operationalisiert. Um die Orientierung zu erleichtern, sind die Variablen sowohl in dieser als auch in den folgenden Tabellen alphabetisch nach der abgekürzten Bezeichnung sortiert.

---

[1454] Vgl. GAGNÉ ET AL. (2010), S. 641 f.
[1455] Vgl. HACKMAN/OLDHAM (1975).
[1456] Vgl. CLARY ET AL. (1998).

| Extrinsische Motivation (formativ) | | | |
|---|---|---|---|
| **Teilaspekt** | **Indikator** | **Bezeichnung** | **Nr.** |
| Anerkennung | Der Aufsichtsrat wird insgesamt vom Vorstand ernst genommen | Mot_ex_Anerk_InsgVorstand | 1 |
| | Eigene Person wird von anderen Aufsichtsratsmitgliedern ernst genommen | Mot_ex_Anerk_Kollegen | 2 |
| | Eigene Person wird vom Vorstand ernst genommen | Mot_ex_Anerk_Vorstand | 3 |
| Beziehungs-netzwerk | Persönliche Kontakte/Netzwerke als Informationsquelle | Mot_ex_BZ_Infoquelle | 4 |
| | Information über weitere Personen in diesem Aufsichtsrat vor der Mandatsannahme | Mot_ex_BZ_VorherInfo | 5 |
| | Knüpfen von wertvollen Kontakten | Mot_ex_BZ_Wertvoll | 6 |
| Ehrenamt/ Gemeinwohl | Etwas für das Gemeinwohl tun | Mot_ex_Ehrenamt_Gemeinwohl | 7 |
| | Ehrenamtliches Engagement in der Freizeit | Mot_ex_Ehrenamt_InFreizeit | 8 |
| Monetäre Vorteile | Finanzielle Vergütung | Mot_ex_Geld_Geld | 9 |
| | Bevorzugte Bankkonditionen | Mot_ex_Geld_Kondi | 10 |
| | Unentgeltliche Wahrnehmung des Mandats | Mot_ex_Geld_Unentg | 11 |
| Affiliation | Das Aufsichtsratsgremium tritt als geschlossene Gruppe z. B. gegenüber dem Vorstand auf | Mot_ex_Gruppe_AlsGruppe | 12 |
| | Gute Zusammenarbeit im Aufsichtsrat | Mot_ex_Gruppe_ArbeitGut | 13 |
| Beruflicher Nutzen | Direkter beruflicher Nutzen | Mot_ex_Nutzen_Berufl | 14 |
| | Knüpfen von Kontakten mit potenziellen Kunden/Partnern für eigene Geschäftstätigkeit | Mot_ex_Nutzen_Kontakte | 15 |
| Reputation | Erfolg der Bank | Mot_ex_Repu_KIErfolgr | 16 |
| | Ruf der Bank | Mot_ex_Repu_KIRuf | 17 |

Tab. 49:   Indikatoren der extrinsischen Motivation[1457]

---

[1457] Quelle: Eigene Darstellung. Die Zuordnung zu den Teilaspekten orientiert sich an sachlogischen Zusammenhängen, kann in ihrer Trennschärfe jedoch nicht als empirisch abgesichert gelten.

| Intrinsische Motivation (formativ) | | | |
|---|---|---|---|
| **Teilaspekt** | **Indikator** | **Bezeichnung** | **Nr.** |
| Freude an Gestaltung | Aktive Mitgestaltung der Aufsichtsratstätigkeit | Mot_in_Gestalt_Aktiv | 18 |
| | Einbringung eigener Ideen | Mot_in_Gestalt_Ideen | 19 |
| | Mitbestimmung über Geschäftspolitik der Bank | Mot_in_Gestalt_Mitbestim | 20 |
| Herausforderung | Die Aufsichtsratsarbeit stellt eine angenehme Herausforderung dar | Mot_in_Herausf_Angenehm | 21 |
| | Die Aufsichtsratsarbeit ist anspruchsvoll | Mot_in_Herausf_Anspruchsvoll | 22 |
| Interesse | Interesse an der Bankenbranche | Mot_in_Interesse_Branche | 23 |
| Kompetenzeinbringung | Einbringen von Fachkenntnis | Mot_in_Komp_Einbringen | 24 |
| | Das Aufsichtsratsmandat ist eine verantwortungsvolle Tätigkeit, für die es einer fachlichen Qualifikation bedarf | Mot_in_Komp_QualiNotw | 25 |
| Freude allgemein | Die Tätigkeit als Aufsichtsrat macht Spaß | Mot_in_Spass_Allg | 26 |
| | Ausübung gerne als Vollzeitjob | Mot_in_Spass_Vollzeit | 27 |
| | Vorfreude auf Sitzungen | Mot_in_Spass_Vorfreude | 28 |
| Freude an Verantwortung | Mitverantwortlich für die Entwicklung der Bank | Mot_in_Verantw_KlEntw | 29 |
| | Verantwortungsübernahme für die Aufsichtsratsarbeit | Mot_in_Verantw_Uebernahme | 30 |
| Wissenserweiterung | Umfassender Einblick in die Geschäftstätigkeit der Bank | Mot_in_Wissen_Einblick | 31 |
| | Neues lernen | Mot_in_Wissen_Neues | 32 |
| | Gute Vorbereitung auf Aufsichtsratstätigkeit im Rahmen von Schulungen | Mot_in_Wissen_Schulung | 33 |

Tab. 50:   Indikatoren der intrinsischen Motivation[1458]

## 3.3.2.2   Operationalisierung der Zufriedenheit

Analog zur Vorgehensweise bei der Motivation wurde zunächst unter Berücksichtigung der Antezedenzien und Konsequenzen in Tab. 214 versucht, auf bereits etablierte bzw. validierte Skalen zur Messung der Zufriedenheit genossenschaftlicher sowie ehrenamtlicher Aufsichtsräte zurückzugreifen.[1459] Zur Messung von (Arbeits-)Zufriedenheit existiert eine Vielzahl unterschiedlicher Ansätze zur Konzeptualisierung, Operationalisierung und Messung.[1460] Die Mannigfaltigkeit der Messinstrumente ist insbesondere auf die unterschiedlichen Definitionen sowie unterschiedliche Zielsetzungen zurückzuführen.[1461] In der Folge besteht auch kein Kon-

---

[1458]   Quelle: Eigene Darstellung. Die Zuordnung zu den Teilaspekten orientiert sich an sachlogischen Zusammenhängen, kann in ihrer Trennschärfe jedoch nicht als empirisch abgesichert gelten.

[1459]   Umfangreiche Übersichten über Instrumente zur Messung von Arbeitszufriedenheit sind bereits in KARG/STAEHLE (1982) enthalten.

[1460]   Vgl. HOMBURG/STOCK-HOMBURG (2016), S. 20 ff.; UNGERN-STERNBERG (2002), S. 37; WIRTH (2008), S. 11. Die hohe Anzahl von Messinstrumenten resultiert in einer erschwerten Vergleichbarkeit der empirischen Ergebnisse. Vergleiche wurden beispielsweise von O'REILLY/ROBERTS (1973) vorgenommen.

[1461]   Vgl. WEINERT (2004), S. 256.

sens über relevante Teildimensionen. In Bezug auf die Tätigkeit genossenschaftlicher Aufsichtsräte sind beispielsweise Aspekte wie Entwicklungsperspektiven, physische Arbeitsbelastungen, Zukunftsängste oder der Führungsstil des Vorgesetzten als unbedeutend anzusehen. Da aufgrund dessen keine etablierte Skala angewendet werden konnte, wurden Skalen bzw. Fragebatterien aus der Literatur in Bezug auf Zufriedenheit mit Arbeitsaspekten, Arbeitszufriedenheit bei Ehrenamtlichen sowie zur Selbstbeurteilung von Aufsichtsräten adaptiert. In Bezug auf Skalen flossen der Minnesota Satisfaction Questionnaire von WEISS ET AL.[1462], der Job Diagnostic Survey (JDS) von HACKMAN/OLDHAM[1463], der Job Satisfaction Survey (JSS) von SPECTOR[1464] sowie der Job Description Index (JDI) von SMITH/KENDALL/HULIN[1465] in die Generierung der Indikatoren ein. Im deutschsprachigen Raum haben sich die Skala zur Messung der Arbeitszufriedenheit (SAZ) von FISCHER bzw. FISCHER/LÜCK[1466] sowie der Arbeitsbeschreibungs-Bogen (ABB) von NEUBERGER/ALLERBECK[1467] durchgesetzt,[1468] weswegen auch diese beiden Instrumente mit berücksichtigt wurden. Als empirische Untersuchungen liegen diejenigen von SAUTTER (2007), BÜTTNER (2013), ESKILDSEN/KRISTENSEN/WESTLUND (2004), FURNHAM/ERACLEOUS/CHAMORRO-PREMUZIC (2009) zugrunde. Auf Basis dieser Skalen und Untersuchungen wurden Indikatoren generiert, die die Tätigkeit genossenschaftlicher Aufsichtsräte möglichst umfassend abbilden.

Bei der Untersuchung in Organisationen kann Arbeitszufriedenheit sowohl als globales Maß über einen einzelnen Indikator als auch über Teildimensionen gemessen werden. Die Teildimensionen fließen meist anschließend in ein berechnetes, teilweise gewichtetes gesamtes Arbeitszufriedenheitsurteil ein.[1469] In der vorliegenden Untersuchung wurde die Arbeitszufriedenheit sowohl als globales Maß (Indikator Nr. 34) als auch über Teildimensionen gemessen. Hierbei wurden Indikatoren verwendet, die sich auf die Zufriedenheit mit der eigenen Aufsichtsratstätigkeit sowie die Zufriedenheit mit der Arbeit im Gremium beziehen.

Um möglicherweise divergente Zufriedenheitsurteile über die verschiedenen Teildimensionen zu ermitteln und Verzerrungen aufgrund unterschiedlicher Zufriedenheitsinterpretationen zu vermeiden, wurde eine Multiple-Item-Messung angestrebt.[1470] 54 Indikatoren bilden die Grundlage dieser Messung (vgl. Tab. 51, Tab. 52 und Tab. 53). Wie bei der Festlegung zur Messkonzeption der Motivation wäre auch bei der Spezifizierung der Zufriedenheit sowohl eine formative als auch

---

[1462] Vgl. WEISS ET AL. (1967). Zur Validität und Reliabilität des Minnesota Satisfaction Questionnaire siehe FIELDS (2002), S. 7 ff.

[1463] Vgl. HACKMAN/OLDHAM (1975). Zur Validität und Reliabilität des JDS siehe FIELDS (2002), S. 70 ff.

[1464] Vgl. SPECTOR (1985). Zur Validität und Reliabilität des JSS siehe FIELDS (2002), S. 14 f.

[1465] Vgl. SMITH/KENDALL/HULIN (1969). Zur Validität und Reliabilität des JDI siehe FIELDS (2002), S. 23 ff.

[1466] Vgl. FISCHER (1989), S. 123; FISCHER/LÜCK (1972).

[1467] Vgl. NEUBERGER/ALLERBECK (1978). Bei dem ABB handelt es sich um eine deutschsprachige Version des JDI.

[1468] Vgl. WEINERT (2004), S. 256.

[1469] Vgl. SIEMUND (2013), S. 120 ff. Neben den bereits genannten Skalen existieren zusätzlich zahlreiche Ansätze zur Kategorisierung der Antezedenzien und Konsequenzen. Einigkeit scheint in der Bedeutsamkeit tätigkeitsbezogener Faktoren zu liegen (vgl. SEMMER/UDRIS (2007), S. 172; ROSENSTIEL (2007), S. 436; BORG (2006), S. 64).

[1470] Vgl. WARD/SLOANE (2000), S. 274; JACQUEMIN (2010), S. 100.

eine reflektive Messung möglich gewesen.[1471] Um jedoch die wichtigsten Treiber der Zufriedenheit zu identifizieren und Handlungsempfehlungen ableiten zu können, wurde wiederum ein *formatives* Modell ausgewählt und die Antezedenzien der Zufriedenheit betrachtet.

| Teilaspekt | Indikator | Bezeichnung | Nr. |
|---|---|---|---|
| **Zufriedenheit (formativ)** | | | |
| Eigene AR-Arbeit | Allgemeine Zufriedenheit mit Aufsichtsratstätigkeit | Satis_Eig_Eigen_Allg | 34 |
| | Beiträge finden Berücksichtigung | Satis_Eig_Eigen_Beruecksichtigt | 35 |
| | Aufsichtsratsarbeit ist interessant | Satis_Eig_Eigen_Interessant | 36 |
| | Aufsichtsratsarbeit ist stressig | Satis_Eig_Eigen_Stressig | 37 |
| Erwartungs-erfüllung an AR-Mandat | Angemessenes Verhältnis zwischen Aufwand und Ertrag | Satis_Eig_Erwart_AufwErtr | 38 |
| | Erwartungen an Aufsichtsratsmandat haben sich erfüllt | Satis_Eig_Erwart_Erfuellt | 39 |
| | Erneute Aufsichtsratsmandatsannahme | Satis_Eig_Erwart_MandatErneut | 40 |
| Vergütung | Höhere Einsatzbereitschaft bei einer höheren Vergütung | Satis_Eig_Gehalt_Einsatzbereiter | 41 |
| Loyalität mit Bank | Gefühl, etwas Sinnvolles zu leisten | Satis_Eig_Loyal_Sinnvoll | 42 |
| | Verbundenheit mit der Bank | Satis_Eig_Loyal_Verbunden | 43 |
| | Wichtiger Beitrag für die Bank | Satis_Eig_Loyal_WichtigBeitrag | 44 |
| Kompetenz/ Wissen | Angemessene Vorbereitung | Satis_Eig_Wissen_AngemVorb | 45 |
| | Regelmäßige Information über relevante gesetzliche Änderungen | Satis_Eig_Wissen_GesetzlAend | 46 |
| | Die Herausforderungen des Aufsichtsratsmandats entsprechen den Kompetenzen | Satis_Eig_Wissen_Herausf | 47 |
| Investierte Zeit | Kostet mehr Zeit als erwartet | Satis_Eig_Zeit_KostetMehr | 48 |
| | Der anfallende Arbeitsaufwand ist zeitlich gut planbar | Satis_Eig_Zeit_Planbar | 49 |
| Diskussions-/ Entschei-dungskultur | Bei Entscheidungsvorschlägen des Vorstands berät der Aufsichtsrat auch über Alternativen | Satis_Gremium_Diskuss_Altern | 50 |
| | Ergebnisoffene Diskussionen | Satis_Gremium_Diskuss_Ergebnisoffen | 51 |
| | Kritik und abweichende Positionen werden konstruktiv aufgenommen | Satis_Gremium_Diskuss_Kritik | 52 |
| | Unabhängigkeit | Satis_Gremium_Diskuss_Unabhaeng | 53 |
| | Nicht weisungsgebunden | Satis_Gremium_Diskuss_Ungebunden | 54 |
| | Zielführende Diskussionen | Satis_Gremium_Diskuss_Zielfuehrend | 55 |

Tab. 51: Indikatoren der Zufriedenheit – Teil I[1472]

---

[1471] Zu Beispielen für sowohl formative als auch reflektive Messungen der Zufriedenheit siehe ALBERS/ HILDEBRANDT (2006), S. 12; HAIR ET AL. (2017a), S. 43; WEIBER/MÜHLHAUS (2014), S. 92 ff.; FASSOTT (2006), S. 84.
[1472] Quelle: Eigene Darstellung. Die Zuordnung zu den Teilaspekten orientiert sich an sachlogischen Zusammenhängen, kann in ihrer Trennschärfe jedoch nicht als empirisch abgesichert gelten.

| Zufriedenheit (formativ) | | | |
|---|---|---|---|
| **Teilaspekt** | **Indikator** | **Bezeichnung** | **Nr.** |
| Informations-versorgung | Genügend Zeit, um Informationen vor den Sitzungen zu prüfen | Satis_Gremium_Info1_AusrZeit | 56 |
| | Alle wesentlichen Informationen liegen schriftlich vor | Satis_Gremium_Info1_Textform | 57 |
| | Verständliche Aufbereitung der Informationen | Satis_Gremium_Info1_Verstaend | 58 |
| Informations-stand | Umfassender Einblick in die Geschäftstätigkeit der Bank | Satis_Gremium_Info2_Einblick | 59 |
| | Gleichwertiger Informationsstand von Mitglieder- und Arbeitnehmervertretern | Satis_Gremium_Info2_GleichInfo | 60 |
| | Informationsaustausch innerhalb des Aufsichtsrats | Satis_Gremium_Info2_InAR | 61 |
| | Mehr Informationen über die Geschäftstätigkeit der Bank erwünscht | Satis_Gremium_Info2_MehrInfos | 62 |
| | Umfassende Information über die Risikolage der Bank | Satis_Gremium_Info2_Risiko | 63 |
| Zufriedenheit mit AR-Kollegen | Häufige Abwesenheit einzelner Mitglieder | Satis_Gremium_Kolleg_Abwesend | 64 |
| | Die Aufsichtsratsmitglieder werden der zeitlichen Intensität der Wahrnehmung des Mandats gerecht | Satis_Gremium_Kolleg_AusrZeit | 65 |
| | Gedankenaustausch mit den Aufsichtsratskollegen | Satis_Gremium_Kolleg_Gedankentausch | 66 |
| | Die Kompetenz der Mitglieder wird ausreichend genutzt | Satis_Gremium_Kolleg_KompGenutzt | 67 |
| | Vorbereitung der Aufsichtsratsmitglieder auf die Sitzungen | Satis_Gremium_Kolleg_Vorbereit | 68 |
| | Verhältnis zu Aufsichtsratskollegen | Satis_Gremium_Kolleg_Zufried | 69 |

Tab. 52:    Indikatoren der Zufriedenheit – Teil II[1473]

---

[1473] Quelle: Eigene Darstellung. Die Zuordnung zu den Teilaspekten orientiert sich an sachlogischen Zusammenhängen, kann in ihrer Trennschärfe jedoch nicht als empirisch abgesichert gelten.

| Zufriedenheit (formativ) | | | |
|---|---|---|---|
| **Teilaspekt** | **Indikator** | **Bezeichnung** | **Nr.** |
| Organisation des Gremiums | Ablauf von Gremiumssitzungen | Satis_Gremium_Orga_Ablauf | 70 |
| | Anzahl ordentlicher Sitzungen | Satis_Gremium_Orga_AnzSitz | 71 |
| | Wahrnehmung der Kontrollfunktion | Satis_Gremium_Orga_ Aufg_AngemKontrol | 72 |
| | Die Aufsichtsratsarbeit beeinflusst den Erfolg der Bank | Satis_Gremium_Orga_ Aufg_KIErfolg | 73 |
| | Die Aufsichtsratsmitglieder haben angemessene Kenntnisse bzgl. der Verfahren und Kriterien zur Risikovermeidung | Satis_Gremium_Orga_ Aufg_Risikokomp | 74 |
| | Der Umfang der zustimmungspflichtigen Geschäfte ist ausreichend | Satis_Gremium_Orga_ Aufg_ZustimGesch | 75 |
| | Zufriedenheit mit der Arbeit des Gremiums im Allgemeinen | Satis_Gremium_Orga_ GremArbeit | 76 |
| | Beurteilung der Gremiengröße | Satis_Gremium_Orga_Groesse | 77 |
| | Die Aufsichtsratsmitglieder sind aufgrund objektiver Kriterien (Fähigkeiten, Kenntnisse und fachliche Erfahrungen) berufen worden | Satis_Gremium_Orga_ObjKrit | 78 |
| | Die Aufsichtsratsmitglieder sind gegenüber dem Vorstand unabhängig | Satis_Gremium_Orga_Vorstand_ Unabhaen | 79 |
| Beurteilung der Vorstandstätigkeit | Der Aufsichtsrat wird ausreichend durch den Vorstand informiert | Satis_Gremium_Vorstand_Info | 80 |
| | Der Vorstand wird als kompetent eingeschätzt | Satis_Gremium_Vorstand_ Kompetent | 81 |
| | Die Informationen des Vorstands werden dem Aufsichtsrat rechtzeitig vor den Sitzungen zur Verfügung gestellt | Satis_Gremium_Vorstand_ Rechtzeitig | 82 |
| Zusammenarbeit | Zusammenarbeit mit den Abschlussprüfern | Satis_Gremium_Zusamm_ Abschlusspr | 83 |
| | Zusammenarbeit innerhalb des Gremiums | Satis_Gremium_Zusamm_ Gremium | 84 |
| | Zusammenarbeit mit der Internen Revision | Satis_Gremium_Zusamm_ IntRev | 85 |
| | Zusammenarbeit mit dem Vorstand | Satis_Gremium_Zusamm_ Vorstand | 86 |
| | Zusammenarbeit zwischen Mitgliedervertretern und Arbeitnehmervertretern | Satis_Gremium_Zusamm_ zwAnMGVertr | 87 |

Tab. 53:    Indikatoren der Zufriedenheit – Teil III[1474]

---

[1474] Quelle: Eigene Darstellung. Die Zuordnung zu den Teilaspekten orientiert sich an sachlogischen Zusammenhängen, kann in ihrer Trennschärfe jedoch nicht als empirisch abgesichert gelten.

### 3.3.2.3   Operationalisierung der Aufgabenwahrnehmung

Die *Aufgabenwahrnehmung* gliedert sich in das Rollen- und das Hierarchieverständnis. Da zur Operationalisierung auf kein Messinstrument zurückgegriffen werden konnte, dienen die in Kapitel B2 bzw. speziell in Kapitel B2.4 erarbeiteten theoretischen Kenntnisse als maßgebliche Grundlage für die Zusammenstellung der
Indikatoren. Darüber hinaus flossen die Untersuchungen von GERUM (1991), HART-
MANN (2003), SCHULTEN (2013) in die Operationalisierung der Aufgabenwahrnehmung ein.[1475] Mit dem *strategischen Berater*, dem *Mitgliedervertreter*, dem *Kontrolleur* und dem *Personalverantwortlichen für den Vorstand* liegen vier zu untersu-
chende *Rollenverständnisse* vor. Zusätzlich wird untersucht, ob sich die Aufsichtsräte lediglich in der Rolle als *gesetzliche Notwendigkeit ohne Einfluss* auf die Geschäftstätigkeit verstehen. Da die Indikatoren ursächlich für das jeweilige Rollenverständnis sind, liegt erneut eine *formative* Spezifizierung als Messkonzeption vor
(vgl. Tab. 54).

---

[1475] Zur Erläuterung der genannten Untersuchungen vgl. Kapitel B4.

| Aufgabenwahrnehmung (formativ) | | | |
|---|---|---|---|
| **Rollen-verständnis** | **Indikator** | **Bezeichnung** | **Nr.** |
| Strategischer Berater | Ziele der Bank im Aufsichtsrat vertreten | AW_Rolle_Strateg_Bankziele | 88 |
| | Der Aufsichtsrat ist ein kritischer Diskussionspartner des Vorstands | AW_Rolle_Strateg_DiskVorstand | 89 |
| | Der Aufsichtsrat wird frühzeitig in Geschäftsentscheidungen eingebunden | AW_Rolle_Strateg_Einbind | 90 |
| | Die Strategie wird von Aufsichtsrat und Vorstand gemeinsam erarbeitet | AW_Rolle_Strateg_Enwickl | 91 |
| | Der Aufsichtsrat nimmt eine Funktion im Sinne eines Frühwarnsystems wahr | AW_Rolle_Strateg_Fruehwarn | 92 |
| | Mehr Mitspracherechte bei Aufsichtsratssitzungen erwünscht | AW_Rolle_Strateg_MitsprAR | 93 |
| | Mehr Mitspracherechte bei Geschäftsentscheidungen erwünscht | AW_Rolle_Strateg_MitsprEntsch | 94 |
| Mitglieder-vertreter | Interessen der Mitglieder vertreten | AW_Rolle_MG_Interesse | 95 |
| | Verpflichtungsgefühl gegenüber den Mitgliedern | AW_Rolle_MG_Verpfl | 96 |
| Kontrolleur | Der Aufsichtsrat ist ein enger Partner der Abschlussprüfer | AW_Rolle_Kontr_Abschlusspr | 97 |
| | Der Aufsichtsrat überwacht den Vorstand im Hinblick auf die Einhaltung bankaufsichtsrechtlicher Regelungen | AW_Rolle_Kontr_Aufsichtsr | 98 |
| | Ich sehe den Aufsichtsrat als Erfüllungsgehilfen der Bankenaufsicht | AW_Rolle_Kontr_BaFin | 99 |
| | Es werden mehr Kontrollmöglichkeiten über die Tätigkeiten des Vorstands gewünscht | AW_Rolle_Kontr_Mehr | 100 |
| | Es ist wichtig, dass der Aufsichtsrat die Wirksamkeit des Risikomanagements überprüft | AW_Rolle_Kontr_RM | 101 |
| | Freude bzgl. der Prüfung des Jahresabschlusses | AW_Rolle_Kontr_SpassJA | 102 |
| Gesetzliche Notwendig-keit ohne Einfluss | Der Aufsichtsrat ist zwar gesetzlich notwendig, nimmt aber keinen Einfluss auf die Geschäftstätigkeit | AW_Rolle_Gesetz_KeinEinfluss | 103 |
| Personalver-antwortlicher für den Vorstand | Die Personalkompetenz (Bestellung und Abberufung der Vorstandsmitglieder) ist eine elementare Aufgabe des Aufsichtsrats | AW_Rolle_Entsch_PersoKomp | 104 |

Tab. 54:    Indikatoren des Rollenverständnisses[1476]

Neben dem Rollenverständnis fließt das *Hierarchieverständnis* in die Untersuchung der Aufgabenwahrnehmung ein. Hierbei geht es um die Klärung der Frage, ob sich der Aufsichtsrat dem Vorstand gegenüber über-, gleich- oder untergeordnet

---

[1476] Quelle: Eigene Darstellung.

versteht. Aufgrund der abweichenden Indikatorenstruktur wird das Hierarchiever-ständnis im Folgenden jedoch ausschließlich im Rahmen der deskriptiven Auswer-tungen sowie bei der Untersuchung der Kontextfaktoren im Zusammenhang mit Modellmodifikationen untersucht.[1477]

## 3.4 Auswahl und Charakterisierung des Analyseverfahrens

### 3.4.1 Auswahl des Analyseverfahrens

Neben der Auswertung der deskriptiven Befunde soll insbesondere der Zusam-menhang zwischen der Motivation und der Zufriedenheit untersucht werden. Zur Analyse *kausaler* Zusammenhänge können verschiedene statistische Verfahren wie beispielsweise Regressions- oder Faktorenanalysen herangezogen wer-den.[1478] Sofern mehrere Kausalhypothesen gleichzeitig betrachtet werden, also ein *multivariates* Analyseverfahren notwendig ist, und zudem nicht direkt messbare, also *latente*, Variablen einbezogen werden, eignen sich *Strukturgleichungsmo-delle*.[1479]

Strukturgleichungsmodelle lassen sich in einen *kovarianzanalytischen* und einen *varianzanalytischen* Ansatz, auch *Partial Least Squares-Ansatz (PLS-Ansatz)*[1480] genannt, unterscheiden. Die für die vorliegende Arbeit wesentlichen Unterschiede sind in Tab. 55 ersichtlich.

| Kriterium | Kovarianzanalytischer Ansatz | Varianzanalytischer Ansatz |
|---|---|---|
| Ziel | Testen von Theorien, Theorie-bestätigung oder Vergleich alternativer Theorien (konfirmatorisches Forschungsdesign) | Prognose von Zielkonstrukten oder Identifikation wesentlicher Treiber-Konstrukte (exploratives Forschungsdesign) |
| Methodik | Faktoranalytischer Ansatz mit simul-taner Schätzung aller Parameter des Kausalmodells | Regressionsanalytischer Ansatz bei zweistufiger Schätzung von Mess-modellen und Strukturmodell |
| Stichproben-umfang | Große Stichproben | Kleine Stichproben ausreichend |
| Verteilungs-annahmen | Normalverteilung wünschenswert | Keine |
| Messmodell | Primär reflektiv | Formativ und reflektiv |

Tab. 55: Ausgewählte Unterschiede der Strukturgleichungsansätze[1481]

---

[1477] Vgl. Kapitel D1.2.3 sowie D1.3.3.

[1478] Vgl. BACKHAUS ET AL. (2018), S. 15 ff. Zum Kausalitätsbegriff siehe WEIBER/MÜHLHAUS (2014), S. 9 ff.; KÜHNEL/DINGELSTEDT (2019); FUCHS (2011), S. 2 f.

[1479] Vgl. WEIBER/MÜHLHAUS (2014), S. 23. Zu Problemen der Handhabung von Strukturgleichungsmodel-len in der betriebswirtschaftlichen Forschung siehe DILLER (2006).

[1480] Der PLS-Ansatz wurde durch WOLD (1975) bzw. WOLD (1982) entwickelt und durch LOHMÖLLER (1989), DIJKSTRA (2014), DIJKSTRA/HENSELER (2015a) sowie DIJKSTRA/HENSELER (2015b) erweitert. Zu weiteren Vorteilen des PLS-Ansatzes siehe NITZL/CHIN (2017). Für eine kritische Ausei-nandersetzung mit dem PLS-Ansatz siehe HENSELER ET AL. (2014).

[1481] Quelle: Eigene Darstellung in Anlehnung an WEIBER/MÜHLHAUS (2014), S. 74; HAIR ET AL. (2017a), S. 4 ff.; SARSTEDT/RINGLE/HAIR (2017), S. 12 f.; CHIN (1998b); HERRMANN/HUBER/KRESSMANN (2006), S. 44. Weitere grundlegende Informationen zum PLS-Ansatz sind unter anderem bei CHIN/MARCOLIN/

Da im Rahmen dieser Arbeit ausschließlich formativ operationalisierte Konstrukte vorliegen (vgl. Kapitel C3.3.2), nicht ausgeschlossen werden kann, dass der Datensatz nicht normalverteilt ist und nicht das Ziel verfolgt wird, eine ausgewählte Theorie zu testen, sondern vielmehr wesentliche Treiberkonstrukte identifiziert werden sollen,[1482] wird der *varianzbasierte PLS-Ansatz* ausgewählt.

### 3.4.2 Grundlagen der Strukturgleichungsmodellierung

Mithilfe von Strukturgleichungsmodellen werden theoretisch bzw. sachlogisch hergeleitete Kausalhypothesen grafisch spezifiziert und in eine formale Gleichungsstruktur überführt, sodass die angenommenen Ursache-Wirkungsbeziehungen einer empirischen Prüfung unterzogen werden können.[1483] Abb. 36 stellt das Pfadmodell eines beispielhaften Strukturgleichungsmodells mit seinen Komponenten dar.

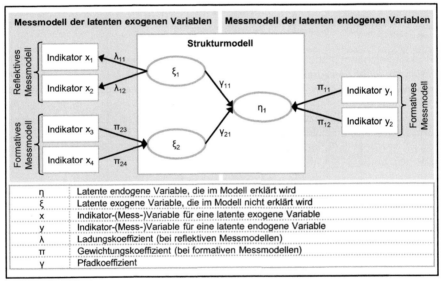

Abb. 36: Komponenten eines Strukturgleichungsmodells[1484]

---

NEWSTED (2003) sowie GÖTZ/LIEHR-GOBBERS (2004) zu finden. Zu weiteren Unterschieden zwischen dem kovarianz- und dem varianzbasierten Ansatz siehe REINARTZ/HAENLEIN/HENSELER (2009).

[1482] Vgl. HAIR ET AL. (2017a), S. 19. Zur Robustheit des PLS-Ansatzes siehe beispielsweise CASSEL/HACKL/WESTLUND ANDERS H (1999).

[1483] Vgl. WEIBER/MÜHLHAUS (2014), S. 3 ff.; BACKHAUS/ERICHSON/WEIBER (2015), S. 82. Zur rechnerischen Herleitung bzw. Berechnungsgrundlage von Strukturgleichungsmodellen siehe GÖTZ/LIEHR-GOBBERS (2004), S. 716 ff.; BOßOW-THIES/PANTEN (2009), S. 367 ff.; BACKHAUS/ERICHSON/WEIBER (2015), S. 71 ff.; WEIBER/MÜHLHAUS (2014), S. 47 ff.; FUCHS (2011), S. 20 ff.

[1484] Quelle: Eigene Darstellung in Anlehnung an GÖTZ/LIEHR-GOBBERS (2004), S. 716; BOßOW-THIES/PANTEN (2009), S. 367; WEIBER/MÜHLHAUS (2014), S. 39. Auf die Darstellung von Fehlertermen bzw. Störgrößen wurde der Übersichtlichkeit halber verzichtet (vgl. NITZL (2010), S. 4). Zur Veranschaulichung derartiger Störgrößen siehe unter anderem GÖTZ/LIEHR-GOBBERS (2004), S. 716.

Strukturgleichungsmodelle setzen sich aus äußeren Modellen, den Messmodellen der latenten Variablen, sowie dem inneren Modell, dem Strukturmodell, zusammen. Sowohl das Strukturmodell als auch die Messmodelle werden auf Basis theoretischer bzw. sachlogischer Überlegungen aufgestellt.[1485]

Analyseobjekte wie Motivation oder Zufriedenheit stellen theoretische *Konstrukte* dar, die in der Praxis nicht unmittelbar beobachtbar sind und somit nicht direkt gemessen werden können.[1486] Derartige *latente* Konstrukte werden indirekt über mit ihnen in Beziehung stehende, beobachtbare *Indikatoren* operationalisiert bzw. gemessen.[1487] Die Beziehungen zwischen den Konstrukten und ihren Indikatoren sind Gegenstände der *Messmodelle*.[1488] Sofern ein Konstrukt reflektiv gemessen wird, werden die Beziehungen zu den Indikatoren als *Ladungen* bezeichnet, wohingegen die Beziehungen zu den Indikatoren bei formativ operationalisierten Konstrukten als *Gewichte* tituliert werden.[1489] Da in der vorliegenden Arbeit, wie in Kapitel C3.3.2 ersichtlich, nur formativ gemessene Konstrukte Einfluss finden, wird im Folgenden nicht weiter auf die Besonderheiten, Gütekriterien etc. von reflektiven Indikatoren und den dazugehörigen Konstrukten eingegangen.[1490]

Das eigentliche Ursache-Wirkungsgefüge wird durch das *Strukturmodell* abgebildet, welches die Konstrukte und ihre Beziehungen zueinander enthält.[1491] Bei den Konstrukten wird zwischen solchen unterschieden, die im Modell erklärt werden (Wirkungen), also abhängig bzw. endogen sind, und denen, die die erstgenannten erklären (Ursachen), also unabhängig bzw. exogen sind.[1492] Die Beziehungen zwischen den Konstrukten werden als Pfadkoeffizienten bezeichnet.[1493] Positive Pfadkoeffizienten bedeuten, dass eine höhere Ausprägung der latenten Quellvariable zu einem höheren Wert der Zielvariablen führt.[1494]

Ein weiteres relevantes Merkmal von Strukturgleichungsmodellen stellen die *Fehlerterme* dar, die die unerklärte Varianz in den endogenen Konstrukten und reflektiven Indikatoren erklären.[1495] Obwohl die Berücksichtigung der als zentral angesehenen Einflussgrößen auf eine endogene Variable im Fokus steht, stehen Forscher bei der Spezifikation eines Strukturmodells vor der Herausforderung, das Modell einerseits sparsam, andererseits jedoch theoretisch vollständig zu modellieren. Durch die Fehlervariablen können zum einen Messungenauigkeiten abgeschätzt werden, zum anderen umfassen sie alle Einflussgrößen, die nicht durch unabhängige Variablen kontrolliert werden.[1496]

---

[1485] Vgl. GÖTZ/LIEHR-GOBBERS (2004), S. 716 ff.; HAIR ET AL. (2017a), S. 12.

[1486] Vgl. SARSTEDT/RINGLE/HAIR (2017), S. 3 f.

[1487] Vgl. BACKHAUS ET AL. (2018), S. 19; HOMBURG/GIERING (1996), S. 5 f.; HAIR ET AL. (2017a), S. 4; JARVIS/MACKENZIE/PODSAKOFF (2003), S. 199.

[1488] Vgl. HAIR ET AL. (2017b), S. 321; SARSTEDT/RINGLE/HAIR (2017), S. 4 f.

[1489] Vgl. HAIR ET AL. (2017a), S. 71.

[1490] Zur Evaluierung reflektiver Messmodelle siehe beispielsweise KRAFFT/GÖTZ/LIEHR-GOBBERS (2005).

[1491] Vgl. HAIR ET AL. (2017a), S. 290.

[1492] Vgl. WEIBER/MÜHLHAUS (2014), S. 9; HAIR ET AL. (2017a), S. 11.

[1493] Vgl. NITZL (2010), S. 4 f.; HAIR ET AL. (2017a), S. 72.

[1494] Vgl. NITZL (2010), S. 4 f.

[1495] Vgl. WEIBER/MÜHLHAUS (2014), S. 7; HAIR ET AL. (2017a), S. 11.

[1496] Vgl. HAIR ET AL. (2017a), S. 34; HAIR ET AL. (2017a), S. 10 f.

### 3.4.3 Gütekriterien und Methoden zur Evaluation empirischer Daten

#### 3.4.3.1 Vorgelagerte Prüfung des Datensatzes

Obwohl mithilfe des varianzbasierten PLS-Ansatzes selbst komplexe Modelle berechnet werden können, gilt es, einige Anforderungen zu erfüllen, um robuste Ergebnisse zu erhalten.[1497] Hierzu zählen Anforderungen an

- die Datenverteilung,
- die Mindeststichprobengröße sowie
- fehlende Werte (Missing Values).

Wenngleich keine konkreten Anforderungen an die *Datenverteilung*, insbesondere an eine Normalverteilung, bestehen, kann es bei einem extrem nicht-normalverteilten Datensatz zu verzerrten Ergebnissen kommen.[1498] In der Folge würden beispielsweise Parametersignifikanzen divergierend bewertet werden.[1499] Aufgrund dessen sollten die Daten im Hinblick auf Ausreißer sowie ihre Schiefe und Kurtosis untersucht werden. Für die beiden letztgenannten liefern Werte von +1 bzw. -1 einen Hinweis darauf, dass die Daten schief bzw. spitz sowie flach verteilt sind.[1500] Hinsichtlich einer Verletzung der Normalverteilungsannahme bestehen unterschiedliche Auffassungen.[1501] In der vorliegenden Arbeit wird der konservativen Ansicht von KLINE gefolgt, der bei Werten im Bereich von +/-3 für die Schiefe und +/-10 für die Kurtosis von einer Normalverteilung ausgeht.[1502]

In Bezug auf die *Stichprobengröße* existieren verschiedene Herangehensweisen, um die Mindestgröße zu bestimmen.[1503] Grundsätzlich gilt, dass die Dateneigenschaften sowie das Modell und insbesondere die höchste Anzahl von Indikatoren eines Konstrukts Berücksichtigung finden sollten.[1504] Zur Analyse der Teststärke

---

[1497] Vgl. HOMBURG/KLARMANN (2006); ZINNBAUER/EBERL (2004), S. 2 f.; HAIR ET AL. (2017b), S. 25; BAUMGARTNER/HOMBURG (1996).

[1498] Vgl. REINARTZ/HAENLEIN/HENSELER (2009); HAIR ET AL. (2017b), S. 23; ZINNBAUER/EBERL (2004), S. 3.

[1499] Vgl. HAIR/RINGLE/SARSTEDT (2011), S. 139 ff.; HENSELER/RINGLE/SINKOVICS (2009); HAIR ET AL. (2017a), S. 52.

[1500] Vgl. HAIR ET AL. (2017b), S. 52.

[1501] Beispielsweise folgen unter anderem TEMME/HILDEBRANDT der sehr strengen Ansicht mit +/-1 für die Schiefe sowie Kurtosis (vgl. TEMME/HILDEBRANDT (2009), S. 166; MUTHÉN/KAPLAN (1985)). CURRAN/WEST/FINCH empfehlen +/-2 für die Schiefe und +/-7 für die Kurtosis (vgl. CURRAN/WEST/FINCH (1996), S. 20). Bezüglich der Normalverteilungsannahme bei der Kurtosis werden jedoch teilweise auch Werte bis +/-20 angenommen (vgl. KLINE (2005), S. 50; DECARLO (1997)).

[1502] Die Wertebereiche basieren auf Simulationsstudien, bei denen gezeigt werden konnte, dass erst bei darüber hinaus gehenden Werten Diskrepanzen aufgrund der Verletzung der Normalverteilungsannahme auftreten (vgl. KLINE (2005), S. 50).

[1503] Die Mindeststichprobe hängt zunächst von der Forschungsfrage und dem gewählten statistischen Verfahren ab (vgl. BLASIUS/BAUR (2019), S. 1384). Mögliche Herangehensweisen zur Ermittlung der Mindeststichprobengröße bei Strukturgleichungsmodellen werden bei HAIR ET AL. beschrieben (vgl. HAIR ET AL. (2017b), S. 21). Zu den Auswirkungen der Stichprobengröße auf die Kausalanalyse siehe unter anderem DILLER (2006).

[1504] Vgl. HAIR ET AL. (2017b), S. 21.

bzw. zur Ableitung der Mindeststichprobengröße eignet sich das Programm G*Power.[1505]

Abhängig von der Anzahl bestehen verschiedene Möglichkeiten mit der Problematik von *fehlenden Werten* umzugehen. Sofern die Antworten eines Befragten zu mehr als 15 % fehlen, sollten sämtliche Antworten dieser Person aus dem Datensatz entfernt werden. Liegt der Anteil fehlender Werte einer Frage bei mehr als 15 %, sollte eine Elimination der Frage in Betracht gezogen werden. Ist der Anteil fehlender Werte geringer, so muss entschieden werden, wie während der Berechnung damit umzugehen ist. Empfohlen werden der fallweise Ausschluss und bei einem Anteil fehlender Werte von weniger als 5 % die Mittelwertersetzung.[1506]

### 3.4.3.2 Vorgehensweise der Evaluation eines formativen Messmodells

Der Evaluationsprozess beginnt mit der Prüfung der Messmodelle und wird, sofern die Messmodelle eine zufriedenstellende Qualität aufweisen, mit der Prüfung des Strukturmodells fortgesetzt.[1507]

Nachdem die *Inhaltsvalidität* der formativen Indikatoren insbesondere durch die Konzeptualisierung sichergestellt ist,[1508] findet eine systematische Prüfung des formativen Messmodells in drei Schritten statt (vgl. Abb. 37). Da eine Reliabilitätsprüfung bei formativen Messmodellen nur eingeschränkt möglich ist, erfolgt eine Konzentration auf Validitätsaspekte.[1509]

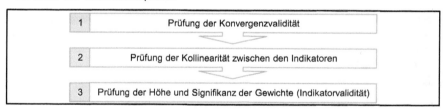

| 1 | Prüfung der Konvergenzvalidität |
| 2 | Prüfung der Kollinearität zwischen den Indikatoren |
| 3 | Prüfung der Höhe und Signifikanz der Gewichte (Indikatorvalidität) |

Abb. 37:    Vorgehen zur Evaluation formativer Messmodelle[1510]

---

[1505] G*Power ist ein von der HEINRICH-HEINE-UNIVERSITÄT DÜSSELDORF zur Verfügung gestelltes Programm, mit dem unter anderem die Teststärke ermittelt werden kann (vgl. ERDFELDER/FAUL/BUCH-NER (1996); FAUL ET AL. (2007); FAUL ET AL. (2009)).

[1506] Vgl. HAIR ET AL. (2017b), S. 48 ff.

[1507] Vgl. HAIR ET AL. (2017a), S. 95.

[1508] Vgl. HAIR ET AL. (2017a), S. 121; WEIBER/MÜHLHAUS (2014), S. 157; GÖTZ/LIEHR-GOBBERS (2004), S. 728. Inhaltsvalidität kann durch qualitative Instrumente wie theoretische Überlegungen auf Basis von Literaturanalysen, die Durchführung von Pretests sowie die Berücksichtigung von Expertenurteilen festgestellt werden. Sämtliche der genannten Instrumente wurden im Rahmen der vorliegenden Arbeit angewendet, sodass die Inhaltsvalidität der Konstrukte gegeben ist.

[1509] Vgl. WEIBER/MÜHLHAUS (2014), S. 264. Eine Möglichkeit der Reliabilitätsuntersuchung wäre die Prüfung der *Test-Retest-Reliabilität*, bei der dieselben Personen mit denselben Sachverhalten beispielsweise in Form eines Fragebogens konfrontiert werden. Da jedoch unterstellt werden kann, dass sich Personen an die erste Befragung erinnern, kann es zu Scheinreliabilitäten führen, weswegen dieser Reliabilitätsprüfung keine hohe Praxisrelevanz beigemessen wird (vgl. WEIBER/MÜHLHAUS (2014), S. 264). Für einen Überblick zu verschiedenen Ansätzen der Validitätsbeurteilung formativer Indikatoren sowie eine kritische Einschätzung siehe DIAMANTOPOULOS/RIEFLER (2008), S. 1187 ff.

[1510] Quelle: Eigene Darstellung in Anlehnung an HAIR ET AL. (2017a), S. 91 ff.; SARSTEDT/RINGLE/ HAIR (2017), S. 15 ff.

## Prüfung der Konvergenzvalidität (Schritt 1)

Im ersten Schritt wird geprüft, ob die formativen Indikatoren den gesamten Inhalt des dazugehörigen Konstrukts erfassen.[1511] Hierzu wird untersucht, inwiefern ein formativ spezifiziertes Konstrukt mit einer reflektiven Messung desselben Konstrukts korreliert. Bei einer Korrelation von 0,70 oder höher tragen die formativen Indikatoren ausreichend zum Inhalt des gemessenen Konstrukts bei.[1512] Eine solche Überprüfung wird auch als Redundanzanalyse bezeichnet.[1513] Nachteilig ist hierbei, dass zusätzlich reflektive Indikatoren in einen Fragebogen integriert werden müssen, was die Befragung verlängert, zu einem Ermüdungseffekt und damit einhergehend zu geringeren Antwortquoten führen kann.[1514] Infolge der genannten Gründe wurde auf eine solche Überprüfung verzichtet.

## Prüfung der Kollinearität zwischen den Indikatoren (Schritt 2)

Eine hohe Korrelation zwischen zwei Indikatoren wird als Kollinearität, hohe Korrelationen zwischen mehr als zwei Indikatoren als Multikollinearität bezeichnet, wobei der Kollinearitätsbegriff im Folgenden als Synonym der Multikollinearität verwendet wird.[1515] Die unterschiedlichen Facetten eines formativ operationalisierten Konstrukts sollten durch ein breit aufgestelltes Set an Indikatoren abgebildet werden.[1516] Auch wenn es keine spezifischen Erwartungen an die Höhe oder Richtung der Indikatorkorrelationen gibt, sollten die Indikatoren idealerweise nur gering miteinander korrelieren.[1517] Die Schätzung formativer Messmodelle erfolgt durch eine multiple Regressionsanalyse. Eine zu hohe lineare Abhängigkeit führt dazu, dass Indikatoren sich den Erklärungsgehalt teilen und die Gewichte der korrelierenden Indikatoren somit unterschätzt werden.[1518] Zudem kann es zu Verzerrungen der Parameterschätzungen wie beispielsweise Vorzeichenwechseln der Gewichte kommen.[1519]

Zur Feststellung von Kollinearitäten kann der *Variance Inflation Factor (VIF)* herangezogen werden.[1520] Im Rahmen von PLS-Strukturgleichungen deuten VIF größer fünf auf Kollinearitätsprobleme hin.[1521] Ein VIF von fünf bedeutet, dass 80 %

---

[1511] Vgl. HAIR ET AL. (2017a), S. 159.

[1512] Vgl. HAIR ET AL. (2017a), S. 121 f.

[1513] Vgl. CHIN (1998b), S. 308. Anstelle einer reflektiven Operationalisierung kann auch ein globales Single-Item für die Redundanzanalyse genutzt werden (vgl. HAIR ET AL. (2017a), S. 123).

[1514] Vgl. NITZL (2010), S. 13; BERGKVIST/ROSSITER (2007), S. 175; HAIR ET AL. (2017a), S. 123.

[1515] Vgl. HAIR ET AL. (2017a), S. 123.

[1516] Vgl. WEIBER/MÜHLHAUS (2014), S. 265.

[1517] Vgl. HAIR ET AL. (2017a), S. 42; WEIBER/MÜHLHAUS (2014), S. 265.

[1518] Vgl. WEIBER/MÜHLHAUS (2014), S. 258 f.; DIAMANTOPOULOS/WINKLHOFER (2001), S. 272; BACKHAUS ET AL. (2018), S. 98 ff.

[1519] Vgl. HAIR ET AL. (2017a), S. 278 f.; WEIBER/MÜHLHAUS (2014), S. 263; WILCOX/HOWELL/BREIVIK (2008), S. 1222.

[1520] Vgl. WEIBER/MÜHLHAUS (2014), S. 263. Darüber hinaus können sowohl der Konditionsindex als auch bivariate Korrelationen betrachtet werden, wobei letztere unter 0,60 liegen sollten (vgl. HAIR ET AL. (2017a), S. 125; GÖTZ/LIEHR-GOBBERS (2010)). Zum Nachweis und der Behandlung von Multikollinearität siehe auch SCHNEIDER (2009).

[1521] Vgl. HAIR ET AL. (2017a), S. 125; WEIBER/MÜHLHAUS (2014), S. 263; DIAMANTOPOULOS/RIEFLER (2008), S. 1193. In der Literatur wird häufig ein VIF-Wert von größer gleich zehn als Schwellenwert angenommen (vgl. WEIBER/MÜHLHAUS (2014), S. 263; DIAMANTOPOULOS/WINKLHOFER (2001), S. 272; HUBER ET AL. (2007), S. 111). Gemäß WEIBER/MÜHLHAUS ist dies jedoch als sehr hoch anzusehen, weswegen bereits ab einem VIF-Wert größer drei eine inhaltliche Überprüfung der Indikatoren empfohlen wird (vgl. WEIBER/MÜHLHAUS (2014), S. 263).

der Varianz eines Indikators durch die weiteren Indikatoren desselben Konstrukts erklärt werden.[1522]

Zur Vermeidung von Kollinearitätsproblemen können der entsprechende Indikator unter Berücksichtigung weiterer Aspekte wie der Signifikanz der Gewichte eliminiert, hoch korrelierende Indikatoren zu einem Index zusammengefasst oder ein Konstrukt höherer Ordnung entwickelt werden.[1523] Jede Maßnahme muss jedoch theoriebegründet bzw. sachlogisch gerechtfertigt und das Inhaltsspektrum des Konstrukts weiterhin ausreichend abgedeckt sein. Zudem können zu hohe Kollinearitäten auch stichprobenbedingt auftreten.[1524]

**Prüfung der Indikatorvalidität durch die Höhe und Signifikanz der Gewichte (Schritt 3)**

Durch die Prüfung der Höhe und Signifikanz der Indikatorgewichte wird geprüft, ob bzw. inwiefern ein Indikator einen Beitrag zur Erklärung des Konstrukts liefert.[1525]

Das *Gewicht* eines Indikators wird über eine multiple Regression mit den formativen Indikatoren als unabhängigen Variablen und dem Konstrukt als abhängiger Variable gemessen.[1526] Gewichte indizieren die *relative Relevanz* bzw. den *relativen Beitrag* des jeweiligen Indikators zur Bildung des Konstrukts. Geringe Absolutwerte der Gewichte sollten daher nicht als schwaches Messmodell interpretiert werden.[1527] Da die Werte der Gewichte standardisiert sind, können sie direkt miteinander verglichen werden.[1528] Hinsichtlich einer optimalen Anzahl von Indikatoren eines formativen Konstrukts existieren keine Empfehlungen, da die Anzahl stark vom zu messenden Konstrukt bzw. dessen inhaltlicher Ausgestaltung abhängt.[1529] Es ist jedoch zu berücksichtigen, dass die Höhe der Gewichte und somit auch die Wahrscheinlichkeit für eine statistische Signifikanz abnehmen, je mehr Indikatoren verwendet werden. Das maximal mögliche Gewicht eines Indikators, sofern er nicht mit anderen Indikatoren korreliert, beträgt $1/\sqrt{n}$, wobei n die Anzahl von Indikatoren repräsentiert. Kritische Werte für die Indikatorgewichte existieren nicht.[1530]

---

[1522] Vgl. SARSTEDT/RINGLE/HAIR (2017), S. 18; HAIR ET AL. (2017a), S. 125.

[1523] Vgl. HAIR ET AL. (2017a), S. 125 f.; WEIBER/MÜHLHAUS (2014), S. 263. Bei einer Elimination muss der Inhalt des Konstrukts noch ausreichend über die weiteren Indikatoren des Konstrukts abgebildet werden können. Die Bildung eines Index kann beispielsweise über gewichtete Mittelwerte erfolgen, was jedoch den Nachteil hat, dass individuelle Effekte der Indikatoren nivelliert werden (vgl. HAIR ET AL. (2017a), S. 125 f.). Zur Summenbildung von Indikatorwerten siehe auch WEIBER/MÜHLHAUS (2014), S. 263. Auch die Entwicklung eines Konstrukts höherer Ordnung muss theoretisch bzw. sachlogisch vertretbar sein. Für den Umgang mit Konstrukten höherer Ordnung bzw. Hierarchical Component Models (HCM) siehe HAIR ET AL. (2017c), S. 38 ff.; BECKER/KLEIN/WETZELS (2012); RINGLE/SARSTEDT/STRAUB (2012). Für weitere Maßnahmen beim Umgang mit Kollinearitätsproblemen siehe WEIBER/MÜHLHAUS (2014), S. 264; DIAMANTOPOULOS/RIEFLER (2008), S. 1191 ff.

[1524] Vgl. WEIBER/MÜHLHAUS (2014), S. 263; JARVIS/MACKENZIE/PODSAKOFF (2003), S. 202.

[1525] Vgl. NITZL (2010), S. 29 f.; HAIR ET AL. (2017a), S. 159; JARVIS/MACKENZIE/PODSAKOFF (2003), S. 202.

[1526] Vgl. HAIR ET AL. (2017a), S. 127.

[1527] Vgl. GÖTZ/LIEHR-GOBBERS (2004), S. 728 ff.

[1528] Vgl. HAIR ET AL. (2017a), S. 127. Dadurch, dass die Gewichte der Indikatoren auch von anderen Beziehungen im Modell beeinflusst werden, ist ein Vergleich der Gewichte mit anderen Strukturgleichungsmodellen jedoch nicht empfehlenswert (vgl. HAIR ET AL. (2017a), S. 127).

[1529] Vgl. WEIBER/MÜHLHAUS (2014), S. 262.

[1530] Vgl. HAIR ET AL. (2017a), S. 128 ff.

Die Überprüfung, ob sich die Gewichte signifikant von Null unterscheiden und somit nicht allein durch Zufall entstanden sind, also eine statistische *Signifikanz* der Gewichte vorliegt, wird mithilfe des Bootstrapping-Verfahrens durchgeführt.[1531] Kritische Werte für einen zweiseitigen Test liegen bei t = 1,65, t = 1,96 sowie t = 2,57 für Signifikanzniveaus in Höhe von 10 %, 5 % sowie 1 % respektive Konfidenzniveaus von 90 %, 95 % sowie 99 %.[1532] Liegt der empirische t-Wert über den genannten kritischen t-Werten, kann die Nullhypothese abgelehnt werden.[1533]

Zusätzlich zur Höhe und Signifikanz der Gewichte können die *Ladungen* der Indikatoren analysiert werden. Mithilfe dieses über eine einfache Regression berechneten Werts lässt sich der *absolute Beitrag* bzw. die *absolute Relevanz* eines Indikators zu einem Konstrukt festmachen. Im Gegensatz zu den Gewichten geben Ladungen also darüber Aufschluss, welchen Beitrag ein Indikator ohne Berücksichtigung der anderen Indikatoren zum Erklärungsgehalt des Konstrukts liefert.[1534]

Bei der Überprüfung eines formativen Messmodells und der Erwägung einen formativen Indikator zu eliminieren, sollten neben der theoretischen Relevanz das Gewicht sowie dessen Signifikanz und auch die *Ladung* des Indikators berücksichtigt werden. Eine Elimination sollte gemäß HAIR ET AL. nur in Betracht gezogen werden, sofern sowohl die Gewichte als auch die Ladungen gering bzw. nicht signifikant sind.[1535] Nicht signifikante Indikatorgewichte sind somit kein direktes Indiz für eine schlechte Qualität des Messmodells.[1536] BOLLEN/LENNOX sind beispielsweise der Ansicht, dass formative Konstrukte durch die Gesamtheit ihrer Indikatoren definiert sind und eine nachträgliche Elimination nicht vertretbar ist.[1537]

Die genannten und im Folgenden verwendeten Evaluationskriterien für die formativen Messmodelle sind in Tab. 56 abschließend zusammenfasst.

---

[1531] Vgl. HAIR ET AL. (2017a), S. 127; DIAMANTOPOULOS/RIEFLER (2008), S. 1189. Zu Einschränkungen von Signifikanzaussagen siehe STOETZER (2017), S. 45 ff. Zur Fehlinterpretation von Signifikanzaussagen siehe AMRHEIN/GREENLAND/MCSHANE (2019). Zum Konzept des Bootstrapping-Verfahrens siehe EFRON (1979); STREUKENS/LEROI-WERELDS (2016); KLINE (2005), S. 42 f.

[1532] Die Signifikanzniveaus sind als Irrtumswahrscheinlichkeiten zu interpretieren. Liegt der empirische t-Wert beispielsweise über 1,96, so kann davon ausgegangen werden, dass der Koeffizient mit einer Irrtumswahrscheinlicht von 5 % signifikant von Null abweicht (vgl. HAIR ET AL. (2017a), S. 133). Die Wahl des Signifikanzniveaus hängt unter anderem vom Forschungsinhalt ab. Während für explorative Studien häufig 10 % angewendet werden, sind es beispielsweise im Marketing eher 5 % (vgl. HAIR ET AL. (2017a), S. 168).

[1533] Vgl. HAIR ET AL. (2017a), S. 280.

[1534] Vgl. HAIR ET AL. (2017a), S. 129; HAIR ET AL. (2017a), S. 159.

[1535] Vgl. HAIR ET AL. (2017a), S. 129; HAIR ET AL. (2017a), S. 159. Eine Ladung wird als gering angesehen sofern ihr Wert kleiner 0,50 ist (vgl. HAIR ET AL. (2017a), S. 131; CENFETELLI/BASSELLIER (2009)).

[1536] Vgl. HAIR ET AL. (2017a), S. 129; HAIR ET AL. (2017a), S. 159.

[1537] Vgl. BOLLEN/LENNOX (1991), S. 308.

| Modell | Kriterium | Anspruchsniveau |
|---|---|---|
| **Formativ spezifizierte Messmodelle** | Kollinearität zwischen den Indikatoren | VIF < 5 |
| | Höhe und Signifikanz der Gewichte | t > 2,57 (1 % Signifikanzniveau) t > 1,96 (5 % Signifikanzniveau) t > 1,65 (10 % Signifikanzniveau) |

Tab. 56:   Kriterien zur Evaluation formativer Messmodelle[1538]

Die Durchführung der Evaluation der in der vorliegenden Arbeit angewandten formativen Messmodelle erfolgt in Kapitel D1.3.1.

### 3.4.3.3   Vorgehensweise der Evaluation eines Strukturmodells

Im Anschluss an die Überprüfung der Messmodelle erfolgt die Evaluierung des Strukturmodells. Das Strukturmodell wird auf Basis heuristischer Gütekriterien dahingehend geprüft, wie gut die endogenen latenten Variablen vorhergesagt werden bzw. ob die empirischen Daten die im Modell angenommenen Zusammenhänge unterstützen.[1539] Der Prüfung liegt ein systematisches Vorgehen mit vier Schritten zugrunde (vgl. Abb. 38).

Abb. 38:   Vorgehen zur Evaluation eines Strukturmodells mit formativen endogenen Konstrukten[1540]

**Prüfung der Kollinearität (Schritt 1)**

Analog zur Prüfung der Kollinearität der formativen Indikatoren, werden bei der Evaluation des Strukturmodells die Treiberkonstrukte einer Kollinearitätsprüfung unterzogen. Dies ist insofern relevant, als dass die Schätzungen der Pfadkoeffizienten verzerrt werden können, sofern kritische Kollinearitätsniveaus zwischen den Treiberkonstrukten und ihren dazugehörigen abhängigen Variablen vorliegen. Der VIF-Wert jedes Treiberkonstrukts sollte kleiner fünf sein.[1541] Bei höheren VIF-

---

[1538]   Quelle: Eigene Darstellung.
[1539]   Vgl. HAIR ET AL. (2017a), S. 165.
[1540]   Quelle: Eigene Darstellung in Anlehnung an HAIR ET AL. (2017a), S. 165. Bei endogenen Konstrukten, die reflektiv spezifiziert sind, können zudem die Prognoserelevanz über das Stone-Geisser-Kriterium ($Q^2$) sowie die relative Prognoserelevanz über die $q^2$-Effektstärken untersucht werden (vgl. hierzu GEISSER (1974); STONE (1974); HAIR ET AL. (2017a), S. 174 ff.; HERRMANN/HUBER/KRESSMANN (2006), S. 59 f.).
[1541]   Vgl. HAIR ET AL. (2017a), S. 164 ff.

Werten ist unter anderem unter Berücksichtigung der Signifikanz und Relevanz der Pfadkoeffizienten eine Elimination der Konstrukte in Erwägung zu ziehen.[1542]

**Prüfung der Pfadkoeffizienten (Schritt 2)**

Im zweiten Schritt werden die Pfadkoeffizienten hinsichtlich ihrer Relevanz und Signifikanz geprüft. Durch Pfadkoeffizienten werden die Beziehungen zwischen den Konstrukten in einem Modell gemessen. Sie entsprechen daher den standardisierten Regressionskoeffizienten einer Regressionsanalyse.

Pfadkoeffizienten können Werte zwischen -1 und +1 annehmen, wobei eine Beziehung umso schwächer ist, je dichter der Koeffizient an Null liegt.[1543] Pfadkoeffizienten mit negativem Vorzeichen repräsentieren das semantische Gegenteil des intendierten Konstrukts. Beispielsweise würde ein negativer Pfadkoeffizient zwischen intrinsischer Motivation und Zufriedenheit Unzufriedenheit bedeuten.[1544] Aufgrund ihrer Standardisierung können Pfadkoeffizienten, die sich auf dieselbe endogene Variable beziehen, in Relation zueinander betrachtet werden. Die Analyse dieser *relativen Relevanz* ermöglicht eine gezielte Interpretation der Ergebnisse.[1545] In Bezug auf die *absolute Relevanz* bezeichnet CHIN Pfadkoeffizienten mit einer Höhe größer 0,20 als bedeutsam.[1546] Für LOHMÖLLER sind Werte ab 0,10 bereits als wesentlich einzuschätzen.[1547]

Niedrige Werte nahe Null werden in der Regel als nicht signifikant bewertet.[1548] Die *Signifikanz* wird wiederum mithilfe des oben genannten Bootstrapping-Verfahrens überprüft.[1549] Kritische Werte für einen zweiseitigen Test liegen auch hier bei t = 1,65, t = 1,96 sowie t = 2,57 für Signifikanzniveaus in Höhe von 10 %, 5 % sowie 1 %.[1550]

**Prüfung des Bestimmtheitsmaßes $R^2$ (Schritt 3)**

Mithilfe des Bestimmtheitsmaßes $R^2$ erfolgt eine Prüfung der Prognoseleistung eines Modells.[1551] Durch das Maß wird ausgedrückt, wie viel Prozent der Varianz eines endogenen Konstrukts gemeinsam durch die unmittelbaren Vorgängerkonstrukte bzw. zugeordnete exogene Variablen erklärt wird. Konkret wird es über die quadrierte Korrelation zwischen den vorhergesagten und den tatsächlichen Werten für ein abhängiges Konstrukt berechnet.[1552]

Das Maß kann Werte zwischen 0 und +1 annehmen, wobei eine Beurteilung stark von der Fachrichtung und dem Kontext abhängt und daher nur schwer zu verallgemeinern ist.[1553] In der Kaufverhaltensforschung gelten Werte von 0,20 als hoch,

---

[1542] Vgl. HAIR ET AL. (2017a), S. 179. Alternativ können Treiberkonstrukte auch in einem Konstrukt zusammengefasst oder Konstrukte höherer Ordnung entwickelt werden.
[1543] Vgl. HAIR ET AL. (2017a), S. 168.
[1544] Vgl. WEIBER/MÜHLHAUS (2014), S. 332.
[1545] Vgl. HAIR ET AL. (2017a), S. 169.
[1546] Vgl. CHIN (1998a), S. 11 ff.
[1547] Vgl. LOHMÖLLER (1989), S. 60 ff.
[1548] Vgl. HAIR ET AL. (2017a), S. 168.
[1549] Vgl. Ausführungen zur Signifikanz der Gewichte in Kapitel C3.4.3.2.
[1550] Vgl. HAIR ET AL. (2017a), S. 179.
[1551] Vgl. RINGLE (2004), S. 14 f.; HAIR ET AL. (2017b), S. 170.
[1552] Vgl. WEIBER/MÜHLHAUS (2014), S. 328; STOETZER (2017), S. 40; HAIR ET AL. (2017a), S. 170 f.
[1553] Vgl. WEIBER/MÜHLHAUS (2014), S. 327 f.; HAIR ET AL. (2017a), S. 171.

während bei Studien, die die Kundenzufriedenheit oder -loyalität betreffen, Werte von 0,75 und höher als gut angesehen werden.[1554] Häufig wird auf die in Tab. 57 genannten Werte zurückgegriffen.[1555] Grundsätzlich gilt, dass höhere Werte eine höhere Prognoseleistung bedeuten.[1556]

| Beurteilung von $R^2$-Werten | | | |
|---|---|---|---|
| FALK/MILLER (1992) | COHEN (1998) | CHIN (1998) | HAIR/RINGLE/ SARSTEDT (2011) |
| ≥ 0,10 | 0,02 = schwach<br>0,13 = moderat<br>0,26 = substanziell | 0,19 = schwach<br>0,33 = moderat<br>0,67 = substanziell | 0,25 = schwach<br>0,50 = moderat<br>0,75 = substanziell |

Tab. 57:   Beurteilung von $R^2$-Werten[1557]

In der vorliegenden Arbeit wird für die Beurteilung des Zufriedenheitskonstrukts der Einschätzung von HAIR/RINGLE/SARSTEDT gefolgt. Da für die Konstrukte der Aufgabenwahrnehmung keine Erfahrungswerte vorliegen, wird diesbezüglich der Ansatz von COHEN gewählt.

**Prüfung der $f^2$-Effektstärken (Schritt 4)**

Mithilfe der $f^2$-Effektstärke lässt sich der relative Effekt eines exogenen Konstrukts auf ein endogenes Konstrukt festmachen.[1558] Die Kennzahl gibt an, wie stark sich das $R^2$ des endogenen Konstrukts verändern würde, wenn das jeweilige exogene Konstrukt nicht Teil des Strukturmodells wäre.[1559] Sie berechnet sich wie folgt:

$$f^2 = \frac{R^2_{eingeschlossen} - R^2_{ausgeschlossen}}{1 - R^2_{eingeschlossen}}$$

Je höher der $f^2$-Wert, desto höher ist auch seine Relevanz zur Erklärung der endogenen Variable. Von CHIN werden Werte in Höhe von 0,02 als gering, 0,15 als mittel und 0,35 als hoch eingeschätzt.[1560] Gemäß COHEN deuten Effektstärken kleiner als 0,02 darauf hin, dass kein Effekt vorliegt.[1561]

Die genannten und im Folgenden verwendeten Evaluationskriterien für das Strukturmodell mit formativen endogenen Konstrukten sind in Tab. 58 abschließend zusammenfasst.[1562]

---

[1554] Vgl. HAIR ET AL. (2017a), S. 171; WEIBER/MÜHLHAUS (2014), S. 327 f.; HENSELER/RINGLE/SINKO-VICS (2009).
[1555] Vgl. WEIBER/MÜHLHAUS (2014), S. 327 f.
[1556] Vgl. HAIR ET AL. (2017a), S. 171. Hohe Ausprägungen des Bestimmtheitsmaßes können jedoch auch auf ein Kollinearitätsproblem hindeuten (vgl. KOCK/LYNN (2012), S. 562).
[1557] Quelle: Eigene Darstellung in Anlehnung an FALK/MILLER (1992), S. 80; HAIR/RINGLE/SAR-STEDT (2011), S. 145; COHEN (1988), S. 477 f.; CHIN (1998b), S. 323.
[1558] Vgl. HAIR ET AL. (2017a), S. 179; RINGLE (2004), S. 15 f.
[1559] Vgl. WEIBER/MÜHLHAUS (2014), S. 328 f.
[1560] Vgl. CHIN (1998b), S. 317.
[1561] Vgl. COHEN (1988), S. 477.
[1562] Die Anwendung globaler Kriterien bzw. sogenannter Goodness-of-Fit-Maße, mit deren Hilfe das Gesamtmodell beurteilt werden kann, sollte lediglich bei der Verwendung des kovarianzanalytischen Ansatzes erfolgen. Aufgrund der Evaluation über nicht-parametrische Gütekriterien, die beispielsweise mithilfe des Bootstrapping-Verfahrens gemessen werden, können diese nicht auf varianzbasierte

| Modell | Kriterium | Anspruchsniveau |
|---|---|---|
| | Kollinearität zwischen den Treiberkonstrukten und der abhängigen Variablen | VIF < 5 |
| | Relevanz und Signifikanz der Pfadkoeffizienten | Relevanz Pfadkoeffizient > 0,1  Signifikanz t > 2,57 (1 % Signifikanzniveau) t > 1,96 (5 % Signifikanzniveau) t > 1,65 (10 % Signifikanzniveau) |
| Strukturmodell | Bestimmtheitsmaß ($R^2$) | Beurteilung des Zufriedenheitskonstrukts 0,25 = schwach 0,50 = moderat 0,75 = substanziell Beurteilung der Aufgabenwahrnehmung 0,02 = schwach 0,13 = moderat 0,26 = substanziell |
| | $f^2$-Effektstärke | 0,02 = kleiner Effekt 0,15 = mittlerer Effekt 0,35 = großer Effekt |

Tab. 58:   Kriterien zur Evaluation eines Strukturmodells mit formativen endogenen Konstrukten[1563]

Im Folgenden wird zunächst auf die Methodik der Datenerhebung eingegangen,
bevor anschließend die Durchführung der Datenerhebung sowie die Überprüfung
des Datensatzes erläutert werden.

## 3.5   Erhebung und Überprüfung der Daten

### 3.5.1   Methodik der Datenerhebung

#### 3.5.1.1   Definition der Grundgesamtheit

Empirische Untersuchungen können als Voll- oder Teilerhebung konzipiert werden.
Während bei einer Vollerhebung alle Elemente einer definierten Grundgesamtheit
betrachtet werden, wird bei einer Teilerhebung nur eine Teilpopulation analysiert.[1564] Die eindeutige Definition der Grundgesamtheit ist bei beiden Erhebungs-
arten, aber auch bei der Bewertung der Repräsentativität eine entscheidende Voraussetzung.[1565]

---

PLS-Ansätze übertragen werden (vgl. HAIR ET AL. (2017a), S. 95; WEIBER/MÜHLHAUS (2014), S. 325;
RINGLE (2004), S. 22 f.; SARSTEDT/RINGLE/HAIR (2017), S. 13 f.; HENSELER/SARSTEDT (2013); HERR-
MANN/HUBER/KRESSMANN (2006), S. 59). Stattdessen wird eine Gesamtbetrachtung der hier genann-
ten Evaluationskriterien empfohlen (vgl. RINGLE (2004), S. 23).

[1563]   Quelle: Eigene Darstellung.
[1564]   Vgl. DÖRING/BORTZ (2016d), S. 293; KAUERMANN/KÜCHENHOFF (2011), S. 5 ff.
[1565]   Vgl. HOMBURG (2017), S. 260. Die Bewertung der Repräsentativität erfolgt in Kapitel C5.

Die vorliegende Arbeit ist als *Vollerhebung* konzipiert, weswegen eine Stichprobenbildung entfällt. Die *Grundgesamtheit* wird durch alle Aufsichtsräte aller Genossenschaftsbanken in Deutschland mit Ausnahme von Sparda-Banken, PSD-Banken, Kirchenbanken sowie Spezialinstituten wie der APOBANK gebildet.[1566] Zum Jahresende 2014 zählten hierzu 996 Institute mit 7.945 Aufsichtsräten. Zur *effektiven Stichprobe* zählen im Folgenden die Aufsichtsräte, die tatsächlich an der Untersuchung teilgenommen haben und deren Datensätze verwertbar waren (vgl. Kapitel C5).

### 3.5.1.2    Festlegung der Befragungsform

Neben der Auswahl des Analyseverfahrens ist zu entscheiden, auf welche Weise die für die Untersuchung benötigten Daten gewonnen werden. Um die notwendigen Informationen zu erhalten, ist für die vorliegende Arbeit eine *Primärerhebung* erforderlich. Diesbezüglich werden im Rahmen der empirischen Sozialforschung insbesondere die Befragung sowie die Beobachtung verwendet (vgl. Abb. 39).[1567]

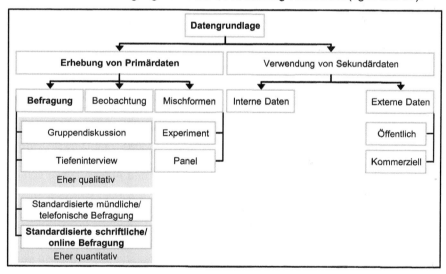

Abb. 39:    Methoden der empirischen Sozialforschung[1568]

Beobachtungen scheinen für die vorliegenden Forschungsziele als wenig zweckdienlich, da diese bei den Aufsichtsräten vor Ort vorgenommen und die hinter einem Verhalten stehende Motivation bei Beobachtungen erst nachträglich interpretiert werden müsste.[1569] Aus diesem Grund wurde die *Befragung* als Erhebungsinstrument ausgewählt.

---

[1566] Die vollständige Liste der betrachteten Genossenschaftsbanken ist in Anhang 1 abgebildet.
[1567] Vgl. HOMBURG (2017), S. 264; TÖPFER (2012), S. 240; SCHNELL/HILL/ESSER (2018), S. 291 ff.
[1568] Quelle: Eigene Darstellung in Anlehnung an HOMBURG (2017), S. 264.
[1569] Vgl. HOMBURG (2017), S. 274.

Bei einer quantitativen Ausrichtung können Befragungen sowohl in mündlicher als auch schriftlicher Form erfolgen, wobei letztere die am häufigsten verwendete Erhebungsmethode ist.[1570] Bei der Entscheidung für ein Erhebungsinstrument sind die Vor- und Nachteile zu betrachten und abzuwägen.[1571] Vorzüge der standardisierten schriftlichen Befragung liegen insbesondere darin, dass das eigenständige Ausfüllen eines Fragebogens diskreter und anonymer erfolgen kann, als es bei einer Interviewsituation der Fall wäre, weswegen sensible Themen schriftlich besser erhoben werden können. Durch die Gewährleistung der Anonymität wird das Risiko sozial erwünschter Antworten gesenkt. Die Befragten sind zudem keinem zeitlichen oder situativen Druck ausgesetzt.[1572] Schriftliche Befragungen eignen sich für homogene Gruppen mit ähnlichem Informations- und Wissenstand, da Fragebögen zielgruppenspezifisch konzipiert werden können und sich die Befragten somit individueller angesprochen fühlen. Während im Rahmen von mündlichen Befragungen ausführliche Antworten möglich sind, erfolgt bei der schriftlichen Variante eine Beschränkung auf wenige sowie klar umschriebene Befragungsinhalte.[1573] Obwohl der direkte Austausch mit Aufsichtsräten und der möglicherweise detailliertere Einblick informativ gewesen wäre, kam eine mündliche Befragung aufgrund der Konzeption als Vollerhebung nicht in Betracht.

Bei der Präzisierung der *schriftlichen Befragung* standen die Online-Befragung und die postalische Variante zur Auswahl. Letztere hätte den Vorteil gehabt, dass die Aufsichtsräte den Fragebogen direkt, beispielsweise in einer der Gremiensitzungen, hätten beantworten können, wodurch unterschiedlichste Personen, insbesondere aus jeglicher Altersgruppe, erreicht worden wären. Die maßgeblichen Gründe, die gegen eine solche Vorgehensweise sprachen, waren einerseits die hohen Kosten, die durch die Druckkosten sowie das Porto für das Versenden und die einzelnen frankierten Rückumschläge entstanden wären. Zum anderen hätten die Fragebögen zunächst an das Kreditinstitut geschickt und den Aufsichtsräten von einem Mitarbeiter der Bank ausgehändigt werden müssen. Diese Barriere einhergehend mit der Sicherstellung der Anonymität führten zu der Fokussierung einer online durchgeführten Befragung.

Verschiedene Studien bescheinigen online durchgeführten Befragungen höhere Datenqualitäten im Vergleich zu offline absolvierten. Aufgrund einer hohen empfundenen Anonymität können ehrlichere Antworten und geringere Effekte sozialer Erwünschtheit erzielt werden. Die Akzeptanz bei den Befragten ist hoch und frühere Bedenkungen im Hinblick auf Computererfahrung sind mittlerweile nachrangig.[1574] Es entstehen keine Porto- oder Druckkosten und Befragte schätzen die Flexibilität, da sie in der Regel zeitlich sowie örtlich ungebunden sind. Im Anschluss

---

[1570] Vgl. SCHNELL/HILL/ESSER (2018), S. 292.
[1571] Zu den Vor- und Nachteilen der verschiedenen Erhebungsmethoden der empirischen Sozialforschung siehe unter anderem HOMBURG (2017), S. 271; THIELSCH/WELTZIN (2013), S. 80 f.
[1572] Vgl. BAUMGÄRTLER (2000), S. 160.
[1573] Vgl. DÖRING/BORTZ (2016b), S. 398.
[1574] Vgl. GOSLING ET AL. (2004); KREUTER/PRESSER/TOURANGEAU (2008); THIELSCH/WELTZIN (2013), S. 79 ff.; REIPS (2002); JACOB/HEINZ/DÉCIEUX (2019), S. 120 ff.

an die Befragung werden die Daten automatisch in für die Auswertung verwend-
bare Dateien überführt, wodurch die Anzahl von Eingabefehlern reduziert wird.[1575]

Gegen eine Online-Befragung sprechen unter anderem die Unkontrollierbarkeit der
Erhebungssituation und die unklare Identität der Befragten. Darüber hinaus können
technische Schwierigkeiten auftreten und technikunerfahrene Bevölkerungsgruppen auch aufgrund fehlender Hardware ausgeschlossen sein.[1576] Die motivierende
Wirkung eines Interviewers sowie die Möglichkeit klärender Rückfragen entfallen,
wodurch höhere Verweigerungs- sowie Abbruchraten und somit geringere Rücklaufquoten entstehen. Zusätzlich führt die zunehmende Anzahl von online durchgeführten Befragungen zu einer Übersättigung und Antwortverweigerung.[1577]

Trotz der genannten Einschränkungen stellt die schriftliche Befragung, insbesondere bei sensiblen und komplexen Themen, wie es bei Fragen zur Motivation und
Zufriedenheit der Fall ist, eine geeignete Erhebungsmethode dar. Um die Daten
anschließend mithilfe multivariater Verfahren zu analysieren, ist zudem die Konzeption eines vollstandardisierten Fragebogens erforderlich. Auf die Entwicklung
des Fragebogens wird im folgenden Kapitel eingegangen.

### 3.5.1.3   Konzeption des Fragebogens

Nach der Konzeptualisierung, Operationalisierung und der Festlegung der Befra-
gungsform, gilt es in einem weiteren Schritt, den Fragebogen zu konzipieren. Die
Antwortbereitschaft befragter Personen hängt stark von der formalen sowie inhaltlichen Gestaltung des Fragebogens ab, weswegen der Konstruktion eine weitreichende Bedeutung zukommt.[1578] Der Fragebogen wurde unter Beachtung allgemeiner Konstruktionsprinzipien sowie der Erkenntnisse der kognitiven Umfrageforschung entwickelt.[1579] Anstelle einer umfassenden Beschreibung dieser allgemeinen Prinzipien, soll der Fokus auf einigen ausgewählten Aspekten liegen.

Zu den *formalen Aspekten* zählen die optische sowie technische Gestaltung.[1580]
Bezüglich des grafischen Aufbaus wurde mithilfe von Rahmen und Schattierungen
darauf geachtet, dass eine klare Struktur ersichtlich ist und unterschiedliche Fragen optisch voneinander abgegrenzt sind.[1581] Zur Orientierung über die noch anstehenden Fragen wurde ein Fortschrittsbalken verwendet.[1582] Um das Risiko eines vollständigen Abbruchs des Fragebogens zu minimieren, hatten die Befragten
die Möglichkeit, zu den bereits beantworteten Fragen zurückzukehren sowie den

---

[1575] Vgl. WERKMANN (2014), S. 66; JACOB/HEINZ/DÉCIEUX (2019), S. 120.
[1576] Vgl. HUSSY/SCHREIER/ECHTERHOFF (2013), S. 108; THIELSCH/WELTZIN (2013), S. 79 ff.; JACOB/HEINZ/
DÉCIEUX (2019), S. 120 ff. Eine Unterabdeckung beispielsweise älterer Menschen bei online durchgeführten Erhebungen wird auch als Coverage-Problem bezeichnet (vgl. DÖRING/BORTZ (2016b), S. 416;
FAULBAUM (2019)).
[1577] Vgl. DÖRING/BORTZ (2016b), S. 415.
[1578] Vgl. BAUMGÄRTLER (2000), S. 163.
[1579] Vgl.   DILLMAN/SMYTH/CHRISTIAN (2014);   DILLMAN (2007);   MOOSBRUGGER/KELAVA (2012);   DÖRING/
BORTZ (2016b), S. 398 ff.; THIELSCH/WELTZIN (2013); PORST (2014); PORST (2019); SCHNELL/HILL/ES-
SER (2018); JONKISZ/MOOSBRUGGER/BRANDT (2012), S. 56.
[1580] Vgl. HAFERMALZ (1976), S. 120; UNGERN-STERNBERG (2002), S. 116. Zum Layout und zur Usability von
online durchgeführten Befragungen siehe exemplarisch KACZMIREK (2009).
[1581] Vgl. DILLMAN (2007), S. 23 f.
[1582] Vgl. DÖRING/BORTZ (2016b), S. 415.

Fragebogen nach einer Unterbrechung an entsprechender Stelle fortzusetzen.[1583] Auf technische Restriktionen wie beispielsweise Pflichtfelder wurde verzichtet, da insbesondere bei Fragen, deren Antworten der Befragte nicht weiß, das Erzwingen von Antworten zu Messfehlern oder dem Abbruch der Befragung führen kann.[1584] Eine doppelte Teilnahme kann ausgeschlossen werden, da während der Beantwortung ein Eintrag im Zwischenspeicher (Cache) des Browsers erfolgte. Zudem wurden die Antworten im Nachgang einem Plausibilitätscheck unterzogen, indem auf sich stark ähnelnde Datensätze geachtet wurde. Da Kompatibilitäts- sowie Darstellungsprobleme meist zu einem sofortigen Abbruch der Befragung führen,[1585] wurde das Responsive Layout verwendet, was eine flexible Darstellung an verschiedenen Endgeräten ermöglicht.

Hinsichtlich der *inhaltlichen Gestaltung* wurde bei der Ausarbeitung der Fragen auf sprachliche Verständlichkeit sowie auf eine klare und widerspruchsfreie Formulierung geachtet.[1586] Die Wortwahl wurde an die Zielgruppe angepasst.[1587] So wurde beispielsweise auf die unterschiedlichen Organstrukturen Rücksicht genommen, indem nicht nur nach der Mitglieder-, sondern auch nach der Vertreter- oder Generalversammlung gefragt wurde. Das Vorwissen der Befragten wurde unter anderem insofern beachtet, als dass die Bilanzsumme in Clustern angegeben und somit keine konkrete Zahl abgefragt wurde.[1588] Es wurden somit Kriterien abgefragt, bei denen angenommen wurde, dass die Aufsichtsräte sie ohne weitere Recherche beantworten konnten. Eine Frage nach der Höhe des Jahresüberschusses bzw. -fehlbetrags entfiel aus diesem Grund. Um Antworttendenzen zu vermeiden, wurden sowohl positive als auch negative Indikatoren, also Aussagen, die für bzw. gegen eine starke Ausprägung des Konstrukts sprechen, verwendet.[1589] Da die logische Abfolge die Beantwortung erleichtert, wurde auf kognitive Verarbeitungsprozesse geachtet und ein häufiger Wechsel des Inhalts sowie des Antwortformats vermieden.[1590] Hinsichtlich des Kontextes und der Reihenfolge der Fragen wurde darauf geachtet, dass Ausstrahlungseffekte reduziert wurden.[1591] So wurde die Frage nach der Zufriedenheit mit der Aufsichtsratstätigkeit im Allgemeinen (Nr. 34) zu Beginn der Zufriedenheitsfragen gestellt, um ein möglichst neutrales Urteil, das nicht durch die Abfrage der Teilaspekte beeinflusst wurde, zu erhalten.[1592]

---

[1583] Vgl. DILLMAN/SMYTH/CHRISTIAN (2014), S. 327.

[1584] Vgl. BOŠNJAK (2002), S. 19 ff.; DILLMAN/SMYTH/CHRISTIAN (2014), S. 321.

[1585] Vgl. WAGNER-SCHELEWSKY/HERING (2019), S. 794.

[1586] Vgl. DILLMAN (2007), S. 32 ff.; JONKISZ/MOOSBRUGGER/BRANDT (2012), S. 64. Zur sprachlichen Gestaltung von Indikatoren für standardisierte Fragebögen siehe auch DÖRING/BORTZ (2016b), S. 410; BRYMAN (2008); BÜHNER (2011).

[1587] Vgl. DÖRING/BORTZ (2016b), S. 409 f.

[1588] Vgl. JONKISZ/MOOSBRUGGER/BRANDT (2012), S. 66.

[1589] Vgl. DÖRING/BORTZ (2016c), S. 269. Um die inhaltliche Interpretation zu erleichtern und die negativ formulierten Indikatoren im Strukturgleichungsmodell verwenden zu können, wurden die Indikatoren im Rahmen der Auswertung rekodiert, sodass hohe und niedrige Indikator-Beurteilungen die gleiche Richtung aufweisen (vgl. WEIBER/MÜHLHAUS (2014), S. 120; ARNDT/CRANE (1975)).

[1590] Vgl. DÖRING/BORTZ (2016b), S. 406 f.

[1591] Ein derartiger Effekt wird auch als Positions-, Priming-, Addition-, Carryover- oder Halo-Effekt bezeichnet (vgl. FIETZ/FRIEDRICHS (2019), S. 817; SCHNELL/HILL/ESSER (2018), S. 313).

[1592] Vgl. DILLMAN (2007), S. 90 f.

Die Messung subjektiver Sachverhalte erfordert eine Transformation qualitativer in quantitative Größen.[1593] Bei den Fragen zur Motivation, Zufriedenheit sowie zur Aufgabenwahrnehmung wurde als Antwortformat fast ausschließlich eine spezielle Form der geschlossenen Frage, konkret eine *unipolare, fünfstufige Likert-Skala* verwendet.[1594] Likertstufen repräsentieren unterschiedliche Intensitäten des gemessenen Merkmals bzw. der Zustimmungsgrade.[1595] Die Entscheidung für eine fünfstufige, unipolare, vollständig verbalisierte Skala basiert auf zahlreichen Erkenntnissen der Methodenforschung.[1596] Es konnte beispielsweise nachgewiesen werden, dass verbal gekennzeichnete gegenüber numerischen Antwortskalen bevorzugt werden.[1597] Die Benennung aller Skalenpunkte führte zu einer höheren Varianz sowie zu geringeren Messfehlern.[1598] Skalen mit fünf bis sieben Antwortkategorien weisen in Test-Retest-Untersuchungen die höchste Reliabilität auf,[1599] wobei bei fragebogenunerfahrenen Personen zu einer fünfstufigen Skala geraten wird.[1600] Im Rahmen der vorliegenden Untersuchung wurde bewusst eine ungerade Skala verwendet, um den Befragten die Möglichkeit einer mittleren Kategorie zu bieten und sie somit nicht in eine Antwortrichtung zu drängen.[1601] Anstelle von bipolaren Skalen, die beispielsweise von starker Unzufriedenheit bis zu starker Zufriedenheit reichen, wurden unipolare Skalen (keine Zufriedenheit bis starke Zufriedenheit[1602]) verwendet.[1603] Eine intuitive Anordnung, das heißt eine von links nach rechts verlaufende Skala, erleichtert die Orientierung.[1604] In einigen Studien konnte eine höhere Reliabilität der Messung erzielt werden, indem themenspezifische Antwortskalen eingesetzt wurde, um einem Ermüdungseffekt bei den Befragten vorzubeugen.[1605] Im Rahmen der vorliegenden Untersuchung wurden daher Wichtigkeits- als auch Zustimmungsurteile verwendet.

Ein Vorteil von Likert-Skalen liegt darin, dass sie unter der Bedingung gleichabständiger Abstufungen, die von den Befragten auch als solche interpretiert werden müssen,[1606] als intervallskaliert gelten und somit Berechnungen wie die Bildung

---

[1593] Vgl. MEFFERT ET AL. (2019), S. 187 f.

[1594] Vgl. LIKERT (1932). Zu Antwortskalen in standardisierten Befragungen siehe FRANZEN (2019).

[1595] Vgl. DÖRING/BORTZ (2016c), S. 269. Zur Messung von Konstrukten wie Motivation oder Zufriedenheit werden Wichtigkeitsurteile oder Zustimmungsgrade verwendet. Teilweise lassen sich auch anders gestellte Fragen dahingehend umdeuten (vgl. BORG (2006), S. 62; EMMERICH (1980), S. 319).

[1596] Vgl. DÖRING/BORTZ (2016b), S. 407. Für einen Forschungsüberblick über die Methodenforschung, wie Personen beispielsweise bestimmte Fragetypen wahrnehmen und beantworten und welche Rückschlüsse hieraus zu ziehen sind, siehe SCHAEFFER/DYKEMA (2011).

[1597] Vgl. ROHRMANN (1978), S. 241; JONKISZ/MOOSBRUGGER/BRANDT (2012), S. 52; WEIJTERS/CABOOTER/SCHILLEWAERT (2010); EUTSLER/LANG (2015); KROSNICK (1999); TOURANGEAU/COUPER/CONRAD (2007); FRANZEN (2019), S. 849.

[1598] Vgl. EUTSLER/LANG (2015), S. 35.

[1599] Vgl. FRANZEN (2019), S. 847; PORST (2014), S. 94; PRESTON/COLMAN (2000); SVENSSON (2000); COX (1980).

[1600] Vgl. WEIJTERS/CABOOTER/SCHILLEWAERT (2010), S. 246.

[1601] Vgl. PORST (2014), S. 83 f.

[1602] Vgl. ABELE/COHRS/DETTE (2006), S. 211.

[1603] Vgl. PORST (2014), S. 94; JONKISZ/MOOSBRUGGER/BRANDT (2012), S. 51; DÖRING/BORTZ (2016c), S. 235.

[1604] Vgl. PORST (2014), S. 90.

[1605] Vgl. FRANZEN (2019), S. 850.

[1606] Vgl. ROHRMANN (1978), S. 222.

von Mittelwerten oder die Verwendung im Rahmen von Strukturgleichungsmodellen möglich sind.[1607] Alle in das Strukturgleichungsmodell eingeflossenen Indikatoren der Motivation, Zufriedenheit und Aufgabenwahrnehmung wurden über eine solche Intervallskala gemessen.[1608] Zur Auswertung der deskriptiven Befunde und Kontextvariablen wurden zudem ordinalskalierte Kriterien wie beispielsweise die Bilanzsumme oder nominalskalierte Daten wie bei der Frage nach der Ausschusszugehörigkeit erhoben.[1609]

Für den Aufbau eines standardisierten Fragebogens empfehlen DÖRING/BORTZ die folgende Reihenfolge:[1610]

1. Fragebogentitel
2. Fragebogeninstruktion
3. Inhaltliche Fragenblöcke
4. Statistische Angaben
5. Fragebogen-Feedback
6. Danksagung und Verabschiedung

Der Titel der Befragung sollte auf der Titelseite stehen und eher allgemein gehalten werden, um die theoretischen Zielsetzungen nicht offenzulegen.[1611] Auch im weiteren Verlauf wurde aufgrund des Risikos sozialkonformer Antworten bewusst auf direkte Fragen nach der Motivation zur Aufsichtsratstätigkeit verzichtet.[1612] Stattdessen wurde eine indirekte Vorgehensweise über die Beurteilung der Teilaspekte gewählt.[1613] Um den Einstieg in die Befragung zu erleichtern, wurden im ersten Fragenblock möglichst leicht und schnell zu beantwortende Fragen gestellt.[1614] Die Abfrage soziodemografischer Faktoren erfolgte zum Ende.[1615] Anschließend wurde die Möglichkeit gegeben, sich zu der Befragung zu äußern.

---

[1607] Vgl. DÖRING/BORTZ (2016c), S. 251; HAIR ET AL. (2017a), S. 8 f. „Bei Zweifeln an der Gleichabständigkeit (Äquidistanz) der Stufen einer Ratingskala wird diese als ordinalskaliert betrachtet. Dementsprechend sind dann Mittelwerte nicht sinnvoll interpretierbar, stattdessen ist mit Medianwerten sowie den auf ordinalskalierte Daten zugeschnittenen statistischen Verfahren zu operieren." (DÖRING/BORTZ (2016c), S. 251). Zur Kritik an der Einordnung der Likert-Skala als Intervallskala siehe BÜTTNER (2013), S. 377.

[1608] Die Intervallskalierung gilt als Grundvoraussetzung für die Berechnung eines Strukturgleichungsmodells (vgl. BAGOZZI (1981b), S. 380; BAGOZZI (1981a), S. 200). „Um die kausalanalytischen Annahmen stetiger Variablen trotz diskreter Messung nicht schadhaft zu verletzen, werden aber mindestens fünf bzw. eher sieben Skalenpunkte empfohlen." (ZINNBAUER/EBERL (2004), S. 3 mit Bezug auf BAGOZZI (1981b), S. 380; BAGOZZI (1981a), S. 200).

[1609] Vgl. DÖRING/BORTZ (2016c), S. 233. Obwohl der Fragebogen als vollstandardisiert einzustufen ist, wurden den Befragten zur Aufrechterhaltung der Motivation bei Fragen wie beispielsweise nach dem Beruf oder dem Ausbildungsgrad halboffene Fragen gestellt, bei denen ein freies Textfeld genutzt werden konnte (vgl. PORST (2014), S. 59).

[1610] Vgl. DÖRING/BORTZ (2016b), S. 406. Hinsichtlich typischer Fehler bei der Konstruktion standardisierter Fragebögen siehe DÖRING/BORTZ (2016b), S. 409 f.

[1611] Vgl. PORST (2014), S. 36 f.

[1612] Vgl. JÜNGER (2013), S. 66.

[1613] Vgl. JONKISZ/MOOSBRUGGER/BRANDT (2012), S. 62 f.

[1614] Vgl. DÖRING/BORTZ (2016b), S. 406.

[1615] Vgl. FIETZ/FRIEDRICHS (2019), S. 814; JONKISZ/MOOSBRUGGER/BRANDT (2012), S. 69. Bei den Fragen zum Beruf konnten verschiedene Antwortmöglichkeiten ausgewählt oder alternativ eine freie Antwort im Feld für sonstige Antworten angegeben werden. Die Auswahl der vorgegebenen Antwortmöglichkeiten erfolgte im Anschluss an die Analyse der Geschäftsberichte, da hieraus die am häufigsten wahrgenommenen Berufe ermittelt wurden. Um die Vielzahl an Berufen im öffentlichen Dienst differenziert betrachten zu können, wurden die Berufe des Professors bzw. Bürgermeisters separat erhoben.

Insgesamt wurde der Fragebogen so gestaltet, dass die Teilnahmemotivation möglichst hoch und Verzerrungen aufgrund systematischer Fehler bei der Fragebogenkonstruktion (Common Method Bias) möglichst gering ausfallen.[1616] Hierzu zählen die bereits darstellten Aspekte zur formalen sowie zur inhaltlichen Gestaltung aber insbesondere auch die Gewährleistung von Anonymität sowie die Nennung der Quelle der Untersuchung.[1617] Da fehlende Zeit als Hauptablehnungsgrund bei Befragungen identifiziert wurde, wurde versucht, den Fragebogen so kurz wie möglich zu gestalten.[1618] Aufgrund dessen wurde darauf verzichtet, einen Soll-Ist-Abgleich der Teilaspekte der Zufriedenheit sowie eine Redundanzanalyse zur Überprüfung der Konvergenzvalidität durchzuführen.[1619] Um Verzerrungen der Antworten zu reduzieren, wurde darüber hinaus darauf geachtet, dass Globalfragen, wie beispielsweise die Frage nach der allgemeinen Zufriedenheit, vor den Fragen, die einzelne Facetten der Zufriedenheit fokussieren, gestellt wurden.[1620]

Neben den im Rahmen der Operationalisierung genannten Indikatoren wurden zusätzliche Informationen erhoben, die nicht in das Strukturgleichungsmodell einfließen, sondern vorrangig deskriptiv ausgewertet werden. Mithilfe dieser Fragen sollen zusätzliche Implikationen für die Praxis abgeleitet bzw. ein detaillierterer Einblick in die Aufgabenwahrnehmung wie beispielsweise das Hierarchieverständnis ermöglicht werden. Der finale Fragebogen bestand aus insgesamt 34 Fragenblöcken, die 144 Fragen umfassten. Der vollständige Fragebogen ist in Anhang 5 ersichtlich.[1621]

## 3.5.2 Durchführung der Datenerhebung

### 3.5.2.1 Durchführung des Pretests

Da im Rahmen der vorliegenden Arbeit nicht auf in der Literatur verfügbare Skalen bzw. Fragebögen zurückgegriffen konnte, sollten im Vorfeld der Hauptuntersuchung die Vollständigkeit sowie insbesondere auch die Verständlichkeit des Fragebogens sichergestellt werden.

---

[1616] Zu weiteren Ursachen sowie Möglichkeiten zur Reduzierung eines Common Method Bias siehe PODSAKOFF ET AL. (2003), S. 887 ff.; WEIBER/MÜHLHAUS (2014), S. 355 ff.; BACKHAUS/BLECHSCHMIDT/EISENBEIß (2006), S. 713 f. Kritisch zum Common Method Bias siehe SPECTOR (2006), S. 221 ff.

[1617] Vgl. KONRADT/FARY (2006), S. 87. Aus forschungsethischen Gründen sind empirische Daten grundsätzlich vertraulich und anonym zu behandeln (vgl. DÖRING/BORTZ (2016b), S. 416). In Untersuchungen konnte gezeigt werden, dass der Rücklauf bei Umfragen von akademischen sowie staatlichen Quellen höher als der von privatwirtschaftlichen ist (vgl. KONRADT/FARY (2006), S. 88; FOX/CRASK/KIM (1988); YAMMARINO/SKINNER/CHILDERS (1991); JOBBER/O'REILLY (1998)).

[1618] Vgl. KONRADT/FARY (2006), S. 88; DILLMAN/SMYTH/CHRISTIAN (2014), S. 32; HEBERLEIN/BAUMGARTNER (1978); DILLMAN/SINCLAIR/CLARK (1993).

[1619] Da Zufriedenheit das positive Ergebnis eines Vergleichsprozesses ist, bei dem die wahrgenommene Situation (Ist) mit den im Vorfeld existierenden Erwartungen (Soll) abgeglichen wird, hätte sowohl die Ist- als auch die Soll-Situation abgefragt werden können (vgl. Kapitel B3.4.1.3). Zur Überprüfung der Konvergenzvalidität eignet sich eine Redundanzanalyse, im Zuge dessen wird, inwiefern ein formativ spezifiziertes Konstrukt mit einer reflektiven Messung desselben Konstrukts korreliert. Hierzu hätten zahlreiche reflektive Indikatoren in den Fragebogen integriert werden können (vgl. Kapitel C3.4.3.2).

[1620] Die Effekte eines solchen Reihenfolge-Effekts werden auch als Priming bezeichnet (vgl. FISCHER/BELSCHAK (2006), S. 99).

[1621] Das Einladungsschreiben zur Befragung befindet sich in Anhang 3, die Startseite des Online-Fragebogens ist in Anhang 4 ersichtlich.

Der Fragebogen wurde zunächst am Lehrstuhl für Betriebswirtschaftslehre, insbes. für Unternehmensrechnung und Controlling an der FernUniversität in Hagen präsentiert. Die daraus resultierenden Anmerkungen wurden in den Fragebogen eingearbeitet. Darüber hinaus wurde der Fragebogen auf verschiedener Hardware (Laptops, Tablets etc.) und mit unterschiedlicher Software, wie beispielsweise unterschiedliche Browser, in Bezug auf seine Kompatibilität und Darstellung getestet.[1622]

In einem weiteren Schritt erklärten sich die Aufsichtsräte einer ausgewählten Volksbank bereit, den online bereitgestellten Fragebogen im Rahmen eines solchen *Pretests*[1623] zu validieren und eine Prüfung der Verständlichkeit aus praktischer Sicht vorzunehmen. Der Zeitraum erstreckte sich auf Anfang bis Ende August 2015. In dieser Zeit konnten Hinweise für Verbesserungsvorschläge, technische Schwierigkeiten etc. direkt im Fragebogen vermerkt oder per E-Mail mitgeteilt werden. Die Anmerkungen der 14 Probanden wurden bei der finalen Gestaltung des Fragebogens berücksichtigt. Die inhaltliche Validität wurde somit sichergestellt.

Die Aufsichtsräte der für den Pretest ausgewählten Genossenschaftsbank waren im Anschluss nicht Bestandteil der Hauptuntersuchung.

### 3.5.2.2    Durchführung der Hauptuntersuchung

Der Befragungszeitraum der Umfrage erstreckte sich vom 8. September 2015 bis 31. Dezember 2015. Da der Zugang zu Aufsichtsräten als schwierig eingestuft wird[1624] und die E-Mail-Adressen der Aufsichtsräte nicht öffentlich zugänglich sind, wurde jedem Kreditinstitut zum Starttermin eine E-Mail mit der Bitte zugesandt, diese an alle Aufsichtsräte ihrer Bank weiterzuleiten. Das Einladungsschreiben ist in Anhang 3 abgebildet.

Zunächst wurde versucht, den Vorstand bzw. das Vorstandssekretariat anzuschreiben. Auf den Websites der einzelnen Banken sind teilweise E-Mail-Adressen wie beispielsweise *vorstand@geno-bankXYZ.de* oder *vorstandssekretariat@-geno-bankXYZ.de* zu finden. Sofern solche Adressen nicht angegeben wurden, wurde versucht, eine Person des Vorstandsstabs, des Vorstandssekretariats oder sofern Personen aus dem Stab oder Sekretariat auf der Homepage nicht namentlich erwähnt wurden, den Vorstandsvorsitzenden persönlich anzuschreiben.

Dadurch, dass auf den Websites der Genossenschaftsbanken – meist im Impressum – eine *info@geno-bankXYZ.de* angegeben wurde, konnte abgeleitet werden, wie sich die E-Mail-Adresse hinter dem @ zusammensetzt. Für den Bestandteil vor dem @ wurde zunächst eine Kombination aus *Vorname.Nachname* also beispielsweise *Vorname.Nachname@geno-bankXYZ.de* versucht. Sofern diese E-Mail nicht zugestellt werden konnte, wurde der Vorname auf den ersten Buchstaben gekürzt und es erneut versucht.

---

[1622] Vgl. WAGNER-SCHELEWSKY/HERING (2019), S. 794.

[1623] Zu weiteren Erläuterungen zu Pretests siehe DÖRING/BORTZ (2016b), S. 410 f.; DILLMAN (2007), S. 140 ff.; REINECKE (2019), S. 730 f.

[1624] Vgl. LEBLANC/GILLIES (2005); LEBLANC/SCHWARTZ (2007); JÜNGER (2013), S. 51.

Mit dieser Methode konnte 99 % der Banken bei spätestens dem vierten Versuch eine E-Mail zugestellt werden. Bei vier Banken musste auf eine allgemeine E-Mail-Adresse (wie beispielsweise *info@geno-bankXYZ.de*) zurückgegriffen werden.

Sofern die Personalisierung der E-Mail-Adresse möglich war, wurde auch die Anrede zu Beginn der E-Mail personalisiert. Der persönlichen und somit nicht anonymen Ansprache lag die Annahme zugrunde, dass sich die Chance auf die Weiterleitung der E-Mail an die Aufsichtsräte erhöht.

Die Ansprechpartner in den Banken sendeten 34 direkte Rückmeldungen, in denen 26 mitteilten, dass Sie die E-Mail an ihre Aufsichtsräte weitergeleitet haben und acht bekannt gaben, dass sie aufgrund datenschutzrechtlicher oder fusionsbedingter Gründe bzw. ohne weitere Erläuterung von Gründen derzeit nicht an einer solchen Befragung teilnehmen möchten.

Der Fragebogen wurde von insgesamt 641 Personen vollständig durchgeklickt und von 234 Befragten tatsächlich beantwortet. Erstere Zahl ist vermutlich auf das Interesse der Vorstände zurückzuführen, die sich zunächst über den Inhalt des Fragebogens informieren wollten, bevor sie den Link an die Aufsichtsräte weiterleiten.

Auf das Versenden einer Erinnerungsmail wurde verzichtet, da aufgrund der Anonymität des Fragebogens nicht erkannt werden konnte, welche Aufsichtsräte von welchen Banken bereits geantwortet hatten und die E-Mail-Adressaten, welche in der Regel die Vorstandsvorsitzenden waren, nicht noch einmal mit der Thematik konfrontiert werden sollten, insbesondere, wenn sie die E-Mail bereits weitergeleitet hatten. In Folge der Anonymität war es darüber hinaus nicht möglich, zu erkennen, wie viele Aufsichtsräte von wie vielen unterschiedlichen Kreditinstituten teilgenommen haben.

Unter Berücksichtigung der zum Jahresende 2014 tätigen 7.945 genossenschaftlichen Aufsichtsräte, konnte somit eine Rücklaufquote von 3 % erzielt werden. Auch wenn die prozentuale Ausprägung aufgrund der hohen Grundgesamtheit zunächst gering erscheinen mag, so ist die absolute Anzahl in Höhe von 234 Aufsichtsräten für statistische Auswertungen gut geeignet.[1625]

Nach der Erhebung empirischer Daten über Fragebögen müssen problematische Aspekte der Datenerhebung adressiert werden. Diese Aspekte sind Gegenstand des folgenden Kapitels.

---

[1625] Gemäß HOMBURG werden Antwortquoten größer 15 % regelmäßig als gut bewertet (vgl. HOMBURG (2017), S. 300). Die Rücklaufquote ist jedoch stets themen- sowie zielgruppenspezifisch einzuordnen (vgl. DÖRING/BORTZ (2016b), S. 416; HOMBURG (2017), S. 300). SCHULTEN, der das Rollenverständnis und die Vergütung des deutschen Aufsichtsrats untersuchte, erzielte mit einer Rücklaufquote von 4,7 % ebenso wie ULRICH/FIBITZ, die Themen der Corporate Governance in Deutschland analysierten, mit 4,4 % eine ähnliche Rücklaufquote (vgl. SCHULTEN (2013), S. 62; ULRICH/FIBITZ (2018), S. 54). Um im Hinblick auf die multivariate Analyse keine großen Verzerrungen aufgrund von nicht beantworteten Fragen zu erhalten, wurden die Ergebnisse der Aufsichtsräte ausgeschlossen, die weniger als 90 % der Fragen beantwortet hatten. Das Datenset, das der weiteren Analyse zugrunde liegt und somit die effektive Stichprobe bildet, umfasst daher 189 Aufsichtsräte (vgl. Kapitel C3.5.3.3).

### 3.5.3    Überprüfung des Datensatzes

### 3.5.3.1    Qualitätsprüfung und Datenbereinigung

Bei der Überprüfung des Datensatzes wurden die Werte zunächst im Hinblick auf ihre *Konsistenz* geprüft.[1626] Einige Indikatoren ließen sich anhand der Antworten zu anderen Indikatoren auf ihre Richtigkeit hin kontrollieren. Inkonsistenzen traten zudem insbesondere bei den Feldern auf, bei denen freie Antworten möglich waren. Beispielsweise gaben einige Aufsichtsräte anstelle der Anzahl der Jahre im Aufsichtsrat, das Jahr seit Beginn der Gremienzugehörigkeit an. Darüber hinaus wurde überprüft, ob die Antwort, die eine Person in einem freien Antwortfeld für sonstige Antworten gab, nicht bereits in den auswählbaren Antworten enthalten war. Einhergehend mit der Überprüfung in Bezug auf inkonsistente Antworten wurde der Datensatz im Hinblick auf *Ausreißer* überprüft. Da bei den meisten Fragen jedoch Antwortmöglichkeiten vorgegeben waren und deren Ausschöpfung als plausibel angesehen werden kann, beschränkte sich die Überprüfung auf die Fragen, bei denen freie Antworten gegeben werden konnten. Behebbare widersprüchliche Angaben wurden im Datensatz abgeändert. Sofern Unstimmigkeiten nicht aufzuklären waren, wurde der jeweilige Wert gelöscht.

Die Antworten der Befragten wurden zusätzlich im Hinblick auf *Antwortmuster* überprüft. Es liegen keine Muster in Form eines Straight-Lining[1627], Diagonal-Lining[1628] oder alternierender Extremantworten vor.

### 3.5.3.2    Non-Response Bias

Bei der Überprüfung des Datensatzes in Bezug auf ein *Non-Response Bias* handelt es sich um eine Verzerrung der Ergebnisse, die durch Antwortverweigerungen ausgelöst wird.[1629] Dadurch, dass nur eine bestimmte, sich unter Umständen ähnelnde Gruppe an einer Befragung teilnimmt, besteht das Risiko, dass die Ergebnisse nicht repräsentativ sind. Obwohl allein anhand der Rücklaufquote noch nicht auf ein Non-Response Bias geschlossen werden kann, sollte dieser Bias bei Rücklaufquoten von unter 80 % zumindest untersucht werden.[1630]

Um eine derartige Verzerrung zu identifizieren, hat sich der Ansatz von ARMSTRONG/OVERTON durchgesetzt, wonach Antworten der Früh- und Spätantwortenden einem Abgleich unterzogen werden.[1631] Er unterliegt der Annahme, dass Spätantwortende denen ähneln, die nicht antworten, was auf mangelndes Interesse an

---

[1626] Zur hier angewendeten Vorgehensweise der Qualitätsprüfung und Bereinigung von Datensätzen siehe DÖRING/BORTZ (2016a), S. 589; HAIR ET AL. (2017a), S. 50; LÜCK/LANDROCK (2019); LÜCK (2011), S. 81 ff.; PORST (2016), S. 496 ff.

[1627] Ein Antwortmuster im Sinne eines Straight-Lining liegt vor, sofern ein Befragter stets beispielsweise die mittlere Antwortmöglichkeit auswählt.

[1628] Ein Antwortmuster im Sinne eines Diagonal-Lining liegt vor, sofern ein Befragter die Antworten so auswählt, dass sie einer Diagonalen entsprechen.

[1629] Vgl. ARMSTRONG/OVERTON (1977), S. 396 ff.; WEIBER/MÜHLHAUS (2014), S. 377. Zur Strukturierung und Ausführung weiterer möglicher Umfragefehler vgl. FAULBAUM (2019).

[1630] Vgl. MOORE (2002), S. 197 ff.; GROVES (2005), S. 133 ff.; STEDE, WIM A./YOUNG/CHEN (2005), S. 673.

[1631] Vgl. WEIBER/MÜHLHAUS (2014), S. 377; LARROQUE ET AL. (1999).

Befragungen im Allgemeinen oder an dem Inhalt zurückgeführt wird. Sofern signifikante Unterschiede zwischen den Gruppen vorliegen, ist dies ein Anzeichen dafür, dass die Ergebnisse nicht verallgemeinerbar und dementsprechend nicht repräsentativ sind.[1632]

Für eine derartige Analyse wurde der Befragungszeitraum in Terzile eingeteilt.[1633] Das erste Terzil betraf den Zeitraum vom 08.09.2015 bis 16.10.2015, das zweite Terzil den Zeitraum vom 17.10.2015 bis 23.11.2015 und das dritte Terzil den Zeitraum vom 24.11.2015 bis 31.12.2015. Die Antworten der Personen, die im ersten sowie letzten Terzil geantwortet haben, wurden mithilfe des Kolmogorov-Smirnov-Tests untersucht.[1634] Mit diesem Test kann überprüft werden, ob zwei unabhängige Stichproben aus derselben Grundgesamtheit stammen.[1635] Da er nicht parametrisch ist, wird keine Normalverteilung vorausgesetzt. Die Ergebnisse sind in Anhang 6 abgebildet. Da keine signifikanten Mittelwertunterschiede vorliegen, ist davon auszugehen, dass keine Verzerrung aufgrund eines Non-Response Bias vorliegt und die Ergebnisse somit verallgemeinerbar sind.

### 3.5.3.3 Umgang mit fehlenden Werten

Verzerrungen bei den Untersuchungsergebnissen können neben dem Non-Response Bias unter anderem auch aufgrund *fehlender Werte* entstehen.[1636] In der vorliegenden Arbeit können diese einerseits dadurch auftreten, dass eine oder mehrere Fragen nicht beantwortet wurden. Andererseits können sie darauf zurückzuführen sein, dass einzelne Fragen selektiv an bestimmte Gruppen gestellt wurden.[1637] Im vorliegenden Fall wurden die zwei Fragen, die die Zusammenarbeit zwischen Arbeitnehmer- und Mitgliedervertretern betrafen (Nr. 60 und Nr. 87), nur den Befragten von Banken angezeigt, die angaben, dass Arbeitnehmer im Aufsichtsrat vertreten sind.

Fehlende Werte, die auf den ersten Grund zurückzuführen sind, hätten bei der online durchgeführten Befragung durch technische Restriktionen wie beispielsweise Pflichtfelder verhindert werden können. Insbesondere bei Fragen, deren Antworten der Befragte nicht weiß, kann das Erzwingen von Antworten jedoch zu Messfehlern oder dem Abbruch der Befragung führen.[1638] Um die Fortsetzung des Fragebogens nicht zu gefährden und derartige Messfehler zu reduzieren, wurde bewusst auf den Einsatz solcher Restriktionen verzichtet.[1639]

---

[1632] Vgl. WEIBER/MÜHLHAUS (2014), S. 377.

[1633] Vgl. BLOCH/BRUNEL/ARNOLD (2003), S. 554; MÜLLER (2007), S. 154.

[1634] Vgl. KOLMOGOROFF (1933); SMIRNOV (1939). Für den Vergleich zweier unabhängiger Stichproben gilt der Kolmogorov-Smirnov-Test als schärfster Homogenitätstest (vgl. HEDDERICH/SACHS (2018), S. 579).

[1635] Vgl. HEDDERICH/SACHS (2018), S. 579; SIEGEL/CASTELLAN (1988), S. 144.

[1636] Vgl. SCHNELL (1997), S. 17. Bezüglich auf fehlenden Werten basierenden Problemen vgl. auch LÜDTKE ET AL. (2007), S. 103 ff.; GRAHAM/CUMSILLE/ELEK-FISK (2003), S. 89 ff. Zum Umgang mit fehlenden Werten siehe auch ZINNBAUER/EBERL (2004), S. 3; BANKHOFER (1995), S. 104 f.

[1637] Zu weiteren Ursachen fehlender Werte siehe BANKHOFER/PRAXMARER (1998), S. 109 f.; ENGEL/SCHMIDT (2019), S. 396 f. Eine Klassifizierung fehlender Werte ist bei RUBIN (1976), S. 584 f. zu finden.

[1638] Vgl. BOŠNJAK (2002), S. 19 ff.; DILLMAN/SMYTH/CHRISTIAN (2014), S. 321.

[1639] Vgl. HAIR ET AL. (2017a), S. 48.

Wie in Kapitel C3.4.3.1 angedeutet, bestehen in Abhängigkeit der Anzahl verschiedene Möglichkeiten mit *fehlenden Werten* im Rahmen eines Strukturgleichungsmodells umzugehen. Sofern die Antworten eines Befragten zu mehr als 15 % fehlen, sollten sämtliche Antworten dieser Person aus dem Datensatz entfernt werden. Liegt der Anteil fehlender Werte einer Frage bei mehr als 15 %, sollte eine Elimination der Frage in Betracht gezogen werden.[1640] Ist der Anteil fehlender Werte geringer, so muss entschieden werden, wie während der Berechnung damit umzugehen ist. Empfohlen werden der fallweise Ausschluss und bei einem Anteil fehlender Werte von weniger als 5 % die Mittelwertersetzung, wobei es bei einem solch geringen Anteil nur zu geringfügigen Ergebnisabweichungen der verschiedenen Optionen kommt.[1641]

In der vorliegenden Arbeit wurde zunächst die Fallebene und anschließend die Indikatorenebene überprüft. Auf der Fallebene, die alle Antworten eines Befragten umfasst, wurden alle Fälle gelöscht, bei denen der Befragte 85 % und weniger beantwortet hatte. Die Darstellung der deskriptiven Befunde bezieht sich auf den daraus resultierenden Datensatz, weswegen die angegebene Anzahl der Stichprobengröße pro Indikator differieren kann. Bei der anschließenden Untersuchung auf der Indikatorenebene, der für das Strukturgleichungsmodell relevanten Indikatoren, wiesen Indikator Nr. 8 (Mot_ex_Ehrenamt_InFreizeit) mit 31 %, Indikator Nr. 34 (Satis_Eig_Eigen_Allg) mit 10 % sowie Indikator Nr. 88 (AW_Rolle_Strateg_Bankziele) mit 6 % die meisten fehlenden Werte auf. Indikator Nr. 8 wurde aufgrund dessen aus der Kausalanalyse ausgeschlossen. Alle weiteren für das Strukturgleichungsmodell relevanten Indikatoren wiesen Anteile an fehlenden Werten von unter 5 % auf.

Nach der Bereinigung des Datensatzes umfasst der Datensatz, der der weiteren Analyse zugrunde liegt und somit die effektive Stichprobe bildet, 189 Aufsichtsräte.[1642]

### 3.5.3.4    Strukturgleichungsrelevante Datenüberprüfungen

Überprüfungen des Datensatzes, die insbesondere bzw. ausschließlich für die Strukturgleichungsmodellierung relevant sind, umfassen die Überprüfung der Messperspektive, die Überprüfung auf Multikollinearität, die Analyse der Datenverteilung sowie die Einhaltung der Mindeststichprobengröße.[1643]

**Überprüfung der Messperspektive**

Im Rahmen der Operationalisierung stellt sich die Frage, ob die jeweiligen Konstrukte formativ oder reflektiv spezifiziert werden sollen. Die diesbezüglichen subjektiven, inhaltlichen Überlegungen rufen regelmäßig Fehlspezifikationen hervor.[1644] Obwohl die inhaltlichen Überlegungen über die Art des Zusammenhangs

---

[1640]  Vgl. HAIR ET AL. (2017b), S. 48.
[1641]  Vgl. HAIR ET AL. (2017b), S. 53; SCHLODERER/RINGLE/SARSTEDT (2009), S. 587; RUBIN ET AL. (2007), A75.
[1642]  Vgl. Kapitel C3.5.2.2.
[1643]  Siehe hierzu auch die Ausführungen zur vorgelagerten Prüfung des Datensatzes in Kapitel C3.4.3.1.
[1644]  Vgl. ALBERS/HILDEBRANDT (2006), S. 2 ff.

dennoch im Vordergrund stehen sollten,[1645] ist mit der *konfirmatorischen Tetrad-Analyse* eine methodische Möglichkeit zur Überprüfung der Messperspektive gegeben.[1646] Im Rahmen dieses Tests wird auf Basis der Kovarianzbeziehungen zwischen den Indikatoren die Nullhypothese überprüft, ob ein reflektives Messmodell vorliegt.[1647] Wird die Nullhypothese verworfen, ist dies ein Hinweis darauf, dass eine formative Konstruktoperationalisierung vorliegt.[1648] Die Ergebnisse der Tetrad-Analyse sind in Anhang 7 abgebildet. Da bei jedem Konstrukt mindestens ein Tetrad auf dem 5 %-Niveau signifikant ist, wird die Nullhypothese widerlegt und die formative Konstruktoperationalisierung somit bekräftigt.[1649]

**Überprüfung der Multikollinearität**

Korrelationen zwischen zwei oder mehr Indikatoren können Verzerrungen der Parameterschätzungen verursachen.[1650] Der zur Feststellung von Kollinearitäten herangezogene VIF sollte den Grenzwert von fünf daher nicht überschreiten. Die VIF aller im Strukturgleichungsmodell verwendeten Indikatoren sind in Anhang 8 abgebildet und werden zudem in Kapitel D1.3.1 thematisiert. Der Grenzwert wird in keinem Fall überschritten, sodass kein Hinweis auf Multikollinearität vorliegt.

**Analyse der Datenverteilung**

Da es bei extrem nicht-normalverteilten Daten zu Abweichungen bei der Ermittlung der Parametersignifikanzen kommen kann, werden die Indikatoren im Folgenden im Hinblick auf ihre Schiefe sowie Kurtosis untersucht. Die in der vorliegenden Arbeit verwendeten Grenzwerte von +/-3 für die Schiefe und +/-10 für die Kurtosis werden von keinem Indikator über- bzw. unterschritten (vgl. Anhang 9).[1651] Die größte Schiefe (-2,79) sowie die größte Wölbung (9,14) weist der Indikator Nr. 47 (Mot_ex_Anerk_InsgVorstand) auf. Bei rund 80 % der Indikatoren liegen die Schiefegrade im Rahmen des strengen Grenzbereichs von +/-1.

**Einhaltung der Mindeststichprobengröße**

Um mithilfe des varianzbasierten PLS-Ansatzes robuste Ergebnisse zu erhalten, stellt die Einhaltung der Mindeststichprobengröße eine weitere Anforderung dar. Unter Berücksichtigung einer angestrebten Effektstärke $f^2$ von 0,15, eines zweiseitigen Tests mit einer Irrtumswahrscheinlichkeit von 5 % sowie der maximalen Anzahl von 51 Indikatoren bei dem Konstrukt der Zufriedenheit wurde eine Anzahl von mindestens 92 Fällen ermittelt.[1652] Mit einem 189 Fälle umfassenden Datensatz wird die Mindeststichprobengröße somit erfüllt.

---

[1645] Vgl. EBERL (2004), S. 17.
[1646] Vgl. HIPP/BAUER/BOLLEN (2005); BOLLEN/TING (2000); GUDERGAN ET AL. (2008); EBERL (2006), S. 651 ff.; HUBER ET AL. (2007), S. 40.
[1647] Vgl. EBERL (2006), S. 660.
[1648] Vgl. HUBER ET AL. (2007), S. 40 ff.
[1649] Vgl. HAIR ET AL. (2017a), S. 245 f.
[1650] Vgl. Kapitel C3.4.3.2.
[1651] Zur Erläuterung der Grenzwerte siehe Kapitel C3.4.3.1.
[1652] Die Berechnung erfolgte mithilfe des von der HEINRICH HEINE UNIVERSITÄT DÜSSELDORF zur Verfügung gestellten Programms G*Power (vgl. exemplarisch ERDFELDER/FAUL/BUCHNER (1996) sowie Kapitel C3.4.3.1).

# 4   Auswertung der Geschäftsberichte

## 4.1   Methodik der Datenerhebung

In Bezug auf die Methoden der empirischen Sozialforschung (vgl. Abb. 39) zählt die Auswertung von Geschäftsberichten zu der Verwendung öffentlich verfügbarer Sekundärdaten.[1653]

Bezugnehmend auf Kapitel C3.5.1.1 können empirische Untersuchungen als Voll- oder Teilerhebungen durchgeführt werden. Die diesem Kapitel zugrunde liegende Datenerhebung in Form der Auswertung von Geschäftsberichten ist ebenfalls als Vollerhebung konzipiert. Die *Grundgesamtheit* wird wiederum durch sämtliche Genossenschaftsbanken in Deutschland, mit Ausnahme von Sparda-Banken, PSD-Banken, Kirchenbanken sowie Spezialinstituten wie der APOBANK, gebildet.[1654] Zum Jahresende 2014 zählten hierzu 996 Institute.

Der Inhalt eines Geschäftsberichts umfasst den Jahresabschluss, den Lagebericht, den Bericht des Aufsichtsrats sowie den Bestätigungsvermerk bzw. das Testat.[1655] Die Auswahl der in den Geschäftsberichten enthaltenen Daten erfolgte mit dem Ziel, sämtliche für die Aufsichtsratstätigkeit relevante Informationen zu erheben. Hierdurch sollten zum einen ein Repräsentativitätsabgleich mit der durch den Fragebogen gewonnenen Datenbasis ermöglicht, zum anderen jedoch auch zusätzliche Erkenntnisse insbesondere in Bezug auf die Zusammensetzung der Aufsichtsratsgremien gewonnen werden (FZ₁).

Gemäß § 338 Abs. 2 HGB sind sämtliche Aufsichtsratsmitglieder mit Vor- und Familiennamen im Anhang anzugeben, auch wenn sie im Geschäftsjahr oder später ausgeschieden sind. Ein etwaiger Vorsitzender des Aufsichtsrats ist als solcher zu bezeichnen. Zudem muss der zuständige Prüfungsverband, dem die Genossenschaft angehört, angegeben werden.[1656] Durch § 338 Abs. 3 HGB ist geregelt, dass Forderungen gegenüber den Aufsichtsratsmitgliedern, gegebenenfalls zusammengefasst als Summe, im Anhang anzugeben sind.

Bei der Angabe der kumulierten Vergütung des Gremiums können Gesellschaften von § 286 Abs. 4 HGB Gebrauch machen und die Angabe unterlassen, sofern daraus Rückschlüsse auf die Vergütung eines einzelnen Mitglieds gezogen werden können.

Von den in den Geschäftsberichten enthaltenen Daten wurden die in Tab. 59 genannten ausgewählt und erhoben:

---

[1653] Eine solche Untersuchung wird auch als Dokumenten- oder Inhaltsanalyse bezeichnet (vgl. SALHEISER (2019); TÖPFER (2012), S. 240; HOMBURG (2017), S. 263 f.).
[1654] Die vollständige Liste der betrachteten Genossenschaftsbanken ist in Anhang 1 abgebildet.
[1655] Der Jahresabschluss ist in der Regel durch einen Anhang zu ergänzen (vgl. § 264 HGB).
[1656] Diese Regelung weicht von der für Kapitalgesellschaften ab. Letztere müssen zusätzlich den ausgeübten Beruf der Aufsichtsräte und börsennotierte Gesellschaften zudem die Mitgliedschaft der Aufsichtsräte in anderen Kontrollgremien (gemäß § 125 Abs. 1 AktG) angeben (vgl. § 285 Abs. 10 HGB).

| Bankspezifische Daten | <ul><li>Bilanzsumme</li><li>Dividende</li><li>Jahresüberschuss</li><li>Mitarbeiteranzahl</li><li>Mitgliederanzahl</li><li>Anzahl der Vorstände</li><li>Prüfungsverband</li><li>Anzahl und Höhe der Geschäftsanteile</li></ul> |
|---|---|
| Gremienspezifische Daten | <ul><li>Anzahl der Aufsichtsräte bzw. Gremiengröße[1657]</li><li>Vergütung</li><li>Bericht des Aufsichtsrats</li></ul> |
| Aufsichtsratsindividuelle Daten | <ul><li>Geschlecht</li><li>Beruf und Ausbildungsgrad</li><li>Vertreterart (Mitglieder- oder Arbeitnehmervertreter)</li><li>Position im Gremium</li><li>Anzahl der Jahre im Gremium</li><li>Grund des Ausscheidens</li></ul> |

Tab. 59:   Auswahl der Daten der Geschäftsberichtsanalyse[1658]

## 4.2   Durchführung der Datenerhebung

Gemäß § 339 HGB haben Genossenschaften den festgestellten Jahresabschluss, den Lagebericht sowie den Bericht des Aufsichtsrats beim Betreiber des elektronischen Bundesanzeigers einzureichen. Dies hat „unverzüglich nach der Generalversammlung über den Jahresabschluß, jedoch spätestens vor Ablauf des zwölften Monats des dem Abschlussstichtag nachfolgenden Geschäftsjahrs"[1659] zu erfolgen.

Die der Geschäftsberichtsanalyse zugrunde liegenden Dokumente wurden ausschließlich dem elektronischen Bundesanzeiger entnommen. In die Analyse sind Geschäftsberichte aus den Jahren 2012 bis 2014 eingeflossen. Bezugnehmend auf die definierte Grundgesamt wurden 1.049 Geschäftsberichte aus dem Jahr 2012, 1.026 Geschäftsberichte aus dem Jahr 2013 und 996 Geschäftsberichte aus dem Jahr 2014, insgesamt somit 3.071 Geschäftsberichte analysiert. Es wurden ausschließlich Geschäftsberichte auf Einzelgesellschaftsebene und daher keine Konzernabschlüsse verwendet. Da aufgrund der verpflichtenden Regelung aus

---

[1657] Die Anzahl der Aufsichtsräte bzw. die Gremiengröße bezieht sich jeweils auf das Ende des Geschäftsjahres.

[1658] Quelle: Eigene Darstellung. Darüber hinaus wurden beispielsweise die vollständigen Namen bzw. Firmen/Arbeitgeber der Aufsichtsräte sowie der Jahresüberschuss der Bank oder die kumulierten Forderungen gegenüber den Aufsichtsräten erhoben. Diese Daten sind jedoch kein Bestandteil der folgenden Auswertungen.

[1659] § 339 HGB.

§ 339 HGB sämtliche Jahresabschlüsse im elektronischen Bundesanzeiger verfügbar waren, entspricht die effektive Stichprobe vollständig der Grundgesamt und somit einer Vollerhebung.[1660]

Insgesamt wurden Daten von 26.298 Aufsichtsratsmitgliedern erhoben, wobei die Mehrzahl dieser Aufsichtsräte in allen drei betrachteten Jahren im Gremium tätig war.[1661] Um zu ermitteln, seit wie vielen Jahren die Aufsichtsräte bereits im Gremium der Bank vertreten sind, wurde darüber hinaus auf die Geschäftsberichte aus den Jahren 2006 bis 2011 zurückgegriffen. Da Geschäftsberichte erst ab dem Geschäftsjahr 2006 im elektronischen Bundesanzeiger verfügbar sind, ist somit der diesbezüglich längstmögliche Zeitraum in die Auswertungen eingeflossen. Bei der Betrachtung, wie lange eine Person bereits einem Gremium angehört, wurde auch die Zeit vor etwaigen Fusionen berücksichtigt.

Darüber hinaus wurden die Berufe denen der im Fragebogen verwendeten zugeordnet, um einen Abgleich mit der aus dem Fragebogen erhobenen Datenbasis vornehmen zu können.

## 4.3 Überprüfung des Datensatzes

Im Anschluss an die Erhebung wurde der Datensatz einer Qualitätsprüfung unterzogen. Als Identitätskriterium wurde der Name der Bank verwendet, wobei Namensänderungen durch Fusionen oder einfache Umbenennungen von Banken berücksichtigt wurden. Plausibilitätsprüfungen erfolgten zudem in der Form, dass Größen wie die Bilanzsumme, die Anzahl oder die Vergütung der Aufsichtsratsmitglieder auf Einzelbankenebene mithilfe von Jahresvergleichen automatisiert überprüft wurden und größere Abweichungen somit ersichtlich waren. Die Werte einer fusionierten Bank wurden mit den kumulierten Vorjahreswerten der Fusionsbanken verglichen.

Bei der Untersuchung der Fluktuation wurde geprüft, ob die Werte des vorherigen Jahres unter Berücksichtigung der Ab- bzw. Neuzugänge dem Wert zu Beginn des aktuellen Jahres entsprechen. Zusätzlich wurde kontrolliert, ob mindestens ein Aufsichtsratsvorsitzender pro Gremium gewählt und im Datensatz entsprechend gekennzeichnet wurde.

Da die Veröffentlichung vieler der benötigten Daten gesetzlich vorgeschrieben ist, kommt es lediglich bei der Vergütung des Gremiums zu *fehlenden Werten*. Im Jahr 2014 haben 91 Banken (9,1 %) von der Möglichkeit des § 286 Abs. 4 HGB Gebrauch gemacht und die Angabe unterlassen, da Rückschlüsse auf die Vergütung eines einzelnen Aufsichtsratsmitglieds möglich gewesen wären.[1662] Die 91 Institute haben eine durchschnittliche Gremiengröße von 5,6 Mitgliedern, 79 von ihnen eine

---

[1660] Die im Betrachtungszeitraum gesunkene Anzahl von betrachteten Instituten (1.049 im Jahr 2012 im Vergleich zu 996 im Jahr 2014) ist auf in diesem Zeitraum stattgefundene Fusionen zurückzuführen.

[1661] Die Anzahl der Aufsichtsräte setzt sich zusammen aus 8.531 Mitgliedern im Jahr 2014, 8.776 Mitgliedern im Jahr 2013 sowie 8.991 Mitgliedern im Jahr 2012, wobei im Gegensatz zu den nachfolgenden Ausführungen auch Mandatsträger berücksichtigt wurden, die in dem jeweiligen Jahr ausgeschieden sind.

[1662] Im Jahr 2013 haben 116 (11,3 %) und im Jahr 2012 142 Institute (13,5 %) auf eine Angabe der Aufsichtsratsvergütung verzichtet.

Bilanzsumme kleiner 500 Mio. EUR. Die Darstellung der deskriptiven Befunde bezieht sich bei den die Vergütung betreffenden Auswertungen aufgrund dessen auf den leicht reduzierten Datensatz.[1663] Die angegebene Anzahl der Institute bzw. Aufsichtsräte weicht an diesen Stellen daher von den anderen Auswertungen ab.

# 5   Charakterisierung der Datenbasis und Repräsentativitätsabgleich

Die im Rahmen des Fragebogens gewonnene und anschließend bereinigte Datenbasis wird im Folgenden hinsichtlich bankspezifischer, gremienspezifischer sowie aufsichtsratsindividueller Kriterien charakterisiert und mithilfe der Ergebnisse aus der Geschäftsberichtsanalyse einem Repräsentativitätsabgleich unterzogen. Hierbei wurden Kriterien ausgewählt, die sowohl im Rahmen des Fragebogens abgefragt wurden als auch über den Geschäftsbericht öffentlich zugänglich waren.

Eine (effektive) Stichprobe wird als repräsentativ bezeichnet, wenn ihre Zusammensetzung exakt derjenigen der Grundgesamtheit entspricht. Da diese Validierung nicht für jedes erdenkbare Merkmal möglich ist, wird neben der Überprüfung des Non-Response Bias ein Abgleich zentraler Aspekte wie den soziodemografischen Merkmalen empfohlen.[1664] Obwohl mithilfe der Repräsentativität keine Rückschlüsse auf die Wissenschaftlichkeit einer Untersuchung möglich sind, gilt sie als Qualitätsmerkmal einer Stichprobe.[1665] Sofern die (effektive) Stichprobe ein verkleinertes Abbild der Grundgesamt darstellt, also repräsentativ ist, können die Ergebnisse hochgerechnet bzw. Aussagen verallgemeinert werden.[1666]

Aus den Geschäftsberichten fließen aus dem Jahr 2014 die 996 oben abgegrenzten Genossenschaftsbanken sowie deren 7.945 Aufsichtsräte und aus dem Fragebogen die Antworten der 189 Aufsichtsräte in die Analyse ein.

**Bankspezifische Kriterien**

Der Repräsentativitätsabgleich bezieht sich zunächst auf die Betriebsgröße der Institute. Als Indikatoren für die Größe einer Genossenschaftsbank können unter anderem die Bilanzsumme sowie die Mitarbeiterzahl herangezogen werden.[1667]

Zum einen ist sowohl im Rahmen der Geschäftsberichtsanalyse als auch auf Basis der Fragebögen ersichtlich, dass nur wenige große jedoch viele kleine Genossenschaftsbanken existieren (12 % mit einer Bilanzsumme von mindestens 2 Mrd. EUR aus den Fragebögen und 4 % aus den Geschäftsberichten im Vergleich zu 39 % der Banken mit einer Bilanzsumme kleiner 500 Mio. EUR aus den

---

[1663]  Der Umgang mit fehlenden Werten im Hinblick auf die deskriptiven Befunde entspricht dem Vorgehen bei der Fragebogenanalyse (vgl. Kapitel C3.5.3.3).

[1664]  Vgl. SCHNELL/HILL/ESSER (2018), S. 278 f.; WEIBER/MÜHLHAUS (2014), S. 376; MÜLLER (2007), S. 112; KAUERMANN/KÜCHENHOFF (2011), S. 9 f.; DÖRING/BORTZ (2016d), S. 297 ff. In Bezug auf Motive wird beispielsweise insbesondere das Geschlecht als Repräsentativitätskriterium empfohlen, da diesbezüglich Unterschiede zwischen den Geschlechtern festgestellt wurden (vgl. DOWNWARD/LUMSDON/RALSTON (2005); SKIRSTAD/HANSTAD (2013).

[1665]  Vgl. DÖRING/BORTZ (2016d), S. 299; SCHNELL/HILL/ESSER (2018), S. 278 f.

[1666]  Vgl. HOMBURG (2017), S. 303; WERKMANN (2014), S. 70; SCHULZE/PORATH (2012), S. 13 f.; HARTUNG/ELPERT/KLÖSENER (2009), S. 315.

[1667]  Vgl. BAUMGÄRTLER (2000), S. 172.

Fragebögen und 63 % aus den Geschäftsberichten). Zum anderen ist zu erkennen, dass den Fragebogen mehr Aufsichtsräte der größeren als der kleineren Institute beantwortet haben. So stammen 22 von 42, also 54 % der Antworten von Aufsichtsräten von Banken mit einer Bilanzsumme größer gleich 2 Mrd. EUR und nur 12 % (73 von 630) von den Banken des kleinsten Clusters, wenngleich zu berücksichtigen ist, dass pro Bank auch mehrere Aufsichtsräte geantwortet haben können, was insbesondere bei den größeren Instituten von Relevanz sein wird. Da sowohl die Bilanzsumme als auch die Mitarbeiteranzahl mithilfe von Clustern abgefragt wurden, ist keine Aussage über den Durchschnitt der beiden Merkmale möglich.

Circa drei Viertel der Banken weisen in beiden empirischen Untersuchungen eine Mitarbeiteranzahl von unter 250 Mitarbeitern auf. Auch hier ist zu erkennen, dass der Anteil der Banken mit geringeren Mitarbeiteranzahlen überwiegt, was der Verteilung der Bilanzsummencluster entspricht.

Hinsichtlich der ausgeschütteten Dividende fällt auf, dass die prozentualen Anteile aus den Fragebögen nahezu denen aus den Geschäftsberichten gleichen. Ein Fünftel der Institute schüttet eine Dividende zwischen 4,00 % und 4,99 %, ein Drittel zwischen 5,00 % und 5,99 % und ein Viertel zwischen 6,00 % und 6,99 % aus (vgl. Tab. 60).

| Bank | | n = 189 Fragebogen | | n = 996 Geschäftsberichte 2014 | |
|---|---|---|---|---|---|
| | | % | abs. | % | abs. |
| Bilanzsumme | < 500 Mio. | 39 % | 73 | 63 % | 630 |
| (in EUR) | ≥ 500 Mio. bis < 1 Mrd. | 29 % | 54 | 22 % | 217 |
| | ≥ 1 Mrd. bis < 2 Mrd. | 21 % | 40 | 11 % | 107 |
| | ≥ 2 Mrd. | 12 % | 22 | 4 % | 42 |
| Anzahl Mitarbeiter | ≤ 100 | 35 % | 66 | 56 % | 553 |
| | 101-250 | 37 % | 70 | 30 % | 299 |
| | 251-500 | 17 % | 32 | 11 % | 114 |
| | 501-800 | 5 % | 10 | 2 % | 19 |
| | ≥ 801 | 3 % | 6 | 1 % | 11 |
| | nicht genannt | 3 % | 5 | 0 % | - |
| Dividende | 0,00 %-0,99 % | 3 % | 6 | 0 % | 4 |
| | 1,00 %-1,99 % | 1 % | 1 | 1 % | 14 |
| | 2,00 %-2,99 % | 3 % | 5 | 5 % | 52 |
| | 3,00 %-3,99 % | 8 % | 16 | 11 % | 113 |
| | 4,00 %-4,99 % | 21 % | 40 | 22 % | 224 |
| | 5,00 %-5,99 % | 30 % | 57 | 28 % | 280 |
| | 6,00 %-6,99 % | 25 % | 48 | 22 % | 220 |
| | 7,00 %-7,99 % | 6 % | 11 | 6 % | 57 |
| | 8,00 %-9,99 % | 3 % | 5 | 2 % | 19 |
| | > 9,99 % | 0 % | - | 1 % | 10 |
| | in EUR angegeben | 0 % | - | 0 % | 2 |
| | nicht genannt | 0 % | - | 0 % | 1 |

Tab. 60:    Repräsentativitätsabgleich der bankspezifischen Kriterien[1668]

---

[1668] Quelle: Eigene Darstellung. Die bei den Geschäftsberichten ausgewiesene Gesamtzahl in Höhe von 996 bezieht sich auf die Anzahl der Kreditinstitute. Die Banken wurden anhand ihrer gerundeten Bilanzsummen einem der vier Größencluster zugeordnet.

## Gremienspezifische Kriterien

Zur Charakterisierung des Gremiums werden die Kriterien *Gremiengröße* sowie die *Vergütung* herangezogen. Auch hier zeigen sich nur geringe Unterschiede zwischen den beiden Datenbasen. Die Gremiengröße betreffend weist die Mehrzahl der Institute eine Größe zwischen 6 und 8 Aufsichtsräten auf. Bei circa einem Viertel der Banken beträgt die Gremiengröße zwischen 9 und 11 Mitgliedern (vgl. Tab. 61).

Bei der Höhe der Vergütung ist zu erkennen, dass rund 90 % der Banken den Aufwand der Aufsichtsräte mit einem Betrag von unter 10.000 EUR pro Aufsichtsratsmitglied entschädigen. Bemerkenswert ist zudem, dass einerseits alle der befragten Aufsichtsräte im Fragebogen hierzu eine Angabe machten und andererseits jedoch 9 % der Institute auf eine Angabe im Geschäftsbericht verzichteten.

| Gremium | | n = 189 Fragebogen | | n = 996 Geschäftsberichte 2014 | |
|---|---|---|---|---|---|
| | | % | abs. | % | abs. |
| **Gremiengröße** | 3-5 | 11 % | 21 | 25 % | 247 |
| | 6-8 | 41 % | 77 | 37 % | 373 |
| | 9-11 | 26 % | 49 | 22 % | 220 |
| | 12-15 | 15 % | 28 | 11 % | 108 |
| | > 15 | 5 % | 9 | 5 % | 48 |
| | nicht genannt | 3 % | 5 | 0 % | - |
| **Vergütung** | ≤ 1.499 | 22 % | 41 | 25 % | 248 |
| Ø pro AR-Mitglied | 1.500-4.999 | 50 % | 95 | 44 % | 436 |
| *(in EUR)* | 5.000-9.999 | 22 % | 42 | 18 % | 183 |
| | 10.000-14.999 | 4 % | 7 | 3 % | 31 |
| | 15.000-19.999 | 2 % | 3 | 1 % | 5 |
| | ≥ 20.000 | 1 % | 1 | 0 % | 2 |
| | nicht genannt | 0 % | - | 9 % | 91 |

Tab. 61: Repräsentativitätsabgleich der gremienspezifischen Kriterien[1669]

## Aufsichtsratsindividuelle Kriterien

Neben soziodemografischen Merkmalen wie dem Geschlecht, dem Beruf und dem Ausbildungsgrad werden im Folgenden die Vertreterart, die Position sowie die Zugehörigkeitsdauer in einen Repräsentativitätsabgleich einbezogen (vgl. Tab. 62).

Die Aufsichtsratsgremien bestehen zu 88 % aus männlichen und zu 12 % aus weiblichen Mitgliedern. Ähnlich waren die Geschlechter auch bei der Beantwortung des Fragebogens verteilt. Der überwiegende Teil der Aufsichtsräte (98 %) wurde von der Mitgliederversammlung und nur 2 % durch die Arbeitnehmer gewählt. Vor dem Hintergrund, dass Arbeitnehmervertreter in der Regel erst ab einer Mitarbeiteranzahl von 500 Personen als Teil des Aufsichtsrats implementiert werden, ist dies nachvollziehbar. Dass der Anteil der Mitgliedervertreter im Fragebogen etwas geringer ist (93 %), ist auf den leicht überproportionalen Anteil größerer Banken, bei denen Arbeitnehmervertreter in der Regel Teil des Gremiums sind, zurückzuführen.

---

[1669] Quelle: Eigene Darstellung. Die bei den Geschäftsberichten ausgewiesene Gesamtzahl in Höhe von 996 bezieht sich auf die Anzahl der Kreditinstitute.

Die an der Umfrage teilgenommenen Aufsichtsräte hatten zu 17 % den Vorsitz bzw. zu 15 % den stellvertretenden Vorsitz inne und waren zu 68 % reguläre Mitglieder. Dies entspricht der tatsächlichen, anhand der Geschäftsberichte analysierten Verteilung. Hinsichtlich letzterer ist darauf hinzuweisen, dass die VR-Bank Fichtelgebirge eG, Marktredwitz vom 07.05.2014 bis 21.05.2015 keinen Aufsichtsratsvorsitzenden vorwies,[1670] weshalb die Anzahl der Vorsitzenden nur 995 beträgt und nicht der Anzahl der Genossenschaftsbanken in Höhe von 996 entspricht.

Bezüglich der *Zugehörigkeitsdauer* ist auf Basis der Daten aus dem Fragebogen zu erkennen, dass jeweils ein Viertel der Aufsichtsräte den unteren drei Clustern (0-5 Jahre, 6-15 Jahre und 16-25 Jahre) zuzuordnen ist. Ein Abgleich mithilfe der Geschäftsberichte ist hier schwierig, da die Abschlüsse im Bundesanzeiger wie oben beschrieben, erst ab dem Jahr 2006 zugänglich sind. Sofern ein Aufsichtsrat beispielsweise im Geschäftsbericht von 2006 bereits erwähnt und im Jahr 2014 weiterhin aufgeführt wird, ist er hier dem Cluster 6-15 Jahre zugeordnet, da er seit mindestens 9 Jahren Bestandteil des Aufsichtsrats ist.[1671]

In Bezug auf die soziodemografischen Kriterien *Beruf* und *Ausbildungsgrad* waren Mehrfachantworten möglich. Der prozentuale Anteil bezieht sich auf die 189 beantworteten Fragebögen bzw. die 7.945 Aufsichtsräte aus dem Jahr 2014, weshalb die addierten Anteile nicht 100 % entsprechen. Der überwiegende Anteil der Aufsichtsräte geht einer Geschäftsführertätigkeit nach, gefolgt von dem Beruf des Landwirts als zweithäufigster Beschäftigung. Auf Basis des Fragebogens ist zu erkennen, dass die Hälfte der Aufsichtsräte ein Abitur sowie ein abgeschlossenes Studium aufweisen kann. 8 % haben promoviert und 1 % habilitiert. Ein Abgleich mithilfe der Geschäftsberichte ist insofern schwierig, als dass der Ausbildungsgrad der Aufsichtsräte im Geschäftsbericht nicht erwähnt wird. Auf Basis der angegebenen Berufe bzw. Titel konnte daher lediglich auf einen Abschluss geschlussfolgert werden, was grundsätzlich nur bei den Ausbildungsgraden *abgeschlossenes Studium*, *Promotion*, *Habilitation* sowie dem *Meister*-Titel möglich war. Die Anteile der drei letztgenannten entsprechen den prozentualen Höhen auf Basis des Fragebogens. Bei dem Ausbildungsgrad des abgeschlossenen Studiums wird die Differenz (17 % auf Basis der Geschäftsberichte im Vergleich zu 53 % auf Basis des Fragebogens) hauptsächlich darauf zurückzuführen sein, dass aus der im Geschäftsbericht genannten Beschäftigung auf kein Studium zu schließen ist, so wie es beispielsweise bei der Angabe *Geschäftsführer* als Beruf der Fall ist. Ferner haben manche Aufsichtsräte ein Weiterbildungsstudium im Sinne eines Bankfachwirts o. ä. bei der Beantwortung des Fragebogens als Studium eingeordnet, wovon bei der Analyse der Geschäftsberichte abgesehen wurde.

---

[1670]  Davor und danach war Reiner Loos der Vorsitzende. Den Bericht des Aufsichtsrats im Geschäftsbericht 2014 hat der stellvertretende Vorsitzende unterzeichnet.
[1671]  Vgl. hierzu auch Kapitel C4.

| AR-Individuell | | n = 189 Fragebogen | | n = 7.945 Geschäftsberichte 2014 | |
|---|---|---|---|---|---|
| | | % | abs. | % | abs. |
| **Geschlecht** | Mann | 83 % | 156 | 88 % | 7.008 |
| | Frau | 12 % | 22 | 12 % | 937 |
| | nicht genannt | 6 % | 11 | 0 % | - |
| **Vertreterart** | Mitgliedervertreter | 93 % | 176 | 98 % | 7.755 |
| | Arbeitnehmervertreter | 5 % | 9 | 2 % | 190 |
| | nicht genannt | 2 % | 4 | 0 % | - |
| **Position im AR** | Vorsitzender | 17 % | 32 | 13 % | 995 |
| | Stellvertretender Vorsitzender | 15 % | 28 | 13 % | 1.070 |
| | Mitglied | 68 % | 129 | 74 % | 5.880 |
| **Zugehörigkeitsdauer** | 0-5 | 25 % | 47 | 22 % | 1.776 |
| *(in Jahren)* | 6-15 | 26 % | 50 | 78 % | 6.165 |
| | 16-25 | 24 % | 45 | 0 % | 4 |
| | 26-35 | 8 % | 15 | 0 % | - |
| | > 35 | 1 % | 2 | 0 % | - |
| | nicht genannt | 16 % | 30 | 0 % | - |
| **Beruf** | Geschäftsführer | 30 % | 56 | 24 % | 1.885 |
| | Landwirt | 10 % | 18 | 11 % | 863 |
| *Mehrfachantworten* | Ingenieur | 9 % | 17 | 3 % | 249 |
| *möglich* | Steuerberater/Wirtschaftsprüfer | 9 % | 17 | 7 % | 587 |
| | Handwerker | 6 % | 12 | 9 % | 752 |
| | Rechtsanwalt/Notar | 6 % | 11 | 6 % | 445 |
| | Bankkaufmann | 5 % | 10 | 3 % | 216 |
| | Sonstiger Kaufmann | 4 % | 7 | 6 % | 463 |
| | Bürgermeister | 3 % | 5 | 3 % | 269 |
| | Arzt | 2 % | 4 | 1 % | 110 |
| | Professor | 2 % | 4 | 0 % | 18 |
| | Apotheker | 1 % | 1 | 1 % | 59 |
| | Richter | 0 % | - | 0 % | 12 |
| | Weitere Beamte/Öffentl. Dienst | 3 % | 6 | 11 % | 886 |
| | Sonstige | 19 % | 36 | 23 % | 1.853 |
| | nicht genannt | 4 % | 7 | 0 % | - |
| **Ausbildungsgrad** | Hauptschulabschluss | 11 % | 21 | 0 % | - |
| | Realschulabschluss | 23 % | 44 | 0 % | - |
| *Mehrfachantworten* | Abitur/Hochschulreife | 50 % | 95 | 0 % | - |
| *möglich* | abgeschlossene Ausbildung | 42 % | 80 | 0 % | - |
| | abgeschlossenes Studium | 53 % | 100 | 17 % | 1.338 |
| | Meister | 13 % | 25 | 11 % | 845 |
| | Promotion | 8 % | 16 | 6 % | 447 |
| | Habilitation | 1 % | 1 | 1 % | 56 |
| | ohne Abschluss | 0 % | - | 0 % | - |
| | Sonstige | 6 % | 12 | 0 % | - |
| | nicht genannt | 5 % | 10 | 0 % | - |

Tab. 62:    Repräsentativitätsabgleich der aufsichtsratsindividuellen Kriterien[1672]

Insgesamt kann davon ausgegangen werden, dass die Untersuchung des Fragebogens repräsentativ ist und die definierte Grundgesamtheit somit hinreichend gut repräsentiert wird.

---

[1672] Quelle: Eigene Darstellung. Die bei den Geschäftsberichten ausgewiesene Gesamtzahl in Höhe von 7.945 bezieht sich auf die Anzahl der Aufsichtsräte. Da Geschäftsberichte im Bundesanzeiger erst ab dem Jahr 2006 zugänglich sind, sind Informationen über die Jahre der Aufsichtsratsmitglieder im Gremium nur eingeschränkt abzuleiten.

# 6    Zusammenfassung des empirischen Designs

Mithilfe von Tab. 63-Tab. 66 werden die wesentlichen Aspekte des vorangegangenen Kapitels zusammengefasst.

| Herleitung eines Bezugsrahmens (Kapitel C2) |
|---|
| • Zur Herleitung des Bezugsrahmens wurden verschiedene Motivations- und Zufrieden-heitstheorien in Verbindung miteinander gebracht.<br>• Wesentliche Grundlage stellen Vergleichsprozesse beispielsweise hinsichtlich von An-reiz-Beitrags-Abgleichen oder bezüglich des Confirmation-Disconfirmation-Paradig-mas dar. |
| **Auswertung des Fragebogens (Kapitel C3)** |
| **Hypothesen- und Modellbildung** |
| Auf Basis des Bezugsrahmens werden ein Pfadmodell entwickelt und folgende Hypothesen aufgestellt:<br>1. Motivation wirkt sich positiv auf die Zufriedenheit genossenschaftlicher Aufsichtsräte aus.<br>2. Intrinsische Motivation wirkt sich stärker als extrinsische Motivation auf die Zufriedenheit genossenschaftlicher Aufsichtsräte aus. |
| **Konzeptualisierung der Konstrukte** |
| • Im Rahmen der Konzeptualisierung wurden die Konstrukte *Motivation*, *Zufriedenheit* und *Aufgabenwahrnehmung* konkret beschrieben und abschließend definiert.<br>• Auf Basis theoretischer sowie sachlogischer Überlegungen werden sowohl die intrin-sische als auch die extrinsische Motivation anhand von jeweils sieben und die Zufrie-denheit mithilfe von 13 Teilaspekten konzeptualisiert. Dem Rollenverständnis der Auf-gabenwahrnehmung liegen fünf Teilaspekte zugrunde. |
| **Operationalisierung der Konstrukte** |
| • Bei der Operationalisierung wurden den hypothetischen Konstrukten ebenfalls auf Ba-sis theoretischer sowie sachlogischer Überlegungen beobachtbare Sachverhalte (In-dikatoren) zugewiesen. Die Generierung potenzieller Messindikatoren, die Festlegung der Messkonzeption und die Konstruktion der Messvorschrift stellten die drei Schritte des Ablaufs der Operationalisierung dar.<br>• Die *extrinsische Motivation* wird mithilfe von 17, die *intrinsische Motivation* anhand von 16 Indikatoren operationalisiert. Beiden Motivationsarten liegt ein formatives Messmo-dell zugrunde, da die Motivationsursachen im Fokus der Untersuchung stehen.<br>• Um wichtige Treiber und Handlungsempfehlungen ableiten zu können, wird die *Zufrie-denheit* formativ operationalisiert. 54 Indikatoren bilden die Grundlage dieser Mes-sung.<br>• Das Rollenverständnis der *Aufgabenwahrnehmung* umfasst insgesamt 17 formative Indikatoren. |

Tab. 63:    Zusammenfassung des empirischen Designs – Teil I[1673]

---

[1673] Quelle: Eigene Darstellung.

| **Auswahl und Charakterisierung des Analyseverfahrens** |
|---|
| ▪ Zur Analyse mehrerer kausaler Abhängigkeiten mit latenten Variablen eignen sich Strukturgleichungsmodelle. |
| ▪ Aufgrund folgender Gegebenheiten wurde der varianzbasierte PLS-Ansatz ausgewählt: formativ gemessene Konstrukte, komplexes Strukturmodell mit vielen Indikatoren, das Ziel liegt in der Identifikation wesentlicher Treiberkonstrukte und der Datensatz muss nicht normalverteilt sein. |
| ▪ Strukturgleichungsmodelle bestehen aus zwei Messmodellen und einem Strukturmodell. |
| ▪ Die Messmodelle und das Strukturmodell werden einer Güteprüfung unterzogen. Die Evaluationskriterien sind in Tab. 67 zusammengefasst. |
| **Erhebung und Überprüfung der Daten** |
| ▪ Die vorliegende Arbeit ist als Vollerhebung konzipiert. |
| ▪ Die Grundgesamtheit wird durch alle Aufsichtsräte aller Genossenschaftsbanken in Deutschland, mit Ausnahme von Sparda-Banken, PSD-Banken, Kirchenbanken sowie Spezialinstituten wie der APOBANK, gebildet. Zum Jahresende 2014 zählten hierzu 996 Aufsichtsräte. |
| ▪ Zur effektiven Stichprobe zählen die Aufsichtsräte, die tatsächlich an der Untersuchung teilgenommen haben und deren Datensätze verwertbar waren. |
| ▪ Bei der vorliegenden empirischen Untersuchung handelt es sich um eine Primäranalyse. |
| ▪ Die Untersuchung wurde als standardisierte schriftliche online Befragung durchgeführt. |
| ▪ Als Instrument kam ein unter Berücksichtigung allgemeiner Konstruktionsprinzipien und Erkenntnissen der kognitiven Umfrageforschung entwickelter Fragebogen mit insgesamt 34 Frageblöcken bzw. 144 Fragen zum Einsatz. |
| ▪ Der Fragebogen wurde im August 2015 im Rahmen eines Pretests von Aufsichtsräten einer ausgewählten Genossenschaftsbank unter anderem im Hinblick auf die Verständlichkeit geprüft. |
| ▪ Der Befragungszeitraum der Hauptuntersuchung erstreckte sich vom 8. September 2015 bis 31. Dezember 2015. Die Einladung zur Teilnahme erfolgte per E-Mail in der Regel an ein Vorstandsmitglied mit der Bitte um Weiterleitung an die Aufsichtsräte. |
| ▪ 234 Aufsichtsräte beantworteten den Fragebogen, was einer Rücklaufquote von 3 % entspricht. |

Tab. 64:   Zusammenfassung des empirischen Designs – Teil II[1674]

---

[1674] Quelle: Eigene Darstellung.

- Die Qualitätsprüfung und Datenbereinigung erfolgten mit den Schwerpunkten der Prüfung auf konsistente Antworten, Ausreißer sowie Antwortmuster.
- Eine Verzerrung der Daten aufgrund eines Non-Response Bias kann ausgeschlossen werden.
- In Bezug auf fehlende Werte wurde der Indikator Nr. 8 (Mot_ex_Ehrenamt_InFreizeit) aufgrund zu vieler fehlender Werte eliminiert. Bis auf die Indikatoren Nr. 34 (Satis_Eig_Eigen_Allg) sowie Nr. 88 (AR_Rolle_Strateg_Bankziele) wiesen alle für das Strukturgleichungsmodell relevanten Indikatoren Anteile an fehlenden Werten von unter 5 % auf. Auf Fallebene wurden Datensätze von Befragten gelöscht, die weniger als 85 % der Fragen beantwortet hatten. Bei der Berechnung des Strukturgleichungsmodells erfolgt eine Mittelwertersetzung der fehlenden Werte.
- Nach der Bereinigung des Datensatzes liegt eine effektive Stichprobengröße in Höhe von 189 Aufsichtsräten vor.
- Im Rahmen von strukturgleichungsrelevanten Datenüberprüfungen erfolgte mithilfe der konfirmatorischen Tetrad-Analyse zunächst eine Überprüfung der Messperspektive. Zudem wurde eine Überprüfung auf Multikollinearität sowie Einhaltung der Mindeststichprobengröße und eine Analyse der Datenverteilung unter Berücksichtigung der Schiefe und Kurtosis vorgenommen.
- Insgesamt wurden die Daten gewissenhaft erhoben, sorgfältig bereinigt und bestehende Kontrollmöglichkeiten genutzt.

## Auswertung der Geschäftsberichte (Kapitel C4)

### Methodik der Datenerhebung

- Die Auswertung von Geschäftsberichten ist der Sekundärdatenerhebung zuzuordnen.
- Die definierte Grundgesamtheit entspricht derjenigen, die den Fragebögen zugrunde liegt.
- Die Angabe verschiedener aufsichtsratsrelevanter Daten im Geschäftsbericht ist gesetzlich vorgeschrieben.
- Bei den zu erhebenden Daten wurden bankspezifische, gremienspezifische sowie aufsichtsratsindividuelle Kriterien ausgewählt.

### Durchführung der Datenerhebung

- Es wurden insgesamt 3.071 Geschäftsberichte aus den Jahren 2012 bis 2014 analysiert.
- Im Hinblick auf die Anzahl der Jahre im Gremium wurden Geschäftsberichte aus den Jahren 2006 bis 2014 berücksichtigt.

### Überprüfung des Datensatzes

- Der Datensatz wurde einer umfangreichen Qualitätsprüfung unterzogen. Fusionen wurden berücksichtigt.
- Aufgrund gesetzlich verpflichtender Vorgaben treten fehlende Werte lediglich bei der kumulierten Vergütung des Gremiums auf. Rund ein Zehntel der Banken hat auf eine Angabe der Vergütung verzichtet.

Tab. 65:   Zusammenfassung des empirischen Designs – Teil III[1675]

---

| Charakterisierung der Datenbasis und Repräsentativitätsabgleich (Kapitel C5) |
|---|
| ▪ Zur Charakterisierung der Datenbasis und Durchführung des Repräsentativitätsabgleichs wurden bankspezifische, gremienspezifische sowie aufsichtsratsindividuelle Kriterien betrachtet. |
| ▪ Sowohl bei der Analyse der Geschäftsberichte als auch bei der Auswertung der Fragebögen wurde unter anderem deutlich, dass gemessen an der Bilanzsumme viele kleine jedoch wenige große Genossenschaftsbanken existieren, die Mehrzahl der Institute eine Gremiengröße zwischen sechs und acht Aufsichtsräten aufweist und die Aufsichtsratsgremien zu 88 % aus männlichen und zu 12 % aus weiblichen Mitgliedern bestehen. |
| ▪ Die effektive Stichprobe des Fragebogens ist als repräsentativ anzusehen. |

Tab. 66:   Zusammenfassung des empirischen Designs – Teil IV[1676]

Insgesamt kann festgehalten werden, dass die Anforderungen an eine wissenschaftliche schriftliche Befragungsstudie eingehalten wurden.

Die der Strukturgleichungsanalyse zugrunde liegenden Evaluationskriterien sind in Tab. 67 zusammengefasst.

| Modell | Kriterium | Anspruchsniveau |
|---|---|---|
| **Formativ spezifizierte Messmodelle** | Kollinearität zwischen den Indikatoren | VIF < 5 |
| | Höhe und Signifikanz der Gewichte | t > 2,57 (1 % Signifikanzniveau)<br>t > 1,96 (5 % Signifikanzniveau)<br>t > 1,65 (10 % Signifikanzniveau) |
| **Strukturmodell** | Kollinearität zwischen den Treiberkonstrukten und der abhängigen Variablen | VIF < 5 |
| | Relevanz und Signifikanz der Pfadkoeffizienten | Relevanz<br>Pfadkoeffizient > 0,1<br><br>Signifikanz<br>t > 2,57 (1 % Signifikanzniveau)<br>t > 1,96 (5 % Signifikanzniveau)<br>t > 1,65 (10 % Signifikanzniveau) |
| | Bestimmtheitsmaß ($R^2$) | Beurteilung des Zufriedenheitskonstrukts<br>0,25 = schwach<br>0,50 = moderat<br>0,75 = substanziell<br>Beurteilung der Aufgabenwahrnehmung<br>0,02 = schwach<br>0,13 = moderat<br>0,26 = substanziell |
| | $f^2$-Effektstärke | 0,02 = kleiner Effekt<br>0,15 = mittlerer Effekt<br>0,35 = großer Effekt |

Tab. 67:   Zusammenfassung der Evaluationskriterien[1677]

---

[1676]  Quelle: Eigene Darstellung.
[1677]  Quelle: Eigene Darstellung.

# D Darstellung und Diskussion der empirischen Befunde

## 1    Analyse des Fragebogens

### 1.1    Vorbemerkung

Mithilfe des folgenden Kapitels werden insbesondere die Forschungsziele $FZ_2$ bis $FZ_5$ adressiert. Es ist so gegliedert, dass zunächst die Ergebnisse des Fragebogens deskriptiv sowie kausalanalytisch analysiert werden, bevor im nachfolgenden Kapitel auf die deskriptiven Befunde der Geschäftsberichtsauswertungen eingegangen wird.

Da die Datenbasis bereits in Kapitel C5 charakterisiert wurde, werden zunächst die Befunde zur Motivation (Kapitel D1.2.1), zur Zufriedenheit (Kapitel D1.2.2) sowie zur Aufgabenwahrnehmung (Kapitel D1.2.3) dargestellt, bevor auf weitere persönliche und aufgabenbezogene Merkmale zum Ende der deskriptiven Analyse des Fragebogens in Kapitel D1.2.4 eingegangen wird. Der Schwerpunkt des letztgenannten Kapitels liegt auf den nicht öffentlich zugänglichen Daten wie beispielsweise dem Ausbildungsgrad der Aufsichtsräte und somit nicht auf Informationen, die aus Geschäftsberichten gewonnen werden können. Diese sind Bestandteil der Untersuchung in Kapitel D2.4. Die Ergebnisse der Befragung werden geordnet nach Variablenblöcken sowie deren Teilaspekten dargestellt. Die Reihenfolge weicht daher von der im Fragebogen ab. Um eine höhere Antwortquote zu erzielen, wurden im Fragebogen der Abwechslung halber unterschiedliche Fragetypen verwendet. Trotz der divergenten Fragestellungen, die im Folgenden auch gekennzeichnet sind, wurden Indikatoren auf der Teilaspektebene aggregiert.[1678] Diese kumulierten Werte dienen lediglich als Anhaltspunkte für die Vergleichbarkeit der Teilaspekte und sind nicht in das Strukturgleichungsmodell eingeflossen.

Als Basis für das Ausgangsmodell der kausalanalytischen Befunde dienen die Fragen, die mithilfe der fünfstufigen Likert-Skala gemessen wurden. Im Rahmen der Evaluation wird zunächst auf die Messmodelle und anschließend auf das Strukturmodell eingegangen. Da der Anteil an fehlenden Werten bei jedem der in das Strukturgleichungsmodell eingeflossenen Indikatoren unterhalb von 5 % lag, wurden die fehlenden Werte während der Berechnung durch Mittelwerte ersetzt.[1679] Zur Ermittlung der Signifikanzen wurde das Bootstrapping-Verfahren angewendet.[1680] Die Kausalanalyse erfolgt unter Anwendung des Programms SMARTPLS (Version 3.3.2).

Ausgewählte Aspekte werden anhand der vorgenannten Struktur von bankspezifischen, gremienspezifischen sowie aufsichtsratsindividuellen Kriterien analysiert.

---

[1678] Zu Subskalen bei Likert-Skalen siehe DÖRING/BORTZ (2016c), S. 269. Zur Aggregation von Teildimensionen zu einem Gesamtwert siehe WRIGHT/BONETT (1992), S. 608; FISCHER (1989), S. 63; GRAEFF (2019); MERTEL (2006), S. 72; EGAN/YANG/BARTLETT (2004), S. 283.

[1679] Vgl. HAIR ET AL. (2017a), S. 49.

[1680] Vgl. Kapitel C3.4.3.2. Konkret wurde das bias-korrigierte und accelerated-(BCa)-Bootstrapping verwendet (vgl. HAIR ET AL. (2017a), S. 135 ff.).

Gruppenvergleiche der deskriptiven Auswertungen des Fragebogens werden mithilfe des in Tab. 68 veranschaulichten Schemas vorgenommen.

| Bank | Bilanzsumme (in EUR) | < 500 Mio. |
|---|---|---|
| | | ≥ 500 Mio. bis < 1 Mrd. |
| | | ≥ 1 Mrd. bis < 2 Mrd. |
| | | ≥ 2 Mrd. |
| Gremium | Gremiengröße | 3-5 |
| | | 6-8 |
| | | 9-11 |
| | | 12-15 |
| | | > 15 |
| AR-Individuell | Position im AR | Vorsitzender |
| | | Stellvertretender Vorsitzender |
| | | Mitglied |
| | Vertreterart | Mitgliedervertreter |
| | | Arbeitnehmervertreter |
| | Zugehörigkeitsdauer (in Jahren) | 0-5 |
| | | 6-15 |
| | | 16-25 |
| | | 26-35 |
| | | > 35 |
| | Geschlecht | Mann |
| | | Frau |
| | Alter (in Jahren) | < 30 |
| | | 30-39 |
| | | 40-49 |
| | | 50-59 |
| | | 60-69 |
| | | > 69 |

Tab. 68:   Struktur für Gruppenvergleiche[1681]

Aggregierte Kenntnisse zur Selbstbeurteilung von Aufsichtsräten (FZ2) werden im Rahmen von Kapitel D1.2 sowie Kapitel D2 abgeleitet. Die Gründe, weshalb Personen ein genossenschaftliches Aufsichtsratsmandat wahrnehmen (FZ3), werden ebenso wie die Aspekte, die zu einer zufriedenstellenden Aufgabenwahrnehmung beitragen (FZ4), in Kapitel D1.2 dargestellt und in Kapitel D3 weiter analysiert sowie interpretiert. Die Untersuchung des Zusammenhangs von Motivation und Zufriedenheit (FZ5) erfolgt in Kapitel D1.3 bzw. die Interpretation insbesondere in Kapitel D3.1.3.

## 1.2   Deskriptive Befunde

### 1.2.1   Motivation

**Extrinsische Motivation**

Die Fragen zur *extrinsischen Motivation* betrafen sieben Motivationsdeterminanten bzw. Teilaspekte. Bei 65 % der Fragen wurde die gesamte Bandbreite an Antwortmöglichkeiten genutzt. Durchschnittlich haben 184 Personen die Fragen in diesem Bereich beantwortet (vgl. Tab. 69 und Tab. 70).

---

[1681] Quelle: Eigene Darstellung.

Von den hier abgefragten Aspekten ist es den Aufsichtsräten am wichtigsten, dass das Gremium vom Vorstand ernst genommen wird (Ø 4,81 bei Nr. 1). Dieser Indikator hat für den einzelnen Mandatsträger zudem eine leicht höhere Relevanz, als dass er selbst von den anderen Aufsichtsratsmitgliedern ernst genommen wird (Ø 4,68 bei Nr. 3). Im Gegensatz dazu sind bevorzugte Bankkonditionen am wenigsten wichtig (Ø 1,58 bei Nr. 10). Obwohl sowohl bevorzugte Bankkonditionen als auch eine gute finanzielle Vergütung als nachrangig eingestuft werden, würde zumindest rund ein Viertel der Aufsichtsräte das Amt nicht unentgeltlich wahrnehmen (Nr. 11). Rund ein Drittel bewertet diesen Indikator zudem als neutral. Zur besseren Vergleichbarkeit wurde der theoretische Rang bei diesem Indikator nachträglich umgedreht. Er ist so zu interpretieren, dass rund 10 % der Aussage, das Aufsichtsratsmandat auch unentgeltlich wahrnehmen zu würden, voll zustimmen.

Den Aufsichtsräten ist es darüber hinaus insgesamt wichtiger, dass die Bank einen guten Ruf hat (Ø 4,53 bei Nr. 17), als dass die Bank erfolgreich ist (Ø 3,79 bei Nr. 16).

Die größte Streuung weisen die Indikatoren Nr. 5 sowie Nr. 11 auf. Ersterer bezieht sich auf die Aussage, dass sich im Vorfeld der Mandatsannahme über die weiteren Aufsichtsratsmitglieder informiert wurde ($\sigma = 1{,}31$), zweiterer auf den Umstand, dass das Mandat auch unentgeltlich angenommen werden würde ($\sigma = 1{,}11$).

| | | | Extrinsische Motivation | | | | | | | | | | | |
|---|---|---|---|---|---|---|---|---|---|---|---|---|---|---|
| **Teilaspekt** | **Nr.** | | 1 Wie wichtig ist es Ihnen im Rahmen der Tätigkeit als Aufsichtsrat, dass... / 2 Inwiefern treffen die folgenden Aussagen auf Sie zu? / 3 Wie wichtig ist es Ihnen, .... | **n** | **Relative Häufigkeit (in %)** | | | | | **Min.** | **Max.** | **Med.** | **Mod.** | **Ø** | **σ** |
| | | | | | **1** | **2** | **3** | **4** | **5** | | | | | | |
| | | | | 188 | - | 0,4 | 1,9 | 27,8 | 69,9 | 2 | 5 | 4 | 5 | 4,67 | 0,53 |
| Anerken- nung | 1 | 1 | der Aufsichtsrat insgesamt vom Vorstand ernst genommen wird? | 189 | - | 0,5 | 1,6 | 14,3 | 83,6 | 2 | 5 | 5 | 5 | 4,81 | 0,47 |
| | 2 | 1 | Sie von anderen Aufsichtsratsmitgliedern ernst genommen werden? | 188 | - | 0,5 | 2,7 | 40,4 | 56,4 | 2 | 5 | 5 | 5 | 4,53 | 0,58 |
| | 3 | 1 | Sie vom Vorstand ernst genommen werden? | 188 | - | - | 1,6 | 28,7 | 69,7 | 3 | 5 | 5 | 5 | 4,68 | 0,50 |
| | | | | 186 | 8,1 | 14,3 | 32,7 | 35,2 | 9,7 | 1 | 5 | 3 | 4 | 3,24 | 1,07 |
| Beziehungs- netzwerk | 4 | 1 | Sie persönliche Kontakte/Netzwerke als Informationsquelle haben? | 189 | 6,9 | 9,5 | 34,4 | 41,8 | 7,4 | 1 | 5 | 3 | 4 | 3,33 | 0,99 |
| | 5 | 2 | Vor der Mandats- annahme habe ich mich informiert, welche weiteren Personen in diesem Aufsichtsrat sitzen. | 185 | 13,5 | 18,9 | 14,1 | 37,3 | 16,2 | 1 | 5 | 4 | 4 | 3,24 | 1,31 |
| | 6 | 1 | Sie wertvolle Kontakte knüpfen können? | 185 | 3,8 | 14,6 | 49,7 | 26,5 | 5,4 | 1 | 5 | 3 | 3 | 3,15 | 0,87 |
| | | | | 160 | 0,9 | 4,9 | 15,6 | 55,0 | 23,5 | 1 | 5 | 4 | 4 | 3,93 | 0,82 |
| Ehrenamt/ Gemeinwohl | 7 | 1 | Sie damit etwas für das Gemeinwohl tun können? | 189 | 1,1 | 5,3 | 19,0 | 56,6 | 18,0 | 1 | 5 | 4 | 4 | 3,85 | 0,81 |
| | 8 | 3 | sich in Ihrer Freizeit ehrenamtlich zu engagieren? | 131 | 0,8 | 4,6 | 12,2 | 53,4 | 29,0 | 1 | 5 | 4 | 4 | 4,05 | 0,82 |
| | | | | 186 | 27,4 | 30,8 | 27,1 | 11,2 | 3,6 | 1 | 5 | 2 | 2 | 2,33 | 1,10 |
| Monetäre Vorteile | 9 | 1 | Sie eine gute finanzielle Vergütung erhalten? | 188 | 14,9 | 31,4 | 37,2 | 15,4 | 1,1 | 1 | 5 | 3 | 3 | 2,56 | 0,96 |
| | 10 | 1 | Aufsichtsräte bevorzugte Bankkonditionen erhalten? | 184 | 57,1 | 30,4 | 10,3 | 1,6 | 0,5 | 1 | 5 | 1 | 1 | 1,58 | 0,79 |
| | 11 | 2 | Ich würde das Aufsichtsratsmandat auch unentgeltlich wahrnehmen. | 187 | 10,2 | 30,5 | 33,7 | 16,6 | 9,1 | 1 | 5 | 3 | 3 | 2,84 | 1,11 |

Tab. 69:   Deskriptive Statistik zur extrinsischen Motivation – Teil I[1682]

---

[1682]   Quelle: Eigene Darstellung.

| Teilaspekt | Nr. | | | n | \|1 | 2 | 3 | 4 | 5 | Min. | Max. | Med. | Mod. | Ø | σ |
|---|---|---|---|---|---|---|---|---|---|---|---|---|---|---|---|
| | | | | | | | | | | | | | | | |

**Extrinsische Motivation**

1 | Wie wichtig ist es Ihnen im Rahmen der Tätigkeit als Aufsichtsrat, dass...
2 | Inwiefern treffen die folgenden Aussagen auf Sie zu?
3 | Wie wichtig ist es Ihnen, ....

Relative Häufigkeit (in %): 1 2 3 4 5

| Teilaspekt | Nr. | | Frage | n | 1 | 2 | 3 | 4 | 5 | Min. | Max. | Med. | Mod. | Ø | σ |
|---|---|---|---|---|---|---|---|---|---|---|---|---|---|---|---|
| **Affiliation** | | | | 189 | - | 0,8 | 7,9 | 32,5 | 58,7 | 2 | 5 | 5 | 5 | 4,49 | 0,68 |
| | 12 | 1 | das Aufsichtsratsgremium als geschlossene Gruppe z. B. gegenüber dem Vorstand auftritt? | 189 | - | 1,6 | 15,9 | 39,7 | 42,9 | 2 | 5 | 4 | 5 | 4,24 | 0,77 |
| | 13 | 1 | im Aufsichtsrat gut zusammengearbeitet wird? | 189 | - | - | - | 25,4 | 74,6 | 4 | 5 | 5 | 5 | 4,75 | 0,44 |
| **Beruflicher Nutzen** | | | | 189 | 26,5 | 32,4 | 32,3 | 7,7 | 1,1 | 1 | 5 | 2 | 2 | 2,24 | 0,97 |
| | 14 | 1 | Sie einen beruflichen Nutzen aus der Tätigkeit ziehen können? | 189 | 19,0 | 31,2 | 39,7 | 9,0 | 1,1 | 1 | 5 | 2 | 3 | 2,42 | 0,93 |
| | 15 | 1 | Sie durch die Aufsichtsratsarbeit mit potenziellen Kunden/Partnern für die eigene Geschäftstätigkeit Kontakte knüpfen können? | 188 | 34,0 | 33,5 | 25,0 | 6,4 | 1,1 | 1 | 5 | 2 | 1 | 2,07 | 0,97 |
| **Reputation** | | | | 188 | 2,1 | 2,1 | 11,7 | 45,5 | 38,6 | 1 | 5 | 4 | 4 | 4,16 | 0,87 |
| | 16 | 1 | Sie bei einer erfolgreichen Bank im Aufsichtsrat sind? | 188 | 4,3 | 3,7 | 20,2 | 52,1 | 19,7 | 1 | 5 | 4 | 4 | 3,79 | 0,94 |
| | 17 | 1 | die Bank einen guten Ruf hat? | 188 | - | 0,5 | 3,2 | 38,8 | 57,4 | 2 | 5 | 5 | 5 | 4,53 | 0,59 |
| **Extrinsische Motivation** | | | | 184 | 9,7 | 12,8 | 18,9 | 29,7 | 29,0 | 1 | 5 | 4 | 4 | 3,55 | 1,29 |

Bei Indikator 11 wurde der theoretische Rang im Nachhinein umgedreht. — Theoretischer Rang

Fragenart Nr. 1 und Nr. 3 von 1 = Gar nicht wichtig bis 5 = Sehr wichtig

Fragenart Nr. 2 von 1 = Trifft gar nicht zu bis 5 = Trifft voll zu

Min. = Minimum
Max. = Maximum
Med. = Median
Mod. = Modus
Ø = Mittelwert
σ = Standardabweichung

Tab. 70:    Deskriptive Statistik zur extrinsischen Motivation – Teil II[1683]

Auf der aggregierten Ebene der Teilaspekte ist zu erkennen, dass *Anerkennung* (Ø 4,67) und *Affiliation* (Ø 4,49) eine wesentlich größere Zustimmung erfahren, als die Möglichkeit, einen *beruflichen Nutzen* aus der Aufsichtsrattätigkeit ziehen zu können (Ø 2,24) oder *monetäre Vorteile* zu genießen (Ø 2,33). Auch sämtliche Indikatoren des *Beziehungsnetzwerks* werden als weniger relevant eingestuft als beispielsweise die der *Anerkennung*.

Bei der Analyse von Unterschieden zwischen den Gruppen zeigt sich nicht nur bei Indikator Nr. 11 ein recht homogenes Bild (vgl. Tab. 71). Beispielsweise wurden sämtliche Antwortmöglichkeiten nicht nur insgesamt, sondern auch innerhalb der

---

[1683] Quelle: Eigene Darstellung.

Gruppierungen genutzt. Unentgeltlich würde das Mandat tendenziell eher von Personen ausgeübt werden, die in kleinen Gremien mit 3-5 Mitgliedern, mehr als 35 Jahre im Amt oder weiblich sind.

| Teilaspekt | | Nr. | Inwiefern treffen die folgenden Aussagen auf Sie zu? | n | Relative Häufigkeit (in %) | | | | | Ø |
|---|---|---|---|---|---|---|---|---|---|---|
| | | | | | 1 | 2 | 3 | 4 | 5 | |
| Monetäre Vorteile | | 11 | Ich würde das Aufsichtsratsmandat auch unentgeltlich wahrnehmen. | 187 | 10,2 | 30,5 | 33,7 | 16,6 | 9,1 | 2,84 |
| Bank | Bilanzsumme (in EUR) | | < 500 Mio. | 73 | 12,3 | 28,8 | 37,0 | 15,1 | 6,8 | 2,75 |
| | | | ≥ 500 Mio. bis < 1 Mrd. | 54 | 9,3 | 24,1 | 33,3 | 22,2 | 11,1 | 3,02 |
| | | | ≥ 1 Mrd. bis < 2 Mrd. | 38 | 7,9 | 39,5 | 31,6 | 13,2 | 7,9 | 2,74 |
| | | | ≥ 2 Mrd. | 22 | 9,1 | 36,4 | 27,3 | 13,6 | 13,6 | 2,86 |
| Gremium | Gremiengröße | | 3-5 | 21 | 4,8 | 23,8 | 23,8 | 28,6 | 19,0 | 3,33 |
| | | | 6-8 | 77 | 11,7 | 29,9 | 40,3 | 13,0 | 5,2 | 2,70 |
| | | | 9-11 | 48 | 10,4 | 33,3 | 27,1 | 18,8 | 10,4 | 2,85 |
| | | | 12-15 | 27 | 11,1 | 29,6 | 37,0 | 18,5 | 3,7 | 2,74 |
| | | | > 15 | 9 | - | 44,4 | 33,3 | - | 22,2 | 3,00 |
| | | | nicht genannt | 5 | 20,0 | 20,0 | 20,0 | 20,0 | 20,0 | 3,00 |
| AR-Individuell | Position im AR | | Vorsitzender | 32 | 12,5 | 31,3 | 28,1 | 9,4 | 18,8 | 2,91 |
| | | | Stellvertretender Vorsitzender | 28 | 7,1 | 25,0 | 39,3 | 21,4 | 7,1 | 2,96 |
| | | | Mitglied | 127 | 10,2 | 31,5 | 33,9 | 17,3 | 7,1 | 2,80 |
| | Vertreterart | | Mitgliedervertreter | 174 | 10,3 | 29,3 | 35,1 | 16,7 | 8,6 | 2,84 |
| | | | Arbeitnehmervertreter | 9 | 11,1 | 44,4 | 11,1 | 11,1 | 22,2 | 2,89 |
| | | | nicht genannt | 4 | - | 50,0 | 25,0 | 25,0 | - | 2,75 |
| | Zugehörigkeitsdauer (in Jahren) | | 0-5 | 47 | 8,5 | 34,0 | 31,9 | 17,0 | 8,5 | 2,83 |
| | | | 6-15 | 50 | 10,0 | 26,0 | 42,0 | 16,0 | 6,0 | 2,82 |
| | | | 16-25 | 44 | 11,4 | 22,7 | 29,5 | 22,7 | 13,6 | 3,05 |
| | | | 26-35 | 15 | 13,3 | 40,0 | 26,7 | 6,7 | 13,3 | 2,67 |
| | | | > 35 | 2 | - | 100,0 | - | - | - | 2,00 |
| | | | nicht genannt | 29 | 10,3 | 34,5 | 34,5 | 13,8 | 6,9 | 2,72 |
| | Geschlecht | | Mann | 154 | 8,4 | 29,9 | 35,7 | 16,9 | 9,1 | 2,88 |
| | | | Frau | 22 | 18,2 | 40,9 | 22,7 | 13,6 | 4,5 | 2,45 |
| | | | nicht genannt | 11 | 18,2 | 18,2 | 27,3 | 18,2 | 18,2 | 3,00 |
| | Alter (in Jahren) | | < 30 | - | - | - | - | - | - | - |
| | | | 30-39 | 8 | 25,0 | - | 62,5 | 12,5 | - | 2,63 |
| | | | 40-49 | 32 | 3,1 | 31,3 | 40,6 | 12,5 | 12,5 | 3,00 |
| | | | 50-59 | 67 | 11,9 | 34,3 | 26,9 | 22,4 | 4,5 | 2,73 |
| | | | 60-69 | 66 | 7,6 | 33,3 | 34,8 | 12,1 | 12,1 | 2,88 |
| | | | > 69 | - | - | - | - | - | - | - |
| | | | nicht genannt | 14 | 21,4 | 14,3 | 28,6 | 21,4 | 14,3 | 2,93 |

Tab. 71:   Gruppenvergleich zu Indikator Nr. 11[1684]

Wertvolle Kontakte knüpfen zu können (Nr. 6), ist für Vorsitzende sowie stellvertretende Vorsitzende und Personen, die zwischen 60 und 69 Jahre alt sind, wenig relevant. Frauen, Arbeitnehmervertretern sowie Aufsichtsräten mit einem Alter zwischen 40 und 59 ist dieser Aspekt wichtiger, wenngleich er mit durchschnittlichen Höchstwerten von 3,38 als deutlich weniger relevant eingeschätzt wird, als beispielsweise die Indikatoren der *Anerkennung*. Vor der Mandatsannahme haben sich insbesondere Kandidaten aus kleineren Gremien darüber informiert, welche weiteren Personen in dem jeweiligen Aufsichtsrat sitzen (Nr. 5). Für Arbeitnehmervertreter sowie Mitglieder, die seit mehr als 35 Jahren als Aufsichtsrat fungieren, trifft dies am wenigsten zu.

---

[1684] Quelle: Eigene Darstellung. Wie oben erwähnt, wurde der theoretische Rang bei diesem Indikator zur besseren Vergleichbarkeit im Nachhinein umgedreht.

Bei der Frage, die drei aus McCLELLANDS Theorie der gelernten Bedürfnisse[1685] abgeleiteten Motivationsaspekte in eine Reihenfolge zu bringen, wählte jeweils rund die Hälfte das Leistungs- sowie das Machtmotiv an erste Stelle (vgl. Tab. 72). Das Affiliationsmotiv wurde hingegen von 70 % als unwichtigstes angesehen. Im Gegensatz zu den in Tab. 69 abgefragten Affiliationskomponenten, spielte es hier eine Rolle, von anderen gemocht zu werden.

| Teilaspekt | Nr. | Welcher der folgenden drei Aspekte ist für Sie bei der Tätigkeit als Aufsichtsrat am wichtigsten? | n | Relative Häufigkeit (in %) | | |
|---|---|---|---|---|---|---|
| | | | | 1 | 2 | 3 |
| Affiliation | 111 | Mir ist es wichtig, von anderen gemocht zu werden. | 150 | 6,7 | 23,3 | 70,0 |
| Leistung | 112 | Mir ist es wichtig, leistungsstärker als andere zu sein. | 157 | 49,7 | 36,9 | 13,4 |
| Macht | 113 | Mir ist es wichtig, andere lenken, leiten und steuern zu können. | 161 | 47,2 | 37,9 | 14,9 |

Tab. 72:    Deskriptive Statistik zur extrinsischen Motivation – Reihenfolge von Teil-aspekten[1686]

**Intrinsische Motivation**

Auch die 16 Fragen zur *intrinsischen Motivation* (vgl. Tab. 73 und Tab. 74) wurden jeweils von nahezu allen Befragten beantwortet (durchschnittlich 188 Personen).

Die höchsten Mittelwerte erzielten die Indikatoren Nr. 25 sowie Nr. 18. Rund 94 % stimmen der Aussage, dass das Aufsichtsratsmandat eine verantwortungsvolle Tätigkeit ist, für die es einer fachlichen Qualifikation bedarf, zu bzw. voll zu (Nr. 25). Den Aufsichtsräten ist es zudem besonders wichtig, die Arbeit aktiv mitgestalten zu können (Ø 4,41 bei Nr. 18). Im Gegensatz dazu würde die Aufsichtsratsarbeit nur ungern als Vollzeitjob ausgeübt werden. Mit 2,41 wurde hier der niedrigste durchschnittliche Zustimmungswert erzielt (Nr. 27). Zudem war die Standardabweichung mit 0,94 bei diesem Indikator am höchsten. Rund 40 % haben hier die mittlere Antwortmöglichkeit ausgewählt. Auch wenn nur wenige die Aufsichtsratstätigkeit als Vollzeitjob ausüben wollen würden (Nr. 27), ist es ca. 90 % der Befragten wichtig, dass die Amtsausübung Spaß macht (Ø 2,41 bei Nr. 26). Im Vergleich zu anderen Faktoren scheint auch die Freude auf bevorstehende Gremiensitzungen eher gering auszufallen (Ø 3,98 bei Nr. 28). Die Wissenserweiterung durch Aufsichtsratsschulungen, Einblicke in die Bankgeschäftstätigkeit und Lernen von neuen Aspekten wird von den Aufsichtsräten als wichtig bzw. sehr wichtig eingestuft.

Die größte Einigkeit bzw. geringste Standardabweichung ist bei dem Indikator „Ich übernehme gerne Verantwortung für die Aufsichtsratsarbeit" festzustellen (σ = 0,53 bei Nr. 30).

---

[1685]  Vgl. Kapitel B3.4.1.1; Kapitel B3.4.2.3.4.
[1686]  Quelle: Eigene Darstellung. Aufgrund der von einer Likert-Skala abweichenden Antwortmöglichkeiten, sind die Antworten zu dieser Frage nicht in das Ausgangsmodell der Kausalanalyse eingeflossen.

| Teilaspekt | Nr. | | 1 Wie wichtig ist es Ihnen im Rahmen der Tätigkeit als Aufsichtsrat, ... / 2 Inwiefern treffen die folgenden Aussagen auf Sie zu? | n | Relative Häufigkeit (in %) | | | | | Min. | Max. | Med. | Mod. | Ø | σ |
|---|---|---|---|---|---|---|---|---|---|---|---|---|---|---|---|
| | | | | | 1 | 2 | 3 | 4 | 5 | | | | | | |
| | | | | 189 | - | 0,7 | 11,0 | 56,4 | 32,0 | 2 | 5 | 4 | 4 | 4,20 | 0,65 |
| **Freude an Gestaltung** | 18 | 1 | dass Sie die Aufsichtsratsarbeit aktiv mitgestalten können? | 189 | - | - | 2,6 | 53,4 | 43,9 | 3 | 5 | 4 | 4 | 4,41 | 0,54 |
| | 19 | 1 | eigene Ideen einbringen zu können? | 188 | - | 1,6 | 14,9 | 56,4 | 27,1 | 2 | 5 | 4 | 4 | 4,09 | 0,69 |
| | 20 | 1 | die Geschäftspolitik der Bank mitbestimmen zu können? | 189 | - | 0,5 | 15,3 | 59,3 | 24,9 | 2 | 5 | 4 | 4 | 4,08 | 0,65 |
| | | | | 187 | - | - | 5,3 | 52,4 | 42,2 | 3 | 5 | 4 | 4 | 4,37 | 0,58 |
| **Herausforderung** | 21 | 2 | Die Aufsichtsratsarbeit stellt eine angenehme Herausforderung für mich dar. | 187 | - | - | 4,8 | 57,8 | 37,4 | 3 | 5 | 4 | 4 | 4,33 | 0,56 |
| | 22 | 2 | Die Aufsichtsratsarbeit ist anspruchsvoll. | 187 | - | - | 5,9 | 47,1 | 47,1 | 3 | 5 | 4 | 4/5 | 4,41 | 0,60 |
| | | | | 188 | - | 1,1 | 12,8 | 54,8 | 31,4 | 2 | 5 | 4 | 4 | 4,16 | 0,68 |
| **Interesse** | 23 | 2 | Ich habe großes Interesse an der Bankenbranche. | 188 | - | 1,1 | 12,8 | 54,8 | 31,4 | 2 | 5 | 4 | 4 | 4,16 | 0,68 |
| | | | | 188 | 0,5 | 0,3 | 8,0 | 50,1 | 41,1 | 1 | 5 | 4 | 4 | 4,31 | 0,67 |
| **Kompetenz-einbringung** | 24 | 1 | Ihre Fachkenntnis einbringen zu können? | 188 | 0,5 | 0,5 | 10,1 | 55,3 | 33,5 | 1 | 5 | 4 | 4 | 4,21 | 0,68 |
| | 25 | 2 | Das Aufsichtsratsmandat ist eine verantwortungsvolle Tätigkeit, für die es einer fachlichen Qualifikation bedarf. | 187 | 0,5 | - | 5,9 | 44,9 | 48,7 | 1 | 5 | 4 | 5 | 4,41 | 0,65 |
| | | | | 187 | 6,8 | 11,6 | 19,2 | 45,6 | 16,8 | 1 | 5 | 4 | 4 | 3,54 | 1,11 |
| **Freude allgemein** | 26 | 1 | dass Ihnen die Tätigkeit als Aufsichtsrat Spaß macht? | 189 | - | 0,5 | 9,5 | 56,6 | 33,3 | 2 | 5 | 4 | 4 | 4,23 | 0,63 |
| | 27 | 2 | Die Aufsichtsratsarbeit ist so interessant, dass ich sie gerne als Vollzeitjob ausüben würde. | 187 | 19,3 | 32,1 | 37,4 | 10,7 | 0,5 | 1 | 5 | 2 | 3 | 2,41 | 0,94 |
| | 28 | 2 | Ich freue mich auf bevorstehende Gremiumssitzungen. | 186 | 1,1 | 2,2 | 10,8 | 69,4 | 16,7 | 1 | 5 | 4 | 4 | 3,98 | 0,68 |

Tab. 73:   Deskriptive Statistik zur intrinsischen Motivation – Teil I[1687]

---

[1687] Quelle: Eigene Darstellung.

| Intrinsische Motivation | | | | | | | | | | | | | | | |
|---|---|---|---|---|---|---|---|---|---|---|---|---|---|---|---|
| Teilaspekt | Nr. | | 1 Inwiefern treffen die folgenden Aussagen auf Sie zu?<br>2 Inwiefern treffen die folgenden Aussagen auf Sie zu? | n | Relative Häufigkeit (in %) | | | | | Min. | Max. | Med. | Mod. | Ø | σ |
| | | | | | 1 | 2 | 3 | 4 | 5 | | | | | | |
| | | | | 188 | - | 0,3 | 3,5 | 58,5 | 37,8 | 2 | 5 | 4 | 4 | 4,34 | 0,56 |
| Freude an Verant- wortung | 29 | 1 | mitverantwortlich für die Entwicklung der Bank zu sein? | 188 | - | 0,5 | 4,3 | 55,9 | 39,4 | 2 | 5 | 4 | 4 | 4,34 | 0,59 |
| | 30 | 2 | Ich übernehme gerne Verantwortung für die Aufsichtsratsarbeit. | 188 | - | - | 2,7 | 61,2 | 36,2 | 3 | 5 | 4 | 4 | 4,34 | 0,53 |
| | | | | 189 | 0,4 | 1,6 | 7,2 | 50,7 | 40,1 | - | 5 | 4 | 4 | 4,29 | 0,70 |
| Wissens- erweiterung | 31 | 1 | einen umfassenden Einblick in die Geschäftstätigkeit der Bank zu erhalten? | 189 | 0,5 | 1,1 | 4,2 | 58,2 | 36,0 | 1 | 5 | 4 | 4 | 4,28 | 0,64 |
| | 32 | 1 | Neues zu lernen? | 188 | - | 2,7 | 6,4 | 50,0 | 41,0 | 2 | 5 | 4 | 4 | 4,29 | 0,70 |
| | 33 | 1 | im Rahmen von Schulungen gut auf Ihre Aufsichtsratstätigkeit vorbereitet zu werden? | 189 | 0,5 | 1,1 | 11,1 | 43,9 | 43,4 | 1 | 5 | 4 | 4 | 4,29 | 0,75 |
| Intrinsische Motivation | | | | 188 | 1,4 | 2,7 | 9,9 | 52,2 | 33,8 | 1 | 5 | 4 | 4 | 4,14 | 0,81 |

Theoretischer Rang

Fragenart Nr. 1
von 1 = Gar nicht wichtig
bis 5 = Sehr wichtig

Fragenart Nr. 2
von 1 = Trifft gar nicht zu
bis 5 = Trifft voll zu

Min. = Minimum
Max. = Maximum
Med. = Median
Mod. = Modus
Ø = Mittelwert
σ = Standardabweichung

Tab. 74:   Deskriptive Statistik zur intrinsischen Motivation – Teil II[1688]

Mit einem gewichteten Durchschnittswert von 4,14 erhielten die Indikatoren bzw. Teilaspekte der *intrinsischen Motivation* insgesamt eine hohe Zustimmung. Innerhalb der Teilaspekte erzielten die Indikatoren der *Herausforderung* mit durchschnittlich 4,37 den Höchstwert. Den geringsten Zuspruch erhielten mit durchschnittlich 3,54 die Indikatoren des Teilaspekts *Freude allgemein*.

Auch wenn im Hinblick auf die einzelnen Gruppen keine großen Unterschiede festzustellen sind, so ist eine Tendenz dahingehend zu erkennen, dass sich Aufsichtsräte aus größeren Gremien bzw. Banken sowie Arbeitnehmervertreter am ehesten auf bevorstehende Sitzungen freuen (vgl. Tab. 75).

---

[1688] Quelle: Eigene Darstellung.

| Teilaspekt | | Nr. | Inwiefern treffen die folgenden Aussagen auf Sie zu? | n | Relative Häufigkeit (in %) | | | | | Ø |
|---|---|---|---|---|---|---|---|---|---|---|
| | | | | | 1 | 2 | 3 | 4 | 5 | |
| Freude allgemein | | 28 | Ich freue mich auf bevorstehende Gremiumssitzungen. | 186 | 1,1 | 2,2 | 10,8 | 69,4 | 16,7 | 3,98 |
| Bank | Bilanzsumme (in EUR) | | < 500 Mio. | 73 | 1,4 | 1,4 | 11,0 | 72,6 | 13,7 | 3,96 |
| | | | ≥ 500 Mio. bis < 1 Mrd. | 53 | 1,9 | 3,8 | 13,2 | 67,9 | 13,2 | 3,87 |
| | | | ≥ 1 Mrd. bis < 2 Mrd. | 38 | - | 2,6 | 13,2 | 63,2 | 21,1 | 4,03 |
| | | | ≥ 2 Mrd. | 22 | - | - | - | 72,7 | 27,3 | 4,27 |
| Gremium | Gremiengröße | | 3-5 | 21 | - | 4,8 | 14,3 | 71,4 | 9,5 | 3,86 |
| | | | 6-8 | 77 | 1,3 | 2,6 | 13,0 | 68,8 | 14,3 | 3,92 |
| | | | 9-11 | 47 | 2,1 | 2,1 | 8,5 | 66,0 | 21,3 | 4,02 |
| | | | 12-15 | 27 | - | - | 11,1 | 66,7 | 22,2 | 4,11 |
| | | | > 15 | 9 | - | - | - | 88,9 | 11,1 | 4,11 |
| | | | nicht genannt | 5 | - | - | - | 80,0 | 20,0 | 4,20 |
| AR-Individuell | Position im AR | | Vorsitzender | 32 | - | 3,1 | 6,3 | 68,8 | 21,9 | 4,09 |
| | | | Stellvertretender Vorsitzender | 27 | - | 3,7 | 18,5 | 63,0 | 14,8 | 3,89 |
| | | | Mitglied | 127 | 1,6 | 1,6 | 10,2 | 70,9 | 15,7 | 3,98 |
| | Vertreterart | | Mitgliedervertreter | 173 | 1,2 | 2,3 | 11,0 | 68,8 | 16,8 | 3,98 |
| | | | Arbeitnehmervertreter | 9 | - | - | - | 77,8 | 22,2 | 4,22 |
| | | | nicht genannt | 4 | - | - | 25,0 | 75,0 | - | 3,75 |
| | Zugehörigkeits- dauer (in Jahren) | | 0-5 | 47 | - | 2,1 | 10,6 | 68,1 | 19,1 | 4,04 |
| | | | 6-15 | 49 | 2,0 | 2,0 | 10,2 | 71,4 | 14,3 | 3,94 |
| | | | 16-25 | 45 | - | 4,4 | 8,9 | 73,3 | 13,3 | 3,96 |
| | | | 26-35 | 15 | 6,7 | - | 13,3 | 53,3 | 26,7 | 3,93 |
| | | | > 35 | 2 | - | - | - | 100,0 | - | 4,00 |
| | | | nicht genannt | 28 | - | - | 14,3 | 67,9 | 17,9 | 4,04 |
| | Geschlecht | | Mann | 153 | 1,3 | 2,0 | 10,5 | 70,6 | 15,7 | 3,97 |
| | | | Frau | 22 | - | - | 18,2 | 50,0 | 31,8 | 4,14 |
| | | | nicht genannt | 11 | - | 9,1 | - | 90,9 | - | 3,82 |
| | Alter (in Jahren) | | < 30 | | - | - | - | - | - | - |
| | | | 30-39 | 8 | - | - | 12,5 | 50,0 | 37,5 | 4,25 |
| | | | 40-49 | 32 | - | - | 6,3 | 81,3 | 12,5 | 4,06 |
| | | | 50-59 | 66 | - | - | 13,6 | 66,7 | 19,7 | 4,06 |
| | | | 60-69 | 66 | 3,0 | 4,5 | 10,6 | 65,2 | 16,7 | 3,88 |
| | | | > 69 | | - | - | - | - | - | - |
| | | | nicht genannt | 14 | - | 7,1 | 7,1 | 85,7 | - | 3,79 |

Tab. 75:   Gruppenvergleich zu Indikator Nr. 28[1689]

Die Homogenität der Antworten wird exemplarisch anhand von Indikator Nr. 22 verdeutlicht. Der Aussage, dass die Aufsichtsratsarbeit anspruchsvoll ist, wurde mit einem durchschnittlichen Wert von 4,41 zugestimmt. Sowohl intra- als auch intergruppenbezogen gab es keine größeren Abweichungen hiervon (vgl. Tab. 76).

---

[1689] Quelle: Eigene Darstellung.

| Teilaspekt | | Nr. | Inwiefern treffen die folgenden Aussagen auf Sie zu? | n | Relative Häufigkeit (in %) 1 | 2 | 3 | 4 | 5 | Ø |
|---|---|---|---|---|---|---|---|---|---|---|
| Herausforderung | | 22 | Die Aufsichtsratsarbeit ist anspruchsvoll. | 187 | - | - | 5,9 | 47,1 | 47,1 | 4,41 |
| Bank | Bilanzsumme (in EUR) | | < 500 Mio. | 73 | - | - | 2,7 | 49,3 | 47,9 | 4,45 |
| | | | ≥ 500 Mio. bis < 1 Mrd. | 54 | - | - | 7,4 | 44,4 | 48,1 | 4,41 |
| | | | ≥ 1 Mrd. bis < 2 Mrd. | 39 | - | - | - | 59,0 | 41,0 | 4,41 |
| | | | ≥ 2 Mrd. | 21 | - | - | 23,8 | 23,8 | 52,4 | 4,29 |
| Gremium | Gremiengröße | | 3-5 | 21 | - | - | 9,5 | 38,1 | 52,4 | 4,43 |
| | | | 6-8 | 77 | - | - | 1,3 | 55,8 | 42,9 | 4,42 |
| | | | 9-11 | 48 | - | - | 6,3 | 41,7 | 52,1 | 4,46 |
| | | | 12-15 | 28 | - | - | 7,1 | 46,4 | 46,4 | 4,39 |
| | | | > 15 | 9 | - | - | 33,3 | 33,3 | 33,3 | 4,00 |
| | | | nicht genannt | 4 | - | - | - | 25,0 | 75,0 | 4,75 |
| AR-Individuell | Position im AR | | Vorsitzender | 32 | - | - | 3,1 | 37,5 | 59,4 | 4,56 |
| | | | Stellvertretender Vorsitzender | 28 | - | - | - | 53,6 | 46,4 | 4,46 |
| | | | Mitglied | 127 | - | - | 7,9 | 48,0 | 44,1 | 4,36 |
| | Vertreterart | | Mitgliedervertreter | 174 | - | - | 4,6 | 47,1 | 48,3 | 4,44 |
| | | | Arbeitnehmervertreter | 9 | - | - | 33,3 | 22,2 | 44,4 | 4,11 |
| | | | nicht genannt | 4 | - | - | - | 100,0 | - | 4,00 |
| | Zugehörigkeits- dauer (in Jahren) | | 0-5 | 47 | - | - | 10,6 | 48,9 | 40,4 | 4,30 |
| | | | 6-15 | 50 | - | - | 2,0 | 50,0 | 48,0 | 4,46 |
| | | | 16-25 | 44 | - | - | 2,3 | 34,1 | 63,6 | 4,61 |
| | | | 26-35 | 15 | - | - | 13,3 | 60,0 | 26,7 | 4,13 |
| | | | > 35 | 2 | - | - | - | 100,0 | - | 4,00 |
| | | | nicht genannt | 29 | - | - | 6,9 | 48,3 | 44,8 | 4,38 |
| | Geschlecht | | Mann | 154 | - | - | 7,1 | 48,1 | 44,8 | 4,38 |
| | | | Frau | 22 | - | - | - | 40,9 | 59,1 | 4,59 |
| | | | nicht genannt | 11 | - | - | - | 45,5 | 54,5 | 4,55 |
| | Alter (in Jahren) | | < 30 | - | - | - | - | - | - | - |
| | | | 30-39 | 8 | - | - | - | 75,0 | 25,0 | 4,25 |
| | | | 40-49 | 32 | - | - | 15,6 | 37,5 | 46,9 | 4,31 |
| | | | 50-59 | 66 | - | - | 4,5 | 48,5 | 47,0 | 4,42 |
| | | | 60-69 | 67 | - | - | 4,5 | 46,3 | 49,3 | 4,45 |
| | | | > 69 | - | - | - | - | - | - | - |
| | | | nicht genannt | 14 | - | - | - | 50,0 | 50,0 | 4,50 |

Tab. 76:  Gruppenvergleich zu Indikator Nr. 22[1690]

Bei einem Vergleich der beiden Motivationsbestandteile fällt auf, dass die Durchschnittswerte der *intrinsischen* wesentlich höher als die der *extrinsischen Motivation* ausfallen. Der aggregierte gewichtete Gesamtdurchschnitt der *extrinsischen Motivation* liegt bei 3,55 im Vergleich zu 4,14 bei der *intrinsischen Motivation*. Aufgrund der Tatsache, dass die Modi und Mediane meist größer als der Mittelwert sind, liegen größtenteils linksschiefe Verteilungen vor. Dies wird durch die Werte der Schiefe, die überwiegend kleiner als Null sind, bestätigt.[1691]

## 1.2.2  Zufriedenheit

Die Fragen zur *Zufriedenheit* beantworteten durchschnittlich 185 Personen.[1692] Der gewichtete Mittelwert über alle Antworten liegt bei 4,23. Nur bei 14 der 53 Indikatoren wurden die Antwortmöglichkeiten vollständig ausgeschöpft, wobei insbesondere die oberen Skalenwerte gewählt wurden. Sowohl die hohen Modi, Mediane

---

[1690] Quelle: Eigene Darstellung.
[1691] Vgl. Anhang 9.
[1692] Die Indikatoren Nr. 60 und 87 wurden hierbei nicht mit berücksichtigt, da diese Fragen nur an Aufsichtsräte gerichtet waren, bei denen Arbeitnehmervertreter im Aufsichtsrat vertreten sind.

als auch die Mittelwerte deuten auf eine geringe Varianz der Ergebnisse bzw. eine geringe Unterscheidung der Indikatoren untereinander hin. Bezogen auf alle in Tab. 77-Tab. 82 genannten Indikatoren wählten durchschnittlich 90 % der Befragten einen der oberen beiden Skalenwerte. Es liegen daher größtenteils linksschiefe Verteilungen vor. Dies wird ebenfalls durch die Werte der Schiefe, die überwiegend kleiner als Null sind, bestätigt.[1693]

Bei den Indikatoren Nr. 37, Nr. 41 sowie Nr. 48 wurde der theoretische Rang im Nachhinein umgedreht. Dies hat den Vorteil, dass sich die gezeigten Werte besser miteinander vergleichen lassen. Beispielsweise ist Indikator Nr. 37 so zu interpretieren, dass 0,5 % der Aufsichtsräte der Aussage, dass die Arbeit im Aufsichtsrat stressig ist, voll zustimmen. 45 % sind hingegen der Ansicht, dass die Aussage (gar) nicht zutrifft. Bei Nr. 48 gab es die größte Varianz der Ergebnisse ($\sigma = 1{,}12$) sowie mit 3,04 auch den geringsten Mittelwert. Jeweils rund ein Drittel empfinden die investierte Zeit vom Umfang her weniger, mehr sowie genau wie erwartet. Rund 92 % sind zudem der Ansicht, dass die Tätigkeit gut planbar ist (Nr. 49). Das Stresslevel der Aufsichtsratsarbeit wird als eher neutral eingeschätzt (46 % wählten die mittlere Antwortmöglichkeit bei Nr. 37).

99 % der Aufsichtsräte sind mit ihrer Tätigkeit im Allgemeinen zufrieden oder sehr zufrieden (Nr. 34). Bemerkenswert ist zudem, dass rund 97 % das Mandat wieder annehmen würden, wenn sie noch einmal vor der Entscheidung stünden (Nr. 40).

Lediglich 72 % sind der Meinung, dass Aufwand und Ertrag der Tätigkeit in einem angemessenen Verhältnis stehen (Nr. 38). Dieser Indikator weist mit 0,96 eine vergleichsweise hohe Standardabweichung und einen niedrigen Mittelwert (Ø 3,74) auf. Die niedrigste Standardabweichung wurde mit 0,48 bei Nr. 43 gemessen. Es herrscht somit Einigkeit darüber, dass sich die Mandatsträger der jeweiligen Bank verbunden fühlen. Ein Drittel stimmte der Aussage, sich mit der Bank verbunden zu fühlen, zu. Zwei Drittel stimmten sogar voll zu. Damit einhergehend haben rund 95 % das Gefühl, einen wichtigen Beitrag für die Bank zu leisten (Nr. 44). Dass die Aufsichtsratsarbeit den Erfolg der Bank beeinflusst, beurteilt rund ein Drittel hingegen als eher neutral (Nr. 73).

An der Zusammenarbeit innerhalb des Gremiums haben nur wenige etwas zu beanstanden (Nr. 84). Über alle in Tab. 77-Tab. 82 genannten Indikatoren der Zufriedenheit wurde hier der höchste Mittelwert (Ø 4,70) erzielt. Rund 72 % beurteilten diesen Aspekt mit der höchsten Antwortmöglichkeit.

Ein weiterer niedriger Durchschnittswert mit einer ebenfalls hohen Standardabweichung liegt bei Indikator Nr. 62 vor (Ø 3,43 sowie $\sigma = 0{,}98$). Zusätzliche Informationen über die Geschäftstätigkeit der Bank werden von den Aufsichtsräten als nicht notwendig erachtet. Lediglich 13 % wünschen sich weitere Informationen. Dies deckt sich damit, dass fast alle Aufsichtsräte der Ansicht sind, dass ihnen die Bank einen umfassenden Einblick in die Geschäftstätigkeit gewährt (jeweils 49 % stimmten Nr. 59 zu oder voll zu).

---

[1693]  Vgl. Anhang 9.

In Bezug auf die Kompetenz sind rund 97 % der Meinung, dass die Herausforderungen des Mandats ihren Kompetenzen entsprechen (Ø 4,27 bei Nr. 47). Allerdings fühlten sich nur 67 % angemessen auf ihre Tätigkeit vorbereitet (Ø 3,75 bei Nr. 45).

Hinsichtlich der aggregierten Teilaspektebene wurden in Bezug auf die *investierte Zeit* mit 3,61 der geringste Durchschnitt und hinsichtlich der *Beurteilung der Vorstandstätigkeit* mit 4,61 der höchste Durchschnittswert erzielt, gefolgt von der *Zusammenarbeit* (Ø 4,53) und der *Loyalität mit der Bank* (Ø 4,40).

| | | | | n | Relative Häufigkeit (in %) | | | | | Min. | Max. | Med. | Mod. | Ø | σ |
|---|---|---|---|---|---|---|---|---|---|---|---|---|---|---|---|
| **Zufriedenheit** | | | | | | | | | | | | | | | |
| Teilaspekt | Nr. | | 1 Wie zufrieden sind Sie...  2 Inwiefern treffen die folgenden Aussagen auf Sie zu?  3 Wie beurteilen Sie die Informationsversorgung?  4 Wie beurteilen Sie die Arbeit des Aufsichtsrats? | | 1 | 2 | 3 | 4 | 5 | | | | | | |
| | | | | 181 | 0,1 | 2,3 | 12,0 | 50,1 | 35,5 | 1 | 5 | 4 | 4 | 4,18 | 0,74 |
| Eigene AR-Arbeit | 34 | 1 | mit Ihrer Tätigkeit als Aufsichtsrat im Allgemeinen? | 170 | - | - | 0,6 | 57,1 | 42,4 | 3 | 5 | 4 | 4 | 4,42 | 0,51 |
| | 35 | 2 | Meine Beiträge finden Berücksichtigung. | 186 | - | 0,5 | 1,6 | 61,3 | 36,6 | 2 | 5 | 4 | 4 | 4,34 | 0,54 |
| | 36 | 2 | Die Arbeit im Aufsichtsrat ist interessant. | 184 | - | 0,5 | - | 48,9 | 50,5 | 2 | 5 | 5 | 5 | 4,49 | 0,53 |
| | 37 | 2 | *Die Arbeit im Aufsichtsrat ist stressig.* | 185 | 0,5 | 8,1 | 45,9 | 33,0 | 12,4 | 1 | 5 | 3 | 3 | 3,49 | 0,83 |
| | | | | 186 | 1,3 | 2,7 | 7,2 | 51,3 | 37,6 | 1 | 5 | 4 | 4 | 4,21 | 0,79 |
| Erwartungs-erfüllung an AR-Mandat | 38 | 2 | Aufwand und Ertrag meiner Aufsichtsratstätigkeit stehen in einem angemessenen Verhältnis. | 186 | 3,8 | 8,1 | 16,1 | 54,8 | 17,2 | 1 | 5 | 4 | 4 | 3,74 | 0,96 |
| | 39 | 2 | Meine Erwartungen an das Aufsichtsratsmandat haben sich vollkommen erfüllt. | 186 | - | - | 4,3 | 68,3 | 27,4 | 3 | 5 | 4 | 4 | 4,23 | 0,51 |
| | 40 | 2 | Wenn ich noch einmal vor der Entscheidung stehen würde, würde ich das Aufsichtsratsmandat wieder annehmen. | 186 | - | - | 1,1 | 30,6 | 68,3 | 3 | 5 | 5 | 5 | 4,67 | 0,49 |
| | | | | 184 | 3,3 | 2,7 | 21,7 | 40,8 | 31,5 | 1 | 5 | 4 | 4 | 3,95 | 0,97 |
| Vergütung | 41 | 2 | *Meine Einsatzbereitschaft für die Tätigkeit als Aufsichtsrat wäre bei einer höheren Vergütung höher.* | 184 | 3,3 | 2,7 | 21,7 | 40,8 | 31,5 | 1 | 5 | 4 | 4 | 3,95 | 0,97 |

Tab. 77:   Deskriptive Statistik zur Zufriedenheit – Teil I[1694]

---

[1694] Quelle: Eigene Darstellung.

| Teilaspekt | Nr. | | n | Relative Häufigkeit (in %) 1 | 2 | 3 | 4 | 5 | Min. | Max. | Med. | Mod. | Ø | σ |
|---|---|---|---|---|---|---|---|---|---|---|---|---|---|---|
| **Zufriedenheit** | | | | | | | | | | | | | | |
| | | 1 Wie zufrieden sind Sie... 2 Inwiefern treffen die folgenden Aussagen auf Sie zu? 3 Wie beurteilen Sie die Informationsversorgung? 4 Wie beurteilen Sie die Arbeit des Aufsichtsrats? | 185 | - | - | 3,4 | 53,6 | 43,0 | 3 | 5 | 4 | 4 | 4,40 | 0,56 |
| | 42 | 2 Die Aufsichtsratsarbeit gibt mir das Gefühl, etwas Sinnvolles zu leisten. | 184 | - | - | 4,9 | 64,7 | 30,4 | 3 | 5 | 4 | 4 | 4,26 | 0,54 |
| Loyalität mit Bank | 43 | 2 Ich fühle mich der Bank verbunden. | 186 | - | - | - | 34,4 | 65,6 | 4 | 5 | 5 | 5 | 4,66 | 0,48 |
| | 44 | 2 Mit der Aufsichtsrats-tätigkeit kann ich einen wichtigen Beitrag für die Bank leisten. | 185 | - | - | 5,4 | 61,6 | 33,0 | 3 | 5 | 4 | 4 | 4,28 | 0,56 |
| | | | 185 | 0,7 | 1,6 | 12,6 | 59,9 | 25,1 | 1 | 5 | 4 | 4 | 4,07 | 0,71 |
| | 45 | 2 Ich wurde angemessen auf meine Tätigkeit als Aufsichtsrat vorbereitet. | 184 | 2,2 | 3,8 | 26,6 | 51,6 | 15,8 | 1 | 5 | 4 | 4 | 3,75 | 0,84 |
| Kompetenz/Wissen | 46 | 3 Ich werde regelmäßig über relevante gesetzliche Änderungen informiert. | 186 | - | 1,1 | 8,6 | 60,2 | 30,1 | 2 | 5 | 4 | 4 | 4,19 | 0,63 |
| | 47 | 2 Die Herausforderungen des Aufsichtsrats-mandats entsprechen meinen Kompetenzen. | 186 | - | - | 2,7 | 67,7 | 29,6 | 3 | 5 | 4 | 4 | 4,27 | 0,50 |
| | | | 186 | 3,5 | 14,8 | 17,5 | 46,0 | 18,3 | 1 | 5 | 4 | 4 | 3,61 | 1,05 |
| | 48 | 2 *Die Aufsichtsratsarbeit kostet mehr Zeit als erwartet.* | 186 | 7,0 | 29,0 | 27,4 | 25,8 | 10,8 | 1 | 5 | 3 | 2 | 3,04 | 1,12 |
| Investierte Zeit | 49 | 2 Der im Rahmen der Tätigkeit anfallende Arbeitsaufwand ist zeitlich gut planbar. | 186 | - | 0,5 | 7,5 | 66,1 | 25,8 | 2 | 5 | 4 | 4 | 4,17 | 0,57 |

Tab. 78: Deskriptive Statistik zur Zufriedenheit – Teil II[1695]

---

[1695] Quelle: Eigene Darstellung.

| Teilaspekt | Nr. | | 1 Wie zufrieden sind Sie...<br>2 Wie beurteilen Sie die Arbeit des Aufsichtsrats?<br>3 Wie beurteilen Sie die Informationsversorgung?<br>4 Wie beurteilen Sie die Arbeit des Aufsichtsrats? | n | \multicolumn{5}{c}{Relative Häufigkeit (in %)} | Min. | Max. | Med. | Mod. | Ø | σ |
|---|---|---|---|---|---|---|---|---|---|---|---|---|---|---|---|
| | | | | | 1 | 2 | 3 | 4 | 5 | | | | | | |
| | | | | 184 | 0,9 | 1,9 | 5,3 | 47,6 | 44,2 | 1 | 5 | 4 | 4 | 4,32 | 0,74 |
| Diskussions-/ Entscheidungskultur | 50 | 4 | Bei Entscheidungsvorschlägen des Vorstands berät der Aufsichtsrat auch über Alternativen. | 184 | - | 0,5 | 8,7 | 53,8 | 37,0 | 2 | 5 | 4 | 4 | 4,27 | 0,64 |
| | 51 | 4 | Die Diskussionen im Aufsichtsrat sind überwiegend ergebnisoffen. | 184 | 2,2 | 8,2 | 14,1 | 54,3 | 21,2 | 1 | 5 | 4 | 4 | 3,84 | 0,92 |
| | 52 | 4 | Kritik und abweichende Positionen werden konstruktiv aufgenommen. | 184 | - | 0,5 | 2,7 | 55,4 | 41,3 | 2 | 5 | 4 | 4 | 4,38 | 0,57 |
| | 53 | 4 | Die Aufsichtsratsmitglieder sind voneinander unabhängig. | 184 | 1,6 | 1,6 | 2,7 | 38,6 | 55,4 | 1 | 5 | 5 | 5 | 4,45 | 0,77 |
| | 54 | 2 | Ich bin bei Aufsichtsratsentscheidungen nicht weisungsgebunden. | 183 | 1,1 | 0,5 | 3,3 | 30,6 | 64,5 | 1 | 5 | 5 | 5 | 4,57 | 0,69 |
| | 55 | 4 | Die Diskussionen im Aufsichtsrat sind zielführend. | 183 | 0,5 | - | 0,5 | 53,0 | 45,9 | 1 | 5 | 4 | 4 | 4,44 | 0,57 |
| | | | | 187 | 0,2 | 2,0 | 5,7 | 45,1 | 47,1 | 1 | 5 | 4 | 5 | 4,37 | 0,70 |
| Informationsversorgung | 56 | 3 | In der Regel bleibt genügend Zeit, die Informationen vor den Sitzungen zu prüfen. | 187 | - | 2,7 | 8,0 | 45,5 | 43,9 | 2 | 5 | 4 | 4 | 4,30 | 0,73 |
| | 57 | 3 | Alle wesentlichen Informationen liegen schriftlich vor. | 187 | 0,5 | 2,1 | 5,3 | 40,1 | 51,9 | 1 | 5 | 5 | 5 | 4,41 | 0,74 |
| | 58 | 3 | Die dem Aufsichtsrat vorgetragenen Informationen sind verständlich aufbereitet. | 187 | - | 1,1 | 3,7 | 49,7 | 45,5 | 2 | 5 | 4 | 4 | 4,40 | 0,62 |

Tab. 79:   Deskriptive Statistik zur Zufriedenheit – Teil III[1696]

---

| Teilaspekt | Nr. | | 1 Wie zufrieden sind Sie... / 2 Wie beurteilen Sie die Informationsversorgung? / 3 Wie beurteilen Sie die Informations-versorgung? / 4 Wie beurteilen Sie die Arbeit des Aufsichtsrats? | n | Relative Häufigkeit (in %) 1 | 2 | 3 | 4 | 5 | Min. | Max. | Med. | Mod. | Ø | σ |
|---|---|---|---|---|---|---|---|---|---|---|---|---|---|---|---|
| | | | **Zufriedenheit** | | | | | | | | | | | | |
| | | | | **186** | **1,0** | **1,7** | **10,6** | **41,8** | **44,9** | **1** | **5** | **4** | **5** | **4,25** | **0,82** |
| | 59 | 3 | Der Aufsichtsrat hat einen umfassenden Einblick in die Geschäftstätigkeit der Bank. | 187 | - | - | 1,6 | 49,2 | 49,2 | 3 | 5 | 4 | 4/5 | 4,48 | 0,53 |
| Informa-tions-stand | 60 | 3 | Der Informationsstand von Mitglieder- und Arbeitnehmervertretern ist als gleichwertig einzuschätzen. | 31 | - | - | 6,5 | 41,9 | 51,6 | 3 | 5 | 5 | 5 | 4,45 | 0,62 |
| | 61 | 1 | dem Informations-austausch innerhalb des Aufsichtsrats? | 185 | - | 0,5 | 4,9 | 53,5 | 41,1 | 2 | 5 | 4 | 4 | 4,35 | 0,60 |
| | 62 | 3 | *Mehr Informationen über die Geschäftstätigkeit der Bank wären hilfreich.* | 185 | 4,9 | 8,1 | 38,9 | 35,7 | 12,4 | 1 | 5 | 3 | 3 | 3,43 | 0,98 |
| | 63 | 3 | Der Aufsichtsrat wird umfassend über die Risikolage der Bank informiert. | 187 | - | - | 1,1 | 28,9 | 70,1 | 3 | 5 | 5 | 5 | 4,69 | 0,49 |
| | | | | **184** | **0,4** | **0,5** | **7,5** | **58,3** | **33,5** | **1** | **5** | **4** | **4** | **4,24** | **0,63** |
| | 64 | 4 | *Die Aufsichtsrats-tätigkeit leidet unter der häufigen Abwesenheit einzelner Mitglieder.* | 183 | 1,1 | 1,6 | 19,7 | 36,6 | 41,0 | 1 | 5 | 4 | 5 | 4,15 | 0,87 |
| | 65 | 4 | Die Aufsichtsrats-mitglieder werden der zeitlichen Intensität der Wahrnehmung des Mandats gerecht. | 183 | 1,1 | 0,5 | 5,5 | 73,8 | 19,1 | 1 | 5 | 4 | 4 | 4,09 | 0,60 |
| Zufrieden-heit mit AR-Kollegen | 66 | 2 | Ich freue mich über den Gedankenaustausch mit den Aufsichtsrats-kollegen. | 185 | - | - | 2,7 | 53,5 | 43,8 | 3 | 5 | 4 | 4 | 4,41 | 0,55 |
| | 67 | 4 | Die Kompetenz der Mitglieder wird ausreichend genutzt. | 181 | - | - | 6,6 | 74,6 | 18,8 | 3 | 5 | 4 | 4 | 4,12 | 0,49 |
| | 68 | 4 | Die Aufsichtsrats-mitglieder sind auf die Aufsichtsratssitzungen ausreichend vorbereitet. | 185 | - | 0,5 | 9,2 | 68,6 | 21,6 | 2 | 5 | 4 | 4 | 4,11 | 0,56 |
| | 69 | 1 | dem Verhältnis zu Ihren Aufsichtsratskollegen? | 184 | - | - | 1,1 | 42,4 | 56,5 | 3 | 5 | 5 | 5 | 4,55 | 0,52 |

Tab. 80: Deskriptive Statistik zur Zufriedenheit – Teil IV[1697]

---

[1697] Quelle: Eigene Darstellung. Indikator Nr. 60 wurde bei der durchschnittlichen Anzahl der Befragten auf den aggregierten Ebenen nicht mit berücksichtigt, da diese Fragen nur an Aufsichtsräte gerichtet waren, bei denen Arbeitnehmervertreter im Aufsichtsrat vertreten sind.

| Teilaspekt | Nr. | | n | \multicolumn{5}{c}{Relative Häufigkeit (in %)} | Min. | Max. | Med. | Mod. | Ø | σ |
|---|---|---|---|---|---|---|---|---|---|---|---|---|---|---|
| | | Zufriedenheit | | 1 | 2 | 3 | 4 | 5 | | | | | | |
| | | 1 Wie zufrieden sind Sie... | | | | | | | | | | | | |
| | | 2 Wie beurteilen Sie die Arbeit des Aufsichtsrats? | | | | | | | | | | | | |
| | | 3 Wie beurteilen Sie die Informationsversorgung? | | | | | | | | | | | | |
| | | 4 Wie beurteilen Sie die Arbeit des Aufsichtsrats? | | | | | | | | | | | | |
| | | | 183 | 0,1 | 0,5 | 6,7 | 55,4 | 37,3 | 1 | 5 | 4 | 4 | 4,29 | 0,62 |
| Organisation des Gremiums | 70 | 1 dem Ablauf von Gremiumssitzungen? | 185 | - | - | 2,7 | 59,5 | 37,8 | 3 | 5 | 4 | 4 | 4,35 | 0,53 |
| | 71 | 4 Die Anzahl der ordentlichen Sitzungen des Aufsichtsrats ist ausreichend. | 184 | - | - | 2,7 | 59,8 | 37,5 | 3 | 5 | 4 | 4 | 4,35 | 0,53 |
| | 72 | 4 Der Aufsichtsrat kommt seiner Kontrollfunktion nach. | 184 | - | - | - | 46,7 | 53,3 | 4 | 5 | 5 | 5 | 4,53 | 0,50 |
| | 73 | 4 Die Aufsichtsratsarbeit beeinflusst den Erfolg der Bank. | 183 | - | 1,6 | 27,3 | 53,0 | 18,0 | 2 | 5 | 4 | 4 | 3,87 | 0,71 |
| | 74 | 4 Die Aufsichtsratsmitglieder haben angemessene Kenntnisse bzgl. der Verfahren und Kriterien zur Risikovermeidung. | 183 | - | 1,1 | 12,0 | 67,2 | 19,7 | 2 | 5 | 4 | 4 | 4,05 | 0,60 |
| | 75 | 4 Der Umfang der zustimmungspflichtigen Geschäfte ist ausreichend. | 181 | - | 0,6 | 2,2 | 67,4 | 29,8 | 2 | 5 | 4 | 4 | 4,27 | 0,52 |
| | 76 | 1 der Arbeit des Gremiums im Allgemeinen? | 185 | - | - | 1,1 | 49,7 | 49,2 | 3 | 5 | 4 | 4 | 4,48 | 0,52 |
| | 78 | 4 Die Aufsichtsratsmitglieder sind aufgrund objektiver Kriterien (Fähigkeiten, Kenntnisse und fachliche Erfahrungen) berufen worden. | 182 | 0,5 | 1,6 | 11,0 | 60,4 | 26,4 | 1 | 5 | 4 | 4 | 4,10 | 0,69 |
| | 79 | 4 Die Aufsichtsratsmitglieder sind gegenüber dem Vorstand unabhängig. | 184 | - | - | 1,6 | 34,8 | 63,6 | 3 | 5 | 5 | 5 | 4,62 | 0,52 |

Tab. 81:　Deskriptive Statistik zur Zufriedenheit – Teil V[1698]

---

[1698]　Quelle: Eigene Darstellung.

| Teilaspekt | Nr. | 1 Wie zufrieden sind Sie... / 2 Wie beurteilen Sie die Informationsversorgung? / 3 Wie beurteilen Sie die Informationsversorgung? / 4 Wie beurteilen Sie die Arbeit des Aufsichtsrats? | n | Relative Häufigkeit (in %) 1 | 2 | 3 | 4 | 5 | Min. | Max. | Med. | Mod. | Ø | σ |
|---|---|---|---|---|---|---|---|---|---|---|---|---|---|---|
| | | | **186** | - | 0,4 | 3,2 | 31,5 | 64,9 | 2 | 5 | 5 | 5 | 4,61 | 0,57 |
| | 80 3 | Der Aufsichtsrat wird ausreichend durch den Vorstand informiert. | 187 | - | - | 2,1 | 32,6 | 65,2 | 3 | 5 | 5 | 5 | 4,63 | 0,53 |
| Beurteilung der Vorstandstätigkeit | 82 3 | Die Informationen des Vorstands werden dem Aufsichtsrat rechtzeitig vor den Sitzungen zur Verfügung gestellt. | 186 | - | 0,5 | 6,5 | 33,3 | 59,7 | 2 | 5 | 5 | 5 | 4,52 | 0,64 |
| | 81 2 | Den Vorstand schätze ich als kompetent ein. | 186 | - | 0,5 | 1,1 | 28,5 | 69,9 | 2 | 5 | 5 | 5 | 4,68 | 0,52 |
| | | | **184** | - | 0,3 | 2,7 | 39,7 | 57,3 | 2 | 5 | 4 | 5 | 4,53 | 0,57 |
| | 83 1 | der Zusammenarbeit mit den Abschlussprüfern? | 183 | - | 1,1 | 4,9 | 52,5 | 41,5 | 2 | 5 | 4 | 4 | 4,34 | 0,63 |
| | 84 1 | der Zusammenarbeit innerhalb des Gremiums? | 185 | - | 0,5 | 1,1 | 25,9 | 72,4 | 2 | 5 | 5 | 5 | 4,70 | 0,51 |
| Zusammenarbeit | 85 1 | der Zusammenarbeit mit der Internen Revision? | 184 | - | - | 3,3 | 53,8 | 42,9 | 3 | 5 | 4 | 4 | 4,40 | 0,55 |
| | 86 1 | der Zusammenarbeit mit dem Vorstand? | 185 | - | - | 1,1 | 30,8 | 68,1 | 3 | 5 | 5 | 5 | 4,67 | 0,49 |
| | 87 1 | der Zusammenarbeit zwischen Mitgliedervertretern und Arbeitnehmervertretern? | 31 | - | - | 3,2 | 35,5 | 61,3 | 3 | 5 | 5 | 5 | 4,58 | 0,56 |
| **Zufriedenheit** | | | **185** | 0,7 | 2,2 | 8,6 | 49,8 | 38,7 | 1 | 5 | 4 | 4 | 4,23 | 0,73 |

| | | | |
|---|---|---|---|
| Bei den Indikatoren 37, 41, 48, 62 und 64 wurden der theoretische Rang im Nachhinein umgedreht. | Theoretischer Rang | Fragenart Nr. 1 von 1 = Gar nicht zufrieden bis 5 = Sehr zufrieden — Fragenart Nr. 2, Nr. 3 und Nr. 4 von 1 = Trifft gar nicht zu bis 5 = Trifft voll zu | Min. = Minimum Max. = Maximum Med. = Median Mod. = Modus Ø = Mittelwert σ = Standardabweichung |

Tab. 82:    Deskriptive Statistik zur Zufriedenheit – Teil VI[1699]

In Bezug auf mögliche Differenzen zwischen den Gruppen wurde die Frage nach der Zufriedenheit mit der Tätigkeit als Aufsichtsrat im Allgemeinen (Nr. 34) als sehr einheitlich bewertet. Den größten Unterschied gab es bei den Befragten, die einem Gremium mit mehr als 15 Personen angehören, mit einem Durchschnittswert von 4,14 und den Aufsichtsratsvorsitzenden mit einer durchschnittlichen Zustimmung von 4,57.

---

[1699] Quelle: Eigene Darstellung. Indikator Nr. 87 wurde bei der durchschnittlichen Anzahl der Befragten auf den aggregierten Ebenen nicht mit berücksichtigt, da diese Fragen nur an Aufsichtsräte gerichtet waren, bei denen Arbeitnehmervertreter im Aufsichtsrat vertreten sind.

Ob Aufwand und Ertrag in einem angemessenen Verhältnis zueinander stehen (Nr. 38), wurde hingegen differenzierter beantwortet (siehe Tab. 83). Jüngere Aufsichtsräte beurteilten das Verhältnis positiver als ältere und Mitglieder ohne besondere Position im Gremium besser als die Vorsitzenden. In Bezug auf die Gremiengröße bewerteten die Befragten aus einem Gremium mit 3 bis 5 Personen das Aufwands-Ertrags-Verhältnis schlechter als die aus einem 9- bis 11-köpfigen Gremium (3,40 im Vergleich zu 4,02).

| Teilaspekt | | Nr. | Inwiefern treffen die folgenden Aussagen auf Sie zu? | n | Relative Häufigkeit (in %) 1 | 2 | 3 | 4 | 5 | Ø |
|---|---|---|---|---|---|---|---|---|---|---|
| Erwartungserfüllung an AR-Mandat | | 38 | Aufwand und Ertrag meiner Aufsichtsratstätigkeit stehen in einem angemessenen Verhältnis. | 186 | 3,8 | 8,1 | 16,1 | 54,8 | 17,2 | 3,74 |
| Bank | Bilanzsumme (in EUR) | | < 500 Mio. | 72 | 5,6 | 12,5 | 13,9 | 54,2 | 13,9 | 3,58 |
| | | | ≥ 500 Mio. bis < 1 Mrd. | 53 | 3,8 | 5,7 | 17,0 | 47,2 | 26,4 | 3,87 |
| | | | ≥ 1 Mrd. bis < 2 Mrd. | 39 | 2,6 | - | 20,5 | 59,0 | 17,9 | 3,90 |
| | | | ≥ 2 Mrd. | 22 | - | 13,6 | 13,6 | 68,2 | 4,5 | 3,64 |
| Gremium | Gremiengröße | | 3-5 | 20 | 10,0 | 15,0 | 15,0 | 45,0 | 15,0 | 3,40 |
| | | | 6-8 | 76 | 5,3 | 9,2 | 18,4 | 53,9 | 13,2 | 3,61 |
| | | | 9-11 | 48 | - | 6,3 | 8,3 | 62,5 | 22,9 | 4,02 |
| | | | 12-15 | 28 | 3,6 | - | 28,6 | 50,0 | 17,9 | 3,79 |
| | | | > 15 | 9 | - | 11,1 | 11,1 | 66,7 | 11,1 | 3,78 |
| | | | nicht genannt | 5 | - | 20,0 | - | 40,0 | 40,0 | 4,00 |
| AR-Individuell | Position im AR | | Vorsitzender | 32 | 3,1 | 18,8 | 15,6 | 53,1 | 9,4 | 3,47 |
| | | | Stellvertretender Vorsitzender | 28 | 3,6 | 7,1 | 28,6 | 42,9 | 17,9 | 3,64 |
| | | | Mitglied | 126 | 4,0 | 5,6 | 13,5 | 57,9 | 19,0 | 3,83 |
| | Vertreterart | | Mitgliedervertreter | 173 | 4,0 | 8,1 | 16,8 | 53,2 | 17,9 | 3,73 |
| | | | Arbeitnehmervertreter | 9 | - | 11,1 | 11,1 | 77,8 | - | 3,67 |
| | | | nicht genannt | 4 | - | - | - | 75,0 | 25,0 | 4,25 |
| | Zugehörigkeitsdauer (in Jahren) | | 0-5 | 47 | 4,3 | 8,5 | 10,6 | 53,2 | 23,4 | 3,83 |
| | | | 6-15 | 49 | 6,1 | 8,2 | 22,4 | 55,1 | 8,2 | 3,51 |
| | | | 16-25 | 44 | 2,3 | 11,4 | 11,4 | 59,1 | 15,9 | 3,75 |
| | | | 26-35 | 15 | - | 6,7 | 26,7 | 46,7 | 20,0 | 3,80 |
| | | | > 35 | 2 | - | - | - | - | 100,0 | 5,00 |
| | | | nicht genannt | 29 | 3,4 | 3,4 | 17,2 | 58,6 | 17,2 | 3,83 |
| | Geschlecht | | Mann | 156 | 3,8 | 8,3 | 16,0 | 54,5 | 17,3 | 3,73 |
| | | | Frau | 22 | - | 9,1 | 9,1 | 59,1 | 22,7 | 3,95 |
| | | | nicht genannt | 8 | 12,5 | - | 37,5 | 50,0 | - | 3,25 |
| | Alter (in EUR) | | < 30 | - | - | - | - | - | - | - |
| | | | 30-39 | 8 | - | - | 12,5 | 50,0 | 37,5 | 4,25 |
| | | | 40-49 | 32 | 3,1 | 9,4 | 12,5 | 59,4 | 15,6 | 3,75 |
| | | | 50-59 | 68 | 4,4 | 7,4 | 14,7 | 57,4 | 16,2 | 3,74 |
| | | | 60-69 | 67 | 3,0 | 10,4 | 16,4 | 50,7 | 19,4 | 3,73 |
| | | | > 69 | - | - | - | - | - | - | - |
| | | | nicht genannt | 11 | 9,1 | - | 36,4 | 54,5 | - | 3,36 |

Tab. 83:   Gruppenvergleich zu Indikator Nr. 38[1700]

Angemessen auf die Aufsichtsratstätigkeit vorbereitet (Nr. 45) fühlen sich Mitgliedervertreter weniger als Arbeitnehmervertreter und die älteren Aufsichtsräte weniger als die jüngeren. Hinsichtlich der Bilanzsumme oder Gremiengröße bestehen keine relevanten Unterschiede.

---

[1700] Quelle: Eigene Darstellung.

Auch, dass die Diskussionen im Aufsichtsrat überwiegend ergebnisoffen geführt werden (Nr. 51), wird größtenteils einheitlich bewertet. Ältere stimmen dieser Aussage tendenziell eher zu als jüngere Aufsichtsräte und Vorsitzende eher als Mitglieder ohne besondere Position.

Neben den bislang dargestellten Sachverhalten wurden die Aufsichtsräte gebeten, die Gremiengröße zu beurteilen (vgl. Tab. 84). Während rund ein Fünftel die aktuelle Gremiengröße als neutral beurteilt, würden es rund 80 % begrüßen, wenn das Gremium weniger Mitglieder hätte.

| Teilaspekt | Nr. | Sollte der Aufsichtsrat Ihrer Meinung nach mehr oder weniger Mitglieder haben? | n | Relative Häufigkeit (in %) | | |
|---|---|---|---|---|---|---|
| | | | | 1 | 2 | 3 |
| Organisation des Gremiums | 77 | Beurteilung der Gremiengröße<br>1 = Mehr Mitglieder<br>2 = Neutral<br>3 = Weniger Mitglieder | 187 | 1,1 | 18,7 | 80,2 |

Tab. 84:    Deskriptive Statistik zur Beurteilung der Gremiengröße[1701]

## 1.2.3    Aufgabenwahrnehmung

Zu den im Folgenden dargestellten Ergebnissen der Aufgabenwahrnehmung zählen das Hierarchieverständnis sowie das Rollenverständnis.

**Hierarchieverständnis**

Über die Hälfte der Aufsichtsräte sieht sich mit dem Vorstand auf einer Ebene (56 %), während rund 40 % den Aufsichtsrat als dem Vorstand übergeordnet wahrnehmen. Nur 6 der 188 Antwortenden (3 %) empfinden den Aufsichtsrat als dem Vorstand untergeordnet (vgl. Tab. 85).

---

[1701] Quelle: Eigene Darstellung. Aufgrund der von einer Likert-Skala abweichenden Antwortmöglichkeiten, sind die Antworten zu dieser Frage nicht in das Ausgangsmodell der Kausalanalyse eingeflossen.

| Teilaspekt | | Nr. | Wie würden Sie aus Ihrer Sicht die Stellung des Aufsichtsrats gegenüber dem Vorstand beschreiben? | n | Relative Häufigkeit (in %) | | |
|---|---|---|---|---|---|---|---|
| | | | | | 1 | 2 | 3 |
| Hierarchieverständnis | | 105 | Der Aufsichtsrat ist...<br>1 = dem Vorstand übergeordnet<br>2 = dem Vorstand untergeordnet<br>3 = mit dem Vorstand auf einer Ebene | 188 | 40,4 | 3,2 | 56,4 |
| Bank | Bilanzsumme<br>(in EUR) | | < 500 Mio. | 73 | 42,5 | 2,7 | 54,8 |
| | | | ≥ 500 Mio. bis < 1 Mrd. | 53 | 37,7 | 5,7 | 56,6 |
| | | | ≥ 1 Mrd. bis < 2 Mrd. | 40 | 35,0 | 2,5 | 62,5 |
| | | | ≥ 2 Mrd. | 22 | 50,0 | - | 50,0 |
| Gremium | Gremiengröße | | 3-5 | 21 | 57,1 | - | 42,9 |
| | | | 6-8 | 77 | 37,7 | 7,8 | 54,5 |
| | | | 9-11 | 48 | 35,4 | - | 64,6 |
| | | | 12-15 | 28 | 50,0 | - | 50,0 |
| | | | > 15 | 9 | 22,2 | - | 77,8 |
| | | | nicht genannt | 5 | 40,0 | - | 60,0 |
| AR-Individuell | Position im AR | | Vorsitzender | 32 | 31,3 | 3,1 | 65,6 |
| | | | Stellvertretender Vorsitzender | 28 | 60,7 | 3,6 | 35,7 |
| | | | Mitglied | 128 | 38,3 | 3,1 | 58,6 |
| | Vertreterart | | Mitgliedervertreter | 175 | 40,0 | 3,4 | 56,6 |
| | | | Arbeitnehmervertreter | 9 | 44,4 | - | 55,6 |
| | | | nicht genannt | 4 | 50,0 | - | 50,0 |
| | Zugehörig-keitsdauer<br>(in Jahren) | | 0-5 | 46 | 43,5 | 2,2 | 54,3 |
| | | | 6-15 | 50 | 32,0 | 4,0 | 64,0 |
| | | | 16-25 | 45 | 40,0 | 2,2 | 57,8 |
| | | | 26-35 | 15 | 46,7 | - | 53,3 |
| | | | > 35 | 2 | 50,0 | - | 50,0 |
| | | | nicht genannt | 30 | 46,7 | 6,7 | 46,7 |
| | Geschlecht | | Mann | 155 | 44,5 | 2,6 | 52,9 |
| | | | Frau | 22 | 18,2 | 4,5 | 77,3 |
| | | | nicht genannt | 11 | 27,3 | 9,1 | 63,6 |
| | Alter<br>(in Jahren) | | < 30 | - | - | - | - |
| | | | 30-39 | 8 | 12,5 | - | 87,5 |
| | | | 40-49 | 32 | 31,3 | - | 68,8 |
| | | | 50-59 | 67 | 46,3 | 3,0 | 50,7 |
| | | | 60-69 | 67 | 46,3 | 4,5 | 49,3 |
| | | | > 69 | - | - | - | - |
| | | | nicht genannt | 14 | 21,4 | 7,1 | 71,4 |

Tab. 85:　Deskriptive Statistik zum Hierarchieverständnis[1702]

Unterschiede zwischen Banken in Bezug auf die Bilanzsumme lassen sich nicht festmachen. Auf der gremienspezifischen Ebene ist eine Tendenz dahingehend zu erkennen, dass Aufsichtsräte aus größeren Gremien den Aufsichtsrat eher mit dem Vorstand auf einer Hierarchieebene sehen.

Auf der aufsichtsratsindividuellen Ebene wird das Aufsichtsratsgremium dem Vorstand als umso eher übergeordnet angesehen, je älter der Aufsichtsrat ist sowie mehrheitlich bei männlichen Aufsichtsräten und stellvertretenden Vorsitzenden. In Bezug auf die Zugehörigkeitsdauer und die Vertreterart sind keine relevanten Unterschiede festzustellen.

---

[1702]　Quelle: Eigene Darstellung.

## Rollenverständnis

Durchschnittlich 182 Personen haben die Fragen zum Rollenverständnis beantwortet. Bei zwölf der 17 Indikatoren wurden die gesamten Antwortmöglichkeiten verwendet (vgl. Tab. 86 und Tab. 87).[1703]

Die größte Streuung ist mit 1,14 bei der Frage festzustellen, ob sich der Aufsichtsrat als Erfüllungsgehilfe der Bankenaufsicht versteht (Nr. 99). Die niedrigste Standardabweichung in Höhe von 0,58 ist bezüglich des Aspekts, dass der Aufsichtsrat als kritischer Diskussionspartner des Vorstands fungiert (Nr. 89), zu beobachten.

Die höchste Zustimmung ist mit einem Durchschnittswert von 4,63 bei Indikator Nr. 104 festzustellen. Dieser bezieht sich darauf, ob die Personalkompetenz als elementare Aufgabe des Aufsichtsrats wahrgenommen wird. Als ebenfalls besonders zutreffend wurde der Aspekt, dass der Aufsichtsrat als kritischer Diskussionspartner des Vorstands fungiert, bewertet (Ø 4,41 bei Nr. 89).

Die geringste Zustimmung erhielt der Aspekt, dass der Aufsichtsrat zwar gesetzlich notwendig ist, jedoch keinen Einfluss auf die Geschäftätigkeit nimmt (Ø 2,07 bei Nr. 103). Mehr Mitspracherechte bei den Sitzungen wünschen sich lediglich 6 % der Aufsichtsräte (Ø 2,23 bei Nr. 93).

Innerhalb des Rollenverständnisses als *Kontrolleur* erachten die Befragten die Überprüfung der Wirksamkeit des Risikomanagements als besonders relevant (Ø 4,31 bei Nr. 101), gefolgt von der Überwachung des Vorstands bezüglich der Einhaltung von bankaufsichtsrechtlichen Regelungen (Ø 4,14 bei Nr. 98). Die Kontrollmöglichkeiten werden als ausreichend eingeschätzt. Lediglich 12 % wünschen sich weitere Kontrollmöglichkeiten (Nr. 100).

In Bezug auf das Rollenverständnis als *strategischer Berater* erfährt die Funktion als kritischer Diskussionspartner die größte Zustimmung (Ø 4,41 bei Nr. 89), gefolgt von dem Aspekt, dass der Aufsichtsrat frühzeitig in Geschäftsentscheidungen eingebunden wird (Ø 4,17 bei Nr. 90). Mehr Mitspracherechte sowohl bei Geschäftsentscheidungen (Ø 2,25 bei Nr. 94) als auch bei Aufsichtsratssitzungen (Ø 2,23 bei Nr. 93) sind jedoch nicht erwünscht. Jeweils rund ein Drittel steht weiteren Mitspracherechten neutral gegenüber, jeweils über 60 % benötigen keine Ausweitung. Wie auch bei den Indikatoren des Kontrolleurs liegt der Modus der Modi bei 4.

---

[1703] Um zu überprüfen, ob die Indikatoren auf die inhaltlich bzw. theoretisch zugedachte Rolle laden, wurde für die Konstrukte, die mithilfe mehrerer Indikatoren gemessen wurden, eine Faktorenanalyse durchgeführt (vgl. Kapitel D1.3.1.3).

| Aufgabenwahrnehmung | | | | | | | | | | | | |
|---|---|---|---|---|---|---|---|---|---|---|---|---|
| Rollen-verständnis | Nr. | Inwieweit treffen die folgenden Aussagen auf Sie zu? | n | Relative Häufigkeit (in %) | | | | | Min. | Max. | Med. | Mod. | Ø | σ |
| | | | | 1 | 2 | 3 | 4 | 5 | | | | | | |
| Strate-gischer Berater | 88 | Ich möchte die Ziele der Bank im Aufsichtsrat vertreten. | 178 | 1,1 | 4,5 | 12,9 | 59,6 | 21,9 | 1 | 5 | 4 | 4 | 3,97 | 0,79 |
| | 89 | Der Aufsichtsrat ist ein kritischer Diskussions-partner des Vorstands. | 181 | - | - | 4,4 | 50,3 | 45,3 | 3 | 5 | 4 | 4 | 4,41 | 0,58 |
| | 90 | Der Aufsichtsrat wird frühzeitig in Geschäfts-entscheidungen eingebunden. | 183 | - | 1,6 | 5,5 | 67,2 | 25,7 | 2 | 5 | 4 | 4 | 4,17 | 0,59 |
| | 91 | Die Strategie wird von Aufsichtsrat und Vorstand gemeinsam erarbeitet. | 182 | 0,5 | 8,2 | 20,3 | 46,7 | 24,2 | 1 | 5 | 4 | 4 | 3,86 | 0,90 |
| | 92 | Der Aufsichtsrat nimmt eine Funktion im Sinne eines Frühwarnsystems wahr. | 182 | 1,1 | 6,0 | 28,0 | 46,7 | 18,1 | 1 | 5 | 4 | 4 | 3,75 | 0,86 |
| | 93 | Ich wünsche mir mehr Mitspracherechte bei Aufsichtsratssitzungen. | 181 | 22,7 | 38,1 | 33,7 | 4,4 | 1,1 | 1 | 5 | 2 | 2 | 2,23 | 0,89 |
| | 94 | Ich wünsche mir mehr Mitspracherechte bei Geschäfts-entscheidungen. | 183 | 19,7 | 43,7 | 29,0 | 7,1 | 0,5 | 1 | 5 | 2 | 2 | 2,25 | 0,87 |
| Mitglieder-vertreter | 95 | Ich möchte die Interessen der Mitglieder vertreten. | 183 | - | 1,1 | 4,9 | 53,0 | 41,0 | 2 | 5 | 4 | 4 | 4,34 | 0,62 |
| | 96 | Ich fühle mich den Mitgliedern verpflichtet. | 183 | 0,5 | 0,5 | 2,7 | 52,5 | 43,7 | 1 | 5 | 4 | 4 | 4,38 | 0,63 |
| Kontrolleur | 97 | Der Aufsichtsrat ist ein enger Partner der Abschlussprüfer. | 180 | 0,6 | 5,0 | 31,1 | 43,9 | 19,4 | 1 | 5 | 4 | 4 | 3,77 | 0,84 |
| | 98 | Der Aufsichtsrat überwacht den Vorstand im Hinblick auf die Einhaltung bankauf-sichtsrechtlicher Regelungen. | 183 | 0,5 | 2,2 | 14,8 | 47,5 | 35,0 | 1 | 5 | 4 | 4 | 4,14 | 0,79 |
| | 99 | Ich sehe den Aufsichtsrat als Erfüllungsgehilfen der Bankenaufsicht. | 183 | 27,9 | 30,6 | 21,9 | 16,9 | 2,7 | 1 | 5 | 2 | 2 | 2,36 | 1,14 |
| | 100 | Ich wünsche mir mehr Kontrollmöglichkeiten über die Tätigkeiten des Vorstands. | 181 | 7,2 | 27,1 | 53,6 | 9,9 | 2,2 | 1 | 5 | 3 | 3 | 2,73 | 0,82 |
| | 101 | Es ist wichtig, dass der Aufsichtsrat die Wirksamkeit des Risikomanagements überprüft. | 182 | - | 1,1 | 4,9 | 56,0 | 37,9 | 2 | 5 | 4 | 4 | 4,31 | 0,62 |
| | 102 | Mir macht es Spaß, den Jahresabschluss der Bank zu prüfen. | 181 | 1,1 | 3,9 | 25,4 | 50,8 | 18,8 | 1 | 5 | 4 | 4 | 3,82 | 0,82 |

Tab. 86:    Deskriptive Statistik zum Rollenverständnis – Teil I[1704]

---

[1704] Quelle: Eigene Darstellung.

| Aufgabenwahrnehmung | | | | | | | | | | | | |
|---|---|---|---|---|---|---|---|---|---|---|---|---|
| Rollen-verständnis | Nr. | Wie wichtig ist es Ihnen im Rahmen der Tätigkeit als | n | Relative Häufigkeit (in %) | | | | | Min. Max. Med. Mod. | | Ø | σ |
| | | | | 1 | 2 | 3 | 4 | 5 | | | | |
| Gesetzliche Notwendig-keit ohne Einfluss | 103 | Der Aufsichtsrat ist zwar gesetzlich notwendig, nimmt aber keinen Einfluss auf die Geschäftstätigkeit. | 183 | 32,8 | 37,7 | 21,3 | 6,0 | 2,2 | 1  5  2  2 | | 2,07 | 0,99 |
| Personal-verantwort-licher für den Vorstand | 104 | Die Personalkompetenz (Bestellung und Ab-berufung der Vorstands-mitglieder) ist eine elementare Aufgabe des Aufsichtsrats. | 183 | 0,5 | - | 2,7 | 29,5 | 67,2 | 1  5  5  5 | | 4,63 | 0,60 |
| | | Theoretischer Rang von 1 = Trifft gar nicht zu bis 5 = Trifft voll zu | | | | | | | Min. = Minimum Max. = Maximum Med. = Median Mod. = Modus Ø = Mittelwert σ = Standardabweichung | | | |

Tab. 87:   Deskriptive Statistik zum Rollenverständnis – Teil II[1705]

Dass der Aufsichtsrat frühzeitig in Geschäftsentscheidungen eingebunden wird (Nr. 90), bewerten die Aufsichtsräte, die zwischen 26 und 35 Jahre im Amt sind, als weniger notwendig (Ø 3,93).[1706]

Die Interessen der Mitglieder vertreten zu wollen (Nr. 95), ist insbesondere dann ausgeprägt, je kleiner die Bank und damit einhergehend auch je kleiner das Gremium ist. Mitgliedervertreter empfinden dies stärker als Arbeitnehmervertreter. Zudem stimmten insbesondere die älteren Aufsichtsräte und auch die mit einer längeren Zugehörigkeitsdauer dieser Aussage zu.

Den Mitgliedern verpflichtet (Nr. 96) fühlen sich vorrangig die Aufsichtsräte von kleineren Banken, kleineren Gremien sowie ältere Aufsichtsräte. Die Position im Aufsichtsrat sowie das Geschlecht haben diesbezüglich keine Auswirkungen. Mitgliedervertreter stimmen der Aussage hingegen stärker zu als Arbeitnehmervertreter.

Mehr Kontrollmöglichkeiten über die Tätigkeiten des Vorstands (Nr. 100) wünschen sich insbesondere sowohl die Aufsichtsräte, die Teil eines mehr als 15-köpfigen Gremiums (Ø 3,11) sind, als auch die, die das Amt seit mehr als 35 Jahren ausüben (Ø 3,00).

Spaß, den Jahresabschluss zu prüfen (Nr. 102), haben insbesondere die Aufsichtsräte, die seit 26 und mehr Jahren im Amt sind. Je größer das Gremium, desto weniger Spaß haben die Aufsichtsräte an dieser Aufgabe.

Neben den hervorgehobenen Aspekten wurden die Fragen von den verschiedenen Gruppen sehr homogen beantwortet.

---

[1705]  Quelle: Eigene Darstellung.
[1706]  Auf eine Darstellung der Ergebnisse in Tabellenform wurde bei diesem und den folgenden Indikatoren verzichtet, da es – abgesehen von den im Text genannten Ausführungen – keine bedeutenden Unterschiede zwischen den Ausprägungen der einzelnen Gruppen gab.

Bei der Frage, welche der genannten Funktionen der Aufsichtsrat am häufigsten wahrnimmt, sollten die Aufsichtsräte die vier Optionen in die für sie zutreffende Reihenfolge bringen. Hierbei wählten rund 73 % der Aufsichtsräte die „Kontrolle der Geschäftstätigkeit" mit klarem Vorsprung als erste aus. Die strategische Beratung nehmen rund 13 % als häufigste Funktion wahr, 41 % sehen sie als zweithäufigste Aufgabe. Am seltensten fungieren die Aufsichtsräte als *Personalverantwortliche für den Vorstand* sowie als *Mitgliedervertreter* (vgl. Tab. 88). Obwohl die Aufsichtsräte also nur gelegentlich Entscheidungen über Vorstandspersonalien treffen, erfährt die Relevanz der Personalkompetenz mit einem Durchschnittswert von 4,63 eine sehr hohe Zustimmung (vgl. Tab. 87).

| Rollen-verständnis | Nr. | Welche der folgenden 4 Funktionen nehmen Sie am häufigsten wahr? | n | Relative Häufigkeit (in %) | | | |
|---|---|---|---|---|---|---|---|
| | | | | 1 | 2 | 3 | 4 |
| Strategischer Berater | 106 | Beratung in strategischen Angelegenheiten | 165 | 12,7 | 40,6 | 32,7 | 13,9 |
| Mitglieder-vertreter | 107 | Interessenwahrnehmung der Mitglieder | 167 | 10,2 | 22,2 | 30,5 | 37,1 |
| Kontrolleur | 108 | Kontrolle der Geschäftstätigkeit | 170 | 72,9 | 21,2 | 3,5 | 2,4 |
| Entscheider über Vorstands-personalien | 109 | Entscheidung über Vorstandsangelegenheiten | 166 | 4,2 | 16,3 | 33,1 | 46,4 |

Tab. 88:    Deskriptive Statistik zur Reihenfolge des Rollenverständnisses[1707]

## 1.2.4    Weitere persönliche und aufgabenbezogene Merkmale

### 1.2.4.1    Struktur der weiteren persönlichen und aufgabenbezogenen Merkmale

Bei der Analyse der persönlichen und aufgabenbezogenen Merkmale wird grundsätzlich wieder der Strukturierung in bankspezifische, gremienspezifische sowie aufsichtsratsindividuelle Kriterien gefolgt. Da jedoch verschiedene Attribute miteinander kombiniert werden, ist eine strikte Trennung nicht möglich.

Die Auswertungen, die nicht nur auf Basis des Fragebogens, sondern auch anhand der Geschäftsberichte vorgenommen werden können, die Daten also öffentlich zugänglich sind, werden im Rahmen der Analyse der Geschäftsberichte in Kapitel D2 durchgeführt. Dies erscheint zielführend, da sich die Analyse der aufsichtsratsbezogenen Aspekte aus den Geschäftsberichten auf die Grundgesamtheit und nicht nur auf die Stichprobe des Fragebogens bezieht. Da zu den in diesem Kapitel untersuchten Merkmalen keine bzw. keine detaillierten veröffentlichten Informationen bzw. Auswertungen vorliegen, sollen die Analysen einen Beitrag zur Offenlegung der Struktur der Gremien (FZ1) sowie zur Selbstbeurteilung (FZ2) leisten, weswegen sie einen Mehrwert bieten, der über die Charakterisierung der Stichprobe hinausgeht.

---

[1707]    Quelle: Eigene Darstellung. Aufgrund der von einer Likert-Skala abweichenden Antwortmöglichkeiten, sind die Antworten zu dieser Frage nicht in das Ausgangsmodell der Kausalanalyse eingeflossen.

Als *bankspezifische* Größe wird im Folgenden ausschließlich die Größe der Bank in Form der Bilanzsumme herangezogen. Zu den *gremienspezifischen* Rahmendaten zählen

- die Anzahl ordentlicher Sitzungen sowie
- die Vergütung.

Zusätzlich wird die Gremiengröße als Differenzierungskriterium bei weiteren Auswertungen herangezogen wird.

Als *aufsichtsratsindividuelle* Merkmale dienen

- die Wahrnehmung des Mandats als Ehrenamt,
- der Persönlichkeitstyp,
- das Alter,
- der Ausbildungsgrad,
- der Beruf,

- die Anzahl weiterer Aufsichtsratsmandate,
- die Anzahl der Jahre im Aufsichtsrat sowie
- die Ausschusszugehörigkeit.

Als Differenzierungskriterien eignen sich darüber hinaus die Vertreterart, die Position im Aufsichtsrat sowie das Geschlecht.

In den folgenden Auswertungen beziehen sich die relativen Häufigkeiten auf die in der jeweiligen Zeile genannte Anzahl, sodass die Summe der Häufigkeiten je Zeile 100 % ergibt.

## 1.2.4.2 Bankspezifische Merkmale

### Bilanzsumme

Wie bei der Charakterisierung der Genossenschaftsbanken (Kapitel B1) und auch beim Repräsentativitätsabgleich in Kapitel C5 deutlich wurde, existieren viele kleine Kreditgenossenschaften und nur wenige große. Einhergehend mit der Bilanzsumme stellt sich auch die Verteilung der Gremiengröße dar. Am häufigsten existiert die Gremiengröße mit 6 bis 8 Mitgliedern. Dieses Cluster ist zu rund 57 % bei den ganz kleinen Banken, jedoch auch zu ca. 5 % bei den größten Banken zu finden. Gremien mit mehr als 15 Mitgliedern sind hingegen ausschließlich bei Banken mit einer Bilanzsumme von mindestens 2 Mrd. EUR zu finden (vgl. Tab. 89).

Die Hälfte aller 30- bis 39-jährigen ist Mitglied bei einer Bank mit einer Bilanzsumme zwischen 500 Mio. und 1 Mrd. EUR. 40 % der 60- bis 69-jährigen wirken in Aufsichtsräten der kleinsten Kreditgenossenschaften mit.

Hinsichtlich der Berufe ist zu konstatieren, dass Rechtsanwälte bzw. Notare sowie Steuerberater bzw. Wirtschaftsprüfer unabhängig von der Bilanzsumme in jedem Gremium vertreten sind. Bürgermeister sind eher bei den kleineren Instituten zu finden. Auch der prozentuale Anteil der Landwirte ist abnehmend, je größer die Bilanzsumme der Bank ist.

| Bank | | | n | < 500 Mio. | ≥ 500 Mio. bis < 1 Mrd. | ≥ 1 Mrd. bis < 2 Mrd. | ≥ 2 Mrd. |
|---|---|---|---|---|---|---|---|
| **Bilanzsumme** | | Absolut | 189 | 73 | 54 | 40 | 22 |
| | | Relativ (in %) | | 38,6 | 28,6 | 21,2 | 11,6 |
| | | | n | Relative Häufigkeit (in %) | | | |
| **Gremium** | **Gremiengröße** | 3-5 | 21 | 100,0 | - | - | - |
| | | 6-8 | 77 | 57,1 | 27,3 | 10,4 | 5,2 |
| | | 9-11 | 49 | 16,3 | 40,8 | 40,8 | 2,0 |
| | | 12-15 | 28 | - | 39,3 | 39,3 | 21,4 |
| | | > 15 | - | - | - | - | - |
| | | nicht genannt | 5 | - | 40,0 | 20,0 | 40,0 |
| | **Anzahl ord. Sitzungen** | 0-4 | - | - | - | - | - |
| | | 5-8 | 106 | 41,5 | 30,2 | 15,1 | 13,2 |
| | | 9-12 | 52 | 38,5 | 21,2 | 38,5 | 1,9 |
| | | > 12 | - | - | - | - | - |
| **AR-Individuell** | **Zugehörigkeitsdauer (in Jahren)** | 0-5 | 47 | 40,4 | 25,5 | 17,0 | 17,0 |
| | | 6-15 | 50 | 50,0 | 28,0 | 22,0 | - |
| | | 16-25 | 45 | 26,7 | 33,3 | 20,0 | 20,0 |
| | | 26-35 | 15 | 46,7 | 20,0 | 26,7 | 6,7 |
| | | > 35 | 2 | - | 50,0 | 50,0 | - |
| | | nicht genannt | 30 | 33,3 | 30,0 | 23,3 | 13,3 |
| | **Alter (in Jahren)** | < 30 | - | - | - | - | - |
| | | 30-39 | 8 | 37,5 | 50,0 | - | 12,5 |
| | | 40-49 | 32 | 34,4 | 12,5 | 34,4 | 18,8 |
| | | 50-59 | 68 | 35,3 | 35,3 | 14,7 | 14,7 |
| | | 60-69 | 67 | 40,3 | 29,9 | 22,4 | 7,5 |
| | | > 69 | - | - | - | - | - |
| | | nicht genannt | 14 | 57,1 | 14,3 | 28,6 | - |
| | **Beruf** | Apotheker | 1 | - | 100,0 | - | - |
| | | Arzt | 4 | 50,0 | 25,0 | 25,0 | - |
| | | Bankkaufmann | 32 | 43,8 | 34,4 | 15,6 | 6,3 |
| | | Bürgermeister | 5 | 60,0 | 40,0 | - | - |
| | | Geschäftsführer | 56 | 41,1 | 28,6 | 19,6 | 10,7 |
| | | Handwerker | 12 | 50,0 | 25,0 | 25,0 | - |
| | | Ingenieur | 17 | 58,8 | 29,4 | 11,8 | - |
| | | Landwirt | 18 | 44,4 | 33,3 | 22,2 | - |
| | | Professor | 4 | - | 25,0 | 75,0 | - |
| | | Rechtsanwalt/Notar | 11 | 18,2 | 18,2 | 36,4 | 27,3 |
| | | Richter | - | - | - | - | - |
| | | Steuerberater/ Wirtschaftsprüfer | 17 | 35,3 | 41,2 | 11,8 | 11,8 |
| | | Sonstiger Kaufmann | 7 | 42,9 | 42,9 | 14,3 | - |
| | | Weitere Beamte | 6 | 83,3 | - | - | 16,7 |
| | | Sonstige | 36 | 41,7 | 33,3 | 22,2 | 2,8 |
| | | nicht genannt | 9 | 11,1 | 44,4 | 44,4 | - |
| | **Bildungsgrad** | Hauptschulabschluss | 21 | 57,1 | 19,0 | 19,0 | 4,8 |
| | | Realschulabschluss | 44 | 38,6 | 34,1 | 15,9 | 11,4 |
| | | Abitur/Hochschulreife | 95 | 37,9 | 26,3 | 20,0 | 15,8 |
| | | abgeschlossene Berufsausbildung | 80 | 36,3 | 36,3 | 21,3 | 6,3 |
| | | abgeschlossenes Studium | 100 | 39,0 | 25,0 | 22,0 | 14,0 |
| | | Meister | 25 | 44,0 | 28,0 | 28,0 | - |
| | | Promotion | 16 | 18,8 | 37,5 | 37,5 | 6,3 |
| | | Habilitation | 1 | - | 100,0 | - | - |
| | | ohne Abschluss | - | - | - | - | - |
| | | Sonstige | 12 | 25,0 | 16,7 | 33,3 | 25,0 |
| | | nicht genannt | 9 | 11,1 | 33,3 | 55,6 | - |

Tab. 89:   Deskriptive Statistik zur Bilanzsumme[1708]

---

[1708] Quelle: Eigene Darstellung. Limitierend ist hierbei die Verteilung der Häufigkeiten der Banken zu berücksichtigen. Dennoch lassen sich hieraus Hinweise auf Zusammenhänge zwischen aufsichtsratsindividuellen Merkmalen und der Bankengröße ableiten.

## 1.2.4.3 Gremienspezifische Merkmale

### Anzahl ordentlicher Sitzungen

Die Mehrheit der Gremien hält zwischen fünf und acht ordentliche Sitzungen des Gesamtaufsichtsrats im Jahr ab (vgl. Tab. 90). Auffällig ist hierbei, dass größere Banken bzw. Gremien seltener tagen als kleinere. Für die Vor- und Nachbereitung von Sitzungen wurden durchschnittlich drei Stunden als Zeitaufwand angegeben.

| Gremium | | | n | 0-4 | 5-8 | 9-12 | > 12 | Ø (abs.) |
|---|---|---|---|---|---|---|---|---|
| Anzahl ordentlicher Sitzungen | | Absolut | 189 | 30 | 106 | 52 | 1 | 7,1 |
| | | Relativ (in %) | | 15,9 | 56,1 | 27,5 | 0,5 | |
| | | | n | Relative Häufigkeit (in %) | | | | Ø (abs.) |
| Bank | Bilanzsumme (in EUR) | < 500 Mio. | 73 | - | 60,3 | 27,4 | - | 7,0 |
| | | ≥ 500 Mio. bis < 1 Mrd. | 54 | - | 59,3 | 20,4 | - | 6,8 |
| | | ≥ 1 Mrd. bis < 2 Mrd. | 40 | - | 40,0 | 50,0 | - | 8,3 |
| | | ≥ 2 Mrd. | 22 | - | 63,6 | 4,5 | - | 5,3 |
| Gremium | Gremiengröße | 3-5 | 21 | - | 57,1 | 28,6 | - | 7,1 |
| | | 6-8 | 77 | - | 59,7 | 27,3 | - | 7,3 |
| | | 9-11 | 49 | - | 51,0 | 30,6 | - | 7,3 |
| | | 12-15 | 28 | - | 46,4 | 28,6 | - | 6,9 |
| | | > 15 | 9 | - | 77,8 | 11,1 | - | 5,7 |
| | | nicht genannt | 5 | - | 60,0 | 20,0 | - | 6,4 |

Tab. 90: Deskriptive Statistik zur Anzahl ordentlicher Sitzungen[1709]

### Vergütung

Die durchschnittliche Jahresvergütung pro Aufsichtsratsmitglied liegt bei der Hälfte der Aufsichtsräte zwischen 1.500 und 4.999 EUR. Jeweils rund ein Viertel erhalten eine darunterliegende Vergütung bzw. einen Betrag von bis zu 10.000 EUR. Aus Tab. 91 ist zudem ersichtlich, dass Aufsichtsratsvorsitzende und ihre Stellvertreter eine höhere Vergütung als die übrigen Aufsichtsratsmitglieder erhalten. Rund ein Fünftel der Aufsichtsratsvorsitzenden erhält eine Vergütung von über 10.000 EUR.[1710]

| Ø Vergütung pro AR-Mitglied (in EUR) | AR-Vorsitzende | | Stellv. AR-Vorsitzende | | Ohne (stellv.) Vorsitz | | AR Insgesamt | |
|---|---|---|---|---|---|---|---|---|
| | % | abs. | % | abs. | % | abs. | % | abs. |
| ≤ 1.499 | 15,6 % | 5 | 17,9 % | 5 | 24,0 % | 31 | 21,7 % | 41 |
| 1.500-4.999 | 28,1 % | 9 | 50,0 % | 14 | 55,8 % | 72 | 50,3 % | 95 |
| 5.000-9.999 | 37,5 % | 12 | 25,0 % | 7 | 17,8 % | 23 | 22,2 % | 42 |
| 10.000-14.999 | 12,5 % | 4 | 3,6 % | 1 | 1,6 % | 2 | 3,7 % | 7 |
| 15.000-19.999 | 3,1 % | 1 | 3,6 % | 1 | 0,8 % | 1 | 1,6 % | 3 |
| ≥ 20.000 | 3,1 % | 1 | 0,0 % | 0 | 0,0 % | 0 | 0,5 % | 1 |
| nicht genannt | 0,0 % | 0 | 0,0 % | 0 | 0,0 % | 0 | 0,0 % | 0 |
| Insgesamt | 100,0 % | 32 | 100,0 % | 28 | 100,0 % | 129 | 100,0 % | 189 |

Tab. 91: Deskriptive Statistik zur Vergütung in Abhängigkeit der Position[1711]

---

[1709] Quelle: Eigene Darstellung. Ausschusssitzungen sollten hierbei nicht berücksichtigt werden.
[1710] Auf eine detailliertere Untersuchung der Aufsichtsratsvergütung wird im Rahmen der Geschäftsberichtsanalyse eingegangen (vgl. Kapitel D2.3.3).
[1711] Quelle: Eigene Darstellung.

## 1.2.4.4    Aufsichtsratsindividuelle Merkmale

**Wahrnehmung als Ehrenamt**

Einhergehend mit den Ergebnissen zur Motivation bejahten rund drei Viertel die Frage, ob die Aufsichtsratstätigkeit als Ehrenamt wahrgenommen wird (vgl. Tab. 92).

| Teilaspekt | Nr. | Würden Sie die Tätigkeit als Aufsichtsrat als Ehrenamt bezeichnen? | n | Relative Häufigkeit (in %) | |
|---|---|---|---|---|---|
| | | | | 0 | 1 |
| Ehrenamt/ Gemeinwohl | 110 | 0 = Nein  1 = Ja | 138 | 27,0 | 73,0 |

Tab. 92:    Deskriptive Statistik zur Wahrnehmung des Mandats als Ehrenamt[1712]

**Persönlichkeitstyp**

Die Fragen zum *Persönlichkeitstypen* wurden von durchschnittlich 181 Personen beantwortet (vgl. Tab. 93). Mit dem höchsten Durchschnittswert von 4,44 charakterisieren sich Aufsichtsräte als *gewissenhaft* (Nr. 130), gefolgt von *zielgerichtet* (Ø 4,35 bei Nr. 119) und *sachorientiert* (Ø 4,34 bei Nr. 118). Als *autoritär* (Ø 2,46 bei Nr. 114) oder *distanziert* (Ø 2,46 bei Nr. 128) sehen sich die wenigsten Aufsichtsräte. Die gesamte Bandbreite der Antwortmöglichkeiten wurde lediglich bei *autoritär, detailorientiert, dominant* sowie *distanziert* ausgenutzt. Bei letzteren beiden Indikatoren (Nr. 115 und Nr. 128) wurde mit 0,93 zudem die höchste Standardabweichung gemessen. Die geringste Standardabweichung lag bei 0,52 und bezog sich auf die Indikatoren *sachorientiert* (Nr. 118) und *zielgerichtet* (Nr. 119). Den Eigenschaften wurde in der Regel eher zugestimmt, was zum einen durch die hohen Durchschnittswerte aber auch durch die hohen Modi deutlich wird. Der Modus liegt überwiegend bei 4.

---

[1712] Quelle: Eigene Darstellung. Aufgrund der von einer Likert-Skala abweichenden Antwortmöglichkeiten, sind die Antworten zu dieser Frage nicht in das Ausgangsmodell der Kausalanalyse eingeflossen.

| Persönlichkeitstyp | | | | | | | | | | | | |
|---|---|---|---|---|---|---|---|---|---|---|---|---|
| Teilaspekt | Nr. | Welche Eigenschaften treffen auf Sie zu? | n | Relative Häufigkeit (in %) | | | | | Min. | Max. | Med. | Mod. | Ø | σ |
| | | | | 1 | 2 | 3 | 4 | 5 | | | | | | |
| Dominant | 114 | Autoritär | 180 | 15,6 | 32,8 | 43,3 | 7,2 | 1,1 | 1 | 5 | 3 | 3 | 2,46 | 0,88 |
| | 115 | Dominant | 182 | 4,9 | 17,0 | 50,5 | 19,8 | 7,7 | 1 | 5 | 3 | 3 | 3,08 | 0,93 |
| | 116 | Entscheidungsfreudig | 181 | - | 0,6 | 7,2 | 54,7 | 37,6 | 2 | 5 | 4 | 4 | 4,29 | 0,62 |
| | 117 | Kritikfähig | 182 | - | 1,1 | 13,2 | 65,4 | 20,3 | 2 | 5 | 4 | 4 | 4,05 | 0,62 |
| | 118 | Sachorientiert | 182 | - | - | 2,2 | 62,1 | 35,7 | 3 | 5 | 4 | 4 | 4,34 | 0,52 |
| | 119 | Zielgerichtet | 182 | - | - | 2,2 | 61,0 | 36,8 | 3 | 5 | 4 | 4 | 4,35 | 0,52 |
| Gesellig | 120 | Einfühlsam | 180 | - | 1,7 | 22,2 | 56,1 | 20,0 | 2 | 5 | 4 | 4 | 3,94 | 0,70 |
| | 121 | Gesellig | 182 | - | 4,4 | 19,2 | 54,9 | 21,4 | 2 | 5 | 4 | 4 | 3,93 | 0,76 |
| | 122 | Kontaktfreudig | 180 | - | 1,7 | 17,8 | 51,7 | 28,9 | 2 | 5 | 4 | 4 | 4,08 | 0,73 |
| | 123 | Kreativ | 182 | - | 1,6 | 33,5 | 47,8 | 17,0 | 2 | 5 | 4 | 4 | 3,80 | 0,73 |
| | 124 | Spontan | 181 | - | 5,0 | 43,6 | 37,0 | 14,4 | 2 | 5 | 4 | 3 | 3,61 | 0,79 |
| | 125 | Umgänglich | 182 | - | - | 4,4 | 63,2 | 32,4 | 3 | 5 | 4 | 4 | 4,28 | 0,54 |
| Gewissen-haft | 126 | Analytisch | 182 | - | 2,7 | 13,7 | 59,3 | 24,2 | 2 | 5 | 4 | 4 | 4,05 | 0,70 |
| | 127 | Detailorientiert | 180 | 1,7 | 9,4 | 37,2 | 42,2 | 9,4 | 1 | 5 | 4 | 4 | 3,48 | 0,86 |
| | 128 | Distanziert | 180 | 6,1 | 26,7 | 45,0 | 17,8 | 4,4 | 1 | 5 | 3 | 3 | 2,88 | 0,93 |
| | 129 | Genau | 180 | - | - | 7,2 | 61,7 | 31,1 | 3 | 5 | 4 | 4 | 4,24 | 0,57 |
| | 130 | Gewissenhaft | 182 | - | - | 1,6 | 52,7 | 45,6 | 3 | 5 | 4 | 4 | 4,44 | 0,53 |
| | 131 | Kritisch | 182 | - | - | 7,1 | 68,7 | 24,2 | 3 | 5 | 4 | 4 | 4,17 | 0,53 |

Theoretischer Rang
von 1 = Trifft gar nicht zu
bis 5 = Trifft voll zu

Min. = Minimum
Max. = Maximum
Med. = Median
Mod. = Modus
Ø = Mittelwert
σ = Standardabweichung

Tab. 93:    Deskriptive Statistik zum Persönlichkeitstypen[1713]

**Alter**

Der Altersdurchschnitt aller Aufsichtsräte liegt bei rund 55 Jahren, wobei ca. 80 % älter als 50 Jahre alt sind (vgl. Tab. 94). Das jüngste Aufsichtsratsmitglied ist 31, das älteste 69 Jahre alt. Die Standardabweichung beträgt 8 Jahre. Dass sich kein Aufsichtsrat im dem Alterscluster größer 69 Jahre befindet, wird auf die in der Regel vorhandene satzungsgemäße Altersgrenze zurückgeführt. Aufsichtsräte der größten Banken sind im Durchschnitt rund 2 Jahre jünger als die der kleinsten Institute. Einhergehend damit sind Aufsichtsräte in den größten Gremien ebenfalls jünger als die in kleinen Gremien (49 im Vergleich zu 56 Jahren bei einer Gremiengröße von 9 bis 11). Vorsitzende sind mit durchschnittlich rund 60 Jahren deutlich älter als die Mitglieder ohne besondere Position mit rund 54 Jahren. Arbeitnehmervertreter sind zudem jünger als Mitgliedervertreter (48 im Vergleich zu 56 Jahren). Erwartungskonform weisen die Mitglieder, die schon länger im Aufsichtsrat sind, ein höheres Durchschnittsalter auf, als die, die erst wenige Jahre dabei sind. Darüber hinaus sind Männer rund 4 Jahre älter als weibliche Aufsichtsratsmitglieder. Bei der Auswertung des Alters ist zu berücksichtigen, dass an der online durchgeführten Befragung gegebenenfalls eher jüngere Aufsichtsräte teilgenommen haben, wenngleich im Rahmen des Repräsentativitätsabgleichs deutlich wurde, dass

---

[1713] Quelle: Eigene Darstellung.

ein im Vergleich zur Grundgesamt marginal höherer Anteil an Aufsichtsratsvorsitzenden, welche ein höheres Durchschnittsalter aufweisen, an der Befragung teilgenommen hat.[1714]

| AR-Individuell | | | n | < 30 | 30-39 | 40-49 | 50-59 | 60-69 | > 69 | Ø (abs.) |
|---|---|---|---|---|---|---|---|---|---|---|
| Alter | | Absolut | 175 | - | 8 | 32 | 68 | 67 | - | 55,4 |
| | | Relativ (in %) | | - | 4,6 | 18,3 | 38,9 | 38,3 | - | |
| | | | n | | Relative Häufigkeit (in %) | | | | | Ø (abs.) |
| Bank | Bilanzsumme (in EUR) | < 500 Mio. | 65 | - | 4,6 | 16,9 | 36,9 | 41,5 | - | 55,7 |
| | | ≥ 500 Mio. bis < 1 Mrd. | 52 | - | 7,7 | 7,7 | 46,2 | 38,5 | - | 55,8 |
| | | ≥ 1 Mrd. bis < 2 Mrd. | 36 | - | - | 30,6 | 27,8 | 41,7 | - | 55,4 |
| | | ≥ 2 Mrd. | 22 | - | 4,5 | 27,3 | 45,5 | 22,7 | - | 53,3 |
| Gremium | Gremiengröße | 3-5 | 19 | - | 5,3 | 26,3 | 31,6 | 36,8 | - | 54,1 |
| | | 6-8 | 70 | - | 2,9 | 15,7 | 41,4 | 40,0 | - | 55,8 |
| | | 9-11 | 46 | - | 2,2 | 21,7 | 39,1 | 37,0 | - | 55,9 |
| | | 12-15 | 27 | - | 11,1 | 7,4 | 37,0 | 44,4 | - | 55,7 |
| | | > 15 | 9 | - | 11,1 | 44,4 | 44,4 | - | - | 48,9 |
| | | nicht genannt | 4 | - | - | - | 25,0 | 75,0 | - | 61,5 |
| AR-Individuell | Position im AR | Vorsitzender | 30 | - | - | 3,3 | 30,0 | 66,7 | - | 59,9 |
| | | Stellvertr. Vorsitzender | 26 | - | - | 11,5 | 34,6 | 53,8 | - | 58,5 |
| | | Mitglied | 119 | - | 6,7 | 23,5 | 42,0 | 27,7 | - | 53,5 |
| | Vertreterart | Mitgliedervertreter | 162 | - | 4,3 | 17,3 | 38,3 | 40,1 | - | 55,7 |
| | | Arbeitnehmervertreter | 9 | - | 11,1 | 44,4 | 44,4 | - | - | 47,7 |
| | | nicht genannt | 4 | - | - | - | 50,0 | 50,0 | - | 60,5 |
| | Zugehörigkeitsdauer (in Jahren) | 0-5 | 45 | - | 13,3 | 44,4 | 35,6 | 6,7 | - | 48,0 |
| | | 6-15 | 46 | - | - | 19,6 | 50,0 | 30,4 | - | 55,5 |
| | | 16-25 | 41 | - | - | - | 41,5 | 58,5 | - | 59,7 |
| | | 26-35 | 15 | - | - | - | 6,7 | 93,3 | - | 63,5 |
| | | > 35 | 2 | - | - | - | - | 100,0 | - | 64,5 |
| | | nicht genannt | 26 | - | 7,7 | 11,5 | 42,3 | 38,5 | - | 55,7 |
| | Geschlecht | Mann | 153 | - | 3,9 | 17,0 | 38,6 | 40,5 | - | 55,8 |
| | | Frau | 22 | - | 9,1 | 27,3 | 40,9 | 22,7 | - | 52,2 |
| | | nicht genannt | - | - | - | - | - | - | - | - |

Tab. 94:   Deskriptive Statistik zum Alter der Aufsichtsräte[1715]

Darüber hinaus ist zu konstatieren, dass die Aufsichtsratsmitglieder bei Antritt des Mandats durchschnittlich 42 Jahre alt waren. Während diesbezüglich keine nennenswerten Unterschiede zwischen den Bilanzsummenclustern, der Vertreterart oder der Position im Gremium existieren, sind Differenzen hinsichtlich des Geschlechts oder der Zugehörigkeitsdauer im Gremium ersichtlich. Weibliche Mitglieder sind bei Amtsantritt durchschnittlich drei Jahre älter als ihre männlichen Kollegen (45 im Vergleich zu 42 Jahre). Zudem waren langjährige Mandatsträger zu Beginn ihrer Tätigkeit deutlich jünger als die jetzigen neuen Mitglieder. Während Mitglieder, die dem Gremium seit mehr als 26 Jahren angehören, bei Eintritt durchschnittlich 32 Jahre alt waren, weisen die derzeitigen neuen Mitglieder ein durchschnittliches Eintrittsalter in Höhe von 45 Jahren auf.

## Ausbildungsgrad

Da bei der Beantwortung des Ausbildungsgrads Mehrfachantworten möglich waren, kommt es zu einer Anzahl von 394 Antworten, die sich auf die Angaben von 180 Aufsichtsräten wie folgt verteilen. Etwas mehr als die Hälfte hat jeweils das Abitur bzw. ein Studium absolviert. Rund 44 % weisen zudem eine abgeschlossene

---

[1714] Vgl. Kapitel C5.
[1715] Quelle: Eigene Darstellung.

Berufsausbildung auf. In Bezug auf die Bilanzsumme haben bei den größten Banken rund 64 % der Befragten angegeben, dass sie ein Studium abgeschlossen haben, was dem Höchstwert innerhalb der Bankencluster entspricht. Hinsichtlich der Position im Aufsichtsrat haben rund 63 % der Vorsitzenden ein Studium abgeschlossen und 13 % zusätzlich promoviert. Erwartungsgemäß sind bei den Handwerkern und Landwirten die höchsten Anteile mit dem Abschluss eines Meisters festzustellen, wobei auch 10 % der Geschäftsführer diesen Titel innehaben (vgl. Tab. 95).

| AR-Individuell | | | n | Hauptschulabschluss | Realschulabschluss | Abitur/Hochschulreife | abgeschlossene Berufsausbildung | abgeschlossenes Studium | Meister | Promotion | Habilitation | ohne Abschluss | Sonstige |
|---|---|---|---|---|---|---|---|---|---|---|---|---|---|
| **Ausbildungsgrad** | | Absolut | 180 | 21 | 44 | 95 | 80 | 100 | 25 | 16 | 1 | - | 12 |
| | | Relativ (in %) | | 11,7 | 24,4 | 52,8 | 44,4 | 55,6 | 13,9 | 8,9 | 0,6 | - | 6,7 |
| | | | n | Relative Häufigkeit (in %) | | | | | | | | | |
| **Bank** | **Bilanzsumme** (in EUR) | < 500 Mio. | 72 | 16,7 | 23,6 | 50,0 | 40,3 | 54,2 | 15,3 | 4,2 | - | - | 4,2 |
| | | ≥ 500 Mio. bis < 1 Mrd. | 51 | 7,8 | 29,4 | 49,0 | 56,9 | 49,0 | 13,7 | 11,8 | 2,0 | - | 3,9 |
| | | ≥ 1 Mrd. bis < 2 Mrd. | 35 | 11,4 | 20,0 | 54,3 | 48,6 | 62,9 | 20,0 | 17,1 | - | - | 11,4 |
| | | ≥ 2 Mrd. | 22 | 4,5 | 22,7 | 68,2 | 22,7 | 63,6 | - | 4,5 | - | - | 13,6 |
| **Gremium** | **Gremiengröße** | 3-5 | 20 | 35,0 | 30,0 | 45,0 | 45,0 | 45,0 | 20,0 | 5,0 | - | - | - |
| | | 6-8 | 75 | 5,3 | 21,3 | 53,3 | 38,7 | 61,3 | 14,7 | 8,0 | - | - | 4,0 |
| | | 9-11 | 45 | 15,6 | 26,7 | 51,1 | 57,8 | 46,7 | 15,6 | 11,1 | 2,2 | - | 11,1 |
| | | 12-15 | 27 | 7,4 | 14,8 | 55,6 | 44,4 | 59,3 | 11,1 | 14,8 | - | - | 7,4 |
| | | > 15 | - | - | - | - | - | - | - | - | - | - | - |
| | | nicht genannt | 4 | - | 25,0 | 75,0 | 50,0 | 100,0 | - | - | - | - | - |
| **AR-Individuell** | **Position im AR** | Vorsitzender | 31 | 12,9 | 25,8 | 51,6 | 38,7 | 64,5 | 6,5 | 12,9 | 3,2 | - | 6,5 |
| | | Stellvertr. Vorsitzender | 26 | 7,7 | 3,8 | 65,4 | 53,8 | 69,2 | 3,8 | 15,4 | - | - | 7,7 |
| | | Mitglied | 123 | 12,2 | 28,5 | 50,4 | 43,9 | 50,4 | 17,9 | 6,5 | - | - | 6,5 |
| | **Vertreterart** | Mitgliedervertreter | 167 | 12,0 | 24,0 | 53,3 | 45,5 | 57,5 | 14,4 | 9,0 | 0,6 | - | 4,8 |
| | | Arbeitnehmervertreter | 9 | 11,1 | 44,4 | 55,6 | 33,3 | 22,2 | - | - | - | - | 33,3 |
| | | nicht genannt | 4 | - | - | 25,0 | 25,0 | 50,0 | 25,0 | 25,0 | - | - | 25,0 |
| | **Geschlecht** | Mann | 154 | 13,0 | 21,4 | 55,2 | 44,2 | 58,4 | 14,3 | 9,7 | 0,6 | - | 7,1 |
| | | Frau | 22 | 4,5 | 40,9 | 45,5 | 50,0 | 36,4 | 9,1 | 4,5 | - | - | - |
| | | nicht genannt | 4 | - | 50,0 | - | 25,0 | 50,0 | 25,0 | - | - | - | 25,0 |
| | **Alter** (in Jahren) | < 30 | - | - | - | - | - | - | - | - | - | - | - |
| | | 30-39 | 8 | - | 37,5 | 62,5 | 37,5 | 37,5 | 25,0 | - | - | - | 12,5 |
| | | 40-49 | 32 | 6,3 | 21,9 | 68,8 | 37,5 | 68,8 | 6,3 | 12,5 | - | - | 9,4 |
| | | 50-59 | 66 | 6,1 | 25,8 | 60,6 | 40,9 | 57,6 | 18,2 | 13,6 | 1,5 | - | 3,0 |
| | | 60-69 | 67 | 20,9 | 22,4 | 38,8 | 55,2 | 50,7 | 11,9 | 4,5 | - | - | 7,5 |
| | | > 69 | - | - | - | - | - | - | - | - | - | - | - |
| | | nicht genannt | 7 | 14,3 | 28,6 | 28,6 | 14,3 | 42,9 | 14,3 | - | - | - | 14,3 |
| | **Beruf** | Apotheker | 1 | - | - | 100,0 | - | 100,0 | - | 100,0 | - | - | - |
| | | Arzt | 4 | - | - | 75,0 | 25,0 | 100,0 | - | 25,0 | - | - | - |
| | | Bankkaufmann | 31 | 12,9 | 25,8 | 51,6 | 38,7 | 64,5 | 6,5 | 12,9 | 3,2 | - | 6,5 |
| | | Bürgermeister | 5 | 20,0 | 40,0 | 80,0 | 40,0 | 80,0 | - | - | - | - | 20,0 |
| | | Geschäftsführer | 55 | 10,9 | 12,7 | 52,7 | 41,8 | 65,5 | 9,1 | 10,9 | - | - | 7,3 |
| | | Handwerker | 11 | 27,3 | 63,6 | - | 63,6 | 9,1 | 63,6 | - | - | - | - |
| | | Ingenieur | 17 | 11,8 | 5,9 | 82,4 | 47,1 | 88,2 | 5,9 | 5,9 | - | - | - |
| | | Landwirt | 18 | 27,8 | 38,9 | 27,8 | 83,3 | 27,8 | 44,4 | - | - | - | - |
| | | Professor | 4 | - | - | 75,0 | - | 75,0 | - | 75,0 | 25,0 | - | - |
| | | Rechtsanwalt/Notar | 11 | - | - | 72,7 | 18,2 | 90,9 | - | 45,5 | - | - | - |
| | | Richter | - | - | - | - | - | - | - | - | - | - | - |
| | | Steuerberater/ Wirtschaftsprüfer | 17 | 5,9 | 17,6 | 76,5 | 35,3 | 70,6 | - | 5,9 | - | - | - |
| | | Sonstiger Kaufmann | 7 | 28,6 | 28,6 | 28,6 | 57,1 | 28,6 | 14,3 | - | - | - | 14,3 |
| | | Weitere Beamte | 6 | - | 33,3 | 50,0 | 33,3 | 66,7 | - | 16,7 | - | - | - |
| | | Sonstige | 35 | 8,6 | 31,4 | 45,7 | 45,7 | 42,9 | 17,1 | 5,7 | - | - | 8,6 |
| | | nicht genannt | 2 | - | 50,0 | 50,0 | 100,0 | 50,0 | - | - | - | - | - |

Tab. 95:    Deskriptive Statistik zum Ausbildungsgrad[1716]

**Beruf**

Unabhängig von der Höhe der Bilanzsumme ist die Gruppe der Geschäftsführer stark bzw. am stärksten vertreten. Bei den Banken mit einer Bilanzsumme von mindestens 2 Mrd. EUR sind zudem rund 41 % der Aufsichtsräte als Bankkaufleute tätig, was auf die Arbeitnehmervertreter zurückzuführen ist. Die Geschäftsführer sind bis auf den Strategieausschuss zu mindestens 25 % in den Ausschüssen vertreten. Nennenswert sind darüber hinaus lediglich der Bauausschuss, der sich unter anderem zu durchschnittlich 23 % aus Bankkaufleuten zusammensetzt, der Nominierungsausschuss mit einem Anteil von rund 38 % an Rechtsanwälten bzw. Notaren sowie der Strategieausschuss, der zu einem Viertel aus Steuerberatern bzw. Wirtschaftsprüfern besteht. Von den Vorsitzenden sind rund 23 % als Geschäftsführer tätig, gefolgt von den Rechtsanwälten bzw. Notaren sowie Steuerberatern bzw. Wirtschaftsprüfern mit jeweils rund 16 %. Bei dem Alterscluster der 50- bis 59-jährigen sind, abgesehen von denen, die zu den Sonstigen zählen, zudem die Ingenieure mit rund 12 % stark vertreten. Hinsichtlich des Bildungsgrads sind die mit einem abgeschlossenen Studium zu rund 36 % Geschäftsführer, gefolgt von den Ingenieuren mit rund 15 %. Die promovierten Personen sind hauptsächlich als Geschäftsführer, Professoren oder Rechtsanwälte bzw. Notare tätig. Befragte, die sich bereits im Ruhestand befinden, wurden gebeten, ihren zuvor ausgeübten Beruf anzugeben (vgl. Tab. 96 und Tab. 97).

Relative Häufigkeit (in %)

| | | n | Apotheker | Arzt | Bankkaufmann | Bürgermeister | Geschäftsführer | Handwerker | Ingenieur | Landwirt | Professor | Rechtsanwalt/Notar | Richter | Steuerberater/Wirtschaftsprüfer | Sonstiger Kaufmann | Weitere Beamte | Sonstige |
|---|---|---|---|---|---|---|---|---|---|---|---|---|---|---|---|---|---|
| **Beruf (1/2)** | Absolut | 180 | 1 | 4 | 10 | 5 | 56 | 12 | 17 | 18 | 4 | 11 | - | 17 | 7 | 6 | 36 |
| | Relativ (in %) | | 0,6 | 2,2 | 5,6 | 2,8 | 31,1 | 6,7 | 9,4 | 10,0 | 2,2 | 6,1 | - | 9,4 | 3,9 | 3,3 | 20,0 |
| **Bank** — Bilanzsumme (in EUR) | < 500 Mio. | 72 | 2,0 | 2,8 | 1,4 | 4,2 | 31,9 | 8,3 | 13,9 | 11,1 | - | 2,8 | - | 8,3 | 4,2 | 6,9 | 20,8 |
| | ≥ 500 Mio. bis < 1 Mrd. | 50 | - | 2,0 | - | 4,0 | 32,0 | 6,0 | 10,0 | 12,0 | 2,0 | 4,0 | - | 14,0 | 6,0 | - | 24,0 |
| | ≥ 1 Mrd. bis < 2 Mrd. | 36 | - | 2,8 | - | - | 30,6 | 8,3 | 5,6 | 11,1 | 8,3 | 11,1 | - | 5,6 | 2,8 | - | 22,2 |
| | ≥ 2 Mrd. | 22 | - | - | 40,9 | - | 27,3 | - | - | - | - | 13,6 | - | 9,1 | - | 4,5 | 4,5 |
| **Gremium** — Gremiengröße | 3-5 | 20 | 1,3 | - | - | 5,0 | 25,0 | 10,0 | 15,0 | 20,0 | - | - | - | 20,0 | 5,0 | - | 5,0 |
| | 6-8 | 76 | - | 1,3 | 1,3 | 1,3 | 31,6 | 7,9 | 9,2 | 5,3 | 4,4 | 6,6 | - | 11,8 | 2,6 | 6,6 | 26,3 |
| | 9-11 | 45 | - | 4,4 | 11,5 | 4,4 | 35,6 | 4,4 | 8,9 | 11,1 | 7,7 | 4,4 | - | 4,4 | 6,7 | - | 22,2 |
| | 12-15 | 26 | - | 3,8 | - | - | 23,1 | 7,7 | 11,5 | 19,2 | - | 15,4 | - | 3,8 | 3,8 | - | 15,4 |
| | >15 | - | - | - | - | - | - | - | - | - | - | - | - | - | - | - | - |
| | nicht genannt | 4 | - | - | - | 25,0 | 25,0 | - | - | - | - | - | - | 25,0 | - | - | 25,0 |
| **AR-Individuell** — Ausschuss-zugehörigkeit | Kreditausschuss | 66 | - | 1,5 | 6,1 | 4,5 | 27,3 | - | 7,6 | 6,1 | 1,5 | 10,6 | - | 16,7 | 4,5 | 3,0 | 15,2 |
| | Risikoausschuss | 12 | - | 8,3 | 8,3 | - | 25,0 | - | - | - | - | 8,3 | - | 8,3 | - | 8,3 | 16,7 |
| | Nominierungsaus. | 8 | - | 12,5 | - | - | - | - | - | 12,5 | - | 37,5 | - | 12,5 | - | - | 12,5 |
| | Prüfungsausschuss | 46 | 2,2 | - | 13,0 | - | 32,6 | 6,5 | 8,7 | 6,5 | 2,2 | - | - | 8,7 | 4,3 | - | 21,7 |
| | Vergütungskontrollaus. | 8 | - | - | - | - | 37,5 | - | - | - | 12,5 | 37,5 | - | 12,5 | - | - | 37,5 |
| | Personalausschuss | 34 | - | - | - | 5,9 | 35,3 | 2,9 | 2,9 | 8,8 | 2,9 | 23,5 | - | 8,8 | 2,9 | 2,9 | 14,7 |
| | Strategieausschuss | 8 | - | - | 12,5 | 12,5 | 12,5 | 12,5 | - | 12,5 | - | - | - | 25,0 | 12,5 | - | 25,0 |
| | Bauausschuss | 13 | 7,7 | 7,7 | 23,1 | - | - | 15,4 | - | - | - | 7,7 | - | - | - | - | 7,7 |
| | In keinem Ausschuss | 20 | - | 5,0 | - | 5,3 | 35,0 | 15,0 | 15,0 | 15,0 | - | - | - | - | - | 5,0 | 35,0 |
| | Sonstige | 19 | - | - | - | 4,0 | 36,8 | - | 10,5 | 5,3 | - | 5,3 | - | 15,8 | - | - | 26,3 |
| | Gibt keine Ausschüsse | 50 | 2,0 | 2,0 | 2,0 | - | 28,0 | 10,0 | 8,0 | 14,0 | 2,0 | 2,0 | - | 8,0 | 4,0 | 4,0 | 18,0 |
| | nicht genannt | 3 | - | - | - | - | - | - | - | - | - | - | - | - | - | - | - |
| **Position im AR** | Vorsitzender | 31 | - | 3,2 | - | 9,7 | 22,6 | 3,2 | 6,5 | 9,7 | 3,2 | 16,1 | - | 16,1 | 3,2 | 6,5 | 12,9 |
| | Stellvertr. Vorsitzender | 27 | - | 3,7 | 3,7 | - | 40,7 | 3,7 | 7,4 | 7,4 | 3,7 | - | - | 11,1 | - | 3,7 | 29,6 |
| | Mitglied | 122 | 0,8 | 1,6 | 7,4 | 1,6 | 31,1 | 8,2 | 10,7 | 10,7 | 1,6 | 4,9 | - | 7,4 | 4,9 | 2,5 | 19,7 |

Tab. 96:   Deskriptive Statistik zu den Berufen – Teil I[1717]

---

**Beruf (2/2)** / **AR-Individuell**

| AR-Individuell | n | Apotheker | Arzt | Bankkaufmann | Bürgermeister | Geschäftsführer | Handwerker | Ingenieur | Landwirt | Professor | Rechtsanwalt/Notar | Richter | Wirtschaftsprüfer/Steuerberater | Kaufmann Sonstiger | Weitere Beamte | Sonstige |
|---|---|---|---|---|---|---|---|---|---|---|---|---|---|---|---|---|
| **Absolut** | 180 | 1 | 4 | 10 | 5 | 56 | 12 | 17 | 18 | 4 | 11 | – | 17 | 7 | 6 | 36 |
| **Relativ (in %)** | | 0,6 | 2,2 | 5,6 | 2,8 | 31,1 | 6,7 | 9,4 | 10,0 | 2,2 | 6,1 | – | 9,4 | 3,9 | 3,3 | 20,0 |
| | | | | | | **Relative Häufigkeit (in %)** | | | | | | | | | | |
| **Vertreterart** | | | | | | | | | | | | | | | | |
| Mitgliedervertreter | 167 | 0,6 | 2,4 | 6,0 | 3,0 | 32,9 | 7,2 | 10,2 | 10,8 | 2,4 | 6,0 | – | 10,2 | 4,2 | 3,0 | 21,0 |
| Arbeitnehmervertreter | 9 | – | – | – | – | – | – | – | – | – | – | – | – | – | – | – |
| nicht genannt | 4 | – | – | – | – | 25,0 | – | – | – | – | 25,0 | – | – | 25,0 | 25,0 | 25,0 |
| **Geschlecht** | | | | | | | | | | | | | | | | |
| Mann | 154 | 0,6 | 1,9 | 5,8 | 3,2 | 32,5 | 6,5 | 10,4 | 11,0 | 2,6 | 6,5 | – | 11,0 | 4,5 | 3,2 | 17,5 |
| Frau | 22 | – | 4,5 | 4,5 | – | 22,7 | 9,1 | 4,5 | 4,5 | – | 4,5 | – | – | – | – | 36,4 |
| nicht genannt | 4 | – | – | – | – | 25,0 | – | – | – | – | – | – | – | – | 25,0 | 25,0 |
| **Alter (in Jahren)** | | | | | | | | | | | | | | | | |
| < 30 | – | – | – | – | – | – | – | – | – | – | – | – | – | – | – | – |
| 30-39 | 7 | – | – | 14,3 | – | 28,6 | 14,3 | – | 14,3 | – | – | – | – | 14,3 | – | 28,6 |
| 40-49 | 32 | – | – | 12,5 | 6,3 | 37,5 | 6,3 | 12,5 | 9,4 | 3,1 | 6,3 | – | 9,4 | – | – | 12,5 |
| 50-59 | 68 | 1,5 | 4,4 | 5,9 | 2,9 | 29,4 | 7,4 | 11,8 | 7,4 | 1,5 | 4,4 | – | 8,8 | 2,9 | 5,9 | 20,6 |
| 60-69 | 66 | – | 1,5 | 1,5 | 1,5 | 31,8 | 6,1 | 7,6 | 12,1 | 3,0 | 9,1 | – | 10,6 | – | 1,5 | 21,2 |
| > 69 | – | – | – | – | – | – | – | – | – | – | – | – | – | – | – | – |
| nicht genannt | 7 | – | – | – | – | 14,3 | 14,3 | – | 14,3 | – | – | – | 14,3 | 14,3 | 14,3 | 28,6 |
| **Bildungsgrad** | | | | | | | | | | | | | | | | |
| Hauptschulabschluss | 21 | – | – | 4,8 | 4,8 | 28,6 | – | 9,5 | 23,8 | – | – | – | 4,8 | 9,5 | – | 14,3 |
| Realschulabschluss | 43 | – | – | 9,3 | 4,7 | 16,3 | 16,3 | 2,3 | 16,3 | – | – | – | 7,0 | 4,7 | 4,7 | 25,6 |
| Abitur/Hochschulreife | 94 | 1,1 | 3,2 | 6,4 | 4,3 | 30,9 | – | 14,9 | 5,3 | 3,2 | 8,5 | – | 13,8 | 2,1 | 3,2 | 17,0 |
| abgeschlossene Berufsausbildung | 78 | – | 1,3 | 3,8 | 2,6 | 29,5 | 9,0 | 10,3 | 19,2 | – | 2,6 | – | 7,7 | 5,1 | 2,6 | 20,5 |
| abgeschlossenes Studium | 99 | 1,0 | 4,0 | 3,0 | 4,0 | 36,4 | 1,0 | 15,2 | 5,1 | 3,0 | 10,1 | – | 12,1 | 2,0 | 4,0 | 15,2 |
| Meister | 25 | – | – | – | – | 20,0 | 28,0 | 4,0 | 32,0 | – | – | – | – | 4,0 | – | 24,0 |
| Promotion | 16 | – | 6,3 | – | – | 37,5 | – | 6,3 | – | 18,8 | 31,3 | – | 6,3 | – | 6,3 | 12,5 |
| Habilitation | 1 | – | – | – | – | – | – | – | – | 100,0 | – | – | – | – | – | – |
| ohne Abschluss | – | – | – | – | – | – | – | – | – | – | – | – | – | – | – | – |
| Sonstige | 12 | – | – | 25,0 | 8,3 | 33,3 | 50,0 | – | – | – | – | – | – | 8,3 | – | 25,0 |
| nicht genannt | 2 | – | – | – | – | 50,0 | – | – | – | – | – | – | – | – | – | 50,0 |

Tab. 97: Deskriptive Statistik zu den Berufen – Teil II[1718]

---

[1718] Quelle: Eigene Darstellung. Da Mehrfachantworten möglich waren, ergeben die Summen der relativen Häufigkeiten pro Zeile teilweise mehr als 100 %.

## Anzahl weiterer Aufsichtsratsmandate

Hinsichtlich der Anzahl weiterer Aufsichtsratsmandate gab die überwiegende Mehrheit (85 %) der Mitglieder an, keinem weiteren Gremium anzugehören (vgl. Tab. 98). 11 % sind Teil des Aufsichtsrats eines weiteren Unternehmens. Die fünf Personen mit mehr als zwei weiteren Mandaten gingen hauptberuflich der Tätigkeiten als Bürgermeister, Geschäftsführer, Rechtsanwalt sowie Steuerberater nach. Aufsichtsratsvorsitzende waren zu rund 19 % in weiteren Unternehmen vertreten, Arbeitnehmervertreter hingegen waren nicht anderweitig mandatiert.

| AR-Individuell | | | n | 0 | 1 | 2 | > 2 |
|---|---|---|---|---|---|---|---|
| Weitere Aufsichtsratsmandate | | Absolut | 189 | 160 | 20 | 4 | 5 |
| | | Relativ (in %) | | 84,7 | 10,6 | 2,1 | 2,6 |
| | | | n | Relative Häufigkeit (in %) | | | |
| Bank | Bilanzsumme (in EUR) | < 500 Mio. | 73 | 90,4 | 8,2 | - | 1,4 |
| | | ≥ 500 Mio. bis < 1 Mrd. | 54 | 79,6 | 9,3 | 7,4 | 3,7 |
| | | ≥ 1 Mrd. bis < 2 Mrd. | 40 | 85,0 | 15,0 | - | - |
| | | ≥ 2 Mrd. | 22 | 77,3 | 13,6 | - | 9,1 |
| Gremium | Gremiengröße | 3-5 | 21 | 90,5 | 9,5 | - | - |
| | | 6-8 | 77 | 85,7 | 10,4 | 2,6 | 1,3 |
| | | 9-11 | 49 | 81,6 | 10,2 | 4,1 | 4,1 |
| | | 12-15 | 28 | 82,1 | 14,3 | - | 3,6 |
| | | > 15 | 9 | 100,0 | - | - | - |
| | | nicht genannt | 5 | 60,0 | 20,0 | - | 20,0 |
| AR-Individuell | Position im AR | Vorsitzender | 32 | 81,3 | 15,6 | 3,1 | - |
| | | Stellvertr. Vorsitzender | 28 | 85,7 | 14,3 | - | - |
| | | Mitglied | 129 | 85,3 | 8,5 | 2,3 | 3,9 |
| | Vertreterart | Mitgliedervertreter | 176 | 84,1 | 10,8 | 2,3 | 2,8 |
| | | Arbeitnehmervertreter | 9 | 100,0 | - | - | - |
| | | nicht genannt | 4 | 75,0 | 25,0 | - | - |
| | Zugehörig- keitsdauer (in Jahren) | 0-5 | 47 | 80,9 | 12,8 | - | 6,4 |
| | | 6-15 | 50 | 92,0 | 2,0 | 4,0 | 2,0 |
| | | 16-25 | 45 | 77,8 | 15,6 | 4,4 | 2,2 |
| | | 26-35 | 15 | 93,3 | 6,7 | - | - |
| | | > 35 | 2 | 100,0 | - | - | - |
| | | nicht genannt | 30 | 83,3 | 16,7 | - | - |
| | Geschlecht | Mann | 156 | 83,3 | 10,9 | 2,6 | 3,2 |
| | | Frau | 22 | 95,5 | 4,5 | - | - |
| | | nicht genannt | 11 | 81,8 | 18,2 | - | - |
| | Alter (in Jahren) | < 30 | - | - | - | - | - |
| | | 30-39 | 8 | 75,0 | 25,0 | - | - |
| | | 40-49 | 32 | 90,6 | 6,3 | - | 3,1 |
| | | 50-59 | 68 | 86,8 | 5,9 | 2,9 | 4,4 |
| | | 60-69 | 67 | 80,6 | 14,9 | 3,0 | 1,5 |
| | | > 69 | - | - | - | - | - |
| | | nicht genannt | 14 | 85,7 | 14,3 | - | - |

Tab. 98:    Deskriptive Statistik zu weiteren Aufsichtsratsmandaten[1719]

---

[1719] Quelle: Eigene Darstellung.

**Zugehörigkeitsdauer**

Die 175 Aufsichtsräte, die die Frage zur Anzahl der Jahre im Aufsichtsrat beantworteten, gaben durchschnittlich an, dass sie seit rund 13 Jahren Mitglied sind, wobei auch bei dieser Auswertung zu berücksichtigen ist, dass an der online durchgeführten Befragung gegebenenfalls eher jüngere Aufsichtsräte mit einer vergleichsweise kurzen Zeit im Gremium teilgenommen haben. Innerhalb der verschiedenen Bankgrößen sind diesbezüglich keine nennenswerten Unterschiede zu verzeichnen. Hinsichtlich der Gremiengröße weist das Cluster mit 12-15 Personen mit rund 16 Jahren den höchsten Durchschnittswert auf. Bemerkenswerte Unterschiede sind vielmehr im aufsichtsratsindividuellen Bereich zu finden. Vorsitzende sind seit rund 18 Jahren, stellvertretende Vorsitzende seit rund 16 Jahren und Mitglieder ohne besondere Position seit rund 11 Jahren Bestandteil des Gremiums. Unterschiede bestehen darüber hinaus in Bezug auf die Vertreterart (Mitgliedervertreter Ø 13 Jahre, Arbeitnehmervertreter Ø 6 Jahre) sowie das Geschlecht (Männer Ø 14 Jahre, Frauen Ø 8 Jahre). Am längsten ist die Berufsgruppe der Landwirte mit durchschnittlich 17 Jahren in den Gremien vertreten (vgl. Tab. 99).

| AR-Individuell | | n | 0-5 | 6-15 | 16-25 | 26-35 | > 35 | Ø (abs.) |
|---|---|---|---|---|---|---|---|---|
| Zugehörigkeitsdauer (in Jahren) | Absolut | 159 | 47 | 50 | 45 | 15 | 2 | 13,1 |
| | Relativ (in %) | | - | - | - | - | - | - |
| | | n | Relative Häufigkeit (in %) | | | | | Ø (abs.) |
| Bank | Bilanzsumme (in EUR) | < 500 Mio. | 63 | 30,2 | 39,7 | 19,0 | 11,1 | - | 12,2 |
| | | ≥ 500 Mio. bis < 1 Mrd. | 45 | 26,7 | 31,1 | 33,3 | 6,7 | 2,2 | 14,2 |
| | | ≥ 1 Mrd. bis < 2 Mrd. | 33 | 24,2 | 33,3 | 27,3 | 12,1 | 3,0 | 14,0 |
| | | ≥ 2 Mrd. | 18 | 44,4 | - | 50,0 | 5,6 | - | 12,2 |
| Gremium | Gremiengröße | 3-5 | 20 | 40,0 | 20,0 | 35,0 | 5,0 | - | 12,2 |
| | | 6-8 | 65 | 27,7 | 43,1 | 21,5 | 7,7 | - | 11,9 |
| | | 9-11 | 37 | 27,0 | 35,1 | 24,3 | 13,5 | - | 13,3 |
| | | 12-15 | 25 | 28,0 | 16,0 | 36,0 | 16,0 | 4,0 | 15,8 |
| | | > 15 | 7 | 57,1 | - | 42,9 | - | - | 10,9 |
| | | nicht genannt | 5 | - | 20,0 | 60,0 | - | 20,0 | 21,2 |
| AR-Individuell | Position im AR | Vorsitzender | 30 | 10,0 | 30,0 | 40,0 | 20,0 | - | 18,3 |
| | | Stellvertr. Vorsitzender | 26 | 3,8 | 46,2 | 38,5 | 11,5 | - | 16,2 |
| | | Mitglied | 103 | 41,7 | 28,2 | 22,3 | 5,8 | 1,9 | 10,9 |
| | Vertreterart | Mitgliedervertreter | 153 | 27,5 | 32,7 | 28,8 | 9,8 | 1,3 | 13,4 |
| | | Arbeitnehmervertreter | 6 | 83,3 | - | 16,7 | - | - | 6,2 |
| | | nicht genannt | - | - | - | - | - | - | - |
| | Geschlecht | Mann | 130 | 26,2 | 30,8 | 30,8 | 10,8 | 1,5 | 14,0 |
| | | Frau | 21 | 52,4 | 33,3 | 9,5 | 4,8 | - | 7,9 |
| | | nicht genannt | 8 | 25,0 | 37,5 | 37,5 | - | - | 13,3 |
| | Alter (in Jahren) | < 30 | - | - | - | - | - | - | - |
| | | 30-39 | 6 | 100,0 | - | - | - | - | 2,3 |
| | | 40-49 | 29 | 69,0 | 31,0 | - | - | - | 4,2 |
| | | 50-59 | 57 | 28,1 | 40,4 | 29,8 | 1,8 | - | 11,6 |
| | | 60-69 | 57 | 5,3 | 24,6 | 42,1 | 24,6 | 3,5 | 20,2 |
| | | > 69 | - | - | - | - | - | - | - |
| | | nicht genannt | 10 | 20,0 | 40,0 | 40,0 | - | - | 13,7 |
| | Beruf | Apotheker | 1 | - | 100,0 | - | - | - | 14,0 |
| | | Arzt | 4 | - | 100,0 | - | - | - | 10,0 |
| | | Bankkaufmann | 30 | 10,0 | 30,0 | 40,0 | 20,0 | - | 7,1 |
| | | Bürgermeister | 4 | 25,0 | 50,0 | - | 25,0 | - | 13,5 |
| | | Geschäftsführer | 48 | 37,5 | 18,8 | 35,4 | 8,3 | - | 12,6 |
| | | Handwerker | 10 | 40,0 | 20,0 | 40,0 | - | - | 11,0 |
| | | Ingenieur | 15 | 20,0 | 46,7 | 20,0 | 13,3 | - | 13,1 |
| | | Landwirt | 16 | 12,5 | 37,5 | 31,3 | 18,8 | - | 17,1 |
| | | Professor | 4 | 50,0 | - | 25,0 | 25,0 | - | 13,3 |
| | | Rechtsanwalt/Notar | 9 | 44,4 | 11,1 | 44,4 | - | - | 9,9 |
| | | Richter | - | - | - | - | - | - | - |
| | | Steuerberater/ Wirtschaftsprüfer | 15 | 20,0 | 53,3 | 20,0 | 6,7 | - | 11,8 |
| | | Sonstiger Kaufmann | 6 | 16,7 | 33,3 | 33,3 | 16,7 | - | 16,3 |
| | | Weitere Beamte | 4 | - | 50,0 | 50,0 | - | - | 13,8 |
| | | Sonstige | 30 | 20,0 | 40,0 | 16,7 | 16,7 | 6,7 | 15,9 |
| | | nicht genannt | 8 | 25,0 | 37,5 | 37,5 | - | - | 13,3 |
| | Bildungsgrad | Hauptschulabschluss | 17 | 11,8 | 17,6 | 47,1 | 23,5 | - | 18,8 |
| | | Realschulabschluss | 38 | 34,2 | 23,7 | 23,7 | 15,8 | 2,6 | 15,0 |
| | | Abitur/Hochschulreife | 81 | 37,0 | 34,6 | 22,2 | 6,2 | - | 10,5 |
| | | abgeschlossene Berufsausbildung | 67 | 19,4 | 31,3 | 29,9 | 16,4 | 3,0 | 16,1 |
| | | abgeschlossenes Studium | 85 | 31,8 | 36,5 | 27,1 | 3,5 | 1,2 | 11,1 |
| | | Meister | 20 | 30,0 | 35,0 | 35,0 | - | - | 12,1 |
| | | Promotion | 15 | 46,7 | 26,7 | 20,0 | 6,7 | - | 9,5 |
| | | Habilitation | 1 | 100,0 | - | - | - | - | 5,0 |
| | | ohne Abschluss | - | - | - | - | - | - | - |
| | | Sonstige | 9 | 22,2 | 22,2 | 44,4 | 11,1 | - | 16,9 |
| | | nicht genannt | 7 | 14,3 | 28,6 | 57,1 | - | - | 16,1 |

Tab. 99:   Deskriptive Statistik zur Zugehörigkeitsdauer[1720]

---

[1720]  Quelle: Eigene Darstellung.

**Ausschusszugehörigkeit**

Von den 186 Personen, die die Frage zur Ausschusszugehörigkeit beantworteten, gaben rund 11 % an, dass sie in keinem Ausschuss tätig sind. Somit sind 89 % der Aufsichtsräte in einem oder mehreren Ausschüssen tätig. Mit rund 36 % ist dies vorrangig der Kreditausschuss, gefolgt von rund 25 % beim Prüfungsausschuss und 18 % beim Personalausschuss. Als sonstige Ausschüsse wurden unter anderem der Finanzausschuss sowie der Investitionsausschuss genannt. Es ist zu erkennen, dass mit zunehmender Gremiengröße Ausschüsse gebildet werden. Während rund 75 % der Gremien mit 3 bis 5 Personen angaben, dass keine Ausschüsse eingerichtet wurden, sind dies bei den Gremien mit 12 bis 15 Personen lediglich rund 4 % und bei Gremien mit mehr als 15 Personen sind Ausschüsse stets existent. Die Aufsichtsratsvorsitzenden gehören insbesondere dem Kredit- bzw. Personalausschuss an. Weibliche Mitglieder sind ebenso wie die Arbeitnehmervertreter am häufigsten im Prüfungsausschuss vertreten, Steuerberater bzw. Wirtschaftsprüfer mit rund 65 % am ehesten im Kreditausschuss (vgl. Tab. 100).

| AR-Individuell | | | n | Kreditausschuss | Risikoausschuss | Nominierungsausschuss | Prüfungsausschuss | Vergütungskontrollausschuss | Personalausschuss | Strategieausschuss | Bauausschuss | In keinem Ausschuss | Sonstige | Es gibt keine Ausschüsse |
|---|---|---|---|---|---|---|---|---|---|---|---|---|---|---|
| **Ausschusszugehörigkeit** | | Absolut | 186 | 66 | 12 | 8 | 46 | 8 | 34 | 8 | 13 | 20 | 19 | 50 |
| | | Relativ (in %) | | 35,5 | 6,5 | 4,3 | 24,7 | 4,3 | 18,3 | 4,3 | 7,0 | 10,8 | 10,2 | 26,9 |
| | | | n | Relative Häufigkeit (in %) | | | | | | | | | | |
| **Bank** | Bilanzsumme (in EUR) | < 500 Mio. | 72 | 25,0 | - | - | 6,9 | 1,4 | 9,7 | - | - | 15,3 | 2,8 | 52,8 |
| | | ≥ 500 Mio. bis < 1 Mrd. | 54 | 40,7 | 3,7 | 7,4 | 35,2 | 5,6 | 20,4 | 3,7 | 11,1 | 11,1 | 18,5 | 9,3 |
| | | ≥ 1 Mrd. bis < 2 Mrd. | 38 | 39,5 | 13,2 | 5,3 | 39,5 | 5,3 | 28,9 | 7,9 | 10,5 | 5,3 | 15,8 | 15,8 |
| | | ≥ 2 Mrd. | 22 | 50,0 | 22,7 | 9,1 | 31,8 | 9,1 | 22,7 | 13,6 | 13,6 | 4,5 | 4,5 | 4,5 |
| **Gremium** | Gremiengröße | 3-5 | 20 | 20,0 | - | - | 5,0 | - | - | - | - | 5,0 | - | 75,0 |
| | | 6-8 | 77 | 31,2 | 1,3 | 1,3 | 11,7 | 2,6 | 18,2 | - | 5,2 | 11,7 | 7,8 | 36,4 |
| | | 9-11 | 47 | 34,0 | 10,6 | 8,5 | 31,9 | 6,4 | 21,3 | 6,4 | 12,8 | 21,3 | 12,8 | 12,8 |
| | | 12-15 | 28 | 46,4 | 10,7 | 10,7 | 50,0 | 10,7 | 25,0 | 3,6 | - | - | 21,4 | 3,6 |
| | | > 15 | 9 | 44,4 | 22,2 | - | 55,6 | - | 22,2 | 22,2 | 33,3 | - | - | - |
| | | nicht genannt | 5 | 100,0 | 20,0 | - | 40,0 | - | 20,0 | 40,0 | - | - | 20,0 | - |
| **AR-Individuell** | Position im AR | Vorsitzender | 32 | 59,4 | 9,4 | 18,8 | 12,5 | 15,6 | 46,9 | 6,3 | - | - | 6,3 | 34,4 |
| | | Stellvertr. Vorsitzender | 28 | 39,3 | 7,1 | - | 7,1 | 7,1 | 28,6 | - | - | 7,1 | 17,9 | 35,7 |
| | | Mitglied | 126 | 28,6 | 5,6 | 1,6 | 31,7 | 0,8 | 8,7 | 4,8 | 10,3 | 14,3 | 9,5 | 23,0 |
| | Vertreterart | Mitgliedervertreter | 173 | 34,7 | 6,4 | 4,6 | 23,1 | 4,6 | 19,1 | 4,0 | 5,2 | 11,6 | 10,4 | 28,3 |
| | | Arbeitnehmervertreter | 9 | 44,4 | 11,1 | - | 66,7 | - | - | 11,1 | 33,3 | - | - | - |
| | | nicht genannt | 4 | 50,0 | - | - | - | - | 25,0 | - | 25,0 | - | 25,0 | 25,0 |
| | Geschlecht | Mann | 154 | 37,7 | 5,8 | 4,5 | 23,4 | 4,5 | 19,5 | 5,2 | 7,8 | 9,1 | 9,7 | 26,6 |
| | | Frau | 22 | 18,2 | 4,5 | - | 31,8 | 4,5 | 18,2 | - | 4,5 | 27,3 | 13,6 | 22,7 |
| | | nicht genannt | 10 | 40,0 | 20,0 | 10,0 | 30,0 | - | - | - | - | - | 10,0 | 40,0 |
| | Beruf | Apotheker | 1 | - | - | - | 100,0 | - | - | - | - | 100,0 | - | - |
| | | Arzt | 4 | 25,0 | 25,0 | 25,0 | - | - | - | - | 25,0 | 25,0 | - | 25,0 |
| | | Bankkaufmann | 32 | 59,4 | 9,4 | 18,8 | 12,5 | 15,6 | 46,9 | 6,3 | - | - | 6,3 | 34,4 |
| | | Bürgermeister | 5 | 60,0 | - | - | - | - | 40,0 | 20,0 | - | - | 20,0 | 40,0 |
| | | Geschäftsführer | 55 | 32,7 | 5,5 | 3,6 | 27,3 | 5,5 | 21,8 | 1,8 | 9,1 | 12,7 | 12,7 | 25,5 |
| | | Handwerker | 12 | - | - | - | 25,0 | - | 8,3 | 8,3 | 16,7 | 25,0 | - | 41,7 |
| | | Ingenieur | 16 | 31,3 | - | - | 25,0 | - | 6,3 | - | - | 18,8 | 12,5 | 25,0 |
| | | Landwirt | 18 | 22,2 | - | 5,6 | 16,7 | - | 16,7 | 5,6 | - | 16,7 | 5,6 | 38,9 |
| | | Professor | 4 | 25,0 | - | - | 25,0 | 25,0 | 25,0 | - | - | - | - | 25,0 |
| | | Rechtsanwalt/Notar | 11 | 63,6 | 9,1 | 27,3 | - | 27,3 | 72,7 | - | 9,1 | - | 9,1 | 9,1 |
| | | Richter | - | - | - | - | - | - | - | - | - | - | - | - |
| | | Steuerberater/Wirtschaftsprüfer | 17 | 64,7 | 5,9 | 5,9 | 23,5 | 5,9 | 17,6 | 11,8 | - | - | 17,6 | 23,5 |
| | | Sonstiger Kaufmann | 7 | 42,9 | - | - | 28,6 | - | 14,3 | 14,3 | - | - | - | 28,6 |
| | | Weitere Beamte | 6 | 33,3 | 16,7 | - | - | - | 16,7 | - | - | 16,7 | - | 33,3 |
| | | Sonstige | 36 | 27,8 | 5,6 | 2,8 | 27,8 | 8,3 | 13,9 | 5,6 | 2,8 | 19,4 | 13,9 | 25,0 |
| | | nicht genannt | 8 | 37,5 | 25,0 | 12,5 | 62,5 | - | - | - | - | 12,5 | 12,5 | 25,0 |
| | Bildungsgrad | Hauptschulabschluss | 20 | 25,0 | - | - | 20,0 | - | 5,0 | 10,0 | 10,0 | 20,0 | 5,0 | 35,0 |
| | | Realschulabschluss | 44 | 31,8 | 2,3 | 4,5 | 34,1 | 2,3 | 18,2 | 2,3 | 11,4 | 11,4 | 9,1 | 29,5 |
| | | Abitur/Hochschulreife | 94 | 37,2 | 10,6 | 5,3 | 21,3 | 6,4 | 21,3 | 5,3 | 4,3 | 8,5 | 8,5 | 28,7 |
| | | abgeschlossene Berufsausbildung | 79 | 34,2 | 5,1 | 2,5 | 24,1 | 1,3 | 17,7 | 3,8 | 5,1 | 12,7 | 12,7 | 27,8 |
| | | abgeschlossenes Studium | 98 | 40,8 | 8,2 | 5,1 | 21,4 | 7,1 | 22,4 | 4,1 | 4,1 | 9,2 | 10,2 | 24,5 |
| | | Meister | 24 | 25,0 | 8,3 | 4,2 | 16,7 | - | 8,3 | 8,3 | 4,2 | 16,7 | 12,5 | 33,3 |
| | | Promotion | 16 | 50,0 | 6,3 | 18,8 | 25,0 | 25,0 | 37,5 | - | 12,5 | 12,5 | 6,3 | 12,5 |
| | | Habilitation | 1 | - | - | - | - | - | - | - | - | - | - | 100,0 |
| | | ohne Abschluss | - | - | - | - | - | - | - | - | - | - | - | - |
| | | Sonstige | 12 | 75,0 | 8,3 | - | 25,0 | - | 25,0 | 8,3 | 8,3 | 8,3 | 16,7 | 8,3 |
| | | nicht genannt | 8 | 37,5 | 25,0 | 12,5 | 50,0 | - | - | - | - | 12,5 | 12,5 | 25,0 |

Tab. 100:   Deskriptive Statistik zur Ausschusszugehörigkeit[1721]

---

[1721]   Quelle: Eigene Darstellung. Da Mehrfachantworten möglich waren, ergeben die Summen der relativen Häufigkeiten pro Zeile teilweise mehr als 100 %.

## 1.3 Kausalanalytische Befunde

### 1.3.1 Evaluation der Messmodelle

#### 1.3.1.1 Evaluation der Motivation

**Extrinsische Motivation**

Das Konstrukt der *extrinsischen Motivation* wurde zunächst mithilfe von 17 Indikatoren operationalisiert. Aufgrund einer zu hohen Anzahl fehlender Werte wurde Indikator Nr. 8 (Mot_ex_Ehrenamt_InFreizeit) im Rahmen der Überprüfung des Datensatzes eliminiert.[1722] Eine kritische Multikollinearität der verbleibenden 16 Indikatoren kann ausgeschlossen werden, da mit 1,97 der höchste VIF-Wert gemessen wurde und dieser deutlich unter der Grenze von fünf liegt (vgl. Tab. 101).

| Indikator | Nr. | Gewicht | t-Statistik | Ladung | t-Statistik | VIF |
|---|---|---|---|---|---|---|
| **Extrinsische Motivation** | | | | | | |
| Mot_ex_Anerk_InsgVorstand | 1 | -0,13 | 1,00 | 0,10 | 0,66 | 1,12 |
| Mot_ex_Anerk_Kollegen | 2 | 0,32 | 2,03 ** | 0,73 | 9,21 *** | 1,97 |
| Mot_ex_Anerk_Vorstand | 3 | 0,41 | 2,73 *** | 0,72 | 8,39 *** | 1,94 |
| Mot_ex_BZ_Infoquelle | 4 | 0,24 | 1,63 | 0,39 | 2,79 *** | 1,41 |
| Mot_ex_BZ_VorherInfo | 5 | -0,13 | 1,08 | 0,00 | 0,02 | 1,17 |
| Mot_ex_BZ_Wertvoll | 6 | 0,09 | 0,70 | 0,31 | 2,58 *** | 1,51 |
| Mot_ex_Ehrenamt_Gemeinwohl | 7 | 0,34 | 2,51 ** | 0,55 | 4,39 *** | 1,35 |
| Mot_ex_Geld_Geld | 9 | -0,16 | 1,07 | -0,09 | 0,76 | 1,53 |
| Mot_ex_Geld_Kondi | 10 | -0,05 | 0,41 | 0,02 | 0,17 | 1,21 |
| Mot_ex_Geld_Unentg | 11 | 0,08 | 0,55 | 0,17 | 1,30 | 1,36 |
| Mot_ex_Gruppe_AlsGruppe | 12 | 0,05 | 0,39 | 0,29 | 2,32 ** | 1,33 |
| Mot_ex_Gruppe_ArbeitGut | 13 | 0,14 | 1,22 | 0,49 | 4,67 *** | 1,33 |
| Mot_ex_Nutzen_Berufl | 14 | -0,22 | 1,46 | 0,03 | 0,19 | 1,70 |
| Mot_ex_Nutzen_Kontakte | 15 | 0,03 | 0,22 | 0,08 | 0,62 | 1,63 |
| Mot_ex_Repu_KIErfolgr | 16 | 0,00 | 0,01 | 0,22 | 1,74 * | 1,40 |
| Mot_ex_Repu_KIRuf | 17 | 0,12 | 0,95 | 0,55 | 5,95 *** | 1,47 |
| Evaluationskriterien | *** t > 2,57 (1 % Signifikanzniveau)<br>** t > 1,96 (5 % Signifikanzniveau)<br>* t > 1,65 (10 % Signifikanzniveau) | | | | | VIF < 5 |

Tab. 101: Evaluation des Messmodells zur extrinsischen Motivation[1723]

Drei der 16 Indikatoren weisen hoch signifikante Gewichte auf, zwei weitere sind zudem auf dem 5 % bzw. 10 % Niveau signifikant. Die extrinsische Motivation wird maßgeblich durch Anerkennungsaspekte beeinflusst. Hierzu zählt, dass die eigene Person von den anderen Aufsichtsratsmitgliedern (Nr. 2) und vom Vorstand (Nr. 3) ernst genommen wird. Zudem wirkt sich die Tatsache, etwas für das Gemeinwohl tun zu können (Nr. 7), stark auf die extrinsische Motivation der genossenschaftlichen Aufsichtsräte aus.

Mit Ausnahme von fünf weisen alle Indikatoren positive Vorzeichen auf. Negative Gewichte sind gemäß WEIBER/MÜHLHAUS so zu interpretieren, dass unterschiedli-

---

[1722] Vgl. Kapitel C3.5.3.3.
[1723] Quelle: Eigene Darstellung.

che Aspekte eines Konstrukts gemessen werden und Indikatoren mit unterschiedlichen Vorzeichen „keinen Gleichlauf aufweisen"[1724]. BAUMGARTH folgend sind negative Gewichte so zu interpretieren, dass sie nicht zur Erklärung der Varianz des jeweiligen Konstrukts beitragen.[1725]

Da die Indikatoren zur extrinsischen Motivation aufgrund ihrer inhaltlichen Relevanz ausgewählt wurden und das Konstrukt umfassend in das Strukturmodell einfließen soll, wird auf eine Elimination einzelner Indikatoren verzichtet.[1726]

### Intrinsische Motivation

Bei der *intrinsischen Motivation* sind ebenfalls 16 manifeste Variablen in die Berechnung eingeflossen. Die Ergebnisse sind in Tab. 102 dargestellt:

| Indikator | Nr. | Gewicht | t-Statistik | Ladung | t-Statistik | VIF |
|---|---|---|---|---|---|---|
| **Intrinsische Motivation** | | | | | | |
| Mot_in_Gestalt_Aktiv | 18 | -0,02 | 0,21 | 0,57 | 6,89 *** | 2,08 |
| Mot_in_Gestalt_Ideen | 19 | 0,13 | 1,13 | 0,52 | 6,09 *** | 1,75 |
| Mot_in_Gestalt_Mitbestim | 20 | 0,17 | 1,40 | 0,56 | 6,33 *** | 1,61 |
| Mot_in_Herausf_Angenehm | 21 | 0,02 | 0,12 | 0,63 | 7,11 *** | 1,89 |
| Mot_in_Herausf_Anspruchsvoll | 22 | 0,22 | 2,04 ** | 0,61 | 7,06 *** | 1,40 |
| Mot_in_Interesse_Branche | 23 | -0,03 | 0,32 | 0,24 | 2,09 ** | 1,34 |
| Mot_in_Komp_Einbringen | 24 | 0,01 | 0,08 | 0,33 | 2,48 ** | 1,69 |
| Mot_in_Komp_QualiNotw | 25 | 0,07 | 0,64 | 0,31 | 3,02 *** | 1,29 |
| Mot_in_Spass_Allg | 26 | 0,17 | 1,68 * | 0,52 | 5,70 *** | 1,30 |
| Mot_in_Spass_Vollzeit | 27 | -0,04 | 0,42 | 0,11 | 1,01 | 1,13 |
| Mot_in_Spass_Vorfreude | 28 | 0,25 | 2,70 *** | 0,55 | 6,63 *** | 1,28 |
| Mot_in_Verantw_KIEntw | 29 | 0,04 | 0,35 | 0,54 | 5,96 *** | 1,95 |
| Mot_in_Verantw_Uebernahme | 30 | 0,37 | 3,65 *** | 0,73 | 11,10 *** | 1,89 |
| Mot_in_Wissen_Einblick | 31 | -0,01 | 0,07 | 0,47 | 5,55 *** | 1,48 |
| Mot_in_Wissen_Neues | 32 | 0,05 | 0,39 | 0,54 | 6,22 *** | 1,77 |
| Mot_in_Wissen_Schulung | 33 | 0,23 | 2,06 ** | 0,67 | 9,17 *** | 1,68 |
| Evaluationskriterien | *** t > 2,57 (1 % Signifikanzniveau) ** t > 1,96 (5 % Signifikanzniveau) * t > 1,65 (10 % Signifikanzniveau) | | | | | VIF < 5 |

Tab. 102: Evaluation des Messmodells zur intrinsischen Motivation[1727]

Multikollinearität scheint nicht vorzuliegen, da die VIF mit Werten von maximal 2,08 deutlich unterhalb der Grenze von 5 liegen. Bis auf vier Ausnahmen beeinflussen die Indikatoren die intrinsische Motivation positiv.

Hinsichtlich der relativen Relevanz weisen die Indikatoren Nr. 30 (Verantwortungsübernahme für die Aufsichtsratsarbeit) und Nr. 28 (Vorfreude auf Sitzungen) höchst signifikante Gewichte auf (α = 1 %). Die Verantwortungsübernahme im Rahmen der Aufsichtsratstätigkeit sowie die Vorfreude auf Sitzungen wirken sich somit stark auf die intrinsische Motivation aus. Die Tatsache, dass die Aufsichtsratsarbeit als anspruchsvoll angesehen wird (Nr. 22), die Tätigkeit Spaß macht (Nr. 26) und der

---

[1724] WEIBER/MÜHLHAUS (2014), S. 260.
[1725] Vgl. BAUMGARTH (2009), S. 83. Zur weiterführenden Interpretation negativer Gewichte siehe CENFETELLI/BASSELLIER (2009), S. 691 ff.
[1726] Zur Elimination formativer Indikatoren vgl. auch HAIR ET AL. (2017a), S. 131.
[1727] Quelle: Eigene Darstellung.

Umstand, dass das jeweilige Mitglied durch Schulungen gut auf die Aufsichtsratstätigkeit vorbereitet wurde (Nr. 33), tragen ebenfalls signifikant zur intrinsischen Motivation bei.

In Einklang mit der Betrachtung der relativen Relevanz bzw. Signifikanz besitzen die Indikatoren Nr. 30 (Verantwortungsübernahme für die Aufsichtsratsarbeit) und Nr. 33 (Gute Vorbereitung auf die Aufsichtsratstätigkeit im Rahmen von Schulungen) die an der Ladung festgemachte höchste absolute Relevanz. Neben den bereits thematisierten Indikatoren wirkt sich die Tatsache, dass die Aufsichtsratsarbeit eine angenehme Herausforderung darstellt (Nr. 21, Ladung = 0,63), ebenfalls wesentlich auf die intrinsische Motivation der Aufsichtsräte aus.

Da die Ladungen der Indikatoren mit Ausnahme des Indikators Nr. 27 (Ausübung gerne als Vollzeitjob) alle signifikant sind, wird auf eine Elimination von Indikatoren verzichtet. Das Messmodell stellt somit insgesamt eine geeignete Basis für das Strukturmodell dar.

## 1.3.1.2 Evaluation der Zufriedenheit

Obwohl der durchschnittliche VIF der 51 Indikatoren der *Zufriedenheit* mit 2,42 und einem Maximum von 3,66 deutlich höher als die VIF der Motivationsindikatoren liegt, wird die kritische Höhe von fünf nicht überschritten, weshalb auch hier keine bedenkliche Multikollinearität vorliegt (vgl. Tab. 103).

| Indikator | Nr. | Gewicht | t-Statistik | Ladung | t-Statistik | VIF |
|---|---|---|---|---|---|---|
| **Zufriedenheit** | | | | | | |
| Satis_Eig_Eigen_Allg | 34 | -0,04 | 0,38 | 0,48 | 6,43 *** | 2,19 |
| Satis_Eig_Eigen_Beruecksichtigt | 35 | 0,04 | 0,32 | 0,48 | 6,10 *** | 2,75 |
| Satis_Eig_Eigen_Interessant | 36 | 0,10 | 1,00 | 0,62 | 8,57 *** | 2,50 |
| Satis_Eig_Eigen_Stressig | 37 | 0,01 | 0,14 | 0,04 | 0,36 | 1,80 |
| Satis_Eig_Erwart_AufwErtr | 38 | -0,06 | 0,65 | 0,06 | 0,63 | 2,14 |
| Satis_Eig_Erwart_Erfuellt | 39 | 0,13 | 1,62 | 0,55 | 8,61 *** | 2,02 |
| Satis_Eig_Erwart_MandatErneut | 40 | 0,04 | 0,49 | 0,44 | 6,05 *** | 2,01 |
| Satis_Eig_Gehalt_Einsatzbereiter | 41 | 0,03 | 0,39 | 0,12 | 1,34 | 1,83 |
| Satis_Eig_Loyal_Sinnvoll | 42 | 0,20 | 2,03 ** | 0,62 | 8,58 *** | 2,06 |
| Satis_Eig_Loyal_Verbunden | 43 | 0,11 | 1,30 | 0,45 | 5,93 *** | 2,07 |
| Satis_Eig_Loyal_WichtigBeitrag | 44 | 0,07 | 0,71 | 0,55 | 7,54 *** | 2,14 |
| Satis_Eig_Wissen_AngemVorb | 45 | 0,11 | 1,21 | 0,52 | 7,35 *** | 1,99 |
| Satis_Eig_Wissen_GesetzlAend | 46 | 0,12 | 1,46 | 0,52 | 6,87 *** | 1,92 |
| Satis_Eig_Wissen_Herausf | 47 | 0,06 | 0,71 | 0,40 | 4,47 *** | 2,23 |
| Satis_Eig_Zeit_KostetMehr | 48 | -0,05 | 0,61 | 0,03 | 0,25 | 2,20 |
| Satis_Eig_Zeit_Planbar | 49 | -0,07 | 0,67 | 0,41 | 4,71 *** | 2,44 |
| Satis_Gremium_Diskuss_Altern | 50 | 0,00 | 0,02 | 0,52 | 6,80 *** | 1,93 |
| Satis_Gremium_Diskuss_Ergebnisoffen | 51 | -0,04 | 0,49 | 0,15 | 1,53 | 1,57 |
| Satis_Gremium_Diskuss_Kritik | 52 | 0,05 | 0,46 | 0,62 | 8,58 *** | 3,47 |
| Satis_Gremium_Diskuss_Unabhaeng | 53 | 0,00 | 0,04 | 0,20 | 1,95 * | 1,92 |
| Satis_Gremium_Diskuss_Ungebunden | 54 | 0,08 | 0,77 | 0,26 | 2,54 ** | 1,57 |
| Satis_Gremium_Diskuss_Zielfuehrend | 55 | 0,05 | 0,38 | 0,59 | 8,24 *** | 3,66 |
| Satis_Gremium_Info1_AusrZeit | 56 | 0,26 | 2,24 ** | 0,45 | 6,32 *** | 3,50 |
| Satis_Gremium_Info1_Textform | 57 | -0,09 | 0,88 | 0,39 | 5,50 *** | 2,90 |
| Satis_Gremium_Info1_Verstaend | 58 | -0,10 | 0,88 | 0,44 | 5,70 *** | 2,84 |
| Satis_Gremium_Info2_Einblick | 59 | 0,03 | 0,28 | 0,47 | 6,87 *** | 2,78 |
| Satis_Gremium_Info2_InAR | 61 | 0,10 | 1,04 | 0,46 | 6,82 *** | 2,86 |
| Satis_Gremium_Info2_MehrInfos | 62 | 0,04 | 0,50 | 0,20 | 2,13 ** | 1,86 |
| Satis_Gremium_Info2_Risiko | 63 | 0,08 | 0,68 | 0,49 | 7,57 *** | 3,39 |
| Satis_Gremium_Kolleg_Abwesend | 64 | -0,01 | 0,13 | 0,32 | 3,80 *** | 1,64 |
| Satis_Gremium_Kolleg_AusrZeit | 65 | 0,01 | 0,18 | 0,32 | 3,17 *** | 1,82 |
| Satis_Gremium_Kolleg_Gedankentausch | 66 | 0,16 | 1,49 | 0,62 | 9,31 *** | 2,63 |
| Satis_Gremium_Kolleg_KompGenutzt | 67 | -0,06 | 0,55 | 0,53 | 6,48 *** | 2,43 |
| Satis_Gremium_Kolleg_Vorbereit | 68 | -0,08 | 0,95 | 0,51 | 6,35 *** | 2,61 |
| Satis_Gremium_Kolleg_Zufried | 69 | 0,11 | 1,07 | 0,45 | 5,65 *** | 3,30 |
| Satis_Gremium_Orga_Ablauf | 70 | 0,04 | 0,36 | 0,43 | 5,38 *** | 2,83 |
| Satis_Gremium_Orga_AnzSitz | 71 | 0,05 | 0,54 | 0,41 | 4,63 *** | 2,06 |
| Satis_Gremium_Orga_Aufg_AngemKontrol | 72 | 0,02 | 0,14 | 0,59 | 8,44 *** | 2,93 |
| Satis_Gremium_Orga_Aufg_KlErfolg | 73 | 0,21 | 2,32 ** | 0,54 | 6,05 *** | 1,58 |
| Satis_Gremium_Orga_Aufg_Risikokomp | 74 | 0,08 | 0,76 | 0,49 | 6,64 *** | 2,32 |
| Satis_Gremium_Orga_Aufg_ZustimGesch | 75 | 0,09 | 1,02 | 0,51 | 6,18 *** | 2,43 |
| Satis_Gremium_Orga_GremArbeit | 76 | -0,20 | 1,81 * | 0,40 | 4,74 *** | 3,48 |
| Satis_Gremium_Orga_ObjKrit | 78 | -0,06 | 0,75 | 0,42 | 5,19 *** | 2,27 |
| Satis_Gremium_Orga_Vorstand_Unabhaen | 79 | -0,05 | 0,52 | 0,54 | 7,95 *** | 2,30 |
| Satis_Gremium_Vorstand_Info | 80 | -0,13 | 1,16 | 0,44 | 5,51 *** | 2,93 |
| Satis_Gremium_Vorstand_Kompetent | 81 | 0,07 | 0,56 | 0,56 | 8,97 *** | 2,77 |
| Satis_Gremium_Vorstand_Rechtzeitig | 82 | -0,03 | 0,30 | 0,33 | 4,43 *** | 3,23 |
| Satis_Gremium_Zusamm_Abschlusspr | 83 | 0,29 | 2,87 *** | 0,53 | 6,95 *** | 2,61 |
| Satis_Gremium_Zusamm_Gremium | 84 | -0,11 | 1,12 | 0,28 | 3,35 *** | 2,28 |
| Satis_Gremium_Zusamm_IntRev | 85 | -0,07 | 0,80 | 0,45 | 6,12 *** | 2,41 |
| Satis_Gremium_Zusamm_Vorstand | 86 | 0,14 | 1,40 | 0,42 | 5,78 *** | 2,23 |
| Evaluationskriterien | | *** t > 2,57 (1 % Signifikanzniveau) ** t > 1,96 (5 % Signifikanzniveau) * t > 1,65 (10 % Signifikanzniveau) | | | | VIF < 5 |

Tab. 103: Evaluation des Messmodells zur Zufriedenheit[1728]

---

[1728] Quelle: Eigene Darstellung.

Den höchsten absoluten Beitrag auf die Zufriedenheit liefern die Indikatoren Nr. 36 (Die Aufsichtsratsarbeit ist interessant) und Nr. 42 (Gefühl etwas Sinnvolles zu leisten) jeweils mit einer Ladung von 0,62.

Die folgenden fünf Indikatoren weisen signifikante Gewichte auf und wirken sich positiv auf die Zufriedenheit aus:

- Zusammenarbeit mit den Abschlussprüfern (Nr. 83),
- Zufriedenheit mit der Arbeit des Gremiums im Allgemeinen (Nr. 76),
- Gefühl, etwas Sinnvolles zu leisten (Nr. 42),
- Die Aufsichtsratsarbeit beeinflusst den Erfolg der Bank (Nr. 73) sowie
- Genügend Zeit, um Informationen vor den Sitzungen zu prüfen (Nr. 56).

Wie in Kapitel C3.4.3.2 erwähnt, nimmt die Höhe der Gewichte und somit auch die Wahrscheinlichkeit für eine statistische Signifikanz ab, je mehr Indikatoren verwendet werden.[1729] Aufgrund dessen wurde eine erneute Berechnung durchgeführt, bei der nur die 18 Indikatoren, die bei der ersten Berechnung eine Ladung größer 0,5[1730] zeigten, berücksichtigt wurden. In der Folge wiesen die Indikatoren Nr. 46 (Regelmäßige Information über relevante gesetzliche Änderungen) sowie Nr. 66 (Gedankenaustauch mit Aufsichtsratskollegen) signifikante Gewichte auf dem 5 %-Niveau auf. Darüber hinaus reduzierten sich die VIF merklich: der durchschnittliche VIF lag bei 1,74, das Maximum bei 2,72. Durch die geringere Anzahl von Indikatoren reduzierte sich jedoch auch das $R^2$ des Zufriedenheits-Konstrukts von 0,81 auf 0,73.[1731] Um das Konstrukt umfassend abzubilden und die unterschiedlichen relativen sowie absoluten Einflüsse der jeweiligen Indikatoren zu zeigen, wird auf eine Indikatorelimination verzichtet.

### 1.3.1.3 Evaluation der Aufgabenwahrnehmung

Wie bei der Operationalisierung in Kapitel C3.3.2.3 beschrieben, lässt sich die Aufgabenwahrnehmung in schwerpunktmäßige Tätigkeitsbereiche bzw. Rollen einteilen. Im Fokus stehen vor allem die Wahrnehmung als *strategischer Berater*, *Mitgliedervertreter* sowie *Kontrolleur*.

Um zu überprüfen, ob die Indikatoren auf die theoretisch zugedachte Rolle laden, wurde für die Konstrukte, die mithilfe mehrerer Indikatoren gemessen wurden, zunächst eine Faktorenanalyse durchgeführt. Da konfirmatorische Faktorenanalysen nur bei reflektiven Modellen anwendbar sind,[1732] wurde eine explorative Faktorenanalyse verwendet.[1733] Parallel wurde eine Berechnung des Strukturmodells durchgeführt.

---

[1729] Das maximal mögliche Gewicht eines Indikators, sofern er nicht mit anderen Indikatoren korreliert, beträgt $1/\sqrt{n}$, wobei n die Anzahl von Indikatoren repräsentiert (vgl. HAIR ET AL. (2017a), S. 128).

[1730] Ein Indikator mit einer Ladung größer 0,5 kann als absolut relevant, jedoch nicht als relativ relevant interpretiert werden (vgl. HAIR ET AL. (2017a), S. 129 f.).

[1731] Der Pfadkoeffizient von der *extrinsischen Motivation* zur *Zufriedenheit* erhöhte sich zudem von 0,02 auf 0,11. Auf die weiteren Pfadbeziehungen im Strukturmodell wirkte sich die Indikatorreduzierung hingegen nicht merklich aus.

[1732] Vgl. WEIBER/MÜHLHAUS (2014), S. 264.

[1733] Während bei einer Clusteranalyse Objekte zu Clustern zusammenfasst werden, werden Faktorenanalysen mit dem Ziel angewendet, Variablen zu Faktoren zusammenzufassen. Da im vorliegenden Fall

Indikatoren, die im Rahmen der Faktorenanalyse Ladungen kleiner 0,5[1734] oder im Strukturmodell nicht signifikante Gewichte aufwiesen, wurden eliminiert. Dies betraf die Indikatoren AW_Rolle_Strateg_Bankziele (Nr. 88), AW_Rolle_Strateg_MitsprAR (Nr. 93), AW_Rolle_Strateg_MitsprEntsch (Nr. 94), AW_Rolle_Kontr_BAFIN (Nr. 99) sowie AW_Rolle_Kontr_Mehr (Nr. 100).

Um sicherzustellen, dass die beiden Rollen, die nur mithilfe eines Indikators gemessen wurden, die Wahrnehmung als *gesetzliche Notwendigkeit* sowie die als *Personalverantwortlicher für den Vorstand*, nicht auf die drei im Fokus stehenden Faktoren laden, wurden diese in einem letzten Schritt in die Faktorenanalyse inkludiert. Tab. 104 zeigt die jeweils höchsten Faktorladungen des letzten Schritts.[1735]

| Rollenverständnis | Nr. | Indikator | Faktor | | |
|---|---|---|---|---|---|
| | | | 1 | 2 | 3 |
| Strategischer Berater | 89 | AW_Rolle_Strateg_DiskVorstand | 0,31 | | |
| | 90 | AW_Rolle_Strateg_Einbind | 0,53 | | |
| | 91 | AW_Rolle_Strateg_Enwickl | 0,71 | | |
| | 92 | AW_Rolle_Strateg_Fruehwarn | 0,64 | | |
| Mitgliedervertreter | 95 | AW_Rolle_MG_Interesse | | 0,88 | |
| | 96 | AW_Rolle_MG_Verpfl | | 0,70 | |
| Kontrolleur | 97 | AW_Rolle_Kontr_Abschlusspr | | | 0,64 |
| | 98 | AW_Rolle_Kontr_Aufsichtsr | | | 0,66 |
| | 101 | AW_Rolle_Kontr_RM | | | 0,54 |
| | 102 | AW_Rolle_Kontr_SpassJA | | 0,32 | |
| Gesetzliche Notwendigkeit ohne Einfluss | 103 | AW_Rolle_Gesetz_KeinEinfluss | | -0,04 | |
| Personalverantwortlicher für den Vorstand | 104 | AW_Rolle_Entsch_PersoKomp | | | 0,32 |

Tab. 104: Faktorenanalyse zur Aufgabenwahrnehmung[1736]

Obwohl Indikator Nr. 102 (Freude bezüglich der Prüfung des Jahresabschlusses) eher auf den Faktor des Mitgliedervertreters als auf den des Kontrolleurs lädt, wird er aufgrund theoretischer Überlegungen und des signifikanten Gewichts hinsichtlich des Konstrukts im Strukturgleichungsmodell sowie der nicht ausgeprägten Faktorladung dennoch letzterem zugeordnet.

Da die Aufgabenwahrnehmungen als gesetzliche Notwendigkeit ohne Einfluss sowie als Personalverantwortlicher für den Vorstand mit Werten kleiner 0,5 auf die drei Faktoren laden, wird die in Tab. 104 gezeigte Aufteilung in das Strukturgleichungsmodell übernommen.

---

nicht die Aufsichtsräte geclustert werden sollten, sondern die Indikatoren vor ihrer Verwendung im Strukturgleichungsmodell einer Überprüfung hinsichtlich der zugeordneten Rollen unterzogen werden sollten, wurde eine Faktorenanalyse durchgeführt.

[1734] Vgl. BACKHAUS ET AL. (2018), S. 399.

[1735] Sofern ein Indikator auf zwei Faktoren mit einem Wert größer gleich 0,5 geladen hätte, wäre dies mit dargestellt worden. Dieser Fall lag jedoch nicht vor.

[1736] Quelle: Eigene Darstellung. Da das Ziel in der Offenlegung von Zusammenhängen zwischen Variablen und nicht in der Datenreduktion lag, wurde eine Hauptachsen- anstelle einer Hauptkomponentenanalyse durchgeführt (vgl. BACKHAUS ET AL. (2018), S. 390 ff.). Die Hauptachsenanalyse mit Varimax-Rotation erfolgte mithilfe des Programms STATISTICAL PACKAGE FOR THE SOCIAL SCIENCES (SPSS) (Version 25). Fehlende Werte wurden variablenweise ausgeschlossen (paarweiser Fallausschluss). Sowohl der Bartlett-Test (Chi-Quadrat (66) = 441,00, $\alpha$ = 0,1 %) als auch das Kaiser-Meyer-Olkin Measure of Sampling Adequacy (KMO = 0,762) weisen darauf hin, dass sich die Variablen gut für eine Faktorenanalyse eignen. Zur Interpretation der Werte vgl. KAISER (1970), S. 405; BACKHAUS ET AL. (2018), S. 379.

Die Ergebnisse der Evaluation zu den Konstrukten der Aufgabenwahrnehmung sind in Tab. 105 dargestellt.

| Indikator | Nr. | Gewicht | t-Statistik | Ladung | t-Statistik | VIF |
|---|---|---|---|---|---|---|
| **Strategischer Berater** | | | | | | |
| AW_Rolle_Strateg_DiskVorstand | 89 | 0,61 | 5,32 *** | 0,77 | 8,07 *** | 1,09 |
| AW_Rolle_Strateg_Einbind | 90 | 0,49 | 3,80 *** | 0,72 | 8,10 *** | 1,30 |
| AW_Rolle_Strateg_Enwickl | 91 | 0,06 | 0,34 | 0,50 | 3,80 *** | 1,39 |
| AW_Rolle_Strateg_Fruehwarn | 92 | 0,25 | 1,97 ** | 0,64 | 6,40 *** | 1,42 |
| | | | | | | |
| **Mitgliedervertreter** | | | | | | |
| AW_Rolle_MG_Interesse | 95 | 0,96 | 4,99 *** | 1,00 | 32,21 *** | 1,68 |
| AW_Rolle_MG_Verpfl | 96 | 0,06 | 0,22 | 0,67 | 3,05 *** | 1,68 |
| | | | | | | |
| **Kontrolleur** | | | | | | |
| AW_Rolle_Kontr_Abschlusspr | 97 | 0,31 | 2,35 ** | 0,67 | 6,70 *** | 1,35 |
| AW_Rolle_Kontr_Aufsichtsr | 98 | 0,16 | 1,15 | 0,57 | 4,08 *** | 1,33 |
| AW_Rolle_Kontr_RM | 101 | 0,55 | 4,45 *** | 0,86 | 13,83 *** | 1,39 |
| AW_Rolle_Kontr_SpassJA | 102 | 0,38 | 3,29 *** | 0,61 | 5,99 *** | 1,10 |
| | | | | | | |
| **Gesetzl. Notwendigkeit ohne Einfluss** | | | | | | |
| AW_Rolle_Gesetz_KeinEinfluss | 103 | 1,00 | | 1,00 | | 1,00 |
| | | | | | | |
| **Personalverantwortlicher für den Vorstand** | | | | | | |
| AW_Rolle_Entsch_PersoKomp | 104 | 1,00 | | 1,00 | | 1,00 |
| Evaluationskriterien | | *** t > 2,57 (1 % Signifikanzniveau)<br>** t > 1,96 (5 % Signifikanzniveau)<br>* t > 1,65 (10 % Signifikanzniveau) | | | | VIF < 5 |

Tab. 105: Evaluation der Messmodelle zu den Konstrukten der Aufgabenwahrneh-mung[1737]

Die VIF aller Aspekte der Aufgabenwahrnehmung liegen mit einem Maximalwert von 1,68 deutlich unterhalb des kritischen Grenzwerts.

Die Wahrnehmung als *strategischer Berater* wird hauptsächlich durch die Indikato-ren Nr. 89 sowie Nr. 90, demgemäß der Aufsichtsrat als kritischer Diskussions-partner des Vorstands fungiert und frühzeitig in Geschäftsentscheidungen einge-bunden wird, beeinflusst. Beide weisen sowohl hoch signifikante relative als auch absolute Beiträge auf.

Auf die Rolle als *Mitgliedervertreter* wirkt insbesondere die Tatsache, dass die Auf-sichtsräte die Interessen der Mitglieder vertreten wollen (Nr. 95, $\alpha = 1$ %), wohin-gegen ein mögliches Verpflichtungsgefühl den Mitgliedern gegenüber keinen sig-nifikanten Einfluss hat (Nr. 96).

Freude in Bezug auf die Prüfung des Jahresabschlusses (Nr. 102) sowie die Ein-schätzung der Risikomanagementprüfung als relevant (Nr. 101) wirken sich hoch signifikant positiv auf die Aufgabenwahrnehmung als *Kontrolleur* aus. Auf dem 10 %-Niveau signifikant ist zudem Indikator Nr. 97. Sich als enger Partner der Ab-schlussprüfer zu sehen, beeinflusst demnach die Wahrnehmung als Kontrolleur.

Da die Aufgabenwahrnehmungen als *gesetzliche Notwendigkeit ohne Einfluss* und *Personalverantwortlicher für den Vorstand* so genannte Single-Item-Konstrukte

---

[1737] Quelle: Eigene Darstellung.

sind, also mit nur je einem Indikator gemessen wurden, liegen das Gewicht, die Ladung und der VIF jeweils bei 1,00. Das Konstrukt und der Indikator entsprechen sich, weshalb auch die Richtung der Beziehung irrelevant ist.[1738]

Insgesamt zeigen die vorstehenden Evaluationen, dass die Messmodelle geeignet sind, um als Basis für das Strukturmodell zu dienen.

## 1.3.2    Evaluation des Strukturmodells

Die Evaluation des Strukturmodells erfolgt auf Basis des Bestimmtheitsmaßes ($R^2$), der Pfadkoeffizienten sowie der Effektstärke ($f^2$).[1739] Mithilfe des Bestimmtheitsmaßes wird der erklärte Varianzanteil einer endogenen Variablen angegeben. Durch die Effektstärke wird zusätzlich überprüft, ob eine exogene Variable einen Einfluss auf die latente endogene Variable ausübt.[1740] Darüber hinaus werden die Treiberkonstrukte einer Kollinearitätsprüfung unterzogen.

Letztere bescheinigt den Treibern der jeweiligen Konstrukte VIF-Werte kleiner zwei, sodass das Gütekriterium (VIF < 5) vollständig eingehalten wird (vgl. Tab. 106).

| VIF | Satis | AW_Rolle_ Strateg | AW_Rolle_ MG-Vertreter | AW_Rolle_ Kontr | AW_Rolle_ Gesetz | AW_Rolle_ Entsch_Perso |
|---|---|---|---|---|---|---|
| Mot_in | 1,91 | 1,37 | 1,37 | 1,37 | 1,37 | 1,37 |
| Mot_ex | 1,56 | 1,37 | 1,37 | 1,37 | 1,37 | 1,37 |
| AW_Rolle_Strateg | 1,46 | | | | | |
| AW_Rolle_MG-Vertreter | 1,37 | | | | | |
| AW_Rolle_Kontr | 1,57 | | | | | |
| AW_Rolle_Gesetz | 1,18 | | | | | |
| AW_Rolle_Entsch_Pers | 1,14 | | | | | |

Tab. 106: Prüfung der Kollinearität der Treiberkonstrukte[1741]

Das Bestimmtheitsmaß, die Pfadkoeffizienten inklusive der t-Statistiken sowie die Effektstärken können Tab. 107 entnommen werden.

---

[1738] Vgl. HAIR ET AL. (2017a), S. 11. Single-Item-Konstrukte können darüber hinaus über das Stone-Geisser-Kriterium ($Q^2$) in Bezug auf ihre Prognoserelevanz geprüft werden. Mit $Q^2$-Werten in Höhe von 0,05 bei der Aufgabenwahrnehmung als *gesetzliche Notwendigkeit ohne Einfluss* sowie 0,09 bei der Wahrnehmung als *Personalverantwortlicher für den Vorstand* übersteigen die Ausprägungen den Grenzwert von Null, wodurch eine Prognoserelevanz der beiden Konstrukte vorliegt (vgl. HAIR ET AL. (2017a), S. 174 ff.)

[1739] Vgl. Kapitel C3.4.3.3.

[1740] Vgl. WEIBER/MÜHLHAUS (2014), S. 328 f.

[1741] Quelle: Eigene Darstellung.

| | $R^2$ | t-Statistik | Pfadkoeffizient | t-Statistik | Effektstärke $f^2$ |
|---|---|---|---|---|---|
| **Zufriedenheit** | 0,80 | 37,70 *** | | | |
| Mot_in | | | 0,42 | 3,73 *** | 0,46 |
| Mot_ex | | | 0,02 | 0,18 | 0,00 |
| AW_Rolle_Strateg | | | 0,34 | 3,56 *** | 0,40 |
| AW_Rolle_MG-Vertreter | | | -0,01 | 0,10 | 0,00 |
| AW_Rolle_Kontr | | | 0,20 | 2,13 ** | 0,12 |
| AW_Rolle_Gesetz | | | -0,13 | 1,18 | 0,07 |
| AW_Rolle_Entsch_Perso | | | 0,16 | 1,74 * | 0,11 |
| | | | | | |
| **Strategischer Berater** | 0,24 | 3,85 *** | | | |
| Mot_in | | | 0,42 | 4,37 *** | 0,17 |
| Mot_ex | | | 0,13 | 1,44 | 0,02 |
| | | | | | |
| **Mitgliedervertreter** | 0,24 | 4,13 *** | | | |
| Mot_in | | | 0,35 | 3,98 *** | 0,12 |
| Mot_ex | | | 0,21 | 2,31 ** | 0,04 |
| | | | | | |
| **Kontrolleur** | 0,32 | 5,43 *** | | | |
| Mot_in | | | 0,39 | 5,09 *** | 0,16 |
| Mot_ex | | | 0,26 | 3,14 *** | 0,07 |
| | | | | | |
| **Gesetzliche Notwendigkeit ohne Einfluss** | 0,09 | 1,59 | | | |
| Mot_in | | | -0,26 | 2,70 *** | 0,06 |
| Mot_ex | | | -0,05 | 0,50 | 0,00 |
| | | | | | |
| **Personalverantwortlicher für den Vorstand** | 0,12 | 2,24 ** | | | |
| Mot_in | | | 0,18 | 2,06 ** | 0,03 |
| Mot_ex | | | 0,22 | 2,05 ** | 0,04 |
| Evaluationskriterien | | *** t > 2,57 (1 % Signifikanzniveau) ** t > 1,96 (5 % Signifikanzniveau) * t > 1,65 (10 % Signifikanzniveau) | | | 0,02 = kleiner Effekt 0,15 = mittlerer Effekt 0,35 = großer Effekt |

Tab. 107:  Evaluation des Strukturmodells[1742]

Die Varianz des *Zufriedenheitskonstrukts* kann zu 80 % erklärt werden, was ein den Erwartungen entsprechendes,[1743] positives Ergebnis darstellt. Die Motivationsarten sowie die jeweiligen Rollenverständnisse der Aufgabenwahrnehmung sind demnach gut geeignet, um die Zufriedenheit der Aufsichtsräte zu erklären. Bei den Konstrukten der Aufgabenwahrnehmung erzielt die Rolle des *Kontrolleurs* mit einem $R^2$ von 0,32 den höchsten Wert, gefolgt von jeweils 0,24 bei dem *strategischen Berater* und dem *Mitgliedervertreter*. HAIR/RINGLE/SARSTEDT bzw. CHIN folgend können die Werte als schwach eingeordnet werden.[1744] Die jeweiligen $R^2$-Werte sind signifikant ausgeprägt, was auf die zugrunde liegenden niedrigen Varianzen zurückzuführen ist.

Die *Zufriedenheit* wird am stärksten durch die *intrinsische Motivation* beeinflusst. Mit einer Effektstärke von 0,46 bzw. einem Pfadkoeffizienten von 0,42 liegt ein großer Effekt bzw. eine höchst signifikante Beziehung vor. Die *extrinsische Motivation* hat hingegen nahezu keinen Einfluss auf die Zufriedenheit.

---

[1742] Quelle: Eigene Darstellung.
[1743] Vgl. Kapitel C3.4.3.3.
[1744] Vgl. Kapitel C3.4.3.3. Die Wertebereiche des Bestimmtheitsmaßes $R^2$ sind jedoch stets im Kontext der Konstrukte bzw. des Forschungsgebiets zu sehen (vgl. FUCHS (2011), S. 30).

Hinsichtlich der Aufgabenwahrnehmung wirkt sich die Rolle des *strategischen Beraters* am stärksten ($f^2 = 0,40$) sowie signifikant positiv ($\alpha = 1\ \%$) auf die Zufriedenheit aus. Mit einer Irrtumswahrscheinlichkeit von je 10 % bzw. 5 % sind die Beziehungen zwischen dem *Kontrolleur* sowie dem *Personalverantwortlichen für den Vorstand* zur Zufriedenheit signifikant und weisen Effektstärken von 0,12 bzw. 0,11 auf. Sofern sich ein Aufsichtsrat als *gesetzliche Notwendigkeit ohne Einfluss* wahrnimmt, beeinflusst dies die Zufriedenheit negativ ($\gamma = -0,13$). Die Aufgabenwahrnehmung als *Mitgliedervertreter* wirkt sich nicht auf die Zufriedenheit aus.

Bezüglich der *intrinsischen Motivation* ist in Bezug auf die Aufgabenwahrnehmung festzustellen, dass sich diese hoch signifikant positiv sowohl auf die Rolle des *strategischen Beraters* sowie des *Mitgliedervertreters* als auch des *Kontrolleurs* auswirkt ($\alpha = 1\ \%$), wobei die Effektstärken als kleine bis mittlere Effekte zu klassifizieren sind. Signifikant negativ wirkt sich die intrinsische Motivation hingegen auf die Wahrnehmung als *gesetzliche Notwendigkeit ohne Einfluss* aus ($\alpha = 1\ \%$). Je stärker also die intrinsische Motivation ist, desto geringer fällt die Wahrnehmung als *gesetzliche Notwendigkeit ohne Einfluss* aus. Auf die Rolle als *Personalverantwortlicher für den Vorstand* wirkt sich die intrinsische Motivation positiv mit einem Signifikanzniveau von 5 % aus.

In Bezug auf die beiden Motivationsarten sind deutliche Unterschiede hinsichtlich der Auswirkungen im Strukturmodell festzustellen. Die Aufgabenwahrnehmung als *Kontrolleuer* sowie als *Personalverantwortlicher für den Vorstand* werden signifikant ($\alpha = 1\ \%$ bzw. 5 %) durch die *extrinsische Motivation* beeinflusst. Mit einem ermittelten Pfadkoeffizienten von 0,26 liegt beim *Kontrolleur* zudem der größte Einfluss der *extrinsischen Motivation* auf eine der Rollen vor. Die Effektstärke ist mit 0,07 hingegen eher als gering einzuordnen. Auf die Rollen als *strategischer Berater* bzw. *gesetzliche Notwendigkeit ohne Einfluss* wirkt sich die *extrinsische Motivation* nicht signifikant aus.

Ausgehend von der Aufgabenwahrnehmung ist somit festzuhalten, dass sowohl die Wahrnehmungen als *strategischer Berater* als auch als *Kontrolleur* sowie *Mitgliedervertreter* stärker von der intrinsischen als von der extrinsischen Motivation beeinflusst werden. Auf die Wahrnehmung als *gesetzliche Notwendigkeit ohne Einfluss* hat die intrinsische Motivation hingegen einen negativen Effekt. Je höher also die intrinsische Motivation ist, desto weniger nehmen sich Aufsichtsräte in dieser Rolle wahr. Eine ähnliche Feststellung kann hinsichtlich der *Personalverantwortlichen für den Vorstand* getätigt werden. Diese sind leicht stärker extrinsisch als intrinsisch motiviert. Die Effektstärken der beiden Motivationsbestandteile auf die Wahrnehmungen als *Mitgliedervertreter*, *gesetzliche Notwendigkeit ohne Einflüsse* sowie *Personalverantwortlicher für den Vorstand* sind jedoch als klein einzustufen.

Neben den in Tab. 107 gezeigten Ergebnissen wurde zusätzlich paarweise untersucht, ob signifikante Unterschiede zwischen den Pfadbeziehungen bestehen (vgl. Tab. 108 sowie Tab. 109).[1745]

---

[1745] Vgl. CHIN/KIM/LEE (2013), S. 221 ff.; HAIR ET AL. (2017a), S. 170. Ob zwei Pfadkoeffizienten eines Modells signifikant voneinander abweichen bzw. Unterschiede bezüglich verschiedener Gruppen einer Stichprobe bestehen, lässt sich mithilfe folgender Formel berechnen:

| | Satis | AW_Rolle_ Strateg | AW_Rolle_ MG-Vertreter | AW_Rolle_ Kontr | AW_Rolle_ Gesetz | AW_Rolle_ Entsch_ Perso |
|---|---|---|---|---|---|---|
| Mot_in vs. Mot_ex | 2,65 *** | 1,82 * | 1,11 | 1,17 | 1,57 | 0,24 |

*** t > 2,57 (1 % Signifikanzniveau)
** t > 1,96 (5 % Signifikanzniveau)
* t > 1,65 (10 % Signifikanzniveau)

Tab. 108:  Unterschiede der Pfadkoeffizienten zwischen intrinsischer und extrinsischer Motivation[1746]

Durch Tab. 108 ist ersichtlich, inwieweit sich die von der intrinsischen und extrinsischen Motivation ausgehenden Pfade signifikant voneinander unterschieden. Beispielsweise wirken sich die beiden Motivationsarten signifikant verschieden auf die Zufriedenheit aus (t = 3,65, α = 1 %). Mit einer Irrtumswahrscheinlichkeit von 10 % differieren auch die ermittelten Pfadkoeffizienten der intrinsischen und extrinsischen Motivation in Bezug auf die Aufgabenwahrnehmung als strategischer Berater.

Die paarweisen Vergleiche der Pfadunterschiede auf das Konstrukt der Zufriedenheit sind in Tab. 109 abgebildet. Beispielsweise ist der Pfadunterschied zwischen der Wahrnehmung als strategischer Berater und der als Mitgliedervertreter auf das Konstrukt der Zufriedenheit mit einer Irrtumswahrscheinlichkeit von 1 % höchst signifikant (t = 2,70), was darauf zurückzuführen ist, dass sich die Rolle als Mitgliedervertreter nicht und die des strategischen Beraters höchst signifikant auf die Zufriedenheit auswirken. Hervorzuheben ist zudem, dass die Zufriedenheit signifikant stärker von der Wahrnehmung als strategischer Berater als von der extrinsischen Motivation beeinflusst wird.

---

$$t = \frac{b^{(1)}-b^{(2)}}{\sqrt{\frac{(n^{(1)}-1)^2}{n^{(1)}+n^{(2)}-2} s.e.^{(1)^2} + \frac{(n^{(2)}-1)^2}{n^{(1)}+n^{(2)}-2} s.e.^{(2)^2}} \sqrt{\frac{1}{n^{(1)}} + \frac{1}{n^{(2)}}}}$$

mit $b^{(g)}$ = Pfadkoeffizient der jeweiligen Gruppe, $n^{(g)}$ = Stichprobengröße der jeweiligen Gruppe und s.e.$^{(g)}$ = aus dem Bootstrapping-Verfahren stammender Standardfehler der jeweiligen Gruppe (vgl. NITZL (2010), S. 46).

[1746] Quelle: Eigene Darstellung.

| | AW_Rolle_ Strateg | AW_Rolle_ MG- Vertreter | AW_Rolle_ Kontr | AW_Rolle_ Gesetz | AW_Rolle_ Entsch_ Perso | Mot_in | Mot_ex |
|---|---|---|---|---|---|---|---|
| AW_Rolle_Strateg | | 2,70 *** | 1,09 | 3,25 *** | 1,42 | 0,52 | 2,32 ** |
| AW_Rolle_MG-Vertreter | 2,70 *** | | 1,61 | 0,87 | 1,31 | 3,01 *** | 0,20 |
| AW_Rolle_Kontr | 1,09 | 1,61 | | 2,28 ** | 0,31 | 1,53 | 1,30 |
| AW_Rolle_Gesetz | 3,25 *** | 0,87 | 2,28 ** | | 2,02 ** | 3,51 *** | 0,99 |
| AW_Rolle_Entsch_Perso | 1,42 | 1,31 | 0,31 | 2,02 ** | | 1,83 * | 1,02 |
| Mot_in | 0,52 | 3,01 *** | 1,53 | 3,51 *** | 1,83 * | | 2,65 *** |
| Mot_ex | 2,32 ** | 0,20 | 1,30 | 0,99 | 1,02 | 2,65 *** | |
| | *** t > 2,57 (1 % Signifikanzniveau) | | | | | | |
| | ** t > 1,96 (5 % Signifikanzniveau) | | | | | | |
| | * t > 1,65 (10 % Signifikanzniveau) | | | | | | |

Tab. 109: Pfadunterschiede auf das Konstrukt der Zufriedenheit[1747]

Die fünf Konstrukte der Aufgabenwahrnehmung können als mediierende Effekte betrachtet werden, die die Beziehung zwischen der Motivation und der Zufriedenheit beeinflussen. Sofern eine Variable zwischen zwei Konstrukte tritt und diese bei einer Veränderung der exogenen Variable zu einer Veränderung der endogenen Variablen führt, liegt eine Mediation bzw. eine Mediatorvariable vor.[1748] Im Folgenden wird daher untersucht, ob bzw. welche Art von Mediation vorliegt.

Da im vorliegenden Fall fünf mögliche Mediatoren existieren, liegt ein multiples Mediatormodell vor, was anhand von Abb. 40 mithilfe zweier Mediatoren veranschaulicht wird.

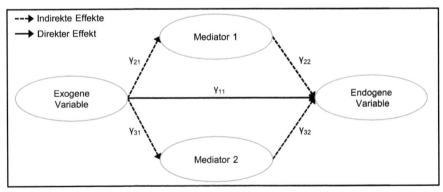

Abb. 40:    Multiples Mediatormodell[1749]

Als *direkter Effekt* wird die Verbindung zwischen exogener und endogener Variable bezeichnet. Indirekte Effekte resultieren aus der Multiplikation der Pfadkoeffizienten zwischen exogener Variablen zum Mediator sowie zwischen Mediator und endogener Variablen. Im vorliegenden Beispiel liegen mit $\gamma_{21} * \gamma_{22}$* sowie $\gamma_{31} * \gamma_{32}$ zwei *spezifische indirekte Effekte* vor. Die Summe aller *spezifischen indirekten Effekte* wird als *totaler indirekter Effekt* bezeichnet.

---

[1747]  Quelle: Eigene Darstellung.
[1748]  Vgl. NITZL/SCHLODERER (2011), S. 432 ff.; HAIR ET AL. (2017a), S. 194; KOPP/LOIS (2011), S. 137 ff.
[1749]  Quelle: Eigene Darstellung.

Der Ablauf der Mediatoranalyse erfolgt mithilfe des in Abb. 41 gezeigten Schemas.

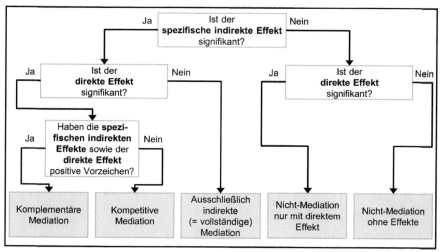

Abb. 41:   Ablauf einer Mediatoranalyse[1750]

Zu Beginn der Mediatoranalyse erfolgt eine Überprüfung der Signifikanz der spezifischen indirekten Effekte. Hierbei zeigt sich eine schwache Signifikanz ($\alpha$ = 10 %) des möglichen Mediators *AW_Rolle_Kontr* zwischen *Mot_ex* und *Satis* (vgl. Tab. 110). Zwischen *Mot_in* und *Satis* weisen die möglichen Mediatoren *AW_Rolle_Strateg* sowie *AW_Rolle_Kontr* Signifikanzen auf dem 1 %- bzw. 10 %-Niveau auf. Da bei den weiteren Rollen der Aufgabenwahrnehmung keine Signifikanzen vorliegen, kann davon ausgegangen werden, dass diese nicht als Mediatoren fungieren. Im zweiten Schritt werden die Signifikanzen der direkten Effekte, also die der Pfadkoeffizienten, betrachtet.

Da der Pfadkoeffizient zwischen der extrinsischen Motivation und der Zufriedenheit nicht signifikant ist, liegt in Bezug auf die Aufgabenwahrnehmung als Personalverantwortlicher für den Vorstand eine vollständige Mediation (also eine ausschließlich indirekte Mediation) vor. Die extrinsische Motivation wirkt über diese Rolle auf die Zufriedenheit. Es liegt eine schwache vollständige Mediation vor, bei der extrinsische Motivation zur Aufgabenwahrnehmung als Personalverantwortlicher für den Vorstand führt, was wiederum die Zufriedenheit beeinflusst.

Die intrinsische Motivation beeinflusst die Zufriedenheit signifikant positiv, sodass in Bezug auf *AW_Rolle_Strateg* sowie *AW_Rolle_Kontr* sowohl signifikante direkte als auch spezifische indirekte Effekte vorliegen und die beiden Rollen die Beziehung somit partiell mediieren. Da sämtliche Vorzeichen positiv sind, stellen die Aufgabenwahrnehmungen als strategische Berater sowie als Kontrolleure in der Beziehung zwischen der intrinsischen Motivation und der Zufriedenheit komplementäre Mediatoren dar. Intrinsische Motivation erhöht die Zufriedenheit direkt, führt

---

[1750]   Quelle: Eigene Darstellung in Anlehnung an HAIR ET AL. (2017a), S. 199.

aber auch zu einer verstärkten Wahrnehmung als strategische Berater bzw. Kontrolleure, was ebenfalls die Zufriedenheit erhöht. Somit wird ein Teil des Effekts der intrinsischen Motivation über diese beiden Formen der Aufgabenwahrnehmung erklärt.

| Mögliche Mediatoren | Spezifischer indirekter Effekt | t-Statistik | Totaler indirekter Effekt | t-Statistik | Pfad-koeffizient | t-Statistik | Ergebnis |
|---|---|---|---|---|---|---|---|
| **Mot_ex → Satis** | | | | | 0,02 | 0,18 | |
| AW_Rolle_Strateg | 0,04 | 1,27 | | | | | Keine Mediation |
| AW_Rolle_MG-Vertreter | 0,00 | 0,08 | | | | | Keine Mediation |
| AW_Rolle_Kontr | 0,05 | 1,65 * | | | | | Keine Mediation |
| AW_Rolle_Gesetz | 0,01 | 0,33 | 0,13 | 2,22 ** | | | Keine Mediation |
| AW_Rolle_Entsch_Perso | 0,03 | 1,30 | | | | | Ausschließlich indirekte Mediation |
| **Mot_in → Satis** | | | | | 0,42 | 3,73 *** | |
| AW_Rolle_Strateg | 0,14 | 2,68 *** | | | | | Komplementäre Mediation |
| AW_Rolle_MG-Vertreter | 0,00 | 0,09 | | | | | Keine Mediation |
| AW_Rolle_Kontr | 0,08 | 1,77 * | 0,28 | 4,06 *** | | | Komplementäre Mediation |
| AW_Rolle_Gesetz | 0,03 | 0,94 | | | | | Keine Mediation |
| AW_Rolle_Entsch_Perso | 0,03 | 1,23 | | | | | Keine Mediation |

*** t > 2,57 (1 % Signifikanzniveau)
** t > 1,96 (5 % Signifikanzniveau)
* t > 1,65 (10 % Signifikanzniveau)

Tab. 110: Ergebnisse der Mediatoranalyse[1751]

Aufgrund des Fehlens globaler Gütemaße[1752] wurde bei der Evaluierung der Messmodelle sowie des Strukturmodells auf verschiedene andere Gütemaße zurückgegriffen. Da sämtliche relevante Gütekriterien des untersuchten Modells erfüllt wurden, kann das Modell als zuverlässig geschätzt und aussagefähig bewertet werden.[1753]

Insgesamt ist zu konstatieren, dass die Varianz der endogenen Variable *Zufriedenheit* wesentlich durch die exogenen Variablen erklärt wird. Die Analyse zeigt somit ein zufriedenstellendes Bild hinsichtlich der Erklärung der Zufriedenheit genossenschaftlicher Aufsichtsräte und des Zusammenhangs von Motivation und Zufriedenheit unter Berücksichtigung der Aufgabenwahrnehmung. Die in dem Kontext genossenschaftlicher Aufsichtsräte aufgestellten Hypothesen, dass sich Motivation positiv auf die Zufriedenheit auswirkt und, dass die Zufriedenheit stärker durch intrinsische Motivation als durch extrinsische Motivation beeinflusst wird, können somit gestützt werden.

Das vollständige Strukturmodell wird einschließlich der Bestimmtheitsmaße sowie der Pfadkoeffizienten samt Signifikanzen in Abb. 42 abschließend veranschaulicht.

---

[1751] Quelle: Eigene Darstellung.
[1752] Vgl. Kapitel C3.4.3.3.
[1753] Vgl. RINGLE/SPREEN (2007), S. 211 ff.

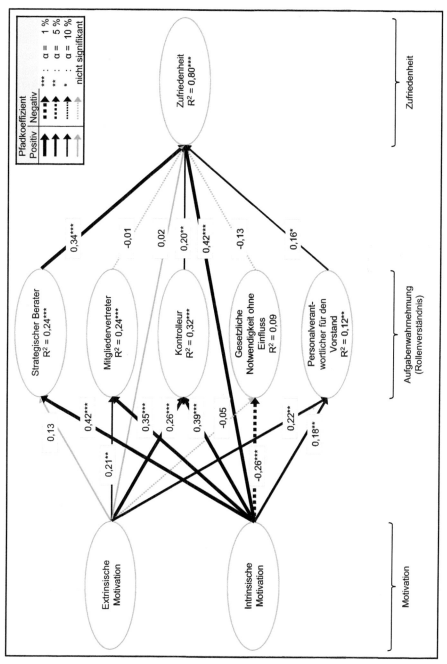

Abb. 42: Evaluiertes Strukturmodell[1754]

---

[1754] Quelle: Eigene Darstellung.

### 1.3.3   Modellmodifikationen

Um einen Sensitivitätscheck durchzuführen und um gegebenenfalls weitere relevante Einflussfaktoren zu identifizieren, wurden verschiedene Kontextvariablen in
das Modell aufgenommen. Diese stehen nicht im Hauptfokus der Untersuchung,
weswegen sie separat analysiert werden.[1755] Kontextvariablen, die die (Arbeits-)
Zufriedenheit beeinflussen, werden im Rahmen verschiedener Veröffentlichungen
angeführt.[1756] Hierzu zählen insbesondere demografische und biografische Variablen sowie Persönlichkeitsvariablen.[1757] Um zu überprüfen, welchen Einfluss
mögliche Kontextvariablen auf das Hauptmodell haben, werden diese zunächst
einzeln nacheinander in das Modell integriert. Wie Abb. 43 zu entnehmen ist,
wurde ihr Einfluss dabei sowohl auf die abhängigen als auch die unabhängigen
Variablen untersucht.

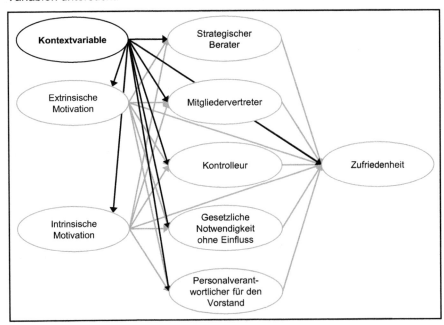

Abb. 43:   Veranschaulichung der Wirkungsbeziehungen der Kontextvariablen[1758]

Auf der *bankspezifischen Ebene* wurde die *Bilanzsumme* als Kontextvariable verwendet. Signifikante Einflüsse sind in Bezug auf die Konstrukte extrinsische Motivation, die Rolle als Mitgliedervertreter sowie als Personalverantwortlicher für den
Vorstand zu beobachten, wobei die beiden Erstgenannten negativ von der Höhe
der Bilanzsumme beeinflusst werden. Je höher die Bilanzsumme, desto niedriger
ist also die extrinsische Motivation und desto weniger nehmen sich die Aufsichtsräte als Mitgliedervertreter wahr. Im Gegensatz dazu sehen sich die Aufsichtsräte

---

[1755]   Vgl. STOETZER (2017), S. 213.
[1756]   Vgl. exemplarisch BRUGGEMANN/GROSKURTH/ULICH (1975); WEINERT (2004); STOCK-HOMBURG (2011).
[1757]   Vgl. SAUTTER (2007), S. 23 f.
[1758]   Quelle: Eigene Darstellung.

eher als Personalverantwortliche für den Vorstand, je größer die Bank bzw. je höher die Bilanzsumme ist. Die Einflüsse sind dabei auf dem 5 %- bzw. 10 %-Niveau signifikant (vgl. Tab. 111).

| | Mot_in | Mot_ex | Satis | AW_Rolle_ Strateg | AW_Rolle_ MG-Vertreter | AW_Rolle_ Kontr | AW_Rolle_ Gesetz | AW_Rolle_ Entsch_ Perso |
|---|---|---|---|---|---|---|---|---|
| **Bilanzsumme** | | | | | | | | |
| Pfadkoeffizient | -0,07 | -0,22 | 0,05 | 0,00 | -0,13 | 0,05 | 0,05 | 0,14 |
| t-Statistik | 0,78 | 2,33 | 0,69 | 0,02 | 1,94 | 0,85 | 0,62 | 2,11 |
| t > 2,57 (1 % Signifikanzniveau) | | | t > 1,96 (5 % Signifikanzniveau) | | | t > 1,65 (10 % Signifikanzniveau) | | |

Tab. 111:  Bankspezifische Kontextvariable[1759]

Auf der *gremienspezifischen Ebene* wurden die *Gremiengröße* sowie die *Anzahl von Sitzungen* betrachtet. Je größer das Gremium, desto geringer ist das Ausmaß, in dem sich die Aufsichtsräte als Mitgliedervertreter wahrnehmen (5 %-Signifikanzniveau). Die weiteren Konstrukte werden von der Gremiengröße zwar nicht signifikant beeinflusst, jedoch ist auffällig, dass sich die Gremiengröße negativ auf beide Motivationsarten auswirkt. Hinsichtlich der Anzahl von Sitzungen ist eine signifikante Verbindung ($\alpha = 10$ %) zur Rolle des Kontrolleurs festzustellen: Je mehr Sitzungen stattfinden, desto weniger nehmen sich die Aufsichtsräte als Kontrolleur wahr (vgl. Tab. 112).

| | Mot_in | Mot_ex | Satis | AW_Rolle_ Strateg | AW_Rolle_ MG-Vertreter | AW_Rolle_ Kontr | AW_Rolle_ Gesetz | AW_Rolle_ Entsch_ Perso |
|---|---|---|---|---|---|---|---|---|
| **Gremiengröße** | | | | | | | | |
| Pfadkoeffizient | -0,06 | -0,12 | 0,05 | -0,08 | -0,12 | -0,03 | 0,06 | 0,05 |
| t-Statistik | 0,68 | 1,29 | 0,64 | 1,14 | 2,13 | 0,45 | 0,71 | 0,85 |
| **Anzahl Sitzungen** | | | | | | | | |
| Pfadkoeffizient | -0,02 | -0,01 | 0,02 | 0,03 | -0,02 | -0,09 | 0,01 | -0,07 |
| t-Statistik | 0,20 | 0,10 | 0,28 | 0,55 | 0,35 | 1,84 | 0,19 | 1,14 |
| t > 2,57 (1 % Signifikanzniveau) | | | t > 1,96 (5 % Signifikanzniveau) | | | t > 1,65 (10 % Signifikanzniveau) | | |

Tab. 112:  Gremienspezifische Kontextvariablen[1760]

Auf der *aufsichtsratsindividuellen* Ebene wurden insgesamt 19 Variablen kontrolliert. In Bezug auf die *Zugehörigkeitsdauer* wurde dabei festgestellt, dass sich Aufsichtsräte eher als Mitgliedervertreter wahrnehmen, desto länger sie Mitglied des Gremiums sind. Dass jemand als *Aufsichtsratsvorsitzender* fungiert, wirkt sich signifikant positiv auf die intrinsische Motivation aus. Obwohl der Pfadkoeffizient nicht signifikant ist, liegt ein schwacher, jedoch negativer Einfluss zwischen dem Status des Vorsitzenden in Verbindung mit der Zufriedenheit vor. Ob ein Aufsichtsrat *Mitglied im Risiko- oder Kreditausschuss* ist, hat keinen Einfluss auf die im Fokus stehenden Konstrukte (vgl. Tab. 113).

---

[1759]  Quelle: Eigene Darstellung.
[1760]  Quelle: Eigene Darstellung.

Des Weiteren wurde das *Hierarchieverständnis*, also ob die Aufsichtsräte den Gesamtaufsichtsrat als dem Vorstand über-, gleich- oder untergeordnet sehen, untersucht. Signifikante Pfadkoeffizienten wurden lediglich bei den Personen, die den Aufsichtsrat als dem Vorstand untergeordnet ansehen, erzielt. Ein solches Hierarchieverständnis wirkt sich stark negativ auf die intrinsische Motivation aus ($\alpha$ = 1 %). Aufsichtsräte mit einem derartigen Hierarchieverständnis sehen sich zudem am ehesten als Mitgliedervertreter ($\alpha$ = 1 %) und am wenigsten als Personalverantwortliche für den Vorstand ($\alpha$ = 5 %).

Personen, die die Aufsichtsratstätigkeit als *Ehrenamt* wahrnehmen, sehen sich am ehesten in der Rolle des Mitgliedervertreters (10 % Signifikanzniveau).

Hinsichtlich der *Vergütung* sind signifikante Einflüsse sowohl in Bezug auf die Mitgliedervertreter als auch auf die Personalverantwortlichen für den Vorstand festzustellen. Mit einer Irrtumswahrscheinlichkeit von 10 % ist zu konstatieren, dass sich Aufsichtsräte bei einer höheren Vergütung stärker als Personalverantwortliche für den Vorstand verstehen. Im Gegensatz dazu wirkt sich eine hohe Vergütung negativ auf das Rollenverständnis des Mitgliedervertreters aus ($\alpha$ = 5 %).

Die Aufsichtsräte, die von den Genossenschaftsmitgliedern gewählt wurden, also tatsächliche *Mitgliedervertreter* sind, empfinden ihre Rolle auch als solche (10 %-Signifikanzniveau). Ein leicht stärkerer Bezug ist jedoch zu der Aufgabenwahrnehmung als strategischer Berater gegeben ($\alpha$ = 5 %). Die Tatsache, dass ein Aufsichtsrat von den Mitgliedern gewählt wurde, wirkt sich zudem leicht signifikant auf die intrinsische Motivation aus ($\alpha$ = 10 %).

Erwartungsgemäß empfinden sich *Arbeitnehmervertreter* weder als Mitgliedervertreter ($\alpha$ = 5 %) noch als strategische Berater ($\alpha$ = 1 %). Hinsichtlich der Rollen verstehen sie sich am ehesten als gesetzliche Notwendigkeit ohne Einfluss.

Bei Personen, die *Mitglied eines weiteren Aufsichtsratsgremiums* sind, liegt eine negative Ausprägung als Mitgliedervertreter vor (1 % Signifikanzniveau), während das Ausmaß der Aufgabenwahrnehmung als Personalverantwortliche für den Vorstand ($\alpha$ = 10 %) umso höher ausgeprägt ist. Zudem wirkt sich diese Kontextvariable negativ auf beide Motivationsbestandteile aus.

Hinsichtlich des *Geschlechts* ist lediglich zu konstatieren, dass es sich negativ auf die intrinsische Motivation auswirkt, sofern ein Aufsichtsrat männlich ist ($\alpha$ = 10 %). Im Hinblick auf das *Alter* ist zu konstatieren, dass sich ältere Aufsichtsräte signifikant stärker als Kontrolleure wahrnehmen ($\alpha$ = 10 %). In Bezug auf die Tatsache, ob ein *Studium* abgeschlossen wurde, konnten keine signifikanten Einflüsse beobachtet werden.

| | Mot_in | Mot_ex | Satis | AW_Rolle_ Strateg | AW_Rolle_ MG-Vertreter | AW_Rolle_ Kontr | AW_Rolle_ Gesetz | AW_Rolle_ Entsch_ Perso |
|---|---|---|---|---|---|---|---|---|
| **Zugehörigkeitsdauer** | | | | | | | | |
| Pfadkoeffizient | -0,01 | -0,02 | 0,03 | -0,04 | 0,12 | 0,06 | -0,04 | 0,08 |
| t-Statistik | 0,05 | 0,18 | 0,36 | 0,60 | 1,62 | 1,01 | 0,58 | 1,25 |
| **AR-Vorsitzender** | | | | | | | | |
| Pfadkoeffizient | 0,24 | 0,10 | -0,03 | -0,11 | -0,06 | -0,01 | 0,07 | 0,00 |
| t-Statistik | 2,75 | 1,03 | 0,43 | 1,52 | 0,80 | 0,18 | 0,95 | 0,02 |
| **Mitglied im Risikoausschuss** | | | | | | | | |
| Pfadkoeffizient | 0,09 | -0,10 | 0,03 | 0,00 | -0,07 | 0,00 | 0,02 | -0,03 |
| t-Statistik | 1,34 | 1,08 | 0,40 | 0,06 | 1,23 | 0,07 | 0,36 | 0,50 |
| **Mitglied im Kreditausschuss** | | | | | | | | |
| Pfadkoeffizient | 0,05 | 0,04 | -0,03 | -0,09 | -0,05 | -0,04 | 0,01 | 0,04 |
| t-Statistik | 0,53 | 0,39 | 0,48 | 1,25 | 0,74 | 0,73 | 0,11 | 0,54 |
| **Hierarchie: AR über Vorstand** | | | | | | | | |
| Pfadkoeffizient | 0,02 | -0,04 | -0,07 | 0,04 | 0,06 | 0,06 | -0,08 | 0,04 |
| t-Statistik | 0,17 | 0,43 | 0,99 | 0,63 | 0,78 | 0,98 | 1,22 | 0,55 |
| **Hierarchie: AR gleich Vorstand** | | | | | | | | |
| Pfadkoeffizient | 0,06 | 0,05 | 0,09 | 0,01 | -0,06 | -0,05 | 0,03 | -0,05 |
| t-Statistik | 0,62 | 0,52 | 1,13 | 0,22 | 0,94 | 0,90 | 0,38 | 0,79 |
| **Hierarchie: AR unter Vorstand** | | | | | | | | |
| Pfadkoeffizient | -0,20 | -0,02 | -0,04 | 0,05 | 0,16 | -0,02 | 0,02 | -0,16 |
| t-Statistik | 2,57 | 0,27 | 0,47 | 0,85 | 2,87 | 0,35 | 0,42 | 2,53 |
| **Wahrnehmung als Ehrenamt** | | | | | | | | |
| Pfadkoeffizient | 0,05 | 0,11 | 0,04 | 0,02 | 0,13 | -0,08 | 0,03 | -0,08 |
| t-Statistik | 0,56 | 0,95 | 0,54 | 0,30 | 1,90 | 1,34 | 0,39 | 1,19 |
| **Vergütung** | | | | | | | | |
| Pfadkoeffizient | 0,07 | -0,07 | 0,03 | 0,00 | -0,16 | 0,08 | 0,00 | 0,14 |
| t-Statistik | 0,75 | 0,79 | 0,30 | 0,06 | 2,46 | 1,41 | 0,02 | 1,88 |
| **Mitgliedervertreter** | | | | | | | | |
| Pfadkoeffizient | 0,12 | 0,11 | 0,00 | 0,12 | 0,09 | -0,04 | -0,07 | 0,03 |
| t-Statistik | 1,85 | 1,41 | 0,04 | 1,66 | 1,65 | 0,68 | 0,77 | 0,40 |
| **Arbeitnehmervertreter** | | | | | | | | |
| Pfadkoeffizient | -0,05 | -0,12 | 0,01 | -0,14 | -0,12 | 0,00 | 0,10 | 0,01 |
| t-Statistik | 0,61 | 1,41 | 0,13 | 1,80 | 2,49 | 0,04 | 0,98 | 0,11 |
| **Weitere AR-Mandate** | | | | | | | | |
| Pfadkoeffizient | -0,16 | -0,17 | 0,07 | -0,11 | -0,23 | 0,08 | -0,13 | 0,15 |
| t-Statistik | 2,18 | 1,49 | 0,79 | 1,45 | 2,69 | 1,14 | 1,95 | 2,23 |
| **Frau** | | | | | | | | |
| Pfadkoeffizient | 0,16 | 0,01 | 0,02 | -0,07 | 0,04 | 0,05 | 0,05 | -0,14 |
| t-Statistik | 0,16 | 0,01 | 0,02 | -0,07 | 0,04 | 0,05 | 0,05 | -0,14 |
| **Mann** | | | | | | | | |
| Pfadkoeffizient | -0,16 | -0,01 | -0,02 | 0,07 | -0,04 | -0,05 | -0,05 | 0,14 |
| t-Statistik | 1,87 | 0,13 | 0,30 | 0,97 | 0,48 | 0,86 | 0,68 | 1,46 |
| **Alter** | | | | | | | | |
| Pfadkoeffizient | 0,06 | 0,07 | -0,03 | -0,04 | 0,09 | 0,12 | -0,07 | 0,06 |
| t-Statistik | 0,59 | 0,66 | 0,40 | 0,54 | 1,30 | 1,94 | 1,05 | 0,93 |
| **Studium abgeschlossen** | | | | | | | | |
| Pfadkoeffizient | -0,02 | -0,03 | -0,02 | 0,05 | 0,00 | -0,03 | -0,04 | 0,00 |
| t-Statistik | 0,18 | 0,26 | 0,22 | 0,73 | 0,06 | 0,42 | 0,51 | 0,05 |
| t > 2,57 (1 % Signifikanzniveau) | | | t > 1,96 (5 % Signifikanzniveau) | | | t > 1,65 (10 % Signifikanzniveau) | | |

Tab. 113: Aufsichtsratsindividuelle Kontextvariablen – Teil I[1761]

---

[1761] Quelle: Eigene Darstellung.

Abweichend zur oben genannten Darstellung wurden die drei Ausprägungen des Persönlichkeitstyps nicht einzeln, sondern gemeinsam im Strukturgleichungsmodell berücksichtigt (Tab. 114).

| | Mot_in | Mot_ex | Satis | AW_Rolle_Strateg | AW_Rolle_MG-Vertreter | AW_Rolle_Kontr | AW_Rolle_Gesetz | AW_Rolle_Entsch_Perso |
|---|---|---|---|---|---|---|---|---|
| **Persönlichkeitstyp: Gewissenhaft** | | | | | | | | |
| Pfadkoeffizient | 0,26 | 0,06 | 0,07 | 0,08 | 0,06 | 0,09 | 0,07 | -0,03 |
| t-Statistik | 3,03 | 0,63 | 0,81 | 0,79 | 0,60 | 1,06 | 0,75 | 0,37 |
| **Persönlichkeitstyp: Dominant** | | | | | | | | |
| Pfadkoeffizient | 0,14 | 0,30 | 0,14 | 0,23 | 0,05 | 0,22 | -0,24 | 0,12 |
| t-Statistik | 1,59 | 2,77 | 1,32 | 2,49 | 0,44 | 2,46 | 2,50 | 1,35 |
| **Persönlichkeitstyp: Gesellig** | | | | | | | | |
| Pfadkoeffizient | 0,28 | 0,23 | 0,00 | 0,06 | 0,11 | 0,06 | -0,11 | 0,03 |
| t-Statistik | 3,58 | 2,39 | 0,04 | 0,71 | 1,12 | 0,75 | 1,34 | 0,45 |
| t > 2,57 (1 % Signifikanzniveau) | | | t > 1,96 (5 % Signifikanzniveau) | | | t > 1,65 (10 % Signifikanzniveau) | | |

Tab. 114: Aufsichtsratsindividuelle Kontextvariablen – Teil II[1762]

Es zeigt sich, dass die intrinsische Motivation von zwei *Persönlichkeitstypen* signifikant beeinflusst wird, am stärksten jedoch von dem des geselligen. Den höchsten Einfluss auf die extrinsische Motivation zeigt hingegen der dominante Persönlichkeitstyp ($\alpha$ = 1 %). Auf die Zufriedenheit, die Rolle des Mitgliedervertreters sowie die Rolle des Personalverantwortlichen für den Vorstand wirken sich die Persönlichkeitstypen nicht signifikant aus. Die Aufgabenwahrnehmungen als strategischer Berater sowie als Kontrolleur werden signifikant durch den dominanten Persönlichkeitstypen beeinflusst (beide mit einer Irrtumswahrscheinlichkeit von 5 %). Auf die Wahrnehmung als gesetzliche Notwendigkeit ohne Einfluss wirken sich die dominanten sowie geselligen Persönlichkeitstypen sogar negativ aus, ersterer dabei mit einem Signifikanzniveau von 5 %. Je dominanter sich die Aufsichtsräte einschätzen, desto weniger nehmen sie sich als gesetzliche Notwendigkeit ohne Einfluss wahr. Lediglich der gewissenhafte Persönlichkeitstyp beeinflusst diese Rolle positiv.

Ausgehend von dem ursprünglichen Strukturgleichungsmodell ohne Kontextvariablen werden im Folgenden sämtliche Kontextvariablen gemeinsam in das Modell aufgenommen, die bei der separaten Betrachtung Signifikanzen von 1 % oder höher auf eines der Konstrukte aufwiesen und nicht den Persönlichkeitstypen betrafen.[1763] Die Auswirkungen dieser elf Kontextvariablen werden mithilfe von Abb. 44 zusammengefasst. Die einzelnen Unterschiede zum Ursprungsmodell sind jeweils in den Klammern ersichtlich.[1764]

---

[1762] Quelle: Eigene Darstellung.
[1763] Darüber hinaus konnte die Kontextvariable *Arbeitnehmervertreter* nicht berücksichtigt werden, da bei einer gleichzeitigen Einbeziehung der Variable *Mitgliedervertreter* das Problem einer singulären Matrix besteht und das Modell aufgrund dessen nicht berechnet werden kann.
[1764] Hierbei ist zu beachten, dass aufgrund des Zufallsprozesses beim Bootstrapping auch bei gleichen Modellkonstruktionen stets leicht abweichende Ergebnisse auftreten.

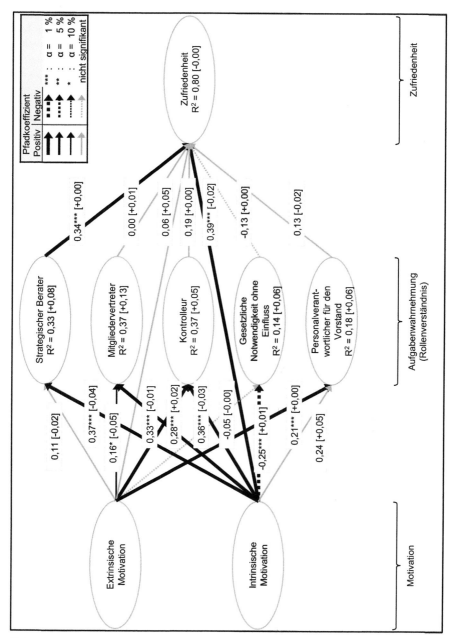

Abb. 44: Evaluiertes Strukturmodell unter Berücksichtigung von Kontextvariablen[1765]

---

[1765] Quelle: Eigene Darstellung. Die Werte sind inklusive der Pfadkoeffizienten der Kontextvariablen zusätzlich tabellarisch in Anhang 10 zu finden.

Die größten Unterschiede zum Ursprungsmodell bestehen in der Ausprägung des $R^2$ bei dem Rollenverständnis des strategischen Beraters (+0,08) sowie des Mitgliedervertreters (+0,13). Bei letzterem tragen insbesondere die Anzahl der weiteren Mandate mit einem Pfadkoeffizienten in Höhe von -0,24 ($\alpha$ = 1 %) zu einem erhöhten Erklärungsgehalt des Konstrukts bei. Auch die Anzahl der Sitzungen wirkt sich signifikant negativ auf das Rollenverständnis des Mitgliedervertreters aus ($\gamma$ = -0,09, $\alpha$ = 10 %) und trägt zu einem höheren $R^2$ bei. Die höhere Ausprägung des Bestimmtheitsmaßes beim strategischen Berater ist insbesondere auf die Kontextvariablen des Mitgliedervertreters und des Hierarchieverständnisses zurückzuführen. Die Tatsache, dass ein Aufsichtsratsmitglied von den Mitgliedern und somit nicht von den Arbeitnehmern gewählt wurde, wirkt sich signifikant positiv auf das Rollenverständnis des strategischen Beraters aus ($\gamma$ = 0,15, $\alpha$ = 5 %). Darüber hinaus beeinflusst der Umstand, dass sich der Aufsichtsrat in Bezug auf die Hierarchie unterhalb des Vorstands sieht, das Rollenverständnis als strategischer Berater negativ ($\gamma$ = -0,20, $\alpha$ = 5 %).

Durch das unveränderte $R^2$ in Höhe von 0,80 in Bezug auf die Zufriedenheit ist ersichtlich, dass die Kontextvariablen keinen relevanten Beitrag zum Erklärungsgehalt dieses Konstrukts leisten.

Insgesamt zeigt sich, dass sich unter gleichzeitiger Einbeziehung der oben beschriebenen Kontextvariablen Unterschiede bei dem Rollenverständnis des strategischen Beraters sowie des Mitgliedervertreters ergeben. Bei den übrigen Pfadkoeffizienten, Effektstärken, Indikatorgewichten sowie Ausprägungen des $R^2$ sind keine nennenswerten Differenzen zum Ursprungsmodell zu verzeichnen.

## 2    Analyse der Geschäftsberichte

### 2.1    Vorbemerkung

Im Folgenden wird das erste Forschungsziel (FZ1), die Analyse des Status quo der Struktur der genossenschaftlichen Aufsichtsratsgremien adressiert. Hierzu werden die Geschäftsberichte mithilfe von Schwerpunkten in der nachstehenden Reihenfolge anhand von Jahresvergleichen deskriptiv analysiert (vgl. Tab. 115).

| | |
|---|---|
| **Bankspezifische Kriterien** | ▪ Bilanzsummenvergleiche<br>▪ Entwicklung der Mitarbeiteranzahl<br>▪ Entwicklung der Mitgliederanzahl<br>▪ Dividendenvergleiche |
| **Gremienspezifische Kriterien** | ▪ Gremiengrößenvergleich<br>▪ Inhalte des Berichts des Aufsichtsrats<br>▪ Vergütungsverteilung |
| **Aufsichtsratsindividuelle Kriterien** | ▪ Geschlechterdiversität<br>▪ Arbeitnehmerbeteiligung<br>▪ Position im Gremium<br>▪ Beruf und Ausbildungsgrad<br>▪ Zugehörigkeitsdauer und Fluktuation |

Tab. 115: Aufbau der Geschäftsberichtsanalyse[1766]

Der Begriff *Vergütung* beinhaltet sowohl die tatsächliche Vergütung als auch etwaige Sitzungsgelder und entspricht der im Anhang der Jahresabschlüsse unter *sonstige Angaben* ausgewiesenen Höhe.

Sofern ein Aufsichtsratsmitglied unterjährig, also zwischen den Mitgliederversammlungen, ausschied, wurde es in den nachfolgenden Auswertungen des jeweiligen Jahres nicht mit berücksichtigt. Bei Fusionen zwischen zwei Kreditgenossenschaften wurde ermittelt, seit wann ein Aufsichtsrat Mitglied einer der Fusionsbanken war. Falls eine Kreditgenossenschaft mit einer Warengenossenschaft fusionierte, wurde als Eintrittsdatum des Aufsichtsrats der ehemaligen Warengenossenschaft das Fusionsdatum berücksichtigt, da die Aufsichtsräte bis zu dem Zeitpunkt noch keine Erfahrungen als Aufsichtsrat eines Kreditinstituts sammelten.

In den Geschäftsberichten werden bei der Anzahl der Mitarbeiter die durchschnittlich beschäftigten Arbeitnehmer des jeweiligen Jahres angegeben.[1767] In den nachfolgend genannten Angaben der Mitarbeiter sind Vollzeit- und Teilzeitbeschäftige gleichermaßen berücksichtigt, sodass die Anzahl einer Pro-Kopf- und somit keiner Vollzeitäquivalentsbetrachtung gleichkommt.

Um ungerichtete Zusammenhänge konkreter zu analysieren, werden im Folgenden an ausgewählten Stellen *Korrelationen* berechnet. Da es sich bei den Daten aus den Geschäftsberichten ausschließlich um metrisch skalierte Daten handelt, wird der Korrelationskoeffizient von BRAVAIS-PEARSON (r) verwendet. Dieser kann Werte zwischen -1 und +1 annehmen, wobei negative Werte einen negativen linearen Zusammenhang bedeuten. Die Interpretation erfolgt auf Basis von COHEN, wonach Werte in Höhe von $r = 0{,}10$ einem schwachen, $r = 0{,}30$ einem mittleren sowie $r = 0{,}50$ einem starken Effekt entsprechen.[1768] Ob sich der Korrelationskoeffizient signifikant von Null unterscheidet, wurde mithilfe von IBM SPSS Statistics (Version 27) bestimmt.[1769]

---

[1766] Quelle: Eigene Darstellung.
[1767] Vgl. exemplarisch HANNOVERSCHE VOLKSBANK EG (2015), S. 5.
[1768] Vgl. COHEN (1988), S. 129.
[1769] Es wurde ein zweiseitiger Signifikanztest mit paarweisem Fallausschluss vorgenommen.

Um Effekte der Heterogenität bzw. Homogenität zu identifizieren, wird der *Herfindahl-Hirschman-Index (HHI)* als Diversitätsmaß verwendet.[1770] Ein Vorteil liegt in der leichten Berechen- bzw. Nachvollziehbarkeit. Ein Wert von 1 entspricht einer maximalen Konzentration. Im Fall einer minimalen Konzentration nimmt der HHI den Wert 1/N und somit nicht den Wert 0 an.[1771] Zusätzlich wird der normierte HHI (HHI*) berechnet, bei dem für die Anzahl der Ausprägungen kontrolliert wird, wodurch er einen Wertebereich von 0 bis 1 umfasst.[1772]

Sofern es nicht anderweitig hervorgehoben wird, beziehen sich die genannten Zahlen bzw. Analysen auf das Jahr 2014.

## 2.2    Deskriptive bankspezifische Befunde

### 2.2.1    Bilanzsummenvergleiche

Unter Berücksichtigung der in Kapitel C4.1 definierten Grundgesamtheit reduzierte sich die Anzahl der Genossenschaftsbanken fusionsbedingt von 1.049 im Jahr 2012 auf 1.026 im Jahr 2013 und 996 im Jahr 2014. Abb. 45 verdeutlicht, dass ca. 90 % der betrachteten Institute eine Bilanzsumme von unter 1,3 Mrd. EUR aufweisen und es daher nur wenige Banken mit einer höheren Bilanzsumme gibt.

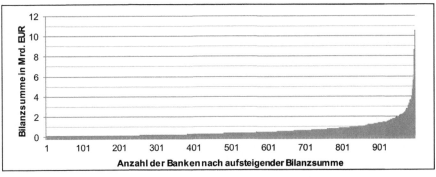

Abb. 45:    Verteilung der Bilanzsummen der 996 Kreditinstitute aus dem Jahr 2014[1773]

Die kumulierte Bilanzsumme beträgt 582 Mrd. EUR mit einem Durchschnitt in Höhe von 585 Mio. EUR. Die durchschnittliche Bilanzsumme stieg in dem betrachteten Zeitraum um 60 Mio. EUR an (vgl. Tab. 116). Die Standardabweichung erhöhte sich von 726 Mio. EUR im Jahr 2012 auf 813 Mio. EUR im Jahr 2014.

---

[1770]  Der HHI berechnet sich wie folgt: $HHI = \sum_{i=1}^{n} \left( \frac{x_i}{\sum_{i=1}^{n} x_i} \right)^2$.

[1771]  Vgl. HIRSCHMAN (1964), S. 761 f.; BLEYMÜLLER (2012), S. 192. Zur Messung von Diversität siehe auch BUCHE ET AL. (2013); SCHAEFFER (2016), S. 49 ff.

[1772]  $HHI^* = \frac{HHI - \frac{1}{n}}{1 - \frac{1}{n}}$.

[1773]  Quelle: Eigene Darstellung.

| Jahr | Bilanzsumme in EUR | | | | | Anzahl der |
|------|-----------|-----------|-----------|-----------|-----------|----------|
| | Kumuliert | Ø | Min. | Max. | Median | Institute |
| 2012 | 550.525.346.583 | 524.809.673 | 13.858.342 | 9.852.194.353 | 314.908.685 | 1.049 |
| 2013 | 563.062.771.388 | 548.794.124 | 16.037.340 | 10.104.789.725 | 320.979.436 | 1.026 |
| 2014 | 582.596.693.318 | 584.936.439 | 15.574.250 | 10.597.799.358 | 335.453.884 | 996 |

Tab. 116: Bilanzsummen im Zeitvergleich[1774]

Die anhand der Bilanzsumme kleinste Bank ist die RAIFFEISENBANK EG IN STRUVEN-HÜTTEN mit einer Bilanzsumme von 15,6 Mio. EUR. Das andere Extrem bildet die BERLINER VOLKSBANK EG mit einer Bilanzsumme von über 10 Mrd. EUR. Die BERLINER VOLKSBANK EG erzielte im Jahr 2012 einen Bilanzgewinn von 15,6 Mio. EUR – also einem Äquivalent der gesamten Bilanzsumme der RAIFFEISENBANK EG IN STRU-VENHÜTTEN.

## 2.2.2  Entwicklung der Mitarbeiteranzahl

Im Jahr 2014 wurden insgesamt 134.549 Personen von einer Genossenschaftsbank beschäftigt. Im Durchschnitt entspricht dies 135 Mitarbeitern pro Institut. Tab. 117 visualisiert die Mitarbeitercluster mithilfe der Bilanzsummencluster im Zeitvergleich.

| Bilanzsumme in EUR | Jahr | Mitarbeiteranzahl | | | | | Σ |
|--------------------|------|-------|---------|---------|---------|-------|-------|
| | | ≤ 100 | 101-250 | 251-500 | 501-800 | ≥ 801 | |
| < 500 Mio. | 2012 | 596 | 98 | 2 | - | - | 696 |
| | 2013 | 576 | 88 | 2 | - | - | 666 |
| | 2014 | 547 | 82 | 1 | - | - | 630 |
| ≥ 500 Mio. bis < 1 Mrd. | 2012 | 7 | 198 | 11 | 1 | - | 217 |
| | 2013 | 7 | 202 | 11 | 1 | - | 221 |
| | 2014 | 6 | 198 | 12 | 1 | - | 217 |
| ≥ 1 Mrd. bis < 2 Mrd. | 2012 | - | 14 | 86 | - | - | 100 |
| | 2013 | - | 16 | 85 | - | - | 101 |
| | 2014 | - | 19 | 88 | - | - | 107 |
| ≥ 2 Mrd. | 2012 | - | - | 9 | 20 | 7 | 36 |
| | 2013 | - | - | 9 | 20 | 9 | 38 |
| | 2014 | - | - | 13 | 18 | 11 | 42 |
| Insgesamt | 2012 | 603 | 310 | 108 | 21 | 7 | 1.049 |
| | 2013 | 583 | 306 | 107 | 21 | 9 | 1.026 |
| | 2014 | 553 | 299 | 114 | 19 | 11 | 996 |

Tab. 117: Mitarbeitercluster anhand der Bilanzsummencluster im Zeitvergleich[1775]

Erwartungsgemäß beschäftigen die anhand der Bilanzsumme großen Genossenschaftsbanken auch die meisten Mitarbeiter. Mit Tab. 117 wird zudem deutlich, dass es viele kleine Banken mit einer geringen Anzahl von Mitarbeitern und nur wenige Institute mit mehr als 500 Arbeitnehmern gibt. Diese Grenze ist entscheidend, da es gemäß § 1 Abs. 1 DrittelbG für Kreditinstitute mit einer Mitarbeiterzahl größer 500 Personen verpflichtend ist, eine Arbeitnehmervertretung im Aufsichtsrat zu installieren. Die Arbeitnehmervertreter werden von den Mitarbeitern gestellt und auch gewählt. Im Jahr 2014 unterlagen 3 % der betrachteten Institute dem DrittelbG und kein Institut dem MitbestG.

---

[1774] Quelle: Eigene Darstellung.
[1775] Quelle: Eigene Darstellung.

Die BERLINER VOLKSBANK EG beschäftigte mit 1.986 Mitarbeitern – davon 1.433 in Vollzeit, 481 in Teilzeit und 72 Auszubildende – die meisten Arbeitnehmer. Die Bank mit den wenigsten Mitarbeitern war die VOLKSBANK RAIFFEISENBANK GAMMESFELD EG. Zu den Mitarbeitern, die zusammen gleichzeitig den dreiköpfigen Vorstand bilden, gehört neben einem ehrenamtlichen Bankkaufmann und einem nebenamtlichen Schreinermeister, die beide bei anderen Unternehmen angestellt sind, ein hauptberuflicher Geschäftsleiter. Durch eine Vereinbarung mit der Nachbarbank ist sichergestellt, dass im Verhinderungsfall die Geschäfte durch einen Mitarbeiter dieser Bank weitergeführt werden können. Diese beiden Extreme veranschaulichen den starken Unterschied zwischen den genossenschaftlichen Instituten.

Um insbesondere mögliche Unterschiede im Vergleich zum Organ des Aufsichtsrats aufzuzeigen und die Zusammenarbeit mit dem Vorstand differenziert bewerten zu können, wird in Tab. 118 auf die Verteilung der Anzahl der Vorstände anhand der Bilanzsummencluster eingegangen.

| Bilanzsumme in EUR | Jahr | Vorstände | | | | | | | Weibl. Vorstände | |
|---|---|---|---|---|---|---|---|---|---|---|
| | | Anzahl | Ø pro KI | Min. | Max. | Mod. | Med. | σ | Anzahl | Ø Anteil |
| < 500 Mio. | 2012 | 1.491 | 2,1 | 1 | 7 | 2 | 2 | 0,5 | 62 | 4,3 % |
| | 2013 | 1.428 | 2,1 | 1 | 6 | 2 | 2 | 0,4 | 61 | 4,2 % |
| | 2014 | 1.343 | 2,1 | 1 | 6 | 2 | 2 | 0,4 | 60 | 4,5 % |
| ≥ 500 Mio. bis < 1 Mrd. | 2012 | 501 | 2,3 | 1 | 5 | 2 | 2 | 0,6 | 5 | 0,7 % |
| | 2013 | 518 | 2,3 | 1 | 6 | 2 | 2 | 0,6 | 8 | 1,2 % |
| | 2014 | 512 | 2,4 | 2 | 5 | 2 | 2 | 0,6 | 7 | 1,2 % |
| ≥ 1 Mrd. bis < 2 Mrd. | 2012 | 270 | 2,7 | 2 | 6 | 2 | 3 | 0,8 | 4 | 1,5 % |
| | 2013 | 274 | 2,7 | 2 | 5 | 3 | 3 | 0,7 | 4 | 1,4 % |
| | 2014 | 299 | 2,8 | 2 | 6 | 3 | 3 | 0,9 | 6 | 1,7 % |
| ≥ 2 Mrd. | 2012 | 138 | 3,8 | 2 | 8 | 3 | 3 | 1,3 | 2 | 1,4 % |
| | 2013 | 139 | 3,7 | 2 | 7 | 3 | 3 | 1,3 | 3 | 1,8 % |
| | 2014 | 148 | 3,5 | 2 | 8 | 3 | 3 | 1,3 | 3 | 2,0 % |
| Insgesamt | 2012 | 2.400 | 2,3 | 1 | 8 | 2 | 2 | 0,4 | 73 | 3,2 % |
| | 2013 | 2.359 | 2,3 | 1 | 7 | 2 | 3 | 0,5 | 76 | 3,2 % |
| | 2014 | 2.302 | 2,3 | 1 | 8 | 2 | 3 | 0,5 | 76 | 3,4 % |

Tab. 118: Verteilung der Vorstände anhand der Bilanzsummencluster[1776]

Von den über 134.000 Mitarbeitern zum Jahresende 2014 waren 2.302 Personen als Vorstand beschäftigt, was einem Durchschnitt von 2,3 Vorständen pro Kreditinstitut entspricht. Am häufigsten bestand die Geschäftsführung aus zwei Personen, das Minimum lag bei einer, das Maximum bei acht Personen. Dass ein Vorstand aus lediglich einer Person besteht, war jedoch stets nur übergangsweise der Fall. Gemäß § 24 Abs. 2 GenG muss der Vorstand bei Genossenschaften mit mehr als 20 Mitgliedern zudem aufgrund des Vieraugenprinzips mindestens zwei Personen umfassen, was sich im Modus überdies widerspiegelt.[1777] Während dem Vorstandsgremium mehr Personen angehören, je größer die Bilanzsumme der Bank ist, ist diese Tendenz bei dem Anteil weiblicher Vorstände sowohl prozentual als auch absolut nicht zu beobachten. Insgesamt waren im Jahr 2014 76 Frauen Teil

---

[1776] Quelle: Eigene Darstellung.
[1777] Bei Genossenschaften mit nicht mehr als 20 Mitgliedern kann die Satzung bestimmen, dass der Vorstand aus einer Person besteht (vgl. § 24 Abs. 2 GenG). Das Wort *Kreditinstitut* wird in dieser und den folgenden Tabellen mit *KI* abgekürzt

eines genossenschaftlichen Bankvorstands, drei davon fungierten als Vorstandsvorsitzende.

## 2.2.3   Entwicklung der Mitgliederanzahl

In dem betrachteten Zeitraum konnte die Anzahl der Mitglieder in den Volks- und
Raiffeisenbanken um 4 % (von 12,7 Mio. auf 13,2 Mio.) gesteigert werden, was einem Durchschnitt von ca. 13.300 Mitgliedern pro Institut entspricht (vgl. Tab. 119).
Die RAIFFEISENBANK SCHLEUSINGEN EG wies mit 242 die geringste und die FRANK-
FURTER VOLKSBANK EG mit 191.068 die höchste Mitgliederanzahl auf. Im Jahr 2014
wiesen 91 Banken eine Mitgliederanzahl von unter 1.500 auf, sodass hier die Einrichtung einer Vertreterversammlung nicht möglich ist. Alle Banken hatten mindestens 20 Mitglieder, weshalb der Vorstand aus mindestens zwei und der Aufsichtsrat
aus mindestens drei Personen bestehen musste. Diese Mitglieder haben entweder
indirekt über eine Vertreterversammlung oder direkt das Recht den Aufsichtsrat zu
wählen.

| | | 2012 | 2013 | 2014 |
|---|---|---|---|---|
| **Mitglieder** | Σ | 12.686.600 | 12.974.653 | 13.206.983 |
| *(Anzahl)* | Ø pro KI | 12.129 | 12.683 | 13.300 |
| | Min. | 243 | 250 | 242 |
| | Max. | 184.111 | 191.068 | 191.068 |
| | Med. | 6.896 | 7.203 | 7.297 |
| | σ | 16.317 | 17.416 | 18.393 |
| **Geschäftsanteile** | Σ | 91.911.916 | 95.766.101 | 97.985.660 |
| *(Anzahl)* | Ø pro KI | 87.786 | 93.522 | 98.577 |
| **Geschäftsanteilshöhe** | Ø pro KI | 141 | 140 | 140 |
| in EUR | Min. | 4 | 5 | 5 |
| | Max. | 1.741 | 1.073 | 1.113 |
| | Med. | 142 | 144 | 143 |
| | σ | 99 | 87 | 89 |

Tab. 119:  Entwicklung der Mitgliederanzahl und Geschäftsguthaben[1778]

Von diesen rund 13 Mio. Mitgliedern wurden knapp 98 Mio. Geschäftsanteile gehalten, wobei ein Geschäftsanteil durchschnittlich 140 EUR kostet. Einen Geschäftsanteil von nur 5 EUR können Mitglieder der VOLKSBANK REMSCHEID-SOLIN-
GEN EG erwerben. Bei der RAIFFEISENBANK EMSLAND-MITTE EG haben die Mitglieder
im Durchschnitt 1.113 EUR für einen Geschäftsanteil investiert, wenngleich berücksichtigt werden muss, dass sich die alten Geschäftsanteilshöhen vor etwaigen
Satzungsanpassungen mit den neuen vermischen und dadurch ein hoher Durchschnitt entsteht.

Die Geschäftsanteilshöhe ist insofern relevant, als dass Aufsichtsräte gemäß
§ 9 Abs. 2 GenG Mitglied der Genossenschaft und somit mindestens im Besitz eines Geschäftsanteils sein müssen.[1779] Darüber hinaus fungiert die Geschäftsanteilshöhe als Bezugsgröße für die auszuschüttende Dividende.

---

[1778]  Quelle: Eigene Darstellung.
[1779]  Vgl. Kapitel B2.3.4.

## 2.2.4    Dividendenvergleiche

Sowohl durchschnittlich als auch am häufigsten wurde von den Banken eine Dividende in Höhe von ca. 5 % ausgeschüttet, wobei keine nennenswerten Unterschiede zwischen den Banken mit kleiner oder größerer Bilanzsumme bestehen und die Höhe der Dividende auch im zeitlichen Vergleich eine hohe Konstanz aufweist (vgl. Tab. 120). In die Untersuchung sind etwaige Sonderzahlungen bzw. Boni mit eingeflossen, da diese bei einigen Banken zwar die Form eines Einmalcharakters aufweisen, bei anderen aber regelmäßig gezahlt werden.

| Bilanzsumme in EUR | Jahr | Ø Jahresüberschuss | Ø Ausschüttung in EUR | Dividende | | | |
|---|---|---|---|---|---|---|---|
| | | | | Ø | Min. | Max. | Mod. |
| < 500 Mio. | 2012 | 736.677 | 129.848 | 5,3 % | 0,0 % | 14,0 % | 5,0 % |
| | 2013 | 670.035 | 127.601 | 5,2 % | 0,0 % | 12,5 % | 5,0 % |
| | 2014 | 662.585 | 120.826 | 5,0 % | 0,0 % | 12,5 % | 5,0 % |
| ≥ 500 Mio. bis < 1 Mrd. | 2012 | 2.597.213 | 430.448 | 5,2 % | 1,0 % | 10,0 % | 6,0 % |
| | 2013 | 2.305.561 | 413.896 | 5,0 % | 1,0 % | 10,0 % | 6,0 % |
| | 2014 | 2.258.942 | 403.208 | 4,8 % | 1,0 % | 9,0 % | 6,0 % |
| ≥ 1 Mrd. bis < 2 Mrd. | 2012 | 4.118.929 | 872.951 | 5,2 % | 0,0 % | 8,0 % | 5,0 % |
| | 2013 | 4.134.451 | 869.973 | 5,0 % | 0,0 % | 8,0 % | 5,0 % |
| | 2014 | 4.049.295 | 832.809 | 4,9 % | 0,6 % | 8,0 % | 6,0 % |
| ≥ 2 Mrd. | 2012 | 8.394.549 | 2.508.377 | 5,6 % | 2,0 % | 10,0 % | 6,0 % |
| | 2013 | 8.692.157 | 2.394.340 | 5,3 % | 1,5 % | 10,0 % | 5,0 % |
| | 2014 | 9.395.978 | 2.313.427 | 5,0 % | 0,0 % | 10,0 % | 5,0 % |
| Insgesamt | 2012 | 1.706.786 | 344.415 | 5,3 % | 0,0 % | 14,0 % | 5,0 % |
| | 2013 | 1.660.481 | 346.236 | 5,1 % | 0,0 % | 12,5 % | 5,0 % |
| | 2014 | 1.742.495 | 351.941 | 4,9 % | 0,0 % | 12,5 % | 5,0 % |

Tab. 120: Jahresüberschuss und Ausschüttung der Dividende anhand der Bilanzsummencluster im Zeitvergleich[1780]

Es ist zu konstatieren, dass durchschnittlich ein Fünftel des Jahresüberschusses von den Instituten ausgeschüttet wurde (352 TEUR zu 1.742 TEUR) und somit etwa 80 % in die gesetzliche Rücklage bzw. andere Ergebnisrücklagen eingestellt werden konnten. Im Rahmen der Prüfung des Jahresabschlusses ist es erforderlich, dass der Aufsichtsrat diese Verwendung des Jahresüberschusses prüft und genehmigt.[1781]

Hinsichtlich der Größenunterschiede ist darüber hinaus festzuhalten, dass die Banken mit einer hohen Bilanzsumme einen durchschnittlichen Jahresüberschuss aufweisen, der mehr als das 10fache des Jahresüberschusses der kleineren Institute beträgt. In jedem der betrachteten Jahre gab es zudem mindestens ein Institut, das keine Dividende an seine Mitglieder ausschüttete.

---

[1780] Quelle: Eigene Darstellung.
[1781] Gemäß § 38 Abs. 1 GenG hat der Aufsichtsrat den Jahresabschluss, den Lagebericht und den Vorschlag für die Verwendung des Jahresüberschusses oder die Deckung des Jahresfehlbetrags zu prüfen (vgl. auch B2.3.2). Der vom Vorstand unterbreitete Vorschlag für die Ergebnisverwendung setzt sich in der Regel so zusammen, dass der Bilanzgewinn (bestehend aus dem Jahresüberschuss und einem eventuellen Gewinnvortrag) aufgeteilt wird in die Zuweisung zu den Ergebnisrücklagen (bestehend aus der gesetzlichen Rücklage und anderen Ergebnisrücklagen), die Ausschüttung der Dividende und einen Vortrag auf neue Rechnung (vgl. exemplarisch WALDECKER BANK EG (2015), S. 7).

## 2.3    Deskriptive gremienspezifische Befunde

### 2.3.1    Gremiengrößenvergleich

Von den 996 Genossenschaftsbanken im Jahr 2014 wies rund ein Drittel der Kreditinstitute eine Aufsichtsratsgremiengröße von sechs bis acht Personen auf. Dieses Gremiengrößencluster war auch in den vorherigen beiden Jahren das am stärksten ausgeprägte, gefolgt von dem Größencluster von drei bis fünf Personen und neun bis elf Personen (vgl. Tab. 121).

| Gremiengrößencluster | 2012 | | 2013 | | 2014 | |
|---|---|---|---|---|---|---|
| | % | abs. | % | abs. | % | abs. |
| 3-5 | 22 % | 232 | 23 % | 241 | 25 % | 247 |
| 6-8 | 41 % | 430 | 39 % | 402 | 37 % | 373 |
| 9-11 | 21 % | 223 | 22 % | 230 | 22 % | 220 |
| 12-15 | 12 % | 122 | 11 % | 110 | 11 % | 108 |
| > 15 | 4 % | 42 | 4 % | 43 | 5 % | 48 |
| Summe | 100 % | 1.049 | 100 % | 1.026 | 100 % | 996 |

Tab. 121: Gremiengrößencluster im Zeitvergleich[1782]

Die Anzahl der Aufsichtsräte in einem Gremium war in allen betrachteten Jahren höher, je größer die Bilanzsumme der Bank war ($r = 0,60$, $α = 1$ %). Nach COHEN handelt es sich hierbei um einen starken Effekt.[1783] Die durchschnittliche Gremiengröße veränderte sich im Zeitvergleich nicht und lag konstant bei durchschnittlich acht Mitgliedern im Aufsichtsrat, der Modus konstant bei sechs Mitgliedern (vgl. Tab. 122). Die Konstanz in der Gremiengröße bei gleichzeitigem Rückgang der Anzahl von Aufsichtsräten ist mit der gleichzeitig stattfindenden (fusionsbedingten) Dezimierung an Genossenschaftsbanken zu begründen. Pro 100 Mio. EUR Bilanzsumme sind 1,4 Aufsichtsräte tätig. Durchschnittlich wird ein Vorstandsmitglied von 3,5 Aufsichtsratsmitgliedern überwacht. Die Anzahl der Vorstände und die Anzahl von Aufsichtsräten pro Gremium korrelieren signifikant positiv ($r = 0,53$, $α = 1$ %). Je mehr Vorstände in einem Institut tätig sind, desto größer ist somit auch das Aufsichtsratsgremium.

---

[1782] Quelle: Eigene Darstellung.
[1783] Vgl. COHEN (1988), S. 129.

| Bilanzsumme in EUR | Jahr | Anzahl AR | Gremiengröße | | | | | |
|---|---|---|---|---|---|---|---|---|
| | | | Ø | Min. | Max. | Mod. | Med. | σ |
| < 500 Mio. | 2012 | 4.568 | 7 | 3 | 19 | 6 | 6 | 3 |
| | 2013 | 4.321 | 6 | 3 | 19 | 6 | 6 | 2 |
| | 2014 | 4.008 | 6 | 3 | 21 | 6 | 6 | 2 |
| ≥ 500 Mio. bis < 1 Mrd. | 2012 | 2.132 | 10 | 4 | 25 | 9 | 9 | 3 |
| | 2013 | 2.126 | 10 | 4 | 25 | 6 | 9 | 3 |
| | 2014 | 2.085 | 10 | 4 | 23 | 9 | 9 | 3 |
| ≥ 1 Mrd. bis < 2 Mrd. | 2012 | 1.093 | 11 | 4 | 28 | 9 | 10 | 4 |
| | 2013 | 1.112 | 11 | 4 | 25 | 9 | 10 | 4 |
| | 2014 | 1.185 | 11 | 4 | 24 | 9 | 10 | 4 |
| ≥ 2 Mrd. | 2012 | 607 | 17 | 6 | 42 | 12 | 15 | 8 |
| | 2013 | 628 | 17 | 5 | 42 | 12 | 16 | 7 |
| | 2014 | 667 | 16 | 6 | 30 | 12 | 15 | 6 |
| Insgesamt | 2012 | 8.400 | 8 | 3 | 42 | 6 | 7 | 4 |
| | 2013 | 8.187 | 8 | 3 | 42 | 6 | 7 | 4 |
| | 2014 | 7.945 | 8 | 3 | 30 | 6 | 7 | 4 |

Tab. 122: Gremiengröße anhand der Bilanzsummencluster im Zeitvergleich[1784]

Die maximale Aufsichtsratsgröße in allen drei Jahren wies die VOLKSBANK KRAICH-GAU WIESLOCH-SINSHEIM EG mit 42 bzw. 30 Aufsichtsratsmitgliedern auf. Die Reduzierung ist auf eine nach erfolgter Fusion bewusste Verkleinerung des Gremiums zurückzuführen. Die Bank mit den zweitmeisten Aufsichtsräten war die VOLKSBANK DARMSTADT – SÜDHESSEN EG mit einer Aufsichtsratsanzahl von 28 im Jahr 2014 und 29 bzw. 30 in den beiden Jahren zuvor. 53 Kreditinstitute wiesen im Jahr 2014 die minimale Aufsichtsratsgröße von drei Mitgliedern auf. Insgesamt wurde bei allen Instituten, die gemäß § 36 Abs. 1 KWG verpflichtende Mindestgröße in Höhe von drei Mitgliedern eingehalten.[1785]

## 2.3.2    Inhalte des Berichts des Aufsichtsrats

Gemäß § 38 Abs. 1 GenG hat der Aufsichtsrat den Jahresabschluss, den Lagebericht und den Vorschlag für die Verwendung des Jahresüberschusses oder die Deckung des Jahresfehlbetrags zu prüfen und der Generalversammlung über das Ergebnis der Prüfung vor der Feststellung des Jahresabschlusses zu berichten.[1786] Der Bericht wird im Anschluss zusammen mit dem Jahresabschluss und dem Lagebericht im elektronischen Bundesanzeiger veröffentlicht.

Neben besonderen Vorkommnissen gehen einige Banken darauf ein, wie häufig das Gremium in dem vergangenen Jahr getagt hat und welche Ausschüsse eingerichtet wurden. Im Durchschnitt tagten die betrachteten Banken neunmal pro Jahr, wobei kein Unterschied zwischen Banken mit großer und mit kleiner Bilanzsumme festgestellt werden konnte. Die Mehrzahl der Institute (82 %) machte hierzu jedoch keine Angabe im Geschäftsbericht, wobei die Hälfte der großen Banken (größer gleich 2 Mrd. EUR), aber nur 13 % der Institute mit einer Bilanzsumme kleiner 500 Mio. EUR darüber berichteten.

---

[1784]  Quelle: Eigene Darstellung.
[1785]  Vgl. Kapitel B2.3.3.
[1786]  Vgl. Kapitel B2.3.2.

Auch wenn die Entscheidung für die Einrichtung eines Nominierungsausschusses, eines Vergütungskontrollausschusses sowie eines Risiko- und bzw. oder Prüfungsausschusses gemäß § 25d Abs. 7 KWG abhängig von der Institutsgröße sowie Risikogestaltung ist,[1787] erwähnten nur 192 Banken (19 %), hierbei wiederum mehrheitlich die größeren Institute, die Existenz mindestens eines Ausschusses. Die in den Geschäftsberichten genannten 84 unterschiedlichen Bezeichnungen der Ausschüsse konnten überwiegend den oben genannten bzw. durch den Gesetzgeber geforderten Ausschüssen zugeordnet werden. Da es zulässig ist, kombinierte Ausschüsse wie beispielsweise einen Risiko- und Prüfungsausschuss einzurichten, wurde ein solcher Ausschuss in der Analyse sowohl bei dem Risiko- als auch dem Prüfungsausschuss berücksichtigt.

83 % der Banken, die von mindestens einem Ausschuss berichteten, hatten einen Kreditausschuss, 66 % einen Prüfungsausschuss und 65 % einen Nominierungsausschuss eingerichtet. Erst nach dem fakultativen Bauausschuss (22 %) folgen der Risiko- und der Vergütungskontrollausschuss mit 14 % bzw. 7 %. Neben den im KWG geforderten Ausschüssen installierten manche Banken zudem unter anderem Investitions- oder Strategie- bzw. Unternehmenssteuerungsausschüsse.

Ein Vermerk über die An- bzw. Abwesenheit der Aufsichtsratsmitglieder bei Sitzungen, wie sie im DCGK empfohlen wird, war in keinem der Aufsichtsratsberichte zu finden.[1788]

Der Umfang und Inhalt der untersuchten Berichte des Aufsichtsrats differierten erheblich. Aufsichtsräte von Banken, die dem GENOSSENSCHAFTSVERBAND BAYERN E. V. angehörten, formulierten regelmäßig den gleichen Bericht, der folgenden Inhalt umfasste:

„Der Aufsichtsrat hat den Jahresabschluss, den Lagebericht und den Vorschlag für die Verwendung des Jahresüberschusses geprüft, in Ordnung befunden und befürwortet den Vorschlag des Vorstands. Der Vorschlag entspricht den Vorschriften der Satzung."[1789]

Diesen 32 Wörtern steht beispielsweise ein 726 Wörter umfassender Bericht des Aufsichtsrats der dem GENOSSENSCHAFTSVERBAND E. V. angehörigen WESTLICHE SAAR PLUS EG, gegenüber. Neben dem deutlich größeren Umfang wurden auch inhaltlich weitere Themen behandelt. Unter anderem wurde darauf eingegangen, welche personellen Veränderungen im Aufsichtsrat stattgefunden haben bzw. stattfinden werden. Zudem wurden die Gründe des Ausscheidens einzelner Aufsichtsratsmitglieder genannt und über die Arbeit der einzelnen Ausschüsse berichtet.[1790]

---

[1787] Vgl. § 25d Abs. 7 KWG, Kapitel B2.3.2.

[1788] Vgl. D.8 DCGK (2020), Kapitel B2.3.2.

[1789] Siehe exemplarisch RAIFFEISENBANK SÜDÖSTL. STARNBERGER SEE EG (2014), S. 10. Darüber hinaus ist jedoch zu beobachten, dass eine zunehmende Anzahl vor allem der größeren Institute ausführlichere Geschäftsberichte druckt bzw. auf den eigenen Internetseiten zur Verfügung stellt, in denen teilweise auch der Bericht des Aufsichtsrats ausführlicher gehalten ist und somit von dem im elektronischen Bundesanzeiger veröffentlichten Bericht abweicht (vgl. FRANKENBERGER/GSCHREY/BAUER (2020), S. 143).

[1790] Vgl. WESTLICHE SAAR PLUS EG (2015), S. 30 f.

Dies verdeutlicht unter anderem den Einfluss der Genossenschaftsverbände auf die Aufsichtsratsarbeit. Die Verbände sind für die Aufsichtsräte auch insofern relevant, als dass die Prüfungsberichte der Verbände eine wesentliche Grundlage der Aufsichtsratstätigkeit darstellen und die Prüfung des Aufsichtsrats in der Regel hierauf aufbaut.[1791] Dem bayrischen Genossenschaftsverband gehörten im Jahr 2014 276 Institute an, sodass dieser sowohl anhand der Anzahl der Institute als auch anhand der kumulierten Bilanzsumme die zweitmeisten Institute vereint (vgl. Tab. 123).

| Verband | Zugehörige Kreditinstitute | | Aggregierte Bilanzsummen der Kreditinstitute | |
|---|---|---|---|---|
| | abs. | % | in EUR | % |
| Genossenschaftsverband e. V. | 280 | 28 % | 186.034.123.078 | 32 % |
| Genossenschaftsverband Bayern e. V. | 276 | 28 % | 132.641.889.140 | 23 % |
| Baden-Württembergischer Genossenschaftsverband e. V. | 212 | 21 % | 128.458.588.297 | 22 % |
| Rheinisch-Westfälischer Genossenschaftsverband e. V. | 169 | 17 % | 112.527.416.421 | 19 % |
| Genossenschaftsverband Weser-Ems e. V. | 57 | 6 % | 22.629.700.011 | 4 % |
| Genossenschaftlicher Prüfungsverband Mecklenburg-Vorpommern e. V. | 2 | 0 % | 304.976.370 | 0 % |
| Insgesamt | 996 | 100 % | 582.596.693.318 | 100 % |

Tab. 123: Prüfungsverbände mit dazugehörigen Kreditinstituten (Stand: 2014)[1792]

## 2.3.3    Vergütungsverteilung

Im Jahr 2014 wurden unter Berücksichtigung aller betrachteten Institute über 29 Mio. EUR an die Aufsichtsräte – also durchschnittlich ca. 33 TEUR pro Gremium – ausgezahlt. Bei gleichbleibender durchschnittlicher Gremiengröße ist ein Anstieg der Vergütung sowohl insgesamt als auch bei drei der vier Bilanzsummencluster ersichtlich (vgl. Tab. 124). Je größer die Bilanzsumme der Bank ist, desto größer sind auch die durchschnittliche Vergütung pro Gremium ($r = 0{,}81$, $\alpha = 1$ %) und die durchschnittliche Vergütung pro Aufsichtsrat ($r = 0{,}61$, $\alpha = 1$ %). Im Jahr 2014 erhielt ein Aufsichtsrat einer kleinen Bank nur ca. ein Viertel der Jahresvergütung einer großen Bank (2.126 EUR im Vergleich zu 9.060 EUR).

---

[1791]  Vgl. Kapitel B2.3.2.
[1792]  Quelle: Eigene Darstellung. Obwohl drei als AG firmierende Institute (die GLADBACHER BANK AG VON 1922, die HEINSBERGER VOLKSBANK AG und die VEREINIGTE VOLKSBANK AG, SINDELFINGEN) ebenfalls einem Genossenschaftsverband angehören, machten sie von § 55 Abs. 3 GenG Gebrauch und ließen die Jahresabschlüsse durch Wirtschaftsprüfungsgesellschaften prüfen.

| Bilanzsumme in EUR | Jahr | Vergütung gesamt in EUR | Ø Vergütung pro Gremium in EUR | Ø Vergütung pro AR-Mitglied in EUR | Ø Gremien- größe | Ø Anteil der Ver- gütung an der Bilanzsumme |
|---|---|---|---|---|---|---|
| < 500 Mio. | 2012 | 7.741.164 | 13.463 | 1.994 | 7 | 0,06 ‰ |
|  | 2013 | 7.750.300 | 13.693 | 2.059 | 6 | 0,06 ‰ |
|  | 2014 | 7.544.352 | 13.692 | 2.126 | 6 | 0,06 ‰ |
| ≥ 500 Mio. bis | 2012 | 8.570.296 | 41.603 | 4.614 | 10 | 0,06 ‰ |
| < 1 Mrd. | 2013 | 8.985.391 | 42.185 | 4.789 | 10 | 0,06 ‰ |
|  | 2014 | 9.095.658 | 42.904 | 4.836 | 10 | 0,06 ‰ |
| ≥ 1 Mrd. bis | 2012 | 6.134.511 | 64.574 | 6.427 | 11 | 0,05 ‰ |
| < 2 Mrd. | 2013 | 6.689.399 | 68.259 | 6.654 | 11 | 0,05 ‰ |
|  | 2014 | 7.465.722 | 71.102 | 6.817 | 11 | 0,05 ‰ |
| ≥ 2 Mrd. | 2012 | 4.723.852 | 152.382 | 8.993 | 17 | 0,04 ‰ |
|  | 2013 | 4.840.051 | 146.668 | 8.806 | 17 | 0,04 ‰ |
|  | 2014 | 5.331.695 | 144.100 | 9.060 | 16 | 0,04 ‰ |
| Insgesamt | 2012 | 27.169.822 | 29.956 | 3.293 | 8 | 0,06 ‰ |
|  | 2013 | 28.265.141 | 31.061 | 3.437 | 8 | 0,06 ‰ |
|  | 2014 | 29.437.428 | 32.528 | 3.588 | 8 | 0,06 ‰ |

Tab. 124: Vergütungsverteilung anhand der Bilanzsummencluster im Zeitvergleich[1793]

Zwei Banken – die GLADBACHER BANK AG VON 1922 und die BERLINER VOLKS-
BANK EG – vergüteten ihre Aufsichtsräte im Jahr 2014 mit über 20 TEUR pro Person. Die GLADBACHER BANK AG VON 1922 zahlte eine Vergütung von 155 TEUR an
das gesamte Gremium, was bei der Gremiengröße von sechs Mitgliedern einer
Aufwandsentschädigung von 26 TEUR pro Aufsichtsrat entspricht. Das aus 16 Mitgliedern bestehende Gremium der BERLINER VOLKSBANK EG erhielt eine durchschnittliche Pro-Kopf-Vergütung in Höhe von 23 TEUR, was einer Zahlung von
370 TEUR an das gesamte Gremium entspricht. Die BERLINER VOLKSBANK EG ist
dem größten Bilanzsummencluster, die GLADBACHER BANK AG von 1922 dem zweit-
niedrigsten Cluster zuzuordnen. Mit 376 TEUR wurde die höchste Gesamtsumme
von der VOLKSBANK STUTTGART EG an ihre 23 Aufsichtsratsmitglieder gezahlt, was
einer durchschnittlichen Vergütung von 16 TEUR entspricht. Die niedrigste Gesamtsumme (in Höhe von 380 EUR) erhielten die Aufsichtsräte der RAIFFEISENBANK
OBERER WALD EG. Die fünf Personen des Gremiums wurden durchschnittlich folglich mit 76 EUR pro Person vergütet (vgl. Tab. 125).

---

[1793] Quelle: Eigene Darstellung. Die (stellvertretenden) Vorsitzenden eines Aufsichtsrats werden in der
Regel höher als die übrigen Gremienmitglieder vergütet. Da in den Geschäftsberichten jedoch nur die
kumulierte Aufsichtsratsaufwandsvergütung erwähnt wird, wird hier auf eine durchschnittliche Betrachtung pro Aufsichtsrat abgestellt. Wie in Kapitel C4.3 beschrieben, können Institute von der Möglichkeit des § 286 Abs. 4 HGB Gebrauch machen und die Angabe unterlassen, da Rückschlüsse auf
die Vergütung eines einzelnen Aufsichtsratsmitglieds möglich gewesen wären. Während im Jahr 2012
142 Institute (13,5 %) auf eine Angabe verzichteten, waren es im Jahr 2013 116 (11,3 %) und im Jahr
2014 91 (9,1 %).

| Bilanzsumme in EUR | Jahr | Ø Vergütung pro Gremium in EUR | | | | | Ø Vergütung pro AR-Mitglied in EUR | | | | |
|---|---|---|---|---|---|---|---|---|---|---|---|
| | | Ø | Min. | Max. | Med. | σ | Ø | Min. | Max. | Med. | σ |
| < 500 Mio. | 2012 | 13.463 | 369 | 56.142 | 11.200 | 9.974 | 1.994 | 62 | 8.731 | 1.611 | 1.416 |
| | 2013 | 13.693 | 469 | 64.583 | 11.401 | 10.273 | 2.059 | 94 | 8.987 | 1.644 | 1.469 |
| | 2014 | 13.692 | 380 | 82.302 | 11.395 | 10.183 | 2.126 | 76 | 9.687 | 1.760 | 1.484 |
| ≥ 500 Mio. bis < 1 Mrd. | 2012 | 41.603 | 4.998 | 131.804 | 36.799 | 21.636 | 4.614 | 714 | 21.967 | 4.036 | 2.814 |
| | 2013 | 42.185 | 5.889 | 147.296 | 36.778 | 22.324 | 4.789 | 681 | 21.964 | 4.227 | 3.002 |
| | 2014 | 42.904 | 5.174 | 155.000 | 39.511 | 22.174 | 4.836 | 750 | 25.833 | 4.303 | 2.945 |
| ≥ 1 Mrd. bis < 2 Mrd. | 2012 | 64.574 | 15.932 | 158.689 | 60.965 | 27.488 | 6.427 | 1.130 | 15.648 | 6.002 | 3.250 |
| | 2013 | 68.259 | 14.548 | 167.304 | 65.480 | 27.531 | 6.654 | 1.323 | 17.895 | 6.303 | 3.089 |
| | 2014 | 71.102 | 17.084 | 171.757 | 65.800 | 29.741 | 6.817 | 1.450 | 17.149 | 6.417 | 3.050 |
| ≥ 2 Mrd. | 2012 | 152.382 | 26.915 | 490.864 | 123.000 | 102.089 | 8.993 | 2.413 | 25.750 | 7.800 | 4.785 |
| | 2013 | 146.668 | 33.842 | 394.215 | 126.250 | 90.135 | 8.806 | 2.085 | 23.125 | 8.397 | 4.377 |
| | 2014 | 144.100 | 24.587 | 375.923 | 119.768 | 82.005 | 9.060 | 2.686 | 23.125 | 8.894 | 4.000 |
| Insgesamt | 2012 | 29.956 | 369 | 490.864 | 18.790 | 38.024 | 3.293 | 62 | 25.750 | 2.395 | 2.926 |
| | 2013 | 31.061 | 469 | 394.215 | 19.324 | 37.534 | 3.437 | 94 | 23.125 | 2.517 | 2.991 |
| | 2014 | 32.528 | 380 | 375.923 | 20.209 | 38.454 | 3.588 | 76 | 25.833 | 2.723 | 3.034 |

Tab. 125: Vergütungsausprägungen der Kreditinstitute im Zeitvergleich[1794]

Ungefähr die Hälfte der Banken zahlte ihren Aufsichtsräten eine Vergütung von 1.500-5.000 EUR pro Person pro Jahr, wie Tab. 126 zu entnehmen ist.

| Ø Vergütung pro AR-Mitglied in EUR | 2012 | | 2013 | | 2014 | |
|---|---|---|---|---|---|---|
| | % | abs. | % | abs. | % | abs. |
| ≤ 1.499 | 26 % | 276 | 27 % | 274 | 25 % | 248 |
| 1.500-4.999 | 43 % | 450 | 43 % | 437 | 44 % | 436 |
| 5.000-9.999 | 14 % | 149 | 16 % | 165 | 18 % | 183 |
| 10.000-14.999 | 2 % | 23 | 3 % | 27 | 3 % | 31 |
| 15.000-19.999 | 1 % | 7 | 0 % | 5 | 1 % | 5 |
| ≥ 20.000 | 0 % | 2 | 0 % | 2 | 0 % | 2 |
| nicht genannt | 14 % | 142 | 11 % | 116 | 9 % | 91 |
| Insgesamt | 100 % | 1.049 | 100 % | 1.026 | 100 % | 996 |

Tab. 126: Vergütungscluster der Kreditinstitute im Zeitvergleich[1795]

Auf aufsichtsratsindividueller Ebene liegen über die betrachteten drei Jahre nur geringfügige Unterschiede zwischen den Vergütungsclustern der Frauen und Männer vor (vgl. Tab. 127 und Tab. 128). Darüber hinaus bestehen keine nennenswerten Vergütungsunterschiede zwischen den beiden Geschlechtern.

| Ø Vergütung pro Frau in EUR | 2012 | | 2013 | | 2014 | |
|---|---|---|---|---|---|---|
| | % | abs. | % | abs. | % | abs. |
| ≤ 1.499 | 23 % | 185 | 22 % | 189 | 18 % | 172 |
| 1.500-4.999 | 44 % | 362 | 43 % | 372 | 44 % | 411 |
| 5.000-9.999 | 21 % | 174 | 23 % | 204 | 25 % | 237 |
| 10.000-14.999 | 4 % | 31 | 5 % | 45 | 5 % | 50 |
| 15.000-19.999 | 1 % | 9 | 1 % | 9 | 1 % | 11 |
| ≥ 20.000 | 0 % | 3 | 0 % | 3 | 0 % | 3 |
| nicht genannt | 7 % | 58 | 6 % | 51 | 6 % | 53 |
| Insgesamt | 100 % | 822 | 100 % | 873 | 100 % | 937 |

Tab. 127: Durchschnittliche Vergütung pro Frau im Zeitvergleich[1796]

---

[1794] Quelle: Eigene Darstellung.
[1795] Quelle: Eigene Darstellung.
[1796] Quelle: Eigene Darstellung.

| Ø Vergütung pro Mann | 2012 | | 2013 | | 2014 | |
| --- | --- | --- | --- | --- | --- | --- |
| in EUR | % | abs. | % | abs. | % | abs. |
| ≤ 1.499 | 24 % | 1.851 | 25 % | 1.803 | 22 % | 1.573 |
| 1.500-4.999 | 45 % | 3.422 | 45 % | 3.262 | 44 % | 3.113 |
| 5.000-9.999 | 17 % | 1.279 | 19 % | 1.364 | 22 % | 1.535 |
| 10.000-14.999 | 3 % | 198 | 3 % | 233 | 4 % | 266 |
| 15.000-19.999 | 1 % | 55 | 1 % | 51 | 1 % | 48 |
| ≥ 20.000 | 0 % | 19 | 0 % | 19 | 0 % | 19 |
| nicht genannt | 10 % | 754 | 8 % | 582 | 6 % | 454 |
| Insgesamt | 100 % | 7.578 | 100 % | 7.314 | 100 % | 7.008 |

Tab. 128:  Durchschnittliche Vergütung pro Mann im Zeitvergleich[1797]

Abb. 46 verdeutlicht den Zusammenhang zwischen der Gremiengröße und der Vergütung auf der Basis der Bilanzsummencluster.

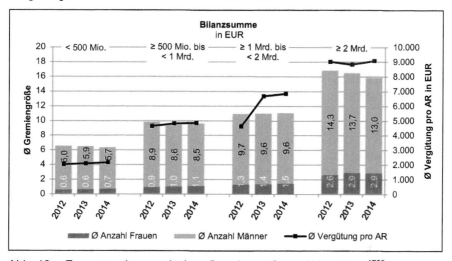

Abb. 46:   Zusammenhang zwischen Gremiengröße und Vergütung[1798]

Hier ist zunächst zu konstatieren, dass Banken, die einem größeren Bilanzsummencluster angehören, auch ein bezüglich der Anzahl der Aufsichtsräte größeres Gremium und auch eine durchschnittlich höhere Pro-Kopf-Vergütung aufweisen. Während die Gremiengröße im Zeitablauf eher konstant bis rückläufig verläuft, ist bei der Vergütung insgesamt eine leicht steigende Tendenz zu beobachten.

## 2.4   Deskriptive aufsichtsratsindividuelle Befunde

### 2.4.1   Geschlechterdiversität

Aus Abb. 46 ist ebenfalls zu entnehmen, dass die durchschnittliche Anzahl von Frauen im Aufsichtsrat während der beobachteten drei Jahre anstieg und nicht nur absolut, sondern auch prozentual mehr Frauen im Aufsichtsrat vertreten waren, je größer die Bilanzsumme der Bank war (r = 0,55, α = 1 %) (vgl. auch Tab. 129).

---

[1797] Quelle: Eigene Darstellung.
[1798] Quelle: Eigene Darstellung.

Anhand der Differenzierung zwischen Mitglieder- und Arbeitnehmervertretern ist jedoch zu erkennen, dass der höhere Frauenanteil bei den Instituten mit den größten Bilanzsummen ausschließlich auf die Arbeitnehmervertreterinnen zurückzuführen ist.

| Bilanzsumme in EUR | Jahr | Anzahl AR | Anzahl Frauen | Ø Gremien-größe | Ø Anzahl Frauen | Ø Frauen-anteil | Ø Frauenanteil MG-Vertr. | AN-Vertr. |
|---|---|---|---|---|---|---|---|---|
| < 500 Mio. | 2012 | 4.568 | 402 | 6,6 | 0,6 | 8,6 % | 8,7 % | 75,0 % |
| | 2013 | 4.321 | 404 | 6,5 | 0,6 | 9,2 % | 9,3 % | 75,0 % |
| | 2014 | 4.008 | 426 | 6,4 | 0,7 | 10,4 % | 10,6 % | 60,0 % |
| ≥ 500 Mio. bis < 1 Mrd. | 2012 | 2.132 | 199 | 9,8 | 0,9 | 9,4 % | 9,1 % | 50,0 % |
| | 2013 | 2.126 | 222 | 9,6 | 1,0 | 10,4 % | 10,3 % | 40,0 % |
| | 2014 | 2.085 | 234 | 9,6 | 1,1 | 11,2 % | 11,1 % | 33,3 % |
| ≥ 1 Mrd. bis < 2 Mrd. | 2012 | 1.093 | 128 | 10,9 | 1,3 | 12,3 % | 11,5 % | 33,3 % |
| | 2013 | 1.112 | 138 | 11,0 | 1,4 | 13,0 % | 12,4 % | 33,3 % |
| | 2014 | 1.185 | 157 | 11,1 | 1,5 | 13,4 % | 13,2 % | 33,3 % |
| ≥ 2 Mrd. | 2012 | 607 | 93 | 16,9 | 2,6 | 15,5 % | 2,3 % | 49,4 % |
| | 2013 | 628 | 109 | 16,5 | 2,9 | 17,6 % | 2,9 % | 54,5 % |
| | 2014 | 667 | 120 | 15,9 | 2,9 | 18,6 % | 4,2 % | 57,6 % |
| Insgesamt | 2012 | 8.400 | 822 | 8,0 | 0,8 | 9,4 % | 8,9 % | 49,2 % |
| | 2013 | 8.187 | 873 | 8,0 | 0,9 | 10,1 % | 9,6 % | 53,9 % |
| | 2014 | 7.945 | 937 | 8,0 | 0,9 | 11,2 % | 10,7 % | 56,3 % |

Tab. 129: Geschlechterverteilung im Zeitvergleich[1799]

Während sich die gesamte Anzahl der Aufsichtsräte von 8.400 auf 7.945, also um 5 %, reduzierte, stieg die absolute Anzahl von Frauen um 14 % an. Der stärkste Anstieg (+ 3 Prozentpunkte) ist bei Banken mit einer Bilanzsumme größer gleich 2 Mrd. EUR zu beobachten.[1800] Der durchschnittliche Frauenanteil im 2014 lag bei 11 % und damit weitaus höher als der Frauenanteil in den Vorstandsgremien (3 %). Der höchste Frauenanteil ist mit rund 19 % bei Banken mit einer Bilanzsumme von mindestens 2 Mrd. EUR zu verzeichnen und beträgt lediglich rund 10 % bei den kleinsten Banken.

Auch bei einer Betrachtung der Kreditinstitute ohne weibliche Beteiligung im Aufsichtsrat weisen die größeren Banken eine weitaus geringere Quote auf (ca. 5 % im Vergleich zu fast 50 % der Institute mit einer Bilanzsumme kleiner 500 Mio. EUR). Im Jahr 2012 waren in 490 (47 %) Genossenschaftsbanken keine Frauen im Aufsichtsrat vertreten. Bis zum Jahr 2014 reduzierte sich diese Anzahl auf 395 (40 %) Kreditinstitute. In 2014 waren in rund 60 % der Gremien mindestens eine Frau und zu rund 23 % mindestens zwei Frauen vertreten (vgl. Tab. 130).

---

[1799]  Quelle: Eigene Darstellung.
[1800]  Der durchschnittliche Frauenanteil ist das Ergebnis des Mittelwerts des jeweiligen Frauenanteils pro Gremium und ist daher nicht identisch mit dem Anteil der Frauen an der gesamten Aufsichtsratsanzahl. Das Wort *Arbeitnehmer* wird in dieser und den folgenden Tabellen mit *AN*, das Wort *Mitglieder* mit *MG* abgekürzt.

| Bilanzsumme in EUR | Jahr | Anzahl KI | KI ohne Frau | Anteil KI ohne Frau | Anteil KI mit mind. 1 Frau | Anteil KI mit mind. 2 Frauen |
|---|---|---|---|---|---|---|
| < 500 Mio. | 2012 | 696 | 388 | 55,7 % | 44,3 % | 11,8 % |
|  | 2013 | 666 | 357 | 53,6 % | 46,4 % | 12,2 % |
|  | 2014 | 630 | 311 | 49,4 % | 50,6 % | 14,3 % |
| ≥ 500 Mio. bis < 1 Mrd. | 2012 | 217 | 79 | 36,4 % | 63,6 % | 22,1 % |
|  | 2013 | 221 | 74 | 33,5 % | 66,5 % | 26,2 % |
|  | 2014 | 217 | 65 | 30,0 % | 70,0 % | 28,1 % |
| ≥ 1 Mrd. bis < 2 Mrd. | 2012 | 100 | 20 | 20,0 % | 80,0 % | 35,0 % |
|  | 2013 | 101 | 17 | 16,8 % | 83,2 % | 37,6 % |
|  | 2014 | 107 | 17 | 15,9 % | 84,1 % | 42,1 % |
| ≥ 2 Mrd. | 2012 | 36 | 3 | 8,3 % | 91,7 % | 66,7 % |
|  | 2013 | 38 | 1 | 2,6 % | 97,4 % | 76,3 % |
|  | 2014 | 42 | 2 | 4,8 % | 95,2 % | 83,3 % |
| Insgesamt | 2012 | 1.049 | 490 | 46,7 % | 53,3 % | 18,0 % |
|  | 2013 | 1.026 | 449 | 43,8 % | 56,2 % | 20,1 % |
|  | 2014 | 996 | 395 | 39,7 % | 60,3 % | 23,2 % |

Tab. 130: Frauenbeteiligung im Aufsichtsrat[1801]

Die Bank mit den meisten Frauen in den betrachteten drei Jahren war die VOLKS-BANK KRAICHGAU WIESLOCH-SINSHEIM EG in den Jahren 2012 und 2013 mit neun Frauen in einem 42-köpfigen Gremium. Den höchsten prozentualen Anteil wiesen im Jahr 2014 acht Institute mit einer Frauenbeteiligung von 50 % auf.

Zur Quantifizierung der Geschlechterdiversität kann zusätzlich der HHI herangezogen werden. Aufgrund der hier verwendeten zwei Ausprägungen des Geschlechts kann der HHI Werte zwischen 50 % und 100 % und der HHI* Werte zwischen 0 % und 100 % annehmen.[1802] Es zeigt sich, dass innerhalb jedes Bilanzsummenclusters Banken existieren, die hinsichtlich des Geschlechts eine ausgeprägte Homogenität aufweisen. Gleichzeitig befinden sich in jedem Cluster auch Institute mit einer starken Heterogenität. Insgesamt ist der HHI als hoch und die Geschlechtsausprägung als homogen einzuordnen, wobei eine leicht sinkende Tendenz der Homogenität im Zeitverlauf zu erkennen ist (vgl. Tab. 131).

| Bilanzsumme in EUR | | 2012 Ø | 2012 Min. | 2012 Max. | 2013 Ø | 2013 Min. | 2013 Max. | 2014 Ø | 2014 Min. | 2014 Max. |
|---|---|---|---|---|---|---|---|---|---|---|
| < 500 Mio. | HHI | 87 % | 50 % | 100 % | 86 % | 50 % | 100 % | 84 % | 50 % | 100 % |
|  | HHI* | 73 % | 0 % | 100 % | 72 % | 0 % | 100 % | 69 % | 0 % | 100 % |
| ≥ 500 Mio. bis < 1 Mrd. | HHI | 85 % | 51 % | 100 % | 83 % | 51 % | 100 % | 82 % | 51 % | 100 % |
|  | HHI* | 69 % | 1 % | 100 % | 66 % | 1 % | 100 % | 64 % | 1 % | 100 % |
| ≥ 1 Mrd. bis < 2 Mrd. | HHI | 80 % | 50 % | 100 % | 79 % | 50 % | 100 % | 78 % | 50 % | 100 % |
|  | HHI* | 61 % | 0 % | 100 % | 59 % | 0 % | 100 % | 57 % | 0 % | 100 % |
| ≥ 2 Mrd. | HHI | 75 % | 54 % | 100 % | 72 % | 56 % | 100 % | 71 % | 56 % | 100 % |
|  | HHI* | 51 % | 8 % | 100 % | 45 % | 11 % | 100 % | 42 % | 11 % | 100 % |
| Insgesamt | HHI | 85 % | 50 % | 100 % | 84 % | 50 % | 100 % | 83 % | 50 % | 100 % |
|  | HHI* | 71 % | 0 % | 100 % | 68 % | 0 % | 100 % | 65 % | 0 % | 100 % |

Tab. 131: Diversität des Geschlechts[1803]

---

[1801] Quelle: Eigene Darstellung.
[1802] Der minimale Wert von 50 % des HHI ergibt sich bei zwei Geschlechtsausprägungen durch 1/N und somit ½.
[1803] Quelle: Eigene Darstellung.

## 2.4.2    Arbeitnehmerbeteiligung

Gemäß § 1 Abs. 1 DrittelbG ist es für Kreditinstitute mit einer Mitarbeiteranzahl größer 500 Personen verpflichtend, eine Arbeitnehmervertretung im Aufsichtsrat zu installieren, in deren Folge das Gremium zu einem Drittel aus Arbeitnehmervertretern besteht.[1804] Zusätzlich zu sieben Instituten, die diese Anforderung auf freiwilliger Basis erfüllten, kamen 29 von 30 Banken dieser Verpflichtung nach (vgl. Tab. 132).

Die eine Bank, die dieser Anforderung in den drei Jahren nicht nachkam, war die VOLKSBANK RAIFFEISENBANK ROSENHEIM-CHIEMSEE EG mit 868 Mitarbeitern in 2014 bzw. 807 im Jahr 2013 (und vor der Fusion mit der VOLKSBANK RAIFFEISENBANK MANGFALLTAL-ROSENHEIM EG als VR BANK ROSENHEIM-CHIEMSEE EG firmierend mit 587 Beschäftigten im Jahr 2012). Nach Anfrage bei der Bank ist dies auf die Fusion bzw. im Speziellen darauf zurückzuführen, dass es nach Erreichen der Schwellengrenze einer gewissen Zeit bedurfte, um die Wahl und die Neustrukturierung des Aufsichtsrats zu organisieren. Arbeitnehmervertreter waren übergangsweise bereits als Gast im Aufsichtsrat vertreten.

Durchschnittlich werden rund 2 % der Aufsichtsräte von den Arbeitnehmern und 98 % von den Mitgliedern gewählt bzw. gestellt (vgl. Tab. 132).

| Anzahl Mitarbeiter | Jahr | Anzahl KI | KI mit AN-Beteiligung | | Anzahl AN-Vertreter | | Anzahl MG-Vertreter | |
|---|---|---|---|---|---|---|---|---|
| | | | abs. | % | abs. | % | abs. | % |
| ≤ 100 | 2012 | 603 | 1 | 0,2 % | 2 | 0,1 % | 3.756 | 99,9 % |
| | 2013 | 583 | 1 | 0,2 % | 2 | 0,1 % | 3.622 | 99,9 % |
| | 2014 | 553 | 2 | 0,4 % | 3 | 0,1 % | 3.346 | 99,9 % |
| 101-250 | 2012 | 310 | 3 | 1,0 % | 5 | 0,2 % | 2.871 | 99,8 % |
| | 2013 | 306 | 3 | 1,0 % | 5 | 0,2 % | 2.795 | 99,8 % |
| | 2014 | 299 | 3 | 1,0 % | 5 | 0,2 % | 2.722 | 99,8 % |
| 251-500 | 2012 | 108 | 3 | 2,8 % | 14 | 1,1 % | 1.231 | 98,9 % |
| | 2013 | 107 | 2 | 1,9 % | 9 | 0,7 % | 1.210 | 99,3 % |
| | 2014 | 114 | 2 | 1,8 % | 9 | 0,7 % | 1.324 | 99,3 % |
| 501-800 | 2012 | 21 | 20 | 95,2 % | 116 | 31,8 % | 249 | 68,2 % |
| | 2013 | 21 | 21 | 100,0 % | 119 | 33,4 % | 237 | 66,6 % |
| | 2014 | 19 | 19 | 100,0 % | 108 | 34,2 % | 208 | 65,8 % |
| ≥ 801 | 2012 | 7 | 7 | 100,0 % | 54 | 34,6 % | 102 | 65,4 % |
| | 2013 | 9 | 8 | 88,9 % | 58 | 30,9 % | 130 | 69,1 % |
| | 2014 | 11 | 10 | 90,9 % | 65 | 29,5 % | 155 | 70,5 % |
| Insgesamt | 2012 | 1.049 | 34 | 3,2 % | 191 | 2,3 % | 8.209 | 97,7 % |
| | 2013 | 1.026 | 35 | 3,4 % | 193 | 2,4 % | 7.994 | 97,6 % |
| | 2014 | 996 | 36 | 3,6 % | 190 | 2,4 % | 7.755 | 97,6 % |

Tab. 132: Arbeitnehmerbeteiligung im Aufsichtsrat anhand von Mitarbeiterclustern[1805]

Bemerkenswert ist der ausgeprägte Anteil von Frauen innerhalb der durch die Arbeitnehmer gewählten Aufsichtsräte (vgl. Tab. 133). 107 der 190 Arbeitnehmervertreter waren weiblich, was einem Anteil von 56 % entspricht und somit weit über dem durchschnittlichen Frauenanteil von 11 % liegt. Nach § 4 DrittelbG sollen Frauen und Männer der Arbeitnehmervertreter entsprechend ihrem zahlenmäßigen Verhältnis im Unternehmen vertreten sein. Der Anteil weiblicher Beschäftigter

---

[1804] Vgl. Kapitel B2.3.3.
[1805] Quelle: Eigene Darstellung.

in Genossenschaftsbanken liegt bei 60 %, sodass dieser gesetzlichen Anforderung nachgekommen wird.[1806]

Sofern die Geschlechterverteilung unter Ausschluss aller Arbeitnehmervertreter betrachtet wird (vgl. Tab. 129), liegt der Frauenanteil der gemäß der Bilanzsumme größten Institute im Jahr 2014 bei knapp über 4 % und daher deutlich unter den rund 19 % bei einer Betrachtung mit beiden Vertreterarten. Speziell die größeren Institute weisen ohne die Arbeitnehmervertreterinnen einen unterdurchschnittlichen Frauenanteil auf.

Jede fünfte Frau, die in 2014 in einem Aufsichtsrat vertreten war, wurde durch die Arbeitnehmer und nicht durch die Mitglieder gewählt (190 von 937 Frauen insgesamt).

| Bilanzsumme in EUR | Jahr | Anzahl KI | KI mit AN-Beteiligung | | AN-Vertreter | | Weibl. AN-Vertreter | |
|---|---|---|---|---|---|---|---|---|
| | | | abs. | % | abs. | Ø pro Gremium | abs. | % |
| < 500 Mio. | 2012 | 696 | 2 | 0,3 % | 4 | 0 | 3 | 75,0 % |
| | 2013 | 666 | 2 | 0,3 % | 4 | 0 | 3 | 75,0 % |
| | 2014 | 630 | 3 | 0,5 % | 5 | 0 | 3 | 60,0 % |
| ≥ 500 Mio. bis < 1 Mrd. | 2012 | 217 | 3 | 1,4 % | 10 | 0 | 5 | 50,0 % |
| | 2013 | 221 | 3 | 1,4 % | 10 | 0 | 4 | 40,0 % |
| | 2014 | 217 | 3 | 1,4 % | 10 | 0 | 4 | 40,0 % |
| ≥ 1 Mrd. bis < 2 Mrd. | 2012 | 100 | 2 | 2,0 % | 9 | 0 | 3 | 33,3 % |
| | 2013 | 101 | 1 | 1,0 % | 3 | 0 | 1 | 33,3 % |
| | 2014 | 107 | 1 | 0,9 % | 3 | 0 | 1 | 33,3 % |
| ≥ 2 Mrd. | 2012 | 36 | 27 | 75,0 % | 168 | 5 | 83 | 49,4 % |
| | 2013 | 38 | 29 | 76,3 % | 176 | 5 | 96 | 54,5 % |
| | 2014 | 42 | 29 | 69,0 % | 172 | 4 | 99 | 57,6 % |
| Insgesamt | 2012 | 1.049 | 34 | 3,2 % | 191 | 0 | 94 | 49,2 % |
| | 2013 | 1.026 | 35 | 3,4 % | 193 | 0 | 104 | 53,9 % |
| | 2014 | 996 | 36 | 3,6 % | 190 | 0 | 107 | 56,3 % |

Tab. 133: Arbeitnehmerbeteiligung im Aufsichtsrat anhand von Bilanzsummenclustern[1807]

Die durchschnittliche Gremiengröße ohne die Berücksichtigung von Arbeitnehmervertretern liegt bei 7,8 Aufsichtsratsmitgliedern und somit nur geringfügig unter der durchschnittlichen Größe von 8 Mandatsträgern unter Berücksichtigung beider Vertreterarten. In den Banken des größten Bilanzsummenclusters waren Arbeitnehmer mit durchschnittlich rund 5 Personen vertreten, weshalb die durchschnittliche Gremiengröße bei ausschließlicher Betrachtung der Mitgliedervertreter hier bei 12 im Vergleich zu 17 Mitgliedern bei einer vollständigen Betrachtung liegt.

## 2.4.3    Position im Gremium

Hinsichtlich der Position der Aufsichtsräte ist festzuhalten, dass jedes Kreditinstitut in der Regel einen Vorsitzenden und im Durchschnitt 1,1 stellvertretende Vorsitzende stellt.[1808] Der Großteil der vorsitzenden Aufsichtsräte (98 %) wurde von den

---

[1806] Vgl. HAMACHER (2015), S. 64 ff.
[1807] Quelle: Eigene Darstellung.
[1808] Eine Ausnahme bildet die VR-BANK FICHTELGEBIRGE EG mit einer Bilanzsumme kleiner 500 Mio. EUR, die in der Zeit vom 07.05.2014 bis 21.05.2015 keinen Aufsichtsratsvorsitzenden stellte. Davor und danach war Reiner Loos der Vorsitzende. Den Bericht des Aufsichtsrats im Geschäftsbericht 2014 hat der stellvertretende Vorsitzende unterzeichnet. Die Anzahl der Vorsitzenden entspricht aus diesem Grund nur einer Höhe von 995 und nicht der Anzahl der 996 Genossenschaftsbanken.

Mitgliedern und nur 2 % von den Arbeitnehmern gewählt. Die Positionen im Gremium anhand von Bilanzsummenclustern zeigen eine im Zeitablauf konstante Entwicklung auf (vgl. Tab. 134).

Die Anzahl der weiblichen Vorsitzenden hat sich in den betrachteten drei Jahren von 32 auf 41 erhöht, wobei 28 Frauen davon dem kleinsten Bilanzsummencluster zuzuordnen sind und keine Frau einem Aufsichtsrat mit einer Bilanzsumme von mindestens 2 Mrd. EUR vorsitzt.

| Bilanzsumme in EUR | Jahr | Anzahl | | | | |
|---|---|---|---|---|---|---|
| | | KI | Vorsitz. | stellv. Vorsitz. | Vorsitz. AN-Vertr. | stellv. Vorsitz. AN-Vertr. |
| < 500 Mio. | 2012 | 696 | 696 | 689 | 15 | 12 |
| | 2013 | 666 | 666 | 655 | 14 | 15 |
| | 2014 | 630 | 629 | 614 | 9 | 12 |
| ≥ 500 Mio. bis < 1 Mrd. | 2012 | 217 | 217 | 261 | 9 | 6 |
| | 2013 | 221 | 221 | 266 | 11 | 6 |
| | 2014 | 217 | 217 | 259 | 9 | 7 |
| ≥ 1 Mrd. bis < 2 Mrd. | 2012 | 100 | 100 | 123 | - | 4 |
| | 2013 | 101 | 101 | 128 | - | 3 |
| | 2014 | 107 | 107 | 134 | - | 3 |
| ≥ 2 Mrd. | 2012 | 36 | 36 | 56 | - | 4 |
| | 2013 | 38 | 38 | 58 | - | 2 |
| | 2014 | 42 | 42 | 63 | - | 5 |
| Insgesamt | 2012 | 1.049 | 1.049 | 1.129 | 24 | 26 |
| | 2013 | 1.026 | 1.026 | 1.107 | 25 | 26 |
| | 2014 | 996 | 995 | 1.070 | 18 | 27 |

Tab. 134:  Position im Gremium anhand von Bilanzsummenclustern[1809]

Da dem Aufsichtsratsvorsitzenden eine besondere Funktion zukommt, wird im Rahmen der nachfolgenden Untersuchungen weiter explizit auf ihn eingegangen.

### 2.4.4    Beruf und Ausbildungsgrad

In Bezug auf die soziodemografischen Kriterien *Beruf* und *Ausbildungsgrad* waren Mehrfachzuordnungen möglich, weshalb die addierten Anteile nicht 100 % entsprechen. Der prozentuale Anteil bezieht sich auf die Anzahl der Aufsichtsräte des jeweiligen Jahres. Rentner bzw. Pensionäre wurden, sofern möglich, der jeweiligen Berufsgruppe zugeordnet, der sie vor ihrem Dasein im Ruhestand angehörten. Wenn im Geschäftsbericht beispielsweise *Geschäftsführer i. R.* angegeben wurde, sind sie in den nachfolgenden Tabellen bei den Geschäftsführern zu finden. Sofern im Geschäftsbericht lediglich beispielsweise *Rentner* erwähnt wurde, wurden sie der Gruppe *Sonstige* zugewiesen.

Der überwiegende Anteil der Aufsichtsräte geht einer Geschäftsführungstätigkeit nach, gefolgt von den Beschäftigten im öffentlichen Dienst bzw. Beamten als zweithäufigster bzw. des Landwirts als dritthäufigster Beschäftigung. Die Ausprägungen weisen auch bei dieser Analyse eine Konstanz im Zeitablauf auf (vgl. Tab. 135).

---

[1809] Quelle: Eigene Darstellung.

| Beruf | 2012 n = 8.400 | | 2013 n = 8.187 | | 2014 n = 7.945 | |
|---|---|---|---|---|---|---|
| | % | abs. | % | abs. | % | abs. |
| Geschäftsführer | 22 % | 1.864 | 23 % | 1.877 | 24 % | 1.885 |
| Landwirt | 12 % | 970 | 11 % | 922 | 11 % | 863 |
| Ingenieur | 3 % | 281 | 3 % | 263 | 3 % | 249 |
| Steuerberater/Wirtschaftsprüfer | 7 % | 577 | 7 % | 582 | 7 % | 587 |
| Handwerker | 10 % | 838 | 10 % | 799 | 9 % | 752 |
| Rechtsanwalt/Notar | 5 % | 457 | 5 % | 447 | 6 % | 445 |
| Bankkaufmann | 3 % | 216 | 3 % | 217 | 3 % | 216 |
| Sonstiger Kaufmann | 6 % | 521 | 6 % | 497 | 6 % | 463 |
| Weitere Beamte/Öffentl. Dienst | 12 % | 1.011 | 12 % | 953 | 11 % | 886 |
| Bürgermeister | 4 % | 306 | 4 % | 290 | 3 % | 269 |
| Arzt | 1 % | 123 | 1 % | 114 | 1 % | 110 |
| Professor | 0 % | 16 | 0 % | 17 | 0 % | 18 |
| Apotheker | 1 % | 57 | 1 % | 59 | 1 % | 59 |
| Richter | 0 % | 10 | 0 % | 11 | 0 % | 12 |
| Sonstige | 23 % | 1.941 | 23 % | 1.903 | 23 % | 1.853 |

Tab. 135: Verteilung der Berufe[1810]

In Bezug auf die Größe der Bank existieren keine wesentlichen Unterschiede zwischen großen und kleinen Banken. Dadurch, dass Arbeitnehmervertreter ab einer Größe von 500 Mitarbeitern verpflichtend sind und die Arbeitnehmervertreter in der Regel als Bankkaufmann tätig sind, liegt hier eine starke Korrelation zwischen dem Anteil an Bankkaufleuten und der Bilanzsumme vor ($r = 0{,}61$, $\alpha = 1$ %). Darüber hinaus ist zu konstatieren, dass der Anteil von im Gremium tätigen Rechtsanwälten und Notaren geringfügig, jedoch signifikant höher ist, je größer die Bilanzsumme des Instituts ist ($r = 0{,}11$, $\alpha = 1$ %). Insgesamt existieren 643 Institute (65 %), bei denen kein Rechtsanwalt bzw. Notar im Gremium tätig ist, 532 Institute (53 %) ohne Steuerberater/Wirtschaftsprüfer im Aufsichtsgremium und 398 Institute (40 %), bei denen weder Rechtsanwälte/Notare noch Steuerberater/Wirtschaftsprüfer im Gremium fungierten.

Bei den am stärksten vertretenen Berufen sind Unterschiede zwischen den beiden Geschlechtern zu beobachten. Während der Beruf des Geschäftsführers bei beiden Geschlechtern nahezu gleichstark am häufigsten vertreten ist, folgen bei den Frauen Steuerberater/Wirtschaftsprüfer als nächsthäufigste Berufe, bei den Männern sind dies Landwirte (vgl. Tab. 136).

| Rang | Top-3-Berufe in 2014 | | | |
|---|---|---|---|---|
| | Frauen Beruf | n = 937 % | Männer Beruf | n = 7.008 % |
| 1 | Geschäftsführerinnen | 25 % | Geschäftsführer | 24 % |
| 2 | Steuerberaterinnen/Wirtschaftsprüferinnen | 11 % | Landwirt | 12 % |
| 3 | Weitere Beamtinnen/Öffentl. Dienst | 11 % | Weitere Beamte/Öffentl. Dienst | 11 % |

Tab. 136: Top-3-Berufe der männlichen und weiblichen Aufsichtsratsmitglieder[1811]

Von den Aufsichtsräten gingen 30 % einer selbstständigen Tätigkeit nach und 8 % befanden sich bereits im Ruhestand. Während weibliche Aufsichtsräte seltener einer Selbstständigkeit nachgingen (23 %) und nur 3 % bereits Rentnerinnen waren, befanden sich Aufsichtsratsvorsitzende zu 13 % bereits im Ruhestand

---

[1810] Quelle: Eigene Darstellung. Mehrfachzuordnungen waren möglich.
[1811] Quelle: Eigene Darstellung.

(vgl. Tab. 137). Bemerkenswert ist, dass sich in einigen Gremien mehr als 50 % der Aufsichtsräte im Ruhestand befinden (im Jahr 2014 betraf dies 17 Institute (2 %)).

| Selbstständige und Rentner/Pensionäre | 2012 n = 8.400 | | 2013 n = 8.187 | | 2014 n = 7.945 | |
|---|---|---|---|---|---|---|
| | % | abs. | % | abs. | % | abs. |
| Selbstständige | 31 % | 2.593 | 30 % | 2.480 | 30 % | 2.364 |
| Rentner/Pensionäre | 8 % | 691 | 8 % | 659 | 8 % | 643 |

Tab. 137: Anzahl der Selbstständigen und Rentner/Pensionäre[1812]

Aufgrund der erhöhten gesetzlichen Anforderungen an die Vorsitzenden der Aufsichtsratsgremien, wird diese Position separat analysiert.[1813] Die Verteilung der Berufe der Aufsichtsratsvorsitzenden ist in Tab. 138 dargestellt. Aufsichtsratsvorsitzende sind hauptamtlich am häufigsten als Geschäftsführer tätig (21 %). Im Vergleich zu der obigen Darstellung (vgl. Tab. 135), bei der alle Aufsichtsräte betrachtet wurden, sind Unterschiede insbesondere bei den Handwerkern (-5 Prozentpunkte) und den Rechtsanwälten/Notaren (+7 Prozentpunkte) ersichtlich. Die prozentualen Angaben beziehen sich auf die gesamte Anzahl der Vorsitzenden des jeweiligen Jahres.

| Berufe der Vorsitzenden | 2012 n = 1.049 | | 2013 n = 1.026 | | 2014 n = 995 | |
|---|---|---|---|---|---|---|
| | % | abs. | % | abs. | % | abs. |
| Geschäftsführer | 20 % | 210 | 20 % | 207 | 21 % | 210 |
| Landwirt | 7 % | 78 | 8 % | 78 | 7 % | 68 |
| Ingenieur | 3 % | 30 | 3 % | 32 | 3 % | 27 |
| Steuerberater/Wirtschaftsprüfer | 10 % | 103 | 10 % | 104 | 11 % | 105 |
| Handwerker | 5 % | 49 | 5 % | 47 | 4 % | 44 |
| Rechtsanwalt/Notar | 13 % | 136 | 13 % | 132 | 12 % | 122 |
| Bankkaufmann | 1 % | 8 | 1 % | 6 | 1 % | 6 |
| Sonstiger Kaufmann | 6 % | 61 | 6 % | 57 | 5 % | 53 |
| Beamter/Öffentl. Dienst | 15 % | 153 | 14 % | 146 | 15 % | 153 |
| Bürgermeister | 7 % | 72 | 7 % | 74 | 6 % | 63 |
| Arzt | 1 % | 14 | 1 % | 12 | 1 % | 10 |
| Professor | 0 % | 3 | 0 % | 2 | 0 % | 2 |
| Apotheker | 0 % | 2 | 0 % | 2 | 0 % | 4 |
| Richter | 0 % | 4 | 0 % | 4 | 0 % | 4 |
| Sonstige | 23 % | 241 | 23 % | 234 | 24 % | 237 |

Tab. 138: Verteilung der Berufe der Vorsitzenden[1814]

Auch wenn Frauen bei den Vorsitzenden eher unterrepräsentiert sind, fällt bei einer expliziten Untersuchung der weiblichen Vorsitzenden auf, dass diese zu rund einem Drittel aus Steuerberaterinnen/Wirtschaftsprüferinnen bestehen und somit im Vergleich zu den männlichen Vorsitzenden um 24 Prozentpunkte stärker vertreten sind. Landwirtinnen sind bei den weiblichen Vorsitzenden zu 2 % (-4 Prozentpunkte) Handwerkerinnen ebenfalls zu 2 % (-2 Prozentpunkte) repräsentiert.

Um mögliche Unterschiede zwischen der Größe der Banken in Bezug auf die Bilanzsumme festzustellen, wurden die fünf im Jahr 2014 insgesamt am stärksten

---

[1812] Quelle: Eigene Darstellung.
[1813] Vgl. B2.3.
[1814] Quelle: Eigene Darstellung.

vertretenen Berufe einem Bilanzsummenvergleich unterzogen (vgl. Tab. 139). Die prozentualen Angaben beziehen sich auf die Gesamtanzahl der Aufsichtsräte des jeweiligen Bilanzsummenclusters in dem jeweiligen Jahr, sodass Vergleiche zwischen den Bankengrößen vorgenommen werden können.

Der Anteil der Geschäftsführer bei den kleinsten Banken liegt um 14 Prozentpunkte unterhalb des Anteils bei den größten Banken (r = 0,23, α = 1 %). Einen wesentlichen Unterschied gab es darüber hinaus bei den Landwirten, die stärker im Gremium vertreten sind, je kleiner die Bilanzsumme des Instituts ist (r = -0,14, α = 1 %). Eine erwartungsgemäß ähnliche Verteilung gibt es bei einer Betrachtung nach den Gremiengrößenclustern.

| Bilanzsumme in EUR | Top-5-Berufe | 2012 | | 2013 | | 2014 | |
|---|---|---|---|---|---|---|---|
| | | % | abs. | % | abs. | % | abs. |
| < 500 Mio. | Geschäftsführer | 17 % | 778 | 17 % | 736 | 18 % | 702 |
| | Weitere Beamte/Öffentl. Dienst | 14 % | 641 | 14 % | 607 | 14 % | 546 |
| | Landwirt | 13 % | 607 | 13 % | 564 | 13 % | 518 |
| | Handwerker | 11 % | 509 | 11 % | 480 | 11 % | 429 |
| | Steuerberater/Wirtschaftsprüfer | 6 % | 258 | 6 % | 258 | 6 % | 245 |
| ≥ 500 Mio. bis < 1 Mrd. | Geschäftsführer | 25 % | 530 | 26 % | 562 | 27 % | 560 |
| | Weitere Beamte/Öffentl. Dienst | 11 % | 232 | 10 % | 202 | 10 % | 199 |
| | Landwirt | 12 % | 246 | 11 % | 241 | 11 % | 221 |
| | Handwerker | 10 % | 206 | 9 % | 199 | 10 % | 205 |
| | Steuerberater/Wirtschaftsprüfer | 8 % | 168 | 8 % | 163 | 8 % | 171 |
| ≥ 1 Mrd. bis < 2 Mrd. | Geschäftsführer | 33 % | 361 | 34 % | 382 | 34 % | 408 |
| | Weitere Beamte/Öffentl. Dienst | 10 % | 109 | 10 % | 109 | 8 % | 98 |
| | Landwirt | 9 % | 100 | 9 % | 99 | 9 % | 105 |
| | Handwerker | 9 % | 94 | 9 % | 97 | 8 % | 97 |
| | Steuerberater/Wirtschaftsprüfer | 9 % | 102 | 10 % | 108 | 10 % | 114 |
| ≥ 2 Mrd. | Geschäftsführer | 32 % | 195 | 31 % | 197 | 32 % | 215 |
| | Weitere Beamte/Öffentl. Dienst | 5 % | 29 | 6 % | 35 | 6 % | 43 |
| | Landwirt | 3 % | 17 | 3 % | 18 | 3 % | 19 |
| | Handwerker | 5 % | 29 | 4 % | 23 | 3 % | 21 |
| | Steuerberater/Wirtschaftsprüfer | 8 % | 49 | 8 % | 53 | 9 % | 57 |

Tab. 139:  Verteilung der Top-5-Berufe anhand der Bilanzsummencluster[1815]

In Bezug auf die Diversität der Berufe wurden Analysen sowohl inklusive als auch exklusive der Gruppe der sonstigen Berufe vorgenommen (vgl. Tab. 140).[1816] Aufgrund der 14 bzw. 15 Berufsausprägungen konnte der HHI minimale Werte von rund 7 % bzw. 6 % annehmen. Mit einem durchschnittlichen HHI* von 26 % bzw. 33 % bei einer Betrachtung ohne die sonstigen Berufe zeigt sich eine leicht konzentrierte Ausprägung, wobei in allen Bilanzsummenclustern Institute sowohl mit maximalen Ergebnissen als auch mit solchen, die nahe am Minimum liegen, existieren. Im Zeitablauf sind keine wesentlichen Veränderungen zu erkennen.

---

[1815] Quelle: Eigene Darstellung. Der prozentuale Anteil bezieht sich jeweils auf die in dem jeweiligen Jahr in dem jeweiligen Bilanzsummencluster tätigen Aufsichtsräte (vgl. Tab. 129).

[1816] Bei der Analyse ohne Berücksichtigung der sonstigen Berufe wurde die Gremiengröße um die Anzahl der Aufsichtsräte in den sonstigen Berufen reduziert, sodass die kumulierten Anteile der übrigen Berufsgruppen weiterhin 100 % entsprechen. Zudem wurde die Gremiengröße zur Quantifizierung der Anteile rechnerisch dahingehend angepasst, dass Aufsichtsräte mit mehreren Berufszuordnungen um das jeweilige Vielfache in der Gremiengröße berücksichtigt wurden.

| Bilanzsumme | | 2012 | | | 2013 | | | 2014 | | |
|---|---|---|---|---|---|---|---|---|---|---|
| in EUR | | Ø | Min. | Max. | Ø | Min. | Max. | Ø | Min. | Max. |
| < 500 Mio. | HHI | 33 % | 14 % | 100 % | 33 % | 13 % | 100 % | 33 % | 12 % | 100 % |
| | HHI - ohne Sonstige | 41 % | 14 % | 100 % | 41 % | 14 % | 100 % | 41 % | 14 % | 100 % |
| | HHI* | 28 % | 7 % | 100 % | 28 % | 7 % | 100 % | 28 % | 6 % | 100 % |
| | HHI* - ohne Sonstige | 36 % | 8 % | 100 % | 36 % | 8 % | 100 % | 37 % | 7 % | 100 % |
| ≥ 500 Mio. bis | HHI | 27 % | 12 % | 76 % | 27 % | 13 % | 76 % | 27 % | 12 % | 76 % |
| < 1 Mrd. | HHI - ohne Sonstige | 32 % | 13 % | 100 % | 33 % | 14 % | 100 % | 33 % | 14 % | 100 % |
| | HHI* | 22 % | 5 % | 74 % | 22 % | 7 % | 74 % | 22 % | 6 % | 74 % |
| | HHI* - ohne Sonstige | 27 % | 8 % | 85 % | 27 % | 8 % | 82 % | 28 % | 6 % | 100 % |
| ≥ 1 Mrd. bis | HHI | 27 % | 14 % | 86 % | 27 % | 12 % | 83 % | 28 % | 11 % | 100 % |
| < 2 Mrd. | HHI - ohne Sonstige | 31 % | 15 % | 86 % | 32 % | 14 % | 83 % | 32 % | 13 % | 100 % |
| | HHI* | 21 % | 7 % | 85 % | 21 % | 6 % | 82 % | 22 % | 5 % | 100 % |
| | HHI* - ohne Sonstige | 26 % | 12 % | 48 % | 27 % | 11 % | 60 % | 27 % | 9 % | 60 % |
| ≥ 2 Mrd. | HHI | 27 % | 16 % | 42 % | 27 % | 15 % | 63 % | 28 % | 14 % | 63 % |
| | HHI - ohne Sonstige | 30 % | 18 % | 52 % | 30 % | 17 % | 63 % | 31 % | 16 % | 63 % |
| | HHI* | 21 % | 9 % | 37 % | 22 % | 8 % | 60 % | 22 % | 7 % | 60 % |
| | HHI* - ohne Sonstige | 25 % | 12 % | 48 % | 25 % | 11 % | 60 % | 25 % | 9 % | 60 % |
| Insgesamt | HHI | 31 % | 12 % | 100 % | 31 % | 12 % | 100 % | 31 % | 11 % | 100 % |
| | HHI - ohne Sonstige | 38 % | 13 % | 100 % | 38 % | 14 % | 100 % | 38 % | 13 % | 100 % |
| | HHI* | 26 % | 5 % | 100 % | 26 % | 6 % | 100 % | 26 % | 5 % | 100 % |
| | HHI* - ohne Sonstige | 33 % | 7 % | 100 % | 33 % | 8 % | 100 % | 33 % | 6 % | 100 % |

Tab. 140: Diversität der Berufe[1817]

Da der Ausbildungsgrad der Aufsichtsräte im Geschäftsbericht nicht explizit erwähnt wird, wurde, wie in Kapitel C5 beschrieben, auf Basis der angegebenen Berufe bzw. Titel auf einen Abschluss geschlussfolgert, was grundsätzlich nur bei den Ausbildungsgraden *abgeschlossenes Studium*, *Promotion*, *Habilitation* sowie dem *Meister*-Titel möglich war. Beispielsweise konnte bei der Angabe eines Berufs als Geschäftsführer ohne weitere Informationen daher nicht auf ein Studium geschlossen werden. Darüber hinaus wurden Weiterbildungsstudiengänge nicht als Studium gewertet. Mehrfachzuordnungen waren möglich. Die prozentualen Angaben beziehen sich auf die Gesamtanzahl der Aufsichtsräte des jeweiligen Jahres.

Bei 17 % der Aufsichtsräte konnte ein abgeschlossenes Studium und bei 6 % eine Promotion festgestellt werden (vgl. Tab. 141). Im Vergleich zu den Ausbildungen der Aufsichtsratsvorsitzenden sind Unterschiede insbesondere beim Meister-Titel (+5 Prozentpunkte im Jahr 2014) und dem Studium (-4 Prozentpunkte) ersichtlich (vgl. Tab. 142).

| Ausbildungsgrad | 2012 n = 8.400 | | 2013 n = 8.187 | | 2014 n = 7.945 | |
|---|---|---|---|---|---|---|
| | % | abs. | % | abs. | % | abs. |
| abgeschlossenes Studium | 16 % | 1.369 | 17 % | 1.358 | 17 % | 1.338 |
| Meister | 11 % | 933 | 11 % | 894 | 11 % | 845 |
| Promotion | 5 % | 458 | 5 % | 450 | 6 % | 447 |
| Habilitation | 1 % | 54 | 1 % | 54 | 1 % | 56 |

Tab. 141: Ausbildungsgrad aller Aufsichtsräte[1818]

---

[1817] Quelle: Eigene Darstellung.
[1818] Quelle: Eigene Darstellung.

| Ausbildungsgrad der Vorsitzenden | 2012 n = 1.049 | | 2013 n = 1.026 | | 2014 n = 995 | |
|---|---|---|---|---|---|---|
| | % | abs. | % | abs. | % | abs. |
| abgeschlossenes Studium | 20 % | 211 | 21 % | 213 | 21 % | 206 |
| Meister | 6 % | 64 | 6 % | 60 | 6 % | 56 |
| Promotion | 9 % | 90 | 9 % | 90 | 8 % | 84 |
| Habilitation | 1 % | 14 | 1 % | 14 | 1 % | 14 |

Tab. 142: Ausbildungsgrad der Aufsichtsratsvorsitzenden[1819]

In Bezug auf die Forderung nach Finanzsachverstand und in Anlehnung an die Auswertung von BÖHM/FRONEBERG/SCHIERECK (vgl. Kapitel B4), welcher wiederum die Zuordnung der BAFIN[1820] zugrunde liegt, wurde der anzunehmende Finanzsachverstand analysiert. Unter anderem wurde (geschäftsführenden) Gesellschaftern, Geschäftsführern, Wirtschaftsprüfern, Steuerberatern, Bankangestellten und somit den Arbeitnehmervertretern Finanzsachverstand zugesprochen, Freiberuflern wie Ärzten oder Apothekern hingegen nicht.[1821] Von BÖHM/FRONEBERG/SCHIERECK abweichend und HAU/THUM folgend wurden genannte Studien- bzw. Ausbildungsabschlüsse berücksichtigt. Bei einem Richter, mit dem Abschluss eines Betriebswirts, wurde Finanzsachverstand somit angenommen. Wie bei BÖHM/FRONEBERG/SCHIERECK ist bei der Einordnung der Ergebnisse zu berücksichtigen, dass der angenommene Finanzsachverstand auf den Angaben in den Geschäftsberichten und nicht auf detaillierten Lebensläufen der Aufsichtsräte basiert. Aufgrund dessen ist kein Umkehrschluss möglich, wonach den Aufsichtsräten Sachverstand abgesprochen werden darf.

Insgesamt kann rund der Hälfte der Aufsichtsräte Finanzsachverstand zugesprochen werden, durchschnittlich rund vier Personen pro Gremium. Der relative Anteil ist höher, je größer die Bilanzsumme der Bank ist (r = 0,36, α = 1 %). Der Unterschied fällt jedoch weniger stark aus, sofern lediglich die Mitgliedervertreter betrachtet werden.[1822] Der Anteil der Aufsichtsratsvorsitzenden mit anzunehmendem Finanzsachverstand steigt ebenfalls mit zunehmender Bilanzsumme des Instituts (von 44 % bei den kleinsten Banken bis 72 % bei den größten Banken). Der Anteil der Vorsitzenden mit Finanzsachverstand ist bei Instituten mit Bilanzsummen von 500 Mio. EUR bis kleiner 1 Mrd. EUR jedoch um rund 6 % höher als bei Instituten mit einer Bilanzsumme von 1 Mrd. EUR bis kleiner 2 Mrd. EUR (vgl. Tab. 143). Bemerkenswert ist darüber hinaus, dass 57 % der Gremien kein Aufsichtsratsmitglied mit angenommenem Finanzsachverstand angehörte (564 Institute) und andererseits der höchste diesbezügliche Anteil mit 75 % von zwei Instituten erreicht wurde.

---

[1819] Quelle: Eigene Darstellung.

[1820] Vgl. BAFIN (2012), aktualisiert durch BAFIN (2018b).

[1821] Angestellten Rechtsanwälten, Handwerkern, Ingenieuren und Richtern wurde, sofern ein Studien- oder Ausbildungsabschluss nichts Gegenteiliges vermuten ließ, ebenfalls kein Finanzsachverstand unterstellt, Prokuristen, Bürgermeistern, Kämmerern, Unternehmern und Kaufleuten nach § 1 HGB hingegen schon. Bei darüber hinausgehenden Berufen erfolgte eine Einzelfallprüfung.

[1822] Gemäß § 4 Abs. 1 DrittelbG müssen Institute mit mehr als 500 Mitarbeitern Arbeitnehmervertreter in den Aufsichtsrat entsenden, was nahezu ausschließlich auf die Institute mit hohen Bilanzsummen zutrifft. Da Arbeitnehmervertretern aufgrund ihrer Tätigkeit in der Bank stets Finanzsachverstand zugesprochen wird, erscheint eine differenzierte Betrachtung der Vertreterarten zweckmäßig.

| Bilanzsumme<br>in EUR | Anzahl<br>AR | Ø<br>Gremien-<br>größe | Finanzsachverstand | | | | | | |
|---|---|---|---|---|---|---|---|---|---|
| | | | Insgesamt | | Ø pro<br>Gremium | MG-Vertreter | | Vorsitzende | |
| | | | abs. | % | | abs. | % | abs. | % |
| < 500 Mio. | 4.008 | 6,4 | 1.569 | 39,1 % | 2,5 | 1.564 | 39,1 % | 264 | 44,2 % |
| ≥ 500 Mio. bis < 1 Mrd. | 2.085 | 9,6 | 1.108 | 53,1 % | 5,1 | 1.098 | 52,9 % | 120 | 59,4 % |
| ≥ 1 Mrd. bis < 2 Mrd. | 1.185 | 11,1 | 684 | 57,7 % | 6,4 | 681 | 57,6 % | 55 | 53,9 % |
| ≥ 2 Mrd. | 667 | 15,9 | 510 | 76,5 % | 12,1 | 339 | 68,5 % | 28 | 71,8 % |
| Insgesamt | 7.945 | 8,0 | 3.871 | 48,7 % | 3,9 | 3.682 | 47,5 % | 467 | 49,7 % |

Tab. 143: Angenommener Finanzsachverstand[1823]

## 2.4.5    Zugehörigkeitsdauer und Fluktuation

Bei der Fluktuation in den Gremien ist zu erkennen, dass sich die Anzahl der Aufsichtsräte in den betrachteten Jahren mit steigender Tendenz reduziert hat (von -192 auf -242). Die Anzahl ausgeschiedener, nicht zur Wiederwahl stehender Aufsichtsräte blieb dabei konstant, sodass die Reduktion der gesamten Aufsichtsratsanzahl ausschließlich auf die geringere Anzahl neuer Aufsichtsräte zurückzuführen ist (vgl. Tab. 144). Die Konstanz ist insbesondere vor dem Hintergrund von erfolgten Fusionen und damit einhergehender zu erwartender Gremienverkleinerungen bzw. Reduzierungen der zusammengefügten Gremien beachtenswert.

| Fluktuation | 2012 | 2013 | 2014 |
|---|---|---|---|
| Anzahl vor Generalversammlung | 8.592 | 8.400 | 8.187 |
| Anzahl neuer AR | 398 | 375 | 346 |
| Anzahl zu Beginn des AR-Jahres | 8.990 | 8.775 | 8.533 |
| Anzahl ausgeschiedener AR | 590 | 588 | 588 |
| Anzahl zum Ende des AR-Jahres | 8.400 | 8.187 | 7.945 |
| Veränderung | -192 | -213 | -242 |
| Fluktuationsquote | 6,6 % | 6,7 % | 6,9 % |

Tab. 144: Fluktuation im Aufsichtsratsgremium im Zeitvergleich[1824]

Die Konstanz der ausgeschiedenen Aufsichtsräte ist auch an der Fluktuationsquote[1825] von 6,6 % im Jahr 2012 zu 6,9 % im Jahr 2014 ersichtlich. In Bezug auf die Bilanzsummencluster ist zu erkennen, dass die Fluktuationsquote bei den größten Banken mit 8,4 % am höchsten und bei den kleinsten Instituten mit 6,3 % am niedrigsten ist (vgl. Tab. 145). Anhand des Korrelationskoeffizienten von 0,07 ($\alpha$ = 5 %) ist jedoch ersichtlich, dass sich die Bilanzsumme und die Fluktuationsquote nur geringfügig aufeinander auswirken. Bei einer ausschließlichen Betrachtung der Mitgliedervertreter liegt die Fluktuationsquote bei den größten Banken bei 8,7 %. Grundsätzlich ist jedoch zu konstatieren, dass die Fluktuationsquote der Arbeitnehmervertreter mit 7,3 % leicht über der der Mitgliedervertreter mit 6,9 % liegt.

---

[1823] Quelle: Eigene Darstellung.
[1824] Quelle: Eigene Darstellung.
[1825] Die Fluktuationsquote beschreibt den Anteil ausgeschiedener Aufsichtsräte im Verhältnis zu den Aufsichtsräten zu Beginn des Aufsichtsratsjahres.

| Bilanzsumme in EUR | Jahr | ... vor Generalversammlung | ... neuer AR | Anzahl... ... zu Beginn des AR-Jahres | ... ausgeschiedener AR | ... zum Ende des AR-Jahres | Veränderung | Fluktuationsquote |
|---|---|---|---|---|---|---|---|---|
| < 500 Mio. | 2012 | 4.618 | 216 | 4.834 | 266 | 4.568 | -50 | 5,5 % |
| | 2013 | 4.376 | 197 | 4.573 | 252 | 4.321 | -55 | 5,5 % |
| | 2014 | 4.091 | 186 | 4.277 | 269 | 4.008 | -83 | 6,3 % |
| ≥ 500 Mio. bis < 1 Mrd. | 2012 | 2.184 | 91 | 2.275 | 143 | 2.132 | -52 | 6,3 % |
| | 2013 | 2.212 | 91 | 2.303 | 177 | 2.126 | -86 | 7,7 % |
| | 2014 | 2.160 | 85 | 2.245 | 160 | 2.085 | -75 | 7,1 % |
| ≥ 1 Mrd. bis < 2 Mrd. | 2012 | 1.168 | 41 | 1.209 | 116 | 1.093 | -75 | 9,6 % |
| | 2013 | 1.158 | 43 | 1.201 | 89 | 1.112 | -46 | 7,4 % |
| | 2014 | 1.240 | 43 | 1.283 | 98 | 1.185 | -55 | 7,6 % |
| ≥ 2 Mrd. | 2012 | 622 | 50 | 672 | 65 | 607 | -15 | 9,7 % |
| | 2013 | 654 | 44 | 698 | 70 | 628 | -26 | 10,0 % |
| | 2014 | 696 | 32 | 728 | 61 | 667 | -29 | 8,4 % |
| Insgesamt | 2012 | 8.592 | 398 | 8.990 | 590 | 8.400 | -192 | 6,6 % |
| | 2013 | 8.400 | 375 | 8.775 | 588 | 8.187 | -213 | 6,7 % |
| | 2014 | 8.187 | 346 | 8.533 | 588 | 7.945 | -242 | 6,9 % |

Tab. 145: Fluktuation im Aufsichtsratsgremium im Zeitvergleich anhand der Bilanzsummencluster[1826]

Als Grund, weshalb Aufsichtsräte das Gremium verlassen haben, wurde, sofern der Grund im Geschäftsbericht angegeben wurde, zu 29 % auf das Alter der Aufsichtsräte verwiesen. Hierbei spielt zum einen die von den Banken in der Regel gesetzte satzungsmäßige Altersbegrenzung eine Rolle, zum anderen entschieden sich Aufsichtsräte aufgrund ihres fortgeschrittenen Alters selbst für einen Rückzug aus dem Gremium. Der zweithäufigste genannte Grund in Höhe von 13 % ist auf eine bewusste Verkleinerung des Aufsichtsratsgremiums meist in Verbindung mit einer Fusion zurückzuführen (vgl. Tab. 146). Auch die Gründe des Ausscheidens weisen eine Konstanz im Zeitablauf auf.

| Ausscheidungsgründe | 2012 | | 2013 | | 2014 | |
|---|---|---|---|---|---|---|
| | % | abs. | % | abs. | % | abs. |
| Alter | 28 % | 163 | 29 % | 168 | 29 % | 172 |
| AR-Verkleinerung/Fusion | 5 % | 28 | 7 % | 41 | 13 % | 76 |
| Beruf | 1 % | 5 | 1 % | 5 | 0 % | 2 |
| Gesundheit | 1 % | 3 | 0 % | 2 | 0 % | 1 |
| Keine Arbeitnehmerbeteiligung mehr | 0 % | 0 | 0 % | 0 | 0 % | 0 |
| Persönlich | 3 % | 17 | 4 % | 24 | 4 % | 21 |
| Scheidet aus | 0 % | 2 | 2 % | 9 | 1 % | 3 |
| - steht für Wiederwahl nicht zur Verfügung | 5 % | 28 | 4 % | 23 | 4 % | 21 |
| - Wiederwahl ist nicht zulässig | 1 % | 3 | 1 % | 3 | 1 % | 4 |
| - Wiederwahl ist zulässig | 9 % | 50 | 6 % | 36 | 5 % | 31 |
| - turnusgemäß durch Ablauf der Wahlzeit | 0 % | 2 | 1 % | 3 | 1 % | 3 |
| Scheidet vorzeitig aus | 1 % | 5 | 1 % | 4 | 0 % | 1 |
| Sonstiges | 0 % | 0 | 2 % | 10 | 0 % | 0 |
| Tod | 2 % | 9 | 3 % | 17 | 2 % | 13 |
| Nicht genannt | 46 % | 270 | 41 % | 243 | 41 % | 240 |
| Summe | 100 % | 585 | 100 % | 588 | 100 % | 588 |

Tab. 146: Ausscheidungsgründe aus dem Aufsichtsratsgremium[1827]

Von den zum Jahresende 2014 vorhandenen 7.945 Aufsichtsräten waren 5.149 (65 %) bereits seit mindestens neun Jahren im Gremium einer Bank vertreten. Da

---
[1826] Quelle: Eigene Darstellung.
[1827] Quelle: Eigene Darstellung.

die Geschäftsberichte im elektronischen Bundesanzeiger, wie im Kapitel C5 beschrieben, erst ab dem Jahr 2006 zugänglich sind, konnte eine Aufsichtsratstätigkeit maximal für die vergangenen neun Jahre ermittelt werden. Sofern ein Aufsichtsrat beispielsweise im Geschäftsbericht von 2006 bereits erwähnt und im Jahr 2014 weiterhin aufgeführt wird, ist er seit mindestens 9 Jahren Bestandteil eines Gremiums. Aufgrund dieser Thematik ist es nicht möglich zu ermitteln, wie lange insbesondere die Ausgeschiedenen als Aufsichtsräte fungiert haben.

In Tab. 147 ist die Zugehörigkeitsdauer anhand der Bilanzsummencluster ersichtlich. Die Verteilung der kleineren drei Bilanzsummencluster ist fast identisch zu der kumulierten Betrachtung. Ca. zwei Drittel der Personen sind seit mindestens neun Jahren im Aufsichtsrat und jeweils zwischen 4 % und 5 % seit maximal ein bis acht Jahren. Die Gremien bestehen somit zu einem großen Anteil aus langjährigen, erfahrenen Aufsichtsräten und werden jedes Jahr durch rund 5 % neue Aufsichtsräte ergänzt. Bei den Banken mit einer Bilanzsumme größer gleich 2 Mrd. EUR liegt der Anteil neuer Aufsichtsräte höher (bei durchschnittlich 6 %), weshalb nur 56 % der Mitglieder seit mindestens neun Jahren Bestandteil des Gremiums sind.

| Bilanzsumme in EUR | | Zugehörigkeitsdauer in Jahren | | | | | | | | mind. 9 | Anzahl insgesamt |
|---|---|---|---|---|---|---|---|---|---|---|---|
| | | maximal | | | | | | | | | |
| | | 1 | 2 | 3 | 4 | 5 | 6 | 7 | 8 | | |
| < 500 Mio. | % | 5 % | 4 % | 5 % | 5 % | 4 % | 4 % | 4 % | 5 % | 64 % | 100 % |
| | abs. | 196 | 183 | 198 | 189 | 172 | 182 | 149 | 205 | 2.674 | 4.148 |
| ≥ 500 Mio. bis < 1 Mrd. | % | 4 % | 4 % | 4 % | 4 % | 4 % | 4 % | 4 % | 5 % | 67 % | 100 % |
| | abs. | 86 | 87 | 88 | 80 | 79 | 78 | 83 | 95 | 1393 | 2.069 |
| ≥ 1 Mrd. bis < 2 Mrd. | % | 4 % | 4 % | 4 % | 5 % | 4 % | 4 % | 4 % | 5 % | 67 % | 100 % |
| | abs. | 41 | 44 | 48 | 52 | 43 | 45 | 44 | 52 | 736 | 1.105 |
| ≥ 2 Mrd. | % | 5 % | 6 % | 8 % | 5 % | 6 % | 5 % | 3 % | 6 % | 56 % | 100 % |
| | abs. | 32 | 40 | 47 | 34 | 37 | 32 | 19 | 36 | 346 | 623 |
| Insgesamt | % | 4 % | 4 % | 5 % | 4 % | 4 % | 4 % | 4 % | 5 % | 65 % | 100 % |
| | abs. | 355 | 354 | 381 | 355 | 331 | 337 | 295 | 388 | 5.149 | 7.945 |

Tab. 147: Zugehörigkeitsdauer anhand der Bilanzsummencluster[1828]

Dass die größeren Banken hinsichtlich der Zugehörigkeitsdauer eine leicht größere Diversität aufweisen, wird zudem mithilfe des HHI verdeutlicht (vgl. Tab. 148). Bei einer Betrachtung von neun Jahren kann der HHI einen minimalen Wert von 11 % annehmen. Neben den Unterschieden anhand der Bilanzsummencluster zeigt sich zudem eine Konstanz im Zeitverlauf.

---

[1828]   Quelle: Eigene Darstellung.

| Bilanzsumme in EUR | | 2012 | | | 2013 | | | 2014 | | |
|---|---|---|---|---|---|---|---|---|---|---|
| | | Ø | Min. | Max. | Ø | Min. | Max. | Ø | Min. | Max. |
| < 500 Mio. | HHI | 54 % | 18 % | 100 % | 54 % | 19 % | 100 % | 55 % | 17 % | 100 % |
| | HHI* | 48 % | 8 % | 100 % | 48 % | 8 % | 100 % | 49 % | 6 % | 100 % |
| ≥ 500 Mio. bis | HHI | 52 % | 19 % | 100 % | 53 % | 19 % | 100 % | 55 % | 19 % | 100 % |
| < 1 Mrd. | HHI* | 46 % | 8 % | 100 % | 48 % | 9 % | 100 % | 49 % | 9 % | 100 % |
| ≥ 1 Mrd. bis | HHI | 50 % | 18 % | 100 % | 52 % | 18 % | 100 % | 53 % | 16 % | 100 % |
| < 2 Mrd. | HHI* | 43 % | 8 % | 100 % | 46 % | 8 % | 100 % | 47 % | 5 % | 100 % |
| ≥ 2 Mrd. | HHI | 42 % | 19 % | 71 % | 41 % | 18 % | 80 % | 41 % | 18 % | 80 % |
| | HHI* | 34 % | 9 % | 67 % | 34 % | 8 % | 78 % | 34 % | 8 % | 78 % |
| Insgesamt | HHI | 53 % | 18 % | 100 % | 53 % | 18 % | 100 % | 54 % | 16 % | 100 % |
| | HHI* | 47 % | 8 % | 100 % | 48 % | 8 % | 100 % | 48 % | 5 % | 100 % |

Tab. 148: Diversität der Zugehörigkeitsdauer[1829]

Tab. 149 veranschaulicht die Unterschiede zwischen den Personengruppen der Aufsichtsratsvorsitzenden, Frauen und Arbeitnehmervertreter bezüglich der zurückgelegten Jahre im Gremium. Im Vergleich der betrachteten Gruppen, aber auch hinsichtlich der in Tab. 147 gezeigten kumulierten Betrachtung, weisen die Vorsitzenden die durchschnittlich längste Aufsichtsratszugehörigkeit auf. Dies passt zu der oben getätigten Feststellung, dass überdurchschnittlich viele Vorsitzende (13 %) bereits im Ruhestand und somit im fortgeschrittenen Alter sind. 88 % der Vorsitzenden sind seit mindestens neun Jahren Bestandteil dieses Gremiums. Bei den Frauen und den Arbeitnehmervertretern ist eine solch langjährige Erfahrung nur bei 37 % bzw. 29 % erkennbar. Erwähnenswert bei den Frauen ist der große prozentuale Anteil bei maximal ein bis drei Jahren. Während Aufsichtsratsvorsitzende also seit besonders langer Zeit im Aufsichtsrat sind, trifft auf Frauen das Gegenteil zu.

| Teilgruppe | | Zugehörigkeitsdauer in Jahren | | | | | | | | | Anzahl insgesamt |
|---|---|---|---|---|---|---|---|---|---|---|---|
| | | maximal | | | | | | | | mind. | |
| | | 1 | 2 | 3 | 4 | 5 | 6 | 7 | 8 | 9 | |
| Vorsitzende | % | 0 % | 1 % | 1 % | 2 % | 2 % | 2 % | 2 % | 3 % | 88 % | 100 % |
| | abs. | 1 | 8 | 7 | 16 | 18 | 18 | 20 | 32 | 875 | 995 |
| Frauen | % | 12 % | 10 % | 10 % | 8 % | 6 % | 6 % | 5 % | 5 % | 37 % | 100 % |
| | abs. | 108 | 91 | 97 | 76 | 59 | 55 | 50 | 49 | 350 | 935 |
| Arbeitnehmer- vertreter | % | 7 % | 9 % | 17 % | 9 % | 12 % | 7 % | 3 % | 6 % | 29 % | 100 % |
| | abs. | 14 | 17 | 33 | 18 | 22 | 14 | 5 | 12 | 55 | 190 |

Tab. 149: Zugehörigkeitsdauern der Vorsitzenden, Frauen und Arbeitnehmervertreter[1830]

Bei der Untersuchung, welche Art von Aufsichtsräten das Gremium verlassen hat und welche Aufsichtsräte hinzugekommen sind, lässt sich bezüglich der Berufe festhalten, dass Geschäftsführer sowohl den größten Anteil der ausgeschiedenen als auch der neu hinzugekommenen Aufsichtsräte ausmachen.

---

[1829] Quelle: Eigene Darstellung. Es ist zu beachten, dass Aufsichtsräte mit einer Zugehörigkeitsdauer von über neun Jahren in einer Gruppe zusammengefasst sind. Das Konzentrationsmaß würde geringer ausfallen, sofern die über neun Jahre hinausgehenden Zugehörigkeitsdauern differenziert betrachtet werden würden. Durch die hier verwendete Vorgehensweise ist jedoch ersichtlich, wie divers die Gremien in Bezug auf die Zugehörigkeitsdauer von ein bis mindestens neun Jahren aufgestellt sind.
[1830] Quelle: Eigene Darstellung.

Im Folgenden werden die Ergebnisse der beiden Datenquellen (Fragebogen und Geschäftsberichte) zusammengeführt und diskutiert bzw. eingeordnet. Hierzu werden die Befunde zunächst jeweils tabellarisch zusammengefasst und anschließend kritisch gewürdigt.

# 3    Zusammenfassung und Diskussion der Befunde

## 3.1    Zusammenfassung und Diskussion der aufsichtsratsindividuellen Befunde

### 3.1.1    Motivation

| Motivation |
| --- |
| **Extrinsische Motivation** |
| • *Anerkennung, Affiliation* und *Reputation* zählen zu den für die Aufsichtsräte wichtigsten Teilaspekten der extrinsischen Motivation. |
| • Am wenigsten wichtig sind *monetäre Vorteile* sowie ein *beruflicher Nutzen*. |
| • 26 % der Aufsichtsräte würden das Mandat jedoch nicht unentgeltlich wahrnehmen. |
| • Die größte Streuung der Antworten bezieht sich auf die Aussage, dass sich im Vorfeld der Mandatsannahme über die weiteren Aufsichtsratsmitglieder informiert wurde. |
| • Es bestehen weder relevante intra- noch intergruppenbezogene Unterschiede bezüglich der extrinsischen Motivation. |
| **Intrinsische Motivation** |
| • Das Gefühl der *Herausforderung* sowie die *Freude an Verantwortung* wurden als wichtigste Teilaspekte der intrinsischen Motivation identifiziert. |
| • Die Indikatoren der intrinsischen Motivation erhielten insgesamt hohe Zustimmungswerte. |
| • Es bestehen weder relevante intra- noch intergruppenbezogene Unterschiede bezüglich der intrinsischen Motivation. |
| **Vergleich** |
| • Indikatoren der *intrinsischen Motivation* erhielten durchschnittlich eine höhere Zustimmung als die der *extrinsischen* (4,14 im Vergleich zu 3,55). |

Tab. 150: Zusammenfassung der Befunde zur Motivation[1831]

Die Wirksamkeit der Aufsichtsratstätigkeit hängt neben dem persönlichen Können, also insbesondere den Fähigkeiten und Fachkenntnissen, maßgeblich von dem persönlichen Wollen, also dem Engagement bzw. der Motivation, der Mandatsträger ab. Eine geringe Arbeitsmotivation von Aufsichtsräten kann sich in Form unkritischer Haltungen, Ignorieren von Kritik in Prüfungsberichten oder allgemein der Nichtausübung der Überwachung äußern.[1832] Insofern wirkt sich eine Demotivation direkt auf die personellen Management- bzw. Governancerisiken und somit unmittelbar auf die Bank aus, was die Relevanz der Auseinandersetzung mit der aufsichtsrätlichen Motivation verdeutlicht.[1833]

---

[1831] Quelle: Eigene Darstellung.
[1832] Vgl. ZIEGER (2007), S. 146.
[1833] Vgl. Kapitel B1.4.3.

Eine wesentliche Erkenntnis der Befunde zur Motivation liegt in dem Vergleich zwischen der intrinsischen zur extrinsischen. Da die Indikatoren der intrinsischen Motivation durchschnittlich höhere Zustimmungswerte als die der extrinsischen erzielten, kann von einer ausgeprägten intrinsischen Motivation der genossenschaftlichen Aufsichtsräte ausgegangen werden. Da bei ehrenamtlich tätigen Personen die Relevanz intrinsischer Anreize so stark ausgeprägt sein kann, dass ein extrinsischer Anreiz nicht notwendig ist, verdeutlicht dieser Umstand die Einordnung des genossenschaftlichen Aufsichtsratsmandats als Ehrenamt. Wenngleich Unterschiede zwischen den Indikatoren der extrinsischen und der intrinsischen Motivation bestehen, so sind die Antworten zu den einzelnen Indikatoren jeweils durch eine geringe Varianz bzw. eine hohe Homogenität gekennzeichnet.[1834]

Im Hinblick auf die *intrinsische Motivation* zeigt sich sowohl in den kausalanalytischen als auch in den deskriptiven Ergebnissen, dass diese Motivationsart von hoher Relevanz für die Aufsichtsräte ist. Die intrinsische Motivation geht hingegen nicht soweit, dass die Aufsichtsräte das Amt auch gerne in Vollzeit ausüben wollen würden. Auch die Freude auf bevorstehende Gremiensitzungen ist im Vergleich zu den anderen Indikatoren eher gering ausgeprägt. Insbesondere die Befunde zur intrinsischen Motivation decken sich mit der Erkenntnis der Arbeitswerteforschung, dass diesbezügliche Verteilungen deutlich linksschief sind.[1835] BORG bezeichnet diesen Umstand als „fast tautologisch, weil Werte ja immer etwas Wünschenswertes darstellen"[1836]. Die vorliegenden Befunde zur Motivation können nur bedingt mit Ergebnissen anderer Studien verglichen werden, da sich diesbezügliche Ergebnisse stets auf ausgewählte Länder bzw. Organisationen beziehen. ESKILDSEN/KRISTENSEN/WESTLUND weisen darauf hin, dass intrinsische Motivation kein globales, einheitliches Konzept ist.[1837] Aufgrund dessen existieren unterschiedliche, sich teilweise sogar widersprechende Ergebnisse insbesondere zur Wirkung von Faktoren wie Geschlecht, Alter oder Bildung auf die Motivation.[1838]

Sowohl bei den deskriptiven als auch den kausalanalytischen Ergebnissen zeigt sich, dass *extrinsische Motivation* maßgeblich durch Anerkennung, Affiliation und Reputation beeinflusst wird. Darüber hinaus prägt die Tatsache, etwas für das Gemeinwohl tun zu können, das Konstrukt der Motivation signifikant. Im Strukturgleichungsmodell wirken sich zudem die Indikatoren, die das Knüpfen von wertvollen Kontakten sowie die Relevanz persönlicher Kontakte und Netzwerke als Informationsquelle betreffen, signifikant auf die extrinsische Motivation aus. Einhergehend

---

[1834] Sowohl in Bezug auf die extrinsische als auch die intrinsische Motivation konnten Unterschiede sowohl zwischen als auch innerhalb der Gruppen lediglich im Nachkommabereich festgestellt werden, weswegen auf eine ausführliche Darstellung der Analyseergebnisse verzichtet wurde.

[1835] Vgl. BORG (2006), S. 63.

[1836] BORG (2006), S. 63. Dass nicht alle Werte ausnahmslos als sehr wichtig eingestuft werden, liegt in den verwendeten Antwortskalen begründet und ließe sich weiter reduzieren, sofern extremere Formulierungen, insbesondere für die oberen Wichtigkeitswerte, gewählt werden würden (vgl. BORG (2006), S. 63).

[1837] Vgl. ESKILDSEN/KRISTENSEN/WESTLUND (2004), S. 134.

[1838] Vgl. ESKILDSEN/KRISTENSEN/WESTLUND (2004), S. 122.

mit den Ergebnissen von JÜNGER sowie MORNER ET AL. spielt das Knüpfen von Netzwerken sowie das Aufbauen von Reputation somit eine wesentliche Rolle.[1839] In
einer Befragung von 403 Aufsichtsratsmitgliedern hauptsächlich börsennotierter
Gesellschaften, nannten 90 % der Befragten die strategische Gestaltung ihres Unternehmens als wesentliche Motivation zur Annahme des Mandats. Für 70 % stellt
zudem die Freude an der Tätigkeit ein relevantes Motiv dar, was die Wahrnehmung
einer Aufsichtsratätigkeit als ehrenamtliche Nebentätigkeit verdeutlicht. Rund
zwei Drittel gaben zudem zu, dass das Motiv des Netzwerkens eine wichtige Rolle
spielt.[1840] Hinsichtlich der Reputation gilt die Aufsichtsratstätigkeit weiterhin als
Prestige-Job. Zum einen verhilft es Aufsichtsräten zu einem Renommee, das in der
hauptberuflichen Position erst mühsam erarbeitet werden müsste.[1841] Zum anderen gilt es als Tätigkeit, die „den Betreffenden zwar schmückt, aber nicht sonderlich
fordert"[1842]. Informelle Beziehungsgeflechte spielen eine wichtige Rolle bei der Aufsichtsratstätigkeit, vor allem, da sie eine wichtige Informationsquelle für die Mandatsträger darstellen.[1843] In soziale Netzwerke eingebundene Personen verfügen
bereits vor der Mandatsannahme über den systematischen Vorteil, dass ihnen mit
einer höheren Wahrscheinlichkeit ein Aufsichtsratsmandat angeboten wird.[1844]
Dem Ansatz von BOURDIEU folgend sind soziale Netzwerke und das hieraus resultierende soziale bzw. symbolische Kapital für Aufsichtsräte als bedeutsam einzuschätzen. In Bezug auf die Reputation von Aufsichtsräten kamen WEST-
PHAL/KHANNA zu dem Ergebnis, dass Mandatsträger mit einer hohen Reputation im
Gremium seltener sozial ausgegrenzt werden.[1845] Aus der großen Streuung der
Antworten zur Frage, ob sich das jeweilige Aufsichtsratsmitglied im Vorfeld der
Mandatsannahme über die weiteren Aufsichtsratsmitglieder informiert hat, ist jedoch abzuleiten, dass soziales Kapital für einige Mitglieder eine gewisse Rolle
spielt, während es für andere weniger relevant ist. Die vorliegenden Ergebnisse
verdeutlichen die Wichtigkeit der Zugehörigkeitsbedürfnisse von McCLELLAND.[1846]
Insbesondere in großen Gremien besteht beispielsweise durch Ausschussbildung
die Möglichkeit, das Gefühl der Gruppenzugehörigkeit weiter zu steigern.[1847]

Als Resultat aus Motiven und Anreizen stellt Motivation ein hypothetisches Konstrukt dar, dessen Operationalisierung bzw. empirische Überprüfung als schwierig
gilt. Rückschlüsse auf die Motivation bzw. die zugrunde liegenden Motive können
lediglich durch die Reaktionen auf Anreize gezogen werden.[1848] Konkret bestehen

---

[1839] Vgl. MORNER ET AL. (2012), S. 99; JÜNGER (2013), S. 126 f. Zu den Netzwerken bzw. dem sozialen
Kapital von Aufsichtsräten siehe HUSE (2007), S. 161 ff. ENTORF ET AL. stellen Aufsichtsratsverflechtungen von DAX-Unternehmen mithilfe einer sozialen Netzwerkanalyse dar (vgl. ENTORF ET
AL. (2008)). Ein Beispiel für das Netzwerk eines DAX-Aufsichtsratsmitglieds ist bei BERKE/BRÜCK/
BERGERMANN (2014), S. 47 zu finden.
[1840] Vgl. LABBÉ/WIEDEMANN (2009), S. 127 ff.
[1841] Vgl. HAKELMACHER (2016), S. 180.
[1842] KUCK (2006), S. 58.
[1843] Vgl. JÜRGENS/LIPPERT (2005), S. 34.
[1844] Vgl. JÜNGER (2013), S. 105.
[1845] Vgl. WESTPHAL/KHANNA (2003), S. 364 ff.
[1846] Vgl. Kapitel B3.4.2.3.4.
[1847] Vgl. SEELE (2007), S. 205.
[1848] Vgl. HOLTBRÜGGE (2018), S. 13.

Herausforderungen zwischen der genauen Identifizierung und Abgrenzung zwischen den Motiven.[1849] Zudem besteht die Schwierigkeit einer subjektiven Attribution. Diese kann sich darin äußern, dass sich Befragte ihrer wahren Motive nicht bewusst sind oder sie ihre tatsächlichen Motive nicht wahrheitsgemäß angeben bzw. sozialverträglich antworten.[1850] Damit einhergehend werden Selbsteinschätzungen von Befragungsteilnehmern regelmäßig mit dem eigenen Selbstkonzept in Einklang gebracht, weshalb die Antworten selbstwertstützend ausfallen können.[1851] Des Weiteren neigen Befragte dazu, extrinsische Faktoren für ihre Unzufriedenheit und intrinsische für ihre Zufriedenheit verantwortlich zu machen.[1852]

Insgesamt ist festzustellen, dass das Verhalten von Aufsichtsräten nicht ausschließlich durch materielle, sondern insbesondere durch immaterielle Anreize beeinflusst wird und sich die Mandatsträger daher nicht ausschließlich im Sinne eines Homo oeconomicus verhalten.[1853] Gleichzeitig sind extrinsische Anreize jedoch nicht als unwichtig anzusehen. Obwohl die vorliegenden Ergebnisse nicht darauf hindeuten bzw. eine homogene Motivstruktur genossenschaftlicher Aufsichtsräte vorliegt, ist anzunehmen, dass grundsätzlich verschiedene Motive zum Antritt bzw. zur Ausübung eines Aufsichtsratsmandats bestehen. Wenngleich beispielsweise das Übernehmen von Verantwortung häufig als Motiv genannt wird, wird es nicht von allen Aufsichtsräten bzw. Mitgliedertypen als erstrebenswert angesehen.[1854] Während ein Mandat in einem großen Unternehmen mit guter Reputation meist als hoch attraktiv angesehen wird, gibt es andere Individuen, denen es wichtig ist, einen bestimmten Beitrag in dem zu überwachenden Unternehmen zu leisten. Monetäre Vorteile werden im Rahmen der Einschätzung zur Attraktivität von Aufsichtsratsgremien hingegen selten genannt.[1855]

Darüber hinaus ist anzunehmen, dass die Eintritts-, Bleibe- und Arbeitsmotivation eines Aufsichtsrats nicht ausschließlich auf einem, sondern in der Regel auf mehreren Motiven basiert, von denen einige möglicherweise stärker ausgeprägt sind.[1856]

---

[1849] Vgl. PATERA/ZACHERL (1984), S. 113.

[1850] Vgl. FISCHER/WISWEDE (2009), S. 98.

[1851] Dieser Umstand wird auch als Self-Serving Bias bezeichnet (vgl. DÖRING/BORTZ (2016c), S. 255). Für weitere Urteilsfehler, die beim Einsatz von Ratingskalen auftreten können, siehe UPMEYER (1985); WESSELLS (1994).

[1852] Vgl. NERDINGER/BLICKLE/SCHAPER (2019), S. 468.

[1853] Vgl. SCHOLZ (2006), S. 186.

[1854] Vgl. Kapitel B3.5.1.

[1855] Vgl. HUSE (2007), S. 88.

[1856] Vgl. HAMBRICK/WERDER/ZAJAC (2008), S. 384.

## 3.1.2    Zufriedenheit

| Zufriedenheit |
|---|
| • 99 % der Aufsichtsräte sind mit ihrer Tätigkeit im Allgemein zufrieden oder sehr zufrieden. |
| • 97 % würden das Mandat wieder annehmen, wenn sie erneut vor der Entscheidung stünden. |
| • Die höchste Zufriedenheit auf Indikatorenebene besteht mit Ø 4,70 bei der Zufriedenheit mit der *Zusammenarbeit innerhalb des Gremiums.* |
| • Die größte Einigkeit herrscht darüber, dass sich die Aufsichtsräte ihrer jeweiligen Bank verbunden fühlen (σ = 0,48, Ø 4,66). |
| • Lediglich 72 % der Aufsichtsräte sind der Meinung, dass Aufwand und Ertrag der Tätigkeit in einem angemessenen Verhältnis zueinander stehen. |
|   – Jüngere Aufsichtsräte beurteilen das Verhältnis positiver als ältere. |
|   – Mitglieder ohne besondere Position im Gremium beurteilen das Verhältnis besser als die Vorsitzenden. |
|   – Aufsichtsräte aus kleinen Gremien beurteilen das Verhältnis schlechter als die aus großen Gremien. |
| • 29 % der Aufsichtsräte gehen nicht davon aus, dass die Aufsichtsratsarbeit den Erfolg der Bank beeinflusst. |
| • 97 % sind der Ansicht, dass die Herausforderungen des Mandats ihren Kompetenzen entsprechen. Lediglich 67 % fühlen sich angemessen auf ihre Tätigkeit vorbereitet. |
|   • Mitgliedervertreter fühlen sich schlechter vorbereitet als Arbeitnehmervertreter. |
|   • Ältere Aufsichtsräte fühlen sich schlechter vorbereitet als jüngere. |
| • 80 % der Aufsichtsräte würden es begrüßen, wenn das jeweilige Gremium weniger Mitglieder hätte. |

Tab. 151:  Zusammenfassung der Befunde zur Zufriedenheit[1857]

99 % der Aufsichtsräte sind mit ihrer Tätigkeit im Allgemein zufrieden oder sehr zufrieden. Dieser hohe Zufriedenheitswert geht einher mit allgemeinen Zufriedenheitsbefragungen[1858] und spiegelt gleichzeitig einen elementaren Befund der Arbeitswerteforschung wider, dass die diesbezüglichen Verteilungen regelmäßig deutlich linksschief sind.[1859] Die überwiegende Mehrheit der Mitarbeiter ist mit arbeitsbezogenen Aspekten eher zufrieden als unzufrieden,[1860] was SCHMEIßER auch für Unternehmen des dritten Sektors mit einem hohen Anteil ehrenamtlicher Mitarbeiter zeigen konnte.[1861] Insbesondere in ehrenamtlichen Arbeitssituationen ist von Selektionswirkungen auszugehen, die dazu führen, dass Personen aufgrund ihrer Eigenschaften, Wertvorstellungen und Fähigkeiten bestimmte Tätigkeiten bevorzugt auswählen oder ablehnen und sie beispielsweise nicht nur des Geldes wegen weiter ausführen.[1862] Im Idealfall besteht ein Fit zwischen den individuellen Cha-

---

[1857]  Quelle: Eigene Darstellung.
[1858]  Vgl. BAUMGARTNER/UDRIS (2006), S. 112; SEMMER/UDRIS (2007), S. 169; FISCHER/BELSCHAK (2006), S. 81. Zur kritischen Reflektion des Problems, wie Antworten auf Fragen nach der Zufriedenheit oder zum Glück zu deuten sind, siehe FISCHER/BELSCHAK (2006). Für Forscher in Sozialwissenschaften stellen hohe Zufriedenheitswerte „durchgängig ein Ärgernis dar" (FISCHER/BELSCHAK (2006), S. 81).
[1859]  Vgl. BORG (2006), S. 63; SIEMUND (2013), S. 128; FISCHER (1989), S. 127.
[1860]  Vgl. BORG (2006), S. 73.
[1861]  Vgl. SCHMEIßER (2013), S. 48.
[1862]  Vgl. WIELAND/KRAJEWSKI/MEMMOU (2006),    S. 228;  SEMMER/SCHALLBERGER (1996);  DORMANN/ ZAPF (2001), S. 483 ff.

rakteristika und der Aufsichtsratstätigkeit, der sich auch in einer hohen Zufriedenheit äußert.[1863] Die Zufriedenheit mit der Tätigkeit bzw. tätigkeitsbezogenen Faktoren hat zudem eine zentrale Bedeutung für das Arbeitszufriedenheitsurteil,[1864] was erneut einen Hinweis auf die Bedeutung intrinsischer Anreize liefert.[1865]

Gemäß SEMMER/UDRIS wecken solch hohe Prozentsätze Zweifel an der Glaubwürdigkeit der Ergebnisse.[1866] Neben der Tatsache, dass tatsächlich nahezu ausschließlich zufriedene Aufsichtsräte in den Genossenschaftsbanken tätig sind, besteht auch die Möglichkeit, dass lediglich zufriedene Aufsichtsräte an der Befragung teilgenommen haben und somit eine Selbstselektion der Befragungsteilnehmer bzw. ein diesbezüglicher Non-Response Bias vorliegt. Die hohen Zufriedenheitswerte und insbesondere die 99 %ige Zustimmung hinsichtlich der Zufriedenheit mit der Tätigkeit im Allgemeinen lassen sich bezugnehmend auf das Zürcher Modell der Arbeitszufriedenheit von BRUGGEMANN[1867] sowie die Anreiz-Beitrags-Theorie[1868] einordnen. Der hohe Anteil zufriedener Aufsichtsräte darf nicht vorbehaltlos als Indiz für eine vollumfänglich zufriedenstellende Gremiensituation interpretiert werden. Bei Personen, bei denen eine konstruktive oder fixierte Unzufriedenheit vorlag bzw. die ein (langfristiges) für sie negatives Ungleichgewicht hinsichtlich der Anreize und Beiträge empfanden oder erwarteten, ist anzunehmen, dass sie die Gremien bereits verlassen oder ihr Anspruchsniveau gesenkt haben. Die befragten Aufsichtsräte weisen somit eine resignative, stabilisierte, progressive oder Pseudoarbeitszufriedenheit auf. Im Vergleich zur stabilisierten oder progressiven Zufriedenheit ist die resignative Form nicht befriedigungsbedingt, sondern auf eine Minderung des Anspruchsniveaus bzw. Resignation zurückzuführen. Weitere Ursachen können in einem sozial erwünschten Antwortverhalten[1869] oder in der Dissonanzreduktion der Befragungsteilnehmer liegen. Letztere kommt dadurch zustande, dass die Befragten nicht dauerhaft mit dem Gefühlszustand leben würden, eine Arbeit regelmäßig zu verrichten, die sie als unangenehm empfinden.[1870] Neben der Frage nach der Zufriedenheit mit der Tätigkeit im Allgemeinen konnten weiterführende Kenntnisse aus den einzelnen Indikatoren abgeleitet werden. Gemäß BORG bzw. BORG/BRIEF neigen Befragte zu einer intrapsychischen Abwägung der Arbeitswerte untereinander, weswegen auch in der vorliegenden Untersuchung

---

[1863]  Vgl. WIELAND/KRAJEWSKI/MEMMOU (2006), S. 228.
[1864]  Vgl. BORG (2006), S. 64; SEMMER/UDRIS (2007), S. 172; SIEMUND (2013), S. 124; ROSENSTIEL (2007), S. 43. Die zentralen Aussagen des Job Characteristics Models konnten mittlerweile vielfach belegt werden (vgl. JUDGE ET AL. (2001); NERDINGER/BLICKLE/SCHAPER (2019), S. 470; JUDGE/KAMMEYER-MUELLER (2012)). Bei einer zehn Studien umfassenden Metaanalyse kamen JUDGE ET AL. zu dem Ergebnis, dass gezielte Arbeitsgestaltungsmaßnahmen durchgängig zu hoher Arbeitszufriedenheit führen. Darüber hinaus ist der Zusammenhang zwischen den Merkmalen der Arbeit und der Arbeitszufriedenheit bei Mitarbeitern mit einem hohen Entfaltungsbedürfnis entscheidend höher, als bei Mitarbeitern mit einem niedrigen Entfaltungsbedürfnis (vgl. JUDGE ET AL. (2001), S. 385 ff.). In Bezug auf Faktoren wie Vergütung, Aufstiegsmöglichkeiten sowie die Beziehungen zu Kollegen und Vorgesetzten korreliert die Gesamtarbeitszufriedenheit am höchsten mit den Inhalten der Arbeit (vgl. NERDINGER/BLICKLE/SCHAPER (2019), S. 471).
[1865]  Vgl. SEMMER/UDRIS (2007), S. 172.
[1866]  Vgl. SEMMER/UDRIS (2007), S. 169.
[1867]  Vgl. Kapitel B3.4.2.3.6.
[1868]  Vgl. Kapitel B3.4.2.3.2.
[1869]  Vgl. Kapitel B3.4.2.4.2.
[1870]  Vgl. NEUBERGER (1985), S. 175.

nicht alle Antworten zu den Indikatoren ausnahmslos auf eine vollständige Zufriedenheit hindeuten.[1871] Obwohl auf den ersten Blick ein hoher Zufriedenheitsgrad der Aufsichtsratsmitglieder anzunehmen ist, zeigt sich bei genauerer Betrachtung, dass sich hinter der allgemeinen Zufriedenheit auch Defizite verbergen. JÜRGENS/ LIPPERT kamen in ihrer Untersuchung, bei der leitende Angestellte im Aufsichtsrat befragt wurden, zu der gleichen Erkenntnis.[1872]

Der hohe Zustimmungswert sowie die niedrige Standardabweichung hinsichtlich des Verbundenheitsgefühls mit der Bank verdeutlichen die Relevanz des Commitments. Als Faktoren, die die emotionale Bindung an den Arbeitgeber fördern, konnten von GALLUP unter anderem folgende identifiziert werden: der Mitarbeiter weiß, was von ihm erwartet wird, weiß, dass seine Meinung zählt, erhält Anerkennung, sieht, dass sich seine Kollegen für Qualität engagieren und kann lernen sowie sich entwickeln. Werden die Erwartungen der Aufsichtsräte häufiger übertroffen, führt dies zu einer stabileren bzw. intensiveren Bindung, die sich durch höheres Engagement beobachten lässt. Zudem sind zufriedene Genossenschafts- bzw. Aufsichtsratsmitglieder eher zu einer ehrenamtlichen Tätigkeit bereit.[1873]

Hervorzuheben ist zudem, dass rund ein Drittel der Aufsichtsräte der Ansicht ist, dass sie nicht angemessen auf die Tätigkeit als Aufsichtsrat vorbereitet wurden, und, dass rund ein Viertel die Diskussionen im Gremium als nicht ergebnisoffen empfindet. Dass rund ein Drittel der Befragten davon ausgeht, dass die Aufsichtsratsarbeit keinen Einfluss auf den Erfolg der Bank hat, ist als Indiz dafür zu werten, dass finanzielle Erfolgsbeteiligungen, sofern sie erlaubt wären, keine Auswirkungen auf die Gremientätigkeit hätten. Zudem bekräftigt es die Überlegungen hinsichtlich des Verzichts auf eine derartige Erfolgskomponente im Strukturgleichungsmodell.

Ein Ansatzpunkt zur Verbesserung der Aufsichtsratstätigkeit aus Vorstandssicht liegt einer Untersuchung von HELM zufolge in der Reduktion der Gremiengröße.[1874] Hiermit einhergehend wurde die Frage nach der Beurteilung der Gremiengröße von den Aufsichtsräten der vorliegenden Untersuchung deutlich dahingehend beantwortet, dass rund 80 % eine Verkleinerung der Gremien begrüßen würden, was als Handlungsempfehlung für die Praxis zu werten ist.[1875]

Eine weitere praxisrelevante Erkenntnis ist aus den Ergebnissen im Hinblick auf das Verhältnis von Aufwand und Ertrag der Tätigkeit abzuleiten. Rund 28 % sind der Ansicht, dass dieses Verhältnis nicht angemessen ist. Dieses Ergebnis ist als Indiz für eine diffuse Unzufriedenheit[1876] bzw. ein unausgeglichenes Anreiz-Beitrags-Verhältnis[1877] zu werten. Die Genossenschaftsbanken bzw. insbesondere

---

[1871] Vgl. BORG (2006), S. 66.
[1872] Vgl. JÜRGENS/LIPPERT (2005), S. 19 f. Im Rahmen dieser Untersuchung wurden 280 Unternehmen, die dem Geltungsbereich des MitbestG, des Montanmitbestimmungsgesetzes und des Montanmitbestimmungsergänzungsgesetzes unterliegen, angeschrieben (n = 104). Als Grundlage der Studie diente ein standardisierter Fragebogen.
[1873] Vgl. Kapitel B3.4.2.4.3.
[1874] Vgl. HELM (2004), S. 107 ff. Die Untersuchung bezog sich auf kleine und mittelständische, nicht börsennotierte Unternehmen in Deutschland (n = 373) (vgl. HELM (2004), S. 46 f.).
[1875] Vgl. Kapitel E4.2.
[1876] Vgl. Kapitel B3.4.2.3.6.
[1877] Vgl. Kapitel B3.4.2.3.2.

solche mit kleinen Gremien sollten sich dessen bewusst und an einer Verbesserung dieses Verhältnisses interessiert sein.[1878] Anderenfalls kann es aufgrund von (erwarteter) Unzufriedenheit zum Ausscheiden geeigneter Aufsichtsratsmitglieder oder zum geringen Beitrittsinteresse potenzieller Kandidaten führen.

Im Rahmen der kausalanalytischen Auswertung liefert Indikator Nr. 36 (Die Aufsichtsratsarbeit ist interessant) mit einer Ladung von 0,62 den höchsten absoluten Beitrag auf die Zufriedenheit, gefolgt von Indikator Nr. 42 (Gefühl, etwas Sinnvolles zu leisten) ebenfalls mit einer Ladung von 0,62. Die folgenden fünf Indikatoren weisen signifikante Gewichte auf und wirken sich im Strukturgleichungsmodell positiv auf die Zufriedenheit aus:

- Zusammenarbeit mit den Abschlussprüfern (Nr. 83),
- Zufriedenheit mit der Arbeit des Gremiums im Allgemeinen (Nr. 76),
- Gefühl, etwas Sinnvolles zu leisten (Nr. 42),
- die Aufsichtsratsarbeit beeinflusst den Erfolg der Bank (Nr. 73) sowie
- genügend Zeit, um Informationen vor den Sitzungen zu prüfen (Nr. 56).

Um die Werte der Zufriedenheit einer ehrenamtlich wahrgenommenen Tätigkeit besser einordnen zu können, wurde ein Abgleich mit den Ergebnissen von SAUTTER vorgenommen (vgl. Tab. 152). Wie in Kapitel B4 dargestellt, untersuchte er Einflussfaktoren auf die Arbeitszufriedenheit ehrenamtlicher Mitarbeiter in Sportvereinen. Die Vergütung scheint erwartungsgemäß keinen großen Einfluss zu haben, wobei in der vorliegenden Untersuchung nur indirekt über eine höhere Einsatzbereitschaft nach der Vergütung gefragt wurde. In beiden Untersuchungen liegt eine hohe Verbundenheit mit dem Verein bzw. der Bank vor und auch das Gefühl, etwas Sinnvolles zu leisten, erzielt einen hohen Mittelwert. Der persönliche Zeitaufwand trägt hingegen bei beiden Untersuchungen nur geringfügig zur Zufriedenheit bei.

| SAUTTER (2007) | | | | Vorliegende Untersuchung | |
|---|---|---|---|---|---|
| Indikator | Ø | Ø | Nr. | Indikator | |
| Vergütung/Entlohnung | 1,41 | 3,95 | 41 | Höhere Einsatzbereitschaft bei einer höheren Vergütung |
| Sinn der Tätigkeit | 4,11 | 4,26 | 42 | Gefühl, etwas Sinnvolles zu leisten |
| Verbundenheit/Identifikation mit Verein | 4,05 | 4,66 | 43 | Verbundenheit mit der Bank |
| Einfluss auf Vereinsgeschehen | 3,47 | 4,28 | 44 | Wichtiger Beitrag für die Bank |
| Persönlicher Zeitaufwand | 3,68 | 3,04 | 48 | Kostet mehr Zeit als erwartet |
| Entscheidungsfreiheit bei Vereinsaufgaben | 3,74 | 4,57 | 54 | Nicht weisungsgebunden |
| Austausch unter Vereinskollegen | 3,63 | 4,35 | 61 | Informationsaustausch innerhalb des Aufsichtsrats |

Tab. 152: Vergleichende Darstellung mit den Ergebnissen von SAUTTER[1879]

Es ist zu berücksichtigen, dass empirische Ergebnisse zur Arbeitszufriedenheit aufgrund unterschiedlicher Herangehensweisen und theoretischer Modelle nur begrenzt zu vergleichen sind. Untersuchungsergebnisse sind daher stets vor dem Hintergrund des jeweiligen gewählten Ansatzes zu interpretieren. Insbesondere bei

---

[1878] Auf konkrete Verbesserungsmöglichkeiten bzw. Implikationen für die Praxis wird in Kapitel E4.2 eingegangen.

[1879] Quelle: Eigene Darstellung mit Werten von SAUTTER (2007), S. 81 ff. Um eine bessere Vergleichbarkeit zu gewährleisten, wurden die Ergebnisse von SAUTTER jedoch invertiert. Ursprünglich bedeutete ein Skalenwert von eins, dass die Arbeitszufriedenheit durch diesen Indikator sehr stark beeinflusst wird. Ein Skalenwert von sechs entsprach einem sehr schwachen Einfluss auf die Arbeitszufriedenheit.

Untersuchungen in Unternehmen kann eine sozial erwünschte Beantwortung der Fragen zur Arbeitszufriedenheit nicht ausgeschlossen werden. Zudem gilt es als unbestritten, dass zahlreiche intervenierende Variablen bzw. Moderatorvariablen in Bezug auf die Arbeitszufriedenheit existieren. Eine methodische Isolierung insbesondere persönlicher Faktoren erscheint nicht möglich.[1880] Sich widersprechende Ergebnisse zum Einfluss von Determinanten wie Bildung, Alter oder Geschlecht sind auch auf differierende Rahmenbedingungen wie unterschiedliche Länder, Unternehmen etc. zurückzuführen. Arbeitszufriedenheit ist nicht als globales einheitliches Konzept anzusehen.[1881] Unter Berücksichtigung der genannten Kritikpunkte bleibt festzuhalten, dass in der Arbeitszufriedenheitsforschung für den jeweiligen Kontext brauchbare Ergebnisse vorliegen, die einen Beitrag zum Ergründen der Arbeitszufriedenheit liefern.[1882] Innerhalb der Arbeits- und Organisationspsychologie stellt die Arbeitszufriedenheit eines der bedeutsamsten Konstrukte dar, was in den erwarteten Konsequenzen wie gesteigerter Arbeitsleistung oder loyaler Mitarbeiter begründet ist.[1883] Die Relevanz der Zufriedenheit der Aufsichtsräte ergibt sich auch aus dem Umstand, dass unzufriedene Aufsichtsräte sich möglicherweise nicht bzw. weniger aktiv in den Gremiensitzungen beteiligen oder bewusst die Reputation des Kreditinstituts schädigen können.

Neben Erkenntnissen zur (Arbeits-)Zufriedenheitsforschung liefern die vorliegenden Befunde zusätzlich einen Beitrag zur Selbstevaluierung der Aufsichtsräte. Einer Befragung von Aufsichtsräten börsennotierter Unternehmen zufolge sind 80 % der Teilnehmer der Ansicht, dass die Diskussionskultur im Gremium positiv ist und Kritik regelmäßig kommuniziert wird.[1884] In der vorliegenden Untersuchung beurteilten rund 91 % der Aufsichtsräte die Diskussionen als ergebnisoffen (Indikator Nr. 51) und rund 97 % waren der Ansicht, dass Kritik und abweichende Positionen konstruktiv aufgenommen werden (Indikator Nr. 52).

Inhaltliche Schwerpunkte einer Selbstevaluierung auf Gesamtaufsichtsratsebene stellen einer Untersuchung von STEFFEN/SICK/WOLFF zufolge insbesondere die Zusammenarbeit mit Wirtschaftsprüfern, die Informationsversorgung durch den Vorstand sowie die Qualität der Diskussionen im Aufsichtsrat dar. Der Umgang mit Interessenkonflikten sowie die Informationsversorgung zwischen dem Aufsichtsratsvorsitzenden und dem Plenum stellen nur selten einen Schwerpunkt der Überprüfung dar.[1885]

Da *Informationen* die Grundlage jeder Gremienarbeit bilden und eine umfassende Informationsversorgung eine wesentliche Voraussetzung einer funktionsfähigen

---

[1880] Vgl. SAUTTER (2007), S. 28 f. Beispielsweise wird die Wahrnehmung der Arbeitssituation durch die Zuschreibung von Erfolgen und Misserfolgen beeinflusst. Üblicherweise werden Erfolge verstärkt dem eigenen Handeln zugeordnet, während Misserfolge auf die Arbeitsumstände, Kollegen oder Vorgesetzten zurückgeführt werden.

[1881] Vgl. ESKILDSEN/KRISTENSEN/WESTLUND (2004), S. 122.

[1882] Vgl. SAUTTER (2007), S. 30.

[1883] Vgl. WIRTH (2008), S. 4.

[1884] Vgl. FAVOCCIA/THORBORG (2017), S. 170. Hierbei wurden 1.714 Aufsichtsratsmitglieder der im DAX, MDAX, SDAX und TECDAX notierten Unternehmen befragt. Nach Bereinigung der Daten wurden die Angaben von 85 Aufsichtsräten ausgewertet.

[1885] Vgl. STEFFEN/SICK/WOLFF (2013), S. 178. Im Rahmen dieser Untersuchung wurden Aufsichtsratsmitglieder der im DAX, MDAX, SDAX und TECDAX notierten Unternehmen befragt (n = 62).

Überwachung darstellt, werden die Befunde zur Informationsversorgung im Folgenden ausführlicher diskutiert. Asymmetrisch verteilte Informationen gelten als wesentliche Ursache des Überwachungsproblems, wobei der Vorstand über eine Informationshoheit verfügt.[1886] Neben der asymmetrischen Informationsverteilung zwischen Vorstand und Aufsichtsrat, die als wesentliches Defizit des dualistischen Systems gilt, bestehen weitere Informationsasymmetrien zwischen dem Aufsichtsratsvorsitzenden, der in engem Kontakt zum Vorstand steht, und den übrigen Mandatsträgern sowie zwischen Ausschussmitgliedern und den übrigen Mitgliedern.[1887]

Das überwachende Gremium wird hauptsächlich von dem zu überwachenden Organ informiert, weswegen – entsprechend der Prinzipal-Agenten-Theorie – die Neutralität der Informationen regelmäßig in Frage gestellt wird.[1888] Ein Hauptansatzpunkt für eine wirksame Überwachung stellt daher die kritische Würdigung der durch den Vorstand bereitgestellten Berichte dar.[1889] In einigen Unternehmen gilt die Informationsbeschaffung als zu einseitig auf den Vorstand ausgerichtet.[1890] 91 % der von STEFFEN/SICK/WOLFF befragten Aufsichtsräte nutzen den Vorstand häufig oder sehr häufig als Informationsquelle für ihre Arbeit, was den Einfluss des Vorstands als wichtigste Informationsquelle auf die Überwachungstätigkeit verdeutlicht.[1891] RUESS/ENGESER kritisieren, dass sich Aufsichtsratsmitglieder zu sehr auf die Informationen stützen, die sie vom Vorstand oder dem Abschlussprüfer erhalten, und sie ohne andere Informationsquellen ahnungslos wären, sofern der Abschlussprüfer beispielsweise falsch testiert oder der Vorstand Informationen absichtlich zurückhält bzw. falsch informiert.[1892] Der Vorstand hat durch das Zurverfügungstellen von zu viel Informationen darüber hinaus die Möglichkeit, von wesentlichen Entwicklungen abzulenken.[1893] Grundsätzlich dient der Prüfungsbericht der Verbandsprüfer jedoch als zentrales sowie ergiebiges Überwachungsinstrument des Aufsichtsrats. Da insbesondere Aufsichtsräte von größeren Genossenschaftsbanken keine eigenen Prüfungshandlungen mehr vornehmen, ist es eine elementare Aufgabe des Gremiums, die Beseitigung der im Prüfungsbericht aufgezeigten Mängel zu verfolgen. Gemäß FRANKENBERGER/GSCHREY/BAUER ist bei denselben oder ähnlichen Beanstandungen im Prüfungsbericht in mehreren aufeinanderfolgenden Jahren von einer Verletzung der Sorgfaltspflicht des Aufsichtsrats auszugehen.[1894]

Im Rahmen der vorliegenden Arbeit waren rund 98 % der befragten Aufsichtsräte der Ansicht, dass sie ausreichend durch den Vorstand informiert werden. Rund 94 % sind mit der Zusammenarbeit mit den Abschlussprüfern und rund 97 % mit der Zusammenarbeit der Internen Revision zufrieden.

---

[1886] Vgl. PRIGGE (2012), S. 89.
[1887] Vgl. HÖNSCH/FISCHER/KASPAR (2017), S. 128.
[1888] Vgl. WASSERMANN/ROHDE (2012), S. 387.
[1889] Vgl. ZIECHNAUS (2012), S. 28.
[1890] Vgl. BECKMANN (2009a), S. 418.
[1891] Vgl. FAVOCCIA/THORBORG (2017), S. 170.
[1892] Vgl. RUESS/ENGESER (2002), S. 78 f.
[1893] Vgl. SCHEFFLER (1993), S. 70 ff.; SÄCKER (2004), S. 184.
[1894] Vgl. FRANKENBERGER/GSCHREY/BAUER (2020), S. 130 f.

Hinsichtlich der Zusammenarbeit mit anderen institutsinternen Bereichen ist insbesondere auch das Controlling zu berücksichtigen, da ihm das Betreiben eines systematischen Informationsmanagements obliegt[1895]. Im Einklang mit den Aufgaben eines Aufsichtsrats besteht eine Aufgabe des Controllings darin, „die Unternehmensleitung fortwährend beim Treffen wichtiger betrieblicher Entscheidungen zu unterstützen"[1896]. Obwohl das Controlling das wirtschaftliche Wohlergehen des Unternehmens fokussieren sollte, ist aufgrund der Loyalität zum Arbeitgeber bzw. zum Vorstand kritisch zu hinterfragen, ob Informationen des Controllings stets ungefiltert über den Vorstand als erstem Berichtsempfänger an den Aufsichtsrat gelangen.[1897]

Eine wirkungsvolle Überwachung basiert unter anderem auf einem durchgängigen Planungs-, Steuerungs- und Kontrollsystem, das den Aufsichtsräten zeitnah alle für sie relevanten Informationen sowie eine aktuelle, übersichtliche und systematisch vollständige Berichterstattung liefert.[1898] An den Aufsichtsrat gerichtete Informationen sollten so aufbereitet sein, dass sie ohne ausführliche Erläuterungen von den Mandatsträgern verstanden bzw. eingeordnet werden können und eine eigene Beurteilung der Thematik ermöglicht wird. Hierzu zählt auch, dass die periodischen Berichte in gleicher Ordnung erfolgen, sodass Vergleiche zu vorherigen Berichten oder Berichten der Verbände erleichtert werden.[1899] Wesentliche Veränderungen sowie Abweichungen von Planwerten sind hervorzuheben und zu erläutern.[1900] Insgesamt bewegt sich eine adressatengerechte Aufbereitung in einem Spannungsfeld zwischen einer zu hohen Detailtiefe und dem Zurückhalten relevanter Informationen.[1901]

Ein Quervergleich der BAFIN führte zu der Erkenntnis, dass Verbesserungsbedarf hinsichtlich der rechtzeitigen Information der Aufsichtsratsmitglieder im Vorfeld der Sitzungen besteht.[1902] Konkret kritisierten Aufsichtsratsmitglieder die Informationsbereitstellung in Form von Sitzungsunterlagen, die mit sehr kurzem Vorlauf verteilt wurden, sowie Informationen, die lediglich über Tischvorlagen zur Verfügung gestellt wurden. Bei 29 % der untersuchten Institute erhalten die Aufsichtsratsmitglieder dieselben Informationen wie der Vorstand, in der Regel werden dem Aufsichtsgremium aggregierte Informationen bereitgestellt.[1903] SCHILLING stellte eine unzureichende Qualität von Aufsichtsratsinformationen fest, da die Informationen, die ein Aufsichtsrat erhält, zwar richtig sind, jedoch nicht die richtigen Informationen geliefert werden. Gleichzeitig besteht ein Übergewicht von Präsentationen (*Death*

---

[1895] Vgl. LITTKEMANN/DERFUß (2009), S. 62.
[1896] LITTKEMANN/DERFUß (2009), S. 62.
[1897] Vgl. LITTKEMANN/DERFUß (2009), S. 76.
[1898] Vgl. SCHEFFLER (2014), S. 2859; ZIECHNAUS (2017), S. 23 f. Durch den Einbezug von Planungs-, Steuerungs- und Kontrollaspekten umfasst die Aufsichtsratstätigkeit die definierenden Komponenten des Controllings. Zum Begriff des Controllings siehe LITTKEMANN (2009), S. 57; LITTKEMANN/DERFUß (2009), S. 62.
[1899] Vgl. LANG/WEIDMÜLLER (2019), § 41 Rn. 16.
[1900] Vgl. FRANKENBERGER/GSCHREY/BAUER (2020), S. 122 f.
[1901] Vgl. LITTKEMANN/SCHWARZER/MILLER (2018), S. 51 ff.
[1902] Vgl. BAFIN (2013), S. 123. Der Quervergleich bezog sich auf die Governance bei Aufsichtsorganen in Großbanken und umfasste 14 Institute.
[1903] Vgl. KONSCHALLA (2013), S. 17. In Bezug auf die Auswahl der Institute gab die BAFIN lediglich an, dass der Fokus auf 14 großen Instituten lag und kleine Institute wie Genossenschaftsbanken oder Sparkassen nicht einbezogen wurden.

*by PowerPoint*), bei denen die tatsächlichen Probleme nicht offensichtlich werden.[1904] Darüber hinaus ist das Handeln des Aufsichtsrats vielfach auf die Beurteilung vergangener Ergebnisse ausgerichtet. Ein Großteil der Sitzungszeit wird häufig auf die Präsentation und Diskussion vergangenheitsbezogener Daten anstelle auf in die Zukunft gerichteter, strategischer Maßnahmen verwendet.[1905] Als Qualitätskomponenten der formalen Informationsbeschaffungen identifizierten FISCHER/ BECKMANN als wichtigste Faktoren, dass die Informationen relevant, frei von Rechen- und Schreibfehlern sowie übersichtlich dargestellt sind.[1906]

Die befragten Aufsichtsräte der vorliegenden Untersuchung weisen hohe Zufriedenheitswerte sowohl mit der Informationsversorgung als auch mit ihrem eigenen Informationsstand auf. Besonders positiv bewerteten die Aufsichtsräte den umfassenden Einblick in die Geschäftstätigkeit der Bank. Die geringe Zustimmung bei der Aussage, dass mehr Informationen über die Geschäftstätigkeit der Bank hilfreich wären, ist als Indiz für einen *information overload*[1907] zu werten.

### 3.1.3   Aufgabenwahrnehmung

| **Aufgabenwahrnehmung** |
| --- |
| Hierarchieverständnis |
| • 56 % sehen den Aufsichtsrat mit dem Vorstand auf einer Hierarchieebene, 40 % dem Vorstand übergeordnet und rund 3 % dem Vorstand untergeordnet. |
| • Mitglieder aus größeren Gremien sehen den Aufsichtsrat eher mit dem Vorstand auf einer Hierarchieebene. Mitglieder aus kleineren Gremien empfinden sich eher als dem Vorstand übergeordnet. |
| • Das Aufsichtsratsgremium wird dem Vorstand als übergeordnet angesehen, je älter der Aufsichtsrat ist sowie mehrheitlich bei männlichen Aufsichtsräten und stellvertretenden Vorsitzenden. |
| Rollenverständnis |
| • 73 % sind am häufigsten als Kontrolleur, 13 % am häufigsten als strategischer Berater, 10 % am häufigsten als Mitgliedervertreter und 4 % am häufigsten als Personalverantwortlicher für den Vorstand tätig. |
| • Zum *Kontrolleur* <br> – Mehr Kontrollmöglichkeiten über die Tätigkeiten des Vorstands wünschen sich insbesondere sowohl die Aufsichtsräte, die Teil eines mehr als 15-köpfigen Gremiums sind, als auch die, die das Amt seit mehr als 35 Jahren ausüben. <br> – Innerhalb dieses Rollenverständnisses wird die Überprüfung der Wirksamkeit des Risikomanagements als besonders relevant angesehen. |
| • Zum *strategischen Berater*: Lediglich 6 % wünschen sich mehr Mitspracherechte. |
| • Als *Mitgliedervertreter* verstehen sich insbesondere als Mitgliedervertreter gewählte Aufsichtsräte, ältere Aufsichtsräte, Aufsichtsräte mit einer langjährigen Funktion im Gremium sowie solche von kleinen Banken bzw. Gremien. |

Tab. 153: Zusammenfassung der Befunde zur Aufgabenwahrnehmung[1908]

---

[1904] Vgl. SCHILLING (2007), S. 143.
[1905] Vgl. LABBÉ (2018), S. 17.
[1906] Vgl. FISCHER/BECKMANN (2007), S. 76.
[1907] Vgl. LITTKEMANN/SCHWARZER/MILLER (2018), S. 51 ff. Mit *information overload* wird die Bereitstellung von zu vielen, mit *information underload* die Bereitstellung von zu wenigen Informationen bezeichnet.
[1908] Quelle: Eigene Darstellung.

In Bezug auf das *Hierarchieverständnis* ist hervorzuheben, dass Mitglieder aus kleineren Gremien ein anderes Selbstverständnis aufweisen, was die Stellung gegenüber dem Vorstand betrifft. Im Gegensatz zu Mitgliedern aus größeren Gremien empfinden sie sich dem Vorstand übergeordnet. Dieser Befund ist auch deswegen von Interesse, da der anzunehmende Finanzsachverstand in kleineren Gremien geringer ausgeprägt ist, als in größeren.[1909] Mitglieder aus größeren Gremien sehen sich dem Vorstand nebengeordnet, was der Ansicht von FRANKENBERGER/GSCHREY/BAUER entspricht.[1910]

Hinsichtlich des *Rollenverständnisses* überrascht es aufgrund der Historie der Aufsichtsratstätigkeit des dualen Systems nicht, dass die klare Mehrheit der Aufsichtsräte mit Abstand am häufigsten als *Kontrolleur* tätig ist. Diese Erkenntnis geht einher mit der auf der Prinzipal-Agenten-Theorie basierenden Forschung. Am seltensten fungieren die Aufsichtsräte als *Personalverantwortliche für den Vorstand* sowie als *Mitgliedervertreter*. Aus den Ergebnissen ist jedoch nicht ersichtlich, wie die einzelnen Rollenverständnisse pro Gremium gewichtet sind. Es ist anzunehmen, dass ein Gremium nicht ausschließlich als Kontrolleur tätig ist.

Dass die Überprüfung der Wirksamkeit des Risikomanagements innerhalb des Rollenverständnisses des *Kontrolleurs* als besonders relevant angesehen wird, ist vor dem Hintergrund der zunehmenden Bedeutung dieser Aufgabe als positiv hervorzuheben. Wie bereits verdeutlicht wurde, nimmt die Überwachung des Risikomanagements auch seitens der Bankenaufsicht eine hervorgehobene Stellung innerhalb der Aufsichtsratsaufgaben ein.[1911]

Erwartungsgemäß fühlen sich insbesondere die Aufsichtsräte von kleineren Banken bzw. kleineren Gremien, von den Mitgliedern gewählte sowie ältere Mandatsträger den Mitgliedern verpflichtet. Diese nachgewiesene Erkenntnis geht einher mit der Aussage KLUGES, der moderne Genossenschaften als „managerdominierte Genossenschaften"[1912] mit „ausgehöhlter Mitgliederdemokratie"[1913] bezeichnete. Vor allem in Großstädten und dort in der Regel ansässigen Instituten mit einer großen Bilanzsumme ist eine Distanz zwischen den Mitgliedern und der Genossenschaftsbank zu beobachten.[1914]

SCHULTEN befragte Aufsichtsräte von im DAX, MDAX, SDAX und TECDAX notierten Unternehmen. Einhergehend mit der vorliegenden Untersuchung empfinden rund 90 % der Aufsichtsräte die Personalkompetenz als elementare Aufgabe des Aufsichtsrats.[1915] Während 86 % der befragten Aufsichtsräte bei SCHULTEN angaben, dass sie in den Erstellungsprozess der Unternehmensstrategie einbezogen werden, waren es in der vorliegenden Untersuchung rund 71 %.[1916] Insgesamt sahen

---

[1909] Vgl. Kapitel D2.4.4.
[1910] Vgl. FRANKENBERGER/GSCHREY/BAUER (2020), S. 103.
[1911] Vgl. unter anderem Kapitel B2.3.2.
[1912] KLUGE (2007), S. 32.
[1913] KLUGE (2007), S. 32.
[1914] Vgl. Kapitel B1.2.1.2.
[1915] Vgl. SCHULTEN (2013), S. 89. Es ist jedoch zu konstatieren, dass die Tätigkeit als Vorstandsmitglied von einer durch die BAFIN vorgenommenen Qualifikationsprüfung sowie einer vorgeschalteten Beurteilung durch den jeweiligen Prüfungsverband abhängt. Die Amtseinsetzung durch den Aufsichtsrat gilt als Formsache (vgl. GLENK/HOFFMANN (2015), S. 330).
[1916] Vgl. SCHULTEN (2013), S. 89.

die Befragten die Kontroll- sowie die Beratungsfunktion als wichtigste Funktionen an.[1917] SCHULTEN folgert daraus, dass sich die Aufsichtsräte als Teil einer beratenden Kontrolle sehen.[1918] Seine Befunde decken sich mit denen von HARTMANN, die Vorstände im Hinblick auf ihre Einschätzung zu den Aufsichtsräten befragte.[1919] RUHWEDEL kommt zu der Erkenntnis, dass „ein wachsendes Professionalisierungsgefälle zwischen Unternehmen mit einem modernen Rollenverständnis des Aufsichtsrats und Unternehmen mit einem nicht mehr zeitgemäßen Verständnis besteht"[1920]. Ersteres zeichnet sich unter anderem durch aktive Tätigkeiten des gesamten Gremiums sowie eine hohe Diversität aus. Letzteres ist durch eine dominierende Rolle des Aufsichtsratsvorsitzenden sowie eine Passivität des Plenums gekennzeichnet.[1921]

Bei der historisch gewachsenen Rolle des Kontrolleurs ist zu berücksichtigen, dass die „Durchführung eigener Prüfungshandlungen [...] mit zunehmender Komplexität der Geschäfte der Genossenschaft an Bedeutung"[1922] verliert, da der Stichprobenumfang zu groß wäre, um beispielsweise die Ordnungsmäßigkeit organisatorischer Prozesse adäquat beurteilen zu können. Die gesetzlich vorgeschriebene Verbandsprüfung ist daher von wesentlicher Bedeutung.[1923] Gemäß KAYER/KRAMARSCH ist ein Aufsichtsrat deutlich mehr als lediglich ein Kontrolleur, da die Sinnhaftigkeit eines Aufsichtsrats anderenfalls in Frage gestellt und die Aufgaben, sofern es gesetzlich möglich wäre, vielmehr von staatlich bestellten Notaren oder Wirtschaftsprüfern wahrgenommen werden könnten. Regelmäßige Kontakte zwischen dem Aufsichtsrat und dem Vorstand, bei denen Aussprachen bzw. Diskussionen im Mittelpunkt stehen, verdeutlichen zudem die Beratungsfunktion im Sinne der Stewardship-Theorie.[1924]

In Bezug auf die Annahmen der Prinzipal-Agenten- sowie Stewardship-Theorie bestehen jedoch auch Ansichten in der Form, dass ein Aufsichtsrat erfolgreich entweder eine Aufsichts- oder eine Beratungsorientierung verfolgen kann, da sich die beiden Ansätze gegenseitig verdrängen.[1925] Es ist zu hinterfragen, wie ein Unternehmen durch einen Aufsichtsrat mit gewollter Distanz zum Tagesgeschäft ausreichend überwacht und in seiner ganzen Komplexität konstruktiv begleitet werden kann.[1926]

Obwohl ein abgeschlossener Rollenwechsel von einer reinen Kontrolltätigkeit hin zur aktiven, strategischen Beteiligung des Gremiums vielfach attestiert und von Aufsichtsräten die Absicht zur Wahrnehmung strategischer Aufgaben geäußert

---

[1917] Vgl. SCHULTEN (2013), S. 49.
[1918] Vgl. SCHULTEN (2013), S. 90.
[1919] Vgl. HARTMANN (2003); Kapitel B4.
[1920] RUHWEDEL (2016a), S. 33.
[1921] Vgl. RUHWEDEL (2016a), S. 34.
[1922] KRAUß (2014), S. 28.
[1923] Vgl. KRAUß (2014), S. 28 f.
[1924] Vgl. DUTZI (2005), S. 160.
[1925] Vgl. KORMANN (2008), S. 158.
[1926] Vgl. JAENECKE (2017), S. 124.

wird,[1927] deuten organisatorische Rahmenbedingungen auf eine erschwerte Umsetzung dieser Absicht in der Praxis. Die wirksame Einbindung des Aufsichtsrats in strategische Prozesse ist bei einem Gremium, das lediglich in Höhe der gesetzlich vorgeschriebenen Mindestanzahl von vier Sitzungen pro Jahr tagt, als fraglich anzusehen.[1928] Darüber hinaus würde ein vollständiger Funktionswandel die Unterschiede zum monistischen Aufsichtsratssystem nivellieren.[1929] Bei der praktischen Umsetzung ist zu beachten, dass die Aufsichtsgremien die Rolle als strategische Berater auch wahrnehmen wollen und dies vom Vorstand mit unterstützt bzw. angenommen wird. Die stärkere Einbindung des Aufsichtsrats in ein Unternehmen in Form eines mitunternehmerischen Aufsichtsrats gilt zudem als nicht unproblematisch, da eine prüfende Instanz nicht am Zustandekommen des Prüfungsgegenstands beteiligt sein sollte. Die Unabhängigkeit vom Vorstand ist umso geringer, je stärker der Aufsichtsrat an Entscheidungen des Vorstands beteiligt ist. Die Hemmnis, Fehlentwicklungen anzusprechen, steigt mit zunehmender Mitwirkung an deren Zustandekommen.[1930] Es besteht ein Spannungsverhältnis zwischen der kritischen Distanz, die für eine unabhängige Kontrolle der Vorstandstätigkeiten vonnöten ist, und einem für die produktive Zusammenarbeit wichtigem Vertrauensverhältnis.[1931] Rollenverständnisse sind somit auch insofern relevant für die Untersuchung der Aufsichtsratätigkeit, als dass die daraus hervorgehenden schwerpunktmäßig wahrgenommenen Aufgaben zu Interessen- bzw. Rollenkonflikten führen können.[1932]

Neben der Rollenwahrnehmung des Aufsichtsgremiums als Ganzes gilt es unter Diversitätsaspekten und der Aufsichtsratsbesetzung bankseitig zu beurteilen, inwiefern unterschiedliche Rollenverständnisse innerhalb des Gremiums zweckmäßig sein können. So könnten zum Kontrolleur neigende Aufsichtsräte beispielsweise einem Kontroll- bzw. Prüfungsausschuss angehören und sich als strategische Berater wahrnehmende Personen Teil eines Strategieausschusses sein.[1933]

Gleichzeitig wird von den MaRisk gefordert, dass auch Prüfungs- bzw. Risikoausschüsse stärker strategische und weniger operative bzw. organisatorische Aufgaben wahrnehmen. Hierdurch wird erneut die Relevanz einer ex ante-Überwachung verdeutlicht.[1934] Eine derartige geforderte bzw. vorausgesetzte Intensivierung der Teilhabe setzt voraus, dass der Aufsichtsrat in der Lage ist, die Rolle als strategischer Berater wahrzunehmen. Überdies besteht ein schmaler Grat zwischen dem Tätigsein als strategischer Berater und einem operativen Eingriff ins Unternehmen. Des Weiteren erscheint hierbei problematisch, dass die Informationsversorgung des Aufsichtsrats in der Regel bzw. zu weiten Teilen abhängig vom Vorstand ist.

---

[1927] Vgl. RUHWEDEL/EPSTEIN (2003), S. 162. Zur Entwicklung des Rollenwechsels des Aufsichtsrats in anderen Ländern siehe WELGE/EULERICH (2014), S. 25.
[1928] Vgl. RUHWEDEL/EPSTEIN (2003), S. 163.
[1929] Vgl. GRUNDEI/GRAUMANN (2012), S. 285.
[1930] Vgl. PRIGGE (2012), S. 79.
[1931] Vgl. DAILY/DALTON/CANNELLA (2003), S. 376.
[1932] Vgl. HUTZSCHENREUTER/METTEN/WEIGAND (2012), S. 717. Zur Anwendung der Rollentheorie in Bezug auf Aufsichtsratmitglieder siehe HILB (2005), S. 85 ff.
[1933] Vgl. PACHER/DYBALLA (2019), S. 102 ff.
[1934] Vgl. WIEDEMANN/MENK (2013), S. 94; BUCHHOLZ/VELTE (2014), S. 64.

Das überwachende Gremium wird somit vom zu überwachenden Organ informiert.[1935] Eine Objektivierung kann nur erfolgen, wenn der Aufsichtsrat – sofern möglich – externe Informationen beispielsweise zu den Strategien der Wettbewerber einholt.[1936] Der empirischen Erhebung von BECKMANN zufolge erhalten viele Aufsichtsräte Sitzungsunterlagen zu spät, wodurch die Sitzungsvorbereitung erschwert wird. Zudem wird die Eigeninitiative der Aufsichtsratsmitglieder, eigenständig Informationen einzuholen, als niedrig und insgesamt passiv eingestuft.[1937]

Die vorangegangenen Überlegungen verdeutlichen die Relevanz einer umfassenden Informationsversorgung des Aufsichtsrats, sofern dieser in strategische bzw. beratende Prozesse eingebunden werden soll.[1938] Die präventive Überwachungsfunktion, zu der auch die Einrichtung von Zustimmungsvorbehalten zählt, gilt als wesentliches Element einer modernen Aufsichtsratstätigkeit und kann dabei helfen, Fehlentwicklungen frühzeitig zu erkennen.[1939] Obwohl die Aufsichtsratstätigkeit keinen direkten Einfluss auf den operativen Unternehmenserfolg hat, kann sich eine proaktive Unternehmensaufsicht dennoch auf den nachhaltigen Erfolg auswirken.[1940] Die stärkere Einbindung bzw. Information des Aufsichtsrats kann auch dazu beitragen, die traditionelle, nachgelagerte Kontrolle zu verbessern.[1941] Bei den Diskussionen um etwaige Rollenwechsel von Aufsichtsräten ist herauszustellen, dass es sich bei den Aufgaben von strategischen Beratern bzw. beratenden Kontrolleuren im Kern um eine vorbeugende Überwachung handelt, die dazu beitragen kann, die ex post-Kontrolle zu reduzieren.[1942] Des Weiteren bleibt festzustellen, dass die aufsichtsrätliche Tätigkeit in der Praxis stets sowohl kontrollierende als auch beratende Elemente enthalten wird, die unternehmensindividuell unterschiedlich gewichtet sind. Insgesamt sollte das Überwachungsverständnis somit sowohl eine traditionelle Ergebniskontrolle als auch eine permanente Kontrolle sowie eine aktive, planungsbegleitende Überwachung beinhalten.[1943] Zudem bestätigt dies die Annahme, dass in der betrieblichen Praxis Mischformen der Prinzipal-Agenten-Theorie sowie der Stewardship-Theorie existieren.[1944] Die beiden Theorien können in Bezug auf genossenschaftliche Aufsichtsräte daher als ergänzende bzw. komplementäre und nicht zwingend als konkurrierende Theorien verstanden werden.[1945]

---

[1935] Vgl. GRUNDEI/GRAUMANN (2012), S. 284.
[1936] Vgl. HOHENEMSER (2012), S. 162.
[1937] Vgl. BECKMANN (2009b), S. 3 ff.
[1938] Vgl. GRUNDEI/GRAUMANN (2012), S. 290.
[1939] Vgl. VETTER (2016), S. 124.
[1940] Vgl. EULERICH/WELGE (2010a), S. 18.
[1941] Vgl. PRIGGE (2012), S. 79.
[1942] Vgl. GRUNDEI/GRAUMANN (2012), S. 284 f.
[1943] Vgl. WIEDEMANN/MENK (2013), S. 90.
[1944] Vgl. Kapitel B3.2.
[1945] Vgl. EES/GABRIELSSON/HUSE (2009), S. 310.

### 3.1.4    Zusammenhang zwischen Motivation und Zufriedenheit unter Berücksichtigung der Aufgabenwahrnehmung

| Zusammenhang zwischen Motivation und Zufriedenheit unter Berücksichtigung der Aufgabenwahrnehmung |
|---|
| • Die Varianz des Zufriedenheits-Konstrukts kann zu 80 % erklärt werden. |
| • **Einfluss der Motivation auf die Zufriedenheit** |
| – *Zufriedenheit* wird am stärksten bzw. hoch signifikant durch die *intrinsische Motivation* beeinflusst. |
| – *Extrinsische Motivation* wirkt sich nicht auf die *Zufriedenheit* aus. |
| • **Einfluss der Motivation auf die Aufgabenwahrnehmung** |
| – *Intrinsische Motivation* wirkt sich hoch signifikant positiv auf die Rolle des *strategischen Beraters*, des *Mitgliedervertreters* und des *Kontrolleurs* aus (α = 1 %). Die Effektstärken sind als mittlere Effekte zu klassifizieren. |
| – Je stärker die *intrinsische Motivation* ist, desto geringer fällt die Wahrnehmung als *gesetzliche Notwendigkeit ohne Einfluss* aus (α = 1 %). |
| – *Extrinsische Motivation* wirkt sich signifikant positiv sowohl auf die Rolle als *Personalverantwortlicher für den Vorstand* (α = 5 %) als auch des *Kontrolleurs* aus (α = 1 %). |
| • **Einfluss der Aufgabenwahrnehmung auf die Zufriedenheit** |
| – Die Rolle des *strategischen Beraters* wirkt sich hinsichtlich der Rollenverständnisse am stärksten und zudem signifikant (α = 1 %) auf die *Zufriedenheit* aus. |
| – Die Rollenverständnisse des *Kontrolleurs* sowie des *Personalverantwortlichen für den Vorstand* wirken sich zwar geringer, aber ebenfalls signifikant aus (α = 5% bzw. 10 %). |
| – Sofern sich ein Aufsichtsrat als *gesetzliche Notwendigkeit ohne Einfluss* wahrnimmt, beeinflusst dies die *Zufriedenheit* negativ. |
| – Die Wahrnehmung als *Mitgliedervertreter* wirkt sich nicht auf die *Zufriedenheit* aus. |

Tab. 154: Zusammenfassung der Befunde zum Zusammenhang zwischen Motivation und Zufriedenheit[1946]

Zur Analyse des Zusammenhangs zwischen Motivation und Zufriedenheit unter Berücksichtigung der Aufgabenwahrnehmung wurde ein Strukturgleichungsmodell, das auf dem varianzbasierten PLS-Ansatz basiert, angewendet, wobei der Aufgabenwahrnehmung zusätzlich eine explorative Faktorenanalyse vorgeschaltet war.

Die Varianz des *Zufriedenheitskonstrukts* kann zu 80 % erklärt werden, was ein den Erwartungen entsprechendes,[1947] positives Ergebnis darstellt. Im Gegensatz zur extrinsischen Motivation, die sich nicht auf die Zufriedenheit auswirkt, beeinflusst die intrinsische Motivation die Zufriedenheit hoch signifikant.

Personalverantwortliche für den Vorstand sind stärker extrinsisch als intrinsisch motiviert. Hervorzuheben ist zudem, dass die Zufriedenheit signifikant stärker von der Wahrnehmung als strategischer Berater als von der extrinsischen Motivation beeinflusst wird.

Um den Einfluss von Kontextvariablen zu identifizieren, wurde das ursprüngliche Pfadmodell modifiziert, indem die Kontextvariablen zunächst einzeln in das Modell

---

[1946]  Quelle: Eigene Darstellung.
[1947]  Vgl. Kapitel C3.4.3.3.

integriert und anschließend sämtlich signifikante einzelne Kontextvariablen gemeinsam im Modell betrachtet wurden.

| Zusammenhang zwischen Motivation und Zufriedenheit<br>unter Berücksichtigung der Aufgabenwahrnehmung – Kontextvariablen |
| --- |
| **Bankbezogenes Kriterium** |
| Je höher die *Bilanzsumme*, desto niedriger ist die *extrinsische Motivation* (α = 5 %), desto weniger nehmen sich die Aufsichtsräte als *Mitgliedervertreter* wahr (α = 10 %) und desto stärker sehen sie sich als *Personalverantwortliche für den Vorstand* (α = 5 %). |
| **Gremienbezogene Kriterien** |
| • Je *größer das Gremium*, desto weniger nehmen sich die Aufsichtsräte als *Mitgliedervertreter* wahr (α = 5 %).<br>• Je häufiger *Sitzungen* stattfinden, desto weniger nehmen sich die Aufsichtsräte als *Kontrolleur* wahr (α = 10 %). |
| **Aufsichtsratsindividuelle Kriterien** |
| • Dass jemand als *Aufsichtsratsvorsitzender* fungiert, wirkt sich signifikant positiv auf die *intrinsische Motivation* aus (α = 1 %).<br>• Personen, die den Aufsichtsrat als *dem Vorstand untergeordnet* ansehen, empfinden sich am ehesten als *Mitgliedervertreter* (α = 1 %) und am wenigsten als *Personalverantwortliche für den Vorstand* (α = 5 %). Dieses *Hierarchieverständnis* wirkt sich stark negativ auf die *intrinsische Motivation* aus (α = 1 %).<br>• Aufsichtsräte mit einer höheren *Vergütung* verstehen sich eher als *Personalverantwortliche für den Vorstand* (α = 10%) und in geringerem Maße als *Mitgliedervertreter* (α = 5 %).<br>• Personen, die die Aufsichtsratstätigkeit als *Ehrenamt* wahrnehmen, sehen sich am ehesten in der Rolle des *Mitgliedervertreters* (α = 10 %).<br>• *Arbeitnehmervertreter* empfinden sich weder als *Mitgliedervertreter* (α = 5 %) noch als *strategische Berater* (α = 10 %), sondern vielmehr als *gesetzliche Notwendigkeit ohne Einfluss*.<br>• *Weitere Aufsichtsratsmandate* wirken sich negativ auf das Rollenverständnis als *Mitgliedervertreter* (α = 1 %) und positiv auf die Wahrnehmung als *Personalverantwortlicher für den Vorstand* (α = 5 %) aus.<br>• Weitere *Aufsichtsratsmandate* wirken sich signifikant negativ auf die *intrinsische Motivation* aus (α = 5 %). |

Tab. 155: Zusammenfassung der Befunde zum Zusammenhang zwischen Motivation und Zufriedenheit – Kontextvariablen[1948]

Neben den in Tab. 155 zusammengefassten Befunden zeigt sich, dass sich unter gleichzeitiger Einbeziehung der signifikanten Kontextvariablen Unterschiede bei dem Rollenverständnis des strategischen Beraters sowie des Mitgliedervertreters ergeben. Bei den übrigen Pfadkoeffizienten, Effektstärken sowie Ausprägungen des $R^2$ sind keine nennenswerten Unterschiede zu verzeichnen.

Die vorliegenden Befunde verdeutlichen, dass Motivation und Zufriedenheit eng miteinander verbundene Konstrukte darstellen,[1949] was ebenfalls den Befunden der Metaanalyse von DEADRICK/GIBSON entspricht.[1950] Die Befunde können auch als Indiz dafür gesehen werden, dass Wichtigkeits-, also Motivations- und Zufriedenheitsurteile, nicht unabhängig voneinander sind. Gemäß BORG treten extreme Affekte nur dann auf, wenn die Thematik für die jeweilige Person besonders wichtig

---

[1948]  Quelle: Eigene Darstellung.
[1949]  Vgl. Kapitel B3.4.2.
[1950]  Vgl. BÜTTNER (2010b), S. 2; DEADRICK/GIBSON (2009), S. 144 ff.

ist. Bei einem Befragten, der eher zufrieden als unzufrieden ist, ist eine positive Korrelation zwischen Wichtigkeit und Zufriedenheit zu erwarten. Für eher Zufriedene gilt somit zuverlässig, dass sie mit zunehmender Zufriedenheit auch die Wichtigkeit eines Arbeitsaspekts höher einstufen.[1951] Dass sich die Gremiengröße negativ auf beide Motivationsarten auswirkt, deckt sich mit der Analyse WEGGES, wonach es in großen Gruppen zu einer verringerten Arbeitsmotivation kommt.[1952]

Um einem Ermüdungseffekt bei den Befragten vorzubeugen, wurde im Rahmen der vorliegenden Arbeit davon abgesehen, dieselben Indikatoren zunächst im Hinblick auf ihre Wichtigkeit und anschließend bezüglich der Zufriedenheit beurteilen zu lassen. Da divergente Indikatoren verwendet wurden, sind die Ergebnisse zur Motivation und Zufriedenheit nicht als redundant anzusehen.

Die Ergebnisse der vorliegenden Arbeit bekräftigen die Relevanz intrinsischer Anreize bei der Entstehung von Arbeitszufriedenheit. ROSENSTIEL und HERZBERG zufolge kann Arbeitszufriedenheit durch die Befriedigung intrinsischer Arbeitsmotive aufgebaut und Arbeitsunzufriedenheit durch die Befriedigung extrinsischer Motive abgebaut werden.[1953] Beispielsweise sind die Anerkennung der Leistung und auch die Arbeit selbst in Form interessanter Arbeitsinhalte somit wichtige Motivatoren, die die Zufriedenheit fördern. Mit Ausnahme der Antizipationsphase, also der ersten Bezugsebene, spielt die Zufriedenheit mit der wahrgenommenen (Aufsichtsrats-)Tätigkeit somit eine wichtige Rolle.

### 3.1.5   Wahrnehmung als Ehrenamt

| Wahrnehmung als Ehrenamt |
| --- |
| • 73 % der Aufsichtsräte würden das Mandat als Ehrenamt bezeichnen. |
| • Für 27 % der Aufsichtsräte stellt das Mandat kein Ehrenamt dar. |

Tab. 156: Zusammenfassung der Befunde zur Wahrnehmung als Ehrenamt[1954]

Obwohl der BFH im Jahr 2009 urteilte, dass die Tätigkeit im Aufsichtsrat einer Volksbank in steuerlicher Hinsicht keine ehrenamtliche Tätigkeit darstellt,[1955] nehmen 73 % der Aufsichtsräte ihr Mandat dennoch als Ehrenamt wahr. Dieses Ergebnis geht einher mit den Befunden zur Motivation.

Personen mit einem genossenschaftlichen Ehrenamt wird eine besondere zivilgesellschaftliche Kompetenz zugesprochen, da sie meist bereits andere gesellschaftliche Bereiche mitgestalten. Sie zeichnen sich durch hohe Informationsansprüche aus und erwarten eine wertschätzende Zusammenarbeit.[1956] Ein Ehrenamt dient in der Regel der Befriedigung von Lernbedürfnissen und Selbstverwirklichungsmotiven sowie der Erfüllung eigener moralischer Standards. Darüber hinaus erfüllt es

---

[1951] Vgl. BORG (2006), S. 73 ff.
[1952] Vgl. WEGGE (2001), S. 41 ff.; BERTHEL/BECKER (2017), S. 136.
[1953] Vgl. SIEMUND (2013), S. 114 f.; ROSENSTIEL (2007), S. 436; Kapitel B3.4.2.3.4.
[1954] Quelle: Eigene Darstellung.
[1955] Vgl. Kapitel B1.2.2.
[1956] Vgl. HANISCH (2019), S. 36.

soziale sowie kompensatorische Funktionen.[1957] Letzteres beispielsweise in der Form, dass eine unbefriedigende Berufstätigkeit durch selbstgestaltetes ehrenamtliches Engagement ausgeglichen werden kann.[1958] Ehrenamtlich tätige Personen sind in der Regel gut gebildet, mittleren Alters, wirtschaftlich abgesichert bzw. in einem Beschäftigungsverhältnis stehend und männlich.[1959]

In Bezug auf den Zusammenhang zwischen Vergütung und Ehrenamt weisen COMELLI/ROSENSTIEL/NERDINGER auf den Verdrängungseffekt der intrinsischen Motivation hin.[1960] Durch eine (zu hohe) Anerkennungsprämie wird die Ehre des Ehrenamts nicht mehr als solche wahrgenommen und die Prämie möglicherweise als Unterbezahlung erlebt, was dazu führen kann, dass die Person, die ein Ehrenamt vorher aus Idealismus wahrgenommen hat, das Engagement beendet.[1961]

Da Aufsichtsräte in der Regel einem Hauptberuf nachgehen, können sie entsprechend weniger Zeit und Arbeit für das Aufsichtsratsmandat aufwenden.[1962]

Eine Forderung mit großer Popularität ist die nach einer *Professionalisierung des Aufsichtsrats*, welche nicht nur im Kontext eines ehrenamtlichen Aufsichtsratsmandats regelmäßig thematisiert wird.[1963] Begründet wird sie mit den hohen zeitlichen und qualitativen Anforderungen, denen Aufsichtsräte unterliegen, sowie dem hohen Konkurrenzdruck der Unternehmen.[1964] Die hohe Regulierungsdichte im Bankensektor steht gemäß BUCHHOLZ/VELTE im Widerspruch zur nebenamtlichen Aufsichtsratstätigkeit und lässt langfristig eine hauptberufliche Tätigkeit notwendig erscheinen.[1965] „Nichts ist wirksamer als das unmittelbare Dabeisein"[1966], postulierte GROßFELD bereits 1988. ZIEGER weist auf das Risiko hin, dass einem hauptamtlichen Vorstand ein ehrenamtlicher Aufsichtsrat gegenübersteht, wodurch sich die Überwachungsfunktion als „rituelle Alibiprüfung erweisen"[1967] kann.[1968]

Zu berücksichtigen ist, dass das Modell eines Berufs-Aufsichtsrats neue Nachteile und Schwächen beinhaltet und derzeit bestehende Vorteile eines nebenamtlichen Aufsichtsrats nicht mehr existent wären.[1969] Obwohl ein regelmäßiger Informations- und Meinungsaustausch insbesondere zwischen Vorstands- und Aufsichtsratsvorsitzendem beispielsweise auch durch den DCGK ausdrücklich verlangt wird,[1970] ist

---

[1957] Vgl. CLARY ET AL. (1998), S. 1516 ff.
[1958] Vgl. MOSCHNER (2002), S. 7.
[1959] Vgl. STRASSER/STRICKER (2005), S. 131 f.; BRAUN/KLAGES (2009); OFFE/FUCHS (2001), S. 447 ff.; WUTHNOW (2001).
[1960] Vgl. Kapitel B3.4.1.2; COMELLI/ROSENSTIEL/NERDINGER (2014), S. 11 f. Im Rahmen der vorliegenden Untersuchung bestand kein signifikanter Zusammenhang zwischen der Wahrnehmung als Ehrenamt und der Höhe der Vergütung.
[1961] Vgl. COMELLI/ROSENSTIEL/NERDINGER (2014), S. 11 f.
[1962] Vgl. GERIKE (2001), S. 66.
[1963] Vgl. beispielsweise THEISEN (2015b), S. 27; BUCHHOLZ/VELTE (2014), S. 66; MERZ (2017), S. 3; LENTFER (2005), S. 383; RUBNER/FISCHER (2015), S. 782; WERDER (2017), S. 977.
[1964] Vgl. LENTFER (2005), S. 383.
[1965] Vgl. BUCHHOLZ/VELTE (2014), S. 66.
[1966] GROßFELD (1988), S. 269.
[1967] MÜNKNER (1990), S. 221.
[1968] Vgl. ZIEGER (2007), S. 131 f.
[1969] Vgl. TRITSCHLER (2013), S. 19. Zu hauptamtlichen Aufsichtsräten siehe auch HERGERT/KEWES (2010), S. 54.
[1970] Vgl. D.6 DCGK (2020).

einhergehend mit den Ausführungen zur Rolle eines Aufsichtsrats[1971] davon aus-zugehen, dass die kritische Distanz und unbefangene Überwachung mit zuneh-mender Einbindung in die Vorgänge des Unternehmens nachlassen. Gemäß VET-TER besteht die Gefahr eines *Obervorstands*, der sich zu stark in operative Pro-zesse einbringen möchte.[1972]

Den vorherigen Ausführungen ist zu entnehmen, dass eine Uneinheitlichkeit hin-sichtlich der Auffassung der Aufsichtsratstätigkeit als haupt- bzw. neben- oder eh-renamtliche Aufgabe zu verzeichnen ist.[1973] Auch wenn es einerseits nicht das Ziel sein sollte, den genossenschaftlichen Aufsichtsrat an den einer großen AG anzu-nähern, sollte in vielen Instituten dennoch eine partielle Professionalisierung bzw. Weiterentwicklung in Erwägung gezogen werden. Eine vollständig hauptamtliche Besetzung des Aufsichtsrats scheidet in der Regel bereits aus Kostengründen aus.[1974] Der Begriff der Professionalisierung kann daher auch allgemeiner als kriti-sche Hinterfragung der Aufsichtsratstätigkeit mit einer etwaigen Neuausrichtung interpretiert werden.

### 3.1.6   (Geschlechter)Diversität

| Geschlechterdiversität |
| --- |
| • Je größer die Bank, desto höher ist der absolute und prozentuale Frauenanteil (r = 0,55, α = 1 %). |
| • Die durchschnittliche Frauenanzahl im Aufsichtsrat steigt im Betrachtungszeitraum leicht an. |
| • Der durchschnittliche Frauenanteil im Aufsichtsrat (11 %) ist wesentlich höher als im Vorstand (3 %). |
| • In rund 40 % der Gremien sind ausschließlich Männer vertreten. |
| • Die homogene Geschlechterstruktur wird durch den durchschnittlichen HHI von 83 % bzw. HHI* von 65 % verdeutlicht. |

Tab. 157: Zusammenfassung der Befunde zur Geschlechterdiversität[1975]

Ein in der betriebswirtschaftlichen Forschung und Praxis stark kontrovers diskutier-tes Thema ist das Kriterium der Diversität, wobei das Merkmal des Geschlechts weit mehr Aufmerksamkeit erhält als die weiteren Diversitätsaspekte wie Alter oder Internationalität.[1976] Diversitätskriterien spielen eine relevante Rolle bei der Be-trachtung von Strukturen und Kulturen in Organisationen einschließlich der dort agierenden Akteure.[1977] Infolgedessen ist anzunehmen, dass Diversitätsreflexio-nen auch für (Kredit-)Genossenschaften von Relevanz sind.[1978] Es ist allgemein anerkannt, dass in die Vorstands- und Aufsichtsgremien jeweils die qualifiziertes-ten Kandidaten aufzunehmen sind und diese eine möglichst weite Spannweite an

---

[1971] Vgl. Kapitel D3.1.3.
[1972] Vgl. VETTER (2016), S. 144 f.
[1973] Vgl. LENTFER (2005), S. 383.
[1974] Vgl. ZIEGER (2007), S. 169.
[1975] Quelle: Eigene Darstellung.
[1976] Vgl. ULRICH (2017), S. 109 ff.; CAMPBELL/MINGUEZ-VERA (2008), S. 435 ff. Zur Diversität von Gruppen siehe WEIBLER (2016), S. 75. Für weitere Diversitätsparameter siehe LADWIG (2014), S. 381.
[1977] Vgl. NEUSÜß/SCHAMBACH (2014), S. 285. Für einen internationalen Überblick zur Funktion, Größe und Struktur von Aufsichtsräten in Banken siehe ADAMS/HERMALIN/WEISBACH (2010), S. 58 ff.
[1978] Vgl. NEUSÜß/SCHAMBACH (2014), S. 287.

Kompetenzen und Qualifikationen aufweisen sollten. Ein Diskussions- bzw. Forschungsschwerpunkt besteht in der Ergründung, ob es sich bei der Diversität des Vorstands, des Aufsichtsrats oder der Belegschaft um erfolgsrelevante Faktoren handelt.[1979] Des Weiteren bestehen unterschiedliche Ansichten darüber, welche Spannweite an Diversität erforderlich ist. Zusätzlich wird in Studien nicht hinreichend differenziert, welches Diversitätskriterium untersucht wird. Es kann nicht ausgeschlossen werden, dass sich beispielsweise Geschlechterdiversität anders auswirkt als Altersdiversität.[1980]

Im Rahmen einer Literaturanalyse, die sich auf das dualistische System[1981] fokussierte, zeigten HANDSCHUMACHER ET AL., dass keine einheitlichen Zusammenhänge zwischen der *Geschlechterdiversität* und der Unternehmensperformance nachgewiesen werden konnten.[1982] Weitere Untersuchungen beschäftigen sich darüber hinaus beispielsweise mit der Frage, ob sich Männer und Frauen in Bezug auf ihr Humankapital unterscheiden und aufgrund dessen unterschiedliches Wissen und Fähigkeiten in das Gremium einbringen könnten.[1983] Diesbezüglich werteten FEHRE/SPIEGELHALDER die Lebensläufe von 264 Aufsichtsratsmitgliedern der HDAX- und SDAX-Unternehmen aus. Aus der Erkenntnis, dass sich die beiden Geschlechter unter anderem in Bezug auf ihre Berufserfahrung, Studienabschlüsse, die Art der Berufung sowie die Anzahl der Kinder unterschieden, folgerten sie, dass weibliche Aufsichtsräte das Ressourcenbündel an Fähigkeiten und Wissen erweitern.[1984] In weiteren Studien konnte gezeigt werden, dass weibliche Aufsichtsräte bei der Mandatstätigkeit weniger risikofreudig agieren als ihre männlichen Kollegen[1985] und eine höhere Prüfungsqualität einbringen.[1986]

Seit dem 01.01.2016 gilt für die Aufsichtsgremien börsennotierter und paritätisch mitbestimmter Gesellschaften eine verpflichtende Geschlechterquote von 30 %.[1987] Ungeachtet des Nutzens von Geschlechterdiversität sollen die in dieser

---

[1979] Vgl. ULRICH (2017), S. 109; ULRICH (2016), S. 157. Einen Überblick über Studien zum Einfluss der Geschlechtervielfalt auf den Unternehmenserfolg in verschiedenen Ländern liefern VELTE/EULERICH/UUM (2014), S. 587. Laut PERRAULT führen heterogen besetzte Gremien zu einer höheren Innovationskraft und mehr Dynamik in Diskussionen (vgl. PERRAULT (2015)). ARETZ/HANSEN zeigen, dass in divers ausgerichteten Gremien eine höhere Zufriedenheit und Motivation sowie eine verbesserte Zusammenarbeit vorliegen (vgl. ARETZ/HANSEN (2003)). Ausgehend von der konflikttheoretischen Argumentation, der zufolge negative Auswirkungen infolge heterogener Belegschaften auf die Leistungsfähigkeit zu erwarten sind und ressourcenorientierten Ansätzen, bei denen diesbezüglich positive Effekte unterstellt werden, untersuchen BUCHE ET AL. den Zusammenhang zwischen der Belegschaftsdiversität und der Leistungsfähigkeit von Organisationen (vgl. BUCHE ET AL. (2013), S. 483 ff.).
[1980] Vgl. BUCHE ET AL. (2013), S. 488.
[1981] Vgl. Kapitel B2.2.
[1982] Vgl. HANDSCHUMACHER ET AL. (2018), S. 129. Dass keine einheitlichen Ergebnisse zu Frauen in Führungsposition existieren, zeigt auch der Überblick bei FEHRE/SPIEGELHALDER (2017), S. 313.
[1983] Vgl. FEHRE/SPIEGELHALDER (2017), S. 311.
[1984] Vgl. FEHRE/SPIEGELHALDER (2017), S. 311.
[1985] Vgl. CARTER/FRANCO/GINE (2017). Zu Frauen in Führungspositionen siehe auch MAI/BÜTTGEN/SCHWARZINGER (2017).
[1986] Vgl. LAI ET AL. (2017).
[1987] Vgl. § 96 Abs. 2 AktG. In der Folge veröffentlichte die Bundesregierung 2017 die erste jährliche Information über die Entwicklung des Frauen- und Männeranteils an Führungsebenen und in Gremien der Privatwirtschaft und des öffentlichen Dienstes (vgl. BUNDESMINISTERIUM DER JUSTIZ UND FÜR VERBRAUCHERSCHUTZ (2017)). Zur Frauenquote in Aufsichtsräten siehe MENSI-KLARBACH (2016); KNOLL/LOCHNER (2014). Zur Auswirkung der Geschlechterquote auf die Arbeit von Aufsichtsräten siehe FAVOCCIA/THORBORG (2016); WEBER-REY (2012).

Arbeit ermittelten diesbezüglichen Befunde durch den Vergleich mit anderen Rechtsformen und Branchen eingeordnet werden.

Obwohl beim Frauenanteil der kreditgenossenschaftlichen Aufsichtsgremien eine leicht steigende Tendenz zu erkennen ist, liegt der durchschnittliche Anteil mit rund 11 % weit unterhalb der für o. g. AGs geltenden Geschlechterquote. FRANKENBER-GER/GSCHREY/BAUER stellten zum gleichen Zeitpunkt wie die vorliegende Untersuchung einen Anteil von rund 7 % für bayerische Genossenschaftsbanken fest,[1988] der somit unterhalb des gesamten Durchschnitts liegt. KÖRNER ET AL. ermittelten im Jahr 2013 einen Männeranteil in den Aufsichtsgremien in Höhe von 91 % für Genossenschaftsbanken, 87 % bei Sparkassen sowie 89 % bei den privaten Banken.[1989]

Bei den anhand der Bilanzsumme größten 100 Banken und 60 Versicherungen befanden sich zum Jahresende 2018 rund 23 % Frauen in den Aufsichtsrats- und 10 % in den Vorstandsgremien. Basierend auf den Daten von 2006 bis 2018 kommen HOLST/WROHLICH zum einen zu der Erkenntnis, dass die Dynamik nun auch in Aufsichtsräten zum Erliegen kommt und es zum anderen bei einer linearen Hochrechnung rund 40 Jahre bis zu einer Geschlechterparität im Aufsichtsrat dauern würde.[1990]

Eine Bemessungsgrundlage zum Frauenanteil in deutschen Unternehmen stellt der Women-on-Board-Index (WoB-Index) dar.[1991] Im Vergleich zu den in der vorliegenden Untersuchung ermittelten 40 % an Aufsichtsgremien, in denen ausschließlich Männer vertreten sind, weist der WoB-Index einen Anteil von 28 % der Unternehmen, die nicht der Quote unterliegen, aus. Der Frauenanteil in den Aufsichtsräten aller dort untersuchten Unternehmen lag in 2019 bei durchschnittlich rund 31 % (2015: 20 %), 34 % bei Unternehmen, die die gesetzliche Quote zu erfüllen haben (2015: 21 %) und 22 % (2015: 14 %) bei Unternehmen, die der Quote nicht unterliegen.[1992] Es ist daher ebenfalls von einem Anstieg des Frauenanteils bei Kreditgenossenschaften seit dem Ende des Erhebungszeitraums auszugehen, wenngleich – wie bei den meisten Unternehmen, die die Quote nicht zwingend erfüllen müssen bzw. nicht der Mitbestimmung unterliegen – ein Anteil weit unter den 30 % anzunehmen ist.

Im Rahmen der Organisationsdemografie wird davon ausgegangen, dass die soziale Zusammensetzung die Quantität und Intensität von Kommunikation bzw. Kon-

---

[1988]   Vgl. FRANKENBERGER/GSCHREY/BAUER (2016), S. 10. Zum 31.12.2018 betrug der Anteil rund 9 % (vgl. FRANKENBERGER/GSCHREY/BAUER (2020), S. 10).

[1989]   Vgl. Kapitel B4.

[1990]   Vgl. HOLST/WROHLICH (2019), S. 37 ff. Bei der gleichen Untersuchung zum Jahresende 2016 waren rund 21 % der Aufsichtsratsposten durch Frauen besetzt (vgl. HOLST/WROHLICH (2017), S. 17). Zum Frauenanteil in DAX-Konzernen siehe DIERIG (2015).

[1991]   Seit 2011 wird der Frauenanteil in Führungspositionen von 185 bzw. 160 Unternehmen aus dem DAX, MDAX, SDAX sowie TECDAX (bis zum Jahr 2017) erhoben (vgl. FIDAR E. V. (2019), S. 17).

[1992]   Vgl. FIDAR E. V. (2019), S. 4.

flikten beeinflusst und sie sich somit auf die Zufriedenheit der Organisationsteilnehmer auswirkt.[1993] Homogene Gruppen könnten daher ursächlich für hohe Zufriedenheitswerte sein.

Zur Konkretisierung sowie Quantifizierung der Homo- bzw. Heterogenität der Aufsichtsgremien wurde im Rahmen der vorliegenden Arbeit analysiert, wie diversifiziert die Aufsichtsgremien in Bezug auf die Berufe, das Geschlecht sowie die Anzahl der Jahre als Aufsichtsratsmitglied sind. Mithilfe von Tab. 158 wird eine Durchschnittsbetrachtung dieser drei HHI bzw. HHI* vorgenommen. Insgesamt zeigt sich, dass die Gremien aus größeren Instituten durchschnittlich stärker diversifiziert sind als diejenigen aus kleineren Banken. Zudem sind die Gremien durchschnittlich eher homogen als heterogen aufgestellt.

| Bilanzsumme | | 2012 | | | 2013 | | | 2014 | | |
|---|---|---|---|---|---|---|---|---|---|---|
| in EUR | | Ø | Min. | Max. | Ø | Min. | Max. | Ø | Min. | Max. |
| < 500 Mio. | HHI | 60 % | 34 % | 100 % | 60 % | 34 % | 100 % | 60 % | 34 % | 100 % |
| | HHI* | 52 % | 14 % | 100 % | 52 % | 14 % | 100 % | 51 % | 13 % | 100 % |
| ≥ 500 Mio. bis | HHI | 56 % | 33 % | 100 % | 56 % | 33 % | 100 % | 56 % | 33 % | 100 % |
| < 1 Mrd. | HHI* | 47 % | 11 % | 100 % | 47 % | 11 % | 100 % | 47 % | 11 % | 100 % |
| ≥ 1 Mrd. bis | HHI | 54 % | 36 % | 81 % | 54 % | 37 % | 81 % | 55 % | 37 % | 81 % |
| < 2 Mrd. | HHI* | 43 % | 16 % | 80 % | 44 % | 16 % | 80 % | 44 % | 19 % | 80 % |
| ≥ 2 Mrd. | HHI | 49 % | 38 % | 67 % | 48 % | 38 % | 74 % | 48 % | 36 % | 74 % |
| | HHI* | 37 % | 21 % | 63 % | 35 % | 20 % | 66 % | 34 % | 16 % | 66 % |
| Insgesamt | HHI | 58 % | 33 % | 100 % | 58 % | 33 % | 100 % | 58 % | 33 % | 100 % |
| | HHI* | 50 % | 11 % | 100 % | 50 % | 11 % | 100 % | 49 % | 11 % | 100 % |

Tab. 158: Durchschnittsbetrachtung der HHI[1994]

Obwohl noch nicht hinreichend erforscht ist, ob Diversität die Entwicklung oder den Erfolg von Organisationen tatsächlich beeinflusst, werden Unternehmen dazu aufgefordert, Konzepte für den Umgang mit Diversität zu entwickeln und insbesondere Zielgrößen festzulegen.[1995] Beispielsweise betrifft eine der Aufgaben des genossenschaftlichen Aufsichtsrats die Überprüfung der nicht-finanziellen Erklärung, die eine Erweiterung des Lageberichts darstellt.[1996] Hierbei können sich die Unternehmen an den weit verbreiteten Standards der Global Reporting Initiative (GRI) orientieren. Gemäß Leistungsindikator GRI Sustainability Reporting Standard (SRS)-405-1 ist innerhalb der nicht-finanziellen Erklärung auch über das Diversitätskonzept Bericht zu erstatten.[1997]

Aufgrund der Relevanz der Struktur von Unternehmen und Aufsichtsratsgremien im Speziellen wurde in der vorliegenden Arbeit der HHI für die Diversitätskriterien Geschlecht, Beruf und Zugehörigkeitsdauer im Gremium ermittelt.[1998] Zu weiteren Diversitätskriterien zählen Alter, ethnische Herkunft, Internationalität, Vielfalt der

---

[1993] Vgl. BUCHE ET AL. (2013), S. 485; RESKIN/MCBRIER/KMEC (1999); WHARTON/ROTOLO/BIRD (2000). Zu Formen und Arten organisationaler Konflikte siehe DEEG/KÜPERS/WEIBLER (2010), S. 70 ff.
[1994] Quelle: Eigene Darstellung.
[1995] Vgl. BUCHE ET AL. (2013), S. 484.
[1996] Vgl. Kapitel B2.3.2.
[1997] Vgl. KIRSCH (2017), S. 371.
[1998] Vgl. Kapitel D2. Empirisch zur Diversität im DAX und TECDAX siehe BROCKHAUS ET AL. (2019).

persönlichen Netzwerke sowie sexuelle Orientierung.[1999] Derartige Diversitätskriterien spielen eine wesentliche Rolle bei der Betrachtung von Strukturen und Kulturen von Organisationen. Quantitative Anteile deuten auf die Homo- bzw. Heterogenität hin, wodurch auch Unterschiede bzw. Gemeinsamkeiten von Gruppen ersichtlich werden.[2000] Dass sich die Heterogenität auf die Effektivität einer Gruppe auswirkt, konnte in verschiedenen Studien[2001] gezeigt werden. Abhängig von den untersuchten Aspekten der Heterogenität sind jedoch unterschiedliche Ergebnisse zu beobachten. Während bei einer hohen Aufgabendiversität eine in Bezug auf Fähigkeiten und Erfahrungen heterogen zusammengesetzte Gruppe bessere Leistungen erzielte, führten heterogene Einstellungen, Persönlichkeiten, Ziele und Werte unter anderem zu schlechterer Kommunikation und geringerer Arbeitszufriedenheit, was in einer geringeren Leistung der Gruppe mündete.[2002] Sämtlichen Diversitätskriterien liegt die Vermutung zugrunde, dass sie einen Einfluss auf die Persönlichkeit und somit auf die Entscheidungsfindung des Individuums haben können.[2003] Als wichtigstes Diversitätskriterium erachtet HÖHMANN die Vielfalt der persönlichen Netzwerke. Da der Aufsichtsrat idealerweise stark in die strategische Ausrichtung des Unternehmens eingebunden ist, sollte er sensibel für Marktveränderungen sein. Durch persönliche Netzwerke erhalten die Mandatsträger Wissen beispielsweise aus verschiedenen Branchen oder Technologiefeldern. Netzwerke können somit dazu beitragen, das Risiko, relevante Trends zu übersehen, zu minimieren.[2004]

Zusammengefasst liegen die direkten *Vorteile* einer höheren Diversität in den Aufsichtsgremien in einer größeren Meinungsvielfalt,[2005] höheren Kreativität,[2006] sowie darin, dass sich die Mandatsträger bestenfalls stärker ergänzen.[2007] Befürworter führen des Weiteren an, dass den hohen Anforderungen und der Aufgabenvielfalt nur mit differenzierten Expertisen und Erfahrungen begegnet werden kann[2008] und Diversität mit einer höheren Chancengerechtigkeit verbunden ist.[2009] Als *Nachteile* gelten die steigende Komplexität, erschwerte Entscheidungsfindungen sowie die erschwerte Auswahl potenzieller Aufsichtsratskandidaten.[2010] Viele der angeführten Nachteile basieren auf differierenden Wertorientierungen bzw. Konflikten und

---

[1999] Zur Diversität von Aufsichtsräten siehe VELTE (2017a); VELTE (2017b); WEBER-REY (2009). Zur Internationalität in DAX-Unternehmen siehe SCHMID/DAUTH (2012).

[2000] Vgl. NEUSÜß/SCHAMBACH (2014), S. 285.

[2001] Vgl. NERDINGER/BLICKLE/SCHAPER (2019), S. 456 f.; CAMPION/HIGGS/MEDSKER (1993); JACKSON/JOSHI (2011). Die Bedeutung der sozialen Zusammensetzung von Unternehmen wurde bereits in den 1980er Jahren in Bezug auf die Altersstruktur untersucht (vgl. PFEFFER (1983); STEWMAN (1988)).

[2002] Vgl. NERDINGER/BLICKLE/SCHAPER (2019), S. 456 f.

[2003] Vgl. ULRICH (2016), S. 157.

[2004] Vgl. HÖHMANN (2017), S. 8.

[2005] Vgl. ULRICH (2016), S. 157.

[2006] Vgl. BUCHE ET AL. (2013), S. 484.

[2007] Vgl. HORNBERG/ZEUCHNER (2017), S. 281. Dass heterogene demografische Kriterien nicht zwingend zu einer Perspektiven- und Meinungsvielfalt führen, zeigen MORNER/RENGER/VALLE THIELE (2010), S. 326 ff.; KILDUFF/ANGELMAR/MEHRA (2000); MILLER/BURKE/GLICK (1998).

[2008] Vgl. SCHRÖDER (2016), S. 98.

[2009] Vgl. BUCHE ET AL. (2013), S. 484. Für viele Unternehmen sind die Überlegungen auch deshalb relevant, da Investoren zunehmend auf die Gremiendiversität achten und hierbei auch Kriterien wie das Alter, die Erfahrung und den fachlichen Hintergrund einbeziehen (vgl. BROCKHAUS ET AL. (2019), S. 125).

[2010] Vgl. ULRICH (2016), S. 157.

einer geringen sozialen Kohäsion.[2011] Darüber hinaus wird bemängelt, dass Wissen und Fähigkeiten bei der Besetzung in den Hintergrund geraten.[2012]

## 3.1.7    Alter der Aufsichtsräte

| Alter der Aufsichtsräte |
|---|
| • Der Altersdurchschnitt liegt bei rund 55 Jahren (Vorsitzende sind durchschnittlich 60 Jahre, Mitglieder ohne besondere Position 54 Jahre alt). |
| • Rund 80 % der Mandatsträger sind älter als 50 Jahre alt. |
| • Kein Aufsichtsrat ist älter als 69 Jahre alt. Das jüngste Aufsichtsratsmitglied ist 31 Jahre alt. |
| • Arbeitnehmervertreter sind jünger als Mitgliedervertreter (48 im Vergleich zu 56 Jahren). |
| • Männliche Aufsichtsräte sind im Durchschnitt rund vier Jahre älter als weibliche. |
| • Aufsichtsräte der größten Banken sind im Durchschnitt rund zwei Jahre jünger als die der kleinsten Institute. |
| • Zum Amtsantritt waren die Mitglieder durchschnittlich 42 Jahre alt. |
| • Mitglieder, die dem Gremium seit mehr als 26 Jahren angehören, waren zum Amtsantritt durchschnittlich 32 Jahre alt, aktuelle neue Mitglieder weisen ein durchschnittliches Eintrittsalter in Höhe von 45 Jahren auf. |

Tab. 159: Zusammenfassung der Befunde zum Alter der Aufsichtsräte[2013]

Erfahrung ist eine wichtige Grundlage für die Tätigkeit als Aufsichtsrat. Mit dieser Anforderung korrespondiert das Durchschnittsalter der genossenschaftlichen Mandatsträger. Zur Einordnung des Alters kann der Board Index von SPENCER STUART herangezogen werden.[2014] Mit einer Spannweite von 48 bis 69 Jahren lag das Durchschnittsalter der von SPENCER STUART untersuchten *Anteilseignervertreter* im Jahr 2018 bei 60 Jahren (2014: 61 Jahre), was im europäischen Vergleich im oberen Drittel einzuordnen ist und somit rund 5 Jahre über dem Altersdurchschnitt der genossenschaftlichen Aufsichtsräte liegt.[2015] Die Ergebnisse der hier vorliegenden Arbeit decken sich zudem mit denen von KÖRNER ET AL., wonach Aufsichtsräte in Genossenschaftsbanken durchschnittlich 55 Jahre alt sind, Aufsichtsräte in Sparkassen 54 und 53 Jahre in privaten Banken.[2016]

Die *Arbeitnehmervertreter*, der 2018 von SPENCER STUART untersuchten Aufsichtsgremien, waren im Durchschnitt 53 Jahre alt, was keine Veränderung zum Jahr 2014 darstellt.[2017] Die Tatsache, dass Arbeitnehmervertreter jünger als Anteilseigner- bzw. Mitgliedervertreter sind, deckt sich mit der hier vorliegenden Untersuchung, wenngleich die Arbeitnehmervertreter mit 48 Jahren wiederum 5 Jahre jünger als die im Board Index untersuchten Arbeitnehmervertreter sind.

---

[2011] Vgl. BUCHE ET AL. (2013), S. 484; PELLED/EISENHARDT/XIN (1999); ELSASS/GRAVES (1997).
[2012] Vgl. ULRICH (2016), S. 157.
[2013] Quelle: Eigene Darstellung.
[2014] Vgl. SPENCER STUART (2018). Die Unternehmensberatung SPENCER STUART untersucht alle zwei Jahre die Struktur der Aufsichtsräte der deutschen DAX-Unternehmen sowie Teile der Gesellschaften, die im SDAX, MDAX sowie TECDAX gelistet sind.
[2015] Vgl. SPENCER STUART (2018), S. 15.
[2016] Vgl. Kapitel B4.
[2017] Vgl. SPENCER STUART (2018), S. 17.

Bei einer Spannweite von 49 bis 83 Jahren waren die *Aufsichtsratsvorsitzenden* im Board Index mit einem Durchschnittsalter von 67 Jahren deutlich älter als der Durchschnitt der Anteilseignervertreter. Rund zwei Drittel der Vorsitzenden waren zudem zwischen 60 und 70 Jahre alt, 23 % sogar älter als 70 Jahre.[2018] Dass Vorsitzende älter sind als der Durchschnitt des Gremiums, deckt sich wiederum mit den Ergebnissen der vorliegenden Arbeit. Mit durchschnittlich 60 Jahren sind die genossenschaftlichen Aufsichtsratsvorsitzenden jedoch 7 Jahre jünger.

Bei der Bewertung des Alters ist zu berücksichtigen, dass an der online durchgeführten Befragung der vorliegenden Arbeit gegebenenfalls eher jüngere Aufsichtsräte teilgenommen haben und das tatsächliche Durchschnittsalter möglicherweise über dem genannten liegt.

In Bezug auf ein *Höchstalter* ist dem Board Index zu entnehmen, dass 12 % der Gremien kein Höchstalter festlegen, bei 68 % der Gremien eine Altersgrenze zwischen 70 und 74 Jahren besteht sowie bei 20 % der Gremien ein Höchstalter von 75 Jahren oder älter existiert.[2019] Eine Untersuchung der BaFin, bei der große Banken fokussiert und Genossenschaftsinstitute nicht berücksichtigt wurden, zeigte, dass nur wenige Institute die Vorgabe des DCGK befolgen und individuelle Altershöchstgrenzen festgelegt haben. Die festgelegten Höchstgrenzen liegen zwischen 63 und 72 Jahren, die Altersspanne der Mitglieder umfasst das Alter 52 bis 60.[2020] In Genossenschaften wird häufig eine Regelung, nach der die Mitglieder zum Zeitpunkt der Wahl das 65. Lebensjahr noch nicht vollendet haben dürfen, angewendet.[2021] Dass Ausnahmen möglich sind, ist dem Bericht des Aufsichtsrats der Volksbank Ruhr Mitte aus dem Jahr 2012 zu entnehmen. Hiernach wurde die Altersgrenze bei einem Mitglied ausgesetzt, damit es noch weiter im Aufsichtsgremium tätig sein durfte.

Da auch die Mitgliederschaft durch einen hohen Anteil älterer Mitglieder geprägt ist und somit eine asymmetrische Altersstruktur vorliegt, wird der Forderung, dass die Aufsichtsräte die Eigenschaften der Mitglieder repräsentieren sollen, in Bezug auf die Altersstruktur grundsätzlich nachgekommen.[2022] Unter Diversitätsaspekten wäre hingegen eine größere Altersstreuung anzustreben. Die Standardabweichung hinsichtlich des Alters der genossenschaftlichen Aufsichtsräte beträgt derzeit rund 8 Jahre.

Dass sich das Alter nicht wesentlich auf die Motivation sowie die Zufriedenheit der Aufsichtsräte auswirkt, geht einher mit den Befunden von Büttner, wonach ältere Mitarbeiter nicht grundsätzlich anders motiviert bzw. motivierbar sind und sich somit keine Unterschiede für die praktische Mitarbeiterführung sowie Personalpolitik ergeben.[2023]

---

[2018] Vgl. Spencer Stuart (2018), S. 18. Dieses Ergebnis deckt sich mit der Analyse der Personalberatung Russel Reynolds, wonach das Durchschnittsalter der DAX-Aufsichtsratsvorsitzenden bei 68 Jahren liegt (vgl. Höhmann (2017), S. 8).
[2019] Vgl. Spencer Stuart (2018), S. 16.
[2020] Vgl. Konschalla (2013), S. 17.
[2021] Vgl. Frankenberger/Gschrey/Bauer (2020), S. 15 f.
[2022] Vgl. Kapitel B1.3.1; Baumgärtler (2000), S. 177; Zieger (2007), S. 131.
[2023] Vgl. Büttner (2013), S. 376.

## 3.1.8   Zugehörigkeitsdauer

| Zugehörigkeitsdauer |
| --- |
| • Die Aufsichtsräte sind seit durchschnittlich 13 Jahren Mitglieder des Gremiums.<br>• 65 % der Aufsichtsräte engagieren sich seit mindestens neun Jahren und jeweils zwischen 4 % und 5 % seit maximal ein bis acht Jahren.<br>• Die Gremien bestehen somit zu einem großen Anteil aus langjährigen, erfahrenen Aufsichtsräten und werden jedes Jahr durch rund 5 % neue Aufsichtsräte ergänzt.<br>• Durchschnittlich weisen größere Institute hinsichtlich der Zugehörigkeitsdauer eine leicht größere Diversität auf (HHI = 41 % bei Instituten des größten Clusters versus 55 % bei Instituten des kleinsten Clusters).<br>• Der durchschnittliche HHI beträgt 54 %, der HHI* 48 %.<br>• Wesentliche Unterschiede zwischen den Gruppen:<br>   – Vorsitzende Ø 18 Jahre, stellvertretende Vorsitzende Ø 16 Jahre und Mitglieder ohne besondere Position Ø 11 Jahre.<br>   – Mitgliedervertreter Ø 13 Jahre und Arbeitnehmervertreter Ø 6 Jahre.<br>   – Männer Ø 14 Jahre und Frauen Ø 8 Jahre. |

Tab. 160:  Zusammenfassung der Befunde zur Zugehörigkeitsdauer[2024]

KÖRNER ET AL. ermittelten durchschnittliche Zugehörigkeitsdauern der Aufsichtsräte in Höhe von 13,3 Jahren bei Genossenschaftsbanken, 9,1 Jahren bei öffentlich-rechtlichen Instituten und 6,6 Jahren bei privaten Banken.[2025] RUHWEDEL attestierte den Aufsichtsräten der DAX- und MDAX-Unternehmen kein systematisches Risiko einer mangelnden Selbsterneuerungsfähigkeit, da die durchschnittlichen Mandatsdauern von 5,9 Jahren im DAX und 5,0 Jahren im MDAX unter der Empfehlung der EUROPÄISCHEN UNION (EU) von 15 Jahren lag.[2026] 75 % der Mandatsträger gehörten dem jeweiligen Gremium maximal sieben Jahre an.[2027] Die Höhe der Mandatsdauern deckt sich mit den Befunden des SPENCER STUART Board Index, wonach die durchschnittliche Zugehörigkeit 5,8 Jahre beträgt.[2028] Eine fehlende Selbsterneuerung sei bei durchschnittlichen Mandatsdauern in einzelnen Gremien von bis zu 14 Jahren sowie individuellen Mandatsdauern von bis zu 32 Jahren anzunehmen.[2029] Mit einer durchschnittlichen Zugehörigkeitsdauer von 13 Jahren liegen genossenschaftliche Aufsichtsräte somit an der Grenze dieses formulierten Werts. Bei der Einordnung der Jahre im Aufsichtsrat ist wiederum zu berücksichtigen, dass an der online durchgeführten Befragung der vorliegenden Arbeit gegebenenfalls eher jüngere Aufsichtsräte teilgenommen haben und die tatsächlichen Jahre im Aufsichtsrat möglicherweise über den genannten liegen.

Die durchschnittliche Zugehörigkeitsdauer von 6,3 Jahren bei männlichen Aufsichtsräten von DAX-Unternehmen liegt rund zwei Jahre über der der weiblichen

---

[2024]  Quelle: Eigene Darstellung.
[2025]  Vgl. KÖRNER ET AL. (2013), S. 12. Für weiterführende Informationen zu der Untersuchung siehe Kapitel B4.
[2026]  Vgl. Empfehlung der Kommission (2005/162/EG), Anhang II; RUHWEDEL (2017), S. 173.
[2027]  Vgl. RUHWEDEL (2017), S. 173.
[2028]  Vgl. SPENCER STUART (2016), S. 17.
[2029]  Vgl. RUHWEDEL (2017), S. 173.

(Ø 4,5 Jahre).[2030] Dass männliche Aufsichtsräte den Gremien länger angehören, deckt sich mit den Befunden der vorliegenden Arbeit.

Dass Vorsitzende sowie stellvertretende Vorsitzende den Gremien durchschnittlich länger als Mitglieder ohne besondere Position angehören, kann dahingehend interpretiert werden, dass Erfahrung und auch Jahre im Gremium notwendig sind, um einen (stellvertretenden) Vorsitz einzunehmen.

Bei Aufsichtsräten, die dem Gremium seit mehreren Amtsperioden angehören, besteht zum einen das Risiko einer „Betriebsblindheit durch Gewohnheit"[2031]. Zum anderen können Erfahrung und kontinuierliches Handeln jedoch auch das Verständnis für das jeweilige Unternehmen sowie den „Blick für das Machbare und Gebotene"[2032] fördern, was sich wiederum förderlich auf die Professionalisierung des Gremiums auswirken kann.[2033]

Wie in den von RUHWEDEL untersuchten DAX- und MDAX-Unternehmen sind die Zugehörigkeitsdauern in den genossenschaftlichen Gremien breit gestreut, sodass sowohl Aufsichtsräte mit langer Unternehmenserfahrung als auch solche existieren, die neue Perspektiven in die Aufsichtsratstätigkeit einzubringen vermögen.[2034]

### 3.1.9  Fluktuation im Gremium

| Fluktuation im Gremium |
|---|
| • Die Anzahl der jährlich ausscheidenden, nicht zur Wiederwahl stehenden Aufsichtsräte ist konstant. |
| • Die Anzahl der Aufsichtsräte ist rückläufig. |
| • Die durchschnittliche Fluktuationsquote liegt bei 7 %. |
| • Die Fluktuationsquote ist bei Banken des größten Bilanzsummenclusters am größten (8 %), bei Instituten des kleinsten Clusters am niedrigsten (6 %). Die Bilanzsumme und die Fluktuationsquote wirken sich jedoch nur geringfügig aufeinander aus (r = 0,07, α = 5 %). |
| • Die Fluktuationsquote der Arbeitnehmer liegt leicht über der der Mitgliedervertreter. |
| • Das Ausscheiden ist am häufigsten auf altersbedingte Gründe zurückzuführen (29 %). |
| • 65 % der Aufsichtsräte sind seit mindestens neun Jahren im Gremium vertreten – bei den Vorsitzenden sind es 88 %. |

Tab. 161: Zusammenfassung der Befunde zur Fluktuation im Gremium[2035]

Dem Board Index 2018 von SPENCER STUART ist zu entnehmen, dass die dort untersuchten Aufsichtsräte seit durchschnittlich 5,7 Jahren (2014: 5,6 Jahre) in dem jeweiligen Gremium fungierten, wobei in 2018 kein Unterschied zwischen Anteilseigner- und Arbeitnehmervertretern zu erkennen war.[2036] Aufsichtsratsvorsitzende

---

[2030] Vgl. RUHWEDEL (2016c), S. 464.
[2031] THEISEN (2015a), S. 1.
[2032] THEISEN (2015a), S. 1.
[2033] Vgl. THEISEN (2015a), S. 1.
[2034] Vgl. RUHWEDEL (2017), S. 173.
[2035] Quelle: Eigene Darstellung.
[2036] Vgl. SPENCER STUART (2018), S. 16; SPENCER STUART (2014), S. 15.

waren sowohl in 2014 als auch in 2018 seit durchschnittlich 5,4 Jahren Mitglied des Gremiums.[2037]

Der DCGK empfiehlt seit 2015 die Begrenzung von Bestellperioden. 61 % der von SPENCER STUART untersuchten Unternehmen definierten drei oder vier Perioden als Obergrenze, was bei einer Wahlperiode von zumeist fünf Jahren rund 15 bis 20 Jahren entspricht. Auf Basis der genannten durchschnittlichen Zugehörigkeitsdauern ist anzunehmen, dass die tatsächlichen Verweildauern weit unterhalb dieser Obergrenzen liegen.[2038]

Gemäß der Anreiz-Beitrags-Theorie liegt eine Handlungsmöglichkeit bei einer wahrgenommenen Unzufriedenheit darin, das Unternehmen zu verlassen.[2039] Da die meisten Aufsichtsräte die Gremien altersbedingt verlassen, ist aus den in den Geschäftsberichten genannten Gründen kein Ungleichgewicht der Anreize und Beiträge zu erkennen. Vielmehr lassen die Ausscheidungsgründe auf eine hohe Zufriedenheit der Aufsichtsräte schließen.

### 3.1.10  Beruf und Ausbildungsgrad

| Beruf und Ausbildungsgrad |
| --- |
| • 53 % der Aufsichtsräte verfügen über ein Abitur. |
| • 44 % haben eine praktische Berufsausbildung abgeschossen. |
| • 57 % der Aufsichtsräte verfügen über ein abgeschlossenes Studium. Bei einer Betrachtung der Bankencluster liegt der Wert mit 64 % bei den größten Banken am höchsten. |
| • Von den Vorsitzenden haben 63 % ein Studium abgeschlossen und 13 % promoviert. |
| • Die Verteilung der Berufe weist eine Konstanz im Zeitablauf auf mit Geschäftsführern, Beamten/Öffentl. Dienst und Landwirten als den drei häufigsten Beschäftigungen. |
| • Mit einem durchschnittlichen HHI* von 26 % bzw. 33 % bei einer Betrachtung ohne die sonstigen Berufe zeigt sich eine leicht konzentrierte Berufsausprägung. |
| • Die Vorsitzenden sind am häufigsten als Geschäftsführer (21 %), als Beamte/Öffentl. Dienst (15 %) oder Rechtsanwälte/Notare (12 %) tätig. |
| • 8 % der Aufsichtsräte sind Rentner oder Pensionäre. |
| • 30 % der Aufsichtsräte sind selbstständig tätig. |
| Zum Finanzsachverstand: |
| • Bei 49 % der Aufsichtsräte kann Finanzsachverstand angenommen werden, was durchschnittlich vier Personen pro Gremium entspricht. |
| • Bei 57 % der Gremien konnte keine Person mit anzunehmendem Finanzsachverstand identifiziert werden. |
| • In Bezug auf den Finanzsachverstand ist kein relevanter Unterschied zwischen Mitgliedervertretern und Aufsichtsratsvorsitzenden ersichtlich. |
| • Der relative Anteil von Aufsichtsräten mit Finanzsachverstand ist höher, je größer die Bilanzsumme der Bank ist (r = 0,36, α = 1 %). |

Tab. 162: Zusammenfassung der Befunde zum Beruf und Ausbildungsgrad[2040]

---

[2037]  Vgl. SPENCER STUART (2018), S. 18; SPENCER STUART (2014), S. 17.
[2038]  Vgl. SPENCER STUART (2018), S. 16.
[2039]  Vgl. B3.4.2.3.2.
[2040]  Quelle: Eigene Darstellung.

Hinsichtlich des Ausbildungsgrads verfügen über die Hälfte der Aufsichtsräte über ein Abitur sowie ein abgeschlossenes Studium. Bei den Vorsitzenden sowie den Aufsichtsräten der größten Banken liegt der Anteil Studierter zudem höher als im Durchschnitt. Diese Befunde gehen einher mit den Ergebnissen von SCHULTEN, wonach 46 % der Aufsichtsräte über einen akademischen Abschluss verfügen.[2041]

KÖRNER ET AL. ordnen den Ausbildungsstand in den Gremien als relativ hoch ein, jedoch verfügen relativ wenige Aufsichtsratsmitglieder außer den Arbeitnehmervertretern über eine branchenspezifische Fachkompetenz. Je größer die Bank, über desto mehr Branchenerfahrung verfügen die Mandatsträger.

Die Ausbildung, der berufliche Werdegang sowie die Erfahrung eines Aufsichtsrats gelten als wesentliche Determinanten der Intensität und Qualität der Überwachung.[2042] Aufgrund dessen wurden der Beruf und der Ausbildungsgrad einschließlich der Anteile Selbstständiger und der Rentner bzw. Pensionäre einer genaueren Analyse unterzogen. Zur Einordnung der Ergebnisse kann insbesondere die in Kapitel B4 vorgestellte Untersuchung von BÖHM/FRONEBERG/SCHIERECK herangezogen werden.[2043]

Als *Wirtschaftsprüfer* oder *Steuerberater* fungierten gemäß BÖHM/FRONEBERG/SCHIERECK rund 7 % der Aufsichtsräte bei den Genossenschaftsbanken und rund 1 % der Verwaltungsräte bei den Sparkassen.[2044] Der Anteil der Wirtschaftsprüfer bzw. Steuerberater konnte durch die vorliegende Untersuchung in selber Höhe nachgewiesen werden.

Bei einer unter anderem 1995 und 2014 vorgenommenen Untersuchung der Zusammensetzung kreditgenossenschaftlicher Aufsichtsräte in Bayern war eine Reduzierung des Anteils der *Landwirte* (von 31 % auf 17 %) und ein mit 37 % bzw. 38 % nahezu konstanter Anteil von Handwerkern/Gewerbetreibenden zu beobachten.[2045] Diese Erkenntnis deckt sich mit der vorliegenden Untersuchung nur teilweise. Der Anteil der Landwirte beträgt 11 %. Die Abweichung könnte auf den höheren Anteil bayerischer Landwirte zurückzuführen sein.

Als *(geschäftsführende) Gesellschafter* oder *Geschäftsführer* waren gemäß BÖHM/FRONEBERG/SCHIERECK rund 35 % der kreditgenossenschaftlichen Aufsichtsräte tätig, bei den Sparkassen waren es rund 13 %.[2046] In der vorliegenden Untersuchung stellten die Geschäftsführer zwar die am stärksten vertretene Berufsgruppe dar, der Anteil lag mit zuletzt 24 % jedoch deutlich unter den 35 % aus der genannten Studie. Der Anteil *Selbstständiger* lag gemäß BÖHM/FRONEBERG/SCHIE-

---

[2041] Vgl. SCHULTEN (2013), S. 77 f. Für weiterführende Informationen zu der Untersuchung siehe Kapitel B4.
[2042] Vgl. HELM (2004), S. 82.
[2043] BÖHM/FRONEBERG/SCHIERECK untersuchen die Struktur sowie den Finanzsachverstand von Aufsichtsräten der Top 200 Genossenschaftsbanken und Sparkassen in den Jahren 2004 bis 2009 anhand der in den Geschäftsberichten angegebenen Berufe (vgl. BÖHM/FRONEBERG/SCHIERECK (2012)). Für eine empirische Untersuchung der Bildungsabschlüsse von Vorstands- und Aufsichtsratsmitgliedern siehe FEHRE/SPIEGELHALDER (2017), S. 329.
[2044] Vgl. BÖHM/FRONEBERG/SCHIERECK (2012), S. 149.
[2045] Vgl. FRANKENBERGER/GSCHREY/BAUER (2016), S. 9.
[2046] Vgl. BÖHM/FRONEBERG/SCHIERECK (2012), S. 169.

RECK in den Top 200 Genossenschaftsbanken in den Jahren 2004 bis 2009 durchschnittlich bei rund 40 %, im Vergleich zu rund 13 % bei den Sparkassen.[2047] Für das Jahr 2014 konnte in der vorliegenden Untersuchung ein Anteil von 30 % nachgewiesen werden. Der hohe Anteil von Selbstständigen und Geschäftsführern bzw. Gesellschaftern könnte auf das Prinzip der Selbsthilfe und das mittelständische Firmenkundengeschäft als traditionelles Kerngeschäftsfeld der Kreditgenossenschaften zurückzuführen sein.[2048]

Als *Rentner* oder *Pensionäre* wurden von BÖHM/FRONEBERG/SCHIERECK rund 9 % der Aufsichtsräte identifiziert, was in etwa dem Wert in der vorliegenden Arbeit entspricht (8 %). Der Anteil dieser Gruppe in den Top 200 Sparkassen lag bei rund 13 %.[2049]

In Bezug auf den anzunehmenden *Finanzsachverstand* können Untersuchungen, die hauptsächlich die in den Geschäftsberichten angegebenen Berufe zugrunde legen, wie die von BÖHM/FRONEBERG/SCHIERECK, HAU/THUM oder die in dieser Arbeit durchgeführte ein erstes Indiz zur Sachkenntnis der Aufsichtsräte liefern.[2050] Durch ihre Untersuchung konnten BÖHM/FRONEBERG/SCHIERECK zeigen, dass Sparkassen einen höheren Anteil an Aufsichtsräten mit anzunehmendem Finanzsachverstand haben als Genossenschaftsbanken (65 % im Vergleich zu 48 %). Der für Genossenschaften nachgewiesene Anteil entspricht dabei dem der vorliegenden Untersuchung. Aufgrund gesetzlicher Vorgaben verfügen Sparkassen häufiger über mitbestimmte Aufsichtsräte, was maßgeblich zu einer Erhöhung des Finanzsachverstands beiträgt. Bei einem Vergleich der Gremien ohne Arbeitnehmervertreter gleicht sich der angenommene Finanzsachverstand an (53 % im Vergleich zu 45 %).[2051] Des Weiteren kommen BÖHM/FRONEBERG/SCHIERECK zu dem Ergebnis, dass Institute mit einer größeren Bilanzsumme anteilig nicht grundsätzlich über mehr Personen mit anzunehmenden Finanzsachverstand verfügen als Banken mit einer geringeren Bilanzsumme. Eine Ausnahme stellen jedoch Genossenschaftsbanken dar, sofern die Arbeitnehmervertreter in die Analyse mit einbezogen werden.[2052] Diese Befunde entsprechen den Ergebnissen der vorliegenden Arbeit. Diese Erkenntnis ist insbesondere deswegen von Relevanz, da die Anforderungen an Aufsichtsratsmitglieder auch von der Größe des Instituts und der damit implizierten Komplexität der Geschäfte abhängen.[2053] Damit einhergehend stellte SCHULTEN in seiner Untersuchung fest, dass rund 75 % der untersuchten Unternehmen über mindestens einen Branchenspezialisten im Aufsichtsrat verfügen, wobei mit zunehmender Zahl an Branchenspezialisten auch mehr Personen dem

---

[2047] Vgl. BÖHM/FRONEBERG/SCHIERECK (2012), S. 149.
[2048] Vgl. Kapitel B1.3.1.
[2049] Vgl. BÖHM/FRONEBERG/SCHIERECK (2012), S. 149.
[2050] Bei der Einordnung der Ergebnisse zum Finanzsachverstand ist zu berücksichtigen, dass die Annahme auf den Berufsangaben in den Geschäftsberichten und nicht auf detaillierten Lebensläufen der Aufsichtsräte basieren. Aufgrund dessen ist kein Umkehrschluss möglich, wonach den Aufsichtsräten Sachverstand abgesprochen werden kann. Die Ableitung des Finanzsachverstands auf Basis der in den Geschäftsberichten genannten Berufe folgt Studien, die im Zusammenhang mit dem amerikanischen Sarbanes-Oxley Act von 2002 durchgeführt wurden. Für eine Übersicht der Studien siehe BÖHM/FRONEBERG/SCHIERECK (2012), S. 143.
[2051] Vgl. BÖHM/FRONEBERG/SCHIERECK (2012), S. 141 ff.
[2052] Vgl. BÖHM/FRONEBERG/SCHIERECK (2012), S. 152.
[2053] Vgl. Kapitel B2.3.

Aufsichtsrat angehörten.[2054] Weitreichende Kenntnisse über finanzwirtschaftliche Zusammenhänge sind zwingend notwendig. Obwohl die Kenntnisse gerade bei kleineren Instituten oftmals bezweifelt werden, zeigen sowohl die vorliegende Analyse als auch die Untersuchung von BÖHM/FRONEBERG/SCHIERECK, dass zumindest bei der Hälfte der kreditgenossenschaftlichen Aufsichtsräte von Finanzsachverstand auszugehen ist. Das 20-köpfige Gremium der DEUTSCHEN BANK AG weist diesbezüglich einen Anteil von 100 % auf.[2055]

Bei der Beurteilung der Kompetenz der Aufsichtsräte sollten neben den ausgeübten Berufen weitere Kriterien berücksichtigt werden. BÖHM/FRONEBERG/SCHIERECK sprechen Geschäftsführern grundsätzlich Finanzsachverstand zu. Hierbei ist zu bedenken, dass Geschäftsführer gegebenenfalls zeitlich so stark in ihr Unternehmen eingebunden sind, dass wenig Zeit für die Wahrnehmung des Aufsichtsratsmandats bleibt und sie ihren Finanzsachverstand nicht im Gremium einbringen werden. Darüber hinaus kann es auch zweckmäßig sein, explizit bankpraxisfremde Personen in den Aufsichtsrat aufzunehmen. Wissen aus anderen Branchen könnte eingebracht und etablierte Prozesse könnten anders kritisch hinterfragt werden. Bei der Erwägung verstärkt Personen mit finanzwirtschaftlicher bzw. bankbetrieblicher Expertise zu mandatieren, ist zu berücksichtigen, dass die Anzahl potenzieller Kandidaten weiter sinkt. Zudem müssten Vorstände tatsächlich daran interessiert sein, die Fachkompetenz im Aufsichtsrat zu stärken.

Die BAFIN ist durch weiterführende Informationen wie die einzureichenden Lebensläufe in der Lage, eine detailliertere Beurteilung der Aufsichtsräte vorzunehmen. Es ist anzunehmen, dass vergleichbare bzw. objektive Einschätzungen darüber hinaus durch eine Überprüfung des Sachverstands in Form eines Tests oder Interviews der Aufsichtsräte möglich wären.

Seit der Einführung des Gesetzes zur Stärkung der Finanzmarkt- und Versicherungsaufsicht und den damit verbundenen Änderungen des KWG müssen Aufsichtsräte über die notwendige Sachkunde verfügen, die sie zur Wahrnehmung ihrer Kontrollfunktion sowie zur Beurteilung und Überwachung der Geschäfte benötigen.[2056] Der gesetzlich normierte Anspruch der erforderlichen Kenntnisse, Fähigkeiten und Erfahrungen bezieht sich zum einen auf das Gremium als Ganzes, zum anderen aber auch auf den Aufsichtsrat als Individuum. Die fachliche Qualität des Gremiums bzw. der Mitglieder ist eminent wichtig für eine effektive Aufsichtsratsratstätigkeit, da die adäquate Überwachung der Vorstandsaktivitäten hiervon abhängt.[2057] Die Qualifizierung der Aufsichtsratsmitglieder gilt zudem als wichtigster Stellhebel für eine effektive sowie effiziente Gestaltung der Aufsichtsratstätigkeit.[2058]

---

[2054] Vgl. Kapitel B4. Als Branchenspezialisten gelten Personen, die in der gleichen Branche des überwachten Unternehmens über weiterführendes Spezialwissen verfügen (vgl. SCHULTEN (2013), S. 76).

[2055] Vgl. DEUTSCHE BANK AG (2020), S. 454 f.

[2056] Vgl. BÖHM/FRONEBERG/SCHIERECK (2012), S. 138; Gesetz zur Stärkung der Finanzmarkt- und der Versicherungsaufsicht.

[2057] Vgl. TSCHÖPEL (2010), S. 10.

[2058] Vgl. PREEN/PACHER (2014), S. 66.

Um Maßnahmen bzw. Strategien des Risikomanagements beurteilen zu können, sollten sich Aufsichtsräte beispielsweise über Risikotransformationen und die damit verbundene Risikosteuerung bewusst sein.[2059] Da ein solches Risikoverständnis bzw. Risikobewusstsein nicht immer zu Beginn der Tätigkeit erwartet werden kann, gehören Fortbildungen im Allgemeinen zum Selbstverständnis und tragen zudem dazu bei, personelle Governancerisiken zu reduzieren.[2060] Zur Sachkunde gehört auch, dass sämtliche Ausschüsse mit Aufsichtsräten besetzt werden, die den jeweiligen besonderen Anforderungen gerecht werden.[2061] Angesichts der Vielzahl an Aufgaben bzw. Ausschüssen dürfte die Besetzung sämtlicher Kompetenzfelder vor allem kleine Gremien vor große Herausforderungen stellen.[2062]

Kritisch zur Relevanz der Sachkunde ist anzumerken, dass Schieflagen bzw. Fehlentwicklungen großer Unternehmen auch von vermeintlich sachkundig besetzten Aufsichtsräten nicht rechtzeitig erkannt und verhindert wurden. Es ist jedoch davon auszugehen, dass gering qualifizierte Gremien hierzu ebenfalls nicht bzw. noch weniger in der Lage gewesen wären.[2063] LANG/WEIDMÜLLER zufolge reicht gesunder Menschenverstand allein nicht aus[2064] und gemäß WIEDEMANN/MENK funktioniert Überwachung nur so gut, wie sich Überwachender und Überwachter „qualitativ auf etwa einem Niveau befinden"[2065]. Insbesondere in Bezug auf die Überwachung der Rechnungslegung besteht die Gefahr, dass die gegenseitige Ergänzung der Überwachungsaktivitäten von Verbandsprüfer und Aufsichtsrat nicht funktioniert und sie lediglich einseitig durch den Prüfer wahrgenommen wird.[2066] ZIESEMER kritisiert, dass mittlerweile zunehmend externe Dienstleister an der Ratlosigkeit der Aufsichtsräte beispielsweise in Bezug auf Haftungsfragen, bei der Bewertung der Aufsichtsratstätigkeit im Allgemeinen oder bei speziellen Fachfragen verdienen.[2067] THEISEN beobachtet eine Tendenz zur Auslagerung der eigenen Aufsichtsratsaufgabe und somit auch der Verantwortung insbesondere durch die Beauftragung von Gutachten, welche eine haftungsbefreiende Funktion übernehmen sollen.[2068]

Relative Wissens- bzw. Qualifikationsdefizite im Vergleich zum Vorstand haben bei ehrenamtlichen Aufsichtsräten zu Zweifeln an der Funktionsfähigkeit des Gremiums geführt.[2069] Bei der Mehrheit der genossenschaftlichen Schieflagen wurden die Gremien erst durch die Verbandsprüfung auf mögliche Probleme aufmerksam gemacht. Das Eingeständnis, dass ein Aufsichtsorgan versagt habe, erweist sich häufig als irreparabler Ruf- und Vertrauensschaden. Anders als bei Aufsichtsräten von AGs kann die fachliche Qualität jedoch bei Genossenschaften aufgrund der Selbstorganschaft formal nicht dadurch gesteigert werden, dass externe Wirtschaftsprüfer, Steuerberater etc. in das Gremium gewählt werden. Zur Umgehung

[2059] Vgl. HÖLSCHER/ALTENHAIN (2013), S. VII; BAULE (2019), S. 16 ff.
[2060] Vgl. Kapitel B1.4.3; MERZ (2017), S. 3; WIEDEMANN/MENK (2013), S. 92.
[2061] Vgl. MERZ (2017), S. 3.
[2062] Vgl. WASSERMANN/ROHDE (2012), S. 389.
[2063] Vgl. FRANKENBERGER/GSCHREY/BAUER (2020), S. 8 f.
[2064] Vgl. LANG/WEIDMÜLLER (2019), § 41 Rn. 41.
[2065] WIEDEMANN/MENK (2013), S. 93.
[2066] Vgl. WASSERMANN/ROHDE (2012), S. 389 f.
[2067] Vgl. ZIESEMER (2015), S. 26.
[2068] Vgl. THEISEN (2018), S. 7 f.
[2069] Vgl. ZIEGER (2007), S. 146; JÄGER (1991), S. 178 ff.

dieses Prinzips werden potenzielle Aufsichtsratsmitglieder in der kreditgenossenschaftlichen Praxis daher als Mitglieder in die Genossenschaft aufgenommen.

Im Idealfall sollte die durch den Beruf, den Ausbildungsgrad und durch Fortbildungen erworbene Sachkunde dazu führen, dass Aufsichtsratsmitglieder über ein tatsächliches Verständnis des Bankgeschäfts verfügen.[2070]

### 3.1.11   Eigenschaften der Aufsichtsratsvorsitzenden

| Position im Gremium |
| --- |
| • 97 % der Vorsitzenden sind Mitgliedervertreter.<br>• Die 41 Frauen (4 %), die einem Aufsichtsrat vorsitzen, sind verstärkt bei kleineren Banken vertreten. Keine Frau fungiert als Aufsichtsratsvorsitzende bei einer Bank mit einer Bilanzsumme größer 2 Mrd. EUR.<br>• Vorsitzende sind hauptamtlich am häufigsten als Geschäftsführer tätig (21 %).<br>• Überdurchschnittlich viele Vorsitzende (13 %) befinden sich bereits im Ruhestand.<br>• 88 % der Vorsitzenden fungieren seit mindestens neun Jahren im jeweiligen Aufsichtsgremium. |

Tab. 163: Zusammenfassung der Befunde zu den Eigenschaften der Aufsichtsratsvorsitzenden[2071]

In Bezug auf die Motivation sowie die Zufriedenheit existieren keine signifikanten Unterschiede der Aufsichtsratsvorsitzenden im Vergleich zu den übrigen Aufsichtsratsmitgliedern. Obwohl überdurchschnittlich viele Vorsitzende ein abgeschlossenes Studium aufweisen, existieren auch hinsichtlich des anzunehmenden Finanzsachverstands keine relevanten Differenzen zu den weiteren Mitgliedern der Aufsichtsgremien. Vorsitzende sind bzw. waren am häufigsten als Geschäftsführer tätig und wurden von den Mitgliedern gewählt. Aufsichtsratsvorsitzende sind im Durschnitt um 6,4 Jahre älter als Mitglieder ohne besondere Position. Auf das höhere Alter der Vorsitzenden lässt sich auch aus dem hohen Anteil an Personen im Ruhestand sowie der langen durchschnittlichen Zugehörigkeitsdauer schließen. Der geringe Anteil an weiblichen Aufsichtsratsvorsitzenden stellt keine genossenschaftsspezifische Eigenschaft dar. Mit einer Höhe von 5 % weisen börsennotierte Unternehmen einen nahezu identischen Anteil aus.[2072]

---

[2070]   Vgl. SCHIMMELMANN (2017), S. 11.
[2071]   Quelle: Eigene Darstellung.
[2072]   Seit 2011 wird der Frauenanteil in Führungspositionen von 185 bzw. 160 Unternehmen aus dem DAX, MDAX, SDAX sowie TECDAX (bis zum Jahr 2017) erhoben (vgl. FIDAR E. V. (2019), S. 17).

## 3.1.12 Ausschusszugehörigkeit

| Ausschusszugehörigkeit |
| --- |
| • Mit zunehmender Gremiengröße werden Ausschüsse gebildet. |
| • Aufsichtsratsvorsitzende gehören vor allem dem Kredit- bzw. Personalausschuss an. |
| • Weibliche Mitglieder und Arbeitnehmervertreter sind am häufigsten im Prüfungsausschuss vertreten. |
| • Steuerberater bzw. Wirtschaftsprüfer gehören am ehesten dem Kreditausschuss an. |
| • Der Prüfungsausschuss setzt sich durchschnittlich vor allem zu rund 33 % aus Geschäftsführern, 13 % aus Bankkaufleuten und je rund 9 % aus Steuerberatern/Wirtschaftsprüfern sowie Ingenieuren zusammen. |

Tab. 164: Zusammenfassung der Befunde zur Ausschusszugehörigkeit[2073]

Den Erwartungen entsprechend werden Ausschüsse mit zunehmender Gremiengröße gebildet und ebenfalls erwartungsgemäß gehören Aufsichtsratsvorsitzende insbesondere dem Kredit- bzw. Personalausschuss an. Zur Zusammensetzung des Prüfungsausschusses zeigt ein Vergleich mit einer Studie zu 160 börsennotierten Unternehmen, dass der Anteil von Wirtschaftsprüfern und Steuerberatern mit 5 % eher gering ausfällt.[2074] In der vorliegenden Untersuchung lag der Anteil dieser Berufsgruppe mit rund 9 % auf einem ähnlichen Niveau. Aufgrund ihres beruflichen Hintergrunds werden sie in der Regel als besonders geeignet für den Prüfungsausschuss angesehen, weswegen hier ein höherer Anteil zu erwarten gewesen wäre.[2075]

Aufgrund der Angst vor haftungsrechtlichen Konsequenzen fokussieren sich Mitglieder des Prüfungsausschusses zunehmend auf die Erfüllung gesetzlicher Anforderungen, sogenanntes Box-ticking. Die Vielzahl an Tagesordnungspunkten führt dazu, dass selten vertiefte Prüfungen vorgenommen werden und selbstständiges Arbeiten in den Hintergrund gerät. Insbesondere am Prüfungsausschuss lässt sich zeigen, dass durch regulatorische Maßnahmen zwar Mindeststandards gesetzt und handlungsleitende Orientierung gegeben werden können, die Bewältigung der komplexen Arbeit jedoch von der Entscheidungsfähigkeit, der Kompetenz und dem Engagement der Mitglieder abhängt.[2076]

Wie bereits ausgeführt, kann die Einrichtung von Ausschüssen dazu beitragen, das Gruppenzugehörigkeitsgefühl zu steigern, andererseits kann es zu einer Aushöhlung der Plenumstätigkeit und zu Informationsdefiziten kommen.[2077] Auch eine Berichtspflicht kann den unterschiedlichen Informations- und Wissensstand der Ausschussmitglieder zu den übrigen Mitgliedern nicht ausgleichen. Eine zu starke Segmentierung des Gremiums ist daher nicht anzustreben.

---

[2073] Quelle: Eigene Darstellung.
[2074] Vgl. ZIESENIß/HEIDE (2015), S. 1261.
[2075] Vgl. ZIESENIß/HEIDE (2015), S. 1261.
[2076] Vgl. MORNER ET AL. (2012), S. 100.
[2077] Vgl. ZIEGER (2007), S. 169.

### 3.1.13   Weitere Aufsichtsratsmandate

| Weitere Aufsichtsratsmandate |
| --- |
| • 11 % der Aufsichtsräte gehören genau einem weiteren Aufsichtsratsgremium an.<br>• 2 % der Aufsichtsräte gehören genau zwei weiteren Aufsichtsratsgremien an.<br>• 3 % der Aufsichtsräte gehören mehr als zwei weiteren Aufsichtsratsgremien an. |

Tab. 165: Zusammenfassung der Befunde zu weiteren Aufsichtsratsmandaten[2078]

Um die Anzahl weiterer Aufsichtsratsmandate einzuordnen, kann wiederum die Untersuchung von KÖRNER ET AL. herangezogen werden. Während 47 % der Aufsichtsräte aus privaten Banken weiteren Aufsichtsratsämtern nachgehen, fiel der Anteil bei den Sparkassen mit 29 % bzw. in den Genossenschaftsbanken mit 15 % deutlich geringer aus, wobei sich letzterer Wert mit den Befunden der vorliegenden Arbeit deckt.[2079] Den Befunden von KÖRNER ET AL. entsprechend übernehmen Aufsichtsratsvorsitzende häufiger weitere Mandate in anderen Unternehmen. Zudem korreliert der Anteil zusätzlicher Mandate positiv mit der Größe der Bank. Gemäß KÖRNER ET AL. gilt die Eigenschaft weiterer Aufsichtsratsmandate als Signal für Sachkunde, weswegen diese Personen häufiger für weitere Gremien in Betracht gezogen werden.[2080] Dass mangelnde Detailkenntnisse auf eine zu hohe Anzahl von Aufsichtsratsmandaten zurückzuführen sind, scheint bei genossenschaftlichen Mandatsträgern insgesamt nicht der Fall zu sein. Dem *Klub der Kontrolleure* bzw. der *Deutschland-AG* scheinen sie ebenfalls nicht anzugehören.[2081]

Einerseits besteht durch Mehrfachmandatsträger die Chance, die Überwachungseffizienz bzw. -effektivität aufgrund zusätzlicher Erfahrungen sowie eines besseren Zugangs zu Informationen zu erhöhen. Andererseits bestehen vor allem Risiken hinsichtlich kognitiver Konflikte sowie aus der zeitlichen Gebundenheit resultierend.[2082] Insbesondere die zeitliche Komponente kann dazu führen, dass die grundsätzlich vorhandene Kompetenz eines Aufsichtsratsmitglieds nicht ausreichend im Gremium eingesetzt wird.[2083] Gleichzeitig besteht durch Aufsichtsratsverflechtungen bzw. Netzwerkbildungen die Möglichkeit, soziale Bedürfnisse zu befriedigen, was zu einer Motivationssteigerung beitragen kann.

---

[2078] Quelle: Eigene Darstellung.
[2079] Vgl. Kapitel B4; KÖRNER ET AL. (2014), S. 8 ff.
[2080] Vgl. KÖRNER ET AL. (2014), S. 8 ff.
[2081] Vgl. PRINZ (2012), S. 876; MILAKOVIC/ALFARANO/LUX (2012), S. 770 ff.
[2082] Vgl. PRINZ (2012), S. 877.
[2083] Vgl. HOFMANN (2014), S. 108 f. Um die zeitliche Verfügbarkeit sowie die Vereinbarkeit von Ämtern zu gewährleisten, existieren verschiedene Regelungen im GenG und KWG sowie im DCGK (vgl. Kapitel B2.3.4).

## 3.2   Zusammenfassung und Diskussion der gremienspezifischen Befunde

### 3.2.1   Inhalte des Berichts des Aufsichtsrats

| Bericht des Aufsichtsrats |
| --- |
| • Umfang und Inhalt der Berichte des Aufsichtsrats differieren erheblich. |
| • Über die Anzahl der Sitzungen (durchschnittlich neun pro Jahr) berichten rund 50 % der größten, aber nur 13 % der kleinsten Institute (durchschnittlich 18 %). |
| • Nur 19 % der Banken berichten über Ausschüsse, hauptsächlich über die Existenz eines Kredit-, Prüfungs- und Nominierungsausschusses. |
| • Umfang und Inhalt des Berichts hängen maßgeblich vom Prüfungsverband ab, dem die Bank angehört. |

Tab. 166: Zusammenfassung der Befunde zum Bericht des Aufsichtsrats[2084]

Der Bericht des Aufsichtsrats gilt als zentrale Pflichtkommunikation im Rahmen der Gremiumstätigkeit.[2085] SASSEN stellte bereits 2011 fest, dass der Umfang der Berichterstattung über die Tätigkeit des genossenschaftlichen Aufsichtsrats nicht zufriedenstellend ist.[2086] Einerseits existieren eigenständig formulierte Berichte wie der des Aufsichtsrats der WESTLICHE SAAR PLUS EG oder der BERLINER VOLKSBANK EG. Letztgenannter Bericht fällt positiv auf, da er sowohl optisch (beispielsweise durch die Verwendung von Zwischenüberschriften) als auch inhaltlich überzeugt.[2087] Andererseits verwenden zahlreiche Institute, vor allem die, die dem GENOSSENSCHAFTSVERBAND BAYERN E. V. angehören, jedes Jahr dieselbe, 32 Wörter umfassende Musterformulierung. Hierbei ist indessen zu berücksichtigen, dass die in dem elektronischen Bundesanzeiger eingestellten Berichte des Aufsichtsrats teilweise von den Berichten abweichen, die in den aufbereiteten Geschäftsberichten der Bank zu finden sind. Letztgenannte liegen meist als Ausdruck in den Filialen vor und werden vereinzelt auch über die Internetseiten der Institute zur Verfügung gestellt. Gründe, weshalb unterschiedliche Berichte des Aufsichtsrats veröffentlicht werden, sind nicht erkennbar.

Auch wenn die DEUTSCHE BANK AG nicht als Vergleichsmaßstab für eine Kreditgenossenschaft dient, werden im Folgenden jedoch kurz die Unterschiede aufgezeigt. In dem 3.819 Wörter umfassenden Bericht des Aufsichtsrats der DEUTSCHEN BANK AG geht das Gremium ausführlich unter anderem auf die in den Plenums- und Ausschusssitzungen behandelten Themen, personelle Veränderungen, Aus- und Fortbildungsmaßnahmen sowie Interessenkonflikte ein. Außerdem gibt das Gremium bekannt, welche Aufsichtsräte in welchen Ausschüssen vertreten sind, wie häufig die einzelnen Mandatsträger an Sitzungen teilgenommen bzw. gefehlt haben und in welchem Umfang der DCGK befolgt wurde.[2088]

---

[2084]   Quelle: Eigene Darstellung.
[2085]   Vgl. TIETZ/BEHNKE/HOFFMANN (2019), S. 22.
[2086]   Vgl. SASSEN (2011), S. 325 f.
[2087]   Vgl. BERLINER VOLKSBANK EG (2013), S. 58 f.
[2088]   Vgl. DEUTSCHE BANK AG (2020), S. VIII ff.

In Bezug auf eingerichtete *Ausschüsse* kann der mit 19 % geringe Anteil berichtender Genossenschaftsbanken sowohl auf eine tatsächlich geringe Anzahl von Ausschüssen als auch auf wenig detaillierte Berichte des Aufsichtsrats zurückzuführen sein. SASSEN stellte in diesem Zusammenhang einen Anteil von 8 % bei den Berichten der Genossenschaftsbanken fest, wohingegen Wohnungsgenossenschaften fast vollständig über eingerichtete Ausschüsse berichteten.[2089]

Um eine wirksame Überwachungs- und Beratungstätigkeit des Aufsichtsrats zu gewährleisten, sind regelmäßige sowie bei notwendigen Anlässen einberufene Sitzungen unerlässlich. Aus diesem Grund wurde die *Sitzungshäufigkeit* sowohl auf Basis der Fragebogen- als auch der Geschäftsberichtsergebnisse analysiert. HELM kam 2004 zu der Erkenntnis, dass die Anzahl der durchgeführten Sitzungen mit zunehmender Unternehmensgröße, die an der Mitarbeiterzahl gemessen wurde, steigt.[2090] Diesbezügliche Größenklassenunterschiede konnten durch die vorliegende Untersuchung der Geschäftsberichte nicht nachgewiesen und die Ergebnisse daher nicht bestätigt werden. Die Befragung der Aufsichtsräte ergab eine durchschnittliche Sitzungshäufigkeit von sieben ordentlichen Sitzungen pro Jahr, wobei größere Institute seltener tagen als kleinere (fünf im Vergleich zu sieben Sitzungen).[2091] Dem SPENCER STUART Board Index ist zu entnehmen, dass die dort untersuchten Gremien vier- bis 15-mal bzw. durchschnittlich rund siebenmal pro Jahr tagten und die durchschnittliche Anwesenheitsquote bei 96 % lag.[2092] Gemäß SASSEN berichteten 21 % der Kreditgenossenschaften und rund die Hälfte der Wohnungsgenossenschaften über die Sitzungshäufigkeit.[2093] Gemäß den festgestellten 18 % in der vorliegenden Untersuchung scheint keine relevante Veränderung im Zeitablauf vorzuliegen. Auch die festgestellte durchschnittliche Tagungshäufigkeit in Höhe von rund neun Sitzungen pro Gremium entsprach sich. SASSEN kam darüber hinaus zu der Erkenntnis, dass sämtliche Sitzungen der untersuchten kreditgenossenschaftlichen Aufsichtsräte gemeinsam mit dem Vorstand stattfanden.[2094] Die im Board Index untersuchten Unternehmen tagten zwischen vier- und 15-mal pro Geschäftsjahr. Durchschnittlich kamen sie zu sieben Sitzungen zusammen.[2095] Insgesamt ist festzuhalten, dass sich nur wenige genossenschaftliche Institute auf die in der genossenschaftlichen Mustersatzung vorgeschriebene Anzahl von vier Sitzungen pro Geschäftsjahr beschränken.

---

[2089] Vgl. SASSEN (2011), S. 325 f.

[2090] Vgl. HELM (2004), S. 85 f.

[2091] Zu berücksichtigen ist hierbei, dass im Fragebogen nach den ordentlichen Sitzungen gefragt wurde und in den Geschäftsberichten in der Regel eine Anzahl inklusive der außerordentlichen angegeben wird. Die Differenz von durchschnittlich neun Sitzungen gemäß den Geschäftsberichten zu durchschnittlich sieben Sitzungen auf Basis der Fragebögen wird hierauf zurückzuführen sein.

[2092] Vgl. SPENCER STUART (2018), S. 20. Die Unternehmensberatung SPENCER STUART untersucht alle zwei Jahre die Struktur der Aufsichtsräte der deutschen DAX-Unternehmen sowie Teile der Gesellschaften, die im SDAX, MDAX sowie TECDAX gelistet sind. Im Jahr 2014 tagten die Aufsichtsräte vier- bis zwölf- bzw. durchschnittlich 6,1-mal (vgl. SPENCER STUART (2014), S. 18).

[2093] Vgl. SASSEN (2011), S. 325.

[2094] Vgl. SASSEN (2011), S. 326.

[2095] Vgl. SPENCER STUART (2018), S. 20. Zur Sitzungshäufigkeit der im DAX und MDAX notierten Unternehmen siehe RUHWEDEL (2016a).

## 3.2.2   Gremiengröße

| Größe des Gremiums |
| --- |
| • Je größer die Bank, desto größer das Gremium (r = 0,60, α = 1 %). |
| • Die durchschnittliche Gremiengröße ist im Zeitvergleich konstant (acht Mitglieder). |
| • Der Modus der Gremiengröße ist im Zeitvergleich ebenfalls konstant (sechs Mitglieder). |
| • Pro 100 Mio. EUR Bilanzsumme sind 1,4 Aufsichtsräte tätig. |
| • Ein Vorstandsmitglied wird durchschnittlich von 3,5 Aufsichtsräten überwacht. |
| • Je mehr Vorstände in einem Institut tätig sind, desto größer ist das Aufsichtsratsgremium (r = 0,53, α = 1 %). |
| • 80 % der Aufsichtsräte würden es begrüßen, wenn das jeweilige Gremium weniger Mitglieder hätte. 1 % würde ein größeres Gremium bevorzugen. |

Tab. 167: Zusammenfassung der Befunde zur Größe des Gremiums[2096]

Erwartungsgemäß befinden sich die Gremien mit den meisten Aufsichtsratsmitgliedern bei den Instituten mit den höchsten Bilanzsummen. Der Zusammenhang mit der Bilanzsumme war dabei sowohl bei der durchschnittlichen als auch bei der minimalen sowie maximalen Gremiengröße und dem Modus zu beobachten. Die Konstanz der Gremiengrößen im Zeitablauf mit durchschnittlich acht Mitgliedern trotz einer insgesamt rückläufigen Anzahl von Aufsichtsräten ist hauptsächlich auf Fusionen zurückzuführen.

BÖHM/FRONEBERG/SCHIERECK attestieren den Verwaltungsräten der Sparkassen eine um 42 % größere Gremiengröße. In ihrer Untersuchung, die die Top 200 Genossenschaftsbanken und Sparkassen aus den Jahren 2004 bis 2009 umfasste, beobachteten sie, dass in den Gremien der Sparkassen durchschnittlich 17 Mitglieder und in denen der Genossenschaftsbanken durchschnittlich zwölf Personen vertreten sind.[2097] Die Ergebnisse stehen im Einklang mit der Gremiengröße der größten Institute aus der vorliegenden Untersuchung. Die Unterschiede zu den Sparkassen sind zum einen auf Größendifferenzen und zum anderen auf den gesetzlich vorgeschriebenen, höheren Anteil an Arbeitnehmervertretern zurückzuführen. BÖHM/FRONEBERG/SCHIERECK zeigen, dass sich die Gremiengröße ohne Berücksichtigung der Arbeitnehmervertreter angleicht.[2098] Mitbestimmte Aufsichtsräte gelten als Hauptursache der im internationalen Vergleich größeren Gremien in deutschen Unternehmen.[2099] Die durchschnittliche Gremiengröße großer börsennotierter, deutscher Unternehmen beträgt rund 14 Mitglieder im Vergleich zu beispielsweise acht Mitgliedern in Großbritannien.[2100] Die BAFIN betrachtete deutsche Ban-

---

[2096] Quelle: Eigene Darstellung.
[2097] Vgl. BÖHM/FRONEBERG/SCHIERECK (2012), S. 148.
[2098] Vgl. BÖHM/FRONEBERG/SCHIERECK (2012), S. 148.
[2099] Aufsichtsräte von Unternehmen, die dem MitbestG unterliegen, setzen sich gemäß § 7 MitbestG mindestens aus jeweils sechs Mitgliedern der Anteilseigner und der Arbeitnehmer zusammen (vgl. Kapitel B2.3.3).
[2100] Die Unternehmensberatung SPENCER STUART untersucht alle zwei Jahre die Struktur der Aufsichtsräte der deutschen DAX-Unternehmen sowie Teile der Gesellschaften, die im SDAX, MDAX sowie TECDAX gelistet sind. Seit 2014 wird für diese Unternehmen eine durchschnittliche Gremiengröße von 14 Mitgliedern ausgewiesen (vgl. SPENCER STUART (2018), S. 10; SPENCER STUART (2016), S. 10; SPENCER STUART (2014), S. 9).

ken mit Ausnahme der Sparkassen und Genossenschaftsbanken und ermittelte einen Durchschnitt von 20 Mitgliedern pro Gremium, mit einer Spanne von zwölf bis 36 Mitgliedern.[2101]

In Bezug auf eine optimale oder maximale Gremiengröße bestehen aufsichtsrechtlich keine Vorgaben. Es ist sicherzustellen, dass die Zahl der Mitglieder ausreicht, um die Überwachungsfunktion ordnungsgemäß wahrzunehmen.[2102] Obwohl keine eindeutigen empirischen Ergebnisse der Organisationsforschung zur Gremiengröße vorliegen, wird in Bezug auf Befunde zum angloamerikanischen Board-System stets eine Verkleinerung der deutschen Gremien gefordert.[2103] Die Forderung erfolgt meist mit dem Zweck, die Effizienz der Aufsichtsratstätigkeit zu steigern, da die Gremiengröße als Indikator diesbezüglich angesehen wird. Häufig wird dabei von einem umgekehrt U-förmigen Zusammenhang ausgegangen.[2104] Auch wenn die Berücksichtigung persönlicher Befindlichkeiten von entscheidender Bedeutung für Fusionsprozesse ist, sollte eine dadurch begründete Überbesetzung der Gremien keinen Dauerzustand darstellen.[2105]

Bei der Festlegung der institutsindividuellen Gremiengröße sind verschiedene Aspekte abzuwägen. Durch größere Gremien besteht einerseits die Möglichkeit, auf breiteres bzw. spezialisiertes Wissen zurückgreifen zu können. Andererseits steigt der Koordinationsbedarf, insbesondere sofern bei der Festlegung der Aufsichtsratssitzungen auf die Terminkalender der einzelnen Mandatsträger Rücksicht genommen wird. Darüber hinaus kann die Entscheidungsfindung in großen Gremien erschwert und das Konfliktpotenzial erhöht sein.[2106] Ein effektive Zusammenarbeit in Gruppen von mehr als 20 Personen bei wenigen Treffen im Jahr erscheint fraglich.[2107] Um die Diskussionsbereitschaft zu fördern, ist grundsätzlich eine Einrichtung von Ausschüssen in Erwägung zu ziehen. Nachteilig sind jedoch gegebenenfalls auftretende Informationsreibungsverluste.[2108]

In einer Untersuchung von WELGE/EULERICH empfanden mehr als die Hälfte der Befragten eine Gremiengröße von zehn bis 15 Mitgliedern als optimal. Begründet wurde dies mit einer ausreichenden Anzahl von Personen zur Gewährleistung und Diskussion einer strategischen Überwachung bei gleichzeitig akzeptablem Koordinationsaufwand. Rund 25 % sehen ein Gremium mit mehr als 16 Mitgliedern als sinnvoll an, da der Koordinationsaufwand bei erfahrenen Aufsichtsräten gering ausfällt. Nur 17 % würden ein Gremium mit maximal zehn Mitgliedern bevorzugen.[2109]

---

[2101] Vgl. KONSCHALLA (2013), S. 17.

[2102] Vgl. KONSCHALLA (2013), S. 17.

[2103] Vgl. GERUM/DEBUS (2006), S. 1.

[2104] Vgl. SCHULTEN (2013), S. 79; WELGE/EULERICH (2014), S. 96.

[2105] Vgl. BULTMANN (2010), S. 25.

[2106] Vgl. ULRICH (2017), S. 111. Zu Formen und Arten organisationaler Konflikte siehe DEEG/KÜPERS/WEIBLER (2010), S. 70 ff.

[2107] Vgl. AURICH (2006), S. 52.

[2108] Zu Informationsverlusten bei der Einrichtung von Ausschüssen siehe Kapitel D3.1.12. Für einen Überblick über Untersuchungen hinsichtlich der Auswirkungen der Gremiengröße siehe SCHULTEN (2013), S. 116.

[2109] Vgl. WELGE/EULERICH (2014), S. 261. Im Zuge dieser Studie wurden 24 (stellvertretende) Aufsichtsratsvorsitzende von DAX, MDAX sowie SDAX-Unternehmen befragt.

Obwohl die durchschnittliche Gremiengröße der untersuchten Genossenschafts-banken mit acht Mitgliedern unterhalb der Gremiengröße der genannten Untersu-chungen liegt, würden 80 % der kreditgenossenschaftlichen Aufsichtsräte ein klei-neres Gremium präferieren. Diese Bewertung ist unabhängig von der Gremien-größe, da beispielsweise auch Aufsichtsräte aus fünfköpfigen Gremien diese An-sicht teilen.

### 3.2.3    Vergütung

| Vergütung |
| --- |
| • Die durchschnittliche Jahresvergütung ist im Zeitvergleich leicht gestiegen (von 3.293 EUR auf 3.588 EUR pro Mitglied bzw. 29.956 EUR auf 32.528 EUR pro Gremium). |
| • Je größer die Bank, desto höher ist sowohl die Vergütung des Gremiums insgesamt (r = 0,81, α = 1 %) als auch pro Aufsichtsrat (r = 0,61, α = 1 %). |
| • Im Jahr 2014 erhielt ein Aufsichtsratsmitglied einer kleinen Bank nur ca. ein Viertel der Jahresvergütung einer großen Bank (2.126 EUR im Vergleich zu 9.060 EUR). |
| • 44 % der Banken zahlten ihren Aufsichtsräten eine Vergütung von 1.500 EUR-5.000 EUR pro Person pro Jahr. |
| • Rund 90 % der Banken vergüteten die Aufsichtsräte mit einem Betrag von unter 10.000 EUR pro Mitglied. |
| • Die maximale durchschnittliche Pro-Kopf-Vergütung lag bei 26 TEUR, die minimale bei 76 EUR. |
| • Der Anteil der Vergütung an der Bilanzsumme betrug durchschnittlich 0,06 ‰ (0,04 ‰ bei dem größten und 0,06 ‰ bei dem kleinsten Bilanzsummencluster). |

Tab. 168: Zusammenfassung der Befunde zur Vergütung[2110]

Gemäß ZIECHNAUS orientiert sich die Obergrenze für Vergütungen bei Genossen-schaftsbanken an der Bilanzsumme der Institute, mit einer Spannweite von 0,06 ‰ bei großen bis 0,2 ‰ der Bilanzsumme bei kleinen Instituten.[2111] In der vorliegen-den Untersuchung lag die Vergütung bei Instituten des größten Bilanzsummenclus-ters bei 0,04 ‰ der Bilanzsumme und bei 0,06 ‰ bei den kleinsten Instituten. Dies ist als Indiz dafür zu werten, dass die Obergrenze in der Praxis regelmäßig nicht ausgeschöpft wird. Es ist zudem darauf hinzuweisen, dass die Aufsichtsgremien ihre Vergütung unter Beachtung der Obergrenze in der Regel selbst festlegen und von den Gremien somit bewusst von einer vollen Ausschöpfung der Vergütung ab-gesehen wird.

Obwohl ein leichter Anstieg der Vergütung pro Aufsichtsrat im Zeitablauf zu erken-nen ist, liegt sie weiterhin deutlich unterhalb der Vergütung von (kleineren) AGs. Im Vergleichsjahr 2014 erhielt Ferdinand Piëch als höchstbezahlter Aufsichtsrats-vorsitzender eine Vergütung in Höhe von 1,2 Mio. EUR, was ungefähr dem Dreifa-

---

[2110]  Quelle: Eigene Darstellung.
[2111]  Vgl. ZIECHNAUS (2015), S. 76 f.

chen der durchschnittlichen Vergütung (0,4 Mio. EUR) der Aufsichtsratsvorsitzenden im DAX entsprach.[2112] Die durchschnittliche Vergütung pro DAX-Aufsichtsratsmitglied betrug 0,1 Mio. EUR.[2113] Um die Vergütung in Relation zu einem Unternehmen der Bankenbranche zu setzen, wird erneut die DEUTSCHE BANK AG als Vergleichsmaßstab herangezogen. Die betrachteten Genossenschaftsbanken wiesen eine kumulierte Bilanzsumme in Höhe von 583 Mrd. EUR und eine kumulierte Aufsichtsratsvergütung in Höhe von 29 Mio. EUR auf, was einem Anteil von 0,06 ‰ an der Bilanzsumme entspricht.[2114] Im Vergleich dazu betrug die Bilanzsumme der DEUTSCHEN BANK AG 1.298 Mrd. EUR, bei einer Gesamtvergütung des Aufsichtsrats in Höhe von rund 11 Mio. EUR.[2115] Der Anteil der Vergütung an der Bilanzsumme von 0,008 ‰ fällt somit geringer aus als der der betrachteten Kreditgenossenschaften. Der Aufsichtsrat der DZ BANK AG erhielt eine Vergütung von 1 Mio. EUR bei einer Bilanzsumme von 559 Mrd. EUR, was einem Anteil von 0,002 ‰ entspricht.[2116] Der Vergütungsanteil an der Bilanzsumme ist zwar bei den analysierten Genossenschaften am höchsten, dennoch ist zu berücksichtigen, dass sich die Vergütung bei diesen Instituten auf 7.943 Aufsichtsräte und bei der DEUTSCHEN BANK AG auf 22 bzw. bei der DZ BANK AG auf 20 Personen bezieht.[2117]

Die vorliegenden Ergebnisse für genossenschaftliche Aufsichtsräte decken sich mit denen für Aufsichtsräte aus Unternehmen des gehobenen Mittelstands sowie in kleinen und mittleren Unternehmen. Bei 44 % dieser Unternehmen liegt die Vergütung pro Gremienmitglied bei unter 5.000 EUR, bei 56 % unter 10.000 EUR.[2118]

Eine erfolgsabhängige Vergütung zur Reduzierung der Agenturkosten im Rahmen der Prinzipal-Agenten-Theorie ist bei Genossenschaftsbanken traditionell nicht vorgesehen.[2119]

HELM konkludiert, dass insbesondere bei Unternehmen, die dem Aufsichtsrat statt einer Vergütung eine reine Aufwandsentschädigung zahlen, was vor allem bei den

---

[2112] Vgl. DEUTSCHE SCHUTZVEREINIGUNG FÜR WERTPAPIERBESITZ E.V. (2015), S. 6. Im Jahr 2019 erzielte ACHLEITNER als Aufsichtsratsvorsitzender der DEUTSCHEN BANK AG mit 0,9 Mio. EUR die höchste Vergütung der DAX-Unternehmen. Die durchschnittliche Vergütung der Aufsichtsratsvorsitzenden lag bei 0,4 Mio. EUR, die durchschnittliche Vergütung eines ordentlichen Mitglieds bei 0,1 Mio. EUR (vgl. DEUTSCHE SCHUTZVEREINIGUNG FÜR WERTPAPIERBESITZ E.V. (2020), S. 5).

[2113] Vgl. KARABASZ (2015), S. 56.

[2114] Hierbei ist zu berücksichtigen, dass rund 9 % der genossenschaftlichen Institute in ihren Geschäftsberichten für das Jahr 2014 von ihrem Recht nach § 286 Abs. 4 HGB Gebrauch machten und auf eine Angabe der Aufsichtsratsvergütung verzichteten. Die tatsächliche kumulierte Vergütung genossenschaftlicher Aufsichtsräte wird die hier angegebene Höhe somit übersteigen.

[2115] Vgl. DEUTSCHE BANK AG (2020), S. 224; DEUTSCHE BANK AG (2020), S. 5. Im Jahr 2014 erhielt der 21-köpfige Aufsichtsrat der DEUTSCHEN BANK AG eine Vergütung von 8 Mio. EUR bei einer Bilanzsumme von 1.709 Mrd. EUR, was einem Anteil von 0,004 ‰ entspricht (vgl. DEUTSCHE BANK AG (2015), S. 328; DEUTSCHE BANK AG (2015), S. 83).

[2116] Vgl. DZ BANK AG (2020), S. 352; DZ BANK AG (2020), S. 30. Im Jahr 2014 erhielt der Aufsichtsrat der DZ BANK AG eine Vergütung von 0,8 Mio. EUR bei einer Bilanzsumme von 403 Mrd. EUR, was einem Anteil von 0,001 ‰ entspricht (vgl. DZ BANK AG (2015), S. 348; DZ BANK AG (2015), S. 50).

[2117] Bei der Betrachtung der Personenanzahl wurden auch die Aufsichtsräte einbezogen, die zwar im Verlauf des Geschäftsjahres ausgeschieden sind, an die jedoch im Verlauf des Jahres eine Vergütung gezahlt wurde.

[2118] Vgl. THÖMMEN/WALLAU (2014), S. 35.

[2119] JENSEN/MECKLING folgend setzen sich die Agenturkosten aus Monitoring costs (Überwachungs- und Monitoring-Kosten des Prinzipals) und Bonding costs (Vertragskosten des Agenten) sowie einem Residual Loss (Residualverlust) zusammen (vgl. JENSEN/MECKLING (1976), S. 308).

kleinsten AGs der Fall ist, eine hohe persönliche Motivation der Mandatsträger erforderlich ist, um ihrer Tätigkeit mit der notwendigen Sorgfalt und Intensität nachzukommen.[2120] KARABASZ kommt zu dem Schluss, dass ein Aufsichtsratsmandat, sofern es sich nicht um die Spitze eines Gremiums eines DAX-Unternehmens handelt, selten einen Geldsegen bringt.[2121] „Geboten wird neuen Kontrolleuren im Gegenzug vor allem Ehre."[2122] Diese Feststellung geht einher mit den Befunden der vorliegenden Arbeit, wonach Anerkennung und Reputation als extrinsische Anreize einen höheren Stellenwert einnehmen.

JÜNGER bezeichnet den Ausgangspunkt seiner Untersuchung als Widerspruch, da die Aufsichtsratsvergütung wichtig und unwichtig zugleich erscheint.[2123] Diese Erkenntnis deckt sich mit der vorliegenden Untersuchung, da monetären Vorteilen einerseits keine hohe Wichtigkeit im Zusammenhang mit der Motivation beigemessen wird. Andererseits würde rund ein Viertel der Aufsichtsräte das Mandat jedoch nicht unentgeltlich wahrnehmen. Ein Drittel beantwortete diesen Aspekt immerhin mit der mittleren Antwortmöglichkeit. Gemäß MORNER ET AL. hat die aufsichtsrätliche Vergütung zwar keinen Einfluss auf die Motivation bzw. Leistung während der Mandatsausübung, sie sollte jedoch in den Rahmen vergleichbarer Gremien bzw. Institute passen.[2124]

Die Vergütung dient weniger als Anreiz, sondern folglich vielmehr als symbolischer Wert, der als Indikator für die Wertschätzung fungiert. MORNER ET AL. zeigen, dass die Mehrheit der untersuchten Anteilseignervertreter die Vergütung zwar als zu niedrig einschätzt, dies jedoch nicht zu einem Motivationsverlust führt.[2125] Da sich Aufsichtsratsmitglieder als unabhängige, pflichtbewusste Entscheidungselite sehen, passt es nicht zum Selbstbild, dass monetäre Anreize die Motivation beeinflussen. Gemäß MORNER ET AL. streben die Mandatsträger hingegen nach der Zugehörigkeit zum exklusiven Netzwerk sowie einer Steigerung der Reputation.[2126] Eine als zu gering empfundene Vergütung würde von der relevanten Vergleichsgruppe nicht als ausreichende Begründung für eine Mandatsniederlegung anerkannt werden. Die Vergütung stellt weder bei der Mandatsannahme noch hinsichtlich des Engagements bei der Mandatsausführung ein relevantes Entscheidungskriterium dar.[2127]

---

[2120] Vgl. HELM (2004), S. 138. Für einen Überblick über Studien, die positive Zusammenhänge zwischen der erfolgsorientierten Vergütung von Outside Directors einerseits und ausgewählten Variablen der Corporate Governance sowie der Unternehmensperformance andererseits nachweisen, siehe VELTE/WEBER (2019), S. 221, für Studien mit einem negativen Zusammenhang siehe VELTE/WEBER (2019), S. 222 ff.

[2121] Vgl. KARABASZ (2015), S. 56.

[2122] KARABASZ (2015), S. 56.

[2123] Vgl. JÜNGER (2013), S. 74.

[2124] Vgl. MORNER ET AL. (2012), S. 99. Zur Einschätzung der eigenen Arbeitszufriedenheit in Verbindung mit der Vergütung und dem Vergleich zu anderen siehe SMITH/KENDALL/HULIN (1969), S. 15.

[2125] Vgl. MORNER ET AL. (2012), S. 99. Im Fokus dieser Untersuchung standen die Aufsichtsräte der DAX- sowie MDAX-Unternehmen. Zur Analyse der Entscheidungen und Prozesse in diesen Aufsichtsgremien wurden 180 Interviews mit den Mandatsträgern geführt.

[2126] Vgl. MORNER ET AL. (2012), S. 98 ff.

[2127] Vgl. JÜNGER (2013), S. 89 f. MORNER ET AL. zufolge fungiert die Vergütung höchstens als Faktor zum Eintritt in das Gremium, nicht jedoch zur stetigen Motivation zur Arbeit (vgl. MORNER ET AL. (2012), S. 99).

Rund 51 % der von PROBST/THEISEN befragten Aufsichtsräte schätzen die aktuelle Vergütung ebenfalls als zu niedrig ein. Rund 58 % empfanden sie als angemessen, kein Aufsichtsrat als großzügig.[2128] 40 % legten ihrer Einschätzung den Aufwand der Tätigkeit zugrunde, 24 % begründeten die Antwort mit der hohen Verantwortung und Haftung, 22 % verwendeten veröffentlichte Rankings als Vergleichsmaßstab.[2129]

Obwohl die befragten Aufsichtsräte der vorliegenden Untersuchung als hoch zufrieden zu bezeichnen sind, sind lediglich 72 % der Meinung, dass Aufwand und Ertrag der Aufsichtsratätigkeit in einem angemessenen Verhältnis zueinanderstehen. Dem in den vergangenen Jahren erweiterten Umfang an Pflichten sollte daher eine adäquate Vergütung gegenüberstehen. Gemäß KRAMARSCH sind die Bezüge „an der breiteren Spitze [...] der Tätigkeit angemessen, aber gerade im unteren Bereich der Vergütungsrangreihe sehen wir immer noch Bezüge, die einer professionellen Aufsichtätigkeit schlicht nicht gerecht werden"[2130].

Gemäß WEIGEL gibt es geeignete Aufsichtsratspersönlichkeiten „nicht zum Nulltarif"[2131]. KAYSER/KRAMARSCH führen in diesem Zusammenhang an, dass für externe Unternehmensberater in der Regel mehrere Tausend Euro pro Tag gezahlt werden und durch die Differenz zu den Aufsichtsräten eine Unterbewertung der Arbeit und Verantwortung des Gremiums offenkundig wird. Vielmehr sollen die Opportunitätskosten hochqualifizierter Aufsichtsräte berücksichtigt werden, deren hauptberuflichen Stundensätze die der Aufsichtsratätigkeit häufig bei weitem übersteigen.[2132] Bei qualifizierten Gremienträgern steht die Vergütung somit in keinem adäquaten ökonomischen Verhältnis zur persönlichen und fachlichen Qualifikation. HELM führt an, dass die Vergütung der Gremienmitglieder angemessen sein sollte, um eine qualifizierte Überwachung zu gewährleisten, da „Prestige-Aufsichtsratsmitglieder nicht notwendigerweise die geeigneten Kandidaten für die Ausübung des Mandats darstellen"[2133]. RUHWEDEL gibt zu bedenken, dass sich die notwendige Professionalität nicht einstellen wird, solange der geforderte Einsatz und die notwendigen Fähigkeiten nicht ausreichend vergütet werden. DEHNEN verweist auf die Aussage, dass Unternehmen das bekommen, wofür sie bezahlen.[2134] LANG/WEIDMÜLLER führen währenddessen aus, dass die Ausprägung der Vergütung nicht gleichbedeutend mit der Einstufung der Qualifizierung oder der Geeignetheit des Aufsichtsrats sein muss.[2135] Von dem Ehrenamt eines genossenschaftlichen Aufsichtsrats kann somit nicht auf seine Geeignetheit geschlossen werden.

Insofern ist fraglich, ob die bisherige ehrenamtliche Tätigkeit in der genossenschaftlichen Praxis insbesondere bei großen Instituten mit den fachlichen sowie persönlichen Anforderungen, der Verantwortung und dem Zeitaufwand vereinbar

---

[2128] Vgl. PROBST/THEISEN (2012), S. 68. Mithilfe strukturierter Interviews wurden 57 Aufsichtsräte befragt, die meist als Aufsichtsratsvorsitzende börsennotierter Unternehmen tätig sind.
[2129] Vgl. PROBST/THEISEN (2012), S. 68.
[2130] KRAMARSCH (2018), S. 11.
[2131] WEIGEL (2008), S. 71.
[2132] Vgl. KAYSER/KRAMARSCH (2011), S. 66 f.
[2133] HELM (2004), S. 43.
[2134] Vgl. DEHNEN (2008), S. 97.
[2135] Vgl. LANG/WEIDMÜLLER (2019), § 9 Rn. 3.

ist.[2136] Die vorliegenden Untersuchungsergebnisse zeigen, dass die klassische ökonomische Annahme, dass Verhalten über monetäre Anreize steuerbar ist, nur bedingt auf genossenschaftliche Aufsichtsratsmitglieder zutrifft. Dieses Ergebnis deckt sich mit den Feststellungen von JÜNGER, der Aufsichtsräte aus DAX- und MDAX-Unternehmen untersuchte.[2137] Dadurch, dass Aufwand und Ertrag dennoch in einem angemessenen Verhältnis zueinander stehen sollten, kann die aufsichtsrätliche Vergütung im Sinne HERZBERGS als Hygienefaktor interpretiert werden. Zu diesem Ergebnis kommen auch THÖMMEN/WALLAU, die den Zusammenhang zwischen Vergütung und Zufriedenheit in Aufsichtsräten des gehobenen Mittelstands sowie in kleinen und mittleren Unternehmen untersuchten. Ihnen zufolge beeinflusst die Vergütung die Zufriedenheit nur dann, wenn sie als zu gering angesehen wird. Bei einer Vergütung in der Höhe eines mittleren Beratertagessatzes ist kein Einfluss auf die Zufriedenheit ersichtlich.[2138]

Es ist davon auszugehen, dass anhaltende Fusionsbestrebungen langfristig zu einer geringeren Anzahl von Aufsichtsräten führen und der Pro-Kopf-Verdienst im Gremium steigen wird. Zudem werden sich die bislang höher vergüteten Fusionsaufsichtsräte nicht an der Vergütung der niedriger bezahlten orientieren wollen.

Die Diskussion um die richtige Bemessung der aufsichtsrätlichen Vergütung wird weiterhin breit geführt.[2139] Zusammenfassend ist festzuhalten, dass die Vergütung zwar keine primär motivationale, jedoch eine symbolische Funktion darstellt. Zudem kann sie zum einen als extrinsischer Anreiz, im Sinne einer Anerkennung, zum anderen jedoch auch als intrinsischer Anreiz fungieren. Mit Ausnahme der Aufsichtsratsvorsitzenden der DAX-Konzerne geht ein Mandat nur selten mit einem Geldsegen, sondern vor allem mit Ehre einher.[2140] In Anlehnung an die Equity-Theorie sollte sich die Vergütung genossenschaftlicher Aufsichtsräte an der vergleichbarer Gremien bzw. Institute orientieren, um als fair empfunden zu werden. Insgesamt sollte eine institutsindividuelle Mischung aus ökonomischen Anreizen, die die intrinsische Motivation nicht beeinträchtigen, und immateriellen Anreizen gefunden werden. Unter Berücksichtigung der Pluralität an Motiven kann der ausschließlichen Relevanz finanzieller Motive im Sinne der Prinzipal-Agenten-Theorie zum Erklären des Verhaltens genossenschaftlicher Aufsichtsräte somit nicht gefolgt werden. Bezugnehmend auf die Stewardship-Theorie ist die Vergütung für die Mandatsträger von untergeordneter Bedeutung. Gleichzeitig zeigen die Befunde Parallelen zu motivationstheoretischen Erkenntnissen wie der Zwei-Faktoren-Theorie von HERZBERG, wonach Anreize wie die Vergütung eher als Hygienefaktor denn als Motivator fungieren. Finanzielle Anreize können lediglich zur Beseitigung von Unzufriedenheit, jedoch nicht zum Erlangen von Zufriedenheit führen.[2141]

---

[2136] Vgl. RUHWEDEL (2002), S. 198 f.
[2137] Vgl. JÜNGER (2013), S. 89.
[2138] Vgl. THÖMMEN/WALLAU (2014), S. 35 f.
[2139] Vgl. AURENZ/WITTIG (2009), S. 98.
[2140] Vgl. KARABASZ (2015), S. 56 f.
[2141] Vgl. HOHMANN (2015), S. 115.

# 4    Kritische Würdigung der Befunde

Für Aufsichtsräte von Kreditinstituten bestehen besondere, verschärfte Anforderungen im Vergleich zu sonstigen Aufsichtsorganen.[2142] Hierzu zählen die Vorgaben zur Sachkunde oder zur Eignung sowie die Überprüfung durch die Aufsichtsbehörden. Die vielfältigen Reformbestrebungen und daraus resultierenden gestiegenen Anforderungen gelten als berechtigte Konsequenz der im Zuge der Finanzkrise sichtbar gewordenen Defizite.[2143] Dessen ungeachtet kann nicht davon ausgegangen werden, dass sämtliche Defizite behoben wurden, wie die Entwicklungen der WIRECARD AG zeigen.[2144]

Zu den *Gründen einer mangelhaften Überwachung* zählen auf aufsichtsratsindividueller Ebene Faktoren wie der zu geringe Zeiteinsatz, zu wenig Expertise oder auch persönliche Eitelkeiten. Organisationale Gründe bestehen unter anderem in Bezug auf die Zusammensetzung der Gremien, die kritische Selbstbeurteilung oder das Zeitmanagement, welches sich auf verspätete Sitzungsunterlagen oder kurzfristige Einladungstermine beziehen kann. Darüber hinaus spielt die unzureichende Information durch den Vorstand eine wesentliche Rolle.[2145] Zu den zentralen Ursachen der Finanzkrise zählt die EUROPÄISCHE KOMMISSION das Versagen der Aufsichtsräte bei der „Einschätzung, dem Verständnis und letztlich der Beherrschung der Risiken"[2146], welches darin begründet war, dass die Mandatsträger nicht die notwendigen Ressourcen bzw. genügend Zeit aufgewandt haben und die Entscheidungen des Vorstands mangels Sachkenntnis bzw. mangelndem Durchsetzungsvermögen nicht hinterfragen konnten.[2147] Das Kriterium des ausreichenden Zeiteinsatzes wird sich dabei jedoch stets einer objektiven Überprüfbarkeit entziehen. Zudem ist in Bezug auf die seit der Finanzkrise nachzuweisende Sachkunde zu konstatieren, dass die Mehrzahl der Aufsichtsräte aus den durch die Finanzkrise schwer getroffenen Banken nach den neuen strengeren Kriterien wieder in das Aufsichtsgremium berufen werden könnte.[2148]

In der Vergangenheit wurden eher zurückhaltende Aufsichtsgremien präferiert, die nicht stark in die Geschäftätigkeit eingebunden waren, sondern sich durch eine passive, durch Harmonie geprägte Zusammenarbeit mit dem Vorstand auszeichneten.[2149] Die *Zusammenarbeit mit dem Vorstand* sollte sich weder durch blindes Vertrauen noch durch grundsätzliches Misstrauen, sondern vielmehr durch ein kritisches Vertrauen auszeichnen.[2150] Dessen ungeachtet wird ein Vorstand den Aufsichtsrat nur um Rat fragen, wenn er diesem vertraut und dessen Urteil schätzt bzw. respektiert.[2151] Darüber hinaus werden nur qualifizierte und vom Vorstand unabhängige Aufsichtsräte ein adäquates Gegengewicht zum Vorstand bilden.[2152]

---

[2142]  Vgl. BINDER (2018), S. 90.
[2143]  Vgl. RUHWEDEL (2019a), S. 5.
[2144]  Zur Entwicklung der WIRECARD AG siehe exemplarisch SCHÄFER (2020), S. 562 f.
[2145]  Vgl. SCHEFFLER (1993), S. 70 ff.; SÄCKER (2004), S. 184.
[2146]  EUROPÄISCHE KOMMISSION (2010a), S. 7.
[2147]  Vgl. EUROPÄISCHE KOMMISSION (2010a), S. 7.
[2148]  Vgl. PFEIFER (2012), S. 438.
[2149]  Vgl. KUCK (2006), S. 58; ULRICH (2010), S. 388.
[2150]  Vgl. LANG/WEIDMÜLLER (2019), § 41 Rn. 4.
[2151]  Vgl. HORNBERG/ZEUCHNER (2017), S. 287.
[2152]  Vgl. RUHWEDEL/EPSTEIN (2003), S. 165.

Anstelle einer offenen und produktiven Beziehung zwischen dem Vorstands- und dem Aufsichtsratsvorsitzenden dominiert in der Realität häufig der Vorstandsvorsitzende die Beziehung.[2153] Die Rechtsposition gegenüber dem Aufsichtsrat ist bei dem Vorstand einer Genossenschaft insgesamt deutlich stärker einzuschätzen als bei dem Vorstand einer AG.[2154] Obwohl der Aufsichtsrat nicht verantwortlich für die operative Führung der Gesellschaft ist, bestehen regelmäßig Forderungen, dass das Gremium mehr als nur als Kontrolleur fungieren solle, da diese Aufgabe anderenfalls auch von Notaren oder Wirtschaftsprüfern wahrgenommen werden könnte.[2155] Gleichzeitig wird jedoch verlangt, dass das Aufsichtsorgan nicht in die Rolle eines besseren Vorstands, eines besseren Abschlussprüfers oder einer besseren Bankenaufsicht gedrängt wird.[2156] Aufsichtsräte stehen somit regelmäßig vor der Herausforderung, dass von ihnen tiefgehende Geschäftskenntnisse erwartet werden und sie das Unternehmen gleichzeitig distanziert überwachen sollen.[2157] Die regelmäßige Forderung, dass der Aufsichtsrat auf Augenhöhe mit dem Vorstand diskutieren soll,[2158] würde durch die detaillierte Beschäftigung mit dem Tagesgeschäft des Instituts in einem deutlichen Anstieg des zeitlichen Aufwands für die Aufsichtsratstätigkeit resultieren.[2159]

Die hohen regulatorischen *Qualifikationserwartungen* zeigen sich auch in den umfangreichen Verlautbarungen der ESMA/EBA, EZB und BaFin. Beispielsweise geht die von der ESMA/EBA geforderte Suitability Matrix zur Beurteilung der Gesamtqualifikation des Gremiums deutlich über die im DCGK empfohlene Erstellung eines Kompetenzprofils hinaus.[2160] Nicht selten wird reklamiert, dass sich die Vorstandsmitglieder ihre Überwacher selbst aussuchen. Anstelle von lokaler Prominenz ist jedoch vielmehr auf das Kompetenzprofil bzw. eine eignungsorientierte Besetzung des Gremiums sowie der Ausschüsse zu achten. Sachkundeanforderungen und Qualifikationsvorgaben grenzen den Kreis potenzieller Kandidaten deutlich ein. Die Ansprüche an kreditgenossenschaftliche Aufsichtsräte können in der Praxis oftmals nur von wenigen Mitgliedern erfüllt werden.[2161] Infolge des von der EZB veröffentlichten Leitfadens zur Beurteilung der fachlichen Qualifikation und persönlichen Zuverlässigkeit von Leitungsorganen äußerten sowohl der DEUTSCHE SPARKASSEN- UND GIROVERBAND E. V. (DSGV) als auch der DGRV die Befürchtung, dass es bei der Gremienbesetzung zu erheblichen Schwierigkeiten kommen wird.[2162] Es ist davon auszugehen, dass Personen, die die regelmäßig steigenden Anforderungen hinsichtlich der zu erfüllenden Aufgaben akzeptieren und den Forderungen unter anderem nach verstärkter Qualifizierung, der Fähigkeit der kritischen Auseinandersetzung mit dem Vorstand ohne den Anspruch das Unternehmen operativ leiten zu wollen, nachkommen und die gleichzeitig in die Diversitäts-

---

[2153] Vgl. SCHOLZ (2006), S. 198.
[2154] Vgl. FRANKENBERGER/GSCHREY/BAUER (2020), S. 106.
[2155] Vgl. KAYSER/KRAMARSCH (2011), S. 66.
[2156] Vgl. PFEIFER (2012), S. 437.
[2157] Vgl. DEMB/NEUBAUER (1992); SUNDARAMURTHY/LEWIS (2003), S. 397.
[2158] Vgl. PACHER/DYBALLA (2019), S. 102.
[2159] Vgl. MERZ (2017), S. 3.
[2160] Vgl. HERB (2018), S. 58.
[2161] Vgl. BAUMGÄRTLER (2000), S. 27.
[2162] Vgl. RÖSELER (2017), S. 687.

struktur des Gremiums passen, in den Geschäftsgebieten der Genossenschaftsbanken eher rar sind.[2163] In genossenschaftlichen Aufsichtsräten ist es zudem guter Brauch, dass die Aufsichtsratsmitglieder die regionale Verteilung im Geschäftsgebiet abbilden, was die Kandidatenauswahl ebenfalls erschwert.[2164] Übergeordnet ist anzunehmen, dass qualifizierte Genossenschaftsmitglieder eher für die Tätigkeit im Aufsichtsrat gewonnen werden können, je positiver die Tätigkeit innerhalb
der Bevölkerung wahrgenommen wird.[2165]

Die personelle Besetzung gilt als zentraler Schlüssel zur Verbesserung der Aufsichtsratstätigkeit,[2166] wobei die richtige Zusammensetzung teilweise als noch relevanter als die individuelle Qualifikation eingeschätzt wird.[2167] In diesem Zusammenhang beziehen sich die Diskussionen derzeit vor allem auf die Professionalisierung sowie die Diversität des Gremiums.[2168] SCHIMMELMANN zufolge sollte sich
die Diversität vornehmlich auf die Vielzahl von Erfahrungen, Kulturen und Denk-
weisen beziehen.[2169] „Wenn alle das Gleiche denken, braucht es nur einen."[2170]
Seiner Ansicht nach können Aufsichtsräte mit einer Zugehörigkeitsdauer von mehr
als neun Jahren zudem nicht mehr als unabhängig angesehen werden, da nahezu
alle geltenden Beschlüsse von ihnen mit gefasst wurden.

In Bezug auf die Aufgaben im Gremium gelten *offene Diskussionen* als eminent
wichtig für die Qualität unternehmerischer Entscheidungen. Diskussionshemmnisse resultieren zum einen aus dem einzelnen Aufsichtsratsmitglied, was in der
Qualifikation, der Motivation sowie der Unabhängigkeit begründet liegt. Beispielsweise kann fehlende Qualifikation dazu führen, dass es nicht zu Diskussionen kommen kann, was insbesondere bei komplexen Finanzprodukten vielfach bereits der
Fall war. Zum anderen können Diskussionshemmnisse aus der Struktur des Aufsichtsrats hervorgehen, beispielsweise wenn dem Gremium zu viele Mitglieder angehören oder eine ausgeprägte kognitive Heterogenität zu Kommunikations- und
Kooperationsbarrieren führt. Darüber hinaus sind die Aufsichtsratssitzungen so zu
konzipieren, dass genügend Zeit für die Diskussion sämtlicher Agendapunkte verbleibt. Des Weiteren kann ein intensiver Meinungsaustausch durch ein starkes
Streben nach Konsens erschwert werden. Das Aufwerfen einer kritischen Frage
kann hierbei als Loyalitätsverstoß gewertet werden.[2171] Offene Diskussionen, die
einen Mehrwert zur Steuerung der Bank leisten und Geschäftsentscheidungen positiv beeinflussen, sowie die Rolle des Aufsichtsrats im Allgemeinen werden umso
wichtiger, je mehr sich die Genossenschaftsmitglieder von der Geschäftsführung
distanzieren und je geringer die Möglichkeit bzw. Bereitschaft ist, sich in Entscheidungsprozesse einzubringen.

[2163] Vgl. KAYSER/KRAMARSCH (2011), S. 66.
[2164] Vgl. ROGOWSKI (2013).
[2165] Vgl. VOETH/HERBST/GOESER (2014), S. 110. Mit dieser Einschätzung folgt die Untersuchung den Ergebnissen von HÖNSCH/KASPAR (2009) und HÖNSCH/KASPAR (2013).
[2166] Vgl. LEUBE (2012), S. 203.
[2167] Vgl. WEBER-REY (2009), S. 2.
[2168] Vgl. MORNER ET AL. (2012), S. 99.
[2169] Vgl. SCHIMMELMANN (2017), S. 11.
[2170] SCHIMMELMANN (2017), S. 11.
[2171] Vgl. GRUNDEI/GRAUMANN (2011), S. 86 ff.

Die in Folge des Niedrigzinsumfelds, der Digitalisierungsbestrebungen sowie des Entstehens neuer Wettbewerber wie beispielsweise FinTechs resultierenden Anpassungen der Geschäftsmodelle verändern auch die inhaltlichen Anforderungen an kreditgenossenschaftliche Aufsichtsräte.[2172] Zudem betreffen die zahlreichen europäischen sowie nationalen gesetzlichen Regelungen regelmäßig auch die Aufsichtsräte in Kreditgenossenschaften.[2173] Als Folge der Finanzkrise findet eine merkbare Aufwertung der Aufsichtsratstätigkeit statt, wobei sich die rechtlichen Rahmenbedingungen der Aufsichtsratstätigkeit insbesondere im Bankensektor in Bezug auf die verschiedenen Rechtsformen deutlich annähern. Dass regulatorische Reformbestrebungen bzw. Veränderungen die genossenschaftlichen Institute überproportional stark belasten, wurde bereits mehrfach festgestellt.[2174] Um die Auswirkungen der vielfältigen gesetzlichen Regulierungen zu bewältigen und die absoluten Regulierungskosten zu reduzieren, werden Genossenschaftsbanken teilweise indirekt zu Fusionen gezwungen.[2175] Gleichzeitig ist im Zuge voranschreitender Fusionsaktivitäten jedoch von einem Identifikationsverlust der Mitglieder zur Genossenschaftsbank auszugehen, was sich wiederum negativ auf die Akquise neuer Aufsichtsratsmitglieder auswirkt.[2176] Eine zu starke Regulierung kann sich zudem negativ auf das Engagement sowie die Motivation der Aufsichtsräte und somit auf die Qualität der Überwachungsaufgabe auswirken, weshalb eine hohe Regulierungsdichte nicht ausschließlich mit positiven Effekten einhergeht. Betroffene Mandatsträger empfinden die regulativen Anforderungen oft lediglich als aufwendiges bzw. notwendiges Übel. Anstelle einer tatsächlichen Wertsteigerung steht lediglich die Einhaltung von relevanten Regelungen und Standards im Fokus, von der die Beraterbranche profitiert. Gleichwohl können die durch die Regulierung gesetzten Mindeststandards als Orientierungsrahmen dienen.[2177]

Durch die vorstehende empirische Untersuchung wurde deutlich, dass sich Kreditgenossenschaften strukturell nicht nur wesentlich von den privaten Banken unterscheiden, sondern auch eine Heterogenität innerhalb dieser Institutsgruppe besteht, was beispielsweise die stark divergierenden Bilanzsummen zeigen. Es ist nicht davon auszugehen, dass in Zukunft eine optimale Regulierung, die sowohl auf Großbanken als auch auf große sowie kleine Genossenschaftsbanken ausgerichtet ist, existieren wird. Ohne die Verwendung von spezifischen Öffnungsklauseln werden kleine Institute regelmäßig unverhältnismäßig durch regulatorische Sachverhalte belastet, die ursprünglich dazu gedacht waren, systemische Risiken

---

[2172] Vgl. RUHWEDEL (2019a), S. 3; FRÖHLICH (2017), S. 9. Der Begriff *FinTech* setzt sich aus den beiden Begriffen *Financial* und *Technology* zusammen und bezieht sich auf in der Regel junge Unternehmen, die digitale Finanzdienstleistungen erbringen (vgl. DORFLEITNER/HORNUF (2019), S. 3 f.; TIBERIUS/RASCHE (2017), S. 2).

[2173] Vgl. ZIECHNAUS (2017), S. 25.

[2174] Vgl. HORSCH/KLEINOW/SCHIELE (2018), S. 59; HACKETHAL/INDERST (2015); PAUL/LANGE (2016). Insbesondere für kleine Institute wirkt sich eine hohe Regulierung durch Aufwand in Bezug auf Bürokratie, Abstimmungsarbeit und Rechtsunsicherheit sowie Kosten für beispielsweise Rechtsgutachten relativ stärker belastend aus (vgl. BADER/BAUMÜLLER (2014), S. 228).

[2175] Vgl. ATZLER/OSMAN (2017a), S. 32; ATZLER/OSMAN (2017b), S. 5.

[2176] Vgl. SPANDAU (2010), S. 19.

[2177] Vgl. MORNER ET AL. (2012), S. 98 ff.

auf den Finanzmärkten zu reduzieren und anschließend auf sämtliche Banken-gruppen übertragen werden.[2178] „Ein regulatorischer Rahmen, der die Eindäm-mung von Systemrisiken aufgrund des Geschäftsgebarens großer, international vernetzter Finanzinstitute bezweckt, wird dem besonderen Geschäftsmodell von Volksbanken und Raiffeisenbanken nicht gerecht."[2179] In Bezug auf den Grundsatz der *regulatorischen Proportionalität* stellt die BAFIN jedoch klar, dass Aufsichtsor-gane kleinerer Institute „grundsätzlich die gleichen Kontrollfunktionen zu erfüllen [haben] – [...] sich jedoch geringere Anforderungen an die Häufigkeit, Intensität und Tiefe der Erfüllung einzelner Aufgaben [ergeben]."[2180]

Zusammenfassend ist festzuhalten, dass die zunehmende Regulierung die Anzahl potenzieller Kandidaten weiter einengt und eine qualifizierte, passgenaue Beset-zung immer schwieriger wird. Bei der Kritik an Aufsichtsräten ist stets zu beachten, dass sich diese nur auf einen Teil der Mandatsträger bezieht und viele Aufsichts-ratsmitglieder ihrer Tätigkeit adäquat nachkommen. Ein Aufsichtsrat sollte nicht als gesellschaftsrechtliche bzw. genossenschaftliche Pflicht, sondern vielmehr als strategisches Instrument wahrgenommen werden.

---

[2178]  Vgl. GÖTZL/ABERGER (2011), S. 11; GROS (2016), S. 991. Beispielsweise übersteigen die Kosten für Dokumentation des Anlegerschutzes den entsprechenden Rohertrag aus dem Wertpapierberatungs-geschäft bei Instituten mit einer Bilanzsumme von bis zu 50 Mio. EUR (vgl. HACKETHAL/IN-DERST (2015), S. III).

[2179]  GÖTZL/ABERGER (2011), S. 34. Der GENOSSENSCHAFTSVERBAND BAYERN hat sich unter anderem ge-meinsam mit weiteren bayerischen Verbänden der Kreditwirtschaft intensiv mit der Frage nach einer verhältnismäßigen Regulierung beschäftigt und Handlungsempfehlungen in einem Positionspapier zusammengefasst (vgl. GENOSSENSCHAFTSVERBAND BAYERN E.V. ET AL. (2017)).

[2180]  BAFIN (2018b), S. 49.

# E  Schlussbetrachtung

## 1  Vorbemerkung

Das übergeordnete Ziel dieser Arbeit lag in der Analyse der kreditgenossenschaftlichen Aufsichtsratstätigkeit. Zur Herleitung eines Bezugsrahmens wurden verschiedene Motivations- und Zufriedenheitstheorien in Verbindung miteinander gebracht. Die wesentliche Grundlage stellten Vergleichsprozesse beispielsweise hinsichtlich von Anreiz-Beitrags-Abgleichen oder bezüglich des Confirmation-Disconfirmation-Paradigmas dar.

Die vorliegende Untersuchung wurde als Vollerhebung konzipiert. Insgesamt wurden 3.071 Geschäftsberichte aus den Jahren 2012 bis 2014 ausgewertet. Um zu ermitteln, seit wie vielen Jahren die Aufsichtsräte bereits im Gremium der Bank vertreten sind, wurde zudem auf die Geschäftsberichte aus den Jahren 2006 bis 2011 zurückgegriffen.[2181] Zusammengefasst wurden Daten von 26.298 Fällen an Aufsichtsratsmitgliedern erhoben. Darüber hinaus wurden sämtliche Aufsichtsräte der Kreditgenossenschaften mithilfe eines standardisierten schriftlichen Fragebogens befragt. Den Ergebnissen liegen die Antworten von 189 Aufsichtsräten zugrunde. Die effektive Stichprobe des Fragebogens ist als repräsentativ anzusehen. In Bezug auf die Methodik wurden verschiedene deskriptive Analysen und eine Faktoren- sowie eine Kausalanalyse durchgeführt.

Im Folgenden werden zunächst die zentralen Ergebnisse der Arbeit anhand der in Kapitel A2 definierten Forschungsziele zusammengefasst. Anschließend wird auf Limitationen und weiteren Forschungsbedarf, Implikationen für die Forschung sowie Implikationen für die Praxis eingegangen. Abgeschlossen werden die Ausführungen mit einem Fazit in Kapitel E5.

---

[2181] Da Geschäftsberichte erst ab dem Geschäftsjahr 2006 im elektronischen Bundesanzeiger verfügbar sind, ist somit der diesbezüglich längst mögliche Zeitraum in die Auswertungen eingeflossen.

# 2    Zusammenfassung der zentralen Ergebnisse

## 2.1    Status    quo    der    Struktur    kreditgenossenschaftlicher Aufsichtsratsgremien (FZ$_1$)

| FZ$_1$ | Forschungs-ziel | Analyse des Status quo der Struktur kreditgenossenschaftlicher Aufsichts-ratsgremien. |
|---|---|---|
| | Praxis-relevanz | Abgleich der bankindividuellen Zusammensetzung, Fluktuationsquote, Vergütung, Gremiengröße etc. |
| | Zentrale Ergebnisse | Die Gremien lassen sich wie folgt charakterisieren:<br><br>• Ø Größe: 8 Mitglieder, Modus: 6 Mitglieder<br>• Ø Alter: 55 Jahre<br>• Ø Zugehörigkeitsdauer: 13 Jahre<br>• Ø Fluktuationsquote: 7 %<br>• Ø Vergütung: 32.528 EUR pro Gremium, 3.588 EUR pro Mitglied<br>• Geschlechterverteilung: 11 % Frauen, 89 % Männer<br>• Häufigster hauptamtlicher Beruf: Geschäftsführer<br><br>➔ Gremien sind eher homogen als heterogen besetzt. |

Tab. 169:  Zusammenfassung von FZ$_1$[2182]

Die Analyse des Status quo der Struktur sämtlicher kreditgenossenschaftlicher Aufsichtsratsgremien bildete das *erste Forschungsziel (FZ$_1$)* dieser Arbeit. Die Bankenaufsicht misst strukturellen Aspekten wie der Zusammensetzung der Aufsichtsratsgremien eine besondere Bedeutung bei der Stärkung der Überwachungsqualität bei. Die Ausführungen in Kapitel B2 verdeutlichten die Vielfältigkeit sowie die Vielzahl der regulatorischen Anforderungen. Obwohl die Zusammensetzung als wesentlicher Einflussfaktor auf den Erfolg eines Gremiums angesehen wird,[2183] wurden genossenschaftliche Aufsichtsräte trotz ihrer hohen Bedeutung und Anzahl bislang keiner systematischen Strukturanalyse unterzogen. Mithilfe der als Vollerhebung konzipierten Untersuchung sollte diese Forschungslücke geschlossen werden.

Das durchschnittliche kreditgenossenschaftliche Aufsichtsratsgremium besteht aus acht Mitgliedern (Modus: 6), davon sieben Männer und eine Frau. Die Frau ist beruflich am ehesten als Geschäftsführerin oder als Steuerberaterin/Wirtschaftsprüferin tätig. Die männlichen Aufsichtsräte setzen sich zu rund einem Viertel aus Geschäftsführern und zu 12 % aus Landwirten zusammen. Jährlich verlassen 0,6 Mitglieder (7 %) das Gremium, was hauptsächlich auf altersbedingte Gründe zurückzuführen ist. Rund zwei Drittel der Aufsichtsräte sind bereits seit mindestens neun Jahren im Gremium tätig. Die Aufsichtsratsmitglieder werden mit durchschnittlich 3.588 EUR pro Jahr vergütet, was einer Gremienvergütung in Höhe von 32.528 EUR entspricht. Die Gremien tagen durchschnittlich siebenmal im Jahr.

Der durchschnittliche *Aufsichtsratsvorsitzende* ist männlich, fungiert seit mindestens neun Jahren im Aufsichtsrat und ist bzw. war als Geschäftsführer tätig. Er ist

---

[2182] Quelle: Eigene Darstellung.
[2183] Vgl. LUTTER (1995b), S. 302; BARTH (2013), S. 9.

60 Jahre alt und zu 13 % bereits im Ruhestand. Zudem stammen 97 % der Vorsitzenden aus der Mitgliederschaft.

In Bezug auf die *Altersdiversität* ist zu konstatieren, dass rund 80 % der Aufsichtsräte älter als 50 Jahre alt sind. Der Altersdurchschnitt liegt bei 55 Jahren, wobei männliche Mitglieder im Durchschnitt rund vier Jahre älter als weibliche Aufsichtsräte sind. Einhergehend mit der Altersdiversität weisen größere Institute auch eine größere Vielfalt hinsichtlich der *Zugehörigkeitsdauer* auf. Die homogene *Geschlechtsstruktur* wird durch den durchschnittlichen HHI von 83 % bzw. HHI* in Höhe von 65 % verdeutlicht. Hinsichtlich der *Berufe* zeigt sich eine leicht konzentrierte Ausprägung der Diversität, wobei Geschäftsführer, Beamte bzw. Beschäftigte im öffentlichen Dienst und Landwirte die drei häufigsten Beschäftigungen darstellen.

Der *Finanzsachverstand*, der 49 % der Aufsichtsräte bzw. durchschnittlich vier Personen pro Gremien zugesprochen werden kann, trägt zu einer zweckmäßigen Ausübung des Mandats bei. Gleichzeitig existieren jedoch 564 Institute (57 %) bei denen kein Aufsichtsrat mit anzunehmendem Finanzsachverstand identifiziert werden konnte. Der relative Anteil von Aufsichtsräten mit Finanzsachverstand ist umso höher, je größer die Bilanzsumme der Bank ist.

Insgesamt ist festzuhalten, dass sich genossenschaftliche Aufsichtsräte in Bezug auf die untersuchten Diversitätskriterien eher durch Homogenität als durch Heterogenität auszeichnen. Gremien aus größeren Instituten sind dabei durchschnittlich stärker diversifiziert als diejenigen aus kleineren Banken. Relevante strukturelle Veränderungen konnten in Bezug auf die betrachteten Jahre nicht festgestellt werden.

Die Frage, ob die gegenwärtige strukturelle Ausgestaltung zu einer zweckmäßigen Ausübung des Mandats beiträgt, kann nicht eindeutig beantwortet werden. Einerseits sind Ausprägungen wie die langen Zugehörigkeitsdauern, die niedrigen Fluktuationsquoten und auch die in den Gremien vertretenen Berufsgruppen als positiv zu werten. Andererseits resultieren beispielsweise lange Zugehörigkeitsdauern in dem Risiko einer Betriebsblindheit und in deren Folge in fehlender Objektivität.

## 2.2    Aggregierte Befunde zur Selbstbeurteilung von kreditgenossenschaftlichen Aufsichtsräten (FZ₂)

| | | |
|---|---|---|
| **FZ₂** | **Forschungs-ziel** | Ableitung von aggregierten Kenntnissen zur Selbstbeurteilung von kreditgenossenschaftlichen Aufsichtsräten. |
| | **Praxis-relevanz** | Abgleichsmöglichkeit mit eigener Selbstbeurteilung. |
| | **Zentrale Ergebnisse** | Neben vielen positiv bewerteten Kriterien konnte Handlungsbedarf insbesondere bei folgenden Aspekten identifiziert werden:<br>▪ Ergebnisoffene Diskussionen im Gremium,<br>▪ Kenntnisse bzgl. der Verfahren und Kriterien zur Risikovermeidung,<br>▪ Angemessene Vorbereitung auf die Tätigkeit als Aufsichtsrat sowie<br>▪ Reduzierung der Gremiengröße. |

Tab. 170:  Zusammenfassung von FZ₂[2184]

Zur Bewertung der Wirksamkeit und Verbesserung der Aufsichtsratstätigkeit sind die Aufsichtsgremien verpflichtet, mindestens einmal jährlich eine Selbstbeurteilung durchzuführen. Gemäß des DCGK soll der Aufsichtsrat im Rahmen einer Selbstbeurteilung analysieren, wie wirksam das Gremium bzw. die Ausschüsse ihre Aufgaben erfüllen. In Anlehnung an das KWG sollen hierzu die Struktur, Größe, Zusammensetzung und Leistung des Vorstands sowie des Aufsichtsrats und die Kenntnisse, Fähigkeiten und Erfahrung der einzelnen Vorstands- sowie der Aufsichtsratsmitglieder bewertet werden.[2185] Regelmäßig werden jedoch auch die Diskussions- und Entscheidungskultur sowie die Informationsversorgung evaluiert.

Zur umfassenden Untersuchung sowie Analyse der Motivation und Zufriedenheit und damit zusammenhängend auch der Selbstbeurteilung von Aufsichtsräten wurden im Rahmen dieser Arbeit eine qualitativ-empirische Methodik verwendet und Primärdaten erhoben. Dieses methodische Vorgehen unterscheidet sich deutlich von zahlreichen bisherigen Untersuchungen in diesem Forschungsbereich.[2186] Da die Ergebnisse der Selbstbeurteilung nicht veröffentlicht werden, wurden im Rahmen der vorliegenden Arbeit mithilfe der Befragung der Aufsichtsräte sowie durch die Auswertung der Geschäftsberichte aggregierte Kenntnisse über einige der in Tab. 15 und Tab. 16 genannten Kriterien (K) zur Selbstbeurteilung der Aufsichtsgremien gewonnen.[2187]

Zu den Kriterien, die die *Zusammensetzung* betreffen, gehören die Vielfalt (K46), die Expertise im Allgemeinen (K47), die Branchenexpertise (K48), die fachliche Diversität (K49), die demografische Diversität (K50) sowie die berufliche Diversität (K51), welche bereits im Rahmen der Zusammenfassung des ersten Forschungsziels erörtert wurden.[2188]

---

[2184]  Quelle: Eigene Darstellung.
[2185]  Vgl. Kapitel B2.3.2.
[2186]  Vgl. JÜNGER (2013), S. 4.
[2187]  Die im Folgenden angegebenen Nummern mit dem Präfix *K* beziehen sich auf die in Tab. 15 und Tab. 16 genannten Kriterien zur Selbstbeurteilung der Aufsichtsgremien.
[2188]  Vgl. Kapitel E2.1.

In Bezug auf die *Diskussions- und Entscheidungskultur* sind durchschnittlich 94 % der Aufsichtsräte der Ansicht, dass

- das Gremium bei Entscheidungsvorschlägen auch über Alternativen berät (K64),
- Kritik und abweichende Positionen konstruktiv aufgenommen werden (K59),
- die Aufsichtsratsmitglieder voneinander unabhängig sind (K66),
- sie bei Entscheidungen nicht weisungsgebunden (K67) und
- die Diskussionen im Gremium zielführend sind (K63).

Gleichzeitig empfindet rund ein Viertel die Diskussionen im Gremium als nicht ergebnisoffen.

Aus den Ergebnissen zur *Organisation des Gremiums* kann wenig Handlungsbedarf abgeleitet werden. Die Aufsichtsräte

- beurteilen den Umfang zustimmungspflichtiger Geschäfte als ausreichend (K93),
- sind mit dem Ablauf von Sitzungen zufrieden (K12),
- empfinden die Anzahl der ordentlichen Sitzungen des Gremiums (durchschnittlich sieben Sitzungen p. a.) als ausreichend (K13),
- sind der Ansicht, dass der Aufsichtsrat seiner Kontrollfunktion nachkommt (K94),
- die Mitglieder gegenüber dem Vorstand unabhängig sind (K19) und
- die Mitglieder aufgrund objektiver Kriterien (Fähigkeiten, Kenntnisse und fachlichen Erfahrungen) berufen wurden (K8).

Lediglich hinsichtlich der Kenntnisse bezüglich der Verfahren und Kriterien zur Risikovermeidung (K22) scheint es marginalen Verbesserungsbedarf zu geben.

Konkret im Hinblick auf die *Aufsichtsratskollegen* sind die Mandatsträger der Ansicht, dass

- die Kompetenz der Mitglieder ausreichend genutzt wird (K22),
- die Kollegen auf Sitzungen ausreichend vorbereitet sind (K17) und
- die Arbeit nicht unter der Abwesenheit einzelner Mitglieder leidet.

Die geringste Zustimmung in diesem Themenbereich erhielt die Frage, ob die Aufsichtsratsmitglieder der zeitlichen Intensität des Mandatswahrnehmung gerecht werden (K18).

Zur *Informationsversorgung* und zum *Informationsstand*: Aus Sicht der Aufsichtsräte

- verbleibt in der Regel genügend Zeit, die Informationen vor den Sitzungen zu prüfen (K74),
- liegen alle wesentlichen Informationen schriftlich vor (K70),
- sind die dem Aufsichtsrat vorgetragenen Informationen verständlich aufbereitet (K69),
- ist der Informationsstand von Mitglieder- und Arbeitnehmervertretern als gleichwertig einzuschätzen (K88),
- wird das Gremium umfassend über die Risikolage der Bank informiert (K77),

- ist der Informationsaustausch innerhalb des Gremiums zufriedenstellend (K89),
- wird der Aufsichtsrat ausreichend durch den Vorstand informiert (K83) und
- werden Informationen des Vorstands rechtzeitig vor den Sitzungen zur Verfügung gestellt (K86).

Insgesamt scheint kein Verbesserungsbedarf hinsichtlich der *Zusammenarbeit* untereinander (sowohl allgemein innerhalb des Gremiums (K21) als auch zwischen Arbeitnehmer- und Mitgliedervertretern (K27)) sowie mit anderen Instanzen wie beispielsweise dem Abschlussprüfer (K24), dem Vorstand (K28) oder der Internen Revision (K26) zu bestehen.

Aus den Ergebnissen der Befragung kann einerseits abgeleitet werden, dass Aufsichtsräten eine gute finanzielle Vergütung nicht wichtig ist, andererseits Aufwand und Ertrag der Aufsichtsratätigkeit jedoch in einem angemessenen Verhältnis zueinanderstehen (K45) sollten. Das diesbezügliche Ziel sollte in einem offenen Austausch innerhalb des Gremiums, aber auch mit der Bank bzw. dem Vorstand liegen. Die durchschnittliche Vergütung eines Aufsichtsratsgremiums liegt bei 0,06 ‰ der Bilanzsumme. Auch wenn es nur für ein Achtel der befragten Aufsichtsräte wichtig ist, bevorzugte Bankkonditionen zu erhalten, so sei darauf hingewiesen, dass Sonderkonditionen aufgrund der gebotenen Unabhängigkeit sowie der Gleichbehandlung der Mitglieder nicht zulässig sind.[2189]

Rund ein Drittel der Aufsichtsräte ist der Ansicht, dass sie nicht angemessen auf die Tätigkeit als Aufsichtsrat vorbereitet wurden. Grundlegend sind sie jedoch der Ansicht, dass die Herausforderungen des Mandats ihren Kompetenzen entsprechen und sie regelmäßig über relevante gesetzliche Änderungen informiert werden.

Hinsichtlich der Beurteilung der *Gremiengröße* (K7) würden rund 80 % der Aufsichtsräte ein kleineres Gremium begrüßen. Dieses Ergebnis kann als deutliche Handlungsempfehlung für die Praxis interpretiert werden.

Im Gegensatz dazu kann aus der Beantwortung der Frage nach der *Zufriedenheit mit der Arbeit im Allgemeinen* (K4) aufgrund der hohen Zustimmung keine Anregung für die Praxis abgeleitet werden.

Die Selbstevaluierung gilt als wichtiges Regulativ zur Optimierung der Aufsichtsratsarbeit und trägt dazu bei, dass das Risiko von Fehlentscheidungen reduziert wird.[2190] Gleichzeitig kann sie dabei helfen, die Akteure hinsichtlich der Kriterien zu sensibilisieren und mit entsprechendem Handeln langfristig zu einer Optimierung der Aufsichtsratätigkeit beizutragen.

---

[2189] Vgl. FRANKENBERGER/GSCHREY/BAUER (2020), S. 260 f.
[2190] Vgl. Kapitel B2.3.2.

Da im Rahmen bisheriger Untersuchungen insbesondere die Struktur von Aufsichtsgremien bzw. deren Zusammensetzung vor allem durch den Fokus auf demografische Kriterien adressiert wurden,[2191] liefert die vorliegende Arbeit hinsichtlich der Selbstbeurteilung neben quantitativen auch qualitative Befunde.

## 2.3   Motive zur Wahrnehmung eines kreditgenossenschaftlichen Aufsichtsratsmandats (FZ₃)

| FZ₃ | Forschungs- ziel | Analyse der Gründe, weshalb Personen ein kreditgenossenschaftliches Aufsichtsratsmandat wahrnehmen. |
|---|---|---|
| | Praxis- relevanz | Identifizierung von Möglichkeiten, um auf die Motive der Aufsichtsräte einzugehen. |
| | Zentrales Ergebnis | Genossenschaftliche Aufsichtsräte sind wesentlich stärker intrinsisch als extrinsisch motiviert. |

Tab. 171: Zusammenfassung von $FZ_3$[2192]

Dadurch, dass genossenschaftliche Aufsichtsratsmitglieder ihr Mandat in der Regel nebenberuflich und ehrenamtlich wahrnehmen, umfangreiche Aufgaben erfüllen sowie zahlreichen Anforderungen genügen müssen und bei Pflichtverletzungen einem Haftungsrisiko unterliegen, stellte sich die Frage nach den Gründen für die Mandatswahrnehmung und somit nach der Motivation der Aufsichtsratsmitglieder in Genossenschaftsbanken. Da weder die Erkenntnisse der klassischen – meist auf das monistische Aufsichtsratssystem bezogenen Aufsichtsratsforschung – noch der traditionellen Ehrenamtsforschung direkt auf die Motivation und Zufriedenheit genossenschaftlicher Aufsichtsräte übertragen werden konnten, wurden theoretisch denkbare Ansätze, die für die Annahme und Ausübung eines genossenschaftlichen Aufsichtsratsmandats – also vor der Wahl und während der Amtsausübung – eine relevante Rolle spielen können, erörtert und in das empirische Design einbezogen. Die dargestellten Inhaltstheorien dienten dabei insbesondere der Ableitung potenzieller Motive für die Aufsichtsräte im Rahmen der Operationalisierung, die Prozesstheorien zur Konzeption des Bezugsrahmens. Insgesamt wurde das Konstrukt der *Motivation* aufgrund theoretischer Überlegungen sowie empirischer Befunde konzeptualisiert sowie die intrinsische bzw. extrinsische Motivation mit Hilfe von 16 bzw. 17 Indikatoren operationalisiert.[2193] Diese Indikatoren stellten einen Teil der oben genannten Befragung der genossenschaftlichen Aufsichtsräte dar. Aufgrund des Abgleichs verschiedener bankspezifischer, gremienspezifischer sowie aufsichtsratsindividueller Kriterien kann davon ausgegangen werden, dass die Ergebnisse der Befragung repräsentativ sind und die Grundgesamtheit somit hinreichend gut repräsentiert wird.

Als Gründe, weshalb Personen ein genossenschaftliches Aufsichtsratsmandat an- bzw. wahrnehmen, konnten insbesondere intrinsische Motive identifiziert werden.

---

[2191] Vgl. MORNER/RENGER/VALLE THIELE (2010), S. 324.
[2192] Quelle: Eigene Darstellung.
[2193] Zur ausführlicheren Zusammenfassung und Diskussion der Befunde zur Motivation siehe Kapitel D3.1.1.

Die wesentliche Erkenntnis der empirischen Untersuchung liegt daher darin, dass genossenschaftliche Aufsichtsräte wesentlich stärker intrinsisch als extrinsisch motiviert sind, wobei hierbei weder intra- noch intergruppenspezifische Unterschiede festgestellt werden konnten.

Die Ergebnisse dieser Untersuchung liefern Informationen zu der relativen Wichtigkeit verschiedener Motive genossenschaftlicher Aufsichtsräte. Das Gefühl der Herausforderung sowie die Freude an Verantwortung konnten als wichtigste Teilaspekte der *intrinsischen Motivation* identifiziert werden. Da die Indikatoren der intrinsischen Motivation jedoch insgesamt hohe Zustimmungswerte erzielten, waren innerhalb der intrinsischen Motivation keine deutlichen Unterschiede zu verzeichnen.

In Bezug auf die *extrinsische Motivation* zählten die Anerkennung, Affiliation sowie Reputation zu den wichtigsten Teilaspekten. Monetäre Vorteile sowie die Möglichkeit, einen beruflichen Nutzen aus der Aufsichtsratstätigkeit zu ziehen, waren von geringster Relevanz.

Bei der Interpretation der Ergebnisse zur Motivation ist stets zu berücksichtigen, dass sich Befragte ihrer wahren Motive unter Umständen nicht bewusst sind oder sie ihre tatsächlichen Motive nicht wahrheitsgemäß angeben bzw. sozialverträglich antworten.

Unter Berücksichtigung dieser Einschränkung verdeutlichen die Ergebnisse jedoch, dass als nichtrational bezeichnete Verhaltensweisen eines vermeintlichen Homo oeconomicus durch die Berücksichtigung der intrinsischen Motivation als rationales Verhalten interpretiert werden können. Aufgrund der Pluralität an Motiven kann der ausschließlichen Relevanz finanzieller Motive im Sinne der Prinzipal-Agenten-Theorie zum Erklären des Verhaltens genossenschaftlicher Aufsichtsräte nicht gefolgt werden. Einhergehend mit der Stewardship-Theorie ist die Vergütung für die Mandatsträger von untergeordneter Bedeutung, weswegen sie nicht als alleiniger Anreiz zur Wahrnehmung bzw. Ausübung eines Mandats zu betrachten ist.

Insgesamt ist festzustellen, dass das Verhalten von Aufsichtsräten nicht ausschließlich durch materielle Anreize, sondern insbesondere durch immaterielle beeinflusst wird und sich die Mandatsträger daher nicht ausschließlich im Sinne eines Homo oeconomicus verhalten.[2194] Gleichzeitig sind extrinsische Anreize jedoch nicht als unwichtig anzusehen. Es ist davon auszugehen, dass sowohl einzelne Aufsichtsratsmitglieder als auch Aufsichtsratsgremien durch verschiedene Bedürfnisse ansprechbar sind, wobei einzelne Bedürfnisse dominieren können. Sowohl die Stewardship- als auch die Prinzipal-Agenten-Theorie stellen Extrempositionen eines Aufsichtsratsverständnisses dar, das in der Praxis in diesen Ausprägungen eher selten auftritt.[2195] Aufgrund dessen ist festzuhalten, dass die Analyse der Aufsichtsratstätigkeit stets einen kombinierten Ansatz beinhalten sollte.

---

[2194]  Vgl. SCHOLZ (2006), S. 186.
[2195]  Vgl. DUTZI (2005), S. 185.

## 2.4 Ursachen einer zufriedenstellenden Aufsichtsratstätigkeit in Kreditgenossenschaften (FZ₄)

| | | |
|---|---|---|
| **FZ₄** | **Forschungs-ziel** | Analyse der Ursachen, die zu einer zufriedenstellenden Aufsichtsrats-tätigkeit in Kreditgenossenschaften beitragen. |
| | **Praxis-relevanz** | Ableitung von Kenntnissen, wie Aufsichtsräte zu einer dauerhaften Mandatswahrnehmung bewogen werden können. |
| | **Zentrale Ergebnisse** | Die Zufriedenheit der Aufsichtsräte zeichnet sich durch folgende Merkmale aus:<br><br>• Die Zufriedenheit wird signifikant durch folgende Indikatoren beein-flusst: Arbeit des Gremiums, Zusammenarbeit mit den Abschluss-prüfern, das Gefühl, etwas Sinnvolles zu leisten, genügend Zeit vor den Sitzungen zur Informationsprüfung zu haben sowie das Gefühl, dass die Aufsichtsratstätigkeit den Erfolg der Bank beeinflusst.<br>• 99 % der Aufsichtsräte sind mit ihrer Tätigkeit im Allgemeinen zu-frieden oder sehr zufrieden.<br>• Als Teilaspekte mit den höchsten Zufriedenheitswerten konnten die Zusammenarbeit, die Loyalität mit der Bank sowie die Beurteilung der Vorstandstätigkeit identifiziert werden.<br>• 72 % der Aufsichtsräte sind der Meinung, dass Aufwand und Ertrag in einem angemessenen Verhältnis zueinander stehen.<br>• 80 % würden kleinere Gremien präferieren.<br>• 67 % fühlen sich angemessen auf ihre Tätigkeit vorbereitet. |

Tab. 172: Zusammenfassung von FZ₄[2196]

Aufgrund der gestiegenen regulatorischen Anforderungen stehen Genossen-schaftsbanken vor der Herausforderung, die Aufsichtsratsgremien mit geeigneten Kandidaten zu besetzen, die zudem bereit sind, dieses als Ehrenamt wahrgenom-mene Mandat adäquat auszuüben. Zufriedene Aufsichtsräte liegen aufgrund des-sen im Interesse der Genossenschaftsinstitute. Während zu Beginn der Arbeitszu-friedenheitsforschung eher die monetäre Belohnung im Mittelpunkt des Interesses stand, rückten im weiteren Verlauf andere Schwerpunkte wie soziale Kontakte oder das Motiv der Selbstverwirklichung in den Fokus.[2197] Durch Ansätze wie LAWLERS Modell der Arbeitszufriedenheit oder die Anreiz-Beitrags-Theorie wurde der Er-kenntnis Rechnung getragen, dass das Konstrukt der (Arbeits-)Zufriedenheit nicht durch einzelne, sondern durch mehrere simultan wirkende Faktoren beeinflusst wird. Basierend auf theoretischen Überlegungen sowie auf empirischen Befunden wurde die Zufriedenheit spezifisch für kreditgenossenschaftliche Aufsichtsräte mit-hilfe von 13 Teilaspekten bzw. 54 Indikatoren operationalisiert.

Die Resultate aus der oben genannten Befragung stellten die Grundlage zur Adres-sierung des vierten Forschungsziels (FZ₄) der Arbeit dar.[2198] Zufriedenheit wurde als positives Ergebnis eines Vergleichsprozesses, bei dem die wahrgenommene Situation (Ist) mit den im Vorfeld existierenden Erwartungen (Soll) abgeglichen wird, verstanden. Dass 99 % der Aufsichtsräte mit ihrer Tätigkeit im Allgemeinen

---

[2196] Quelle: Eigene Darstellung.
[2197] Vgl. Kapitel B3.4.2.2.
[2198] Zur ausführlicheren Zusammenfassung und Diskussion der Befunde zur Zufriedenheit siehe Kapi-tel D3.1.2.

zufrieden oder sehr zufrieden sind, ist zunächst positiv zu werten. Auch die langen Zugehörigkeitsdauern sind als Indiz dafür zu sehen, dass die Aufsichtsräte an einer dauerhaften Mandatswahrnehmung interessiert sind. Zufrieden sind die Aufsichtsräte insbesondere mit der Zusammenarbeit innerhalb des Gremiums. Einhergehend mit den Befunden zur Selbstbeurteilung konnte jedoch bei einigen Faktoren wie der Vorbereitung auf die Aufsichtsratstätigkeit oder hinsichtlich des Aufwands-Ertrags-Verhältnisses Handlungsbedarf identifiziert werden. Insbesondere die Tatsache, dass sogar Aufsichtsräte aus kleinen Gremien ein Gremium mit einer reduzierten Personenanzahl präferieren, stellt einen wichtigen Befund für die bankbetriebliche Praxis dar.

## 2.5    Zusammenhang zwischen der Motivation und der Zufriedenheit (FZ₅)

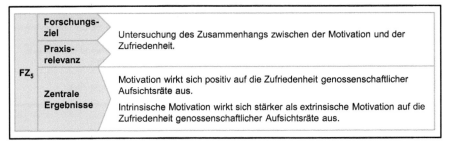

Tab. 173: Zusammenfassung von FZ₅[2199]

Als Kombination des dritten und vierten Forschungsziels betraf das *fünfte Forschungsziel (FZ₅)* die Untersuchung des Zusammenhangs zwischen der Motivation und der Zufriedenheit. Neben der Struktur der Gremien, die durch FZ₁ adressiert wurde, sind Kenntnisse über die Motivation sowie die Zufriedenheit der Aufsichtsräte von Relevanz, da sich das daraus resultierende Verhalten der Aufsichtsräte ebenfalls auf die Aufsichtsratstätigkeit auswirkt. Dieses Forschungsziel war daher für die Forschung und Praxis als gleichermaßen relevant zu werten. Die Beziehung zwischen (Arbeits-)Motivation und (Arbeits-)Zufriedenheit gilt zudem als historisch bekannter, jedoch aktueller Forschungsbedarf.

Unter Rückgriff auf die in Kapitel B thematisierten Grundlagen bzw. die Verbindung von verschiedenen Motivations- und Zufriedenheitstheorien wurde zunächst ein konzeptioneller Bezugsrahmen entwickelt, der anschließend in ein Pfadmodell überführt wurde. Auf Basis der bisherigen Motivations- und Zufriedenheitsforschung wurde ein Modell konstruiert, welches das Handeln genossenschaftlicher Aufsichtsräte vom Moment des Vorliegens von Motiven und Anreizen bis zur Entstehung von (Un-)Zufriedenheit abbildet. Wesentliche Basis dieser Überlegungen stellten kontinuierliche Vergleichsprozesse beispielsweise hinsichtlich von Anreiz-Beitrags-Abgleichen oder bezüglich des Confirmation-Disconfirmation-Paradigmas

---

[2199]  Quelle: Eigene Darstellung.

dar. Es wurde davon ausgegangen, dass Aufsichtsräte mindestens bei der Annahme ihres Mandats motiviert sind, da sie das Mandat anderenfalls nicht annehmen würden. Die während der Aufsichtsratstätigkeit durchgeführten Anreiz-Beitrags-Abgleiche münden entweder in Zufriedenheit oder Unzufriedenheit, wobei langfristige Unzufriedenheit ein Verlassen des Gremiums zur Folge hätte.

Zur Auswertung dieses Pfadmodells wurde der varianzanalytische Strukturgleichungsansatz gewählt. Hierdurch konnten kausale Abhängigkeiten zwischen verschiedenen abhängigen und unabhängigen latenten Variablen simultan untersucht werden. Multikollinearität konnte im Rahmen dieser multivariaten Kausalanalyse ausgeschlossen werden.

Die Varianz der endogenen Variable Zufriedenheit wird zu einem großen Teil (80 %) durch die exogenen Variablen erklärt. Hierbei wird die Zufriedenheit am stärksten sowie hoch signifikant durch in die intrinsische Motivation beeinflusst, während sich die extrinsische Motivation nicht auf die Zufriedenheit auswirkt. Die Hypothese, dass sich Motivation positiv auf die Zufriedenheit genossenschaftlicher Aufsichtsräte auswirkt, kann somit ebenso wie die Hypothese, dass sich intrinsische Motivation stärker als die extrinsische auf die Zufriedenheit der Aufsichtsräte auswirkt, gestützt werden.[2200]

In Bezug auf die Aufgabenwahrnehmung wirkt sich das Rollenverständnis des strategischen Beraters am stärksten auf die Zufriedenheit aus, gefolgt von der des Kontrolleurs. Hinsichtlich der Auswirkungen der Motivation auf die Aufgabenwahrnehmung wurde festgestellt, dass sich intrinsische Motivation hoch signifikant positiv auf die Rolle des strategischen Beraters, des Mitgliedervertreters sowie des Kontrolleurs auswirkt. Extrinsische Motivation bewirkt hingegen einen Anstieg der Wahrnehmung als Personalverantwortlicher für den Vorstand sowie als Kontrolleur.

Insgesamt ergänzt und erweitert die vorliegende Arbeit somit den Forschungsbereich der verhaltenswissenschaftlichen Ökonomik und liefert sowohl in methodischer als auch theoretischer Hinsicht einen Beitrag zur aufsichtsrätlichen, genossenschaftlichen sowie ehrenamtsbezogenen Forschung. Der Forderung nach mehr verhaltenswissenschaftlicher Aufsichtsratsforschung wird damit Rechnung getragen.

# 3   Limitationen und weiterer Forschungsbedarf

Die vorliegende Untersuchung unterliegt Limitationen, die bei der Interpretation der Ergebnisse zu berücksichtigen sind und aus denen weiterer Forschungsbedarf abgeleitet werden kann.

Neben der Datenerhebung unter Verwendung eines Fragebogens liegen dieser Untersuchung die Geschäftsberichte der Berichtsjahre 2012 bis 2014 zugrunde. Genossenschaften haben nach dem Ende eines Geschäftsjahres maximal zwölf

---

[2200] Zur ausführlichen Zusammenfassung und Diskussion der Befunde zum Zusammenhang zwischen der Motivation und zur Zufriedenheit siehe Kapitel D3.1.3.

Monate Zeit, den Jahresabschluss nebst Lagebericht und des Berichts des Aufsichtsrats im elektronischen Bundesanzeiger zu veröffentlichen.[2201] Der Datenerhebungszeitraum endete somit im Januar 2016. Ungeachtet der gesetzlichen Anforderungen wurden einige Geschäftsberichte wie der der BREMISCHEN VOLKSBANK EG erst nach Ablauf der Frist im elektronischen Bundesanzeiger veröffentlicht. Aufgrund des hohen Erfassungs- und Auswertungsaufwands sind aktuellere Geschäftsberichte nicht in die Untersuchung eingeflossen. Insbesondere, da seit dem Jahr 2015 keine wesentlichen regulatorischen bzw. Gesetzesänderungen die Aufsichtsratstätigkeit betreffend in Kraft traten und die Untersuchungsergebnisse der betrachteten Jahre eine weitestgehende Konstanz aufweisen, ist anzunehmen, dass die Struktur der Aufsichtsratsgremien sowie der Banken in den folgenden Jahren keinen grundlegenden Änderungen unterlag. Eine Überprüfung dieser Annahme sollte jedoch in einer Folgestudie durchgeführt werden.

Die Untersuchung der Motivation, Zufriedenheit und Aufgabenwahrnehmung der Aufsichtsräte erfolgte im Rahmen einer Querschnittsstudie. Um Veränderungen und Entwicklungen zu ermitteln sowie den Erklärungsgehalt des Modells zu erweitern, sollten die Untersuchungsergebnisse auch vor dem Hintergrund der weiter stattfindenden Fusionsprozesse durch eine Längsschnittuntersuchung einem Zeitvergleich unterzogen bzw. validiert werden. In einer solchen Studie könnte zudem untersucht werden, inwiefern die intrinsische Motivation sowie die Zufriedenheit abhängig von der Markt- bzw. Finanzlage des Instituts und der Bankenbranche sind.

Weitere Ansatzpunkte zur Intensivierung der vorliegenden Untersuchung bestehen in einer Analyse des Aufsichtsratsvorsitzenden in Bezug auf seinen Einfluss bezüglich des Rollenverständnisses des Gremiums, des Schaffens einer Vertrauenskultur sowie der Berücksichtigung der unterschiedlichen individuellen Interessen. Darüber hinaus könnte wirtschaftspsychologischen Fragestellungen nachgegangen werden, indem die Auswirkungen von Persönlichkeitsmerkmalen stärker im Rahmen von Corporate-Governance-Untersuchungen berücksichtigt werden. In Bezug auf die Antezedenzien sowie Konsequenzen der Motivations- sowie Zufriedenheitskonstrukte könnten weitere Variablen in das Modell integriert und beispielsweise die Auswirkungen der Motivation und Zufriedenheit auf das Commitment untersucht werden.

Die (genossenschaftliche) Aufsichtsratstätigkeit kann zudem im Kontext ressourcenorientierter Ansätze sowie auf Basis von gruppentheoretischen Überlegungen analysiert werden. Im Rahmen des Ressourcenabhängigkeitsansatzes wird unter anderem angenommen, dass eine höhere Vielfalt der Mitglieder in Bezug auf das Geschlecht, die Ausbildung, das Alter etc. in einem Zugang zu mehr Ressourcen und somit in einer höheren Effektivität der Überwachungstätigkeit resultiert.[2202]

Weitere Limitationen stellen die Konzentrationen auf eine Rechtsform sowie auf eine Branche dar. Diese Eingrenzungen wurden aufgrund inhaltlicher Überlegun-

---

[2201] Vgl. § 339 HGB.
[2202] Vgl. VELTE/EULERICH/UUM (2014), S. 584; ARNEGGER ET AL. (2010), S. 241.

gen getroffen. Einerseits unterliegen Aufsichtsräte von Kreditinstituten höheren regulatorischen Anforderungen als Aufsichtsräte anderer Branchen. Andererseits bietet die Rechtsform der Genossenschaften aufgrund der zugrunde liegenden genossenschaftlichen Prinzipien und der damit einhergehenden motivationalen Besonderheiten Anhaltspunkte für eine Untersuchung.[2203] Gegenstände weiterer Untersuchungen könnten daher Vergleiche der Aufsichtsratstätigkeit mit Kreditinstituten der anderen Säulen des deutschen Bankensystems, mit Genossenschaften anderer Branchen oder mit Organisationen, in denen ehrenamtliche Personen tätig sind, sein.[2204] Derartige Studien könnten ebenfalls um eine Längsschnittuntersuchung erweitert werden. Darüber hinaus könnten die Untersuchungsergebnisse nach städtisch bzw. ländlich geprägten Genossenschaftsbanken differenziert werden.

In Bezug auf die Befunde zum anzunehmenden Finanzsachverstand ist zu konstatieren, dass die eingesetzte Methode nur eine Approximation des tatsächlichen Sachverstands sein kann. Nachfolgende Untersuchungen können die Erkenntnisse beispielsweise durch Interviews mit den Aufsichtsräten spezifizieren. Durch die vorliegenden Ergebnisse kann den Aufsichtsräten Finanzsachverstand lediglich zugesprochen, nicht jedoch abgesprochen werden. Ein Rückschluss ist somit nicht möglich.

Um die Aufsichtsratstätigkeit aus einer anderen Perspektive beurteilen zu können, wäre zudem die diesbezügliche Einschätzung der kreditgenossenschaftlichen Vorstände von Interesse. Mithilfe einer dyadischen Untersuchung ließe sich die in dieser Untersuchung analysierte subjektive Selbsteinschätzung der Aufsichtsräte insbesondere in Bezug auf die Aufgabenwahrnehmung besser einordnen. Die Vorstände könnten zudem zur Relevanz der Aufsichtsratstätigkeit bzw. zur Wahrnehmung des Gremiums und zum Einfluss des Aufsichtsrats auf die Geschäftstätigkeit befragt werden.

Vor allem unter Transparenzgesichtspunkten bieten die veröffentlichten Berichte des Aufsichtsrats weiteren Forschungsbedarf. Anstelle eines *information overload* ist vielmehr von einem *information underload* auszugehen.[2205] Die Berichte könnten im Vergleich zu Banken anderer Rechtsformen wie beispielsweise AGs in Bezug auf ihre Quantität und Qualität untersucht werden.

Neben inhaltlichen Einschränkungen bestehen methodische Limitationen unter anderem durch die Verwendung eines varianzanalytischen Verfahrens zur Schätzung des Strukturgleichungsmodells. Unter anderem unterstellen PLS-Verfahren eine fehlerfreie Messung formativer Messmodelle, bei denen die latenten Variablen vollständig durch ihre jeweiligen Indikatoren erfasst werden, was in der Praxis jedoch nicht vollständig sichergestellt werden kann. Darüber hinaus bestehen keine Gesamtgütemaße in Bezug auf die Modellanpassung.[2206] Eine Beurteilung der Modellgüte ist daher nur mithilfe partieller Gütekriterien möglich.

---

[2203] Vgl. Kapitel B1.2.1.1.
[2204] Zu den drei Säulen des deutschen Geschäftsbankensystems vgl. Kapitel B1.3.2.
[2205] Vgl. LITTKEMANN/SCHWARZER/MILLER (2018), S. 51 ff.
[2206] Vgl. GÖTZ/LIEHR-GOBBERS (2004), S. 719 ff.

Eine Alternative zu dem verwendeten Strukturgleichungsmodell stellt die Konstruktion eines hierarchischen Komponentenmodells dar, in dem die Teilaspekte der Motivation und der Zufriedenheit mit ihren Indikatoren über Konstrukte zweiter Ordnung dargestellt werden.[2207] Da jedoch keine befriedigenden Methoden zur Schätzung eines Konstrukts zweiter Ordnung bestehen und detaillierte Informationen über die Wirkung der einzelnen Indikatoren nicht mehr ersichtlich sind,[2208] wurde in dieser Untersuchung von einem mehrdimensionalen Messmodell abgesehen. Ein solches Modell könnte jedoch in einer weiterführenden Studie analysiert werden.

Eine viel diskutierte messtheoretische Einschränkung betrifft das Skalenniveau der verwendeten Ratingskala. Ein Vorteil von Likert-Skalen liegt darin, dass sie unter der Bedingung gleichabständiger Abstufungen, die von den Befragten auch als solche interpretiert werden müssen, als intervallskaliert gelten und somit Berechnungen wie die Bildung von Mittelwerten oder die Verwendung im Rahmen von Strukturgleichungsmodellen möglich sind. Trotz der grafischen Aufbereitung bzw. entsprechender Bezeichnungen äquidistanter Abstände ist die Annahme der Intervallskalierung jedoch bei der Interpretation der Ergebnisse zu berücksichtigen.[2209]

Eine weitere Limitation ist in der online durchgeführten Befragung zu sehen. Das durchschnittliche Alter der befragten Aufsichtsräte liegt bei ca. 55 Jahren. Rund 38 % waren zudem zwischen 60 und 69 Jahre alt. Auch der in den Berichten des Aufsichtsrats meistgenannte Grund für ein Ausscheiden aus dem Gremium stellt ein Indiz für ein hohes Alter der Aufsichtsräte dar.[2210] Dadurch, dass der Anteil der Internetnutzer mit zunehmendem Alter abnimmt,[2211] könnten – um sämtliche Altersgruppen gleichermaßen in die Analyse mit einzubeziehen – in einer weiteren Untersuchung daher sowohl online konzipierte als auch postalische Befragungen zum Einsatz kommen.

Bei der Durchführung der Befragung wurde den Vorstandsvorsitzenden bzw. in einigen wenigen Fällen auch einem anonymen Ansprechpartner der Bank eine E-Mail geschickt, mit der Bitte diese einschließlich des enthaltenen Links für die Befragung an die Aufsichtsräte weiterzuleiten. Aufgrund der hohen Zugriffszahlen auf den Fragebogen direkt im Anschluss an die Versendung der E-Mail kann davon ausgegangen werden, dass sich die Vorstände zunächst über den Inhalt des Fragebogens informieren wollten, bevor sie ihn an die Aufsichtsräte weiterleiten. Grundsätzlich kann nicht sichergestellt werden, dass ausschließlich Aufsichtsräte an der Befragung teilgenommen haben. Der Fragebogen wurde von insgesamt 641 Personen vollständig durchgeklickt und im Verlauf des Befragungszeitraums von

---

[2207] Derartige Modelle werden auch als Hierarchical Component Models (HCM) bezeichnet (vgl. ALBERS/ GÖTZ (2006); WETZELS/ODEKERKEN (2009); AFTHANORHAN (2014); GIERE/WIRTZ/SCHILKE (2006); HAIR ET AL. (2017c), S. 38 ff.). Zur Durchführung von Mehrebenenregressionsanalysen siehe zudem HAUMANN/WIESEKE (2013).

[2208] Vgl. ALBERS/GÖTZ (2006), S. 675.

[2209] Vgl. Kapitel C3.5.1.3; BÜTTNER (2013), S. 377.

[2210] Mit einem Anteil von 29 % war das altersbedingte Ausscheiden der meistgenannte Grund, gefolgt von einer bewussten Verkleinerung des Gremiums zumeist in Verbindung mit einer Fusion mit 13 %.

[2211] Vgl. STATISTISCHES BUNDESAMT (2020); ARD/ZDF (2019).

234 Befragten tatsächlich beantwortet. Aufgrund der Plausibilisierung der Antworten und der Überprüfung der Datenqualität kann jedoch davon ausgegangen werden, dass im Regelfall Aufsichtsräte geantwortet haben. Dieser Limitation hätte durch persönliche Befragungen begegnet werden können, wobei dann andere Einschränkungen aufgrund der verringerten Anonymität bzw. Diskretion zum Tragen gekommen wären.

Trotz der als Vollerhebung konzipierten Befragung kann zudem die Größe der Stichprobe als Limitation angeführt werden. Zur Validierung der Ergebnisse könnte daher eine weitere Untersuchung mit einer größeren Strichprobe durchgeführt werden.

Hinsichtlich der institutsinternen Gestaltung der Aufsichtsratsarbeit bietet die vorliegende Arbeit Anregungen für eine Diskussion im jeweiligen Gremium zur Verbesserung der Aufsichtsratstätigkeit.

# 4    Implikationen

## 4.1    Implikationen für die Forschung

Ungeachtet der diskutierten Limitationen lassen sich einige Implikationen für die Forschung ableiten. Neben den vorgelegten Befunden liegt der Erkenntnisgewinn der Arbeit aus wissenschaftlicher Sicht insbesondere in der Verknüpfung und Anwendung verschiedener Motivations- und Zufriedenheitstheorien und des daraus abgeleiteten Bezugsrahmens auf aufsichtsratsbezogene Fragestellungen, wodurch ein Beitrag die verhaltenswissenschaftliche Ökonomik betreffend geliefert wird.

Auf Basis verschiedener Motivationstheorien konnte vor allem in Verbindung mit der Anreiz-Beitrags-Theorie die Motivstruktur der Aufsichtsräte strukturiert abgeleitet werden. Die Arbeit leistet einen inhaltlichen Beitrag hinsichtlich der Konzeptualisierung und Operationalisierung der auf die Aufsichtsratstätigkeit bezogenen Teilaspekte der Motivation und Zufriedenheit. Die Befunde verdeutlichen den Einfluss der (Arbeits-)Motivation auf die (Arbeits-)Zufriedenheit. Des Weiteren wurde der Forderung nachgekommen, dass der Einfluss demografischer Faktoren auf die Motivation und Zufriedenheit untersucht werden sollte.[2212] Die Befunde der vorliegenden Arbeit stehen im Einklang mit bisherigen Ergebnissen zur Ehrenamtsforschung und verdeutlichen die Relevanz der intrinsischen Motivation.

In der wissenschaftlichen Diskussion sowohl zum monistischen als auch zum dualistischen Aufsichtsratssystem dominieren die Annahmen der Prinzipal-Agenten-Theorie.[2213] Die vorliegende Untersuchung kommt der Forderung nach, dass die Aufsichtsratstätigkeit nicht ausschließlich aus Sicht der Prinzipal-Agenten-Theorie untersucht wird, sondern weitere Verhaltensannahmen in die aufsichtsratsbezogene Forschung einbezogen werden.[2214] Diese Forderung geht einher mit dem

---

[2212] Vgl. FURNHAM/ERACLEOUS/CHAMORRO-PREMUZIC (2009), S. 777.
[2213] Vgl. DEBUS (2010), S. 166.
[2214] Vgl. MORNER/RENGER/VALLE THIELE (2010), S. 325.

Verlauf regulatorischer Anforderungen der vergangenen Jahre. Nachdem im Zusammenhang mit dem Schlagwort der Corporate Governance zunächst Strukturen und Prozesse im Fokus standen, nehmen das Verhalten und die Kompetenz der handelnden Akteure eine zunehmend wichtige Rolle ein.[2215] Darüber hinaus kann unter Berücksichtigung der Pluralität an Motiven der ausschließlichen Relevanz der Prinzipal-Agenten-Theorie zum Erklären des Verhaltens genossenschaftlicher Aufsichtsräte nicht gefolgt werden. Einhergehend mit den Annahmen der Stewardship-Theorie ist die Vergütung für die Mandatsträger von untergeordneter Bedeutung. Insgesamt liegt der Erkenntnisgewinn der Arbeit aus theoretischer Sicht somit in der Anwendung von theoretischen Ansätzen und Modellen auf das Forschungsfeld der kreditgenossenschaftlichen Aufsichtsräte.

Während die Struktur der Aufsichtsorgane von großen börsennotierten Unternehmen bereits ausgiebig thematisiert bzw. diskutiert wurde, wurde die Zusammensetzung genossenschaftlicher Gremien bislang nur stichprobenartig untersucht. Mithilfe der durchgeführten Vollerhebung konnte die diesbezüglich bestehende Forschungslücke somit geschlossen werden. Dies betrifft insbesondere auch vielfach behandelte Faktoren wie die Vergütung und die Diversität der Gremien. In diesem Zusammenhang dient die vorliegende Untersuchung auch als Vergleichsmöglichkeit beispielsweise zu anderen Rechtsformen, zur Organisation des dritten Sektors sowie zu anderen mittelständischen Unternehmen. Die vorliegende Arbeit ergänzt bestehende Studien zur Erforschung der Corporate Governance bzw. Cooperative Governance.[2216]

Obwohl Genossenschaften als wirtschaftende Betriebe zum Gegenstandsbereich der Betriebswirtschaftslehre zählen, stehen sie bzw. die Herausforderungen, vor denen sie stehen, nicht im Fokus der betriebswirtschaftlichen Forschung.[2217] Wesentliche Unterschiede zu Unternehmen mit gewinnorientierter Zielsetzung liegen in den genossenschaftlichen Prinzipien und der genossenschaftlichen Organisationsstruktur. Die vorliegende Arbeit liefert mit ihren Erkenntnissen daher einen Beitrag für die Genossenschaftslehre bzw. die genossenschaftliche Partizipationsforschung.[2218]

Des Weiteren liegt ein Erkenntnisgewinn der Arbeit aus methodischer Sicht in der Anwendung der Strukturgleichungsmodellierung auf Basis des PLS-Ansatzes einschließlich der Konzeptualisierung sowie Operationalisierung der Konstrukte der Motivation, Zufriedenheit und Aufgabenwahrnehmung im Kontext kreditgenossenschaftlicher Aufsichtsräte. Zukünftige Studien könnten an dem empirischen Design dieser Untersuchung ansetzen.

Neben den Implikationen für die Forschung lassen sich weitere Implikationen für die gesetzgeberische sowie kreditgenossenschaftliche Praxis ableiten. Diese werden angelehnt an den Aufbau von Kapitel B2.3 und beziehen sich somit zunächst auf die aufsichtsrätlichen Rechte und Pflichte, gefolgt von Implikationen in Bezug

---

[2215]  Vgl. LEUBE (2012), S. 203.
[2216]  Vgl. Kapitel B1.4.1.
[2217]  Vgl. BLOME-DREES (2011), S. 1 f.
[2218]  Vgl. Kapitel B3.5.

auf strukturelle und organisationale Faktoren, bevor anschließend auf aufsichtsratsindividuelle Faktoren eingegangen wird. Da Verknüpfungen teilweise zweckmäßig erscheinen, erfolgt die Zuordnung nicht überschneidungsfrei.

## 4.2    Implikationen für die Praxis

### 4.2.1    Implikationen in Bezug auf die aufsichtsrätlichen Rechte und Pflichten

In Bezug auf die kreditgenossenschaftliche Aufsichtsratspraxis bzw. konkret hinsichtlich der aufsichtsrätlichen Rechte und Pflichten lassen sich einige Implikationen ableiten, die insbesondere der Steigerung der Motivation sowie der Zufriedenheit dienen und die zu einer Verbesserung der genossenschaftlichen Aufsichtsratstätigkeit beitragen. Die Implikationen betreffen im Speziellen die Information,
das Rollenverständnis, die Mitwirkung, die Selbstbeurteilung, die Erstellung eines
Überwachungsplans, die Risikokompetenz, den Verzicht auf ein Aufsichtsratsgremium, die Zusammenarbeit mit den Abschlussprüfern sowie den Bericht des Aufsichtsrats.

**Information**

Aufgrund der Distanz zum Unternehmen ist die Aufsichtsratstätigkeit geprägt durch
Informationsasymmetrien, insbesondere im Vergleich zum Vorstand. Um daraus
resultierende Dysfunktionalitäten zu verringern und eine wirksame Überwachung
zu gewährleisten, müssen Aufsichtsräte einerseits ihrer *informatorischen Hol-
schuld* nachkommen. Hierzu zählen eine intensive Sitzungsvorbereitung sowie das
offene Ansprechen von unklaren Aspekten und das Stellen inhaltlicher Fragen.[2219]
Andererseits besteht eine *Bringschuld des Vorstands*.[2220] Eine diesbezügliche
Konkretisierung durch einen detaillierten Berichtskatalog, wie er beispielsweise für
AGs geregelt ist,[2221] existiert für Genossenschaften nicht. Dem Vorstand einer Genossenschaft werden Berichtspflichten in der Regel lediglich durch die Satzung und
bei Kreditgenossenschaften zusätzlich durch die MaRisk auferlegt, weswegen vor
allem die periodischen Vorstandsberichte in der Praxis unterschiedlich ausgestaltet
sind.[2222] Eine Implikation für die gesetzgeberische Praxis besteht daher darin, die
Bringschuld des Vorstands durch einen an § 90 AktG angelehnten Wortlaut auch
im GenG zu inkludieren und zu konkretisieren.[2223]

---

[2219] Vgl. RUHWEDEL (2019c), S. 177.
[2220] Vgl. Kapitel B2.3.2.
[2221] Vgl. § 90 AktG.
[2222] Vgl. FRANKENBERGER/GSCHREY/BAUER (2020), S. 122.
[2223] In § 90 AktG Abs. 1 ist zunächst der Inhalt der Berichte festgelegt. „Der Vorstand hat dem Aufsichtsrat
zu berichten über 1. die beabsichtigte Geschäftspolitik und andere grundsätzliche Fragen der Unternehmensplanung (insbesondere die Finanz-, Investitions- und Personalplanung), wobei auf Abweichungen der tatsächlichen Entwicklung von früher berichteten Zielen unter Angabe von Gründen einzugehen ist; 2. die Rentabilität der Gesellschaft, insbesondere die Rentabilität des Eigenkapitals;
3. den Gang der Geschäfte, insbesondere den Umsatz, und die Lage der Gesellschaft; 4. Geschäfte,
die für die Rentabilität oder Liquidität der Gesellschaft von erheblicher Bedeutung sein können." (§ 90
Abs. 1 AktG). In § 90 Abs. 2 AktG ist zudem der Turnus der in § 90 Abs. 1 AktG genannten Berichte
geregelt.

Aufgrund der fehlenden bzw. reduzierten Berichtsordnung obliegt dem Aufsichtsrat und dem Vorstand eine besondere Verantwortung bei der Berichtswesenausgestaltung.[2224] Zur Steigerung der Informationseffizienz sollte die Berichtspflicht des Vorstands über das gesetzliche Mindestmaß hinausgehend präzisiert werden.[2225] Der Aufsichtsrat sollte daher gemeinsam mit dem Vorstand eine *Informationsordnung* erarbeiten, die sämtliche mitteilungspflichtige Angelegenheiten sowie weitere Informationen beispielsweise den Förderauftrag betreffend regelt.[2226] Als Leitfrage sollte beantwortet werden, „welche Informationen [...] der Aufsichtsrat wann und wie [benötigt], um die gesetzlich definierten Aufgaben erfüllen zu können"[2227].

Eine Informationsordnung würde zusätzlich das Risiko minimieren, dass Vorstände, die keine gute Zusammenarbeit mit dem Aufsichtsrat anstreben oder den Aufsichtsrat lediglich als gesetzliche Notwendigkeit ansehen, Informationen zurückhalten oder nur stark komprimiert an das Gremium geben. Der Vorstand gilt als wichtigster Informationslieferant des Aufsichtsrats, weswegen er starken Einfluss auf die Urteilsbildung des Aufsichtsorgans ausüben kann. Von der Problematik vorenthaltender Informationen bzw. Berichte sind im Speziellen die Bereiche betroffen, die sich den Fähigkeiten und Kenntnissen der Aufsichtsräte entziehen.[2228] Infolge fehlender Kenntnisse auch über weitere potenzielle Berichte des Vorstands würden Aufsichtsräte eine reduzierte Informationsversorgung daher nicht zwangsläufig wahrnehmen.

Den Vorstandsberichten kommt somit insgesamt eine besondere Bedeutung zu.[2229] Seitens des Aufsichtsrats sollte die Berichterstattung des Vorstands umfassend ausgewertet werden und auch nach langjähriger Aufsichtsratstätigkeit sollte stets eine Grundskepsis erhalten bleiben. Seitens des Vorstands ist darauf zu achten, dass weder ein *information overload* noch *underload* vorliegt.[2230] Trotz einer Fokussierung auf das Wesentliche sollten sämtliche relevante Informationen enthalten sein. Gleich aufgebaute periodische Berichte und das Arbeiten mit Wiedererkennungswerten wie beispielsweise Ampeln tragen zu einem schnelleren Verständnis und einer adressatengerechten Aufbereitung bei. Für eine Reduktion der Komplexität der Berichte könnte ein *Aufsichtsratscockpit* eingeführt werden, das die wichtigsten für den Aufsichtsrat relevanten Kennzahlen enthält, durch eine Ampellogik unterstützt wird und, sofern der Zugriff über mobile Endgeräte vorgesehen ist, Filtermöglichkeiten sowie Exportmöglichkeiten beinhaltet.[2231]

---

[2224] Vgl. HILKENBACH (2004), S. 81 f.

[2225] Vgl. WELGE/EULERICH (2014), S. 318.

[2226] Vgl. LUTTER/KRIEGER/VERSE (2020), Rn. 1261. Ein Muster für den vierteljährlichen Risikobericht gemäß der MaRisk liefern FRANKENBERGER/GSCHREY/BAUER (2020), S. 124 f. Da der Aufsichtsrat angehalten ist, den objektiv wahrnehmbaren Förderauftrag zu überprüfen bzw. auf die Fördertauglichkeit der Geschäftstätigkeit des Vorstands hinzuwirken, könnte daher im Zusammenhang mit der Förderberichterstattung ein sogenanntes Member Value Reporting implementiert werden (vgl. HILKENBACH (2004), S. 83; TSCHÖPEL (2013)). Zur Information des Aufsichtsrat siehe exemplarisch DIEDERICHS/KIßLER (2008), S. 183 ff.; THEISEN (2007).

[2227] MÄDER (2008), S. 357.

[2228] Vgl. GERIKE (2001), S. 290.

[2229] Vgl. LANG/WEIDMÜLLER (2019), § 38 Rn. 32.

[2230] Vgl. LITTKEMANN/SCHWARZER/MILLER (2018), S. 51 ff.

[2231] Vgl. GERBERICH (2019), S. 87.

Um auch vorstandsunabhängige Informationen zu erhalten, sollte der Aufsichtsrat beispielsweise in der Sitzung, in der der Verbandsprüfer zugegen ist, die Möglichkeit nutzen, um ausführlich Fragen zu stellen. Darüber hinaus sollte der Aufsichtsrat von seinen Einsichts- und Informationsrechten Gebrauch machen.

In Bezug auf die Einarbeitung und Information neuer Aufsichtsratsmitglieder könnte ein Begrüßungspaket zusammengestellt werden. Dieses Begrüßungspaket könnte neben den Prüfberichten der letzten Jahre und Protokollen der letzten Sitzungen auch die Satzung des Instituts sowie die Geschäftsordnung des Aufsichtsrats enthalten.[2232]

Sämtliche der vorgenannten Empfehlungen helfen dabei, dass sich Aufsichtsräte ernst genommen sowie besser informiert fühlen bzw. informiert werden, wodurch sie stärker mit dem Institut verbunden sind. Insbesondere bei Aufsichtsräten, die über Bedürfnisse in Bezug auf Wissen oder Neugierde verfügen, könnte dies zu einer Steigerung der Motivation sowie der Zufriedenheit beitragen.

Um die *Transparenz der Aufsichtsratstätigkeit* auch für die Mitglieder der Genossenschaft zu erhöhen, sollten die Namen und unter Berücksichtigung der Zustimmung des Gremiums gegebenenfalls auch einheitliche Bilder der Aufsichtsräte auf der Website der Bank veröffentlicht werden. Mitglieder und Kunden des Instituts hätten die Möglichkeit, die Aufsichtsräte (wieder) zu erkennen, wodurch der Bezug zur Bank gesteigert werden könnte. Darüber hinaus könnten die Satzungen der Institute über die Websites zur Verfügung gestellt werden. In analoger Anwendung des § 161 AktG könnten Genossenschaftsbanken darüber hinaus Entsprechenserklärungen zum CGKG über ihre Website veröffentlichen.[2233]

**Rollenverständnis**

Insgesamt ist zu konstatieren, dass die aufsichtsrätlichen Kernaufgaben keiner großen Veränderung unterliegen. Bei einigen Instituten ist jedoch die Gewichtung der Kernaufgaben kritisch zu hinterfragen. Ein sich hundertprozentig als Kontrolleur verstehendes Gremium ist dabei ebenso wenig zielführend wie ein ausschließlich als strategischer Berater agierender Aufsichtsrat. Insbesondere sollte der Anteil ex post ausgerichteter Kontrolle zugunsten zukunftsorientierter Aufgaben verringert werden.[2234] Beispielsweise sollte der Aufsichtsrat bei strategischen Personalfragen den Vorstand betreffend oder bei strategischen Zukunftsfragen die Gesellschaft betreffend bereits zu einem frühen Zeitpunkt eingebunden werden.[2235] Der Umfang der Beratung sollte sich jedoch stets auf die Bereiche, die auch der Überwachung bzw. Mitwirkung unterliegen, beschränken.[2236]

Die MaRisk sehen vor, dass eine gemeine Strategieerörterung zwischen dem Vorstand und dem Aufsichtsrat zu erfolgen hat.[2237] Die Bankenaufsicht hat hierbei klar-

---

[2232] Vgl. Tüngler (2014), S. 115.

[2233] Vgl. Kapitel B2.3.1.

[2234] Vgl. Spencer Stuart (2018), S. 4.

[2235] Vgl. Vetter (2016), S. 116.

[2236] Vgl. Lang/Weidmüller (2019), § 38 Rn. 33.

[2237] Vgl. Kapitel B2.3.2.

gestellt, dass ein Beschluss ohne Diskussion nicht ausreicht und sie vom Aufsichtsrat Impulse erwartet, „die eine nachhaltige Stabilität der Bank gewährleisten"[2238]. Hierzu ist eine Kenntnis über die Wirkungszusammenhänge zwischen Ertrags-, Wachstums- und Risikobegrenzungszielen unausweichlich. Planabweichungen sollen ergründet und alternative Strategien sowie Gegenmaßnahmen bewertet werden. In Bezug auf betriebswirtschaftliche Vergleichswerte können Aufsichtsräte auf die von den Genossenschaftsverbänden bereitgestellten Informationen zurückgreifen.[2239]

Sämtliche Strategien des Instituts sind in Bezug auf ihre „Klarheit und Konsistenz sowie Plausibilität der zugrunde liegenden Prämissen, ihre technische politische und rechtliche Realisierbarkeit und Finanzierbarkeit"[2240] kritisch zu hinterfragen. Das Erkennen maßgeblicher Risiken sowie das Aufzeigen möglicher Alternativszenarien hängen ebenso wie das kritische Hinterfragen dabei stark von den Erfahrungen und der Kompetenz der Aufsichtsratsmitglieder ab.[2241] Um die strategische Handlungskompetenz zu stärken, richten Aufsichtsräte zunehmend Strategieausschüsse ein oder führen Strategieklausuren durch. Derartige organisatorische Maßnahmen und weitere systematische Strategieprozesse tragen zu einer Intensivierung der Strategiearbeit bei.[2242]

In Bezug auf das Rollenverständnis kann es einerseits hilfreich sein, dass ein gemeinsam getragenes Selbstverständnis, wie das Gremium seine Rolle als Team wahrnehmen möchte, vorliegt.[2243] Andererseits kann es auch zweckdienlich sein, wenn einzelne Aufsichtsräte unterschiedliche Rollenauffassungen haben und sich diesbezüglich ergänzen. Um Konflikte bezüglich einer Ausrichtung des Aufsichtsrats zu vermeiden, sollte das Rollenverständnis beispielsweise im Rahmen der Selbstbeurteilung diskutiert und festgehalten werden.

**Mitwirkung**

In Bezug auf eine etwaige Ausweitung von Mitwirkungsrechten des Aufsichtsrats ist zu bedenken, dass die Stellung des Vorstands nicht ausgehöhlt werden darf und ihm weiterhin die Geschäftsleitung obliegt. Davon abgesehen existieren keine weitergehenden Beschränkungen für die Mitwirkung des Gremiums, wobei es empfehlenswert ist, die Mitwirkung auf Geschäfte von besonderer Bedeutung zu beschränken.[2244]

**Selbstbeurteilung**

Unter Bezugnahme auf die Befunde das zweite Forschungsziel betreffend, besteht eine weitere Handlungsempfehlung darin, dass die regulative Anforderung der *Selbstbeurteilung*[2245] nicht ausschließlich als administrative, abzuhakende Auf-

---

[2238] PETERSEN (2014), S. 24.
[2239] Vgl. PETERSEN (2014), S. 24 f.
[2240] VETTER (2016), S. 116.
[2241] Vgl. VETTER (2016), S. 116.
[2242] Vgl. RUHWEDEL (2019c), S. 175 f.
[2243] Vgl. RUHWEDEL (2019c), S. 176.
[2244] Vgl. LANG/WEIDMÜLLER (2019), § 38 Rn. 41; BEUTHIEN/WOLFF/SCHÖPFLIN (2018), § 38 Rn. 9.
[2245] Vgl. Kapitel B2.3.2.

gabe angesehen, sondern als tatsächliche Möglichkeit zur Verbesserung der Gremienarbeit verstanden wird. Gemäß RUHWEDEL sollten Aufsichtsratsmitglieder auch stets kritisch hinterfragen, welchen Mehrwert sie selbst für das Gremium liefern.[2246]

Fehlentwicklungen im Gremium sollten schneller identifiziert und Gegenmaßnahmen eingeleitet werden, was sich wiederum positiv auf die Motivation sowie die Zufriedenheit auswirken kann.

Als erfolgskritische Determinanten zur Steigerung des Nutzens bzw. Akzeptanz der Ergebnisse gelten die in Tab. 174 genannten, wobei insbesondere der Faktor, dass Verbesserungsmaßnahmen abgeleitet und umgesetzt werden sollen, deutlich zur Zufriedenheit von Aufsichtsräten beiträgt.[2247]

| Erfolgskritische Faktoren bei der Selbstbeurteilung |
|---|
| • Systematische Vorbereitung der Evaluierung unter Einbindung der Aufsichtsratsmitglieder |
| • Berücksichtigung der unternehmensspezifischen Rahmenbedingungen im Evaluierungsansatz |
| • Verwendung eines Online-Tools zur Durchführung der Fragebogenanalyse |
| • Absolute Anonymität und Vertraulichkeit |
| • Auswertung der Ergebnisse unter Verwendung externer Benchmarks |
| • Diskussion der Ergebnisse im Aufsichtsrat ohne den Vorstand |
| • Umfassende Rückkopplung und Diskussion der Evaluierungsergebnisse |
| • Ableitung und detaillierte Beschreibung von Verbesserungsmaßnahmen |
| • Systematische Überwachung sowie verbindliche Terminierung der Umsetzung der Verbesserungsmaßnahmen |
| • Mehrjähriger Evaluierungsansatz mit Variation der Instrumente und Eindringtiefe |

Tab. 174: Erfolgskritische Faktoren bei der Selbstbeurteilung[2248]

**Erstellung eines Überwachungsplans**

Um die Überwachungsaufgaben strukturiert und effizient zu verfolgen, können ein Jahresplan sowie ein mehrjähriger, beispielsweise dreijähriger Überwachungsplan erstellt werden. Ein *Jahresplan* beinhaltet eine Übersicht über sämtliche gesetzlich vorgegebene Überwachungsaufgaben bzw. eine systematische Beschreibung dieser Aufgaben. Um die Sitzungsplanung zu erleichtern, wird eine tabellarische Übersicht erstellt, bei der die Aufgaben so lange entsprechend markiert sind, bis sie erledigt werden.[2249] Bei einem *mehrjährigen Überwachungsplan* ist es das Ziel, jede der gesetzlich vorgegebenen Aufgaben einmal in diesem Zeitraum ausführlich

---

[2246] Vgl. RUHWEDEL (2019c), S. 177. EULERICH/WELGE empfehlen den Einsatz einer Aufsichtsrats-Scorecard mit internen Prozessen, Lernen und Entwicklung, Stakeholdern und Finanzwirtschaft als Perspektiven. Mithilfe unterschiedlicher Ziele und Messgrößen können die Grundsätze guter Unternehmensführung ganzheitlich implementiert werden (vgl. WELGE/EULERICH (2012); EULERICH/WELGE (2010a), S. 19; WELGE/EULERICH (2014), S. 282 ff.).

[2247] Vgl. PAPENFUß/WERNER-SCHMOLLING/WOLFF (2016), S. 108.

[2248] Quelle: Eigene Darstellung in Anlehnung an RUHWEDEL (2019b), S. 212; PAPENFUß/WERNER-SCHMOLLING/WOLFF (2016), S. 108.

[2249] Vgl. KÖHLER/REICHLE (2019), S. 60 f.

wahrzunehmen. Die durchschnittliche Überwachungsintensität wird somit verringert.[2250]

## Risiko(kompetenz)

Eine Aufgabe des Aufsichtsrats, die weiterhin an Bedeutung gewinnen wird, ist die *Überwachung des Risikomanagements.*[2251] Als Ursache der letzten Finanzkrise wurden unter anderem Schwachstellen diesbezüglich ausgemacht,[2252] weshalb dem Risikomanagement im Verlauf vergangener Gesetzesänderungen eine besondere Relevanz beigemessen wurde. Beispielsweise war die Stärkung der Risikoüberwachung durch Mitglieder des Aufsichtsrats ein Kernelement der CRD IV.[2253]

Auch zur Vorbeugung von Unternehmensschieflagen kommt dem Risikomanagement eine besondere Bedeutung zu. Aufsichtsräte sollten ein grundlegendes Risikoverständnis besitzen und Risikokennzahlen entsprechend einordnen können. Für eine wirkungsvolle Überwachungstätigkeit ist es unerlässlich, den Aufsichtsrat in die Gesamtbanksteuerung und das Risikomanagement einzubinden.[2254] Neben dem Ausbau der eigenen Fachkompetenz ist in diesem Zusammenhang zudem eine verstärkte Zusammenarbeit mit der Internen Revision, dem Compliance-Beauftragten sowie dem Risikocontrolling empfehlenswert.

Die von Aufsichtsräten geforderte Risikokompetenz sollte eng einhergehen mit einem ausgeprägten Bewusstsein für Risiken.[2255] Neben den wesentlichen Risiken, zu denen unter anderem Adress- oder Marktpreisrisiken zählen, sollten sich Aufsichtsräte auch mit Reputationsrisiken auseinandersetzen. Zum einen können Reputationsrisiken existenzbedrohend für Unternehmen sein, zum anderen können Imageschäden des Instituts auch die eigene Reputation der Mandatsträger beeinflussen, insbesondere wenn ein Schaden (un-)mittelbar mit dem Aufsichtsrat verbunden wird.[2256] Dieser Aspekt sollte insbesondere bei Aufsichtsräten mit einem hohen Bedürfnis nach guter Reputation bzw. einer dadurch begründeten extrinsischen Motivation nicht vernachlässigt werden.

Zusätzlich haben Managementrisiken in Form von Betrugs- und Bestechungsfällen sowie Managementfehlern in der Vergangenheit zu Unternehmensschieflagen und Reputationsverlusten geführt.[2257] Aufsichtsräte sollten daher auch in dieser Hinsicht sensibilisiert werden. Ebenso ist eine Stärkung ihrer Risikokompetenz anzustreben.

---

[2250] Vgl. REICHLE (2019a), S. 364.
[2251] Vgl. EULERICH/LOHMANN (2019), S. 172. Zum Risikomanagement in Banken siehe SCHIERENBECK/LISTER/KIRMßE (2008). Das Risikomanagement beinhaltet insbesondere die „Festlegung der Risikopolitik, die Förderung des Risikobewusstseins der Unternehmensangehörigen, die Identifikation, Analyse und Bewertung der Risiken, denen das Unternehmen ausgesetzt ist oder sein kann, sowie die Kontrolle und Bewältigung der Risiken." (SCHEFFLER (2014), S. 2860).
[2252] Vgl. BUCHHOLZ/VELTE (2014), S. 63.
[2253] Vgl. REDENZ ET AL. (2013), S. 21.
[2254] Vgl. WIEDEMANN (2013), S. 1027.
[2255] Vgl. POTTHOFF (2003), S. 108 ff.; WIEDEMANN/MENK (2013), S. 93.
[2256] Vgl. SCHICHOLD/VOLLBRACHT (2014), S. 68.
[2257] Vgl. ZIEGER (2007), S. 2.

Insgesamt steigen neben dem erhöhten bzw. konkretisierten Überwachungsumfang des Aufsichtsrats auch regelmäßig die direkten Anforderungen an das Risikomanagement. Um den Vorstand in Bezug auf das Risikomanagement auf Augenhöhe überwachen zu können, müssen sich Aufsichtsräte regelmäßig auf diesem Gebiet fortbilden. Auch aufgrund der Komplexität bankbetrieblicher Risiken sollte die Risikokompetenz des Aufsichtsrats einen zentralen Bestandteil der im KWG geforderten Weiterbildungen darstellen.[2258]

### Verzicht auf ein Aufsichtsratsgremium

Eine weitere Implikation, die jedoch eine entsprechende gesetzliche Regelung nach sich ziehen müsste, liegt in einem möglichen *Verzicht des Aufsichtsrats* als Organ bei ausgewählten Genossenschaftsbanken. Dieser Überlegung liegen verschiedene Ursachen zugrunde:

- Wie unter anderem in Kapitel B1.4.2 ausgeführt wurde, werden Genossenschaftsbanken durch verschiedene Instanzen wie Prüfungsverbände oder die Bankenaufsicht regelmäßig und weitgehend geprüft. Durch die Geschäftsführungsprüfung ist der Prüfungsverband bereits in eine originäre Aufgabe des Aufsichtsrats eingebunden bzw. teilweise übernimmt er diese Aufgabe bereits.[2259]
- Darüber hinaus existiert eine interne Überwachung durch das interne Kontrollsystem sowie die Interne Revision. Im Vergleich zu den Prüfern der Genossenschaftsverbände, der Bankenaufsicht und den Prüfern der Internen Revision ist der Aufsichtsrat in der Regel die Prüfungsinstanz mit den geringsten Spezialkenntnissen.[2260]
- Aufgrund der Selbstverwaltung von Genossenschaften sollte ein kompetentes und motiviertes Gremium aus der Mitgliederschaft gewonnen werden.[2261] Da die Institute in der Praxis diesbezüglich vor Herausforderungen stehen, werden Aufsichtsräte teilweise aus dem Nichtmitglieder- bzw. Nichtkundenkreis rekrutiert. Der Erwerb der Mitgliedschaft stellt dann lediglich eine obligatorische Auflage dar, bevor sich ein Aufsichtsratskandidat zur Wahl stellen kann.

Analog zu abweichenden Regelungen für Kleinstgenossenschaften[2262] oder Kleinstkapitalgesellschaften[2263] bestünde eine Option daher darin, die Aufgaben des Aufsichtsrats abhängig von dem Geschäftsmodell und der Größe des Instituts durch einen Prüfungsverband oder externe Wirtschaftsprüfungsgesellschaften wahrnehmen zu lassen. Sollte der Prüfungsverband die Aufgabe des Aufsichtsrats übernehmen, müsste der Prüfungsauftrag erweitert werden und beispielsweise auch die Prüfung der Zweckmäßigkeit bilanzpolitischer Ermessensentscheidungen des Vorstands mit einbeziehen. Darüber hinaus müsste die Beseitigung festgestellter Mängel stärker vom Prüfungsverband überwacht werden.

---

[2258] Vgl. HÖLSCHER/DÄHNE (2015), S. 73.
[2259] Vgl. SASSEN (2011), S. 453.
[2260] Vgl. STERNBERG (2017), S. 32.
[2261] Vgl. Kapitel B1.2.1.1.
[2262] Vgl. § 336 HGB.
[2263] Vgl. § 267a HGB.

Auch wenn sich die vorgenannten Überlegungen hauptsächlich auf die Prüfungs-
aufgaben des Aufsichtsrats und weniger auf beratende Tätigkeiten beziehen, wäre
eine Übernahme beratender Tätigkeiten durch externe Instanzen aufgrund der
fachlichen Expertise ebenfalls denkbar. Insbesondere bei Beratungsleistungen ist
jedoch auf eine strikte Trennung zur genossenschaftlichen Pflichtprüfung zu achten.[2264]

GERIKE diskutiert in diesem Zusammenhang eine inhaltliche Aufspaltung der Kontrollaufgabe. Vor dem Hintergrund, dass nicht alle Genossenschaften die personellen, finanziellen und organisatorischen Möglichkeiten haben, um eine adäquate
Überwachung zu gewährleisten, könnte sich die Aufsichtsratstätigkeit auf die Überwachung materieller Sachverhalte beschränken. Formelle Überwachungsaufgaben würden an ein externes Prüfungsorgan, wie beispielsweise die Prüfungsverbände, übertragen werden. Hierdurch würde dem Problem der mangelnden Kenntnis zur Durchführung der Prüfung betriebswirtschaftlicher Sachverhalte begegnet
werden. Außerdem könnten Fortbildungskosten gesenkt und die Expertise der externen Prüfer genutzt werden. Darüber hinaus entstünden hierdurch zusätzliche
Kosten für Prüfungsdienstleistungen. Zudem geht eine solche Herangehensweise
mit einem hohen Kommunikationsbedarf und -aufwand zwischen dem Aufsichtsrat
und den externen Prüfern einher, insbesondere da sich die beiden Prüfungen teilweise gegenseitig bedingen.[2265]

Ein weiterer Vorteil bei einem System mit einem bedingt fakultativen Aufsichtsrat
liegt in der Reduzierung von Organisationskosten, die durch die Bildung eines solchen Organs entstehen, was insbesondere für kleine Genossenschaften relevant
sein könnte. Ein solches System ist bei Genossenschaften branchenabhängig beispielsweise in den Niederlanden, Frankreich und Österreich zu finden.[2266] Ein wesentlicher Nachteil bei einer ausschließlichen Überwachung durch Instanzen wie
die Prüfungsverbände liegt in der fehlenden regionalen Nähe und den damit einhergehenden Konsequenzen bei der Verfolgung der Förderziele.

**Zusammenarbeit mit Abschlussprüfern**

Insgesamt ist eine *verstärkte Zusammenarbeit zwischen dem Aufsichtsrat und dem
Abschluss- bzw. Verbandsprüfer* als sinnvoll zu erachten. Thematisch empfehlenswert sind beispielsweise die Beratung des Prüfungsausschusses oder die Unterstützung bei der Risikoanalyse bzw. -überwachung.[2267]

**Bericht des Aufsichtsrats**

Um die Aufsichtsratsarbeit für Genossenschaftsmitglieder und die interessierte Öffentlichkeit transparenter zu gestalten, sollten der Umfang und die Qualität des ver-

---

[2264]  Zur genossenschaftlichen Pflichtprüfung vgl. Kapitel B2.3.2.
[2265]  Vgl. GERIKE (2001), S. 293 f.
[2266]  Vgl. GERIKE (2001), S. 287.
[2267]  Vgl. HÖLSCHER/DÄHNE (2015), S. 70.

öffentlichten *Berichts des Aufsichtsrats* hinterfragt werden. Insgesamt wird der Aufsichtsrat vielfach als internes Überwachungsorgan angesehen, weswegen eine umfassende Publizität in der Regel nicht angestrebt wird.[2268]

Für AGs sind die Inhalte für den Bericht des Aufsichtsrats in § 171 Abs. 2 AktG geregelt. Während bei börsennotierten AGs teilweise selbst die Ausschüsse des Aufsichtsrats Bericht erstatten,[2269] besteht für Genossenschaften bislang keine Pflicht darüber zu berichten, ob bzw. welche Ausschüsse eingerichtet wurden. Trotz des Einwands des erhöhten Klagerisikos wird für börsennotierte AGs darüber hinaus beispielsweise gefordert, dass pro Sitzung ein mindestens einseitiges Protokoll veröffentlicht wird, das neben Angaben zur Sitzungsdauer auch Informationen über die Abwesenheit von Mitgliedern einschließlich der Gründe für die Abwesenheit enthält. Darüber hinaus sollten die Rolle des Vorsitzenden und insbesondere sein Kommunikationsverhalten dokumentiert werden.[2270]

Das Ziel der Angabe der Sitzungsteilnahme liegt weniger darin, die Nicht-Teilnahme zu bemängeln, sondern vielmehr in der Beurteilung der Funktionsfähigkeit des Gremiums.[2271]

Um auch nach außen zu kommunizieren, dass der Aufsichtsrat seinen Aufgaben adäquat nachgekommen ist, sollte bei Genossenschaften zumindest darauf verzichtet werden, lediglich den Bericht des Vorjahres zu kopieren. Vielmehr könnten Musterformulierungen mit jahresindividuellen Details kombiniert werden. Um über die Aufsichtsratstätigkeit des abgelaufenen Geschäftsjahres zu informieren, könnten die in Tab. 175 genannten Inhalte in den Bericht aufgenommen werden.

| Bericht des Aufsichtsrats |
|---|
| • Organisation des Aufsichtsrats (inkl. Angabe der Sitzungshäufigkeit und der An- bzw. Abwesenheit der Mitglieder) |
| • Themen, mit denen sich der Aufsichtsrat beschäftigt hat |
| • Besondere Schwerpunkte der Aufsichtsratstätigkeit |
| • Art und Umfang der Überwachung des Vorstands |
| • Veränderungen in den rechtlichen Rahmenbedingungen mit Auswirkungen auf die Aufsichtsratstätigkeit |
| • Informationen zur Fluktuation innerhalb des Gremiums |
| • Ergebnis der Prüfung des Jahresabschlusses, des Lageberichts und des Vorschlags über die Ver-wendung des Jahresüberschusses |
| • Erklärung über wesentliche Feststellungen oder Beanstandungen der Prüfung |
| • Dank an den Vorstand |

Tab. 175: Vorschläge zur Berichterstattung des Aufsichtsrats[2272]

---

[2268] Vgl. WACHTER (2017), S. 27. Für eine empirische Untersuchung der Glaubwürdigkeit von Aufsichtsratsberichten siehe TIETZ/BEHNKE/HOFFMANN (2019).

[2269] Vgl. DEUTSCHE BANK AG (2020), S. 458 ff.

[2270] Vgl. PRINZ/SCHWALBACH (2014), S. 139.

[2271] Vgl. ZIEGER (2007), S. 173.

[2272] Quelle: Eigene Darstellung.

## 4.2.2    Implikationen in Bezug auf strukturelle und organisationale Faktoren

Die folgenden Implikationen beziehen sich auf die Vergütung der Aufsichtsräte, die Sitzungs- und Diskussionskultur, die Besetzung der Gremien, das digitale Aufsichtsratsportal, die Einrichtung von Ausschüssen sowie die Gremiengröße.

### Vergütung

Obwohl monetären Anreizen offiziell keine hohe Bedeutung beigemessen wird, waren 28 % der Aufsichtsräte der vorliegenden Untersuchung der Ansicht, dass Aufwand und Ertrag der Tätigkeit in keinem angemessenen Verhältnis zueinanderstehen. Durch andere Untersuchungen wurde bestätigt, dass die Vergütung weniger als Anreiz, sondern vielmehr als Indikator für die Wertschätzung fungiert.

Da der Vergütung somit eine nicht zu unterschätzende Rolle zukommt, sind die Institute in der Pflicht, die Aufsichtsräte angemessen zu vergüten. DOETSCH empfiehlt für die Bestimmung einer angemessenen Aufsichtsratsvergütung die Orientierung am Markt, an den beaufsichtigten Vorständen oder an der Hochrechnung eines Stunden- bzw. Tagessatzes. Bei letzterem würde eine Multiplikation des erwarteten Zeitaufwands mit den als angemessen erachteten Stunden- oder Tagessätzen erfolgen. Bei der Orientierung an den beaufsichtigten Vorständen könnte die Gesamtvergütung der Vorstandsmitglieder durch die Anzahl der Aufsichtsräte geteilt und der erwartete Zeiteinsatz der Aufsichtsräte ins Verhältnis zu einer Vollzeittätigkeit gesetzt werden. Darüber hinaus sollte eine Differenzierung abhängig vom Aufgabenbereich, Verantwortungsgrad und der damit einhergehenden zeitlichen Belastung erfolgen. Aufsichtsratsvorsitzende erhalten in der Regel die zwei- bis vierfache Vergütung eines einfachen Mitglieds.[2273] Da stellvertretende Vorsitzende in der Regel keiner Mehrfachbelastung im Vergleich zu Aufsichtsratsmitgliedern ohne besondere Position ausgesetzt sind, kann hier von einer erhöhten Vergütung abgesehen werden.[2274]

Im Gegensatz zu der Vergütung von Aufsichtsräten in AGs darf die Vergütung genossenschaftlicher Aufsichtsräte nicht nach dem Gewinn der Gesellschaft bemessen sein. Dennoch können die Lage bzw. der Erfolg der Genossenschaft langfristig in die Überlegungen zur Höhe der fixen Vergütung einfließen.[2275] Zudem bedingt das stetig steigende Anforderungs- und Tätigkeitsprofil eine regelmäßige Auseinandersetzung mit der Vergütungshöhe.[2276] Die Implementierung von Sitzungsgeldern gilt hingegen als umstritten, da Aufsichtsräte nicht ausschließlich durch Geld zur Teilnahme an Sitzungen motiviert werden sollten.[2277] Gleichwohl ist darauf hinzuweisen, dass die Aufsichtsgremien ihre Vergütung bis zu einer institutsseitig festgelegten Obergrenze selbst festlegen können und diese in der Praxis regelmäßig nicht ausgeschöpft wird.[2278]

---

[2273] Vgl. DOETSCH (2013), S. 460.
[2274] Vgl. PELTZER (2004), Rn. 301; HILKENBACH (2004), S. 91.
[2275] Vgl. ZIEGER (2007), S. 187 f.
[2276] Vgl. VELTE/WEBER (2019), S. 215.
[2277] Vgl. HÖNSCH/FISCHER/KASPAR (2017), S. 128.
[2278] Vgl. Kapitel D3.2.3.

**Sitzungs- und Diskussionskultur**

Anknüpfend an die Selbstbeurteilung sollte die Sitzungs- und Diskussionskultur hinterfragt werden. Beispielsweise sollten sich Gremien über die *zeitlichen Anteile von Präsentationen und Diskussionen* bewusst werden und insbesondere letzteren einen hohen Stellenwert beimessen.[2279]

Zur Förderung der Diskussionskultur könnte die Methode des *Devil's Advocat* angewendet werden.[2280] Hierbei wird ein Handlungsvorschlag von einer Teilgruppe vollständig unterstützt, während eine andere Teilgruppe die Argumente der ersten Gruppe grundlegend kritisch hinterfragt. Mit dieser Methode können zwar Schwächen des betrachteten Vorschlags aufgezeigt, jedoch insgesamt auch destruktive Haltungen gefördert werden. Bei der Methode des *Dialectical Inquiry* ist es die Aufgabe der zweiten Gruppe, einen Alternativvorschlag zu entwickeln, der anschließend zusammen mit dem ersten Vorschlag debattiert wird.

Im Hinblick auf die Protokolle von Sitzungen mit wiederkehrenden Themen könnte eine Beschleunigung und Vereinfachung durch die Ausarbeitung von *Musterformulierungen* erreicht werden, die mit Details ergänzt werden.[2281] Mithilfe solcher Musterformulierungen könnten Fehler reduziert und eine höhere Rechtssicherheit erreicht werden.

Bei Aufsichtsratssitzungen gilt das automatische Anwesenheitsrecht für Vorstandsmitglieder als interaktionseffizienzmindernd. Darüber hinaus sollten Einladungen zur Steigerung der Informationseffizienz mindestens zwei Wochen vor den Sitzungen versendet werden.[2282]

**Besetzung der Gremien**

Auch in Bezug auf die *Besetzung der Gremien* können Handlungsempfehlungen hergeleitet werden. Zum einen ist die viel thematisierte und öffentlich diskutierte *Diversität* bei der Gremienbesetzung zu beachten. Diese ist zwar auch im Hinblick auf eine *Frauen- bzw. Geschlechterquote* zu berücksichtigen, geht aber weit darüber hinaus. Eine Berücksichtigung des Frauenanteils ist insofern relevant, als dass nicht ausgeschlossen werden kann, dass eine verpflichtende Quote, wie sie beispielsweise für börsennotierte, dem MitbestG unterliegende Unternehmen gilt, künftig ebenfalls von genossenschaftlichen Aufsichtsräten erfüllt werden muss.[2283] Im Gesetz ist bereits für mitbestimmte Gremien verankert, dass Arbeitnehmervertreter bezüglich des Geschlechts die Anteile in der Belegschaft widerspiegeln sollen.[2284] Eine frühzeitige Auseinandersetzung bzw. Neubesetzung offener Mandate

---

[2279] Vgl. SCHILLING (2007), S. 144.

[2280] Zu Devil's Advocacy oder Dialectical Inquiry siehe auch GRUNDEI/GRAUMANN (2012), S. 297. Für weitere Hinweise zur Sitzungskultur siehe PFEIFER (2012), S. 439.

[2281] Vgl. KÖHLER/REICHLE (2019), S. 62.

[2282] Vgl. WELGE/EULERICH (2014), S. 318. Zu weiteren Effizienzindikatoren zur Steigerung bzw. Minderung der Informations-, Interaktions- bzw. Zeiteffizienz siehe WELGE/EULERICH (2014), S. 318.

[2283] Bei Aufsichtsratsgremien börsennotierter, dem MitbestG unterliegenden Unternehmen müssen Frauen und Männern jeweils mit einem Anteil von 30 % vertreten sein (vgl. § 7 MitbestG i. V. m. § 1 Abs. 1 MitbestG).

[2284] Vgl. § 4 Abs. 4 DrittelbG.

durch Frauen oder Gremienverkleinerungen tragen zu einer besseren Vorbereitung für eine etwaige gesetzliche Pflicht bei.

Darüber hinaus sollte eine heterogene *Altersstruktur* im Gremium existieren, um
sowohl die Erfahrung älterer, in der Regel langjähriger Aufsichtsratsmitglieder, aber
auch die Impulse neuer bzw. junger Mandatsträger nutzen zu können. Bei einer
Integration jüngerer Mitglieder würde diesen zudem die Möglichkeit eröffnet werden, bereits frühzeitig verantwortliche Positionen in der Genossenschaft zu übernehmen.

Diversitätsüberlegungen sollten die im HGB genannten Aspekte, aber auch das
Rollenverständnis, die Persönlichkeit sowie die Motivation betreffen. Sofern möglich sollte bei der Aufsichtsratsbesetzung darauf geachtet werden, dass sich Personen mit *unterschiedlichen Rollenverständnissen* im Gremium befinden. Hierbei
ist es von Vorteil, wenn beispielsweise nicht das gesamte Gremium als Kontrolleur
fungiert, sondern sich vielmehr Teile des Gremiums als strategische Berater, Teile
als Kontrolleure etc. verstehen. Um unterschiedliche Anreiz-Beitrags-Verhältnisse
abzudecken, kann es auch in Bezug auf die Motivation vorteilhaft sein, sowohl
intrinsisch als auch extrinsisch motivierte Mitglieder im Gremium zu vereinen. Aufgrund der hohen Anforderungen an die Integrität und die Treuepflichten von Aufsichtsräten ist bei der Wahl neuer Mitglieder neben Fachkenntnissen auch die pro-
soziale intrinsische Motivation zu berücksichtigen.[2285] Zur Wahl sollten Personen
vorgeschlagen werden, die zuverlässig sind und über geordnete wirtschaftliche
Verhältnisse verfügen, sodass eine finanzielle Unabhängigkeit von der Genossenschaft vorliegt. Bei ausfallgefährdeten oder notleidenden Krediten eines Aufsichtsrats ist regelmäßig von einer finanziellen Abhängigkeit auszugehen.[2286]

Bei den Wahlvorschlägen an die Generalversammlung sollte zudem auf eine angemessene Repräsentanz von Mitgliedern aus den verschiedenen *Geschäftsgebieten* des Instituts Rücksicht genommen werden.[2287]

Der Aufsichtsrat fungiert als Bindeglied zwischen dem Vorstand und den Mitgliedern, weshalb die Aufsichtsratsmitglieder über gute *Kontakte zur Mitgliederbasis*
verfügen sollten. Dies ist darüber hinaus von Relevanz, da die Aufsichtsratsmitglieder als Repräsentanten des Instituts Verbindungen zu ortsansässigen Vereinen,
Institutionen, Berufsgruppen bzw. Bevölkerungsschichten knüpfen und die lokale
Verbundenheit der Bank somit weiter stärken können.[2288]

Neben der im Gesetz festgelegten Anforderung an die zu investierende Zeit sollte
in Bezug auf die Sachkunde darauf geachtet werden, dass gerade bei größeren
Genossenschaftsbanken mit komplexen Geschäftstätigkeiten bzw. Organisationsstrukturen ausreichend Mitglieder über bankbetriebliche bzw. betriebswirtschaftliche Erfahrungen und Kenntnisse verfügen. Der Aufsichtsrat wird „seinen verantwortungsvollen Aufgaben nur dann gerecht werden können, wenn er als Gremium
in der Lage ist, auch schwierige wirtschaftliche Zusammenhänge, Vorgänge und

---

[2285] Vgl. FREY (2002), S. 91 ff.; DEBUS (2010), S. 33 f.
[2286] Vgl. FRANKENBERGER/GSCHREY/BAUER (2020), S. 7 f.
[2287] Vgl. FRANKENBERGER/GSCHREY/BAUER (2020), S. 7 f.
[2288] Vgl. FRANKENBERGER/GSCHREY/BAUER (2020), S. 7 f.

Entscheidungen hinreichend zuverlässig zu beurteilen und kritische Entwicklungen frühzeitig zu erkennen"[2289].

Die Bankenaufsicht steht diesbezüglich vor dem Zielkonflikt, dass zu hohe gesetzliche Anforderungen dem Proportionalitätsgedanken widersprechen und die Gewinnung von (Aufsichtsrats-)Mitgliedern erschweren. Eine zu nachsichtige Qualifikationsprüfung seitens der Aufsicht steht dem gegenüber.[2290] Anstelle fest einzuhaltender Regularien ist vielmehr im Rahmen von laufenden Prüfungen darauf zu achten, dass die Gremien so besetzt sind, dass den Aufsichtsratstätigkeiten institutsindividuell angemessen nachgekommen wird.

Von den geforderten Kompetenzprofilen für das gesamte Gremium lassen sich bei anstehenden Neubesetzungen Anforderungsprofile für das Individuum ableiten.[2291] Insgesamt sollten verschiedene fachliche, persönliche und soziale Kompetenzen berücksichtigt werden.

Die Erfüllung der aufsichtsrätlichen Aufgaben ist in hohem Maße abhängig von der Qualifikation der einzelnen Mitglieder und von der Ausgewogenheit der Zusammensetzung des Gremiums. Es ist davon auszugehen, dass eine qualifizierte, passgenaue Besetzung der Gremien eine erhebliche Herausforderung darstellt. Eine Auswahl aus den bestehenden Netzwerken der bisherigen Aufsichtsrats- bzw. Vorstandsmitglieder erscheint nahezu unmöglich. Um dem entgegenzuwirken, könnte zum einen eine professionelle Suche angestrebt werden. Zum anderen ist anzunehmen, dass sich eine Stärkung des Images von Volks- und Raiffeisenbanken positiv auf die Anzahl potenzieller Aufsichtsratskandidaten auswirkt.

Zusammenhängend mit der Besetzung der Gremien sollte über neue Impulse in Bezug auf die Generalversammlung nachgedacht werden. Zur Steigerung der Wahlbeteiligung könnten die Mitgliedschaft künftig transparenter bzw. digital(er) erlebbar und Wahlen von Vertretern bzw. Aufsichtsräten auch online möglich sein.

**Digitales Aufsichtsratsportal**

Als wichtiges Instrument für eine zeitgemäße Kommunikation zwischen dem Vorstand und dem Aufsichtsrat sollte ein *digitales Aufsichtsratsportal* implementiert werden. In der (bisherigen) Praxis werden aufsichtsratsrelevante Dokumente meist in der Bank ausgelegt oder als Tischvorlage für die Sitzungen vorab versandt. Insbesondere bei sensiblen Dokumenten, die Kundendaten beinhalten, ist meist nur der erst genannte Weg möglich. Hierdurch werden zwar keine IT-Sicherheitsrisiken eingegangen, jedoch ist davon auszugehen, dass die Dokumenteneinsicht vor Ort nicht bzw. nur selten genutzt wird.[2292] Durch digitale Aufsichtsratsportale sind Aufsichtsräte weder zeitlich noch örtlich gebunden, was zu einer qualitativen Verbesserung der Aufsichtsratsarbeit beiträgt. In einen solchen virtuellen Datenraum können sämtliche Unterlagen zur Vor- und Nachbereitung von Sitzungen einschließlich

---

[2289] FRANKENBERGER/GSCHREY/BAUER (2020), S. 8.
[2290] Vgl. KÖRNER ET AL. (2014), S. 11.
[2291] Vgl. Kapitel B2.3.
[2292] Vgl. REICHLE (2019a), S. 375.

der Protokolle und der durch den Vorstand bereitgestellten Berichte eingestellt werden.[2293] Darüber hinaus können Veröffentlichungen der Bankenaufsicht, das Organigramm der Bank, Kontaktdaten sowie Kommunikationsmöglichkeiten untereinander sowie zur Bank integriert werden.[2294] Zusätzlich stellt die Integration von Webinaren bzw. Lehrvideos eine Möglichkeit dar. Gleichzeitig kann ein solches digitales Portal als Plattform für Ad-hoc-Berichterstattungen, als Terminkalender, der auch zur nachträglichen Dokumentation der festgelegten Sitzungen dient, und als Archiv dienen. Bei einer Verwendung des Portals als Archiv muss sichergestellt sein, dass Protokolle und Beschlüsse nicht nachträglich geändert oder gelöscht werden können.[2295] Sobald Unterlagen durch den Aufsichtsratsvorsitzenden freigegeben wurden, ist ein direkter Zugriff auf die Unterlagen möglich. Der physische Versand könnte hierdurch entfallen, was zu einer effizienteren und schnelleren Kommunikation beiträgt. Abstimmungs- und Kommunikationswege können verkürzt und Entscheidungen detaillierter vorbereitet werden. In einem weiteren Schritt können Zugriffe in Echtzeit beispielsweise auf Risikodarstellungen oder virtuelle Aufsichtsratssitzungen realisiert werden.[2296] Insgesamt dient ein solches Portal somit der Sitzungsvor- und -nachbereitung, als Nachschlagewerk sowie als Archiv und zur stärkeren Einbindung in die Geschäftstätigkeit.[2297] Bei der Implementierung eines digitalen Portals sind darüber hinaus noch weitere Aspekte zu beachten. So sollten unterschiedliche Benutzerberechtigungen beispielsweise für Ausschussmitglieder oder den Aufsichtsratsvorsitzenden möglich sein und programmtechnische Sperren das Ausdrucken oder lokale Abspeichern von Unterlagen verhindern. Mithilfe einer Funktion, die das Erstellen von Notizen und Fragen ermöglicht, können die Dokumente durchgearbeitet und die Anmerkungen in den Sitzungen wieder aufgegriffen werden. Darüber hinaus sollten Schulungen der Aufsichtsratsmitglieder zum Aufsichtsratsportal selbst sowie in Bezug auf Sicherheit und Datenschutz durchgeführt werden. Von einer Bereitstellung hoch sensibler Unterlagen, die üblicherweise in einem Personalausschuss behandelt werden, sollte abgesehen bzw. es zumindest kritisch abgewogen werden. Bei digitalen Portalen besteht das Risiko, dass der Umfang der bereitgestellten Unterlagen zunimmt und der Fokus auf relevante Informationen erschwert wird. Sofern beispielsweise die Einladungen zu Aufsichtsratssitzungen künftig ausschließlich über das Portal erfolgen, müssen Dokumente wie die Satzung bzw. die Geschäftsordnung des Aufsichtsrats überprüft und gegebenenfalls angepasst werden.[2298]

Sowohl über den digitalen als auch den analogen Weg ist das Aufsichtsratsmitglied in der Pflicht, Maßnahmen zur Gewährleistung der Vertraulichkeit zu ergreifen. Seitens der Institute müssen Zielkonflikte zwischen vollumfänglicher Wahrung der Ver-

---

[2293] Vgl. SCHRÖDER (2016), S. 99.
[2294] Vgl. REICHLE (2019a), S. 381.
[2295] Vgl. REICHLE (2019a), S. 376 f.
[2296] Vgl. QUADE (2016), S. 125.
[2297] Für weiterführende Informationen zur Ausgestaltung eines digitalen Aufsichtsratsportals vgl. KÖHLER/REICHLE (2019), S. 62; REICHLE (2019a), S. 375 ff.
[2298] Vgl. REICHLE (2019a), S. 377 ff.

traulichkeit und vollständiger Vorweginformation gegeneinander abgewogen werden.[2299] Seitens der Gremien sollten die Anforderungsprofile für neue Aufsichtsratsmitglieder um *Digitalkompetenz* ergänzt werden. Zum einen bezieht sich die Kompetenz darauf, dass Mandatsträger mit Begriffen wie Big Data oder künstlicher Intelligenz umgehen und die durch die Digitalisierung kompletter Geschäftsmodelle entstehenden Herausforderungen bewältigen können. Zum anderen umfasst Digitalkompetenz den Umgang mit Instrumenten wie beispielsweise einem digitalen Aufsichtsratsportal, weshalb sie sich auf die tägliche Aufsichtsratsarbeit auswirkt. In diesem Zusammenhang sollten Aufsichtsräte sensibel in Bezug auf ihre IT-Sicherheit agieren. Vor allem Aufsichtsräte mit Mehrfachmandaten sind ein attraktives Ziel für Cyberattacken. Obwohl die Sicherstellung einer IT-Sicherheit mit einem höheren Aufwand und in der Regel auch mit einem Rückgang der Bequemlichkeit einhergeht, ist sie für Aufsichtsräte unumgänglich. Konkret zählen hierzu eine verschlüsselte E-Mail-Kommunikation, sichere und unterschiedliche Passwörter für verschiedene Zugänge, ein verantwortungsvoller Umgang mit Hardware vor allem bei Reisetätigkeiten und aktuelle (Anti-Viren-)Software.[2300]

Sollten sich Aufsichtsräte vor dem Umgang mit digitalen Aufsichtsratsportalen nicht scheuen, könnte sich die Implementierung positiv sowohl auf die Motivation als auch auf die Zufriedenheit auswirken. Interessierte Aufsichtsräte hätten die Möglichkeit, sich stärker in die Geschäftstätigkeit einzubringen, mit dem Gefühl einer guten Vorbereitung an Sitzungen teilzunehmen sowie ihr Wissen eigenständig auszubauen. Darüber hinaus wirkt sich ein digitales Aufsichtsratsportal positiv auf ein modernes Image aus, was bei manchen Aufsichtsräten ebenfalls zu einer Motivations- und Zufriedenheitssteigerung beitragen kann.

**Einrichtung von Ausschüssen**

Eine weitere organisatorische Implikation, die auf gesetzlichen Regelungen basiert, ist die *Einrichtung von Ausschüssen*. Ein Verzicht zur Einrichtung von Ausschüssen erscheint beispielsweise sinnvoll, wenn das Gremium lediglich aus drei oder sechs Mitgliedern besteht.[2301] Die Bildung von Ausschüssen kann daher nicht generell als Best Practice angesehen werden. Gremien mit einer Größe von rund neun Mitgliedern sollten die Einrichtung von Ausschüssen stark in Erwägung ziehen. Ausschüsse bieten die Möglichkeit, Fachkompetenz zu bündeln sowie zielbewusster und vertraulicher zu diskutieren.[2302] Da in der Regel nicht der gesamte (mitbestimmte) Aufsichtsrat mit beispielsweise Rechnungslegungsfragen vertraut ist, erscheint die Einrichtung eines Prüfungsausschusses sinnvoll. Gremienmitglieder könnten sich zudem ausschussbezogen spezialisieren und beispielsweise spezifische Schulungen erhalten.

---

[2299]  Vgl. PETERSEN (2014), S. 24.

[2300]  Vgl. BIEDENBACH (2019), S. 185. In Bezug auf die Hardware können den Aufsichtsräten beispielsweise Tablets bereitgestellt werden, die über eine Virtual Private Network (VPN)-Verbindung den Zugang zu dem Aufsichtsratsportal ermöglichen.

[2301]  Vgl. HILKENBACH (2004), S. 88; RINGLEB ET AL. (2003), Rn. 680.

[2302]  Vgl. KPMG (2006), S. 10.

Um den gesetzlich verankerten Förderauftrag von Genossenschaftsbanken nicht zu vernachlässigen bzw. stärker zu fokussieren und seine Bedeutung zu verdeutlichen, sollte darüber hinaus über die Einrichtung eines *Förderausschusses* nachgedacht werden. Ein solcher Ausschuss würde zur Aufgabenwahrnehmung als Mitgliedervertreter beitragen.

Nachteile bei der Einrichtung von Ausschüssen und der damit einhergehenden Verlagerung der Aufsichtsratsarbeit sind insbesondere in Bezug auf die Informationsweitergabe festzustellen. Zum einen besteht die Gefahr, dass Informationen des Vorstands direkt an den Ausschuss gegeben und ausschussexterne Mitglieder nicht hinreichend einbezogen werden. Zum anderen kann es sein, dass der Ausschuss im Plenum nicht ausreichend über seine Arbeit und Ergebnisse Bericht erstattet. Als weitere organisatorische Implikation sollten Gremien eine *Informationsordnung* zur Reduzierung von Informationslücken formulieren.[2303] Selbst eine solche Ordnung wird den abweichenden Wissens- und Informationsstand von Nichtausschussangehörigen jedoch nicht verhindern können.[2304] Zusätzlich bleibt zu bedenken, dass eine zu umfangreiche Übertragung von Aufgaben an Ausschüsse zu einer „Entleerung und Aushöhlung"[2305] der Plenumstätigkeit führen kann. Eine umfangreiche Segmentierung des Aufsichtsrats durch die Einrichtung von Ausschüssen sollte daher vermieden werden.[2306]

**Gremiengröße**

In Bezug auf die Größe ist zu konstatieren, dass bei einigen genossenschaftlichen Aufsichtsräten eine *Reduzierung der Gremiengröße* in Erwägung gezogen werden sollte. Während rund ein Fünftel der in der vorliegenden Arbeit Befragten die aktuelle Gremiengröße als neutral beurteilt, würden es rund 80 % begrüßen, wenn das Gremium weniger Mitglieder hätte. Dieses deutliche Ergebnis sollte der Praxis als Anregung dienen. Wie in Kapitel D3 im Vergleich mit großen börsennotierten AGs, deren größtes Gremium 14 Mitglieder umfasst, verdeutlicht wurde, sind die Effizienz und Effektivität von mehr als 15-köpfigen Gremien in Frage zu stellen. Auch im Hinblick auf die Diskussionskultur sollten Gremiengrößen wie die beobachtete maximale Aufsichtsratsmitgliederanzahl von 30 im Jahr 2014 vermieden werden. Mit dem Ziel einer Fokussierung auf geeignete bzw. qualifizierte Personen sollte, sofern es die Komplexität der Geschäftstätigkeit zulässt, unter Berücksichtigung von Diversitätsaspekten, wie beispielsweise Fachkompetenzen in unterschiedlichen Bereichen, eine Gremiengrößenreduzierung in Betracht gezogen werden. In Bezugnahme auf den DCGK könnte bei der Besetzung neuer Mandate ein Kompetenz- bzw. Besetzungsprofil zum Tragen kommen, um zu viele Überschneidungen zu vermeiden. Mit Blick auf die regulatorische Praxis könnte darüber hinaus die Festlegung einer Maximalgröße für Aufsichtsratsgremien in Betracht gezogen werden.

---

[2303] Vgl. KPMG (2006), S. 10.
[2304] Vgl. PELTZER (2004), Rn. 226; HILKENBACH (2004), S. 88 f.
[2305] HILKENBACH (2004), S. 88.
[2306] Vgl. PELTZER (2004), Rn. 226 f.; HILKENBACH (2004), S. 88 f.

### 4.2.3 Implikationen in Bezug auf aufsichtsratsindividuelle Faktoren

Die folgenden Implikationen adressieren die Zufriedenheit, die Motivation, die Zeit sowie die Sachkunde der Aufsichtsräte.

**Zufriedenheit**

Für die Bankpraxis liegt die Relevanz der Untersuchung in der Herausarbeitung entscheidender Bestimmungsfaktoren der Aufsichtsratszufriedenheit. Den Instituten sind nun somit die Stellgrößen bekannt, mit denen sie durch gezielte Gestaltungsmaßnahmen Einfluss nehmen und das Zufriedenheitsniveau beeinflussen können.

Die Relevanz der Arbeitszufriedenheit für die Praxis ergibt sich unter anderem daraus, dass sich Arbeitszufriedenheit sowohl direkt als auch indirekt auf die Effizienz des Unternehmens auswirken kann. Direkt beeinflusst die Arbeitszufriedenheit beispielsweise die Fluktuation, Fehlzeiten und Sabotageversuche. Indirekt macht sich Arbeitszufriedenheit durch eine beeinträchtigte Kommunikation, innere Kündigung etc. bemerkbar. Es ist jedoch zu berücksichtigen, dass Arbeitszufriedenheit nur eine von mehreren Einflussfaktoren diesbezüglich darstellt. Die Erhebung der (Mitarbeiter-)Arbeitszufriedenheit gilt als Evaluierungsinstrument des Personalcontrollings zur Früherkennung der aufgezeigten Folgen.[2307] Die Genossenschaftsbanken oder Verbände könnten daher regelmäßig die Zufriedenheit der Aufsichtsräte erheben, auch um Entwicklungen im Zeitablauf zu analysieren und bestenfalls frühzeitig bei negativen Trends eingreifen zu können.

In Folge des Befunds, dass lediglich 72 % der Aufsichtsräte der Meinung sind, dass Aufwand und Ertrag der Tätigkeit in einem angemessenen Verhältnis zueinander stehen, sind die Institute bezugnehmend auf die Anreiz-Beitrags-Theorie sowie das Zürcher Modell der Arbeitszufriedenheit angehalten, für ein ausgeglichenes Verhältnis aus Anreizen und Beiträgen zu sorgen. Dies gilt insbesondere für die Gruppen der Aufsichtsratsmitglieder aus kleinen Gremien sowie der Aufsichtsratsvorsitzenden, da diese das Verhältnis schlechter bewerteten als der Durchschnitt.

**Motivation**

Die genossenschaftlichen Institute sollten regelmäßig kritisch hinterfragen, aus welchen Gründen eine Person einem Aufsichtsratsmandat nachkommen sollte. Hierbei ist auf alle drei Bezugsebenen der Motivation (Eintritts-, Bleibe-, sowie Arbeitsmotivation) abzustellen. Hinsichtlich der Eintrittsmotivation spielt auch das Image der Genossenschaftsbanken eine Rolle. Unter anderem zur Begegnung eines etwaigen Mangels an geeigneten, freiwilligen Aufsichtsräten ist es wichtig, dass sich diese Bankengruppe positiv von den Sparkassen und privaten Banken abgrenzt und als moderner Finanzverbund wahrgenommen wird. Damit Aufsichtsräte in Bezug auf die Bleibe- sowie Arbeitsmotivation weiterhin motiviert ihrer Tätigkeit nachgehen, sollte auch die Organisation der Aufsichtsratstätigkeit möglichst gut gestaltet sein. Hierzu zählt, dass ein Gefühl der Überforderung vermieden werden sollte. Zur Adressierung des symbolischen Kapitals könnte beispielsweise über

---

[2307] Vgl. NERDINGER/BLICKLE/SCHAPER (2019), S. 465 ff.; NERDINGER/BLICKLE/SCHAPER (2019), S. 586 ff.

die Vergabe von Aufsichtsratszertifikaten, in Anlehnung an die von den Genossenschaftsverbänden ausgestellten Zertifikate nach abgelegter Prüfung unter anderem im Risikomanagement oder Firmenkundengeschäft, nachgedacht werden.

**Zeit**

Oftmals werden die Komplexität und Tragweite der vielfältigen Herausforderungen
eines Aufsichtsratsmandats für neue Mitglieder erst nach der Mandatsübernahme
deutlich.[2308] Neben den regelmäßig stattfindenden Sitzungen des gesamten Gremiums und der hierfür notwendigen Vorbereitung potenziert sich der *Zeitaufwand*
durch Mitgliedschaften in Ausschüssen, die Teilnahme an der Generalversammlung, etwaigen Umlaufverfahren und außerordentlichen Sitzungen. Sowohl für das
Kreditinstitut als auch für ein potenzielles Aufsichtsratsmitglied ist es daher ratsam,
bereits im Vorfeld der Mandatsannahme zu eruieren, mit welchem ungefähren Zeitaufwand zu rechnen ist. Auch um Schwierigkeiten bzw. zeitliche Konflikte in der
zukünftigen Zusammenarbeit zu vermeiden, sollte das potenzielle neue Mitglied
sicherstellen, dass die Mandatsarbeit mit dem eigenen beruflichen sowie privaten
Umfeld vereinbar ist.

**Sachkunde**

Aufsichtsräte in Genossenschaftsbanken müssen (wieder) ernst genommen werden. Um das zu erreichen, sollten sie bankbetriebliche Kompetenzen aufweisen
und kontinuierlich geschult werden. Die REGIERUNGSKOMMISSION DEUTSCHER COR-
PORATE GOVERNANCE KODEX hat eine Stellungnahme zur Qualifizierung von Aufsichtsräten herausgegeben, in der sie unter anderem folgende Themen für die *Fortbildung von Aufsichtsräten* empfiehlt: rechtliche Grundlagen der Aufsichtsratstätigkeit, praktische Arbeitsweise von Aufsichtsräten, Einbettung der Arbeit im Aufsichtsrat in das gesellschaftspolitische Umfeld sowie Branchen- und Unterneh-
menskenntnisse.[2309] Auch um auf neue regulatorische Anforderungen reagieren zu
können, ist eine umfassende und frühzeitige Vorbereitung und Weiterbildung notwendig.[2310] Im Hinblick auf das Weiterbildungsangebot wird gefordert, dass nicht
ausschließlich juristisch-betriebswirtschaftliche Themen fokussiert, sondern auch
kommunikative und vermittelnde Fähigkeiten geschult werden.[2311] Attraktive Aus-
bildungsangebote erhöhen zum einen die Fähigkeiten der Aufsichtsratsmitglieder,
zum anderen jedoch meist auch die persönliche Motivation zur Ausübung der Überwachungstätigkeit.[2312]

Ähnlich der bereits etablierten Weiterbildungen der Genossenschaftsverbände für
Angestellte der Banken, bei denen nach erfolgreich absolvierter Prüfung ein Zerti-
fikat ausgestellt wird, könnten die Verbände Weiterbildungen für Mandatsträger mit
dem Ziel eines *Aufsichtsratszertifikats* anbieten. Intrinsisch motivierte Aufsichtsräte
könnten hierdurch ihr Wissen erweitern und insbesondere extrinsisch motivierte ihr
zumindest innerhalb des Gremiums relevantes soziales Kapital steigern. Ein an

---

[2308] Vgl. SCHRÖDER (2016), S. 98.
[2309] Vgl. REGIERUNGSKOMMISSION DEUTSCHER CORPORATE GOVERNANCE KODEX (2010).
[2310] Vgl. BÜTTEL/SAWAHN (2019), S. 177.
[2311] Vgl. HARDT/PONSCHAB (2014), S. 85.
[2312] Vgl. GERIKE (2001), S. 290.

Weiterbildungen geknüpftes Punktesystem könnte darüber hinaus als Basis für eine aufsichtsratsindividuelle Vergütung dienen. HARTMANN fordert für Aufsichtsgremien von Kreditinstituten, dass sich die Aufsichtsräte alle zwei bis drei Jahre einer Prüfung unterziehen und ihr Mandat bei einem Nichtbestehen niederlegen.[2313] In Anbetracht der herausfordernden Kandidatensuche erscheint ein solches Vorgehen für Kreditgenossenschaften jedoch nicht praxistauglich.

Obwohl die erforderliche Sachkunde erst innerhalb von sechs Monaten nach Amtsantritt durch Fortbildungen angeeignet und nachgewiesen werden muss,[2314] sollten bereits bei der Wahl des Aufsichtsrats überwachungsrelevante Maßstäbe im Vordergrund stehen, um eine angemessene Aufgabenerfüllung zu gewährleisten und um das Gefühl der Überforderung bei den Aufsichtsräten zu vermeiden.[2315]

Um die Sachkunde der Aufsichtsratsmitglieder darüber hinaus zu fördern, könnten die Institute gemeinsam mit den Gremien ein *Aufsichtsratshandbuch* entwickeln bzw. bereitstellen. In einem allgemeinen Teil könnten die Rechte und Pflichten des Gremiums bzw. einzelner Personen sowie haftungsrelevante Einzelheiten festgehalten und auch die Satzung sowie die Geschäftsordnung des Aufsichtsrats eingebunden werden. Als kompaktes Nachschlagewerk, das möglichst auch über ein digitales Aufsichtsratsportal bereitgestellt wird, würde es die Einarbeitungszeit neuer Aufsichtsräte verkürzen, Informationssuchkosten für bereits tätige Mitglieder reduzieren und Sitzungsvorbereitungen erleichtern.[2316] Ergänzt werden könnte ein solches Handbuch durch aktuelle und für den Aufsichtsrat relevante Berichte, die optisch ansprechend sowie verständlich aufbereitet sind und Erläuterungen für Fach- bzw. Institutsfremde enthalten. Bezogen auf den Risikobericht könnte beispielsweise stets erläutert werden, wie sich die Risikodeckungsmasse zusammensetzt oder was unter einem Value at Risk zu verstehen ist. Insgesamt wären die Aufsichtsräte hierdurch in der Lage, vorgelegte Informationen bzw. Sachverhalte kritisch zu hinterfragen, auch beratend tätig zu werden und insbesondere die Risikosituation besser einschätzen bzw. Kreditentscheidungen fundierter treffen zu können.[2317]

Sofern Aufsichtsräte zusätzliche Sachkunde benötigen, können sie auf die *Hilfe von externen Sachverständigen* zurückgreifen.[2318] Obwohl die Institute hierfür regelmäßig die Kosten tragen, sollte bei der Einbeziehung von externen Sachverständigen ein adäquates Maß gefunden werden. Sachverständige können wertvolle Hilfestellungen leisten, jedoch sollte nicht zu viel Arbeit auf sie übertragen werden.

---

[2313] Vgl. HARTMANN (2018), S. 26.
[2314] Vgl. Kapitel B2.3.4.
[2315] Vgl. GERIKE (2001), S. 289.
[2316] Der Begriff der *Informationssuchkosten* bezieht sich auf die gesamten Ressourcen, die mit dem Suchen nach gewünschten Informationen verbunden sind.
[2317] Ein Handbuch des Aufsichtsrats wäre zudem unter Knowledge Management-Aspekten relevant für die Institute. Zum Wissensmanagement in Organisationen siehe auch ROSENSTIEL/NERDINGER (2011), S. 460 ff.
[2318] Vgl. § 22 Abs. 2 Mustersatzung zitiert nach FRANKENBERGER/GSCHREY/BAUER (2020), S. 310.

### 4.2.4 Zusammenfassung der Implikationen für die Praxis

Insgesamt sind sowohl der Gesetzgeber als auch die Banken dazu angehalten, Rahmenbedingungen bzw. eine Umgebung zu schaffen, in der kompetente und motivierte Aufsichtsräte ihrer Tätigkeit nachgehen können. Die Umsetzungen der genannten Aspekte führen zu einer Verkürzung der Einarbeitungsphase, zu einer Professionalisierung der Aufsichtsratsarbeit sowie zur Reduktion des Informations- und Qualifikationsgefälles zwischen Aufsichtsrats- und Vorstandsmitgliedern. Voraussetzung ist jedoch, dass ein kompetentes und motiviertes Gremium, das unter Umständen umfangreichere Mitspracherechte bzw. eine stärkere Eingebundenheit einfordert, vom Vorstand akzeptiert und gefördert wird. Auf Seiten der Aufsichtsräte setzt es sowohl ein Können als auch ein Wollen voraus. Das Verfolgen der aufgezeigten Handlungsempfehlungen würde bewirken, dass der Aufsichtsrat vom Vorstand ernst genommen wird und als tatsächlicher Sparringspartner des Vorstands fungieren kann. Die Kreditinstitute sind sich über die Motive bewusst, aufgrund derer Personen ein Aufsichtsratsmandat anstreben und die Aufgaben bestmöglich erfüllen. Die verschiedenen aufgezeigten Maßnahmen liefern einen Beitrag dazu, dass sich die Aufsichtsräte gut auf einzelne Sitzungen, aber auch auf das Mandat insgesamt vorbereitet fühlen. Bestenfalls befinden sich in den Gremien zukünftig ausschließlich kompetente, motivierte und zufriedene Aufsichtsräte, die ihren Aufgaben adäquat nachkommen.

Für die Aufsichtsratstätigkeit in Genossenschaftsbanken wurden verschiedene Implikationen herausgearbeitet, die im Folgenden überblicksartig zusammengefasst sind (vgl. Tab. 176-Tab. 178).

| Implikationen in Bezug auf die aufsichtsrätlichen Rechte und Pflichten |
|---|

- **Information**
  - Konkretisierung der Bringschuld des Vorstands durch einen an § 90 AktG angelehnten Wortlaut
  - Einführung einer Informationsordnung
  - Einführung eines Aufsichtsratscockpits
  - Erleichterung der Einarbeitung neuer Aufsichtsratsmitglieder durch bspw. Begrüßungspakete
  - Erhöhung der Transparenz der Aufsichtsratstätigkeit durch Präsenz auf der Website des Instituts
- **Rollenverständnis**
  - Kritische Auseinandersetzung mit der Gewichtung der Kernaufgaben
  - Stärkung der strategischen Handlungskompetenz
  - Diskussion des Rollenverständnisses im Rahmen der Selbstbeurteilung
- Kritische Auseinandersetzung mit den **Mitwirkungsrechten** des Aufsichtsrats
- Nutzung der **Selbstbeurteilung** als Möglichkeit zur Verbesserung der Gremienarbeit
- Erstellung eines **Überwachungsplans**, der sowohl einen mehrjährigen Plan als auch eine konkretisierte Übersicht für das aktuelle Jahr beinhaltet
- **Risikokompetenz**
  - Stärkung des Risikobewusstseins
  - Ausbau der Fachkompetenz in Bezug auf das Risikomanagement
  - Stärkere Einbindung des Gremiums in die Gesamtbanksteuerung und das Risikomanagement
- Prüfung des **Verzichts auf ein Aufsichtsratsgremium**
- Stärkung der **Zusammenarbeit** zwischen dem Aufsichtsrat und dem **Abschluss- bzw. Verbandsprüfer**
- Kritische Auseinandersetzung mit dem Umfang und der Qualität des **Berichts des Aufsichtsrats**

Tab. 176:  Zusammenfassung der Implikationen in Bezug auf die aufsichtsrätlichen Rechte und Pflichten[2319]

---

[2319]  Quelle: Eigene Darstellung.

| Implikationen in Bezug auf strukturelle und organisationale Faktoren |
|---|
| **Vergütung der Aufsichtsräte**<br>  – Institutsseitige Prüfung des Aufwands-Ertrags-Verhältnisses der Aufsichtsratstätigkeit<br>  – Differenzierung der Vergütung in Abhängigkeit von der Position und des Aufgabenbereichs<br>**Sitzungs- und Diskussionskultur**<br>  – Auseinandersetzung mit den zeitlichen Anteilen von Präsentationen und Diskussionen<br>  – Förderung der Diskussionskultur bspw. durch die Methode des Devil's Advocat<br>  – Musterprotokolle mit Formulierungen für wiederkehrende Themen<br>**Besetzung der Gremien**<br>  – Beachtung der Geschlechterdiversität, insbesondere zur Vorbereitung auf künftige Gesetzes-änderungen<br>  – Auseinandersetzung mit weiteren Diversitätsmerkmalen wie bspw. dem Alter, dem Rollenver-ständnis oder dem Geschäftsgebiet<br>  – Nutzung von Kompetenzprofilen<br>Einführung eines **digitalen Aufsichtsratsportals**<br>Wiederholende Auseinandersetzungen bzgl. der **Einrichtung von Ausschüssen**<br>Erwägung der Reduzierung der **Gremiengröße** |

Tab. 177: Zusammenfassung der Implikationen in Bezug auf strukturelle und organisationale Faktoren[2320]

| Implikationen in Bezug auf aufsichtsratsindividuelle Faktoren |
|---|
| Einführung von **Zufriedenheitsbefragungen** des Aufsichtsrats als Evaluationsinstrument zur Vermeidung von inadäquater Aufsichtsratstätigkeit<br>Institutsseitige Adressierung der **Eintritts-, Bleibe-,** sowie **Arbeitsmotivation**<br>Institutsseitiger transparenter Umgang hinsichtlich des zu erwartenden **Zeitumfangs** im Vorfeld der Mandatsannahme<br>**Sachkunde**<br>  – Regelmäßige Fortbildung von Aufsichtsräten<br>  – Verbandsseitige Einführung eines Aufsichtsratszertifikats<br>  – Verfassen eines Aufsichtsratshandbuchs<br>  – Nutzung der Hilfe externer Sachverständiger |

Tab. 178: Zusammenfassung der Implikationen in Bezug auf aufsichtsratsindividuelle Faktoren[2321]

---

[2320] Quelle: Eigene Darstellung.
[2321] Quelle: Eigene Darstellung.

# 5   Fazit

Die moderne Aufsichtsratstätigkeit ist gekennzeichnet durch vielfältige und herausfordernde Anforderungen. Diese Erkenntnis gilt aufgrund der hohen Regulierungsdichte im Speziellen für den Bankensektor und dort insbesondere für die Regionalbanken. Gleichzeitig unterliegt die Erfüllung der Überwachungsaufgabe insbesondere in Krisenzeiten einer breiten öffentlichen sowie wissenschaftlichen Diskussion.[2322]

Die Erfüllung der aufsichtsrätlichen Aufgaben ist in hohem Maße abhängig von der Qualifikation der einzelnen Mitglieder und der Zusammensetzung der Gremien. Bei den ehrenamtlich fungierenden genossenschaftlichen Aufsichtsräten stellt sich daher die Frage, aus welchen Gründen sie dieser Tätigkeit nachgehen und ob sie den vielfältigen Aufgaben adäquat nachkommen. Für die genossenschaftliche Praxis ist dies insofern relevant, als dass die Institute vor der Herausforderung stehen, die Gremien mit geeigneten Kandidaten zu besetzen und zu einer engagierten und gewissenhaften Aufgabenerfüllung zu motivieren.

Zur Erforschung der kreditgenossenschaftlichen Aufsichtsratstätigkeit wurden die Aufsichtsräte zunächst einer systematischen Strukturanalyse unterzogen. Zu diesem Zweck wurden die Aufsichtsräte befragt sowie die Geschäftsberichte der Volks- und Raiffeisenbanken ausgewertet. Die umfangreiche Datenerhebung bildet den Status quo der Aufsichtsratsstruktur ab.

Darüber hinaus kommt die vorliegende Untersuchung der Forderung nach, dass die Aufsichtsratstätigkeit nicht ausschließlich aus Sicht der Prinzipal-Agenten-Theorie untersucht werden sollte, sondern weitere Verhaltensannahmen in die aufsichtsratsbezogene Forschung einzubeziehen sind. Dabei bietet die Rechtsform der Genossenschaft aufgrund der zugrunde liegenden genossenschaftlichen Prinzipien und der damit einhergehenden motivationalen Besonderheiten Anhaltspunkte für eine empirische Untersuchung. Basierend auf den theoretischen Grundlagen ist festzuhalten, dass Vergleichsprozesse eine elementare Rolle bei dem Entstehen von Motivation und Zufriedenheit spielen. Während die extrinsische Motivation nur gering ausgeprägt ist und kein Einfluss auf die Zufriedenheit nachgewiesen werden konnte, sind genossenschaftliche Aufsichtsräte in hohem Maße intrinsisch motiviert und zufrieden mit ihrer Tätigkeit. Verbesserungspotenzial besteht im Hinblick auf eine angemessene Vorbereitung auf die Aufsichtsratstätigkeit, ergebnisoffene Diskussionen im Gremium, die Ausweitung der Kenntnisse hinsichtlich der Verfahren und Kriterien zur Risikovermeidung sowie den ausreichenden zeitlichen Einsatz. Obwohl die rechtliche Regulierung zwar den Rahmen einer erfolgreichen Aufsichtsratstätigkeit bildet, liegt der entscheidende Faktor vielmehr in der Ausgestaltung und in der Kultur der Gremientätigkeit. Die Wirksamkeit der Aufsichtsratstätigkeit hängt neben dem persönlichen Können, also insbesondere den Fähigkeiten und Fachkenntnissen, maßgeblich von dem persönlichen Wollen, also dem Engagement bzw. der Motivation, der Mandatsträger ab. Diese Faktoren

---

[2322] Vgl. Kapitel A1. „People often question whether corporate boards matter because their day-to-day impact is difficult to observe. But when things go wrong, they can become the center of attention." (ADAMS/HERMALIN/WEISBACH (2010), S. 58).

sollten daher bei Überlegungen zur Optimierung der Aufsichtsratsarbeit stets berücksichtigt werden.[2323]

Als wichtiges Regulativ zur Optimierung der Aufsichtsratsarbeit sowie zur Sicherstellung einer zukunfts- und funktionsfähigen Organisationsstruktur gilt die mindestens jährlich durchzuführende Selbstbeurteilung. Die angeführten Verbesserungspotenziale sind daher auch in diesem Zusammenhang hervorzuheben. § 38 GenG verpflichtet den Aufsichtsrat einer Genossenschaft, den Vorstand bei dessen Geschäftsführung zu überwachen. Zu diesem Zweck werden dem Aufsichtsrat weitreichende Informationsrechte eingeräumt. Idealerweise sollten das Informations- und Qualifikationsgefälle zwischen den ehrenamtlichen Aufsichtsräten und dem professionellen Vorstand weiter reduziert und eine Pro-forma-Existenz des Aufsichtsratsorgans vermieden werden. Hierbei gilt es auch, die Potenziale der Aufsichtsratsmitglieder vollständig zu nutzen und eine intensive Einarbeitung zu gewährleisten. Obwohl die Mandatsträger durch die genossenschaftliche Pflichtprüfung unterstützt werden, ist ein Mindestmaß an betriebswirtschaftlichen, bankbetrieblichen sowie juristischen Kenntnissen und Erfahrungen neben der Bereitschaft, sich in komplexe Themen hineinzufinden, eminent wichtig.

Es ist davon auszugehen, dass regulatorische Anforderungen weiterhin eher zu- als abnehmen werden. Die Bankenaufsicht steht hierbei vor dem Zielkonflikt, dass zu hohe Anforderungen an kleine Banken dem Proportionalitätsgedanken widersprechen und die Rekrutierung von Aufsichtsratskandidaten erschwert wird. Gleichzeitig würde sich eine zu nachsichtige Qualifikationsprüfung negativ auf die Überwachungstätigkeit auswirken.

Auch wenn der Beitrag des Aufsichtsrats im Tagesgeschäft bzw. zum Unternehmenserfolg durch die Beratung und Kontrolle des Vorstands nicht genau quantifizierbar ist, ist jedoch von einem positiven Effekt einer effektiven Aufsichtsratstätigkeit auf das Institut auszugehen. Als aktiver, konstruktiv-kritischer Begleiter hat ein Aufsichtsgremium die Möglichkeit, zum Wettbewerbsfaktor zu werden. Angehende Aufsichtsräte sollten sich ihrer Verantwortung bewusst sein und ihr als Ehrenamt wahrgenommenes Mandat in diesem Sinne ausüben.

---

[2323] Vgl. MORNER ET AL. (2012), S. 100.

# Anhang

Anhang 1:  Liste der betrachteten Genossenschaftsbanken............................ 458

Anhang 2:  Antezedenzien, Konsequenzen und Korrelate .............................. 483

Anhang 3:  Einladungsschreiben zur Befragung............................................ 494

Anhang 4:  Startseite des Online-Fragebogens.............................................. 496

Anhang 5:  Fragebogen zur Arbeit von Aufsichtsräten in
Genossenschaftsbanken ............................................................... 497

Anhang 6:  Ergebnisse des Kolmogorov-Smirnov-Tests für early vs. late
response......................................................................................... 508

Anhang 7:  Ergebnisse der konfirmatorischen Tetrad-Analyse....................... 511

Anhang 8:  Ergebnisse der Multikollinearitätsprüfung.................................... 518

Anhang 9:  Ergebnisse der Verteilungsanalyse ............................................. 519

Anhang 10: Ergebnisse des modifizierten Strukturmodells............................ 521

# Anhang 1:    Liste der betrachteten Genossenschaftsbanken

| Nr. | Name | Geschäftsbericht 2014 | 2013 | 2012 | 2011 | 2010 | 2009 | 2008 | 2007 | 2006 | Fusion |
|---|---|---|---|---|---|---|---|---|---|---|---|
| 1 | Berliner Volksbank eG | x | x | x | x | x | x | x | x | x | |
| 2 | Frankfurter Volksbank eG | x | x | x | x | x | x | x | x | x | 2012/2009 |
| 3 | Volksbank Mittelhessen eG | x | x | x | x | x | x | x | x | x | 2007/2008/2009 |
| 4 | Dortmunder Volksbank eG | x | x | x | x | x | x | x | x | | 2013 |
| 5 | Mainzer Volksbank eG | x | x | x | x | x | x | x | x | | |
| 6 | Volksbank Stuttgart eG | x | x | x | x | x | | | | | 2010 |
| 7 | Volksbank Paderborn-Höxter-Detmold eG | x | x | x | x | x | x | x | x | | 2007 |
| 8 | Hannoversche Volksbank eG | x | x | x | x | x | x | x | x | x | |
| 9 | Volksbank Raiffeisenbank Rosenheim-Chiemsee eG, Rosenheim | x | x | | | | | | | | 2013 |
| 10 | Volksbank Darmstadt - Südhessen eG | x | x | x | | | | | | | 2012 |
| 11 | Wiesbadener Volksbank eG | x | x | x | x | x | x | x | x | | 2009 |
| 12 | VR Bank Rhein-Neckar eG, Mannheim | x | x | x | x | x | x | x | x | | 2007 |
| 13 | Volksbank eG, Villingen-Schwenningen | x | x | x | x | x | x | x | x | x | 2012 |
| 14 | Volksbank Bielefeld-Gütersloh eG | x | | | | | | | | | 2014 |
| 15 | Münchner Bank eG | x | x | x | x | x | x | x | x | x | 2012 |
| 16 | Volksbank Kraichgau Wiesloch-Sinsheim eG | x | x | x | x | x | | | | | 2010 |
| 17 | Bank 1 Saar eG | x | x | x | x | x | x | x | x | | |
| 18 | Volksbank Alzey-Worms eG | x | x | x | | | | | | | 2012/2014 |
| 19 | Volksbank Freiburg eG | x | x | x | x | x | x | x | x | x | |
| 20 | Volksbank Kur- und Rheinpfalz eG | x | x | x | x | x | x | x | x | x | 2007/2011 |
| 21 | Volksbank Pforzheim eG | x | x | x | x | x | x | x | x | x | 2012 |
| 22 | Volksbank Oberberg eG | x | x | x | x | x | x | x | x | x | |
| 23 | Vereinigte Volksbank AG, Sindelfingen | x | x | x | x | x | x | x | x | x | |
| 24 | Volksbank Lüneburger Heide eG | x | x | x | x | x | x | x | x | | 2008/2011 |
| 25 | Hamburger Volksbank eG | x | x | x | x | x | x | x | x | | 2007 |
| 26 | Volksbank Ulm-Biberach eG | x | x | x | x | x | x | x | | | 2008 |
| 27 | VR-Bank Kreis Steinfurt eG | x | x | | | | | | | | 2013 |
| 28 | VR Bank Main-Kinzig-Büdingen eG | x | x | x | x | x | | | | | 2009 |
| 29 | Volksbank eG Braunschweig Wolfsburg | x | x | x | x | x | x | x | x | x | |
| 30 | Volksbank Karlsruhe eG | x | x | x | x | x | x | x | x | | 2008 |
| 31 | Volksbank Heilbronn eG | x | x | x | x | x | x | x | x | x | |
| 32 | Volksbank Raiffeisenbank Bayern Mitte eG, Ingolstadt | x | x | x | x | x | | | | | 2009 |
| 33 | Volksbank Herrenberg-Nagold-Rottenburg eG | x | | | | | | | | | 2014 |
| 34 | Volksbank Bonn Rhein-Sieg eG | x | x | x | x | x | x | x | x | x | |
| 35 | Volksbank Lahr eG | x | x | x | x | x | x | x | x | x | |
| 36 | Westerwald Bank eG Volks- und Raiffeisenbank | x | x | x | x | x | x | x | x | x | |
| 37 | Volksbank an der Niers eG | x | x | x | x | x | x | x | x | x | |
| 38 | Volksbank Göppingen eG | x | x | x | x | x | x | x | x | x | |
| 39 | VR-Bank Westmünsterland eG | x | x | x | x | x | x | x | x | x | |
| 40 | Kölner Bank eG | x | x | x | x | x | x | x | x | x | |
| 41 | VR meine Raiffeisenbank eG, Altötting | x | x | x | x | x | | | | | |
| 42 | Volksbank RheinAhrEifel eG | x | x | x | x | x | x | x | x | | |
| 43 | Vereinigte Volksbank Münster eG | x | | | | | | | | | 2014 |
| 44 | Kasseler Bank eG Volksbank Raiffeisenbank | x | x | x | x | x | x | x | x | x | |
| 45 | VR Bank HessenLand eG | x | x | x | x | x | x | x | x | x | |
| 46 | Volksbank Gronau-Ahaus eG | x | x | x | x | x | x | x | x | x | |
| 47 | Genossenschaftsbank eG München | x | x | x | x | x | x | x | x | x | |
| 48 | Volksbank Ruhr Mitte eG | x | x | x | x | x | x | x | x | | |
| 49 | Volksbank Baden-Baden*Rastatt eG | x | x | x | x | x | x | x | x | x | |
| 50 | Volksbank Bad-Oeynhausen-Herford eG | x | x | x | x | x | x | x | x | x | 2011 |
| 51 | Vereinigte Volksbank Maingau eG | x | x | x | x | x | x | x | x | x | |

Tab. 179: Betrachtete Genossenschaftsbanken – Teil I[2324]

---

[2324] Quelle: Eigene Darstellung. x = Geschäftsbericht vorhanden, - = Geschäftsbericht nicht vorhanden, ▢ = Kreditinstitut nicht existent.

| Nr. | Name | 2014 | 2013 | 2012 | 2011 | 2010 | 2009 | 2008 | 2007 | 2006 | Fusion |
|---|---|---|---|---|---|---|---|---|---|---|---|
| 52 | VR Bank Schwäbisch Hall-Crailsheim eG | x | x | x | x | x | x | | | | 2009 |
| 53 | Volksbank im Märkischen Kreis eG | x | x | x | x | x | x | x | x | x | 2009 |
| 54 | Volksbank Pinneberg-Elmshorn eG | x | | | | | | | | | 2014 |
| 55 | VR Bank Südpfalz eG | x | x | x | x | x | x | x | x | x | 2008 |
| 56 | VR-Bank Handels- und Gewerbebank eG, Gersthofen | x | x | x | x | x | | | | | 2009 |
| 57 | Volksbank Ludwigsburg eG | x | x | x | x | x | x | x | x | | |
| 58 | Volksbank Neckartal eG, Eberbach | x | x | x | x | x | x | x | x | x | 2008 |
| 59 | VR-Bank Rhein-Sieg eG | x | x | x | x | x | x | x | x | | |
| 60 | Volksbank Main-Tauber eG, Tauberbischofsheim | x | x | x | x | x | x | x | x | x | 2009 |
| 61 | VR-Bank Rottal-Inn eG, Pfarrkirchen | | x | x | x | x | x | x | x | x | |
| 62 | Volksbank Raiffeisenbank Würzburg eG | x | x | x | x | x | x | x | x | x | 2011/2014 |
| 63 | Volksbank Odenwald eG | x | x | x | x | x | x | x | x | | |
| 64 | Volksbank Kirchheim-Nürtingen eG | x | x | x | x | x | x | x | x | x | |
| 65 | Volksbank Offenburg eG | x | x | x | x | x | x | x | x | | |
| 66 | Volksbank Hohenlohe eG, Öhringen | x | x | x | x | x | x | x | x | | |
| 67 | Volksbank Bigge-Lenne eG | x | x | x | x | x | x | - | x | x | 2009/2010/2014 |
| 68 | Volksbank Krefeld eG | | x | x | x | x | x | x | x | x | 2012 |
| 69 | Volksbank Raiffeisenbank Starnberg-Herrsching-Landsberg eG | x | x | x | x | x | x | x | x | x | |
| 70 | Volksbank Raiffeisenbank Dachau eG | x | x | x | x | x | x | x | x | x | |
| 71 | Volksbank Breisgau Nord eG, Emmendingen | x | x | x | x | x | x | x | x | | |
| 72 | Volksbank Beckum-Lippstadt eG | x | x | | | | | | | | 2013 |
| 73 | VR Bank München Land eG, Oberhaching | x | x | x | x | x | x | x | x | | |
| 74 | Volksbank Raiffeisenbank Oberbayern Südost eG, Bad Reichenhall | x | x | x | x | x | x | x | x | x | 2008 |
| 75 | Raiffeisen-Volksbank eG, Aurich | x | x | x | x | x | x | x | x | | |
| 76 | Volksbank Bruchsal-Bretten eG | x | x | x | x | x | x | x | x | x | 2008 |
| 77 | Ostfriesische Volksbank eG | x | x | x | x | x | x | x | x | | 2014 |
| 78 | Raiffeisenbank Kempten-Oberallgäu eG, Sonthofen | x | | | | | | | | | 2014 |
| 79 | Volksbank Remscheid-Solingen eG | x | x | x | x | x | x | x | x | | |
| 80 | Volksbank Rhein-Ruhr eG | x | x | x | x | x | x | x | | | |
| 81 | VR Bank eG, Niebüll | x | x | x | x | x | x | x | x | | |
| 82 | Volksbank Kurpfalz H + G BANK eG, Heidelberg | x | x | x | x | x | x | x | x | | 2009 |
| 83 | VR Bank Kaufbeuren-Ostallgäu eG | x | x | x | x | x | x | x | x | | 2007 |
| 84 | Grafschafter Volksbank eG | x | x | x | x | x | x | x | x | | 2007 |
| 85 | Volksbank Backnang eG | x | x | x | x | x | x | x | x | | |
| 86 | Raiffeisen-Volksbank Donauwörth eG | x | x | x | x | x | x | x | x | | |
| 87 | Volksbank Hochrhein eG, Waldshut-Tiengen | x | x | x | x | x | x | x | x | | 2013 |
| 88 | Volksbank Düsseldorf Neuss eG | x | x | x | x | x | x | x | x | | |
| 89 | Volksbank eG, Pattensen | x | x | x | x | x | x | x | x | | |
| 90 | Augusta-Bank eG Raiffeisen-Volksbank, Augsburg | x | x | x | x | x | x | x | x | | |
| 91 | Volksbank Raiffeisenbank Fürstenfeldbruck eG | x | x | x | x | x | x | x | x | | |
| 92 | VR-Bank Donau-Mindel eG, Dillingen | x | | | | | | | | | 2014 |
| 93 | Volksbank Esslingen eG | x | x | x | x | x | x | x | x | | |
| 94 | Heidelberger Volksbank eG | x | x | x | x | x | x | x | - | x | |
| 95 | Volksbank Brilon-Büren-Salzkotten eG | x | x | x | | | | | | | 2012 |
| 96 | Volksbank Hellweg eG | x | x | x | x | x | x | x | x | | |
| 97 | Volksbank Rhein-Nahe-Hunsrück eG | x | x | x | x | x | | | | | 2009/2011 |
| 98 | Raiffeisenbank Aschaffenburg eG | x | x | x | x | x | x | x | x | x | 2010/2013 |
| 99 | Volksbank Sauerland eG, Arnsberg | x | x | x | x | x | | | | | 2009 |
| 100 | VR-Bank Werdenfels eG, Garmisch-Partenkirchen | x | x | x | | | | | | | 2012 |
| 101 | Volksbank Siegerland eG | x | x | x | x | x | x | x | x | | 2008 |
| 102 | Volksbank Plochingen eG | x | x | x | x | x | x | x | x | | |
| 103 | VR-Bank Coburg eG | x | x | x | x | x | x | x | x | x | |
| 104 | VR-Bank eG, Würselen | x | x | x | x | x | x | x | x | x | |

Tab. 180: Betrachtete Genossenschaftsbanken – Teil II[2325]

---

[2325] Quelle: Eigene Darstellung. x = Geschäftsbericht vorhanden, - = Geschäftsbericht nicht vorhanden, ▨ = Kreditinstitut nicht existent.

| Nr. | Name | Geschäftsbericht | | | | | | | | | Fusion |
|-----|------|------|------|------|------|------|------|------|------|------|--------|
| | | 2014 | 2013 | 2012 | 2011 | 2010 | 2009 | 2008 | 2007 | 2006 | |
| 105 | Raiffeisenbank Frechen-Hürth eG | x | x | x | x | x | x | x | x | x | 2008 |
| 106 | Volksbank eG, Überlingen | x | x | x | x | x | x | x | x | x | |
| 107 | Volksbank Niederrhein eG | x | x | x | x | x | x | x | x | x | |
| 108 | Volksbank Chemnitz eG | x | x | x | x | x | x | x | x | x | 2012 |
| 109 | Volksbank Hameln-Stadthagen eG | x | x | x | x | x | x | x | x | | |
| 110 | VR Bank Flensburg-Schleswig eG | x | x | x | x | x | x | x | x | x | |
| 111 | Volksbank Donau-Neckar eG, Tuttlingen | x | x | x | x | x | x | x | x | x | |
| 112 | VR Bank Ostholstein Nord - Plön eG | x | x | x | x | x | | | | | 2009 |
| 113 | VR-Bank Neckar-Enz eG, Bönnigheim | x | | | | | | | | | 2014 |
| 114 | Raiffeisenbank Main-Spessart eG, Lohr am Main | x | x | x | x | x | | | | | 2010 |
| 115 | VR Bank eG Bergisch Gladbach | x | x | x | x | x | x | x | x | x | |
| 116 | VR-Bank Erlangen-Höchstadt-Herzogenaurach eG | x | x | x | x | x | x | | | | 2009 |
| 117 | Volksbank Reutlingen eG | x | x | x | x | x | x | x | x | x | |
| 118 | Hallertauer Volksbank eG, Pfaffenhofen a. d. Ilm | x | x | x | x | x | x | x | x | x | 2008 |
| 119 | Märkische Bank eG | x | x | x | x | x | x | x | x | x | |
| 120 | Emsländische Volksbank eG | x | x | x | x | x | x | x | x | x | |
| 121 | Raiffeisenbank Weißenburg-Gunzenhausen eG | x | x | x | x | x | x | x | x | x | 2007 |
| 122 | VR-Bank Werra-Meißner eG | x | x | x | x | x | x | x | x | x | |
| 123 | Volksbank eG, Osterholz-Scharmbeck | x | x | x | x | x | x | x | x | x | |
| 124 | VR Bank Neumünster eG | x | x | x | x | x | x | x | x | x | |
| 125 | Volksbank Mindener Land eG | x | x | x | x | | | | | | 2011 |
| 126 | Volksbank in Schaumburg eG | x | x | x | x | x | x | x | x | x | |
| 127 | Volksbank Raiffeisenbank Nürnberg eG | x | x | x | x | x | x | x | x | x | |
| 128 | Volksbank Dreiländereck eG, Lörrach | x | x | x | x | x | x | x | x | x | |
| 129 | VR Genossenschaftsbank Fulda eG Volksbank Raiffeisenbank seit 1862 | x | x | x | x | x | x | x | x | x | |
| 130 | Volksbank Hunsrück-Nahe eG | x | x | x | x | x | x | | | | 2009 |
| 131 | Heidenheimer Volksbank eG | x | x | x | x | x | x | x | x | x | 2009 |
| 132 | Volksbank Dreieich eG | x | x | x | x | x | x | x | x | x | |
| 133 | VR-Bank Aalen eG Volksbank Raiffeisenbank | x | x | x | x | x | x | x | x | | |
| 134 | VR Bank Hof eG | x | x | x | x | x | x | x | x | x | 2010 |
| 135 | Volksbank Lübbecker Land eG | x | x | x | x | x | x | x | x | x | |
| 136 | Volks- und Raiffeisenbank eG, Wismar | x | x | x | x | x | x | x | x | x | 2014 |
| 137 | Volksbank Metzingen-Bad Urach eG | x | x | x | x | x | x | x | x | x | |
| 138 | Volksbank Erft eG | x | x | x | x | x | x | x | x | | 2011 |
| 139 | Volksbank Euskirchen eG | x | x | x | x | x | x | x | x | x | |
| 140 | Volksbank Weinheim eG | x | x | x | x | x | x | x | x | x | |
| 141 | Volksbank Straubing eG | x | x | x | x | x | x | x | x | x | 2010 |
| 142 | VR-Bank Asperg-Markgröningen eG, Möglingen | x | x | x | x | x | x | x | x | x | |
| 143 | Volksbank Marl-Recklinghausen eG | x | x | x | x | x | x | x | x | x | |
| 144 | GENO BANK ESSEN eG | x | x | x | x | x | x | x | x | x | |
| 145 | Leutkircher Bank -Raiffeisen- und Volksbank- eG, Leutkirch im Allgäu | x | x | x | x | x | x | x | x | x | 2013 |
| 146 | Volksbank Bochum Witten eG | x | x | x | x | x | x | x | x | x | |
| 147 | Volksbank Bocholt eG | x | x | x | x | x | x | x | x | x | |
| 148 | Raiffeisenbank Chamer Land eG, Cham | x | x | | | | | | | | 2013 |
| 149 | Volksbank eG, Konstanz | x | x | x | x | x | x | x | x | x | |
| 150 | RV Bank Rhein-Haardt eG | x | x | x | x | x | x | x | x | x | |
| 151 | Kieler Volksbank eG | x | x | x | x | x | x | x | x | x | |
| 152 | VR-Bank Rhein-Erft eG | x | x | x | x | x | x | x | x | x | |
| 153 | Vereinigte Volksbank eG Dillingen, Dudweiler, Sulzbach/Saar | x | x | | | | | | | | 2013 |
| 154 | Volksbank Breisgau-Süd eG, Heitersheim | x | x | x | x | x | x | x | x | x | |
| 155 | Volksbank Stade-Cuxhaven eG | x | x | x | x | x | x | x | x | x | |
| 156 | Volksbank Bühl eG | x | x | x | x | x | x | x | x | x | |

Tab. 181: Betrachtete Genossenschaftsbanken – Teil III[2326]

---

[2326] Quelle: Eigene Darstellung. x = Geschäftsbericht vorhanden, - = Geschäftsbericht nicht vorhanden, ▓ = Kreditinstitut nicht existent.

| Nr. | Name | 2014 | 2013 | 2012 | 2011 | 2010 | 2009 | 2008 | 2007 | 2006 | Fusion |
|---|---|---|---|---|---|---|---|---|---|---|---|
| 157 | Donau-Iller Bank eG, Ehingen | x | | | | | | | | | 2014 |
| 158 | Vereinigte Volksbank eG, Brakel | x | x | x | x | | | | | | 2011 |
| 159 | Volksbank Rhein-Lahn eG | x | x | x | x | x | x | x | x | x | |
| 160 | Volksbank Vechta eG | x | x | x | x | x | x | x | x | x | |
| 161 | Volksbank Albstadt eG | x | | | | | | | | | 2014 |
| 162 | Volksbank Raiffeisenbank Laupheim-Illertal eG | x | x | | | | | | | | 2013 |
| 163 | Volksbank Nordoberpfalz eG, Weiden | x | x | x | x | x | x | x | x | x | |
| 164 | VR-Bank Passau eG | x | x | x | x | x | x | x | x | x | |
| 165 | Volksbank Mönchengladbach eG | x | x | x | x | x | x | x | x | | |
| 166 | Volksbank eG, Seesen | x | x | x | x | x | x | x | x | | 2014 |
| 167 | RaiffeisenVolksbank eG Gewerbebank, Ansbach | x | x | x | x | x | x | x | x | x | |
| 168 | Volksbank Mittweida eG | x | x | x | x | x | x | x | x | x | |
| 169 | VR Bank Bamberg eG Raiffeisen-Volksbank | x | x | x | x | x | x | x | x | x | |
| 170 | VR-Bank Memmingen eG | x | x | x | x | x | x | x | x | | |
| 171 | Raiffeisenbank im Allgäuer Land eG, Altusried | x | x | x | x | x | x | x | x | x | 2008 |
| 172 | Aachener Bank eG | x | x | x | x | x | x | x | x | | |
| 173 | VR-Bank Neu-Ulm/Weißenhorn eG | x | x | x | x | x | x | x | x | x | |
| 174 | Raiffeisen-Volksbank Ries eG, Nördlingen | x | x | x | x | x | x | x | x | x | |
| 175 | Volksbank Bad Saulgau eG | x | x | x | x | x | x | x | x | x | |
| 176 | Untertürkheimer Volksbank eG, Stuttgart | x | x | x | x | x | x | x | x | x | 2013 |
| 177 | Raiffeisenbank Oberpfalz Süd eG, Donaustauf | x | x | x | x | x | x | | | | 2008/2009 |
| 178 | Volksbank Forchheim eG | x | x | x | x | x | x | x | x | x | |
| 179 | Volksbank-Raiffeisenbank Bayreuth eG | x | x | x | x | x | x | x | x | | |
| 180 | Volksbank Rhein-Lippe eG | x | x | x | x | x | x | x | x | x | |
| 181 | Dresdner Volksbank Raiffeisenbank eG | x | x | x | x | x | x | x | | | |
| 182 | Raiffeisenbank Neumarkt i.d.OPf. eG | x | x | x | x | x | x | x | x | | |
| 183 | Volksbank Achern eG | x | x | x | x | x | x | x | x | | |
| 184 | Raiffeisenbank eG, Heinsberg | x | x | x | x | x | x | x | x | x | 2008 |
| 185 | VR-Bank Schweinfurt eG | x | x | x | x | x | | | | | 2009 |
| 186 | Volksbank Lingen eG | x | x | x | x | x | x | x | x | | 2014 |
| 187 | Volksbank Mitte eG | x | x | x | x | | | | | | 2011 |
| 188 | Volksbank Jever eG | x | x | x | x | x | x | x | x | x | |
| 189 | VR-Bank Ismaning Hallbergmoos Neufahrn eG | x | | | | | | | | | 2014 |
| 190 | Volksbank Trier eG | x | x | x | x | x | x | x | x | | |
| 191 | Volksbank Allgäu-West eG, Isny | x | x | x | x | x | x | x | x | | |
| 192 | Volksbank Bruhrain-Kraich-Hardt eG, Oberhausen-Rheinhausen | x | x | x | x | x | x | x | x | x | |
| 193 | Volksbank Westliche Saar plus eG | x | | | | | | | | | 2014 |
| 194 | VR-Bank Uffenheim-Neustadt eG Raiffeisen-Volksbank | x | x | x | x | x | x | x | x | | |
| 195 | vr bank Untertaunus eG | x | x | x | x | x | x | x | x | | |
| 196 | Raiffeisen-Volksbank Miltenberg eG | x | x | x | x | x | x | x | x | | |
| 197 | Volksbank Bautzen eG | x | x | x | x | x | x | x | x | | |
| 198 | Raiffeisenbank München-Süd eG | x | x | x | x | x | x | x | x | | |
| 199 | Waldecker Bank eG | x | x | x | x | x | x | x | x | | 2007 |
| 200 | Volksbank Franken eG, Buchen | x | x | x | x | x | x | x | x | x | |
| 201 | Harzer Volksbank eG | x | | | | | | | | | 2014 |
| 202 | Freisinger Bank eG Volksbank-Raiffeisenbank | x | x | x | x | x | x | x | x | | |
| 203 | Genossenschaftsbank Unterallgäu eG, Bad Wörishofen | x | x | x | x | x | x | x | x | | |
| 204 | Vereinigte Volksbank Raiffeisenbank eG, Wittlich | x | x | x | x | x | x | x | x | | 2008 |
| 205 | Volksbank Ahlen-Sassenberg-Warendorf eG | x | x | x | x | x | x | x | x | | |
| 206 | VR-Bank Landau eG | x | x | x | x | x | x | x | x | | |
| 207 | GenoBank DonauWald eG, Viechtach | x | x | x | x | x | x | x | x | | |
| 208 | Volksbank Raiffeisenbank eG, Itzehoe | x | x | x | x | x | x | x | x | | |
| 209 | Volksbank Viersen eG | x | x | x | x | x | x | x | x | | 2010 |
| 210 | Volksbank Rottweil eG | x | x | x | x | x | x | x | x | x | |

Tab. 182: Betrachtete Genossenschaftsbanken – Teil IV[2327]

---

[2327] Quelle: Eigene Darstellung. x = Geschäftsbericht vorhanden, - = Geschäftsbericht nicht vorhanden, ▓ = Kreditinstitut nicht existent.

| Nr. | Name | 2014 | 2013 | 2012 | 2011 | 2010 | 2009 | 2008 | 2007 | 2006 | Fusion |
|---|---|---|---|---|---|---|---|---|---|---|---|
| | | **Geschäftsbericht** | | | | | | | | | |
| 211 | VR-Bank in Mittelbaden eG, Iffezheim | x | x | x | x | x | x | x | x | x | |
| 212 | Raiffeisenbank Rheinbach Voreifel eG | x | x | x | x | x | x | x | x | x | |
| 213 | Husumer Volksbank eG | x | x | x | x | x | x | x | x | x | |
| 214 | VR-Bank NordRhön eG | x | x | x | x | x | x | x | x | x | |
| 215 | Raiffeisenbank Roth-Schwabach eG | x | x | x | x | x | x | x | x | x | |
| 216 | Rheingauer Volksbank eG | x | x | x | x | x | x | x | x | x | |
| 217 | Volksbank eG, Waltrop | x | x | x | x | x | x | x | x | x | |
| 218 | Raiffeisen-Volksbank Neuburg/Donau eG | x | x | x | x | x | x | x | x | x | |
| 219 | Raiffeisenbank Großostheim-Obernburg eG | x | x | x | x | x | x | | | | 2009 |
| 220 | VBU Volksbank im Unterland eG, Schwaigern | x | x | x | x | x | x | x | x | x | |
| 221 | Volksbank Südheide eG | x | x | x | x | x | x | x | x | | 2007 |
| 222 | Gladbacher Bank AG von 1922 | x | x | x | x | x | x | x | x | x | |
| 223 | Volksbank Hildesheim eG | x | x | x | x | x | x | x | x | x | |
| 224 | Volksbank Saaletal eG | x | x | x | x | x | x | x | x | x | |
| 225 | Volksbank eG Mosbach | x | x | x | x | x | x | x | x | x | |
| 226 | VR Bank Biedenkopf-Gladenbach eG | x | x | x | x | x | x | x | x | x | |
| 227 | Bremische Volksbank eG | x | x | x | x | x | x | x | x | x | |
| 228 | Raiffeisenbank Iller-Roth-Günz eG | x | x | x | x | x | x | x | x | x | |
| 229 | Raiffeisenbank Weiden eG | x | x | x | x | x | x | x | x | x | |
| 230 | Volksbank Kaiserslautern-Nordwestpfalz eG | x | x | x | x | x | x | x | x | x | |
| 231 | Volksbank Wilferdingen-Keltern eG, Remchingen | x | x | x | x | x | x | x | x | x | |
| 232 | Volksbank Wolfenbüttel-Salzgitter eG | x | x | x | x | x | x | x | x | x | |
| 233 | Volks- und Raiffeisenbank Neuwied-Linz eG | x | x | x | x | x | x | x | x | x | 2013 |
| 234 | VR-Bank Schwalm-Eder Volksbank Raiffeisenbank eG | x | x | x | x | x | x | x | x | x | |
| 235 | Volksbank Regensburg eG | x | x | x | x | x | x | x | x | x | |
| 236 | Raiffeisenbank Straubing eG | x | x | x | x | x | x | x | x | x | |
| 237 | VR-Bank Taufkirchen-Dorfen eG | x | x | x | x | x | x | x | x | x | 2010 |
| 238 | Volksbank Rhein-Wehra eG, Bad Säckingen | x | x | x | x | x | x | x | x | x | |
| 239 | Volksbank Filder eG, Neuhausen | x | x | x | x | x | x | x | x | x | |
| 240 | Raiffeisenbank Obermain Nord eG, Altenkunstadt | x | x | x | x | x | x | x | x | x | |
| 241 | Volksbank-Raiffeisenbank Amberg eG | x | x | x | x | x | x | x | x | x | |
| 242 | Volksbank Region Leonberg eG | x | x | x | x | x | x | x | x | x | |
| 243 | VR-Bank Bonn eG | x | x | x | x | x | x | x | x | x | |
| 244 | Volksbank Göttingen eG | x | x | x | x | x | x | x | x | x | |
| 245 | Volksbank Osnabrück eG | x | x | x | x | x | x | x | x | x | |
| 246 | Vereinigte Raiffeisenbanken Gräfenberg-Forchheim-Eschenau-Heroldsberg eG | x | x | x | x | x | x | x | x | x | |
| 247 | VR-Bank Landsberg-Ammersee eG | x | x | x | x | x | x | x | x | x | |
| 248 | Volksbank Helmstedt eG | x | x | x | x | x | x | x | x | x | |
| 249 | Raiffeisenbank München-Nord eG, Unterschleißheim | x | x | x | x | x | x | x | x | x | |
| 250 | Volksbank Uelzen-Salzwedel eG | x | x | x | x | x | x | x | x | x | |
| 251 | Vereinigte Volksbank eG Limburg | x | x | x | x | x | x | x | x | x | |
| 252 | Kulmbacher Bank eG Raiffeisen-Volksbank | x | x | x | x | x | x | x | x | x | |
| 253 | VR Bank Westthüringen eG | x | x | x | x | x | x | x | x | x | |
| 254 | Volksbank Ettlingen eG | x | x | x | x | x | x | x | x | x | |
| 255 | VR Bank Hohenneuffen-Teck eG, Frickenhausen | x | | | | | | | | | 2014 |
| 256 | Volksbank Emmerich-Rees eG | x | x | x | x | x | x | x | x | x | |
| 257 | VR-Bank Mittelsachsen eG | x | x | x | x | x | | | | | 2010 |
| 258 | Raiffeisen-Volksbank Varel-Nordenham eG | x | x | x | x | x | x | x | x | x | |
| 259 | Leipziger Volksbank eG | x | x | | | | | | | | 2013 |
| 260 | Raiffeisenbank Kissing-Mering eG | x | x | x | x | x | x | x | x | x | |
| 261 | Volksbank eG Horb-Freudenstadt | x | x | x | x | x | x | x | | | 2008 |
| 262 | Volksbank Bitburg eG | x | x | x | x | x | x | x | x | x | 2010 |
| 263 | Volksbank eG, Syke | x | x | x | x | x | x | x | x | x | |
| 264 | Volksbank Rietberg eG | x | x | x | x | x | x | x | x | x | 2014 |

Tab. 183: Betrachtete Genossenschaftsbanken – Teil V[2328]

---

[2328] Quelle: Eigene Darstellung. x = Geschäftsbericht vorhanden, - = Geschäftsbericht nicht vorhanden, ▨ = Kreditinstitut nicht existent.

| Nr. | Name | Geschäftsbericht | | | | | | | | | Fusion |
|---|---|---|---|---|---|---|---|---|---|---|---|
| | | 2014 | 2013 | 2012 | 2011 | 2010 | 2009 | 2008 | 2007 | 2006 | |
| 265 | Volksbank Lübeck eG | x | x | x | x | x | x | x | x | x | 2012 |
| 266 | Volksbank Tettnang eG | x | x | x | x | x | x | x | x | x | |
| 267 | Raiffeisen-Volksbank Ebersberg eG | x | x | x | x | x | x | x | x | x | |
| 268 | Rottaler Volksbank - Raiffeisenbank eG, Eggenfelden | x | x | x | x | x | x | x | x | x | |
| 269 | Volksbank Erkelenz eG | x | x | x | x | x | x | x | x | x | |
| 270 | Raiffeisen-Volksbank Fresena eG | x | x | x | x | x | x | x | x | x | |
| 271 | Volksbank Süd-Emsland eG | x | x | x | x | x | x | x | x | x | 2008/2010 |
| 272 | Pommersche Volksbank eG | x | x | x | x | x | x | x | x | x | |
| 273 | Volksbank Dill eG -Volksbank und Raiffeisenbank- | x | x | x | x | x | x | x | x | x | |
| 274 | Volksbank Staufen eG | x | x | x | x | x | x | x | x | x | |
| 275 | VR-Bank Ellwangen eG | x | x | x | x | x | x | x | x | x | |
| 276 | VR Bank Dinkelsbühl eG | x | x | x | x | x | x | x | x | x | |
| 277 | Volksbank Koblenz Mittelrhein eG | x | x | x | x | x | x | x | x | x | |
| 278 | VR Bank Kitzingen eG | x | x | x | x | x | x | x | x | x | |
| 279 | Volksbank Raiffeisenbank Bad Kissingen - Bad Brückenau eG | x | x | x | x | x | x | x | x | x | |
| 280 | Volksbank Kleverland eG | x | x | x | x | x | x | x | x | x | |
| 281 | Volksbank Aller-Weser eG | x | x | x | | | | | | | 2012 |
| 282 | VR Bank Südliche Weinstraße eG | x | x | x | x | x | x | x | x | x | |
| 283 | Volksbank Bad Salzuflen eG | x | x | x | x | x | x | x | x | x | 2008 |
| 284 | Schleswiger Volksbank eG Volksbank Raiffeisenbank | x | x | x | x | x | x | x | x | x | 2010 |
| 285 | Volksbank eG, Nienburg | x | x | x | x | x | x | x | x | x | |
| 286 | Volksbank Osterburg-Lüchow-Dannenberg eG | x | x | x | x | x | x | x | x | x | |
| 287 | Volksbank Kirchhellen eG | x | x | x | x | x | x | x | x | x | |
| 288 | VR Bank eG Steinlach-Wiesaz-Härten, Mössingen | x | x | | | | | | | | 2013 |
| 289 | Raiffeisenbank im Naabtal eG, Nabburg | x | x | x | x | x | x | x | x | x | |
| 290 | Raiffeisenbank Hohenzollern eG, Hechingen | x | x | x | x | x | x | x | x | x | |
| 291 | Raiffeisenbank Südstormarn Mölln eG | x | x | x | | | | | | | 2011 |
| 292 | Rottaler Raiffeisenbank eG, Pocking | x | x | x | x | x | x | x | x | x | |
| 293 | Volksbank Mainspitze eG | x | x | x | x | x | x | x | x | x | |
| 294 | levoBank eG | x | x | x | x | x | | | | | 2009 |
| 295 | Volksbank Oelde-Ennigerloh-Neubeckum eG | x | x | x | x | x | x | x | x | x | |
| 296 | Raiffeisenbank Pfaffenwinkel eG, Peiting | x | x | x | x | x | x | x | x | x | |
| 297 | Erfurter Bank eG | x | x | x | x | x | x | x | x | x | |
| 298 | Volksbank Oldenburg eG | x | x | x | x | x | x | x | x | x | |
| 299 | VR-Bank Langenau-Ulmer Alb eG | x | x | x | x | x | x | x | x | x | |
| 300 | Volksbank Kinzigtal eG, Wolfach | x | x | x | x | x | x | x | x | x | |
| 301 | Volksbank eG, Sulingen | x | x | x | x | x | x | x | x | x | |
| 302 | Raiffeisenbank Trostberg-Traunreut eG | x | x | x | x | x | x | x | x | x | |
| 303 | Volksbank Stutensee-Weingarten eG | x | x | x | x | | | | | | 2011 |
| 304 | Volksbank Müllheim eG | x | x | x | x | x | x | x | x | x | |
| 305 | Volksbank Magdeburg eG | x | x | x | x | x | x | x | x | x | |
| 306 | Volksbank Dorsten eG | x | x | x | x | x | x | x | x | x | |
| 307 | Raiffeisenbank Oldenburg eG | x | x | x | x | x | x | x | x | x | |
| 308 | Raiffeisenbank eG, Baunatal | x | x | x | x | x | x | x | x | x | |
| 309 | Nordthüringer Volksbank eG | x | x | x | x | x | x | x | x | x | |
| 310 | Fellbacher Bank eG | x | x | x | x | x | x | x | x | x | |
| 311 | Volksbank Hildesheimer Börde eG | x | x | x | x | x | x | x | x | x | |
| 312 | Volksbank Eifel Mitte eG | x | x | x | x | x | x | x | x | x | |
| 313 | VR Bank Rhein-Mosel eG | x | x | x | x | x | x | x | x | x | |
| 314 | Raiffeisenbank im Stiftland eG, Waldsassen | x | x | x | x | x | x | x | x | x | |
| 315 | Rostocker Volks- und Raiffeisenbank eG | x | x | x | x | x | x | x | x | x | |
| 316 | VR-Bank Bad Salzungen Schmalkalden eG | x | x | x | x | x | x | x | x | x | |
| 317 | Volksbank Olpe-Wenden-Drolshagen eG | x | x | x | x | | | | | | 2011 |
| 318 | Raiffeisenbank Augsburger Land West eG, Zusmarshausen | x | x | x | x | x | x | x | x | x | 2007 |

Tab. 184: Betrachtete Genossenschaftsbanken – Teil VI[2329]

---

[2329] Quelle: Eigene Darstellung. x = Geschäftsbericht vorhanden, - = Geschäftsbericht nicht vorhanden, ▨ = Kreditinstitut nicht existent.

| Nr. | Name | Geschäftsbericht | | | | | | | | | Fusion |
|---|---|---|---|---|---|---|---|---|---|---|---|
| | | 2014 | 2013 | 2012 | 2011 | 2010 | 2009 | 2008 | 2007 | 2006 | |
| 319 | Raiffeisenbank Kocher-Jagst eG, Ingelfingen | x | x | x | x | x | x | x | x | x | |
| 320 | VR-Bank Altenburger Land eG | x | x | x | x | x | x | x | x | x | 2008 |
| 321 | Raiffeisenbank Rhein-Berg eG | x | x | x | x | x | x | x | x | x | |
| 322 | VR-Bank Rothenburg o.d.Tbr. eG | x | x | x | x | x | x | x | x | x | |
| 323 | Volksbank Neu-Ulm eG | x | x | x | x | x | x | x | x | x | |
| 324 | VR-Bank Bad Hersfeld-Rotenburg eG | x | x | x | x | x | x | x | x | x | |
| 325 | Raiffeisenbank Kürten-Odenthal eG | x | x | x | x | x | x | x | x | x | |
| 326 | VR-Bank Nordeifel eG | x | x | x | x | x | x | x | x | x | |
| 327 | Volksbank Halle (Saale) eG | x | x | x | x | x | x | x | x | x | |
| 328 | Volksbank Rhein-Wupper eG | x | x | x | x | x | x | x | x | x | |
| 329 | Volksbank Tübingen eG | x | x | x | x | x | x | x | x | x | |
| 330 | Raiffeisenbank Bad Abbach-Saal eG | x | x | x | x | x | x | x | x | x | 2007 |
| 331 | Volksbank-Raiffeisenbank im Kreis Rendsburg eG | x | x | x | x | x | x | x | x | x | |
| 332 | Volksbank Dortmund-Nordwest eG | x | x | x | x | x | x | x | x | x | |
| 333 | Rüsselsheimer Volksbank eG | x | x | x | x | x | x | x | x | x | |
| 334 | Raiffeisenbank im Oberland eG, Miesbach | x | x | x | x | x | x | x | x | x | |
| 335 | Volksbank Schwarzwald-Neckar eG, Schramberg | x | x | x | x | x | x | x | x | x | 2008 |
| 336 | Raiffeisenbank Deggendorf-Plattling eG | x | x | x | x | x | x | x | x | x | |
| 337 | Volksbank Strohgäu eG, Korntal-Münchingen | x | x | x | x | x | x | x | x | x | |
| 338 | Volksbank Bramgau-Wittlage eG | x | x | x | x | x | | | | | 2009 |
| 339 | Volks- und Raiffeisenbank Prignitz eG | x | x | x | x | x | x | x | x | x | |
| 340 | Volksbank Möckmühl-Neuenstadt eG | x | x | x | x | x | x | x | x | x | |
| 341 | Volksbank Delbrück-Hövelhof eG | x | x | x | x | x | x | x | x | x | 2013 |
| 342 | Volksbank Stormarn eG | x | x | x | x | x | x | x | x | x | |
| 343 | Volksbank Rhede eG | x | x | x | x | x | x | x | x | x | |
| 344 | Volksbank Schwäbisch Gmünd eG | x | x | x | x | x | x | x | x | x | |
| 345 | Raiffeisenbank Regensburg-Wenzenbach eG | x | x | x | x | x | x | x | x | x | |
| 346 | St. Wendeler Volksbank eG | x | x | x | x | x | x | x | x | x | |
| 347 | VR-Bank Vilsbiburg eG | x | x | x | x | x | x | x | x | x | |
| 348 | VR-Bank in Südniedersachsen eG | x | x | x | x | x | x | x | x | x | 2013 |
| 349 | Volksbank Brackenheim-Güglingen eG | x | x | x | x | x | x | x | x | x | |
| 350 | Volksbank Zuffenhausen eG, Stuttgart | x | x | x | x | x | x | x | x | x | |
| 351 | VR-Bank Uckermark-Randow eG | x | x | x | x | x | | | | | 2009 |
| 352 | Volksbank GMHütte-Hagen-Bissendorf eG (GHB) | x | x | x | x | x | x | x | | | |
| 353 | Raiffeisen-Volksbank Isen-Sempt eG | x | x | x | x | x | x | x | x | x | |
| 354 | VR-Bank eG, Regen | x | x | x | x | x | x | x | x | x | |
| 355 | Kerner Volksbank eG, Kernen | x | x | x | x | x | x | x | x | x | |
| 356 | Volksbank Greven eG | x | x | x | x | x | x | x | x | x | |
| 357 | Credit- und Volksbank eG, Wuppertal | x | x | x | x | x | x | x | x | x | |
| 358 | VR-Bank Rhön-Grabfeld eG, Bad Neustadt | x | x | x | x | x | x | x | x | x | |
| 359 | Volksbank Balingen eG | x | x | x | x | x | x | x | x | x | |
| 360 | Raiffeisenbank Ravensburg eG, Horgenzell | x | x | x | x | x | x | x | x | x | 2012 |
| 361 | Raiffeisenbank eG, Büchen | x | x | x | x | x | x | x | x | x | |
| 362 | Raiffeisenbank Isar-Loisachtal eG, Wolfratshausen | x | x | x | x | x | x | x | x | x | |
| 363 | Raiffeisenbank Schwandorf-Nittenau eG | x | x | x | x | x | x | x | x | x | |
| 364 | Dithmarscher Volks- und Raiffeisenbank eG | x | x | x | x | x | x | x | x | x | |
| 365 | Zevener Volksbank eG | x | x | x | x | x | x | x | x | x | |
| 366 | Volksbank Baumberge eG | x | x | x | x | x | x | x | x | x | |
| 367 | Volksbank Brenztal eG, Giengen | x | x | x | x | x | x | x | | | 2008 |
| 368 | VR Bank eG, Dormagen | x | x | x | x | x | x | x | x | x | |
| 369 | Volksbank eG, Sottrum | x | x | x | x | x | x | x | x | x | |
| 370 | VR-Bank Fläming eG | x | x | x | x | x | x | x | x | x | |
| 371 | VR-Bank Landshut eG | x | x | x | x | x | x | x | x | x | |
| 372 | Volksbank-Raiffeisenbank Riedlingen eG | x | x | x | x | x | x | x | x | x | |
| 373 | Volksbank Lauterbach-Schlitz eG | x | x | x | x | x | x | x | x | x | |

Tab. 185: Betrachtete Genossenschaftsbanken – Teil VII[2330]

---

[2330] Quelle: Eigene Darstellung. x = Geschäftsbericht vorhanden, - = Geschäftsbericht nicht vorhanden, ▨ = Kreditinstitut nicht existent.

| Nr. | Name | 2014 | 2013 | 2012 | 2011 | 2010 | 2009 | 2008 | 2007 | 2006 | Fusion |
|---|---|---|---|---|---|---|---|---|---|---|---|
| 374 | Vereinigte Genossenschafts- und Raiffeisenbank Westpfalz eG VR-Bank Westpfalz | x | x | x | x | x | x | x | x | x | |
| 375 | Volksbank Raiffeisenbank eG, Greifswald | x | x | x | x | x | x | x | x | x | |
| 376 | Volksbank Raiffeisenbank Meißen Großenhain eG | x | x | x | x | x | x | x | x | x | |
| 377 | Genobank Rhön-Grabfeld eG, Mellrichstadt | x | x | x | x | x | x | x | x | x | 2007 |
| 378 | Raiffeisenbank Hersbruck eG | x | x | x | x | x | x | x | x | x | |
| 379 | Volksbank Sprockhövel eG | x | x | x | x | x | x | x | x | x | |
| 380 | Volksbank Löbau-Zittau eG | x | x | x | x | x | x | x | x | x | |
| 381 | Volksbank Laichinger Alb eG, Laichingen | x | x | x | x | | | | | | 2011 |
| 382 | Raiffeisenbank Ehingen-Hochsträß eG | x | x | x | x | x | x | x | | | 2008 |
| 383 | Volksbank Glan-Münchweiler eG | x | x | x | x | x | x | x | x | x | |
| 384 | Volksbank Untere Saar eG | x | x | x | x | x | x | x | x | x | |
| 385 | VR-Bank eG , Schwerin | x | x | x | x | x | x | x | x | x | |
| 386 | Brandenburger Bank Volksbank-Raiffeisenbank eG | x | x | x | x | x | x | x | x | x | |
| 387 | Raiffeisenbank Altdorf-Ergolding eG | x | x | x | x | x | x | x | x | x | |
| 388 | Volksbank Geest eG | x | x | x | x | x | x | x | x | x | |
| 389 | Raiffeisenbank eG Henstedt-Ulzburg, Bad Bramstedt | x | x | x | x | x | x | x | x | x | |
| 390 | Volksbank im Ostmünsterland eG | x | x | x | | | | | | | 2012 |
| 391 | Volksbank Emstal eG | x | x | x | x | x | x | x | x | x | |
| 392 | Raiffeisenbank Erding eG | x | x | x | x | x | x | x | x | x | |
| 393 | Volksbank Peine eG | x | x | x | x | x | x | x | x | x | |
| 394 | VR Bank Lausitz eG | x | x | x | x | x | x | x | x | x | |
| 395 | Volksbank Triberg eG | x | x | x | x | x | x | x | x | x | |
| 396 | Bensberger Bank eG | x | x | x | x | x | x | x | x | x | |
| 397 | Raiffeisen-Volksbank Haßberge eG | x | x | x | x | x | x | x | x | x | |
| 398 | Volksbank Wipperfürth-Lindlar eG | x | x | x | x | x | x | x | x | x | |
| 399 | Volksbank Halle/Westf. eG | x | x | x | x | x | x | x | x | x | |
| 400 | VR-Bank Feuchtwangen-Limes eG | x | x | x | x | x | x | x | x | x | |
| 401 | Raiffeisenbank Bad Gögging eG | x | x | x | x | x | x | x | x | x | |
| 402 | Raiffeisenbank Zorneding eG | x | x | x | x | x | x | x | x | x | |
| 403 | VR Bank Schlüchtern-Birstein eG | x | x | x | | | | | | | 2012 |
| 404 | VR Bank Mittelhaardt eG | x | x | x | x | x | x | x | x | x | |
| 405 | Raiffeisenbank Gaimersheim-Buxheim eG | x | x | x | x | x | x | x | x | x | |
| 406 | Raiffeisenbank Neumarkt-St. Veit - Reischach eG | x | x | | | | | | | | 2013 |
| 407 | Raiffeisen Spar + Kreditbank eG, Lauf a. d. Pegnitz | x | x | x | x | x | x | x | x | x | |
| 408 | vr bank Südthüringen eG | x | x | x | x | x | x | x | x | x | 2007 |
| 409 | Raiffeisenbank Altdorf-Feucht eG | x | x | x | x | x | x | x | x | x | |
| 410 | Volksbank Vogtland eG | x | x | x | x | x | x | x | x | x | |
| 411 | VR-Bank eG, Alzenau | x | x | x | x | x | x | | | | 2009 |
| 412 | Raiffeisenbank im Kreis Calw eG, Neubulach | x | x | x | x | x | x | x | x | x | |
| 413 | Allgäuer Volksbank eG Kempten-Sonthofen | x | x | x | x | x | x | x | x | x | |
| 414 | Volksbank Heuchelheim eG | x | x | x | x | x | x | x | x | x | |
| 415 | Volksbank Schermbeck eG | x | x | x | x | x | x | x | x | x | |
| 416 | VR Bank Bad Orb-Gelnhausen eG | x | x | x | x | x | x | x | x | x | |
| 417 | Volksbank Haltern eG | x | x | x | x | x | x | x | x | x | |
| 418 | Volksbank Lüdinghausen-Olfen eG | x | x | x | x | x | x | x | x | x | 2013 |
| 419 | Volksbank Montabaur- Höhr-Grenzhausen eG | x | x | x | x | x | x | x | x | x | |
| 420 | VR-Bank Burghausen-Mühldorf eG | x | x | x | x | x | x | x | x | x | |
| 421 | Volksbank Ganderkesee-Hude eG | x | x | x | x | x | x | x | x | x | |
| 422 | Volksbank eG Bad Laer-Borgloh-Hilter-Melle | x | x | x | x | x | x | x | x | x | |
| 423 | Volksbank Hohenlimburg eG | x | x | x | x | x | x | x | x | x | |
| 424 | Raiffeisenbank Riedenburg-Lobsing eG | x | x | x | x | x | x | x | x | x | |
| 425 | Volksbank Hochwald-Saarburg eG | x | x | x | x | x | x | | | | 2009 |
| 426 | Volksbank Saarpfalz eG | x | x | x | x | x | x | x | x | x | |
| 427 | Volksbank Friedrichshafen eG | x | x | x | x | x | x | x | x | x | |

Tab. 186: Betrachtete Genossenschaftsbanken – Teil VIII[2331]

---

[2331] Quelle: Eigene Darstellung. x = Geschäftsbericht vorhanden, - = Geschäftsbericht nicht vorhanden, ▓ = Kreditinstitut nicht existent.

| Nr. | Name | Geschäftsbericht | | | | | | | | | | Fusion |
|---|---|---|---|---|---|---|---|---|---|---|---|---|
| | | 2014 | 2013 | 2012 | 2011 | 2010 | 2009 | 2008 | 2007 | 2006 | | |
| 428 | Raiffeisen-Volksbank Lichtenfels-Itzgrund eG | x | x | x | x | x | x | x | x | x | | |
| 429 | Volksbank Dammer Berge eG | x | x | x | x | x | x | x | x | x | | |
| 430 | Raiffeisenbank Hemau-Kallmünz eG | x | x | x | x | x | x | x | | | | 2008 |
| 431 | Volksbank Eutin Raiffeisenbank eG | x | x | x | x | x | x | x | x | x | | |
| 432 | VR-Bank Erding eG | x | x | x | x | x | x | x | x | x | | |
| 433 | VR Bank Dinklage-Steinfeld eG | x | x | x | x | x | x | x | x | x | | |
| 434 | Volks- und Raiffeisenbank Muldental eG | x | x | x | x | x | x | x | x | x | | |
| 435 | Raiffeisenbank Krumbach/Schwaben eG | x | x | x | x | x | x | x | x | x | | |
| 436 | Raiffeisen-Volksbank Kronach-Ludwigsstadt eG | x | x | x | x | x | x | x | x | x | | |
| 437 | Raiffeisenbank Essenbach eG | x | x | x | x | x | x | x | x | x | | |
| 438 | Raiffeisenbank Mecklenburger Seenplatte eG | x | x | x | x | x | x | x | x | x | | |
| 439 | Raiffeisenbank Westeifel eG | x | x | x | x | x | x | x | x | x | | |
| 440 | Volksbank Klettgau-Wutöschingen eG | x | x | x | x | x | x | x | x | x | | |
| 441 | Geraer BANK eG | x | x | x | x | x | x | x | x | x | | |
| 442 | Volksbank eG, Steyerberg | x | x | x | x | x | x | x | x | x | | |
| 443 | Volksbank Lohne-Mühlen eG | x | x | x | x | x | x | x | x | x | | |
| 444 | Volksbank-Raiffeisenbank Dingolfing eG | x | x | x | x | x | x | x | x | x | | |
| 445 | Volksbank im Harz eG | x | x | x | x | x | x | x | x | x | | 2011 |
| 446 | Raiffeisenbank Am Goldenen Steig eG, Röhrnbach | x | x | x | x | x | x | x | x | x | | |
| 447 | Volksbank Beilstein-Ilsfeld-Abstatt eG | x | x | x | x | x | x | x | x | x | | |
| 448 | VR-Bank eG, Schopfheim | x | x | x | x | x | x | x | x | x | | |
| 449 | Volksbank Ochtrup eG | x | x | x | x | x | x | x | x | x | | |
| 450 | Volksbank Wildeshauser Geest eG | x | x | x | x | x | x | x | x | x | | |
| 451 | Volksbank Niedergrafschaft eG | x | x | x | x | x | x | x | x | x | | |
| 452 | Volksbank Weserbergland eG | x | x | x | x | x | x | x | x | x | | |
| 453 | Volksbank Sulmtal eG, Obersulm | x | x | x | x | x | x | x | x | x | | |
| 454 | Volksbank Cloppenburg eG | x | x | x | x | x | x | x | x | x | | |
| 455 | Volksbank Münsingen -Raiffeisen- und Volksbank eG- | x | x | x | x | x | x | x | x | x | | |
| 456 | Raiffeisenbank Bad Windsheim eG | x | x | x | x | x | x | x | x | x | | 2007 |
| 457 | Raiffeisenbank Burgebrach - Stegaurach eG | x | x | x | x | | | | | | | 2011 |
| 458 | Raiffeisenbank Tölzer Land eG | x | x | x | x | x | x | x | x | x | | 2008 |
| 459 | Volksbank Weschnitztal eG | x | x | x | x | x | x | x | x | x | | |
| 460 | Raiffeisenbank Vilshofener Land eG | x | x | x | x | x | x | x | x | x | | |
| 461 | Volksbank Weingarten eG | x | x | x | x | x | x | x | x | x | | |
| 462 | VR Bank Weimar eG | x | x | x | x | x | x | x | x | x | | |
| 463 | VR-Bank Chattengau eG | x | x | x | x | x | x | x | x | x | | |
| 464 | Raiffeisenbank Grevenbroich eG | x | x | x | x | x | x | x | x | x | | |
| 465 | Raiffeisenbank Bobingen eG | x | x | x | x | x | x | x | x | x | | |
| 466 | Raiffeisenbank Neustadt-Vohenstrauß eG | x | x | x | x | x | x | x | x | x | | |
| 467 | Raiffeisenbank Donaumooser Land eG | x | x | x | x | x | x | x | x | x | | |
| 468 | Volksbank Raiffeisenbank Niederschlesien eG | x | x | x | x | x | x | x | x | x | | |
| 469 | Raiffeisenbank i. Lkrs. Passau-Nord eG | x | x | x | x | x | x | x | x | x | | |
| 470 | Volksbank Solling eG | x | x | x | x | x | x | x | x | x | | |
| 471 | Volksbank Eisenberg eG | x | x | x | x | x | x | x | x | x | | |
| 472 | Volks- und Raiffeisenbank Saale-Unstrut eG | x | x | x | x | x | x | x | x | x | | |
| 473 | Raiffeisenbank eG, Moormerland | x | x | x | x | x | x | x | x | x | | |
| 474 | Volksbank-Raiffeisenbank Glauchau eG | x | x | x | x | x | x | x | x | x | | |
| 475 | Raiffeisen-Volksbank Fürth eG | x | x | x | x | x | x | x | x | x | | |
| 476 | Raiffeisenbank Emsland-Mitte eG | x | x | x | x | x | x | x | x | x | | 2010/2012 |
| 477 | Raiffeisenbank eG, Heide | x | x | x | x | x | x | x | x | x | | |
| 478 | Raiffeisenbank Sulzbach-Rosenberg eG | x | x | x | x | x | x | x | x | x | | |
| 479 | Raiffeisenbank Kraichgau eG, Kirchardt | x | x | x | x | x | x | x | x | x | | |
| 480 | Volksbank Altshausen eG | x | x | x | x | x | x | x | x | x | | |
| 481 | VR-Bank Pirmasens eG | x | x | x | x | x | x | x | x | x | | |
| 482 | Raiffeisenbank Parsberg-Velburg eG | x | x | x | x | x | x | x | x | x | | |

Tab. 187: Betrachtete Genossenschaftsbanken – Teil IV[2332]

---

[2332] Quelle: Eigene Darstellung. x = Geschäftsbericht vorhanden, - = Geschäftsbericht nicht vorhanden, ▢ = Kreditinstitut nicht existent.

| Nr. | Name | 2014 | 2013 | 2012 | 2011 | 2010 | 2009 | 2008 | 2007 | 2006 | Fusion |
|---|---|---|---|---|---|---|---|---|---|---|---|
| 483 | Spreewaldbank eG | x | x | x | x | x | x | x | x | x | |
| 484 | VR Bank Oldenburg Land West eG | x | x | x | x | x | x | x | x | | 2007 |
| 485 | Raiffeisenbank Berching-Freystadt-Mühlhausen eG | x | x | x | x | x | x | x | x | x | |
| 486 | Volksbank Börde-Bernburg eG | x | x | x | x | x | x | x | x | x | |
| 487 | Raiffeisenbank Volkach-Wiesentheid eG | x | x | x | x | x | x | x | x | x | |
| 488 | Volksbank Herborn-Eschenburg eG | x | x | x | x | x | x | x | x | x | |
| 489 | Volksbank Kempen-Grefrath eG | x | x | x | x | x | x | x | x | x | |
| 490 | Volksbank Nordharz eG | x | x | x | x | x | x | x | x | x | |
| 491 | VR-Bank Fichtelgebirge eG, Marktredwitz | x | x | x | x | x | x | x | x | x | |
| 492 | Raiffeisenbank Pfeffenhausen-Rottenburg-Wildenberg eG | x | | | | | | | | | 2014 |
| 493 | Frankenberger Bank, Raiffeisenbank eG | x | x | x | x | x | x | x | x | x | |
| 494 | VR-Bank Südwestpfalz eG | x | x | x | x | x | x | x | x | x | |
| 495 | Raiffeisenbank Höchberg eG | x | x | x | x | x | x | x | x | x | |
| 496 | Raiffeisenbank Bütthard-Gaukönigshofen eG | x | x | x | x | x | x | x | x | x | |
| 497 | Raiffeisenbank Haag-Gars-Maitenbeth eG | x | x | x | x | x | x | x | x | x | |
| 498 | Volksbank Nordschwarzwald eG, Pfalzgrafenweiler | x | x | x | x | x | x | x | x | x | |
| 499 | VR-Bank Hunsrück-Mosel eG | x | x | x | x | x | x | x | x | x | |
| 500 | Volksbank Bremen-Nord eG | x | x | x | x | x | x | x | x | x | |
| 501 | Eckernförder Bank eG Volksbank-Raiffeisenbank | x | x | x | x | x | x | x | x | x | |
| 502 | Volksbank Meßkirch eG Raiffeisenbank | x | x | x | x | x | x | x | x | x | |
| 503 | Norderstedter Bank eG | x | x | x | x | x | x | x | x | x | |
| 504 | Raiffeisenbank i. Südl. Bayerischen Wald eG, Hauzenberg | x | x | x | x | x | x | x | x | x | |
| 505 | Volksbank Butzbach eG | x | x | x | x | x | x | x | x | x | 2009 |
| 506 | Volksbank Dessau-Anhalt eG | x | x | x | x | x | x | x | x | x | |
| 507 | Volksbank Griesheim eG | x | x | x | x | x | x | x | x | x | |
| 508 | Raiffeisenbank Kirchweihtal eG, Pforzen | x | x | x | x | x | x | x | x | x | 2008/2012 |
| 509 | Raiffeisenbank Südhardt eG, Durmersheim | x | x | x | x | x | x | x | x | x | |
| 510 | Raiffeisenbank Mutlangen eG | x | x | x | x | x | x | x | x | x | |
| 511 | Raiffeisenbank Hallertau eG, Rudelzhausen | x | x | x | x | x | x | x | x | x | |
| 512 | Sylter Bank eG | x | x | x | x | x | x | x | x | x | |
| 513 | VR-Bank Alb eG, Engstingen | x | x | x | x | x | x | x | x | x | |
| 514 | Raiffeisenbank Neustadt eG | x | x | x | x | x | x | x | x | x | |
| 515 | Volksbank Riesa eG | x | x | x | x | x | x | x | x | x | |
| 516 | Volksbank Modau eG | x | x | x | x | x | x | x | x | x | |
| 517 | Schrobenhausener Bank eG | x | x | x | | | | | | | 2011 |
| 518 | Volksbank Kamen-Werne eG | x | x | x | x | x | x | x | x | x | |
| 519 | Raiffeisen-Volksbank Ebern eG | x | x | x | x | x | x | x | x | x | |
| 520 | Raiffeisenbank Risstal eG, Warthausen | x | x | x | x | x | x | x | x | x | |
| 521 | Volksbank Vilshofen eG | x | x | x | x | x | x | x | x | x | |
| 522 | Raiffeisenbank Ried eG | x | x | x | x | x | x | x | x | x | |
| 523 | Raiffeisenbank Rupertiwinkel eG, Teisendorf | x | x | x | x | x | x | x | x | x | |
| 524 | Bernhauser Bank eG, Filderstadt | x | x | x | x | x | x | x | x | x | |
| 525 | Raiffeisenbank Oberursel eG | x | x | x | x | x | x | x | x | x | |
| 526 | Volksbank eG Westrhauderfehn | x | x | x | x | x | x | x | x | x | |
| 527 | Raiffeisen- und Volksbank Dahn eG | x | x | x | x | x | x | x | x | x | |
| 528 | Spar- und Darlehnskasse eG, Friesoythe | x | x | x | x | x | x | x | x | x | |
| 529 | Raiffeisenbank eG, Wolfhagen | x | x | x | x | x | x | x | x | x | |
| 530 | Volksbank Höchst a.M. eG | x | x | x | x | x | x | x | x | x | |
| 531 | Volksbank Wilhelmshaven eG | x | x | x | x | x | x | x | x | x | |
| 532 | Bayerische Bodenseebank -Raiffeisen- eG, Lindau | x | x | x | x | x | x | x | x | x | |
| 533 | Raiffeisenbank Ortenburg - Kirchberg v.W. eG | x | x | x | x | x | x | | | | 2009 |
| 534 | Raiffeisenbank eG, Großenlüder | x | x | x | x | x | x | x | x | x | |
| 535 | Volksbank Pirna eG | x | x | x | x | x | x | x | x | x | 2009 |
| 536 | Raiffeisenbank Geisenhausen eG | x | x | x | x | x | x | x | x | x | |
| 537 | Raiffeisenbank Holzkirchen-Otterfing eG | x | x | x | x | x | x | x | x | x | |

Tab. 188: Betrachtete Genossenschaftsbanken – Teil X[2333]

---

[2333] Quelle: Eigene Darstellung. x = Geschäftsbericht vorhanden, - = Geschäftsbericht nicht vorhanden, █ = Kreditinstitut nicht existent.

| Nr. | Name | Geschäftsbericht | | | | | | | | | Fusion |
|---|---|---|---|---|---|---|---|---|---|---|---|
| | | 2014 | 2013 | 2012 | 2011 | 2010 | 2009 | 2008 | 2007 | 2006 | |
| 538 | Raiffeisenbank Westkreis Fürstenfeldbruck eG | x | x | x | x | x | x | x | x | x | |
| 539 | Raiffeisenbank Bretzfeld-Neuenstein eG | x | x | x | x | x | x | x | x | x | |
| 540 | Raiffeisenbank Kemnather Land - Steinwald eG | x | x | x | x | x | x | x | x | x | |
| 541 | Raiffeisenbank Estenfeld-Bergtheim eG | x | x | x | x | x | x | x | x | x | |
| 542 | Volksbank Delitzsch eG | x | x | x | x | x | x | x | x | x | |
| 543 | Spar- und Kreditbank Hardt eG, Eggenstein-Leopoldshafen | x | x | x | x | x | x | x | x | x | |
| 544 | Raiffeisenbank Westallgäu eG, Gestratz | x | x | x | x | x | x | x | x | x | |
| 545 | Raiffeisenbank Mengkofen-Loiching eG | x | x | x | x | x | x | x | x | x | |
| 546 | Raiffeisenbank Heilsbronn-Windsbach eG | x | x | x | x | x | x | x | x | x | |
| 547 | Volksbank eG Delmenhorst Schierbrok | x | x | x | x | x | x | x | x | x | |
| 548 | Raiffeisenbank Rain am Lech eG | x | x | x | x | x | x | x | x | x | |
| 549 | Raiffeisenbank eG, Simmerath | x | x | x | x | x | x | x | x | x | |
| 550 | VR Bank eG im Altkreis Bersenbrück | x | x | x | x | x | x | x | x | x | 2012 |
| 551 | Raiffeisenbank RSA eG, Rechtmehring | x | x | x | x | x | x | x | x | x | |
| 552 | Volksbank Vorbach-Tauber eG, Weikersheim | x | x | x | x | x | x | x | x | x | 2009 |
| 553 | Volksbank Dinslaken eG | x | x | x | x | x | x | x | x | x | |
| 554 | Mendener Bank eG | x | x | x | x | x | x | x | x | x | |
| 555 | Raiffeisenbank Flachsmeer eG | x | x | x | x | x | x | x | x | x | |
| 556 | Raiffeisenbank Salzweg-Thyrnau eG | x | x | x | x | x | x | x | x | x | |
| 557 | Volksbank Wittingen-Klötze eG | x | x | x | x | x | x | x | x | x | |
| 558 | Volksbank Essen-Cappeln eG | x | x | x | x | x | x | x | x | x | |
| 559 | VR-Bank Gerolzhofen eG | x | x | x | x | x | x | x | x | x | |
| 560 | Volksbank Anröchte eG | x | x | x | x | x | x | x | x | x | |
| 561 | Raiffeisenbank Garrel eG | x | x | x | x | x | x | x | x | x | |
| 562 | Volksbank Dornstetten eG | x | x | x | x | x | x | x | x | x | |
| 563 | VR Bank Burglengenfeld eG | x | x | x | x | x | x | x | x | x | |
| 564 | Volksbank Lindenberg eG | x | x | x | x | x | x | x | x | x | |
| 565 | Volksbank Selm-Bork eG | x | x | x | x | x | x | x | x | x | |
| 566 | Raiffeisen-Volksbank Saale-Orla eG | x | x | x | x | x | x | x | x | x | |
| 567 | Raiffeisenbank Pfaffenhausen eG | x | x | x | x | x | x | x | x | x | |
| 568 | Raiffeisenbank Schwabmünchen eG | x | x | x | x | x | x | x | x | x | |
| 569 | Raiffeisenbank Hengersberg-Schöllnach eG | x | x | x | x | x | x | x | x | x | |
| 570 | Raiffeisenbank Südliches Ostallgäu eG, Seeg | x | x | x | x | x | x | x | x | x | |
| 571 | Volksbank Rathenow eG | x | x | x | x | x | x | x | x | x | |
| 572 | Heinsberger Volksbank AG | x | x | x | x | x | x | x | x | x | |
| 573 | Raiffeisenbank eG, Lauenburg | x | x | x | x | x | x | x | x | x | 2007 |
| 574 | Raiffeisenbank Erkelenz eG | x | x | x | x | x | x | x | x | x | |
| 575 | Raiffeisenbank Aresing-Gerolsbach eG | x | x | x | x | x | | | | | 2010 |
| 576 | Volks- und Raiffeisenbank Fürstenwalde Seelow Wriezen eG | x | x | x | x | x | x | x | x | x | |
| 577 | Volksbank Westerstede eG | x | x | x | x | x | x | x | x | x | |
| 578 | VR Bank im Enzkreis eG, Niefern-Öschelbronn | x | x | x | x | x | x | x | x | x | |
| 579 | Raiffeisenbank eG, Calden | x | x | x | x | x | x | x | x | x | 2014 |
| 580 | Raiffeisenbank eG, Gundelfingen | x | x | x | x | x | x | x | x | x | |
| 581 | Raiffeisenbank Hochfranken West eG, Stammbach | x | x | x | x | | | | | | 2011 |
| 582 | Volksbank Bösel eG | x | x | x | x | x | x | x | x | x | |
| 583 | Raiffeisenbank Hammelburg eG | x | x | x | x | x | x | x | x | x | |
| 584 | Raiffeisenbank Waldaschaff-Heigenbrücken eG | x | x | x | x | x | x | x | x | x | |
| 585 | Raiffeisenbank am Rothsee eG, Hilpoltstein | x | x | x | x | x | x | x | | | 2008 |
| 586 | Raiffeisenbank Eifeltor eG | x | | | | | | | | | 2014 |
| 587 | Raiffeisenbank Ostprignitz-Ruppin eG | x | x | x | x | x | x | x | x | x | |
| 588 | Volksbank im Wesertal eG | x | x | | | | | | | | 2013 |
| 589 | Volksbank Reiste-Eslohe eG | x | x | x | x | x | x | x | x | x | |
| 590 | Raiffeisenbank Falkenstein-Wörth eG | x | x | x | x | x | x | x | x | x | |
| 591 | Raiffeisenbank Seebachgrund eG, Heßdorf | x | x | x | x | x | x | x | x | x | |

Tab. 189: Betrachtete Genossenschaftsbanken – Teil XI[2334]

---

[2334] Quelle: Eigene Darstellung. x = Geschäftsbericht vorhanden, - = Geschäftsbericht nicht vorhanden, ▨ = Kreditinstitut nicht existent.

| Nr. | Name | 2014 | 2013 | 2012 | 2011 | 2010 | 2009 | 2008 | 2007 | 2006 | Fusion |
|---|---|---|---|---|---|---|---|---|---|---|---|
| | | Geschäftsbericht | | | | | | | | | |
| 592 | Volksbank Elsen-Wewer-Borchen eG | x | x | x | x | x | x | x | x | x | |
| 593 | Volksbank Nottuln eG | x | x | x | x | x | x | x | x | x | |
| 594 | Spar- und Kreditbank eG, Karlsruhe | x | x | x | x | x | x | x | x | x | |
| 595 | Raiffeisenbank Höhenkirchen und Umgebung eG | x | x | x | x | x | x | x | x | x | |
| 596 | Spar- und Darlehnskasse Bockum-Hövel eG | x | x | x | x | x | x | x | x | x | |
| 597 | Volksbank Diepholz - Barnstorf eG | x | x | x | x | x | x | x | x | x | |
| 598 | VR Bank Saarpfalz eG | x | x | x | x | x | x | x | x | x | |
| 599 | Raiffeisen-Volksbank Bad Staffelstein eG | x | x | x | x | x | x | x | x | x | |
| 600 | Raiffeisenbank Schrozberg-Rot am See eG | x | x | x | x | x | x | x | x | x | |
| 601 | Volksbank Jerichower Land eG | x | x | x | x | x | x | x | x | x | |
| 602 | Raiffeisenbank Chiemgau-Nord - Obing eG | x | x | x | x | x | x | x | x | x | |
| 603 | Hümmlinger Volksbank eG | x | x | x | x | x | x | x | x | x | |
| 604 | Raiffeisenbank südöstl. Starnberger See eG, Seeshaupt | x | x | x | x | x | x | x | x | x | |
| 605 | Volksbank eG, Löningen | x | x | x | x | x | x | x | x | x | |
| 606 | Raiffeisenbank Ichenhausen eG | x | x | x | x | x | x | x | x | x | |
| 607 | Volksbank Mittleres Erzgebirge eG | x | x | x | x | x | x | x | x | x | |
| 608 | Raiffeisen-Volksbank Wemding eG | x | x | x | x | x | x | x | x | x | |
| 609 | Raiffeisenbank Greding-Thalmässing eG | x | x | x | x | x | x | x | x | x | |
| 610 | Raiffeisen-Volksbank Oder-Spree eG | x | x | x | x | x | x | x | x | x | |
| 611 | Raiffeisenbank Rosenstein eG, Heubach | x | x | x | x | x | x | x | x | x | |
| 612 | Raiffeisenbank Gilching eG | x | x | x | x | x | x | x | x | x | |
| 613 | Volksbank Haselünne eG | x | x | x | x | x | x | x | x | x | |
| 614 | Raiffeisen-Bank Eschweiler eG | x | x | x | x | x | x | x | x | x | |
| 615 | Volksbank Schnathorst eG | x | x | x | x | x | x | x | x | x | |
| 616 | Volksbank Osnabrücker Nordland eG | x | x | x | x | x | x | x | x | x | |
| 617 | Raiffeisenbank Much-Ruppichteroth eG | x | x | x | x | x | x | x | x | x | |
| 618 | Raiffeisenbank Regenstauf eG | x | x | x | x | x | x | x | x | x | |
| 619 | Raiffeisenbank Lech-Ammersee eG | x | x | x | x | x | x | x | x | x | |
| 620 | Volksbank Remseck eG | x | x | x | x | x | x | x | x | x | |
| 621 | Raiffeisenbank Berg-Bad Steben eG | x | x | x | x | x | x | x | x | x | |
| 622 | Volksbank Meerbusch eG | x | x | x | x | x | x | x | x | x | |
| 623 | Bopfinger Bank Sechta-Ries eG, Bopfingen | x | x | x | x | x | x | x | x | x | |
| 624 | Volksbank Daaden eG | x | x | x | x | x | x | x | x | x | |
| 625 | Raiffeisenbank eG, Rodenbach | x | x | x | x | x | x | x | x | x | |
| 626 | Raiffeisenbank Biebergrund-Petersberg eG | x | x | x | x | x | x | x | x | x | |
| 627 | Raiffeisenbank Arnstorf eG | x | x | x | x | x | x | x | x | x | |
| 628 | Raiffeisenbank Aindling eG | x | x | x | x | x | x | x | x | x | |
| 629 | Volksbank Gescher eG | x | x | x | x | x | x | x | x | x | |
| 630 | Volksbank Düren eG | x | x | x | x | x | x | x | x | x | |
| 631 | Raiffeisenbank Auerbach-Freihung eG | x | x | x | x | x | x | x | x | x | |
| 632 | Raiffeisenbank eG, Malchin | x | x | x | x | x | x | x | x | x | |
| 633 | Volksbank Baiersbronn Murgtal eG | x | x | | | | | | | | 2012 |
| 634 | Raiffeisenbank Buch-Eching eG | x | x | x | x | x | x | x | x | x | |
| 635 | Raiffeisenbank Wesermarsch-Süd eG | x | x | x | x | x | x | x | x | x | |
| 636 | Volksbank Welzheim eG | x | x | x | x | x | x | x | x | x | |
| 637 | Raiffeisenbank Aschberg eG | x | x | x | x | x | x | x | x | x | |
| 638 | Volksbank Ammerbuch eG | x | x | x | x | x | x | x | x | x | |
| 639 | Volksbank Minden eG | x | x | x | x | x | x | x | x | x | 2010 |
| 640 | Raiffeisenbank Rastede eG | x | x | x | x | x | x | x | x | x | |
| 641 | Volksbank Flein-Talheim eG | x | x | x | x | x | x | x | x | x | |
| 642 | Raiffeisenbank Steingaden eG | x | x | x | x | x | x | x | x | x | |
| 643 | Volksbank Sandhofen eG, Mannheim | x | x | x | x | x | x | x | x | x | |
| 644 | Raiffeisenbank eG, Handewitt | x | x | x | x | x | x | x | x | x | |
| 645 | Raiffeisenbank Zeller Land eG | x | x | x | x | x | x | x | x | x | |
| 646 | Spar- und Kreditbank Rheinstetten eG | x | x | x | x | x | x | x | x | x | |

Tab. 190: Betrachtete Genossenschaftsbanken – Teil XII[2335]

---

[2335] Quelle: Eigene Darstellung. x = Geschäftsbericht vorhanden, - = Geschäftsbericht nicht vorhanden,
= Kreditinstitut nicht existent.

| Nr. | Name | 2014 | 2013 | 2012 | 2011 | 2010 | 2009 | 2008 | 2007 | 2006 | Fusion |
|---|---|---|---|---|---|---|---|---|---|---|---|
| | | **Geschäftsbericht** | | | | | | | | | |
| 647 | Volksbank Vechelde-Wendeburg eG | x | x | x | x | x | x | x | x | x | |
| 648 | Raiffeisenbank eG, Scharrel | x | x | x | x | x | x | x | x | x | |
| 649 | Raiffeisenbank Ehekirchen-Oberhausen eG | x | x | x | x | x | x | x | | | 2008 |
| 650 | Volksbank Trossingen eG | x | x | x | x | x | x | x | x | x | |
| 651 | Raiffeisenbank Thannhausen eG | x | x | x | x | x | x | x | x | x | |
| 652 | Volksbank Bad Münder eG | x | x | x | x | x | x | x | x | x | |
| 653 | Volksbank Heiden eG | x | x | x | x | x | x | x | x | x | |
| 654 | Raiffeisenbank Stauden eG | x | x | x | x | x | x | x | x | x | |
| 655 | Raiffeisenbank Grafschaft-Wachtberg eG | x | x | x | x | x | x | x | x | x | |
| 656 | Raiffeisenbank Sankt Augustin eG | x | x | x | x | x | x | x | x | x | |
| 657 | Volksbank Demmin eG | x | x | x | x | x | x | x | x | x | |
| 658 | Raiffeisenbank Rattiszell-Konzell eG | x | x | x | x | x | x | x | x | x | |
| 659 | Raiffeisenbank eG, Ebsdorfergrund | x | x | x | x | x | x | x | x | x | |
| 660 | Volksbank Deisslingen eG, Deißlingen | x | x | x | x | x | x | x | x | x | |
| 661 | Raiffeisenbank Rehling eG | x | x | x | x | x | x | x | x | x | |
| 662 | Volksbank Hankensbüttel-Wahrenholz eG | x | x | x | x | x | x | x | x | x | |
| 663 | Genobank Mainz eG | x | x | x | x | x | x | x | x | x | |
| 664 | Raiffeisenbank Werratal-Landeck eG | x | x | x | x | x | x | x | x | x | |
| 665 | Volksbank Marsberg eG | x | x | x | x | x | x | x | x | x | |
| 666 | Volksbank Esens eG | x | x | x | x | x | x | x | x | x | |
| 667 | Bankverein Bebra eG | x | x | x | x | x | x | x | x | x | |
| 668 | Vierländer Volksbank eG | x | x | x | x | x | x | x | x | x | |
| 669 | Raiffeisenbank Rottumtal eG, Ochsenhausen | x | x | x | x | x | x | x | x | x | |
| 670 | Raiffeisenbank Geiselhöring-Pfaffenberg eG | x | x | x | x | x | x | x | x | x | |
| 671 | Volksbank Lauterecken eG | x | x | x | x | x | x | x | x | x | |
| 672 | Raiffeisenbank Aschau-Samerberg eG | x | x | x | x | x | x | x | x | x | |
| 673 | Spar- und Darlehnskasse Reken eG | x | x | x | x | x | x | x | x | x | |
| 674 | Raiffeisenbank Frankenhardt-Stimpfach eG | x | x | x | x | x | x | x | x | x | |
| 675 | Raiffeisenbank eG, Leezen | x | x | x | x | x | x | x | x | x | |
| 676 | Volksbank Blaubeuren eG | x | x | x | x | x | x | x | x | x | |
| 677 | Raiffeisenbank eG, Bargteheide | x | x | x | x | x | x | x | x | x | |
| 678 | Raiffeisenbank Beuerberg-Eurasburg eG | x | x | x | x | x | x | x | x | x | |
| 679 | Volksbank Emstek eG | x | x | x | x | x | x | x | x | x | |
| 680 | Raiffeisenbank eG Borken | x | x | x | x | x | x | x | x | x | |
| 681 | Volksbank Spree-Neiße eG | x | x | x | x | x | | | | | 2010 |
| 682 | Raiffeisenbank Mittelrhein eG | x | x | x | x | x | x | x | x | x | |
| 683 | Volksbank eG Fredenbeck-Oldendorf | x | x | x | x | x | | | | | 2010 |
| 684 | Raiffeisenbank eG, Herxheim | x | x | x | x | x | x | x | x | x | |
| 685 | Volksbank Lembeck-Rhade eG | x | x | x | x | x | x | x | x | x | |
| 686 | Raiffeisenbank Griesstätt-Halfing eG | x | x | x | x | x | x | x | x | x | |
| 687 | Raiffeisenbank Eschlkam-Lam-Lohberg-Neukirchen b. Hl. Blut eG | x | x | x | x | x | x | x | x | x | |
| 688 | Raiffeisenbank Eberhardzell-Ummendorf eG | x | x | x | x | x | x | x | x | x | |
| 689 | Raiffeisenbank Pfaffenhofen a. d. Glonn eG | x | x | x | x | x | x | x | x | x | |
| 690 | Volksbank Elsterland eG | x | x | x | x | x | x | x | x | x | |
| 691 | Raiffeisenbank St. Wolfgang-Schwindkirchen eG | x | x | x | x | x | x | x | x | x | |
| 692 | Raiffeisenbank Unteres Vilstal eG, Schmidmühlen | x | x | x | x | x | x | x | x | x | |
| 693 | Raiffeisenbank Nordkreis Landsberg eG | x | x | x | x | x | x | x | x | x | |
| 694 | Raiffeisenbank Sonnenwald eG | x | x | x | x | x | x | x | x | x | |
| 695 | Raiffeisenbank Küps-Mitwitz-Stockheim eG | x | x | x | x | x | x | x | x | x | |
| 696 | Raiffeisenbank Gotha eG | x | x | x | x | x | x | x | x | x | |
| 697 | Volksbank Schlangen eG | x | x | x | x | x | x | x | x | x | |
| 698 | Volksbank Ascheberg-Herbern eG | x | x | x | x | x | x | x | x | x | |
| 699 | Raiffeisenbank Schrobenhausener Land eG | x | x | x | x | x | x | x | x | x | |
| 700 | Volksbank Überwald-Gorxheimertal eG | x | x | x | x | x | x | x | x | x | |

Tab. 191: Betrachtete Genossenschaftsbanken – Teil XIII[2336]

---

[2336] Quelle: Eigene Darstellung. x = Geschäftsbericht vorhanden, - = Geschäftsbericht nicht vorhanden, ▓ = Kreditinstitut nicht existent.

| Nr. | Name | Geschäftsbericht | | | | | | | | | Fusion |
|---|---|---|---|---|---|---|---|---|---|---|---|
| | | 2014 | 2013 | 2012 | 2011 | 2010 | 2009 | 2008 | 2007 | 2006 | |
| 701 | Raiffeisenbank Grimma eG | x | x | x | x | x | x | x | x | x | |
| 702 | Volksbank Stein Eisingen eG, Königsbach-Stein | x | x | x | x | x | x | x | x | x | |
| 703 | Raiffeisenbank Kaiserstuhl eG, Vogtsburg | x | x | x | x | x | x | x | x | x | |
| 704 | Raiffeisenbank Taufkirchen-Oberneukirchen eG | x | x | x | x | x | x | x | x | x | |
| 705 | Raiffeisenbank Wangen eG | x | x | x | x | x | x | x | x | x | |
| 706 | Volksbank Bönen eG | x | x | x | x | x | x | x | x | x | |
| 707 | Volksbank Stendal eG | x | x | x | x | x | x | x | x | x | |
| 708 | VR-Bank Freudenberg-Niederfischbach eG | x | x | x | x | x | x | x | | | 2008 |
| 709 | Kaltenkirchener Bank eG | x | x | x | x | x | x | x | x | x | |
| 710 | Volksbank Laer-Horstmar-Leer eG | x | x | x | x | x | x | x | x | x | |
| 711 | Raiffeisenbank Aidlingen eG | x | x | x | x | x | x | x | x | x | |
| 712 | Volksbank Dünnwald-Holweide eG | x | x | x | x | x | x | x | x | x | |
| 713 | Volksbank Versmold eG | x | x | x | x | x | x | x | x | x | |
| 714 | Volksbank Börßum-Hornburg eG | x | x | x | x | x | x | x | x | x | |
| 715 | Volksbank Heuberg eG, Meßstetten | x | x | x | x | x | x | x | x | x | |
| 716 | Volksbank Ostlippe eG | x | x | x | x | x | x | x | x | x | |
| 717 | Genossenschaftsbank Weil im Schönbuch eG | x | x | x | x | x | x | x | x | x | |
| 718 | Raiffeisenbank Bad Kötzting eG | x | x | x | x | x | x | x | x | x | |
| 719 | Volksbank Wittgenstein eG | x | x | x | x | x | x | x | x | x | |
| 720 | Volksbank und Raiffeisenbank Eisenach eG | x | x | x | x | x | x | x | x | x | |
| 721 | Brühler Bank eG | x | x | x | x | x | x | x | x | x | |
| 722 | Volksbank Visbek eG | x | x | x | x | x | x | x | x | x | |
| 723 | Budenheimer Volksbank eG | x | x | x | x | x | x | x | x | x | |
| 724 | Raiffeisenbank Nördliche Bergstraße eG | x | x | x | x | x | x | x | x | x | |
| 725 | Raiffeisenbank Bühlertal eG, Vellberg | x | x | | | | | | | | 2013 |
| 726 | Raiffeisenbank Torgau eG | x | x | x | x | x | x | x | x | x | |
| 727 | Volksbank Pfullendorf eG | x | x | x | x | x | x | x | x | x | |
| 728 | Volksbank Aschaffenburg eG | x | x | x | x | x | x | x | x | x | |
| 729 | Volksbank Zwickau eG | x | x | x | x | x | x | x | x | x | |
| 730 | Raiffeisenbank Bad Schussenried eG | x | x | x | x | x | x | x | x | x | 2014 |
| 731 | Volksbank Kirnau eG, Rosenberg | x | x | x | x | x | x | x | x | x | |
| 732 | Raiffeisenbank Kastellaun eG | x | x | x | x | x | x | x | x | x | |
| 733 | Volksbank Heiligenstadt eG | x | x | x | x | x | x | x | x | x | |
| 734 | Raiffeisenbank Beilngries eG | x | x | x | x | x | x | x | x | x | |
| 735 | Raiffeisenbank Ronshausen-Marksuhl eG | x | x | x | x | x | x | x | x | x | |
| 736 | Winterlinger Bank eG, Winterlingen | x | x | x | x | x | x | x | x | x | |
| 737 | Raiffeisenbank Zirndorf eG | x | x | x | x | x | x | x | x | x | |
| 738 | Raiffeisenbank Westhausen eG | x | x | x | x | x | x | x | x | x | |
| 739 | Raiffeisenbank Elsavatal eG | x | x | x | x | x | x | x | x | x | |
| 740 | Raiffeisenbank Aichhalden-Hardt-Sulgen eG | x | x | x | x | x | x | x | x | x | |
| 741 | Volksbank Rheinböllen eG | x | x | x | x | x | x | x | x | x | |
| 742 | Raiffeisen-Volksbank Tüßling-Unterneukirchen eG | x | x | x | x | x | x | x | x | x | |
| 743 | Volksbank Nahe-Schaumberg eG | x | x | x | x | x | x | x | x | x | |
| 744 | Raiffeisenbank Butjadingen-Abbehausen eG | x | x | x | x | x | x | x | x | x | |
| 745 | Volksbank Lette-Darup-Rorup eG | x | x | x | x | x | x | x | x | x | |
| 746 | Raiffeisenbank Knoblauchsland eG | x | x | x | x | x | x | x | x | x | |
| 747 | Volksbank Mülheim-Kärlich eG | x | x | x | x | x | x | x | x | x | |
| 748 | Volksbank Wittenberg eG | x | x | x | x | x | x | x | x | x | |
| 749 | Volksbank eG, Eppertshausen | x | x | x | x | x | x | x | x | x | |
| 750 | Volksbank Seligenstadt eG | x | x | x | x | x | x | x | x | x | |
| 751 | Darmsheimer Bank eG, Sindelfingen | x | x | x | x | x | x | x | x | x | |
| 752 | Raiffeisenbank Oberteuringen eG | x | x | x | x | x | x | x | x | x | |
| 753 | Volksbank Neuenkirchen-Vörden eG | x | x | x | x | x | x | x | x | x | |
| 754 | Raiffeisenbank Elbmarsch eG | x | x | x | x | x | x | x | x | x | |
| 755 | Volksbank Nordhümmling eG | x | x | x | x | x | x | x | x | x | |

Tab. 192: Betrachtete Genossenschaftsbanken – Teil XIV[2337]

[2337] Quelle: Eigene Darstellung. x = Geschäftsbericht vorhanden, - = Geschäftsbericht nicht vorhanden, ▢ = Kreditinstitut nicht existent.

| Nr. | Name | Geschäftsbericht | | | | | | | | | Fusion |
|---|---|---|---|---|---|---|---|---|---|---|---|
| | | 2014 | 2013 | 2012 | 2011 | 2010 | 2009 | 2008 | 2007 | 2006 | |
| 756 | Raiffeisenbank Parkstetten eG | x | x | x | x | x | x | x | x | x | |
| 757 | Raiffeisenbank Hirschau eG | x | x | x | x | x | x | x | x | x | |
| 758 | Raiffeisenbank Türkheim eG | x | x | x | x | x | x | x | x | x | |
| 759 | Raiffeisenbank Denzlingen-Sexau eG | x | x | x | x | x | x | x | x | x | |
| 760 | Volksbank Wolgast eG | x | x | x | x | x | x | x | x | x | |
| 761 | Raiffeisenbank Kitzinger Land eG | x | x | x | x | x | x | x | x | x | |
| 762 | Raiffeisenbank Hollfeld-Waischenfeld-Aufseß eG | x | x | x | x | x | x | x | x | x | |
| 763 | Raiffeisenbank Geislingen-Rosenfeld eG | x | x | x | x | x | x | x | x | x | |
| 764 | Volksbank Braunlage eG | x | x | x | x | x | x | x | x | x | |
| 765 | Winterbacher Bank eG | x | x | x | x | x | x | x | x | x | |
| 766 | Raiffeisenbank Oberes Gäu eG, Rottenburg | x | x | x | x | x | x | x | x | x | |
| 767 | Volksbank Senden eG | x | x | x | x | x | x | x | x | x | |
| 768 | Abtsgmünder Bank -Raiffeisen- eG | x | x | x | x | x | x | x | x | x | |
| 769 | Raiffeisenbank Donau-Heuberg eG, Mühlheim | x | x | x | x | x | x | x | x | x | |
| 770 | Raiffeisenbank Hardt-Bruhrain eG, Dettenheim | x | x | x | x | x | x | x | x | x | |
| 771 | Raiffeisenbank Ebrachgrund eG | x | x | x | x | x | x | x | x | x | |
| 772 | Raiffeisenbank Oberferrieden-Burgthann eG | x | x | x | x | x | x | x | x | x | |
| 773 | Raiffeisenbank Bad Saulgau eG | x | x | x | x | x | x | x | x | x | |
| 774 | Raiffeisenbank Oberstenfeld eG | x | x | x | x | x | x | x | x | x | |
| 775 | Raiffeisenbank Nahe eG | x | x | x | x | x | x | x | x | x | |
| 776 | Volksbank Oyten eG | x | x | x | x | x | x | x | x | x | |
| 777 | Raiffeisenbank Niedere Alb eG, Langenau | x | x | x | x | x | x | x | x | x | |
| 778 | Raiffeisenbank Unteres Inntal eG, Pocking-Hartkirchen | x | x | x | x | x | x | x | x | x | |
| 779 | Raiffeisenbank Maßbach eG | x | x | x | x | x | x | x | x | x | |
| 780 | Raiffeisenbank Fuchstal-Denklingen eG | x | x | x | x | x | x | x | x | x | |
| 781 | Volksbank Bookholzberg-Lemwerder eG | x | x | x | x | x | x | x | x | x | |
| 782 | Raiffeisenbank Singoldtal eG, Hurlach | x | x | x | x | x | x | x | x | x | |
| 783 | Volksbank eG, Köthen-Bitterfeld | x | x | x | x | x | x | x | x | x | |
| 784 | Volksbank Winsener Marsch eG | x | x | x | x | x | x | x | x | x | |
| 785 | Volksbank eG, Sangerhausen | x | x | x | x | x | x | x | x | x | |
| 786 | Spar- und Darlehnskasse Börde Lamstedt-Hechthausen eG | x | x | x | x | x | x | x | x | x | |
| 787 | Volksbank Westerkappeln-Wersen eG | x | x | x | x | x | x | x | x | x | |
| 788 | Volks- und Raiffeisenbank Eisleben eG | x | x | x | x | x | x | x | x | x | |
| 789 | VR-Bank Weinstadt eG | x | x | x | x | x | x | x | x | x | |
| 790 | Volksbank-Raiffeisenbank Deggingen eG | x | x | x | x | x | x | x | x | x | |
| 791 | Raiffeisenbank Gmund am Tegernsee eG | x | x | x | x | x | x | x | x | x | |
| 792 | Volksbank Südkirchen-Capelle-Nordkirchen eG | x | x | x | x | x | x | x | x | x | |
| 793 | Raiffeisenbank Uehlfeld-Dachsbach eG | x | x | x | x | x | x | x | x | x | |
| 794 | Volksbank Kierspe eG | x | x | x | x | x | x | x | x | x | |
| 795 | Raiffeisenbank Strücklingen-Idafehn eG | x | x | x | x | x | x | x | x | x | |
| 796 | Föhr-Amrumer Bank eG | x | x | x | x | x | x | x | x | x | |
| 797 | Volksbank Lastrup eG | x | x | x | x | x | x | x | x | x | |
| 798 | Volksbank Raesfeld eG | x | x | x | x | x | x | x | x | x | |
| 799 | Raiffeisenbank Kieselbronn eG | x | x | x | x | x | x | x | x | x | |
| 800 | Volksbank Magstadt eG | x | x | x | x | x | x | x | x | x | |
| 801 | VR-Bank Rur-Wurm eG | x | x | | | | | | | | 2013 |
| 802 | Volksbank Geeste-Nord eG | x | x | x | x | x | x | x | x | x | |
| 803 | VR-Bank Spangenberg-Morschen eG | x | x | x | x | x | x | x | x | x | |
| 804 | Onstmettinger Bank eG, Albstadt | x | x | x | x | x | x | x | x | x | |
| 805 | Ehninger Bank eG, Ehningen | x | x | x | x | x | x | x | x | x | |
| 806 | Raiffeisenbank Mehring-Leiwen eG | x | x | x | x | x | x | x | x | x | |
| 807 | Raiffeisenbank Adelzhausen-Sielenbach eG | x | x | x | x | x | x | x | x | x | |
| 808 | Raiffeisenbank Oberaudorf eG | x | x | x | x | x | x | x | x | x | |
| 809 | Raiffeisenbank Horb eG | x | x | x | x | x | x | x | x | x | |
| 810 | Raiffeisenbank Großhabersdorf-Roßtal eG | x | x | x | x | x | x | x | x | x | |

Tab. 193: Betrachtete Genossenschaftsbanken – Teil XV[2338]

---

[2338] Quelle: Eigene Darstellung. x = Geschäftsbericht vorhanden, - = Geschäftsbericht nicht vorhanden, ▨ = Kreditinstitut nicht existent.

| Nr. | Name | Geschäftsbericht | | | | | | | | | Fusion |
|---|---|---|---|---|---|---|---|---|---|---|---|
| | | 2014 | 2013 | 2012 | 2011 | 2010 | 2009 | 2008 | 2007 | 2006 | |
| 811 | Raiffeisenbank Gefrees eG | x | x | x | x | x | x | x | x | x | |
| 812 | Volksbank eG Gebhardshain | x | x | x | x | x | x | x | x | x | |
| 813 | Volksbank Krautheim eG | x | x | x | x | x | x | x | x | x | |
| 814 | Raiffeisenbank Steinheim eG | x | x | x | x | x | x | x | x | x | |
| 815 | Raiffeisenbank Kaarst eG | x | x | x | x | x | x | x | x | x | |
| 816 | Spar- u. Kredit-Bank eG, Gemünden | x | x | x | x | x | x | x | x | x | |
| 817 | Raiffeisen Privatbank eG, Wiesloch | x | x | x | x | x | x | x | x | x | |
| 818 | Raiffeisenbank eG Offenbach/M.-Bieber | x | x | x | x | x | x | x | x | x | |
| 819 | Volksbank Gemen eG | x | x | x | x | x | x | x | x | x | |
| 820 | Spar- und Kreditbank eG, Hammah | x | x | x | x | x | x | x | x | x | |
| 821 | Raiffeisenbank am Dreisessel eG, Neureichenau | x | x | x | x | x | x | x | x | x | |
| 822 | Raiffeisenbank Unteres Zusamtal eG, Buttenwiesen | x | x | x | x | x | x | x | x | x | |
| 823 | Vereinigte Raiffeisenbank Burgstädt eG | x | x | x | x | x | x | x | x | x | |
| 824 | Raiffeisenbank Schaafheim eG | x | x | x | x | x | x | x | x | x | |
| 825 | Scharnhauser Bank eG, Ostfildern | x | x | x | x | x | x | x | x | x | |
| 826 | Raiffeisenbank eG, Flieden | x | x | x | x | x | x | x | x | x | |
| 827 | Raiffeisenbank Freinsheim eG | x | x | x | x | x | x | x | x | x | 2014 |
| 828 | Raiffeisenbank eG, Elztal | x | x | x | x | x | x | x | x | x | |
| 829 | Volksbank Clenze-Hitzacker eG | x | x | x | x | x | x | x | x | x | |
| 830 | Raiffeisenbank Grafenwöhr-Kirchenthumbach eG | x | x | x | x | x | x | x | x | x | |
| 831 | Volksbank Wachtberg eG | x | x | x | x | x | x | x | x | x | |
| 832 | Raiffeisenbank Irrel eG | x | x | x | x | x | x | x | x | x | |
| 833 | Volksbank Wickede (Ruhr) eG | x | x | x | x | x | x | x | x | x | |
| 834 | Genossenschaftsbank Meckenbeuren eG | x | x | x | x | x | x | x | x | x | |
| 835 | Landbank Horlofftal eG | x | x | x | x | x | x | x | x | x | |
| 836 | Raiffeisenbank im Grabfeld eG, Römhild | x | x | x | x | x | x | x | x | x | |
| 837 | Raiffeisenbank Oberland eG, Marktleugast | x | x | x | x | x | x | x | x | x | |
| 838 | Raiffeisenbank Kirchheim-Walheim eG | x | x | x | x | x | x | x | x | x | |
| 839 | Raiffeisenbank Heidenheimer Alb eG, Gerstetten | x | x | x | x | x | x | x | x | x | |
| 840 | Raiffeisenbank Junkersdorf eG | x | x | x | x | x | x | x | x | x | |
| 841 | Volksbank Hamm/Sieg eG | x | x | x | x | x | x | x | x | x | |
| 842 | Raiffeisenbank Wyhl eG | x | x | x | x | x | x | x | x | x | |
| 843 | Dettinger Bank eG Volks- und Raiffeisenban, Dettingen | x | x | x | x | x | x | x | x | x | |
| 844 | Volksbank Enniger-Ostenfelde-Westkirchen eG | x | x | x | x | x | x | x | x | x | |
| 845 | Volksbank eG, Gardelegen | x | x | x | x | x | x | x | x | x | |
| 846 | Raiffeisenbank eG, Ratzeburg | x | x | x | x | x | x | x | x | x | |
| 847 | Löchgauer Bank eG | x | x | x | x | x | x | x | x | x | |
| 848 | Volksbank Störmede eG | x | x | x | x | x | x | x | x | x | |
| 849 | Echterdinger Bank eG, Leinfelden-Echterdingen | x | x | x | x | x | x | x | x | x | |
| 850 | Raiffeisenbank Lorup eG | x | x | x | x | x | x | x | x | x | |
| 851 | Volksbank Ober-Mörlen eG | x | x | x | x | x | x | x | x | x | |
| 852 | Raiffeisenbank Grainet eG | x | x | x | x | x | x | x | x | x | |
| 853 | Raiffeisenbank Volkmarsen eG | x | x | x | x | x | x | x | x | x | |
| 854 | Federseebank eG, Bad Buchau | x | x | x | x | x | x | x | x | x | |
| 855 | Raiffeisen - Volksbank Hermsdorfer Kreuz eG | x | x | x | x | x | x | x | x | x | |
| 856 | Raiffeisenbank Reute-Gaisbeuren eG, Bad Waldsee | x | x | x | x | x | x | x | x | x | |
| 857 | Raiffeisenbank Bissingen eG | x | x | x | x | x | x | x | x | x | |
| 858 | Raiffeisenbank Mittenwald eG | x | x | x | x | x | x | x | x | x | |
| 859 | Raiffeisenbank Vordere Alb eG, Hülben | x | x | x | x | x | x | x | x | x | |
| 860 | Raiffeisenbank Weissach eG | x | x | x | x | x | x | x | x | x | |
| 861 | Raiffeisenbank Thurnauer Land eG | x | x | x | x | x | x | x | x | x | |
| 862 | Raiffeisenbank Baisweil-Eggenthal-Friesenried eG | x | x | x | x | x | x | x | x | x | |
| 863 | Volksbank Rot eG, St. Leon-Rot | x | x | x | x | x | x | x | x | x | |
| 864 | Raiffeisenbank Bibertal-Kötz eG | x | x | x | x | x | x | | | | 2009 |
| 865 | Hagnauer Volksbank eG | x | x | x | x | x | x | x | x | x | |

Tab. 194: Betrachtete Genossenschaftsbanken – Teil XVI[2339]

| Nr. | Name | Geschäftsbericht | | | | | | | | | Fusion |
|---|---|---|---|---|---|---|---|---|---|---|---|
| | | 2014 | 2013 | 2012 | 2011 | 2010 | 2009 | 2008 | 2007 | 2006 | |
| 866 | Raiffeisenbank Moselkrampen eG | x | x | x | x | x | x | x | x | x | |
| 867 | Volks- und Raiffeisenbank Zeitz eG | x | x | x | x | x | x | x | x | x | |
| 868 | Raiffeisenbank Holzheim eG | x | x | x | x | x | x | x | x | x | |
| 869 | Raiffeisenbank Weissacher Tal eG, Weissach im Tal | x | x | x | x | x | x | x | x | x | |
| 870 | Volksbank Kaunitz eG | x | x | x | x | x | x | x | x | x | |
| 871 | Raiffeisenbank Ingersheim eG | x | x | x | x | x | x | x | x | x | |
| 872 | VR Bank eG, Alsheim | x | x | x | | | | | | | 2012 |
| 873 | Raiffeisenbank Neudenau-Stein-Herbolzheim eG | x | x | x | x | x | x | x | x | x | |
| 874 | Volks- und Raiffeisenbank eG Leinebergland | x | x | x | x | x | x | x | x | x | |
| 875 | Raiffeisenbank Jettingen-Scheppach eG | x | x | x | x | x | x | x | x | x | |
| 876 | Volksbank Langendembach eG | x | x | x | x | x | x | x | x | x | |
| 877 | Raiffeisen-Volksbank Neustadt eG | x | x | x | x | x | x | x | x | x | |
| 878 | Volksbank Erle eG | x | x | x | x | x | x | x | x | x | |
| 879 | Raiffeisenbank Wimsheim-Mönsheim eG | x | x | x | x | x | x | x | x | x | |
| 880 | Raiffeisenbank eG, Todenbüttel | x | x | x | x | x | x | x | x | x | |
| 881 | Raiffeisenbank Böllingertal eG, Heilbronn-Biberach | x | x | x | x | x | x | x | x | x | |
| 882 | Raiffeisenbank eG, Aldenhoven | x | x | x | x | x | x | x | x | x | |
| 883 | Raiffeisenbank Gymnich eG | x | x | x | x | x | x | x | x | x | |
| 884 | Raiffeisenbank Kalbe-Bismark eG | x | x | x | x | x | x | x | x | x | |
| 885 | Raiffeisenbank am Kulm eG, Speichersdorf | x | x | x | x | x | x | x | x | x | |
| 886 | Raiffeisenbank Nüdlingen eG | x | x | x | x | x | x | x | x | x | |
| 887 | Raiffeisenbank Aulendorf eG | x | x | x | x | x | x | x | x | x | |
| 888 | Raiffeisenbank Floß eG | x | x | x | x | x | x | x | x | x | |
| 889 | Volksbank Schupbach eG | x | x | x | x | x | x | x | x | x | |
| 890 | Volksbank eG, Adelebsen | x | x | x | x | x | x | x | x | x | |
| 891 | Raiffeisenbank Welling eG | x | x | x | x | x | x | x | x | x | |
| 892 | Raiffeisenbank Anger eG | x | x | x | x | x | x | x | x | x | |
| 893 | Raiffeisenbank Heiligenstadt i. OFr. eG | x | x | x | x | x | x | x | x | x | |
| 894 | Spar- und Kreditbank Bühlertal eG | x | x | x | x | x | x | x | x | x | |
| 895 | Spar- und Darlehnskasse Hoengen eG | x | x | x | x | x | x | x | x | x | |
| 896 | Volksbank Überherm eG | x | x | x | x | x | x | x | x | x | |
| 897 | Raiffeisenbank Tattenhausen-Großkarolinenfeld eG | x | x | x | x | x | x | x | x | x | |
| 898 | Raiffeisenbank Wegscheid eG | x | x | x | x | x | x | x | x | x | |
| 899 | Raiffeisenbank Sinzing eG | x | x | x | x | x | x | x | x | x | |
| 900 | Raiffeisenbank Wittislingen eG | x | x | x | x | x | x | x | x | x | |
| 901 | Raiffeisenbank Alteglofsheim-Hagelstadt eG | x | x | x | x | x | x | x | x | x | |
| 902 | Volksbank Limbach eG | x | x | x | x | x | x | x | x | x | |
| 903 | Volksbank Amelsbüren eG | x | x | x | x | x | x | x | x | x | |
| 904 | Raiffeisenbank Fränkisches Weinland eG Eschemdorf-Sommerach-Nordheim | x | x | x | x | x | x | x | x | x | |
| 905 | Spar- und Darlehnskasse Aegidienberg eG | x | x | x | x | x | x | x | x | x | |
| 906 | Raiffeisenbank Eichenbühl und Umgebung eG | x | x | x | x | x | x | x | x | x | |
| 907 | Volksbank Thülen eG | x | x | x | x | x | x | x | x | x | |
| 908 | Volksbank Bakum eG | x | x | x | x | x | x | x | x | x | |
| 909 | Volksbank Haaren eG | x | x | x | x | x | x | x | x | x | |
| 910 | Spar- und Darlehnskasse Oeventrop eG | x | x | x | x | x | x | x | x | x | |
| 911 | Volksbank Worpswede eG | x | x | x | x | x | x | x | x | x | |
| 912 | Raiffeisenbank Hohenau-Mauth eG | x | x | x | x | x | x | x | x | x | |
| 913 | Raiffeisenbank Erlenbach eG | x | x | x | x | x | x | x | x | x | |
| 914 | Raiffeisenbank Haldenwang eG | x | x | x | x | x | x | x | x | x | |
| 915 | Volksbank eG Bremerhaven-Cuxland | x | x | x | x | x | x | x | x | x | 2007 |
| 916 | Raiffeisenbank Roggenburg-Breitenthal eG | x | x | x | x | x | x | x | x | x | |
| 917 | Raiffeisenbank Grävenwiesbach eG | x | x | x | x | x | x | x | x | x | |
| 918 | Volksbank Dettenhausen eG | x | x | x | x | x | x | x | x | x | |
| 919 | Korber Bank eG | x | x | x | x | x | x | x | x | x | |

Tab. 195: Betrachtete Genossenschaftsbanken – Teil XVII[2340]

---

[2340] Quelle: Eigene Darstellung. x = Geschäftsbericht vorhanden, - = Geschäftsbericht nicht vorhanden, ▨ = Kreditinstitut nicht existent.

| Nr. | Name | Geschäftsbericht | | | | | | | | | | Fusion |
|---|---|---|---|---|---|---|---|---|---|---|---|---|
| | | 2014 | 2013 | 2012 | 2011 | 2010 | 2009 | 2008 | 2007 | 2006 | | |
| 920 | Volksbank Wißmar eG | x | x | x | x | x | x | x | x | x | | |
| 921 | Raiffeisenbank Ersingen eG, Kämpfelbach | x | x | x | x | x | x | x | x | x | | |
| 922 | Raiffeisenbank Bechhofen eG | x | x | x | x | x | x | x | x | x | | |
| 923 | Raiffeisenbank Fischenich-Kendenich eG | x | x | x | x | x | x | x | x | x | | |
| 924 | Vlksbank Immenstadt eG | x | x | x | x | x | x | x | x | x | | |
| 925 | Raiffeisenbank Haunetal eG | x | x | x | x | x | x | x | x | x | | |
| 926 | Raiffeisenbank Urbach eG | x | x | x | x | x | x | x | x | x | | |
| 927 | Raiffeisenbank Sondelfingen eG, Reutlingen | x | x | x | x | x | x | x | x | x | | |
| 928 | Raiffeisenbank Dietersheim und Umgebung eG | x | x | x | x | x | x | x | x | x | | |
| 929 | Volksbank Schwanewede eG | x | x | x | x | x | x | x | x | x | | |
| 930 | Raiffeisenbank Mötzingen eG | x | x | x | x | x | x | x | x | x | | |
| 931 | Volksbank eG, Grebenhain | x | x | x | x | x | x | x | x | x | | |
| 932 | Volksbank Saerbeck eG | x | x | x | x | x | x | x | x | x | | |
| 933 | Raiffeisenbank Dietenhofen eG | x | x | x | x | x | x | x | x | x | | |
| 934 | Volksbank Westenholz eG | x | x | x | x | x | x | x | x | x | | |
| 935 | Raiffeisenbank Aiglsbach eG | x | x | x | x | x | x | x | x | x | | |
| 936 | Raiffeisenbank Dellmensingen eG | x | x | x | x | x | x | x | x | x | | |
| 937 | Volksbank eG, Ahlerstedt | x | x | x | x | x | x | x | x | x | | |
| 938 | Raiffeisenbank Frankenwinheim und Umgebung eG | x | x | x | x | x | x | x | x | x | | |
| 939 | Genossenschaftsbank Wolfschlugen eG | x | x | x | x | x | x | x | x | x | | |
| 940 | Raiffeisenbank Emtmannsberg eG | x | x | x | x | x | x | x | x | - | | |
| 941 | Nufringer Bank -Raiffeisen- eG, Nufringen | x | x | x | x | x | x | x | x | x | | |
| 942 | Raiffeisenbank Hiltenfingen eG | x | x | x | x | x | x | x | x | x | | |
| 943 | Raiffeisenbank Mehrstetten eG | x | x | x | x | x | x | x | x | x | | |
| 944 | Raiffeisenbank Burghaun eG | x | x | x | x | x | x | x | x | x | | |
| 945 | Raiffeisenbank Offingen eG | x | x | x | x | x | x | x | x | x | | |
| 946 | Raiffeisenbank Kirtorf eG | x | x | x | x | x | x | x | x | x | | |
| 947 | Raiffeisenbank Altschweier eG, Bühl | x | x | x | x | x | x | x | x | x | | |
| 948 | Raiffeisenkasse Erbes-Büdesheim und Umgebung eG | x | x | x | x | x | x | x | x | x | | |
| 949 | Raiffeisenbank eG Unterwesterwald | x | x | x | x | x | x | x | x | x | | |
| 950 | Berkheimer Bank eG, Esslingen | x | x | x | x | x | x | x | x | x | | |
| 951 | Raiffeisenbank Berghülen eG | x | x | x | x | x | x | x | x | x | | |
| 952 | Raiffeisenbank Kehrig eG | x | x | x | x | x | x | x | x | x | | |
| 953 | Volksbank Heimbach eG | x | x | x | x | x | x | x | x | x | | |
| 954 | RBank Raiffeisenbank Groß-Rohrheim eG | x | x | x | x | x | x | x | x | x | | |
| 955 | Raiffeisenbank Alzey-Land eG | x | x | x | x | x | x | - | x | x | | |
| 956 | Raiffeisenbank Hofkirchen-Bayerbach eG | x | x | x | x | x | x | x | x | x | | |
| 957 | Raiffeisenbank Ottenbach eG | x | x | x | x | x | x | x | x | x | | |
| 958 | Raiffeisenbank Heroldsbach eG | x | x | x | x | x | x | x | x | x | | |
| 959 | Volksbank Ulrichstein eG | x | x | x | x | x | x | x | x | x | | |
| 960 | Raiffeisenbank Aitrang-Ruderatshofen eG | x | x | x | x | x | x | x | x | x | | |
| 961 | Volksbank Hörste eG | x | x | x | x | x | x | x | x | x | | |
| 962 | Raiffeisenbank Bidingen eG | x | x | x | x | x | x | x | x | x | | |
| 963 | Raiffeisenbank Oberer Wald eG, Simmersfeld | x | x | x | x | x | x | x | x | x | | |
| 964 | Raiffeisenbank Wald-Görisried eG | x | x | x | x | x | x | x | x | x | | |
| 965 | Raiffeisenbank eG Asbach-Sorga | x | x | x | x | x | x | x | x | x | | |
| 966 | Rosbacher Raiffeisenbank eG | x | x | x | x | x | x | x | x | x | | |
| 967 | Volksbank Feldatal eG | x | x | x | x | x | x | x | x | x | | |
| 968 | Volksbank Raisting eG | x | x | x | x | x | x | x | x | x | | |
| 969 | Volksbank Wulfsen eG | x | x | x | x | x | x | x | x | x | | |
| 970 | Raiffeisenbank Wüstenselbitz eG | x | x | x | x | x | x | x | x | x | | |
| 971 | Volksbank Wewelsburg-Ahden eG | x | x | x | x | x | x | x | x | x | | |
| 972 | Raiffeisenbank Weil und Umgebung eG | x | x | x | x | x | x | x | x | x | | |

Tab. 196: Betrachtete Genossenschaftsbanken – Teil XVIII[2341]

---

[2341] Quelle: Eigene Darstellung. x = Geschäftsbericht vorhanden, - = Geschäftsbericht nicht vorhanden,
░ = Kreditinstitut nicht existent.

| Nr. | Name | 2014 | 2013 | 2012 | 2011 | 2010 | 2009 | 2008 | 2007 | 2006 | Fusion |
|---|---|---|---|---|---|---|---|---|---|---|---|
| 973 | Raiffeisenbank Wiesedermeer-Wiesede-Marcardsmoor eG | x | x | x | x | x | x | x | x | x | |
| 974 | Raiffeisenbank Gruibingen eG | x | x | x | x | x | x | x | x | x | |
| 975 | Volksbank Brandoberndorf eG | x | x | x | x | x | x | x | x | x | |
| 976 | Raiffeisenbank Wallgau-Krün eG | x | x | x | x | x | x | x | x | x | |
| 977 | Raiffeisenbank eG, Owschlag | x | x | x | x | x | x | x | x | x | |
| 978 | Raiffeisenbank eG, Seestermühe | x | x | x | x | x | x | x | x | x | |
| 979 | Raiffeisenbank Erlenmoos eG | x | x | x | x | x | x | x | x | x | |
| 980 | Raiffeisenbank Langenschwarz eG | x | x | x | x | x | x | x | x | x | |
| 981 | Raiffeisenbank Bauschlott eG, Neulingen | x | x | x | x | x | x | x | x | x | |
| 982 | Spar- und Kreditbank Dauchingen eG | x | x | x | x | x | x | x | x | x | |
| 983 | Raiffeisenbank eG, Niederwallmenach | x | x | x | x | x | x | x | x | x | |
| 984 | Raiffeisen-Volksbank eG, Schwabenheim an der Selz | x | x | x | x | x | x | x | x | x | |
| 985 | Raiffeisenbank Schleusingen eG | x | x | x | x | x | x | x | x | x | |
| 986 | Raiffeisenbank Vordersteinenberg eG, Alfdorf | x | x | x | x | x | x | x | x | x | |
| 987 | Hüttenberger Bank eG | x | x | x | x | x | x | x | x | x | |
| 988 | Raiffeisenbank Altertheim eG | x | x | x | x | x | x | x | x | x | |
| 989 | Raiffeisenbank Gammesfeld eG, Blaufelden | x | x | x | x | x | x | x | x | x | |
| 990 | Raiffeisenbank Oberessendorf eG, Eberhardzell | x | x | x | x | x | x | x | x | x | |
| 991 | Raiffeisenbank Bruck eG | x | x | x | x | x | x | x | x | x | |
| 992 | Raiffeisenbank Tüngental eG, Schwäbisch Hall | x | x | x | x | x | x | x | x | x | |
| 993 | Raiffeisenbank Alxing-Bruck eG | x | x | x | x | x | x | x | x | x | |
| 994 | Raiffeisenbank Maitis eG, Göppingen | x | x | x | x | x | x | x | x | x | |
| 995 | Spar- und Darlehnskasse Stockhausen eG | x | x | x | x | x | x | x | x | x | |
| 996 | Raiffeisenbank eG, Struvenhütten | x | x | x | x | x | x | x | x | x | |
| 997 | Volksbank Rems eG | | | | | | x | x | x | x | 2010 |
| 998 | Volksbank Kreis Bergstraße eG | | | | | | | x | x | x | 2009 |
| 999 | Volksbank Gütersloh eG | x | x | x | x | x | x | x | x | x | 2014 |
| 1000 | Volksbank Wiesloch eG | | | | | | x | x | x | x | 2010 |
| 1001 | Volksbank Alzey eG | | | x | x | x | x | x | x | x | 2012 |
| 1002 | Volksbank Speyer-Neustadt-Hockenheim eG | | | | | | | | x | | 2007 |
| 1003 | Hamburger Bank von 1861 | | | | | | | | x | | 2007 |
| 1004 | Ulmer Volksbank | | | | | | | x | x | | 2008 |
| 1005 | Volksbank Tecklenburger Land eG | | | x | x | x | x | x | x | | 2009/2013 |
| 1006 | Volksbank Weingarten-Walzbachtal eG | | | | x | x | x | x | x | | 2011 |
| 1007 | Raiffeisenbank Ingolstadt-Pfaffenhofen-Eichstätt eG | | | | | | x | x | x | | 2009 |
| 1008 | Volksbank Herrenberg-Rottenburg eG | x | x | x | x | x | x | x | x | | 2014 |
| 1009 | Raiffeisen-Volksbank in den Landkreisen Altötting-Mühldorf | | | | | | x | x | x | | 2009 |
| 1010 | Volksbank Münster eG | x | x | x | x | x | x | x | x | | 2009/2014 |
| 1011 | Volksbank eG Gelsenkirchen-Buer | | | | | | | | x | | 2007 |
| 1012 | VR Bank Schwäbisch Hall eG | | | | | | | x | x | x | 2009 |
| 1013 | VR Bank Pinneberg eG | x | x | x | x | x | x | x | x | | 2014 |
| 1014 | VR-Bank Lech-Zusam eG, Gersthofen | | | | | | x | x | x | | 2009 |
| 1015 | Raiffeisenbank Birkenfeld eG | | | x | x | x | x | x | x | | 2012 |
| 1016 | Raiffeisenbank Obergermaringen eG | | | x | x | x | x | x | x | | 2012 |
| 1017 | Raiffeisenbank Vogelsberg eG | | | x | x | x | x | x | x | | 2012 |
| 1018 | Vereinigte Volksbank Griesheim-Weiterstadt eG | | | x | x | x | x | x | x | | 2008/2012 |
| 1019 | Volksbank Benninghausen eG | | | x | x | x | x | x | x | | 2012 |
| 1020 | Volksbank Brüggen-Nettetal eG | | | x | x | x | x | x | x | | 2012 |
| 1021 | Volksbank Erzgebirge eG | | | x | x | x | x | x | x | | 2012 |
| 1022 | Raiffeisenbank Weilheim eG | | | x | x | x | x | x | x | | 2012 |
| 1023 | Volksbank-Raiffeisenbank Penzberg eG | | | x | x | x | x | x | x | | 2012 |
| 1024 | VR-Bank, Volks- und Raiffeisenbank im Landkreis Garmisch-Partenkirchen eG | | | x | x | x | x | x | x | | 2012 |
| 1025 | Volksbank Baiersbronn eG | | | x | x | x | x | x | x | | 2012 |

Tab. 197: Betrachtete Genossenschaftsbanken – Teil XIX[2342]

[2342] Quelle: Eigene Darstellung. x = Geschäftsbericht vorhanden, - = Geschäftsbericht nicht vorhanden, ▨ = Kreditinstitut nicht existent.

| Nr. | Name | Geschäftsbericht | | | | | | | | Fusion |
|---|---|---|---|---|---|---|---|---|---|---|
| | | 2014 | 2013 | 2012 | 2011 | 2010 | 2009 | 2008 | 2007 | 2006 | |
| 1026 | Volksbank Murgtal eG, Baiersbronn | | | x | x | x | x | x | x | 2012 |
| 1027 | Raiffeisenbank Alsheim-Gimbsheim eG | | | x | x | x | x | x | x | 2012 |
| 1028 | Volksbank eG, Bechtheim | | | x | x | x | x | x | x | 2012 |
| 1029 | Raiffeisenbank Vorallgäu eG, Bodnegg | | | x | x | x | x | x | x | 2012 |
| 1030 | VR Bank Rosenheim-Chiemsee eG | | x | x | x | x | x | x | x | 2013 |
| 1031 | Volksbank Kehdingen eG | x | x | x | x | x | x | x | x | 2014 |
| 1032 | Raiffeisenbank Illertal eG, Erolzheim | | x | x | x | x | x | x | x | 2013 |
| 1033 | Volksbank Beckum eG | | x | x | x | x | x | x | x | 2013 |
| 1034 | Volksbank eG Darmstadt Kreis Bergstraße | | | | | | x | x | x | 2009/2012 |
| 1035 | Volksbank Jestetten eG | | x | x | x | x | x | x | x | 2013 |
| 1036 | Volksbank Raiffeisenbank Mangfalltal-Rosenheim eG | | x | x | x | x | x | x | x | 2013 |
| 1037 | Volksbank Mössingen eG | | x | x | x | x | x | x | x | 2013 |
| 1038 | VR Bank Steinlach-Wiesaz-Härten eG | | x | x | x | x | x | x | x | 2013 |
| 1039 | Raiffeisenbank Burgau eG | | x | x | x | x | x | x | x | 2013 |
| 1040 | Volksbank Laupheim eG | | x | x | x | x | x | x | x | 2013 |
| 1041 | Volksbank Lippstadt eG | | x | x | x | x | x | x | x | 2013 |
| 1042 | Volksbank Vallendar-Niederwerth eG | | x | x | x | x | x | x | x | 2013 |
| 1043 | Volksbank Seppenrade eG | | x | x | x | x | x | x | x | 2013 |
| 1044 | Volksbank Westerloh-Westerwiehe eG | | x | x | x | x | x | x | x | 2013 |
| 1045 | Volksbank Dillingen eG | | x | x | x | x | x | x | x | 2013 |
| 1046 | Vereinigte Volksbank eG im Regionalverband Saarbrücken | | x | x | x | x | | | | 2013 |
| 1047 | Raiffeisenbank eG Bad Doberan | | x | x | x | x | x | x | x | 2013 |
| 1048 | Raiffeisenbank Reischach-Wurmannsquick-Zeilam eG | | x | x | x | x | x | x | x | 2013 |
| 1049 | VR Bank Leipziger Land eG | | x | x | x | x | x | x | x | 2013 |
| 1050 | Ehinger Volksbank eG, Ehingen | x | x | x | x | x | x | x | x | 2014 |
| 1051 | Raiffeisenbank Hallbergmoos-Neufahrn eG | x | x | x | x | x | x | x | x | 2014 |
| 1052 | Raiffeisenbank Kempten eG | x | x | x | x | x | x | x | x | 2014 |
| 1053 | Raiffeisenbank Oberallgäu-Süd eG, Sonthofen | x | x | x | x | x | x | x | x | 2014 |
| 1054 | Raiffeisenbank Ingoldingen eG | x | x | x | x | x | x | x | x | 2014 |
| 1055 | Raiffeisenbank Pfeffenhausen-Rottenburg eG | x | x | x | x | x | x | x | x | 2014 |
| 1056 | Raiffeisenbank Wildenberg eG | x | x | x | x | x | x | x | x | 2014 |
| 1057 | Volksbank eG, Elmshorn | x | x | x | x | x | x | x | x | 2014 |
| 1058 | Volksbank Grevenbrück eG | x | x | x | x | x | x | x | x | 2014 |
| 1059 | Raiffeisenbank Teck eG, Owen | x | x | x | x | x | x | x | x | 2014 |
| 1060 | Volksbank Hohenneuffen eG, Frickenhausen | x | x | x | x | x | x | x | x | 2014 |
| 1061 | Volksbank Langen-Gersten eG | x | x | x | x | x | x | x | x | 2014 |
| 1062 | Raiffeisenbank Trendelburg eG | x | x | x | x | x | x | x | x | 2014 |
| 1063 | Raiffeisenbank Friedelsheim-Rödersheim eG | x | x | x | x | x | x | x | x | 2014 |
| 1064 | Volks- und Raiffeisenbank eG, Güstrow | x | x | x | x | x | x | x | x | 2014 |
| 1065 | Bielefelder Volksbank eG | x | x | x | x | x | x | x | x | 2014 |
| 1066 | Raiffeisenbank Neunkirchen am Brand eG | x | x | x | x | x | x | x | x | 2014 |
| 1067 | Volksbank Raiffeisenbank Ismaning eG | x | x | x | x | x | x | x | x | 2014 |
| 1068 | Raiffeisenbank Thüngersheim eG | x | x | x | x | x | x | x | x | 2014 |
| 1069 | Raiffeisenbank Donau-Iller eG, Erbach | x | x | x | x | x | x | x | x | 2014 |
| 1070 | Raiffeisenbank Kaisersesch-Kaifenheim eG | x | x | x | x | x | x | x | x | 2014 |
| 1071 | Raiffeisenbank Lutzerather Höhe eG | x | x | x | x | x | x | x | x | 2014 |
| 1072 | Volksbank Freiberg und Umgebung eG | x | x | x | x | x | x | x | x | 2014 |
| 1073 | Groß-Gerauer Volksbank eG | | | x | x | x | x | x | x | 2012 |
| 1074 | Raiffeisenbank Travemünde eG | | | x | x | x | x | x | x | 2012 |
| 1075 | Volksbank Hegau eG, Singen | | | x | x | x | x | x | x | 2012 |
| 1076 | Volksbank Brilon eG | | | x | x | x | x | x | x | 2012 |
| 1077 | Volksbank Clarholz-Lette-Beelen eG | | | x | x | x | x | x | x | 2012 |
| 1078 | Volksbank Harsewinkel eG | | | x | x | x | x | x | x | 2012 |
| 1079 | Raiffeisenbank Oberschleißheim eG | | | x | x | x | x | x | x | 2012 |
| 1080 | Volksbank eG, Verden | | | x | x | x | x | x | x | 2012 |

Tab. 198: Betrachtete Genossenschaftsbanken – Teil XX[2343]

---

[2343] Quelle: Eigene Darstellung. x = Geschäftsbericht vorhanden, - = Geschäftsbericht nicht vorhanden, ▒ = Kreditinstitut nicht existent.

| Nr. | Name | Geschäftsbericht 2014 | 2013 | 2012 | 2011 | 2010 | 2009 | 2008 | 2007 | 2006 | Fusion |
|---|---|---|---|---|---|---|---|---|---|---|---|
| 1081 | Volksbank Grafschaft Hoya eG | | | | x | x | x | x | x | x | 2012 |
| 1082 | Volksbank Worms-Wonnegau eG | | | | x | x | x | x | x | x | 2012 |
| 1083 | VR-Bank Mainz eG | x | x | x | x | x | x | x | x | x | 2014 |
| 1084 | Bad Waldseer Bank eG | | | x | x | x | x | x | x | x | 2013 |
| 1085 | Raiffeisenbank Füssen-Pfronten-Nesselwang eG | | | x | x | x | x | x | x | x | 2013 |
| 1086 | Raiffeisenbank Oberes Bühlertal eG, Bühlertann | | | x | x | x | x | x | x | x | 2013 |
| 1087 | Raiffeisenbank Vellberg-Großaltdorf eG | | | x | x | x | x | x | x | x | 2013 |
| 1088 | Uhlbacher Bank eG, Stuttgart | | | x | x | x | x | x | x | x | 2013 |
| 1089 | Spar- und Darlehnskasse Brachelen eG | | | x | x | x | x | x | x | x | 2013 |
| 1090 | Volksbank eG, Dassel | | | x | x | x | x | x | x | x | 2013 |
| 1091 | Volksbank Randerath-Immendorf eG | | | x | x | x | x | x | x | x | 2013 |
| 1092 | Raiffeisenbank Haibach-Obernau eG | | | x | x | x | x | x | x | x | 2013 |
| 1093 | Volksbank Aerzen eG | | | x | x | x | x | x | x | x | 2013 |
| 1094 | Volksbank am Ith eG | | | x | x | x | x | x | x | x | 2013 |
| 1095 | Volksbank Leipzig eG | | | x | x | x | x | x | x | x | 2013 |
| 1096 | Volksbank Nordmünsterland eG | | | x | x | x | x | x | x | x | 2013 |
| 1097 | Raiffeisenbank Cham-Roding-Furth im Wald eG | | | x | x | x | x | x | x | x | 2013 |
| 1098 | Ostharzer Volksbank eG | x | x | x | x | x | x | x | x | x | 2014 |
| 1099 | Spar- und Darlehnskasse Schloß Holte-Stukenbrock eG | x | x | x | x | x | x | x | x | x | 2014 |
| 1100 | Vereinigte Volksbank eG, Telgte | x | x | x | x | x | x | x | x | x | 2014 |
| 1101 | Vereinigte Volksbank eG, Wernigerode | x | x | x | x | x | x | x | x | x | 2014 |
| 1102 | Volksbank Seeheim-Jugenheim eG | x | x | x | x | x | x | x | x | x | 2014 |
| 1103 | Volksbank Einbeck eG | x | x | x | x | x | x | x | x | x | 2014 |
| 1104 | Volksbank Saarlouis eG | x | x | x | x | x | x | x | x | x | 2014 |
| 1105 | Volksbank Saar-West eG | x | x | x | x | x | x | x | x | x | 2014 |
| 1106 | Birsteiner Volksbank eG | x | x | x | x | x | x | x | x | x | 2014 |
| 1107 | Volksbank Raiffeisenbank Schlüchtern eG | | | | x | x | x | x | x | x | 2012 |
| 1108 | Raiffeisen-Volksbank Dillingen eG | | | x | x | x | x | x | x | x | 2013 |
| 1109 | Volksbank Günzburg eG | x | x | x | x | x | x | x | x | x | 2014 |
| 1110 | Volksbank Nagoldtal eG | x | x | x | x | x | x | x | x | x | 2014 |
| 1111 | Enztalbank eG, Vaihingen | x | x | x | x | x | x | x | x | x | 2014 |
| 1112 | Volksbank Ebingen eG, Albstadt | x | x | x | x | x | x | x | x | x | 2014 |
| 1113 | Volksbank Tailfingen eG, Albstadt | x | x | x | x | x | x | x | x | x | 2014 |
| 1114 | VR-Bank Stromberg-Neckar eG, Bönnigheim | x | x | x | x | x | x | x | x | x | 2005/2014 |
| 1115 | Volksbank Schmallenberg eG | | | | | | | x | x | x | 2009 |
| 1116 | Volksbank Ostallgäu eG | | | | | | | | | x | 2007 |
| 1117 | Raiffeisenbank Buchloe-Kaufbeuren-Marktoberdorf eG | | | | | | | | | x | 2007 |
| 1118 | Raiffeisen-Volksbank Dillingen-Burgau eG | x | | | | | | | | | 2014 |
| 1119 | Volksbank Büren und Salzkotten eG | | | | x | x | x | x | x | x | 2012 |
| 1120 | Volksbank Nahetal eG | | | | | | | x | x | x | 2009 |
| 1121 | Volksbank Arnsberg-Sundern eG | | | | | | | x | x | x | 2009 |
| 1122 | Raiffeisenbank im Kreis Plön eG | | | | | | | x | x | x | 2009 |
| 1123 | Volksbank Ostholstein Nord eG | | | | | | | x | x | x | 2009 |
| 1124 | Volksbank eG Minden-Hille-Porta | | | | | x | x | x | x | x | 2011 |
| 1125 | Volksbank Bad Driburg-Brakel-Steinheim eG | | | | | x | x | x | x | x | 2011 |
| 1126 | Raiffeisenbank Obernburg eG | | | | | | | x | x | x | 2009 |
| 1127 | Volksbank Celler Land eG | | | | | | | | | x | 2007 |
| 1128 | Raiffeisenbank Karlstadt-Gemünden eG | | | | | | x | x | x | x | 2010 |
| 1129 | Raiffeisenbank Gunzenhausen eG | | | | | | | | | x | 2007 |
| 1130 | Raiffeisenbank Donaustauf-Sünching-Mintraching eG | | | | | | | | x | x | 2008 |
| 1131 | Raiffeisenbank Bernkastel-Wittlich eG | | | | | | | | x | x | 2008 |
| 1132 | Volksbank-Raiffeisenbank Döbeln eG | | | | | | x | x | x | x | 2010 |
| 1133 | Volksbank eG im Kreis Freudenstadt | | | | | | | | x | x | 2008 |
| 1134 | Volksbank Horb eG | | | | | | | | x | x | 2008 |
| 1135 | Volks- und Raiffeisenbank eG, Süderbrarup | | | | | | x | x | x | x | 2010 |

Tab. 199: Betrachtete Genossenschaftsbanken – Teil XXI[2344]

---

[2344] Quelle: Eigene Darstellung. x = Geschäftsbericht vorhanden, - = Geschäftsbericht nicht vorhanden, ▨ = Kreditinstitut nicht existent.

| Nr. | Name | Geschäftsbericht | | | | | | | | | Fusion |
|---|---|---|---|---|---|---|---|---|---|---|---|
| | | 2014 | 2013 | 2012 | 2011 | 2010 | 2009 | 2008 | 2007 | 2006 | |
| 1136 | Volks- und Raiffeisenbank eG, Mölln | | | | x | x | x | x | x | x | 2011 |
| 1137 | levo Bank Vereinte Volksbanken Lebach Eppelborn eG | | | | | | x | x | x | | 2009 |
| 1138 | Raiffeisenbank Wiesbach eG | | | | | | x | x | x | | 2009 |
| 1139 | Raiffeisenbank Frankenwald-Ost - Oberkotzau eG | | | | x | x | x | x | x | | 2011 |
| 1140 | Raiffeisenbank Gerolsbach eG | | | | | x | x | x | x | | 2010 |
| 1141 | Raiffeisenbank Kirchberg vorm Wald eG | | | | | | x | x | x | | 2009 |
| 1142 | Raiffeisenbank Hemau eG | | | | | | | x | x | | 2008 |
| 1143 | RV-Bank eG Alzenau | | | | | | x | x | x | | 2009 |
| 1144 | Volksbank Uckermark eG | | | | | | x | x | x | | 2009 |
| 1145 | Volksbank Eichsfeld-Northeim eG | | | | x | x | x | x | x | | 2011 |
| 1146 | Raiffeisenbank eG, Rosdorf | | | | x | x | x | x | x | | 2011 |
| 1147 | Volksbank Steinlach-Wiesaz eG | | | | | | | x | x | | 2008 |
| 1148 | Raiffeisenbank Härten eG | | | | | | | x | x | | 2008 |
| 1149 | Raiffeisenbank Hilpoltstein eG | | | | | | | x | x | | 2008 |
| 1150 | Raiffeisenbank Allersberg eG | | | | | | | x | x | | 2008 |
| 1151 | Raiffeisenbank Ehekirchen-Weidorf eG | | | | | | | x | x | | 2008 |
| 1152 | Raiffeisenbank Ober-Unterhausen-Sinning eG | | | | | | | x | x | | 2008 |
| 1153 | Volksbank Darmstadt eG | | | | | | x | x | x | | 2009 |
| 1154 | Volksbank Bergstraße eG | | | | | | x | x | x | | 2009 |
| 1155 | Raiffeisenbank Marktheidenfeld | | | | | x | x | x | x | | 2010 |
| 1156 | Raiffeisenbank Lohr am Main | | | | | x | x | x | x | | 2010 |
| 1157 | Raiffeisenbank Südstormarn eG | | | | x | x | x | x | x | | 2011 |
| 1158 | Volksbank Warburger Land eG | | | | x | x | x | x | x | | 2011 |
| 1159 | Volksbank Hamm eG | | x | x | x | x | x | x | x | | 2013 |
| 1160 | VR Bank Main-Kinzig eG | | | | | | x | x | x | | 2009 |
| 1161 | Volksbank Wenden-Drolshagen eG | | | | x | x | x | x | x | | 2011 |
| 1162 | Volksbank Olpe eG | | | | x | x | x | x | x | | 2011 |
| 1163 | Volksbank Bramgau eG im Osnabrücker Land | | | | | | x | x | x | | 2009 |
| 1164 | Volksbank Wittlage eG | | | | | | x | x | x | | 2009 |
| 1165 | Volksbank Laichingen eG | | | | x | x | x | x | x | | 2011 |
| 1166 | Raiffeisenbank Heroldstatt eG | | | | x | x | x | x | x | | 2011 |
| 1167 | Volksbank Lüneburg e.G. | | | | | | | x | x | | 2008 |
| 1168 | Raiffeisen-Volksbank Erlangen-Höchstadt eG | | | | | | x | x | x | | 2009 |
| 1169 | Raiffeisenbank Herzogenaurach eG | | | | | | x | x | x | | 2009 |
| 1170 | Volksbank Hunsrück eG | | | | | | x | x | x | | 2009 |
| 1171 | Volksbank-Raiffeisenbank Naheland eG | | | | | | x | x | x | | 2009 |
| 1172 | Raiffeisenbank Schweinfurt eG | | | | | | x | x | x | | 2009 |
| 1173 | VR-Bank eG Schweinfurt Land | | | | | | x | x | x | | 2009 |
| 1174 | Volksbank Stutensee Hardt eG | | | | x | x | x | x | x | | 2011 |
| 1175 | Raiffeisenbank Hochsträß eG | | | | | | | x | x | | 2008 |
| 1176 | Raiffeisenbank Ehingen eG | | | | | | | x | x | | 2008 |
| 1177 | Raiffeisenbank Neumarkt-St. Veit - Niederbergkirchen eG | | x | x | x | x | x | x | x | | 2013 |
| 1178 | Volksbank Saarburg eG | | | | | | x | x | x | | 2009 |
| 1179 | Volksbank Hochwald eG | | | | | | x | x | x | | 2009 |
| 1180 | Raiffeisenbank Schrobenhausen eG | | | | x | x | x | x | x | | 2011 |
| 1181 | Volksbank Schrobenhausen eG | | | | x | x | x | x | x | | 2011 |
| 1182 | Volksbank Spremberg-Bad Muskau eG | | | | | x | x | x | x | | 2010 |
| 1183 | VR Bank Forst eG | | | | | x | x | x | x | | 2010 |
| 1184 | Volksbank eG Bremerhaven-Wesermünde | | | | | | | | x | | 2007 |
| 1185 | Volksbank eG im Landkreis Cuxhaven | | | | | | | | x | | 2007 |
| 1186 | Raiffeisenbank Furth im Wald eG | | | | | | | | x | | 2007 |
| 1187 | Raiffeisenbank Cham-Roding eG | | | | | | | | x | | 2007 |
| 1188 | Volksbank Sulzbachtal eG | | | | | | | | | - | 2008 |
| 1189 | Volksbank Dudweiler eG | | | | | | | x | x | | 2008 |
| 1190 | Raiffeisen-Grenzland eG | | | | - | - | - | - | - | - | 2012 |

Tab. 200: Betrachtete Genossenschaftsbanken – Teil XXII[2345]

[2345] Quelle: Eigene Darstellung. x = Geschäftsbericht vorhanden, - = Geschäftsbericht nicht vorhanden, █ = Kreditinstitut nicht existent.

| Nr. | Name | 2014 | 2013 | 2012 | 2011 | 2010 | 2009 | 2008 | 2007 | 2006 | Fusion |
|---|---|---|---|---|---|---|---|---|---|---|---|
| | | | | Geschäftsbericht | | | | | | | |
| 1191 | Volksbank eG, Fredenbeck | | | | | | x | x | x | x | 2010 |
| 1192 | Volksbank eG, Oldendorf | | | | | | x | x | x | x | 2010 |
| 1193 | Volksbank Freudenberg eG | | | | | | | | x | x | 2008 |
| 1194 | Raiffeisenbank Niederfischbach eG | | | | | | | | x | x | 2008 |
| 1195 | Raiffeisenbank Kötz eG | | | | | | | x | x | x | 2009 |
| 1196 | Raiffeisenbank Bibertal eG | | | | | | | x | x | x | 2009 |
| 1197 | Raiffeisenbank Bachgau eG | | | | | | | x | x | x | 2009 |
| 1198 | Raiffeisenbank Sparneck-Stammbach-Zell eG | | | | | x | x | x | x | x | 2011 |
| 1199 | Freiberger Bank eG Volks- und Raiffeisenbank | | | | | | x | x | x | x | 2010 |
| 1200 | Raiffeisenbank Weißenburg eG | | | | | | | | | x | 2007 |
| 1201 | Stuttgarter Volksbank AG | | | | | | x | x | x | x | 2010 |
| 1202 | Volksbank Kraichgau eG | | | | | | x | x | x | x | 2010 |
| 1203 | Volksbank Bezirk Schwetzingen eG | | | | | | | | | x | 2007 |
| 1204 | Volksbank Hamburg | | | | | | | | | x | 2007 |
| 1205 | Volksbank Biberach | | | | | | | | x | x | 2008 |
| 1206 | Volksbank eG Büdingen | | | | | | | x | x | x | 2009 |
| 1207 | Volksbank Raiffeisenbank Eichstätt eG | | | | | | | x | x | x | 2009 |
| 1208 | Crailsheimer Volksbank eG | | | | | | | x | x | x | 2009 |
| 1209 | Handels- und Gewerbebank Augsburg eG | | | | | | x | x | x | | 2010 |
| 1210 | Volksbank Boppard eG | | | | | | | x | x | x | 2009 |
| 1211 | Volksbank Sauerland eG, Meschede | | | | | | | x | x | x | 2009 |
| 1212 | Volksbank Petershagen eG | | | | | x | x | x | x | x | 2011 |
| 1213 | Raiffeisenbank Schierling-Obertraubling eG | | | | | | | | x | x | 2008 |
| 1214 | Vereinigte Volksbank eG, Cochem/Vereinigte Volksbank Aktiengesellschaft AG, Cochem | | | | | | | | x | x | 2008 |
| 1215 | Volksbank Aller-Oker eG | | | | | | | | | x | 2007 |
| 1216 | Raiffeisenbank Pasewalk-Strasburg eG | | | | | | | x | x | x | 2009 |
| 1217 | Raiffeisenbank Schöllkrippen und Umgebung eG | | | | | | | x | x | x | 2009 |
| 1218 | Raiffeisenbank Kallmünz eG | | | | | | | | x | x | 2008 |
| 1219 | Raiffeisenbank Ortenburg eG | | | | | | | x | x | x | 2009 |
| 1220 | Raiffeisenbank Aresing-Hörzhausen-Schiltberg eG | | | | | | x | x | x | x | 2010 |
| 1221 | Volksbank Enger-Spenge eG | | | | | x | x | x | x | x | 2011 |
| 1222 | Raiffeisenbank Donnersberg eG | | | | | | | | | x | 2007 |
| 1223 | Volksbank Rhein-Selz eG | | | | | | | | x | x | 2008 |
| 1224 | Volksbank Altenburg eG | | | | | | | | x | x | 2008 |
| 1225 | Volksbank Lauenburg (Elbe) eG | | | | | | | | | x | 2007 |
| 1226 | Raiffeisenbank im Isarwinkel eG | | | | | | | | x | x | 2008 |
| 1227 | Volksbank Nordlippe eG | | | | | | | | x | x | 2008 |
| 1228 | Giengener Volksbank eG | | | | | | | | x | x | 2008 |
| 1229 | Raiffeisenbank Brenztal eG | | | | | | | | x | x | 2008 |
| 1230 | Volksbank Maulbronn-Oberderdingen eG | | | | | | | | x | x | 2008 |
| 1231 | Volksbank Lüdenscheid eG | | | | | | | x | x | x | 2009 |
| 1232 | Volksbank Meinerzhagen eG | | | | | | | x | x | x | 2009 |
| 1233 | Volksbank Durlach eG | | | | | | | | x | x | 2008 |
| 1234 | Volksbank Neckar-Bergstraße eG | | | | | | | x | x | x | 2009 |
| 1235 | H + G Bank Heidelberg Kurpfalz eG | | | | | | | x | x | x | 2009 |
| 1236 | Volksbank Nordheide eG | | | | | x | x | x | x | x | 2011 |
| 1237 | Volksbank Bad Mergentheim eG | | | | | | | x | x | x | 2009 |
| 1238 | Volksbank Garbenteich eG, Pohlheim | | | | | | | | | x | 2007 |
| 1239 | Volksbank Inheiden-Villingen eG, Hungen | | | | | | | | | x | 2007 |
| 1240 | VR Bank Mücke eG, Mücke | | | | | | | | x | x | 2008 |
| 1241 | Volksbank Holzheim eG, Pohlheim | | | | | | | x | x | x | 2009 |
| 1242 | Volksbank Wetzlar-Weilburg eG, Wetzlar | | | | | | | x | x | x | 2009 |
| 1243 | Creglinger Bank eG, Creglingen | | | | | | | x | x | x | 2009 |
| 1244 | Genossenschaftsbank eG, Bad Wildungen | | | | | | | | | - | 2007 |

Tab. 201: Betrachtete Genossenschaftsbanken – Teil XXIII[2346]

[2346] Quelle: Eigene Darstellung. x = Geschäftsbericht vorhanden, - = Geschäftsbericht nicht vorhanden, ▨ = Kreditinstitut nicht existent.

| Nr. | Name | 2014 | 2013 | 2012 | 2011 | 2010 | 2009 | 2008 | 2007 | 2006 | Fusion |
|-----|------|------|------|------|------|------|------|------|------|------|--------|
| | | | | | | | **Geschäftsbericht** | | | | |
| 1245 | Hegnacher Bank -Raiffeisen- eG, Waiblingen | | | | | | x | x | x | | 2009 |
| 1246 | Raiffeisenbank Bad Grönenbach eG | | | | | | | x | x | | 2008 |
| 1247 | Raiffeisenbank eG, Geilenkirchen | | | | | | | x | x | | 2008 |
| 1248 | Raiffeisenbank Hatten-Wardenburg eG | | | | | | | | x | | 2007 |
| 1249 | Volksbank Ahlhorn-Großenkneten eG | | | | | | | | x | | 2007 |
| 1250 | Raiffeisenbank Hermwahlthann/Teugn-Dünzling eG | | | | | | | | x | | 2007 |
| 1251 | Raiffeisenbank Hohenwart eG | | | | | | | x | x | | 2008 |
| 1252 | Raiffeisenbank Horgau eG | | | | | | | | x | | 2007 |
| 1253 | Raiffeisenbank Inkofen-Eggmühl eG | | | | | | x | x | x | | 2009 |
| 1254 | Raiffeisenbank Irsee-Pforzen-Rieden eG | | | | | | | x | x | | 2008 |
| 1255 | Raiffeisenbank Kahl am Main eG | | | | | x | x | x | x | | 2010 |
| 1256 | Raiffeisenbank Leiblfing eG | | | | | x | x | x | x | | 2010 |
| 1257 | Raiffeisenbank Markt Erlbach-Linden eG | | | | | | | | x | | 2007 |
| 1258 | Raiffeisenbank Nattheim eG | | | | | | x | x | x | | 2009 |
| 1259 | Raiffeisenbank Neustadt (Sachs.) eG | | | | | | x | x | x | | 2009 |
| 1260 | Raiffeisenbank Oberhaardt-Gäu eG | | | | | | | x | x | | 2008 |
| 1261 | Raiffeisenbank Ochsenfurt eG | | | | x | x | x | x | x | | 2011 |
| 1262 | Raiffeisenbank Östliche Südeifel eG | | | | | x | x | x | x | | 2010 |
| 1263 | Volksbank-Raiffeisenbank Chiemsee eG | | | | | | | | x | | 2007 |
| 1264 | Raiffeisenbank Rosenheim eG/VR Bank Rosenheim-Chiemsee eG | | | | | | | | x | | 2007 |
| 1265 | Raiffeisenbank Schifferstadt eG | | | | x | x | x | x | x | | 2011 |
| 1266 | Raiffeisenbank Burgebrach eG | | | | x | x | x | x | x | | 2011 |
| 1267 | Raiffeisenbank Stegaurach eG | | | | x | x | x | x | x | | 2011 |
| 1268 | Raiffeisenbank Thalheim eG | | | | | x | x | x | x | | 2010 |
| 1269 | Raiffeisenbank Töpen eG | | | | | x | x | x | x | | 2010 |
| 1270 | Raiffeisenbank von 1895 eG | | | | x | x | x | x | x | | 2011 |
| 1271 | Raiffeisenkasse Hendungen-Rappershausen eG | | | | | | | | x | | 2007 |
| 1272 | Vereinigte Raiffeisenkassen eG | | | | x | x | x | x | x | | 2011 |
| 1273 | Volksbank Bielefeld eG | | | | | | | x | x | | 2008 |
| 1274 | Volksbank Brackwede eG | | | | | | | x | x | | 2008 |
| 1275 | Volksbank Bösingen Dunningen Fluorn-Winzeln eG | | | | | | | x | x | | 2008 |
| 1276 | Volksbank Detmold eG | | | | | | | | x | | 2007 |
| 1277 | Volksbank Paderborn-Höxter eG | | | | | | | | x | | 2007 |
| 1278 | Volksbank Eisbergen eG | | | | | x | x | x | x | | 2010 |
| 1279 | Volksbank Eltville eG | | | | | | x | x | x | | 2009 |
| 1280 | Volksbank für das Angelbachtal eG | | | | | | | x | x | | 2008 |
| 1281 | Volksbank Glatten-Wittendorf eG | | | | | | x | x | x | | 2009 |
| 1282 | Volksbank Gräfenhausen eG | | | | | | | x | x | | 2008 |
| 1283 | Volksbank Hörstel eG | | | | | | x | x | x | | 2009 |
| 1284 | Volksbank Ilmenau eG | | | | | | | | x | | 2007 |
| 1285 | Volksbank Kirn-Sobernheim eG | | | | | | | x | x | | 2008 |
| 1286 | Volksbank Köln-Nord eG | | | | | | | x | x | | 2008 |
| 1287 | Volksbank Lengerich eG | | | | | x | x | x | x | | 2010 |
| 1288 | Volksbank Littfeld eG | | | | | | | x | x | | 2008 |
| 1289 | Volksbank Main-Taunus eG | | | | | | x | x | x | | 2009 |
| 1290 | Volksbank Marienfeld eG | | | | | | | | x | | 2007 |
| 1291 | Volksbank Medebach eG | | | | | x | x | x | x | | 2010 |
| 1292 | Volksbank Obergrafschaft eG | | | | | | | | x | | 2007 |
| 1293 | Volksbank Oberharz eG | | | | x | x | x | x | x | | 2011 |
| 1294 | Volksbank Raiffeisenbank Traunstein eG | | | | | | | x | x | | 2008 |
| 1295 | Volksbank Rheindürkheim eG | | | | | | x | x | x | | 2009 |
| 1296 | VR Bank eG, Ludwigshafen | | | | | | | | x | | 2007 |
| 1297 | Volksbank Rhein-Neckar eG | | | | | | | | x | | 2007 |
| 1298 | Volksbank Schwalmtal eG | | | | | x | x | x | x | | 2010 |

Tab. 202: Betrachtete Genossenschaftsbanken – Teil XXIV[2347]

---

[2347] Quelle: Eigene Darstellung. x = Geschäftsbericht vorhanden, - = Geschäftsbericht nicht vorhanden, ▨ = Kreditinstitut nicht existent.

| Nr. | Name | Geschäftsbericht 2014 | 2013 | 2012 | 2011 | 2010 | 2009 | 2008 | 2007 | 2006 | Fusion |
|-----|------|------|------|------|------|------|------|------|------|------|--------|
| 1299 | Volksbank Schwarzbachtal eG | | | | | | | | x | x | 2008 |
| 1300 | Volksbank Spelle-Freren eG | | | | | | | | x | x | 2008 |
| 1301 | Volksbank Sprakel eG | | | | | | | x | x | x | 2009 |
| 1302 | VR-Bank Chiemgau-Süd eG | | | | | | | | x | x | 2008 |
| 1303 | Weiseler Volksbank eG | | | | | | | x | x | x | 2009 |

Tab. 203: Betrachtete Genossenschaftsbanken – Teil XXV[2348]

---

[2348] Quelle: Eigene Darstellung. x = Geschäftsbericht vorhanden, - = Geschäftsbericht nicht vorhanden, ▨ = Kreditinstitut nicht existent.

# Anhang 2:    Antezedenzien, Konsequenzen und Korrelate

| Antezedenz/ Konsequenz/ Korrelat | Arbeits- motivation | Arbeitszu- friedenheit | Quelle |
|---|---|---|---|
| (Arbeits-)Leistung | | x | BOWLING (2007) |
| | x | | HECKHAUSEN/HECKHAUSEN (2018) |
| | | x | IAFFALDANO/MUCHINSKY (1985) |
| | | x | JUDGE ET AL. (2001) |
| | | x | KAUFFELD/SCHERMULY (2014) |
| | | x | MERTEL (2006) |
| | | x | NERDINGER/BLICKLE/SCHAPER (2019) |
| | | x | VROOM (1964) |
| Absentismus | | x | ADAMS (1972) |
| | | x | KLEINBECK (1996) |
| | | x | MATHIEU/ZAJAC (1990) |
| | | x | NICHOLSON/BROWN/CHADWICK-JONES (1976) |
| | | x | PORTER/STEERS (1973) |
| | | x | ROBBINS/JUDGE (2015) |
| | | x | SCHLEICHER/HANSEN/FOX (2011) |
| | | x | SEMMER/UDRIS (2007) |
| | | x | STEERS/RHODES (1978) |
| | | x | VROOM (1964) |
| | | x | WEINERT (2004) |
| Abwechslung | | x | JACQUEMIN (2010) |
| | | x | WEGGE/DICK (2006) |
| | | x | WEINERT (2004) |
| | x | | WIEDMANN (2006) |
| Affektivität | | x | DORMANN/ZAPF (2001) |
| | | x | THORESEN ET AL. (2003) |
| Alter | | x | BRUGGEMANN/GROSKURTH/ULICH (1975) |
| | | x | BRUSH/MOCH/POOYAN (1987) |
| | | x | CLARK/OSWALD/WARR (1996) |
| | | x | FURNHAM/ERACLEOUS/CHAMORRO-PREMUZIC (2009) |
| | | x | GAZIOGLU/TANSEL (2006) |

Tab. 204: Auswahl an Antezedenzien und Konsequenzen sowie Korrelaten der Arbeitsmotivation und Arbeitszufriedenheit – Teil I[2349]

[2349] Quelle: Eigene Darstellung. x = Arbeitsmotivation bzw. Arbeitszufriedenheit wurde in der genannten Quelle in Bezug auf das Korrelat bzw. die Antezedenz oder Konsequenz thematisiert.

| Antezedenz/ Konsequenz/ Korrelat | Arbeitsmotivation | Arbeitszufriedenheit | Quelle |
|---|:---:|:---:|---|
| **Anerkennung** | | x | BRUGGEMANN/GROSKURTH/ULICH (1975) |
| | | x | HERZBERG/MAUSNER/SNYDERMAN (1959) |
| | | x | HOGAN/RYBICKI/BORMAN (1998) |
| | x | | HOLTBRÜGGE (2018) |
| | | x | MASLOW (1943); MASLOW (1970) |
| | x | | PATERA/ZACHERL (1984) |
| | | x | ROSENSTIEL/NERDINGER (2011) |
| | | x | SAUTTER (2007) |
| | | x | VROOM (1964) |
| | x | x | WEINERT (2004) |
| **Anforderungsvielfalt** | x | | HACKMAN/OLDHAM (1975) |
| **Ansehen** | x | | WIEDMANN (2006) |
| **Anspruch(sniveau) der Tätigkeit** | | x | BRUGGEMANN/GROSKURTH/ULICH (1975) |
| | | x | MATIASKE (1999) |
| | | x | SAUTTER (2007) |
| | | x | VROOM (1964) |
| | | x | WEINERT (2004) |
| **Anspruchsvolle Arbeit** | x | | WEINERT (2004) |
| **Arbeit selbst** | | x | ROSENSTIEL/NERDINGER (2011) |
| | | x | WEINERT (2004) |
| **Arbeitsbelastung** | | x | JACQUEMIN (2010) |
| | | x | LI/LAMBERT (2008) |
| **Arbeitsinhalt** | | x | FELFE (2009) |
| | | x | ROSENSTIEL/NERDINGER (2011) |
| | | x | WEGGE/DICK (2006) |
| | | x | WEINERT (2004) |
| | | x | WIELAND/KRAJEWSKI/MEMMOU (2006) |
| **Arbeitsmotivation** | | x | FRIED/FERRIS (1987) |
| | | x | GAGNÉ/DECI (2005) |
| | | x | KLEINBECK (1996) |
| **Arbeitsplatzsicherheit** | x | | WIEDMANN (2006) |
| **Arbeitsteilung** | | x | NERDINGER/BLICKLE/SCHAPER (2019) |
| **Arbeitszeitregelungen** | | x | JACQUEMIN (2010) |

Tab. 205: Auswahl an Antezedenzien und Konsequenzen sowie Korrelaten der Arbeitsmotivation und Arbeitszufriedenheit – Teil II[2350]

---

[2350] Quelle: Eigene Darstellung. x = Arbeitsmotivation bzw. Arbeitszufriedenheit wurde in der genannten Quelle in Bezug auf das Korrelat bzw. die Antezedenz oder Konsequenz thematisiert.

| Antezedenz/ Konsequenz/ Korrelat | Arbeitsmotivation | Arbeitszufriedenheit | Quelle |
|---|:---:|:---:|---|
| **Arbeitszufriedenheit** | x | | FRIED/FERRIS (1987) |
| | x | | GAGNÉ/DECI (2005) |
| | x | | KLEINBECK (1996) |
| **Aufmerksamkeit** | x | | WIEDMANN (2006) |
| **Aufstiegs-/Beförderungsmöglichkeiten** | | x | FELFE (2009) |
| | | x | HERZBERG/MAUSNER/SNYDERMAN (1959) |
| | | x | ROSENSTIEL/NERDINGER (2011) |
| | | x | SEMMER/UDRIS (2007) |
| | | x | WEINERT (2004) |
| **Ausbildung** | | x | BRUSH/MOCH/POOYAN (1987) |
| | | x | CLARK/OSWALD/WARR (1996) |
| | | x | GANZACH (1998) |
| | | x | GAZIOGLU/TANSEL (2006) |
| **Austausch mit Kollegen** | | x | BRUGGEMANN/GROSKURTH/ULICH (1975) |
| | | x | MATIASKE (1999) |
| | | x | SAUTTER (2007) |
| | | x | VROOM (1964) |
| **Autonomie** | x | | ALDERFER (1969); ALDERFER (1972) |
| | x | | BERNARD (2006) |
| | x | | HACKMAN/OLDHAM (1975) |
| | | x | JACQUEMIN (2010) |
| | x | | KLAUS/SCHNEIDER (2008) |
| | | x | LI/LAMBERT (2008) |
| | | x | RHEINBERG (2008) |
| | | x | WEGGE/DICK (2006) |
| | x | | WEINERT (2004) |
| | x | | WIEDMANN (2006) |
| **Bedeutsamkeit** | | x | HACKMAN/OLDHAM (1975) |
| **Bereitschaft/Wollen** | x | | BRANDSTÄTTER/SCHNELLE (2007) |
| **Berufsbiografie** | | x | SIEMUND (2013) |
| **Berufsgruppe** | | x | HOPPOCK (1935) |
| **Beteiligung/Partizipationsmöglichkeit** | | x | JACQUEMIN (2010) |
| | | x | SCHLEICHER/HANSEN/FOX (2011) |
| **Betriebszugehörigkeitsdauer** | | x | BRUGGEMANN/GROSKURTH/ULICH (1975) |

Tab. 206:  Auswahl an Antezedenzien und Konsequenzen sowie Korrelaten der Arbeitsmotivation und Arbeitszufriedenheit – Teil III[2351]

---

[2351]  Quelle: Eigene Darstellung. x = Arbeitsmotivation bzw. Arbeitszufriedenheit wurde in der genannten Quelle in Bezug auf das Korrelat bzw. die Antezedenz oder Konsequenz thematisiert.

| Antezedenz/ Konsequenz/ Korrelat | Arbeits- motivation | Arbeitszu- friedenheit | Quelle |
|---|:---:|:---:|---|
| **Beziehungen** | x | | Bourdieu (1983) |
| | | x | Klaus/Schneider (2008) |
| **Bild vom Unternehmen** | x | x | Schmeißer (2013) |
| **Commitment** | | x | Agho/Price/Mueller (1992) |
| | | x | Gaertner (1999) |
| | x | | Gagné/Deci (2005) |
| | | x | Mathieu/Zajac (1990) |
| | | x | Rosenstiel/Nerdinger (2011) |
| **Dominanz** | x | | Wiedmann (2006) |
| **Einbindung in Entscheidungen** | | x | Bruggemann/Groskurth/Ulich (1975) |
| | | x | Sautter (2007) |
| | | x | Vroom (1964) |
| **Einsatz/Aufwand** | | x | Vroom (1964) |
| **Emotionale Stabilität** | | x | Judge et al. (2001) |
| **Emotionen** | | x | Küpers/Weibler (2005) |
| **Engagement/Anstrengungs- bereitschaft** | | x | Adams (1972) |
| | | x | Ruckriegel (2008) |
| **Entlohnung** | | x | Matiaske (1999) |
| | | x | Rosenstiel/Nerdinger (2011) |
| | | x | Vroom (1964) |
| | | x | Weinert (2004) |
| **Entscheidungsfreiheit/ Entscheidungsfreiraum** | x | | Gagné/Deci (2005) |
| | | x | Sautter (2007) |
| | | x | Semmer/Udris (2007) |
| **Erwartungen** | | x | Weinert (2004) |
| **Etwas geleistet zu haben** | x | | Maslow (1943); Maslow (1970) |
| **Etwas Sinnvolles leisten** | | x | Weinert (2004) |
| **Fähigkeiten** | x | | Brandstätter/Schnelle (2007) |
| | | x | Siemund (2013) |
| **Fairness** | x | | Eby et al. (1999) |

Tab. 207: Auswahl an Antezedenzien und Konsequenzen sowie Korrelaten der Arbeitsmotivation und Arbeitszufriedenheit – Teil IV[2352]

---

[2352] Quelle: Eigene Darstellung. x = Arbeitsmotivation bzw. Arbeitszufriedenheit wurde in der genannten Quelle in Bezug auf das Korrelat bzw. die Antezedenz oder Konsequenz thematisiert.

| Antezedenz/ Konsequenz/ Korrelat | Arbeits- motivation | Arbeitszu- friedenheit | Quelle |
|---|:---:|:---:|---|
| **Feedback** | | x | EBY ET AL. (1999) |
| (durch Vorgesetzte, Kollegen | | x | FRIED/FERRIS (1987) |
| oder Untergebene) | x | | GAGNÉ/DECI (2005) |
| | x | | HACKMAN/OLDHAM (1975) |
| | | x | LOCKE (1973) |
| | | x | WEGGE/DICK (2006) |
| | x | | WEINERT (2004) |
| **Fertigkeiten/Können** | x | | BRANDSTÄTTER/SCHNELLE (2007) |
| **Fluktuation** | | x | KLEINBECK (1996) |
| | | x | MATHIEU/ZAJAC (1990) |
| | | x | SCHLEICHER/HANSEN/FOX (2011) |
| | | x | SEMMER/UDRIS (2007) |
| | | x | SIX/KLEINBECK (1989) |
| | | x | SPECTOR (1985) |
| | | x | TANG/GILBERT (1995) |
| | | x | TETT/MEYER (1993) |
| | | x | WEINERT (2004) |
| **Freude allgemein/Spaß** | x | | KAUFFELD/SCHERMULY (2014) |
| | x | | KUNZ (2015) |
| | x | | SIEMUND (2013) |
| | x | | WOO/CHELLADURAI (2012) |
| **Fröhlichkeit** | | x | DIENER ET AL. (2002) |
| **Führungsstil** | | x | BRUGGEMANN/GROSKURTH/ULICH (1975) |
| (kooperativ, Menschen im Mit- | | x | GASTIL (1994) |
| telpunkt) | | x | JUDGE/PICCOLO/ILIES (2004) |
| | | x | LANDY/BARNES-FARRELL/CLEVELAND (1980) |
| | | x | LIKERT (1961); LIKERT (1967) |
| | | x | MATIASKE (1999) |
| | | x | ROSENSTIEL/NERDINGER (2011) |
| | | x | VROOM (1964) |
| | | x | WEINERT (2004) |
| **Führungsstil des Vorstands** | | x | SAUTTER (2007) |

Tab. 208:   Auswahl an Antezedenzien und Konsequenzen sowie Korrelaten der Arbeitsmotivation und Arbeitszufriedenheit – Teil V[2353]

---

[2353] Quelle: Eigene Darstellung. x = Arbeitsmotivation bzw. Arbeitszufriedenheit wurde in der genannten Quelle in Bezug auf das Korrelat bzw. die Antezedenz oder Konsequenz thematisiert.

| Antezedenz/ Konsequenz/ Korrelat | Arbeits- motivation | Arbeitszu- friedenheit | Quelle |
|---|---|---|---|
| Gefühl des Gebrauchtwer- dens | | x | WIEDMANN (2006) |
| Gehalt/Vergütung/Lohn Monetäre Anreize/Geld | | x | ASH (1954) |
| | x | | BOURDIEU (1983) |
| | x | | HOLTBRÜGGE (2018) |
| | | x | HOPPOCK (1935) |
| | | x | HULIN/SMITH (1965) |
| | | x | INLOW (1951) |
| | | x | JACQUEMIN (2010) |
| | x | | KUNZ (2015) |
| | x | | MASLOW (1943); MASLOW (1970) |
| | | x | ROSENSTIEL/NERDINGER (2011) |
| | | x | SEMMER/UDRIS (2007) |
| | | x | SMITH/KENDALL/HULIN (1969) |
| | | x | WEINERT (2004) |
| Geschlecht | | x | BRUGGEMANN/GROSKURTH/ULICH (1975) |
| | | x | GAZIOGLU/TANSEL (2006) |
| | | x | SOUSA-POZA/SOUSA-POZA (2000) |
| | | x | WARD/SLOANE (2000) |
| | | x | WITT/NYE (1992) |
| Gesundheit | | x | SEMMER/UDRIS (2007) |
| | | x | SIEMUND (2013) |
| Gruppeneffektivität | | x | CAMPION/HIGGS/MEDSKER (1993) |
| Identifikation mit dem Unter- nehmen | x | | FREY/OSTERLOH (2002) |
| | x | | HACKMAN/OLDHAM (1980) |
| Information über Entschei- dungen in Organisation | x | | WEINERT (2004) |
| Informationspolitik des Un- ternehmens | | x | SEMMER/UDRIS (2007) |
| Intelligenz | | x | DIENER/FUJITA (1995) |
| | | x | GANZACH (1998) |
| Interessante Aufgaben | | x | SEMMER/UDRIS (2007) |

Tab. 209:  Auswahl an Antezedenzien und Konsequenzen sowie Korrelaten der Arbeitsmotivation und Arbeitszufriedenheit – Teil VI[2354]

---

[2354]  Quelle: Eigene Darstellung. x = Arbeitsmotivation bzw. Arbeitszufriedenheit wurde in der genannten Quelle in Bezug auf das Korrelat bzw. die Antezedenz oder Konsequenz thematisiert.

| Antezedenz/ Konsequenz/ Korrelat | Arbeits- motivation | Arbeitszu- friedenheit | Quelle |
|---|:---:|:---:|---|
| Interesse | x | | RHEINBERG (2008) |
| | x | | WIEDMANN (2006) |
| | x | | WILDE ET AL. (2009) |
| | x | | WOO/CHELLADURAI (2012) |
| Interne Organisation | | x | WEINERT (2004) |
| Klima | | x | BRUGGEMANN/GROSKURTH/ULICH (1975) |
| Kollegen/Team | | x | BRUGGEMANN/GROSKURTH/ULICH (1975) |
| | | x | FELFE (2009) |
| | | x | MATIASKE (1999) |
| | | x | ROSENSTIEL/NERDINGER (2011) |
| | | x | VROOM (1964) |
| | | x | WEINERT (2004) |
| Kommunikationswege | | x | SAUTTER (2007) |
| Kompetenzen/Kompetenzge- fühl | | x | BRUGGEMANN/GROSKURTH/ULICH (1975) |
| | x | | HACKMAN/OLDHAM (1975) |
| | x | | RHEINBERG (2008) |
| | | x | ROSENSTIEL/NERDINGER (2011) |
| | x | | SIEMUND (2013) |
| | | x | VROOM (1964) |
| | | x | WEINERT (2004) |
| Konfliktfähigkeit | | x | SIEMUND (2013) |
| Konstruktive, fordernde, sinnvolle Arbeit | x | | WEINERT (2004) |
| Kontaktmöglichkeiten/Kon- takte | | x | JACQUEMIN (2010) |
| | x | | NERDINGER/BLICKLE/SCHAPER (2019) |
| | x | | ROSENSTIEL/NERDINGER (2011) |
| | x | | SCHEFFLER (2005) |
| | | x | SEMMER/UDRIS (2007) |
| | x | | STAEHLE/CONRAD/SYDOW (1999) |
| | | x | WEINERT (2004) |
| Kontraproduktives Verhalten | | x | SPECTOR (1997) |
| Kontrollierbarkeit | x | x | BÜSSING ET AL. (2006) |
| Kontrollüberzeugung | | x | JUDGE ET AL. (2001) |
| | | x | SPECTOR (1982) |
| | x | x | WEINERT (2004) |

Tab. 210:  Auswahl an Antezedenzien und Konsequenzen sowie Korrelaten der Arbeitsmotivation und Arbeitszufriedenheit – Teil VII[2355]

---

[2355] Quelle: Eigene Darstellung. x = Arbeitsmotivation bzw. Arbeitszufriedenheit wurde in der genannten Quelle in Bezug auf das Korrelat bzw. die Antezedenz oder Konsequenz thematisiert.

| Antezedenz/ Konsequenz/ Korrelat | Arbeits- motivation | Arbeitszu- friedenheit | Quelle |
|---|---|---|---|
| Lebenszufriedenheit | | x | ABELE/COHRS/DETTE (2006) |
| | | x | JUDGE/WATANABE (1993) |
| | | x | NEWMAN ET AL. (2015) |
| Leistung | x | | HOGAN/RYBICKI/BORMAN (1998) |
| | x | | NERDINGER/BLICKLE/SCHAPER (2019) |
| | x | | RHEINBERG (2008) |
| | | x | ROBBINS/JUDGE (2015) |
| | x | | SCHEFFLER (2005) |
| | x | | STAEHLE/CONRAD/SYDOW (1999) |
| Macht | x | | HOGAN/RYBICKI/BORMAN (1998) |
| | x | | NERDINGER/BLICKLE/SCHAPER (2019) |
| | x | | RHEINBERG (2008) |
| | | x | ROSENSTIEL/NERDINGER (2011) |
| | x | | SCHEFFLER (2005) |
| | x | | WIEDMANN (2006) |
| Mitbestimmung | x | | NERDINGER/BLICKLE/SCHAPER (2019) |
| Möglichkeit, die eigenen Kenntnisse und Fähigkeiten einzusetzen | | x | SEMMER/UDRIS (2007) |
| Möglichkeit, etwas Neues zu lernen | | x | SEMMER/UDRIS (2007) |
| Neugier(de) | x | | BERNARD (2006) |
| | x | | HECKHAUSEN/HECKHAUSEN (2018) |
| | x | | STAEHLE/CONRAD/SYDOW (1999) |
| | x | | WIEDMANN (2006) |
| Organisationstreue | x | | KLEINBECK (1996) |
| Organizational Citizenship Behavior | | x | FASSINA/JONES/UGGERSLEV (2008) |
| | | x | ORGAN/RYAN (1995) |
| | | x | ROBBINS/JUDGE (2015) |

Tab. 211: Auswahl an Antezedenzien und Konsequenzen sowie Korrelaten der Arbeitsmotivation und Arbeitszufriedenheit – Teil VIII[2356]

---

[2356] Quelle: Eigene Darstellung. x = Arbeitsmotivation bzw. Arbeitszufriedenheit wurde in der genannten Quelle in Bezug auf das Korrelat bzw. die Antezedenz oder Konsequenz thematisiert.

| Antezedenz/ Konsequenz/ Korrelat | Arbeitsmotivation | Arbeitszufriedenheit | Quelle |
|---|---|---|---|
| Persönlichkeit | | x | BOUDREAU/BOSWELL/JUDGE (2001) |
| | | x | DENEVE/COOPER (1998) |
| | | x | DIENER/OISHI/LUCAS (2003) |
| | | x | DORMANN/ZAPF (2001) |
| | | x | HEADEY/WEARING (1989) |
| | | x | JUDGE/BONO/LOCKE (2000) |
| | | x | LEVIN/STOKES (1989) |
| | | x | SIEMUND (2013) |
| | | x | WEINERT (2004) |
| Prestige | | x | WEINERT (2004) |
| | x | | WIEDMANN (2006) |
| Produktivität | x | | KLEINBECK (1996) |
| Psychologisches Wohlbefinden | x | | GAGNÉ/DECI (2005) |
| | | x | WIEDMANN (2006) |
| Qualifikation | | x | BRUGGEMANN/GROSKURTH/ULICH (1975) |
| Regeln | x | | WIEDMANN (2006) |
| Reputation des Unternehmens | x | | BOURDIEU (1983) |
| | x | | FREY (2005) |
| | x | x | SCHMEIßER (2013) |
| Respekt | x | | WIEDMANN (2006) |
| Ressourcen im Umgang mit Stress | | x | SIEMUND (2013) |
| Rollenerwartungen | | x | HOUSE/RIZZO (1972) |
| Routine | x | | WIEDMANN (2006) |
| Selbstbestimmung | x | | RHEINBERG (2008) |
| Selbstverwirklichung | x | | MASLOW (1943); MASLOW (1970) |
| | x | | PATERA/ZACHERL (1984) |
| | x | | WEINERT (2004) |
| Selbstwertgefühl | | x | BRUGGEMANN/GROSKURTH/ULICH (1975) |
| | | x | JUDGE/BONO (2001) |
| | | x | SIEMUND (2013) |
| | | x | WEINERT (2004) |
| | | x | WEINERT (2004) |

Tab. 212:  Auswahl an Antezedenzien und Konsequenzen sowie Korrelaten der Arbeitsmotivation und Arbeitszufriedenheit – Teil IX[2357]

---

[2357]  Quelle: Eigene Darstellung. x = Arbeitsmotivation bzw. Arbeitszufriedenheit wurde in der genannten Quelle in Bezug auf das Korrelat bzw. die Antezedenz oder Konsequenz thematisiert.

| Antezedenz/ Konsequenz/ Korrelat | Arbeits- motivation | Arbeitszu- friedenheit | Quelle |
|---|---|---|---|
| Selbstwirksamkeit | | x | JUDGE ET AL. (2001) |
| | | x | SIEMUND (2013) |
| | | x | WIELAND/KRAJEWSKI/MEMMOU (2006) |
| Sinn der Tätigkeit | | x | SAUTTER (2007) |
| Sinnhaftigkeit | | x | BRUGGEMANN/GROSKURTH/ULICH (1975) |
| Soziale Schicht | | x | HOPPOCK (1935) |
| Sozialer Status/Prestige | | x | ROSENSTIEL/NERDINGER (2011) |
| | | x | VROOM (1964) |
| Soziales Umfeld/soziale Interaktionen (Vorgesetzte, Kollegen etc.) | | x | WEGGE/DICK (2006) |
| | | x | WEINERT (2004) |
| Stabilität | x | | WIEDMANN (2006) |
| Status | x | | WIEDMANN (2006) |
| Stolz | x | | KLEINBECK (1996) |
| Stress | | x | LI/LAMBERT (2008) |
| Struktur | x | | WIEDMANN (2006) |
| Tätigkeitsvielfalt | | x | EBY ET AL. (1999) |
| | | x | FRIED/FERRIS (1987) |
| Teamidentifikation | | x | WEGGE/DICK (2006) |
| Technik | | x | JACQUEMIN (2010) |
| Technologie | | x | BRUGGEMANN/GROSKURTH/ULICH (1975) |
| Unterstützung durch das Unternehmen | | x | SAUTTER (2007) |
| Verantwortung | x | x | EBY ET AL. (1999) |
| | x | | HACKMAN/OLDHAM (1976) |
| | | x | HERZBERG/MAUSNER/SNYDERMAN (1959) |
| | | x | ROSENSTIEL/NERDINGER (2011) |
| Verantwortung für das Unternehmen | | x | SAUTTER (2007) |
| Verhältnis zu Kollegen | | x | SEMMER/UDRIS (2007) |
| Verhältnis zu Vorgesetzten | | x | SEMMER/UDRIS (2007) |
| Vertrauen in eigene Fähigkeiten | | x | WEINERT (2004) |
| Vertrauen/Wertschätzung | | x | BRUGGEMANN/GROSKURTH/ULICH (1975) |

Tab. 213: Auswahl an Antezedenzien und Konsequenzen sowie Korrelaten der Arbeitsmotivation und Arbeitszufriedenheit – Teil X[2358]

---

[2358] Quelle: Eigene Darstellung. x = Arbeitsmotivation bzw. Arbeitszufriedenheit wurde in der genannten Quelle in Bezug auf das Korrelat bzw. die Antezedenz oder Konsequenz thematisiert.

| Antezedenz/ Konsequenz/ Korrelat | Arbeits- motivation | Arbeitszu- friedenheit | Quelle |
|---|:---:|:---:|---|
| **Weiterbildung** | | x | JACQUEMIN (2010) |
| | | x | MATIASKE (1999) |
| | | x | ROSENSTIEL/NERDINGER (2011) |
| | | x | SEMMER/UDRIS (2007) |
| | | x | VROOM (1964) |
| **Werte und Ziele des Unternehmens** | | x | SAUTTER (2007) |
| **Wertestruktur des Unternehmens** | | x | WEINERT (2004) |
| **Wertschätzung** | x | | WEINERT (2004) |
| | x | | WIEDMANN (2006) |
| **Wichtigkeit** | x | | EBY ET AL. (1999) |
| **Wissen** | x | | KLAUS/SCHNEIDER (2008) |
| | x | | MURRAY (1938) |
| | x | | STAEHLE/CONRAD/SYDOW (1999) |
| **Wohlbefinden** | | x | SEMMER/UDRIS (2007) |
| | | x | WIRTH (2008) |
| | | x | WRIGHT/CROPANZANO (2000) |
| **Zugehörigkeit** | x | | HOGAN/RYBICKI/BORMAN (1998) |
| | x | | MASLOW (1943); MASLOW (1970) |
| | x | | NERDINGER/BLICKLE/SCHAPER (2019) |
| | x | | RHEINBERG (2008) |
| | x | | WEINERT (2004) |
| | x | | WIEDMANN (2006) |
| **Zusammengehörigkeitsgefühl** | | x | FROST/OSTERLOH (2002) |
| **Zuverlässigkeit** | x | | HACKMAN/OLDHAM (1980) |

Tab. 214:  Auswahl an Antezedenzien und Konsequenzen sowie Korrelaten der Arbeitsmotivation und Arbeitszufriedenheit – Teil XI[2359]

---

# Anhang 3:   Einladungsschreiben zur Befragung

Sehr geehrter Herr/Frau XYZ,

im Rahmen meines **Dissertationsprojekts** an der FernUniversität in Hagen am Lehrstuhl für Betriebswirtschaftslehre, insbes. Unternehmensrechnung und Controlling, möchte ich die **Arbeit und insbesondere die Aufgabenwahrnehmung von Aufsichtsräten in Genossenschaftsbanken** untersuchen.

Da sich bislang veröffentlichte Studien in der Regel mit Aufsichtsräten börsennotierter Unternehmen beschäftigen, würde ich mich sehr darüber freuen, wenn Sie **diese E-Mail an die Mitglieder Ihres Aufsichtsrats weiterleiten**.

Aufsichtsräte von Genossenschaftsbanken finden sich in ihrer zumeist als Ehrenamt bzw. nebenberuflich ausgeführten Tätigkeit zunehmend neuen Anforderungen ausgesetzt. Exemplarisch sei hier der seit 01.01.2014 neu eingeführte § 25d des Kreditwesengesetzes genannt, der sich mit den besonderen Pflichten von Verwaltungs- und Aufsichtsorganen befasst. Eine immer stärkere Einbindung in die Geschäftsprozesse und die damit verbundene Verantwortung führen auch bei kleineren Instituten zu einer deutlich ansteigenden Arbeitsbelastung.

In Anlehnung an die Kampagne der genossenschaftlichen Finanzgruppe „**Jeder Mensch hat etwas, das ihn antreibt**" möchte ich herausfinden, aus welchen Beweggründen die Aufsichtsräte das Mandat annehmen und wie sie ihre **Rolle wahrnehmen**. Vor dem Hintergrund der steigenden Belastung und der im Vergleich zu DAX-Unternehmen geringeren Vergütung stellt sich darüber hinaus die Frage nach der **Zufriedenheit** mit einem genossenschaftlichen Aufsichtsratsmandat.

Der Fragebogen ist unter folgendem **Link** zu erreichen: http://ww2.uni-park.de/uc/GenoAR/

(Sofern das Klicken auf den Link nicht funktionieren sollte, kann der Link auch einfach kopiert und in den Browser eingefügt werden).

Ich würde mich sehr freuen, wenn die Aufsichtsräte Ihrer Bank die Fragen bis zum **31. Dezember 2015** beantworten würden. Die Bearbeitung wird **circa 15 Minuten** in Anspruch nehmen.

Alle Ergebnisse werden selbstverständlich streng vertraulich behandelt. Die erhobenen Daten werden **anonym** verwendet und dienen ausschließlich dem wissenschaftlichen Interesse.

Als **Gegenleistung** für Ihre Mitarbeit biete ich Ihnen nach Abschluss des Projekts **eine kostenlose Zusammenfassung** der ermittelten Ergebnisse an. Die Ergebnisse ermöglichen es Ihnen, die Aufsichtsratstätigkeit in Ihrer Bank mit der in anderen Genossenschaftsbanken zu vergleichen und so möglicherweise zu einer Optimierung der Aufsichtsratsarbeit beizutragen.

Sollten Sie Fragen bezüglich des Ausfüllens des Fragebogens, zur Verwendung der Antworten o. ä. haben, können Sie sich selbstverständlich gerne an mich wenden:

E-Mail: sonia.baxmann@fernuni-hagen.de

**Ich danke Ihnen schon jetzt sehr für Ihre Mitarbeit.**

Mit freundlichen Grüßen

Sonia Baxmann[2360]

---

[2360] Aufgrund der Heirat der Autorin zwischen der Datenerhebung und der Veröffentlichung hat sich der Nachname von BAXMANN in SCHWARZER geändert.

## Anhang 4:   Startseite des Online-Fragebogens

**Vielen Dank**, dass Sie sich die Zeit für die Beantwortung dieses Fragebogens **zur Arbeit von Aufsichtsräten in Genossenschaftsbanken** nehmen.

Die Beantwortung des Fragebogens wird circa 15 Minuten in Anspruch nehmen.

Bitte füllen Sie den Fragebogen vollständig und wahrheitsgemäß aus. Alle Ergebnisse werden selbstverständlich streng vertraulich behandelt. Die erhobenen Daten werden **anonym** verwendet und dienen ausschließlich dem wissenschaftlichen Interesse.

Zur besseren Lesbarkeit wird im Folgenden nur eine Sprachform verwendet, die sich gleichermaßen auf Frauen und Männer bezieht.

Ich bedanke mich im Voraus für Ihre Unterstützung.

Sonia Baxmann


sonia.baxmann@fernuni-hagen.de

Universitätsstraße 41

58097 Hagen

# Anhang 5:    Fragebogen zur Arbeit von Aufsichtsräten in Genossenschaftsbanken

*Um Ihre Antworten besser einzuordnen und vergleichen zu können, möchte ich Sie zunächst um ein paar **allgemeine Angaben zu Ihrer Genossenschaftsbank** bitten.*[2361]

## Frage 1: Wie hoch war die Bilanzsumme Ihrer Bank zum Jahresabschluss 31.12.2014?

- ☐    kleiner 500 Mio. EUR
- ☐    500-999 Mio. EUR
- ☐    1-2 Mrd. EUR
- ☐    größer 2 Mrd. EUR

## Frage 2: Wie hoch war die letzte Dividende? (Gewinnausschüttung in % basierend auf dem letzten Jahresabschluss)

_____%

## Frage 3: Wie viele Mitarbeiter arbeiten derzeit in Ihrer Bank?

- ☐    weniger als 101
- ☐    101-250
- ☐    251-500
- ☐    501-800
- ☐    mehr als 800

## Frage 4: Wie viele Personen umfasst Ihr Aufsichtsrat?

Anzahl insgesamt                                    _____

- davon Anzahl Arbeitnehmervertreter        _____

## Frage 5: Sollte der Aufsichtsrat Ihrer Meinung nach mehr oder weniger Mitglieder haben?

- ☐    Mehr
- ☐    Weniger
- ☐    Neutral

## Frage 6: Seit welchem Jahr sind Sie im Aufsichtsrat tätig?

_____

---

[2361] Anders als hier dargestellt, waren die Fragen im Fragebogen nicht nummeriert. Zur Orientierung diente ein Fortschrittsbalken.

**Frage 7: In welchen Ausschüssen wirken Sie mit?**

*Bitte bei kombinierten Ausschüssen (z. B. Risiko- und Prüfungsausschuss) die einzelnen Ausschüsse anklicken. (Mehrfachnennungen sind möglich)*

- ☐    Kreditausschuss
- ☐    Risikoausschuss
- ☐    Nominierungsausschuss
- ☐    Prüfungsausschuss
- ☐    Vergütungskontrollausschuss
- ☐    Personalausschuss
- ☐    Strategieausschuss
- ☐    In keinem Ausschuss
- ☐    Es gibt keine Ausschüsse
- ☐    Sonstige: _____

**Frage 8: Sind Sie (stellvertretender) Vorsitzender des Gesamtaufsichtsrats oder eines Ausschusses?** *(Mehrfachnennungen sind möglich)*

- ☐    Vorsitzender des Gesamtaufsichtsrats
- ☐    Vorsitzender eines Ausschusses
- ☐    stellv. Vorsitzender des Gesamtaufsichtsrats
- ☐    stellv. Vorsitzender eines Ausschusses
- ☐    Nein

**Frage 9: Wie würden Sie aus Ihrer Sicht die Stellung des Aufsichtsrats gegenüber dem Vorstand beschreiben? Der Aufsichtsrat ist...**

- ☐    dem Vorstand übergeordnet
- ☐    dem Vorstand untergeordnet
- ☐    mit dem Vorstand auf einer Ebene

**Frage 10: Würden Sie die Tätigkeit als Aufsichtsrat als Ehrenamt bezeichnen?**

- ☐    Ja
- ☐    Nein

**Frage 11: Wer hat Sie gewählt?**

- ☐    Vertreter-/Mitglieder-/Generalversammlung
- ☐    Arbeitnehmer

**Frage 12: Wie viele Sitzungen des Aufsichtsrats finden in der Regel pro Jahr statt? (<u>ohne</u> außerordentliche und Ausschusssitzungen)**

_____ pro Jahr

**Frage 13: Wie viele Stunden dauern die unten genannten Sitzungen im Durchschnitt? Durchschnittliche Sitzungsdauer für:**

Ordentliche Aufsichtsratssitzungen      _____
Ausschusssitzungen      _____
Vertreter-/Mitglieder-/Generalversammlung      _____
Teilnahme an Schulungen      _____
Beiratssitzungen (sofern vorhanden)      _____
Sonstiges      _____

**Frage 14: Wie hoch schätzen Sie den Zeitaufwand für die Vor- und Nachbereitung von Sitzungen ein?**

_____ Stunden

**Frage 15: Wie hoch ist die Aufwandsentschädigung für Ihre Tätigkeit als Aufsichtsrat pro Jahr?**

☐     kleiner 1.500 EUR
☐     1.500 EUR-5.000 EUR
☐     5.000 EUR-10.000 EUR
☐     10.000 EUR-15.000 EUR
☐     15.000 EUR-20.000 EUR
☐     größer 20.000 EUR

**Frage 16: Wie viele weitere Aufsichtsratsmandate nehmen Sie derzeit in anderen Unternehmen wahr?**

☐     0
☐     1
☐     2
☐     Mehr als 2

**Frage 17: Wie wichtig ist es Ihnen im Rahmen der Tätigkeit als Aufsichtsrat, dass...[2362]**

*1 = Gar nicht wichtig, 2 = Nicht wichtig, 3 = Weniger wichtig, 4 = Wichtig, 5 = Sehr wichtig*

|  | 1 | 2 | 3 | 4 | 5 |
|---|---|---|---|---|---|
| im Aufsichtsrat gut zusammengearbeitet wird? | ☐ | ☐ | ☐ | ☐ | ☐ |
| das Aufsichtsratsgremium als geschlossene Gruppe z. B. gegenüber dem Vorstand auftritt? | ☐ | ☐ | ☐ | ☐ | ☐ |
| der Aufsichtsrat insgesamt vom Vorstand ernst genommen wird? | ☐ | ☐ | ☐ | ☐ | ☐ |
| Sie wertvolle Kontakte knüpfen können? | ☐ | ☐ | ☐ | ☐ | ☐ |
| Sie einen beruflichen Nutzen aus der Tätigkeit ziehen können? | ☐ | ☐ | ☐ | ☐ | ☐ |
| Aufsichtsräte bevorzugte Bankkonditionen erhalten? | ☐ | ☐ | ☐ | ☐ | ☐ |
| Sie bei einer erfolgreichen Bank im Aufsichtsrat sind? | ☐ | ☐ | ☐ | ☐ | ☐ |
| Sie eine gute finanzielle Vergütung erhalten? | ☐ | ☐ | ☐ | ☐ | ☐ |
| Sie durch die Aufsichtsratsarbeit mit potenziellen Kunden/Partnern für die eigene Geschäftstätigkeit Kontakte knüpfen können? | ☐ | ☐ | ☐ | ☐ | ☐ |
| die Bank einen guten Ruf hat? | ☐ | ☐ | ☐ | ☐ | ☐ |
| Sie vom Vorstand ernst genommen werden? | ☐ | ☐ | ☐ | ☐ | ☐ |
| Sie von anderen Aufsichtsratsmitgliedern ernst genommen werden? | ☐ | ☐ | ☐ | ☐ | ☐ |
| Sie persönliche Kontakte/Netzwerke als Informationsquelle haben? | ☐ | ☐ | ☐ | ☐ | ☐ |
| Sie damit etwas für das Gemeinwohl tun können? | ☐ | ☐ | ☐ | ☐ | ☐ |

**Frage 18: Welcher der folgenden 3 Aspekte ist für Sie bei der Tätigkeit als Aufsichtsrat am wichtigsten?** *Bitte bringen Sie die 3 Aspekte in die für Sie richtige Reihenfolge, sodass der wichtigste Aspekt oben steht.*

Mir ist es wichtig, leistungsstärker als andere zu sein.
Mir ist es wichtig, andere lenken, leiten und steuern zu können.
Mir ist es wichtig, von anderen gemocht zu werden.

---

[2362] Aufgrund der besseren Darstellung werden die Spalten mithilfe von Nummern gekennzeichnet und die entsprechenden Bedeutungen darüber genannt. In der von den Aufsichtsräten online ausgefüllten Version standen nur die jeweiligen Bedeutungen im Tabellenkopf.

**Frage 19: Inwiefern treffen die folgenden Aussagen auf Sie zu?**

*1 = Trifft gar nicht zu, 2 = Trifft nicht zu, 3 = Trifft weniger zu, 4 = Trifft zu, 5 = Trifft voll zu*

|  | 1 | 2 | 3 | 4 | 5 |
|---|---|---|---|---|---|
| Ich habe großes Interesse an der Bankenbranche. | ☐ | ☐ | ☐ | ☐ | ☐ |
| Die Aufsichtsratsarbeit ist so interessant, dass ich sie gerne als Vollzeitjob ausüben würde. | ☐ | ☐ | ☐ | ☐ | ☐ |
| Ich freue mich auf bevorstehende Gremiumssitzungen. | ☐ | ☐ | ☐ | ☐ | ☐ |
| Ich übernehme gerne Verantwortung für die Aufsichtsratsarbeit. | ☐ | ☐ | ☐ | ☐ | ☐ |
| Die Aufsichtsratsarbeit stellt eine angenehme Herausforderung für mich dar. | ☐ | ☐ | ☐ | ☐ | ☐ |
| Die Aufsichtsratsarbeit ist anspruchsvoll. | ☐ | ☐ | ☐ | ☐ | ☐ |
| Ich würde das Aufsichtsratsmandat auch unentgeltlich wahrnehmen. | ☐ | ☐ | ☐ | ☐ | ☐ |
| Vor der Mandatsannahme habe ich mich informiert, welche weiteren Personen in diesem Aufsichtsrat sitzen. | ☐ | ☐ | ☐ | ☐ | ☐ |
| Das Aufsichtsratsmandat ist eine verantwortungsvolle Tätigkeit, für die es einer fachlichen Qualifikation bedarf. | ☐ | ☐ | ☐ | ☐ | ☐ |

**Frage 20: Wie wichtig ist es Ihnen im Rahmen der Tätigkeit als Aufsichtsrat, …**

*1 = Gar nicht wichtig, 2 = Nicht wichtig, 3 = Weniger wichtig, 4 = Wichtig, 5 = Sehr wichtig*

|  | 1 | 2 | 3 | 4 | 5 |
|---|---|---|---|---|---|
| Ihre Fachkenntnis einbringen zu können? | ☐ | ☐ | ☐ | ☐ | ☐ |
| dass Sie die Aufsichtsratsarbeit aktiv mitgestalten können? | ☐ | ☐ | ☐ | ☐ | ☐ |
| mitverantwortlich für die Entwicklung der Bank zu sein? | ☐ | ☐ | ☐ | ☐ | ☐ |
| eigene Ideen einbringen zu können? | ☐ | ☐ | ☐ | ☐ | ☐ |
| Neues zu lernen? | ☐ | ☐ | ☐ | ☐ | ☐ |
| im Rahmen von Schulungen gut auf Ihre Aufsichtsrattätigkeit vorbereitet zu werden? | ☐ | ☐ | ☐ | ☐ | ☐ |
| dass Ihnen die Tätigkeit als Aufsichtsrat Spaß macht? | ☐ | ☐ | ☐ | ☐ | ☐ |
| die Geschäftspolitik der Bank mitbestimmen zu können? | ☐ | ☐ | ☐ | ☐ | ☐ |
| einen umfassenden Einblick in die Geschäftstätigkeit der Bank zu erhalten? | ☐ | ☐ | ☐ | ☐ | ☐ |

**Frage 21: Wie zufrieden sind Sie mit Ihrer Tätigkeit als Aufsichtsrat im Allgemeinen?**

| Gar nicht zufrieden | Nicht zufrieden | Weniger zufrieden | Zufrieden | Sehr zufrieden |
|---|---|---|---|---|
| ☐ | ☐ | ☐ | ☐ | ☐ |

## Frage 22: Wie zufrieden sind Sie mit...

*1 = Gar nicht zufrieden, 2 = Nicht zufrieden, 3 = Weniger zufrieden, 4 = Zufrieden, 5 = Sehr zufrieden*

|  | 1 | 2 | 3 | 4 | 5 |
|---|---|---|---|---|---|
| der Zusammenarbeit mit dem Vorstand? | ☐ | ☐ | ☐ | ☐ | ☐ |
| der Zusammenarbeit mit der Internen Revision? | ☐ | ☐ | ☐ | ☐ | ☐ |
| der Zusammenarbeit mit den Abschlussprüfern? | ☐ | ☐ | ☐ | ☐ | ☐ |
| der Zusammenarbeit zwischen Mitgliedervertretern und Arbeitnehmervertretern?[2363] | ☐ | ☐ | ☐ | ☐ | ☐ |
| der Zusammenarbeit innerhalb des Gremiums? | ☐ | ☐ | ☐ | ☐ | ☐ |

## Frage 23: Wie beurteilen Sie die Informationsversorgung?

*1 = Trifft gar nicht zu, 2 = Trifft nicht zu, 3 = Trifft weniger zu, 4 = Trifft zu, 5 = Trifft voll zu*

|  | 1 | 2 | 3 | 4 | 5 |
|---|---|---|---|---|---|
| Der Aufsichtsrat hat einen umfassenden Einblick in die Geschäftstätigkeit der Bank. | ☐ | ☐ | ☐ | ☐ | ☐ |
| Der Aufsichtsrat wird ausreichend durch den Vorstand informiert. | ☐ | ☐ | ☐ | ☐ | ☐ |
| Die Informationen des Vorstands werden dem Aufsichtsrat rechtzeitig vor den Sitzungen zur Verfügung gestellt. | ☐ | ☐ | ☐ | ☐ | ☐ |
| Der Aufsichtsrat wird umfassend über die Risikolage der Bank informiert. | ☐ | ☐ | ☐ | ☐ | ☐ |
| In der Regel bleibt genügend Zeit, die Informationen vor den Sitzungen zu prüfen. | ☐ | ☐ | ☐ | ☐ | ☐ |
| Die dem Aufsichtsrat vorgetragenen Informationen sind verständlich aufbereitet. | ☐ | ☐ | ☐ | ☐ | ☐ |
| Der Informationsstand von Mitglieder- und Arbeitnehmervertretern ist als gleichwertig einzuschätzen.[2364] | ☐ | ☐ | ☐ | ☐ | ☐ |
| Alle wesentlichen Informationen liegen schriftlich vor. | ☐ | ☐ | ☐ | ☐ | ☐ |
| Mehr Informationen über die Geschäftstätigkeit der Bank wären hilfreich. | ☐ | ☐ | ☐ | ☐ | ☐ |
| Ich werde regelmäßig über relevante gesetzliche Änderungen informiert. | ☐ | ☐ | ☐ | ☐ | ☐ |

---

[2363] Die Frage wurde nur den Aufsichtsräten gestellt, die bei Frage 4 angaben, dass Arbeitnehmer im Aufsichtsrat vertreten sind.

[2364] Die Frage wurde nur den Aufsichtsräten gestellt, die bei Frage 4 angaben, dass Arbeitnehmer im Aufsichtsrat vertreten sind.

## Frage 24: Inwiefern treffen die folgenden Aussagen auf Sie zu?

*1 = Trifft gar nicht zu, 2 = Trifft nicht zu, 3 = Trifft weniger zu, 4 = Trifft zu, 5 = Trifft voll zu*

|  | 1 | 2 | 3 | 4 | 5 |
|---|---|---|---|---|---|
| Meine Erwartungen an das Aufsichtsratsmandat haben sich vollkommen erfüllt. | ☐ | ☐ | ☐ | ☐ | ☐ |
| Ich wurde angemessen auf meine Tätigkeit als Aufsichtsrat vorbereitet. | ☐ | ☐ | ☐ | ☐ | ☐ |
| Die Herausforderungen des Aufsichtsratsmandats entsprechen meinen Kompetenzen. | ☐ | ☐ | ☐ | ☐ | ☐ |
| Meine Beiträge finden Berücksichtigung. | ☐ | ☐ | ☐ | ☐ | ☐ |
| Ich fühle mich der Bank verbunden. | ☐ | ☐ | ☐ | ☐ | ☐ |
| Mit der Aufsichtsratätigkeit kann ich einen wichtigen Beitrag für die Bank leisten. | ☐ | ☐ | ☐ | ☐ | ☐ |
| Der im Rahmen der Tätigkeit anfallende Arbeitsaufwand ist zeitlich gut planbar. | ☐ | ☐ | ☐ | ☐ | ☐ |
| Die Arbeit im Aufsichtsrat ist stressig. | ☐ | ☐ | ☐ | ☐ | ☐ |
| Die Arbeit im Aufsichtsrat ist interessant. | ☐ | ☐ | ☐ | ☐ | ☐ |
| Wenn ich noch einmal vor der Entscheidung stehen würde, würde ich das Aufsichtsratsmandat wieder annehmen. | ☐ | ☐ | ☐ | ☐ | ☐ |
| Aufwand und Ertrag meiner Aufsichtsratstätigkeit stehen in einem angemessenen Verhältnis. | ☐ | ☐ | ☐ | ☐ | ☐ |
| Die Aufsichtsratsarbeit gibt mir das Gefühl, etwas Sinnvolles zu leisten. | ☐ | ☐ | ☐ | ☐ | ☐ |
| Meine Einsatzbereitschaft für die Tätigkeit als Aufsichtsrat wäre bei einer höheren Vergütung höher. | ☐ | ☐ | ☐ | ☐ | ☐ |
| Die Aufsichtsratsarbeit kostet mehr Zeit als erwartet. | ☐ | ☐ | ☐ | ☐ | ☐ |
| Ich freue mich über den Gedankenaustausch mit den Aufsichtsratskollegen. | ☐ | ☐ | ☐ | ☐ | ☐ |
| Den Vorstand schätze ich als kompetent ein. | ☐ | ☐ | ☐ | ☐ | ☐ |

## Frage 25: Wie zufrieden sind Sie mit...

*1 = Gar nicht zufrieden, 2 = Nicht zufrieden, 3 = Weniger zufrieden, 4 = Zufrieden, 5 = Sehr zufrieden*

|  | 1 | 2 | 3 | 4 | 5 |
|---|---|---|---|---|---|
| der Arbeit des Gremiums im Allgemeinen? | ☐ | ☐ | ☐ | ☐ | ☐ |
| dem Ablauf von Gremiumssitzungen? | ☐ | ☐ | ☐ | ☐ | ☐ |
| dem Informationsaustausch innerhalb des Aufsichtsrats? | ☐ | ☐ | ☐ | ☐ | ☐ |
| dem Verhältnis zu Ihren Aufsichtsratskollegen? | ☐ | ☐ | ☐ | ☐ | ☐ |

## Frage 26: Wie beurteilen Sie die Arbeit des Aufsichtsrats?

*1 = Trifft gar nicht zu, 2 = Trifft nicht zu, 3 = Trifft weniger zu, 4 = Trifft zu, 5 = Trifft voll zu*

|  | 1 | 2 | 3 | 4 | 5 |
|---|---|---|---|---|---|
| Die Aufsichtsratmitglieder sind auf die Aufsichtsratssitzungen ausreichend vorbereitet. | ☐ | ☐ | ☐ | ☐ | ☐ |
| Die Aufsichtsratätigkeit leidet unter der häufigen Abwesenheit einzelner Mitglieder. | ☐ | ☐ | ☐ | ☐ | ☐ |
| Die Aufsichtsratmitglieder werden der zeitlichen Intensität der Wahrnehmung des Mandats gerecht. | ☐ | ☐ | ☐ | ☐ | ☐ |
| Die Aufsichtsratmitglieder sind voneinander unabhängig. | ☐ | ☐ | ☐ | ☐ | ☐ |
| Die Aufsichtsratmitglieder sind aufgrund objektiver Kriterien (Fähigkeiten, Kenntnisse und fachliche Erfahrungen) berufen worden. | ☐ | ☐ | ☐ | ☐ | ☐ |
| Die Aufsichtsratmitglieder haben angemessene Kenntnisse bzgl. der Verfahren und Kriterien zur Risikovermeidung. | ☐ | ☐ | ☐ | ☐ | ☐ |
| Die Kompetenz der Mitglieder wird ausreichend genutzt. | ☐ | ☐ | ☐ | ☐ | ☐ |
| Der Aufsichtsrat kommt seiner Kontrollfunktion nach. | ☐ | ☐ | ☐ | ☐ | ☐ |
| Die Aufsichtsratmitglieder sind gegenüber dem Vorstand unabhängig. | ☐ | ☐ | ☐ | ☐ | ☐ |
| Die Diskussionen im Aufsichtsrat sind zielführend. | ☐ | ☐ | ☐ | ☐ | ☐ |
| Bei Entscheidungsvorschlägen des Vorstands berät der Aufsichtsrat auch über Alternativen. | ☐ | ☐ | ☐ | ☐ | ☐ |
| Kritik und abweichende Positionen werden konstruktiv aufgenommen. | ☐ | ☐ | ☐ | ☐ | ☐ |
| Die Diskussionen im Aufsichtsrat sind überwiegend ergebnisoffen. | ☐ | ☐ | ☐ | ☐ | ☐ |
| Der Umfang der zustimmungspflichtigen Geschäfte ist ausreichend. | ☐ | ☐ | ☐ | ☐ | ☐ |
| Die Anzahl der ordentlichen Sitzungen des Aufsichtsrats ist ausreichend. | ☐ | ☐ | ☐ | ☐ | ☐ |
| Die Aufsichtsratsarbeit beeinflusst den Erfolg der Bank. | ☐ | ☐ | ☐ | ☐ | ☐ |

## Frage 27: Welche der folgenden 4 Funktionen nehmen Sie am häufigsten wahr? *Bitte bringen Sie die 4 Funktionen in die für Sie richtige Reihenfolge, sodass die häufigste Funktion oben steht.*

Kontrolle der Geschäftstätigkeit
Beratung in strategischen Angelegenheiten
Interessenwahrnehmung der Mitglieder
Entscheidung über Vorstandsangelegenheiten

**Frage 28: Inwieweit treffen die folgenden Aussagen auf Sie zu?**

*1 = Trifft gar nicht zu, 2 = Trifft nicht zu, 3 = Trifft weniger zu, 4 = Trifft zu, 5 = Trifft voll zu*

|  | 1 | 2 | 3 | 4 | 5 |
|---|---|---|---|---|---|
| Ich fühle mich den Mitgliedern verpflichtet. | ☐ | ☐ | ☐ | ☐ | ☐ |
| Mir macht es Spaß, den Jahresabschluss der Bank zu prüfen. | ☐ | ☐ | ☐ | ☐ | ☐ |
| Ich möchte die Interessen der Mitglieder vertreten. | ☐ | ☐ | ☐ | ☐ | ☐ |
| Der Aufsichtsrat ist ein kritischer Diskussionspartner des Vorstands. | ☐ | ☐ | ☐ | ☐ | ☐ |
| Ich wünsche mir mehr Kontrollmöglichkeiten über die Tätigkeiten des Vorstands. | ☐ | ☐ | ☐ | ☐ | ☐ |
| Ich wünsche mir mehr Mitspracherechte bei Aufsichtsratssitzungen. | ☐ | ☐ | ☐ | ☐ | ☐ |
| Der Aufsichtsrat ist zwar gesetzlich notwendig, nimmt aber keinen Einfluss auf die Geschäftstätigkeit. | ☐ | ☐ | ☐ | ☐ | ☐ |
| Ich sehe den Aufsichtsrat als Erfüllungsgehilfen der Bankenaufsicht. | ☐ | ☐ | ☐ | ☐ | ☐ |
| Ich wünsche mir mehr Mitspracherechte bei Geschäftsentscheidungen. | ☐ | ☐ | ☐ | ☐ | ☐ |
| Ich möchte die Ziele der Bank im Aufsichtsrat vertreten. | ☐ | ☐ | ☐ | ☐ | ☐ |
| Ich bin bei Aufsichtsratsentscheidungen nicht weisungsgebunden. | ☐ | ☐ | ☐ | ☐ | ☐ |
| Die Strategie wird von Aufsichtsrat und Vorstand gemeinsam erarbeitet. | ☐ | ☐ | ☐ | ☐ | ☐ |
| Der Aufsichtsrat nimmt eine Funktion im Sinne eines Frühwarnsystems wahr. | ☐ | ☐ | ☐ | ☐ | ☐ |
| Der Aufsichtsrat wird frühzeitig in Geschäftsentscheidungen eingebunden. | ☐ | ☐ | ☐ | ☐ | ☐ |
| Die Personalkompetenz (Bestellung und Abberufung der Vorstandsmitglieder) ist eine elementare Aufgabe des Aufsichtsrats. | ☐ | ☐ | ☐ | ☐ | ☐ |
| Der Aufsichtsrat überwacht den Vorstand im Hinblick auf die Einhaltung bankaufsichtsrechtlicher Regelungen. | ☐ | ☐ | ☐ | ☐ | ☐ |
| Der Aufsichtsrat ist ein enger Partner der Abschlussprüfer. | ☐ | ☐ | ☐ | ☐ | ☐ |
| Es ist wichtig, dass der Aufsichtsrat die Wirksamkeit des Risikomanagements überprüft. | ☐ | ☐ | ☐ | ☐ | ☐ |

*Abschließend möchte ich Sie um die Angabe einiger Informationen zu Ihrer Person bitten.*

**Frage 29: In welchem Jahr wurden Sie geboren?**

19_____

**Frage 30: Was ist Ihr Geschlecht?**

☐    Weiblich
☐    Männlich

**Frage 31: Welche Eigenschaften treffen auf Sie zu?**

*1 = Trifft gar nicht zu, 2 = Trifft nicht zu, 3 = Trifft weniger zu, 4 = Trifft zu, 5 = Trifft voll zu*

|  | 1 | 2 | 3 | 4 | 5 |
|---|---|---|---|---|---|
| Zielgerichtet | ☐ | ☐ | ☐ | ☐ | ☐ |
| Umgänglich | ☐ | ☐ | ☐ | ☐ | ☐ |
| Spontan | ☐ | ☐ | ☐ | ☐ | ☐ |
| Sachorientiert | ☐ | ☐ | ☐ | ☐ | ☐ |
| Kritisch | ☐ | ☐ | ☐ | ☐ | ☐ |
| Kritikfähig | ☐ | ☐ | ☐ | ☐ | ☐ |
| Kreativ | ☐ | ☐ | ☐ | ☐ | ☐ |
| Kontaktfreudig | ☐ | ☐ | ☐ | ☐ | ☐ |
| Gewissenhaft | ☐ | ☐ | ☐ | ☐ | ☐ |
| Gesellig | ☐ | ☐ | ☐ | ☐ | ☐ |
| Genau | ☐ | ☐ | ☐ | ☐ | ☐ |
| Entscheidungsfreudig | ☐ | ☐ | ☐ | ☐ | ☐ |
| Einfühlsam | ☐ | ☐ | ☐ | ☐ | ☐ |
| Dominant | ☐ | ☐ | ☐ | ☐ | ☐ |
| Distanziert | ☐ | ☐ | ☐ | ☐ | ☐ |
| Detailorientiert | ☐ | ☐ | ☐ | ☐ | ☐ |
| Autorität | ☐ | ☐ | ☐ | ☐ | ☐ |
| Analytisch | ☐ | ☐ | ☐ | ☐ | ☐ |

**Frage 32: Wie wichtig ist es Ihnen, sich in Ihrer Freizeit ehrenamtlich zu engagieren?**

| Gar nicht wichtig | Nicht wichtig | Weniger wichtig | Wichtig | Sehr wichtig |
|---|---|---|---|---|
| ☐ | ☐ | ☐ | ☐ | ☐ |

**Frage 33: Über welche Bildungsabschlüsse verfügen Sie?** *(Mehrfachnennungen sind möglich)*

☐    Hauptschulabschluss
☐    Realschulabschluss
☐    Abitur/Hochschulreife
☐    abgeschlossene Berufsausbildung
☐    abgeschlossenes Studium
☐    Meister
☐    Promotion
☐    Habilitation
☐    ohne Abschluss
☐    Sonstige: _____

**Frage 34: Welchen Beruf üben Sie derzeit hauptberuflich aus?**

*Sofern Sie derzeit im Ruhestand sind, geben Sie bitte den Beruf an, den Sie zuletzt ausgeübt haben. (Mehrfachnennungen sind möglich)*

- ☐ Apotheker
- ☐ Arzt
- ☐ Bankkaufmann
- ☐ Bürgermeister
- ☐ Geschäftsführer
- ☐ Handwerker
- ☐ Ingenieur
- ☐ Landwirt
- ☐ Professor
- ☐ Rechtsanwalt/Notar
- ☐ Richter
- ☐ Steuerberater/Wirtschaftsprüfer
- ☐ Sonstige: _____

Sofern Sie an den Befragungsergebnissen interessiert sind, geben Sie bitte Ihre E-Mail-Adresse an. (Die E-Mail-Adresse wird selbstverständlich in einer separaten Datenbank erfasst.)

Vielen Dank für Ihre Zeit und Ihre Unterstützung!

Bei weiteren Fragen stehe ich Ihnen gerne zur Verfügung.

sonia.baxmann@fernuni-hagen.de

Tel. 02331 – 987-4802

# Anhang 6: Ergebnisse des Kolmogorov-Smirnov-Tests für early vs. late response

| Indikator | Nr. | Größte positive Differenz | Größte negative Differenz | Kolmogorov-Smirnov-Z | t-Statistik |
|---|---|---|---|---|---|
| **Extrinsische Motivation** | | | | | |
| Mot_ex_Anerk_InsgVorstand | 1 | 0,16 | 0,00 | 0,40 | 1,00 |
| Mot_ex_Anerk_Kollegen | 2 | 0,12 | 0,00 | 0,29 | 1,00 |
| Mot_ex_Anerk_Vorstand | 3 | 0,02 | -0,03 | 0,07 | 1,00 |
| Mot_ex_BZ_Infoquelle | 4 | 0,09 | 0,00 | 0,22 | 1,00 |
| Mot_ex_BZ_VorherInfo | 5 | 0,15 | -0,17 | 0,41 | 1,00 |
| Mot_ex_BZ_Wertvoll | 6 | 0,11 | 0,00 | 0,28 | 1,00 |
| Mot_ex_Ehrenamt_Gemeinwohl | 7 | 0,15 | 0,00 | 0,36 | 1,00 |
| Mot_ex_Geld_Geld | 9 | 0,17 | -0,04 | 0,40 | 1,00 |
| Mot_ex_Geld_Kondi | 10 | 0,00 | -0,26 | 0,63 | 0,82 |
| Mot_ex_Geld_Unentg | 11 | 0,00 | -0,24 | 0,57 | 0,90 |
| Mot_ex_Gruppe_AlsGruppe | 12 | 0,24 | 0,00 | 0,58 | 0,89 |
| Mot_ex_Gruppe_ArbeitGut | 13 | 0,00 | -0,09 | 0,22 | 1,00 |
| Mot_ex_Nutzen_Berufl | 14 | 0,04 | -0,33 | 0,79 | 0,57 |
| Mot_ex_Nutzen_Kontakte | 15 | 0,09 | -0,16 | 0,38 | 1,00 |
| Mot_ex_Repu_KlErfolgr | 16 | 0,14 | 0,00 | 0,33 | 1,00 |
| Mot_ex_Repu_KlRuf | 17 | 0,25 | 0,00 | 0,61 | 0,85 |
| | | | | | |
| **Intrinsische Motivation** | | | | | |
| Mot_in_Gestalt_Aktiv | 18 | 0,22 | 0,00 | 0,52 | 0,95 |
| Mot_in_Gestalt_Ideen | 19 | 0,05 | 0,00 | 0,13 | 1,00 |
| Mot_in_Gestalt_Mitbestim | 20 | 0,09 | -0,18 | 0,44 | 0,99 |
| Mot_in_Herausf_Angenehm | 21 | 0,29 | 0,00 | 0,71 | 0,70 |
| Mot_in_Herausf_Anspruchsvoll | 22 | 0,20 | 0,00 | 0,48 | 0,98 |
| Mot_in_Interesse_Branche | 23 | 0,35 | -0,01 | 0,84 | 0,49 |
| Mot_in_Komp_Einbringen | 24 | 0,01 | -0,05 | 0,12 | 1,00 |
| Mot_in_Komp_QualiNotw | 25 | 0,06 | -0,01 | 0,15 | 1,00 |
| Mot_in_Spass_Allg | 26 | 0,01 | -0,24 | 0,57 | 0,90 |
| Mot_in_Spass_Vollzeit | 27 | 0,36 | -0,01 | 0,86 | 0,45 |
| Mot_in_Spass_Vorfreude | 28 | 0,25 | 0,00 | 0,54 | 0,93 |
| Mot_in_Verantw_KlEntw | 29 | 0,01 | -0,20 | 0,44 | 0,99 |
| Mot_in_Verantw_Uebernahme | 30 | 0,31 | 0,00 | 0,75 | 0,64 |
| Mot_in_Wissen_Einblick | 31 | 0,31 | 0,00 | 0,75 | 0,63 |
| Mot_in_Wissen_Neues | 32 | 0,09 | 0,00 | 0,21 | 1,00 |
| Mot_in_Wissen_Schulung | 33 | 0,41 | 0,00 | 0,98 | 0,29 |

Tab. 215: Kolmogorov-Smirnov-Test (Motivation)[2365]

---

[2365] Quelle: Eigene Darstellung.

| Indikator | Nr. | Größte positive Differenz | Größte negative Differenz | Kolmogorov-Smirnov-Z | t-Statistik |
|---|---|---|---|---|---|
| **Zufriedenheit** | | | | | |
| Satis_Eig_Eigen_Allg | 34 | 0,01 | -0,11 | 0,27 | 1,00 |
| Satis_Eig_Eigen_Beruecksichtigt | 35 | 0,29 | 0,00 | 0,70 | 0,71 |
| Satis_Eig_Eigen_Interessant | 36 | 0,30 | 0,00 | 0,73 | 0,66 |
| Satis_Eig_Eigen_Stressig | 37 | 0,04 | -0,42 | 1,01 | 0,25 |
| Satis_Eig_Erwart_AufwErtr | 38 | 0,00 | -0,13 | 0,32 | 1,00 |
| Satis_Eig_Erwart_Erfuellt | 39 | 0,06 | 0,00 | 0,13 | 1,00 |
| Satis_Eig_Erwart_MandatErneut | 40 | 0,16 | 0,00 | 0,39 | 1,00 |
| Satis_Eig_Gehalt_Einsatzbereiter | 41 | 0,12 | -0,11 | 0,29 | 1,00 |
| Satis_Eig_Loyal_Sinnvoll | 42 | 0,19 | 0,00 | 0,46 | 0,98 |
| Satis_Eig_Loyal_Verbunden | 43 | 0,34 | 0,00 | 0,82 | 0,51 |
| Satis_Eig_Loyal_WichtigBeitrag | 44 | 0,50 | 0,00 | 1,21 | 0,11 |
| Satis_Eig_Wissen_AngemVorb | 45 | 0,17 | 0,00 | 0,42 | 1,00 |
| Satis_Eig_Wissen_GesetzlAend | 46 | 0,19 | 0,00 | 0,46 | 0,98 |
| Satis_Eig_Wissen_Herausf | 47 | 0,21 | 0,00 | 0,50 | 0,96 |
| Satis_Eig_Zeit_KostetMehr | 48 | 0,02 | -0,11 | 0,26 | 1,00 |
| Satis_Eig_Zeit_Planbar | 49 | 0,08 | 0,00 | 0,20 | 1,00 |
| Satis_Gremium_Diskuss_Altern | 50 | 0,13 | -0,25 | 0,61 | 0,85 |
| Satis_Gremium_Diskuss_Ergebnisoffen | 51 | 0,30 | 0,00 | 0,73 | 0,66 |
| Satis_Gremium_Diskuss_Kritik | 52 | 0,41 | -0,13 | 0,98 | 0,29 |
| Satis_Gremium_Diskuss_Unabhaeng | 53 | 0,28 | 0,00 | 0,68 | 0,74 |
| Satis_Gremium_Diskuss_Ungebunden | 54 | 0,06 | 0,00 | 0,14 | 1,00 |
| Satis_Gremium_Diskuss_Zielfuehrend | 55 | 0,39 | 0,00 | 0,93 | 0,36 |
| Satis_Gremium_Info1_AusrZeit | 56 | 0,12 | 0,00 | 0,28 | 1,00 |
| Satis_Gremium_Info1_Textform | 57 | 0,47 | 0,00 | 1,14 | 0,15 |
| Satis_Gremium_Info1_Verstaend | 58 | 0,20 | 0,00 | 0,48 | 0,98 |
| Satis_Gremium_Info2_Einblick | 59 | 0,17 | 0,00 | 0,42 | 1,00 |
| Satis_Gremium_Info2_InAR | 61 | 0,08 | 0,00 | 0,20 | 1,00 |
| Satis_Gremium_Info2_MehrInfos | 62 | 0,20 | -0,15 | 0,48 | 0,98 |
| Satis_Gremium_Info2_Risiko | 63 | 0,29 | 0,00 | 0,71 | 0,70 |
| Satis_Gremium_Kolleg_Abwesend | 64 | 0,26 | 0,00 | 0,62 | 0,83 |
| Satis_Gremium_Kolleg_AusrZeit | 65 | 0,14 | -0,09 | 0,34 | 1,00 |
| Satis_Gremium_Kolleg_Gedankentausch | 66 | 0,23 | 0,00 | 0,54 | 0,93 |
| Satis_Gremium_Kolleg_KompGenutzt | 67 | 0,49 | 0,00 | 1,17 | 0,13 |
| Satis_Gremium_Kolleg_Vorbereit | 68 | 0,12 | 0,00 | 0,28 | 1,00 |
| Satis_Gremium_Kolleg_Zufried | 69 | 0,10 | 0,00 | 0,24 | 1,00 |
| Satis_Gremium_Orga_Ablauf | 70 | 0,03 | -0,06 | 0,14 | 1,00 |
| Satis_Gremium_Orga_AnzSitz | 71 | 0,29 | -0,14 | 0,71 | 0,70 |
| Satis_Gremium_Orga_Aufg_AngemKontrol | 72 | 0,47 | 0,00 | 1,13 | 0,15 |
| Satis_Gremium_Orga_Aufg_KlErfolg | 73 | 0,14 | -0,02 | 0,34 | 1,00 |
| Satis_Gremium_Orga_Aufg_Risikokomp | 74 | 0,49 | -0,02 | 1,17 | 0,13 |
| Satis_Gremium_Orga_Aufg_ZustimGesch | 75 | 0,37 | -0,14 | 0,90 | 0,40 |
| Satis_Gremium_Orga_GremArbeit | 76 | 0,01 | 0,00 | 0,03 | 1,00 |
| Satis_Gremium_Orga_Groesse | 77 | 0,01 | -0,13 | 0,31 | 1,00 |
| Satis_Gremium_Orga_ObjKrit | 78 | 0,42 | 0,00 | 1,01 | 0,26 |
| Satis_Gremium_Orga_Vorstand_Unabhaen | 79 | 0,35 | 0,00 | 0,83 | 0,49 |
| Satis_Gremium_Vorstand_Info | 80 | 0,18 | 0,00 | 0,43 | 0,99 |
| Satis_Gremium_Vorstand_Kompetent | 81 | 0,30 | 0,00 | 0,73 | 0,66 |
| Satis_Gremium_Vorstand_Rechtzeitig | 82 | 0,23 | 0,00 | 0,56 | 0,91 |
| Satis_Gremium_Zusamm_Abschlusspr | 83 | 0,25 | 0,00 | 0,61 | 0,85 |
| Satis_Gremium_Zusamm_Gremium | 84 | 0,09 | 0,00 | 0,22 | 1,00 |
| Satis_Gremium_Zusamm_IntRev | 85 | 0,04 | -0,13 | 0,31 | 1,00 |
| Satis_Gremium_Zusamm_Vorstand | 86 | 0,00 | -0,16 | 0,38 | 1,00 |

Tab. 216: Kolmogorov-Smirnov-Test (Zufriedenheit)[2366]

[2366] Quelle: Eigene Darstellung.

| Indikator | Nr. | Größte positive Differenz | Größte negative Differenz | Kolmogorov-Smirnov-Z | t-Statistik |
|---|---|---|---|---|---|
| **Aufgabenwahrnehmung** | | | | | |
| AW_Rolle_Entsch_PersoKomp | 104 | 0,16 | 0,00 | 0,39 | 1,00 |
| AW_Rolle_Gesetz_KeinEinfluss | 103 | 0,36 | 0,00 | 0,85 | 0,46 |
| AW_Rolle_Kontr_Abschlusspr | 97 | 0,40 | 0,00 | 0,96 | 0,31 |
| AW_Rolle_Kontr_Aufsichtsr | 98 | 0,33 | 0,00 | 0,80 | 0,55 |
| AW_Rolle_Kontr_BaFin | 99 | 0,00 | -0,07 | 0,18 | 1,00 |
| AW_Rolle_Kontr_Mehr | 100 | 0,15 | 0,00 | 0,35 | 1,00 |
| AW_Rolle_Kontr_RM | 101 | 0,30 | 0,00 | 0,73 | 0,66 |
| AW_Rolle_Kontr_SpassJA | 102 | 0,16 | -0,03 | 0,38 | 1,00 |
| AW_Rolle_MG_Interesse | 95 | 0,27 | 0,00 | 0,65 | 0,79 |
| AW_Rolle_MG_Verpfl | 96 | 0,23 | 0,00 | 0,56 | 0,91 |
| AW_Rolle_Strateg_Bankziele | 88 | 0,21 | 0,00 | 0,51 | 0,96 |
| AW_Rolle_Strateg_DiskVorstand | 89 | 0,21 | 0,00 | 0,50 | 0,97 |
| AW_Rolle_Strateg_Einbind | 90 | 0,08 | -0,09 | 0,23 | 1,00 |
| AW_Rolle_Strateg_Enwickl | 91 | 0,08 | -0,25 | 0,59 | 0,87 |
| AW_Rolle_Strateg_Fruehwarn | 92 | 0,01 | -0,16 | 0,37 | 1,00 |
| AW_Rolle_Strateg_MitsprAR | 93 | 0,16 | -0,27 | 0,64 | 0,81 |
| AW_Rolle_Strateg_MitsprEntsch | 94 | 0,15 | -0,07 | 0,36 | 1,00 |

Tab. 217: Kolmogorov-Smirnov-Test (Aufgabenwahrnehmung)[2367]

---

[2367] Quelle: Eigene Darstellung.

# Anhang 7: Ergebnisse der konfirmatorischen Tetrad-Analyse

| Extrinsische Motivation | σ | t-Statistik |
|---|---|---|
| 1: Mot_ex_Anerk_InsgVorstand,Mot_ex_Anerk_Kollegen,Mot_ex_Anerk_Vorstand,Mot_ex_BZ_Infoquelle | 0,00 | 1,79 |
| 2: Mot_ex_Anerk_InsgVorstand,Mot_ex_Anerk_Kollegen,Mot_ex_BZ_Infoquelle,Mot_ex_Anerk_Vorstand | 0,01 | 0,63 |
| 4: Mot_ex_Anerk_InsgVorstand,Mot_ex_Anerk_Kollegen,Mot_ex_Anerk_Vorstand,Mot_ex_BZ_Vorherinfo | 0,00 | 0,24 |
| 6: Mot_ex_Anerk_InsgVorstand,Mot_ex_Anerk_Vorstand,Mot_ex_BZ_Vorherinfo,Mot_ex_Anerk_Kollegen | 0,01 | 0,25 |
| 10: Mot_ex_Anerk_InsgVorstand,Mot_ex_Anerk_Vorstand,Mot_ex_Ehrenamt_Gemeinwohl | 0,00 | 1,95 |
| 13: Mot_ex_Anerk_InsgVorstand,Mot_ex_Anerk_Vorstand,Mot_ex_Geld_Geld | 0,00 | 1,73 |
| 17: Mot_ex_Anerk_InsgVorstand,Mot_ex_Anerk_Kollegen,Mot_ex_Geld_Kondi,Mot_ex_Anerk_Vorstand | 0,00 | 0,01 |
| 20: Mot_ex_Anerk_InsgVorstand,Mot_ex_Anerk_Kollegen,Mot_ex_Geld_Unentg,Mot_ex_Anerk_Vorstand | 0,00 | 0,10 |
| 24: Mot_ex_Anerk_InsgVorstand,Mot_ex_Anerk_Vorstand,Mot_ex_Gruppe_AlsGruppe,Mot_ex_Anerk_Kollegen | 0,01 | 1,94 |
| 27: Mot_ex_Anerk_InsgVorstand,Mot_ex_Anerk_Vorstand,Mot_ex_Gruppe_ArbeitGut,Mot_ex_Anerk_Kollegen | 0,00 | 0,36 |
| 31: Mot_ex_Anerk_InsgVorstand,Mot_ex_Anerk_Kollegen,Mot_ex_Anerk_Vorstand,Mot_ex_Nutzen_Kontakte | 0,00 | 0,22 |
| 36: Mot_ex_Anerk_InsgVorstand,Mot_ex_Anerk_Vorstand,Mot_ex_Repu_KlErfolgr,Mot_ex_Anerk_Kollegen | 0,01 | 0,20 |
| 37: Mot_ex_Anerk_InsgVorstand,Mot_ex_Anerk_Kollegen,Mot_ex_Anerk_Vorstand,Mot_ex_Repu_KlRuf | 0,01 | 3,11 |
| 41: Mot_ex_Anerk_InsgVorstand,Mot_ex_Anerk_Kollegen,Mot_ex_BZ_Vorherinfo,Mot_ex_BZ_Infoquelle | 0,01 | 0,01 |
| 47: Mot_ex_Anerk_InsgVorstand,Mot_ex_Anerk_Vorstand,Mot_ex_Ehrenamt_Gemeinwohl,Mot_ex_BZ_Infoquelle | 0,01 | 0,34 |
| 50: Mot_ex_Anerk_InsgVorstand,Mot_ex_Anerk_Kollegen,Mot_ex_Geld_Geld,Mot_ex_BZ_Infoquelle | 0,01 | 0,48 |
| 52: Mot_ex_Anerk_InsgVorstand,Mot_ex_Anerk_Kollegen,Mot_ex_BZ_Infoquelle,Mot_ex_Geld_Kondi | 0,00 | 1,36 |
| 54: Mot_ex_Anerk_InsgVorstand,Mot_ex_Anerk_Kollegen,Mot_ex_BZ_Infoquelle,Mot_ex_Anerk_Kollegen | 0,00 | 0,29 |
| 66: Mot_ex_Anerk_InsgVorstand,Mot_ex_Anerk_Kollegen,Mot_ex_BZ_Infoquelle,Mot_ex_Nutzen_Beruf,Mot_ex_Anerk_Kollegen | 0,00 | 0,42 |
| 73: Mot_ex_Anerk_InsgVorstand,Mot_ex_Anerk_Kollegen,Mot_ex_BZ_Infoquelle,Mot_ex_Repu_KlRuf | 0,00 | 0,60 |
| 76: Mot_ex_Anerk_InsgVorstand,Mot_ex_Anerk_Kollegen,Mot_ex_BZ_Infoquelle,Mot_ex_Repu_Wertvoll | 0,00 | 0,31 |
| 79: Mot_ex_Anerk_InsgVorstand,Mot_ex_Anerk_Kollegen,Mot_ex_BZ_Vorherinfo,Mot_ex_Ehrenamt_Gemeinwohl | 0,01 | 0,19 |
| 86: Mot_ex_Anerk_InsgVorstand,Mot_ex_Anerk_Kollegen,Mot_ex_Geld_Kondi,Mot_ex_BZ_Vorherinfo | 0,00 | 0,12 |
| 98: Mot_ex_Anerk_InsgVorstand,Mot_ex_Anerk_Kollegen,Mot_ex_Nutzen_Beruf,Mot_ex_BZ_Vorherinfo | 0,01 | 1,00 |
| 108: Mot_ex_Anerk_InsgVorstand,Mot_ex_Anerk_Kollegen,Mot_ex_Repu_KlRuf,Mot_ex_Anerk_Kollegen | 0,01 | 0,44 |
| 121: Mot_ex_Anerk_InsgVorstand,Mot_ex_Anerk_Kollegen,Mot_ex_BZ_Wertvoll,Mot_ex_Gruppe_AlsGruppe | 0,00 | 0,41 |
| 122: Mot_ex_Anerk_InsgVorstand,Mot_ex_Anerk_Kollegen,Mot_ex_Gruppe_AlsGruppe,Mot_ex_BZ_Wertvoll | 0,00 | 1,24 |
| 139: Mot_ex_Anerk_InsgVorstand,Mot_ex_Anerk_Kollegen,Mot_ex_Ehrenamt_Gemeinwohl,Mot_ex_Geld_Geld | 0,00 | 0,93 |
| 143: Mot_ex_Anerk_InsgVorstand,Mot_ex_Anerk_Kollegen,Mot_ex_Ehrenamt_Gemeinwohl | 0,00 | 0,79 |
| 152: Mot_ex_Anerk_InsgVorstand,Mot_ex_Anerk_Kollegen,Mot_ex_Gruppe_ArbeitGut,Mot_ex_Ehrenamt_Gemeinwohl | 0,00 | 0,07 |
| 159: Mot_ex_Anerk_InsgVorstand,Mot_ex_Ehrenamt_Gemeinwohl,Mot_ex_Nutzen_Kontakte,Mot_ex_Anerk_Kollegen | 0,00 | 0,04 |
| 161: Mot_ex_Anerk_InsgVorstand,Mot_ex_Anerk_Kollegen,Mot_ex_Repu_KlErfolgr,Mot_ex_Ehrenamt_Gemeinwohl | 0,00 | 0,39 |
| 170: Mot_ex_Anerk_InsgVorstand,Mot_ex_Anerk_Kollegen,Mot_ex_Geld_Unentg,Mot_ex_Geld_Geld | 0,01 | 1,57 |
| 174: Mot_ex_Anerk_InsgVorstand,Mot_ex_Anerk_Kollegen,Mot_ex_Geld_Geld,Mot_ex_Gruppe_AlsGruppe,Mot_ex_Anerk_Kollegen | 0,01 | 0,48 |
| 218: Mot_ex_Anerk_InsgVorstand,Mot_ex_Anerk_Kollegen,Mot_ex_Nutzen_Beruf,Mot_ex_Geld_Unentg | 0,00 | 0,14 |
| 220: Mot_ex_Anerk_InsgVorstand,Mot_ex_Anerk_Kollegen,Mot_ex_Geld_Unentg,Mot_ex_Nutzen_Kontakte | 0,00 | 0,15 |
| 225: Mot_ex_Anerk_InsgVorstand,Mot_ex_Geld_Unentg,Mot_ex_Repu_KlErfolgr,Mot_ex_Anerk_Kollegen | 0,00 | 0,20 |
| 236: Mot_ex_Anerk_InsgVorstand,Mot_ex_Anerk_Kollegen,Mot_ex_Nutzen_Kontakte,Mot_ex_Gruppe_AlsGruppe | 0,00 | 0,47 |
| 256: Mot_ex_Anerk_InsgVorstand,Mot_ex_Anerk_Kollegen,Mot_ex_Nutzen_Beruf,Mot_ex_Nutzen_Kontakte | 0,01 | 1,59 |
| 265: Mot_ex_Anerk_InsgVorstand,Mot_ex_Anerk_Kollegen,Mot_ex_Nutzen_Kontakte,Mot_ex_Repu_KlErfolgr | 0,01 | 0,42 |
| 266: Mot_ex_Anerk_InsgVorstand,Mot_ex_Anerk_Kollegen,Mot_ex_Repu_KlErfolgr,Mot_ex_Nutzen_Kontakte | 0,00 | 0,61 |

Tab. 218: Ergebnisse der konfirmatorischen Tetrad-Analyse (extrinsische Motivation) – Teil I[2368]

---

[2368] Quelle: Eigene Darstellung.

| Extrinsische Motivation | σ | t-Statistik |
|---|---|---|
| 361: Mot_ex_Anerk_Vorstand,Mot_ex_Anerk_InsgVorstand,Mot_ex_BZ_Wertvoll,Mot_ex_Nutzen_Beruf | 0,01 | 3,08 |
| 372: Mot_ex_Anerk_InsgVorstand,Mot_ex_BZ_Wertvoll,Mot_ex_Repu_KIRuf,Mot_ex_Anerk_Vorstand | 0,00 | 0,35 |
| 397: Mot_ex_Anerk_InsgVorstand,Mot_ex_Anerk_Vorstand,Mot_ex_Ehrenamt_Gemeinwohl,Mot_ex_Repu_KIRuf | 0,01 | 0,41 |
| 424: Mot_ex_Anerk_InsgVorstand,Mot_ex_Anerk_Vorstand,Mot_ex_Geld_Kondi,Mot_ex_Geld_Unentg | 0,00 | 1,34 |
| 446: Mot_ex_Anerk_InsgVorstand,Mot_ex_Anerk_Vorstand,Mot_ex_Gruppe_AlsGruppe,Mot_ex_Geld_Unentg | 0,00 | 0,18 |
| 453: Mot_ex_Anerk_InsgVorstand,Mot_ex_Geld_Unentg,Mot_ex_Nutzen_Beruf,Mot_ex_Anerk_Vorstand | 0,00 | 0,08 |
| 461: Mot_ex_Anerk_InsgVorstand,Mot_ex_Anerk_Vorstand,Mot_ex_Repu_KIRuf,Mot_ex_Geld_Unentg | 0,00 | 0,27 |
| 489: Mot_ex_Anerk_InsgVorstand,Mot_ex_Gruppe_ArbeitGut,Mot_ex_Repu_KIRuf,Mot_ex_Anerk_Vorstand | 0,01 | 0,74 |
| 549: Mot_ex_Anerk_InsgVorstand,Mot_ex_Anerk_Vorstand,Mot_ex_Geld_Kondi,Mot_ex_BZ_Infoquelle | 0,01 | 0,53 |
| 577: Mot_ex_Anerk_InsgVorstand,Mot_ex_BZ_Infoquelle,Mot_ex_Ehrenamt_Gemeinwohl,Mot_ex_Geld_Unentg | 0,01 | 0,79 |
| 588: Mot_ex_Anerk_InsgVorstand,Mot_ex_Ehrenamt_Gemeinwohl,Mot_ex_Nutzen_Beruf,Mot_ex_BZ_Infoquelle | 0,02 | 0,80 |
| 619: Mot_ex_Anerk_InsgVorstand,Mot_ex_BZ_Infoquelle,Mot_ex_Geld_Geld,Mot_ex_Repu_KIRuf | 0,00 | 0,05 |
| 645: Mot_ex_Anerk_InsgVorstand,Mot_ex_Geld_Unentg,Mot_ex_Gruppe_AlsGruppe,Mot_ex_BZ_Infoquelle | 0,00 | 0,03 |
| 647: Mot_ex_Anerk_InsgVorstand,Mot_ex_BZ_Infoquelle,Mot_ex_Gruppe_ArbeitGut,Mot_ex_Geld_Unentg | 0,00 | 0,00 |
| 654: Mot_ex_Anerk_InsgVorstand,Mot_ex_Geld_Unentg,Mot_ex_Nutzen_Kontakte,Mot_ex_BZ_Infoquelle | 0,01 | 0,25 |
| 661: Mot_ex_Anerk_InsgVorstand,Mot_ex_BZ_Infoquelle,Mot_ex_Gruppe_AlsGruppe,Mot_ex_Gruppe_ArbeitGut | 0,00 | 0,68 |
| 664: Mot_ex_Anerk_InsgVorstand,Mot_ex_BZ_Infoquelle,Mot_ex_Gruppe_AlsGruppe,Mot_ex_Nutzen_Beruf | 0,01 | 0,28 |
| 684: Mot_ex_Anerk_InsgVorstand,Mot_ex_Gruppe_ArbeitGut,Mot_ex_Repu_KIErfolgr,Mot_ex_BZ_Infoquelle | 0,00 | 0,89 |
| 687: Mot_ex_Anerk_InsgVorstand,Mot_ex_Gruppe_ArbeitGut,Mot_ex_Repu_KIRuf,Mot_ex_BZ_Infoquelle | 0,01 | 0,32 |
| 706: Mot_ex_Anerk_InsgVorstand,Mot_ex_BZ_Vorherinfo,Mot_ex_BZ_Wertvoll,Mot_ex_Ehrenamt_Gemeinwohl | 0,01 | 0,28 |
| 756: Mot_ex_Anerk_InsgVorstand,Mot_ex_Ehrenamt_Gemeinwohl,Mot_ex_Nutzen_Kontakte,Mot_ex_BZ_Vorherinfo | 0,01 | 0,71 |
| 766: Mot_ex_Anerk_InsgVorstand,Mot_ex_BZ_Vorherinfo,Mot_ex_Geld_Geld,Mot_ex_Geld_Unentg | 0,02 | 0,65 |
| 812: Mot_ex_Anerk_InsgVorstand,Mot_ex_BZ_Vorherinfo,Mot_ex_Gruppe_ArbeitGut,Mot_ex_Geld_Unentg | 0,01 | 0,14 |
| 900: Mot_ex_Anerk_InsgVorstand,Mot_ex_BZ_Vorherinfo,Mot_ex_Geld_Geld,Mot_ex_BZ_Wertvoll | 0,01 | 0,50 |
| 911: Mot_ex_Anerk_InsgVorstand,Mot_ex_BZ_Wertvoll,Mot_ex_Nutzen_Beruf,Mot_ex_Geld_Geld | 0,00 | 0,62 |
| 971: Mot_ex_Anerk_InsgVorstand,Mot_ex_BZ_Wertvoll,Mot_ex_Repu_KIErfolgr,Mot_ex_Gruppe_AlsGruppe | 0,01 | 1,24 |
| 984: Mot_ex_Anerk_InsgVorstand,Mot_ex_Geld_Kondi,Mot_ex_Gruppe_ArbeitGut,Mot_ex_Repu_KIErfolgr,Mot_ex_BZ_Wertvoll | 0,00 | 0,19 |
| 986: Mot_ex_Anerk_InsgVorstand,Mot_ex_Repu_KIRuf,Mot_ex_Gruppe_ArbeitGut | 0,00 | 0,71 |
| 1073: Mot_ex_Anerk_InsgVorstand,Mot_ex_Ehrenamt_Gemeinwohl,Mot_ex_Nutzen_Beruf,Mot_ex_Gruppe_AlsGruppe | 0,01 | 0,57 |
| 1115: Mot_ex_Anerk_InsgVorstand,Mot_ex_Geld_Geld,Mot_ex_Geld_Unentg,Mot_ex_Geld_Kondi | 0,00 | 0,44 |
| 1157: Mot_ex_Anerk_InsgVorstand,Mot_ex_Geld_Geld,Mot_ex_Nutzen_Beruf,Mot_ex_Gruppe_AlsGruppe | 0,00 | 0,45 |
| 1217: Mot_ex_Anerk_InsgVorstand,Mot_ex_Geld_Kondi,Mot_ex_Gruppe_ArbeitGut,Mot_ex_Gruppe_AlsGruppe | 0,00 | 1,35 |
| 1295: Mot_ex_Anerk_InsgVorstand,Mot_ex_Geld_Unentg,Mot_ex_Repu_KIRuf,Mot_ex_Nutzen_Beruf | 0,00 | 0,23 |
| 1345: Mot_ex_Anerk_InsgVorstand,Mot_ex_Gruppe_ArbeitGut,Mot_ex_Nutzen_Kontakte,Mot_ex_Repu_KIErfolgr | 0,00 | 0,88 |
| 1480: Mot_ex_Anerk_Kollegen,Mot_ex_Anerk_Vorstand,Mot_ex_Ehrenamt_Gemeinwohl,Mot_ex_Nutzen_Beruf | 0,01 | 1,95 |
| 1559: Mot_ex_Anerk_Kollegen,Mot_ex_Anerk_Vorstand,Mot_ex_Nutzen_Beruf,Mot_ex_Gruppe_AlsGruppe | 0,01 | 1,84 |
| 1585: Mot_ex_Anerk_Kollegen,Mot_ex_Anerk_Vorstand,Mot_ex_Nutzen_Beruf,Mot_ex_Repu_KIErfolgr | 0,01 | 1,82 |
| 1724: Mot_ex_Anerk_Kollegen,Mot_ex_BZ_Infoquelle,Mot_ex_Nutzen_Beruf,Mot_ex_Geld_Kondi | 0,01 | 0,85 |
| 1804: Mot_ex_Anerk_Kollegen,Mot_ex_BZ_Vorherinfo,Mot_ex_BZ_Wertvoll,Mot_ex_Geld_Kondi | 0,01 | 0,70 |
| 1871: Mot_ex_Anerk_Kollegen,Mot_ex_BZ_Vorherinfo,Mot_ex_Nutzen_Kontakte,Mot_ex_Geld_Geld | 0,02 | 0,91 |
| 1877: Mot_ex_Anerk_Kollegen,Mot_ex_BZ_Vorherinfo,Mot_ex_Repu_KIRuf,Mot_ex_Geld_Geld | 0,02 | 0,72 |

Tab. 219: Ergebnisse der konfirmatorischen Tetrad-Analyse (extrinsische Motivation) – Teil II[2369]

---

[2369] Quelle: Eigene Darstellung.

| Extrinsische Motivation | σ | t-Statistik |
|---|---|---|
| 1989: Mot_ex_Anerk_Kollegen,Mot_ex_Ehrenamt_Gemeinwohl,Mot_ex_Repu_KIRuf,Mot_ex_BZ_Wertvoll | 0,01 | 2,16 |
| 2046: Mot_ex_Anerk_Kollegen,Mot_ex_Geld_Unentg,Mot_ex_Nutzen_Kontakte,Mot_ex_BZ_Wertvoll | 0,01 | 0,66 |
| 2180: Mot_ex_Anerk_Kollegen,Mot_ex_Ehrenamt_Gemeinwohl,Mot_ex_Nutzen_Kontakte,Mot_ex_Gruppe_ArbeitGut | 0,00 | 0,47 |
| 2203: Mot_ex_Anerk_Kollegen,Mot_ex_Ehrenamt_Gemeinwohl,Mot_ex_Repu_KIErfolgr,Mot_ex_Repu_KIRuf | 0,01 | 0,50 |
| 2218: Mot_ex_Anerk_Kollegen,Mot_ex_Geld_Geld,Mot_ex_Geld_Kondi,Mot_ex_Nutzen_Kontakte | 0,01 | 1,16 |
| 2245: Mot_ex_Anerk_Kollegen,Mot_ex_Geld_Geld,Mot_ex_Gruppe_AlsGruppe,Mot_ex_Gruppe_ArbeitGut | 0,00 | 1,76 |
| 2325: Mot_ex_Anerk_Kollegen,Mot_ex_Gruppe_ArbeitGut,Mot_ex_Nutzen_Berufl,Mot_ex_Geld_Kondi | 0,01 | 1,62 |
| 2338: Mot_ex_Anerk_Kollegen,Mot_ex_Geld_Kondi,Mot_ex_Nutzen_Berufl,Mot_ex_Repu_KIErfolgr | 0,01 | 0,11 |
| 2368: Mot_ex_Anerk_Kollegen,Mot_ex_Geld_Unentg,Mot_ex_Gruppe_ArbeitGut,Mot_ex_Nutzen_Berufl | 0,01 | 0,14 |
| 2450: Mot_ex_Anerk_Kollegen,Mot_ex_Nutzen_Berufl,Mot_ex_Repu_KIRuf,Mot_ex_Nutzen_Kontakte | 0,01 | 3,59 |
| 2539: Mot_ex_Anerk_Vorstand,Mot_ex_BZ_Infoquelle,Mot_ex_Ehrenamt_Gemeinwohl,Mot_ex_Nutzen_Kontakte | 0,01 | 0,39 |
| 2709: Mot_ex_Anerk_Vorstand,Mot_ex_Ehrenamt_Gemeinwohl,Mot_ex_Repu_KIErfolgr,Mot_ex_BZ_Vorherinfo | 0,01 | 0,26 |
| 2770: Mot_ex_Anerk_Vorstand,Mot_ex_BZ_Vorherinfo,Mot_ex_Geld_Unentg,Mot_ex_Repu_KIErfolgr | 0,01 | 1,31 |
| 2802: Mot_ex_Anerk_Vorstand,Mot_ex_Gruppe_ArbeitGut,Mot_ex_Repu_KIRuf,Mot_ex_BZ_Vorherinfo | 0,01 | 1,52 |
| 2809: Mot_ex_Anerk_Vorstand,Mot_ex_BZ_Vorherinfo,Mot_ex_Nutzen_Berufl,Mot_ex_Repu_KIRuf | 0,00 | 0,52 |
| 2995: Mot_ex_Anerk_Vorstand,Mot_ex_Ehrenamt_Gemeinwohl,Mot_ex_Geld_Kondi,Mot_ex_Repu_KIErfolgr | 0,01 | 0,82 |
| 3357: Mot_ex_BZ_Infoquelle,Mot_ex_Ehrenamt_Gemeinwohl,Mot_ex_Gruppe_AlsGruppe,Mot_ex_BZ_Vorherinfo | 0,02 | 1,48 |
| 3540: Mot_ex_BZ_Infoquelle,Mot_ex_Geld_Kondi,Mot_ex_Gruppe_ArbeitGut,Mot_ex_BZ_Wertvoll | 0,01 | 0,28 |
| 3759: Mot_ex_BZ_Infoquelle,Mot_ex_Geld_Unentg,Mot_ex_Repu_KIErfolgr,Mot_ex_Geld_Geld | 0,04 | 0,67 |
| 3861: Mot_ex_BZ_Infoquelle,Mot_ex_Nutzen_Berufl,Mot_ex_Repu_KIRuf,Mot_ex_Geld_Kondi | 0,01 | 0,17 |
| 3996: Mot_ex_BZ_Vorherinfo,Mot_ex_Ehrenamt_Gemeinwohl,Mot_ex_Nutzen_Kontakte,Mot_ex_BZ_Wertvoll | 0,03 | 0,33 |
| 4437: Mot_ex_BZ_Vorherinfo,Mot_ex_Nutzen_Kontakte,Mot_ex_Repu_KIRuf,Mot_ex_Gruppe_AlsGruppe | 0,01 | 1,60 |

Tab. 220: Ergebnisse der konfirmatorischen Tetrad-Analyse (extrinsische Motivation) – Teil III[2370]

---

2370 Quelle: Eigene Darstellung.

| Intrinsische Motivation | σ | t-Statistik |
|---|---|---|
| 1: Mot_in_Gestalt_Aktiv,Mot_in_Gestalt_Ideen,Mot_in_Gestalt_Mitbestim,Mot_in_Herausf_Angenehm | 0,00 | 0,74 |
| 2: Mot_in_Gestalt_Aktiv,Mot_in_Gestalt_Ideen,Mot_in_Herausf_Angenehm,Mot_in_Gestalt_Mitbestim | 0,01 | 0,89 |
| 4: Mot_in_Gestalt_Aktiv,Mot_in_Gestalt_Ideen,Mot_in_Gestalt_Mitbestim,Mot_in_Herausf_Anspruchsvoll | 0,00 | 0,31 |
| 6: Mot_in_Gestalt_Aktiv,Mot_in_Gestalt_Mitbestim,Mot_in_Herausf_Anspruchsvoll,Mot_in_Gestalt_Ideen | 0,01 | 1,59 |
| 10: Mot_in_Gestalt_Aktiv,Mot_in_Gestalt_Ideen,Mot_in_Gestalt_Mitbestim,Mot_in_Komp_Einbringen | 0,00 | 0,44 |
| 13: Mot_in_Gestalt_Aktiv,Mot_in_Gestalt_Ideen,Mot_in_Gestalt_Mitbestim,Mot_in_Komp_QualiNotw | 0,00 | 0,30 |
| 17: Mot_in_Gestalt_Aktiv,Mot_in_Gestalt_Ideen,Mot_in_Spass_Allg,Mot_in_Gestalt_Mitbestim | 0,01 | 0,46 |
| 20: Mot_in_Gestalt_Aktiv,Mot_in_Gestalt_Ideen,Mot_in_Spass_Vollzeit,Mot_in_Gestalt_Mitbestim | 0,01 | 0,65 |
| 24: Mot_in_Gestalt_Aktiv,Mot_in_Gestalt_Mitbestim,Mot_in_Spass_Vorfreude,Mot_in_Gestalt_Ideen | 0,01 | 2,05 |
| 27: Mot_in_Gestalt_Aktiv,Mot_in_Gestalt_Mitbestim,Mot_in_Verantw_KlEntw,Mot_in_Gestalt_Ideen | 0,01 | 2,20 |
| 31: Mot_in_Gestalt_Aktiv,Mot_in_Gestalt_Mitbestim,Mot_in_Wissen_Einblick | 0,01 | 1,78 |
| 36: Mot_in_Gestalt_Aktiv,Mot_in_Gestalt_Mitbestim,Mot_in_Wissen_Neues,Mot_in_Gestalt_Ideen | 0,01 | 0,90 |
| 37: Mot_in_Gestalt_Aktiv,Mot_in_Gestalt_Ideen,Mot_in_Gestalt_Mitbestim,Mot_in_Wissen_Schulung | 0,01 | 1,04 |
| 41: Mot_in_Gestalt_Aktiv,Mot_in_Gestalt_Ideen,Mot_in_Herausf_Anspruchsvoll,Mot_in_Herausf_Angenehm | 0,01 | 1,54 |
| 47: Mot_in_Gestalt_Aktiv,Mot_in_Gestalt_Ideen,Mot_in_Komp_Einbringen,Mot_in_Herausf_Angenehm | 0,01 | 2,17 |
| 50: Mot_in_Gestalt_Aktiv,Mot_in_Gestalt_Ideen,Mot_in_Komp_QualiNotw,Mot_in_Herausf_Angenehm | 0,01 | 1,77 |
| 52: Mot_in_Gestalt_Aktiv,Mot_in_Gestalt_Ideen,Mot_in_Herausf_Angenehm,Mot_in_Spass_Allg | 0,01 | 0,80 |
| 54: Mot_in_Gestalt_Aktiv,Mot_in_Gestalt_Ideen,Mot_in_Spass_Allg,Mot_in_Gestalt_Ideen | 0,00 | 0,07 |
| 66: Mot_in_Gestalt_Aktiv,Mot_in_Herausf_Angenehm,Mot_in_Verantw_Uebernahme,Mot_in_Gestalt_Ideen | 0,00 | 2,17 |
| 73: Mot_in_Gestalt_Aktiv,Mot_in_Gestalt_Ideen,Mot_in_Herausf_Angenehm,Mot_in_Wissen_Schulung | 0,01 | 2,36 |
| 76: Mot_in_Gestalt_Aktiv,Mot_in_Gestalt_Ideen,Mot_in_Herausf_Anspruchsvoll,Mot_in_Interesse_Branche | 0,01 | 1,41 |
| 79: Mot_in_Gestalt_Aktiv,Mot_in_Gestalt_Ideen,Mot_in_Komp_Einbringen,Mot_in_Komp_Einbringen | 0,01 | 2,31 |
| 86: Mot_in_Gestalt_Aktiv,Mot_in_Gestalt_Ideen,Mot_in_Spass_Allg,Mot_in_Herausf_Anspruchsvoll | 0,01 | 1,79 |
| 98: Mot_in_Gestalt_Aktiv,Mot_in_Gestalt_Ideen,Mot_in_Verantw_Uebernahme,Mot_in_Herausf_Anspruchsvoll | 0,01 | 0,92 |
| 108: Mot_in_Gestalt_Aktiv,Mot_in_Herausf_Anspruchsvoll,Mot_in_Wissen_Schulung,Mot_in_Gestalt_Ideen | 0,00 | 0,29 |
| 121: Mot_in_Gestalt_Aktiv,Mot_in_Gestalt_Ideen,Mot_in_Interesse_Branche,Mot_in_Spass_Vorfreude | 0,01 | 1,64 |
| 122: Mot_in_Gestalt_Aktiv,Mot_in_Gestalt_Ideen,Mot_in_Spass_Vorfreude,Mot_in_Interesse_Branche | 0,01 | 1,04 |
| 139: Mot_in_Gestalt_Aktiv,Mot_in_Gestalt_Ideen,Mot_in_Komp_Einbringen,Mot_in_Komp_QualiNotw | 0,01 | 1,37 |
| 143: Mot_in_Gestalt_Aktiv,Mot_in_Gestalt_Ideen,Mot_in_Spass_Allg,Mot_in_Komp_Einbringen | 0,01 | 1,21 |
| 152: Mot_in_Gestalt_Aktiv,Mot_in_Gestalt_Ideen,Mot_in_Verantw_KlEntw,Mot_in_Komp_Einbringen | 0,01 | 2,42 |
| 159: Mot_in_Gestalt_Aktiv,Mot_in_Gestalt_Ideen,Mot_in_Wissen_Einblick,Mot_in_Gestalt_Ideen | 0,01 | 1,05 |
| 161: Mot_in_Gestalt_Aktiv,Mot_in_Gestalt_Ideen,Mot_in_Wissen_Neues,Mot_in_Komp_Einbringen | 0,01 | 1,34 |
| 170: Mot_in_Gestalt_Aktiv,Mot_in_Gestalt_Ideen,Mot_in_Spass_Vollzeit,Mot_in_Komp_QualiNotw | 0,01 | 2,02 |
| 174: Mot_in_Gestalt_Aktiv,Mot_in_Gestalt_Ideen,Mot_in_Komp_QualiNotw,Mot_in_Spass_Vorfreude | 0,00 | 0,24 |
| 218: Mot_in_Gestalt_Aktiv,Mot_in_Gestalt_Ideen,Mot_in_Verantw_Uebernahme,Mot_in_Spass_Vollzeit | 0,01 | 0,92 |
| 220: Mot_in_Gestalt_Aktiv,Mot_in_Gestalt_Ideen,Mot_in_Spass_Vollzeit,Mot_in_Wissen_Einblick | 0,01 | 0,02 |
| 225: Mot_in_Gestalt_Aktiv,Mot_in_Gestalt_Ideen,Mot_in_Wissen_Neues,Mot_in_Gestalt_Ideen | 0,01 | 1,20 |
| 236: Mot_in_Gestalt_Aktiv,Mot_in_Gestalt_Ideen,Mot_in_Wissen_Einblick,Mot_in_Spass_Vorfreude | 0,01 | 1,38 |
| 256: Mot_in_Gestalt_Aktiv,Mot_in_Gestalt_Ideen,Mot_in_Verantw_Uebernahme,Mot_in_Wissen_Einblick | 0,01 | 1,39 |
| 265: Mot_in_Gestalt_Aktiv,Mot_in_Gestalt_Ideen,Mot_in_Wissen_Einblick,Mot_in_Wissen_Neues | 0,01 | 0,59 |

Tab. 221: Ergebnisse der konfirmatorischen Tetrad-Analyse (intrinsische Motivation) – Teil I[2371]

2371  Quelle: Eigene Darstellung.

| Intrinsische Motivation | σ | t-Statistik |
|---|---|---|
| 266: Mot_in_Gestalt_Aktiv,Mot_in_Gestalt_Ideen,Mot_in_Wissen_Neues,Mot_in_Wissen_Einblick | 0,01 | 0,37 |
| 361: Mot_in_Gestalt_Aktiv,Mot_in_Gestalt_Mitbestim,Mot_in_Interesse_Branche,Mot_in_Verantw_Uebernahme | 0,00 | 0,87 |
| 372: Mot_in_Gestalt_Aktiv,Mot_in_Interesse_Branche,Mot_in_Wissen_Schulung,Mot_in_Gestalt_Mitbestim | 0,01 | 0,37 |
| 397: Mot_in_Gestalt_Aktiv,Mot_in_Gestalt_Mitbestim,Mot_in_Komp_Einbringen,Mot_in_Wissen_Schulung | 0,01 | 2,70 |
| 424: Mot_in_Gestalt_Aktiv,Mot_in_Gestalt_Mitbestim,Mot_in_Spass_Allg,Mot_in_Spass_Vollzeit | 0,01 | 0,71 |
| 446: Mot_in_Gestalt_Aktiv,Mot_in_Gestalt_Mitbestim,Mot_in_Spass_Vorfreude,Mot_in_Spass_Vollzeit | 0,01 | 1,34 |
| 453: Mot_in_Gestalt_Aktiv,Mot_in_Spass_Vollzeit,Mot_in_Verantw_Uebernahme,Mot_in_Gestalt_Mitbestim | 0,01 | 0,07 |
| 461: Mot_in_Gestalt_Aktiv,Mot_in_Gestalt_Mitbestim,Mot_in_Wissen_Schulung,Mot_in_Spass_Vollzeit | 0,01 | 0,01 |
| 489: Mot_in_Gestalt_Aktiv,Mot_in_Verantw_KIEntw,Mot_in_Wissen_Schulung,Mot_in_Gestalt_Mitbestim | 0,01 | 0,38 |
| 549: Mot_in_Gestalt_Aktiv,Mot_in_Interesse_Branche,Mot_in_Spass_Allg,Mot_in_Herausf_Angenehm | 0,00 | 0,82 |
| 577: Mot_in_Gestalt_Aktiv,Mot_in_Herausf_Angenehm,Mot_in_Komp_Einbringen,Mot_in_Spass_Vollzeit | 0,01 | 0,34 |
| 588: Mot_in_Gestalt_Aktiv,Mot_in_Komp_Einbringen,Mot_in_Verantw_Uebernahme,Mot_in_Herausf_Angenehm | 0,01 | 3,03 |
| 619: Mot_in_Gestalt_Aktiv,Mot_in_Herausf_Angenehm,Mot_in_Komp_QualiNotw,Mot_in_Wissen_Schulung | 0,01 | 1,83 |
| 645: Mot_in_Gestalt_Aktiv,Mot_in_Spass_Vollzeit,Mot_in_Spass_Vorfreude,Mot_in_Herausf_Angenehm | 0,00 | 0,34 |
| 647: Mot_in_Gestalt_Aktiv,Mot_in_Herausf_Angenehm,Mot_in_Verantw_KIEntw,Mot_in_Spass_Vollzeit | 0,01 | 1,29 |
| 654: Mot_in_Gestalt_Aktiv,Mot_in_Spass_Vollzeit,Mot_in_Wissen_Einblick,Mot_in_Herausf_Angenehm | 0,01 | 0,22 |
| 661: Mot_in_Gestalt_Aktiv,Mot_in_Herausf_Angenehm,Mot_in_Spass_Vorfreude,Mot_in_Verantw_KIEntw | 0,00 | 1,54 |
| 664: Mot_in_Gestalt_Aktiv,Mot_in_Herausf_Angenehm,Mot_in_Spass_Vorfreude,Mot_in_Verantw_Uebernahme | 0,00 | 0,93 |
| 684: Mot_in_Gestalt_Aktiv,Mot_in_Verantw_KIEntw,Mot_in_Spass_Neues,Mot_in_Herausf_Angenehm | 0,01 | 2,29 |
| 687: Mot_in_Gestalt_Aktiv,Mot_in_Verantw_KIEntw,Mot_in_Wissen_Schulung,Mot_in_Herausf_Angenehm | 0,01 | 2,80 |
| 706: Mot_in_Gestalt_Aktiv,Mot_in_Herausf_Anspruchsvoll,Mot_in_Interesse_Branche,Mot_in_Komp_Einbringen | 0,01 | 2,09 |
| 756: Mot_in_Gestalt_Aktiv,Mot_in_Komp_Einbringen,Mot_in_Wissen_Einblick,Mot_in_Herausf_Anspruchsvoll | 0,01 | 2,08 |
| 766: Mot_in_Gestalt_Aktiv,Mot_in_Herausf_Anspruchsvoll,Mot_in_Komp_QualiNotw,Mot_in_Spass_Vollzeit | 0,01 | 1,27 |
| 812: Mot_in_Gestalt_Aktiv,Mot_in_Herausf_Anspruchsvoll,Mot_in_Verantw_KIEntw,Mot_in_Spass_Vollzeit | 0,01 | 0,54 |
| 900: Mot_in_Gestalt_Aktiv,Mot_in_Komp_QualiNotw,Mot_in_Spass_Allg,Mot_in_Interesse_Branche | 0,01 | 0,72 |
| 911: Mot_in_Gestalt_Aktiv,Mot_in_Interesse_Branche,Mot_in_Verantw_Uebernahme,Mot_in_Komp_QualiNotw | 0,01 | 2,12 |
| 971: Mot_in_Gestalt_Aktiv,Mot_in_Interesse_Branche,Mot_in_Wissen_Neues,Mot_in_Spass_Vorfreude | 0,01 | 1,30 |
| 984: Mot_in_Gestalt_Aktiv,Mot_in_Verantw_KIEntw,Mot_in_Wissen_Neues,Mot_in_Interesse_Branche | 0,01 | 0,55 |
| 986: Mot_in_Gestalt_Aktiv,Mot_in_Interesse_Branche,Mot_in_Wissen_Schulung,Mot_in_Verantw_KIEntw | 0,00 | 0,37 |
| 1073: Mot_in_Gestalt_Aktiv,Mot_in_Komp_Einbringen,Mot_in_Verantw_Uebernahme,Mot_in_Spass_Vorfreude | 0,01 | 2,15 |
| 1115: Mot_in_Gestalt_Aktiv,Mot_in_Komp_QualiNotw,Mot_in_Spass_Vollzeit,Mot_in_Spass_Allg | 0,01 | 0,72 |
| 1157: Mot_in_Gestalt_Aktiv,Mot_in_Komp_QualiNotw,Mot_in_Verantw_Uebernahme,Mot_in_Spass_Vorfreude | 0,01 | 0,72 |
| 1217: Mot_in_Gestalt_Aktiv,Mot_in_Spass_Allg,Mot_in_Verantw_KIEntw,Mot_in_Spass_Vorfreude | 0,01 | 2,32 |
| 1295: Mot_in_Gestalt_Aktiv,Mot_in_Spass_Vollzeit,Mot_in_Wissen_Schulung,Mot_in_Verantw_Uebernahme | 0,01 | 0,14 |
| 1345: Mot_in_Gestalt_Aktiv,Mot_in_Verantw_KIEntw,Mot_in_Wissen_Einblick,Mot_in_Wissen_Neues | 0,01 | 1,95 |
| 1480: Mot_in_Gestalt_Ideen,Mot_in_Gestalt_Mitbestim,Mot_in_Komp_Einbringen,Mot_in_Verantw_Uebernahme | 0,01 | 1,26 |
| 1559: Mot_in_Gestalt_Ideen,Mot_in_Gestalt_Mitbestim,Mot_in_Verantw_Uebernahme,Mot_in_Spass_Vorfreude | 0,01 | 1,95 |
| 1585: Mot_in_Gestalt_Ideen,Mot_in_Gestalt_Mitbestim,Mot_in_Verantw_Uebernahme,Mot_in_Wissen_Neues | 0,01 | 1,18 |
| 1724: Mot_in_Gestalt_Ideen,Mot_in_Herausf_Angenehm,Mot_in_Verantw_Uebernahme,Mot_in_Spass_Allg | 0,00 | 0,81 |
| 1804: Mot_in_Gestalt_Ideen,Mot_in_Herausf_Anspruchsvoll,Mot_in_Interesse_Branche,Mot_in_Spass_Allg | 0,01 | 1,04 |

Tab. 222: Ergebnisse der konfirmatorischen Tetrad-Analyse (intrinsische Motivation) – Teil II[2372]

---

[2372] Quelle: Eigene Darstellung.

| Intrinsische Motivation | σ | t-Statistik |
|---|---|---|
| 1871: Mot_in_Gestalt_Ideen,Mot_in_Herausf_Anspruchsvoll,Mot_in_Wissen_Einblick,Mot_in_Komp_QualiNotw | 0,01 | 1,45 |
| 1877: Mot_in_Gestalt_Ideen,Mot_in_Herausf_Anspruchsvoll,Mot_in_Wissen_Schulung,Mot_in_Komp_QualiNotw | 0,00 | 1,53 |
| 1989: Mot_in_Gestalt_Ideen,Mot_in_Komp_Einbringen,Mot_in_Wissen_Schulung,Mot_in_Interesse_Branche | 0,01 | 0,92 |
| 2046: Mot_in_Gestalt_Ideen,Mot_in_Spass_Vollzeit,Mot_in_Wissen_Einblick,Mot_in_Interesse_Branche | 0,01 | 2,34 |
| 2180: Mot_in_Gestalt_Ideen,Mot_in_Komp_Einbringen,Mot_in_Wissen_Einblick,Mot_in_Verantw_KlEntw | 0,01 | 0,49 |
| 2203: Mot_in_Gestalt_Ideen,Mot_in_Komp_Einbringen,Mot_in_Wissen_Neues,Mot_in_Wissen_Schulung | 0,01 | 3,15 |
| 2218: Mot_in_Gestalt_Ideen,Mot_in_Komp_QualiNotw,Mot_in_Spass_Allg,Mot_in_Wissen_Einblick | 0,01 | 0,40 |
| 2245: Mot_in_Gestalt_Ideen,Mot_in_Komp_QualiNotw,Mot_in_Spass_Vorfreude,Mot_in_Verantw_KlEntw | 0,00 | 0,23 |
| 2325: Mot_in_Gestalt_Ideen,Mot_in_Verantw_KlEntw,Mot_in_Verantw_Uebernahme,Mot_in_Spass_Allg | 0,01 | 0,37 |
| 2338: Mot_in_Gestalt_Ideen,Mot_in_Spass_Allg,Mot_in_Verantw_Uebernahme,Mot_in_Wissen_Neues | 0,00 | 1,37 |
| 2368: Mot_in_Gestalt_Ideen,Mot_in_Spass_Vollzeit,Mot_in_Verantw_KlEntw,Mot_in_Verantw_Uebernahme | 0,01 | 1,43 |
| 2450: Mot_in_Gestalt_Ideen,Mot_in_Verantw_Uebernahme,Mot_in_Wissen_Schulung,Mot_in_Wissen_Einblick | 0,00 | 0,16 |
| 2539: Mot_in_Gestalt_Mitbestim,Mot_in_Herausf_Angenehm,Mot_in_Komp_Einbringen,Mot_in_Wissen_Einblick | 0,00 | 0,53 |
| 2709: Mot_in_Gestalt_Mitbestim,Mot_in_Komp_Einbringen,Mot_in_Wissen_Neues,Mot_in_Herausf_Anspruchsvoll | 0,01 | 1,62 |
| 2770: Mot_in_Gestalt_Mitbestim,Mot_in_Herausf_Anspruchsvoll,Mot_in_Spass_Vollzeit,Mot_in_Wissen_Neues | 0,00 | 0,17 |
| 2802: Mot_in_Gestalt_Mitbestim,Mot_in_Verantw_KlEntw,Mot_in_Wissen_Schulung,Mot_in_Herausf_Anspruchsvoll | 0,01 | 2,23 |
| 2809: Mot_in_Gestalt_Mitbestim,Mot_in_Herausf_Anspruchsvoll,Mot_in_Verantw_Uebernahme,Mot_in_Wissen_Schulung | 0,01 | 1,99 |
| 2995: Mot_in_Gestalt_Mitbestim,Mot_in_Komp_Einbringen,Mot_in_Spass_Allg,Mot_in_Wissen_Neues | 0,01 | 0,72 |
| 3357: Mot_in_Herausf_Angenehm,Mot_in_Komp_Einbringen,Mot_in_Spass_Vorfreude,Mot_in_Herausf_Anspruchsvoll | 0,00 | 0,36 |
| 3540: Mot_in_Herausf_Angenehm,Mot_in_Spass_Allg,Mot_in_Verantw_KlEntw,Mot_in_Interesse_Branche | 0,00 | 0,05 |
| 3759: Mot_in_Herausf_Angenehm,Mot_in_Spass_Vollzeit,Mot_in_Wissen_Neues,Mot_in_Komp_QualiNotw | 0,01 | 2,45 |
| 3861: Mot_in_Herausf_Angenehm,Mot_in_Verantw_Uebernahme,Mot_in_Wissen_Schulung,Mot_in_Spass_Allg | 0,01 | 1,72 |
| 3996: Mot_in_Herausf_Anspruchsvoll,Mot_in_Komp_Einbringen,Mot_in_Wissen_Einblick,Mot_in_Interesse_Branche | 0,01 | 1,91 |
| 4437: Mot_in_Herausf_Anspruchsvoll,Mot_in_Wissen_Einblick,Mot_in_Wissen_Schulung,Mot_in_Spass_Vorfreude | 0,01 | 0,99 |

Tab. 223: Ergebnisse der konfirmatorischen Tetrad-Analyse (intrinsische Motivation) – Teil III[2373]

---

[2373] Quelle: Eigene Darstellung.

| Aufgabenwahrnehmung | σ | t-Statistik |
|---|---|---|
| **AW_Rolle_Strateg** | | |
| 1: AW_Rolle_Strateg_DiskVorstand,AW_Rolle_Strateg_Einbind,AW_Rolle_Strateg_Erwickl,AW_Rolle_Strateg_Fruehwarn | 0,01 | 0,15 |
| 2: AW_Rolle_Strateg_DiskVorstand,AW_Rolle_Strateg_Einbind,AW_Rolle_Strateg_Fruehwarn,AW_Rolle_Strateg_Erwickl | 0,01 | 0,52 |
| **AW_Rolle_Kontr** | | |
| 1: AW_Rolle_Kontr_Abschlusspr,AW_Rolle_Kontr_Aufsichtsr,AW_Rolle_Kontr_RM,AW_Rolle_Kontr_SpassJA | 0,01 | 1,88 |
| 2: AW_Rolle_Kontr_Abschlusspr,AW_Rolle_Kontr_Aufsichtsr,AW_Rolle_Kontr_SpassJA,AW_Rolle_Kontr_RM | 0,01 | 1,75 |

Tab. 224: Ergebnisse der konfirmatorischen Tetrad-Analyse (Aufgabenwahrneh-mung)[2374]

---

[2374] Quelle: Eigene Darstellung.

# Anhang 8:    Ergebnisse der Multikollinearitätsprüfung

| Indikator | Nr. | VIF | Indikator | Nr. | VIF |
|---|---|---|---|---|---|
| **Extrinsische Motivation** | | | **Zufriedenheit** | | |
| Mot_ex_Anerk_InsgVorstand | 1 | 1,12 | Satis_Eig_Eigen_Allg | 34 | 2,19 |
| Mot_ex_Anerk_Kollegen | 2 | 1,97 | Satis_Eig_Eigen_Beruecksichtigt | 35 | 2,75 |
| Mot_ex_Anerk_Vorstand | 3 | 1,94 | Satis_Eig_Eigen_Interessant | 36 | 2,50 |
| Mot_ex_BZ_Infoquelle | 4 | 1,41 | Satis_Eig_Eigen_Stressig | 37 | 1,80 |
| Mot_ex_BZ_VorherInfo | 5 | 1,17 | Satis_Eig_Erwart_AufwErtr | 38 | 2,14 |
| Mot_ex_BZ_Wertvoll | 6 | 1,51 | Satis_Eig_Erwart_Erfuellt | 39 | 2,02 |
| Mot_ex_Ehrenamt_Gemeinwohl | 7 | 1,35 | Satis_Eig_Erwart_MandatErneut | 40 | 2,01 |
| Mot_ex_Geld_Geld | 9 | 1,53 | Satis_Eig_Gehalt_Einsatzbereiter | 41 | 1,83 |
| Mot_ex_Geld_Kondi | 10 | 1,21 | Satis_Eig_Loyal_Sinnvoll | 42 | 2,06 |
| Mot_ex_Geld_Unentg | 11 | 1,36 | Satis_Eig_Loyal_Verbunden | 43 | 2,07 |
| Mot_ex_Gruppe_AlsGruppe | 12 | 1,33 | Satis_Eig_Loyal_WichtigBeitrag | 44 | 2,14 |
| Mot_ex_Gruppe_ArbeitGut | 13 | 1,33 | Satis_Eig_Wissen_AngemVorb | 45 | 1,99 |
| Mot_ex_Nutzen_Berufl | 14 | 1,70 | Satis_Eig_Wissen_GesetzlAend | 46 | 1,92 |
| Mot_ex_Nutzen_Kontakte | 15 | 1,63 | Satis_Eig_Wissen_Herausf | 47 | 2,23 |
| Mot_ex_Repu_KIErfolgr | 16 | 1,40 | Satis_Eig_Zeit_KostetMehr | 48 | 2,20 |
| Mot_ex_Repu_KIRuf | 17 | 1,47 | Satis_Eig_Zeit_Planbar | 49 | 2,44 |
| | | | Satis_Gremium_Diskuss_Altern | 50 | 1,93 |
| **Intrinsische Motivation** | | | Satis_Gremium_Diskuss_Ergebnisoffen | 51 | 1,57 |
| Mot_in_Gestalt_Aktiv | 18 | 2,08 | Satis_Gremium_Diskuss_Kritik | 52 | 3,47 |
| Mot_in_Gestalt_Ideen | 19 | 1,75 | Satis_Gremium_Diskuss_Unabhaeng | 53 | 1,92 |
| Mot_in_Gestalt_Mitbestim | 20 | 1,61 | Satis_Gremium_Diskuss_Ungebunden | 54 | 1,57 |
| Mot_in_Herausf_Angenehm | 21 | 1,89 | Satis_Gremium_Diskuss_Zielfuehrend | 55 | 3,66 |
| Mot_in_Herausf_Anspruchsvoll | 22 | 1,40 | Satis_Gremium_Info1_AusrZeit | 56 | 3,50 |
| Mot_in_Interesse_Branche | 23 | 1,34 | Satis_Gremium_Info1_Textform | 57 | 2,90 |
| Mot_in_Komp_Einbringen | 24 | 1,69 | Satis_Gremium_Info1_Verstaend | 58 | 2,84 |
| Mot_in_Komp_QualiNotw | 25 | 1,29 | Satis_Gremium_Info2_Einblick | 59 | 2,78 |
| Mot_in_Spass_Allg | 26 | 1,30 | Satis_Gremium_Info2_InAR | 61 | 2,86 |
| Mot_in_Spass_Vollzeit | 27 | 1,13 | Satis_Gremium_Info2_MehrInfos | 62 | 1,86 |
| Mot_in_Spass_Vorfreude | 28 | 1,28 | Satis_Gremium_Info2_Risiko | 63 | 3,39 |
| Mot_in_Verantw_KIEntw | 29 | 1,95 | Satis_Gremium_Kolleg_Abwesend | 64 | 1,64 |
| Mot_in_Verantw_Uebernahme | 30 | 1,89 | Satis_Gremium_Kolleg_AusrZeit | 65 | 1,82 |
| Mot_in_Wissen_Einblick | 31 | 1,48 | Satis_Gremium_Kolleg_Gedankentausch | 66 | 2,63 |
| Mot_in_Wissen_Neues | 32 | 1,77 | Satis_Gremium_Kolleg_KompGenutzt | 67 | 2,43 |
| Mot_in_Wissen_Schulung | 33 | 1,68 | Satis_Gremium_Kolleg_Vorbereit | 68 | 2,61 |
| | | | Satis_Gremium_Kolleg_Zufried | 69 | 3,30 |
| **Strategischer Berater** | | | Satis_Gremium_Orga_Ablauf | 70 | 2,83 |
| AW_Rolle_Strateg_DiskVorstand | 89 | 1,09 | Satis_Gremium_Orga_AnzSitz | 71 | 2,06 |
| AW_Rolle_Strateg_Einbind | 90 | 1,30 | Satis_Gremium_Orga_Aufg_AngemKontrol | 72 | 2,93 |
| AW_Rolle_Strateg_Enwickl | 91 | 1,39 | Satis_Gremium_Orga_Aufg_KIErfolg | 73 | 1,58 |
| AW_Rolle_Strateg_Fruehwarn | 92 | 1,42 | Satis_Gremium_Orga_Aufg_Risikokomp | 74 | 2,32 |
| | | | Satis_Gremium_Orga_Aufg_ZustimGesch | 75 | 2,43 |
| **Mitgliedervertreter** | | | Satis_Gremium_Orga_GremArbeit | 76 | 3,48 |
| AW_Rolle_MG_Interesse | 95 | 1,68 | Satis_Gremium_Orga_ObjKrit | 78 | 2,27 |
| AW_Rolle_MG_Verpfl | 96 | 1,68 | Satis_Gremium_Orga_Vorstand_Unabhaen | 79 | 2,30 |
| | | | Satis_Gremium_Vorstand_Info | 80 | 2,93 |
| **Kontrolleur** | | | Satis_Gremium_Vorstand_Kompetent | 81 | 2,77 |
| AW_Rolle_Kontr_Abschlusspr | 97 | 1,35 | Satis_Gremium_Vorstand_Rechtzeitig | 82 | 3,23 |
| AW_Rolle_Kontr_Aufsichtsr | 98 | 1,33 | Satis_Gremium_Zusamm_Abschlusspr | 83 | 2,61 |
| AW_Rolle_Kontr_RM | 101 | 1,39 | Satis_Gremium_Zusamm_Gremium | 84 | 2,28 |
| AW_Rolle_Kontr_SpassJA | 102 | 1,10 | Satis_Gremium_Zusamm_IntRev | 85 | 2,41 |
| | | | Satis_Gremium_Zusamm_Vorstand | 86 | 2,23 |
| **Gesetzl. Notwendigkeit ohne Einfluss** | | | | | |
| AW_Rolle_Gesetz_KeinEinfluss | 103 | 1,00 | | | |
| | | | | | |
| **Entscheider über Vorstandspersonalien** | | | | | |
| AW_Rolle_Entsch_PersoKomp | 104 | 1,00 | | | |

Tab. 225: Ergebnisse der Multikollinearitätsprüfung[2375]

---

[2375] Quelle: Eigene Darstellung.

# Anhang 9: Ergebnisse der Verteilungsanalyse

| Indikator | Nr. | Schiefe | Kurtosis |
|---|---|---|---|
| **Extrinsische Motivation** | | | |
| Mot_ex_Anerk_InsgVorstand | 1 | -2,79 | 9,14 |
| Mot_ex_Anerk_Kollegen | 2 | -0,94 | 0,82 |
| Mot_ex_Anerk_Vorstand | 3 | -1,17 | 0,20 |
| Mot_ex_BZ_Infoquelle | 4 | -0,68 | 0,20 |
| Mot_ex_BZ_VorherInfo | 5 | -0,38 | -1,07 |
| Mot_ex_BZ_Wertvoll | 6 | -0,15 | 0,26 |
| Mot_ex_Ehrenamt_Gemeinwohl | 7 | -0,81 | 1,10 |
| Mot_ex_Geld_Geld | 9 | 0,02 | -0,64 |
| Mot_ex_Geld_Kondi | 10 | 1,37 | 1,85 |
| Mot_ex_Geld_Unentg | 11 | -0,27 | -0,55 |
| Mot_ex_Gruppe_AlsGruppe | 12 | -0,65 | -0,38 |
| Mot_ex_Gruppe_ArbeitGut | 13 | -1,14 | -0,71 |
| Mot_ex_Nutzen_Berufl | 14 | 0,06 | -0,51 |
| Mot_ex_Nutzen_Kontakte | 15 | 0,57 | -0,35 |
| Mot_ex_Repu_KIErfolgr | 16 | -1,07 | 1,48 |
| Mot_ex_Repu_KIRuf | 17 | -1,00 | 0,87 |
| | | | |
| **Intrinsische Motivation** | | | |
| Mot_in_Gestalt_Aktiv | 18 | -0,15 | -1,01 |
| Mot_in_Gestalt_Ideen | 19 | -0,42 | 0,13 |
| Mot_in_Gestalt_Mitbestim | 20 | -0,20 | -0,16 |
| Mot_in_Herausf_Angenehm | 21 | -0,10 | -0,66 |
| Mot_in_Herausf_Anspruchsvoll | 22 | -0,48 | -0,64 |
| Mot_in_Interesse_Branche | 23 | -0,42 | 0,01 |
| Mot_in_Komp_Einbringen | 24 | -0,80 | 1,94 |
| Mot_in_Komp_QualiNotw | 25 | -1,13 | 2,83 |
| Mot_in_Spass_Allg | 26 | -0,35 | -0,02 |
| Mot_in_Spass_Vollzeit | 27 | 0,04 | -0,71 |
| Mot_in_Spass_Vorfreude | 28 | -1,25 | 4,16 |
| Mot_in_Verantw_KIEntw | 29 | -0,40 | 0,29 |
| Mot_in_Verantw_Uebernahme | 30 | 0,14 | -0,85 |
| Mot_in_Wissen_Einblick | 31 | -1,06 | 3,64 |
| Mot_in_Wissen_Neues | 32 | -0,95 | 1,24 |
| Mot_in_Wissen_Schulung | 33 | -0,99 | 1,40 |
| | | | |
| **Strategischer Berater** | | | |
| AW_Rolle_Strateg_DiskVorstand | 89 | -0,34 | -0,75 |
| AW_Rolle_Strateg_Einbind | 90 | -0,54 | 1,93 |
| AW_Rolle_Strateg_Enwickl | 91 | -0,59 | -0,08 |
| AW_Rolle_Strateg_Fruehwarn | 92 | -0,48 | 0,20 |
| | | | |
| **Mitgliedervertreter** | | | |
| AW_Rolle_MG_Interesse | 95 | -0,67 | 0,85 |
| AW_Rolle_MG_Verpfl | 96 | -1,18 | 4,18 |
| | | | |
| **Kontrolleur** | | | |
| AW_Rolle_Kontr_Abschlusspr | 97 | -0,28 | -0,18 |
| AW_Rolle_Kontr_Aufsichtsr | 98 | -0,81 | 0,86 |
| AW_Rolle_Kontr_RM | 101 | -0,59 | 0,90 |
| AW_Rolle_Kontr_SpassJA | 102 | -0,59 | 0,69 |
| | | | |
| **Gesetzl. Notwendigkeit ohne Einfluss** | | | |
| AW_Rolle_Gesetz_KeinEinfluss | 103 | 0,79 | 0,24 |
| | | | |
| **Entscheider über Vorstandspersonalien** | | | |
| AW_Rolle_Entsch_PersoKomp | 104 | -2,00 | 6,79 |

Tab. 226: Ergebnisse der Verteilungsanalyse (Motivation und Aufgabenwahrneh-mung)[2376]

---

[2376] Quelle: Eigene Darstellung.

| Indikator | Nr. | Schiefe | Kurtosis |
|---|---|---|---|
| **Zufriedenheit** | | | |
| Satis_Eig_Eigen_Allg | 34 | 0,20 | -1,63 |
| Satis_Eig_Eigen_Beruecksichtigt | 35 | -0,17 | 0,54 |
| Satis_Eig_Eigen_Interessant | 36 | -0,53 | 0,46 |
| Satis_Eig_Eigen_Stressig | 37 | 0,13 | -0,26 |
| Satis_Eig_Erwart_AufwErtr | 38 | -1,02 | 0,95 |
| Satis_Eig_Erwart_Erfuellt | 39 | 0,27 | -0,15 |
| Satis_Eig_Erwart_MandatErneut | 40 | -1,01 | -0,34 |
| Satis_Eig_Gehalt_Einsatzbereiter | 41 | -0,95 | 0,98 |
| Satis_Eig_Loyal_Sinnvoll | 42 | 0,12 | -0,35 |
| Satis_Eig_Loyal_Verbunden | 43 | -0,66 | -1,58 |
| Satis_Eig_Loyal_WichtigBeitrag | 44 | 0,00 | -0,47 |
| Satis_Eig_Wissen_AngemVorb | 45 | -0,76 | 1,18 |
| Satis_Eig_Wissen_GesetzlAend | 46 | -0,44 | 0,63 |
| Satis_Eig_Wissen_Herausf | 47 | 0,38 | -0,46 |
| Satis_Eig_Zeit_KostetMehr | 48 | 0,08 | -0,87 |
| Satis_Eig_Zeit_Planbar | 49 | -0,18 | 0,68 |
| Satis_Gremium_Diskuss_Altern | 50 | -0,43 | -0,04 |
| Satis_Gremium_Diskuss_Ergebnisoffen | 51 | -0,98 | 0,95 |
| Satis_Gremium_Diskuss_Kritik | 52 | -0,40 | 0,37 |
| Satis_Gremium_Diskuss_Unabhaeng | 53 | -2,04 | 5,86 |
| Satis_Gremium_Diskuss_Ungebunden | 54 | -2,22 | 7,26 |
| Satis_Gremium_Diskuss_Zielfuehrend | 55 | -1,10 | 5,36 |
| Satis_Gremium_Info1_AusrZeit | 56 | -0,96 | 0,91 |
| Satis_Gremium_Info1_Textform | 57 | -1,46 | 3,00 |
| Satis_Gremium_Info1_Verstaend | 58 | -0,78 | 1,03 |
| Satis_Gremium_Info2_Einblick | 59 | -0,23 | -1,25 |
| Satis_Gremium_Info2_InAR | 61 | -0,48 | 0,23 |
| Satis_Gremium_Info2_MehrInfos | 62 | -0,45 | 0,20 |
| Satis_Gremium_Info2_Risiko | 63 | -1,11 | -0,10 |
| Satis_Gremium_Kolleg_Abwesend | 64 | -0,85 | 0,58 |
| Satis_Gremium_Kolleg_AusrZeit | 65 | -1,43 | 7,51 |
| Satis_Gremium_Kolleg_Gedankentausch | 66 | -0,15 | -1,00 |
| Satis_Gremium_Kolleg_KompGenutzt | 67 | 0,28 | 0,84 |
| Satis_Gremium_Kolleg_Vorbereit | 68 | -0,16 | 0,87 |
| Satis_Gremium_Kolleg_Zufried | 69 | -0,46 | -1,26 |
| Satis_Gremium_Orga_Ablauf | 70 | 0,07 | -0,90 |
| Satis_Gremium_Orga_AnzSitz | 71 | 0,08 | -0,89 |
| Satis_Gremium_Orga_Aufg_AngemKontrol | 72 | -0,13 | -2,01 |
| Satis_Gremium_Orga_Aufg_KlErfolg | 73 | -0,09 | -0,41 |
| Satis_Gremium_Orga_Aufg_Risikokomp | 74 | -0,33 | 0,97 |
| Satis_Gremium_Orga_Aufg_ZustimGesch | 75 | -0,02 | 1,01 |
| Satis_Gremium_Orga_GremArbeit | 76 | -0,16 | -1,45 |
| Satis_Gremium_Orga_ObjKrit | 78 | -0,85 | 2,20 |
| Satis_Gremium_Orga_Vorstand_Unabhaen | 79 | -0,85 | -0,53 |
| Satis_Gremium_Vorstand_Info | 80 | -0,99 | -0,14 |
| Satis_Gremium_Vorstand_Kompetent | 81 | -1,55 | 2,90 |
| Satis_Gremium_Vorstand_Rechtzeitig | 82 | -1,13 | 0,72 |
| Satis_Gremium_Zusamm_Abschlusspr | 83 | -0,68 | 0,84 |
| Satis_Gremium_Zusamm_Gremium | 84 | -1,73 | 3,61 |
| Satis_Gremium_Zusamm_IntRev | 85 | -0,17 | -0,90 |
| Satis_Gremium_Zusamm_Vorstand | 86 | -1,00 | -0,36 |

Tab. 227: Ergebnisse der Verteilungsanalyse (Zufriedenheit)[2377]

---

[2377] Quelle: Eigene Darstellung.

# Anhang 10: Ergebnisse des modifizierten Strukturmodells

| Indikator | Nr. | Gewicht | t-Statistik | Ladung | t-Statistik | VIF |
|---|---|---|---|---|---|---|
| **Extrinsische Motivation** | | | | | | |
| Mot_ex_Anerk_InsgVorstand | 1 | -0,13 | 0,96 | 0,09 | 0,56 | 1,12 |
| Mot_ex_Anerk_Kollegen | 2 | 0,31 | 1,92 * | 0,70 | 6,57 *** | 1,97 |
| Mot_ex_Anerk_Vorstand | 3 | 0,36 | 2,19 ** | 0,67 | 5,56 *** | 1,94 |
| Mot_ex_BZ_Infoquelle | 4 | 0,24 | 1,64 | 0,38 | 2,91 *** | 1,41 |
| Mot_ex_BZ_VorherInfo | 5 | -0,12 | 0,94 | 0,01 | 0,06 | 1,17 |
| Mot_ex_BZ_Wertvoll | 6 | 0,03 | 0,19 | 0,26 | 2,01 ** | 1,51 |
| Mot_ex_Ehrenamt_Gemeinwohl | 7 | 0,38 | 2,92 *** | 0,59 | 4,71 *** | 1,35 |
| Mot_ex_Geld_Geld | 9 | -0,15 | 0,92 | -0,12 | 0,79 | 1,53 |
| Mot_ex_Geld_Kondi | 10 | -0,01 | 0,05 | 0,07 | 0,47 | 1,21 |
| Mot_ex_Geld_Unentg | 11 | 0,10 | 0,62 | 0,21 | 1,22 | 1,36 |
| Mot_ex_Gruppe_AlsGruppe | 12 | 0,09 | 0,74 | 0,33 | 2,56 ** | 1,33 |
| Mot_ex_Gruppe_ArbeitGut | 13 | 0,18 | 1,52 | 0,52 | 4,70 *** | 1,33 |
| Mot_ex_Nutzen_Berufl | 14 | -0,25 | 1,43 | -0,01 | 0,06 | 1,70 |
| Mot_ex_Nutzen_Kontakte | 15 | 0,02 | 0,17 | 0,07 | 0,54 | 1,63 |
| Mot_ex_Repu_KIErfolg | 16 | -0,01 | 0,05 | 0,22 | 1,53 | 1,40 |
| Mot_ex_Repu_KIRuf | 17 | 0,13 | 0,97 | 0,55 | 4,76 *** | 1,47 |
| Evaluationskriterien | \*\*\* t > 2,57 (1 % Signifikanzniveau) \*\* t > 1,96 (5 % Signifikanzniveau) \* t > 1,65 (10 % Signifikanzniveau) | | | | | VIF < 5 |

Tab. 228: Evaluation des Messmodells zur extrinsischen Motivation (modifiziertes Strukturmodell)[2378]

| Indikator | Nr. | Gewicht | t-Statistik | Ladung | t-Statistik | VIF |
|---|---|---|---|---|---|---|
| **Intrinsische Motivation** | | | | | | |
| Mot_in_Gestalt_Aktiv | 18 | -0,02 | 0,18 | 0,58 | 6,16 *** | 2,08 |
| Mot_in_Gestalt_Ideen | 19 | 0,11 | 0,93 | 0,53 | 5,85 *** | 1,75 |
| Mot_in_Gestalt_Mitbestim | 20 | 0,20 | 1,57 | 0,59 | 5,53 *** | 1,61 |
| Mot_in_Herausf_Angenehm | 21 | 0,01 | 0,11 | 0,64 | 6,98 *** | 1,89 |
| Mot_in_Herausf_Anspruchsvoll | 22 | 0,18 | 1,55 | 0,59 | 5,83 *** | 1,40 |
| Mot_in_Interesse_Branche | 23 | -0,04 | 0,31 | 0,22 | 1,82 * | 1,34 |
| Mot_in_Komp_Einbringen | 24 | -0,02 | 0,16 | 0,31 | 2,52 ** | 1,69 |
| Mot_in_Komp_QualiNotw | 25 | 0,05 | 0,47 | 0,28 | 2,61 *** | 1,29 |
| Mot_in_Spass_Allg | 26 | 0,15 | 1,45 | 0,50 | 4,76 *** | 1,30 |
| Mot_in_Spass_Vollzeit | 27 | -0,06 | 0,73 | 0,07 | 0,65 | 1,13 |
| Mot_in_Spass_Vorfreude | 28 | 0,21 | 1,87 * | 0,51 | 5,15 *** | 1,28 |
| Mot_in_Verantw_KIEntw | 29 | 0,11 | 0,94 | 0,59 | 5,76 *** | 1,95 |
| Mot_in_Verantw_Uebernahme | 30 | 0,38 | 3,48 *** | 0,74 | 9,94 *** | 1,89 |
| Mot_in_Wissen_Einblick | 31 | -0,01 | 0,11 | 0,47 | 5,69 *** | 1,48 |
| Mot_in_Wissen_Neues | 32 | 0,04 | 0,31 | 0,54 | 5,15 *** | 1,77 |
| Mot_in_Wissen_Schulung | 33 | 0,26 | 2,31 ** | 0,68 | 9,32 *** | 1,68 |
| Evaluationskriterien | \*\*\* t > 2,57 (1 % Signifikanzniveau) \*\* t > 1,96 (5 % Signifikanzniveau) \* t > 1,65 (10 % Signifikanzniveau) | | | | | VIF < 5 |

Tab. 229: Evaluation des Messmodells zur intrinsischen Motivation (modifiziertes Strukturmodell)[2379]

---

[2378] Quelle: Eigene Darstellung.
[2379] Quelle: Eigene Darstellung.

| Indikator | Nr. | Gewicht | t-Statistik | Ladung | t-Statistik | VIF |
|---|---|---|---|---|---|---|
| **Zufriedenheit** | | | | | | |
| Satis_Eig_Eigen_Allg | 34 | -0,01 | 0,10 | 0,49 | 5,10 *** | 2,19 |
| Satis_Eig_Eigen_Beruecksichtigt | 35 | 0,05 | 0,36 | 0,46 | 3,81 *** | 2,75 |
| Satis_Eig_Eigen_Interessant | 36 | 0,06 | 0,38 | 0,59 | 4,98 *** | 2,50 |
| Satis_Eig_Eigen_Stressig | 37 | 0,04 | 0,38 | 0,05 | 0,48 | 1,80 |
| Satis_Eig_Erwart_AufwErtr | 38 | 0,00 | 0,02 | 0,11 | 1,02 | 2,14 |
| Satis_Eig_Erwart_Erfuellt | 39 | 0,13 | 1,26 | 0,56 | 5,64 *** | 2,02 |
| Satis_Eig_Erwart_MandatErneut | 40 | 0,06 | 0,49 | 0,46 | 4,50 *** | 2,01 |
| Satis_Eig_Gehalt_Einsatzbereiter | 41 | 0,04 | 0,39 | 0,15 | 1,39 | 1,83 |
| Satis_Eig_Loyal_Sinnvoll | 42 | 0,24 | 2,09 ** | 0,64 | 5,64 *** | 2,06 |
| Satis_Eig_Loyal_Verbunden | 43 | 0,13 | 1,11 | 0,46 | 4,26 *** | 2,07 |
| Satis_Eig_Loyal_WichtigBeitrag | 44 | 0,00 | 0,01 | 0,51 | 4,17 *** | 2,14 |
| Satis_Eig_Wissen_AngemVorb | 45 | 0,13 | 0,95 | 0,53 | 5,06 *** | 1,99 |
| Satis_Eig_Wissen_GesetzlAend | 46 | 0,13 | 1,12 | 0,51 | 4,81 *** | 1,92 |
| Satis_Eig_Wissen_Herausf | 47 | 0,08 | 0,72 | 0,41 | 4,04 *** | 2,23 |
| Satis_Eig_Zeit_KostetMehr | 48 | -0,08 | 0,55 | 0,04 | 0,30 | 2,20 |
| Satis_Eig_Zeit_Planbar | 49 | -0,08 | 0,58 | 0,39 | 3,31 *** | 2,44 |
| Satis_Gremium_Diskuss_Altern | 50 | -0,01 | 0,06 | 0,51 | 4,71 *** | 1,93 |
| Satis_Gremium_Diskuss_Ergebnisoffen | 51 | -0,03 | 0,28 | 0,16 | 1,51 | 1,57 |
| Satis_Gremium_Diskuss_Kritik | 52 | 0,06 | 0,46 | 0,60 | 5,06 *** | 3,47 |
| Satis_Gremium_Diskuss_Unabhaeng | 53 | -0,05 | 0,45 | 0,15 | 1,21 | 1,92 |
| Satis_Gremium_Diskuss_Ungebunden | 54 | 0,09 | 0,80 | 0,27 | 2,42 ** | 1,57 |
| Satis_Gremium_Diskuss_Zielfuehrend | 55 | 0,05 | 0,33 | 0,58 | 5,22 *** | 3,66 |
| Satis_Gremium_Info1_AusrZeit | 56 | 0,24 | 1,67 * | 0,43 | 4,34 *** | 3,50 |
| Satis_Gremium_Info1_Textform | 57 | -0,07 | 0,59 | 0,39 | 4,43 *** | 2,90 |
| Satis_Gremium_Info1_Verstaend | 58 | -0,06 | 0,42 | 0,43 | 4,51 *** | 2,84 |
| Satis_Gremium_Info2_Einblick | 59 | 0,04 | 0,32 | 0,46 | 4,56 *** | 2,78 |
| Satis_Gremium_Info2_InAR | 61 | 0,12 | 0,97 | 0,46 | 4,44 *** | 2,86 |
| Satis_Gremium_Info2_MehrInfos | 62 | 0,04 | 0,44 | 0,20 | 1,83 * | 1,86 |
| Satis_Gremium_Info2_Risiko | 63 | 0,08 | 0,55 | 0,49 | 5,38 *** | 3,39 |
| Satis_Gremium_Kolleg_Abwesend | 64 | -0,03 | 0,24 | 0,30 | 2,51 ** | 1,64 |
| Satis_Gremium_Kolleg_AusrZeit | 65 | -0,02 | 0,19 | 0,29 | 2,47 ** | 1,82 |
| Satis_Gremium_Kolleg_Gedankentausch | 66 | 0,16 | 1,07 | 0,61 | 4,91 *** | 2,63 |
| Satis_Gremium_Kolleg_KompGenutzt | 67 | -0,07 | 0,54 | 0,51 | 4,13 *** | 2,43 |
| Satis_Gremium_Kolleg_Vorbereit | 68 | -0,06 | 0,44 | 0,50 | 4,58 *** | 2,61 |
| Satis_Gremium_Kolleg_Zufried | 69 | 0,08 | 0,61 | 0,44 | 4,12 *** | 3,30 |
| Satis_Gremium_Orga_Ablauf | 70 | 0,05 | 0,41 | 0,44 | 4,23 *** | 2,83 |
| Satis_Gremium_Orga_AnzSitz | 71 | 0,03 | 0,23 | 0,39 | 3,22 *** | 2,06 |
| Satis_Gremium_Orga_Aufg_AngemKontrol | 72 | 0,02 | 0,12 | 0,58 | 4,82 *** | 2,93 |
| Satis_Gremium_Orga_Aufg_KlErfolg | 73 | 0,23 | 2,10 ** | 0,56 | 4,83 *** | 1,58 |
| Satis_Gremium_Orga_Aufg_Risikokomp | 74 | 0,08 | 0,66 | 0,49 | 4,87 *** | 2,32 |
| Satis_Gremium_Orga_Aufg_ZustimGesch | 75 | 0,08 | 0,67 | 0,49 | 4,48 *** | 2,43 |
| Satis_Gremium_Orga_GremArbeit | 76 | -0,20 | 1,48 | 0,39 | 3,66 *** | 3,48 |
| Satis_Gremium_Orga_ObjKrit | 78 | -0,04 | 0,39 | 0,41 | 3,94 *** | 2,27 |
| Satis_Gremium_Orga_Vorstand_Unabhaen | 79 | -0,01 | 0,10 | 0,53 | 4,82 *** | 2,30 |
| Satis_Gremium_Vorstand_Info | 80 | -0,15 | 1,22 | 0,41 | 3,71 *** | 2,93 |
| Satis_Gremium_Vorstand_Kompetent | 81 | 0,03 | 0,18 | 0,53 | 4,75 *** | 2,77 |
| Satis_Gremium_Vorstand_Rechtzeitig | 82 | -0,07 | 0,51 | 0,31 | 3,42 *** | 3,23 |
| Satis_Gremium_Zusamm_Abschlusspr | 83 | 0,30 | 2,21 ** | 0,50 | 4,63 *** | 2,61 |
| Satis_Gremium_Zusamm_Gremium | 84 | -0,12 | 0,87 | 0,25 | 2,38 ** | 2,28 |
| Satis_Gremium_Zusamm_IntRev | 85 | -0,11 | 0,97 | 0,41 | 3,63 *** | 2,41 |
| Satis_Gremium_Zusamm_Vorstand | 86 | 0,11 | 0,96 | 0,38 | 3,26 *** | 2,23 |
| Evaluationskriterien | | *** t > 2,57 (1 % Signifikanzniveau) <br> ** t > 1,96 (5 % Signifikanzniveau) <br> * t > 1,65 (10 % Signifikanzniveau) | | | | VIF < 5 |

Tab. 230: Evaluation des Messmodells zur Zufriedenheit (modifiziertes Struktur-modell)[2380]

---

[2380] Quelle: Eigene Darstellung.

| Indikator | Nr. | Gewicht | t-Statistik | Ladung | t-Statistik | VIF |
|---|---|---|---|---|---|---|
| **Strategischer Berater** | | | | | | |
| AW_Rolle_Strateg_DiskVorstand | 89 | 0,57 | 3,58 *** | 0,75 | 5,18 *** | 1,09 |
| AW_Rolle_Strateg_Einbind | 90 | 0,43 | 2,26 ** | 0,71 | 5,12 *** | 1,30 |
| AW_Rolle_Strateg_Enwickl | 91 | 0,23 | 0,91 | 0,62 | 3,14 *** | 1,39 |
| AW_Rolle_Strateg_Fruehwarn | 92 | 0,20 | 1,41 | 0,63 | 4,99 *** | 1,42 |
| **Mitgliedervertreter** | | | | | | |
| AW_Rolle_MG_Interesse | 95 | 0,85 | 4,94 *** | 0,99 | 30,12 *** | 1,68 |
| AW_Rolle_MG_Verpfl | 96 | 0,21 | 1,01 | 0,76 | 4,65 *** | 1,68 |
| **Kontrolleur** | | | | | | |
| AW_Rolle_Kontr_Abschlusspr | 97 | 0,30 | 1,75 * | 0,66 | 5,30 *** | 1,35 |
| AW_Rolle_Kontr_Aufsichtsr | 98 | 0,19 | 0,96 | 0,58 | 3,51 *** | 1,33 |
| AW_Rolle_Kontr_RM | 101 | 0,52 | 3,86 *** | 0,84 | 10,84 *** | 1,39 |
| AW_Rolle_Kontr_SpassJA | 102 | 0,41 | 3,00 *** | 0,64 | 4,93 *** | 1,10 |
| **Gesetzl. Notwendigkeit ohne Einfluss** | | | | | | |
| AW_Rolle_Gesetz_KeinEinfluss | 103 | 1,00 | | 1,00 | | 1,00 |
| **Personalverantwortlicher für den Vorstand** | | | | | | |
| AW_Rolle_Entsch_PersoKomp | 104 | 1,00 | | 1,00 | | 1,00 |
| Evaluationskriterien | *** t > 2,57 (1 % Signifikanzniveau) <br> ** t > 1,96 (5 % Signifikanzniveau) <br> * t > 1,65 (10 % Signifikanzniveau) | | | | | VIF < 5 |

Tab. 231: Evaluation der Messmodelle zu den Konstrukten der Aufgabenwahrnehmung[2381]

---

[2381] Quelle: Eigene Darstellung.

| | $R^2$ | t-Statistik | Pfadkoeffizient | t-Statistik | Effektstärke $f^2$ |
|---|---|---|---|---|---|
| **Zufriedenheit** | 0,80 | 38,01 *** | | | |
| Mot_in | | | 0,39 | 2,28 ** | 0,35 |
| Mot_ex | | | 0,06 | 0,43 | 0,01 |
| AW_Rolle_Strateg | | | 0,34 | 2,91 *** | 0,35 |
| AW_Rolle_MG-Vertreter | | | 0,00 | 0,01 | 0,00 |
| AW_Rolle_Kontr | | | 0,19 | 1,50 | 0,11 |
| AW_Rolle_Gesetz | | | -0,13 | 0,91 | 0,07 |
| AW_Rolle_Entsch_Perso | | | 0,13 | 1,14 | 0,07 |
| Alter | | | -0,01 | 0,06 | 0,00 |
| Anzahl Sitzungen | | | 0,04 | 0,46 | 0,01 |
| AR-Vorsitzender | | | -0,02 | 0,17 | 0,00 |
| Bilanzsumme | | | 0,08 | 0,61 | 0,02 |
| Hierarchie: AR unter Vorstand | | | -0,03 | 0,25 | 0,00 |
| Mann | | | -0,04 | 0,39 | 0,01 |
| Mitgliedervertreter | | | -0,02 | 0,13 | 0,00 |
| Vergütung | | | 0,03 | 0,21 | 0,00 |
| Wahrnehmung als Ehrenamt | | | 0,06 | 0,56 | 0,02 |
| Weitere AR-Mandate | | | 0,08 | 0,67 | 0,03 |
| | | | | | |
| **Strategischer Berater** | 0,33 | 5,34 *** | | | |
| Mot_in | | | 0,37 | 3,51 *** | 0,12 |
| Mot_ex | | | 0,11 | 1,13 | 0,01 |
| Alter | | | -0,01 | 0,08 | 0,00 |
| Anzahl Sitzungen | | | 0,00 | 0,07 | 0,00 |
| AR-Vorsitzender | | | -0,15 | 1,68 * | 0,03 |
| Bilanzsumme | | | 0,01 | 0,10 | 0,00 |
| Gremiengröße | | | -0,09 | 1,08 | 0,01 |
| Hierarchie: AR unter Vorstand | | | -0,20 | 2,23 ** | 0,05 |
| Mann | | | 0,09 | 1,17 | 0,01 |
| Mitgliedervertreter | | | 0,15 | 2,05 ** | 0,02 |
| Vergütung | | | 0,09 | 0,93 | 0,01 |
| Wahrnehmung als Ehrenamt | | | -0,03 | 0,46 | 0,00 |
| Weitere AR-Mandate | | | -0,15 | 1,64 | 0,03 |
| | | | | | |
| **Mitgliedervertreter** | 0,37 | 6,37 *** | | | |
| Mot_in | | | 0,33 | 3,28 *** | 0,11 |
| Mot_ex | | | 0,16 | 1,79 * | 0,03 |
| Alter | | | 0,16 | 2,00 ** | 0,03 |
| Anzahl Sitzungen | | | -0,09 | 1,68 * | 0,01 |
| AR-Vorsitzender | | | -0,06 | 0,95 | 0,01 |
| Bilanzsumme | | | 0,03 | 0,25 | 0,00 |
| Gremiengröße | | | -0,08 | 1,06 | 0,01 |
| Hierarchie: AR unter Vorstand | | | 0,01 | 0,16 | 0,00 |
| Mann | | | 0,01 | 0,07 | 0,00 |
| Mitgliedervertreter | | | 0,04 | 0,72 | 0,00 |
| Vergütung | | | -0,13 | 1,47 | 0,01 |
| Wahrnehmung als Ehrenamt | | | 0,08 | 1,15 | 0,01 |
| Weitere AR-Mandate | | | -0,24 | 2,63 *** | 0,08 |
| Evaluationskriterien | *** | t > 2,57 (1 % Signifikanzniveau) | | | 0,02 = kleiner Effekt |
| | ** | t > 1,96 (5 % Signifikanzniveau) | | | 0,15 = mittlerer Effekt |
| | * | t > 1,65 (10 % Signifikanzniveau) | | | 0,35 = großer Effekt |

Tab. 232: Evaluation des modifizierten Strukturmodells – Teil I[2382]

---

[2382] Quelle: Eigene Darstellung.

| | $R^2$ | t-Statistik | Pfadkoeffizient | t-Statistik | Effektstärke $f^2$ |
|---|---|---|---|---|---|
| **Kontrolleur** | 0,37 | 6,15 *** | | | |
| Mot_in | | | 0,36 | 4,37 *** | 0,12 |
| Mot_ex | | | 0,28 | 2,95 *** | 0,08 |
| Alter | | | 0,13 | 1,96 * | 0,02 |
| Anzahl Sitzungen | | | -0,09 | 1,58 | 0,01 |
| AR-Vorsitzender | | | -0,04 | 0,51 | 0,00 |
| Bilanzsumme | | | 0,06 | 0,55 | 0,00 |
| Gremiengröße | | | -0,10 | 0,91 | 0,01 |
| Hierarchie: AR unter Vorstand | | | -0,05 | 0,82 | 0,00 |
| Mann | | | -0,09 | 1,45 | 0,01 |
| Mitgliedervertreter | | | -0,07 | 0,97 | 0,01 |
| Vergütung | | | 0,05 | 0,51 | 0,00 |
| Wahrnehmung als Ehrenamt | | | -0,05 | 0,69 | 0,00 |
| Weitere AR-Mandate | | | 0,04 | 0,52 | 0,00 |
| | | | | | |
| **Gesetzliche Notwendigkeit ohne Einfluss** | 0,14 | 2,50 ** | | | |
| Mot_in | | | -0,25 | 2,29 ** | 0,05 |
| Mot_ex | | | -0,05 | 0,44 | 0,00 |
| Alter | | | -0,08 | 1,18 | 0,01 |
| Anzahl Sitzungen | | | 0,02 | 0,23 | 0,00 |
| AR-Vorsitzender | | | 0,10 | 1,10 | 0,01 |
| Bilanzsumme | | | 0,06 | 0,50 | 0,00 |
| Gremiengröße | | | 0,00 | 0,01 | 0,00 |
| Hierarchie: AR unter Vorstand | | | 0,17 | 2,59 *** | 0,03 |
| Mann | | | -0,02 | 0,28 | 0,00 |
| Mitgliedervertreter | | | -0,07 | 0,70 | 0,00 |
| Vergütung | | | -0,03 | 0,24 | 0,00 |
| Wahrnehmung als Ehrenamt | | | 0,04 | 0,63 | 0,00 |
| Weitere AR-Mandate | | | -0,09 | 1,27 | 0,01 |
| | | | | | |
| **Personalverantwortlicher für den Vorstand** | 0,18 | 3,11 *** | | | |
| Mot_in | | | 0,24 | 2,35 ** | 0,04 |
| Mot_ex | | | 0,21 | 2,04 ** | 0,04 |
| Alter | | | 0,03 | 0,34 | 0,00 |
| Anzahl Sitzungen | | | -0,06 | 0,96 | 0,01 |
| AR-Vorsitzender | | | -0,03 | 0,39 | 0,00 |
| Bilanzsumme | | | 0,13 | 1,39 | 0,01 |
| Gremiengröße | | | 0,02 | 0,15 | 0,00 |
| Hierarchie: AR unter Vorstand | | | 0,06 | 0,91 | 0,00 |
| Mann | | | 0,13 | 1,32 | 0,02 |
| Mitgliedervertreter | | | 0,08 | 0,72 | 0,01 |
| Vergütung | | | 0,02 | 0,21 | 0,00 |
| Wahrnehmung als Ehrenamt | | | -0,04 | 0,56 | 0,00 |
| Weitere AR-Mandate | | | 0,10 | 1,39 | 0,01 |
| Evaluationskriterien | *** t > 2,57 (1 % Signifikanzniveau)<br>** t > 1,96 (5 % Signifikanzniveau)<br>* t > 1,65 (10 % Signifikanzniveau) | | | | 0,02 = kleiner Effekt<br>0,15 = mittlerer Effekt<br>0,35 = großer Effekt |

Tab. 233: Evaluation des modifizierten Strukturmodells – Teil II[2383]

---

# Literaturverzeichnis

**Abele, A. E./Cohrs, J. C./Dette, D. E. (2006)**: Arbeitszufriedenheit – Person oder Situation?, in: Fischer, L. (Hrsg.), Arbeitszufriedenheit – Konzepte und empirische Befunde, 2. Aufl., Göttingen, S. 205-225.

**Adams, J. S. (1963)**: Toward an understanding of inequity, in: Journal of Abnormal and Social Psychology, Jg. 67, Heft 5, S. 422-436.

**Adams, J. S. (1972)**: Inequity in Social Exchange, in: Tosi, H. L./House, R. J./Dunnette, M. D. (Hrsg.), Managerial motivation and compensation, East Lansing, S. 134-169.

**Adams, R. B./Hermalin, B. E./Weisbach, M. S. (2010)**: The Role of Boards of Directors in Corporate Governance: A Conceptual Framework and Survey, in: Journal of Economic Literature, Jg. 48, Heft 1, S. 58-107.

**AdAR/ArMiD/FEA (2017)**: Die systematische Aufsichtsratsbesetzung – Gemeinsames Positionspapier von AdAR, ArMiD und FEA, in: BOARD – Zeitschrift für Aufsichtsräte in Deutschland, Heft 3, S. 1-3.

**Afthanorhan, W. (2014)**: Hierarchical Component Using Reflective-Formative Measurement Model In Partial Least Square Structural Equation Modeling, in: International Journal of Mathematics and Statistics Invention, Jg. 2, Heft 2, S. 55-71.

**Agho, A. O./Price, J. L./Mueller, C. W. (1992)**: Discriminant validity of measures of job satisfaction, positive affectivity and negative affectivity, in: Journal of Occupational and Organizational Psychology, Jg. 65, Heft 3, S. 185-195.

**Agricola, S. (1997)**: Vereinswesen in Deutschland – Eine Expertise im Auftrag des Bundesministeriums für Familie, Senioren, Frauen und Jugend, Stuttgart.

**Albach, H. (1997)**: Strategische Unternehmensplanung und Aufsichtsrat, in: Zeitschrift für Unternehmens- und Gesellschaftsrecht (ZGR), Jg. 26, Heft 1, S. 32-40.

**Albers, S./Götz, O. (2006)**: Messmodelle mit Konstrukten zweiter Ordnung in der betriebswirtschaftlichen Forschung, in: Die Betriebswirtschaft (DBW), Jg. 66, Heft 6, S. 669-677.

**Albers, S./Hildebrandt, L. (2006)**: Methodische Probleme bei der Erfolgsfaktorenforschung – Messfehler, formative versus reflektive Indikatoren und die Wahl des Strukturgleichungs-Modells, in: Schmalenbachs Zeitschrift für betriebswirtschaftliche Forschung (ZfbF), Jg. 58, Heft 1, S. 2-33.

**Albs, N. (2005)**: Wie man Mitarbeiter motiviert – Motivation und Motivationsförderung im Führungsalltag, Berlin.

**Alderfer, C. P. (1969)**: An empirical test of a new theory of human needs, in: Organizational Behavior and Human Performance, Jg. 4, Heft 2, S. 142-175.

**Alderfer, C. P. (1972)**: Existence, relatedness, and growth – Human needs in organizational settings, New York.

**Ali, A. J./Krishnan, K./Azim, A. (1997)**: Expatriate and Indigenous Managers' Work Loyalty and Attitude Toward Risk, in: The Journal of Psychology, Jg. 131, Heft 3, S. 260-270.

**Allport, G. W. (1937)**: Personality: A Psychological Interpretation, New York.

**Altenhain, K. (2013a)**: Strafrechtliche Risiken der Aufsichts- und Verwaltungsratstätigkeit in deutschen Banken und Sparkassen, in: Hölscher, R./Altenhain, K. (Hrsg.), Handbuch Aufsichts- und Verwaltungsräte in Kreditinstituten – Rechtlicher Rahmen, betriebswirtschaftliche Herausforderungen, Best Practices, Berlin, S. 49-83.

**Altenhain, T. (2013b)**: Herausforderungen an das Aufsichtsorgan bei der Beurteilung der Geschäftsstrategie eines Kreditinstituts, in: Hölscher, R./Altenhain, K. (Hrsg.), Handbuch Aufsichts- und Verwaltungsräte in Kreditinstituten – Rechtlicher Rahmen, betriebswirtschaftliche Herausforderungen, Best Practices, Berlin, S. 867-898.

**Altmeppen, H. (2004)**: Der Prüfungsausschuss – Arbeitsteilung im Aufsichtsrat, in: Zeitschrift für Unternehmens- und Gesellschaftsrecht (ZGR), Jg. 33, Heft 3-4, S. 390-415.

**Amann, A. (1984)**: Soziologischer Abschnitt, in: Patera, M. (Hrsg.), Möglichkeiten und Grenzen demokratischer Mitbestimmung in Genossenschaften, Wien, S. 33-88.

**Amrhein, V./Greenland, S./McShane, B. (2019)**: Scientists rise up against statistical significance, in: Nature, Jg. 567, Heft 7748, S. 305-307.

**Anderson, J. C./Gerbing, D. W. (1982)**: Some Methods for Respecifying Measurement Models to Obtain Unidimensional Construct Measurement, in: Journal of Marketing Research (JMR), Jg. 19, Heft 4, S. 453-460.

**Anheier, H. K./Toepler, S. (2002)**: Bürgerschaftliches Engagement in Europa – Überblick und gesellschaftspolitische Einordnung, in: Aus Politik und Zeitgeschichte, Heft 9, S. 31-38.

**Apfelbacher, G./Metzner, M. (2013)**: Mitglied im Aufsichtsorgan eines Kreditinstituts im Jahr 2013, in: Die Aktiengesellschaft, Jg. 58, Heft 21, S. 773-789.

**Arbeitskreis Externe und Interne Überwachung der Unternehmung der Schmalenbach-Gesellschaft für Betriebswirtschaft e.V. (2007)**: Best Practice der Mitbestimmung im Aufsichtsrat der Aktiengesellschaft, in: Der Betrieb, Jg. 60, Heft 4, S. 177-180.

**Arbeitskreis Externe und Interne Überwachung der Unternehmung der Schmalenbach-Gesellschaft für Betriebswirtschaft e.V. (2018)**: Der Aufsichtsratsvorsitzende: Leadership und Führungskultur, in: Der Betrieb, Jg. 71, Heft 37, S. 2189-2195.

**Arbeitskreis Externe Unternehmensrechnung/Arbeitskreis Externe und Interne Überwachung der Unternehmung der Schmalenbach-Gesellschaft für Betriebswirtschaft e.V (2009)**: Anforderungen an die Überwachungsaufgaben von Aufsichtsrat und Prüfungsausschuss nach § 107 Abs. 3 Satz 2 AktG i. d. F. des Bilanzrechtsmodernisierungsgesetzes, in: Der Betrieb, Jg. 62, Heft 24, S. 1279-1282.

**ARD/ZDF (2019)**: Ergebnisse der ARD/ZDF Onlinestudie 2019, http://www.ardzdf onlinestudie.de/onlinenutzung/internetnutzer/inprozent/, zuletzt geprüft am 16.05.2020.

**Aretz, H.-J./Hansen, K. (2003)**: Erfolgreiches Management von Diversity. Die multikulturelle Organisation als Strategie zur Verbesserung einer nachhaltigen Wettbewerbsfähigkeit, in: Zeitschrift für Personalforschung (ZfP), Jg. 17, Heft 1, S. 9-36.

**Armstrong, J. S./Overton, T. S. (1977)**: Estimating Nonresponse Bias in Mail Surveys, in: Journal of Marketing Research (JMR), Jg. 14, Heft 3, S. 396.

**Arndt, J./Crane, E. (1975)**: Response Bias, Yea-Saying, and the Double Negative, in: Journal of Marketing Research (JMR), Jg. 12, Heft 2, S. 218-220.

**Arnegger, M./Hofmann, C. (2014)**: Überprüfung des Zusammenhangs von Eigenschaften, Aufgaben und Vergütung von Aufsichtsräten deutscher Unternehmen, in: Schmalenbachs Zeitschrift für betriebswirtschaftliche Forschung (ZfbF), Jg. 66, Heft 7, S. 518-566.

**Arnegger, M./Hofmann, C./Pull, K./Vetter, K. (2010)**: Unterschiede in der fachlichen und demographischen Zusammensetzung deutscher Aufsichtsräte – Eine empirische Bestandsaufnahme für HDAX- und SDAX-Unternehmen, in: Die Betriebswirtschaft (DBW), Jg. 70, Heft 3, S. 239-257.

**Ash, P. (1954)**: The SRA Employee Inventory? A Statistical Analysis, in: Personnel Psychology, Jg. 7, Heft 3, S. 337-364.

**Atchinson, T. J./Lefferts, E. A. (1972)**: The prediction of turnover using Herzberg's job satisfaction technique, in: Personnel Psychology, Jg. 25, Heft 1, S. 53-64.

**Atkinson, J. W. (1957)**: Motivational determinants of risk-taking behavior, in: Psychological Review, Jg. 64 (Part 1), Heft 6, S. 359-372.

**Atmaca, D. (2014)**: Genossenschaften in Zeiten raschen Wandels – Chancen einer nachhaltigen Organisationsform, in: Schröder, C./Walk, H. (Hrsg.), Genossenschaften und Klimaschutz – Akteure für zukunftsfähige, solidarische Städte, Wiesbaden, S. 49-72.

**Atzler, E. (2016)**: Die Volksbank, die keine Aktiengesellschaft mehr sein will, in: Handelsblatt, 23.05.2016, https://www.handelsblatt.com/finanzen/bankenversiche rungen/genossenschaftsbankendievolksbankdiekeineaktiengesellschaftmehrsein will/13630646.html?ticket=st2215888-hb5pvtcdCDsufua7dzbkap1.

**Atzler, E. (2017)**: Starke Genossen, in: Handelsblatt, 15.03.2017, Heft 53, S. 29.

**Atzler, E./Osman, Y. (2017a)**: Genossenschaftsbanken – Die neue Macht, in: Handelsblatt, 15.03.2017, Heft 53, S. 32.

**Atzler, E./Osman, Y. (2017b)**: Die neue Macht aus der Provinz, in: Handelsblatt, 31.05.2017, Heft 104, S. 4-5.

**Aurenz, H./Wittig, J. (2009)**: Aufsichtsratsvergütung: Ausgestaltung „richtiger" Anreizsysteme, in: Der Aufsichtsrat, Jg. 6, Heft 7-8, S. 98-100.

**Aurich, B. (2006)**: Managementkontrolle nach Enron – Fortentwicklung der Managementkontrolle durch Aufsichtsrat und Board in börsennotierten Aktiengesellschaften in Deutschland und in den USA, Baden-Baden.

**Baalen, J. van/Krüger, U./Möhlmann-Mahlau, T. (2019)**: Die Haftung des Aufsichtsrats – Ein Plädoyer für eine Professionalisierung seiner Mitglieder, in: Zeitschrift für Corporate Governance (ZCG), Jg. 14, Heft 3, S. 128-134.

**Bacher, U. W. (1993)**: Genossenschaften als demokratische (und moderne) Unternehmensform, in: Zeitschrift für das gesamte Genossenschaftswesen (ZfgG), Jg. 43, Heft 1, S. 127-138.

**Backenköhler, R. (2002)**: Der moderne Genossenschaftsverband – Neue Wege für Dienstleistung und Prüfung, in: Theurl, T. (Hrsg.), Münstersche Schriften zur Kooperation, Münster, S. 145-156.

**Backhaus, K./Blechschmidt, B./Eisenbeiß, M. (2006)**: Der Stichprobeneinfluss bei Kausalanalysen, in: Die Betriebswirtschaft (DBW), Jg. 66, Heft 6, S. 711-726.

**Backhaus, K./Erichson, B./Plinke, W./Weiber, R. (2018)**: Multivariate Analysemethoden, 15. Aufl., Berlin, Heidelberg.

**Backhaus, K./Erichson, B./Weiber, R. (2015)**: Fortgeschrittene Multivariate Analysemethoden – Eine anwendungsorientierte Einführung, 3. Aufl., Berlin.

**Badelt, C. (1999)**: Ehrenamtliche Arbeit im Nonprofit Sektor, in: Badelt, C. (Hrsg.), Handbuch der Nonprofit-Organisation – Strukturen und Management, 2. Aufl., Stuttgart, S. 433-462.

**Bader, D./Baumüller, J. (2014)**: Überlegungen zur Regulierung erfolgsbasierter Vergütungssysteme in Genossenschaftsbanken, in: Zeitschrift für das gesamte Genossenschaftswesen (ZfgG), Jg. 64, Heft 3, S. 215-229.

**Baetge, J./Busch, R./Cauers, L. (2016)**: Zur Frage der Ausstrahlung branchenspezifischer Corporate Governance-Anforderungen auf das allgemeine Unternehmensrecht am Beispiel der Bankenregulierung, in: Der Betrieb, Jg. 69, Heft 19, S. 1118-1125.

**BaFin (2012)**: Merkblatt zur Kontrolle der Mitglieder von Verwaltungs- und Aufsichtsorganen gemäß KWG und VAG, http://www.bafin.de/shareddocs/Veroeffentl ichungen/de/merkblatt/mb_121203_kontrolle_ar_vr_ba_va.html, zuletzt geprüft am 15.12.2014.

**BaFin (2013)**: Jahresbericht der BaFin 2012, https://www.bafin.de/shareddocs/do wnloads/de/Jahresbericht/dl_jb_2012.html, zuletzt geprüft am 05.02.2020.

**BaFin (2016)**: Basler Ausschuss, https://www.bafin.de/de/internationales/globalez usammenarbeit/baslerausschuss/baslerausschuss_node.html, zuletzt geprüft am 14.01.2021.

**BaFin (2018a)**: Auslegungs- und Anwendungshinweise zum Geldwäschegesetz (AuA), https://www.bafin.de/shareddocs/downloads/de/auslegungsentscheidung/d l_ae_auas_gw_2018.html, zuletzt geprüft am 15.04.2020.

**BaFin (2018b)**: Merkblatt zu den Mitgliedern von Verwaltungs- und Aufsichtsorganen gemäß KWG und KAGB, https://www.bafin.de/shareddocs/downloads/de/mer kblatt/dl_mb_29_12_2020_ar_kwg_kagb.pdf?__blob=publicationfile&v=2, zuletzt geprüft am 01.01.2020.

**BaFin (2018c)**: Zusammenarbeit mit der Deutschen Bundesbank, https://www.baf in.de/de/diebafin/aufgabengeschichte/bankenaufsicht/zusammenarbeitbundesban k/zusammenarbeitbundesbank_node.html, zuletzt geprüft am 05.01.2021.

**BaFin (2019a)**: Bankenaufsicht, https://www.bafin.de/de/diebafin/aufgabengeschi chte/bankenaufsicht/bankenaufsicht_artikel.html, zuletzt geprüft am 05.01.2021.

**BaFin (2019b)**: Jahresbericht 2018, Bonn, Frankfurt a. M.

**BaFin (2020)**: Jahresbericht 2019, Bonn, Frankfurt a. M.

**Bagozzi, R. P. (1981a)**: Causal Modeling: A General Method for Developing and Testing Theories in Consumer Research, in: Advances in Consumer Research, Jg. 8, Heft 1, S. 195-202.

**Bagozzi, R. P. (1981b)**: Evaluating Structural Equation Models with Unobservable Variables and Measurement Error: A Comment, in: Journal of Marketing Research (JMR), Jg. 18, Heft 3, S. 375-381.

**Bankhofer, U. (1995)**: Unvollständige Daten- und Distanzmatrizen in der multivariaten Datenanalyse, Jena.

**Bankhofer, U./Praxmarer, S. (1998)**: Zur Behandlung fehlender Daten in der Marktforschungspraxis, in: Marketing Zeitschrift für Forschung und Praxis (ZFP) – Journal of Research and Management, Jg. 20, Heft 2, S. 109-118.

**Barnard, C. I. (1938)**: The functions of the executive, Cambridge.

**Barth, S. (2013)**: Die Nominierung von Aufsichtsratsmitgliedern, Wiesbaden.

**Barton, D./Wiseman, M. (2015)**: Where boards fall short, in: Harvard Business Review (HBR), Jg. 93, Heft 1/2, S. 98-104.

**Bartz, J./Werder, A. von (2017)**: Die aktuellen Änderungen des Deutschen Corporate Governance Kodex, in: Der Betrieb, Jg. 70, Heft 14, S. 769-777.

**Basel Committee on Banking Supervision (BCBS) (2015)**: Corporate governance principles for banks, https://www.bis.org/bcbs/publ/d328.pdf, zuletzt geprüft am 08.07.2015.

**Baule, R. (2019)**: Finanzwirtschaftliches Bankmanagement – Bankkalkulation, Risikomanagement und Regulierung, Freiburg.

**Baumgarth, C. (2009)**: Markenorientierung von Medienmarken, in: Gröppel-Klein, A./Germelmann, C. C. (Hrsg.), Medien im Marketing, Wiesbaden, S. 69-92.

**Baumgärtler, T. (2000)**: Neuere Ansätze zur Erklärung der Mitgliederpartizipation in Kreditgenossenschaften – Eine empirische Analyse der Beteiligungsfaktoren, Nürnberg.

**Baumgartner, C./Udris, I. (2006)**: Das „Zürcher Modell" der Arbeitszufriedenheit – 30 Jahre „still going strong", in: Fischer, L. (Hrsg.), Arbeitszufriedenheit – Konzepte und empirische Befunde, 2. Aufl., Göttingen, S. 111-134.

**Baumgartner, H./Homburg, C. (1996)**: Applications of structural equation modeling in marketing and consumer research: A review, in: International Journal of Research in Marketing, Jg. 13, Heft 2, S. 139-161.

**Becker, J.-M./Klein, K./Wetzels, M. (2012)**: Hierarchical Latent Variable Models in PLS-SEM: Guidelines for Using Reflective-Formative Type Models, in: Long Range Planning, Jg. 45, Heft 5-6, S. 359-394.

**Beckmann, S. (2009a)**: Die Informationsversorgung von Mitgliedern des Aufsichtsrats börsennotierter Aktiengesellschaften – Theoretische Grundlagen und empirische Erkenntnisse, Wiesbaden.

**Beckmann, S. (2009b)**: Sechs Kardinalfehler, die eine sachgerechte Informationsversorgung des Aufsichtsrats konterkarieren, in: Der Aufsichtsrat, Jg. 6, Heft Sonderausgabe 01/2009, S. 3-5.

**Beher, K./Liebig, R./Rauschenbach, T. (2002)**: Das Ehrenamt in empirischen Studien – Ein sekundäranalytischer Vergleich, 3. Aufl., Stuttgart.

**Beher, K./Liebig, R./Rauschenbach, T./Düx, W. (2000)**: Strukturwandel des Ehrenamts – Gemeinwohlorientierung im Modernisierungsprozeß, Weinheim.

**Bellavite-Hövermann, Y. (2009)**: Gesamtbankrisikosteuerung aus Sicht des Aufsichtsrats, in: Hilz-Ward, R. M./Everling, O. (Hrsg.), Risk Performance Management, Wiesbaden, S. 15-34.

**Benna, R./Fischer, R. (2013)**: Das institutsbezogene Sicherungssystem des genossenschaftlichen Bankensektors, in: Hölscher, R./Altenhain, K. (Hrsg.), Handbuch Aufsichts- und Verwaltungsräte in Kreditinstituten – Rechtlicher Rahmen, betriebswirtschaftliche Herausforderungen, Best Practices, Berlin, S. 825-854.

**Berger, L./Kramarsch, M. H./Wolff, M. (2017)**: Von einer reinen Effizienzprüfung zur Effektivitätsprüfung der Gremienarbeit, in: Der Aufsichtsrat, Jg. 14, Heft 12, S. 172-173.

**Bergermann, M./Hoyer, N./Kamp, M./Hennersdorf, A./Haerder, M./Hielscher, H./Reiman, A./Reimer, H./Rettig, D./Schnaas, D./Schmitz, G. P./Salz, J./Schink, N./Tödtmann, C./Wettach, S. (2017)**: Managervergütung – Die Unbelehrbaren, in: WirtschaftsWoche, Heft 8, S. 20-26.

**Bergkvist, L./Rossiter, J. R. (2007)**: The Predictive Validity of Multiple-Item versus Single-Item Measures of the Same Constructs, in: Journal of Marketing Research (JMR), Jg. 44, Heft 2, S. 175-184.

**Berke, J./Brück, M./Bergermann, M. (2014)**: Schmächtig, aber mächtig, in: WirtschaftsWoche, Heft 47, S. 44-50.

**Berkowitz, L./Daniels, L. R. (1964)**: Affecting the salience of the social responsibility norm: effects of past help on the response to dependency relationships, in: Journal of Abnormal Psychology, Jg. 68, Heft 3, S. 275-281.

**Berliner Volksbank eG (2013)**: Jahres- und Konzernabschluss zum Geschäftsjahr vom 01.01.2012 bis zum 31.12.2012, Berlin.

**Bermig, A./Frick, B. (2011)**: Der Einfluss der Größe und der Zusammensetzung deutscher Aufsichtsräte auf die Performance börsennotierter Unternehmen, in: Der Aufsichtsrat, Jg. 8, Heft 11, S. 157-159.

**Bernard, U. (2006)**: Leistungsvergütung – Direkte und indirekte Effekte der Gestaltungsparameter auf die Motivation, Wiesbaden.

**Bernhardt, W. (1995)**: Aufsichtsrat – die schönste Nebensache der Welt? Defizite für eine effiziente Aufsichtsrattätigkeit, in: Zeitschrift für das gesamte Handelsrecht und Wirtschaftsrecht (ZHR), Jg. 159, Heft 3, S. 310-321.

**Berthel, J./Becker, F. G. (2017)**: Personal-Management – Grundzüge für Konzeptionen betrieblicher Personalarbeit, 11. Aufl., Stuttgart.

**Beuthien, V. (2009)**: Genossenschaften in der Finanz- und Wirtschaftskrise, in: Zeitschrift für das gesamte Kreditwesen (ZfgK), Jg. 62, Heft 18, S. 891-894.

**Beuthien, V./Hanrath, S. (2008)**: Den Förderauftrag prüfen – wie soll der Prüfer das machen?, in: Zeitschrift für das gesamte Genossenschaftswesen (ZfgG), Jg. 58, Heft 2, S. 85-97.

**Beyenbach, J. R./Marc Steffen/Wolff, M. (2017)**: Kodexakzeptanz 2017, in: Der Aufsichtsrat, Jg. 14, Heft 7, S. 102-103.

**Bezemer, P.-J./Peij, S. C./Maassen, G. F./Halder, H. van (2012)**: The changing role of the supervisory board chairman: the case of the Netherlands (1997–2007), in: Journal of Management & Governance, Jg. 16, Heft 1, S. 37-55.

**Biedenbach, S. (2019)**: Digitalkompetenz im Aufsichtsrat, in: BOARD – Zeitschrift für Aufsichtsräte in Deutschland, Heft 5, S. 185-187.

**Binder, J.-H. (2018)**: Der Aufsichtsrat von Kreditinstituten drei Jahre nach dem „Regulierungstsunami" – eine Bestandsaufnahme, in: Zeitschrift für Unternehmens- und Gesellschaftsrecht (ZGR), Jg. 47, Heft 1, S. 88-125.

**Binz, M. K./Sorg, M. (2004)**: Haftung des Aufsichtsrats: Quo vadis?, in: Der Aufsichtsrat, Jg. 1, Heft 7-8, S. 2.

**Blalock, H. M. (1972)**: Causal inferences in nonexperimental research, 6. Aufl., Chapel Hill.

**Blalock, H. M. (1982)**: Conceptualization and measurement in the social sciences, Beverly Hills, London, New Delhi.

**Blasius, J./Baur, N. (2019)**: Multivariate Datenstrukturen, in: Baur, N./Blasius, J. (Hrsg.), Handbuch Methoden der empirischen Sozialforschung, 2. Aufl., Wiesbaden, S. 1379-1400.

**Blau, G. (1993)**: Operationalizing Direction and Level of Effort and Testing Their Relationships to Individual Job Performance, in: Organizational Behavior and Human Decision Processes, Jg. 55, Heft 1, S. 152-170.

**Bleicher, K. (1987)**: Der Aufsichtsrat im Wandel: eine repräsentative Studie über Aufsichtsräte in bundesdeutschen Aktiengesellschaften im Auftrag der Bertelsmann-Stiftung, Gütersloh.

**Bleicher, K./Leberl, D. G./Paul, H. (1989)**: Unternehmungsverfassung und Spitzenorganisation – Führung und Überwachung von Aktiengesellschaften im internationalen Vergleich, Wiesbaden.

**Bleymüller, J. (2012)**: Statistik für Wirtschaftswissenschaftler, 16. Aufl., München.

**Bloch, P. H./Brunel, F. F./Arnold, T. J. (2003)**: Individual Differences in the Centrality of Visual Product Aesthetics: Concept and Measurement, in: Journal of Consumer Research, Jg. 29, Heft 4, S. 551-565.

**Block, J. (2001)**: Millennial Contrarianism: The Five-Factor Approach to Personality Description 5 Years Later, in: Journal of Research in Personality, Jg. 35, Heft 1, S. 98-107.

**Blome-Drees, J. (2006)**: Wissenschaftsziele der Genossenschaftslehre, in: Zeitschrift für das gesamte Genossenschaftswesen (ZfgG), Jg. 56, Heft 1, S. 3-18.

**Blome-Drees, J. (2011)**: Genossenschaftslehre: eine erkenntnispluralistische und anwendungsorientierte Perspektive, Berlin [u.a.].

**Blomeyer, W. (1988)**: Genossenschaftliches Ehrenamt und „Vier-Augen-Prinzip" – Zugleich Besprechung des Bundesverwaltungsgerichts-Urteils vom 1.12.1987 (BVerwG 1 C 8.87), in: Zeitschrift für das gesamte Genossenschaftswesen (ZfgG), Jg. 38, Heft 1, S. 164-175.

**Böckli, P. (2009)**: Konvergenz: Annäherung des monistischen und des dualistischen Führungs- und Aufsichtssystems, in: Hommelhoff, P./Hopt, K. J./Werder, A. von (Hrsg.), Handbuch Corporate Governance: Leitung und Überwachung börsennotierter Unternehmen in der Rechts- und Wirtschaftspraxis, 2. Aufl., Stuttgart, S. 255-387.

**Boecker, C./Zwirner, C. (2013)**: Beziehungen zwischen Interner Revision und Aufsichtsrat: eine Praxisanalyse mit Checkliste am Beispiel öffentlicher Unternehmen, in: Zeitschrift für Corporate Governance (ZCG), Jg. 8, Heft 5, S. 224-228.

**Boettcher, E. (1979)**: Zielsetzung und Anspruchsniveau der Genossenschaftswissenschaft, in: Blümle, E.-B./Schwarz, P. (Hrsg.), Erwartungen der Genossenschaftspraxis an die Wissenschaft: Tagungsbericht der IX. Internationalen Genossenschaftswissenschaftlichen Tagung 1978 in Freiburg/Schweiz, Göttingen, S. 43-81.

**Boettcher, E. (1980)**: Die Genossenschaft in der Marktwirtschaft – Einzelwirtschaftliche Theorie der Genossenschaften, Tübingen.

**Böhm, C./Froneberg, D./Schiereck, D. (2012)**: Zum offensichtlich erkennbaren bankwirtschaftlichen Sachverstand in den Kontrollorganen deutscher Genossenschaftsbanken und Sparkassen, in: Zeitschrift für öffentliche und gemeinwirtschaftliche Unternehmen (ZögU), Jg. 35, Heft 2, S. 138-182.

**Böhnke, W. (2010)**: Genossenschaftsbanken im Lichte der Finanzkrise – warum Bank nicht gleich Bank ist, in: Zeitschrift für das gesamte Genossenschaftswesen (ZfgG), Jg. 60, Heft 2, S. 104-112.

**Bollen, K./Lennox, R. (1991)**: Conventional wisdom on measurement: A structural equation perspective, in: Psychological Bulletin, Jg. 110, Heft 2, S. 305-314.

**Bollen, K. A. (1989)**: Structural equations with latent variables, New York [u. a.].

**Bollen, K. A./Ting, K. F. (2000)**: A tetrad test for causal indicators, in: Psychological Methods, Jg. 5, Heft 1, S. 3-22.

**Bono, J. E./Shen, W./Yoon, D. J. (2014)**: Personality and Leadership. Looking Back, Looking Ahead, in: Day, D. V. (Hrsg.), The Oxford handbook of leadership and organizations, Oxford, New York, S. 199-220.

**Bonus, T. (2009)**: Die Selbstbestimmungstheorie, in: Schwaiger, M./Meyer, A. (Hrsg.), Theorien und Methoden der Betriebswirtschaft, München, S. 283-297.

**Böök, S. A. (1992)**: Genossenschaftliche Werte in einer sich wandelnden Welt – Bericht an den IGB-Kongreß vom Oktober 1992 in Tokio, Genf.

**Borg, I. (2006)**: Arbeitswerte, Arbeitszufriedenheit und ihre Beziehungen, in: Fischer, L. (Hrsg.), Arbeitszufriedenheit – Konzepte und empirische Befunde, 2. Aufl., Göttingen, S. 61-79.

**Borgatta, E. F./Ford, R. N./Bohrnstedt, G. W. (1973)**: Work orientation vs. hygienic orientation: A bi-polar approach to the study of work motivation, in: Journal of Vocational Behavior, Jg. 3, Heft 3, S. 253-268.

**Börsig, C. (2006)**: Die Rolle des Aufsichtsrats im Verhältnis zum Vorstand, Vortrag auf der Deutschen Corporate Governance Konferenz am 22.06.2006, Berlin.

**Borth, B.-O. (2004)**: Beschwerdezufriedenheit und Kundenloyalität im Dienstleistungsbereich, Wiesbaden.

**Bösche, B. (2008)**: Die Zukunft der genossenschaftlichen Pflichtprüfung, in: Zeitschrift für das gesamte Genossenschaftswesen (ZfgG), Jg. 58, Heft 2, S. 98-109.

**Boslau, M. (2009)**: Kundenzufriedenheit mit Selbstbedienungskassen im Handel, Wiesbaden.

**Bošnjak, M. (2002)**: (Non)Response bei Web-Befragungen: Auswahl, Erweiterung und empirische Prüfung eines handlungstheoretischen Modells zur Vorhersage und Erklärung des Partizipationsverhaltens bei Web-basierten Fragebogenuntersuchungen, Aachen.

**Boßow-Thies, S./Panten, G. (2009)**: Analyse kausaler Wirkungszusammenhänge mit Hilfe von Partial Least Squares (PLS), in: Albers, S./Klapper, D./Konradt, U./Walter, A./Wolf, J. (Hrsg.), Methodik der empirischen Forschung, 3. Aufl., Wiesbaden, S. 365-380.

**Boudreau, J. W./Boswell, W. R./Judge, T. A. (2001)**: Effects of Personality on Executive Career Success in the United States and Europe, in: Journal of Vocational Behavior, Jg. 58, Heft 1, S. 53-81.

**Bourdieu, P. (1983)**: Ökonomisches Kapital, kulturelles Kapital, soziales Kapital, in: Kreckel, R. (Hrsg.), Soziale Ungleichheiten, Göttingen, S. 183-198.

**Bowling, N. A. (2007)**: Is the job satisfaction-job performance relationship spurious? A meta-analytic examination, in: Journal of Vocational Behavior, Jg. 71, Heft 2, S. 167-185.

**Brandstätter, V./Schnelle, J. (2007)**: Motivationstheorien., in: Schuler, H. (Hrsg.), Lehrbuch Organisationspsychologie, 4. Aufl., Bern, S. 51-58.

**Brandstätter, V./Schüler, J./Puca, M./Lozo, L. (2013)**: Motivation und Emotion – Allgemeine Psychologie für Bachelor, Berlin.

**Braun, J./Klages, H. (2009)**: Zugangswege zum freiwilligen Engagement und Engagementpotenzial in den neuen und alten Bundesländern, 3. Aufl., Wiesbaden.

**Bray, D. W./Campbell, R. J./Grant, D. L. (1974)**: Formative years in business. A long-term AT & T study of managerial lives, New York [u. a.].

**Brockhaus, J./Ziegele, D./Binder-Tietz, S./Hoffmann, C. P. (2019)**: Diversität im Aufsichtsrat – TecDAX als Vorreiter?, in: Der Aufsichtsrat, Jg. 16, Heft 9, S. 125-127.

**Brown, J. M./Berrien, F. K./Russel, D. L. (1966)**: Applied Psychology, New York, London.

**Bruggemann, A. (1974)**: Zur Unterscheidung verschiedener Formen von „Arbeitszufriedenheit", in: Arbeit und Leistung, Jg. 28, Heft 11, S. 281-284.

**Bruggemann, A./Groskurth, P./Ulich, E. (1975)**: Arbeitszufriedenheit, Bern [u. a.].

**Brühl, K. (2009)**: Corporate Governance, Strategie und Unternehmenserfolg – Ein Beitrag zum Wettbewerb alternativer Corporate-Governance-Systeme, Wiesbaden.

**Brush, D. H./Moch, M. K./Pooyan, A. (1987)**: Individual demographic differences and job satisfaction, in: Journal of Organizational Behavior, Jg. 8, Heft 2, S. 139-155.

**Bryman, A. (2008)**: Social research methods, 3. Aufl., Oxford.

**Buchanan, B. (1974)**: Building Organizational Commitment: The Socialization of Managers in Work Organizations, in: Administrative Science Quarterly, Jg. 19, Heft 4, S. 533-546.

**Buche, A./Jungbauer-Gans, M./Niebuhr, A./Peters, C. (2013)**: Diversität und Erfolg von Organisationen, in: Zeitschrift für Soziologie, Jg. 42, Heft 6, S. 483-501.

**Buchholz, A./Velte, P. (2014)**: Die Mitverantwortung des Aufsichtsrats für das bankenspezifische Risikomanagement und die Compliance nach dem CRD-IV-Umsetzungsgesetz, in: Controller Magazin, Jg. 39, Heft 5/6, S. 63-67.

**Buhleier, C./Krowas, N. (2010)**: Persönliche Pflicht zur Prüfung des Jahresabschlusses durch den Aufsichtsrat, in: Der Betrieb, Jg. 63, Heft 21, S. 1165-1170.

**Buhleier, C./Niehues, M./Splinter, S. (2016)**: Praktische Herausforderungen bei der Umsetzung der neuen Anforderungen an den Prüfungsausschuss des Aufsichtsrats, in: Der Betrieb, Jg. 69, Heft 33, S. 1885-1892.

**Bühner, M. (2011)**: Einführung in die Test- und Fragebogenkonstruktion, 3. Aufl., München [u. a.].

**Bultmann, S. J. (2010)**: Fusion von Genossenschaftsbanken – Hinweise zur Vermeidung von Fehlerquellen: Erfahrungen und Lösungsansätze aus der anwaltlichen Praxis, in: Zeitschrift für das gesamte Genossenschaftswesen (ZfgG), Jg. 60, Heft 1, S. 23-36.

**Bundesministerium der Justiz und für Verbraucherschutz (2017)**: Monitoring – Frauen und Männer in Führungspositionen, https://www.bmjv.de/shareddocs/dow nloads/de/service/studienuntersuchungenfachbuecher/03082017_monitoring_fue pog.pdf;jsessionid=457f123545a3C7381b8159b040C5591d.1_cid324?__blob=pu blicationfile&v=1, zuletzt geprüft am 30.03.2017.

**Burzan, N. (2019)**: Indikatoren, in: Baur, N./Blasius, J. (Hrsg.), Handbuch Methoden der empirischen Sozialforschung, 2. Aufl., Wiesbaden, S. 1415-1422.

**Büschemann, K.-H. (2016)**: Wenn die Kontrolle fehlt, in: Der Aufsichtsrat, Jg. 13, Heft 12, S. 169.

**Büssing, A./Herbig, B./Bissels, T./Krüsken, J. (2006)**: Formen der Arbeitszufriedenheit und Handlungsqualität in Arbeits- und Nicht-Arbeitskontexten, in: Fischer, L. (Hrsg.), Arbeitszufriedenheit – Konzepte und empirische Befunde, 2. Aufl., Göttingen, S. 135-159.

**Büttel, P./Sawahn, W. (2019)**: Regulatorische Agenda für Vorstand und Aufsichtsrat 2019 – neue Schwerpunkte, in: Zeitschrift für das gesamte Kreditwesen (ZfgK), Jg. 72, Heft 4, S. 168-177.

**Büttner, R. (2010a)**: Zum situativen Einfluss der Weltwirtschaftskrise 2008 ff. auf die Arbeitsmotivation und die Arbeitszufriedenheit: Eine empirische Studie zu Einstellungsveränderungen hinsichtlich der Motivations- und Hygienefaktoren der 2-Faktoren-Theorie, in: Arbeit, Jg. 19, Heft 4, S. 289-294.

**Büttner, R. (2010b)**: Zu den Einflussfaktoren der Arbeitsmotivation und -zufriedenheit: Eine empirische Studie zu Herbergs 2-Faktoren-Theorie, Arbeitspapier, München.

**Büttner, R. (2013)**: Zur Korrelation des Alters mit Arbeitsmotivation und -zufriedenheit – Eine empirische Studie zu Einstellungsveränderungen hinsichtlich der Motivations- und Hygienefaktoren der 2-Faktoren-Theorie, in: Göke, M./Heupel, T. (Hrsg.), Wirtschaftliche Implikationen des demografischen Wandels – Herausforderungen und Lösungsansätze, Wiesbaden, S. 367-381.

**BVR (2006)**: Strategiepapier Mitgliedschaft, Neuwied.

**BVR (2011)**: Ursprung und Praxis der Genossenschaftsbanken, http://vrnetworld.e u/pdf/pdf_infotour_diegenossenschaftsbank_korrsschr.pdf, zuletzt geprüft am 28.11.2014.

**BVR (2019)**: Statut der Sicherungseinrichtung, https://www.bvr.de/p.nsf/0/0d8a2 8e0bf982915C1257e760044bf89/$file/se_statut_2019.pdf, zuletzt geprüft am 23.01.2021.

**BVR (2020a)**: Entwicklung der Volksbanken und Raiffeisenbanken von 1970 bis Ende 2019, https://www.bvr.de/p.nsf/0/f0f8a6d1636d3a1CC1257d0a00540564/$fi le/entwicklung%20der%20banken%20seit%201970.pdf, zuletzt geprüft am 19.10.2020.

**BVR (2020b):** Liste aller Genossenschaftsbanken, https://www.bvr.de/p.nsf/0/d3e 488df22571CeCC1257d0a005439b7/$file/liste_allebanken.pdf, zuletzt geprüft am 19.10.2020.

**BVR (2020c):** Mitarbeiter in den Kreditgenossenschaften seit 1990 in Gesamtdeutschland, https://www.bvr.de/p.nsf/0/92520Cfe9af551C3C1257d0a00561e4e/ $file/bVr_table_beschaeftigte2020.pdf, zuletzt geprüft am 15.01.2021.

**BVR (2021):** Die Idee der Genossenschaftsbanken, https://www.vr.de/privatkunde n/waswirandersmachen/genossenschaftsbank.html, zuletzt geprüft am 15.01.2021.

**Calder, B. J./Staw, B. M. (1975):** Self-perception of intrinsic and extrinsic motivation, in: Journal of Personality and Social Psychology, Jg. 31, Heft 4, S. 599-605.

**Campbell, J. P./Dunnette, M. D./Lawler III., E. E./Weick jr., K. E. (1970):** Managerial behavior, performance, and effectiveness, New York.

**Campbell, J. P./Pritchard, R. D. (1976):** Motivation theory in industrial and organizational psychology, in: Dunnette, M. D. (Hrsg.), Handbook of Industrial and Organizational Psychology, Chicago, S. 63-130.

**Campbell, K./Mínguez-Vera, A. (2008):** Gender Diversity in the Boardroom and Firm Financial Performance, in: Journal of Business Ethics, Jg. 83, Heft 3, S. 435-451.

**Campion, M. A./Higgs, A. C./Medsker, G. J. (1993):** Relations between Work Group Characteristics and Effectiveness: Implications for Designing Effective Work Groups, in: Personnel Psychology, Jg. 46, Heft 4, S. 823-847.

**Carcello, J./Hermanson, D./Ye, Z. (2011):** Corporate Governance Research in Accounting and Auditing: Insights, Practice Implications, and Future Research Directions, in: Auditing: A journal of Practice & Theory, Jg. 30, Heft 3, S. 1-32.

**Caritas (2014):** Ehrenamt, https://caritas.erzbistumkoeln.de/rheinsieg_cv/main/eh renamt/ehrenamt_standard/index.html, zuletzt geprüft am 30.11.2014.

**Carter, M. E./Franco, F./Gine, M. (2017):** Executive Gender Pay Gaps – The Roles of Female Risk Aversion and Board Representation, in: Contemporary Accounting Research, Jg. 34, Heft 2, S. 1232-1264.

**Cassel, C./Hackl, P./Westlund Anders H (1999):** Robustness of partial least squares method for estimating latent variable quality structures, in: Journal of Applied Statistics, Jg. 26, Heft 4, S. 435-446.

**Cenfetelli, R. T./Bassellier, G. (2009)**: Interpretation of Formative Measurement in Information Systems Research, in: MIS Quarterly, Jg. 33, Heft 4, S. 689-707.

**Certo, S. T./Lester, R. H./Dalton, C. M./Dalton, D. R. (2006)**: Top Management Teams, Strategy and Financial Performance: A Meta-Analytic Examination, in: Journal of Management Studies, Jg. 43, Heft 4, S. 813-839.

**Ceschinski, W./Behrmann, M./Sassen, R. (2018)**: Querbesetzung in Aufsichtsratsausschüssen von DAX-Unternehmen – Empirische Befunde zur Umsetzung der Selbstorganisationspflicht, in: Zeitschrift für Corporate Governance (ZCG), Jg. 13, Heft 1, S. 28-36.

**Chin, W. W. (1998a)**: Issues and Opinion on Structural Equation Modeling, in: MIS Quarterly, Jg. 22, Heft 3, S. 7-16.

**Chin, W. W. (1998b)**: The partial least squares approach for structural equation modeling, in: Marcoulides, G. A. (Hrsg.), Modern methods for business research, London, S. 295-336.

**Chin, W. W./Kim, Y. J./Lee, G. (2013)**: Testing the Differential Impact of Structural Paths in PLS Analysis: A Bootstrapping Approach, in: Abdi, H./Chin, W. W./Esposito Vinzi, V./Russolillo, G./Trinchera, L. (Hrsg.), New Perspectives in Partial Least Squares and Related Methods, New York, S. 221-229.

**Chin, W. W./Marcolin, B./Newsted, P. (2003)**: A Partial Least Squares Latent Variable Modelling Approach for Measuring Interaction Effects: Results from a Monte Carlo Simulation Study and an Electronic-mail Emotion/Adoption Study, in: Information Systems Research, Jg. 14, Heft 2, S. 189-218.

**Chin, W. W./Todd, P. A. (1995)**: On the Use, Usefulness, and Ease of Use of Structural Equation Modeling in MIS Research: A Note of Caution, in: MIS Quarterly, Jg. 19, Heft 6, S. 237-246.

**Christophersen, T./Grape, C. (2009)**: Die Erfassung latenter Konstrukte mit Hilfe formativer und reflektiver Messmodelle, in: Albers, S./Klapper, D./Konradt, U./Walter, A./Wolf, J. (Hrsg.), Methodik der empirischen Forschung, 3. Aufl., Wiesbaden, S. 103-118.

**Churchill, G. A. (1979)**: A Paradigm for Developing Better Measures of Marketing Constructs, in: Journal of Marketing Research (JMR), Jg. 16, Heft 1, S. 64-73.

**Churchill, G. A./Surprenant, C. (1982)**: An Investigation into the Determinants of Customer Satisfaction, in: Journal of Marketing Research (JMR), Jg. 19, Heft 4, S. 491-504.

**Clark, A./Oswald, A./Warr, P. (1996):** Is job satisfaction U-shaped in age?, in: Journal of Occupational and Organizational Psychology, Jg. 69, Heft 1, S. 57-81.

**Clary, E. G./Snyder, M. (1999):** The Motivations to Volunteer, in: Current Directions in Psychological Science, Jg. 8, Heft 5, S. 156-159.

**Clary, E. G./Snyder, M./Ridge, R. D./Copeland, J./Stukas, A. A./Haugen, J./Miene, P. (1998):** Understanding and assessing the motivations of volunteers: A functional approach, in: Journal of Personality and Social Psychology, Jg. 74, Heft 6, S. 1516-1530.

**Cohen, J. (1988):** Statistical power analysis for the behavioral sciences, 2. Aufl., Hillsdale.

**Colemann, J. S. (1988):** Social Capital in the Creation of Human Capital, in: American Journal of Sociology, Jg. 94, Heft 1, S. 95-120.

**Comelli, G./Rosenstiel, L. von/Nerdinger, F. W. (2014):** Führung durch Motivation, 5. Aufl., München.

**Commerzbank AG (2020):** Geschäftsbericht 2019, https://www.commerzbank.de /media/aktionaere/service/archive/konzern/2020_4/geschaeftsbericht_2019_konz ern_de.pdf, zuletzt geprüft am 19.10.2020.

**Cook, M. (1995):** The Future of U.S. Agricultural Cooperatives: A Neo-Institutional Approach, in: American journal of agricultural economics, Jg. 77, Heft 5, S. 1153-1159.

**Cornforth, C. (2004):** The Governance of Cooperatives and Mutual Associations: A Paradox Perspective, in: Annals of Public and Cooperative Economics, Jg. 75, Heft 1, S. 11-32.

**Costa, P. T./McCrae, R. R./Holland, J. L. (1984):** Personality and vocational interests in an adult sample, in: Journal of Applied Psychology, Jg. 69, Heft 3, S. 390-400.

**Cox, E. P. (1980):** The Optimal Number of Response Alternatives for a Scale: A Review, in: Journal of Marketing Research (JMR), Jg. 17, Heft 4, S. 407-422.

**Csikszentmihalyi, M. (1975):** Beyond Boredom and Anxiety, San Francisco.

**Csikszentmihalyi, M./Rathunde, K. (1933):** The measurement of flow in everyday life: Towards a theory of emergent motivation, in: Jacobs, J. E./Ryan, R. M. (Hrsg.), Developmental perspectives on motivation, Lincoln, S. 57-97.

**Cünnen, A. (2020)**: Zahl der Aktienbesitzer in Deutschland ist um 660.000 gesunken, in: Handelsblatt, 28.02.2020, https://www.handelsblatt.com/finanzen/anlagest rategie/trends/deutschesaktieninstitutzahlderaktienbesitzerindeutschland-istum66 0000gesunken/25593302.html?ticket=st5525858-nt9Yfktb0zsf5i9s6iJ2ap3, zuletzt geprüft am 19.09.2020.

**Curran, P. J./West, S. G./Finch, J. F. (1996)**: The Robustness of Test Statistics to Nonnormality and Specification Error in Confirmatory Factor Analysis, in: Psychological Methods, Jg. 1, Heft 1, S. 16-29.

**Curtis, R. F./Jackson, E. F. (1962)**: Multiple Indicators in Survey Research, in: American Journal of Sociology, Jg. 68, Heft 2, S. 195-204.

**Daily, C. M./Dalton, D. R./Cannella, A. A. (2003)**: Corporate Governance: Decades of Dialogue and Data, in: Academy of Management Review, Jg. 28, Heft 3, S. 371-382.

**Datta, D. K./Guthrie, J. P. (1994)**: Executive Succession: Organizational Antecedents of CEO Characteristics, in: Strategic Management Journal, Jg. 15, Heft 7, S. 569-577.

**Davis, J. H./Schoorman, F. D./Donaldson, L. (1997)**: Toward a Stewardship Theory of Management, in: Academy of Management Review, Jg. 22, Heft 1, S. 20-47.

**Deadrick, D. L./Gibson, P. A. (2009)**: Revisiting the research-practice gap in HR: A longitudinal analysis, in: Human Resource Management Review, Jg. 19, Heft 2, S. 144-153.

**Debus, M. (2010)**: Evaluation des Aufsichtsrats – Theoretische Grundlagen und empirische Befunde, Wiesbaden.

**DeCarlo, L. T. (1997)**: On the meaning and use of kurtosis, in: Psychological Methods, Jg. 2, Heft 3, S. 292-307.

**DeCharms, R. (1968)**: Personal causation: The internal affective determinants of behavior, New York.

**Deci, E. L. (1971)**: Effects of Externally Mediated Rewards on Intrinsic Motivation, in: Journal of Personality and Social Psychology, Jg. 18, Heft 1, S. 105-115.

**Deci, E. L. (1975)**: Intrinsic Motivation, New York.

**Deci, E. L./Flaste, R. (1995)**: Why We Do What We Do – The Dynamics of Personal Autonomy, New York.

**Deci, E. L./Koestner, R./Ryan, R. M. (1999)**: A Meta-Analytic Review of Experiments Examining the Effects of Extrinsic Rewards on Intrinsic Motivation, in: Psychological Bulletin, Jg. 125, Heft 6, S. 627-668.

**Deci, E. L./Ryan, R. M. (1985)**: Intrinsic Motivation and Self-Determination in Human Behaviour, New York.

**Deci, E. L./Ryan, R. M. (2000)**: The What and Why of Goal Pursuits – Human needs and the self-determination of behaviour, in: Psychological Inquiry, Jg. 11, Heft 4, S. 227-268.

**Deci, E. L./Ryan, R. M. (2008)**: Self-determination theory: A macrotheory of human motivation, development, and health, in: Canadian Psychology, Jg. 49, Heft 3, S. 182-185.

**Deci, E. L./Ryan, R. M./Gagné, M./Leone, D. R./Usunov, J./Kornazheva, B. P. (2001)**: Need Satisfaction, Motivation, and Well-Being in the Work Organizations of a Former Eastern Bloc Country: A Cross-Cultural Study of Self-Determination, in: Personality and Social Psychology Bulletin, Jg. 27, Heft 8, S. 930-942.

**Deeg, J./Küpers, W./Weibler, J. (2010)**: Integrale Steuerung von Organisationen, München.

**Deeg, J./Weibler, J. (2008)**: Die Integration von Individuum und Organisation, Wiesbaden.

**Degenhart, M. (2016)**: Befugnisse des Vorsitzenden im Rahmen der Aufsichtsratssitzung, in: Der Aufsichtsrat, Jg. 13, Heft 11, S. 160-161.

**Dehnen, P. H. (2008)**: Aufsichtsrat ist Arbeit!, in: Der Aufsichtsrat, Jg. 5, Heft 7-8, S. 97.

**Demb, A./Neubauer, F.-F. (1992)**: The corporate board – Confronting the paradoxes, New York.

**DeNeve, K. M./Cooper, H. (1998)**: The happy personality: a meta-analysis of 137 personality traits and subjective well-being, in: Psychological Bulletin, Jg. 124, Heft 2, S. 197-229.

**Deutsche Bank AG (2015)**: Geschäftsbericht 2014, Frankfurt a. M.

**Deutsche Bank AG (2020)**: Geschäftsbericht 2019, Frankfurt a. M.

**Deutsche Bundesbank (2020)**: Wichtige Aktiva und Passiva der Banken (MFIs) in Deutschland nach Bankengruppen, in: Monatsbericht, Jg. 72, Heft 12, S. 24\*-26\*.

**Deutsche Schutzvereinigung für Wertpapierbesitz e.V. (2015)**: DSW-Aufsichtsratsstudie 2015, https://www.dswinfo.de/fileadmin/redaktion/dokumente/pdf/dswau fsichtsratsstudie_2015__grafiken.pdf, zuletzt geprüft am 02.01.2021.

**Deutsche Schutzvereinigung für Wertpapierbesitz e.V. (2020)**: DSW-Aufsichtsratsstudie 2020, https://www.dswinfo.de/fileadmin/redaktion/dokumente/pdf/press e/dsw_pressekonferenz_aufsichtsratsstudie_2020__grafiken.pdf, zuletzt geprüft am 02.01.2021.

**DGRV (2021)**: Der Verband, https://www.dgrv.de/derverband/, zuletzt geprüft am 16.01.2021.

**Diamantopoulos, A. (2005)**: The C-OAR-SE procedure for scale development in marketing: a comment, in: International Journal of Research in Marketing, Jg. 22, Heft 1, S. 1-9.

**Diamantopoulos, A./Riefler, P. (2008)**: Formative Indikatoren: Einige Anmerkungen zu ihrer Art, Validität und Multikollinearität, in: Zeitschrift für Betriebswirtschaft (ZfB), Jg. 78, Heft 11, S. 1183-1196.

**Diamantopoulos, A./Winklhofer, H. M. (2001)**: Index Construction with Formative Indicators: An Alternative to Scale Development, in: Journal of Marketing Research (JMR), Jg. 38, Heft 2, S. 262-277.

**Die Deutsche Kreditwirtschaft (2015)**: Stellungnahme zum Entwurf für Konsultation 01/2015 – Merkblätter für Mitglieder von Verwaltungs- und Aufsichtsorganen und für Geschäftsleiter gemäß KWG, ZAG und KAGB vom 19. Januar 2015, https ://www.bafin.de/shareddocs/downloads/de/konsultation/2015/dl_kon_0115_stn_d k_ba_va.pdf?__blob=publicationfile&v=1, zuletzt geprüft am 14.01.2021.

**Diederichs, M./Kißler, M. (2008)**: Aufsichtsratreporting, München.

**Diener, E./Fujita, F. (1995)**: Resources, personal strivings, and subjective well-being: A nomothetic and idiographic approach, in: Journal of Personality and Social Psychology, Jg. 68, Heft 5, S. 926-935.

**Diener, E./Nickerson, C./Lucas, R. E./Sandvik, E. (2002)**: Dispositional Affect and Job Outcomes, in: Social Indicators Research, Jg. 59, Heft 3, S. 229-259.

**Diener, E./Oishi, S./Lucas, R. E. (2003)**: Personality, culture, and subjective well-being: emotional and cognitive evaluations of life, in: Annual Review of Psychology, Jg. 54, S. 403-425.

**Dierig, C. (2015)**: Viele Dax-Konzerne ignorieren Frauenquote noch, in: Die Welt, 28.04.2015, http://www.welt.de/wirtschaft/article140185395/VieleDax-konzerneign orierenfrauenquotenoch.html.

**Dijkstra, T. K. (2014)**: PLS' Janus Face – Response to Professor Rigdon's 'Rethinking Partial Least Squares Modeling: In Praise of Simple Methods', in: Long Range Planning, Jg. 47, Heft 3, S. 146-153.

**Dijkstra, T. K./Henseler, J. (2015a)**: Consistent and asymptotically normal PLS estimators for linear structural equations, in: Computational Statistics & Data Analysis, Jg. 81, Heft 1, S. 10-23.

**Dijkstra, T. K./Henseler, J. (2015b)**: Consistent Partial Least Squares Path Modeling, in: MIS Quarterly, Jg. 39, Heft 2, S. 297-316.

**Dilger, A./Frick, B./Speckbacher, G. (1999)**: Mitbestimmung als zentrale Frage der Corporate Governance, in: Frick, B./Kluge, N./Streeck, W. (Hrsg.), Die wirtschaftlichen Folgen der Mitbestimmung, Frankfurt a. M., New York, S. 19-52.

**Diller, H. (2006)**: Probleme der Handhabung von Strukturgleichungsmodellen in der betriebswirtschaftlichen Forschung, in: Die Betriebswirtschaft (DBW), Jg. 66, Heft 6, S. 611-617.

**Dillman, D. A. (2007)**: Mail and Internet surveys – The tailored design method, 2. Aufl., Hillsdale.

**Dillman, D. A./Sinclair, M. D./Clark, J. R. (1993)**: Effects of Questionnaire Length, Respondent-Friendly Design, and a Difficult Question on Response Rates for Occupant-Addressed Census Mail Surveys, in: Public Opinion Quarterly, Jg. 57, Heft 3, S. 289-304.

**Dillman, D. A./Smyth, J. D./Christian, L. M. (2014)**: Internet, phone, mail, and mixed-mode surveys – The tailored design method, 4. Aufl., Hoboken.

**DIN Deutsches Institut für Normung e. V. (2015)**: Leitlinien für Geschäftsprozesse in Aufsichtsgremien (DIN SPEC 33456), Berlin.

**Doetsch, P. (2013)**: Vergütungsmodelle für Vorstände und Aufsichtsräte rechtskonform und praxistauglich gestalten, in: Hölscher, R./Altenhain, K. (Hrsg.), Handbuch Aufsichts- und Verwaltungsräte in Kreditinstituten – Rechtlicher Rahmen, betriebswirtschaftliche Herausforderungen, Best Practices, Berlin, S. 441-464.

**Donaldson, L. (1990)**: The Ethereal Hand: Organizational Economics and Management Theory, in: Academy of Management Review, Jg. 15, Heft 3, S. 369-381.

**Donaldson, L./Davis, J. H. (1991)**: Stewardship Theory or Agency Theory: CEO Governance and Shareholder Returns, in: Australian Journal of Management, Jg. 16, Heft 1, S. 49-65.

**Donschen, A. (2008)**: Die genossenschaftliche Pflichtprüfung – Vergleich mit Vereins- und Aktienrecht, Aachen.

**Doralt, P./Doralt, W. (2013)**: Haftung und Schadensersatz, in: Schenck, K. von (Hrsg.), Arbeitshandbuch für Aufsichtsratsmitglieder, 4. Aufl., München, S. 811-891.

**Dorfleitner, G./Hornuf, L. (2019)**: FinTech und Datenschutz, Wiesbaden.

**Döring, N./Bortz, J. (2016a)**: Datenaufbereitung, in: Döring, N./Bortz, J. (Hrsg.), Forschungsmethoden und Evaluation in den Sozial- und Humanwissenschaften, 5. Aufl., Berlin, Heidelberg, S. 579-595.

**Döring, N./Bortz, J. (2016b)**: Datenerhebung, in: Döring, N./Bortz, J. (Hrsg.), Forschungsmethoden und Evaluation in den Sozial- und Humanwissenschaften, 5. Aufl., Berlin, Heidelberg, S. 321-578.

**Döring, N./Bortz, J. (2016c)**: Operationalisierung, in: Döring, N./Bortz, J. (Hrsg.), Forschungsmethoden und Evaluation in den Sozial- und Humanwissenschaften, 5. Aufl., Berlin, Heidelberg, S. 221-290.

**Döring, N./Bortz, J. (2016d)**: Stichprobenziehung, in: Döring, N./Bortz, J. (Hrsg.), Forschungsmethoden und Evaluation in den Sozial- und Humanwissenschaften, 5. Aufl., Berlin, Heidelberg, S. 291-319.

**Dormann, C./Zapf, D. (2001)**: Job satisfaction: a meta-analysis of stabilities, in: Journal of Organizational Behavior, Jg. 22, Heft 5, S. 483-504.

**Downward, P./Lumsdon, L./Ralston, R. (2005)**: Gender differences in sports event volunteering: insights from Crew 2002 at the XVII Commonwealth Games, in: Managing Leisure, Jg. 10, Heft 4, S. 219-236.

**Draheim, G. (1952)**: Die Genossenschaft als Unternehmungstyp, Göttingen.

**Drumm, H. J. (2005)**: Personalwirtschaft, 5. Aufl., Berlin, Heidelberg, New York.

**Drygala, T. (2010)**: Der Finanzexperte im Aufsichtsrat als Plausibilitätsprüfer?, in: Der Aufsichtsrat, Jg. 7, Heft 7-8, S. 104-105.

**DSGV (2020a)**: Die Sparkassen-Finanzgruppe in Zahlen 2019, https://www.dsgv.d e/bin/servlets/sparkasse/download?path=%2fcontent%2fdam%2fdsgv-de%2fspar kassenfinanzgruppe%2fdownloads%2fsfg_in_zahlen_2019.pdf&name=die+spark assenfinanzgruppe+in+zahlen.pdf, zuletzt geprüft am 19.10.2020.

**DSGV (2020b)**: Geschäftszahlen Zahlen & Fakten 2019, https://www.dsgv.de/bin/ servlets/sparkasse/download?path=%2fcontent%2fdam%2fdsgv-de%2fsparkasse nfinanzgruppe%2fdownloads%2fflyer+2019.pdf&name=gesch%C3%a4ftszahlen+ -+zahlen+und+fakten+2019.pdf, zuletzt geprüft am 19.10.2020.

**DSGV (2020c)**: Statistisches Beiheft 2019, https://www.dsgv.de/bin/servlets/spark asse/download?path=%2fcontent%2fdam%2fdsgv-de%2fsparkassenfinanzgrupp e%2fdownloads%2fstatistisches+beiheft+2019.pdf&name=statistisches+beiheft.p df, zuletzt geprüft am 19.10.2020.

**Dülfer, E. (1980)**: Welche Relevanz hat der ‚Förderungsauftrag' für die Pflichtprü- fung der eingetragenen Genossenschaft?, in: Zeitschrift für das gesamte Genos- senschaftswesen (ZfgG), Jg. 30, Heft 1, S. 47-61.

**Dülfer, E. (1984)**: Betriebswirtschaftslehre der Kooperative – Kommunikation und Entscheidungsbildung in Genossenschaften und vergleichbaren Organisationen, Göttingen.

**Dülfer, E./Kramer, J. W. (1991)**: Schwachstellenanalyse und Frühwarnsysteme bei Genossenschaftsbanken, Göttingen.

**Düssel, C. M./Nelißen, B. (2017)**: Sorgfältig überwachen, in: Bankinformation (BI), Jg. 44, Heft 1, S. 34-37.

**Dutzi, A. (2005)**: Der Aufsichtsrat als Instrument der Corporate Governance – Öko- nomische Analyse der Veränderungen im Corporate-Governance-System börsen- notierter Aktiengesellschaften, Wiesbaden.

**DZ BANK AG (2015)**: Geschäftsbericht 2014, Frankfurt a. M.

**DZ BANK AG (2020)**: Geschäftsbericht 2019, Frankfurt a. M.

**EBA (2011)**: Leitlinien zur internen Governance, https://www.eba.europa.eu/sites/ default/documents/files/documents/10180/103861/33fdf51dbfcd40b18108-10905 614ef3e/eba_2012_00210000_de_Cor.pdf?retry=1,       zuletzt      geprüft      am 14.01.2021.

**EBA (2012)**: Leitlinien zur Bewertung der Eignung von Mitgliedern des Leitungsor-gans und Inhabern von Schlüsselfunktionen, EBA/GL/2017/12, https://www.eba.e uropa.eu/sites/default/documents/files/documents/10180/106695/52dfcf5142ae4b dc-82534f19705554d0/eba_2012_00220000_de_Cor.pdf?retry=1, zuletzt geprüft am 14.01.2021.

**EBA (2017)**: Leitlinien zur internen Governance, https://www.eba.europa.eu/sites /default/documents/files/documents/10180/2164689/411fdd9d81744366ab363aa 9b0a1d716/guidelines%20on%20internal%20governance%20%28ebagl2017-11 %29_de.pdf?retry=1, zuletzt geprüft am 01.01.2020.

**EBA/ESMA (2018)**: Leitlinien zur Bewertung der Eignung von Mitgliedern des Lei-tungsorgans und Inhabern von Schlüsselfunktionen, EBA/GL/2017/12, https://ww w.eba.europa.eu/sites/default/documents/files/documents/10180/1972984/43592 777-a5434a428d39530dd4401832/Joint%20esma%20and%20eba%20guidelines %20on%20the%20assessment%20of%20suitability%20of%20members%20of%2 0the%20management%20body%20and%20key%20function%20holders%20%2 8ebagl2017-12%29.pdf?retry=1, zuletzt geprüft am 01.01.2020.

**Eberl, M. (2004)**: Formative und reflektive Indikatoren im Forschungsprozess: Ent-scheidungsregeln und die Dominanz des reflektiven Modells, Arbeitspapier Nr. 1904, München, http://www.imm.bwl.unimuenchen.de/forschung/schriftenefo/a p_efoplan_19.pdf, zuletzt geprüft am 19.02.2021.

**Eberl, M. (2006)**: Formative und reflektive Konstrukte und die Wahl des Struk-turgleichungsverfahrens: eine statistische Entscheidungshilfe, in: Die Betriebswirt-schaft (DBW), Jg. 66, Heft 6, S. 651-668.

**Ebert, M. (2010)**: Der Konzernabschluss als Element der Corporate Governance, Wiesbaden.

**Ebert, M./Zein, N. (2007)**: Wertorientierte Vergütung des Aufsichtsrats – Auswir-kungen auf den Unternehmenswert, Arbeitspapier Nr. 07-39, Mannheim.

**Eby, L. T./Freeman, D. M./Rush, M. C./Lance, C. E. (1999)**: Motivational bases of affective organizational commitment: A partial test of an integrative theoretical model, in: Journal of Occupational and Organizational Psychology, Jg. 72, Heft 4, S. 463-483.

**Eckhardt, S. (2017)**: Sachkunde für den Aufsichtsrat, in: Die Bank, Heft 10, S. 76-77.

**Ees, H. van/Gabrielsson, J./Huse, M. (2009)**: Toward a Behavioral Theory of Boards and Corporate Governance, in: Corporate Governance: An International Review, Jg. 17, Heft 3, S. 307-319.

**Efron, B. (1979)**: Bootstrap Methods: Another Look at the Jackknife, in: The Annals of Statistic, Jg. 7, Heft 1, S. 1-26.

**Egan, T. M./Yang, B./Bartlett, K. R. (2004)**: The Effects of Organizational Learning Culture and Job Satisfaction on Motivation to Transfer Learning and Turnover Intention, in: Human Resource Development Quarterly, Jg. 15, Heft 3, S. 279-301.

**Eibelshäuser, B. (2011)**: Unternehmensüberwachung als Element der Corporate Governance – Eine Analyse der Aufsichtsratstätigkeit in börsennotierten Unternehmen unter Berücksichtigung von Familienunternehmen, Wiesbaden.

**Eim, A. (2004)**: Das Drei-Säulen-System der deutschen Kreditwirtschaft unter besonderer Berücksichtigung des Genossenschaftlichen Finanzverbundes, Münster.

**Eisert, R./Zerfaß, F./Welp, C. (2015)**: Kontrolle ist gut, Vertrauen besser, in: WirtschaftsWoche, Heft 1, S. 88-92.

**Elsass, P. M./Graves, L. M. (1997)**: Demographic Diversity in Decision-Making Groups: The Experiences of Women and People of Color, in: Academy of Management Review, Jg. 22, Heft 4, S. 946-973.

**Emmerich, B. (1980)**: Zur Operationalisierung des genossenschaftlichen Förderungsauftrages – Ein Beitrag zur Erfassung der Präferenzstrukturen und Messung des Zufriedenheitsgrades von Individuen und Gruppen, in: Zeitschrift für das gesamte Genossenschaftswesen (ZfgG), Jg. 30, Heft 1, S. 318-329.

**Engel, U./Schmidt, B. O. (2019)**: Unit- und Item-Nonresponse, in: Baur, N./Blasius, J. (Hrsg.), Handbuch Methoden der empirischen Sozialforschung, 2. Aufl., Wiesbaden, S. 385-404.

**Entorf, H./Gattung, F./Möbert, J./Pahlke, I. (2008)**: Aufsichtsratsverflechtungen und ihr Einfluss auf die Vorstandsbezüge von DAX-Unternehmen, Discussion Paper Nr. 08-036, Mannheim.

**Erdfelder, E./Faul, F./Buchner, A. (1996)**: GPOWER: A general power analysis program, in: Behavior Research Methods, Instruments, & Computers, Jg. 28, Heft 1, S. 1-11.

**Ertl, B./Luttenberger, S./Paechter, M. (2014):** Stereotype als Einflussfaktoren auf die Motivation und die Einschätzung der Eigenen Fähigkeiten bei Studentinnen in MINT-Fächern, in: Gruppendynamik und Organisationsberatung, Jg. 45, Heft 4, S. 419-440.

**Esch, F.-R./Fischer, A./Hartmann, K./Strödter, K. (2008):** Management des Markencommitments in Dienstleistungsunternehmen, in: Bruhn, M./Stauss, B. (Hrsg.), Dienstleistungsmarken: Forum    Dienstleistungsmanagement,    Wiesbaden, S. 233-254.

**Eschenburg, R. (1972):** Genossenschaft und Demokratie, in: Zeitschrift für das gesamte Genossenschaftswesen (ZfgG), Jg. 22, Heft 1, S. 132-158.

**Eschenburg, R. (1988):** Zur Anwendung der Anreiz-Beitrags-Theorie in Genossenschaften, in: Zeitschrift für das gesamte Genossenschaftswesen (ZfgG), Jg. 38, Heft 1, S. 250-262.

**Eskildsen, J. K./Kristensen, K./Westlund, A. H. (2004):** Work motivation and job satisfaction in the Nordic countries, in: Employee Relations, Jg. 26, Heft 2, S. 122-136.

**Esser, I./Hillebrand, K.-P./Walter, K.-F. (2006):** Unabhängigkeit der genossenschaftlichen Prüfungsverbände, in: Zeitschrift für das gesamte Genossenschaftswesen (ZfgG), Jg. 56, Heft 1, S. 26-58.

**Eulerich, M./Lohmann, C. (2019):** Arbeitnehmervertreter im Aufsichtsrat – Die Praxis der Unternehmensüberwachung am Beispiel des Risikomanagements, in: Zeitschrift für Corporate Governance (ZCG), Jg. 14, Heft 4, S. 172-177.

**Eulerich, M./Lohmann, C./Haustein, S./Tunger, D. (2014):** Die Entwicklung der betriebswirtschaftlichen Corporate Governance-Forschung im deutschsprachigen Raum – Eine State of the Art-Analyse auf der Basis bibliometrischer Daten, in: Schmalenbachs Zeitschrift für betriebswirtschaftliche Forschung (ZfbF), Jg. 66, Heft 7, S. 567-600.

**Eulerich, M./Welge, M. (2010a):** Überwachung guter Corporate Governance mithilfe einer Aufsichtsrats-Scorecard, in: Der Aufsichtsrat, Jg. 7, Heft 2, S. 18-19.

**Eulerich, M./Welge, M. (2010b):** Strategische Unternehmensüberwachung durch den mitbestimmten Aufsichtsrat in Krisenzeiten, Arbeitspapier Nr. 225, http://www .boeckler.de/pdf/p_arbp_225.pdf, zuletzt geprüft am 19.02.2021.

**Europäische Kommission (2010a)**: Grünbuch – Corporate Governance in Finanzinstituten und Vergütungspolitik, http://eurlex.europa.eu/lexuriserv/lexuriser v.do?uri=Com:2010:0284:fin:de:pdf, zuletzt geprüft am 11.11.2014.

**Europäische Kommission (2010b)**: Grünbuch – Weiteres Vorgehen im Bereich der Abschlussprüfung: Lehren aus der Krise, http://eurlex.europa.eu/lexuriserv/le xuriserv.do?uri=Com:2010:0561:fin:de:pdf, zuletzt geprüft am 11.11.2014.

**Eutsler, J./Lang, B. (2015)**: Rating Scales in Accounting Research: The Impact of Scale Points and Labels, in: Behavioral Research in Accounting, Jg. 27, Heft 2, S. 35-51.

**Evers, H. (2009)**: Vorstands- und Aufsichtsratsvergütung, in: Hommelhoff, P./Hopt, K. J./Werder, A. von (Hrsg.), Handbuch Corporate Governance: Leitung und Überwachung börsennotierter Unternehmen in der Rechts- und Wirtschaftspraxis, 2. Aufl., Stuttgart, S. 349-387.

**EZB (2018)**: Leitfaden zur Beurteilung der fachlichen Qualifikation und persönlichen Zuverlässigkeit, https://www.bankingsupervision.europa.eu/ecb/pub/pdf/ssm .fap_guide_201705_rev_201805.de.pdf, zuletzt geprüft am 26.11.2019.

**Falk, R. F./Miller, N. B. (1992)**: A primer for soft modeling, Akron.

**Fallgatter, M. J. (2003)**: Variable Vergütung von Mitgliedern des Aufsichtsrates: Resultiert eine verbesserte Unternehmensüberwachung?, in: Die Betriebswirtschaft (DBW), Jg. 63, Heft 6, S. 703-713.

**Fallgatter, M. J. (2004)**: Die Empfehlungen zur Aufsichtsratsvergütung des Deutschen Aktieninstitutes und von Towers Perrin – Eine Analyse der Anreizwirkungen, in: Betriebswirtschaftliche Forschung und Praxis (BFuP), Jg. 56, Heft 5, S. 452-462.

**Fama, E. F./Jensen, M. C. (1983)**: Separation of ownership and control, in: Journal of Law & Economics, Jg. 26, Heft 2, S. 301-325.

**Fassina, N. E./Jones, D. A./Uggerslev, K. L. (2008)**: Relationship Clean-Up Time: Using Meta-Analysis and Path Analysis to Clarify Relationships Among Job Satisfaction, Perceived Fairness, and Citizenship Behaviors, in: Journal of Management, Jg. 34, Heft 2, S. 161-188.

**Fassott, G. (2006)**: Operationalisierung latenter Variablen in Strukturgleichungsmodellen: Eine Standortbestimmung, in: Schmalenbachs Zeitschrift für betriebswirtschaftliche Forschung (ZfbF), Jg. 58, Heft 1, S. 67-88.

**Faul, F./Erdfelder, E./Buchner, A./Lang, A.-G. (2009)**: Statistical power analyses using G*Power 3.1: Tests for correlation and regression analyses, in: Behavior Research Methods, Jg. 41, Heft 4, S. 1149-1160.

**Faul, F./Erdfelder, E./Lang, A.-G./Buchner, A. (2007)**: G*Power 3: A flexible statistical power analysis program for the social, behavioral, and biomedical sciences, in: Behavior Research Methods, Jg. 39, Heft 2, S. 175-191.

**Faulbaum, F. (2019)**: Total Survey Error, in: Baur, N./Blasius, J. (Hrsg.), Handbuch Methoden der empirischen Sozialforschung, 2. Aufl., Wiesbaden, S. 505-521.

**Favoccia, D./Thorborg, H. (2016)**: Wie sich die Geschlechterquote auf die Arbeit von Aufsichtsräten auswirkt, in: Der Aufsichtsrat, Jg. 13, Heft 7, S. 108-109.

**Favoccia, D./Thorborg, H. (2017)**: Haftung und Reputation: Aufsichtsräte sehen steigendes Risiko, in: Der Aufsichtsrat, Jg. 14, Heft 12, S. 170-171.

**Fehr, E./Fischbacher, U. (2002)**: Why social preferences matter. The impact of non-selfish motives on competition, cooperation and incentives, in: The Economic Journal, Jg. 112, Heft 3, S. C1-C33.

**Fehre, K./Spiegelhalder, R. (2017)**: Same same, but different – Eine Analyse des Humankapitals weiblicher und männlicher Aufsichtsräte in Deutschland, in: Schmalenbachs Zeitschrift für betriebswirtschaftliche Forschung (ZfbF), Jg. 69, Heft 3, S. 311-343.

**Felfe, J. (2009)**: Mitarbeiterführung, Göttingen, Bern, Wien.

**Felfe, J./Six, B. (2006)**: Die Relation von Arbeitszufriedenheit und Commitment, in: Fischer, L. (Hrsg.), Arbeitszufriedenheit – Konzepte und empirische Befunde, 2. Aufl., Göttingen, S. 37-60.

**FidAR e. V. (2019)**: Women-on-Board-Index 185 2019, https://www.fidar.de/webmedia/documents/wobindex-185/201906/190114_studie_wobindex_185_iii.pdf, zuletzt geprüft am 16.06.2020.

**Fields, D. L. (2002)**: Taking the measure of work – A guide to validated scales for organizational research and diagnosis, Thousand Oaks.

**Fietz, J./Friedrichs, J. (2019)**: Gesamtgestaltung des Fragebogens, in: Baur, N./Blasius, J. (Hrsg.), Handbuch Methoden der empirischen Sozialforschung, 2. Aufl., Wiesbaden, S. 813-828.

**Finkelstein, S./Mooney, A. C. (2003):** Not the usual suspects: How to use board process to make boards better, in: Academy of Management Perspectives (AMP), Jg. 17, Heft 2, S. 101-113.

**Finn, A./Kayande, U. (2005):** How fine is C-OAR-SE? A generalizability theory perspective on Rossiter's procedure, in: International Journal of Research in Marketing, Jg. 22, Heft 1, S. 11-21.

**Fischer, L. (1989):** Strukturen der Arbeitszufriedenheit – Zur Analyse individueller Bezugssysteme, Göttingen.

**Fischer, L./Belschak, F. (2006):** Objektive Arbeitszufriedenheit? Oder: Was messen wir, wenn wir nach der Zufriedenheit mit der Arbeit fragen?, in: Fischer, L. (Hrsg.), Arbeitszufriedenheit – Konzepte und empirische Befunde, 2. Aufl., Göttingen, S. 80-108.

**Fischer, L./Fischer, O. (2005):** Arbeitszufriedenheit: Neue Stärken und alte Risiken eines zentralen Konzepts der Organisationspsychologie, in: Wirtschaftspsychologie, Jg. 7, Heft 1, S. 5-20.

**Fischer, L./Lück, H. E. (1972):** SAZ – Skala zur Messung von Arbeitszufriedenheit, in: Psychologie und Praxis, Heft 16, S. 64-76.

**Fischer, L./Wiswede, G. (2009):** Grundlagen der Sozialpsychologie, 3. Aufl., München.

**Fischer, T. M./Beckmann, S. (2007):** Die Informationsversorgung der Mitglieder des Aufsichtsrats – Ergebnisse einer empirischen Studie deutscher börsennotierter Aktiengesellschaften, Nürnberg.

**Fischer, T. M./Beckmann, S. (2008):** Sonder- und Anforderungsberichterstattung im Aufsichtsrat, in: Der Aufsichtsrat, Jg. 5, Heft 12, S. 174-176.

**Fischhuber, S. (2008):** Effizienzprüfung: Evaluierung der Aufsichtsratsarbeit, in: Zeitschrift für Corporate Governance (ZCG), Jg. 3, Heft 2, S. 76-85.

**Fischhuber, S./Preen, A. von (2012):** Effizienzprüfung: Evaluierung der Aufsichtsratstätigkeit, in: Grundei, J./Zaumseil, P. (Hrsg.), Der Aufsichtsrat im System der Corporate Governance – Betriebswirtschaftliche und juristische Perspektiven, Wiesbaden, S. 397-417.

**Fissenewert, P. (2012)**: D&O-Versicherungen für Aufsichtsratsmitglieder, in: Grundei, J./Zaumseil, P. (Hrsg.), Der Aufsichtsrat im System der Corporate Governance – Betriebswirtschaftliche und juristische Perspektiven, Wiesbaden, S. 445-456.

**Fissenewert, P. (2013)**: Die Überwachungspflichten und Haftungsrisiken des Aufsichtsrats in der Krise des Unternehmens, in: Zeitschrift für Corporate Governance (ZCG), Jg. 8, Heft 5, S. 214-219.

**Fleischer, H. (2004)**: Strafrechtliche Verantwortlichkeit von Aufsichtsratsmitgliedern wegen Untreue, in: Der Aufsichtsrat, Jg. 1, Heft 10, S. 7-8.

**Fleischer, H. (2011)**: Von der internen zur externen Evaluierung des Aufsichtsrats, in: Der Aufsichtsrat, Jg. 8, Heft 2, S. 18-19.

**Fleischer, H. (2012)**: Der Anwalt im Aufsichtsrat, in: Der Aufsichtsrat, Jg. 9, Heft 4, S. 49.

**Fließ, S. (2006)**: Vertriebsmanagement, in: Kleinaltenkamp, M./Plinke, W./Jacob, F./Söllner, A. (Hrsg.), Markt- und Produktmanagement – Die Instrumente des Business-to-Business-Marketing, Wiesbaden, S. 369-494.

**Forbes, D. P./Milliken, F. J. (1999)**: Cognition and Corporate Governance – Understanding Boards of Directors as Strategic Decision-Making Groups, in: Academy of Management Review, Jg. 24, Heft 3, S. 489-505.

**Fox, R. J./Crask, M. R./Kim, J. (1988)**: Mail Survey Response Rate: A Meta-Analysis of Selected Techniques for Inducing Response, in: Public Opinion Quarterly, Jg. 52, Heft 4, S. 467-491.

**Frankenberger, W./Gschrey, E./Bauer, H. (2016)**: Der Aufsichtsrat der Genossenschaft – Ein Leitfaden für die Praxis, 8. Aufl., Wiesbaden.

**Frankenberger, W./Gschrey, E./Bauer, H. (2020)**: Der Aufsichtsrat der Genossenschaft – Ein Leitfaden für die Praxis, 9. Aufl., Wiesbaden.

**Franzen, A. (2019)**: Antwortskalen in standardisierten Befragungen, in: Baur, N./Blasius, J. (Hrsg.), Handbuch Methoden der empirischen Sozialforschung, 2. Aufl., Wiesbaden, S. 843-854.

**Freidank, C.-C./Müller-Burmeister, C. (2014)**: Prüfungsausschüsse als Instrumente der Corporate Governance in Kreditinstituten, in: Paetzmann, K./Schöning, S. (Hrsg.), Corporate Governance von Kreditinstituten, Berlin, S. 327-354.

**Freidank, C.-C./Velte, P. (2010)**: Verbesserung des deutschen Corporate-Governance-Systems durch eine Kompetenzerweiterung von Prüfungsausschüssen des Aufsichtsrats? – Eine Bestandsaufnahme zur potenziellen Reichweite der Ausschusstätigkeit, in: Zeitschrift für Corporate Governance (ZCG), Jg. 5, Heft 6, S. 296-301.

**Freud, S. (2000)**: Das Ich und das Es, in: Freud, S./Mitscherlich, A. (Hrsg.), Studienausgabe, Frankfurt a. M., S. 273-330.

**Freund, S. (2010)**: Zur gerichtlichen Kontrolle fehlerhafter Aufsichtsratsbeschlüsse, in: Der Aufsichtsrat, Jg. 7, Heft 9, S. 124-126.

**Frey, B. S. (1997a)**: Markt und Motivation. Wie ökonomische Anreize die (Arbeits-)Moral verdrängen, München.

**Frey, B. S. (1997b)**: Not Just for the Money: An Economic Theory of Personal Motivation, Cheltenham, Brookfield.

**Frey, B. S. (2002)**: Wie beeinflusst Lohn die Motivation?, in: Frey, B. S./Osterloh, M. (Hrsg.), Managing Motivation, 2. Aufl., Wiesbaden, S. 73-106.

**Frey, B. S. (2005)**: Knight Fever towards an Economics of Awards, Working Paper Nr. 1468, München.

**Frey, B. S./Benz, M. (2001)**: Ökonomie und Psychologie: eine Übersicht, Working Paper Nr. 92, Zürich.

**Frey, B. S./Jegen, R. (2001)**: Motivation Crowding Theory, in: Journal of Economic Surveys, Jg. 15, Heft 5, S. 589-611.

**Frey, B. S./Neckermann, S. (2006)**: Auszeichnungen: Ein vernachlässigter Anreiz, in: Perspektiven der Wirtschaftspolitik, Jg. 7, Heft 2, S. 271-284.

**Frey, B. S./Osterloh, M. (1997)**: Sanktionen oder Seelenmassage? Motivationale Grundlagen der Unternehmensführung, in: Die Betriebswirtschaft (DBW), Jg. 57, Heft 4, S. 307-321.

**Frey, B. S./Osterloh, M. (2002)**: Motivation – der zwiespältige Produktionsfaktor, in: Frey, B. S./Osterloh, M. (Hrsg.), Managing Motivation, 2. Aufl., Wiesbaden, S. 19-42.

**Fried, Y./Ferris, G. R. (1987)**: The validity of the Job Characteristics Model: A review and meta-analysis, in: Personnel Psychology, Jg. 40, Heft 2, S. 287-322.

**Frieß, R. (2015)**: Mit olympischem Verkaufen zum Erfolg, 4. Aufl., Wiesbaden.

**Fritzel, C. (2013)**: Die interne Revision als Partner des Aufsichtsrates, in: Hölscher, R./Altenhain, K. (Hrsg.), Handbuch Aufsichts- und Verwaltungsräte in Kreditinstituten – Rechtlicher Rahmen, betriebswirtschaftliche Herausforderungen, Best Practices, Berlin, S. 179-198.

**Fröhlich, U. (2011)**: Cooperative Governance: genossenschaftliche Führungskultur als Erfolgsfaktor, in: Baxmann, U. (Hrsg.), Werte und Normen: Paradigmenwechsel im Bankmanagement?, Frankfurt a. M., S. 61-78.

**Fröhlich, U. (2017)**: Produkt- und preispolitische Ansätze zur Bewältigung aktueller und kommender Herausforderungen der Kreditwirtschaft, Vortrag auf dem 17. Norddeutschen Bankentag in Lüneburg am 14.06.2017, www.leuphana.de/fileadm in/user_upload/forschungseinrichtungen/ifa/bankfinanz/files/nbt2017/Vortrag3_fro ehlich__nbt2017.pdf, zuletzt geprüft am 06.12.2017.

**Fromholzer, F./Hauser, J. (2016)**: Verschärfte Anforderungen und Haftungsrisiken für Aufsichtsräte nach dem RegE des Abschlussprüfungsreformgesetzes, in: Der Betrieb, Jg. 69, Heft 7, S. 401-402.

**Frost, J./Osterloh, M. (2002)**: Motivation und Organisationsstrukturen, in: Frey, B. S./Osterloh, M. (Hrsg.), Managing Motivation, 2. Aufl., Wiesbaden, S. 165-193.

**Fuchs, A. (2011)**: Methodische Aspekte linearer Strukturgleichungsmodelle, Research Paper Nr. 2/2011, Würzburg.

**Fuchs, C./Diamantopoulos, A. (2009)**: Using single-item measures for construct measurement in management research, in: Die Betriebswirtschaft (DBW), Jg. 69, Heft 2, S. 195-210.

**Fuhrmann, L. (2017)**: Zulässigkeit von Mitarbeiterbefragungen durch den Aufsichtsrat, in: Der Aufsichtsrat, Jg. 14, Heft 2, S. 24.

**Furnham, A./Eracleous, A./Chamorro-Premuzic, T. (2009)**: Personality, motivation and job satisfaction: Herzberg meets the Big Five, in: Journal of Managerial Psychology, Jg. 24, Heft 8, S. 765-779.

**G20/OECD (2015)**: G20/OECD-Grundsätze der Corporate Governance, Paris.

**Gaertner, S. (1999)**: Structural Determinants of Job Satisfaction and Organizational Commitment in Turnover Models, in: Human Resource Management Review, Jg. 9, Heft 4, S. 479-493.

**Gagné, M./Deci, E. L. (2005)**: Self-determination theory and work motivation, in: Journal of Organizational Behavior, Jg. 26, Heft 4, S. 331-362.

**Gagné, M./Forest, J./Gilbert, M.-H./Aubé, C./Morin, E./Malorni, A. (2010)**: The Motivation at Work Scale: Validation Evidence in Two Languages, in: Educational and Psychological Measurement, Jg. 70, Heft 4, S. 628-646.

**Gahlen, H. (2012)**: Arbeitnehmervertreter im Aufsichtsrat, in: Grundei, J./Zaumseil, P. (Hrsg.), Der Aufsichtsrat im System der Corporate Governance – Betriebswirtschaftliche und juristische Perspektiven, Wiesbaden, S. 221-238.

**Ganzach, Y. (1998)**: Intelligence and Job Satisfaction, in: Academy of Management Journal (AMJ), Jg. 41, Heft 5, S. 526-539.

**Gastil, J. (1994)**: A Meta-Analytic Review of the Productivity and Satisfaction of Democratic and Autocratic Leadership, in: Small Group Research, Jg. 25, Heft 3, S. 384-410.

**Gazioglu, S./Tansel, A. (2006)**: Job satisfaction in Britain: individual and job related factors, in: Applied Economics, Jg. 38, Heft 10, S. 1163-1171.

**Gebert, D. (1983)**: Genossenschaftsdemokratie aus organisationspsychologischer Sicht, in: Zeitschrift für das gesamte Genossenschaftswesen (ZfgG), Jg. 33, Heft 1, S. 176-182.

**Gebert, D./Rosenstiel, L. von (2002)**: Organisationspsychologie – Person und Organisation, 5. Aufl., Stuttgart, Berlin, Köln.

**Gehrke, N./Schichold, B. (2013)**: DIN-Leitlinien für Geschäftsprozesse in Aufsichtsgremien, in: Der Aufsichtsrat, Jg. 10, Heft 11, S. 158-159.

**Geiersbach, K. (2011)**: Der Beitrag der Internen Revision zur Corporate Governance – Eine ökonomische Analyse vor dem Hintergrund der Mindestanforderungen an das Risikomanagement bei Kreditinstituten (MaRisk), Wiesbaden.

**Geiger, H./Büschgen, H. E. (1992)**: Die deutsche Sparkassenorganisation, 2. Aufl., Frankfurt a. M.

**Geisser, S. (1974)**: A Predictive Approach to the Random Effect Model, in: Biometrika, Jg. 61, Heft 1, S. 101-107.

**Gellatly, I. R./Paunonen, S. V./Meyer, J. P./Jackson, D. N./Goffin, R. D. (1991)**: Personality, vocational interest, and cognitive predictors of managerial job performance and satisfaction, in: Personality and Individual Differences, Jg. 12, Heft 3, S. 221-231.

**Beuthien, V./Wolff, R./Schöpflin, M. (2018)**: Genossenschaftsgesetz – Mit Umwandlungs- und Kartellrecht sowie Statut der Europäischen Genossenschaft, 16. Aufl., München.

**Genossenschaftsverband Bayern e.V./Sparkassenverband Bayern/Bayerischer Industrie- und Handelskammertag e.V./Bayerischer Bankenverband e.V./Arbeitsgemeinschaft der bayerischen Handwerkskammern/Wirtschaftskammer Österreich (2017)**: Erfolgreiche KMU-Finanzierung in Gefahr? Forderung nach mehr Proportionalität bei der Bankenregulierung, https://www.gv-bayern.de/f ileadmin/public/vuk/positionspapiererfolgreichekmufinanzierungingefahr.pdf, zuletzt geprüft am 02.01.2021.

**Gerberich, C. (2019)**: Die Lotsenfunktion des Aufsichtsrats – Welche Kennzahlen sind hierfür erforderlich?, in: Der Aufsichtsrat, Jg. 16, Heft 6, S. 85.

**Gerike, J. M. (2001)**: Kontroll- und Prüfungsmechanismen der Genossenschaft: eine vergleichende Analyse der Regelungen in den EU-Mitgliedsstaaten, Marburg.

**Gerum, E. (1991)**: Aufsichtsratstypen – Ein Beitrag zur Theorie der Organisation der Unternehmensführung, in: Die Betriebswirtschaft (DBW), Jg. 51, Heft 6, S. 719-732.

**Gerum, E. (2007)**: Das deutsche Corporate Governance-System. Eine empirische Untersuchung, Stuttgart.

**Gerum, E./Debus, M. (2006)**: Die Größe des Aufsichtsrats als rechtspolitisches Problem – Einige empirische Befunde, Diskussionspapier Nr. 1, Marburg.

**Gesell, H. (2011)**: Prüfungsausschuss und Aufsichtsrat nach dem BilMoG, in: Zeitschrift für Unternehmens- und Gesellschaftsrecht (ZGR), Jg. 40, Heft 4, S. 361-397.

**Giere, J./Wirtz, B. W./Schilke, O. (2006)**: Mehrdimensionale Konstrukte – Konzeptionelle Grundlagen und Möglichkeiten ihrer Analyse mithilfe von Strukturgleichungsmodellen, in: Die Betriebswirtschaft (DBW), Jg. 66, Heft 6, S. 678-695.

**Giering, A. (2000)**: Der Zusammenhang zwischen Kundenzufriedenheit und Kundenloyalität – Eine Untersuchung moderierender Effekte, Wiesbaden.

**Gleißner, W. (2009)**: Die strategische Positionierung im Urteil des Aufsichtsrats, in: Der Aufsichtsrat, Jg. 6, Heft 3, S. 39-41.

**Glenk, H. (2014)**: Sorgfaltspflichtverletzungen des Aufsichtsrates bei der Kreditvergabe, in: Zeitschrift für das gesamte Kreditwesen (ZfgK), Jg. 67, Heft 13, S. 668-671.

**Glenk, H. (2016)**: Klippen erfolgreich umsegeln: Vorstand und Aufsichtsrat in der Prüfung, in: Zeitschrift für das gesamte Kreditwesen (ZfgK), Jg. 69, Heft 9, S. 434-437.

**Glenk, H./Hoffmann, T. (2015)**: Die Aufgaben genossenschaftlicher und kommunaler Bankvorstände – eine kritische Betrachtung, in: Zeitschrift für das gesamte Kreditwesen (ZfgK), Jg. 68, Heft 7, S. 329-333.

**Glenk, H./Hofmann, T. (2014)**: Die zivil- und strafrechtliche Haftung der Aufsichts- und Verwaltungsräte von Kreditinstituten, in: Zeitschrift für das gesamte Kreditwesen (ZfgK), Jg. 67, Heft 20, S. 1022-1027.

**Goh, B. W./Lee, J./Ng, J./Yong, K. O. (2016)**: The Effect of Board Independence on Information Asymmetry, in: European Accounting Review, Jg. 25, Heft 1, S. 155-182.

**Goldberg, L. R. (1981)**: Language and individual differences: The search for universals in personal lexicons, in: Wheeler, L. (Hrsg.), Review of personality and social psychology, Beverly Hills, S. 141-165.

**Goldberg, L. R. (1990)**: An alternative "description of personality": The Big-Five factor structure, in: Journal of Personality and Social Psychology, Jg. 59, Heft 6, S. 1216-1229.

**Gorton, G./Schmid, F. (1999)**: Corporate governance, ownership dispersion and efficiency: Empirical evidence from Austrian cooperative banking, in: Journal of Corporate Finance, Jg. 5, Heft 2, S. 119-140.

**Gosling, S. D./Vazire, S./Srivastava, S./John, O. P. (2004)**: Should we trust web-based studies? A comparative analysis of six preconceptions about internet questionnaires, in: American Psychologist, Jg. 59, Heft 2, S. 93-104.

**Götz, H. (1995)**: Die Überwachung der Aktiengesellschaft im Lichte jüngster Unternehmenskrisen, in: Die Aktiengesellschaft, Jg. 40, Heft 8, S. 337-353.

**Götz, O./Liehr-Gobbers, K. (2004)**: Analyse von Strukturgleichungsmodellen mit Hilfe der Partial-Least-Squares (PLS)-Methode, in: Die Betriebswirtschaft (DBW), Jg. 64, Heft 6, S. 714-738.

**Götz, O./Liehr-Gobbers, K. (2010)**: Evaluation of structural equation models using the partial least squares (PLS) approach, in: Esposito Vinzi, V./Chin, W. W./Henseler, J./Wang, H. (Hrsg.), Handbook of Partial Least Squares, Berlin, Heidelberg, S. 691-711.

**Götzl, S. (2013)**: Inhalt und Berichterstattung des Vorstandes an den Aufsichtsrat von Kreditgenossenschaften, in: Hölscher, R./Altenhain, K. (Hrsg.), Handbuch Aufsichts- und Verwaltungsräte in Kreditinstituten – Rechtlicher Rahmen, betriebswirtschaftliche Herausforderungen, Best Practices, Berlin, S. 129-150.

**Götzl, S./Aberger, A. (2011)**: Volksbanken und Raiffeisenbanken im Kontext der internationalen Finanzarchitektur – Ein Plädoyer für sektoradäquate Regulierung in Europa, in: Zeitschrift für das gesamte Genossenschaftswesen (ZfgG), Jg. 61, Sonderheft, S. 1-36.

**Graeff, P. (2019)**: Aggregatdaten, in: Baur, N./Blasius, J. (Hrsg.), Handbuch Methoden der empirischen Sozialforschung, 2. Aufl., Wiesbaden, S. 1241-1252.

**Graham, J. W./Cumsille, P. E./Elek-Fisk, E. (2003)**: Methods for Handling Missing Data, in: Schinka, J. A./Velicer, W. F./Weiner, I. B. (Hrsg.), Handbook of psychology, Hoboken, S. 87-114.

**Graumann, M. (1998)**: Aktuelle Entwicklungen im Prüfungswesen und das Institut der genossenschaftlichen Pflichtprüfung, in: Zeitschrift für das gesamte Genossenschaftswesen (ZfgG), Jg. 48, Heft 1, S. 7-22.

**Gros, J. (2009)**: Die Genossenschaft der Zukunft aus Sicht des Verbandes, in: Zeitschrift für das gesamte Genossenschaftswesen (ZfgG), Jg. 59, Heft 2, S. 95-105.

**Gros, J. (2016)**: Zeit überreif für mehr Verhältnismäßigkeit, in: Zeitschrift für das gesamte Kreditwesen (ZfgK), Jg. 69, Heft 20, S. 991-992.

**Großfeld, B. (1986)**: Die Bedeutung des Ehrenamtes für Genossenschaft und Prüfungsverband, in: Patera, M. (Hrsg.), Perspektiven der Genossenschaftsrevision – Festschrift für Wilhelm Weber zum 70. Geburtstag, Wien, S. 252-264.

**Großfeld, B. (1988)**: Das Ehrenamt in der Genossenschaft und im genossenschaftlichen Verbund, in: Zeitschrift für das gesamte Genossenschaftswesen (ZfgG), Jg. 38, Heft 1, S. 263-274.

**Grosskopf, W. (1990)**: Grundlagen genossenschaftlicher Strukturen und deren Wandlungen als Folge von Marktzwängen, in: Laurinkari, J./Brazda, J. (Hrsg.), Genossenschaftswesen – Hand- und Lehrbuch, München [u. a.], S. 363-378.

**Grossman, S. J./Hart, O. D. (1988)**: One share-one vote and the market for corporate control, in: Journal of Financial Economics, Jg. 20, Heft 1, S. 175-202.

**Groves, R. M. (2005)**: Survey errors and survey costs, New York [u. a.].

**Grün, A./Schmitz, J. (2012)**: Personelle Besetzung des Vorstandes, in: Grundei, J./Zaumseil, P. (Hrsg.), Der Aufsichtsrat im System der Corporate Governance – Betriebswirtschaftliche und juristische Perspektiven, Wiesbaden, S. 93-111.

**Grundei, J./Graumann, M. (2011)**: Was behindert offene Diskussionen im Aufsichtsrat, in: Der Aufsichtsrat, Jg. 8, Heft 6, S. 86-88.

**Grundei, J./Graumann, M. (2012)**: Zusammenwirken von Vorstand und Aufsichtsrat bei strategischen Entscheidungen, in: Grundei, J./Zaumseil, P. (Hrsg.), Der Aufsichtsrat im System der Corporate Governance – Betriebswirtschaftliche und juristische Perspektiven, Wiesbaden, S. 279-309.

**Grundei, J./Zaumseil, P. (2012)**: Der Aufsichtsrat in der Corporate Governance-Diskussion, in: Grundei, J./Zaumseil, P. (Hrsg.), Der Aufsichtsrat im System der Corporate Governance – Betriebswirtschaftliche und juristische Perspektiven, Wiesbaden, S. 15-25.

**Gubitz, B. (2013)**: Das Ende des Landesbankensektors – Der Einfluss von Politik, Management und Sparkassen, Wiesbaden.

**Gudergan, S. P./Ringle, C. M./Wende, S./Will, A. (2008)**: Confirmatory tetrad analysis in PLS path modeling, in: Journal of Business Research, Jg. 61, Heft 12, S. 1238-1249.

**Guerrero, S./Seguin, M. (2012)**: Motivational Drivers of Non-Executive Directors, Cooperation and Engagement in Board Roles, in: Journal of Managerial Issues, Jg. 24, Heft 1, S. 61-77.

**Güner, A. B./Malmendier, U./Tate, G. (2008)**: Financial expertise of directors, in: Journal of Financial Economics, Jg. 88, Heft 2, S. 323-354.

**Habbe, J. S./Köster, A.-E. (2011)**: Neue Anforderungen an Vorstand und Aufsichtsrat von Finanzinstituten, in: Betriebs-Berater (BB), Jg. 66, Heft 5, S. 265-267.

**Hack, A. (2011)**: Monetäre Anreizgestaltung in Gründungsunternehmen, Wiesbaden.

**Hackethal, A./Inderst, R. (2015)**: Auswirkungen der Regulatorik auf kleinere und mittlere Banken am Beispiel der deutschen Genossenschaftsbanken – Gutachten im Auftrag des Bundesverbandes der Deutschen Volksbanken und Raiffeisenbanken, https://www.bvr.de/p.nsf/0/ea57402CCd1baC9fC1257eCf00349466/$file/gut aChtenbVr2015.pdf, zuletzt geprüft am 19.02.2021.

**Hackman, J. R./Lawler, E. E. (1971)**: Employee reactions to job characteristics, in: Journal of Applied Psychology, Jg. 55, Heft 3, S. 259-286.

**Hackman, J. R./Oldham, G. R. (1975)**: Development of the Job Diagnostic Survey, in: Journal of Applied Psychology, Jg. 60, Heft 2, S. 159-170.

**Hackman, J. R./Oldham, G. R. (1976)**: Motivation through the design of work: test of a theory, in: Organizational Behavior and Human Performance, Jg. 16, Heft 2, S. 250-279.

**Hackman, J. R./Oldham, G. R. (1980)**: Work redesign, Reading.

**Hafermalz, O. (1976)**: Schriftliche Befragung – Möglichkeiten und Grenzen, Wiesbaden.

**Hair, J./Hult, G. T./Ringle, C. M./Sarstedt, M./Richter, N. F./Hauff, S. (2017a)**: Partial Least Squares Strukturgleichungsmodellierung (PLS-SEM) – Eine anwendungsorientierte Einführung, München.

**Hair, J. F./Hult, G. T. M./Ringle, C. M./Sarstedt, M. (2017b)**: A primer on partial least squares structural equation modeling (PLS-SEM), 2. Aufl., Los Angeles [u. a.].

**Hair, J. F./Ringle, C. M./Sarstedt, M. (2011)**: PLS-SEM: Indeed a Silver Bullet, in: Journal of Marketing Theory and Practice, Jg. 19, Heft 2, S. 139-152.

**Hair, J. F./Sarstedt, M./Ringle, C. M./Gudergan, S. P. (2017c)**: Advanced Issues in Partial Least Squares Structural Equation Modeling, Los Angeles [u. a.].

**Hakelmacher, S. (2016)**: Was der Abschlussprüfer über Aufsichtsräte wissen sollte, in: Die Wirtschaftsprüfung (WPg), Jg. 69, Heft 3, S. 179-184.

**Halw, O. (2019)**: Mitbestimmung im Aufsichtsrat – Rolle und Einflussmöglichkeiten der Arbeitnehmervertreter bei Strategie- und Restrukturierungsprojekten, in: Der Aufsichtsrat, Jg. 16, Heft 3, S. 36-38.

**Hamacher, E. (2015)**: Bank sucht Frau, in: Die Bank, Heft 4, S. 64-70.

**Hambloch-Gesinn, S. (2012)**: Aufsichtsratshaftung: Quo vadis?, in: Freidank, C.-C./Velte, P. (Hrsg.), Corporate Governance, Abschlussprüfung und Compliance – Neue Entwicklungen aus nationaler und internationaler Sicht, Berlin, S. 293-314.

**Hambrick, D. C./Mason, P. A. (1984)**: Upper Echelons: The Organization as a Reflection of Its Top Managers, in: Academy of Management Review, Jg. 9, Heft 2, S. 193-206.

**Hambrick, D. C./Werder, A. von/Zajac, E. J. (2008)**: New Directions in Corporate Governance Research, in: Organization Science, Jg. 19, Heft 3, S. 381-385.

**Handschumacher, F./Behrmann, M./Ceschinski, W./Hinze, A.-K. (2018)**: Auswirkungen der Aufsichtsrats-Diversity auf die Unternehmensperformance – Eine Bestandsaufnahme der empirischen Forschung im dualistischen System, in: Zeitschrift für Corporate Governance (ZCG), Jg. 13, Heft 3, S. 124-130.

**Hanisch, M. (2019)**: Verschenkte Zeit? – Zur Motivation und Förderung ehrenamtlichen Engagements in ländlichen Genossenschaften, in: Zeitschrift für das gesamte Genossenschaftswesen (ZfgG), Jg. 69, Heft 1, S. 23-37.

**Hannoversche Volksbank eG (2015)**: Jahresabschluss zum 31. Dezember 2014, Hannover.

**Hanrath, S./Weber, H.-O. (2008)**: Strategien zur Mitgliederförderung in Genossenschaftsbanken – eine Soll-Ist-Analyse, in: Zeitschrift für das gesamte Genossenschaftswesen (ZfgG), Jg. 58, Heft 4, S. 248-259.

**Hans-Böckler-Stiftung (2011)**: Grundsätze ordnungsmäßiger Aufsichtsratstätigkeit, Düsseldorf.

**Hardt, H. D./Ponschab, R. (2014)**: Neue Rollenerwartungen an Aufsichtsräte und Beiräte, in: Der Aufsichtsrat, Jg. 11, Heft 6, S. 85-87.

**Harsanyi, J. C. (1969)**: Rational-Choice Models of Political Behavior vs. Functionalist and Conformist Theories, in: World Politics, Jg. 21, Heft 4, S. 513-538.

**Hart, O. (1995)**: Corporate Governance: Some Theory and Implications, in: The Economic Journal, Jg. 105, Heft 430, S. 678-689.

**Hartmann, K. (2003)**: Die Aufsichtsratsvergütung als Erfolgsfaktor im deutschen Corporate Governance-System, Frankfurt a. M.

**Hartmann, W. (2018)**: Veränderte Risikolandschaft braucht Stärkung der Corporate Governance, in: Risiko Manager, Heft 6, S. 24-26.

**Hartmann, W./Romeike, F. (2015)**: Business Judgement Rule – Maßstab für die Prüfung von Pflichtverletzungen, in: Zeitschrift für das gesamte Kreditwesen (ZfgK), Jg. 68, Heft 5, S. 227-230.

**Hartung, J./Elpert, B./Klösener, K.-H. (2009)**: Statistik, München.

**Hau, H./Thum, M. (2008)**: Wie (in-)kompetent sind die Aufsichtsräte deutscher Banken?, in: ifo Schnelldienst, Heft 19, S. 27-29.

**Haumann, T./Wieseke, J. (2013)**: Mehrebenenregressionsanalyse, in: Wirtschaftswissenschaftliches Studium (WiSt), Jg. 42, Heft 10, S. 532-539.

**Headey, B./Wearing, A. (1989)**: Personality, life events, and subjective well-being: Toward a dynamic equilibrium model, in: Journal of Personality and Social Psychology, Jg. 57, Heft 4, S. 731-739.

**Heberlein, T. A./Baumgartner, R. (1978)**: Factors Affecting Response Rates to Mailed Questionnaires: A Quantitative Analysis of the Published Literature, in: American Sociological Review, Jg. 43, Heft 4, S. 447-462.

**Heckhausen, J./Heckhausen, H. (2018)**: Motivation und Handeln: Einführung und Überblock, in: Heckhausen, J./Heckhausen, H. (Hrsg.), Motivation und Handeln, 5. Aufl., Berlin, Heidelberg, S. 1-12.

**Hedderich, J./Sachs, L. (2018)**: Angewandte Statistik, 16. Aufl., Berlin, Heidelberg.

**Hegnon, O. (2004)**: Risikodarstellung im Lagebericht: Haftungsrisiko für Aufsichtsräte, in: Der Aufsichtsrat, Jg. 1, Heft 11, S. 8-9.

**Heigl, C. (2000)**: Direct Banking im Vertriebssystem von Kreditgenossenschaften, Frankfurt a. M.

**Heinemann, K. (1988)**: Zum Problem ehrenamtlicher und hauptamtlicher Mitarbeiter im Verein, in: Digel, H. (Hrsg.), Sport im Verein und im Verband – Historische, politische und soziologische Aspekte, Schorndorf, S. 123-137.

**Heinemann, K. (2004)**: Sportorganisationen – Verstehen und gestalten, Schorndorf.

**Heinemann, S. (2012)**: Vergütung des Vorstands: Überlegungen zur ethischen, ökonomischen und rechtlichen Dimension und der besonderen Verantwortung des Aufsichtsrats, in: Grundei, J./Zaumseil, P. (Hrsg.), Der Aufsichtsrat im System der Corporate Governance – Betriebswirtschaftliche und juristische Perspektiven, Wiesbaden, S. 113-161.

**Hellriegel, D./Slocum, J. W./Woodman, R. W. (1986)**: Organizational behavior, 4. Aufl., St. Paul [u. a.].

**Helm, R. (2004)**: Die Aktiengesellschaft und ihr Aufsichtsrat im Mittelstand – Motivation und Zufriedenheit mit der Rechtsformwahl sowie Aufgabenerfüllung und Vergütung des Aufsichtsrats, Bergisch Gladbach.

**Hennecke, M./Brandstätter, V. (2016)**: Gefühle und Anreize als Auslöser und Regulativ von Handlungen: Beiträge der Allgemeinen Psychologie – Emotion und Motivation, in: Sonntag, K. (Hrsg.), Personalentwicklung in Organisationen – Psychologische Grundlagen, Methoden und Strategien, 4. Aufl., Göttingen, S. 83-124.

**Hennke, P. (2015)**: Der Bericht des Aufsichtsrats, in: BOARD – Zeitschrift für Aufsichtsräte in Deutschland, Heft 1, S. 23-25.

**Henseler, J./Dijkstra, T. K./Sarstedt, M./Ringle, C. M./Diamantopoulos, A./Straub, D. W./Ketchen, D. J./Hair, J. F./Hult, G. T. M./Calantone, R. J. (2014)**: Common Beliefs and Reality About PLS – Comments on Ronkko and Evermann (2013), in: Organizational Research Methods, Jg. 17, Heft 2, S. 182-209.

**Henseler, J./Ringle, C. M./Sinkovics, R. R. (2009)**: The use of partial least squares path modeling in international marketing, in: Cavusgil, S. T./Sinkovics, R. R./Ghauri, P. N. (Hrsg.), New challenges to international marketing, Bingley, S. 277-319.

**Henseler, J./Sarstedt, M. (2013)**: Goodness-of-fit indices for partial least squares path modeling, in: Computational Statistics, Jg. 28, Heft 2, S. 565-580.

**Henze, H. (2013)**: Pflichten des Aufsichtsrats in der Krise der AG – Haftung bei ihrer Verletzung, in: Der Aufsichtsrat, Jg. 10, Heft 4, S. 63.

**Herb, A. (2015)**: Gesetz für die gleichberechtigte Teilhabe an Führungspositionen – Umsetzung in der Praxis, in: Der Betrieb, Jg. 68, Heft 17, S. 964-970.

**Herb, A. (2018)**: Besondere Anforderungen an Aufsichtsräte in Banken, in: Der Aufsichtsrat, Jg. 15, Heft 4, S. 58.

**Hergert, S./Kewes, T. (2010)**: Aufsichtsrat – jung, kritisch, versiert, in: Handelsblatt, 27.08.2010, Heft 165, S. 54-55.

**Hermalin, B. E./Weisbach, M. S. (2003)**: Boards of Directors as an Endogenously Determined Institution: A Survey of the Economic Literature, in: Economic Policy Review, Jg. 9, Heft 1, S. 7-20.

**Herrmann, A./Huber, F./Kressmann, F. (2006)**: Varianz- und kovarianzbasierte Strukturgleichungsmodelle – Ein Leitfaden zu deren Spezifikation, Schätzung und Beurteilung, in: Schmalenbachs Zeitschrift für betriebswirtschaftliche Forschung (ZfbF), Jg. 58, Heft 1, S. 34-66.

**Herzberg, F. (1966)**: Work and the nature of man, New York.

**Herzberg, F./Mausner, B./Snyderman, B. B. (1959)**: The motivation to work, New York.

**Heß, F. W. (2009)**: Die Pflichtmitgliedschaft in den Prüfungsverbänden auf dem Prüfstand, in: Zeitschrift für das gesamte Genossenschaftswesen (ZfgG), Jg. 59, Heft 4, S. 285-296.

**Heusinger, R. von/Perina, U. (2007)**: Kompromiss oder Kungelei – Haben die Gewerkschafter im Aufsichtsrat bewirkt, dass Deutschlands Industrie modern und konkurrenzfähig ist? Oder schrecken sie ausländische Kapitalgeber ab? Ein Streitgespräch über die Mitbestimmung, in: Zeit Online, 15.03.2007, Heft 12, http://www.zeit.de/2007/12/GS-Streitgespraech-Lang-Merz, zuletzt geprüft am 02.06.2015.

**Hiebl, M. R. W./Baule, R./Dutzi, A./Menk, M. T./Stein, V./Wiedemann, A. (2018)**: Risk Governance im Mittelstand: Eine Einführung der Gastherausgeber, in: Zeitschrift für KMU und Entrepreneurship (ZfKE), Jg. 66, Heft 1, S. 1-11.

**Hilb, M. (2005)**: Integrierte Corporate Governance, Berlin, Heidelberg.

**Hildebrandt, L./Temme, D. (2006)**: Probleme der Validierung mit Strukturgleichungsmodellen, in: Die Betriebswirtschaft (DBW), Jg. 66, Heft 6, S. 618-639.

**Hilkenbach, B. (2004)**: Corporate Governance in der eingetragenen Genossenschaft, Nürnberg.

**Hipp, J. R./Bauer, D. J./Bollen, K. A. (2005)**: Conducting Tetrad Tests of Model Fit and Contrasts of Tetrad-Nested Models: A New SAS Macro, in: Structural Equation Modeling: A Multidisciplinary Journal, Jg. 12, Heft 1, S. 76-93.

**Hirsch, B./Sandt, J. (2005)**: Der Beitrag deutscher Aufsichtsräte zu einer verantwortungsvollen Unternehmensführung deutscher Unternehmen: konzeptionelle Überlegungen und empirische Erkenntnisse, in: Zeitschrift für Wirtschafts- und Unternehmensethik (zfwu), Jg. 6, Heft 2, S. 179-194.

**Hirschman, A. O. (1964)**: The paternity of an index, in: The American Economic Review, Jg. 54, Heft 5, S. 761-762.

**Hirt, M. (2013)**: Die Überprüfung einer Strategie durch den Aufsichtsrat, in: Der Aufsichtsrat, Jg. 10, Heft 10, S. 144-146.

**Hoffmann, G. (1992)**: Genossenschaftliche Funktionen im wirtschaftlichen und sozialen Wandel – Eine Wirkungsanalyse ausgewählter Strukturmerkmale genossenschaftlichen Wirtschaftsstils, Frankfurt a. M.

**Hofmann, D. (2014)**: Außer Kontrolle – Warum Deutschland eine neue Generation von Aufsichts- und Beiräten braucht, in: Hofmann, D./Bergert, G. (Hrsg.), Headhunter – Blick hinter die Kulissen einer verschwiegenen Branche, 2. Aufl., Wiesbaden, S. 105-110.

**Hogan, J./Rybicki, S. L./Borman, W. C. (1998)**: Relations Between Contextual Performance, Personality, and Occupational Advancement, in: Human Performance, Jg. 11, Heft 2-3, S. 189-207.

**Hohenemser, P. (2012)**: Die Begleitung der Unternehmensstrategie durch den Aufsichtsrat, in: Der Aufsichtsrat, Jg. 9, Heft 11, S. 160-162.

**Hohmann, S. (2015)**: Die Motivationskraft materieller Anreizsysteme – Was Führungskräfte wirklich wollen, in: Zeitschrift Führung + Organisation (zfo), Jg. 84, Heft 2, S. 111.

**Höhmann, I. (2017)**: Gemischte Gremien, in: Harvard Business Manager, Heft 10, S. 8-10.

**Höhn, R. (1981)**: Wofür haftet der Aufsichtsrat einer Genossenschaft persönlich?, Bad Harzburg.

**Hölscher, B. F. (2017)**: Digital Governance: Die neue Rolle des Aufsichtsrats im digitalen Zeitgeschehen, in: Der Aufsichtsrat, Jg. 14, Heft 12, S. 174-176.

**Hölscher, R. (2013)**: Effizienzprüfung von Aufsichtsorganen in Kreditinstituten, in: Hölscher, R./Altenhain, K. (Hrsg.), Handbuch Aufsichts- und Verwaltungsräte in Kreditinstituten – Rechtlicher Rahmen, betriebswirtschaftliche Herausforderungen, Best Practices, Berlin, S. 407-424.

**Hölscher, R./Altenhain, K. (2013)**: Handbuch Aufsichts- und Verwaltungsräte in Kreditinstituten – Rechtlicher Rahmen, betriebswirtschaftliche Herausforderungen, Best Practices, Berlin.

**Hölscher, R./Dähne, C. (2014)**: Anforderungen an Aufsichtsorgane von Kreditinstituten im Rahmen des dualen Führungssystems, in: Paetzmann, K./Schöning, S. (Hrsg.), Corporate Governance von Kreditinstituten, Berlin, S. 271-296.

**Hölscher, R./Dähne, C. (2015)**: Aufgaben- und Anforderungsprofil kennen, in: Bankinformation (BI), Jg. 42, Heft 3, S. 68-73.

**Holst, E./Wrohlich, K. (2017)**: Finanzsektor: Banken fallen zurück: Frauenanteil jetzt auch in Aufsichtsräten geringer als bei Versicherungen, in: DIW Wochenbericht, Jg. 84, Heft 1-2, S. 17-30.

**Holst, E./Wrohlich, K. (2019)**: Frauen in Spitzengremien von Banken und Versicherungen: Dynamik kommt nun auch in Aufsichtsräten zum Erliegen, in: DIW Wochenbericht, Jg. 86, Heft 3, S. 37-50.

**Holtbrügge, D. (2018)**: Personalmanagement, 7. Aufl., Berlin.

**Holzerl, P./Makowski, A. (1997)**: Corporate Governance, in: Der Betrieb, Jg. 50, Heft 14, 688-682.

**Homburg, C. (2017)**: Marketingmanagement, 6. Aufl., Wiesbaden.

**Homburg, C./Giering, A. (1996)**: Konzeptualisierung und Operationalisierung komplexer Konstrukte. Ein Leitfaden für die Marketingforschung, in: Marketing Zeitschrift für Forschung und Praxis (ZFP) – Journal of Research and Management, Jg. 18, Heft 1, S. 5-24.

**Homburg, C./Klarmann, M. (2006)**: Die Kausalanalyse in der empirischen betriebswirtschaftlichen Forschung – Problemfelder und Anwendungsempfehlungen, in: Die Betriebswirtschaft (DBW), Jg. 66, Heft 6, S. 727.

**Homburg, C./Rudolph, B. (1995)**: Wie zufrieden sind Ihre Kunden tatsächlich?, in: Harvard Business Manager, Heft 1, S. 43-50.

**Homburg, C./Stock-Homburg, R. (2016)**: Theoretische Perspektiven zur Kundenzufriedenheit, in: Homburg, C. (Hrsg.), Kundenzufriedenheit (Konzepte – Methoden – Erfahrungen), 9. Aufl., Wiesbaden, S. 17-52.

**Hönsch, H./Fischer, N./Kaspar, M. (2017)**: Bedeutung des Aufsichtsratsvorsitzenden für eine erfolgreiche Aufsichtsratsarbeit, in: Der Aufsichtsrat, Jg. 14, Heft 9, S. 126-128.

**Hönsch, H./Kaspar, M. (2009)**: Das Image der Aufsichtsräte, in: Der Aufsichtsrat, Jg. 6, Heft 7-8, S. 108-110.

**Hönsch, H./Kaspar, M. (2012)**: Vergütung der Aufsichtsratsmitglieder, in: Grundei, J./Zaumseil, P. (Hrsg.), Der Aufsichtsrat im System der Corporate Governance – Betriebswirtschaftliche und juristische Perspektiven, Wiesbaden, S. 255-277.

**Hönsch, H./Kaspar, M. (2013)**: Das Image der Aufsichtsräte 2013, in: Der Aufsichtsrat, Jg. 10, Heft 10, S. 147-149.

**Hönsch, H./Kaspar, M. (2014)**: Evaluierung von Geschäftsleitung und Aufsichtsrat nach § 25d KWG, in: Zeitschrift für das gesamte Kreditwesen (ZfgK), Jg. 67, Heft 8, S. 380-383.

**Hoppock, J. (1935)**: Job satisfaction, New York.

**Hopt, K. J. (1998)**: The German Two-Tier Board: Experience, Theories, Reforms, in: Hopt, K. J. (Hrsg.), Comparative corporate governance: The state of the art and emerging research, Oxford, New York, S. 227-258.

**Hopt, K. J. (2019)**: Corporate Governance von Banken und Nichtbanken, in: Zeitschrift für Wirtschafts- und Bankrecht, Jg. 73, Heft 38, S. 1771-1779.

**Horch, H.-D. (1987)**: Personalwirtschaftliche Aspekte ehrenamtlicher Mitarbeit im Verein, in: Heinemann, K. (Hrsg.), Betriebswirtschaftliche Grundlagen des Sportvereins, Schorndorf, S. 121-141.

**Höreth, M. (2012)**: Die Vorbereitung der Hauptversammlung durch den Aufsichtsrat, in: Der Aufsichtsrat, Jg. 9, Heft 4, S. 56-57.

**Hornberg, A./Zeuchner, S. (2017)**: Die systematische Aufsichtsratsbesetzung aus einer M&A-Perspektive, in: M&A REVIEW, Jg. 28, Heft 9, S. 280-287.

**Horsch, A./Kleinow, J./Schiele, C. (2018)**: Proportionale Bankenregulierung – Chance für Genossenschaftsbanken?, in: Zeitschrift für das gesamte Genossenschaftswesen (ZfgG), Jg. 68, Heft 1, S. 56-65.

**House, R. J./Rizzo, J. R. (1972)**: Role conflict and ambiguity as critical variables in a model of organizational behavior, in: Organizational Behavior and Human Performance, Jg. 7, Heft 3, S. 467-505.

**Huber, F./Herrmann, A./Meyer, F./Vogel, J./Vollhardt, K. (2007)**: Kausalmodellierung mit Partial Least Squares – Eine anwendungsorientierte Einführung, Wiesbaden.

**Hulin, C. L./Smith, P. C. (1965)**: A linear model of job satisfaction, in: Journal of Applied Psychology, Jg. 49, Heft 3, S. 209-216.

**Hülsberg, F./Bauer, M. (2017)**: Prüfung der Governance-Elemente durch den Aufsichtsrat, in: Die Wirtschaftsprüfung (WPg), Jg. 70, Heft 19, S. 1111-1118.

**Huse, M. (2005)**: Accountability and Creating Accountability: a Framework for Exploring Behavioural Perspectives of Corporate Governance, in: British Journal of Management, Jg. 16, Heft S1, S. S65-S79.

**Huse, M. (2007)**: Boards, governance and value creation – The human side of corporate governance, Cambridge.

**Huse, M./Hoskisson, R./Zattoni, A./Viganò, R. (2011)**: New perspectives on board research: changing the research agenda, in: Journal of Management & Governance, Jg. 15, Heft 1, S. 5-28.

**Hussy, W./Schreier, M./Echterhoff, G. (2013)**: Forschungsmethoden in Psychologie und Sozialwissenschaften, 2. Aufl., Berlin, Heidelberg.

**Hutzschenreuter, T./Metten, M./Weigand, J. (2012)**: Wie unabhängig sind deutsche Aufsichtsräte?, in: Zeitschrift für Betriebswirtschaft (ZfB), Jg. 82, Heft 7-8, S. 717-744.

**Iaffaldano, M. T./Muchinsky, P. M. (1985)**: Job satisfaction and job performance: A meta-analysis, in: Psychological Bulletin, Jg. 97, Heft 2, S. 251-273.

**Inglis, S. (1994)**: Exploring Volunteer Board Member and Executive Director Needs: Importance and Fulfilment, in: Journal of Applied Recreation Research, Jg. 19, Heft 3, S. 171-189.

**Inglis, S./Cleave, S. (2006)**: A Scale to Assess Board Member Motivations in Nonprofit Organizations, in: Nonprofit Management and Leadership, Jg. 17, Heft 1, S. 83-101.

**Inlow, G. M. (1951)**: Job satisfaction of liberal arts graduates, in: Journal of Applied Psychology, Jg. 35, Heft 3, S. 175-181.

**International Monetary Fund (2003)**: Germany – Financial System Stability Assessment, Country Report 03/343, https://www.imf.org/external/pubs/ft/scr/2003/cr 03343.pdf, zuletzt geprüft am 15.01.2021.

**Iseke, A./Hogreve, J./Derfuß, K./Eller, T. (2019)**: Erfolgsfaktor Personalmanagement – eine Metaanalyse der Service Profit Chain, in: PERSONALquarterly, Jg. 71, Heft 4, S. 48-53.

**Jackson, D. N. (1967)**: Personality research form manual, Goshen.

**Jackson, S. E./Joshi, A. (2011)**: Work team diversity, in: Zedeck, S. (Hrsg.), APA handbook of industrial and organizational psychology, Washington, S. 651-686.

**Jacob, R./Heinz, A./Décieux, J. P. (2019)**: Umfrage – Einführung in die Methoden der Umfrageforschung, 4. Aufl., Berlin, Boston.

**Jacquemin, A. (2010)**: Was hat den stärksten Einfluss auf die Arbeitszufriedenheit von Call-Center Agenten?, Norderstedt.

**Jaenecke, K. F. (2017)**: Exzellenter Aufsichtsrat: Der lange und schwierige Weg zum Meister des Metiers, in: Der Aufsichtsrat, Jg. 14, Heft 9, S. 124-125.

**Jäger, W. (1985)**: Genossenschaftsdemokratie und Prüfungsverband. Zur Frage der Funktion und Unabhängigkeit der Geschäftsführungsprüfung, in: Zeitschrift für das gesamte Genossenschaftswesen (ZfgG), Jg. 35, Heft 1, S. 21-29.

**Jäger, W. (1991)**: Zur Problematik der Machtbalance zwischen Ehrenamt und genossenschaftlichem Management, in: Jäger, W. (Hrsg.), Genossenschaften – Eine Chance für die Zukunft, Münster, S. 171-193.

**Jansen, T. (2013)**: Mitbestimmung in Aufsichtsräten, Wiesbaden.

**Jarvis, C. B./MacKenzie, S. B./Podsakoff, P. M. (2003)**: A Critical Review of Construct Indicators and Measurement Model Misspecification in Marketing and Consumer Research, in: Journal of Consumer Research, Jg. 30, Heft 2, S. 199-218.

**Jaschinski, S. (2016)**: Aufsichtsrat auf dem Prüfstand, in: Der Aufsichtsrat, Jg. 13, Heft 12, S. 177.

**Jensen, M. C./Meckling, W. H. (1976)**: Theory of the firm: Managerial behavior, agency costs and ownership structure, in: Journal of Financial Economics, Jg. 3, Heft 4, S. 305-360.

**Jensen, M. C./Meckling, W. H. (1994)**: The Nature of Man, in: Journal of Applied Corporate Finance, Jg. 7, Heft 2, S. 4-19.

**Jobber, D./O'Reilly, D. (1998)**: Industrial Mail Surveys, in: Industrial Marketing Management, Jg. 27, Heft 2, S. 95-107.

**Jonkisz, E./Moosbrugger, H./Brandt, H. (2012)**: Planung und Entwicklung von Tests und Fragebogen, in: Moosbrugger, H./Kelava, A. (Hrsg.), Testtheorie und Fragebogenkonstruktion, 2. Aufl., Berlin, Heidelberg, S. 27-74.

**Joyce, W./Slocum, J. W./Glinow, M. A. von (1982)**: Person-Situation Interaction: Competing Models of Fit, in: Journal of Occupational Behaviour, Jg. 3, Heft 4, S. 265-280.

**Judge, T. A./Bono, J. E. (2001)**: Relationship of core self-evaluations traits – self-esteem, generalized self-efficacy, locus of control, and emotional stability – with job satisfaction and job performance: a meta-analysis, in: Journal of Applied Psychology, Jg. 86, Heft 1, S. 80-92.

**Judge, T. A./Bono, J. E./Ilies, R./Gerhardt, M. W. (2002)**: Personality and leadership: a qualitative and quantitative review, in: Journal of Applied Psychology, Jg. 87, Heft 4, S. 765-780.

**Judge, T. A./Bono, J. E./Locke, E. A. (2000)**: Personality and job satisfaction: the mediating role of job characteristics, in: Journal of Applied Psychology, Jg. 85, Heft 2, S. 237-249.

**Judge, T. A./Kammeyer-Mueller, J. D. (2012)**: Job attitudes, in: Annual Review of Psychology, Jg. 63, S. 341-367.

**Judge, T. A./Locke, E. A./Durham, C. C. (1997)**: The dispositional causes of job satisfaction: A core evaluations approach, in: Research in Organizational Behavior, Jg. 19, Heft 19, S. 151-188.

**Judge, T. A./Piccolo, R. F./Ilies, R. (2004)**: The forgotten ones? The validity of consideration and initiating structure in leadership research, in: Journal of Applied Psychology, Jg. 89, Heft 1, S. 36-51.

**Judge, T. A./Thoresen, C. J./Bono, J. E./Patton, G. K. (2001)**: The job satisfaction-job performance relationship: a qualitative and quantitative review, in: Psychological Bulletin, Jg. 127, Heft 3, S. 376-407.

**Judge, T. A./Watanabe, S. (1993)**: Another look at the job satisfaction life satisfaction relationship, in: Journal of Applied Psychology, Jg. 78, Heft 6, S. 939-948.

**Jung, H. (2016)**: Personalwirtschaft, 10. Aufl., Berlin, Boston.

**Jünger, C. (2013)**: Die Motivation deutscher Aufsichtsräte: eine qualitativ-empirische Untersuchung bei Anteilseignervertretern, Wiesbaden.

**Jürgens, U./Lippert, I. (2005)**: Kommunikation und Wissen im Aufsichtsrat: Voraussetzungen und Kriterien guter Aufsichtsratsarbeit aus der Perspektive leitender Angestellter, WZB Discussion Paper Nr. SP III 2005-301, Berlin.

**Jürgens, U./Lippert, I./Gaeth, F. (2008)**: Information, Kommunikation und Wissen im Mitbestimmungssystem, Baden-Baden.

**Kaas, K./Runow, H. (1984)**: Wie befriedigend sind die Ergebnisse der Forschung zur Verbraucherzufriedenheit?, in: Die Betriebswirtschaft (DBW), Jg. 44, Heft 3, S. 451-460.

**Kaczmirek, L. (2009)**: Human-survey interaction – Usability and nonresponse in online surveys, Köln.

**Kaiser, H. F. (1970)**: A second generation little jiffy, in: Psychometrika, Jg. 35, Heft 4, S. 401-415.

**Kalss, S./Oelkers, J. (2006)**: Der Aufsichtsrat in der Unternehmenskrise, in: Aufsichtsrat aktuell, Heft 6, S. 6-8.

**Kanning, U. P./Staufenbiel, T. (2012)**: Organisationspsychologie, Göttingen.

**Karabasz, I. (2015)**: Ritterschlag mit Folgen, in: Handelsblatt, 20.02.2015, Heft 36, S. 56-57.

**Karg, P. W./Staehle, W. H. (1982)**: Analyse der Arbeitssituation – Verfahren und Instrumente, Freiburg.

**Kauermann, G./Küchenhoff, H. (2011)**: Stichproben – Methoden und praktische Umsetzung mit R, Berlin, Heidelberg.

**Kauffeld, S./Sauer, N. C. (2014)**: Vergangenheit und Zukunft der Arbeits- und Organisationspsychologie, in: Kauffeld, S./Schermuly, C. (Hrsg.), Arbeits-, Organisations- und Personalpsychologie für Bachelor, 2. Aufl., Berlin, S. 15-30.

**Kauffeld, S./Schermuly, C. (2014)**: Arbeitszufriedenheit und Arbeitsmotivation, in: Kauffeld, S./Schermuly, C. (Hrsg.), Arbeits-, Organisations- und Personalpsychologie für Bachelor, 2. Aufl., Berlin, S. 193-210.

**Kayser, J./Kramarsch, M. H. (2011)**: Vergütung für eine neue Generation von Aufsichtsräten, in: Der Aufsichtsrat, Jg. 8, Heft 5, S. 66-67.

**Kemp, S. (2002)**: The hidden workforce: volunteers' learning in the Olympics, in: Journal of European Industrial Training, Jg. 26, Heft 2/3/4, S. 109-116.

**Kersting, M. (2006)**: Zur Beurteilung der Qualität von Tests: Resümee und Neubeginn, in: Psychologische Rundschau, Jg. 57, Heft 4, S. 243-253.

**Kersting, M. O. (2013)**: Der Finanzexperte im Aufsichtsorgan – Ausgestaltung des rechtlichen Rahmens bei kapitalmarktorientierten Kreditinstituten, in: Hölscher, R./Altenhain, K. (Hrsg.), Handbuch Aufsichts- und Verwaltungsräte in Kreditinstituten – Rechtlicher Rahmen, betriebswirtschaftliche Herausforderungen, Best Practices, Berlin, S. 169-178.

**Keßler, J. (2002)**: „Co-operative Governance" – die Corporate Governance-Debatte und das Genossenschaftsrecht, in: Keßler, J. (Hrsg.), Genossenschaften – Rechtsform mit Zukunft oder Relikt der Vergangenheit?, Hamburg, S. 11-40.

**Keßler, J. (2005)**: Genossenschaftlicher Aufsichtsrat und Genossenschaftsreform, in: Der Aufsichtsrat, Jg. 2, Heft 7-8, S. 12-13.

**Keßler, J. (2011)**: Überblick zu den Aufgaben und Pflichten des Aufsichtsrates einer Genossenschaft, http://www.fortunaeg.de/genossenschaft/vertreterbereich/ue berblickzudenaufgabenundpflichtendesaufsichtsrateseinergenossenschaft/, zuletzt geprüft am 06.01.2021.

**Keßler, J. (2014)**: Selbsthilfe, Selbstverwaltung und Verbandsdemokratie – zur Co-operative Governance genossenschaftlich verfasster Unternehmen, in: Schröder, C./Walk, H. (Hrsg.), Genossenschaften und Klimaschutz – Akteure für zukunftsfähige, solidarische Städte, Wiesbaden, S. 93-105.

**Keßler, J./Kühnberger, M. (2008)**: Die Reform der genossenschaftlichen Pflichtprüfung bei Kleinunternehmen, in: Zeitschrift für das gesamte Genossenschaftswesen (ZfgG), Jg. 58, Heft 2, S. 144-157.

**KfW (2020)**: KfW im Überblick – Zahlen und Fakten, https://www.kfw.de/pdf/downl oadCenter/konzernthemen/kfwim%C3%9Cberblick/kfwimueberblick.pdf, zuletzt geprüft am 19.10.2020.

**Kiehne, N. (2012)**: Zur Entscheidungsnützlichkeit von Zwischenberichten – Eine kritische Würdigung vor dem Hintergrund der IFRS-Rechnungslegung und der aktuellen Corporate Governance, Wiesbaden.

**Kilduff, M./Angelmar, R./Mehra, A. (2000)**: Top Management-Team Diversity and Firm Performance: Examining the Role of Cognitions, in: Organization Science, Jg. 11, Heft 1, S. 21-34.

**Kim, M./Chelladurai, P./Trail, G. T. (2007)**: A Model of Volunteer Retention in Youth Sport, in: Journal of Sport Management, Jg. 21, Heft 2, S. 151-171.

**Kim, Y./Cannella, A. A. (2008)**: Toward a Social Capital Theory of Director Selection, in: Corporate Governance: An International Review, Jg. 16, Heft 4, S. 282-293.

**Kirchler, E./Meier-Pesti, K./Hofmann, E. (2011)**: Menschenbilder, in: Kirchler, E. (Hrsg.), Arbeits- und Organisationspsychologie, 3. Aufl., Wien, S. 17-198.

**Kirsch, H. (2017)**: Berichterstattung zum Diversitätskonzept für das vertretungsberechtigte Organ und den Aufsichtsrat als neuer Bestandteil der Erklärung zur Unternehmensführung, in: Deutsche Steuer-Zeitung, Jg. 105, Heft 10, S. 363-371.

**Kirsch, H.-J./Huter, M. (2017)**: Die Prüfung der nicht-finanziellen Erklärung – Neue Pflichten für den Aufsichtsrat, in: Die Wirtschaftsprüfung (WPg), Jg. 70, Heft 17, S. 1017-1024.

**Klaus, H./Schneider, H. J. (2008)**: Motivation, in: Schneider, H. J. (Hrsg.), Mensch und Arbeit – Handbuch für Studium und Praxis, 11. Aufl., Düsseldorf, S. 175-217.

**Kleinbeck, U. (1996)**: Arbeitsmotivation – Entstehung, Wirkung und Förderung, Weinheim.

**Kline, R. B. (2005)**: Principles and practice of structural equation modeling, 2. Aufl., New York.

**Kluge, A. (2007)**: Genossenschaften in der Geschichte, in: Brockmeier, T. (Hrsg.), Volkswirtschaftliche Theorie der Kooperation in Genossenschaften, Göttingen, S. 3-38.

**Kniehl, A. T. (1998)**: Motivation und Volition in Organisationen – Ein Beitrag zur theoretischen Fundierung des Motivationsmanagements, Wiesbaden.

**Knoll, L./Lochner, D. (2014)**: Diskriminierung durch Quote?, in: Der Betrieb, Jg. 67, Heft 10, S. 495-499.

**Kober, R. (2010)**: Das „investierende Mitglied" – Wer und vor allem was steckt dahinter?, in: Zeitschrift für das gesamte Genossenschaftswesen (ZfgG), Jg. 60, Heft 1, S. 37-49.

**Kock, N./Lynn, G. S. (2012)**: Lateral Collinearity and Misleading Results in Variance-Based SEM: An Illustration and Recommendations, in: Journal of the Association for Information Systems (JAIS), Jg. 13, Heft 7, S. 546-580.

**Kohl, C. R. G./Rapp, M. S./Wolff, M. (2013)**: Akzeptanz des Deutschen Corporate Governance Kodex: Governance-Indizes und Unternehmenseigenschaften, in: Zeitschrift für Corporate Governance (ZCG), Jg. 8, Heft 4, S. 153-159.

**Köhler, H./Reichle, U. (2019)**: Mehr Sicherheit – Eine einfache Lösung hilft, mit den vielen Anforderungen an Aufsichtsräte sicher und praxisgerecht umzugehen, in: Bankinformation (BI), Jg. 46, Heft 9, S. 60-63.

**Kohte, W. (1991)**: Die Genossenschaft – eine Rechtsform der Zukunft? – Neue Impulse aus Brüssel für eine alte Rechtsform, in: Zeitschrift für Wirtschaftsrecht (ZIP), Jg. 13, Heft 14, S. 905-914.

**Kolmogoroff, A. N. (1933)**: Grundbegriffe der Wahrscheinlichkeitsrechnung, Berlin, Heidelberg.

**Konradt, U./Fary, Y. (2006)**: Determinanten der Motivation und der Bereitschaft zur Teilnahme an Fragebogenstudien, in: Zeitschrift für Psychologie/Journal of Psychology, Jg. 214, Heft 2, S. 87-97.

**Konschalla, T. (2013)**: Governance – BaFin vergleicht Strukturen von Aufsichts- und Verwaltungsräten, in: BaFin Journal, Heft 7, S. 15-18.

**Kopp, J./Lois, D. (2011)**: Sozialwissenschaftliche Datenanalyse – Eine Einführung, Wiesbaden.

**Kormann, H. (2008)**: Unvereinbarkeit von Aufsicht und Rat, in: Der Aufsichtsrat, Jg. 5, Heft 11, S. 157-159.

**Körner, A./Geyer, M./Roth, M./Drapeau, M./Schmutzer, G./Albani, C./Schumann, S./Brähler, E. (2008)**: Persönlichkeitsdiagnostik mit dem NEO-Fünf-Faktoren-Inventar: Die 30-Item-Kurzversion (NEO-FFI-30), in: Psychotherapie, Psychosomatik, medizinische Psychologie, Jg. 58, Heft 6, S. 238-245.

**Körner, S. (2019)**: Kommunale Beteiligungsberichterstattung in NRW – Eine empirische Analyse am Beispiel von Wohnungsgesellschaften, Norderstedt.

**Körner, T./Müller, O./Paul, S./Schmidt, C. M. (2013)**: Supervisory board qualification of German banks legal standards and survey evidence, Essen.

**Körner, T./Müller, O./Paul, S./Schmidt, C. M. (2014)**: Glas halb voll oder halb leer? – Eine Analyse der Qualifikation von Kontrollorganmitgliedern deutscher Banken, RWI-Heft Nr. 78, Essen.

**Kossbiel. H. (1993)**: Beiträge verhaltens- und wirtschaftswissenschaftlicher Theorien zur Beurteilung der Effizienz betrieblicher Anreizsysteme, in: Weber, W. (Hrsg.), Entgeltsysteme – Lohn, Mitarbeiterbeteiligung und Zusatzleistungen – Festschrift zum 65. Geburtstag von Eduard Gaugler, Stuttgart, S. 79-103.

**Köstler, R./Müller, M./Sick, S. (2013)**: Aufsichtsratspraxis: Handbuch für die Arbeitnehmervertreter im Aufsichtsrat, 10. Aufl., Frankfurt a. M.

**KPMG (2006)**: Organisation und Ausschussbildung im Aufsichtsrat, in: PublicGovernance, Heft Herbst, S. 6-15.

**Krafft, K./Götz, O./Liehr-Gobbers, K. (2005)**: Die Validierung von Strukturgleichungsmodellen mit Hilfe des Partial-Least-Squares (PLS)-Ansatzes, in: Bliemel, F./Eggert, A./Fassott, G./Henseler, J. (Hrsg.), Handbuch PLS-Pfadmodellierung – Methode, Anwendung, Praxisbeispiele, Stuttgart, S. 71-86.

**Kramarsch, M. H. (2018)**: Vergütung zwischen Kontrolle und Strategiebegleitung, in: Der Aufsichtsrat, Jg. 15, Heft 1, S. 11.

**Krause, R. (2017)**: Being the CEO's boss – An examination of board chair orientations, in: Strategic Management Journal, Jg. 38, Heft 3, S. 697-713.

**Krauß, K.-H. (2014)**: Prüfung unterstützt Aufsichtsrat, in: Geno Graph, Heft 3, S. 27-29.

**Kreitmeier, F. (2001)**: Corporate governance – Aufsichtsgremien und Unternehmensstrategien, Herrsching.

**Kremers, M. (2013)**: Externe Rechnungslegung versus interne Unternehmenssteuerung – Besondere Herausforderungen für den Aufsichtsrat, in: Hölscher, R./Altenhain, K. (Hrsg.), Handbuch Aufsichts- und Verwaltungsräte in Kreditinstituten – Rechtlicher Rahmen, betriebswirtschaftliche Herausforderungen, Best Practices, Berlin, S. 731-750.

**Kreuter, F./Presser, S./Tourangeau, R. (2008)**: Social Desirability Bias in CATI, IVR, and Web Surveys: The Effects of Mode and Question Sensitivity, in: Public Opinion Quarterly, Jg. 72, Heft 5, S. 847-865.

**Krieger, A. (2011)**: Welche Chancen hat der Aufsichtsrat, die Wahrnehmung gesamtgesellschaftlicher Verantwortung im Unternehmen des Bankensektors zu fördern?, in: Ulshöfer, G./Feuchte, B. (Hrsg.), Finanzmarktakteure und Corporate Social Responsibility, Wiesbaden, S. 161-174.

**Krieger, G./Schneider, U. H. (2017)**: Handbuch Managerhaftung, 3. Aufl., Köln.

**Krimphove, D. (2019)**: Die Nachhaltigkeit im Bankrecht, in: Zeitschrift für das gesamte Kreditwesen (ZfgK), Jg. 72, Heft 18, S. 941-946.

**Kröner, A./Osman, Y. (2018)**: Fatales Fehlverhalten, in: Handelsblatt, 23.02.2018, Heft 39, S. 31.

**Kröner, A./Osman, Y./Kersting, S. (2018)**: Verwaltungsräte im Visier der EZB, in: Handelsblatt, 23.02.2018, Heft 39, S. 30-31.

**Krosnick, J. A. (1999)**: Survey research, in: Annual Review of Psychology, Jg. 50, S. 537-567.

**Kübler, B. (1975)**: Die deutschen Nachkriegsinsolvenzen im Bankensektor. Chronik – Ursachenanalyse – Konsequenzen, in: Betriebswirtschaftliche Forschung und Praxis (BFuP), Jg. 27, Heft 2, S. 162-174.

**Kuck, D. (2006)**: Aufsichtsräte und Beiräte in Deutschland, Wiesbaden.

**Kuhl, J. (2001)**: Motivation und Persönlichkeit – Interaktionen psychischer Systeme, Göttingen.

**Kühnel, S./Dingelstedt, A. (2019)**: Kausalität, in: Baur, N./Blasius, J. (Hrsg.), Handbuch Methoden der empirischen Sozialforschung, 2. Aufl., Wiesbaden, S. 1401-1413.

**Kulbe, A. (2017)**: Grundwissen Psychologie, Soziologie und Pädagogik, 3. Aufl., Stuttgart.

**Kunz, J. (2015)**: Objectivity and subjectivity in performance evaluation and autonomous motivation: An exploratory study, in: Management Accounting Research, Heft 27, S. 27-46.

**Küpers, W./Weibler, J. (2005)**: Emotionen in Organisationen, Stuttgart.

**Kursatz, D./Gebert, A. (2014)**: Schnittstellen bei der Zusammenarbeit zwischen Interner Revision und Abschlussprüfer, in: Der Betrieb, Jg. 67, Heft 32, S. 1749-1755.

**Boos, K.-H./Fischer, R./Schulte-Mattler, H. (2016)**: KWG, CRR-VO – Kommentar zu Kreditwesengesetz, VO (EU) Nr. 575/2013 (CRR) und Ausführungsvorschriften, 5. Aufl., München.

**Labbé, M. (2018)**: Die Strategieklausur im Aufsichtsrat – Praxiserprobte Prozessschritte aus dem gehobenen Mittelstand, in: Zeitschrift für Corporate Governance (ZCG), Jg. 13, Heft 1, S. 17-23.

**Labbé, M./Wiedemann, M. (2009)**: Corporate Governance nach dem BilMoG: Die Sensibilisierung der Aufsichtsräte wächst, in: Der Aufsichtsrat, Jg. 6, Heft 9, S. 127-129.

**Lackhoff, K. (2014)**: Neue Vorgaben des KWG für die Mandatshöchstzahl von Aufsichtsratsmitgliedern, in: Zeitschrift für das gesamte Kreditwesen (ZfgK), Jg. 67, Heft 13, S. 663-666.

**Ladwig, D. H. (2014)**: Team Diversity Management – Die Führung gemischter Teams, in: Rosenstiel, L. von/Regnet, E./Domsch, M. E. (Hrsg.), Führung von Mitarbeitern – Handbuch für erfolgreiches Personalmanagement, 7. Aufl., Stuttgart, S. 379-390.

**Lai, K. M. Y./Srinidhi, B./Gul, F. A./Tsui, J. S. L. (2017)**: Board Gender Diversity, Auditor Fees, and Auditor Choice, in: Contemporary Accounting Research, Jg. 34, Heft 3, S. 1681-1714.

**Lambert, K. (2001)**: Genossenschaftsverbände zwischen zentraler Strategie und dezentraler Ausrichtung, in: Zeitschrift für das gesamte Kreditwesen (ZfgK), Jg. 54, Heft 19, S. 1053.

**Lamont, L. M./Lundstrom, W. J. (1977)**: Identifying Successful Industrial Salesmen by Personality and Personal Characteristics, in: Journal of Marketing Research (JMR), Jg. 14, Heft 4, S. 517-529.

**Lamprecht, D./Donschen, A. (2006)**: Der Nutzen des Member Value Reporting für Genossenschaftsbanken: Eine ökonomische und juristische Analyse, Arbeitspapier Nr. 58, Münster.

**Landy, F. J./Barnes-Farrell, J. L./Cleveland, J. N. (1980)**: Perceived fairness and accuracy of performance evaluation: A follow-up, in: Journal of Applied Psychology, Jg. 65, Heft 3, S. 355-356.

**Lang, J./Weidmüller, L. (Begründer) (2019)**: Genossenschaftsgesetz: Gesetz betreffend die Erwerbs- und Wirtschaftsgenossenschaften. Mit Erläuterungen zum Umwandlungsgesetz und zur Europäischen Genossenschaft, 39. Aufl., Berlin, Boston.

**Larroque/Kaminski/Bouvier-Colle/Hollebecque (1999)**: Participation in a mail survey: role of repeated mailings and characteristics of nonrespondents among recent mothers, in: Paediatric and Perinatal Epidemiology, Jg. 13, Heft 2, S. 218-233.

**Law, K. S./Wong, C.-S. (1999)**: Multidimensional Constructs in Structural Equation Analysis: An Illustration Using the Job Perception and Job Satisfaction Constructs, in: Journal of Management, Jg. 25, Heft 2, S. 143-160.

**Lawler, E. E. (1971)**: Pay and organizational effectiveness – A psychological view, New York.

**Lawler, E. E. (1973)**: Motivation in Work Organizations, Montery.

**Lawler, E. E. (1977)**: Motivierung in Organisationen – Ein Leitfaden für Studenten und Praktiker, Bern.

**Leavitt, C. (1977)**: Consumer Satisfaction and Dissatisfaction. Bi-polar or Independent?, in: Hunt, H. (Hrsg.), Conceptualisation and Measurement of Consumer Satisfaction and Dissatisfaction, Cambridge, S. 132-149.

**Leblanc, R./Gillies, J. M. (2005)**: Inside the boardroom: How boards really work and the coming revolution in corporate governance, New York.

**Leblanc, R./Schwartz, M. S. (2007)**: The Black Box of Board Process: gaining access to a difficult subject, in: Corporate Governance: An International Review, Jg. 15, Heft 5, S. 843-851.

**Leesen, E. von (2012)**: Kann ein Aufsichtsrat nach seinem Wechsel aus dem Vorstand unabhängig sein?, in: Der Aufsichtsrat, Jg. 9, Heft 3, S. 33.

**Leffson, U. (1980)**: Bemerkungen zum Förderungsbegriff, in: Zeitschrift für das gesamte Genossenschaftswesen (ZfgG), Jg. 30, Heft 1, S. 70-74.

**Lehner, U. (2016)**: Überlegungen zur Beendigung der Aufsichtsratsmitgliedschaft, in: Der Aufsichtsrat, Jg. 13, Heft 7, S. 100-101.

**Leitner, S. (1998):** Rechtlicher Vergleich und Würdigung der Pflichtprüfung am Beispiel der Jahresabschlußprüfung bei Genossenschaft und Aktiengesellschaft, in: Zeitschrift für das gesamte Genossenschaftswesen (ZfgG), Jg. 48, Heft 1, S. 23-39.

**Lentfer, T. (2005):** Einflüsse der internationalen Corporate Governance-Diskussion auf die Überwachung der Geschäftsführung, Wiesbaden.

**Lentfer, T. (2008):** Evaluation des Aufsichtsrates, in: Freidank, C.-C./Peemöller, V. (Hrsg.), Corporate Governance und Interne Revision – Handbuch für die Neuausrichtung des Internal Auditings, Berlin, S. 693-710.

**Leube, B. (2012):** Personelle Besetzung des Aufsichtsrates: Qualifikationsanforderungen und Auswahl der Aufsichtsratsmitglieder, in: Grundei, J./Zaumseil, P. (Hrsg.), Der Aufsichtsrat im System der Corporate Governance – Betriebswirtschaftliche und juristische Perspektiven, Wiesbaden, S. 202-219.

**Leuschner, C.-F. (2005):** Genossenschaften: Zwischen Corporate und Cooperative Governance, Arbeitspapier Nr. 47, Münster, http://www.econstor.eu/bitstream/10419/55820/1/506081389.pdf, zuletzt geprüft am 11.11.2014.

**Leventhal, G. S. (1980):** What Should Be Done with Equity Theory?, in: Gergen, K. J./Greenberg, M. S./Willis, R. H. (Hrsg.), Social Exchange, Boston, S. 27-55.

**Levin, I./Stokes, J. P. (1989):** Dispositional approach to job satisfaction: Role of negative affectivity, in: Journal of Applied Psychology, Jg. 74, Heft 5, S. 752-758.

**Lewin, K. (1926):** Vorbemerkungen über die psychischen Kräfte und Energien und über die Struktur der Seele, in: Psychologische Forschung, Jg. 7, Heft 1, S. 294-329.

**Leyens, P. C. (2012):** Informationsversorgung des Aufsichtsrats, in: Freidank, C.-C./Velte, P. (Hrsg.), Corporate Governance, Abschlussprüfung und Compliance – Neue Entwicklungen aus nationaler und internationaler Sicht, Berlin, S. 277-292.

**Li, J./Lambert, V. A. (2008):** Job satisfaction among intensive care nurses from the People's Republic of China, in: International Nursing Review, Jg. 55, Heft 1, S. 34-39.

**Likert, R. (1932):** A technique for the measurement of attitudes, in: Archives of Psychology, Jg. 22, Heft 140, S. 1-55.

**Likert, R. (1961):** New patterns of management, New York.

**Likert, R. (1967)**: The human organization, New York.

**Lindenberg, S. (2001)**: Intrinsic Motivation in a New Light, in: Kyklos, Jg. 54, Heft 2-3, S. 317-342.

**Lingenfelder, M./Schneider, W. (1991)**: Die Zufriedenheit von Kunden – Ein Marketingziel?, in: Marktforschung und Management, Jg. 35, Heft 1, S. 29-34.

**Linnebacher, B./Sitzenfrei, W. (2004)**: Die Haftung von Vorständen und Aufsichtsräten der Genossenschaftsbanken, in: Zeitschrift für das gesamte Genossenschaftswesen (ZfgG), Jg. 54, Heft 1, S. 34-46.

**Lipfert, H. (1986)**: Mitgliederförderndes Kooperations- und Konkurrenzmanagement in genossenschaftlichen Systemen, Göttingen.

**Littkemann, J. (2009)**: Managementorientierte Ausrichtung des Beteiligungscontrollings, in: Littkemann, J. (Hrsg.), Beteiligungscontrolling – Ein Handbuch für die Unternehmens- und Beratungspraxis, Band I: Grundlagen sowie bilanzielle, steuerliche und sonstige rechtliche Aspekte des Beteiligungscontrollings, 2. Aufl., Herne, Berlin, S. 53-107.

**Littkemann, J./Derfuß, K. (2004)**: Gestaltung von Controllingsystemen – Empirische Ergebnisse des Kontingenzansatzes des Behavioral Accounting, in: Scherm, E./Pietsch, G. (Hrsg.), Controlling: Theorien und Konzeptionen, München, S. 691-708.

**Littkemann, J./Derfuß, K. (2009)**: Corporate Governance-Gestaltung mithilfe des Controllings? Eine konflikttheoretische Analyse, in: Wall, F./Schröder, R. W. (Hrsg.), Controlling zwischen Shareholder Value und Stakeholder Value: neue Anforderungen, Konzepte und Instrumente, München, S. 61-80.

**Littkemann, J./Schwarzer, S./Miller, J. (2018)**: Nachhaltigkeitsberichterstattung von DAX-Unternehmen: Eine empirische Analyse, in: Controlling, Jg. 30, Heft 3, S. 47-55.

**Lob, H. (2014)**: Erste, zweite und dritte Verteidigungslinie als Kernstück der Regulierung – wer verteidigt was?, in: Zeitschrift für das gesamte Kreditwesen (ZfgK), Jg. 67, Heft 15, S. 775-779.

**Löbbe, M./Fischbach, J. (2014)**: Die Business Judgment Rule bei Kollegialentscheidungen des Vorstands, in: Die Aktiengesellschaft, Jg. 59, Heft 20, S. 717-729.

**Locke, E. A. (1969)**: What is job satisfaction?, in: Organizational Behavior and Human Performance, Jg. 4, Heft 4, S. 309-336.

**Locke, E. A. (1973)**: Satisfiers and dissatisfiers among white-collar and blue-collar employees, in: Journal of Applied Psychology, Jg. 58, Heft 1, S. 67-76.

**Locke, E. A. (1976)**: The nature and causes of job satisfaction, in: Dunnette, M. D. (Hrsg.), Handbook of Industrial and Organizational Psychology, Chicago, S. 1297-1349.

**Locke, E. A./Latham, G. P./Smith, K. J. (1990)**: A theory of goal setting & task performance, Englewood Cliffs.

**Lohmöller, J.-B. (1989)**: Latent Variable Path Modeling with Partial Least Squares, Heidelberg.

**Lohs, A. (2015)**: Prüfungsausschüsse 2015: Bankaufsichtliche Vorgaben für den Prüfungsausschuss, in: Bank Praktiker, Heft 6, S. 210-215.

**Loitz, R. (2014)**: Die Hauptversammlung – Vorbereitung und Durchführung, in: Der Betrieb, Jg. 67, Heft 4, S. 133-137.

**Looser, D. (2011)**: Soziale Beziehungen und Leistungsmotivation – Die Bedeutung von Bezugspersonen für die längerfristige Aufrechterhaltung der Lern- und Leistungsmotivation, Opladen [u. a.].

**Louis, D. (1979)**: Zur Stabilität von kooperativen Organisationen, in: Zeitschrift für das gesamte Genossenschaftswesen (ZfgG), Jg. 29, Heft 1, S. 295-311.

**Lourenco, S. M. (2016)**: Monetary Incentives, Feedback, and Recognition – Complements or Substitutes? Evidence from a Field Experiment in a Retail Services Company, in: The Accounting Review, Jg. 91, Heft 1, S. 279-297.

**Love, A./Hardin, R./Koo, W./Morse, A. (2011)**: Effects of Motives on Satisfaction and Behavioral Intentions of Volunteers at a PGA Tour Event, in: International Journal of Sport Management, Jg. 12, Heft 1, S. 86-101.

**Löwisch, M. (2017)**: Mitwirkungspflichten der Aufsichtsratsmitglieder der Arbeitnehmer bei Restrukturierungsmaßnahmen, in: Der Betrieb, Jg. 70, Heft 13, S. 710-712.

**Lück, D. (2011)**: Zusammenführen von Datensätzen und Wechsel der Analyseebene, in: Akremi, L./Baur, N./Fromm, S. (Hrsg.), Datenanalyse mit SPSS für Fortgeschrittene, Wiesbaden, S. 81-108.

**Lück, D./Landrock, U. (2019)**: Datenaufbereitung und Datenbereinigung in der quantitativen Sozialforschung, in: Baur, N./Blasius, J. (Hrsg.), Handbuch Methoden der empirischen Sozialforschung, 2. Aufl., Wiesbaden, S. 457-471.

**Lück, W. (2000)**: Managementrisiken im Risikomanagementsystem, in: Der Betrieb, Jg. 53, Heft 30, S. 1473-1477.

**Lücke, C./Stammer, M.-J. (2014)**: Steigende Anforderungen an Aufsichtsräte, in: netzwerk, Heft 9/10, S. 22-23.

**Lüdtke, O./Robitzsch, A./Trautwein, U./Köller, O. (2007)**: Umgang mit fehlenden Werten in der psychologischen Forschung, in: Psychologische Rundschau, Jg. 58, Heft 2, S. 103-117.

**Luft, J./Shields, M. D. (2003)**: Mapping management accounting: graphics and guidelines for theory-consistent empirical research, in: Accounting, organizations and society, Jg. 28, Heft 2-3, S. 169-249.

**Lutter, M. (1984)**: Information und Vertraulichkeit im Aufsichtsrat, 2. Aufl., Köln.

**Lutter, M. (1995a)**: Das dualistische System der Unternehmensverwaltung, in: Scheffler, E. (Hrsg.), Corporate Governance, Wiesbaden, S. 5-26.

**Lutter, M. (1995b)**: Defizite für eine effiziente Aufsichtsratstätigkeit und gesetzliche Möglichkeiten der Verbesserung, in: Zeitschrift für das gesamte Handelsrecht und Wirtschaftsrecht (ZHR), Jg. 159, Heft 3, S. 287-309.

**Lutter, M. (2009)**: Professionalisierung des Aufsichtsrats, in: Der Betrieb, Jg. 62, Heft 15, S. 775-779.

**Lutter, M./Krieger, G./Verse, D. A. (2020)**: Rechte und Pflichten des Aufsichtsrats, 7. Aufl., Berlin, Boston.

**Mackscheidt, K./Schmale, I. (2010)**: Der genossenschaftliche FinanzVerbund – Betrachtungen zu Fusionen von Primärbanken, in: Zeitschrift für das gesamte Genossenschaftswesen (ZfgG), Jg. 60, Heft 1, S. 14-22.

**Mader, F. (2014)**: Die internationale Besetzung des Aufsichtsrats einer deutschen Aktiengesellschaft, in: Zeitschrift für Unternehmens- und Gesellschaftsrecht (ZGR), Jg. 43, Heft 4, S. 430-451.

**Mäder, O. B. (2006)**: Ein Cockpit für den Aufsichtsrat – Entwurf eines systemisch-prozessorientierten Modells zur aufgabenspezifischen Informationsversorgung des Aufsichtsrats, Wiesbaden.

**Mäder, O. B. (2008)**: Erfolgsfaktoren für ein unternehmensspezifisches Aufsichts-rats-Cockpit – Prozessorientiertes Vorgehen und Informationsordnung, in: Controlling, Jg. 20, Heft 7, S. 357-365.

**Magen, Z./Aharoni, R. (1991)**: Adolescents' Contributing toward Others, in: Journal of Humanistic Psychology, Jg. 31, Heft 2, S. 126-143.

**Mahlert, A. (2013)**: Die Verantwortung der Aufsichtsräte, in: Der Aufsichtsrat, Jg. 10, Heft 1, S. 6-7.

**Mahlert, A. (2014)**: Wer kontrolliert die Aufsichtsräte? – Effizienzprüfung, aber richtig!, in: Der Aufsichtsrat, Jg. 11, Heft 7-8, S. 106-107.

**Mahlert, A. (2017)**: Grenzüberschreitungen: Zu wenig und zu viel vom Aufsichtsrat, in: Der Aufsichtsrat, Jg. 14, Heft 11, S. 153.

**Mahlert, A. (2019)**: Kürzere Amtsperioden?, in: Der Aufsichtsrat, Jg. 16, Heft 2, S. 17.

**Mai, C./Büttgen, M./Schwarzinger, D. (2017)**: "Think-Manager-Consider-Female?" – Eine Analyse stereotypischer Ansichten über weibliche Führungskräfte und die empirische Überprüfung ihrer realen Persönlichkeit anhand der Big Five und Dunklen Triade, in: Schmalenbachs Zeitschrift für betriebswirtschaftliche Forschung (ZfbF), Jg. 69, Heft 2, S. 119-152.

**Mai, C./Frey, R.-V./Büttgen, M./Hülsbeck, M. (2015)**: Persönlichkeitsprototyp der DAX 30 Vorstandsvorsitzenden: Eine empirische Analyse mittels Attribution anhand des NEO-Fünf-Faktoren-Inventars, in: Schmalenbachs Zeitschrift für betriebswirtschaftliche Forschung (ZfbF), Jg. 67, Heft 1, S. 4-34.

**Maisch, M. (2017)**: Erfolg mit kleinen Fehlern, in: Handelsblatt, 31.05.2017, Heft 104, S. 23.

**Malina, M. A./Selto, F. H. (2015)**: Behavioral-economic nudges and performance measurement models, in: Journal of Management Accounting Research (JMAR), Jg. 27, Heft 1, S. 27-45.

**March, J. G. (1994)**: A primer on decision making – How decisions happen, New York.

**March, J. G. (1999)**: The pursuit of organizational intelligence, Malden.

**March, J. G./Simon, H. A. (1958)**: Organizations, New York.

**March, J. G./Simon, H. A. (1976)**: Organisation und Individuum – Menschliches Verhalten in Organisationen, Wiesbaden.

**Margerison, C./McCann, D. (1985)**: How to lead a winning team, Bradford.

**Maslow, A. H. (1943)**: A theory of human motivation, in: Psychological Review, Jg. 50, Heft 4, S. 370-396.

**Maslow, A. H. (1970)**: Motivation and Personality, 2. Aufl., New York.

**Mathieu, J. E./Zajac, D. M. (1990)**: A review and meta-analysis of the antecedents, correlates, and consequences of organizational commitment, in: Psychological Bulletin, Jg. 108, Heft 2, S. 171-194.

**Matiaske, W. (1999)**: Job satisfaction revisited: zur Statik und Dynamik von Arbeitszufriedenheit, Paderborn.

**Mattheus, D. (1999)**: Die gewandelte Rolle des Wirtschaftsprüfers als Partner des Aufsichtsrats nach dem KonTraG, in: Zeitschrift für Unternehmens- und Gesellschaftsrecht (ZGR), Jg. 28, Heft 5, S. 682-714.

**Mattheus, D. (2019)**: Der neue DCGK in der Erstanwendung, in: Der Aufsichtsrat, Jg. 16, Heft 11, S. 158-160.

**Mayer, V. (2009)**: Motivationstheorien, in: Schwaiger, M./Meyer, A. (Hrsg.), Theorien und Methoden der Betriebswirtschaft, München, S. 225-249.

**Mayo, E. (1945)**: The social problems of an industrial civilization, Boston.

**Mayo, E. (1966)**: The human problems of an industrial civilization, New York.

**McClelland, D. C. (1965a)**: N Achievement and Entrepreneurship – A Longitudinal Study, in: Journal of Personality and Social Psychology, Jg. 1, Heft 4, S. 389-392.

**McClelland, D. C. (1965b)**: Toward a theory of motive acquisition, in: American Psychologist, Jg. 20, Heft 5, S. 321-333.

**McClelland, D. C. (1985)**: Human motivation, Glenview.

**McClelland, D. C. (1987)**: Human motivation, Cambridge, New York.

**McClelland, D. C./Atkinson, J. W./Clark, R. A./Lowell, E. L. (1953)**: The achievement motive, East Norwalk.

**McCrae, R. R./John, O. P. (1992)**: An introduction to the five-factor model and its applications, in: Journal of Personality, Jg. 60, Heft 2, S. 175-215.

**McDermid, C. D. (1960)**: How Money motivates Men, in: Business Horizons, Jg. 3, Heft 4, S. 93-100.

**McNulty, T./Pettigrew, A. (1999)**: Strategists on the board, in: Organization Studies, Jg. 20, Heft 1, S. 40-74.

**Meffert, H./Burmann, C./Kirchgeorg, M./Eisenbeiß, M. (2019)**: Marketing – Grundlagen marktorientierter Unternehmensführung, 13. Aufl., Wiesbaden.

**Mehring, S. (2015)**: Wie Regulatorik und Aufsicht das genossenschaftliche Geschäftsmodell beeinflussen, in: Zeitschrift für das gesamte Kreditwesen (ZfgK), Jg. 68, Heft 19, S. 949-951.

**Menden, B./Rötzel, E. (2006)**: Corporate Governance und Controlling, in: Controller Magazin, Jg. 31, Heft 1, S. 9-13.

**Mensi-Klarbach, H. (2016)**: Was die Frauenquote für Aufsichtsräte leisten kann, in: Zeitschrift Führung + Organisation (zfo), Jg. 85, Heft 4, S. 267-269.

**Mertel, B. (2006)**: Arbeitszufriedenheit – Eine empirische Studie zu Diagnose, Erfassung und Modifikation in einem führenden Unternehmen des Automotives, Bamberg, https://fis.unibamberg.de/bitstream/uniba/96/2/Dokument_1.pdf, zuletzt geprüft am 21.02.2021.

**Merz, F. (2017)**: Multi-Aufsichtsräte: Die Anforderungen steigen, in: Der Aufsichtsrat, Jg. 14, Heft 1, S. 2-4.

**Mesch, G. (2015)**: Die Wirkung des Selbstbehalts nach § 93 Abs. 2 S. 3 AktG auf das Entscheidungsverhalten der Vorstandsmitglieder, in: Versicherungsrecht Aufsätze (VersR), Jg. 66, Heft 31, S. 1337-1345.

**Metzner, Y./Rapp, M. S./Wolff, M. (2012)**: Aktuelle Entwicklungen bei der Aufsichtsratsvergütung, in: Der Aufsichtsrat, Jg. 9, Heft 11, S. 158-159.

**Meyer, J. P./Allen, N. J. (1991)**: A three-component conceptualization of organizational commitment, in: Human Resource Management Review, Jg. 1, Heft 1, S. 61-89.

**Meyer, J. P./Stanley, D. J./Herscovitch, L./Topolnytsky, L. (2002)**: Affective, Continuance, and Normative Commitment to the Organization: A Meta-analysis of Antecedents, Correlates, and Consequences, in: Journal of Vocational Behavior, Jg. 61, Heft 1, S. 20-52.

**Meyer, M./Mattheus, D. (2016)**: Das Abschlussprüfungsreformgesetz (AReG) – Neuerungen für Prüfungsausschüsse, in: Der Betrieb, Jg. 69, Heft 12, S. 695-699.

**Mikus, B. (1999)**: Zur Integration des Risikomanagements in den Führungsprozess, in: Zeitschrift für Planung & Unternehmenssteuerung/Journal of Management Control, Jg. 10, Heft 10, S. 85-110.

**Milakovic, M./Alfarano, S./Lux, T. (2012)**: Der dichte Kern des Netzwerks deutscher Aufsichtsräte und Unternehmensvorstände, in: Wirtschaftsdienst, Jg. 92, Heft 11, S. 770-776.

**Miles, R. E. (1965)**: Human Relations or Human Resources?, in: Harvard Business Review (HBR), Jg. 43, Heft 4, S. 148-157.

**Miller, C. C./Burke, L. M./Glick, W. H. (1998)**: Cognitive diversity among upperechelon executives: implications for strategic decision processes, in: Strategic Management Journal, Jg. 19, Heft 1, S. 39-58.

**Möllers, T. M. (2009)**: Treuepflichten und Interessenkonflikte bei Vorstands- und Aufsichtsratsmitgliedern, in: Hommelhoff, P./Hopt, K. J./Werder, A. von (Hrsg.), Handbuch Corporate Governance: Leitung und Überwachung börsennotierter Unternehmen in der Rechts- und Wirtschaftspraxis, 2. Aufl., Stuttgart, S. 423-446.

**Moore, D. L. (2002)**: Evaluating Nonresponse Error in Mail Surveys, in: Groves, R./Dillman, D./Eltinge, J. L./Little, R. J. A. (Hrsg.), Survey nonresponse, New York, S. 197-211.

**Moosbrugger, H./Kelava, A. (2012)**: Testtheorie und Fragebogenkonstruktion, 2. Aufl., Berlin, Heidelberg.

**Morner, M./Jansen, T./Reuter, J./Jünger, C./Barth, S. (2012)**: Aufsichtsratspraxis in Deutschland – Empirische Ergebnisse und Erkenntnisse, in: Der Aufsichtsrat, Jg. 9, Heft 7-8, S. 98-100.

**Morner, M./Renger, E.-M./Valle Thiele, R. (2010)**: Unravelling the human side of the board: the role of motivational and cognitive compatibility in board decision making, in: International Journal of Business Governance & Ethics, Jg. 5, Heft 4, S. 323-342.

**Moschner, B. (2002)**: Altruismus und Egoismus – Was motiviert zum Ehrenamt?, Diskussionspapier Nr. 20, Bielefeld, http://www.unibielefeld.de/bi2000plus/diskuss ionspapiere/Dp_20_final.pdf, zuletzt geprüft am 17.02.2015.

**Müller, B. (2007)**: Porters Konzept generischer Wettbewerbsstrategien – Präzisierung und empirische Überprüfung, Wiesbaden.

**Müller, K. (2017)**: Ein Überblick: Überwachungsaufgaben des Aufsichtsrats, in: Bankinformation (BI), Jg. 44, Heft 1, S. 26-29.

**Müller, W./Riesenbeck, H.-J. (1991)**: Wie aus zufriedenen auch anhängliche Kunden werden, in: Harvard Manager, Jg. 13, Heft 3, S. 67-79.

**Müller-Stewens, G./Schimmer, M. (2008)**: Braucht es einen Strategieausschuss im Aufsichtsrat?, in: Der Aufsichtsrat, Jg. 5, Heft 7-8, S. 89-100.

**Münkner, H.-H. (1988)**: Genossenschaftsprinzipien und sozialer Fortschritt aus englischer Sicht, in: Zeitschrift für das gesamte Genossenschaftswesen (ZfgG), Jg. 38, Heft 1, S. 55-65.

**Münkner, H.-H. (1990)**: Strukturfragen der deutschen Genossenschaften, Frankfurt a. M.

**Murray, H. A. (1938)**: Explorations in personality: A clinical and experimental study of fifty men of college age, New York.

**Muthén, B./Kaplan, D. (1985)**: A comparison of some methodologies for the factor analysis of non-normal Likert variables, in: British Journal of Mathematical and Statistical Psychology, Jg. 38, Heft 2, S. 171-189.

**Mutter, S. (2018)**: Sektorvertrautheit – ein "must have" oder doch nicht?, in: Der Aufsichtsrat, Jg. 15, Heft 1, S. 12.

**Mutz, G. (2011)**: CSR im Finanzsektor. Potenziale für eine nachhaltige Entwicklung?, in: Ulshöfer, G./Feuchte, B. (Hrsg.), Finanzmarktakteure und Corporate Social Responsibility, Wiesbaden, S. 62-84.

**Nerdinger, F. W. (1995)**: Motivation und Handeln in Organisationen, Stuttgart.

**Nerdinger, F. W./Blickle, G./Schaper, N. (2019)**: Arbeits- und Organisationspsychologie, 4. Aufl., Berlin.

**Neuberger, O. (1974)**: Theorien der Arbeitszufriedenheit, Stuttgart [u. a.].

**Neuberger, O. (1985)**: Arbeit: Begriff, Gestaltung, Motivation, Zufriedenheit, Stuttgart.

**Neuberger, O. (2002)**: Führen und führen lassen – Ansätze, Ergebnisse und Kritik der Führungsforschung, 6. Aufl., Stuttgart.

**Neuberger, O./Allerbeck, M. (1978)**: Messung und Analyse von Arbeitszufriedenheit – Erfahrungen mit dem „Arbeitsbeschreibungsbogen (ABB)", Bern.

**Neubürger, H.-J. (2003)**: Die deutsche Mitbestimmung aus Sicht eines international operierenden Unternehmens – Reformbedarf unter Corporate Governance Gesichtspunkten?, in: Hommelhoff, P./Hopt, K. J./Werder, A. von/Feddersen, D./Pohle, K. (Hrsg.), Handbuch Corporate Governance – Leitung und Überwachung börsennotierter Unternehmen in der Rechts- und Wirtschaftspraxis, Köln, Stuttgart, S. 177-197.

**Neusüß, C./Schambach, G. (2014)**: Gender und Diversity als Erfolgsfaktoren für Genossenschaften, in: Schröder, C./Walk, H. (Hrsg.), Genossenschaften und Klimaschutz – Akteure für zukunftsfähige, solidarische Städte, Wiesbaden, S. 285-298.

**Newman, A./Nielsen, I./Smyth, R./Hooke, A. (2015)**: Examining the Relationship Between Workplace Support and Life Satisfaction: The Mediating Role of Job Satisfaction, in: Soc Indic Res, Jg. 120, Heft 3, S. 769-781.

**Nicholson, N./Brown, C. A./Chadwick-Jones, J. K. (1976)**: Absence from work and job satisfaction, in: Journal of Applied Psychology, Jg. 61, Heft 6, S. 728-737.

**Nick, F. R. (1975)**: Anreiz-Beitrags-Theorie, in: Gaugler, E. (Hrsg.), Handwörterbuch des Personalwesens, Stuttgart, S. 38-47.

**Nitzl, C. (2010)**: Eine anwenderorientierte Einführung in die Partial Least Square (PLS)-Methode, Arbeitspapier Nr. 21, Hamburg, http://www.unihamburg.de/ontea m/grafik/1319531056/ap21.pdf, zuletzt geprüft am 15.07.2015.

**Nitzl, C./Chin, W. W. (2017)**: The case of partial least squares (PLS) path modeling in managerial accounting research, in: Zeitschrift für Planung & Unternehmenssteuerung/Journal of Management Control, Jg. 28, Heft 2, S. 137-156.

**Nitzl, C./Schloderer, M. (2011)**: Die Prüfung von Interaktionseffekten in Partial Least Squares (PLS)-Modellen, in: Wirtschaftswissenschaftliches Studium (WiSt), Jg. 40, Heft 8, S. 432-442.

**Nonnenmacher, R./Wemmer, D./Werder, A. von (2016)**: Anforderungen an Prüfungsausschüsse – Leitfaden für Prüfungsausschüsse nach der Abschlussprüfungsreform 2016, in: Der Betrieb, Jg. 69, Heft 48, S. 2826-2836.

**o. V. (2011)**: Studie: Vergleich deutscher und internationaler Aufsichtsräte, in: Der Aufsichtsrat, Jg. 8, Heft 12, S. 180.

**o. V. (2016)**: Achleitner ist Top-Verdiener der Dax-Aufsichtsräte, in: Spiegel Online, 23.11.2016, http://www.spiegel.de/wirtschaft/unternehmen/paulachleitneristtopver dienerderdax-aufsichtsraetea1122766.html.

**o. V. (2017)**: Regionalprinzip: Sparda-Bank als Präzedenzfall, in: Zeitschrift für das gesamte Kreditwesen (ZfgK), Jg. 70, Heft 11, S. 518-519.

**OECD (2004)**: OECD-Grundsätze der Corporate Governance 2004, Paris.

**Oetker, H. (2009)**: Vorstand, Aufsichtsrat und ihr Zusammenwirken aus rechtlicher Sicht, in: Hommelhoff, P./Hopt, K. J./Werder, A. von (Hrsg.), Handbuch Corporate Governance: Leitung und Überwachung börsennotierter Unternehmen in der Rechts- und Wirtschaftspraxis, 2. Aufl., Stuttgart, S. 277-301.

**Offe, C./Fuchs, S. (2001)**: Schwund des Sozialkapitals? Der Fall Deutschland, in: Putnam, R. D. (Hrsg.), Gesellschaft und Gemeinsinn – Sozialkapital im internationalen Vergleich, Gütersloh, S. 417-514.

**Ohlmeyer, D. (1979)**: Die genossenschaftliche Prüfung, in: Zeitschrift für das gesamte Kreditwesen (ZfgK), Jg. 32, Heft 19, S. 952-954.

**Oliver, R. L. (1980)**: A Cognitive Model of the Antecedents and Consequences of Satisfaction Decisions, in: Journal of Marketing Research (JMR), Jg. 17, Heft 4, S. 460-469.

**O'Reilly, C. A./Roberts, K. H. (1973)**: Job satisfaction among whites and nonwhites: A cross-cultural approach, in: Journal of Applied Psychology, Jg. 57, Heft 3, S. 295-299.

**Organ, D./Ryan, K. (1995)**: A meta-analytic review of attitudinal and dispositional predictors of organizational citizenship behavior, in: Personnel Psychology, Jg. 48, Heft 4, S. 775-802.

**Österberg, P./Nilsson, J. (2009)**: Members' perception of their participation in the governance of cooperatives: the key to trust and commitment in agricultural cooperatives, in: Agribusiness, Jg. 25, Heft 2, S. 181-197.

**Osterloh, M. (2008)**: Psychologische Ökonomik und Betriebswirtschaftslehre: Zwischen Modell-Platonismus und Problemorientierung, Keynote anlässlich der 70. Jahrestagung des Verbands der Hochschullehrer für Betriebswirtschaft an der Freien Universität Berlin 15.-17. Mai 2008, https://www.uzh.ch/iou/orga/ssldir/wiki/uploads/main/keynote_Vhb08_papier.pdf, zuletzt geprüft am 02.06.2015.

**Osterloh, M./Frey, B. S. (1999)**: Motivation, Knowledge Transfer, and Organizational Form, Working Paper Nr. 27, Zürich.

**Osterloh, M./Weibel, A. (2006)**: Investition Vertrauen – Prozesse der Vertrauensentwicklung in Organisationen, Wiesbaden.

**Pacher, S./Dyballa, K. (2019)**: Anforderungen an die Zusammensetzung des Aufsichtsrats: Zwischen strategischer Mitgestaltung und Kontrolle, in: Der Aufsichtsrat, Jg. 16, Heft 7-8, S. 102-104.

**Paetz, F. (2016)**: Persönlichkeitsmerkmale als Segmentierungsvariablen – Eine empirische Studie, in: Schmalenbachs Zeitschrift für betriebswirtschaftliche Forschung (ZfbF), Jg. 68, Heft 3, S. 279-306.

**Paetzmann, K. (2014)**: Corporate Governance von Banken: Opazität, Governance-Reformen und regulatorische Arbitrage, in: Paetzmann, K./Schöning, S. (Hrsg.), Corporate Governance von Kreditinstituten, Berlin, S. 3-31.

**Papenfuß, U./Werner-Schmolling, N./Wolff, M. (2016)**: Effizienzprüfung bei öffentlichen Unternehmen: Befunde und Empfehlungen, in: Der Aufsichtsrat, Jg. 13, Heft 7, S. 105-108.

**Patera, M./Zacherl, U. (1984)**: Genossenschaftswissenschaftlicher Abschnitt, in: Patera, M. (Hrsg.), Möglichkeiten und Grenzen demokratischer Mitbestimmung in Genossenschaften, Wien, S. 89-128.

**Paul, S./Lange, M. (2016)**: Abschätzung der kumulierten Effekte von Finanzmarktregulierungen am Beispiel der deutschen Genossenschaftsbanken, https://www.bvr.de/p.nsf/0/a89CC1b863f6976bC125806f002e48d7/$file/201611studiekumuliert eeffektefinanzmarktregulierung.pdf, zuletzt geprüft am 02.01.2021.

**Pauli, H. (1980)**: Ordnungsmäßigkeit der Geschäftsführung und Förderungsauftrag in Genossenschaften aus der Sicht der Prüfung, in: Zeitschrift für das gesamte Genossenschaftswesen (ZfgG), Jg. 30, Heft 1, S. 307-315.

**Paulsen, W. (1977)**: Anleitung für die Tätigkeit von Vorstand und Aufsichtsrat, in: Zur Führung und Überwachung von Genossenschaften (Schriftenreihe des Raiffeisenverbandes Schleswig-Holstein und Hamburg e. V.), Heft 21, S. 30-49.

**Pauthner, J./Ghassemi-Tabar, N. (2017)**: Aufgaben des Aufsichtsrats im Rahmen interner Compliance-Untersuchungen, in: Der Aufsichtsrat, Jg. 14, Heft 2, S. 21-23.

**Peemöller, V. (2005)**: Das Besondere an der genossenschaftlichen Prüfung, in: Bösche, B./Walz, W. R. (Hrsg.), Wie viel Prüfung braucht der Verein – wie viel Prüfung verträgt die Genossenschaft?, Hamburg, S. 29-48.

**Peemöller, V. H./Finsterer, H./Weller, H. (1999)**: Vergleich von handelsrechtlichem und genossenschaftlichem Prüfungswesen, in: Die Wirtschaftsprüfung (WPg), Jg. 52, Heft 1, S. 345-353.

**Pelled, L. H./Eisenhardt, K. M./Xin, K. R. (1999)**: Exploring the Black Box: An Analysis of Work Group Diversity, Conflict, and Performance, in: Administrative Science Quarterly, Jg. 44, Heft 1, S. 1.

**Peltzer, M. (2004)**: Deutsche Corporate Governance – Ein Leitfaden, 2. Aufl., München.

**Peltzer, M. (2005)**: Aufsichtsrats-Lohn ohne Arbeit?, in: Der Aufsichtsrat, Jg. 2, Heft 7-8, S. 2.

**Pelz, W. (2014)**: Reiss-Profile: Kritik der „Theorie" der 16 Lebensmotive, Gießen.

**Perrault, E. (2015)**: Why Does Board Gender Diversity Matter and How Do We Get There? The Role of Shareholder Activism in Deinstitutionalizing Old Boys' Networks, in: Journal of Business Ethics, Jg. 128, Heft 1, S. 149-165.

**Pester, M./Arlt, U. (2016)**: Corporate Governance und die Reputation von Banken, in: Seidel, M. (Hrsg.), Banking & Innovation 2016 – Ideen und Erfolgskonzepte von Experten für die Praxis, Wiesbaden, S. 11-28.

**Petersen, H.-G. (2014)**: Was Aufsichtsräte wissen sollten, in: netzwerk, Heft 9/10, S. 24-25.

**Pfeffer, J. (1972)**: Size and Composition of Corporate Boards of Directors: The Organization and its Environment, in: Administrative Science Quarterly, Jg. 17, Heft 2, S. 218-228.

**Pfeffer, J. (1973)**: Size, Composition, and Function of Hospital Boards of Directors: A Study of Organization-Environment Linkage, in: Administrative Science Quarterly, Jg. 18, Heft 3, S. 349-364.

**Pfeffer, J. (1983)**: Organizational Demography, in: Research in Organizational Behavior, Jg. 5, Heft 1, S. 299-357.

**Pfeifer, H. (2012)**: Wer nicht fragt – Gedanken zur Qualifikation von Bankaufsichtsräten, in: Zeitschrift für das gesamte Kreditwesen (ZfgK), Jg. 65, Heft 9, S. 437-439.

**Podsakoff, P. M./MacKenzie, S. B./Lee, J.-Y./Podsakoff, N. P. (2003)**: Common Method Biases in Behavioral Research: A Critical Review of the Literature and Recommended Remedies, in: Journal of Applied Psychology, Jg. 88, Heft 5, S. 879-903.

**Podsakoff, P. M./Williams, L. J. (1986)**: The relationship between job performance and job satisfaction, in: Locke, E. A. (Hrsg.), Generalizing from laboratory to field settings – Research findings from industrial-organizational psychology, organizational behavior and human resource management, New York, S. 207-254.

**Pöhlmann, P./Fandrich, A./Bloehs, J. (Begründer) (2012)**: Genossenschaftsgesetz – Gesetz betreffend die Erwerbs- und Wirtschaftsgenossenschaften nebst umwandlungsrechtlichen Vorschriften für Genossenschaften, 4. Aufl., München.

**Polley, N./Kroner, S. (2012)**: Unternehmen in der Krise? – Handlungsempfehlungen zur Rolle des Aufsichtsrats, in: Der Aufsichtsrat, Jg. 9, Heft 5, S. 69-71.

**Porst, R. (2014)**: Fragebogen: Ein Arbeitsbuch, 4. Aufl., Wiesbaden.

**Porst, R. (2016)**: Datenerfassung und Datenaufbereitung, in: Gesellschaft • Wirtschaft • Politik (GWP), Jg. 65, Heft 4, S. 491-500.

**Porst, R. (2019)**: Frageformulierung, in: Baur, N./Blasius, J. (Hrsg.), Handbuch Methoden der empirischen Sozialforschung, 2. Aufl., Wiesbaden, S. 829-842.

**Porter, L. W./Lawler, E. E. (1968)**: Managerial Attitudes and Performance, Homewood.

**Porter, L. W./Steers, R. M. (1973)**: Organizational, work, and personal factors in employee turnover and absenteeism, in: Psychological Bulletin, Jg. 80, Heft 2, S. 151-176.

**Portes, A. (1998)**: Social Capital: Its Origins and Applications in Modern Sociology, in: Annual Review of Sociology, Jg. 24, Heft 1, S. 1-24.

**Potthoff, E. (1996):** Board-System versus duales System der Unternehmensverwaltung – Vor- und Nachteile, in: Betriebswirtschaftliche Forschung und Praxis (BFuP), Jg. 48, Heft 3, S. 253-268.

**Potthoff, E. (2003):** Risiko- und Krisenbewusstsein der Aufsichtsratsmitglieder, in: Wollmert, P./Schönbrunn, N./Jung, U./Siebert, H./Henke, M. (Hrsg.), Wirtschaftsprüfung und Unternehmensüberwachung – Festschrift für Prof. Dr. Dr. h.c. Wolfgang Lück, Düsseldorf, S. 101-114.

**Potthoff, E./Trescher, K. (2003):** Das Aufsichtsratsmitglied – Ein Handbuch der Aufgaben, Rechte und Pflichten, 6. Aufl., Stuttgart.

**Preen, A. von/Pacher, S. (2014):** Stellhebel zur Effizienzsteigerung in Aufsichtsratsgremien, in: Der Aufsichtsrat, Jg. 11, Heft 5, S. 66-67.

**Preen, A. von/Pacher, S./Bannas, V. (2014):** Woher kommt der Strukturwandel bei der Aufsichtsratsvergütung?, in: Der Betrieb, Jg. 67, Heft 30, S. 1633-1635.

**Preston, C. C./Colman, A. M. (2000):** Optimal number of response categories in rating scales: reliability, validity, discriminating power, and respondent preferences, in: Acta Psychologica, Jg. 104, Heft 1, S. 1-15.

**Prigge, S. (2012):** Überwachung der Vorstandstätigkeit, in: Grundei, J./Zaumseil, P. (Hrsg.), Der Aufsichtsrat im System der Corporate Governance – Betriebswirtschaftliche und juristische Perspektiven, Wiesbaden, S. 75-92.

**Prinz, E. (2012):** Der Einfluss von Mehrfachmandatsträgern auf die Unternehmensperformance, in: Zeitschrift für Betriebswirtschaft (ZfB), Jg. 82, Heft 9, S. 875-911.

**Prinz, E./Schwalbach, J. (2014):** Zehn Anmerkungen zur laufenden Debatte um Aufsichtsräte, in: Der Aufsichtsrat, Jg. 11, Heft 10, S. 138-140.

**Pritchard, R. D./Dunnette, M. D./Gorgenson, D. O. (1972):** Effects of perceptions of equity and inequity on worker performance and satisfaction, in: Journal of Applied Psychology, Jg. 56, Heft 1, S. 75-94.

**Probst, A. (2012):** Die Zusammenarbeit zwischen Abschlussprüfer und Aufsichtsrat: Best Practice Grundsätze für eine gute Corporate Governance, in: Freidank, C.-C./Velte, P. (Hrsg.), Corporate Governance, Abschlussprüfung und Compliance – Neue Entwicklungen aus nationaler und internationaler Sicht, Berlin, S. 315-327.

**Probst, A./Theisen, M. R. (2012)**: Vergütung des Vorstands und des Aufsichtsrats-Ergebnisse der 10. Panel-Befragung, in: Der Aufsichtsrat, Jg. 9, Heft 5, S. 66-68.

**Probst, A./Theisen, M. R. (2015)**: Die Rolle des Aufsichtsrats in der Krise – Ergebnisse der 15. Panel-Befragung, in: Der Aufsichtsrat, Jg. 12, Heft 11, S. 154-156.

**Probst, A./Theisen, M. R. (2016)**: Die Rolle des Aufsichtsrats in der Krise – Ergebnisse einer aktuellen Panel-Untersuchung der Aufsichtsratspraxis, in: Der Betrieb, Jg. 69, Heft 1, S. 1-8.

**Putnam, R. D. (1993)**: The Prosperous Community: Social Capital and Public Life, in: The American Prospect, Heft 13, S. 35-42.

**Pye, A./Pettigrew, A. (2005)**: Studying Board Context, Process and Dynamics: Some Challenges for the Future, in: British Journal of Management, Jg. 16, Heft 1, S. S27-S38.

**Qandil, J. S. (2014)**: Wahrnehmung der Qualität der Abschlussprüfung, Wiesbaden.

**Quade, B. (2016)**: Die digitale Rechtsabteilung – Vorteile für Aufsichtsräte, in: Der Aufsichtsrat, Jg. 13, Heft 9, S. 124-125.

**Quick, R. (2018)**: Prüfung von Genossenschaften, in: Wirtschaftswissenschaftliches Studium (WiSt), Jg. 47, Heft 5, S. 4-9.

**Quick, R./Höller, F./Koprivica, R. (2008)**: Prüfungsausschüsse in deutschen Aktiengesellschaften – Eine Analyse der Transparenz der Prüfungsausschuss-Tätigkeiten, in: Zeitschrift für Corporate Governance (ZCG), Jg. 3, Heft 1, S. 25-35.

**Raiffeisenbank südöstl. Starnberger See eG (2014)**: Jahresabschluss zum 31.12.2013, Seeshaupt.

**Randall, D. M. (1990)**: The Consequences of Organizational Commitment: Methodological Investigation, in: Journal of Organizational Behavior, Jg. 11, Heft 5, S. 361-378.

**Rasmusen, E. (1988)**: Mutual Banks and Stock Banks, in: Journal of Law & Economics, Jg. 31, Heft 2, S. 395-421.

**Redenius-Hövermann, J./Schmidt, H. (2019)**: Unabhängigkeit von Aufsichtsratsmitgliedern – Überlegungen zur Einordnung und Definition des Unabhängigkeitsbegriffs, in: Zeitschrift für Corporate Governance (ZCG), Jg. 14, Heft 5, S. 218-223.

**Redenz, T./Donk, J. van der/Völker, E./Schwenke, S./Wötzel, C. (2013)**: Aufsicht über Management und Kontrollorgane, in: BaFin Journal, Heft 3, S. 19-21.

**Reeser, J. C./Berg, R. L./Rhea, D./Willick, S. (2005)**: Motivation and satisfaction among polyclinic volunteers at the 2002 Winter Olympic and Paralympic Games, in: British Journal of Sports Medicine, Jg. 39, Heft 4, S. 20-25.

**Regierungskommission Deutscher Corporate Governance Kodex (2010)**: Qualifizierung von Aufsichtsräten, https://www.dcgk.de/de/kommission/diekommis sionimdialog.html?file=files/dcgk/usercontent/de/download/2010/Qualifizierung_ von_aufsichtsraeten_10_02_2010.pdf, zuletzt geprüft am 24.01.2021.

**Reichle, U. (2019a)**: Jahresplan Aufsichtsrat: Praxisbuch für Aufsichtsräte von Genossenschaftsbanken, Sparkassen und Privatbanken, Stuttgart.

**Reichle, U. (2019b)**: MiFID II: Neue Aufgaben für Aufsichtsräte von Banken und Sparkassen, in: Der Aufsichtsrat, Jg. 16, Heft 3, S. 39-41.

**Reinartz, W./Haenlein, M./Henseler, J. (2009)**: An empirical comparison of the efficacy of covariance-based and variance-based SEM, in: International Journal of Research in Marketing, Jg. 26, Heft 4, S. 332-344.

**Reinbacher, P./Shalchi, S./Felber, E. (2015)**: Die Entwicklung der Zusammensetzung und Vergütung des Aufsichtsrats im DCGK, in: Zeitschrift für Corporate Governance (ZCG), Jg. 10, Heft 4, S. 177-182.

**Reinecke, J. (2019)**: Grundlagen der standardisierten Befragung, in: Baur, N./Blasius, J. (Hrsg.), Handbuch Methoden der empirischen Sozialforschung, 2. Aufl., Wiesbaden, S. 717-734.

**Reips, U.-D. (2002)**: Standards for Internet-based experimenting, in: Experimental psychology, Jg. 49, Heft 4, S. 243-256.

**Reiss, S. (2004)**: Multifaceted Nature of Intrinsic Motivation: The Theory of 16 Basic Desires, in: Review of General Psychology, Jg. 8, Heft 3, S. 179-193.

**Reskin, B. F./McBrier, D. B./Kmec, J. A. (1999)**: The Determinants and Consequences of Workplace Sex and Race Composition, in: Annual Review of Sociology, Jg. 25, Heft 1, S. 335-361.

**Rheinberg, F. (2008)**: Motivation, 7. Aufl., Stuttgart.

**Rheinberg, F. (2009):** Intrinsische Motivation, in: Brandstätter, V./Otto, J. H. (Hrsg.), Handbuch der allgemeinen Psychologie – Motivation und Emotion, Göttingen [u. a.], S. 258-265.

**Rheinberg, F./Engeser, S. (2018):** Intrinsische Motivation und Flow-Erleben, in: Heckhausen, J./Heckhausen, H. (Hrsg.), Motivation und Handeln, 5. Aufl., Berlin, Heidelberg, S. 423-450.

**Rheinberg, F./Vollmeyer, R. (2019):** Motivation, 9. Aufl., Stuttgart.

**Richard, O. C. (2000):** Racial Diversity, Business Strategy, and Firm Performance: A Resource-Based View, in: Academy of Management Journal (AMJ), Jg. 43, Heft 2, S. 164-177.

**Richter, H. (2017):** Haftungsrisiken für Aufsichtsräte vermeiden, in: Bankinformation (BI), Jg. 44, Heft 1, S. 38-43.

**Richter, N./Mattheus, D. (2019):** Das CSR-RUG: Was der Aufsichtsrat wissen sollte – Erfahrungen aus der Umsetzung des CSR-RUG im Erstanwendungsjahr, in: Der Aufsichtsrat, Jg. 16, Heft 1, S. 2-4.

**Riketta, M. (2005):** Organizational identification: A meta-analysis, in: Journal of Vocational Behavior, Jg. 66, Heft 2, S. 358-384.

**Ringle, C. M. (2004):** Gütemaße für den Partial Least Squares – Ansatz zur Bestimmung von Kausalmodellen, Arbeitspapier Nr. 16, Hamburg.

**Ringle, C. M./Sarstedt, M./Straub, D. W. (2012):** A Critical Look at the Use of PLS-SEM in MIS Quarterly, in: MIS Quarterly, Jg. 36, Heft 1, S. 8-18.

**Ringle, C. M./Spreen, F. (2007):** Beurteilung der Ergebnisse von PLS-Pfadanalysen, in: Das Wirtschaftsstudium (WISU), Jg. 36, Heft 2, S. 211-216.

**Ringle, G. (1987):** Die Beitrittsentscheidung und deren Förderung unter Anreiz-Beitrags-Aspekten, Hamburg.

**Ringle, G. (1989):** Beitritt zur Genossenschaft als Entscheidungs- und Motivationsproblem, Göttingen.

**Ringle, G. (1992):** Anreiz-Beitrags-Theorie in Genossenschaften, in: Mändle, E./Swoboda, W. (Hrsg.), Genossenschafts-Lexikon, Wiesbaden, S. 12-13.

**Ringle, G. (2002)**: Die Mitgliedschaft – Last oder Chance für Genossenschaften?, in: Zeitschrift für das gesamte Genossenschaftswesen (ZfgG), Jg. 52, Heft 1, S. 36-47.

**Ringle, G. (2003)**: Brauchen Genossenschaften „Investorenmitglieder"?, in: Zeitschrift für das gesamte Genossenschaftswesen (ZfgG), Jg. 53, Heft 1, S. 165-166.

**Ringleb, H.-M./Kremer, T./Lutter, M./Werder, A. von (2003)**: Kommentar zum Deutschen Corporate Governance Kodex – Kodex-Kommentar, München.

**Robbins, S. P./Judge, T. A. (2015)**: Organizational behavior, 16. Aufl., Boston.

**Roethlisberger, F. J./Dickson, W. J. (1964)**: Management and the worker, Cambridge.

**Rogowski, U. (2013)**: Verschärfte Anforderungen an Aufsichtsräte, in: Reutlinger General-Anzeiger, 28.12.2013, http://www.gea.de/nachrichten/wirtschaft/verschae rfte+anforderungen+an+aufsichtsraete.3495744.htm.

**Rohlfing, W./Ziranka, J. (1972)**: Die Kontrolle der Förderungsleistung der genossenschaftlichen Geschäftsführung durch die Prüfung, in: Zeitschrift für das gesamte Genossenschaftswesen (ZfgG), Jg. 22, Heft 1, S. 194-211.

**Röhm, H./Schirra, G. (1976)**: Struktur und Organisationsprobleme des genossenschaftlichen Bankenverbundes – Untersuchungen im Gebiet des Württembergischen Genossenschaftsverbandes Raiffeisen/Schulze-Delitzsch e. V., Stuttgart.

**Rohrmann, B. (1978)**: Empirische Studien zur Entwicklung von Antwortskalen für die sozialwissenschaftliche Forschung, in: Zeitschrift für Sozialpsychologie, Jg. 9, Heft 3, S. 222-245.

**Rolfes, B. (2013)**: Der Aufsichtsrat – Kooperation oder Konfrontation zum Vorstand?, in: Hölscher, R./Altenhain, K. (Hrsg.), Handbuch Aufsichts- und Verwaltungsräte in Kreditinstituten – Rechtlicher Rahmen, betriebswirtschaftliche Herausforderungen, Best Practices, Berlin, S. 111-128.

**Roller, K. R. (2000)**: Die Vergütung des Aufsichtsrats in Abhängigkeit vom Aktienkurs, Frankfurt a. M. [u. a.].

**Romeike, F. (2013)**: Die Bedeutung bankaufsichtlicher Mindestanforderungen für die Arbeit des Aufsichtsorgans, in: Hölscher, R./Altenhain, K. (Hrsg.), Handbuch Aufsichts- und Verwaltungsräte in Kreditinstituten – Rechtlicher Rahmen, betriebswirtschaftliche Herausforderungen, Best Practices, Berlin, S. 615-636.

**Röseler, R. (2017)**: Anforderungen der BaFin an die Qualifikation von Aufsichtsräten in den Verbünden, in: Zeitschrift für das gesamte Kreditwesen (ZfgK), Jg. 70, Heft 14, S. 687-689.

**Rosenbladt, B. von (2000)**: Große Vielfalt bei ehrenamtlicher Tätigkeit und bürgerschaftlichem Engagement, in: Informationsdienst Soziale Indikatoren (ISI), Jg. 24, Heft 7, S. 6-10.

**Rosendahl, G. (2014)**: Bankenaufsicht zum Thema Aufsichtsrat, in: netzwerk, Heft 9/10, S. 28-29.

**Rosenstiel, L. von (1975)**: Die motivationalen Grundlagen des Verhaltens in Organisationen. Leistung und Zufriedenheit, Berlin.

**Rosenstiel, L. von (2003)**: Motivation managen – Psychologische Erkenntnisse ganz praxisnah, Weinheim, Basel, Berlin.

**Rosenstiel, L. von (2007)**: Grundlagen der Organisationspsychologie – Basiswissen und Anwendungshinweise, 6. Aufl., Stuttgart.

**Rosenstiel, L. von (2015)**: Motivation im Betrieb, 11. Aufl., Wiesbaden.

**Rosenstiel, L. von/Molt, W./Rüttinger, B. (2005)**: Organisationspsychologie, 9. Aufl., Stuttgart.

**Rosenstiel, L. von/Nerdinger, F. W. (2011)**: Grundlagen der Organisationspsychologie – Basiswissen und Anwendungshinweise, 7. Aufl., Stuttgart.

**Rossiter, J. R. (2002)**: The C-OAR-SE procedure for scale development in marketing, in: International Journal of Research in Marketing, Jg. 19, Heft 4, S. 305-335.

**Roth, M. (2004)**: Möglichkeit vorstandsunabhängiger Information des Aufsichtsrats, in: Die Aktiengesellschaft, Jg. 49, Heft 1, S. 1-13.

**Rubin, D. B. (1976)**: Inference and missing data, in: Biometrika, Jg. 63, Heft 3, S. 581-592.

**Rubin, L. H./Witkiewitz, K./St. Andre, J./Reilly, S. (2007)**: Methods for Handling Missing Data in the Behavioral Neurosciences: Don't Throw the Baby Rat out with the Bath Water, in: The Journal of Undergraduate Neuroscience Education, Jg. 5, Heft 2, S. A71-A77.

**Rubner, D./Fischer, J.-B. (2015)**: Erneut: Professionalisierung des Aufsichtsrats – Zu den Änderungen des DCGK 2015, in: Neue Zeitschrift für Gesellschaftsrecht (NZG), Jg. 18, Heft 20, S. 782-791.

**Ruckriegel, K. (2008)**: Glücksforschung, in: Schneider, H. J. (Hrsg.), Mensch und Arbeit – Handbuch für Studium und Praxis, 11. Aufl., Düsseldorf, S. 279-296.

**Rudolph, U. (2013)**: Motivationspsychologie kompakt, 3. Aufl., Weinheim, Basel.

**Ruess, A./Engeser, M. (2002)**: Nur abnicken, in: WirtschaftsWoche, Heft 37, S. 78.

**Ruhwedel, P. (2002)**: Aufsichtsratsplanungssysteme – Theoretische Grundlagen und praktische Ausgestaltung in Publikumsaktiengesellschaften, Frankfurt a. M.

**Ruhwedel, P. (2012)**: Eine Roadmap für den Aufsichtsrat, in: Grundei, J./Zaumseil, P. (Hrsg.), Der Aufsichtsrat im System der Corporate Governance – Betriebswirtschaftliche und juristische Perspektiven, Wiesbaden, S. 185-199.

**Ruhwedel, P. (2014)**: Effizienzprüfung nach § 25d KWG, in: Die Bank, Heft 6, S. 79-81.

**Ruhwedel, P. (2016a)**: Aufsichtsrats-Score 2015 – Licht und Schatten in der Aufsichtsratstätigkeit, in: BOARD – Zeitschrift für Aufsichtsräte in Deutschland, Heft 1, S. 30-35.

**Ruhwedel, P. (2016b)**: Mehr Effizienz in Verwaltungs- und Aufsichtsorganen, in: Die Bank, Heft 2, S. 72-75.

**Ruhwedel, P. (2016c)**: Regelgrenzen für die Zugehörigkeitsdauer zum Aufsichtsrat – Eine empirische Analyse der Mandatsdauern in den DAX- und MDAX-Gesellschaften, in: Die Wirtschaftsprüfung (WPg), Jg. 69, Heft 8, S. 464.

**Ruhwedel, P. (2017)**: Ein „Verfallsdatum" für den Aufsichtsrat?, in: Die Wirtschaftsprüfung (WPg), Jg. 70, Heft 4, S. 173-175.

**Ruhwedel, P. (2019a)**: Aufsichtsorgane in Kreditinstituten – Aufgaben, Anforderungen und Arbeitsweise, Düsseldorf, https://dnb.info/1186748923/34, zuletzt geprüft am 08.05.2020.

**Ruhwedel, P. (2019b)**: Selbstbeurteilung der Wirksamkeit des Aufsichtsrats (Effizienzprüfung), in: BOARD – Zeitschrift für Aufsichtsräte in Deutschland, Heft 5, S. 211-212.

**Ruhwedel, P. (2019c)**: Strategische Handlungskompetenz des Aufsichtsrats, in: BOARD – Zeitschrift für Aufsichtsräte in Deutschland, Heft 5, S. 175-179.

**Ruhwedel, P./Epstein, R. (2003)**: Eine empirische Analyse der Strukturen und Prozesse in den Aufsichtsräten deutscher Aktiengesellschaften, in: Betriebs-Berater (BB), Jg. 58, Heft 4, S. 161-166.

**Ruhwedel, P./Epstein, R. (2004)**: Die Praxis der Aufsichtsratstätigkeit im Wandel, in: Der Aufsichtsrat, Jg. 1, Heft 12, S. 3-4.

**Ruland, Y. M. (2013)**: Die Bank in der Krise: Die Arbeit des Aufsichtsrates im Lichte der neuen Gesetzgebung zur Reorganisation, Sanierung und Abwicklung von Probleminstituten, in: Hölscher, R./Altenhain, K. (Hrsg.), Handbuch Aufsichts- und Verwaltungsräte in Kreditinstituten – Rechtlicher Rahmen, betriebswirtschaftliche Herausforderungen, Best Practices, Berlin, S. 533-554.

**Rusbult, C. E./Farrell, D. (1983)**: A longitudinal test of the investment model: The impact on job satisfaction, job commitment, and turnover of variations in rewards, costs, alternatives, and investments, in: Journal of Applied Psychology, Jg. 68, Heft 3, S. 429-438.

**Ruter, R. X. (2012)**: Zehn Fragen zur Nachhaltigkeit- Fragenkatalog für ehrbare Aufsichtsräte, in: Der Aufsichtsrat, Jg. 9, Heft 6, S. 88-89.

**Ruter, X. R./Sahr, K. (2007)**: Soziale Verantwortung – Ein Thema für den Aufsichtsrat?, in: Der Aufsichtsrat, Jg. 4, Heft 4, S. 54-55.

**Ryan, R. M./Mims, V./Koestner, R. (1983)**: Relation of Reward Contingency and Interpersonal Context to Intrinsic Motivation, in: Journal of Personality and Social Psychology, Jg. 45, Heft 4, S. 736-750.

**Saavedra, R./Kwun, S. K. (2000)**: Affective states in job characteristics theory, in: Journal of Organizational Behavior, Jg. 21, Heft 2, S. 131-146.

**Säcker, F. J. (2004)**: Rechtliche Anforderungen an die Qualifikation und Unabhängigkeit von Aufsichtsratsmitgliedern, in: Die Aktiengesellschaft, Jg. 49, Heft 4, S. 180-186.

**Salheiser, A. (2019)**: Natürliche Daten: Dokumente, in: Baur, N./Blasius, J. (Hrsg.), Handbuch Methoden der empirischen Sozialforschung, 2. Aufl., Wiesbaden, S. 1119-1134.

**Sarges, W./Wottawa, H. (2005)**: Handbuch wirtschaftspsychologischer Testverfahren, Band I: Personalpsychologische Instrumente, 2. Aufl., Lengerich.

**Sarstedt, M./Ringle, C. M./Hair, J. F. (2017)**: Partial Least Squares Structural Equation Modeling, in: Homburg, C./Klarmann, M./Vomberg, A. (Hrsg.), Handbook of market research, Berlin, Heidelberg, S. 1-40.

**Sarstedt, M./Wilczynski, P. (2009)**: More for Less? A Comparison of Single-Item and Multi-Item Measures, in: Die Betriebswirtschaft (DBW), Jg. 69, Heft 2, S. 211-227.

**Sassen, R. (2011)**: Fortentwicklung der Berichterstattung und Prüfung von Genossenschaften – Eine betriebswirtschaftliche und empirische Analyse vor dem Hintergrund des genossenschaftlichen Förderauftrags, Wiesbaden.

**Sautter, D. (2007)**: Mitarbeiterzufriedenheit im Sportverein – Einflussfaktoren aus der Perspektive ehrenamtlicher Vereinsmitarbeiter, Heidelberg, http://katalog.ub.u niheidelberg.de/cgibin/titel.cgi?katkey=67107576, zuletzt geprüft am 15.06.2015.

**Schaeffer, M. (2016)**: Diversity erfassen: Statistische Diversitätsindizes, in: Genkova, P./Ringeisen, T. (Hrsg.), Handbuch Diversity Kompetenz, Wiesbaden, S. 47-60.

**Schaeffer, N. C./Dykema, J. (2011)**: Questions for Surveys: Current Trends and Future Directions, in: Public Opinion Quarterly, Jg. 75, Heft 5, S. 909-961.

**Schäfer, A. (2004)**: Der Prüfungsausschuss – Arbeitsteilung im Aufsichtsrat, in: Zeitschrift für Unternehmens- und Gesellschaftsrecht (ZGR), Jg. 33, Heft 2, S. 416-431.

**Schäfer, D. (2020)**: Wirecard – ein Menetekel für die Wirtschaftsprüfung, in: Wirtschaftsdienst, Jg. 100, Heft 8, S. 562-563.

**Scheffler, D. (2005)**: Implizite Motive – Entwicklung, Struktur und Messung, Göttingen.

**Scheffler, E. (1993)**: Der Aufsichtsrat – nützlich oder überflüssig?, in: Zeitschrift für Unternehmens- und Gesellschaftsrecht (ZGR), Jg. 22, Heft 1, S. 63-76.

**Scheffler, E. (2014)**: Rolle des Aufsichtsrats bei der Vermeidung und Überwindung von Unternehmenskrisen, in: Betriebs-Berater (BB), Jg. 69, Heft 47, S. 2859-2863.

**Schewe, G./Littkemann, J./Beckemeier, P. O. (1999)**: Interne Kontrollsysteme – Verhaltenswirkungen und organisatorische Gestaltung, in: Das Wirtschaftsstudium (WISU), Jg. 28, Heft 11, S. 1483-1488.

**Schichold, B./Kampschulte, D./Albrecht, D. (2017)**: Neue Ansätze in der Kompetenzmessung von Aufsichtsräten, in: Der Aufsichtsrat, Jg. 14, Heft 1, S. 8-9.

**Schichold, B./Vollbracht, M. (2014)**: Reputationsrisiken und ihre Relevanz für den Aufsichtsrat, in: Der Aufsichtsrat, Jg. 11, Heft 55, S. 68-69.

**Schiefele, U./Köller, O./Schaffner, E. (2018)**: Intrinsische und extrinsische Motivation, in: Rost, D. H./Sparfeldt, J. R./Buch, S. (Hrsg.), Handwörterbuch Pädagogische Psychologie, 5. Aufl., Weinheim, Basel, S. 309-319.

**Schierenbeck, H./Lister, M./Kirmße, S. (2008)**: Ertragsorientiertes Bankmanagement, Band 2: Risiko-Controlling und integrierte Rendite-/Risikosteuerung, 9. Aufl., Wiesbaden.

**Schilling, F. (2007)**: Aufsichtsratsevaluierungen – erste konkrete Praxiserfahrungen, in: Der Aufsichtsrat, Jg. 4, Heft 10, S. 142-144.

**Schimmelmann, W. von (2017)**: Balance zwischen heute und morgen, in: Börsen-Zeitung, 14.06.2017, Heft 112, S. 11.

**Schlaugat, S. (2010)**: Soziales Ehrenamt: Motive freiwilliger sozialer Tätigkeiten unter Berücksichtigung der Hypothese einer bestehenden eigenen Betroffenheit als Auswahlkriterium in Bezug auf das Tätigkeitsfeld, Bonn, http://hss.ulb.unibonn .de/2010/2011/2011.pdf, zuletzt geprüft am 17.02.2015.

**Schleicher, D. J./Hansen, S. D./Fox, K. E. (2011)**: Job attitudes and work values, in: Zedeck, S. (Hrsg.), APA handbook of industrial and organizational psychology, Washington, S. 137-190.

**Schlitter, M./Kühnberger, M. (2019)**: Prüfungsausschüsse als Element der Corporate Governance – Eine Erfolgsgeschichte?, in: Zeitschrift für Corporate Governance (ZCG), Jg. 14, Heft 2, S. 73-79.

**Schloderer, M. P./Ringle, C. M./Sarstedt, M. (2009)**: Einführung in die varianzbasierte Strukturgleichungsmodellierung: Grundlagen, Modellevaluation und Interaktionseffekte am Beispiel von SmartPLS, in: Schwaiger, M./Meyer, A. (Hrsg.), Theorien und Methoden der Betriebswirtschaft, München, S. 573-602.

**Schmalt, H.-D./Langens, T. A. (2009)**: Motivation, 4. Aufl., Stuttgart.

**Schmeißer, C. (2013)**: Die Arbeitswelt des Dritten Sektors – Atypische Beschäftigung und Arbeitsbedingungen in gemeinnützigen Organisationen, Berlin.

**Schmid, S./Dauth, T. (2012)**: Internationale Diversität im Top-Management: eine empirische Analyse der DAX-30-Unternehmen, in: Schmalenbachs Zeitschrift für betriebswirtschaftliche Forschung (ZfbF), Heft 7, S. 772-802.

**Schmidt, K. H./Kleinbeck, U. (1999)**: Job Diagnostic Survey (JDS) – deutsche Fassung, in: Dunckel, H. (Hrsg.), Handbuch psychologischer Arbeitsanalyseverfahren, Zürich, S. 205-230.

**Schmidt, M. (2016)**: EU-Verordnung zur Abschlussprüfung und Abschlussprüfungsreformgesetz (AReG) – Erste Erkenntnisse zur geplanten Umsetzung durch deutsche börsennotierte Unternehmen, in: Der Betrieb, Jg. 69, Heft 34, S. 1945-1951.

**Schmidt, V. (2014)**: Krisenmanagement beginnt im Aufsichtsrat, in: Thießen, A. (Hrsg.), Handbuch Krisenmanagement, 2. Aufl., Wiesbaden, S. 271-291.

**Schmittmann, J. (2012a)**: Haftung des Aufsichtsrats in der Krise, in: Der Aufsichtsrat, Jg. 9, Heft 10, S. 145-147.

**Schmittmann, J. M. (2012b)**: Aufsichtsratstätigkeit in der Unternehmenskrise, in: Grundei, J./Zaumseil, P. (Hrsg.), Der Aufsichtsrat im System der Corporate Governance – Betriebswirtschaftliche und juristische Perspektiven, Wiesbaden, S. 163-183.

**Schmitz-Herscheidt, F. (1981)**: Zur Problematik der Vertreterversammlung in der Genossenschaft, in: Zeitschrift für das gesamte Genossenschaftswesen (ZfgG), Jg. 31, Heft 1, S. 319-328.

**Schmotz, T./Crasselt, N. (2015)**: Wie soll über Organvergütungen berichtet werden? – Aktuelle Diskussionspunkte im Lichte historischer Entwicklungen, in: Die Wirtschaftsprüfung (WPg), Jg. 68, Heft 17, S. 877-885.

**Schneider, H. (2009)**: Nachweis und Behandlung von Multikollinearität, in: Albers, S./Klapper, D./Konradt, U./Walter, A./Wolf, J. (Hrsg.), Methodik der empirischen Forschung, 3. Aufl., Wiesbaden, S. 221-236.

**Schnell, R. (1997)**: Nonresponse in Bevölkerungsumfragen, Opladen.

**Schnell, R./Hill, P. B./Esser, E. (2018)**: Methoden der empirischen Sozialforschung, 11. Aufl., Berlin, Boston.

**Scholz, F. (2006)**: Determinanten von Aufsichtsratsarbeit und ihre Entwicklungen – Eine explorative Studie mit Insidern über Aufsichtsräte börsennotierter deutscher Aktiengesellschaften, Bielefeld, https://pub.unibielefeld.de/download/23030 40/2303043/Dissertation_frank_scholz.pDf, zuletzt geprüft am 02.06.2015.

**Schoppen, W./Steindorf, H. D./Trummer, R./Warncke, M. (2014)**: Ansatzpunkte für den Aufsichtsrat zur Reduzierung von Überwachungsintensität und -kosten mittels einer guten Unternehmenskultur, in: Der Betrieb, Jg. 67, Heft 3, S. 73-76.

**Schreyögg, G. (1992)**: Organisationsidentität, in: Gaugler, E./Weber, W. (Hrsg.), Handwörterbuch des Personalwesens, 2. Aufl., Stuttgart, S. 1488-1498.

**Schreyögg, G./Koch, J. (2020)**: Management – Grundlagen der Unternehmensführung, 8. Aufl., Wiesbaden.

**Schröder, U. (2016)**: Herausforderung Aufsichtsrat, in: Der Aufsichtsrat, Jg. 13, Heft 7, S. 98-99.

**Schubert, R./Steder, K.-H. (Begründer) (1973)**: Genossenschafts-Handbuch – Kommentar zum Genossenschaftsgesetz, zu den umwandlungsrechtlichen, steuerlichen und wettbewerbsrechtlichen Regelungen sowie Sammlung einschlägiger Rechtsvorschriften, Berlin.

**Schubert, R./Steder, K.-H. (Begründer) (2020)**: Genossenschafts-Handbuch. Kommentar zum Genossenschaftsgesetz unter besonderer Berücksichtigung der prüfungsspezifischen Vorschriften sowie zu den umwandlungsrechtlichen, steuerlichen und wettbewerbsrechtlichen Regelungen, 2. Aufl.

**Schulten, A. (2013)**: Rollenverständnis und Vergütung des deutschen Aufsichtsrats – Eine empirische Analyse, Wiesbaden.

**Schulze, P. M./Porath, D. (2012)**: Statistik – Mit Datenanalyse und ökonometrischen Grundlagen, 7. Aufl., Berlin, Boston.

**Schumm, H. (2019)**: Deutscher Corporate Governance Kodex 2019, in: Unternehmenssteuern und Bilanzen/Fachzeitschrift für Steuer- und Bilanzrecht (StuB), Heft 19, S. 746-751.

**Schwartz, K. B./Menon, K. (1985)**: Executive Succession in Failing Firms, in: Academy of Management Journal (AMJ), Jg. 28, Heft 3, S. 680-686.

**Schwerdtfeger, M. (2016)**: Strafrechtliche Pflicht der Mitglieder des Aufsichtsrats einer Aktiengesellschaft zur Verhinderung von Vorstandsstraftaten, Berlin.

**Scott, W. E. (1976)**: The effects of extrinsic rewards on "intrinsic motivation", in: Organizational Behavior and Human Performance, Jg. 15, Heft 1, S. 117-129.

**Seele, A. (2007)**: Rahmenbedingungen für das Verhalten von Aufsichtsratsmitgliedern deutscher börsennotierter Unternehmen – eine ökonomische und verhaltenswissenschaftliche Analyse des Deutschen Corporate-Governance-Kodexes, Heidelberg.

**Segler, G./Wald, A./Weibler, J. (2007)**: Corporate Governance im internationalen Wettbewerb: Bewertung des deutschen Governance-Systems aus der Sicht institutioneller Anleger, in: Betriebswirtschaftliche Forschung und Praxis (BFuP), Jg. 59, Heft 4, S. 400-417.

**Seibt, C. H. (2003)**: Effizienzprüfung der Aufsichtsratstätigkeit – Hinweise zur Anwendung von Ziff. 5.6 Deutscher Corporate Governance Kodex, in: Der Betrieb, Jg. 56, Heft 39, S. 2107-2112.

**Seibt, C. H. (2009)**: Informationsfluss zwischen Vorstand und Aufsichtsrat (dualistisches Leitungssystem) bzw. innerhalb des Verwaltungsrats (monistisches Leitungssystem), in: Hommelhoff, P./Hopt, K. J./Werder, A. von (Hrsg.), Handbuch Corporate Governance: Leitung und Überwachung börsennotierter Unternehmen in der Rechts- und Wirtschaftspraxis, 2. Aufl., Stuttgart, S. 391-446.

**Semmer, N./Meier, L. L. (2019)**: Bedeutung und Wirkung von Arbeit, in: Schuler, H./Moser, K. (Hrsg.), Lehrbuch Organisationspsychologie, 6. Aufl., Bern, S. 473-510.

**Semmer, N./Schallberger, U. (1996)**: Selection, Socialisation, and Mutual Adaptation: Resolving Discrepancies Between People and Work, in: Applied Psychology, Jg. 45, Heft 3, S. 263-288.

**Semmer, N. K./Udris, I. (2007)**: Bedeutung und Wirkung von Arbeit, in: Schuler, H. (Hrsg.), Lehrbuch Organisationspsychologie, 4. Aufl., Bern, S. 157-196.

**Sick, S. (2011)**: Die Effizienzprüfung des Aufsichtsrats – Ein Leitfaden zur Evaluation, Arbeitshilfen für Aufsichtsräte Nr. 16, Düsseldorf, https://www.boeckler.de/do wnload-proxy-forfaust/download-pdf?url=http%3a%2f%2f217.89.182.78%3a451% 2fabfrage_digi.fau%2fp_ah_ar_16.pdf%3fprj%3Dhbsabfrage%26ab_dm%3D1%2 6ab_zeig%3D6051%26ab_diginr%3D8483, zuletzt geprüft am 21.02.2021.

**Sick, S./Köstler, R. (2012)**: Die Geschäftsordnung des Aufsichtsrats – Eine kommentierte Checkliste, http://www.boeckler.de/pdf/p_ah_ar_01_2.pdf, zuletzt geprüft am 02.11.2016.

**Siegel, S./Castellan, N. J. (1988):** Nonparametric statistics for the behavioral sciences, 2. Aufl., New York [u. a.].

**Sieger, C./Graumann, M. (2004):** Verdrängen extrinsische Anreize die intrinsische Motivation? Eine Übersicht über den Forschungsstand und Konsequenzen für die Gestaltung von Anreizsystemen, in: Personalführung, Jg. 37, Heft 12, S. 90-97.

**Siemund, S. (2013):** Arbeitszufriedenheit in der Zeitarbeit – Eine pädagogische Analyse, Wiesbaden.

**Sihler, H. (2001):** Unternehmensüberwachung: Erfahrungen eines Aufsichtsratsvorsitzenden, in: Die Wirtschaftsprüfung (WPg), Jg. 54, Sonderheft, S. 11-14.

**Simon, H. A. (1978):** Rationality as Process and as Product of a Thought, in: American Economic Review, Jg. 68, Heft 2, S. 1-16.

**Simon, W. (2006):** Persönlichkeitsmodelle und Persönlichkeitstests, Offenbach.

**Simons, T./Pelled, L. H./Smith, K. A. (1999):** Making Use of Difference: Diversity, Debate, and Decision Comprehensiveness in Top Management Teams, in: Academy of Management Journal (AMJ), Jg. 42, Heft 6, S. 662-673.

**Six, B./Kleinbeck, U. (1989):** Arbeitsmotivation und Arbeitszufriedenheit, in: Roth, E./Graumann, C. F./Birbaumer, N.-P./Weinert, A. B. (Hrsg.), Organisationspsychologie, Göttingen, S. 348-398.

**Skirstad, B./Hanstad, D. V. (2013):** Gender matters in sport event volunteering, in: Managing Leisure, Jg. 18, Heft 4, S. 316-330.

**Smend, A. (2008):** Aufsichtsratsarbeit auf dem Prüfstand, in: Der Aufsichtsrat, Jg. 5, Heft 9, S. 121.

**Smirnov, N. W. (1939):** On the estimation of the discrepancy between empirical curves of distribution for two independent samples, in: Moscow University Mathematics Bulletin, Jg. 2, Heft 2, S. 3-16.

**Smith, D. H. (1982):** Altruism, volunteers and volunteerism, in: Harman, J. D. (Hrsg.), Volunteerism in the eighties – Fundamental issues in voluntary action, Washington, S. 23-44.

**Smith, D. H. (1994):** Determinants of Voluntary Association Participation and Volunteering: A Literature Review, in: Nonprofit and Voluntary Sector Quarterly, Jg. 23, Heft 3, S. 243-263.

**Smith, P. C./Kendall, L. M./Hulin, C. L. (1969)**: The measurement of satisfaction in work and retirement – A strategy for the study of attitudes, Chicago.

**Sousa-Poza, A./Sousa-Poza, A. A. (2000)**: Well-being at work: a cross-national analysis of the levels and determinants of job satisfaction, in: The Journal of Socio-Economics, Jg. 29, Heft 6, S. 517-538.

**Spandau, J. (2010)**: Fusionen im genossenschaftlichen FinanzVerbund – Eine erfolgreiche Strategie?, Arbeitspapier Nr. 92, Münster, http://www.ifgmuenster.de/fo rschen/veroeffentlichungen/2010/material/ap92spandau.pdf, zuletzt geprüft am 09.11.2015.

**Spanier, G. (2008)**: Anforderungen an die genossenschaftlichen Prüfungsverbände, in: Zeitschrift für das gesamte Genossenschaftswesen (ZfgG), Jg. 58, Heft 4, S. 279-289.

**Spector, P. (1997)**: Job Satisfaction: Application, Assessment, Causes, and Consequences, Thousand Oaks.

**Spector, P. E. (1982)**: Behavior in organizations as a function of employee's locus of control, in: Psychological Bulletin, Jg. 91, Heft 3, S. 482-497.

**Spector, P. E. (1985)**: Measurement of human service staff satisfaction: development of the Job Satisfaction Survey, in: American journal of community psychology, Jg. 13, Heft 6, S. 693-713.

**Spector, P. E. (2006)**: Method Variance in Organizational Research: Truth or Urban Legend?, in: Organizational Research Methods, Heft 2, S. 221-232.

**Spencer Stuart (2014)**: Der Spencer Stuart Board Index, https://www.spencerstu art.de/researchandinsight/derspencerstuartboardindex-deutschland2014, zuletzt geprüft am 10.09.2015.

**Spencer Stuart (2016)**: Der Spencer Stuart Board Index 2016, https://www.spen cerstuart.com/~/media/pdf%20files/research%20and%20insight%20pdfs/debi_20 16.pdf?la=en, zuletzt geprüft am 21.02.2017.

**Spencer Stuart (2018)**: Der Spencer Stuart Board Index Deutschland 2018, https ://www.spencerstuart.com//media/2018/december/deutschland2018.pdf, zuletzt geprüft am 12.05.2020.

**Staehle, W. H./Conrad, P./Sydow, J. (1999)**: Management – Eine verhaltenswissenschaftliche Perspektive, 8. Aufl., München.

**Statistisches Bundesamt (2020)**: Internetnutzung von Personen 2019 nach Altersgruppen in %, https://www.destatis.de/de/themen/gesellschaftumwelt/einkom menkonsumlebensbedingungen/_grafik/_interaktiv/itnutzungalter.html, zuletzt geprüft am 16.05.2020.

**Steck, A./Meegen, A. van (2014)**: Corporate Governance im Trennbankensystem, in: Paetzmann, K./Schöning, S. (Hrsg.), Corporate Governance von Kreditinstituten, Berlin, S. 101-126.

**van der Stede, Wim A./Young, S. M./Chen, C. X. (2005)**: Assessing the quality of evidence in empirical management accounting research: The case of survey studies, in: Accounting, organizations and society, Jg. 30, Heft 7-8, S. 655-684.

**Steding, R. (2004)**: Die genossenschaftliche Aktiengesellschaft – eine atypische Gestaltungsvariante der AG, in: Zeitschrift für das gesamte Genossenschaftswesen (ZfgG), Jg. 54, Heft 4, S. 282-291.

**Steers, R. M. (1977)**: Antecedents and Outcomes of Organizational Commitment, in: Administrative Science Quarterly, Jg. 22, Heft 1, S. 46-56.

**Steers, R. M./Rhodes, S. R. (1978)**: Major influences on employee attendance: A process model, in: Journal of Applied Psychology, Jg. 63, Heft 4, S. 391-407.

**Steffen, R./Sick, S./Wolff, M. (2013)**: Die Praxis der Effizienzprüfung des Aufsichtsrats, in: Der Aufsichtsrat, Jg. 10, Heft 12, S. 177-179.

**Steller, M. (2011)**: Der Prüfungsausschuss des Aufsichtsrats – Eine empirische Untersuchung bei deutschen und österreichischen Aktiengesellschaften, Wiesbaden.

**Sternberg, C. (2017)**: Effizient und sicher prüfen, in: Bankinformation (BI), Jg. 44, Heft 1, S. 30-33.

**Stewman, S. (1988)**: Organizational demography, in: Annual Review of Sociology, Jg. 14, Heft 1, S. 173-202.

**Stock-Homburg, R. (2011)**: Der Zusammenhang zwischen Mitarbeiter und Kundenzufriedenheit – Direkte, indirekte und moderierende Effekte, 5. Aufl., Wiesbaden.

**Stock-Homburg, R./Groß, M. (2019)**: Personalmanagement, 4. Aufl., Wiesbaden.

**Stoetzer, M. W. (2017)**: Regressionsanalyse in der empirischen Wirtschafts- und Sozialforschung, Berlin, Heidelberg.

**Stöhr, A. (2012)**: Informationsversorgung des Aufsichtsrats, in: Grundei, J./Zaumseil, P. (Hrsg.), Der Aufsichtsrat im System der Corporate Governance – Betriebswirtschaftliche und juristische Perspektiven, Wiesbaden, S. 311-329.

**Stone, M. (1974)**: Cross-Validatory Choice and Assessment of Statistical Predictions, in: Journal of the Royal Statistical Society, Jg. 36, Heft 2, S. 111-147.

**Strasser, H./Stricker, M. (2005)**: Freiwilliges Engagement in der Zivilgesellschaft, in: Hopt, K. J./Hippel, T. von/Walz, W. R. (Hrsg.), Nonprofit-Organisationen in Recht, Wirtschaft und Gesellschaft, Tübingen, S. 127-137.

**Strenger, C. (2016)**: Prüfungsausschuss zunehmend gefordert, in: Die Wirtschaftsprüfung (WPg), Jg. 69, Heft 6, S. 313.

**Streukens, S./Leroi-Werelds, S. (2016)**: Bootstrapping and PLS-SEM: A step-by-step guide to get more out of your bootstrap results, in: European Management Journal, Jg. 34, Heft 6, S. 618-632.

**Stricker, M. (2006)**: Ehrenamt als soziales Kapital – Partizipation und Professionalität in der Bürgergesellschaft, Duisburg, https://d-nb.info/981007112/34, zuletzt geprüft am 12.03.2015.

**Strieder, T. (2007)**: Effizienzprüfung des Aufsichtsrats im Sinne des DCGK mittels Fragebogen: kostengünstiges Verfahren für Unternehmen mit der Verpflichtung zur Abgabe einer Entsprechenserklärung, in: Zeitschrift für Corporate Governance (ZCG), Jg. 2, Heft 4, S. 168-178.

**Strohn, L. (2019)**: Haftung des Aufsichtsrats, in: Der Aufsichtsrat, Jg. 16, Heft 1, S. 13.

**Struwe, J. (2008)**: Public Corporate Governance – Professionalisierung der ehrenamtlichen Mitglieder von Aufsichtsgremien öffentlicher Unternehmen, in: Hauff, M. von/Tarkan, B. (Hrsg.), Nachhaltige kommunale Finanzpolitik für eine intergenerationelle Gerechtigkeit, Baden-Baden, S. 83-103.

**Stumpf, H./Angleitner, A./Wieck, T./Jackson, D. N./Beloch-Till, H. (1985)**: Deutsche Personality Research Form (PRF), Göttingen, Toronto, Zürich.

**Sundaramurthy, C./Lewis, M. (2003)**: Control and Collaboration: Paradoxes of Governance, in: Academy of Management Review, Jg. 28, Heft 3, S. 397-415.

**Svensson, E. (2000)**: Concordance between ratings using different scales for the same variable, in: Statistics in Medicine, Jg. 19, Heft 24, S. 3483-3496.

**Talos, E. (1984)**: Politologischer Abschnitt, in: Patera, M. (Hrsg.), Möglichkeiten und Grenzen demokratischer Mitbestimmung in Genossenschaften, Wien, S. 1-32.

**Tang, T. L.-P./Gilbert, P. R. (1995)**: Attitudes toward money as related to intrinsic and extrinsic job satisfaction, stress and work-related attitudes, in: Personality and Individual Differences, Jg. 19, Heft 3, S. 327-332.

**Tebben, T. (2011)**: Vergütungsanreize und opportunistische Bilanzpolitik – Eine empirische Analyse der Rolle von Aufsichtsrat und Abschlussprüfer, Wiesbaden.

**Tebroke, H.-J. (1998)**: Kontrolle der Managementleistung in Kreditgenossenschaften, in: Zeitschrift Führung + Organisation (zfo), Heft 6, S. 332-339.

**Temme, D./Hildebrandt, L. (2009)**: Gruppenvergleiche bei hypothetischen Konstrukten – Die Prüfung der Übereinstimmung von Messmodellen mit der Strukturgleichungsmethodik, in: Schmalenbachs Zeitschrift für betriebswirtschaftliche Forschung (ZfbF), Jg. 61, Heft 2, S. 138-185.

**Tett, R./Meyer, J. P. (1993)**: Job satisfaction, organizational commitment, turnover intention, and turnover: Path analyses based on meta-analytic findings, in: Personnel Psychology, Jg. 46, Heft 2, S. 259-293.

**Thannisch, R. (2016)**: Schlupflöcher zur Mitbestimmungsvermeidung stopfen!, in: Der Aufsichtsrat, Jg. 13, Heft 10, S. 144-145.

**Theisen, M. R. (2007)**: Information und Berichterstattung des Aufsichtsrats, 4. Aufl., Stuttgart.

**Theisen, M. R. (2012)**: Vergütungsfragen im und für den Aufsichtsrat: Ergebnisse einer aktuellen Panel-Untersuchung der Aufsichtsratspraxis, in: Der Betrieb, Jg. 65, Heft 28, S. 1553-1559.

**Theisen, M. R. (2013)**: Bedeutung des Deutschen Corporate Governance Kodex für die Arbeit von Aufsichtsräten in Kreditinstituten, in: Hölscher, R./Altenhain, K. (Hrsg.), Handbuch Aufsichts- und Verwaltungsräte in Kreditinstituten – Rechtlicher Rahmen, betriebswirtschaftliche Herausforderungen, Best Practices, Berlin, S. 27-47.

**Theisen, M. R. (2014)**: Aufstieg und Fall der Idee vom Deutschen Corporate Governance Kodex – Analyse eines deutschen Sonderwegs, in: Der Betrieb, Jg. 67, Heft 37, S. 2057-2064.

**Theisen, M. R. (2015a)**: Betriebsblindheit – Risiko für Aufsichtsräte, in: Der Aufsichtsrat, Jg. 12, Heft 1, S. 1.

**Theisen, M. R. (2015b):** Amateure bei der Arbeit?, in: Handelsblatt, 15.12.2015, Heft 242, S. 27.

**Theisen, M. R. (2016):** Mitbestimmung nach Wahl, in: Der Aufsichtsrat, Jg. 13, Heft 11, S. 163.

**Theisen, M. R. (2018):** Plädoyer für den Aufsichtsrat – Zum Wettbewerb der Corporate Governance-Systeme international, in: Wirtschaftswissenschaftliches Studium (WiSt), Jg. 47, Heft 4, S. 4-10.

**Theisen, M. R. (2019a):** Altersgrenzen für den Aufsichtsrat, in: Der Aufsichtsrat, Jg. 16, Heft 5, S. 76.

**Theisen, M. R. (2019b):** Handlungspflichten im Aufsichtsrat, in: Der Aufsichtsrat, Jg. 16, Heft 1, S. 12.

**Theisen, M. R./Probst, A. (2016):** Die Rolle des Aufsichtsrats in der Krise – Ergebnisse einer aktuellen Panel-Untersuchung der Aufsichtsratspraxis, in: Betriebswirtschaft Wissen, Jg. 1, Heft 1, S. 1-8.

**Thelen-Pischke, H./Sawahn, W. (2015):** Regulatorische Agenda 2015 für Vorstand und Aufsichtsrat – harmonisierte Aufsicht wird Realität?!, in: Zeitschrift für das gesamte Kreditwesen (ZfgK), Jg. 68, Heft 4, S. 168-174.

**Thelen-Pischke, H./Sawahn, W. (2017):** Regulatorische Agenda 2017 für Vorstände und Aufsichtsorgane – wie geht es weiter?, in: Zeitschrift für das gesamte Kreditwesen (ZfgK), Jg. 70, Heft 3, S. 116-123.

**Thelen-Pischke, H./Sawahn, W. (2018):** Regulatorische Agenda 2018 – jetzt geprägt vom Wettbewerb der Aufsichtsbehörden?, in: Zeitschrift für das gesamte Kreditwesen (ZfgK), Jg. 71, Heft 3, S. 116-125.

**Theurl, T. (2002):** „Shareholder Value" und „genossenschaftlicher Förderauftrag" – Zwei unvereinbare strategische Ausrichtungen?, in: Theurl, T. (Hrsg.), Münstersche Schriften zur Kooperation, Münster, S. 51-94.

**Theurl, T. (2013):** Aufgaben, Zusammensetzung und besondere Herausforderungen für den Aufsichtsrat einer Kreditgenossenschaft, in: Hölscher, R./Altenhain, K. (Hrsg.), Handbuch Aufsichts- und Verwaltungsräte in Kreditinstituten – Rechtlicher Rahmen, betriebswirtschaftliche Herausforderungen, Best Practices, Berlin, S. 215-238.

**Theurl, T./Kring, T. (2002):** Governance Strukturen im genossenschaftlichen Finanzverbund – Anforderungen und Konsequenzen ihrer Ausgestaltung, Münster.

**Thibaut, J. W./Walker, L. (1975)**: Procedural justice – A psychological analysis, Hillsdale, London.

**Thiel, A./Meier, H. (2009)**: Einführung in die Besonderheiten der Personalführung in Sportorganisationen, in: Breuer, C./Thiel, A./Bar-Eli, M. (Hrsg.), Handbuch Sportmanagement, 2. Aufl., Schorndorf, S. 23-36.

**Thielsch, M. T./Weltzin, S. (2013)**: Online-Mitarbeiterbefragungen, in: Domsch, M. E./Ladwig, D. (Hrsg.), Handbuch Mitarbeiterbefragung, 3. Aufl., Berlin, Heidelberg, S. 77-94.

**Thierry, H./Koopman-Iweman, A. M. (1984)**: Motivation and satisfaction, in: Drenth, P. J. D./Thierry, H./Willems, P./Dewolf, C. J. (Hrsg.), Handbook of work and organizational psychology, New York, S. 131-174.

**Thomas, A. (2016)**: Künftig schärfer – Strengere Anforderungen und Haftungsrisiken für Mitglieder von Aufsichtsräten und deren Prüfungsausschüssen, in: GoingPublic, Sonderheft, S. 48-49.

**Thömmen, J./Wallau, F. (2014)**: Frauenquote und Vergütung in Aufsichtsräten und Beiräten des gehobenen Mittelstands, in: BOARD – Zeitschrift für Aufsichtsräte in Deutschland, Heft 1, S. 32-36.

**Thompson, E. P./Chaiken, S./Hazlewood, J. D. (1993)**: Need for cognition and desire for control as moderators of extrinsic reward effects: A person × situation approach to the study of intrinsic motivation, in: Journal of Personality and Social Psychology, Jg. 64, Heft 6, S. 987-999.

**Thoresen, C. J./Kaplan, S. A./Barsky, A. P./Warren, C. R./Chermont, K. de (2003)**: The affective underpinnings of job perceptions and attitudes: a meta-analytic review and integration, in: Psychological Bulletin, Jg. 129, Heft 6, S. 914-945.

**Tiberius, V./Rasche, C. (2017)**: FinTechs, Wiesbaden.

**Tietjen, M. A./Myers, R. M. (1998)**: Motivation and job satisfaction, in: Management Decision, Jg. 36, Heft 4, S. 226-231.

**Tietz, S./Behnke, E./Hoffmann, C. P. (2019)**: Glaubwürdigkeit von Aufsichtsratsberichten, in: Der Aufsichtsrat, Jg. 16, Heft 2, S. 22-24.

**Tomkos, T./Pietralla, J.-T. (2016)**: Trends und Entwicklungen in den DAX30-Aufsichtsräten 2016, in: Der Aufsichtsrat, Jg. 13, Heft 10, S. 138-140.

**Töpfer, A. (2012)**: Erfolgreich Forschen, 3. Aufl., Berlin, Heidelberg.

**Tourangeau, R./Couper, M. P./Conrad, F. (2007):** Color, Labels, and Interpretive Heuristics for Response Scales, in: Public Opinion Quarterly, Jg. 71, Heft 1, S. 91-112.

**Tritschler, E. (2013):** EU-Bankenaufsicht benötigt lokale Aufsichtstriaden – Interne Revision, Aufsichtsrat und Wirtschaftsprüfung im Kontext von Basel III, in: Risiko Manager, Heft 6, S. 12-19.

**Tschöpel, M. (2010):** Die MemberValue-Strategie von Genossenschaftsbanken: Eine theoretische Begründung und Darstellung von Potenzialen, Arbeitspapier Nr. 96, Münster, http://www.econstor.eu/bitstream/10419/55792/1/687799643.pdf, zuletzt geprüft am 11.11.2014.

**Tschöpel, M. (2012):** Die Wirkungskanäle der genossenschaftlichen Eigentümermerkmale: Implikationen für das mitgliederorientierte Management in Genossenschaftsbanken, Arbeitspapier Nr. 127, Münster, http://www.econstor.eu/bitstream/10419/64632/1/725705353.pdf, zuletzt geprüft am 11.11.2014.

**Tschöpel, M. (2013):** Die MemberValue-Strategie von Genossenschaftsbanken – Die Operationalisierung des MemberValue und Implikationen für das Management von genossenschaftlichen Primärbanken, Aachen.

**Tüngler, M. (2014):** Checkliste für „Neu"-Aufsichtsräte, in: BOARD – Zeitschrift für Aufsichtsräte in Deutschland, Heft 3, S. 113-120.

**Ulich, E. (2011):** Arbeitspsychologie, 7. Aufl., Zürich, Stuttgart.

**Ulrich, P. (2010):** Zur kollektiven Intelligenz von Aufsichtsräten: ein Plädoyer, in: Zeitschrift Führung + Organisation (zfo), Jg. 79, Heft 6, S. 388-390.

**Ulrich, P. (2016):** Gender Diversity im Aufsichtsrat deutscher DAX30-Unternehmen, in: Der Aufsichtsrat, Jg. 13, Heft 11, S. 157-159.

**Ulrich, P. (2017):** Diversity in DAX-30- Unternehmen – Struktur des Aufsichtsrats und Einfluss auf den Unternehmenserfolg, in: Zeitschrift für Corporate Governance (ZCG), Jg. 12, Heft 3, S. 109-113.

**Ulrich, P./Fibitz, A. (2018):** Aktuelle Themen der Corporate Governance in Deutschland – Trends auf der Basis einer Experten-Befragung, in: Zeitschrift für Corporate Governance (ZCG), Jg. 13, Heft 2, S. 53-58.

**Ungern-Sternberg, H. von (2002):** Mitgliederzufriedenheit in regionalen genossenschaftlichen Prüfungsverbänden: Konzeption, Messung, Management, Göttingen.

**UniCredit Bank AG (2020)**: Geschäftsbericht 2019, https://www.hypovereinsbank .de/content/dam/hypovereinsbank/ueberuns/pdf/investorrelations/berichte/de/202 0/geschaeftsberichthVbgroup2019.pdf, zuletzt geprüft am 19.10.2020.

**Upmeyer, A. (1985)**: Soziale Urteilsbildung, Stuttgart.

**Velte, P. (2009)**: Die Implementierung von Prüfungsausschüssen/Audit Committees des Aufsichtsrats/Board of Directors mit unabhängigen und finanzkompetenten Mitgliedern, in: Journal für Betriebswirtschaft (JfB), Jg. 59, Heft 2-3, S. 123-174.

**Velte, P. (2010)**: Stewardship-Theorie, in: Zeitschrift für Planung & Unternehmenssteuerung/Journal of Management Control, Jg. 20, Heft 3, S. 285-293.

**Velte, P. (2012)**: Der Aufsichtsrat im System der Corporate Governance – Betriebswirtschaftliche und juristische Perspektiven, in: Zeitschrift für Betriebswirtschaft (ZfB), Jg. 82, Heft 7/8, S. 865-869.

**Velte, P. (2015)**: Der Referentenentwurf für ein Abschlussprüfungsreformgesetz – Wie wirken sich die geplanten Änderungen auf das Verhältnis zwischen Aufsichtsrat bzw. Prüfungsausschuss und Abschlussprüfer aus?, in: Die Wirtschaftsprüfung (WPg), Jg. 68, Heft 10, S. 482-491.

**Velte, P. (2016)**: Der Regierungsentwurf für ein Abschlussprüfungsreformgesetz (AReG), in: Die Wirtschaftsprüfung (WPg), Jg. 69, Heft 3, S. 125-131.

**Velte, P. (2017a)**: Einfluss der Gender Diversity im Aufsichtsrat auf die externe Abschlussprüfung – Eine empirische Untersuchung für den deutschen Kapitalmarkt (Teil A), in: Zeitschrift für Corporate Governance (ZCG), Jg. 12, Heft 5, S. 219-224.

**Velte, P. (2017b)**: Einfluss der Gender Diversity im Aufsichtsrat auf die externe Abschlussprüfung – Eine empirische Untersuchung für den deutschen Kapitalmarkt (Teil B), in: Zeitschrift für Corporate Governance (ZCG), Jg. 12, Heft 6, S. 276-281.

**Velte, P./Eulerich, M./Uum, C. van (2014)**: Der Einfluss von Vielfalt bei der Vorstandsbesetzung auf den Unternehmenserfolg – Eine empirische Analyse für den DAX30, TecDAX, MDAX, SDAX, in: Betriebswirtschaftliche Forschung und Praxis (BFuP), Jg. 66, Heft 6, S. 581-601.

**Velte, P./Stawinoga, M. (2016)**: Neuerung durch das Abschlussprüfungsreformgesetz (AReG), in: Unternehmenssteuern und Bilanzen/Fachzeitschrift für Steuer- und Bilanzrecht (StuB), Heft 8, S. 297-302.

**Velte, P./Weber, L. H. H. (2019)**: Funktions-, anreiz- und aufwandsorientierte Vergütung des Aufsichtsrats und Prüfungsausschusses – Empirische Ausgestaltung im DAX30, MDAX, SDAX und TecDAX, in: Betriebswirtschaftliche Forschung und Praxis (BFuP), Jg. 71, Heft 2, S. 214-262.

**Velthuis, L. (2018)**: Zur Diskussion: Die erfolgsabhängige Vergütung deutscher Aufsichtsräte sollte gestärkt werden, in: Der Aufsichtsrat, Jg. 15, Heft 1, S. 8-10.

**Vetter, E. (2016)**: Der Aufsichtsrat – Spagat zwischen gesetzlichen Vorgaben und wachsenden Herausforderungen, in: Fleischer, H./Koch, J./Kropff, B./Lutter, M. (Hrsg.), 50 Jahre Aktiengesetz, Berlin, S. 103-153.

**Vetter, K./Weber, U. (2012)**: Interventionsaktivitäten von Aufsichtsräten: Eine empirische Analyse deutscher Aktiengesellschaften, in: Betriebswirtschaftliche Forschung und Praxis (BFuP), Jg. 64, Heft 4, S. 384-402.

**Vierheller, R. (1983a)**: Demokratie und Management – Grundlagen einer Managementtheorie genossenschaftlich-demokratisch verfaßter Unternehmen, Göttingen.

**Vierheller, R. (1983b)**: Zur Entwicklung genossenschaftstheoretischer Führungsaspekte in der betrieblichen Managementlehre, in: Zeitschrift für das gesamte Genossenschaftswesen (ZfgG), Jg. 33, Heft 1, S. 31-51.

**Voeth, M./Herbst, U./Goeser, S. (2014)**: Das Image von Aufsichtsräten in der deutschen Bevölkerung, in: Der Aufsichtsrat, Jg. 11, Heft 7-8, S. 110-112.

**Volk, O. K./Volk, G. (1989)**: Genossenschaftsbanken zwischen Principal-Agent-Realität und dem Ideal der Wirtschaftsdemokratie, in: Zerche, J./Herder-Dorneich, P./Engelhardt, W. W. (Hrsg.), Genossenschaften und genossenschaftswissenschaftliche Forschung – Festschrift des Seminars für Genossenschaftswesen zum 600-jährigen Gründungsjubiläum der Universität zu Köln, Regensburg, S. 139-156.

**Völker, L. (2010)**: Risk Governance für Genossenschaftsbanken, Arbeitspapier Nr. 100, Münster, http://www.econstor.eu/bitstream/10419/55814/1/687802091.pdf?origin=publication_detail, zuletzt geprüft am 13.10.2014.

**Volksbank Göppingen eG (2014)**: Jahresabschluss zum 31. Dezember 2013, Göppingen.

**Vroom, V. H. (1964)**: Work and motivation, New York [u. a.].

**Wachter, T. (2017)**: Publizität des Aufsichtsrats, in: Der Aufsichtsrat, Jg. 14, Heft 2, S. 27.

**Wächter, H. (1991)**: Tendenzen der betrieblichen Lohnpolitik in motivationstheoretischer Sicht, in: Schanz, G. (Hrsg.), Handbuch Anreizsysteme, Stuttgart, S. 195-214.

**Wagner, P. (2005)**: Die Bewältigung von Unternehmenskrisen bei Kreditgenossenschaften, in: Theurl, T./Meyer E. C. (Hrsg.), Wettbewerbsfähigkeit des genossenschaftlichen Netzwerks, Aachen, S. 355-378.

**Wagner-Schelewsky, P./Hering, L. (2019)**: Online-Befragung, in: Baur, N./Blasius, J. (Hrsg.), Handbuch Methoden der empirischen Sozialforschung, 2. Aufl., Wiesbaden, S. 787-800.

**Waldecker Bank eG (2015)**: Jahresabschluss zum 31. Dezember 2014, Korbach.

**Walther, A./Morner, M. (2014)**: Thesen zur Zukunft wertschaffender Corporate Governance, in: Der Aufsichtsrat, Jg. 11, Heft 3, S. 38-40.

**Walther, G./Reichel, R. (2019)**: Die Bedeutung der Genossenschaftlichen Managementprinzipien als rechtsformspezifischer Erfolgsfaktor für Genossenschaftsbanken, in: Zeitschrift für das gesamte Genossenschaftswesen (ZfgG), Jg. 69, Heft 3, S. 204-219.

**Ward, M. E./Sloane, P. J. (2000)**: Non-pecuniary Advantages Versus Pecuniary Disadvantages; Job Satisfaction Among Male And Female Academics In Scottish Universities, in: Scottish Journal of Political Economy, Jg. 47, Heft 3, S. 273-303.

**Warncke, M. (2008)**: Zusammenarbeit von Interner Revision und Prüfungsausschuss, in: Freidank, C.-C./Peemöller, V. (Hrsg.), Corporate Governance und Interne Revision – Handbuch für die Neuausrichtung des Internal Auditings, Berlin, S. 623-642.

**Warncke, M. (2010)**: Prüfungsausschuss und Corporate Governance – Einrichtung, Organisation und Überwachungsaufgabe, 2. Aufl., Berlin.

**Wartenberg, G. (1981)**: Stellung und Aufgaben des genossenschaftlichen Aufsichtsrates, Düsseldorf.

**Wassermann, H./Rohde, C. (2012)**: Aufgaben und Rolle des Aufsichtsrats im Rahmen der Abschlussprüfung, in: Grundei, J./Zaumseil, P. (Hrsg.), Der Aufsichtsrat im System der Corporate Governance – Betriebswirtschaftliche und juristische Perspektiven, Wiesbaden, S. 369-396.

**Weber, H.-O. (2017)**: § 4 Organhaftung in der Genossenschaft, in: Krieger, G./Schneider, U. H. (Hrsg.), Handbuch Managerhaftung, 3. Aufl., Köln, S. 72-92.

**Weber, M. (1956)**: Wirtschaft und Gesellschaft. Grundriß der verstehenden Soziologie, 4. Aufl., Köln, Berlin.

**Weber-Rey, D. (2009)**: Aufsichtsräte brauchen mehr Professionalität – Verschärfte Anforderungen an Qualifikation und Zusammensetzung der Gremien – Beitrag zur Nachhaltigkeit, in: Börsen-Zeitung, 28.10.2009, Heft 207, S. 2.

**Weber-Rey, D. (2012)**: Erhöhte Frauenrepräsentanz und Qualitätssteigerung der Corporate Governance, in: Freidank, C.-C./Velte, P. (Hrsg.), Corporate Governance, Abschlussprüfung und Compliance – Neue Entwicklungen aus nationaler und internationaler Sicht, Berlin, S. 241-254.

**Wegge, J. (2001)**: Zusammensetzung von Arbeitsgruppen, in: Witte, E. H./Boos, M. (Hrsg.), Leistungsverbesserungen in aufgabenorientierten Kleingruppen – Beiträge des 15. Hamburger Symposions zur Methodologie der Sozialpsychologie, Lengerich, S. 35-94.

**Wegge, J./Dick, R. von (2006)**: Arbeitszufriedenheit, Emotionen bei der Arbeit und organisationale Identifikation, in: Fischer, L. (Hrsg.), Arbeitszufriedenheit – Konzepte und empirische Befunde, 2. Aufl., Göttingen, S. 11-36.

**Weibel, A./Rota, S. (2002)**: Fairness als Motivationsfaktor, in: Frey, B. S./Osterloh, M. (Hrsg.), Managing Motivation, 2. Aufl., Wiesbaden, S. 195-214.

**Weiber, R./Mühlhaus, D. (2014)**: Strukturgleichungsmodellierung – Eine anwendungsorientierte Einführung in die Kausalanalyse mit Hilfe von AMOS, SmartPLS und SPSS, 2. Aufl., Berlin [u. a.].

**Weibler, J. (2016)**: Personalführung, 3. Aufl.

**Weibler, J. (2017)**: Geschlechtergerechtigkeit durch Lohntransparenz?, in: Arbeit und Arbeitsrecht, Jg. 72, Heft 3, S. 173-177.

**Weick, K. E. (1966)**: The Concept of Equity in the Perception of Pay, in: Administrative Science Quarterly, Jg. 38, Heft 3, S. 414-439.

**Weigel, K. (2008)**: Erfolgsfaktor Aufsichtsrat, in: GoingPublic, Heft 5, S. 70-71.

**Weijters, B./Cabooter, E./Schillewaert, N. (2010)**: The effect of rating scale format on response styles: The number of response categories and response category labels, in: International Journal of Research in Marketing, Jg. 27, Heft 3, S. 236-247.

**Weinert, A. B. (2004)**: Organisations- und Personalpsychologie, 5. Aufl., Weinheim.

**Weinkauf, W. (2007)**: Mitgliederförderung versus Kapitalmarktorientierung im Finanzverbund, in: Zeitschrift für das gesamte Kreditwesen (ZfgK), Jg. 60, Heft 22, S. 1206-1209.

**Weiss, D. J./Dawis, R. V./England, G. W./Lofquist, L. H. (1967)**: Manual for the Minnesota satisfaction questionnaire, Minneapolis.

**Weiss, H. M. (2002)**: Deconstructing job satisfaction, in: Human Resource Management Review, Jg. 12, Heft 2, S. 173-194.

**Welbourne, T. M./Cycyota, C. S./Ferrante, C. J. (2007)**: Wall Street Reaction to Women in IPOs, in: Group & Organization Management, Jg. 32, Heft 5, S. 524-547.

**Welge, M. K./Eulerich, M. (2012)**: Eine Aufsichtsrats Scorecard zur Unterstützung guter Corporate Governance, in: Freidank, C.-C./Velte, P. (Hrsg.), Corporate Governance, Abschlussprüfung und Compliance – Neue Entwicklungen aus nationaler und internationaler Sicht, Berlin, S. 255-276.

**Welge, M. K./Eulerich, M. (2014)**: Corporate-Governance-Management – Theorie und Praxis der guten Unternehmensführung, 2. Aufl., Wiesbaden.

**Werder, A. von (2009)**: Qualifikation und Auswahl von Aufsichtsratsmitgliedern aus betriebswirtschaftlicher Sicht, in: Hommelhoff, P./Hopt, K. J./Werder, A. von (Hrsg.), Handbuch Corporate Governance: Leitung und Überwachung börsennotierter Unternehmen in der Rechts- und Wirtschaftspraxis, 2. Aufl., Stuttgart, S. 331-347.

**Werder, A. von (2017)**: Erfolgsfaktoren eines exzellenten Aufsichtsrats, in: Der Betrieb, Jg. 70, Heft 18, S. 977-984.

**Werder, A. von (2019)**: Zum Reformentwurf des Deutschen Corporate Governance Kodex, in: Der Betrieb, Jg. 72, Heft 1-2, S. 41-49.

**Werder, A. von/Danilov, K. (2018)**: Corporate Governance Report 2018: Kodexakzeptanz und Kodexanwendung, in: Der Betrieb, Jg. 71, Heft 34, S. 1997-2008.

**Werder, A. von/Grundei, J. (2009)**: Evaluation der Corporate Governance, in: Hommelhoff, P./Hopt, K. J./Werder, A. von (Hrsg.), Handbuch Corporate Governance: Leitung und Überwachung börsennotierter Unternehmen in der Rechts- und Wirtschaftspraxis, 2. Aufl., Stuttgart, S. 629-653.

**Werkmann, K. (2014)**: Motivation, Zufriedenheit und Wertschätzung von Sport-Event-Volunteers – Die FIFA Frauen-WM 2011 in Deutschland, Wiesbaden.

**Wessells, M. G. (1994)**: Kognitive Psychologie, 3. Aufl., München.

**Westliche Saar plus eG (2015)**: Jahresabschluss zum Geschäftsjahr vom 01.01.2014 bis zum 31.12.2014, Saarlouis.

**Westphal, J. D. (1999)**: Collaboration in the boardroom, in: Academy of Management Journal (AMJ), Jg. 42, Heft 1, S. 7-24.

**Westphal, J. D./Khanna, P. (2003)**: Keeping Directors in Line: Social Distancing as a Control Mechanism in the Corporate Elite, in: Administrative Science Quarterly, Jg. 48, Heft 3, S. 361-398.

**Wetzels, M./Odekerken, G. (2009)**: Using PLS Path Modeling for Assessing Hierarchical Construct Models: Guidelines and Empirical Illustration, in: MIS Quarterly, Jg. 33, Heft 1, S. 177-195.

**Weuster, A. (1986)**: Homo oeconomicus und Homo cooperativus in der Genossenschaftsforschung, in: Laurinkari, J./Laakkonen, V. (Hrsg.), Die Prinzipien des Genossenschaftswesens in der Gegenwart – Festschrift für Prof. Dr. Vesa Laakkonen, Nürnberg, S. 218-233.

**Wharton, A. S./Rotolo, T./Bird, S. R. (2000)**: Social Context at Work: A Multilevel Analysis of Job Satisfaction, in: Sociological Forum, Jg. 15, Heft 1, S. 65-90.

**Wicke, J. M./Kahl, K. (2013)**: Der Prüfungsausschuss einer Bank als Instrument der inneren Organisation von Aufsichtsräten – rechtlicher Rahmen und inhaltliche Ausfüllung, in: Hölscher, R./Altenhain, K. (Hrsg.), Handbuch Aufsichts- und Verwaltungsräte in Kreditinstituten – Rechtlicher Rahmen, betriebswirtschaftliche Herausforderungen, Best Practices, Berlin, S. 151-168.

**Wiedemann, A. (1992)**: Verbundstrategien für Kreditgenossenschaften, Bern, Stuttgart.

**Wiedemann, A. (2013)**: Einbindung des Aufsichtsorgans in das Gesamtbankrisikomanagement von Kreditinstituten, in: Hölscher, R./Altenhain, K. (Hrsg.), Handbuch Aufsichts- und Verwaltungsräte in Kreditinstituten – Rechtlicher Rahmen, betriebswirtschaftliche Herausforderungen, Best Practices, Berlin, S. 1027-1046.

**Wiedemann, A./Menk, M. T. (2013)**: Der Aufsichtsrat als Kontrolleur und Spar-ringspartner des Vorstandes für das Risikomanagement, in: Hölscher, R./Alten-hain, K. (Hrsg.), Handbuch Aufsichts- und Verwaltungsräte in Kreditinstituten – Rechtlicher Rahmen, betriebswirtschaftliche Herausforderungen, Best Practices, Berlin, S. 85-110.

**Wiedmann, S. (2006)**: Erfolgsfaktoren der Mitarbeiterführung – Interdisziplinäres Metamodell zur strukturierten Anwendung einsatzfähiger Führungsinstrumente, Wiesbaden.

**Wieland, R./Krajewski, J./Memmou, M. (2006)**: Arbeitsgestaltung, Persönlichkeit und Arbeitszufriedenheit, in: Fischer, L. (Hrsg.), Arbeitszufriedenheit – Konzepte und empirische Befunde, 2. Aufl., Göttingen, S. 226-242.

**Wiesemann, B. (2014)**: Interne Revision: Erwartungen der Bankenaufsicht, in: BaFin Journal, Heft 3, S. 20-23.

**Wilcox, J. B./Howell, R. D./Breivik, E. (2008)**: Questions about formative meas-urement, in: Journal of Business Research, Jg. 61, Heft 12, S. 1219-1228.

**Wilde, M./Bätz, K./Kovaleva, A./Urhahne, D. (2009)**: Überprüfung einer Kurzskala intrinsischer Motivation (KIM), in: Zeitschrift für Didaktik der Naturwis-senschaften (ZfDN), Jg. 15, Heft 1, S. 31-45.

**Williamson, O. E. (1985)**: The economic institutions of capitalism – Firms, markets, relational contracting, New York.

**Wirth, M. (2008)**: Zum Einfluss von Persönlichkeit und Intelligenz auf die Ausbil-dungszufriedenheit – eine quer- und längsschnittliche Untersuchung, Berlin, https: //refubium.fuberlin.de/handle/fub188/12039, zuletzt geprüft am 15.06.2015.

**Witt, L. A./Nye, L. G. (1992)**: Gender and the relationship between perceived fair-ness of pay or promotion and job satisfaction, in: Journal of Applied Psychology, Jg. 77, Heft 6, S. 910-917.

**Witt, P. (2009)**: Vorstand, Aufsichtsrat und ihr Zusammenwirken aus betriebswirt-schaftlicher Sicht, in: Hommelhoff, P./Hopt, K. J./Werder, A. von (Hrsg.), Handbuch Corporate Governance: Leitung und Überwachung börsennotierter Unternehmen in der Rechts- und Wirtschaftspraxis, 2. Aufl., Stuttgart, S. 303-319.

**Witte, E. (1972)**: Die Genossenschaft als Organisation, in: Boettcher, E./Wester-mann, H. (Hrsg.), Genossenschaften – Demokratie und Wettbewerb, Verhand-lungsberichte und Diskussionsergebnisse der VII. Internationalen Genossen-schaftswissenschaftlichen Tagung in Münster 1972, Tübingen, S. 29-55.

**Wittmann, M. (2007)**: Zum Erfordernis eines Bankenführerscheins für Aufsichtsräte, in: Der Betrieb, Jg. 60, Heft 47, S. 2579-2582.

**Wöhe, G./Döring, U./Brösel, G. (2020)**: Einführung in die Allgemeine Betriebswirtschaftslehre, 27. Aufl., München.

**Wohlmannstetter, G. (2009)**: Corporate Governance von Banken, in: Hommelhoff, P./Hopt, K. J./Werder, A. von (Hrsg.), Handbuch Corporate Governance: Leitung und Überwachung börsennotierter Unternehmen in der Rechts- und Wirtschaftspraxis, 2. Aufl., Stuttgart, S. 905-930.

**Wold, H. O. A. (1975)**: Path models with latent variables: The NIPALS approach, in: Blalock, H. M./Aganbegian, A./Borodkin, F. M./Capecchi, V. (Hrsg.), Quantitative sociology – International perspectives on mathematical and statistical modeling, New York, S. 307-357.

**Wold, H. O. A. (1982)**: Soft modeling: The basic design and some extensions, in: Jöreskog, K. G./World, H. O. A. (Hrsg.), Systems under indirect observation – Causality, structure, prediction, Amsterdam, New York, S. 1-54.

**Wollmert, P./Orth, C. (2011)**: Aufsicht und Rat: Schlüsselfaktoren zur Vermeidung einer neuen Erwartungslücke, in: Der Aufsichtsrat, Jg. 8, Heft 12, S. 174-176.

**Woo, B./Chelladurai, P. (2012)**: Dynamics of Perceived Support and Work Attitudes: The Case of Fitness Club Employees, in: Human Resource Management Research, Jg. 2, Heft 1, S. 6-18.

**Wright, T. A./Bonett, D. G. (1992)**: The effect of turnover on work satisfaction and mental health: Support for a situational perspective, in: Journal of Organizational Behavior, Jg. 13, Heft 6, S. 603-615.

**Wright, T. A./Cropanzano, R. (2000)**: Psychological well-being and job satisfaction as predictors of job performance, in: Journal of Occupational Health Psychology, Jg. 5, Heft 1, S. 84-94.

**Wunderer, R./Grunwald, W. (1980)**: Führungslehre, Berlin.

**Wunderer, R./Küpers, W. (2003)**: Demotivation – Remotivation – Wie Leistungspotenziale blockiert und reaktiviert werden, Neuwied.

**Wuthnow, R. (2001)**: Der Wandel des Sozialkapitals in den USA, in: Putnam, R. D. (Hrsg.), Gesellschaft und Gemeinsinn – Sozialkapital im internationalen Vergleich, Gütersloh, S. 655-749.

**Yammarino, F. J./Skinner, S. J./Childers, T. L. (1991)**: Understanding Mail Survey Response Behavior: A Meta-Analysis, in: Public Opinion Quarterly, Jg. 55, Heft 4, S. 613-639.

**Yukl, G. A./Wexley, N. (1971)**: Readings in organizational and industrial psychology, New York.

**Zacherl, U. (1980)**: Zur Genossenschaftsprüfung aus der Sicht der Mitgliederpartizipation, in: Zeitschrift für das gesamte Genossenschaftswesen (ZfgG), Jg. 30, Heft 1, S. 225-229.

**Zahn, E./Bullinger, H.-J./Gagsch, B./Westkämper, E./Balve, P./Gausemeier, J./Pfänder, T./Wenzelmann, C./Schloske, A./Thieme, P./Bleicher, K./Dierkes, M./Wildemann, H./Ackermann, K.-F./Bahner, J./Antoni, C. H. (2009)**: Neues Denken in der Unternehmensführung, in: Bullinger, H.-J./Spath, D./Warncke, M./Westkämper, E. (Hrsg.), Handbuch Unternehmensorganisation – Strategien, Planung, Umsetzung, 3. Aufl., Berlin, S. 109-222.

**Zahra, S. A./Pearce, J. A. (1989)**: Boards of Directors and Corporate Financial Performance: A Review and Integrative Model, in: Journal of Management, Jg. 15, Heft 2, S. 291-334.

**Zald, M. N. (1969)**: The Power and Functions of Boards of Directors: A Theoretical Synthesis, in: American Journal of Sociology, Jg. 75, Heft 1, S. 97-111.

**Zaumseil, P. (2012)**: Die Haftung des Aufsichtsrats auf Schadensersatz, in: Grundei, J./Zaumseil, P. (Hrsg.), Der Aufsichtsrat im System der Corporate Governance – Betriebswirtschaftliche und juristische Perspektiven, Wiesbaden, S. 419-443.

**Zein, N. (2009)**: Die Qualität der Unternehmensüberwachung durch Abschlussprüfer und Aufsichtsrat, Mannheim, https://ubmadoc.bib.unimannheim.de/2735/1/Diss ertation_nz.pdf, zuletzt geprüft am 11.11.2014.

**Zerche, J./Schmale, I./Blome-Drees, J. (1998)**: Einführung in die Genossenschaftslehre – Genossenschaftstheorie und Genossenschaftsmanagement, München.

**Ziechnaus, M. (2012)**: Rechte und Pflichten – Aufsichtsratstätigkeit wird anspruchsvoller, in: Bankinformation (BI), Jg. 39, Heft 4, S. 28-30.

**Ziechnaus, M. (2015)**: Vergütungsfragen, in: Bankinformation (BI), Jg. 42, Heft 4, S. 76-77.

**Ziechnaus, M. (2016a)**: Aus-, Fort- und Weiterbildung von Organmitgliedern im Fokus von Bankenaufsicht und Gesetzgeber, in: Zeitschrift für das gesamte Kreditwesen (ZfgK), Jg. 69, Heft 20, S. 996.

**Ziechnaus, M. (2016b)**: Neue Aufgaben des Aufsichtsrats, in: Bankinformation (BI), Jg. 43, Heft 1, S. 70-72.

**Ziechnaus, M. (2017)**: Neue und alte Überwachungsaspekte, in: Bankinformation (BI), Jg. 44, Heft 1, S. 20-25.

**Zieger, T. (2007)**: Risikomanagement genossenschaftlicher Managementrisiken (Cooperative Risk Governance) – Integration von Risikomanagement und Corporate Governance am Beispiel von Kreditgenossenschaften, Stuttgart.

**Zieger, T. (2008)**: Risikogerechte Gestaltung der Corporate Governance, in: Zeitschrift für das gesamte Genossenschaftswesen (ZfgG), Jg. 58, Heft 4, S. 290-301.

**Ziesemer, B. (2015)**: Guter Rat ist teuer, in: Handelsblatt, 16.02.2015, Heft 32, S. 26.

**Zieseniß, R./Heide, F. van der (2015)**: Werden deutsche Prüfungsausschüsse den heutigen Anforderungen gerecht?, in: Die Wirtschaftsprüfung (WPg), Jg. 68, Heft 23, S. 1252-1262.

**Zimmermann, T. (2019)**: Management von Ligen in Individualsportarten, Wiesbaden.

**Zinnbauer, M./Eberl, M. (2004)**: Die Überprüfung von Spezifikation und Güte von Strukturgleichungsmodellen: Verfahren und Anwendung, Arbeitspapier Nr. 2104, München, http://www.imm.bwl.unimuenchen.de/forschung/schriftenefo/ap_efopla n_21.pdf, zuletzt geprüft am 22.07.2015.

**Zipperling, M. (2012)**: Das deutsche Modell der Corporate Governance im Vergleich zum monistischen System und zur SE, in: Grundei, J./Zaumseil, P. (Hrsg.), Der Aufsichtsrat im System der Corporate Governance – Betriebswirtschaftliche und juristische Perspektiven, Wiesbaden, S. 27-55.

# Entscheidungsverzeichnis

**BFH,** Urteil vom 20.08.2009, Aktenzeichen V R 32/08, in: BStBl. 2010 II, S. 88.

**BGH,** Urteil vom 25.03.1991, Aktenzeichen II ZR 188/89, in: Der Betrieb, Jg. 44, Heft 23, S. 1212-1216.

**BGH,** Urteil vom 17.05.1993, Aktenzeichen II ZR 89/92, in: Der Betrieb, Jg. 46, Heft 32, S. 1609-1614.

**BGH,** Urteil vom 10.10.2005, Aktenzeichen II ZR 90/03, in: Der Betrieb, Jg. 58, Heft 50, S. 2740-2743.

**BGH,** Urteil vom 21.06.2010, Aktenzeichen II ZR 24/09, in: Der Betrieb, Jg. 63, Heft 31, S. 1697-1702.

**BGH,** Urteil vom 09.10.2018, Aktenzeichen II ZR 78/17, in: Der Betrieb, Jg. 72, Heft 6, S. 294-299.

**BVerfG,** Verfassungsbeschwerde vom 19.01.2001, Aktenzeichen 1 BvR 1759/91, in: Der Betrieb, Jg. 54, Heft 9, S. 473-476.

**BVerfG,** Beschluss vom 23.09.2002, Aktenzeichen 1 BvR 1717/00, in: Neue Juristische Wochenschrift (NJW), Jg. 55, Heft 6, S. 419-421.

**BVerwG,** Urteil vom 01.12.1987, Aktenzeichen 1 C 8.87, in: Entscheidungen des Bundesverwaltungsgerichts (BVerwGE), Jg. 78, S. 297-305.

**OLG Düsseldorf,** Urteil vom 06.11.2014, Aktenzeichen I-6 U 16/14, in: Neue Wirtschafts-Briefe (NWB), Heft 20, S. 1448.

**OLG München,** Beschluss vom 28.04.2010, Aktenzeichen 23 U 5517/09, in: Neue Zeitschrift für Gesellschaftsrecht (NZG), Jg. 13, Heft 20, S. 784.

**OLG München,** Urteil vom 12.01.2017, Aktenzeichen 23 U 3582/16, in: Der Betrieb, Jg. 70, Heft 16, S. 896-897.

# Verzeichnis der Gesetze und Verordnungen

**Aktiengesetz (AktG)** vom 06.09.1965 (BGBl. I S. 1089), zuletzt geändert durch Art. 15 G vom 22.12.2020 (BGBl. I S. 3256).

**Allgemeines Gleichbehandlungsgesetz (AGG)** vom 14.08.2006 (BGBl. I S. 1897), zuletzt geändert durch Art. 8 des Gesetzes vom 03.04.2013 (BGBl. I S. 610).

**Bundesnotarordnung (BNotO)** in der im BGBl. Teil III, Gliederungsnummer 303-1, veröffentlichten bereinigten Fassung, zuletzt geändert durch Art. 12 des Gesetzes vom 30.11.2019 (BGBl. I S. 1942).

**Bürgerliches Gesetzbuch (BGB)** in der Fassung der Bekanntmachung vom 02.01.2002 (BGBl. I S. 42, 2909; 2003 I S. 738), zuletzt geändert durch Art. 13 des Gesetzes vom 22.12.2020 (BGBl. I S. 3256).

**Delegierte Verordnung (EU) 2017/565 der Kommission (Markets in Financial Instruments Directive II – MiFID II)** vom 25.04.2016 zur Ergänzung der Richtlinie 2014/65/EU des Europäischen Parlaments und des Rates in Bezug auf die organisatorischen Anforderungen an Wertpapierfirmen und die Bedingungen für die Ausübung ihrer Tätigkeit sowie in Bezug auf die Definition bestimmter Begriffe für die Zwecke der genannten Richtlinie, ABl. L 87/1 vom 31.03.2017.

**Einlagensicherungsgesetz (EinSiG)** vom 28.05.2015 (BGBl. I S. 786), zuletzt geändert durch Art. 7 des Gesetzes vom 09.12.2020 (BGBl. I S. 2773).

**Empfehlung der Kommission (2005/162/EG)** vom 15.02.2005 zu den Aufgaben von nicht geschäftsführenden Direktoren/Aufsichtsratsmitgliedern/börsennotierter Gesellschaften sowie zu den Ausschüssen des Verwaltungs-/Aufsichtsrats, ABl. L. 52/51 vom 25.02.2005.

**Gesetz betreffend die Erwerbs- und Wirtschaftsgenossenschaften (Genossenschaftsgesetz – GenG)** in der Fassung der Bekanntmachung vom 16.10.2006 (BGBl. I S. 2230), zuletzt geändert durch Art. 8 des Gesetzes vom 15.07.2013 (BGBl. I S. 2379).

**Gesetz über das Kreditwesen (Kreditwesengesetz – KWG)** in der Fassung der Bekanntmachung vom 09.09.1998 (BGBl. I S. 2776), zuletzt geändert durch Artikel 1 des Gesetzes vom 15.07.2014 (BGBl. I S. 934).

**Gesetz über den Wertpapierhandel (Wertpapierhandelsgesetz – WpHG)** in der Fassung der Bekanntmachung vom 09.09.1998 (BGBl. I S. 2708), zuletzt geändert durch Art. 8 Abs. 1 des Gesetzes vom 09.12.2020 (BGBl. I S. 2773).

**Gesetz über die Drittelbeteiligung der Arbeitnehmer im Aufsichtsrat (Drittelbeteiligungsgesetz – DrittelbG)** vom 18.05.2004 (BGBl. I S. 974), zuletzt geändert durch Art. 8 des Gesetzes vom 24.04.2015 (BGBl. I S. 642).

**Gesetz über die Mitbestimmung der Arbeitnehmer (Mitbestimmungsgesetz – MitbestG)** vom 04.05.1976 (BGBl. I S. 1153), zuletzt geändert durch Art. 7 des Gesetzes vom 24.04.2015 (BGBl. I S. 642).

**Gesetz zur Sanierung und Abwicklung von Instituten und Finanzgruppen (Sanierungs- und Abwicklungsgesetz – SAG)** vom 10.12.2014 (BGBl. I S. 2091), zuletzt geändert durch Art. 5 des Gesetzes vom 09.12.2020 (BGBl. I S. 2773).

**Gesetz zur Stärkung der Finanzmarkt- und der Versicherungsaufsicht** vom 29.07.2009, BGBl. I Nr. 48.

**Gesetz zur Stärkung der nichtfinanziellen Berichterstattung der Unternehmen in ihren Lage- und Konzernlageberichten (CSR-Richtlinie-Umsetzungsgesetz – CSR-RUG)** vom 11.04.2017, BGBl. I Nr. 20.

**Gesetz zur Umsetzung der prüfungsbezogenen Regelungen der Richtlinie 2014/56/EU sowie zur Ausführung der entsprechenden Vorgaben der Verordnung (EU) Nr. 537/2014 im Hinblick auf die Abschlussprüfung bei Unternehmen von öffentlichem Interesse (Abschlussprüfungsreformgesetz – AReG)** vom 10.05.2016, (BGBl. I Nr. 23).

**Handelsgesetzbuch (HGB)** vom 10.05.1897 (RGBl. S. 219), zuletzt geändert durch Art. 11 Abs. 28 des Gesetzes vom 18.07.2017 (BGBl. I S. 2745).

**Richtlinie 2013/36/EU des Europäischen Parlaments und des Rates (Capital Requirements Directive – CRD)** vom 26.06.2013 über den Zugang zur Tätigkeit von Kreditinstituten und die Beaufsichtigung von Kreditinstituten und Wertpapierfirmen, zur Änderung der Richtlinie 2002/87/EG und zur Aufhebung der Richtlinien 2006/48/EG und 2006/49/EG, ABl. L 176/338 vom 27.06.2013.

**Richtlinie zur Durchführung und Qualitätssicherung der laufenden Überwachung der Kredit- und Finanzdienstleistungsinstitute durch die Deutsche Bundesbank (Aufsichtsrichtlinie),** 19.12.2016, https://www.bafin.de/dok/7852628, zuletzt geprüft am 06.01.2021.

**Strafgesetzbuch (StGB)** in der Fassung der Bekanntmachung vom 13.11.1998 (BGBl. I S. 3322), zuletzt geändert durch Art. 47 des Gesetzes vom 21.12.2020 (BGBl. I S. 3096).

**Umwandlungsgesetz (UmwG)** vom 28.10.1994 (BGBl. I S. 3210; 1995 I S. 428), zuletzt geändert durch Art. 1 des Gesetzes vom 19.12.2018 (BGBl. I S. 2694).

**Verordnung (EG) NR. 1435/2003 des Rates (SCE-VO)** vom 22.07.2003 über das Statut der Europäischen Genossenschaft (SCE), ABl. L 207/1 vom 18.08.2003.

**Verordnung (EU) Nr. 1024/2013 des Rates (SSM-VO)** vom 15.10.2013 zur Übertragung besonderer Aufgaben im Zusammenhang mit der Aufsicht über Kreditinstitute auf die Europäische Zentralbank, ABl. L 287/63 vom 29.10.2013.

**Verordnung (EU) Nr. 575/2013 des Europäischen Parlaments und des Rates (Capital Requirements Regulation – CRR)** vom 26.06.2013 über Aufsichtsanforderungen an Kreditinstitute und Wertpapierfirmen und zur Änderung der Verordnung (EU) Nr. 646/2012, ABl. L. 176/1 vom 27.06.2013.

**Verordnung über die aufsichtsrechtlichen Anforderungen an Vergütungssysteme von Instituten (Institutsvergütungsverordnung – InstitutsVergV)** vom 16.12.2013 (BGBl. I S. 4270), zuletzt geändert durch Art. 1 der Verordnung vom 15.04.2019 (BGBl. I S. 486).

# Verzeichnis der regulatorischen und institutionellen Regelungen

**Corporate Governance-Kodex für Genossenschaften (CGKG (2015))** gemäß DGRV-Veröffentlichung vom 20.11.2015, https://www.berlinervolksbank.de/conten t/dam/f01200/webn/dokumente/wirfuersie/unserebank/gremienund-organe/corpor ategovernance/corporategovernancekodex-fuergenossenschaftengueltigab20112 015.pdf, zuletzt geprüft am 10.04.2017.

**Deutscher Corporate Governance Kodex (DCGK (2010))** in der Fassung vom 26.05.2010, https://www.dcgk.de/files/dcgk/usercontent/de/download/kodex/D_Co rgov_endfassung_2010.pdf, zuletzt geprüft am 24.01.2021.

**Deutscher Corporate Governance Kodex (DCGK (2015))** in der Fassung vom 05.05.2015 mit Beschlüssen aus der Plenarsitzung vom 05.05.2015, https://www .dcgk.de/files/dcgk/usercontent/de/download/kodex/20150505_Deutscher_Corpor ate_goverance_kodex.pdf, zuletzt geprüft am 20.05.2015.

**Deutscher Corporate Governance Kodex (DCGK (2017))** in der Fassung vom 07.02.2017 mit Beschlüssen aus der Plenarsitzung vom 07.02.2017, https://www .dcgk.de/files/dcgk/usercontent/de/download/kodex/170424_kodex.pdf, zuletzt ge- prüft am 07.02.2017.

**Deutscher Corporate Governance Kodex (DCGK (2020))** in der Fassung vom 16.12.2019 mit Beschlüssen aus der Plenarsitzung vom 16.12.2019, https://www .dcgk.de//files/dcgk/usercontent/de/download/kodex/191216_Deutscher_Corporat e_governance_kodex.pdf, zuletzt geprüft am 16.12.2019.

**Rundschreiben 05/2018 (WA) – Mindestanforderungen an die Compliance- Funktion und weitere Verhaltens-, Organisations- und Transparenzpflichten (MaComp)** in der Fassung vom 19.04.2018, geändert am 29.04.2020, https://www .bafin.de/sharedDocs/Veroeffentlichungen/De/rundschreiben/2018/rs_18_05_wa3 _macomp.html, zuletzt geprüft am 21.02.2020.

**Rundschreiben 09/2017 (BA) – Mindestanforderungen an das Risikomanage- ment (MaRisk)** Anlage 1: Erläuterungen zu den MaRisk in der Fassung vom 27.10.2017, https://www.bafin.de/sharedDocs/Downloads/De/rundschreiben/dl_rs 0917_marisk_endfassung_2017_pdf_ba.pdf?__blob=publicationfile&v=5, zuletzt geprüft am 24.01.2021.

# Buchreihe Unternehmensrechnung und Controlling

Band 1

**Besse, Daniel**:
*Die Bewertung von IT-Projekten, Eine empirische Analyse anhand der Finanz-dienstleistungsbranche*
Verlag Books on Demand, Norderstedt 2008
ISBN: 978-3-8370-1193-7

Band 2

**Gorius, Christian**:
*Der Erfolg von IT-Offshore-Projekten, Eine empirische Untersuchung zur Gestaltung und Einfluss des Projektcontrollings auf den Erfolg von IT-Offshore-Projekten*
Verlag Books on Demand, Norderstedt 2008
ISBN: 978-3-8370-6687-6

Band 3

**Sommer, Andreas**:
*Controllinginstrumente als* Prozessinnovationen *in Kreditinstituten, Eine empirische Untersuchung von Controllinginstrumenten und den Einfluss auf den Erfolg von Prozessinnovationen in Kreditinstituten*
Verlag Books on Demand, Norderstedt 2009
ISBN: 978-3-8370-9667-5

Band 4

**Schulte, Klaus**:
*Teaminvestitionen im Profifußball*
Verlag Books on Demand, Norderstedt 2009
ISBN: 978-3-8370-7521-2

Band 5

**Vinck, Christian**:
*Die Entwicklung einer Balanced Scorecard für eine Non-Profit-Organisation, Am Beispiel des Deutschen Tennis Bundes e. V.*
Verlag Books on Demand, Norderstedt 2009
ISBN: 978-3-8370-9909-6

## Band 6

**Eisenberg, David**:
*Bewertung von IT-Investitionen, Ein multidimensionaler Ansatz für die situations-spezifische Auswahl eines Verfahrens zur Bewertung von Investitionen in die Informationstechnologie*
Verlag Books on Demand, Norderstedt 2010
ISBN: 978-3-8391-3911-0

## Band 7

**Derfuß, Klaus**:
*Voraussetzungen und Wirkungen der Budgetierung: Eine Meta-Analyse der verhaltenswissenschaftlichen Forschung*
Verlag Books on Demand, Norderstedt 2010
ISBN: 978-3-8391-3547-1

## Band 8

**Holtrup, Michael:**
*Evaluation von Innovationen im Dienstleistungsbereich, Konzeptionsansatz zur Planung, Durchführung und Gestaltung*
Verlag Books on Demand, Norderstedt 2009
ISBN: 978-3-8391-2080-4

## Band 9

**Fietz, Axel**:
*Planung von Spielfilmproduktionen aus Sicht des Projektcontrollings, Eine theoretische Betrachtung unter besonderer Berücksichtigung des Innovationsgrades*
Verlag Books on Demand, Norderstedt 2010
ISBN: 978-3-8423-3420-5

## Band 10

**Fronholt, Tim:**
*Intendiertes Transferverhalten von Projektmanagern zur Synergie-Realisierung, Eine empirische Analyse*
Verlag Books on Demand, Norderstedt 2012
ISBN: 978-3-8482-0174-7

## Band 11

**Reinbacher, Philipp**:
*Unternehmensnachfolge im deutschen Mittelstand, Eine empirische Analyse*
Verlag Books on Demand, Norderstedt 2014
ISBN: 978-3-7357-7873-4

## Band 12

**Schröder, Axel**:
*Verrechnungspreise zwischen Markt und Marktfolge in Kreditinstituten, Eine empirische Analyse am Beispiel einer Sparkasse*
Verlag Books on Demand, Norderstedt 2015
ISBN: 978-3-7347-6280-2

## Band 13

**Kasper, Claudio**:
*Controlling im deutschen Teamsport, Eine empirische Analyse*
Verlag Books on Demand, Norderstedt 2016
ISBN: 978-3-7412-8153-2

## Band 14

**Tramm, Antje**:
*Finanzcontrolling in der Praxis, Eine empirische Analyse über die funktionale Ausgestaltung unter Berücksichtigung institutioneller Einflüsse*
Verlag Books on Demand, Norderstedt 2016
ISBN: 978-3-7412-7939-3

## Band 15

**Hahn, Thomas**:
*Corporate Governance in Profifußballunternehmen, Eine konflikttheoretische Analyse aus Sicht des Controllings*
Verlag Books on Demand, Norderstedt 2017
ISBN: 978-3-7431-8842-6

## Band 16

**Oldenburg-Tietjen, Florian**:
*Wettbewerbsfähigkeit im europäischen Profifußball: Eine empirische Analyse*
Verlag Books on Demand, Norderstedt 2017
ISBN: 978-3-7460-6081-1

## Band 17

**Körner, Stephan:**
*Kommunale Beteiligungsberichterstattung in NRW: Eine empirische Analyse am Beispiel von Wohnungsgesellschaften*
Verlag Books on Demand, Norderstedt 2019
ISBN: 978-3-7494-8116-3

## Band 18

**Schwarzer, Sonia:**
*Die Aufsichtsratstätigkeit in deutschen Genossenschaftsbanken: Eine empirische Analyse unter besonderer Berücksichtigung der Motivation und Zufriedenheit*
Verlag Books on Demand, Norderstedt 2021
ISBN: 978-3-7543-5165-9